奥迪车系混动系统结构原理与经典案例

陈陆华　李　宏　主编
张良伟　孙宝明　副主编

辽宁科学技术出版社
沈　阳

图书在版编目（CIP）数据

奥迪车系混动系统结构原理与经典案例 / 陈陆华，李宏主编 . — 沈阳：辽宁科学技术出版社，2021.4
 ISBN 978-7-5591-1960-5

Ⅰ . ①奥… Ⅱ . ①陈… ②李… Ⅲ . ①混合动力汽车－理论 Ⅳ . ①U469.7

中国版本图书馆CIP数据核字(2021)第020756号

出版发行：辽宁科学技术出版社
（地址：沈阳市和平区十一纬路25号　邮编：110003）
印　刷　者：辽宁新华印务有限公司
经　销　者：各地新华书店
幅面尺寸：210mm×285mm
印　　张：35.25
字　　数：1000千字
出版时间：2021年4月第1版
印刷时间：2021年4月第1次印刷
责任编辑：吕焕亮
封面设计：熊猫工作室
版式设计：吕　静
责任校对：徐　跃
书　　号：ISBN 978-7-5591-1960-5
定　　价：150.00元

编辑电话：024-23284373
E-mail：atauto@vip.sina.com
邮购热线：024-23284626

前 言

一直以来，奥迪作为BBA成员之一，在中国市场不断推出新车型，扩充其在华的产品阵容，来进一步提升市场占有率。然而，仅推出汽油版车型已经无法满足消费者的日常需求，对此，奥迪在新能源汽车领域开始发力，连续推出多款混合动力车型。

奥迪在新能源汽车领域有非常明确的战略，第一个发展阶段是插电式混合动力，奥迪将这个概念称作e-tron。2015年，奥迪A3 e-tron以进口车的形式在中国上市。奥迪在插电式混合动力领域已规划了多款车型，其中包括A3 e-tron、A6L e-tron、Q2L e-tron和Q7 e-tron。奥迪与一汽共同研发的混合动力车型A6L e-tron已经国产化，于2016年正式上市。奥迪A6L e-tron车型将纯电动和长途行驶相结合，在市区一定范围内可以纯电动行驶，并有不错的燃油经济性，同时也拥有了更高效的动力。由于车型保有量越来越大，已经逐渐进入维修期，因此特编写此书，供读者参考。

要而言之，本书有以下三大特点：

（1）车型新。本书汇集奥迪全部新车型，例如，一汽奥迪A3 e-tron、奥迪Q7 e-tron、一汽奥迪A6L e-tron、一汽奥迪Q2L e-tron和一汽奥迪A6L（C8）e-tron等，详细介绍传动系统、底盘、空调和制冷、被动安全、信息娱乐系统和高压系统及汽车电气系统的结构和工作原理。

（2）经典。书中囊括数个代表性强的经典故障实例，该故障在各个车型中经常出现。碰到类似故障可参考此书，这对从事奥迪汽车维修的技师来说实用且指导性强。

（3）实用性强。书中内容新颖，图文并茂，数据准确，通俗易懂，是一本价值很高的奥迪汽车维修图书。

本书由陈陆华、李宏主编，张良伟、孙宝明副主编。参与编写的有董玉江、鲁子南、钱树贵、魏大光、艾明、付建、艾玉华、刘殊访、徐东静、黄志强、李海港、刘芳、李红敏、李彩侠、徐爱侠、李贵荣、胡凤、丁红梅、胡秀寒、李园园、刘金、李秀梅、徐畅、孙宗旺、鲁晶、梁维波、张丽、梁楠等。

在编写过程中,编者花费了大量的时间、精力,虽然在编写时对每个数据都进行了仔细检查,但由于水平有限,书中不当之处在所难免,欢迎广大读者对本书内容提出宝贵意见。

编　者

目　录

第一章　奥迪混合动力概述 … 1
第一节　整车概览 … 1
第二节　高压安全规范 … 4
第三节　高压蓄电池临界分类 … 10
第四节　高压安全技术 … 10
第五节　奥迪 hybrid 技术 … 16

第二章　奥迪 Q5 hybrid quattro … 34
第一节　简介 … 34
第二节　安全说明 … 36
第三节　混合动力技术的基本原理 … 38
第四节　发动机 … 42
第五节　底盘系统 … 47
第六节　电气系统 … 49
第七节　系统管理 … 68
第八节　售后服务 … 77
第九节　经典实例 … 80

第三章　奥迪 A6 和奥迪 A8 混合动力系统 … 86
第一节　引言 … 86
第二节　安全说明 … 87
第三节　混合动力技术的基本原理 … 89
第四节　发动机系统 … 91
第五节　底盘系统 … 93
第六节　电气系统 … 93
第七节　显示系统 … 115

| 第八节 | 售后服务 | 116 |
| 第九节 | 经典实例 | 117 |

第四章　采用8挡自动变速器0BW的奥迪混合驱动系统　122

第一节	前言	122
第二节	系统说明	123
第三节	电驱动装置	137
第四节	ATF和齿轮油、润滑、密封	151
第五节	ATF供给系统	152
第六节	传动装置示意图、齿轮组和换挡元件	155
第七节	换挡图、换挡矩阵、驱动形式、机电一体模块、执行元件、传感器	158
第八节	变速器的信息和数据交换	176
第九节	ATF、齿轮油和电驱动装置电机V141的冷却循环	179
第十节	售后服务	183

第五章　一汽奥迪A3 Sportback e-tron　185

第一节	引言	185
第二节	动力装置	188
第三节	传动系统	192
第四节	底盘系统	198
第五节	高压部件	204
第六节	空调系统	228
第七节	信息娱乐系统	238
第八节	显示和操纵元件	244
第九节	售后服务	253
第十节	经典实例	257

第六章　奥迪Q7 e-tron quattro　259

第一节	概述	259
第二节	发动机系统	261
第三节	传动系统	270
第四节	底盘系统	308
第五节	空调和制冷系统	314
第六节	被动安全系统	332
第七节	信息娱乐系统	336
第八节	高压系统和汽车电气系统	337
第九节	电气与电子装置	360

	第十节	维修服务	373
	第十一节	经典实例	376

第七章 奥迪A6L e-tron — 408

	第一节	发动机和燃油系统	408
	第二节	传动系统	408
	第三节	底盘系统	413
	第四节	高压部件	415
	第五节	空调制冷和暖风系统	424
	第六节	舒适电子系统	428
	第七节	显示与操作系统	432
	第八节	蓄电池测量及工具	438
	第九节	经典实例	439

第八章 一汽奥迪Q2L e-tron — 459

	第一节	概述	459
	第二节	使用操作	460
	第三节	高压部件	462
	第四节	冷却系统	470
	第五节	车载电网	471
	第六节	充电系统	478
	第七节	底盘系统	487
	第八节	变速器系统	489
	第九节	断电、恢复等操作	490
	第十节	经典实例	491

第九章 奥迪A6L（C8）TFSIe — 499

	第一节	充电系统	499
	第二节	发动机系统	503
	第三节	动力系统	507
	第四节	底盘系统	512
	第五节	高压系统	516
	第六节	热管理系统	524
	第七节	舒适电子系统	532
	第八节	车载网络系统	535
	第九节	显示与操作系统	539
	第十节	经典实例	546

第一章 奥迪混合动力概述

第一节 整车概览

一、hybrid 与 e-tron 在中国

hybrid：主要依靠发动机驱动，无法通过"插电"对高压蓄电池充电，纯电动行驶里程短。

e-tron：主要依靠电机驱动，可以通过"插电"对高压蓄电池充电，纯电动行驶里程长。如图 1-1 所示。

图 1-1

（一）hybrid

1.Q5 hybrid quattro，如图 1-2 所示。

（1）上市时间：2012 年。

（2）纯电动行驶里程：3km。

（3）首次将纯电力驱动速度突破 100km/h。

2.A6 hybrid 与 A8L hybrid，如图 1-3 所示。

（1）上市时间：2013 年。

（2）纯电动行驶里程：3km。

（3）奥迪成为全球首家能够同时在 B 级、C 级、D 级车中提供混合动力车型的高级轿车生产商。

图 1-2

图 1-3

（二）e-tron

1.A3 e-tron，如图 1-4 所示。

（1）上市时间：2015年。

（2）纯电动行驶里程：50km。

（3）最大行驶里程：940km。

（4）奥迪首款插电式混合动力车型。

（5）纯电动行驶里程为50km，相当于贯穿北京五环不会排放任何尾气。

（6）最长行驶里程高达940km，相当于一箱汽油可以从长春开到北京，如图1-5所示。

图 1-4

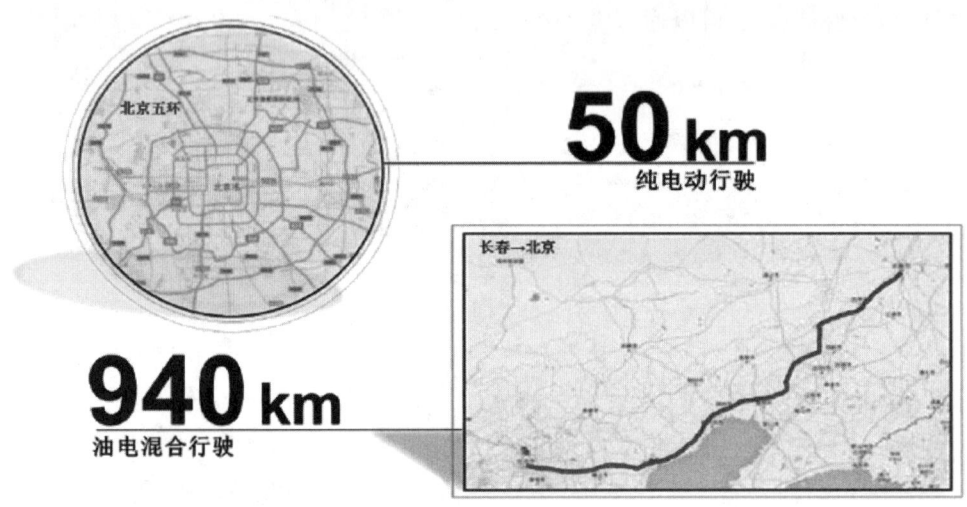

图 1-5

动力总成主要技术参数如表1-1所示。

表1-1

项目	Q5 hybrid	A6 hybrid	A8L hybrid	A3 e-tron	Q7 e-tron	C8 e-tron	Q2L e-tron
发动机代码	CHJA	CHJA	CHJA	CUKB	CVJA	DPMA	EBDA
发动机功率（kW）	155	155	155	110	185	185	
电机功率（kW）	33	33	33	75	94	105	100
系统功率（kW）	180	180	180	150	270	270	
发动机扭矩（N·m）	350	350	350	250	370	370	
电机扭矩（N·m）	210	210	210	330	350	350	290
系统扭矩（N·m）	480	480	480	350	700	500	
排放标准	EU5	EU5	EU5	EU6	欧6（W）	国六	
驱动类型	四驱	两驱	两驱	两驱	四驱	四驱	两驱
变速器类型	8速自动变速器	8速自动变速器	8速自动变速器	6速S-tronic	8速自动变速器	7速双离合器变速器	单速变速器

二、整车概览

（一）特征标志

1. hybrid，如图1-6所示。

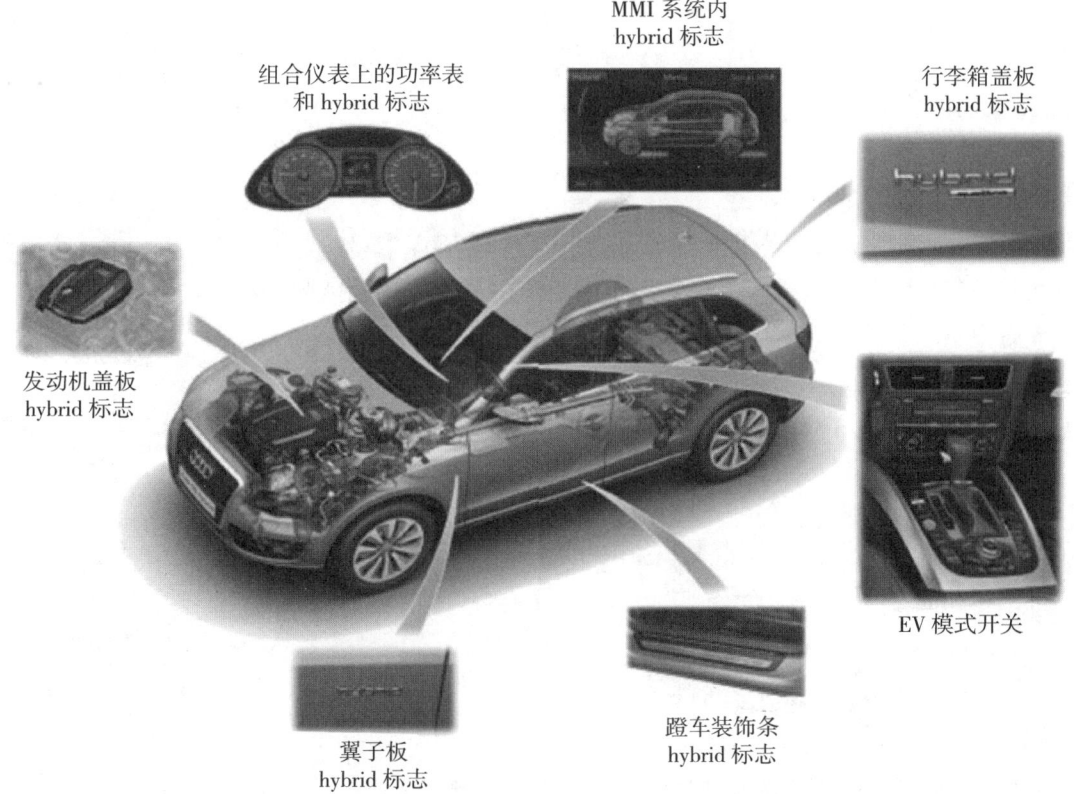

图 1-6

2. 奥迪 e-tron,如图 1-7 所示。

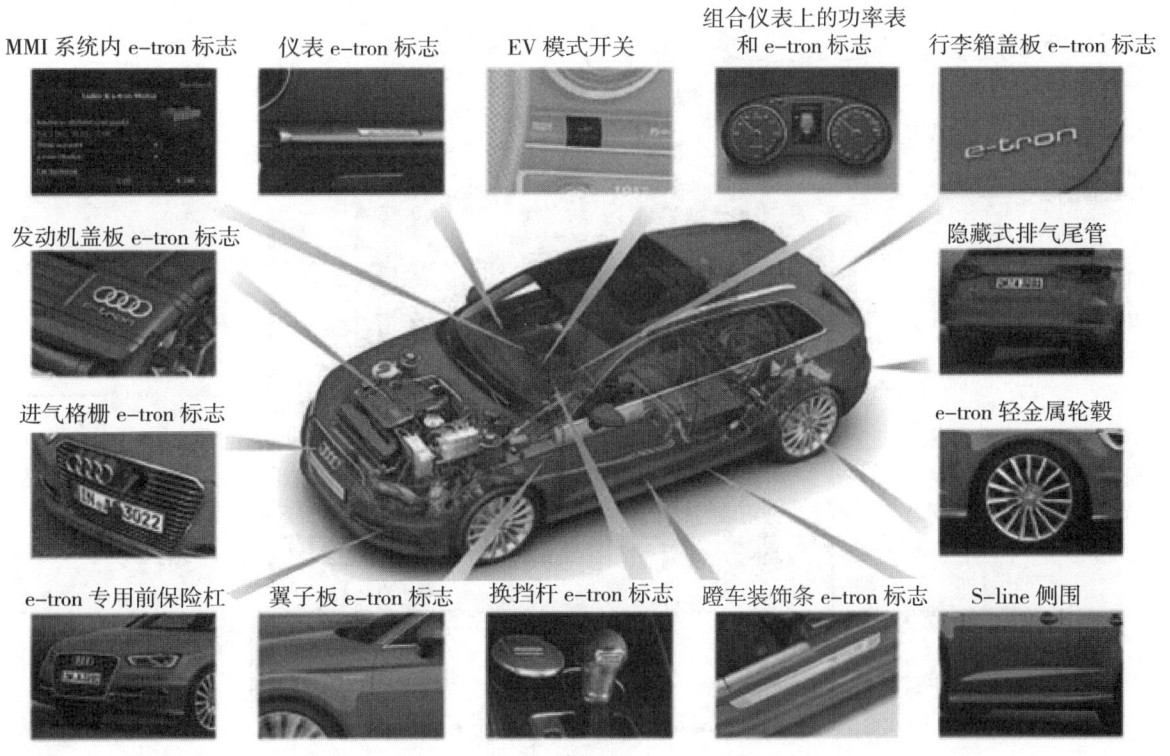

图 1-7

第二节　高压安全规范

一、电气危险

（一）危险电压

1. hybrid 和 e-tron 车型中高压蓄电池的额定电压分别为 266V 和 352V。

2. 研究表明，25V 以上的交流电和 60V 以上的直流电就对人构成威胁，有生命危险！

（二）危险电流

危险电流，如图 1-8 所示。

流经人体电流，如图 1-9 所示。

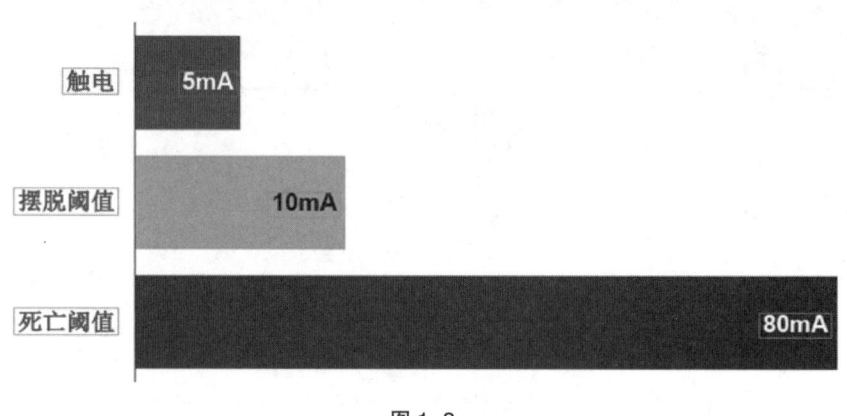

图 1-8

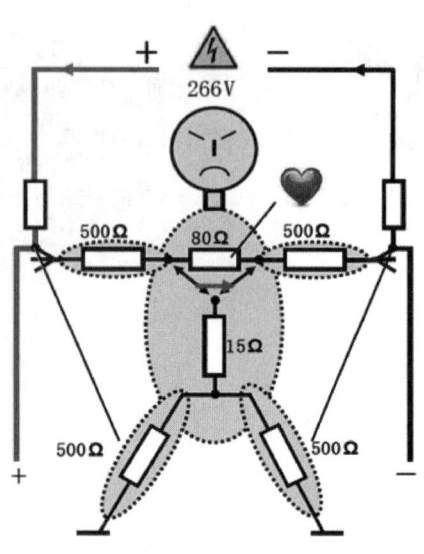

图 1-9

（三）危险类型

贯穿电流、短路和二次事故。

1. 贯穿电流，如图 1-10 所示。

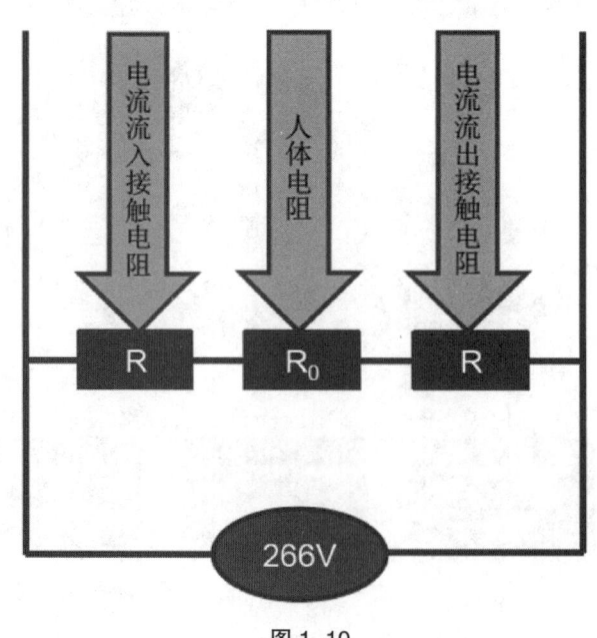

图 1-10

（1）当一个人桥接在两个不同的电位之间，电流会流过其身体，电流强度的大小受不同因素影响。

（2）可能会导致昏迷、呼吸及心跳中断以至于死亡！

2. 短路，如图1-11所示。

（1）发生短路时会形成故障电弧，其温度可能会达到4000℃以上，具体数值取决于当时的电压及电流。

（2）什么原因可能会形成电弧？

①松动的或者氧化的触点。

②拧得过紧的螺丝（损坏）。

③绝缘缺陷。

④使用错误的电线、接头（规格、形状、材料错误）。

⑤潮湿/变脏（导电的灰尘）。

⑥异物，掉落的金属小零件。

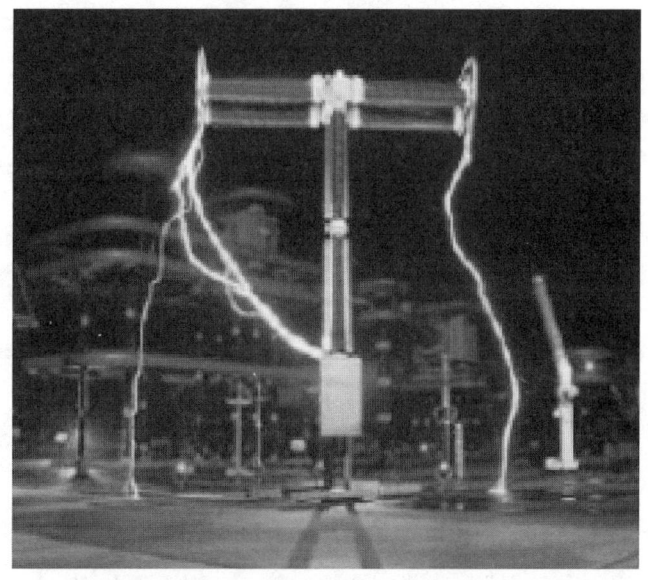

图1-11

3. 二次事故，如图1-12所示。

（1）二次事故中人体内没有或者仅有短时间的电流流过。

（2）事故经常是由防卫反应或者惊恐反应造成的。

图1-12

（3）举例：

①踉跄、跌倒或者突然摔倒。

②因为掉落的东西而受到割伤、刺伤、压伤及刮伤。

二、伤害和救助

（一）救助

（1）当不知道物体是否存在危险电压时，可以用手背触碰物体，万一带电便于摆脱。

（2）某品牌的维修站一名员工在混合动力车辆上受到直流电击，店里领导非常重视，亲自看望员工，了解情况，当得知员工没有不良反应后，留下慰问金让员工回家休息。

（3）发生电火灾事故时，我们应该奋不顾身抢救人员和财产，避免损失。

（4）一旦发现高压车辆的高压蓄电池发出刺鼻气味，应该将车辆停放在一个密闭空间内，防止造成环境的污染。

（5）有人员受到电击伤害时，可以使用除颤器进行电击急救。

（6）如果不慎吞入蓄电池电解液，应立即大量饮水，但要避免呕吐。

（7）一旦人身体着火，应该立即使用灭火器对其施救。

（8）如果有人员触电昏迷，对你的询问无法做出回应，则应立即呼叫医生进行急救，在医生到来前，应守在伤员跟前,但不能对伤员采取急救措施。

(9)如果有人员发生电击事故昏倒在地上,人员附近有一根断裂的电缆,这时,我们应该看电缆是否接触人体,如果没有接触人体,就可以对其进行施救。

(10)高压车辆一旦发生火灾,报警应向急救中心说明火灾类型、人员伤害情况以及附近危险物品,并及时挂断报警电话,以免造成报警线路拥堵。

(二)电气伤害

1. 基本原则:

(1)保持冷静。

(2)先思考,后行动。

(3)自我保护,切勿将自己陷入电击的危险中。

2. 必须遵守和执行下列措施:

(1)自身安全放在第一位。

(2)不能直接接触带电压人员。

(3)如有可能,立即切断电器装置(关闭点火开关或立即拔下高压系统的保养插头TW)。

(4)用不导电的物体(木板、扫帚等)将事故人员或电导体与电压脱开。

3. 伤者无法对话时可采取的措施:

(1)最紧要的是确认伤者的生命机能,如脉搏和呼吸。

(2)立即呼叫或者让人联系急救医生。

(3)在医生到来之前进行人工呼吸及心肺按压。

(4)如伤者呼吸中断,使用除颤器(如图1-13所示)。

4. 伤者可以对话时可采取的措施:

(1)可能的情况下冷却灼伤伤口,并使用消过毒的不掉毛的毛巾覆盖。

(2)即使其本人拒绝,伤者也必须交由医生救治。

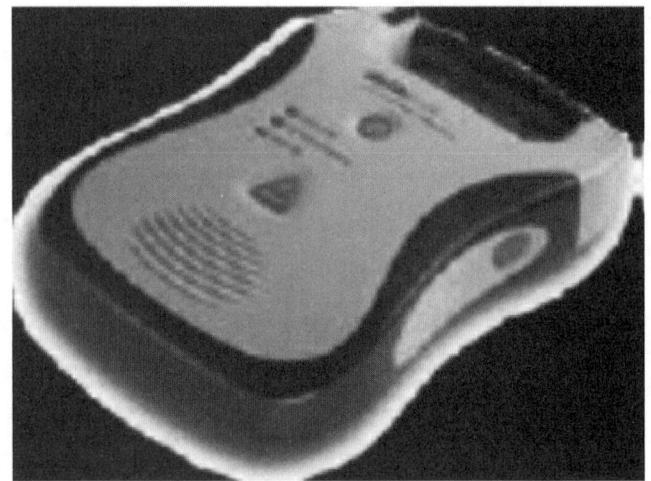

图1-13

(三)电池电解液伤害救助措施

(1)当电池电解液与皮肤接触时,使用大量清水冲洗。

(2)当吸入电池电解液气体时,则需要大量的新鲜空气。

(3)当电池电解液与眼睛接触时,使用大量清水冲洗(最少10min)。

(4)当吞咽电池电解液时,需要大量喝水,但必须避免呕吐。

(5)寻找医生救助。

(四)电气火灾

1. 措施:

(1)自我保护,切勿吸入烟气。

(2)向消防部门报警。

（3）当消防人员到场后，须告知火灾涉及的高压车辆。

（4）需要的情况下，去除附近的火源，或者使用覆盖法确保安全。

（5）在扑灭电力设备上的火灾时须使用CO_2、干粉灭火器或者泡沫灭火器，也可使用灭火毯。

（6）不可使用CO_2灭火器为身上着火的人灭火（窒息危险）。

2. 灭火器（如图 1-14 所示）。

（1）始终将灭火器放置在方便取用的范围内。

（2）每次使用灭火器之后都应让人重新添加灭火剂。

（3）安排人定期检查灭火器（最少每隔 2 年）。

（4）了解自动火警报警器和灭火器的位置。

3. 报警：

（1）事故地点在哪里？

明确告知事发地点（街道、门牌等）。

（2）发生了什么事情？

简短描述事故情况，以便急救中心能够采取必要的措施。

（3）多少人受伤？

（4）受伤类型？

首先告知最明显、最严重（威胁生命）的损伤。

（5）等待查问。

原则上对话应由急救中心来结束。

图 1-14

三、人员资质

经过高压电气培训人员 EuP、高压技术人员 HVT、在高压系统进行操作的奥迪专业人员或高压电专家 HVE。

职责范围如表 1-2 所示。

表 1-2

人员资质	职责范围
经过高压电气培训人员 EuP	允许进行汽车上的一般操作和保养 任务包括进行以下售后服务操作：更换蓄电池、检查、更换车轮 受 HVT 委托，允许在不带电压的高压系统上进行机械操作
高压技术人员 HVT	允许诊断汽车有无电压或切断汽车电压并防止重新接通 允许将员工培训为 EuP，并委托其在高压系统上进行操作 在高压系统上进行故障查询
在高压系统进行操作的奥迪专业人员或高压电专家 HVE	若不能切断汽车电压，则在高压系统上进行操作的奥迪专业人员（带电状态下的操作专业人员为进口商的员工）

资质要求：

1. 经过高压电气培训人员 EuP。

（1）只能由经过培训的奥迪 HVT 对 EuP 进行培训。

（2）EuP 必须了解高压系统的大致结构、高压系统的危险以及处理权限。

（3）EuP 必须经过 HVT 进行口试和笔试确认过。

（4）EuP 和 HVT 必须签署书面证明。

2. 高压技术人员 HVT。

（1）获得国家安监局电工作业资格。

（2）参加过混合动力汽车及其他高压系统维修的资格培训（电动车、燃料电池车）。

（3）高压技术人员必须参加考试并获得资格证书。

四、高压电安全规范操作规程

（一）工作区安全

维修车间内配备有高压装置的车辆，必须做上标志，如图 1-15 所示。

工作区必须防止其他人员进入，如图 1-16 所示。

图 1-15

图 1-16

（二）车辆高压电气系统

1. 高压电气标志，如图 1-17 所示。

（1）仅由受过培训的人员在车辆上进行操作（引入车辆高压电气系统、执行特定操作的电气专业人员、电气专业人员车辆技术等概念）。

（2）未经指定人员验证，不得重新接通电源。

2. 高压电气标志，如图 1-18 所示。

（1）仅由受过培训的人员在车辆上进行操作（引入车辆高压电气系统、执行特定操作的电气专业人员、电气专业人员车辆技术等概念）。

（2）如果点火开关已打开，电机可能意外启动。

3. 高压电气标志，如图 1-19 所示。

图 1-17

图 1-18

图 1-19

（三）工作区安全

1. 在车辆高压电气系统上进行作业。

仅允许具备足够资质和知识的人员对车辆高压电气系统进行操作，还要注意资质与操作的匹配。

图 1-20

2. 车辆高压电气系统的作业场地，如图 1-20 所示。

（1）单独的房间或实验室。

（2）分割并标识的独立区域。

3. 进入。

（1）未经许可禁止进入。

（2）仅允许有资质和知识的人员进入。

（3）已进行的培训要记录在案。

（四）车辆标志

1. 在车辆哪些部位能看到这3个标志？这3个标志分别代表什么含义？如图1-21示。

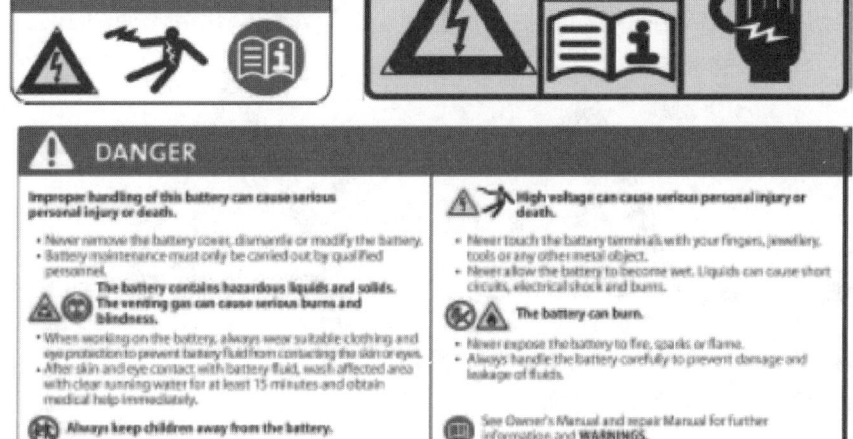

图1-21

2. 根据DINVDE0105制定的高压装置5点安全规程：

（1）断电。

（2）严防设备重新合闸。

（3）验电。

（4）接地和短路取消。

（5）遮盖住或者用拦道木拦住附近带电的部件并取消。

3. 在检修高压系统时，必须注意事项：

（1）所有橙色的线均带高压，可能危及生命。

（2）不得将喷水软管和高压清洗装置直接对准高压部件。

（3）高压接头上不可使用机油、润滑脂和触点清洗剂等。

（4）在高压导电部件附近进行检修工作时，必须先让系统断电。

（5）在进行焊接、用切削工具加工以及用尖锐工具进行操作时，必须先让系统断电。

（6）所有松开了的高压接头必须严防进水和污物。

4. 在检修高压系统时，必须注意事项：

（1）损坏的导线必须予以更换。

（2）佩戴电子/医学生命和健康维持装置（比如心脏起搏器）的人不得检修高压系统（包括点火系统）。

（3）必须使用合适且经过认可的测量仪器。

（4）检修进水的高压系统时要非常小心（潮湿的部件，尤其是带有融雪盐的部件是非常危险的）。

第三节　高压蓄电池临界分类

1. 蓄电池损坏时，溢出的电解液带来的危害：

（1）腐蚀。

（2）有毒蒸气。

（3）此外，锂化合物也会导致心脏血液循环障碍。

（4）锂离子蓄电池的电解液易燃。

（5）与水结合时（如尝试用水熄灭时），可能会生成有毒的氟化氢（如图 1-22 所示）。

图 1-22

2. 高压蓄电池过热危险，如图 1-23 所示：

（1）液态的电解质在 60~80℃的温度条件下就会产生极大的蒸气压力，并且具有可燃性。

（2）锂金属与水和酸产生剧烈反应，生成 H_2，具有易燃性。

（3）热失控→气体溢出→在空气中发生后续燃烧→气体爆炸→产生压力。

（4）发生故障时溢出的物质：

①气体：H_2、CO、CO_2、CH_4 等碳氢化合物（有毒、高可燃、可爆炸）。

②液体：电解质与水反应生成酸（HF）和有毒物质。

③固体：石墨、重金属氧化物尘末（致癌）。

图 1-23

第四节　高压安全技术

一、hybrid 安全线

（一）hybrid 安全线原理

hybrid 安全线原理图，如图 1-24 所示。

（二）hybrid 安全线结构

1. 如果拔下了保养插头，就会出现如图 1-25 所示情况。

（1）安全线中断了。

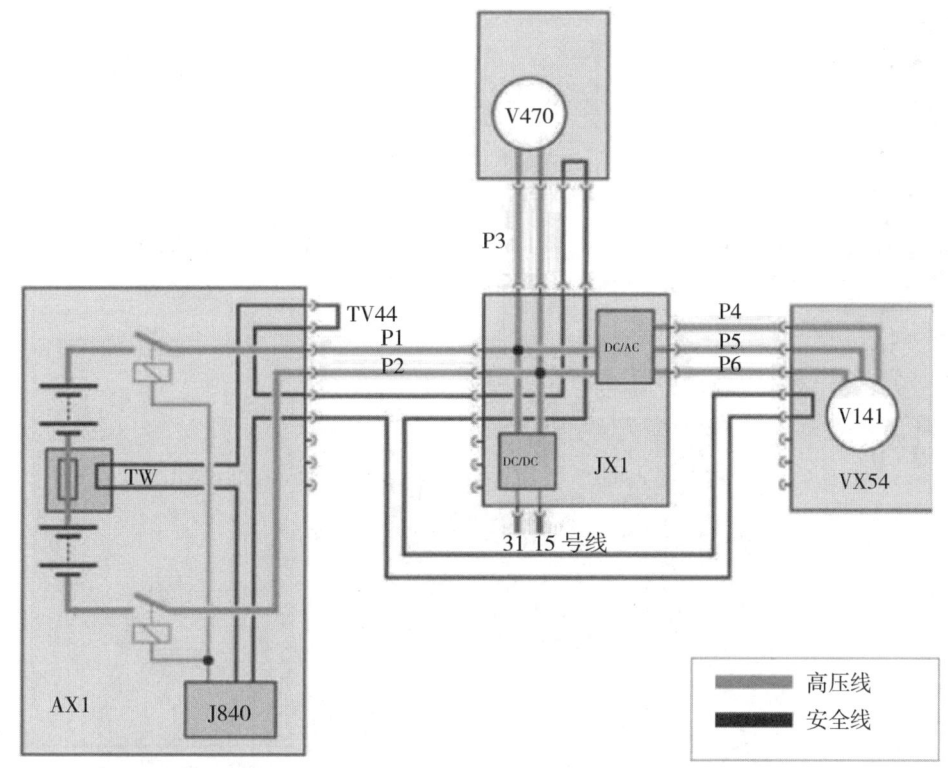

图 1-24

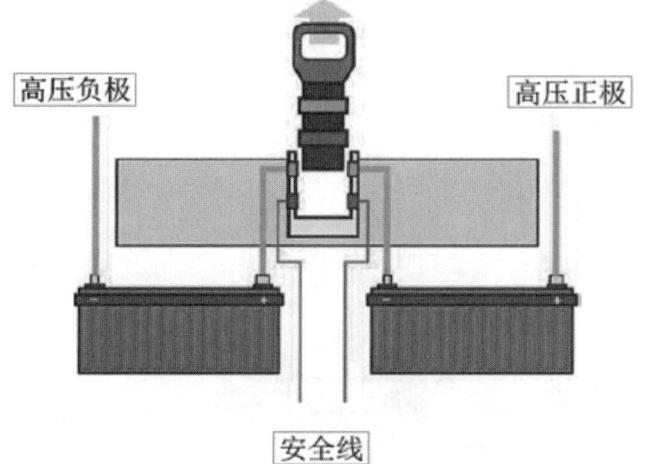

图 1-25

（2）蓄电池两部分的连接断开了，最大电压 133V（DC），无法使用。

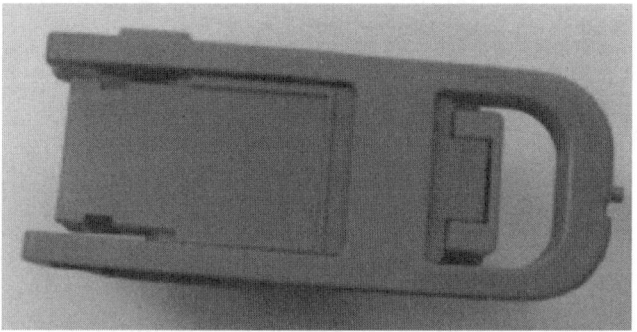

图 1-26

图 1-27

2. 保养插头 TW，如图 1-26 所示。保险丝 S350，如图 1-27 所示。

3. 高压蓄电池上的机械锁，如图 1-28 所示。

4. 功率电子装置上的机械锁，如图 1-29 所示。

5. 三相交流驱动装置 VX54，连接如图 1-30 所示。

6. 高压触点控制和安全线，如图 1-31 所示。

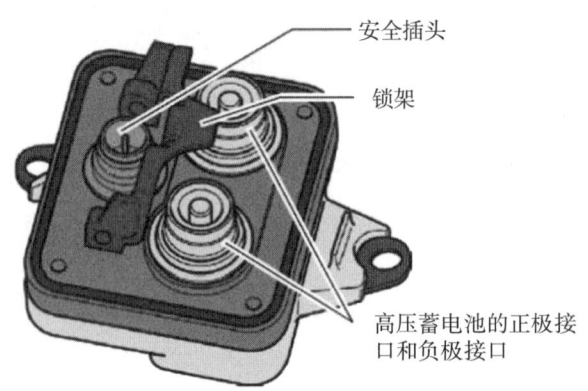

图 1-28

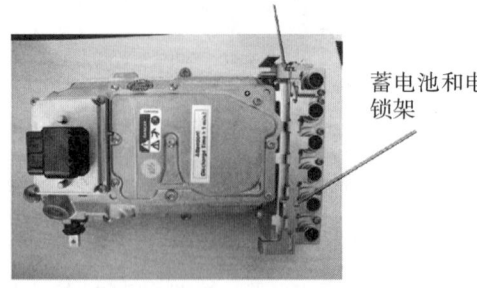

图 1-29

图 1-30

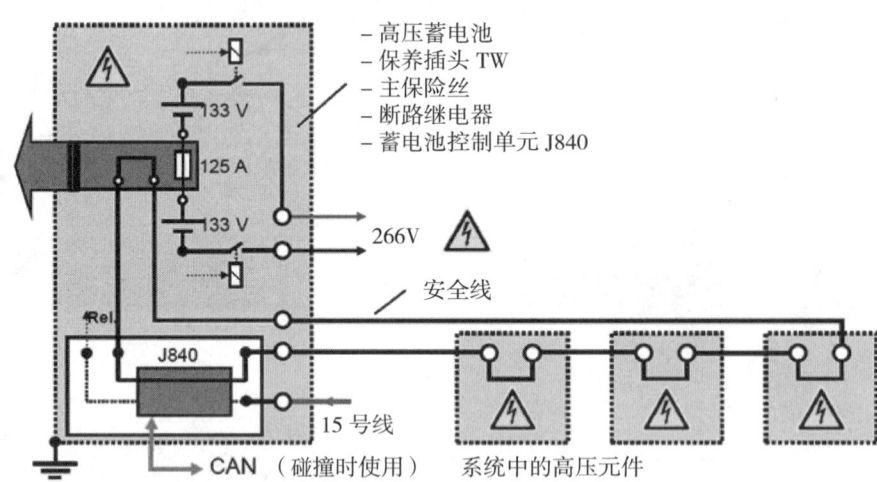

图 1-31

7.VAS6606、VAS6606/10 专用工具使用，如图 1-32 所示。

8.总结。

（1）安全线是个环形线，它穿过所有的高压部件。

（2）J840 提供一个 10mA 电流，该电流在安全线内持续流动。

（3）J840 负责检测分析安全线电流，如果高压部件脱开或者拔掉高压线，安全线的电流就中断了，那么 J840 控制高压触点断开，

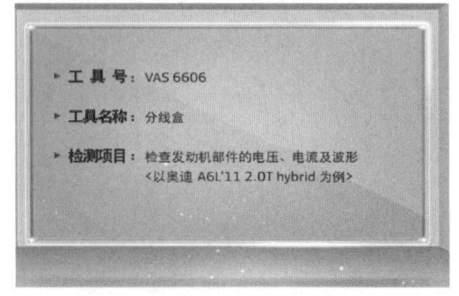

图 1-32

于是高压系统就处于关闭状态。

（4）J841 内有一个 150~200Ω 的电阻。

备注：安全线控制 Q5 与 C7 和 D4 车型不同。

二、hybrid 等电位线

（一）电网形式：IT 系统

1. 通过完全绝缘，没有导通电流通过车身或地面流向电池，如图 1-33 所示。优点：IT 系统在出现第 1 个故障时不会关闭！

2. IT 系统在出现绝缘故障（无等电位保护），如图 1-34 所示。

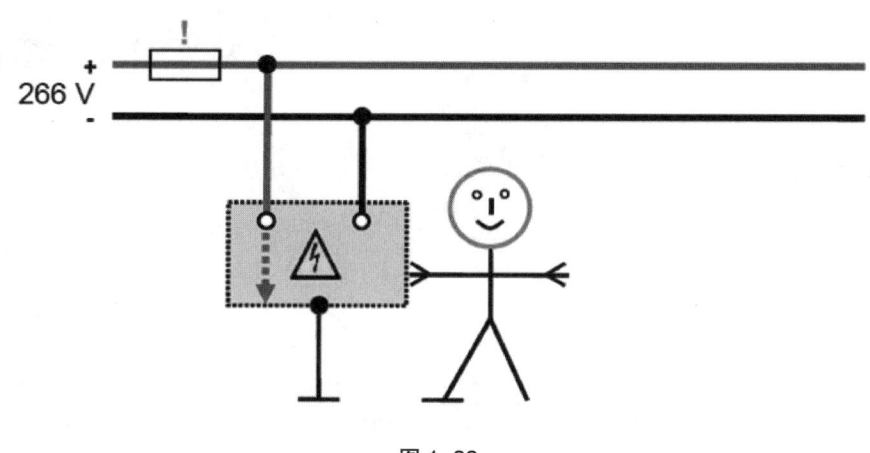

图 1-33

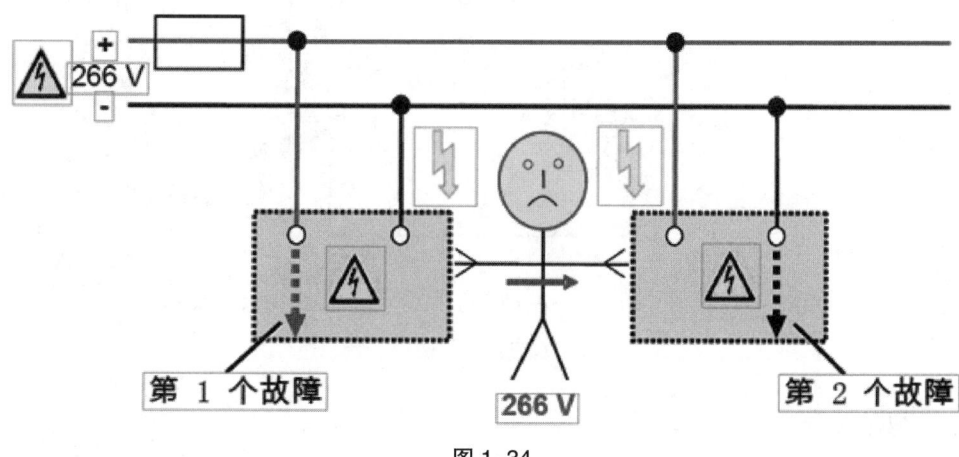

图 1-34

（1）第 1 个故障：人员安全。

（2）第 2 个故障：人员有触电危险。

3. IT 系统在出现绝缘故障（有等电位保护），如图 1-35 所示。

（1）第 1 个故障：系统继续运行，组合仪表中显示黄色故障信息。

（2）第 2 个故障：

①由于短路，保养插头中的保险丝熔断，人员安全无触电危险。

②高压系统断电，发动机无法启动，车辆无法驱动行驶。

③组合仪表红色故障报警。

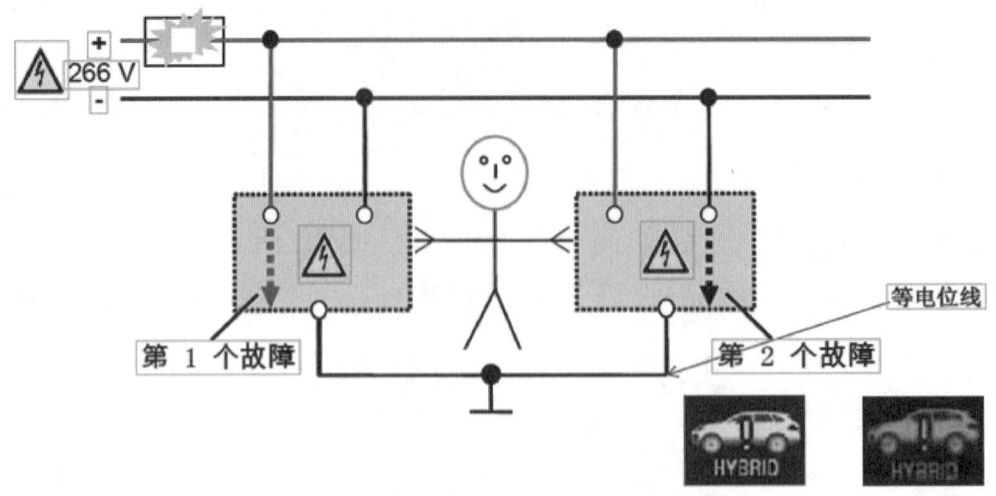

图 1-35

4. IT 系统有 2 个绝缘故障和 1 个等电位线断路故障，如图 1-36 所示。

（1）第 1 个故障：人员安全。

（2）第 2 个故障：人员安全。

（3）第 3 个故障：人员有触电危险。

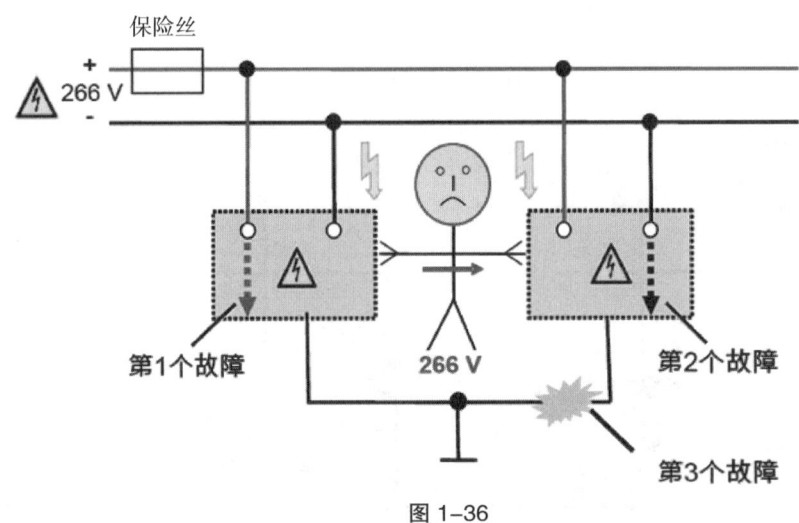

图 1-36

（二）等电位线（电位补偿导线）

1. 所有接触面应洁净且无油脂。导线截面不可因电缆断裂而减小，如图 1-37 所示。

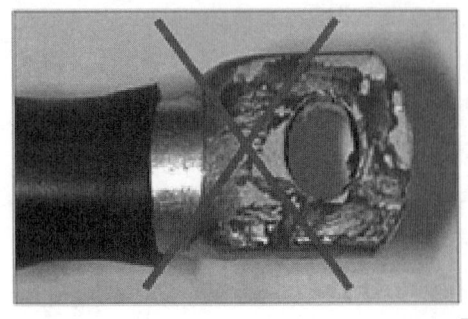 

图 1-37

2. 在出现故障时，接触电阻大和电缆断裂时，因等电位而无保护作用了，所以危险。

3. 蓄电池调节控制单元 J840 绝缘检测。

（1）在高压系统工作（就是显示 hybrid ready，意为混合动力准备就绪）时，每 30s 用高压电网上的系统电压进行一次绝缘测量，蓄电池调节控制单元 J840 发出测试电压。测试电压约 500V，电流值很低，所以对人体无害。

（2）绝缘检测就是要识别整个高压回路上的绝缘故障，整个高压系统包括高压蓄电池、功率控制电子装置、电驱动装置电机、空调压缩机和高压线缆。

（3）如果有绝缘故障的话，那么组合仪表上会有信息，提示用户去服务站寻求帮助。

三、e-tron 安全线

（一）安全线

1. 安全线是个 12V 环形线，它把所有高压元件彼此串联在了一起，如图 1-38 所示。

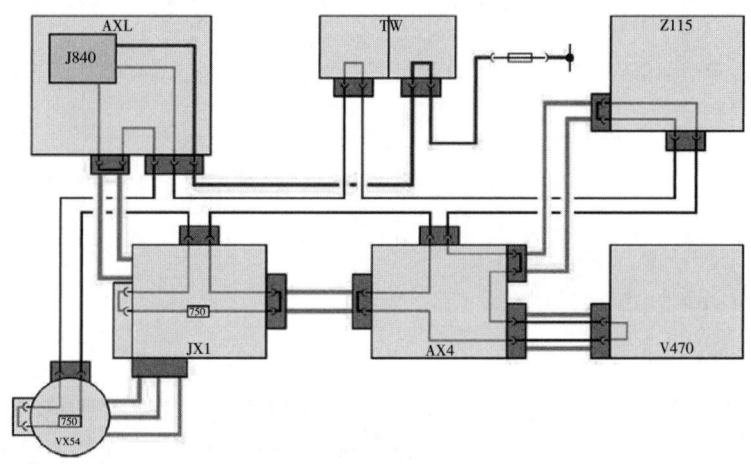

图 1-38

2. 蓄电池调节控制单元 J840 将一个约 10mA 的电流信号送入安全线，并分析其电流流动情况。另外，电驱动控制单元 J841 也对安全线进行监控。

3. 如果安全线断了，那么蓄电池调节控制单元 J840 会立即切断高压系统，高压触点也会断开，驾驶员在组合仪表的显示屏上会看到相应提示的。

（二）绝缘监控

1. 安全线在高压系统工作时，高压蓄电池配电箱 SX6 每隔 60s 就检查一次绝缘情况。

2. 具体说，就是用 352V 这个额定电压去测量高压导线和混合动力蓄电池单元 AX1 壳体之间的电阻。可以识别出高压部件和高压线上的绝缘故障。

3. 高压充电器上的充电插座 UX4 和 AC/DC 逆变器用不着检查，因为 230V（AC）与 352V（DC）有电流隔离。

4. 如果识别出有绝缘故障，那么组合仪表的显示屏上会有提示，这时用户就该去服务站进行处理了。

第五节 奥迪 hybrid 技术

一、混合动力系统的工作过程

（一）系统组成

系统组成如图1-39所示。

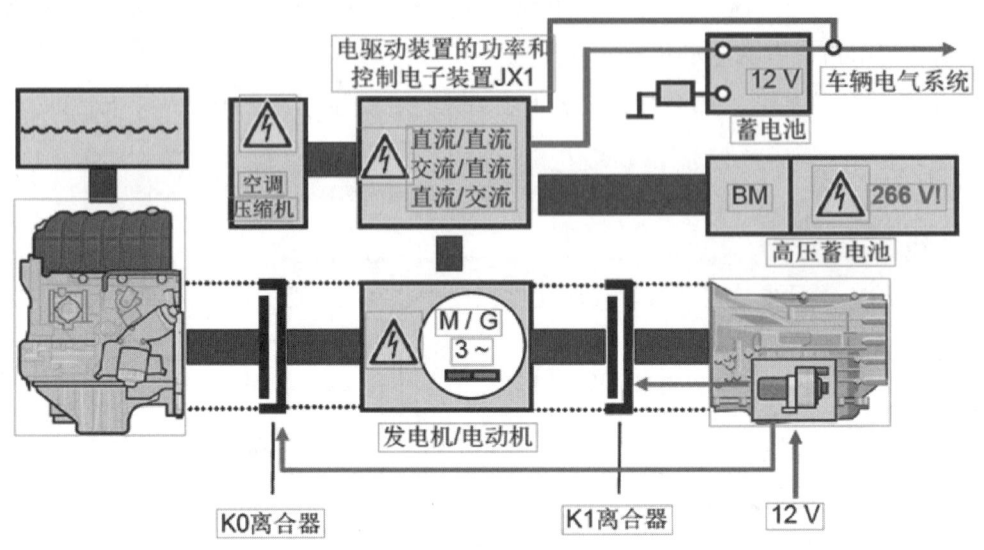

图1-39

（二）工作状态 hybrid ready

1. 踩下制动踏板，接通点火开关，如图1-40和图1-41所示。

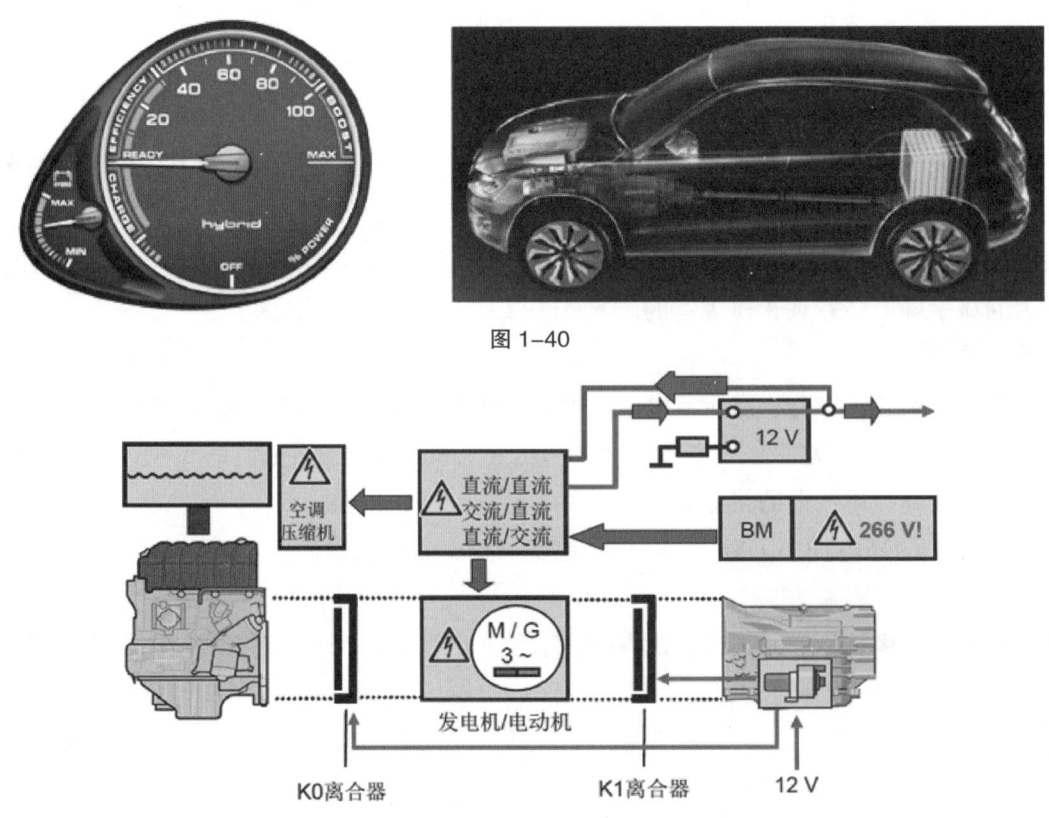

图1-40

图1-41

（1）高压蓄电池电量充足。
（2）轻踩加速踏板后，车辆即可开始电动行驶。
（3）高压蓄电池电量较低时，会启动发动机。

2. 工作状态——发动机启动，如图 1-42 所示。

3. 工作状态——电动行驶（EV 模式），如图 1-43 和图 1-44 所示。

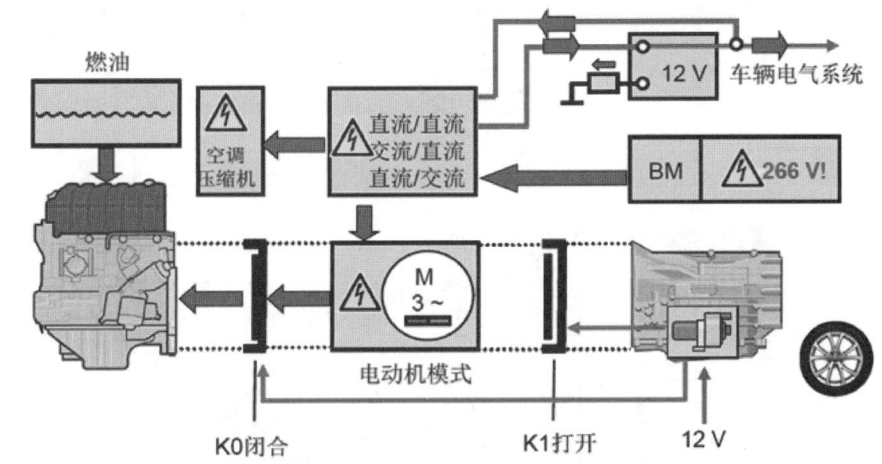

图 1-42

图 1-43

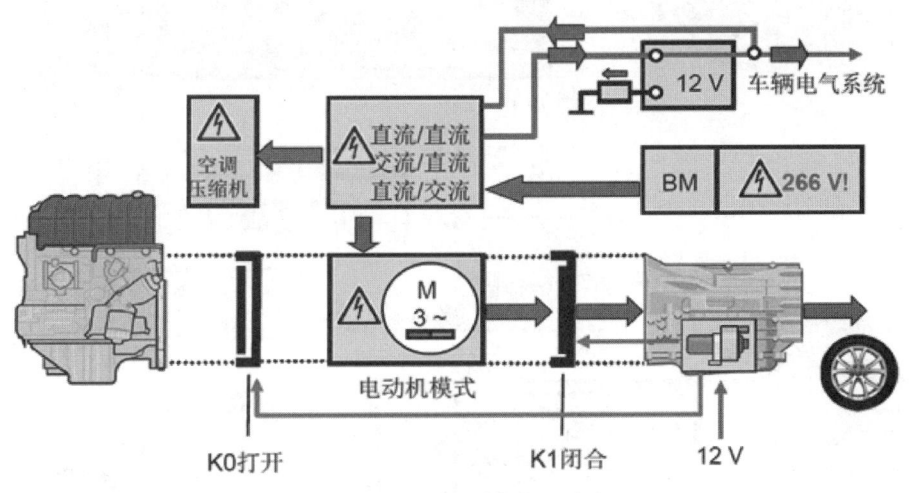

图 1-44

（1）无论是否按下 EV 按钮，只要蓄电池电量大于 42%，都可以进入电动行驶模式。
（2）按下 EV 按钮，可以进入扩展电动行驶模式。

①电动行驶直至高压蓄电池电量下降到30%。

②轻踩加速踏板，最高车速可达到100km/h。

4. 工作状态——发动机驱动车辆，如图1-45和图1-46所示。

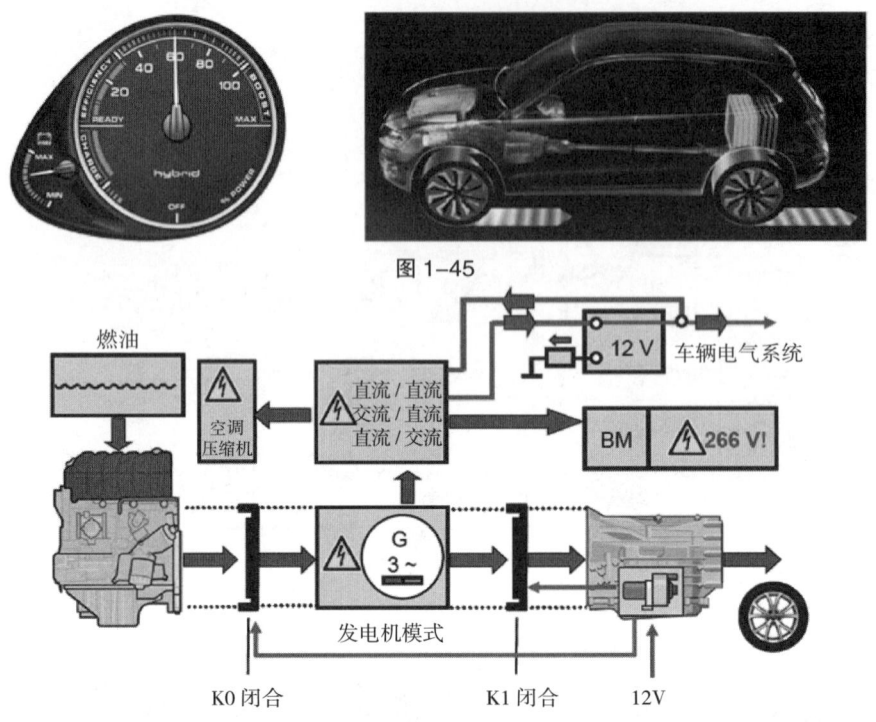

图1-45

图1-46

高压蓄电池电量不足或驾驶员有加速需求时，车辆同时为高低压蓄电池充电。

5. 工作状态——发动机不启动时滑行，如图1-47和图1-48所示。

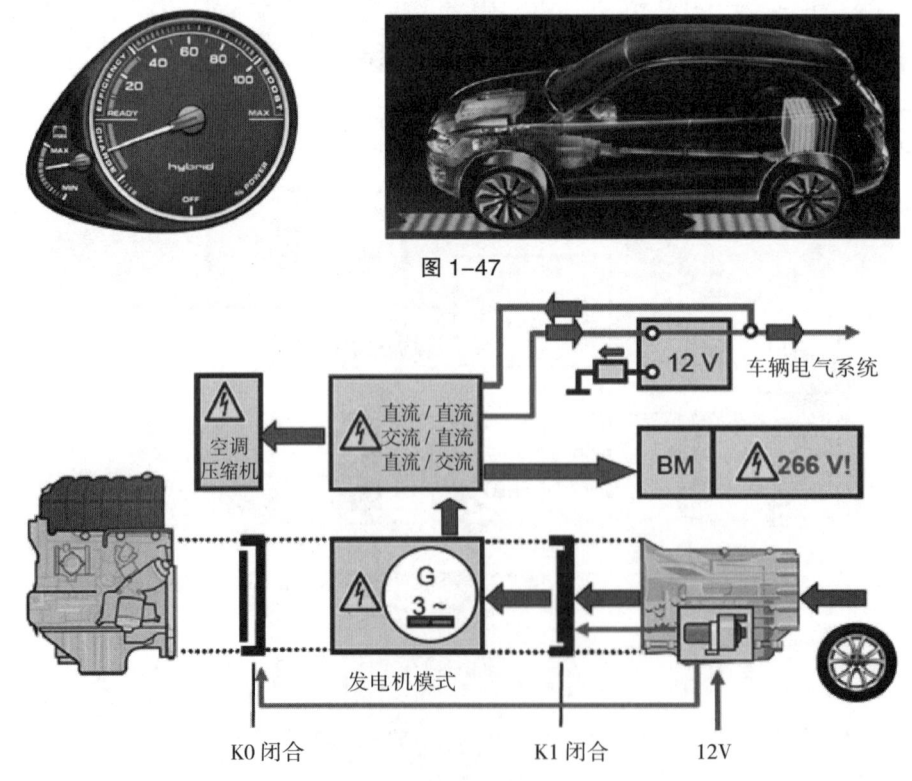

图1-47

图1-48

（1）车辆平路滑行时，回收能量较少，发电机的电能主要供给12V车载电网。

（2）在坡度小于4°的下坡行驶时，回收能量较多。

6. 工作状态——发动机运行时滑行，如图1-49和图1-50所示。

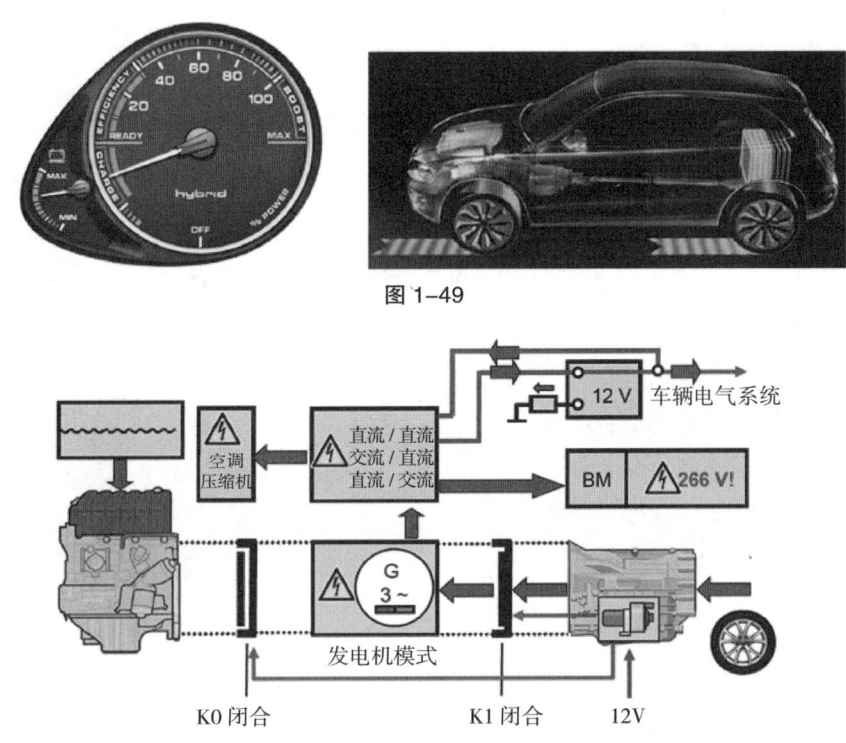

图1-49

图1-50

在坡度大于4°的下坡行驶时，在进行能量回收同时为12V车载电网供电，这时发动机启动，为发动机制动做准备。

7. 工作状态——Boost模式，如图1-51和图1-52所示。

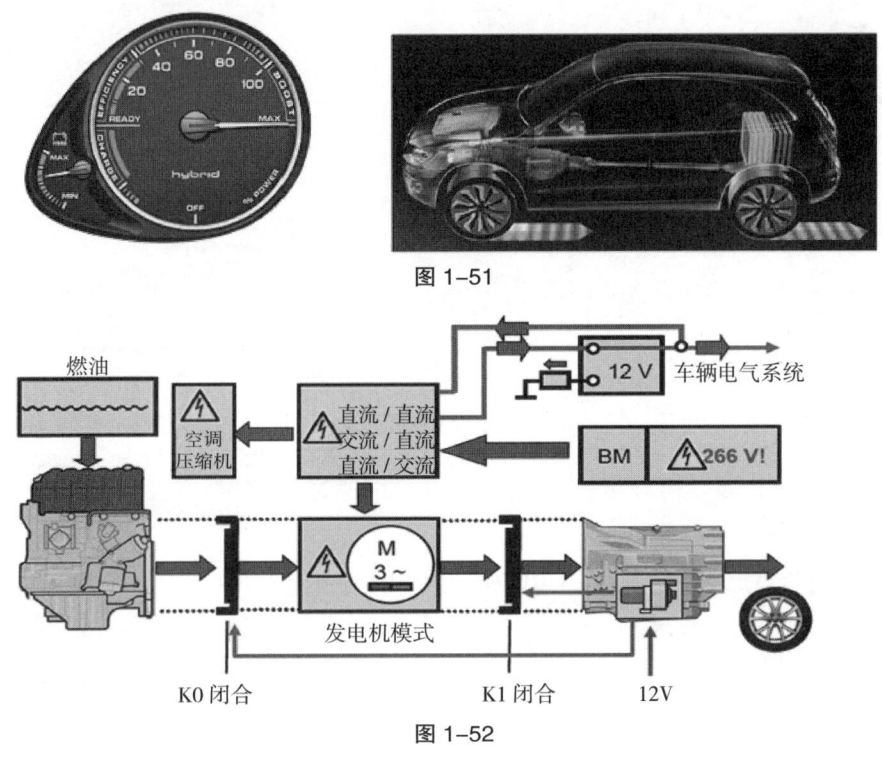

图1-51

图1-52

当驾驶员有急加速需求时，电机和发动机同时驱动车辆。

8. 工作状态，如图 1-53 所示。

二、组合仪表和 MMI 系统变化

（一）组合仪表 J285（如图 1-54 所示）

1. 功率表取代了转速表，在行车过程中，功率表上会显示当前的动力情况和各种车辆状态。

2. 高压蓄电池的充电指示器会指示当前的充电状态。

图 1-53

3. 驾驶员信息系统上会显示当前的行驶状态。

（二）MMI 中混合动力状态显示

1. MMI 显示屏上会以动画形式来显示车辆行驶状态，并显示正在使用哪种能源在驱动车辆以及是否在进行能量回收，如图 1-55 所示。

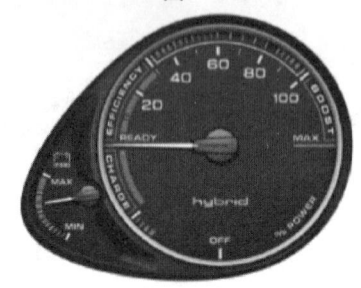

图 1-54

图 1-55

2. 混合动力驱动装置已准备妥当，如图 1-56 所示。

3. 如果高压系统有故障，那么组合仪表显示屏上的警报灯会加以提示。

（1）混合动力驱动装置：系统故障！请联系服务站。警报灯显示，如图 1-57 所示。

图 1-56　　　　　　　　　　　　　　　　　图 1-57

（2）混合动力驱动装置：系统故障！转向助力和制动助力可能失灵。警报灯显示如图 1-58 所示。

（三）EV 模式（如图 1-59 所示）

1. 使用电驱动优先切换按钮 E656（EV 模式），驾驶员可以扩展电动行驶的极限，电机的全部功率都用于车辆的纯电动行驶中。

2. 只要车速不高于100km/h，或者蓄电池的充电状态不低于34%，那么就可以使用纯电动方式来驱动车辆行驶。

3.EV按钮的测量值在发动机控制单元里可以读取。

图 1-58

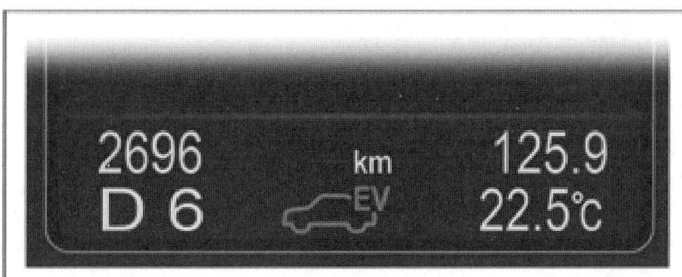

图 1-59

三、供电结构

（一）高压系统电网（如图1-60所示）

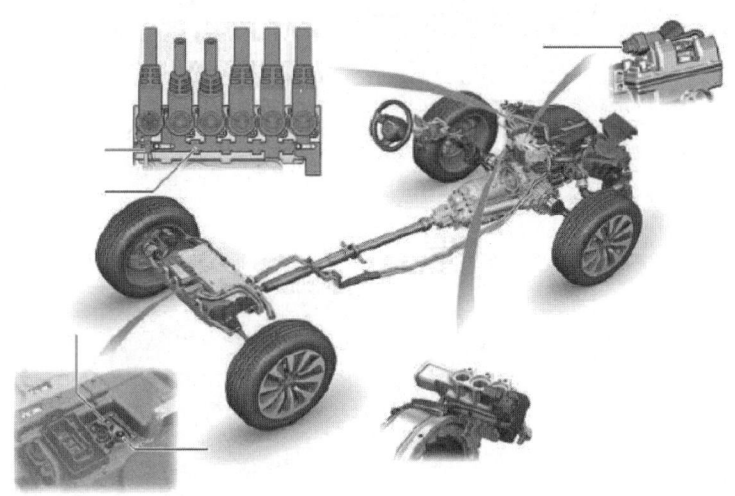

图 1-60

（二）高压系统电网AX1（如图1-61所示）

1. 安装位置：行李箱内的备胎坑中。

2. 组成。

由下述部件构成：

（1）高压蓄电池A38。

（2）蓄电池调节控制单元J840。

（3）保养插头TW接口。

（4）安全插头TV44接口。

（5）高压线束PX1接口。

（6）12V车载网络接口。

图 1-61

3. 维修：AX1 不能进行维修。

4. 高压蓄电池 A38 特点。

（1）额定电压 266V。

（2）单格电压 3.7V Li-ion。

（3）电池格数量 72（串联的）。

（4）容量 5.0Ah。

（5）工作温度 15~55℃，-30℃以下则无法保证启动功能。

（6）总能量 1.3kWh。

（7）可用能量 0.8kWh。

（8）重量 38kg（安装重量）。

（9）蓄电池的电池格，如图 1-62 所示。

图 1-62

5. 充电状态，如图 1-63 所示。

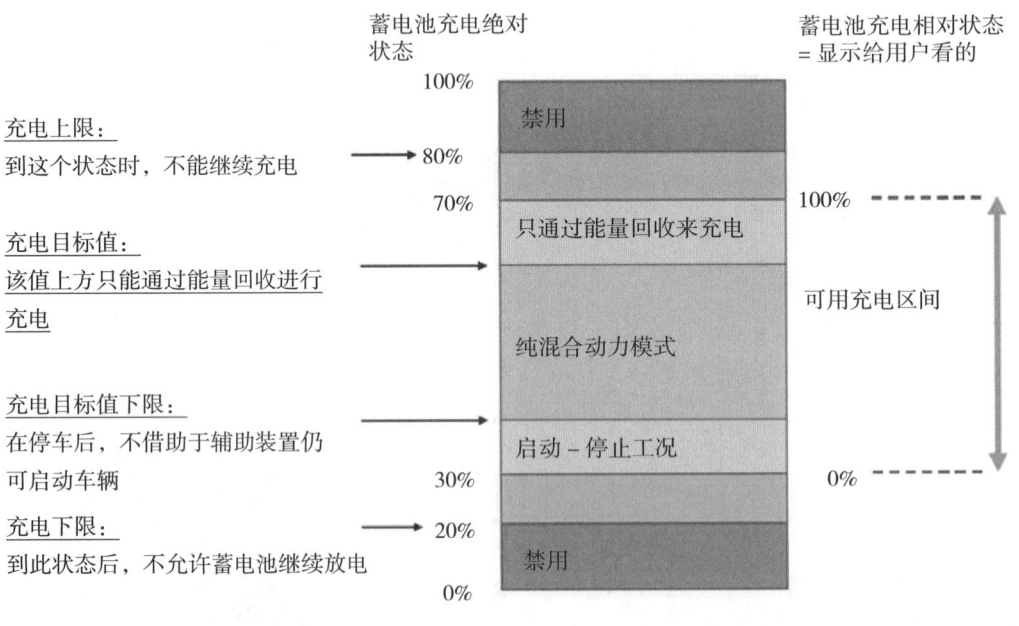

图 1-63

6. 高压蓄电池亏电。

（1）如果高压蓄电池电量过低，则在驾驶员信息系统中出现如下说明：汽车目前无法启动，参见使用说明书。

（2）高压蓄电池充电：

①需要在点火开关打开的情况下对高压蓄电池充电。

②可使用充电装置连接跨接启动点对高压蓄电池充电。充电装置应提供至少 30A 的电流，否则充电速度慢，理想电流强度为 50~70A。

③约 30min 充电过程被取消，因为点火开关自动关闭。

7. 蓄电池调节控制单元 J840 在左侧，不允许维修，如图 1-64 所示。

8. 绝缘电阻自动检测。

每 30s，控制单元 J840 对高压电网上的系统电压进行一次绝缘测量，就是要识别整个高压回路上的绝缘故障。整个高压回路包括高压蓄电池内部、

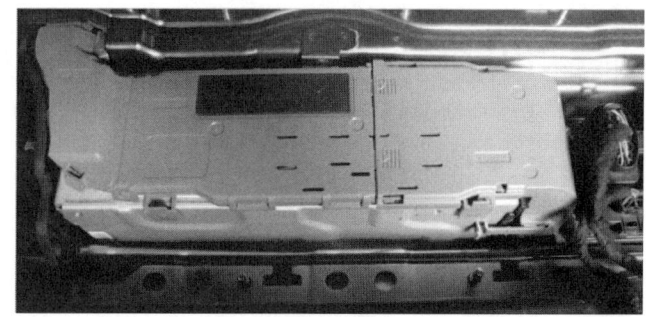

图 1-64

动力线、功率控制电子装置、电驱动装置电机的三相线和连接空调压缩机（包括空调压缩机）的导线。如果有绝缘故障的话，那么组合仪表上会有信息，提示用户去服务站寻求帮助。

9. 安全线自动检测。

（1）安全线是个环形线，它穿过所有的高压部件。高压蓄电池监控控制单元提供约 10mA 信号，并对这个信号进行分析。安全线有一个 150~200Ω 的电阻，在高压蓄电池接头处。

（2）如果安全线中断了，那么高压触点也就脱开了，于是高压系统就被关闭了。

（3）在高压部件脱开或者拔掉高压线时，安全线断开。

10. 高压蓄电池内部电路，如图 1-65 所示。

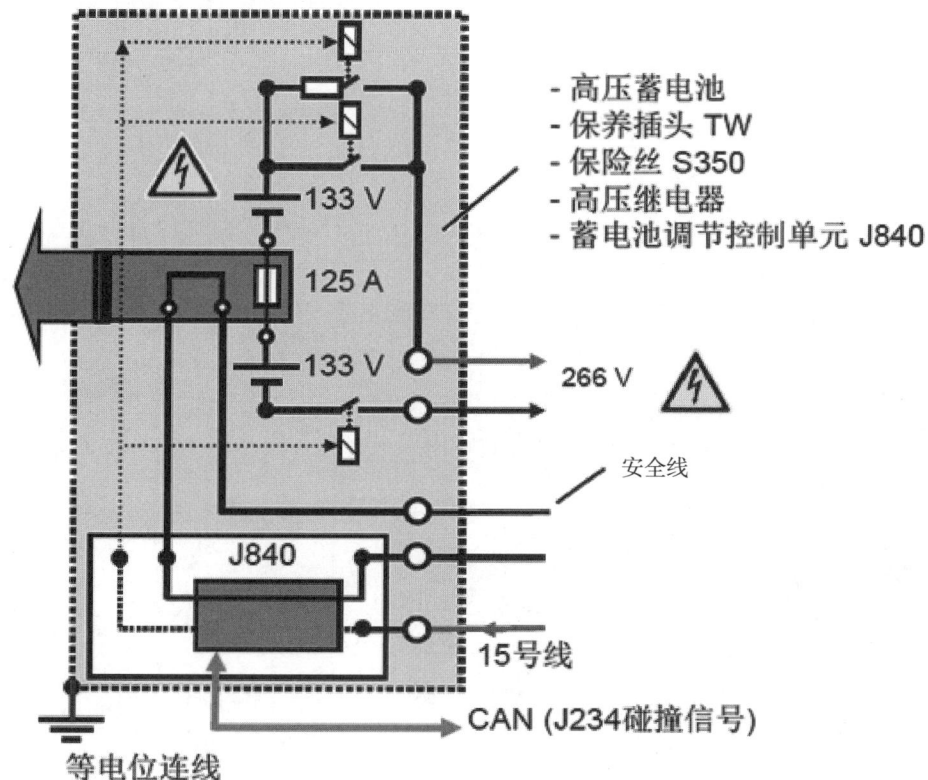

图 1-65

11. J840 从 CAN 总线接收安全气囊控制单元 J234 的碰撞信号。

（1）当碰撞级别为只触发安全带张紧器时，高压触点可逆式断开，通过关闭—接通点火开关后，高压触点可以再次合上。

（2）当碰撞级别为既触发安全带张紧器，同时又触发安全气囊时，高压触点断开是不可逆的，只能通过诊断仪进行重置。

12. 保养插头 TW。

（1）内置 125A 保险丝 S350，如图 1-66 所示。

（2）保险不可更换。

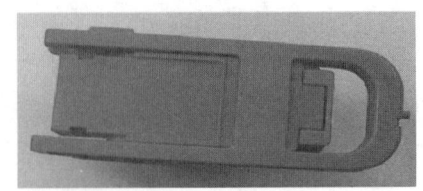
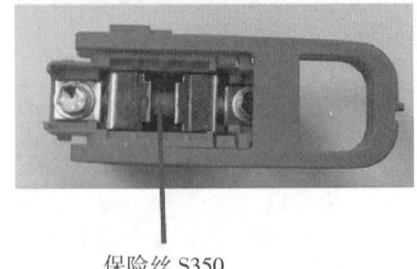

保险丝 S350

图 1-66

（二）高压系统电网—功率电子模块 JX1

1. 安装位置：在集水槽内，如图 1-67 所示。

（1）A：电驱动功率电子模块 JX1。

（2）A1：4 针插头连接器 T4jx。

（3）A2：1 针插头连接器 T1f——高压导线（高压蓄电池正极）。

（4）A3：1 针插头连接器 T1e——高压导线（高压蓄电池负极）。

（5）A4：1 针插头连接器 T1cu。

（6）A5：1 针插头连接器 T1cv。

（7）A6：1 针插头连接器 T1cw。

（8）A7：28 针插头连接器 T28jx。

（9）A8：12V 供电接口。

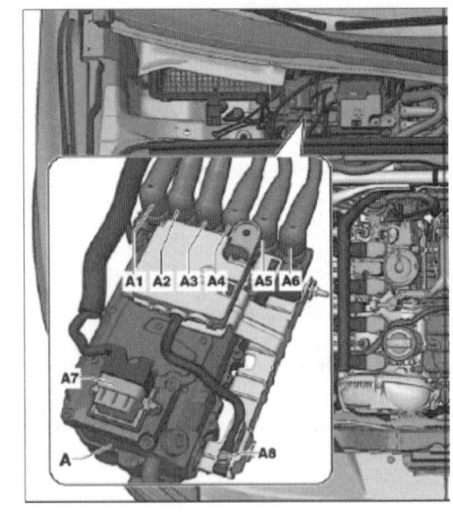

图 1-67

2. JX1 结构，如图 1-68 所示。

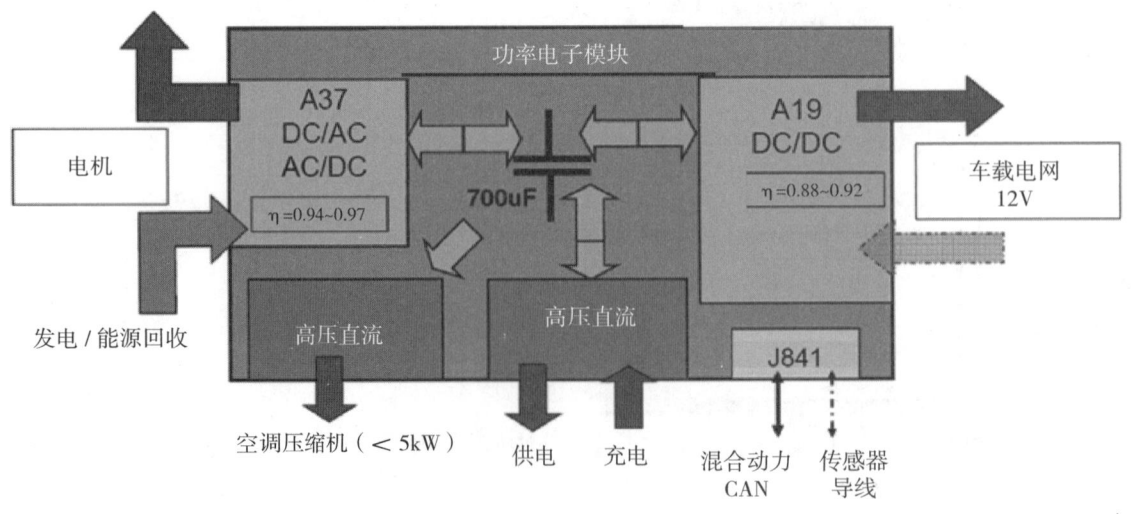

图 1-68

3. 接线端，如图1-69所示。

4. 工作状态，如图1-70所示。

5. 维修。

（1）请勿打开功率电子元件！如果损坏，必须整体更换。

（2）更换JX1时，需要进行维修工作。

①基本设置。

②进行维修防启动锁的工作，如图1-71所示。

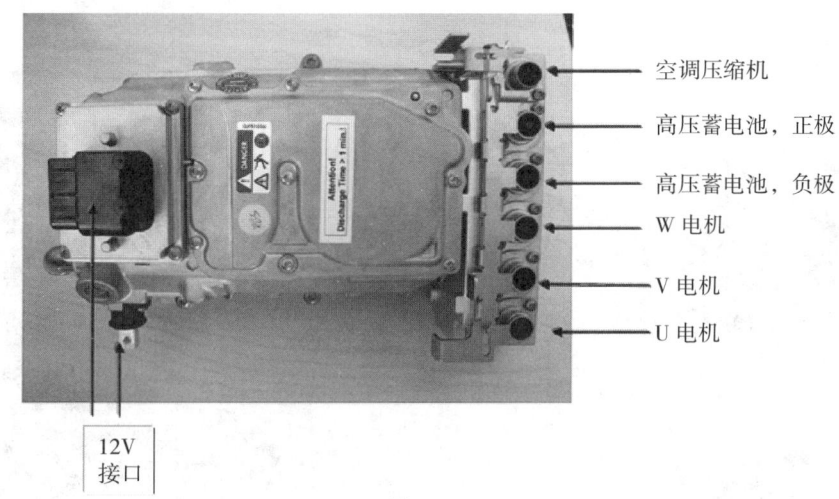

图1-69

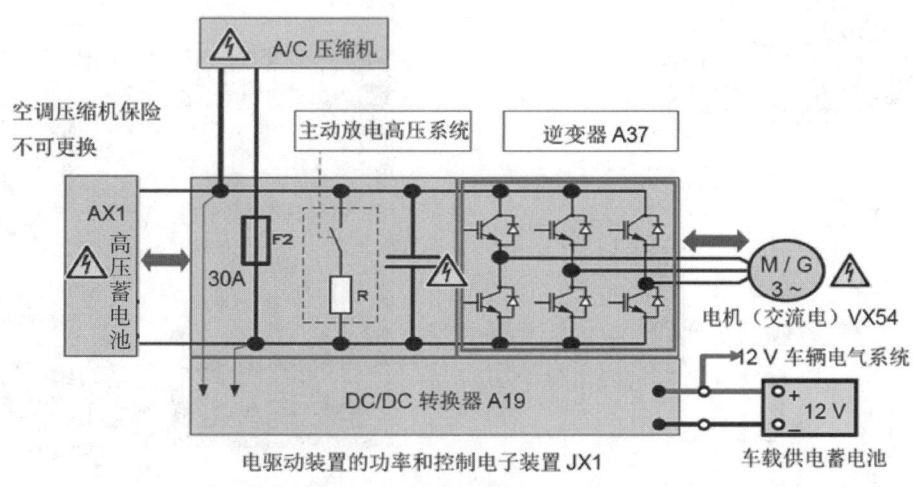

图1-70

图1-71

（三）高压系统电网VX54

1. 安装在变速器内的变矩器位置，如图1-72所示。

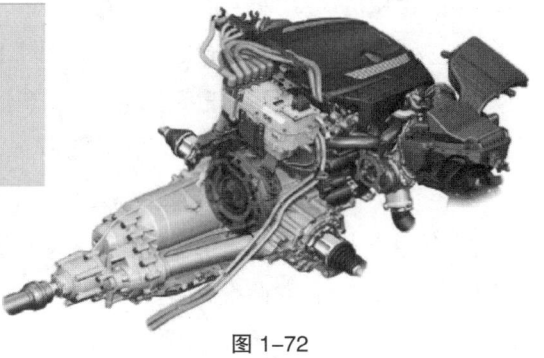

图1-72

2. 三相交流驱动装置 VX54 组成。

（1）电驱动装置的电机 V141。

（2）离合器 K0。

（3）电驱动装置位置传感器 1 G713。该传感器用于侦测转子的实际转速和位置，必须在控制单元 J841 内进行基本设定。

（4）电驱动装置温度传感器 1 G712。

该传感器装在线圈间，用于测量电驱动装置电机的温度。

（5）电机冷却系统，如图 1-73 所示。

3. G712 和 G713（如图 1-74 所示）。

图 1-74

图 1-73

（1）两个传感器集成在电机上，都不可更换。

（2）G712 故障，组合仪表上就会显示黄色的混合动力系统警告灯。这时驾驶员必须到就近的服务站寻求帮助。此时车辆无法重新启动，但是可以继续靠发动机工作来行驶，直至 12V 蓄电池没电为止。

（3）G713 故障，组合仪表上就会显示红色的混合动力系统警告灯，无法以电动方式行驶，也无法启动发动机，驾驶员应立刻寻求服务站帮助。

4. 三相交流驱动装置 VX54，连接如图 1-75 所示。

（四）供电结构（高压系统电网 V470）

1. 高压系统电网 V470，如图 1-76 所示。

2. 电动空调压缩机 V470 是采用高压来工作的，其上集成有空调压缩机控制单元 J842。J842 连接在扩展 CAN 总线上，它从空调控制单元 J255 上来获取让压缩机工作的信息，如图 1-77 所示。

图 1-75

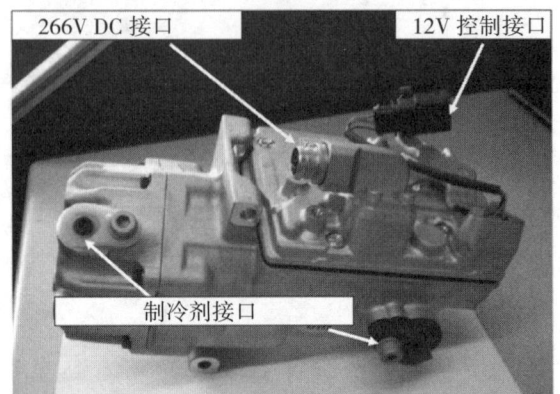

图 1-76

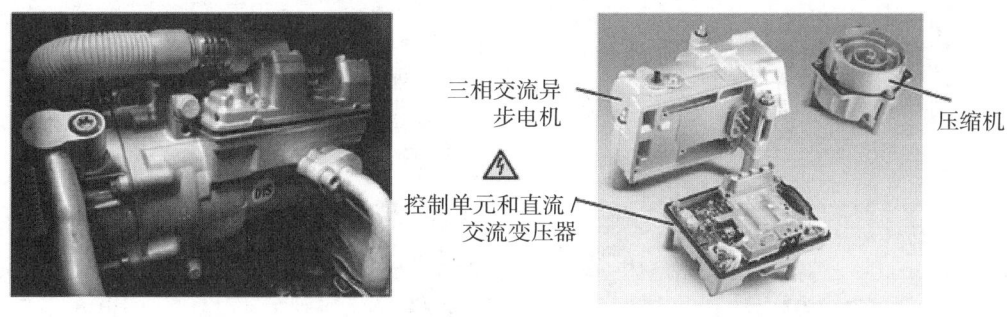

图 1-77

(五)供电结构(12V车载供电网)

1. 12V车载供电网,如图 1-78 所示。

2. 蓄电池安装位置,如图 1-79 所示。

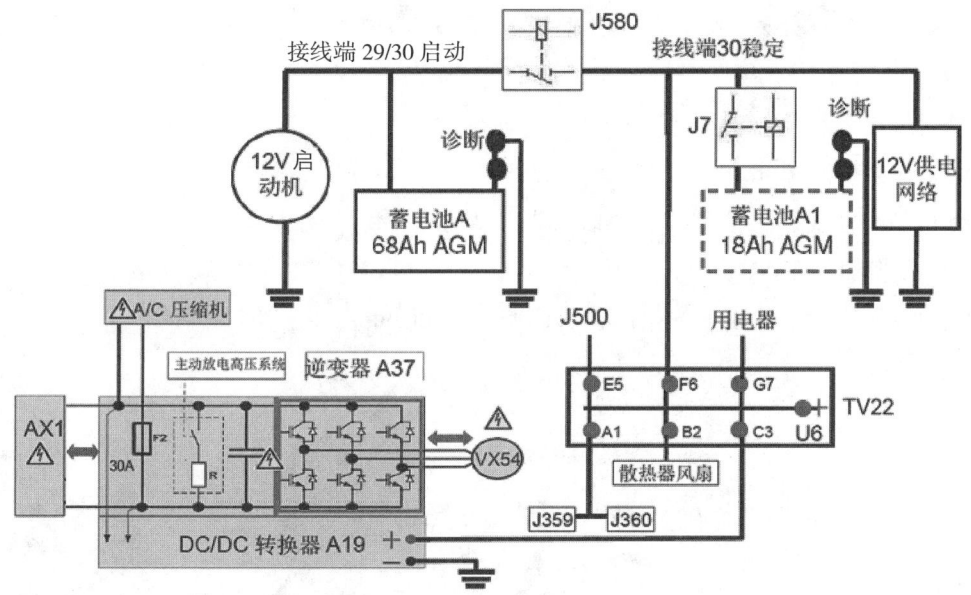

图 1-78

3. 12V车载蓄电池亏电。

(1)将会导致车辆无法启动。

(2)可使用充电装置连接在跨接启动点进行充电。

①点火开关断开时,蓄电池 A 充电。

②点火开关接通时,蓄电池 A1、蓄电池 A 充电。

四、hybrid 网络结构

(一)hybrid 网络结构(如图 1-80 所示)

1. hybrid 网络拓扑结构中新增加了混合动力 CAN 总线。

2. 以下控制单元通过混合动力 CAN 总线彼此相连:

(1)发动机控制单元 J623。

(2)蓄电池调节控制单元 J840。

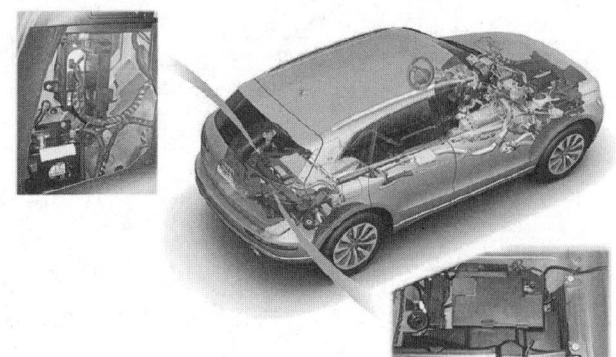

图 1-79

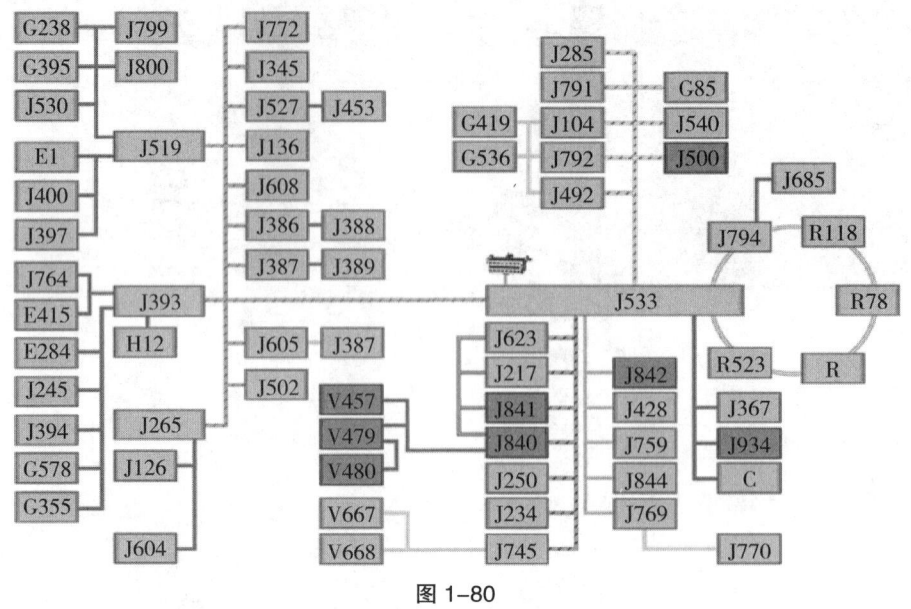

图 1-80

（3）电驱动装置控制单元 J841。

（4）自动变速器控制单元 J217。

3. 混合动力 CAN 总线没有接到数据总线诊断接口 J533 上；通过驱动 CAN 总线来完成这些控制单元与其他总线系统之间的信息交换。

4. 混合动力 CAN 总线（高速）的数据交换速率是 500Kbit/s，无"单线模式"。

（二）系统功能图（如图 1-81 和图 1-82 所示）

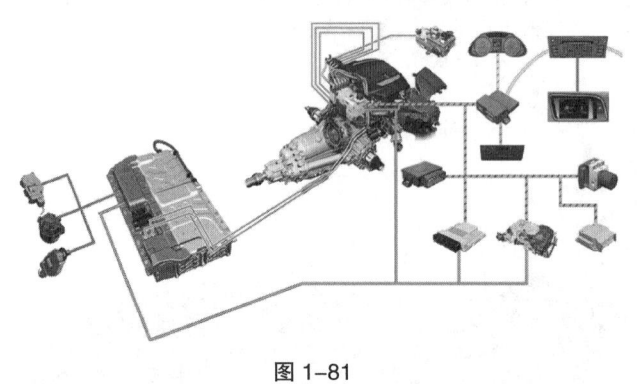

图 1-81

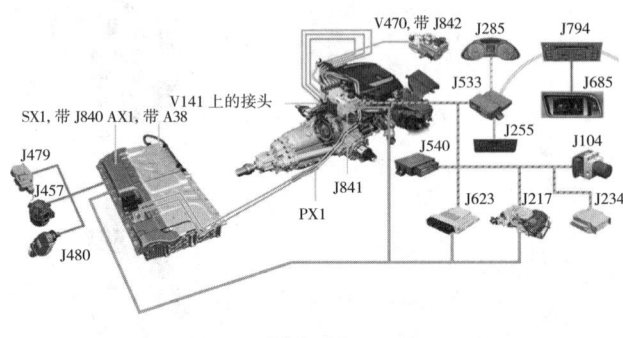

图 1-82

（三）混合动力管理器（如图 1-83 所示）

1. 混合动力管理器是发动机控制单元的一个功能，它控制着所有参与混合动力控制的控制单元。

2. 混合动力管理器接收来自这些控制单元的信息，并控制下述这些功能。

（1）助力（Boost）、滑行、能量回收、发电机模式、纯电驱动模式、启动/停止、电气制动。

（2）组合仪表上的信息和指示以及 MMI 显示屏上的指示。

3. 工作状态。

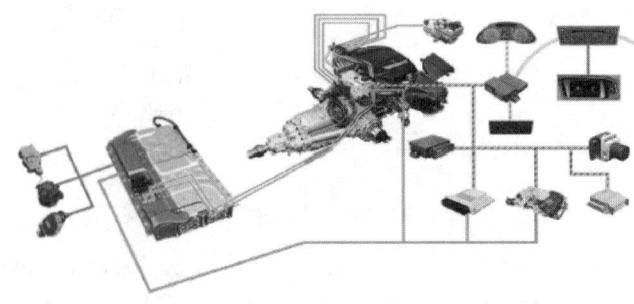

图 1-83

（1）休眠模式："15号线未接通"，无工作电流流过。

（2）待命状态："15号线接通"且"50号线未接通"（点火开关接通了，但未踏下制动踏板），蓄电池的高压触点接合了，但是无工作电流流过。

（3）"hybrid ready"（混合动力已准备完毕）。

①"15号线接通且50号线接通"（点火开关接通了且踏下制动踏板），车辆已准备好行驶了，所有的高压部件和12V车载电网都已供上了电。

②该模式处于主动状态时，随时可能启动或关闭发动机。

③该模式处于被动状态时（例如：识别出驾驶员缺席时；打开了发动机舱盖时），则发动机状态保持不变。

4. 混合动力管理器（驾驶员缺席识别）。

（1）满足下述条件时，就认为驾驶员是"在现场的"：

①"hybrid ready"（混合动力已准备完毕）。

②已判定驾驶员是"在现场的"（驾驶员车门已关，且已系上驾驶员安全带）；或驾驶员车门已关上，且挂入某个行驶挡位。

（2）如果在挡位P时打开了驾驶员车门或摘下安全带，那么就认为是驾驶员缺席了(驾驶员没在现场)：

①发生这种情况时，如果发动机在工作着，那么发动机会继续工作。

②发生这种情况时，如果发动机并未工作着，那么混合动力管理器就进入待命模式。高压蓄电池不会有电流流出且发动机不能自动启动。如果没有12V充电器，那么12V蓄电池就会放电。

5. 运输模式。

（1）在运输模式时，电驱动电机只用作发电机和启动机。因此，电驱动、boost、启动/停止和能量回收等均无法实现。

（2）在运输模式，当发动机运转时，高压蓄电池通过"急充电"会充电到70%。

（3）在运输模式时，最高车速为35km/h或3500r/min。

（4）如果没有消除运输模式，那么车辆行驶超过100km后，再次激活点火开关时，该模式自动被取消。

6. 维修模式。

（1）可在发动机控制单元里通过适配来激活修理模式。

这时的冷却液温度不得低于25℃。警报灯K83（MIL）和发动机电子警报灯K149（EPC）这时会被激活，这是个明显特征。

（2）在维修模式时，电驱动电机只用作发电机，发动机工作时会为高压蓄电池充电，因此，电驱动、boost、启动/停止和能量回收等均无法实现。

（3）可通过12V辅助启动机来启动发动机。

（4）如果没有取消该模式，那么车辆行驶超过50km后，再次接通15号线时，该模式就自动取消。

7. 下述情况下，发动机会启动并持续工作：

（1）选挡杆在位置"P"时，将加速踏板踏至强制降挡点。

（2）选挡杆在位置"D"时，将ESP关闭或者接通下坡辅助功能（Q5 hybrid可以，A6和A8 hybrid不可以）。

（3）电动真空泵无法在制动助力器中建立起真空。

五、空调

（一）制冷剂回路

1. 蓄电池冷却模块与制冷剂循环相连接是更新的地方。
2. 车内循环和蓄电池循环分别用单独的膨胀阀进行控制，如图1-84和图1-85所示。

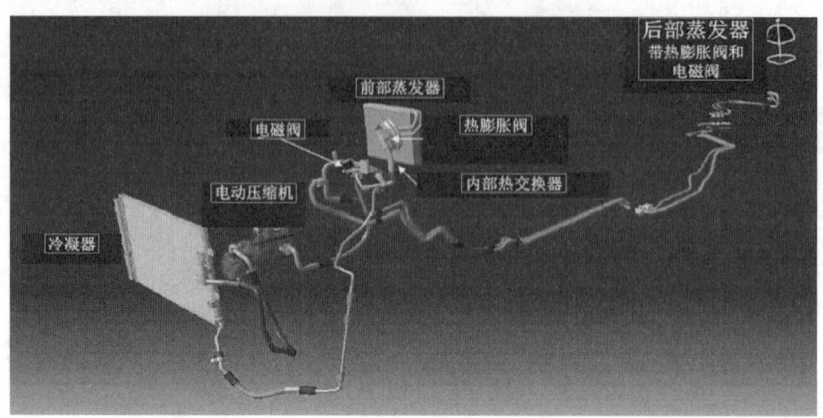

图1-84

3. 混合动力蓄电池制冷剂截止阀1 N516控制流向乘员舱的制冷剂，它由蓄电池调节控制单元J840来操控。该阀在断电时是打开着的，按需要会关闭（高压蓄电池快速冷却）。

4. 混合动力蓄电池制冷剂截止阀2 N517控制流向高压蓄电池的制冷剂，它由蓄电池调节控制单元J840来操控。该阀在断电时是关闭着的，按需要会打开（高压蓄电池快速冷却）。

5. 空调控制面板"OFF"或者"A/C关闭"功能只会影响到为车内制冷的空调，混合动力蓄电池制冷剂截止阀1 N516关闭了。对高压蓄电池进行冷却，是单独激活该压缩机的。

（二）高压蓄电池冷却（如图1-86所示）

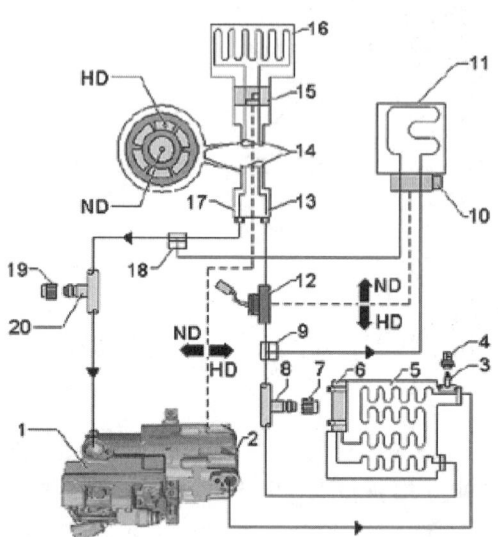

1.电驱动空调压缩机 2.超压排放阀 3.带阀门的接口 4.制冷剂压力和温度传感器G395 5.冷凝器 6.储液罐 7.盖罩 8.高压侧维护接口 9.至蓄电池冷却模块内蒸发器的接口 10.带混合动力蓄电池制冷剂截止阀2 N517的膨胀阀 11.蓄电池冷却模块内蒸发器 12.混合动力蓄电池制冷剂截止阀1 N516 13.制冷剂管路高压侧的快速连接接头 14.带内部热交换器的制冷剂管路 15.膨胀阀 16.空调器内蒸发器 17.制冷剂管路低压侧的快速连接接头 18.至蓄电池冷却模块内蒸发器的接口 19.封盖 20.低压侧维修接口

图1-85

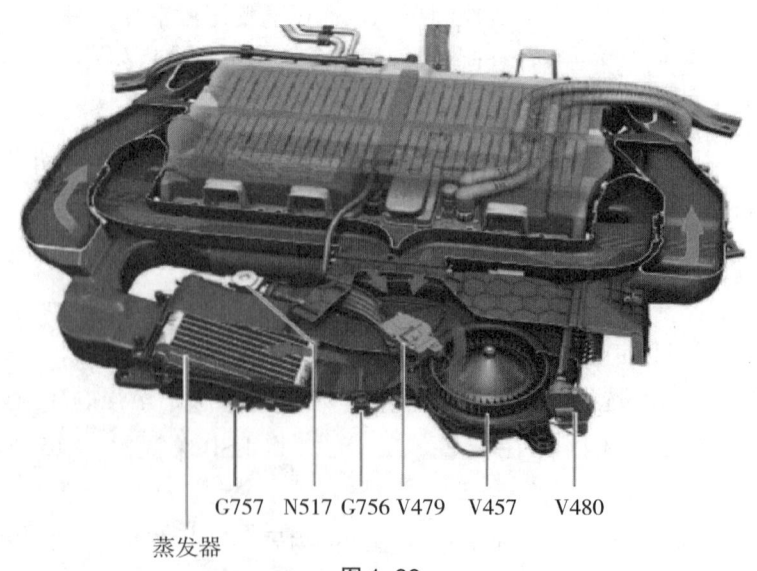

图1-86

(三)加热(电路图如图 1-87 所示)

空气辅助加热器 Z35。

(1)安装了柴油发动机上常见的空气辅助加热器 Z35,带有空气辅助加热控制单元 J604 和低、高热输出继电器 J359 和 J360。

(2)Z35 可实现三级加热:

① J359 吸合,J360 断开。

② J359 断开,J360 吸合。

③ J359 吸合,J360 吸合。

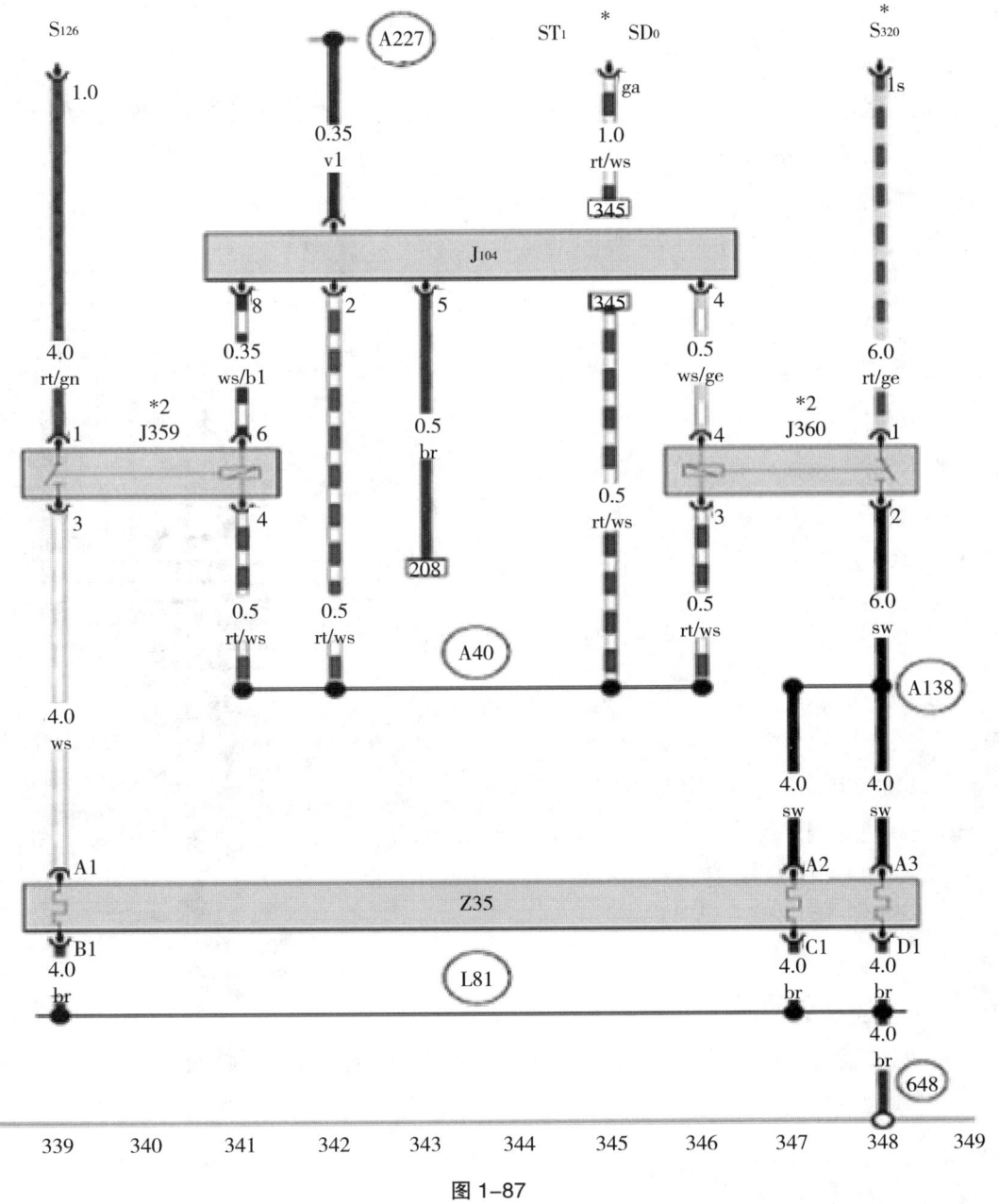

图 1-87

六、发动机

（一）系统变化

1. 前端轮系与老机型不同。

（1）采用电动助力转向，取消了转向助力泵。

（2）采用电动空调压缩机。

（3）驱动电机V141有发电机功能，取消了发电机。

2. 增加了二次空气系统。

3. 增加了排气翻板。

4. 冷却循环增加了JX1和V141的冷却。

5. 控制单元功能增加。

（二）真空控制的排气翻板（如图1-88所示）

1. 安装在左侧后消音器上。

2. N321接上真空，该阀关闭；断开真空，该阀打开。

3. 发动机停机时，该阀打开。

4. 以下2种情况，该阀关闭：

（1）扭矩不超过300N·m。

（2）转速不超过1800r/min。

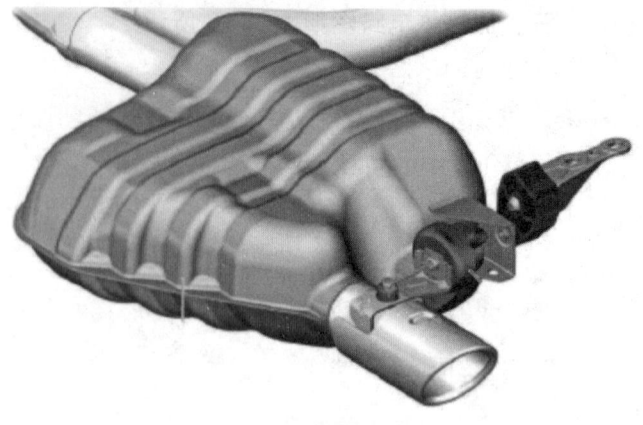

图1-88

（三）冷却循环系统（如图1-89所示）

1. 冷却循环系统有如下变动：

（1）电机V141集成在发动机的高温冷却循环中。

（2）另有一个低温冷却循环，用于功率和控制电子装置JX1。

（3）由发动机控制单元来控制冷却循环系统。电动泵或是由发动机控制单元直接激活，或是发动机控制单元给功率和控制电子装置JX1提供一个值，以用于电动泵的低温循环。

2. 说明。

（1）低温循环连接在高温循环的膨胀罐处。

（2）如果更换或者补加冷却液，请一定要遵守维修手册中的规定，并注意排气。

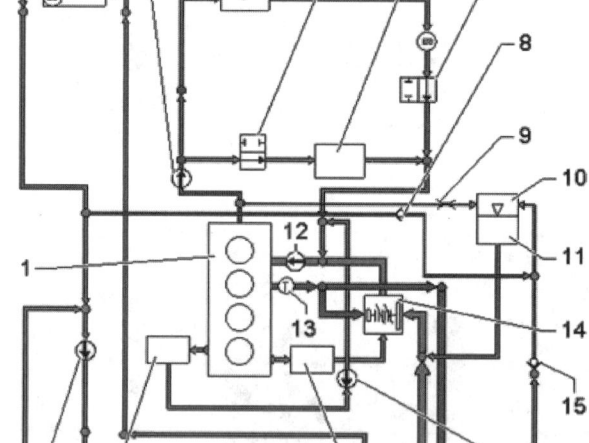

1.气缸盖和气缸体 2.JX1 3.V50 4/18/19.散热器 5.V141调节阀 6.V141 7.加热截止阀 8/15.止回阀 9.节流阀 11/10.冷却液补偿罐/锁盖 12.冷却液泵 13.G62 14.节温器 16.冷却继续循环泵V51 17.机油冷却器 20.废气涡轮增压器 21.用于低温回路的冷却液泵V468

图1-89

（四）控制单元J623（如图1-90所示）

1. 功能。

（1）控制发动机工作。

（2）控制温度管理系统。

（3）车辆混合动力功能的管理器。

2. 保持发动机持续运转方法：在 P 挡位置执行强制降挡，随后发动机就一直在运转着，直至挂上某个挡位为止。

3. 制动踏板位置传感器 G100、真空助力压力传感器 G294 信号输入给发动机控制单元。

4. 电子真空助力泵由发动机控制单元控制。

5. 发动机控制单元针脚变化。

6. 发动机控制单元检测工具，如图 1-91 所示。

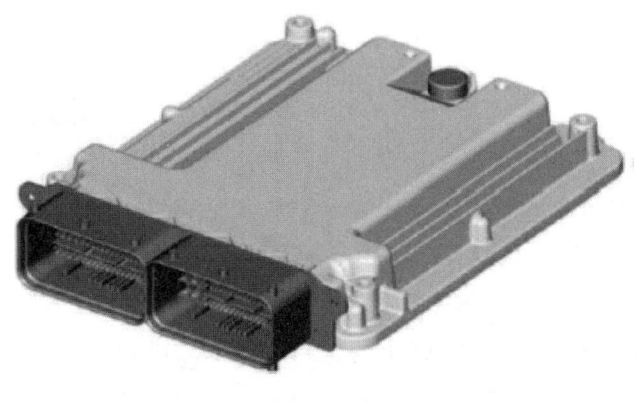

图 1-90

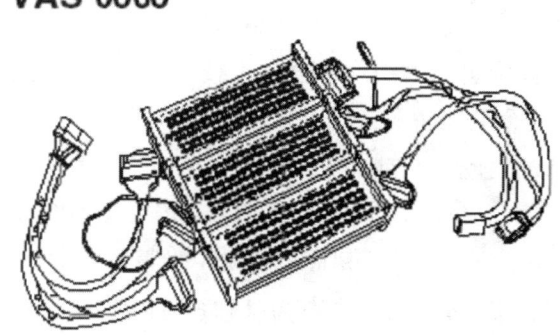

图 1-91

七、自动变速器

（一）8 挡自动变速器 0BW 改进

1. 省去了变矩器。

2. 离合器 K0 与电机 (E-Maschine) 合成为一个模块，取代了变矩器。

3. 离合器 K1 用于起步。

4. 在电机不工作时，电机油泵 V475 用于建立起必要的机油压力以提供变速器操纵油压。

5. 要是需要牵引车辆，其规定与以前的无级自动变速器一样，需要将选挡杆挂在 N 位置，牵引距离不超过 50km，牵引车速不超过 50km/h。这是因为在牵引时，变速器是得不到润滑的。

6. 如果蓄电池没电了或者启动机不工作了，是无法用牵引的方式来启动发动机的。

7. 如果更换了变速器或者电机，必须在控制单元内完成适配过程（自适应）。

8. 更换变速器需要先执行断电操作。

（二）V141

1. V141 的作用：

（1）执行电机的功能，以便以纯电动方式驱动汽车。

（2）执行发电机的功能，以便为车载电网和行驶蓄电池 A2 供电和 / 或充电。

（3）执行启动机的功能，以便启动发动机。

2. 完成以下工作后，必须在 J841 中进行电动驱动行驶电机 V141 的基本设置，学习和调校电动驱动行驶电机 V141 内的转子位置传感器。

（1）如果更换了电动驱动行驶电机 V141。

（2）如果更换了带电动驱动行驶电机 V141 的变速器。

（3）如果更换了电动驱动控制器 J841。

第二章 奥迪 Q5 hybrid quattro

第一节 简 介

一、概述

德国奥迪公司在混合动力技术方面已经有 20 多年经验。奥迪公司早在 1989 年就推出了第一代奥迪 duo 混合动力轿车，该车是以奥迪 100 Avant C3 车为基础开发而来的。该奥迪 duo 混合动力轿车用一台五缸汽油发动机驱动前轮，用一台 9kW（12PS）可切换电机驱动后轮，使用镍—镉蓄电池来储存电能。两年以后，又推出了另一款奥迪 duo 混合动力轿车，它是以奥迪 100 Avant quattro C4 车为基础开发而来的。在 1997 年，奥迪公司成为首家小批量生产完全混合动力汽车的欧洲汽车生产商，该款奥迪 duo 混合动力轿车是以 A4 Avant B5 车为基础开发而来的。该车使用一台 66kW（90PS）的 1.9 LTDI 发动机和一台水冷式 21kW（29PS）电机来提供动力，使用安装在车后部的铅—凝胶蓄电池来提供电能。这两种动力装置都是驱动前轮的。与前面提到的两例研究成果一样，量产的奥迪 duo 混合动力轿车也是采用这种具有前瞻性的插电式（Plug-in）设计，其蓄电池可以连接在插座上来充电。另外，其电机在车辆减速时可以回收能量。在电动模式时，奥迪 duo 混合动力轿车的最高车速可达 80km/h；要是以 TDI 发动机作为动力，其最高车速可达 170km/h。这种设计理念是非常超前的。奥迪在开发混合动力技术的同时，也开发了单独依靠电力即可长途行车的一系列轿车——e-tron，这些车也都采用了这种插电式（Plug-in）混合动力技术。奥迪 A1 e-tron 干脆就是纯电动动力车了，该车在增程发动机和动力前轮之间根本就没有任何机械连接。因此，奥迪 A1 e-tron 是为在人口密集的市区使用而设计的。如图 2-1、图 2-2 和图 2-3 所示。

图 2-1

图 2-2

图 2-3

奥迪 Q5 hybrid quattro（奥迪 Q5 混合动力四驱车型）是奥迪公司第一款高级 SUV 级的完全混合动力车。在经历了三代奥迪混合动力轿车后，奥迪 Q5 hybrid quattro 是第一款采用两种动力形式的混合动力车型（这种混合动力是一种最新的高效并联式混合动力技术），其动力像 V6 发动机，油耗像四缸 TDI 发动机。该车使用 155kW（211PS）的 2.0L TFSI 发动机，该发动机以智能而灵活的方式与 40kW（54PS）的水冷式电机配合工作，可以让用户享受到运动型的行驶性能。该电机由小巧的锂离子蓄电池来供电，如图 2-4 所示。

二、本车的识别标志

奥迪 Q5 hybrid quattro 车与使用发动机的奥迪 Q5 车相比，除了在车型铭牌上有混合动力字母标志外，还有下述不同的特征之处，如图 2-5 和图 2-6 所示。

图 2-4

组合仪表上带有功率表和 hybrid 这个显示

发动机舱内的装饰盖板上有 hybrid 这个字符

翼子板上有 hybrid 这个字符

图 2-5

MMI-系统上有 hybrid 这个显示内容

行李箱盖上有 hybrid

蹬车装饰条上有 hybrid

EV-模式开关和带有 tip-s 功能的换挡操纵机构

图 2-6

第二节　安全说明

一、电工技术安全规程

根据 DIN VDE 0105 制定的 5 点安全规程，每个家用电器电工都必须知晓。

这几点安全规程也同样适用于负责处理机动车上高压装置的有证人员（也就是高压电技工）。检修电气装置前，应按下述顺序来应用这些安全规程，如图 2-7 所示。

说明：

1.25V 交流电压和 60V 直流电压对人来说就已经是危险的了。请务必留意维修手册和故障导航中的安全事项以及车上的安全警示。

2.高压设备的检修工作只可由经过认证的高压电技工来进行操作。

这些工作必须由高压电技工来进行操作
1. 停电
2. 严防设备重新合闸
3. 验电

这些工作与高压车辆无关
4. 接地和短路
5. 遮盖住或者用拦道木拦住附近带电的部件

图 2-7

二、警示符号

为了让用户、维修和服务站人员以及技术救援和医疗救援人员尽可能远离高压设备可能带来的危险，奥迪 Q5 hybrid quattro 车上设置了很多警示和提示标签。

警示标签一般分为两种类型：

1. 黄色警示标签，其上有电压警示符号。
2. 带有 DANGER 字样的红底警示标签。

如图 2-8 所示，这些黄色标签表示高压部件就安装在附近或者在盖板下隐藏着。

带有 DANGER 字样的警示标签表示有高压部件或者高压导电部件，如图 2-9 所示。

警示电压危险，DIN 4844-2（BGV A8）

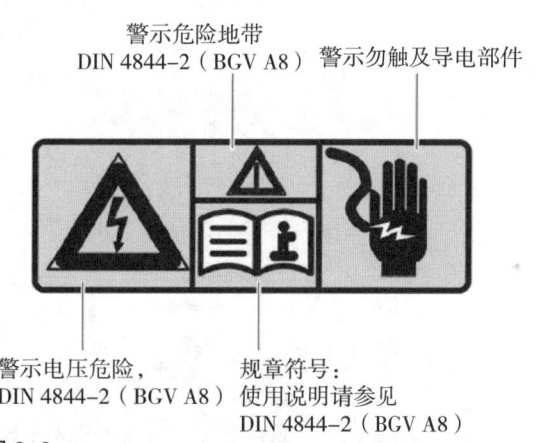

警示危险地带 DIN 4844-2（BGV A8）　警示勿触及导电部件

警示电压危险，DIN 4844-2（BGV A8）　规章符号：使用说明请参见 DIN 4844-2（BGV A8）

图 2-8

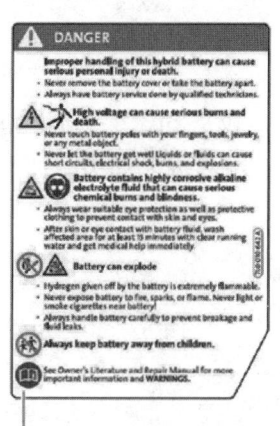

警示电压危险，DIN 4844-2（BGV A8）　警示勿触及导电部件　规章符号：使用说明请参见 DIN 4844-2（BGV A8）

高压蓄电池专用符号
该标签总是以英语和所属国语言的形式贴在高压蓄电池的上面

图 2-9

第三节 混合动力技术的基本原理

一、混合动力技术

hybrid 这个词来源于拉丁语 hybrida，意思是杂交或者混合。在技术层面，hybrid 这个词指一种系统，该系统将两种不同的技术组合在一起来使用。

结合驱动理念，混合动力技术这个概念用于两个方向：

（1）双燃料动力。

（2）驱动混合动力技术。

双燃料动力的车，是指其内燃机（发动机）能够燃烧不同类型的燃料，去产生驱动能量。因此，使用矿物燃料和可再生燃料（柴油/生物柴油）或者使用液态和气态燃料（汽油/天然气/液化石油气）的系统越来越为人所知，市场上也越来越常见了。

二、驱动混合动力技术

驱动混合动力技术是指将两种不同的动力装置组合在一起来使用，且这两种动力装置的工作原理是不同的。就目前来讲，混合动力技术是指将发动机与电机组合在一起这种形式，如图 2-10 所示。

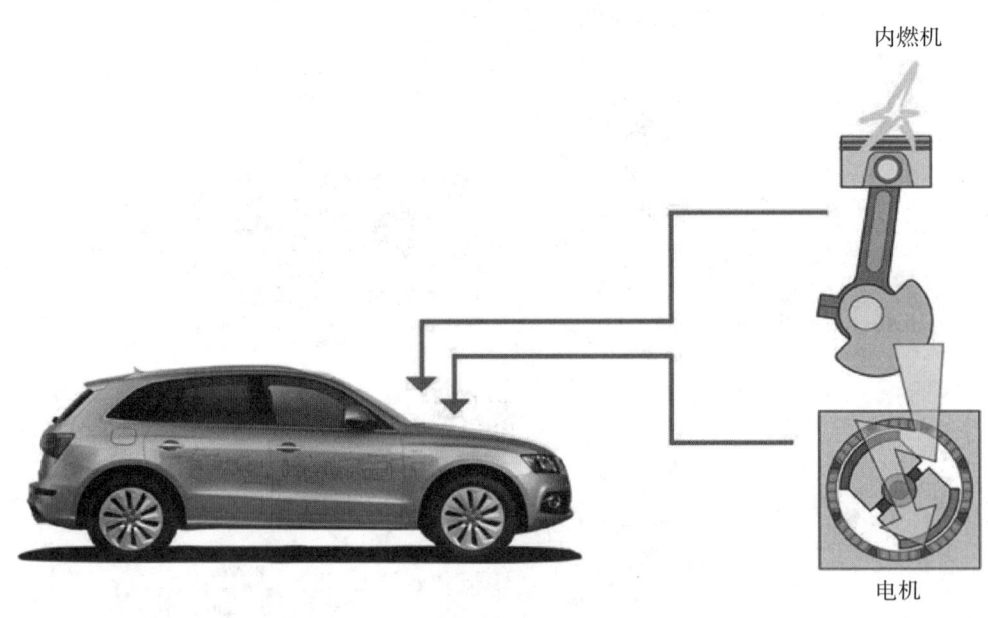

图 2-10

该技术可用作发电机从动能中回收电能（能量回收），用作发动机来驱动车辆以及用作发动机的启动机。根据基本结构情况，混合动力驱动分为 3 种形式：

1. 微混合动力驱动。
2. 中混合动力驱动。
3. 完全混合动力驱动。

（一）微混合动力驱动

使用这种驱动结构，电动部件（启动机/发电机）只是用来执行启动—停止功能。一部分动能在制动时又可作为电能使用（能量回收）。不能以纯电动方式驱动车辆来行驶。12V 蓄电池的特性针对频繁启动发动机这个特点做了匹配。用到了很多奥迪车型上，比如奥迪 A1，如图 2-11 所示。

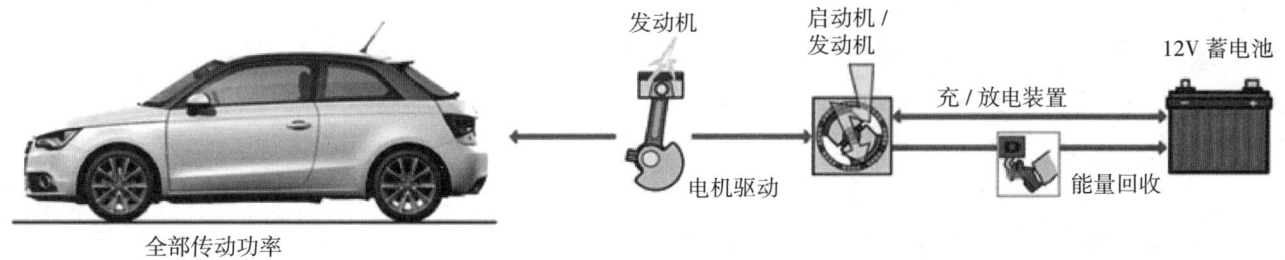

图 2-11

（二）中混合动力驱动

中混合动力驱动在技术上和部件方面都与完全混合动力驱动是一样的，只是它不能以纯电动方式驱动车辆来行驶。它也有能量回收、启动—停止以及助力（Boost）功能。

（三）完全混合动力驱动

将一台大功率电机（E-Maschine）与发动机组合在一起，可以以纯电动方式来驱动车辆行驶。一旦条件许可，该电机会辅助发动机来工作。车辆缓慢行驶时，是纯粹通过电动方式来提供动力的。可以实现启动—停止功能。还有能量回收功能，用以给高压蓄电池充电。

发动机和电机之间有一个离合器，通过它可以断开这两个系统。发动机只在需要时才接通工作。现在应用于奥迪 Q5 hybrid quattro，也计划用于其他车型，如图 2-12 所示。

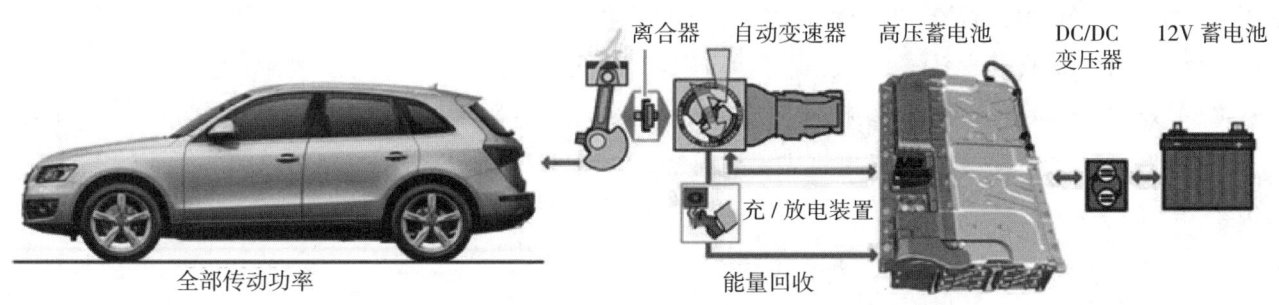

图 2-12

完全混合动力驱动有 4 种形式：

（1）并联式混合动力系统。
（2）分支式混合动力系统。
（3）串联式混合动力系统。
（4）分支式串联混合动力系统。

1. 并联式混合动力系统。

并联式结构的特点是简单。要对现有车辆进行"混合动力改造"的话，就使用这种结构。发动机、电机和变速器装在同一根轴上。发动机和电机各自的功率加起来，就是总功率。这种机构设计可以充分利用原车上的件（就是很多件可直接拿来用）。对于四轮驱动车辆来说，并联式混合动力结构可以将动力分配到 4 个车轮上，如图 2-13 所示。

2. 分支式混合动力系统。

分支式混合动力系统除了有发动机外,还有一个电机,两者都安装在前桥上。发动机和电机所发出的动力经一个行星齿轮机构到达变速器。但与并联式混合动力系统不同的是,本系统不能将发动机和电机各自的功率加起来传递到车轮上,如图 2-14 所示。所产生的功率,一部分用于驱动车辆,另一部分作为电能存储在高压蓄电池内。

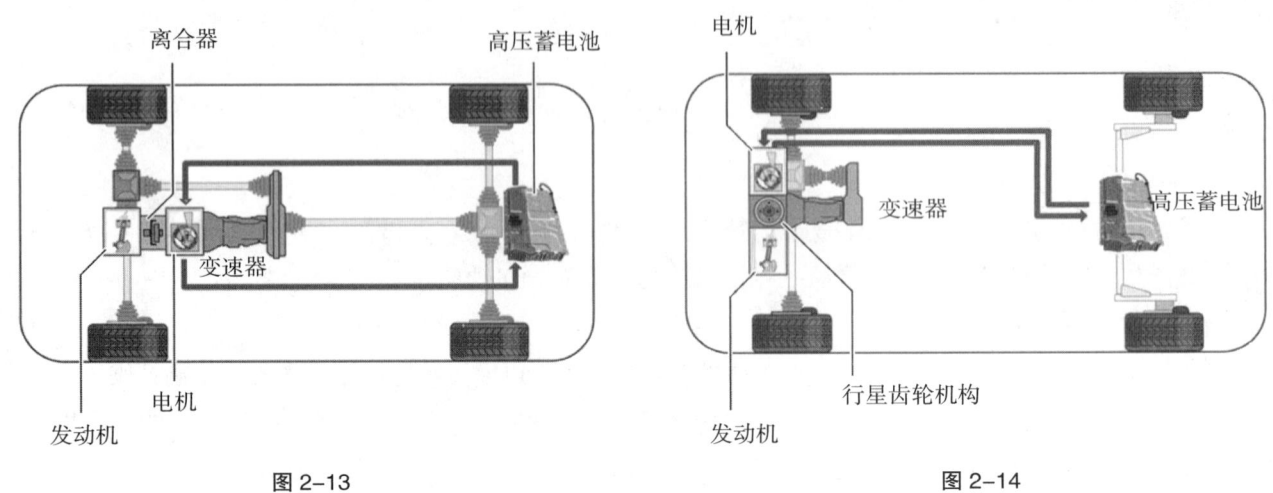

图 2-13　　　　　　　　　　　　　　图 2-14

3. 串联式混合动力系统。

车辆只通过电机来驱动,发动机与驱动轴是没有机械连接的。发动机带动一个发电机,该发电机在车辆行驶时为电机供电或者给高压蓄电池充电,如图 2-15 所示。

4. 分支式串联混合动力系统。

(1) 分支式串联混合动力系统把分支式混合动力系统和串联混合动力系统综合在一起了。该系统有一个发动机和两个电机。发动机和电机 1 装在前桥上,电机 2 装在后桥上。这种结构用于四轮驱动车,如图 2-16 所示。

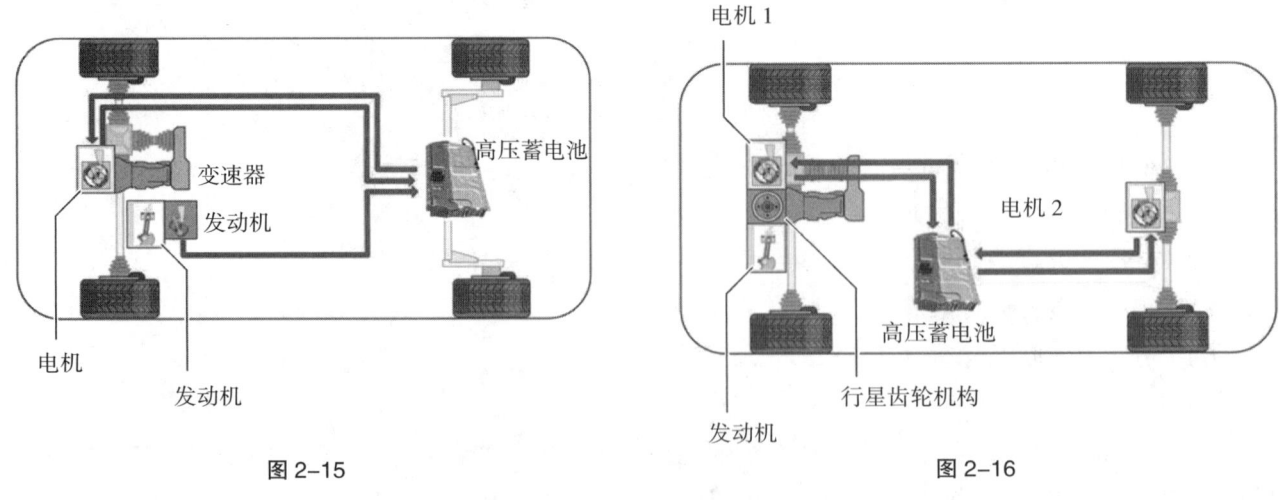

图 2-15　　　　　　　　　　　　　　图 2-16

(2) 发动机和电机 1 可以通过行星齿轮机构来驱动车辆变速器。要注意的是,在这里也是不能就将发动机和电机各自的功率加起来传递到车轮上。后桥上的电机 2 在需要时才会工作。因结构原因,高压蓄电池布置在前、后桥之间了。

三、其他概念

（一）插电式混合动力（Plug-in hybrid）

这个名词指车上使用了混合动力装置，而其高压蓄电池还可以通过外接电源（充电站或者家用插座）来充电。

这就相当于纯混合动力车与电动车的混合体。插电式混合动力车将发动机车和电动车的优点集中在一起了。

（二）能量回收

能量回收（英语为 rekuperation，源于拉丁语 recuperare，就是重新获得的意思），一般就是指在车辆减速时利用其动能。就是说，在车辆制动阶段或者在超速减速（反拖）阶段，回收这种"免费的"能量，并将其暂时存储到车辆蓄电池上。

能量回收功能是电能管理不可分割的一部分。

（三）高压部件之间的能量流

靠电能驱动来行车：高压蓄电池放电在靠电能驱动来行车时，由高压蓄电池来供电。12V 的车载电网（如图 2-17 所示）由高压蓄电池来供电。

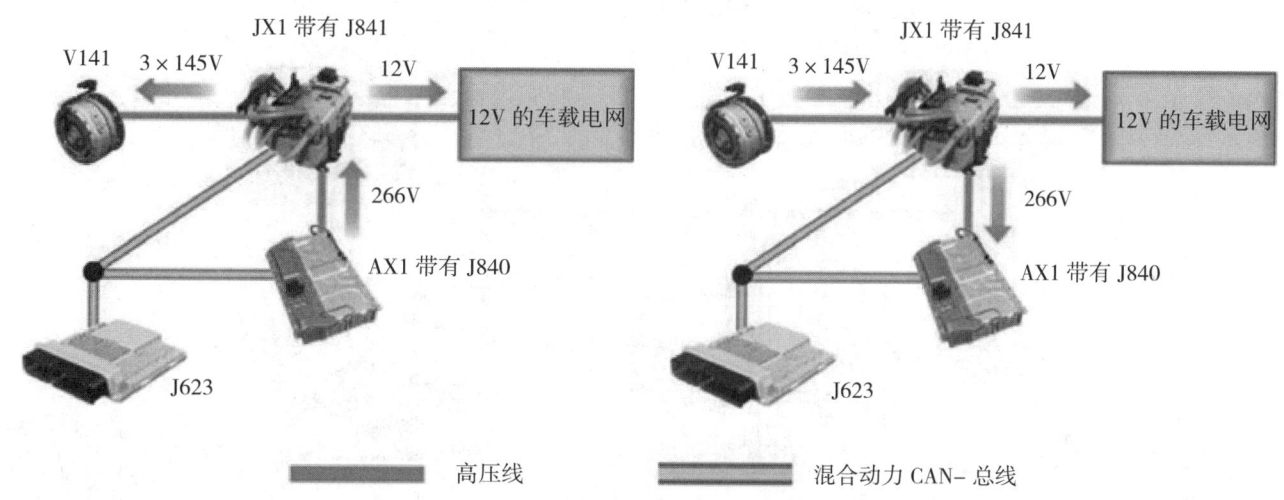

AX1.混合动力蓄电池单元　JX1.电驱动装置的功率和控制电子装置　V141.电驱动装置牵引电机　J623.发动机控制单元　J840.蓄电池调节控制单元　J841.电驱动装置控制单元

图 2-17

能量回收：给高压蓄电池充电与牵引阶段不同，在减速阶段通过牵引电机以电动方式来实施制动，从而再为高压蓄电池充电。驾驶员刚一松开加速踏板，一部分能量就得到了回收。在制动过程中，回收的能量也会相应增多。12V 的车载电网由牵引电机来供电。

（四）电机（E-Maschine）

此处的电机替代了车上的发电机、电动机和启动机，如图 2-18、图 2-19 所示。其实，每个电机都可以作发电机来使用，只要在外部来驱动电机轴，电机就会像发电机那样输出电能了。但如果是向电机输送电能的话，那么它就是个驱动电机，电动式混合动力上的电机就取代了发动机上传统的启动机和发电机。

图 2-18　　　　　　　　　　　　　图 2-19

（五）电动加速（E-Boost）

混合动力驱动有一个电动加速功能，这与发动机的强制降挡功能（可提供最大发动机功率供使用）类似。如果执行了这个电动加速功能，那么电机和发动机就会发出最大功率（合计总功率很大）。这两种驱动方式各自功率合在一起，就是传动系统的总功率了，如图 2-20 所示。从技术上来讲，电机内部是有功率损耗的，因此发电机输出功率要小于其驱动功率。奥迪 Q5 hybrid quattro 车的发动机功率是 155kW，电机作为发电机时是 31kW，电机作为电动机时是 40kW。总体算来，发动机和电机作为电动机时共计可产生 180kW 的功率。

（六）滑行（指发动机不提供驱动力，电机也不提供驱动力）

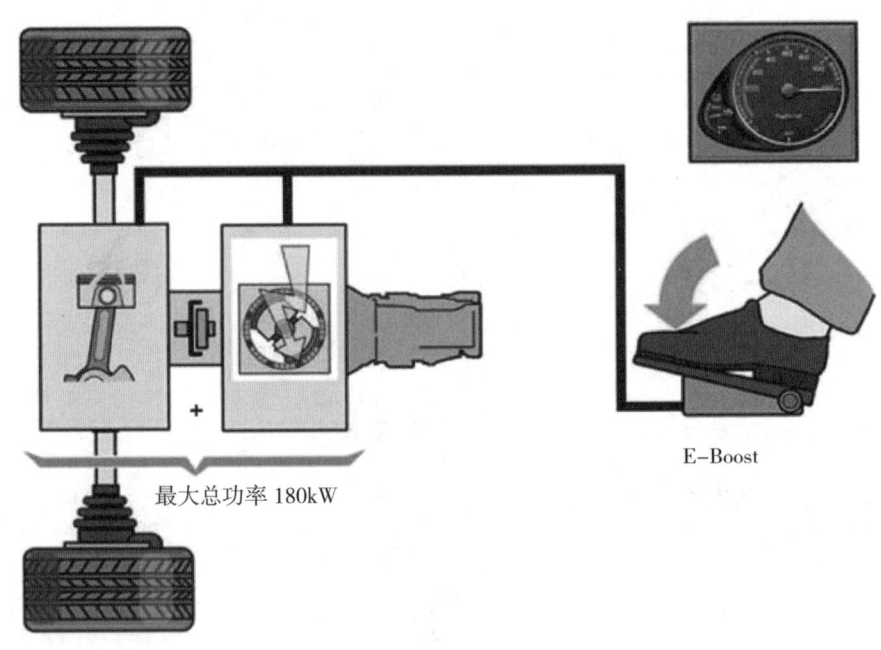

图 2-20

滑行时，车辆是处在无动力的滚动状态了，这时发动机就关闭了，电机通过能量回收来为 12V 的车载电网供电，不消耗高压蓄电池的电能。

第四节　发动机

技术数据，扭矩—功率特性曲线如图 2-21 所示。

发动机代码含义如表 2-1 所示。

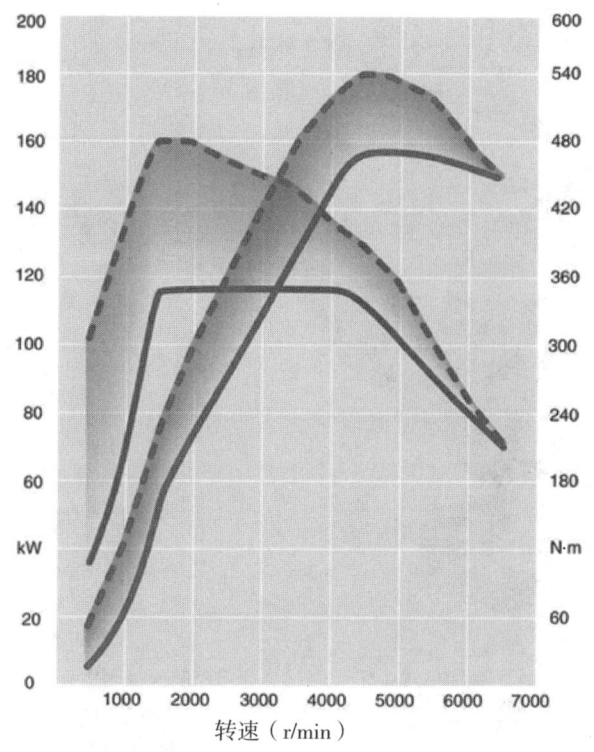

2.0L-TFSI-发动机，代码 CHJA ——— .发动机功率 kW ——— .发动机扭矩 N·m - - - .系统功率 kW（10s） - - - .系统力矩 N·m（10s）

图 2-21

表 2-1

发动机代码	CHJA
结构形式	四缸直列发动机和三相交流电机/发电机
排量（cm³）	1984
发动机功率（kW）(PS)，转速	155（211），4300~6000
系统功率（kW）(PS)	180(245)
发动机扭矩（N·m），转速（r/min）	350，1500~4200
系统扭矩（N·m）	480
纯电力驱动时的最高车速(km/h)	100
纯电力驱动时的可达里程（km）	3（车速为60km/h）
每缸气门数	4
缸径（mm）	82.5
行程（mm）	92.8
压缩比	9.6：1
传动形式	8挡自动变速器，quattro
发动机管理系统	MED17.1.1
燃油	高级无铅汽油 ROZ 95
排放标准	EU V
CO_2 排放（g/km）	159
混合动力部件所增加的额外重量（kg）	＜130

一、2.0L-TFSI 发动机的变化

（一）省去了辅助装置的皮带传动机构

由于省去了皮带传动机构，所以就开发了一种新的辅助装置支架，该支架用于电动空调压缩机，曲轴和平衡轴轴承的材质有所变化，以满足启动—停止模式的工作需要。曲轴上的皮带轮仍安着，作为减震器用。

（二）使用了二次空气系统

1. 缸盖内另有二次空气通道。
2. 二次空气泵继电器 J299。
3. 二次空气泵电机 V101。
4. 二次空气进气阀 N112。
5. 二次空气压力传感器 1 G609。

（三）冷却

冷却系统有扩展，多了一个低温冷却循环回路，该回路用于电驱动装置的功率和控制电子装置 JX1。

（四）后消音器上的可控式排气阀

只有左侧的后消音器上才装有这种可控式排气阀，该阀由排气控制阀 1 N321 来操控。接上真空，该阀就关闭；断开真空就打开。

在发动机停机时，该阀是打开着的，在扭矩不高于 300N·m 或者转速不超过 1800r/min 以及怠速给蓄电池充电时，该阀是关闭着的（声响方面的原因），如图 2-22 所示。

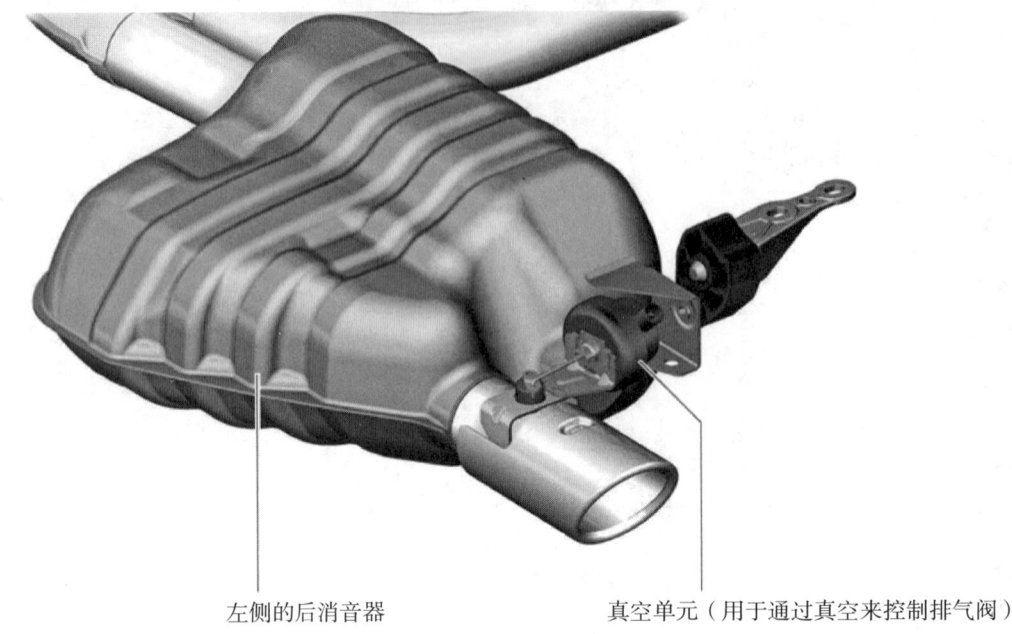

左侧的后消音器　　真空单元（用于通过真空来控制排气阀）

图 2-22

二、冷却液循环和温度管理

引入了发动机控制系统 MED 17.1.1，它有 3 个处理器，因此也可以实现创新温度管理。使用这种控制单元的目的是，通过改进车辆热平衡，来进一步降低油耗和 CO_2 排放。所谓改进热平衡，是指将所有受热部件和连接在冷却系统上的部件（比如发动机或变速器）的温度保持在能使其效率最佳的范围内。

奥迪 Q5 hybrid quattro 车上的冷却系统分为低温循环和高温循环两部分（图 2-23）。在发动机不工作时，冷却液是由电动冷却液泵来循环的。

（一）高温循环部分的组件

1. 暖风热交换器。
2. 冷却液截止阀 N82。
3. 电驱动装置电机 V141。
4. 高温循环冷却液泵 V467。
5. 冷却液泵。
6. 废气涡轮增压器。
7. 发动机机油冷却器。
8. 冷却液温度传感器 G62。
9. 特性曲线控制的发动机冷却系统节温器 F265。
10. 冷却液续动泵 V51。
11. 高温循环散热器。
12. 变速器机油冷却器。

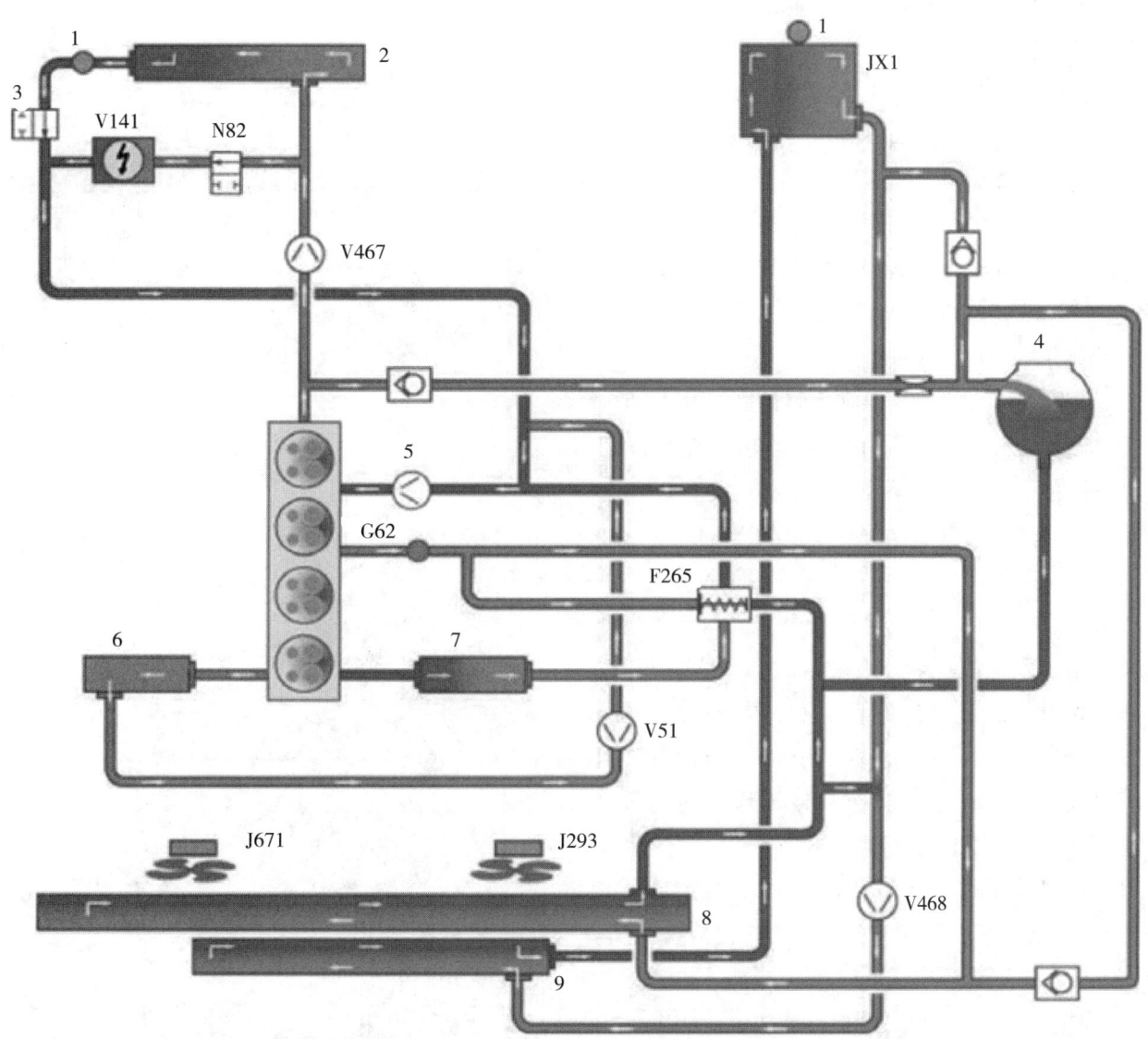

■■■■.已冷却下来的冷却液 ■■■■.热的冷却液 1.放气螺塞 2.暖风热交换器 3.冷却液截止阀3 4.冷却液膨胀罐 5.冷却液泵 6.废气涡轮增压器 7.发动机机油冷却器 8.高温循环散热器（包括变速器机油冷却器） 9.低温循环散热器 F265.特性曲线控制的发动机冷却系统节温器2（开启温度:95℃） G62.冷却液温度传感器 J293.散热器风扇控制单元2 J671.散热器风扇控制单元22 JX1.电动机构功率和控制装置 N82.冷却液截止阀2（在热的一侧） V51.冷却液续动泵2 V141.电驱动装置电机1 V467.高温循环冷却液泵2 V468.低温循环冷却液泵1

图 2-23

（二）低温循环部分的组件

1. 电驱动装置的功率和控制电子装置 JX1。
2. 低温循环冷却液泵 V468。
3. 低温循环散热器。

由电驱动装置的功率和控制电子装置 JX1 来控制。

由发动机控制单元 J623 来控制。

由空调控制单元 J255 经空调冷却液截止阀 N422 来间接控制。

三、发动机控制单元 J623（如图 2-24 所示）

（一）功能

1. 控制发动机工作。
2. 控制温度管理系统。
3. 车辆混合动力功能的管理器。

混合动力功能的管理器决定是否要用电动方式来驱动车辆，并将驾驶员期望的车速通知功率控制电子系统。发动机控制单元在执行温度管理功能时会控制所有冷却液循环过程。

4. 采用下述方式，可以在故障诊断时让发动机持续运转着，在 P 挡位置执行强制降挡，随后发动机就一直在运转着，直至挂上某个挡位为止。在电动模式时，车速调节装置总是处于激活状态。

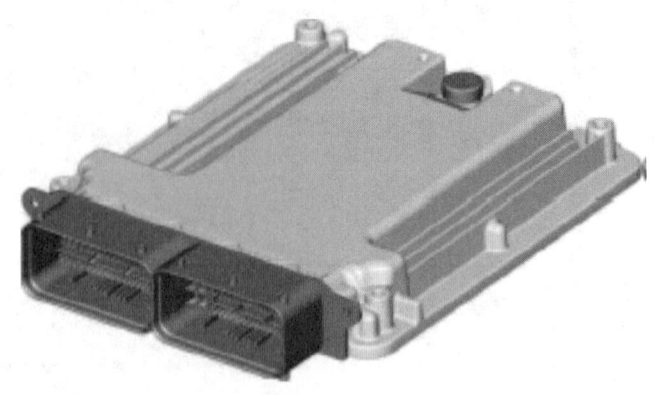

图 2-24

（二）运输模式

在运输模式时，电驱动装置电机就只作为发电机来使用了。也就是说，不能靠电动方式来驱动车辆、无电动加速功能、无启动—停止模式功能、无能量回收功能。在运输模式下，发动机运转时会一直为高压蓄电池充电。在运输模式时，最高车速为 35km/h，最高转速为 3500r/min。如果未关闭运输模式，那么当车辆在下次 15 号线循环时如果行驶距离超过了 100km，该模式就会被关闭。

（三）售后服务模式

在发动机控制单元内进行自适应，就可激活售后服务模式（如图 2-25 所示），冷却液温度必须达到不低于 25℃。作为识别标记，废气警报灯 K83（MIL）和发动机电子系统指示灯 K149（EPC）会亮起。

在售后服务模式下，电驱动装置电机就只作为发电机来使用了，且发动机运转时会一直为高压蓄电池充电，因此也就不能靠电动方式来驱动车辆、无电动加速功能、无启动—停止模式功能、无能量回收功能。此外，可以通过 12V 辅助启动机来启动发动机。若未取消自适应过程，那么当车辆在下次 15 号线循环时，如果行驶距离超过了 50km，该模式就会被关闭。

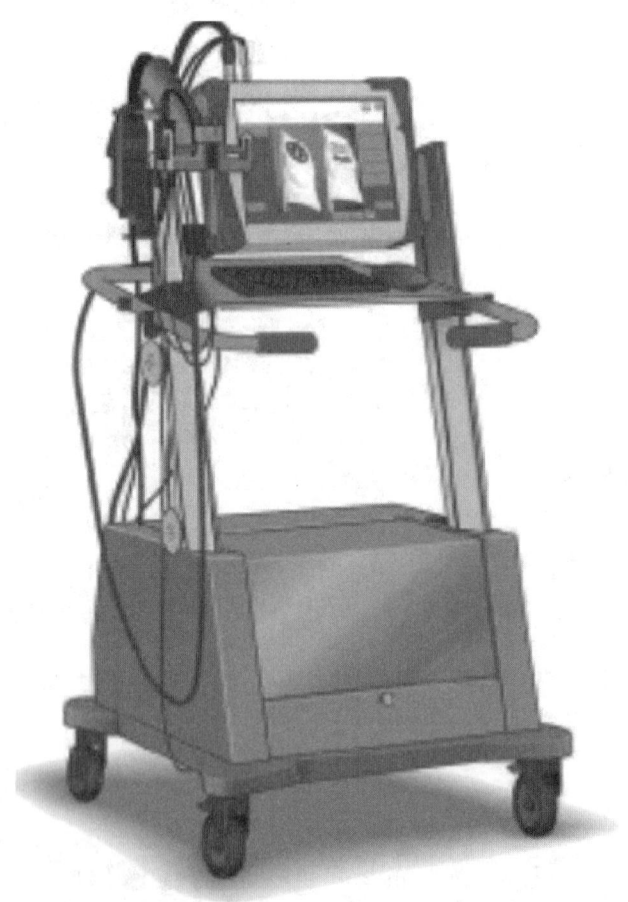

图 2-25

四、带有混合动力模块的 8 挡自动变速器

自动变速器控制单元 J217 是混合动力 CAN 总线和驱动 CAN 总线用户。多片式离合器（离合器 K0，如图 2-26 所示）与电机合成为一个模块，该模块取代了变矩器，安装在自动变速器的结构空间处，并不显眼。这个多片式离合器浸在油池中工作，它用于将发动机与电机断开或连接上。由于取消了变矩器，离合器 K1 就用来作起步元件用了。K0、K1 状态如表 2-2 所示。

为了能在电机不工作时润滑自动变速器并为液压操纵机构建立起必要的机油压力，安装了一个变速器机油辅助液压泵 1 V475。温度要是较低的话，该泵可能无法建立起所需要的压力。说明：要是需要牵引车辆，其规定与以前的无级自动变速器一样，需要将选挡杆挂在 N 位置，牵引距离不超过 50km，牵引车速不超过 50km/h，这是因为在牵引时，变速器是得不到润滑的。

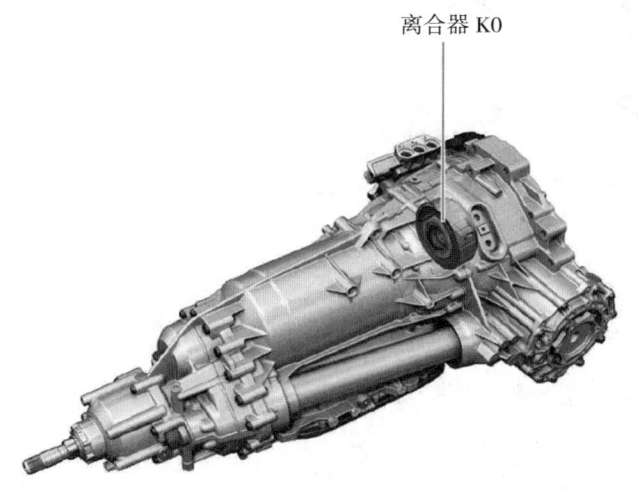

图 2-26

表 2-2

行驶状态	离合器 K0	离合器 K1
发动机启动	接合	未接合
纯电力驱动时	未接合	接合
能量回收	未接合	接合
发动机驱动车辆行驶	接合	接合
发动机在怠速运转	接合	未接合
电动加速（E-Boost）	接合	接合
车辆滑行（无能量回收）	未接合	未接合
车辆滑行（有能量回收）	未接合	接合

第五节　底盘系统

一、电动机械式转向系统

奥迪 Q5 hybrid quattro 车上使用的不是液压助力转向系统，而是电动机械式转向系统。转向助力控制单元 J500 接在组合仪表 / 底盘 CAN 总线上，如图 2-27 所示。

二、制动真空泵 V192

这个电动的制动真空泵 V192 固定在 ESP 总成的前面，如图 2-28 所示。该泵的作用是：在发动机关闭期间，为制动助力器提供足够的真空力。制动真空泵 V192 由发动机控制单元 J623 经继电器 J318 来操控。需要时，通过制动助力压力传感器 G294 来接通该泵。

三、ESP 总成

奥迪 Q5 hybrid quattro 车上的 ESP 总成，其结构与奥迪 Q5 上的是一样的，但是软件方面就混合动力发动机牵引力矩调节功能做了相应的扩展。在电力制动（能量回收）时，出于稳定考虑不会令制动压力卸压，所以发动机控制单元在需要时会下令去调节驱动力矩。如果在挡位 D 时关闭了 ESP 或者是接通了坡路起

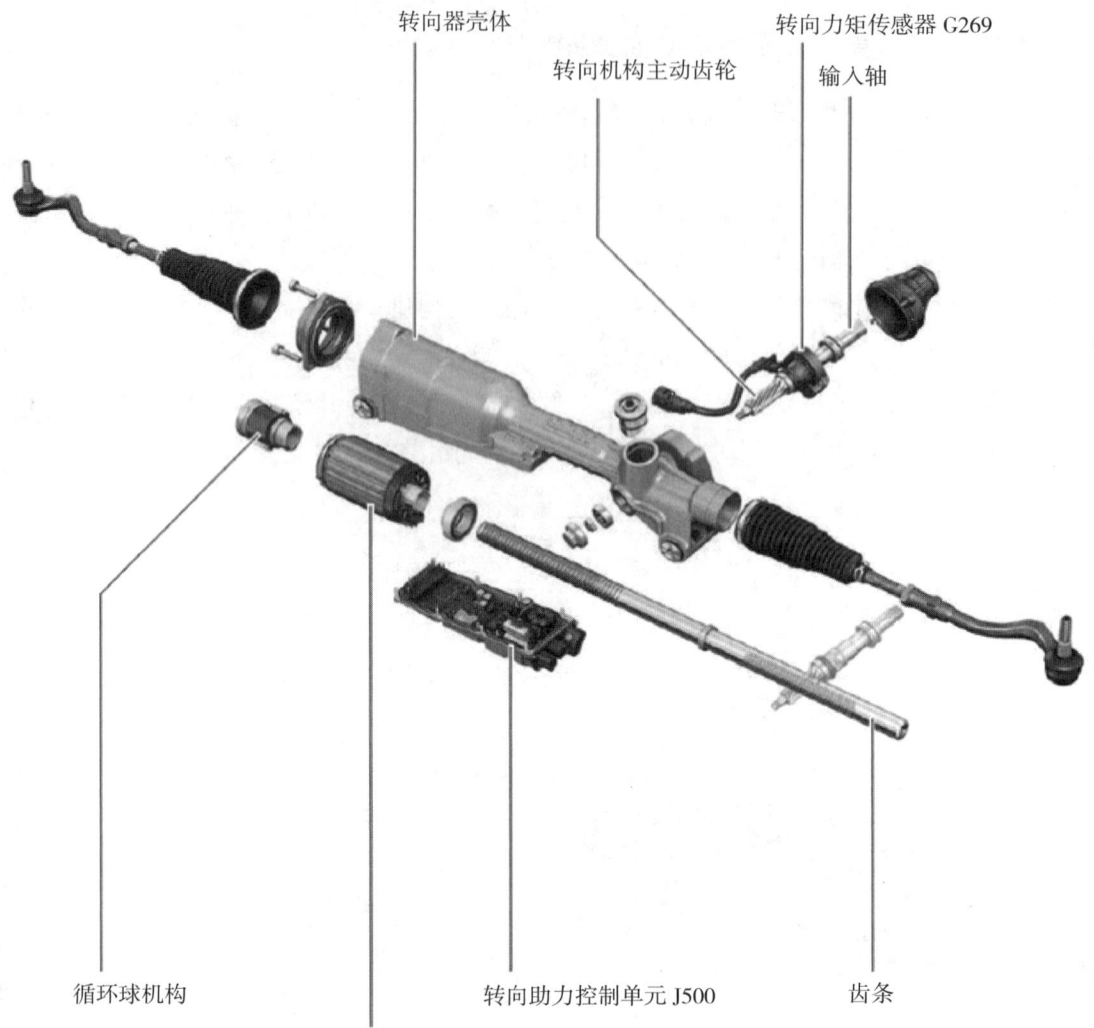

图 2-27

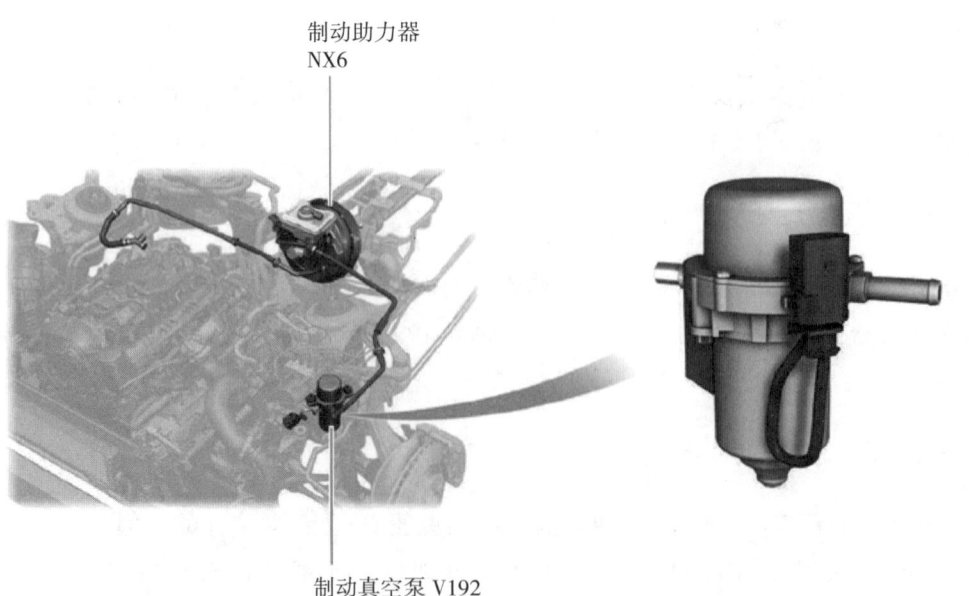

图 2-28

步辅助系统,那么在车辆行驶过程中,发动机一直都在工作着。

四、制动踏板位置传感器 G100

制动踏板位置传感器 G100 连接在发动机控制单元上。发动机控制单元通过制动踏板位置传感器 G100 的信号来操控电力制动（能量回收）；ESP 总成通过制动踏板位置传感器 G100 的信号来操控液压制动。制动踏板在制动助力器上有一个约 9mm 的空行程。在这段空行程中，是纯电力制动的。制动时就可以很好地过渡到液压制动了。在更换了制动踏板位置传感器或者是更换了发动机控制单元时，在制动踏板位置传感器 G100 与发动机控制单元之间必须做自适应学习。

第六节　电气系统

一、混合动力蓄电池单元 AX1

混合动力蓄电池单元 AX1 在行李箱内的备胎坑中，它由下述部件构成：

1. 高压蓄电池 A38。
2. 蓄电池调节控制单元 J840。
3. 保养插头 TW 接口。
4. 安全插头 TV44。
5. 高压线束 PX1 接口。
6. 12V 车载电网接口。

壳体使用电位补偿线（电位均衡线）与车辆相连。在这个蓄电池壳体内，集成有用于吸入和排出冷却空气的接口。为了能在蓄电池有故障时通过一个通气软管将溢出的气体引至车底部位，就在该壳体上装了一个有害气体通气管，如图 2-29 和表 2-3 所示。

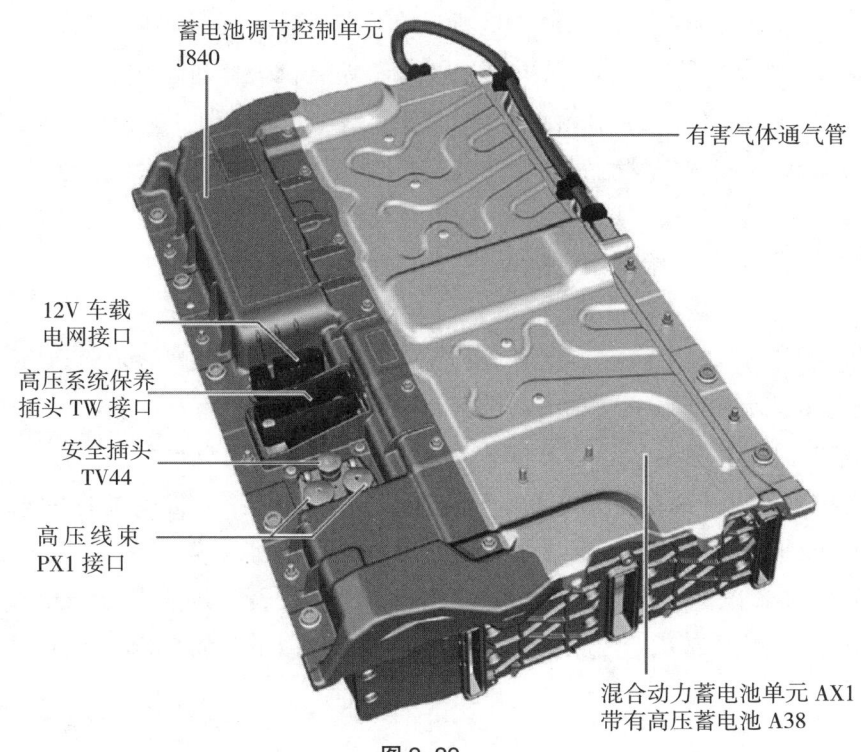

图 2-29

表 2-3　高压蓄电池

额定电压（V）	266
单格电压（V）	3.7
电池格数量	72（串联的）
容量（Ah）	5.0
工作温度（℃）	+15~+55
总能量（kWh）	1.3
可用能量（kWh）	0.8
功率（kW）	最大 40
重量（kg）	38

二、蓄电池调节控制单元 J840

蓄电池调节控制单元 J840 集成在混合动力蓄电池单元 AX1 的左侧，该控制单元与混合动力 CAN 总线和驱动 CAN 总线相连。J840 侦测高压蓄电池的温度，并通过蓄电池冷却模块来调节蓄电池冷却状况。该控制单元查明并分析充电状态、单格电压和蓄电池电压的信息，这些信息通过混合动力 CAN 总线传至发动机控制单元。安全线是个环形线，它穿过所有的高压部件且由 J840 来监控。控制单元 J840 使用一个电流信号来实施这个监控，这个电流是由功率控制电子系统发出并送入安全线的。在历史数据中，控制单元记录了所有与蓄电池有关的数据。这样的话，蓄电池深度放电或者过热之类的问题，就可以在事件发生之后还原真相了。

高压蓄电池通过高压触点来与其他高压部件连接或断开。正极和负极触点各一个。一旦 15 号线接通了，蓄电池调节控制单元 J840 会立即接通高压触点。如果为蓄电池调节控制单元 J840 供电的 12V 电压中断了，那么高压触点就断开了。12V 车载电网关闭，就表示高压装置也是关闭的。在下述情况下，高压触点由蓄电池调节控制单元 J840 来给断开：

1. 点火开关已关闭。
2. 或者安全线已切断。
3. 或者安全带张紧器已触发了。
4. 或者安全气囊已触发了。
5. 或者两个 12V 蓄电池在"15 号线接通"的情况下已与车载电网断开了。

三、高压蓄电池 A38

高压蓄电池 A38 集成在混合动力蓄电池单元 AX1 内。有 1 个电流传感器用于在充电和放电时侦测电流，另有传感器用于侦测高压触点前、后的电压。高压触点在"15 号线接通"的情况下是闭合的（接通的）；在"15 号线关闭"的情况下或者有碰撞信号时，高压触点是断开的。高压蓄电池的充电状态保持在 30%~80% 之间，充电情况的这种限制，可以明显提高高压蓄电池的寿命。组合仪表上的蓄电池显示是以 0% 或 100% 来显示的。充电状态作为一个信息被放置在混合动力 CAN 总线上。在达到了启动能力最低极限值时（高压蓄电池充电状态低于 25%）或者是没能启动发动机，那么发动机控制单元会给仪表显示发送一个信息，随后就会显示"车辆现在无法启动"这个内容。如果充电状态低于 20%，那么就不准许有放电电流了。在纯电力驱动行驶时，高压蓄电池给高压电网和 12V 车载电网同时供电。

高压蓄电池的充电：

如果组合仪表上显示"车辆现在无法启动"这个内容（见随车的使用说明书），那么就必须给高压蓄电池充电了。如果在 1min 内，高压蓄电池无法吸收充电电流，那么就会显示"充电过程已中断，无法形成启动能力"这个信息。其原因是充电器或者发电车能力太弱了。另外，这种故障信息也可以以红色的混合动力警报灯来提示。充电的话请关闭点火开关，将充电器（至少 30A）或者带有三相发电机的发电车接到跨接启动销上。充电过程完成后接通点火开关，就会显示"正在形成启动能力，请稍等……"这个信息。如果识别出充电电流了，那么高压蓄电池会被充电到 35% 的状态，组合仪表上会显示一个绿色的充电插头，12V 蓄电池在这时会部分放电。如果高压蓄电池的充电状态降至 5% 以下，那么蓄电池就无法再充电了！

四、高压系统保养插头 TW

该插头是高压蓄电池两个部分之间的电桥,如果拔下了这个保养插头 TW,那么这两部分的连接就断开了。如果在高压部件上或者在高压部件附近动用车削工具、成型工具或棱角锋利的工具,那么必须要拔下这个保养插头 TW。要想切断电源(停电)的话,请在诊断仪中来进行相应操作。

(一)保养插头 TW 的开锁和上锁

请关闭点火开关。要想够着高压系统保养插头 TW,必须打开行李箱内的高压系统保养盖板。这个保养插头 TW 就在混合动力蓄电池单元 AX1 上的橘黄色橡胶盖下,因此必须先移开这个橡胶盖,如图 2-30 所示。

(二)拔下保养插头 TW

要想关闭高压装置,一个途径就是操作这个保养插头 TW,因为该插头是高压蓄电池两个部分之间的电桥。具体说就是该插头有两个确定的开关位置,如图 2-31 所示。

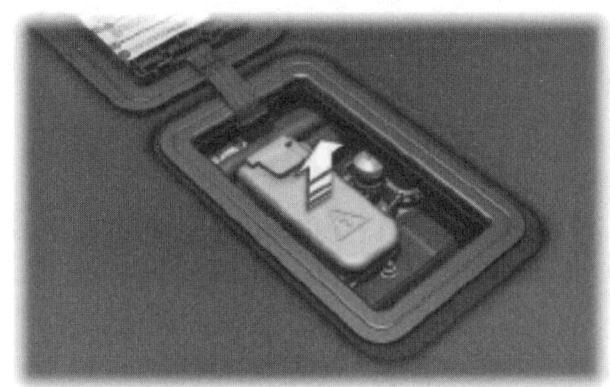

图 2-30

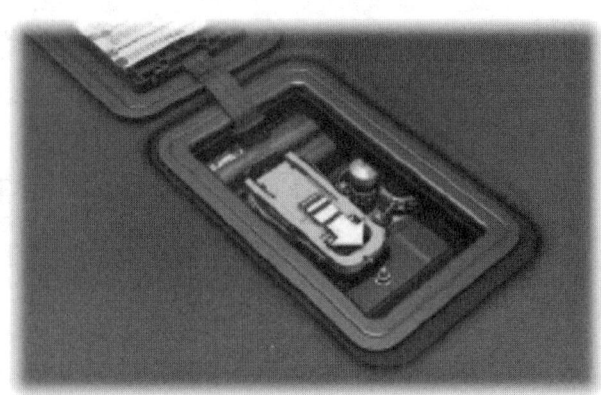

图 2-31

在位置 1 时,安全线是被切断了的,如图 2-32 所示。

在位置 2 时,蓄电池两个部分之间的串联连接就被断开了。这时可以将保养插头 TW 从支架上拉出,如图 2-33 所示。这时高压装置就被关闭了,应检查停电情况(就是验电)。

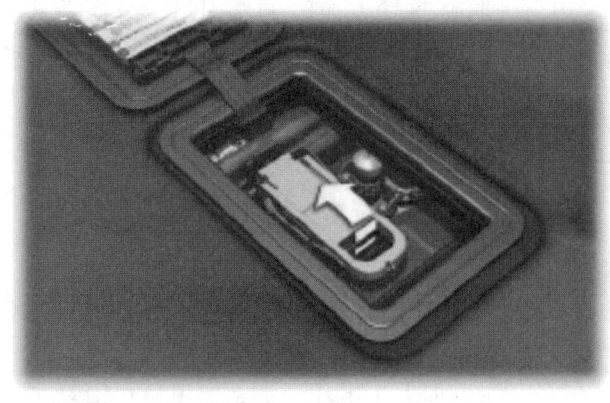

图 2-32

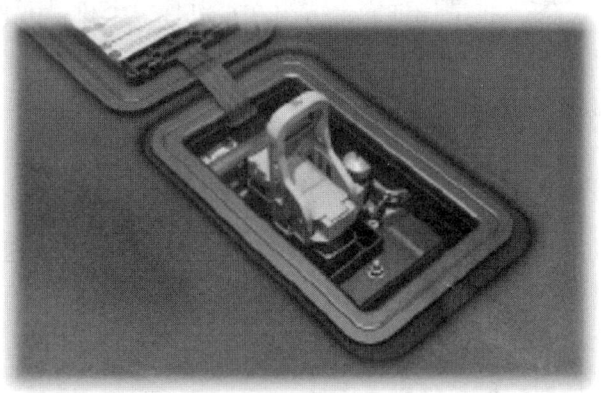

图 2-33

(三)保养插头 TW 内的保险丝

保养插头 TW 内有一个高压装置熔断式保险丝,其规格是 125A,如图 2-34 所示。

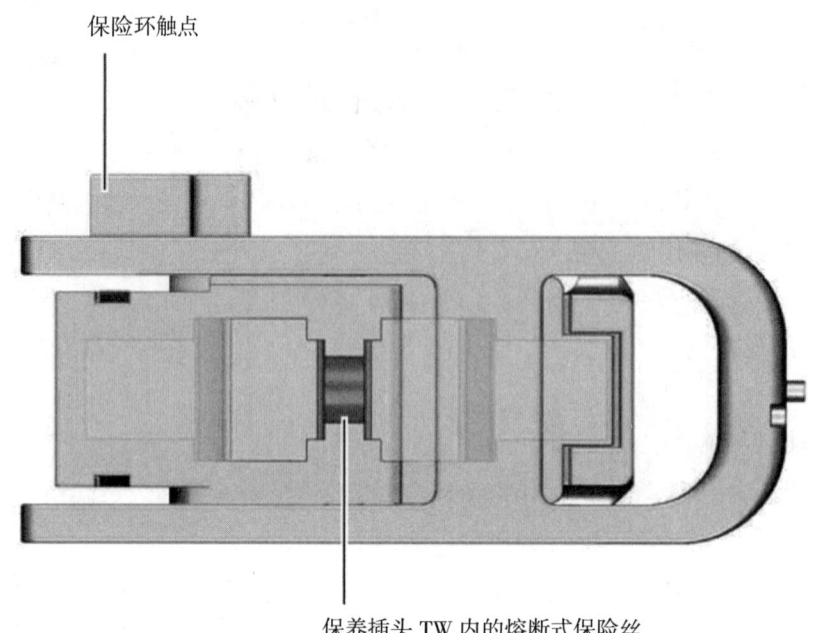

图 2-34

（四）再次工作

要想让高压系统再次恢复工作，请按相反顺序将保养插头 TW 回位。再次工作时的测量操作的细节，详见故障导航。说明：只有受训合格的高压电技工才可以拔这个保养插头 TW，以保证装置处于停电状态。

五、安全理念

（一）绝缘控制

每 30s 用高压电网上的系统电压进行一次绝缘测量。就是要识别整个高压回路上的绝缘故障，整个高压回路包括高压蓄电池内部、动力线、功率控制电子装置、电驱动装置电机的三相线和连接空调压缩机（包括空调压缩机）的导线。

如果有绝缘故障的话，那么组合仪表上会有信息，提示用户去服务站寻求帮助。

（二）带有安全插头 TV44 的安全线

安全线是一种安全结构，它包含一个机械元件和一个电气元件。这个安全线的作用是：一旦将某个高压部件与电网分离了，安全线会保证电网处于无电压状态。另外，安全插头与锁环一起构成了一个机械锁，该锁可防止高压线在已加载电压时被拔出。安全线就像一个电气开关，它通过安全插头来接合。如果拔下了安全插头，那么这个开关就断开了，高压系统也就被关闭了。在拔下高压元件的高压线前，必须拔下安全插头，这样就可保证在拔线时，整个系统是不带电的（无电压）。如图 2-35 所示，为混合动力蓄电池单元上的带有锁环的安全插头接口（插头和高压线均已拔下）。

1. 安全线接合。

高压装置的所有部件都是通过一根单独的低压线呈环状彼此相连。部件之间的连接采用常开触点式，当所有部件都可以工作时，常开触点就接合了。这时如果在安全线上加上了电压，那么电流就可流动了，因为导线并未断开。能测得有电流，这也是安全线的所有部件都能工作的一个证明。就功能方面来说，安全线与白炽灯泡的冷监控相似。

2. 安全线中断。

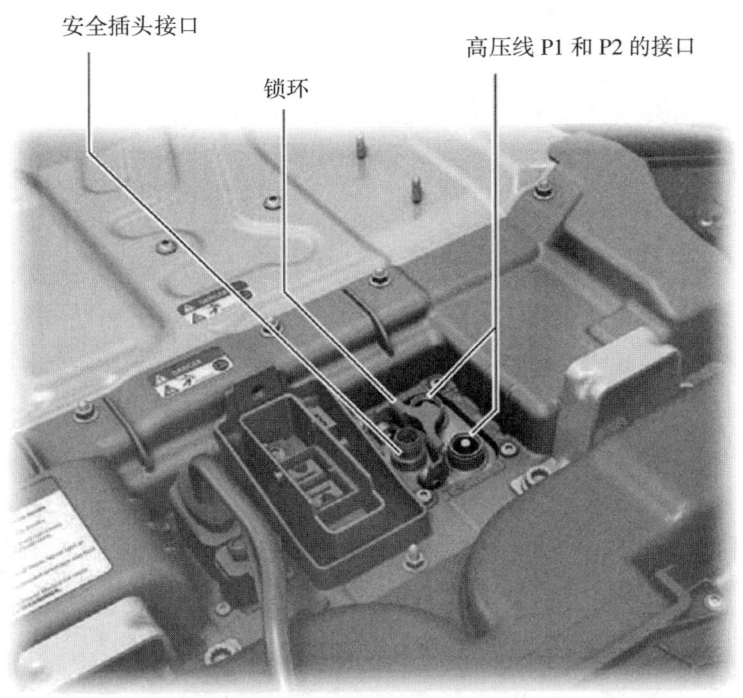

图 2-35

如果常开触点脱开了（比如因为某个部件无法工作或者安全插头已拔下了），那么安全线就中断了。加载上电压后也无电流流过，这就表示高压装置不能工作了。检查安全线是接合了还是断开着，这个工作由混合动力蓄电池单元内的蓄电池调节控制单元来完成。如果该控制单元判断出安全线是断开的，那么它就不会去操控高压触点，于是高压蓄电池与高压装置之间的连接就中断了。

（三）安全插头 TV44

安全插头 TV44 的机械上锁。

开始本工作前，必须拔下保养插头，只有奥迪培训合格的高压电技工才允许执行此项工作。只有在先拔下了安全插头 TV44 后，才允许断开混合动力蓄电池单元的高压线。必须向上拔出插接环，这样才能断开安全线，且蓄电池管理控制单元才能通过高压触点来断开高压蓄电池连接，如图 2-36 所示。

只有在事先拔开了锁环后，才能拔下高压线的插头。由于断开了安全线，所以高压触点上就没有电

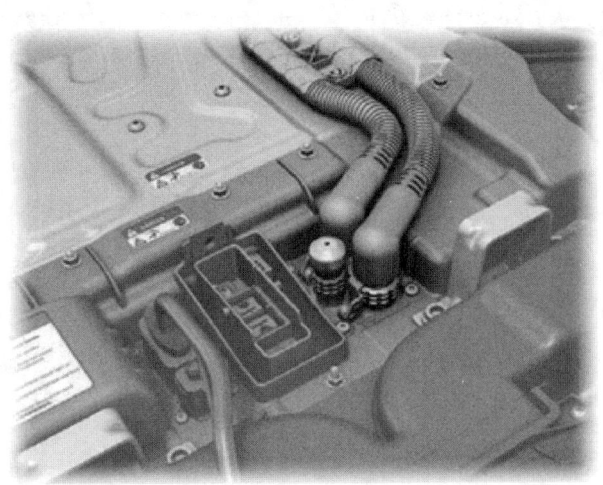

图 2-36

了（无电压），在拔高压线时就不会遭电击了。与此相反的是，只有在将锁环拨至两个插头上后，才可以将接功率和控制电子装置的高压线与混合动力蓄电池单元相连，然后才允许插上安全插头 TV44。也就是说，与安全线协同工作时，只有当插好安全插头 TV44 后，高压装置才会通上电。插上高压接头这个操作必须在无电流时来进行，如图 2-37 所示。

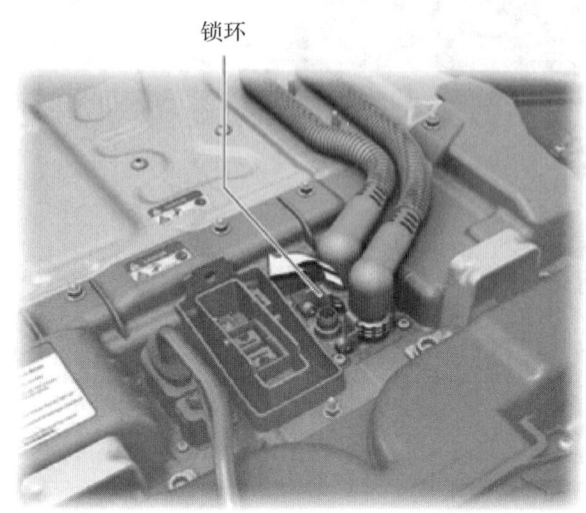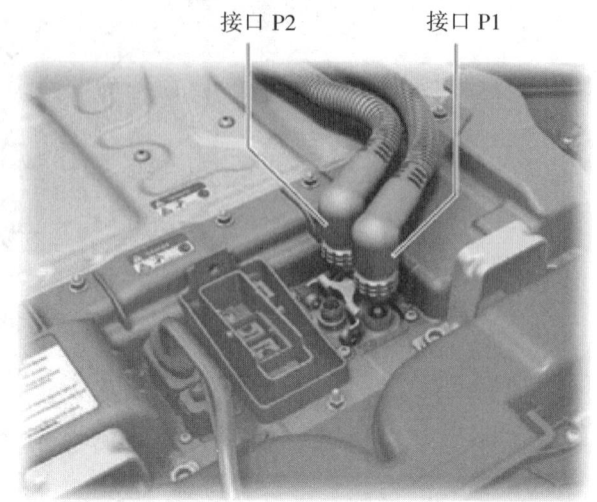

图 2-37

说明：只有受训合格的高压电技工才可以拔这个保养插头，以保证装置处于停电状态。

六、蓄电池冷却

蓄电池在充电时，其化学反应过程与放电时是相反的。在这个热力学过程中会放出热量，这就导致蓄电池变热了。由于奥迪 Q5 hybrid quattro 车上的高压蓄电池总是在不断地充电、放电，那么它所产生出的热量就会很可观了。于是除了导致蓄电池老化外，最重要的是还会使得相关导体上的电阻增大，这会导致电能不转换为功，而是转换成热量释放掉了。因此，高压蓄电池有一个冷却模块，该模块上有自己的蒸发器，并连接在电动空调压缩机的冷却液循环管路上。这个冷却模块使用 12V 的车载电网电压工作。如果蓄电池管理控制单元通过蒸发器前传感器 G756 或者蒸发器后传感器 G757，探测到蓄电池的温度过高了，那么控制单元就会接通风扇 V457。控制单元内设置了冷却功能模型，根据具体温度情况，在蒸发器工作时可从新鲜空气模式切换为循环空气模式。发往自动空调控制单元 J255 的冷却功率请求分为三级，鼓风机转速由蓄电池调节控制单元 J840 通过 LIN 总线来控制。

冷却模块的部件有：

1. 蓄电池风扇 1 V457。
2. 混合动力蓄电池循环空气翻板 1 的伺服电机 V479。
3. 混合动力蓄电池循环空气翻板 2 的伺服电机 V480。
4. 混合动力蓄电池蒸发器前的温度传感器 G756。
5. 混合动力蓄电池蒸发器后的温度传感器 G757。
6. 混合动力蓄电池冷却液截止阀 1 N516。
7. 混合动力蓄电池冷却液截止阀 2 N517。

在新鲜空气工作模式时,风扇 V457 从备胎坑内抽入空气,空气经蒸发器被引入蓄电池,热空气经后保险杠下方被引出。在循环空气工作模式时,循环空气翻板 1 和 2 都是关闭着的,不会吸入新鲜空气。在需要时,控制单元 J840 将请求信息通过 CAN 总线发送给空调控制单元,以便去接通电动空调压缩机 V470。另外,在混合动力蓄电池壳体与高压蓄电池两个部分之间,安装了 6 个温度传感器,每个传感器都位于冷却模块上的蓄电池冷却空气入口或出口处,如图 2-38 所示。蓄电池风扇 1 V457、混合动力蓄电池循环空气翻板 1 的伺服电机 V479 和混合动力蓄电池循环空气翻板 2 的伺服电机 V480 由控制单元经 LIN 总线来调节。伺服电机 V479 和 V480 是串联的。混合动力蓄电池冷却液截止阀 1 N516 在未通电时是关闭着的,它控制去往混合动力蓄电池空调器的冷却液液流;混合动力蓄电池冷却液截止阀 2 N517 在未通电时是打开着的,它控制去往车内空调器的冷却液液流。冷却模块有一个维修位置,以便能够着其下的 12V 蓄电池。

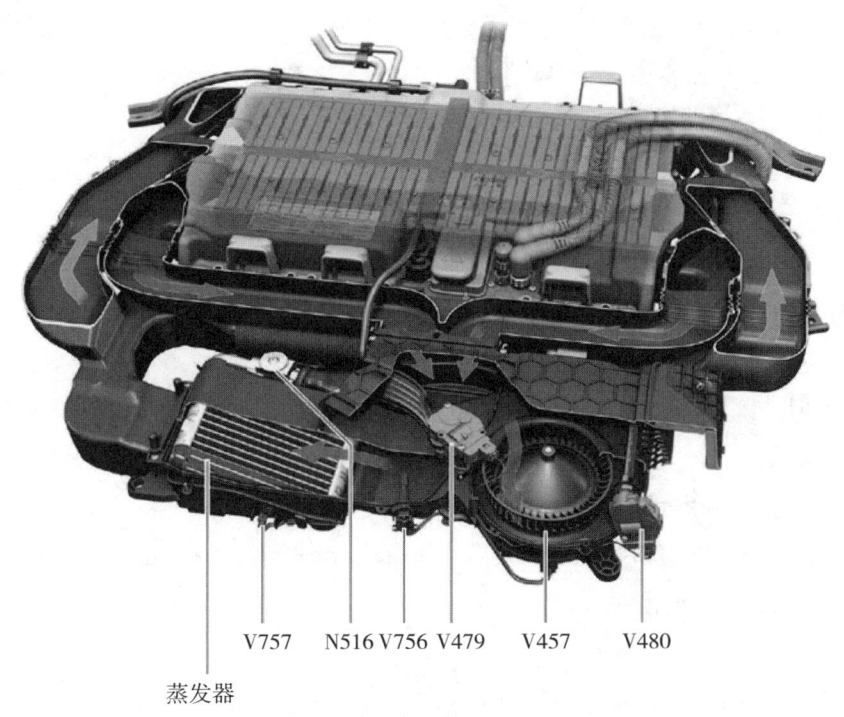

图 2-38

七、电驱动装置的功率和控制电子装置 JX1

电驱动装置的功率和控制电子装置 JX1 由电驱动控制单元 J841、交流电驱动装置 VX54、牵引电机逆变器 A37、变压器 A19 和中间电容器 1 C25 组成。电驱动控制装置 J841 是混合动力 CAN 总线和驱动 CAN 总线用户。空调压缩机直接连接在高压直流电功率和控制电子装置上。因用于接空调压缩机的导线横截面积小于从高压蓄电池到功率和控制电子装置导线的横截面积,所以在功率和控制电子装置内集成了一个 30A 的空调压缩机保险丝。在能量回收时或发电机工况时,压缩机由功率和控制电子装置来供电。只有在用电来驱动车辆行驶时,压缩机才由高压蓄电池供电。牵引电机逆变器 A37(双向脉冲式逆变器)将高压蓄电池的直流电转换成三相交流电,供交流电机使用。在能量回收时和发电机工况时,会将三相交流电转换成直流电,用于给高压蓄电池充电。转速是通过改变频率来进行调节的。比如在转速为 1000r/min 时,供电频率约为 267Hz。扭矩是通过脉冲宽度调制来进行调节的。功率和控制电子装置有自己的低温循环管路,该管路连接在发动机冷却循环管路的冷却液膨胀罐上。冷却液通过低温循环冷却液泵按需要来进行循环，低温循环管路是温度管理功能的一个组成部分，发动机控制单元负责触发该泵。变压器 A19 用于将高压蓄电池（266V）的直流电压转换成较低的车载电网用直流电压（12V）。在电动驱动车辆行驶时，发动机控制单元为功率和控制电子装置提供关于能量回收、发电机模式和车速方面的信息。功率和控制电子装置通过电驱动装置位置传感器 1 G713 来检查转子的转速和位置，用电驱动装置温度传感器 1 G712 来检查电驱动装置电机 V141 的冷却液温度。中间电容器 1 C25 用作电机的蓄能器。在"15 号线关闭"或者高压系统切断（因有撞车信号）时，该中间电容器会主动放电。由于这个 DC/DC 变压器可双向工作，因此它也能将较低的车载电网电压（12V）转换成高压蓄电池的高电压（266V）。该功能用于跨接启动（给高压蓄电池充电）。功率和控制电子装置如表 2-4 所示。

表 2-4 功率和控制电子装置

DC/AC	266V 额定，189V 有效 AC
AC 恒定电流	240A 有效
AC 峰值电流	395A 有效
AC/DC	189V 有效，266V 额定
电机驱动	0~215V
DC/DC	266~12V 以及 12~266V（双向的）
DC/DC 功率（kW）	2.6
重量（kW）	9.3

工作状态：

1. 点火开关关闭。

（1）"15 号线未接通"。

（2）混合动力管理器在休眠状态。

（3）无工作电流流过。

2. 点火开关接通但未踩制动器。

（1）"15 号线接通"。

（2）混合动力管理器在待命状态。

（3）高压触点接合了，功率和控制电子装置由高压蓄电池提供 266V 的电，但是无工作电流流过。

3. 点火开关接通且已踩制动器。

（1）"15 号线接通且 50 号线接通"。

（2）显示"hybrid ready"（混合动力已准备完毕）这个信息。

（3）现在有工作电流流过。

①从高压蓄电池到功率和控制电子装置。

②从功率和控制电子装置到电驱动装置的电机。

③从高压蓄电池到 12V 车载电网。

八、电驱动装置电机 V141

（一）电驱动装置电机（如表 2-5 所示）

电驱动装置电机安装在 2.0L TFSI 发动机和 8 挡自动变速器之间的空隙处（取代了变矩器），如图 2-39 所示。该电机是永久激励式同步电机，由一个三相场来驱动。转子上装备有永久磁铁（由钕、铁、硼制成，NdFeB）。电驱动装置电机 V141 集成在三相交流驱动装置 VX54 内。电驱动装置电

表 2-5 电驱动装置电机

功率（kW）（相应转速）	40（2300r/min）
扭矩（N·m）	210
模块重量（kg）	31
电机重量（kg）	26
电压（V）	AC3~145

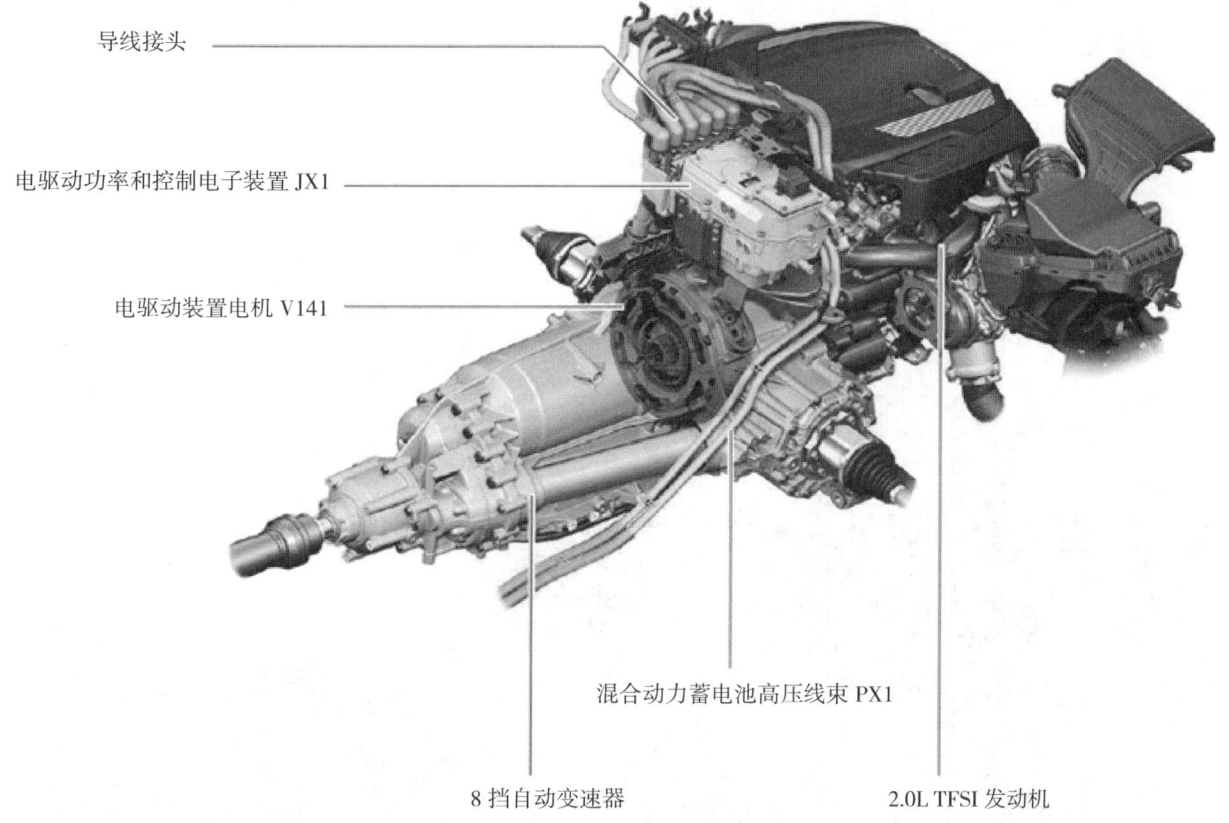

图 2-39

机由电驱动控制单元 J841 和电驱动功率和控制电子装置 JX1 来操控，通过改变频率来调节转速，通过脉冲宽度调制来调节扭矩。通过功率和控制电子装置 JX1 来将 266V 的直流电转换成三相交流电，这个三相电可在电驱动装置的电机内产生一个三相电磁场。电驱动装置电机用于启动发动机，在发电机模式时借助电驱动功率和控制电子装置 JX1 内的 DC/DC 变压器来给高压蓄电池和 12V 蓄电池充电。奥迪 Q5 hybrid quattro 车可使用这个电驱动装置的电机来以纯电动方式驱动车辆行驶（但是车速和可达里程是受限制的），该电机可在车辆加速（Boost）时给发动机提供助力。如果混合动力管理器识别出电驱动装置电机足够用于驱动车辆行驶了，那么发动机就关闭了。

（二）电机（同步电机）

电驱动装置电机是水冷式的，它集成在发动机的高温循环管路上。冷却液由高温循环管路冷却液泵 V467 根据需要情况来进行调节（分 3 级，就是有 3 挡），该泵由发动机控制单元 J632 来操控。电驱动装置温度传感器 1 G712 是个 NTC 电阻（就是负温度系数电阻），它测量电驱动装置电机线圈间的温度。如果这个温度高于 180~200℃，那么电驱动装置电机的功率就被降至零了（在发电机模式和电动行驶时）。重新启动发动机取决于电驱动装置电机的温度情况，必要时可通过 12V 启动机来启动。电驱动装置位置传感器 1 G713 是按坐标转换器原理来工作的，它用于侦测转子的实际转速和角位置。

（三）部件

电驱动装置的电机构成，如图 2-40 所示。

（1）铸造铝壳体。

（2）内置转子，装备有永久磁铁（由钕、铁、硼制成，NdFeB）。

（3）带有电磁线圈的定子。

(4）一个轴承盖（用于连接到自动变速器的变矩器上）。
(5）分离离合器。
(6）三相动力接头。

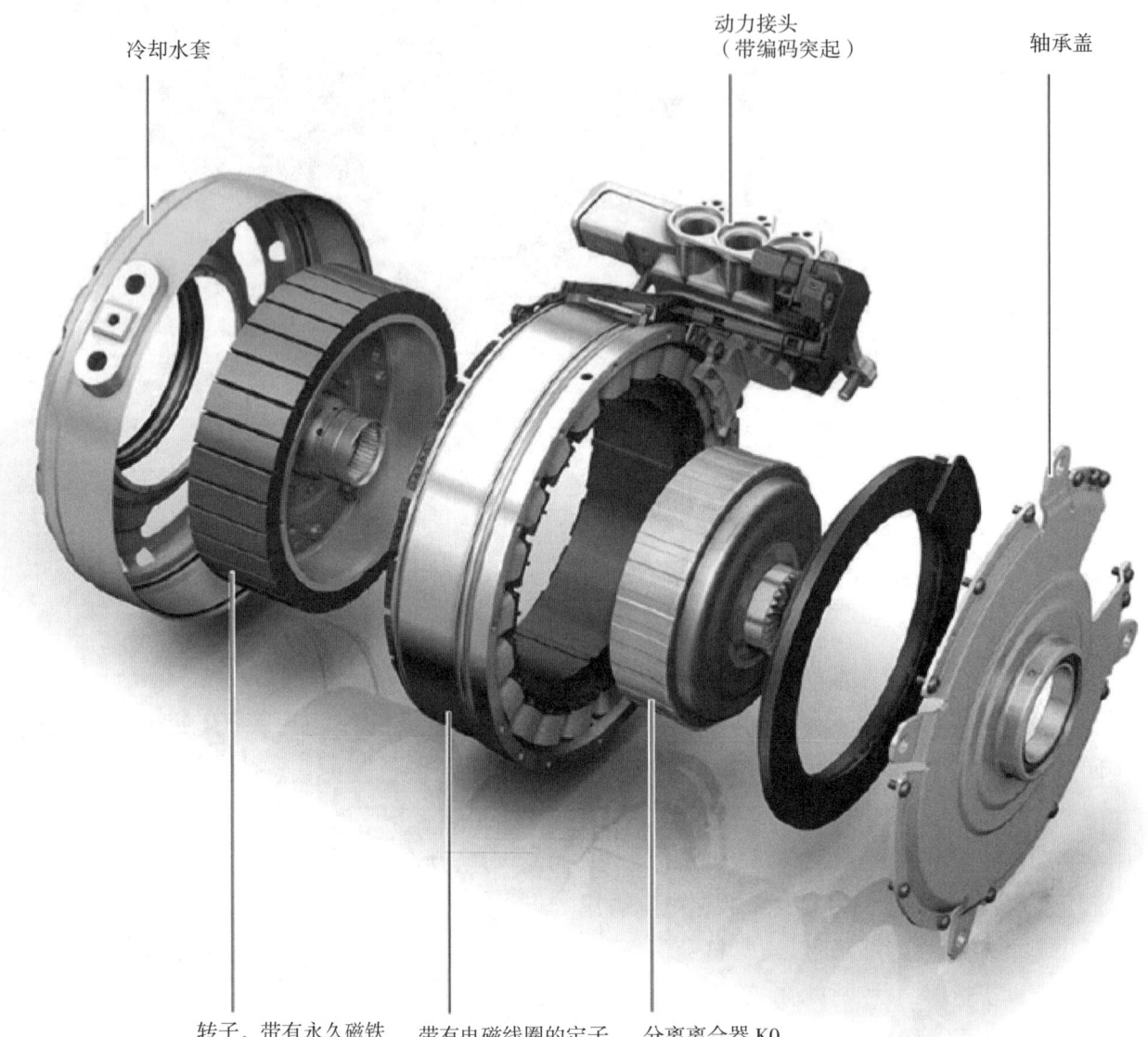

图 2-40

（四）电驱动装置温度传感器 1 G712

该传感器用于测量电驱动装置电机线圈间的温度，通过一个温度模型来判定出该电机的最热点。这个温度传感器的信号用于操控高温循环的冷却能力。这个冷却循环管路是创新温度管理的组件。通过一个电动冷却液辅助泵和接通发动机的冷却液泵，可实现让冷却液从静止（不流动）到最大冷却能力之间的调节。

1. 失效时的影响。

该传感器要是出故障了，那么组合仪表上就会显示黄色的混合动力系统警告灯。这时驾驶员必须到就近的服务站寻求帮助。车辆这时也无法重新启动了，但是可以继续靠发动机工作来行驶，直至 12V 蓄电池没电了为止。

（五）电驱动装置位置传感器 1 G713（如图 2-41 所示）

由于带有自己的转速传感器的发动机在以电动模式工作时，与电驱动装置电机是断开的，因此电驱动装置电机需要有自己的传感器，以便用于侦测转子位置和转子转速。为此，就在电驱动装置电机内集成了一个转速传感器。发动机管理系统和变速器管理系统根据这个传感器传来的信号，来判断电驱动装置电机是否转动以及转速是多少。该信号用于操控下述高压驱动部件：

（1）电机作发电机使用。

（2）电机作电动机使用。

（3）电机作发动机的启动机使用。

失效时的影响：

该传感器要是出故障了，那么组合仪表上就会显示红色的混合动力系统警告灯。

（1）电机就关闭了，车辆滑行至停止。

（2）无法使用电动方式来驱动车辆行驶了。

（3）发电机这个工作模式就不好用了。

（4）无法启动发动机。

（5）驾驶员应寻求服务站帮助。

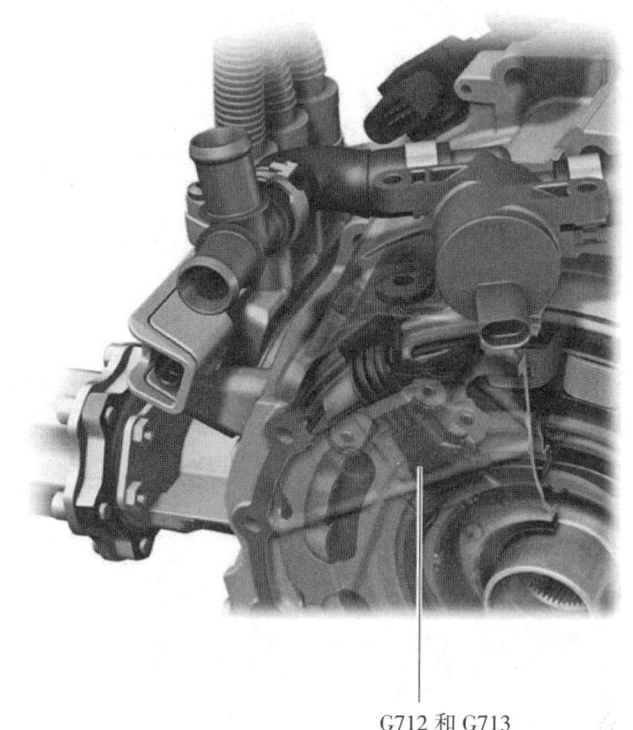

G712 和 G713

图 2-41

九、空调装置

电动空调压缩机 V470 数据，如表 2-6 所示。

不使用皮带驱动的空调压缩机了，现在使用的是电动空调压缩机 V470，如图 2-42 所示。该压缩机使用高压回路的电压来工作，并连接在功率控制电子装置上。在电动空调压缩机 V470 上，集成有空调压缩机控制单元 J842。该控制单元连接在扩展 CAN 总线上。转速是通过脉冲宽度调制（PWM）信号来调节的（PWM 信号 0%~100%）。该压缩机由自动空调控制单元 J255 来激活，"OFF" 或者 "AC 关闭" 功能只会影响到为车内制冷的空调。对高压蓄电池进行冷却，是单独激活该压缩机的（不依赖于自动空调控制单元 J255）。另外，还安装了柴油发动机上常见的、用于空气辅助加热器 Z35 的 PTC（正温度系数）加热元件。空气辅助加热控制单元 J604 负责操控小循环继电器 J359 和大循环继电器 J360。

表 2-6 电动空调压缩机 V470

电机	无电刷式异步电机
消耗功率（kW）	最大 6
供电（V）	266（DC）
电流消耗（A）	最大 17
转速（r/min）	800~8600
冷却	通过吸入冷却液
重量（kg）	7

（一）电动空调压缩机 V470

电动空调压缩机 V470 是用螺栓拧在缸体上的，它通过高压线与功率和控制电子装置连接。该高压线与其他高压线不同，它有一个用于高压的双圆形触点和两个用于安全线的触点，如图 2-43 所示。

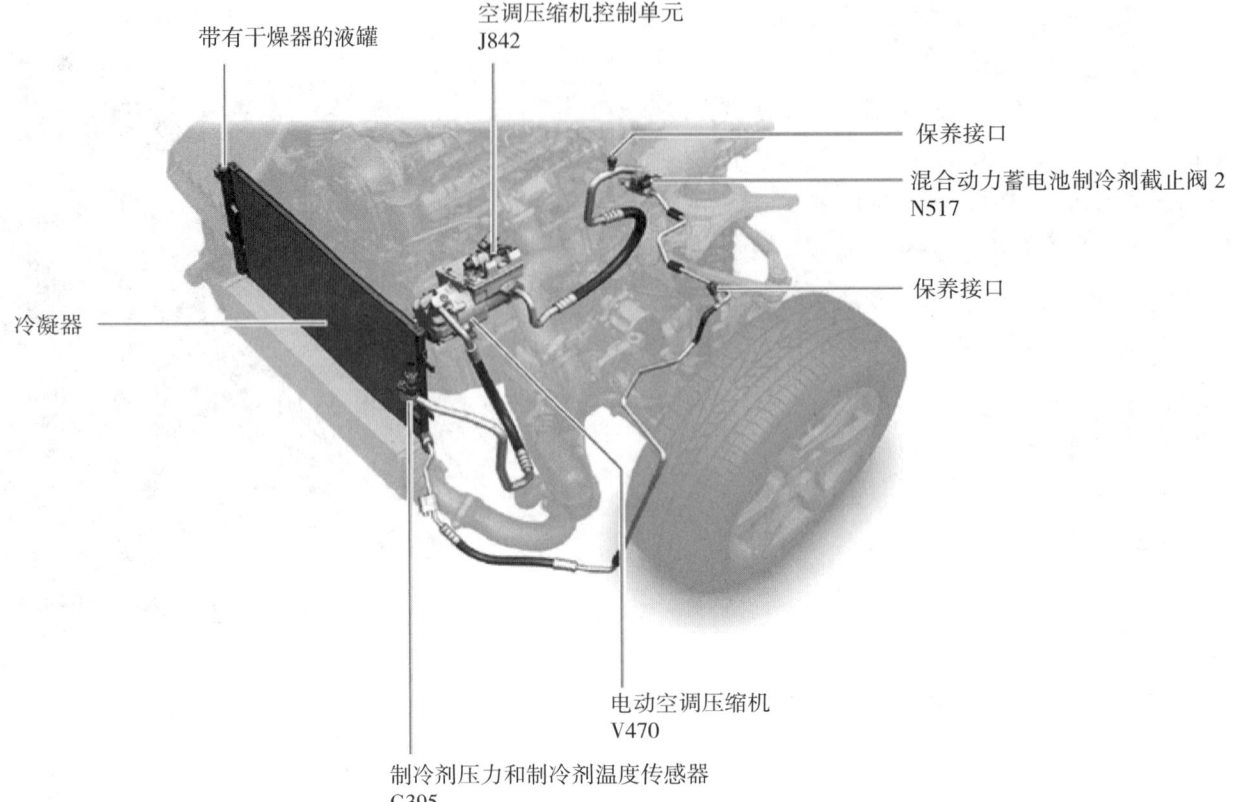

图 2-42

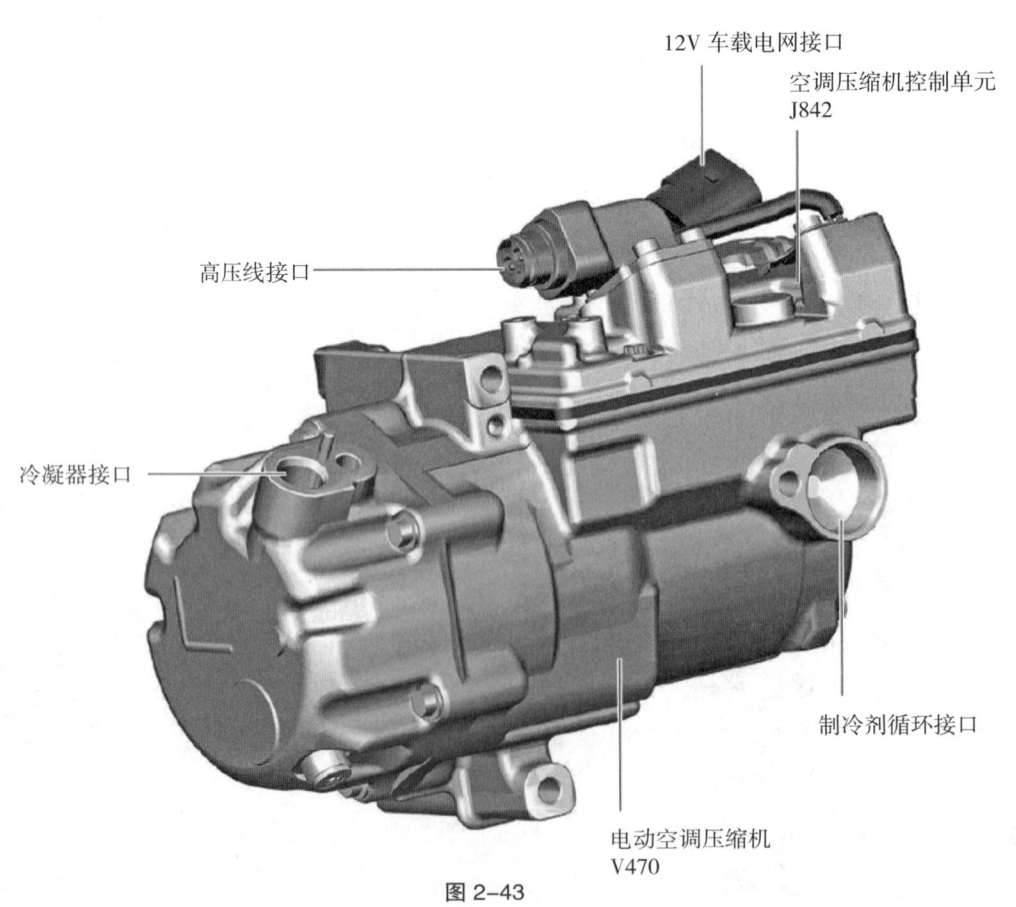

图 2-43

（二）与总线系统的电气连接

如图2-44所示。

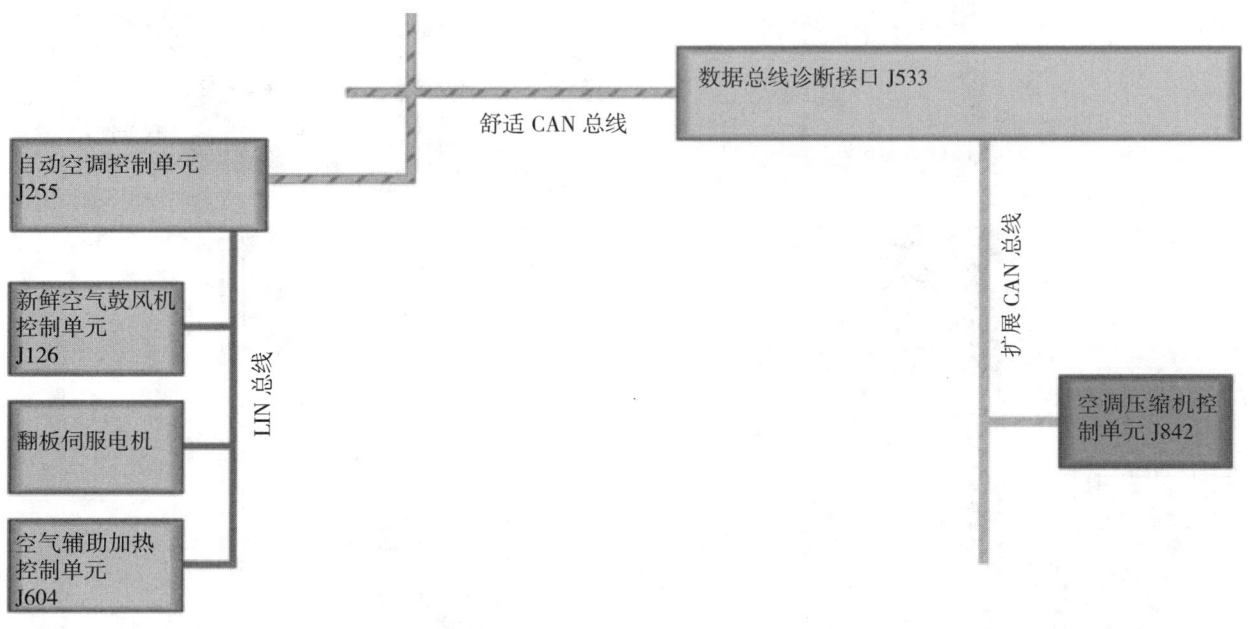

图2-44

十、高压系统

在高压系统内要完成IT线路结构转换。I代表绝缘传递电能（通过单独的、对车身绝缘的正极导线和负极导线）。T表示所有用电器都采用等电位与车身相连，该导线由控制单元J840在绝缘检查时一同监控，以便识别出绝缘故障或者短路。

（一）高压线

高压装置的导线与其他车载电网和12V电气系统用的导线是有明显区别的。由于电压高、电流大，所以高压装置导线的横截面积要明显大一些，且使用专用的插头触点来连接。为了让人们注意高压电的危险性，高压装置的所有导线都是橙色的。所有生产厂商均已达成一致了：所有高压导线都制成橙色的。为避免安装错误，高压线都有机械编码，并用一个插接环下面的颜色环做上了标记。另外，高压线的圆形触点上也有机械编码。在高压车载电网中，所有插头都有防接触层，所有高压导线都有厚厚的绝缘层和一个波纹管（多加了一层抗刮磨层）。高压装置内有如下线路段，如图2-45和表2-7所示。

（1）从高压蓄电池到功率和控制电子装置的两根高压线（P1、P2）。

（2）从功率和控制电子装置到电驱动装置电机的三根高压导线（P4、P5、P6）。

（3）从功率和控制电子装置到空调压缩机的一根双芯高压线（P3）。

（二）高压插头

1. 高压插头触点。

导线高压插头P3与其他导线插头是不同的，该插头是双芯的且有一个双圆形触点和两个用于安全线的触点，如图2-46所示。

2. 编码环。

如果向上拔出并松开插接环的话，就能看见编码环的颜色了。在插上插头后，必须向下压插接环，

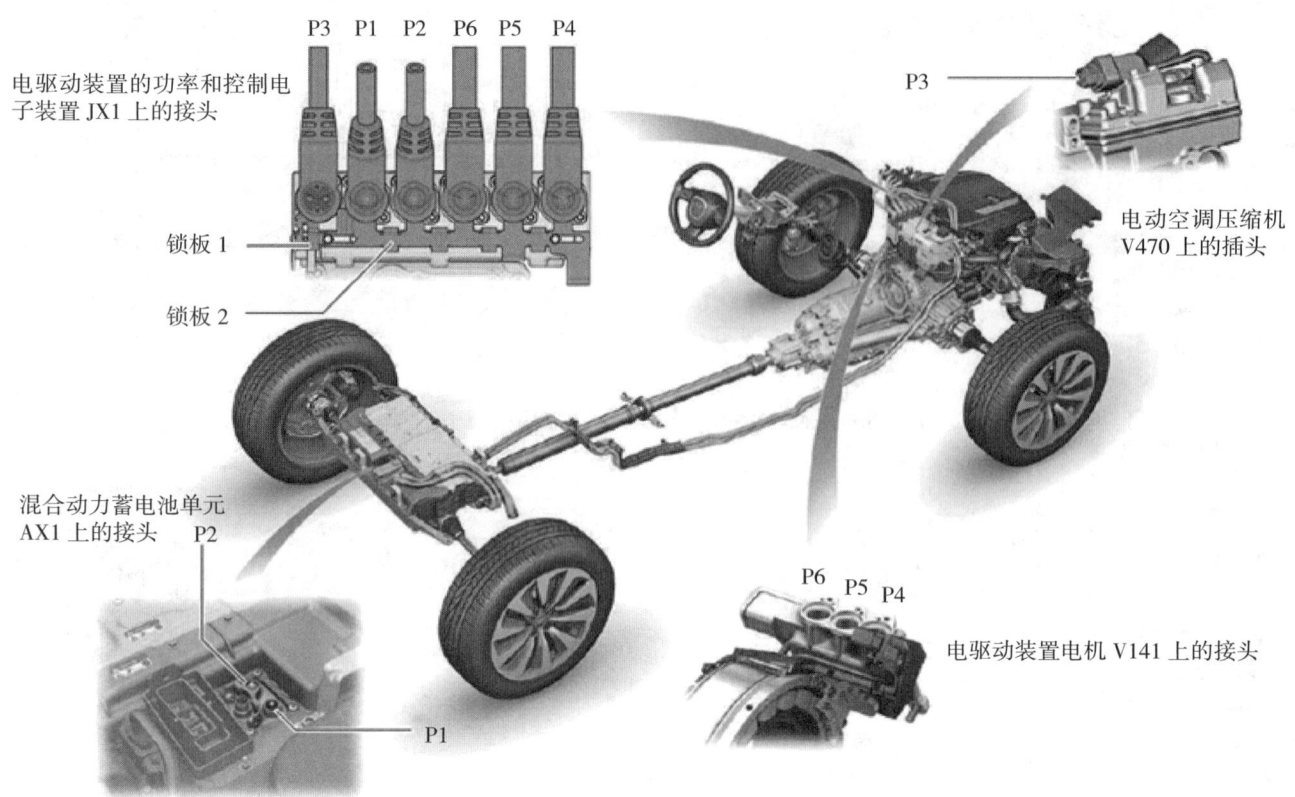

图 2-45

表 2-7

接头	编号	环颜色和局部颜色	状态
功率和控制电子装置—高压蓄电池混合动力蓄电池高压线束 PX1	P1	红色	1+（HV-Plus）
	P2	棕色	1-（HV-Minus）
功率和控制电子装置—空调压缩机	P3	红色	—
功率和控制电子装置—电驱动装置电机 电机高压线束 PX2	P4	蓝色	U
	P5	绿色	V
	P6	紫色	W

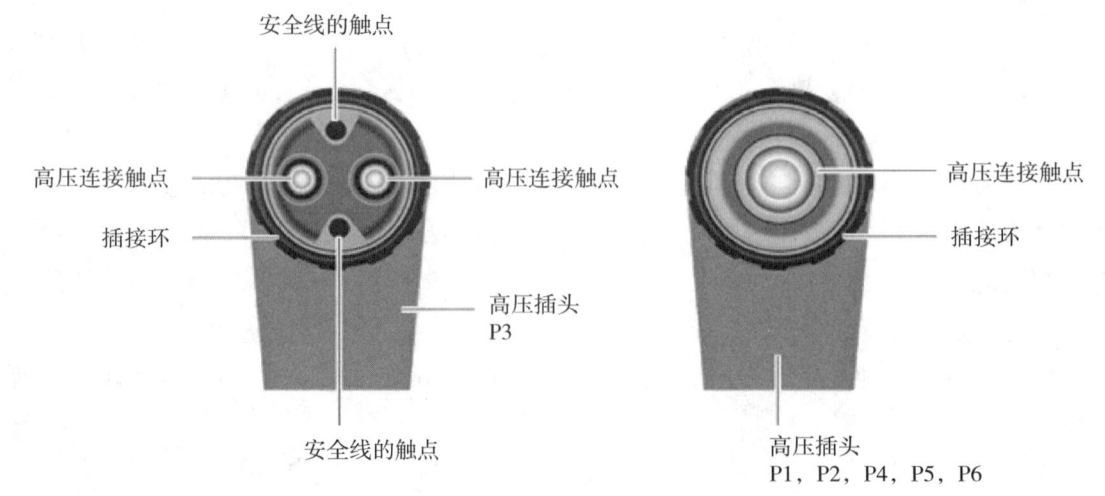

图 2-46

直至其卡止,这样才算真正接好,如图 2-47 所示(本图是以高压插头 P4 为例来说明的)。

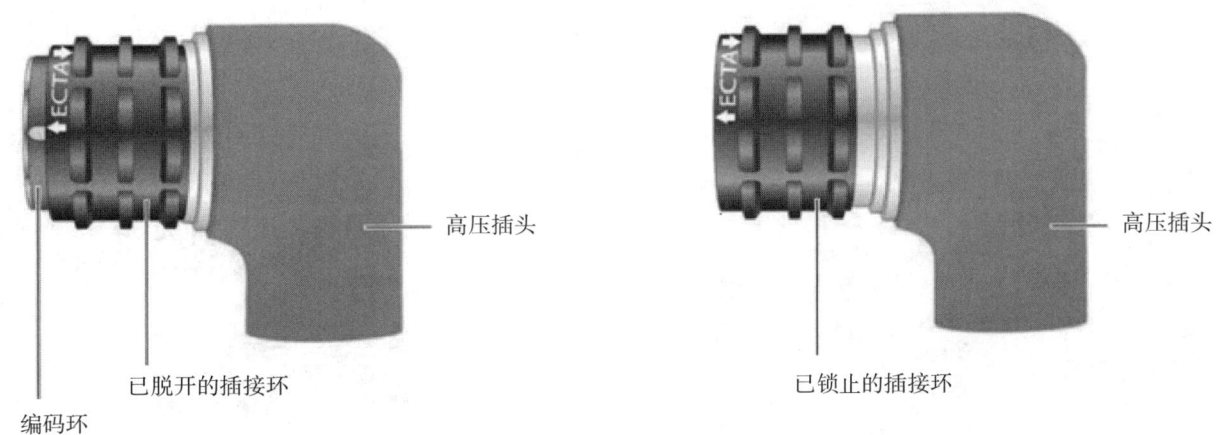

图 2-47

3. 机械编码。

除了通过颜色环来标出编码外,高压插头和接口上还有机械编码。编码的位置用黄色标志标出,如图 2-48 所示(本图是以高压插头 P4 为例来说明的)。

(三)功率和控制电子装置的连接

1. P1、P2 从高压蓄电池到功率和控制电子装置混合动力蓄电池高压线束 PX1,如图 2-49 所示。

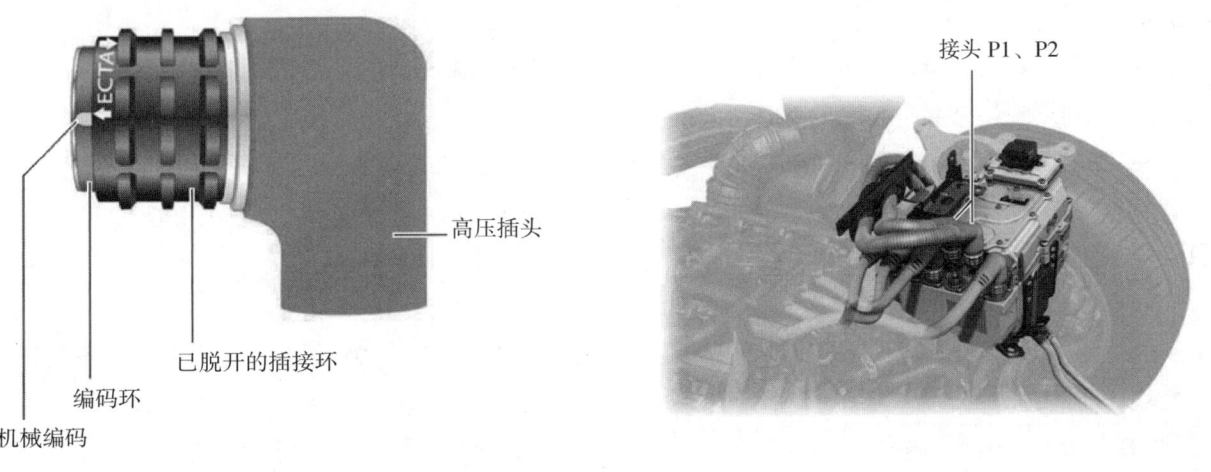

图 2-48　　　　图 2-49

高压蓄电池与功率和控制电子装置是通过两根橙色的高压线连接的。这两根导线是单极的,都有屏蔽功能,各有各自的电位。

2. P3 从功率和控制电子装置到空调压缩机(如图 2-50 所示)。

空调装置因空调压缩机的原因而成为奥迪 Q5 hybrid quattro 车高压装置的一部分。这种新颖的操控方式的优点在于:即使发动机不工作了,也仍能对车内空间进行空调调节。该空调装置视蓄电池充电状态来工作。如果高压蓄电池的充电量下降了,那么系统会自动启动发动机来给高压蓄电池充电。

空调压缩机是通过一根双芯导线与功率和控制电子装置相连接的。采用颜色标志和机械标志来防止弄混高压线。该导线是双极的,带有屏蔽功能和安全线。如果将该导线两个插头中的一个拔下,那么就相当于拔下了安全插头,就是说高压系统就被关闭了。

3. P4、P5、P6 从功率和控制电子装置到电驱动装置电机高压线束 PX2。

在功率和控制电子装置内,将高压蓄电池的 266V 直流电通过 DC/AC 变压器转换成三相交流电(三相电流),用于驱动电驱动装置电机,如图 2-51 所示。电驱动装置电机与功率和控制电子装置是通过 3 根短的高压电缆连接的。这几根导线是单极的并带有屏蔽功能,与其他导线一样也都有颜色标志和机械标志,以免彼此弄混。

图 2-50　　　　　　　　　　　　　图 2-51

十一、12V 车载供电网

(一)与奥迪 Q5 车相比的变动

1. 12V 车载供电网。

(1)取消了交流发电机 C,其功能由电驱动装置电机(交流驱动的)来接管。

(2)12V 车载供电网中无能量回收功能。

(3)12V 车载供电网由功率和控制电子装置中的 DC/DC 变压器来供电。

(4)还有一个备用蓄电池 A1(12Ah)安装在左后侧围板内。蓄电池监控控制单元 2 J934 连接在数据总线诊断接口 J533 的 LIN 总线上。

(5)这个备用蓄电池在"15 号线接通"时由蓄电池分离继电器 J7 来接通。

(6)取消了稳压器 J532,其动能由备用蓄电池来承担。在"15 号线关闭"时,备用蓄电池不消耗电流。

2. 12V 辅助启动机。

这个辅助启动机只在特定情况下用于启动发动机。这时蓄电池 A(68Ah)就由发动机控制单元通过启动蓄电池转换继电器 J580 来与车载供电网断开了,以便将全部能量都用于启动机,如图 2-52 所示。断开后的车载电网由备用蓄电池 A1 和 DC/DC 变压器来供电。要想使用这个 12V 辅助启动机,备用蓄电池的温度不能低于 0℃。如果高压系统无法使用的话,那么也就无法使用 12V 启动了。说明:在检修 12V 车载供电网时,必须将这两个 12V 蓄电池的接线都断开。

3. 跨接启动螺栓。

(1)跨接启动螺栓可在诊断时提供帮助。

(2)通过外接启动螺栓可以给 12V 蓄电池充电,备用蓄电池只有在接通点火开关时才能充上电。

(3)在 12V 蓄电池没电时,可借助跨接启动螺栓来启动。

(4)通过外接启动螺栓可以给高压蓄电池充电。

(二)电子点火开关

通过"点火钥匙已插入"这个信息,点火开关告知高压装置:现在准备要行车了。对于蓄电池管理

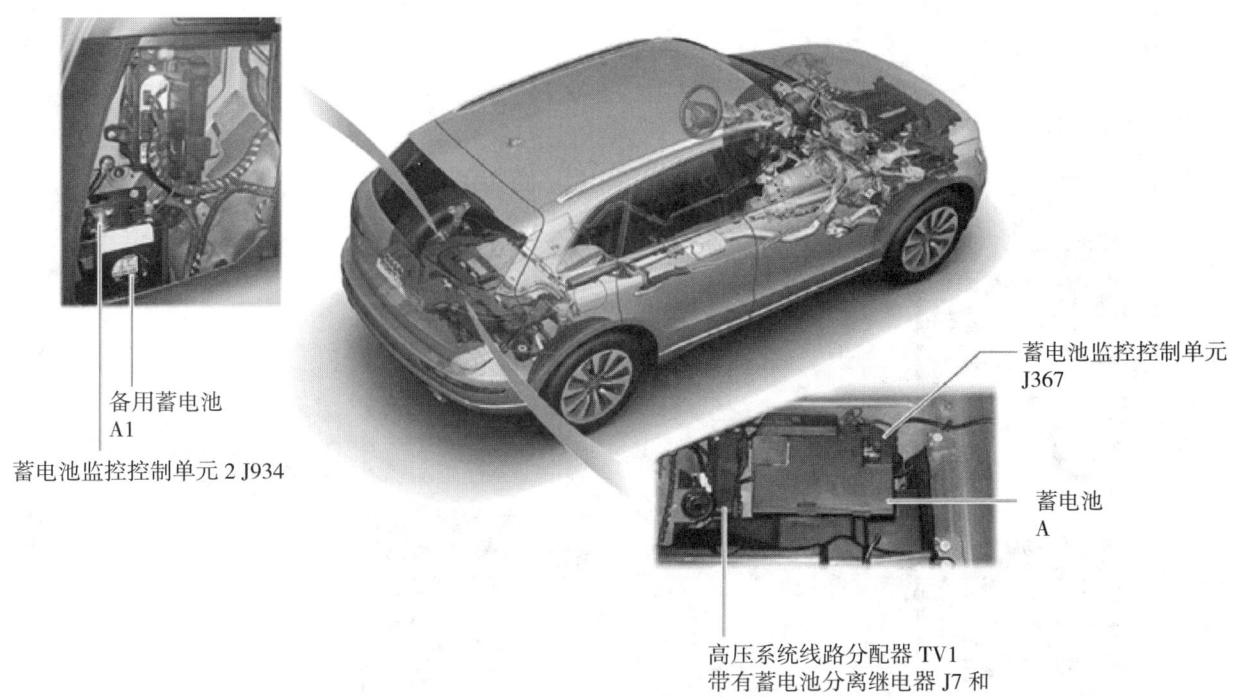

图 2-52

控制单元来说,"点火钥匙已插入"这个信息是个必须要满足的条件,满足后该控制单元才能将高压蓄电池触点接到高压供电网上。如果拔出点火钥匙,那么控制单元就自动将高压蓄电池与高压供电网断开了。

接线柱状态:

(1)点火开关接通,未踩下制动器:"15 号线接通"。

(2)点火开关接通,已踩下制动器。

① "15 号线接通"。

② "50 号线接通"。

③ "hybrid ready"(混合动力已准备完毕)。

现在可以靠电动来驱动车辆行驶,或者在高压蓄电池充电太少时启动发动机。

(三)安全气囊控制单元 J234(如图 2-53 所示)

为了避免高压装置在碰撞后对乘员和救援人员造成危害,安全气囊控制单元识别出碰撞识别信号后,蓄电池调节控制单元 J840 也要使用这个碰撞识别信号。如果识别出碰撞了,那么蓄电池调节控制单元 J840 就会通过高压触点来将高压蓄电池与高压供电网分离开。在第一个碰撞级时,只有安全带张紧器触发了,高压触点就脱开了。这个过程是可逆的。也就是说,当再次关闭并接通点火开关后,高压触点可以再次合上。在第二个碰撞级时,安全带张紧器和安全气囊就都触发了,高压蓄电池与高压供电网的分离就是不可逆的,只能使用诊断仪来重置此过程。救援人员根据触发了的安全气囊就可知道:接触器已断开了,高压供电网与高压蓄电池已经分离了(断开了)。

图 2-53

十二、拓扑结构

拓扑结构图如图 2-54 和图 2-55 所示。

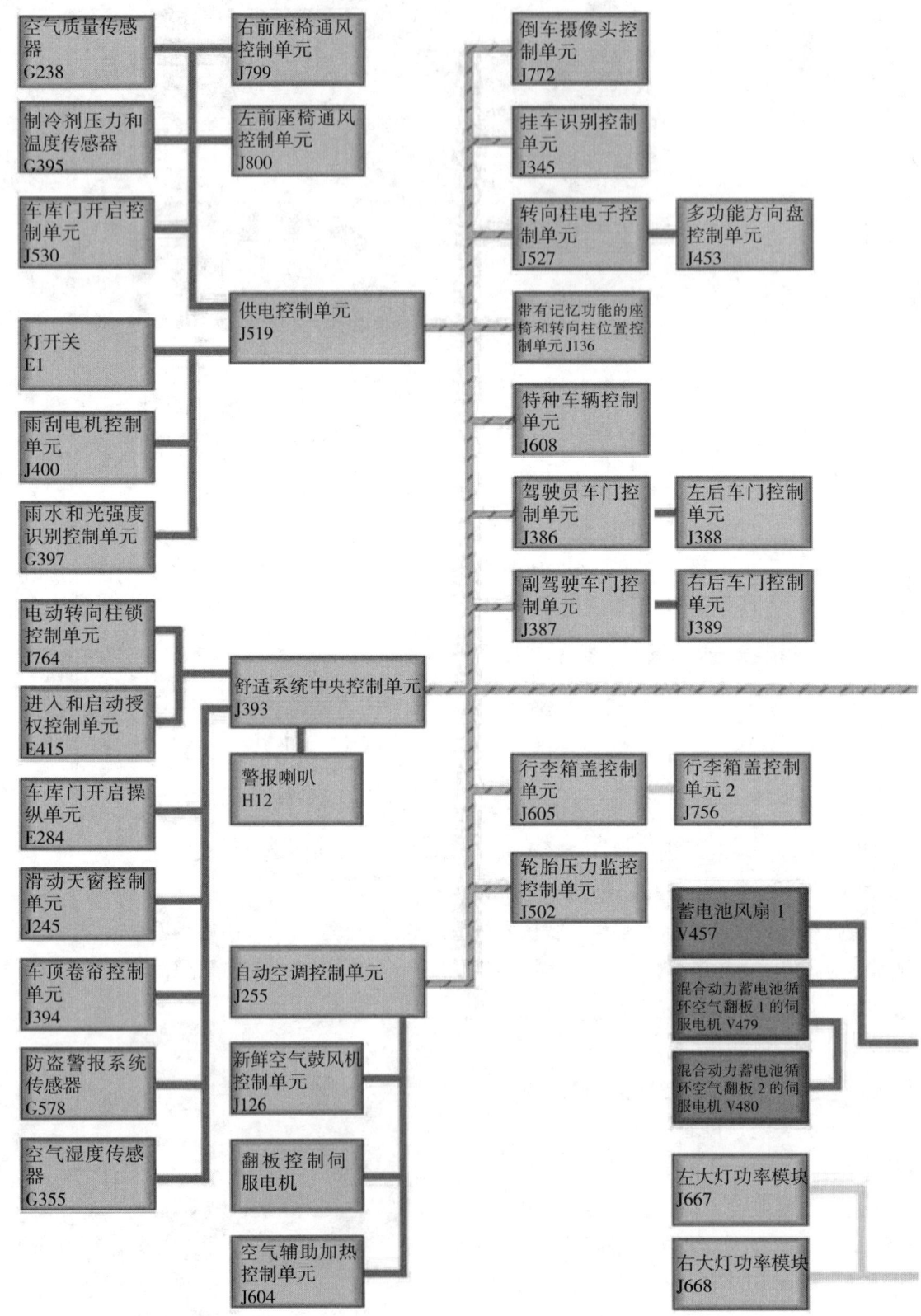

图 2-54

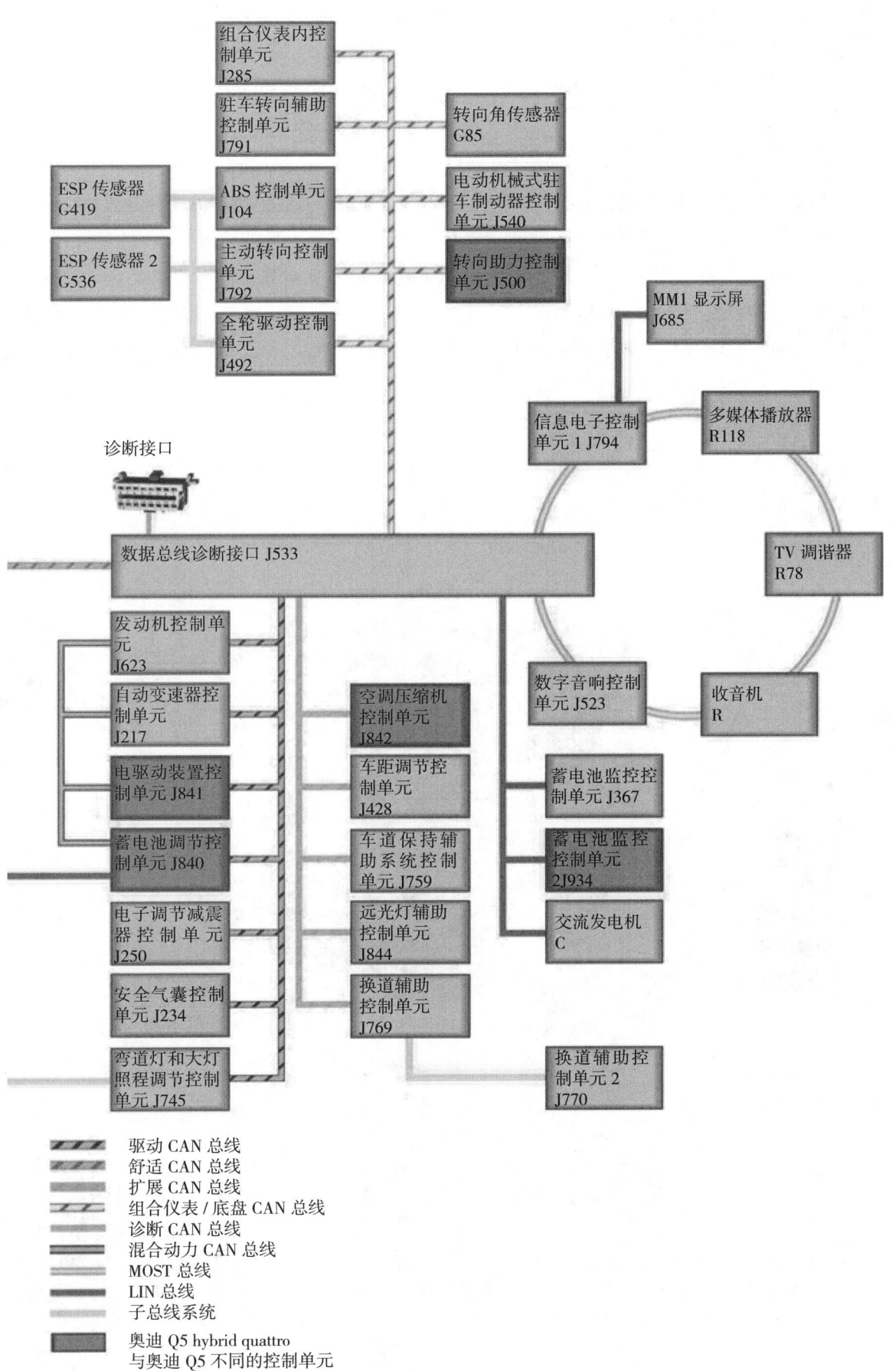

图 2-55

说明：奥迪 Q5 hybrid quattro 不装魔力开关模块 E592 和辅助加热控制单元 J364 了。

第七节 系统管理

一、系统功能图

这个系统功能图（如图 2-56 和图 2-57 所示）展示了使用电驱动装置电机来驱动行驶时所用到的部件。实际上就像我们说过的那样，所有参与行驶的车辆系统之间要交换大量的输入和输出信号，比如用于驱动暖风和空调、助力转向和制动器等。最重要的是在从电驱动切换到发动机驱动或反之时，系统的配合问题，以便使得驱动力矩的变化不影响行驶舒适性。因此，发动机管理系统、变速器管理系统和混合动力调节系统之间的彼此配合就需要非常精确了。对于发动机驱动和电动驱动来说，发动机控制单元是上级控制单元（就是主控制单元）。

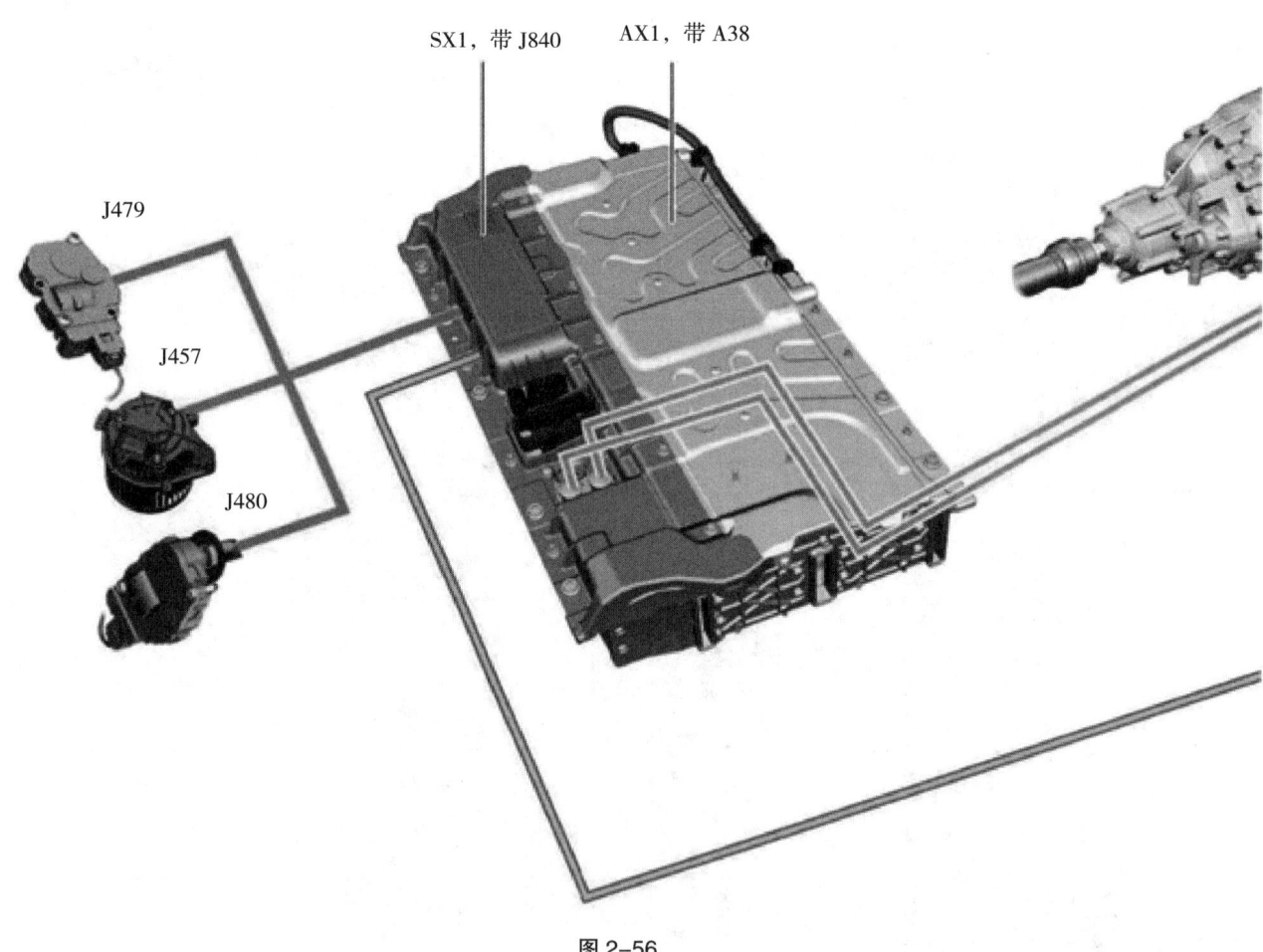

图 2-56

AX1.混合动力蓄电池单元 SX1.插头和配电盒1 A38.高压蓄电池 J457.蓄电池风扇 1 J479.混合动力蓄电池循环空气翻板1的伺服电机 J480.混合动力蓄电池循环空气翻板2的伺服电机 J840.蓄电池调节控制单元

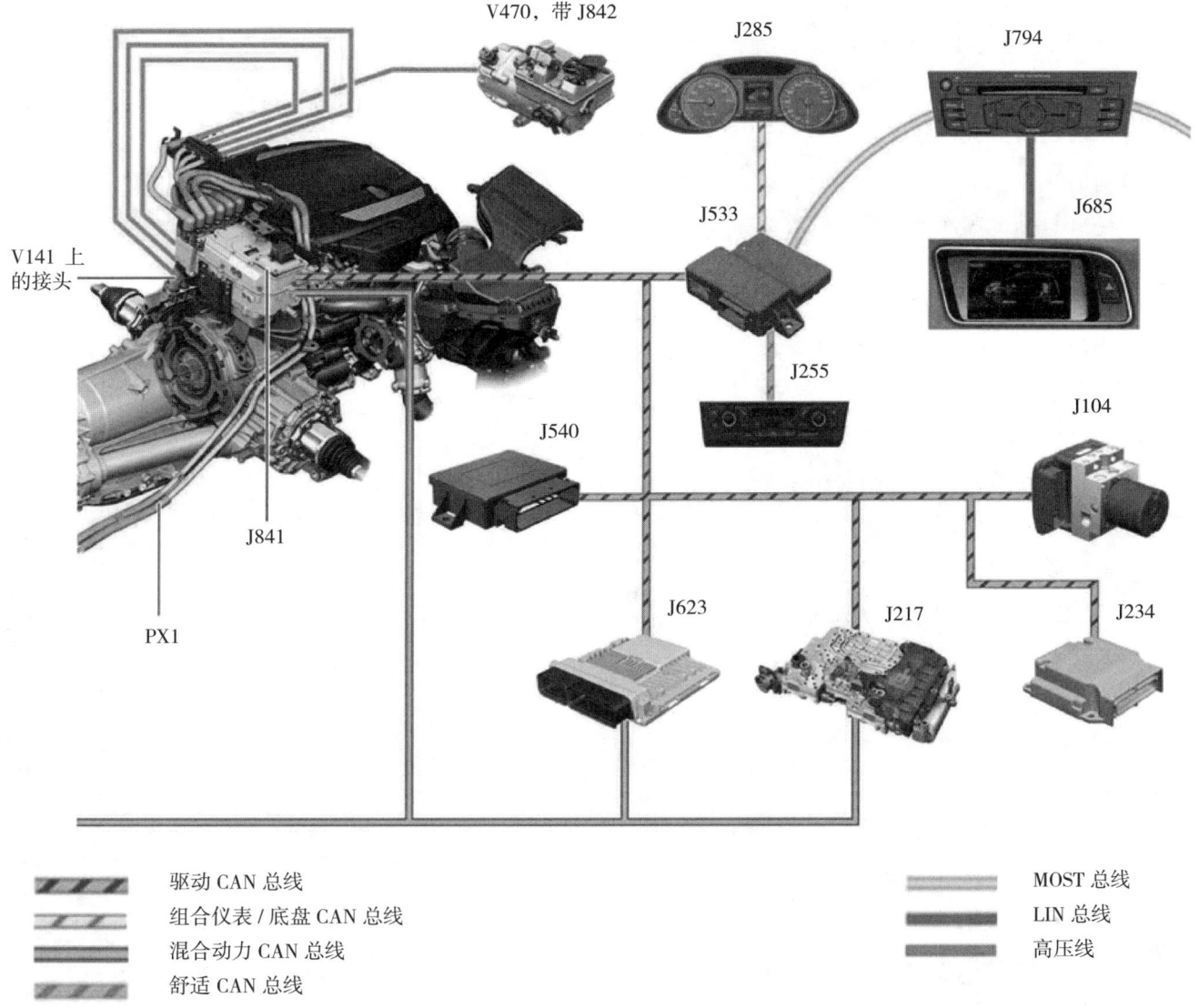

图 2-57

PX1.混合动力蓄电池高压线束 J104.ABS控制单元 J217.自动变速器控制单元 J234.安全气囊控制单元 J255.自动空调控制单元 J285.组合仪表内控制单元 J533.数据总线诊断接口 J540.电动机械式驻车制动器 J623.发动机控制单元 J685.MMI显示器 J794.信息电子控制单元1 J841.电驱动控制单元 J842.空调压缩机控制单元 V141.电驱动电机 V470.电动空调压缩机

控制单元功能：

1. SX1 插头和配电盒 1。

高压线监控。

2. J104 ABS 控制单元。

（1）制动装置液压压力，制动压力。

（2）车轮转速侦测。

3. J217 自动变速器控制单元。

（1）变速器转速。

（2）挡位识别。

（3）变速器液压系统温度。

（4）电动液压泵，变速器液压压力，挡位切换。

（5）发动机/电驱动电机的离合器操纵。

4. J234 安全气囊控制单元。

碰撞信号。

5. J255 自动空调控制单元。

激活空调压缩机。

6. J285 组合仪表内控制单元。

组合仪表显示屏上的文字信息和行驶状态说明。

7. J533 数据总线诊断接口。

不同总线系统之间的数据传递。

8. J540 电动机械式驻车制动器。

驾驶员下车识别。

9. J623 发动机控制单元。

（1）电动驱动模式接通/关闭。

（2）制动操作信号。

（3）电子油门 E-Gas 信号。

（4）发动机转速。

（5）发动机温度。

（6）驾驶员缺席识别。

（7）电驱动电机的冷却液温度。

10. J685 MMI 显示器。

显示行驶状态说明。

11. J794 信息电子控制单元 1。

传送显示信息。

12. J840 蓄电池调节控制单元。

（1）蓄电池温度。

（2）操控高压触点。

13. J841 电驱动控制单元。

（1）电驱动电机的转速。

（2）电驱动电机的温度。

（3）功率和控制电子装置的温度。

（4）电压监控。

14. J842 空调压缩机控制单元。

压缩机转速。

二、驾驶员下车识别

如果满足下述条件的话，会监控驾驶员车门状态的改变和制动信号：

1. 驾驶员车门已关闭。
2. 行驶准备状态为"hybrid ready"或者发动机正在运行。
3. 车速低于7km/h。
4. 已挂入挡位 D、R、S 或 Tip。
5. 未踩下制动踏板。

如果驾驶员车门打开了，那么就识别为驾驶员下车了，这时电动机械式驻车制动器就自动接合了（拉紧了）。要想再次激活驾驶员下车识别功能，车速必须要高于7km/h。变速器在挡位 N（车辆在洗车机中）或 P（自动变速器内的机械锁）时，电动机械式驻车制动器就不会自动接合了（拉紧了）。

三、驾驶员缺席识别

如果满足下述条件的话，就判定为驾驶员在场（在车上）：

1. 行驶准备状态为"hybrid ready"。
2. 识别出驾驶员在场（驾驶员车门已关闭且驾驶员安全带已系好）或驾驶员车门已关闭且已挂入某个行驶挡位。

如果在挂入挡位 P 时打开了驾驶员车门或者摘下了安全带，就判定为驾驶员缺席。

如果是在发动机工作时识别出这种情况的，那么发动机会继续工作。

如果是在发动机不工作时识别出这种情况的，那么混合动力管理器就进入待命状态了。高压蓄电池不会有电流输出且发动机也不能再启动了。没有12V充电器的话，现在12V蓄电池就在放电了。

四、行驶程序

奥迪 Q5 hybrid quattro 车有3种行驶程序可供用户来选择，如表2-8所示。

表 2-8

行驶挡位	程序	可能的影响
EV	扩展了的电驱动模式	·电动行驶，只能使用到高压蓄电池的充电状态不低于30% ·纯电动行驶的最大车速为100km/h ·滑行（发动机和电机都不产生驱动力） ·启动—停止 ·无 Boost 功能 ·制动能量回收
D	燃油消耗情况最佳，Boost 功能适中	·电动行驶，只能使用到高压蓄电池的充电状态不低于30% ·滑行（发动机和电机都不产生驱动力） ·启动—停止 ·Boost 功能适中 ·制动能量回收
S 和 Tip 通道	电驱动的 Boost 功能较强	·启动—停止 ·出色的 Boost 功能 ·制动能量回收 ·无电动行驶功能

五、混合动力模式时的显示和操纵单元

奥迪 Q5 hybrid quattro 车装备了下述装置和功能，用于操纵和显示电动驱动系统：

1. 功率表（取代了转速表）。
2. 组合仪表上的显示。
3. MMI 显示屏上的显示。

4. 高压蓄电池充电状态显示（取代了冷却液温度显示）。

5. 电驱动优先切换按钮 E709。

（一）功率表上的显示

在行车过程中，功率表上会显示各种车辆状态、混合动力系统的动力输出情况或者充电功率情况，如图 2-58 所示。

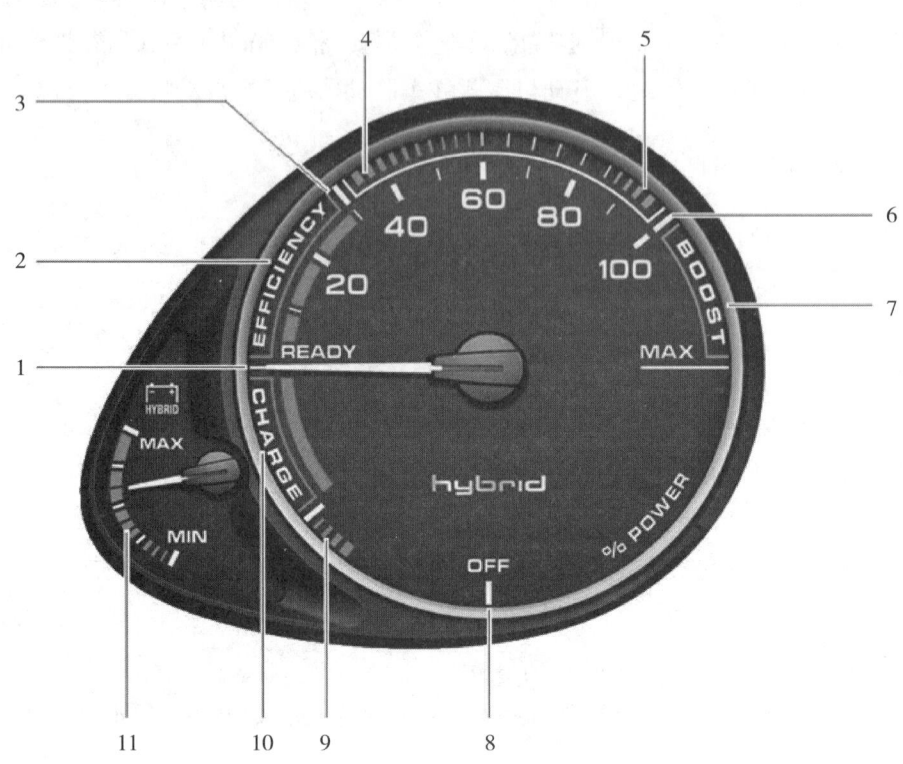

1.车辆准备就绪了"hybrid ready"，15号线接通且50号线接通 2.电动行驶（可以启动发动机）或混合动力形式 3.在EV模式发动机启动的极限 4.经济行车（部分负荷范围） 5.全负荷范围 6.发动机100% 7.电驱动电机在发动机达到最大扭矩时另提供助力（Boost） 8.15号线关闭或15号线接通和50号线关闭 9.液压制动器通过能量回收另增的回收能量 10.通过能量回收而回收的能量（制动和滑行） 11.高压蓄电池的充电状态

图 2-58

（二）组合仪表上的显示

1. 显示故障信息。

如果高压系统有故障，那么组合仪表显示屏上的警报灯会加以提示。该警报灯可能以黄色亮起，也可能以红色亮起。根据高压系统的故障类型，会显示相应的颜色和提示文字，如图 2-59 所示。

显示	文字提示	含义
HYBRID	Hybridantrieb：（混合动力驱动装置：） Systemstörung.（系统故障。） Bitte Service aufsuchen（请寻求服务站帮助）	车辆仍能行驶。 可以使用内燃机来驱动车辆继续行驶
HYBRID	Hybridantrieb：（混合动力驱动装置：） Systemstörung.（系统故障。） Ausfall Lenk- und Bremsunterstützung möglich.（转向助力和制动助力可能失灵。）	车辆无法再行驶了

图 2-59

2. 显示高压蓄电池充电。

如果识别出有充电电流的话,组合仪表显示屏上会出现一个绿色的充电插头形象,如图2-60所示。

3. 显示组合仪表显示屏。

电动驱动模式也会在组合仪表显示屏上显示出来。高压蓄电池符号和远离车轮的箭头表示正在用高压蓄电池来驱动且电驱动电机正在工作。组合仪表显示屏上也会显示所有其他的行驶状态。显示内容只针对对应相应的行车状态。

4. 显示hybrid ready。

这个显示内容表示混合动力系统已经准备就绪,可以工作了,如图2-61所示。

5. 显示使用电机来驱动车辆行驶。

高压蓄电池符号和远离车轮的绿色箭头表示正在用高压蓄电池来驱动且电驱动电机正在工作,如图2-62所示。

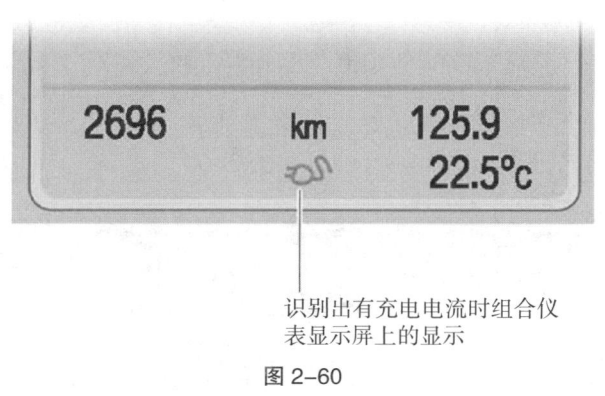

图 2-60

图 2-61

图 2-62

6. 显示仅用发动机来行车。

发动机符号、高压蓄电池符号和远离车轮的黄色箭头表示现在是以发动机来驱动车辆行驶的,如图

2-63 所示。

7. 显示同时使用电驱动和发动机来行驶（Boost）。

发动机符号、高压蓄电池符号和远离车轮的黄色—绿色箭头表示正在用发动机、高压蓄电池和电驱动电机来驱动车辆行驶，如图 2-64 所示。

图 2-63　　　　　　　　　　　　　图 2-64

8. 显示车辆滑行时的能量回收 <160km/h。

高压蓄电池符号和指向车轮的绿色箭头表示正在回收能量且正在给高压蓄电池充电，如图 2-65 所示。

9. 显示停车和发动机。

发动机符号和高压蓄电池符号表示发动机正在运转且正在给高压蓄电池充电，如图 2-66 所示。

（三）MMI 显示屏上的显示

奥迪 Q5 hybrid quattro 车上装备有 MMI 增强版导航系统，因此，就可以在 MMI 显示屏上显示使用发动机或者电驱动电机驱动车辆行驶的信息，以及高压蓄电池的充电状态信息。MMI 显示屏上的显示与组合仪表上的显示有所不同。

1. 显示 hybrid ready。

这个显示内容表示混合动力系统已经准备就绪，可以工作了，如图 2-67 所示。

2. 显示仅用电机来驱动车辆行驶。

高压蓄电池符号和远离车轮的绿色箭头表示正在用高压蓄电池来驱动且电驱动电机正在工作，如图 2-68 所示。

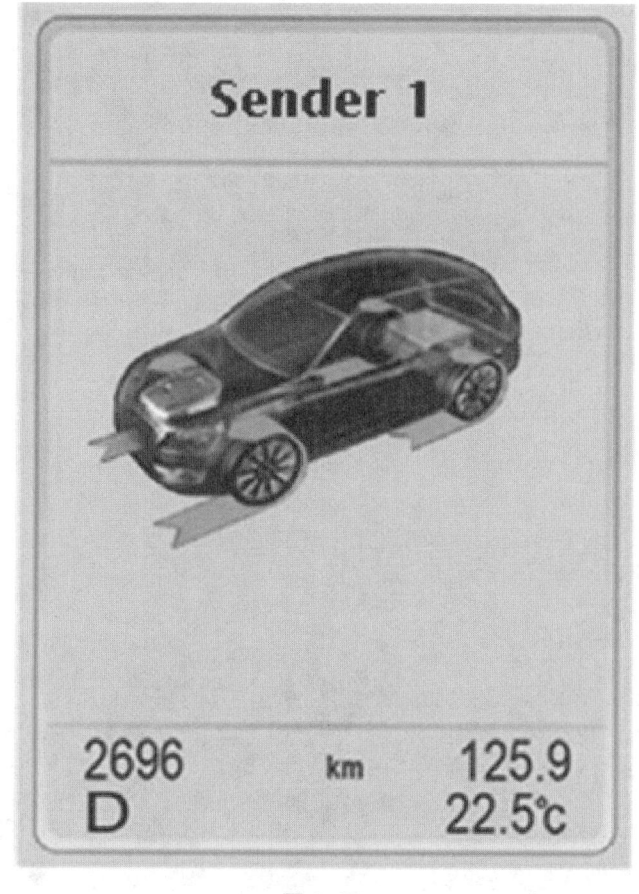

图 2-65

图 2-66

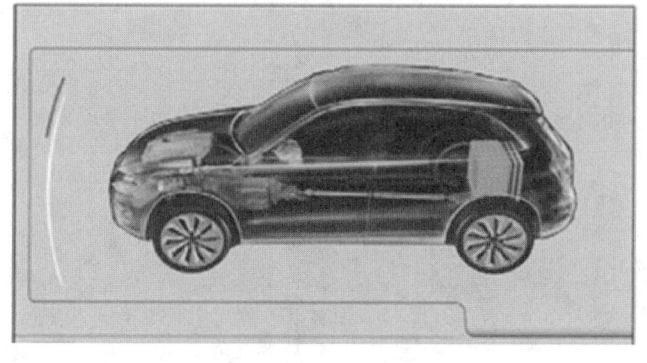

图 2-67

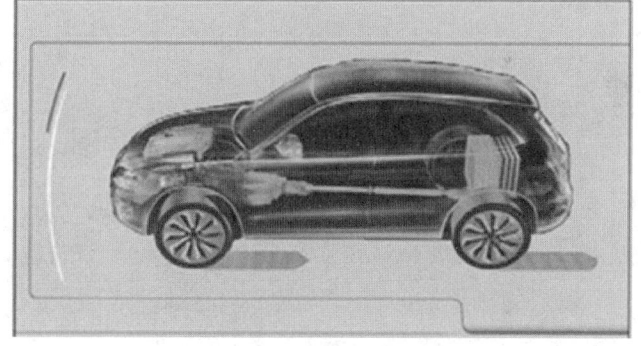

图 2-68

3. 显示仅用发动机来行车。

发动机符号、高压蓄电池符号和远离车轮的黄色箭头表示现在是以发动机来驱动车辆行驶的，如图 2-69 所示。

4. 显示同时使用电驱动和发动机来行车（Boost）。

发动机符号、高压蓄电池符号和远离车轮的黄色—绿色箭头表示正在用发动机、高压蓄电池和电驱动电机来驱动车辆行驶，如图 2-70 所示。

5. 显示车辆滑行时的能量回收 <160km/h。

高压蓄电池符号和指向车轮的绿色箭头表示正在回收能量且正在给高压蓄电池充电，如图 2-71 所示。

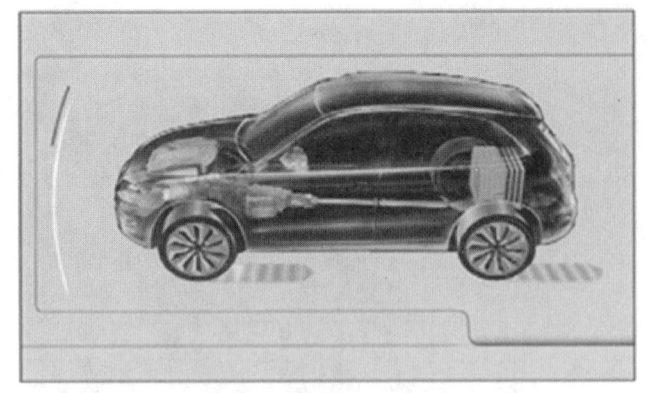

图 2-69　　　　　　　　　　　　图 2-70

6. 显示停车和发动机。

发动机符号和高压蓄电池符号表示发动机正在运转且正在给高压蓄电池充电，如图 2-72 所示。

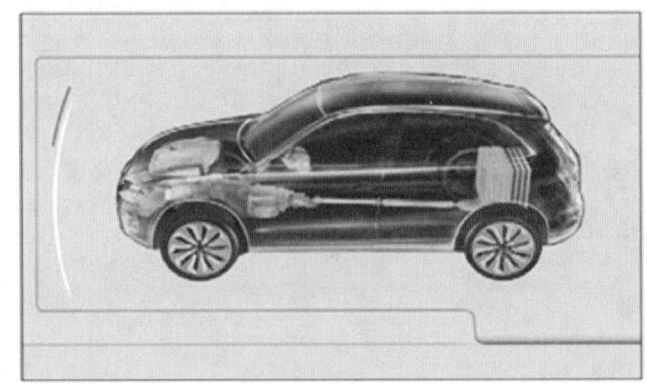

图 2-71　　　　　　　　　　　　图 2-72

7. 显示消耗统计。

每 5min 就会显示一次车辆行驶时的能量消耗和能量回收情况。这些数据表示的是刚刚过去的 60min 内的情况，以柱形图的形式给出。实心的柱形图表示的是当前的行车状况，空心的柱形图表示的是以前的行车状况，如图 2-73 所示。

（四）操纵面板

使用电驱动优先切换按钮 E709（EV 模式），驾驶员可以扩展电动行驶的极限，电机的全部功率都用于车辆的电动行驶中。只要车速不高于 100km/h 或者蓄电池的充电状态不低于 34%，那么就可以使用纯电动方式来驱动车辆行驶。

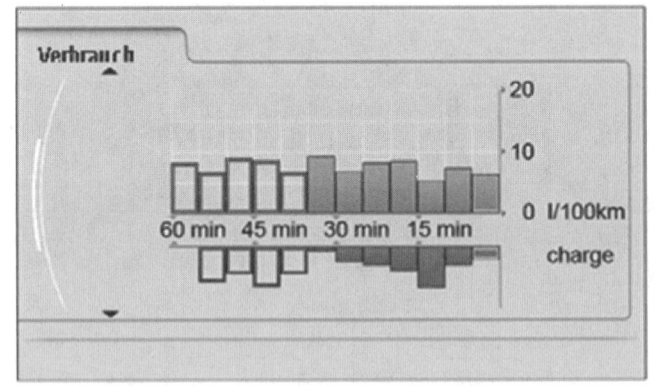

图 2-73

1. 使用 EV 模式行车的先决条件。

（1）蓄电池充电状态 >42%。

（2）高压蓄电池温度 >+10℃。

（3）发动机冷却液温度在 +5~+50℃。

（4）车外温度 ≥ +10℃（用于 EV 冷起步）。

（5）12V 启动机已释放。

（6）海拔高度 <4000m。

（7）非 Tiptronic 模式。

（8）系统有效电功率 ≥ 15kW。

（9）停止使能在起作用。

组合仪表上出现一个绿色符号且 EV 模式按钮下出现一个绿色的方块（如图 2-74 所示），就表示 EV 模式已经被激活了。

2. 失效时的影响。

失效的话对混合动力驱动无影响，只是扩展了的电动行驶的附加功能无法再用了，如图 2-75 所示。

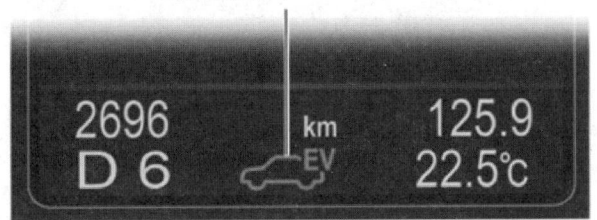

图 2-74

图 2-75

第八节　售后服务

一、专用工具

（一）保养用断开锁 T40262

为了在保养时防止高压装置再次合闸接通，保养插头用这个带挂锁的塑料盖给上锁锁住了，如图 2-76 所示。这样做是遵守了检修电气装置时的第二点安全规程"严防设备重新合闸"。

（二）适配头 T40259

这组工具由三套钩环组成，用于拆装高压蓄电池，如图 2-77 所示。

（三）松开工具 T40258

该工具用于拆卸高压插头，如图 2-78 所示。

二、车间设备

（一）检测适配器 VAS6606/10

高压蓄电池、功率和控制电子装置使用分离盒 VAS6606

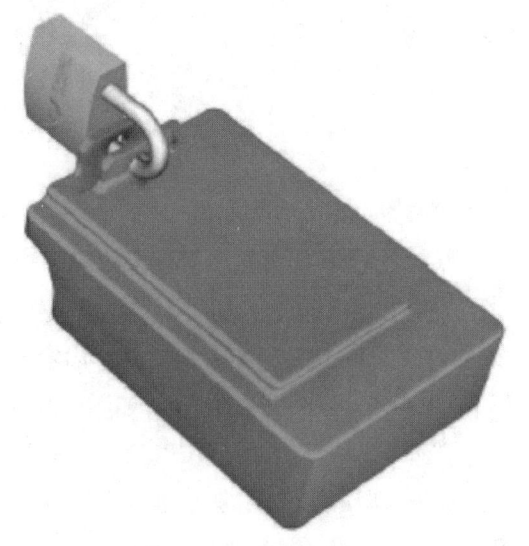

图 2-76

图 2-77　　　　　　　　　　　　　　图 2-78

中的这些检测适配器来检查，如图 2-79 所示。

（二）混合动力警告牌 VAS6649

在开始检修混合动力车前，必须要保证工作地点的安全。因此必须把这个安全警示牌放在车内容易看到的地方，以提醒人们注意高电压的危险性，如图 2-80 所示。必须这样做！相关的说明可通过故障导航来查找。

图 2-79

图 2-80

（三）混合动力警告牌 VAS6650

在开始检修混合动力车前，必须要保证工作地点的安全，因此必须把这个安全警示牌放在车内容易看到的地方，以提醒人们"切勿接通，正在检修"，如图 2-81 所示。必须这样做！

（四）12V 充电器

如果高压蓄电池的启动能力不足了（组合仪表上有显示），那么请用 12V 充电器（比如 VAS5904 或

图 2-81

VAS5903）以不低于 30A 的电流来进行充电。说明：高压设备的检修工作只可由经过认证的高压电技工来进行操作。只有受训合格的高压电技工，才可以拔保养插头，以保证装置处于停电状态。说明：为保证正确、安全地使用高压专用工具，请务必遵守维修手册上的规定。

（五）VAS6558（如图 2-82 所示）

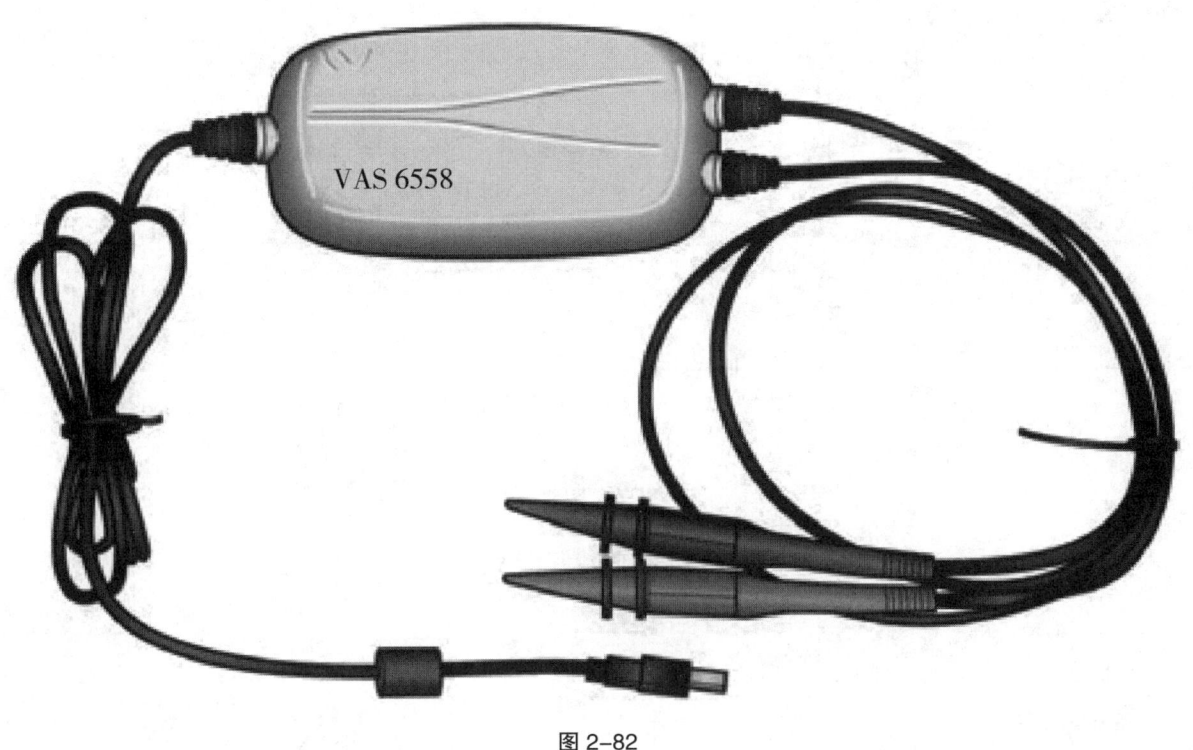

图 2-82

这个测量模块用于通过一个非常小的电流产生一个 500V（最高可达 1000V）的测量电压。供电是通过 USB 2.0 接头获得的。用测量盒借助于某个测量适配器来测量停电（无电压）状态。另外，还可用它来确定绝缘电阻。该测量盒可以与诊断仪 VAS5051B、VAS5052A 和 VAS6150 兼容。

（六）混合动力检测适配接头 VAS6558/1A

该接头是组件 VAS6558/1A 的一部分，用于配合 VAS6558 来测量高压装置内的停电（无电压）状态和绝缘电阻。适配接头的所有高压连接线在外观上都有机械编码，只能用于与其相配的插口上。适配接头的高压连接线插、拔都要小心，否则可能会损坏插口，产生接触安全方面的问题。

（七）停电无电压测量适配接头 VAS6558/1-1（如图 2-83 所示）

该接头直接连在电源、高压蓄电池、功率和控制电子装置上，用于测量无电压状态。该接头内装的是高欧姆电阻，以保证在出现故障时，测量插口上只有很小的电流。在每次测量无电压状况前，应检查一下测量适配接头！

说明：高压设备的检修工作只可由经过认证的高压电技工来进行操作。只有受训合格的高压电技工才可以拔保养插头，以保证装置处于停电状态。

（八）VAS6558/1-2（如图 2-84 所示）

这两条高压接线是与混合动力蓄电池单元和功率控制电子装置上的接口相配的。该测量接头上的高压插口与混合动力蓄电池单元、功率和控制电子装置以及电机（E-Maschine）的高压线是相配的。使用这个测量接头，可以测得高压供电网的绝缘电阻。

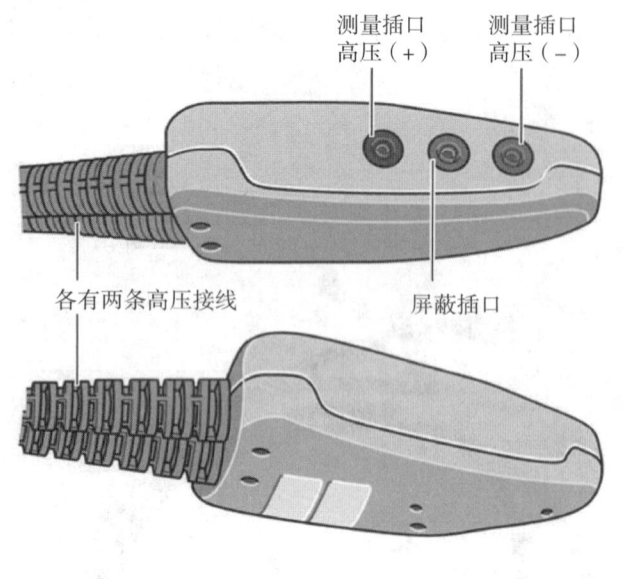

图 2-83

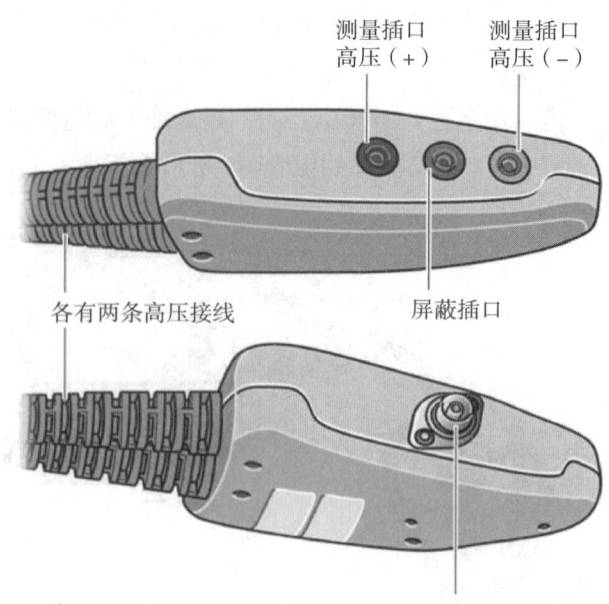

图 2-84

（九）空调压缩机和安全线的绝缘电阻测量接头 VAS6558/1-3A（如图 2-85 所示）

该测量接头上的一条高压接线只与功率控制电子装置上的空调压缩机插口和空调压缩机上的插口相配。通过这些高压接口可以测得空调压缩机的高压线的绝缘电阻。由于安全线整合在空调压缩机的高压接线内了，所以使用这个测量插头还可以检查安全线。

说明：接头 VAS6558/1-2 和 VAS6558/1-3A 只可以在确定了没有电压（停电）的时候才可使用。为保证正确、安全地使用高压专用工具，请务必遵守维修手册上的规定。

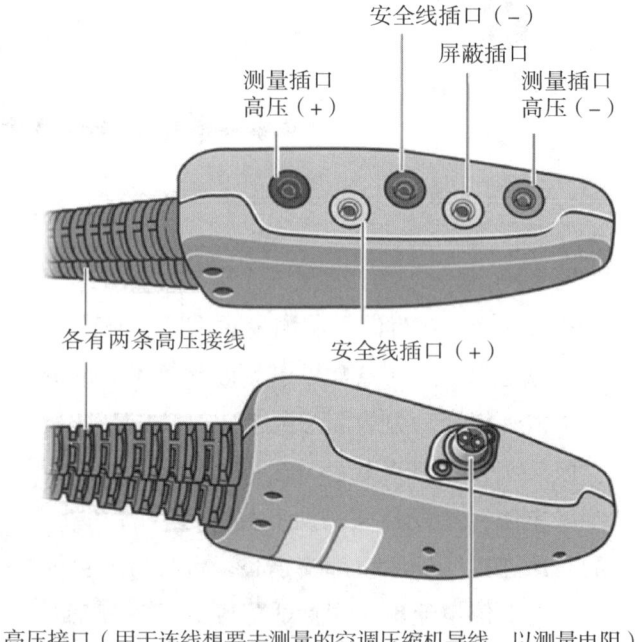

图 2-85

第九节　经典实例

一、2014 年奥迪 Q5 hybrid 客户抱怨车辆无法启动

车型：Q5 hybrid。

年款：2014 年。

发动机号：CHJA。

行驶里程：31342km。

故障现象：车辆放置1个月后启动时打不着火，仪表显示混合动力系统故障。

故障诊断：

（1）诊断车辆，故障码如下：

P0B4700：混合动力/高压蓄电池电压，传感器导线3对地短路。

P0B5600：混合动力/高压蓄电池电压，传感器导线6对地短路。

P0B3C00：混合动力/高压蓄电池电压，传感器导线1不可信信号。

P0B4100：混合动力/高压蓄电池电压，传感器导线2不可信信号。

P0B4600：混合动力/高压蓄电池电压，传感器导线3不可信信号。

P0B4B00：混合动力/高压蓄电池电压，传感器导线4不可信信号。

P0B5000：混合动力/高压蓄电池电压，传感器导线5不可信信号。

P0B5500：混合动力/高压蓄电池电压，传感器导线6不可信信号。

P0B5A00：混合动力/高压蓄电池电压，传感器导线7不可信信号。

P0B5F00：混合动力/高压蓄电池电压，传感器导线8不可信信号。

（2）根据维修手册，检查J840插头中有渗液。

（3）J840与高压蓄电池集成一体，无法拆卸维修。

PQA处理：

PQA通过TeamViewer对该车进行远程诊断。

故障码如下：

P071600：变速器输入转速传感器1不可信信号。

P0A1B00：电力电子装置控制单元，电驱动装置。

P0A1F00：蓄电池能量管理控制单元。

P0AB900：混合动力组件系统故障。

P0B4700：混合动力/高压蓄电池电压，传感器导线3对地短路。

P0B5600：混合动力/高压蓄电池电压，传感器导线6对地短路。

P0B3C00：混合动力/高压蓄电池电压，传感器导线1不可信信号。

P0B4100：混合动力/高压蓄电池电压，传感器导线2不可信信号。

P0B4600：混合动力/高压蓄电池电压，传感器导线3不可信信号。

P0B4B00：混合动力/高压蓄电池电压，传感器导线4不可信信号。

P0B5000：混合动力/高压蓄电池电压，传感器导线5不可信信号。

P0B5500：混合动力/高压蓄电池电压，传感器导线6不可信信号。

P0B5A00：混合动力/高压蓄电池电压，传感器导线7不可信信号。

P0B5F00：混合动力/高压蓄电池电压，传感器导线8不可信信号。

根据J840与蓄电池连接结构关系，可以判断J840插头内液体不是高压蓄电池电解液，不需要拆解高压蓄电池检查。

对高压蓄电池诊断分级：

① 高压蓄电池外观正常。

②高压蓄电池未见异常高温。

③高压蓄电池无漏液。

④高压蓄电池未见冒烟等。

⑤高压蓄电池电压正常。

⑥高压蓄电池内阻正常。

⑦高压蓄电池内部 72 个单元的充电状态正常。

⑧高压蓄电池内部 72 个单元的电压正常。

⑨高压蓄电池内部环风门伺服马达正常。

可以判断高压蓄电池正常。

高压系统故障码：P0B4700/P0B5600/P0B3C00/P0B4100/P0B4600/P0B4B00/P0B5000/P0B5500/P0B5A00/P0B5F00，无法删除，ODIS 系统无检测计划，德方专家查询故障码显示这几个故障码是由 J840 故障引起的，需要更换 J840。

故障原因分析：由于 J840 故障引起高压系统内故障码，故障码无法删除。需要更换 J840。

故障排除：更换 J840，由于 J840 和高压蓄电池集成在一起，需要整体更换。

故障总结：

（1）该车无法启动是由高压系统存在故障引起的，需要排除高压系统内部故障。

（2）该故障内部存有故障码：P0B4700/P0B5600/P0B3C00/P0B4100/P0B4600/P0B4B00/P0B5000/P0B5500/P0B5A00/P0B5F00，无法删除，故障码应是 J840 插头进入液体引起的，但是针对这几个故障码无检测计划，需要德方专家支持。

（3）高压蓄电池正常，更换高压蓄电池及 J840 总成件时，经销商 HVT 可以完成，若高压蓄电池异常，例如，异常高温、漏液、冒烟等，需要 HVE 支持。

二、2019 年一汽奥迪 Q5L 发动机故障灯亮，空调失效

车型：一汽奥迪 Q5L。

年款：2019 年。

故障现象：发动机故障灯亮且空调面板时亮时不亮，功能失效。

故障诊断：

多控制单元报 U016400：空调控制单元无通信偶发多次，U002800 传感器/混合动力 CAN 无通信偶发多次。

分析可能原因有：

（1）空调控制面板有故障。

（2）LIN 线有故障。

（3）混合动力 CAN 有故障。

（4）网关有故障。

（5）其他故障。

诊断仪检测好多控制单元报 U016400：空调控制单元无通信，U002800 传感器/混合动力 CAN 无通信。根据诊断仪引导有可能是控制面板是否能识别到，控制单元总线是否断裂，控制单元供电是否正常等。由于此车是新车，首先并未检测线路，而是尝试更换空调面板控制单元。由于此故障并非静态故障，当重新换一个新的控制单元后故障不再出现，但过一会儿故障现象依旧存在，只不过频率降低。于是检

查控制单元的供电线和接地线都正常，在检查过程中发现只要拉扯前部空调控制单元插头故障就会出来，所以可以确认此故障是线路上有问题。检查 LIN 线是否有供电检查正常，根据电路图又检查混合动力 CAN 高和 CAN 低的线束，发现此时 CAN 线电压不正常，于是就把 CAN 线针脚拔出来，并未发现异常，当时怀疑是 CAN 线接触不良。把所有的线全部固定让其不可动，然后再单独晃动 CAN 线，发现故障立马出现。所以断定是 CAN 线接触不良导致的故障。经过检查，前部空调 E87 插头有虚接，如图 2-86、图 2-87 所示。更换 CAN 线线束，故障解决。

 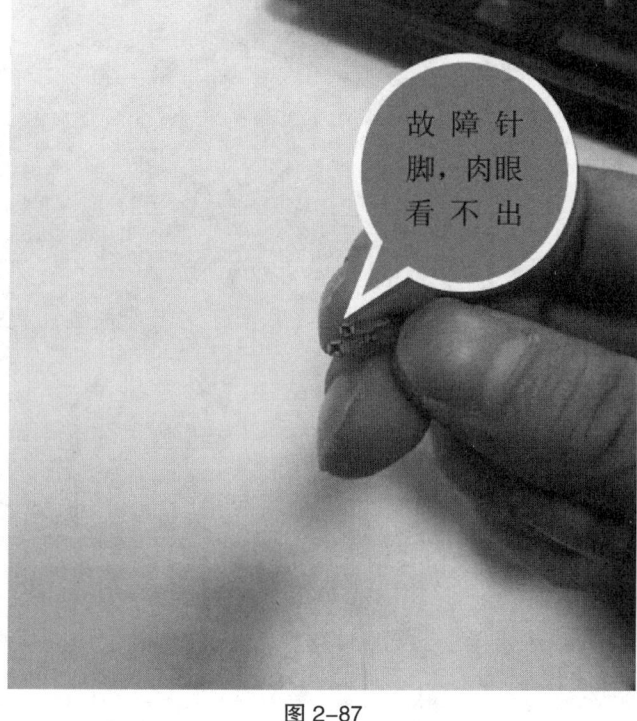

图 2-86　　　　　　　　　　　　　　　图 2-87

故障排除：更换混合动力 CAN 高和 CAN 低的线束。

故障总结：对电路图的熟知理解能力要加强，以免走弯路。

三、2019 年一汽奥迪 Q5L 发动机故障灯亮

车型：一汽奥迪 Q5L 2.0T。

年款：2019 年。

故障现象：客户反映发动机故障灯亮。

故障诊断：

（1）开始检查发动机故障灯亮，经诊断仪检测诊断地址 01 里故障码为 U011200：混合蓄电池能量管理控制单元无通信，激活；U016400：空调控制单元无通信，激活。同时诊断地址码 19 里也有相同故障码。故障码为 U 字开头，可能为信号线故障或者控制单元损坏。检查蓄电池 A1 和空调面板插头正常，检查插头边上线束正常，拔插插头故障依旧。查询电路图，发现混合动力蓄电池 A1 和空调控制面板的 CAN 线是连在 J533 上的，拔插 J533 上的插头故障变为偶发，删除故障码故障消失，试车 15km 未发现故障再次出现，建议客户继续使用观察。

（2）再次进厂检查废气灯有时会亮，同时客户还反映多次空调制冷效果差，显示黑屏且空调自动关闭，

启停功能多次故障和自动驻车功能行驶时会取消。经诊断仪检测诊断地址01故障码：

U011200：混合蓄电池能量管理控制单元无通信，被动/偶发。

U016400：空调控制单元无通信，被动/偶发。

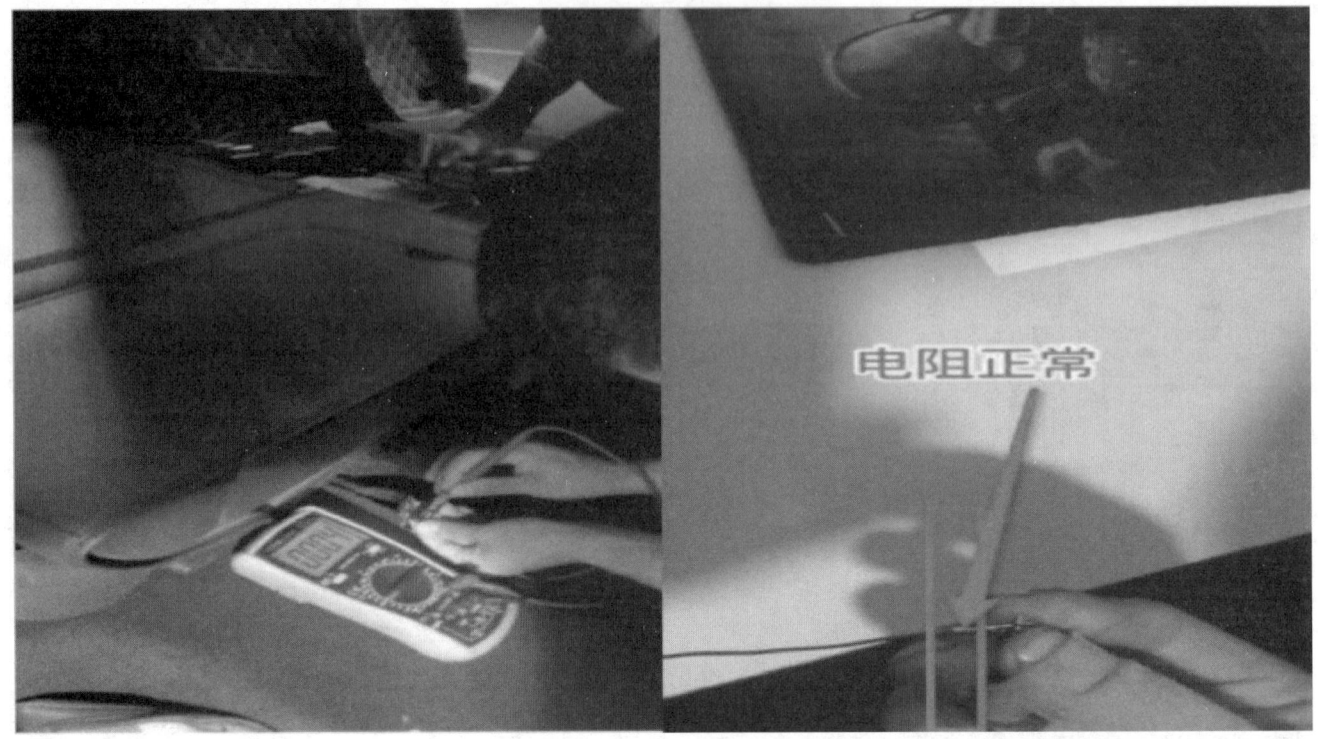

图2-88

U102500：空调控制单元请读取故障码，被动/偶发。

询问客户车辆故障发生时的现象，客户反映所有故障一起出现，发动机故障灯亮，空调不制冷。

（3）怀疑故障点：控制单元本身故障、总线故障、A1副蓄电池故障。

上次已经检查过插头的线束未发现有损坏的线束。查看A1副蓄电池的电路图，发现A1到J533之间有个节点B776（混合动力CAN总线，High）和B777（混合动力CAN总线，Low）节点。

查看E87的电路图，从E87到J533之间有个插头TALU（左侧A柱上的下部连接位置），从插头到J533之间也有相同的节点，找到节点未发现虚接。

经客户同意后拆解线束，找到节点后用万用表量取E87和A1的两根线电阻均正常，如图2-88所示。当量到J533上的CAN High针脚时，发现电阻会一直变化，电阻在10~100Ω之间跳动，不

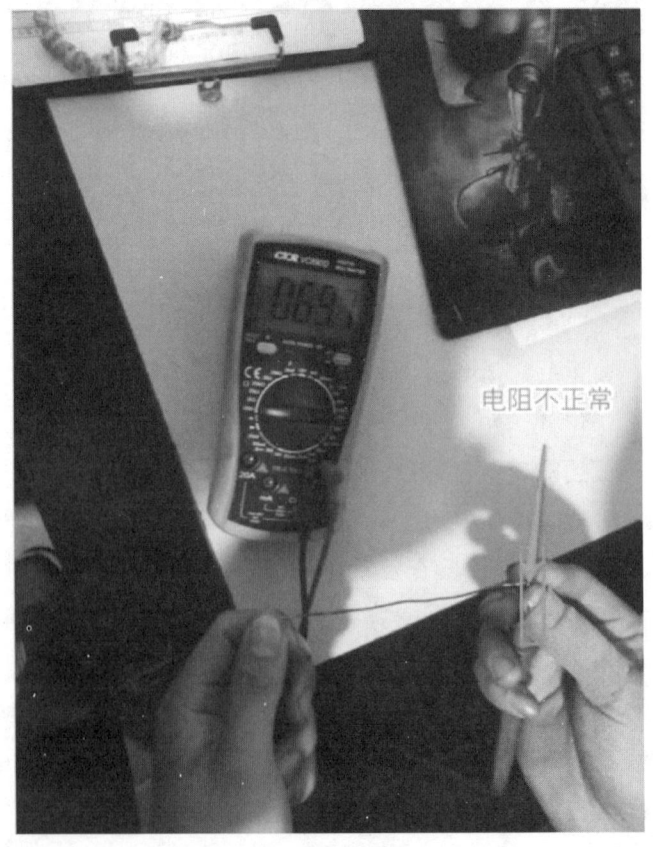

图2-89

在标准内,如图2-89所示。当量到J533上的CAN High针脚线束夹箍时,电阻固定为0.4Ω,为正常范围。进一步检查,发现线束针脚松动,如图2-90所示。

故障排除:更换线束,故障解决。

故障总结:故障码为U字开头可能为信号线故障或者控制单元损坏。客户反映问题和故障点时要询问出现的时间和环境,以方便维修。

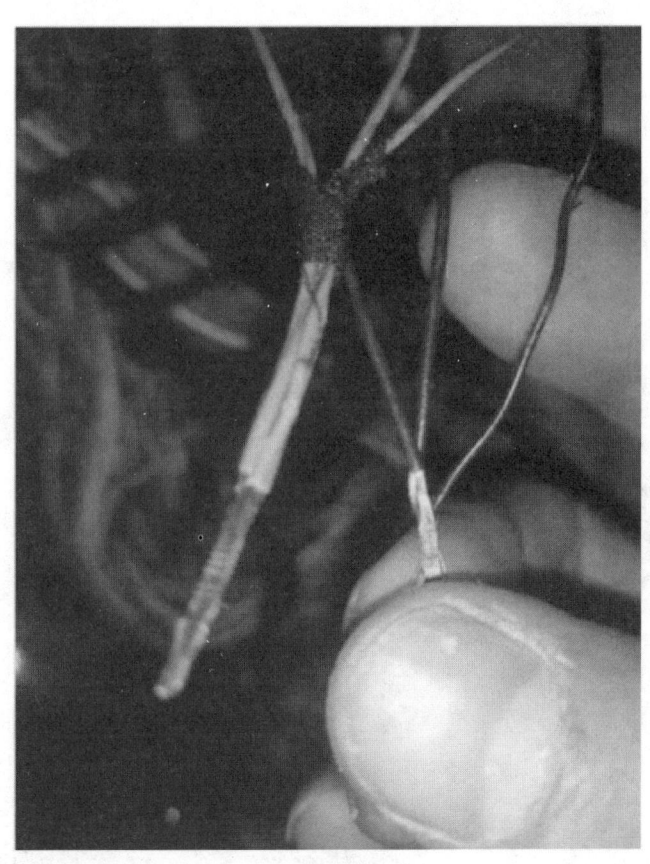

图2-90

第三章 奥迪A6和奥迪A8混合动力系统

第一节 引 言

2011年11月，德国奥迪公司在新世纪的第一个混合动力车型出现了，这就是奥迪Q5 hybrid quattro。这款高级SUV车是这个级别里世界上的第一种完全混合动力车，它使用新式锂离子蓄电池来供电。2012年，奥迪A6混合动力车和奥迪A8混合动力车开始上路了，如图3-1所示。

图3-1

这两种车使用的是与高级SUV车上一样的并联式混合动力技术，区别仅在于这两种车的驱动力仅作用于前轮（前驱车）。这两种混合动力豪华型轿车，使得德国奥迪公司成为第一家能同时在B级、C级、D级车中都提供完全混合动力车型（采用锂离子蓄电池技术）的高级轿车生产商。这两种车的动力由155kW（211PS）的2.0L TFSI发动机和最大功率40kW、扭矩210N·m的电机来提供，系统总功率为180kW（245PS）。车辆以60km/h的车速以纯电动方式行车的话，最多可以行驶3km；纯电动行驶的最高车速可达100km/h。动力传递使用的是经过重大修改过的8挡tiptronic变速器，无变矩器，变矩器的位置由电机所占据，该电机与多片式离合器组合在一起。该多片式离合器单独将电机与发动机连在一起。锂离子蓄电池系统用作电能蓄能器，其重量约为38kg。一套高档双路空气冷却系统负责将蓄电池保持在合适温度。

奥迪A6混合动力车和奥迪A8混合动力车除了在车型铭牌上有混合动力字母标志外，还有下述不同的特征之处，如图3-2所示。

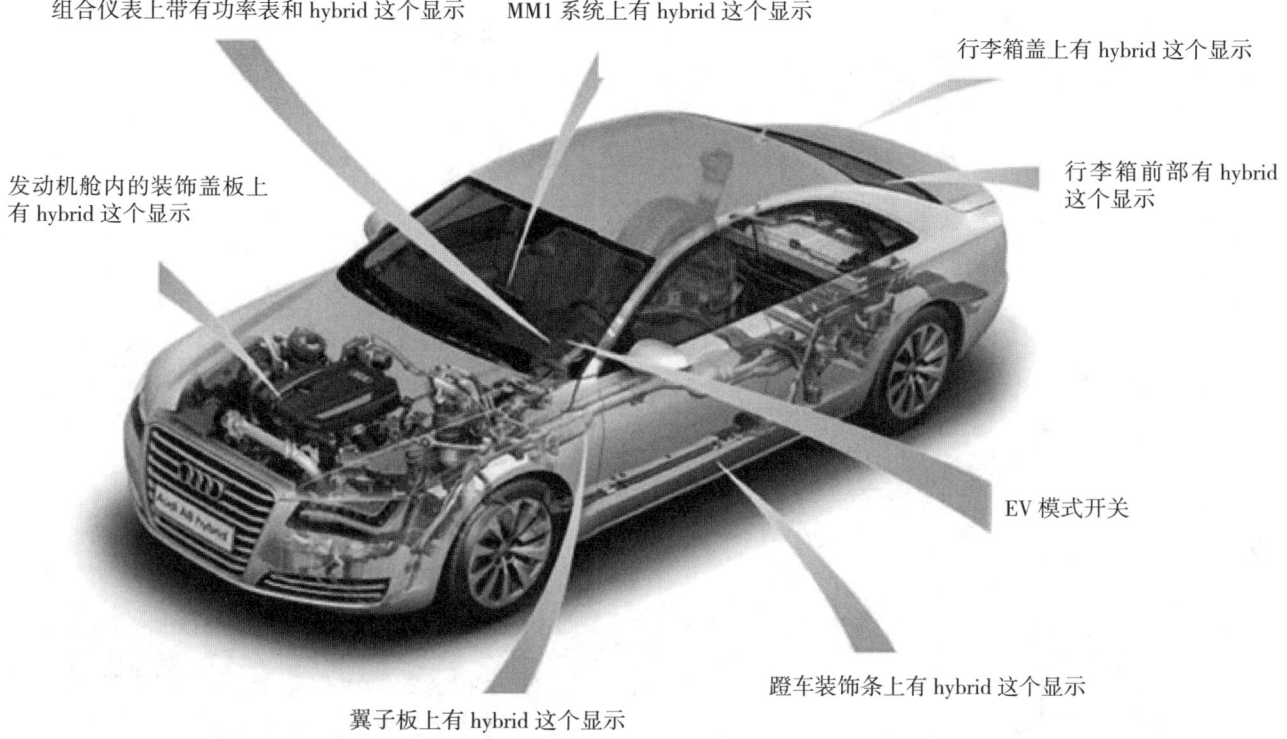

组合仪表上带有功率表和hybrid这个显示　　MM1系统上有hybrid这个显示

行李箱盖上有hybrid这个显示

发动机舱内的装饰盖板上有hybrid这个显示

行李箱前部有hybrid这个显示

EV模式开关

蹬车装饰条上有hybrid这个显示

翼子板上有hybrid这个显示

图3-2

第二节　安全说明

一、电工技术安全规程

根据DIN VDE 0105制定的5点安全规程，每个家用电器电工都必须知晓。这几点安全规程也同样适用于负责处理机动车上高压装置的有证人员（也就是高压电技工）。检修电气装置前，应按下述顺序来应用这些安全规程，如图3-3所示。

1. 25V交流电压和60V直流电压对人来说就已经是危险的了。请务必留意维修手册和故障导航中的安全事项以及车上的安全警示。

2. 高压设备的检修工作只可由经过认证的高压电技工来进行操作。

二、警示符号

为了让用户、维修和服务站人员以及技术救援和医疗救援人员尽可能远离高压设备可能带来的危险，奥迪A6混合动力车和奥迪A8混合动力车上设置了很多警示和提示标签。

警示标签一般分为两种类型：

1. 黄色警示标签，其上有电压警示符号。

2. 带有DANGER字样的红底警示标签。

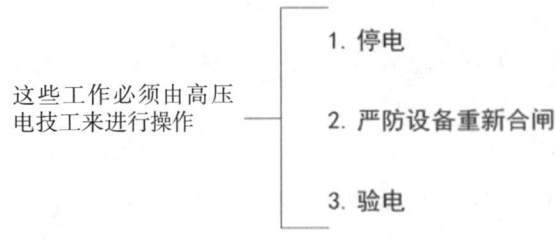

图 3-3

如图 3-4 和图 3-5 所示，这些黄色标签表示高压部件就安装在附近或者在盖板下隐藏着。

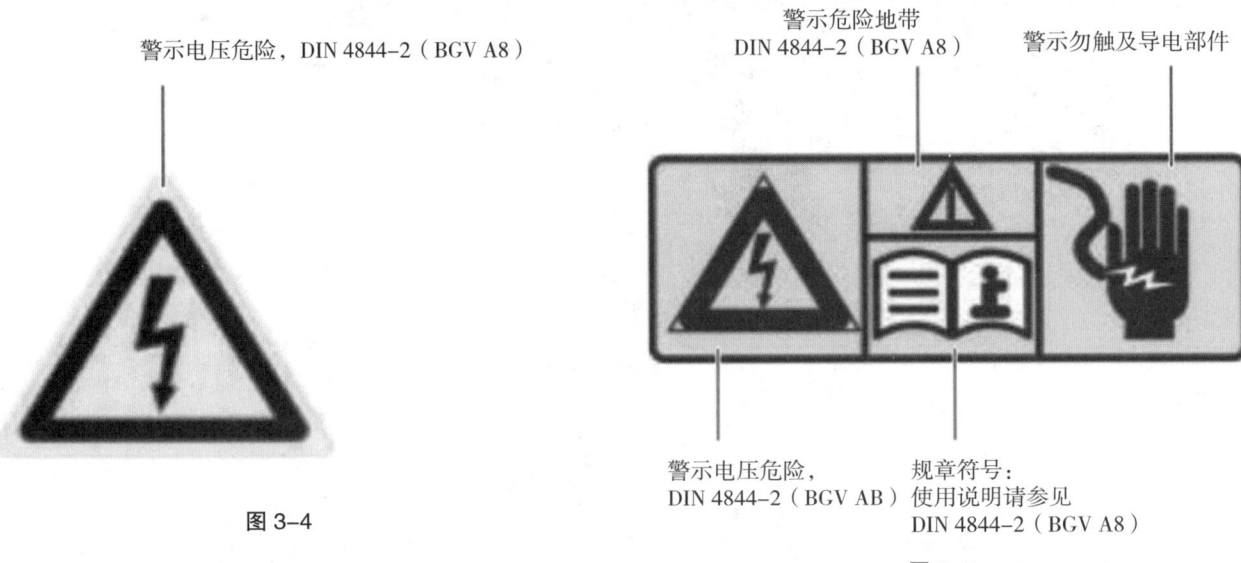

图 3-4

图 3-5

带有 DANGER 字样的警示标签表示有高压部件或者高压导电部件，如图 3-6 和图 3-7 所示。

图 3-6

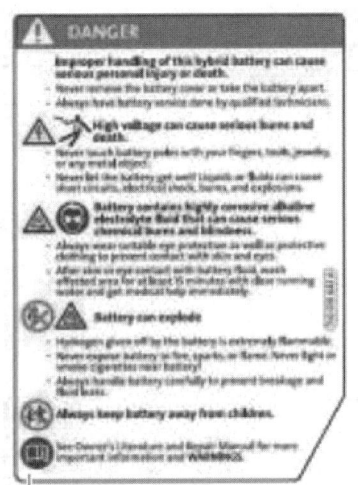

高压蓄电池专用符号
该标签总是以英语和所属国语言的形式贴在高压蓄电池的上面。

图 3-7

第三节　混合动力技术的基本原理

一、混合动力技术

hybrid 这个词来源于拉丁语 hybrida，意思是杂交或者混合。在技术层面，hybrid 这个词指一种系统，该系统将两种不同的技术组合在一起来使用。结合驱动理念，混合动力技术这个概念用于两个方向。

1. 双燃料动力。
2. 混合动力驱动。

（一）双燃料动力

双燃料动力的车，是指其发动机能够燃烧不同类型的燃料，去产生驱动能量。因此，使用矿物燃料和可再生燃料（柴油/生物柴油）或者使用液态和气态燃料（汽油/天然气/液化石油气）的系统越来越为人所知，市场上也越来越常见了。

（二）混合动力驱动

混合动力驱动是指将两种不同的动力装置组合在一起来使用，这两种动力装置的工作原理是不同的。就目前来讲，混合动力技术是指将发动机与电机组合在一起这种形式。该技术可用作发电机从动能中回收电能（能量回收），用作发动机来驱动车辆以及用作发动机的启动机。根据基本结构情况，混合动力驱动分为 3 种形式：

1. 微混合动力驱动。
2. 中混合动力驱动。
3. 完全混合动力驱动。

二、完全混合动力驱动

将一台大功率电机与发动机组合在一起，可以以纯电动方式来驱动车辆行驶，如图 3-8 所示。一旦条件许可，该电机会辅助发动机来工作。车辆缓慢行驶时，是纯粹通过电动方式来提供动力的，可以实现

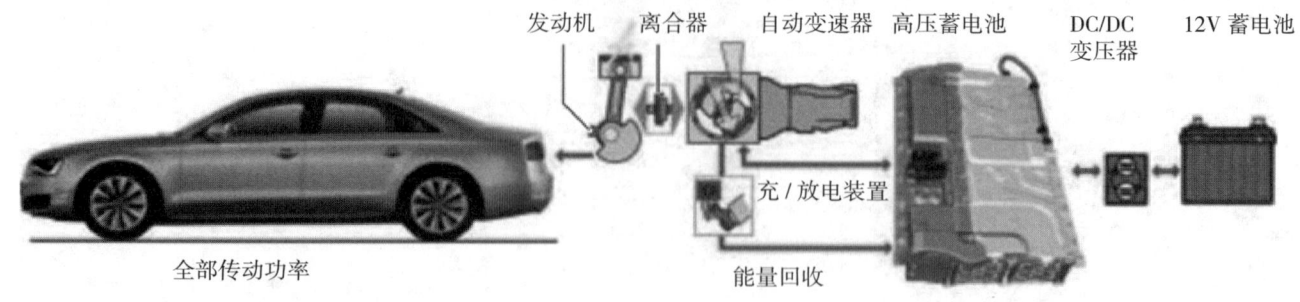

图 3-8

启动—停止功能。还有能量回收功能,用以给高压蓄电池充电。发动机和电机之间有一个离合器,通过它可以断开这两个系统。发动机只在需要时才接通工作。奥迪 A6 混合动力车和奥迪 A8 混合动力车上配备的都是这种完全混合动力驱动。

完全混合动力驱动有 4 种形式:

1. 并联式混合动力系统。
2. 分支式混合动力系统。
3. 串联式混合动力系统。
4. 分支式串联混合动力系统。

并联式混合动力系统结构的特点是简单,如图 3-9 所示。要对现有车辆进行"混合动力改造"的话,就使用这种结构。发动机、电机和变速器装在同一根轴上,发动机和电机各自的功率加起来,就是总功率。这种机构设计可以充分利用原车上的件(就是很多件可直接拿来用)。对于四轮驱动车辆来说,并联式混合动力系统可以将动力分配到四个车轮上。

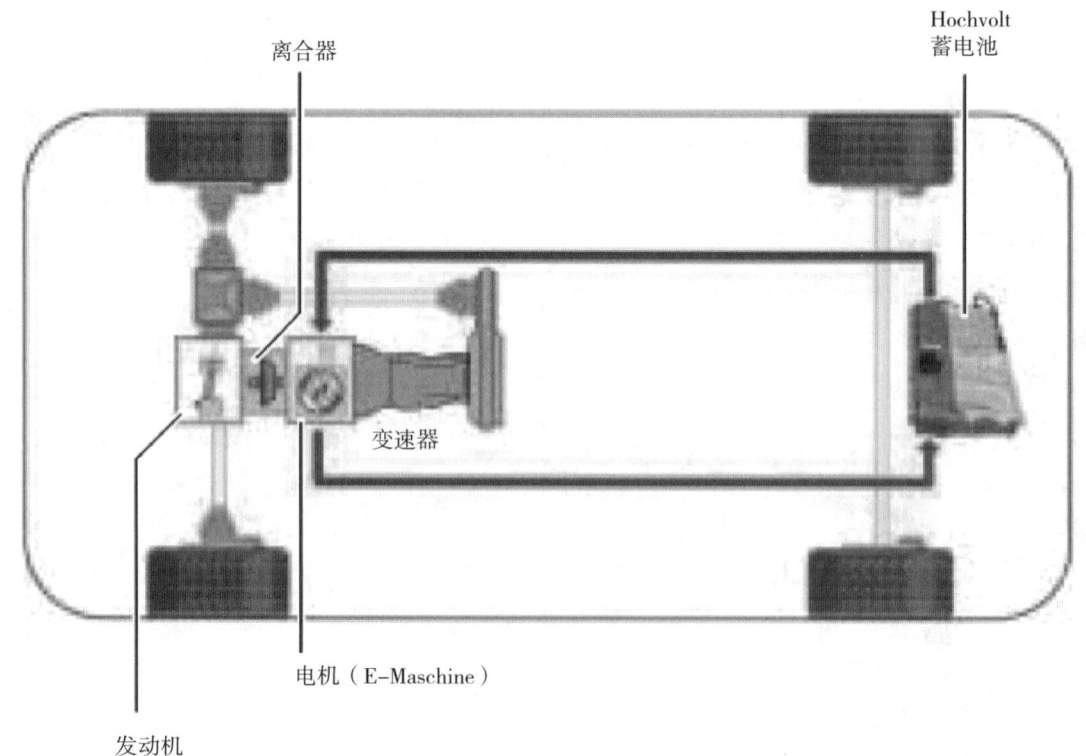

图 3-9

三、其他概念

（一）能量回收

能量回收（英语叫 rekuperation，源于拉丁语 recuperare，就是重新获得的意思），一般就是指在车辆减速时利用其动能。就是说，在车辆制动阶段或者在超速减速（反拖）阶段（就是惯性滑行），回收这种"免费的"能量并将其暂时存储到车辆蓄电池上。能量回收功能是电能管理不可分割的一部分。

（二）高压部件之间的能量流

1. 靠电能驱动来行车：高压蓄电池放电。

在靠电能驱动来行车时，由高压蓄电池来供电。12V 的车载电网由高压蓄电池来供电。

2. 能量回收：给高压蓄电池充电。

与牵引阶段不同，在减速阶段通过牵引电机以电动方式来实施制动，从而再为高压蓄电池充电。驾驶员刚一松开加速踏板，一部分能量就得到了回收。在制动过程中，回收的能量也会相应增多。12V 的车载电网由牵引电机来供电。

（三）电机

此处的电机替代了车上的发电机、电动机和启动机。其实每个电机都可作发电机来使用，只要在外部来驱动电机轴的话，电机就会像发电机那样输出电能了。但如果是向电机输送电能的话，那么它就是个驱动电机。电动式混合动力上的电机就取代了发动机上传统的启动机和发电机。

（四）电动加速

混合动力驱动有一个电动加速功能，这与发动机的强制降挡功能（可提供最大发动机功率供使用）类似。如果执行了这个电动加速功能，那么电机和发动机就会发出最大功率（合计总功率很大）。这两种驱动方式各自功率合在一起，就是传动系统的总功率了。从技术上来讲，电机内部是有功率损耗的，因此发电机输出功率要小于其驱动功率。奥迪 A6 混合动力车和奥迪 A8 混合动力车发动机功率是 155kW，电机作为发电机时是 31kW，电机作为电动机时是 40kW。总体算来，发动机和电机作为电动机时共计可产生 180kW 的功率。

第四节　发动机系统

一、系统数据

2.0LTFSI 发动机，发动机代码 CHJA，扭矩功率特性曲线如图 3-10 所示，技术参数如表 3-1 所示。

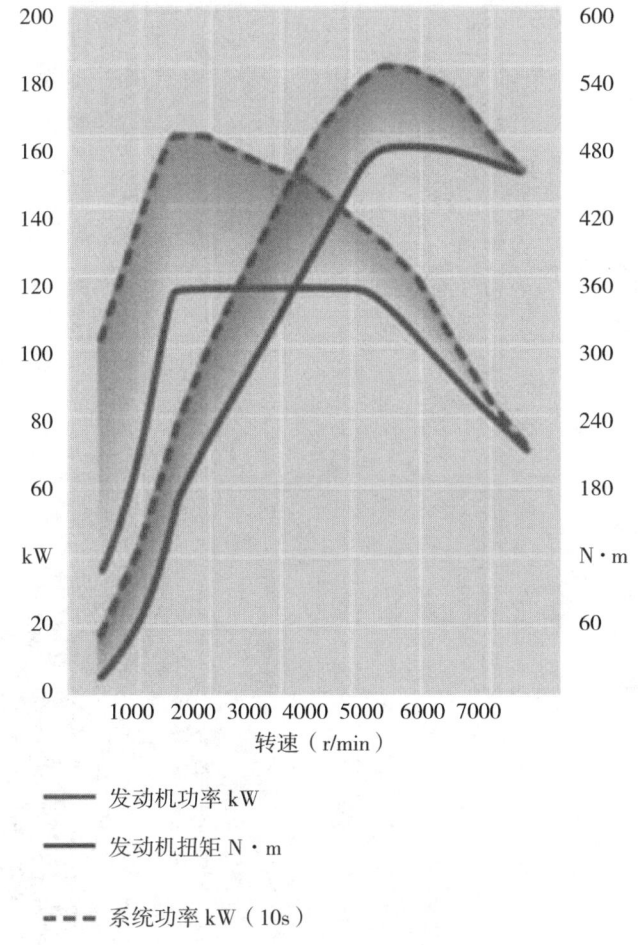

—— 发动机功率 kW
—— 发动机扭矩 N·m
--- 系统功率 kW（10s）
--- 系统力矩 N·m（10s）

图 3-10

二、带有混合动力模块的 8 挡自动变速器

自动变速器控制单元 J217 是混合动力 CAN 总线和驱动 CAN 总线用户。多片式离合器（离合器 F）与电机合成为一个模块，该模块取代了变矩器，安装在自动变速器的这个结构空间处，并不需要更多空间了。这个多片式离合器浸在油池中工作，用于将发动机与电机断开或连接上，如图 3-11 所示。由于取消了变矩器，离合器 B 就用来作起步元件用了。

各状态下离合器状态如表 3-2 所示。

为了能在电机不工作时润滑自动变速器并为液压操纵机构建立起必要的机油压力，安装了一个变速器机油辅助液压泵 1 V475。温度要是较低的话，该泵可能无法建立起所需要的压力。在这种情况下，所需要的机油压力由电机和自动变速器内的机械式变速器机油泵来产生。说明：要是需要牵引车辆，其规定与以前的无级自动变速器一样，需要将选挡杆挂在 N 位置，牵引距离不超过 50km，牵引车速不超过 50km/h，这是因为在牵引时，变速器是得不到润滑的。

表 3-1

发动机代码	CHJA
结构形式	四缸直列发动机和三相交流电机/发电机
排量（cm³）	1984
发动机功率（kW），转速（r/min）	155,4300~6000
系统功率（kW）	180
发动机扭矩（N·m），转速（r/min）	350,1500~4200
系统扭矩（N·m）	480
纯电力驱动时的最高车速（km/h）	100
纯电力驱动时的可达里程（km）	3（车速为 60km/h 时）
每缸气门数	4
缸径（mm）	82.5
行程（mm）	92.8
压缩比	9.6∶1
传动形式	8 挡自动变速器
发动机管理系统	MED17.1.1
燃油	高级无铅汽油 ROZ 95
排放标准	EU V
混合动力部件所增加的额外重量（kg）	< 130

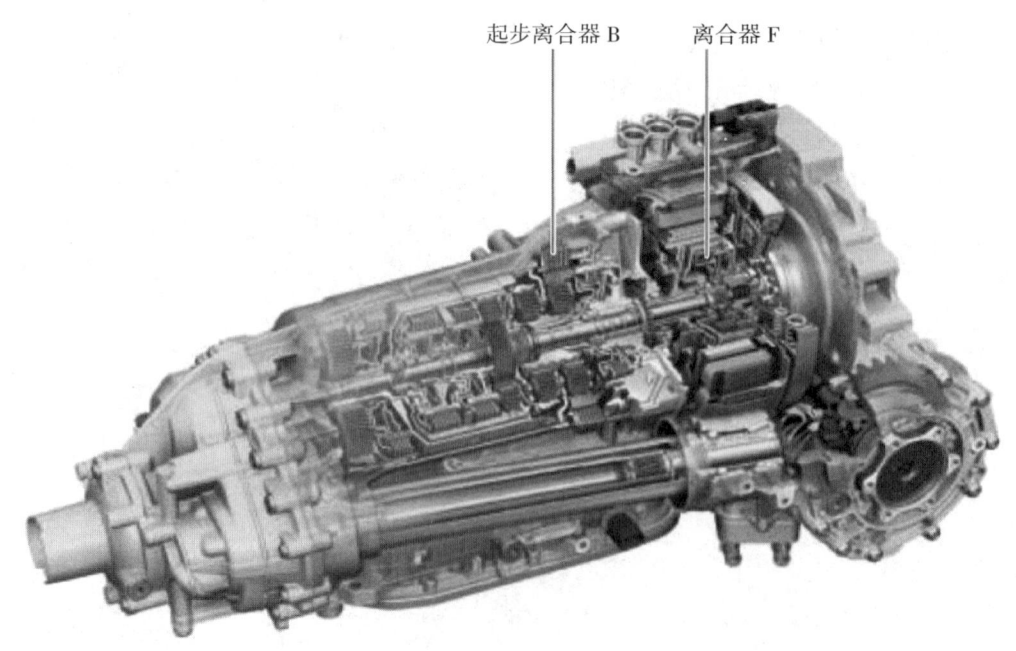

图 3-11

表 3-2

行驶挡位	离合器 F	起步离合器 B
纯电力驱动时	未接合	接合
发动机启动	未接合	接合
能量回收	未接合	接合
内燃机驱动车辆行驶	接合	接合
内燃机在怠速运转	接合	未接合
电动加速（E-Boost）	接合	接合

第五节 底盘系统

一、电动机械式转向系统

奥迪 A8 混合动力车上使用的不是液压助力转向系统，而是电动机械式转向系统，如图 3-12 所示。奥迪 A6 混合动力车上使用的电动机械式转向系统就是直接取自 2011 年奥迪 A6（直接拿来用的）。

二、制动助力器真空泵 V469

（一）制动助力器真空泵 V469 位置

安装在发动机舱内的左前部。该泵用于在发动机关闭期间，为制动助力器提供足够的真空力，如图 3-13 所示。该真空泵由发动机控制单元 J623 经继电器 J318 来操控。需要时，通过制动助力压力传感器 G294 来接通该泵。

（二）ESP 总成

奥迪 A6 混合动力车和奥迪 A8 混合动力车上的 ESP 总成，其结构分别与 2011 年奥迪 A6 或 2010 年奥迪 A8 上的是一样的，但是软件方面就混合动力发动机牵引力矩调节功能做了相应的扩展。在电力制动（能量回收）时，出于稳定考虑不会令制动压力卸压，所以发动机控制单元在需要时会下令去调节驱动力矩。如果在挡位 D 时关闭了 ESP，那么在车辆行驶过程中，发动机一直都在工作着。

（三）制动踏板位置传感器 G100

制动踏板位置传感器 G100 连接在发动机控制单元上。发动机控制单元通过制动踏板位置传感器 G100 的信号来操控电力制动（能量回收）；ESP 总成通过制动踏板位置传感器 G100 的信号来操控液压制动。制动踏板在制动助力器上有一个约 9mm 的空行程，在这段空行程中，是纯电力制动的，制动时就可以很好地过渡到液压制动了。在更换了制动踏板位置传感器或者是更换了发动机控制单元时，必须进行制动踏板位置传感器 G100 与发动机控制单元之间的自适应（学习）。

第六节 电气系统

一、混合动力蓄电池单元 AX1

在奥迪 A6 混合动力车和奥迪 A8 混合动力车上，混合动力蓄电池单元 AX1 在行李箱内的前部，它由下述部件构成：

（1）高压蓄电池 A38。

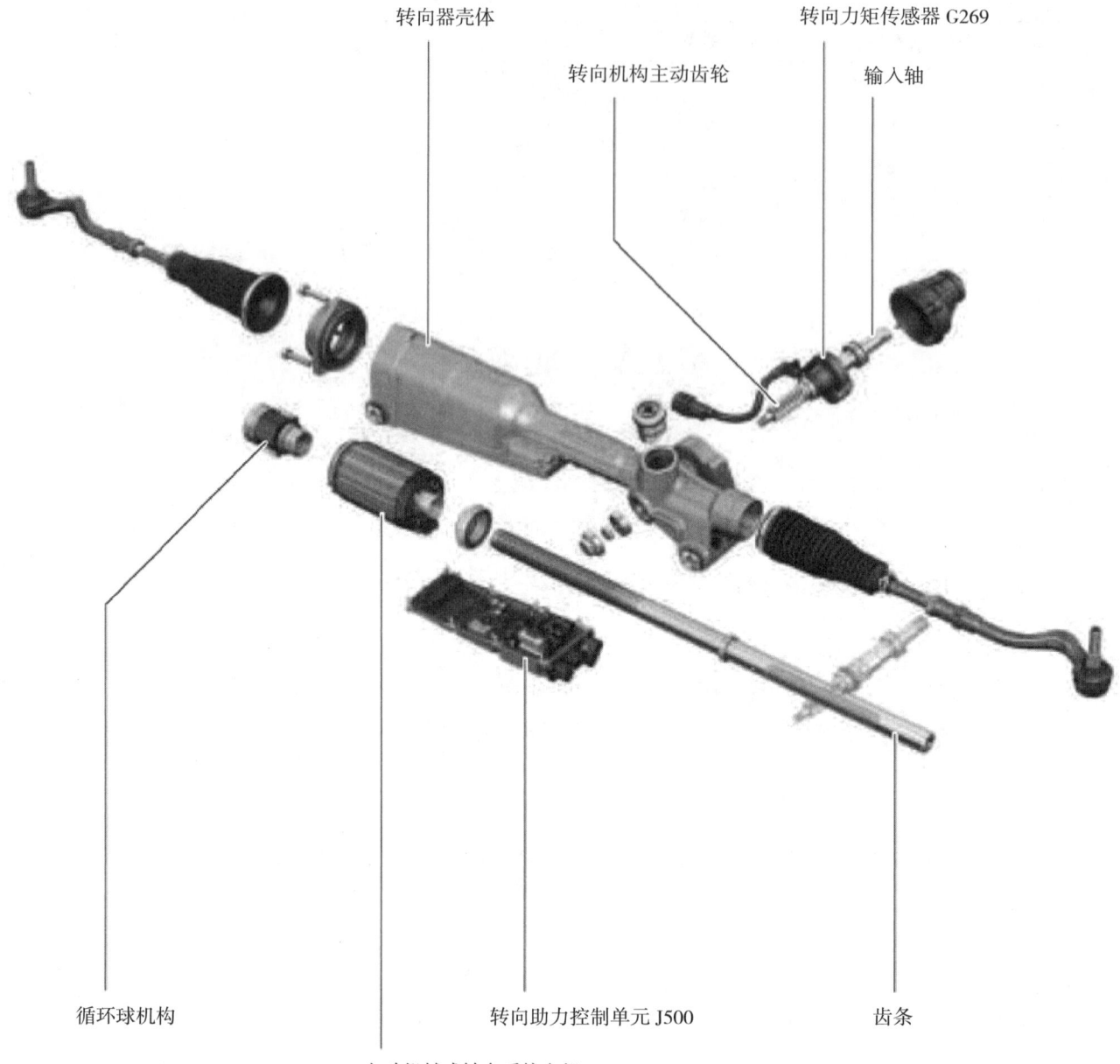

图 3-12

（2）蓄电池调节控制单元 J840。

（3）高压触点。

（4）保养插头 TW 接口。

（5）安全插头 TV44 接口。

（6）高压线束 PX1 接口。

（7）12V 车载电网接口。

混合动力蓄电池单元 AX1 壳体使用电位补偿线（电位均衡线）与车身相连。为了冷却高压蓄电池 A38，混合动力蓄电池单元 AX1 壳体带有用于吸入和排出冷却空气的接口。另外，在混合动力蓄电池单元 AX1 壳体装了一个有害气体通气管，这是为了在蓄电池有故障时通过该通气软管将溢出的气体引至车

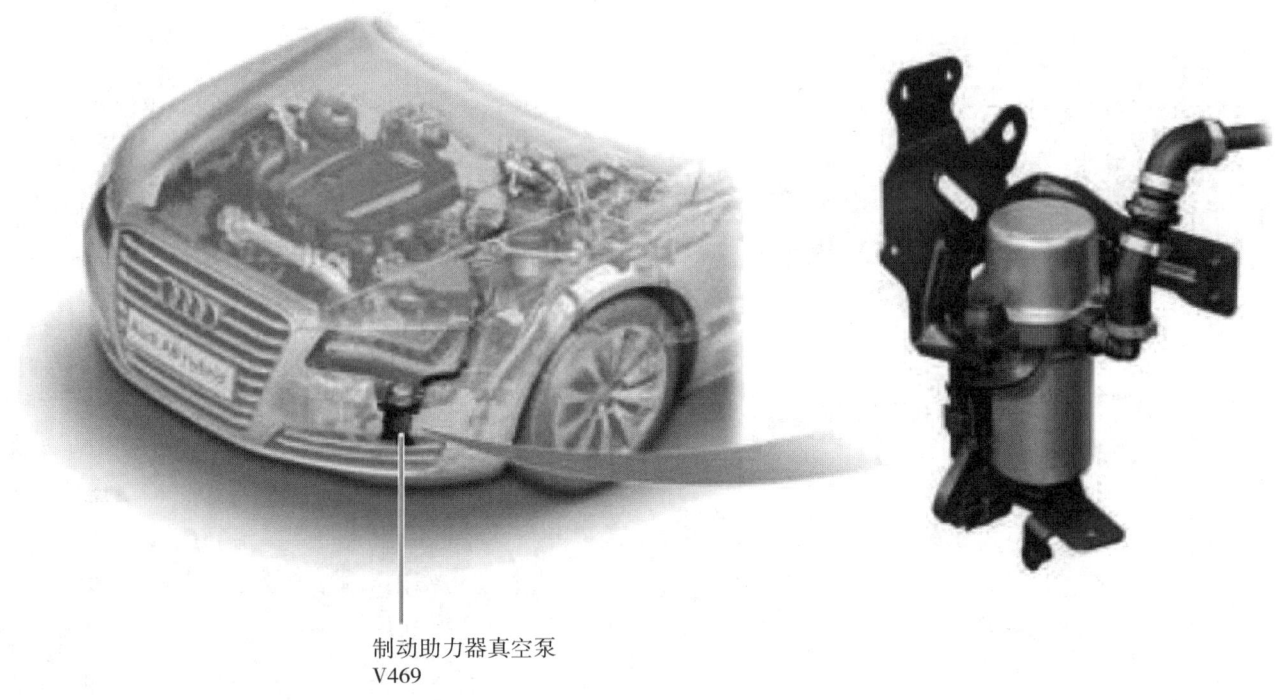

制动助力器真空泵
V469

图 3-13

底部位。

奥迪 A6 混合动力车上混合动力蓄电池单元 AX1 的安装位置如图 3-14，参数如表 3-3 所示。

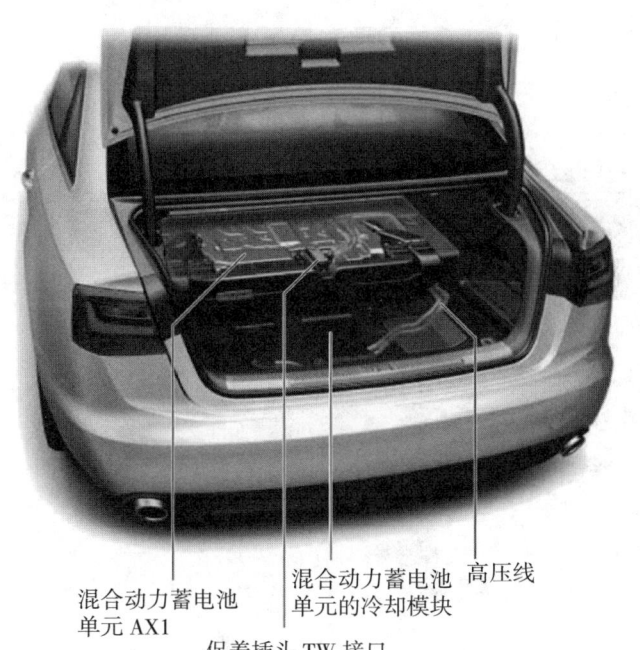

表 3-3　高压蓄电池

额定电压（V）	266
单格电压（V）	3.7
电池格数量	72（串联的）
容量（Ab）	5.0
工作电压（V）	+15~+55
总能量（kWh）	1.3
可用能量（kWh）	0.8
功率（kW）	最大 40
重量（kg）	38

混合动力蓄电池单元 AX1　　混合动力蓄电池单元的冷却模块　　高压线
保养插头 TW 接口

图 3-14

奥迪 A8 混合动力车上混合动力蓄电池单元 AX1 的安装位置如图 3-15 所示。

二、高压蓄电池 A38

高压蓄电池 A38 是由两个串联的电池组组成，这两个电池组是通过保养插头 TW 彼此相连的，如图 3-16 所示。每个电池组又是由两个电池模块构成，每个电池模块由 18 个锂离子电池格组成，额定电压是 66.5V。有一个电流传感器用在蓄电池充电和放电时侦测电流，工作情况由蓄电池调节控制单元 J840 来监控。高压蓄电池 A38 的充电状态保持在 30%~80%，充电情况的这种限制，可以明显提高高压蓄电池的寿命。组合仪表上的蓄电池显示是以 0%~100% 来显示的。如果高压蓄电池充电状态低于 25%，那就达到了启动能力的临界点。如果这时没能启动发动机，那么组合仪表显示屏上就会显示"车辆现在无法启动"这个信息了。如果高压蓄电池充电状态低于 20%，那么就不准许有放电电流，发动机就无法再通过驱动电机 V141 来启动了。如果高压蓄电池充电状态低于 5%，那么蓄电池就无法再充电了！在行车过程中，高压蓄电池通过驱动电机 V141 来充电。在行车过程中，12V 车载电网是通过高压蓄电池 A38 来获得供电的。

图 3-15

高压蓄电池充电：

如果组合仪表显示屏上显示"车辆现在无法启动"这个信息，那么就必须借助于另一辆车或者一台 12V 充电器来为高压蓄电池充电了。由于充电过程是在 15 号线接通的情况下进行的，因此充电器较为理想的充电电流是 50~70A。30min 后，车辆会自动断开 15 号线，这就意味着中止了充电过程。

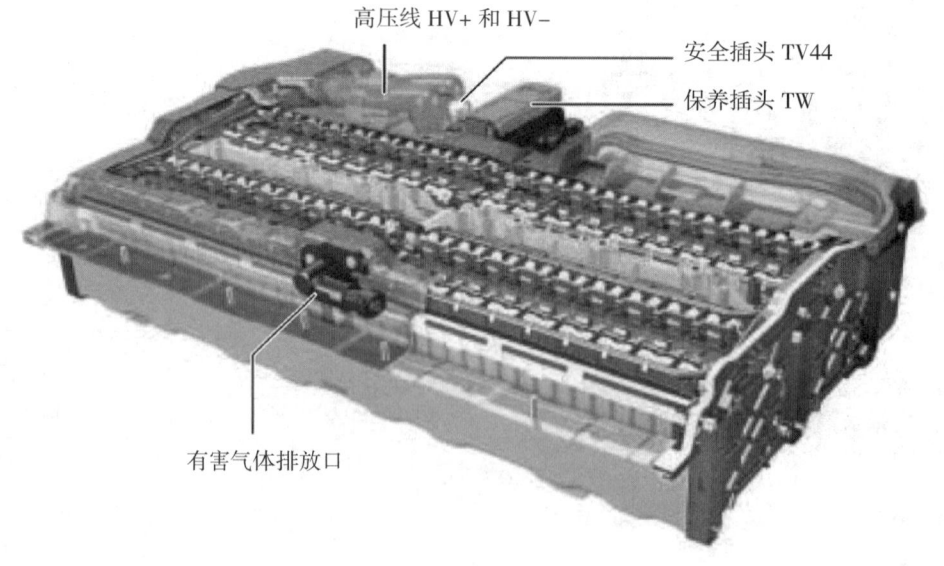

图 3-16

操作方法：

（1）接通 15 号线。

（2）将跨接电缆或者充电器连接到车上的外接启动螺栓上。

（3）断开15号线。

（4）等待约2min。

（5）接通15号线。

大约1min后，组合仪表显示屏上显示"正在形成启动能力，请等待……"的字样。随后组合仪表显示屏上显示"已形成启动能力，可以启动车辆"。如果组合仪表显示屏上显示"充电过程已中断，无法形成启动能力"这个信息，其原因可能是充电器或者发电车的能力太弱了。

三、蓄电池调节控制单元 J840

蓄电池调节控制单元 J840 是混合动力蓄电池单元 AX1 的一个组件，在壳体内的左侧。

蓄电池调节控制单元 J840 负责下述工作：

（1）评估和确定蓄电池电压。

（2）评估和确定各个单格的电压。

（3）识别高压蓄电池的温度。

（4）借助蓄电池冷却模块来调节高压蓄电池的温度。

该控制单元通过与混合动力 CAN 总线和驱动 CAN 总线以及 12V 车载供电网相连，就能与其他控制单元和部件进行通信联系了，其作用如下：

（1）存储历史数据。

（2）操控高压触点。

（3）监控和分析安全线。

（4）执行并分析绝缘检测。

（5）确定高压蓄电池 A38 的充电状态。

（6）侦测充电电流和放电电流。

在混合动力蓄电池单元 AX1 内部，共有3个高压触点，它们也被称作"接触器"，如图3-17所示。每个接触器就类似一个继电器，只是通过电流的能力更大些（电功率更大些）。如果这些高压触点接合了，那么高压蓄电池就与其他高压部件连接上了，就会有电流流过。一个是"正极"高压触点，一个是"负极"高压触点。还有另一个"正极"触点，在其中集成有一个10Ω的电阻，该高压触点被称为预加载触点。一旦15号线接通了，蓄电池调节控制单元 J840 会先接通"负极"高压触点和预加载触点。一个很小的电流会流过该电阻，该电流会给电驱动装置的功率和控制电子系统 JX1 内的中间电路电容器 1C25 充电。只有当这个中间电路电容器 1 充好电后，控制单元 J840 才会让"正极"高压触点接通。

在下述情况下，高压触点由蓄电池调节控制单元 J840 来给断开：

（1）15号线已断开。

（2）安全线已切断。

（3）安全气囊控制单元 J234 识别出碰撞信号。

（4）给蓄电池调节控制单元 J840 供电的 12V 蓄电池电网断开了。

四、高压系统保养插头 TW

该插头是高压蓄电池 A38 两个部分之间的电桥，如果拔下了这个保养插头 TW，那么电路就断开了。

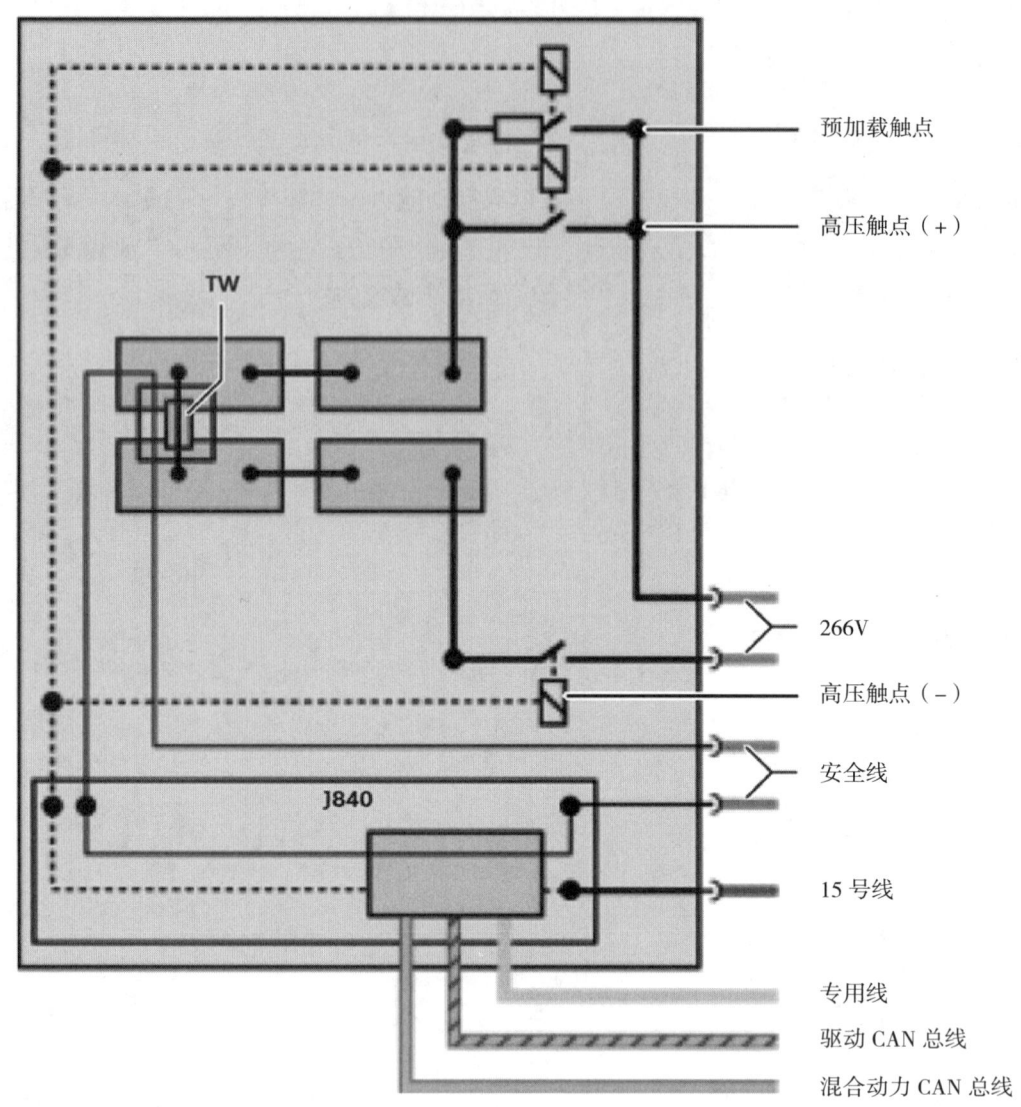

图 3-17

要想正确地拔下这个保养插头 TW，请您按照诊断仪中高压系统的断电程序来进行操作。另外，这个保养插头 TW 是与安全线集成在一起的。

（一）保养插头 TW

保养插头 TW 插在混合动力蓄电池单元 AX1 上，通过行李箱内的保养盖板可以够着，如图 3-18 所示。移开这个橘黄色橡胶盖，就能看见保养插头 TW 了，如图 3-19 所示。

（二）保养插头 TW 内的保险丝

保养插头 TW 内有一个高压装置熔断式保险丝，其规格是 125A，如图 3-20 所示。

说明：只有受训合格的高压电技工才可以拔这个保养插头 TW，以保证装置处于断电状态。

五、安全理念

（一）安全插头 TV44

安全插头 TV44 是混合动力蓄电池单元 AX1 和安全线的一个组件，如图 3-21 所示。带有锁环的安全插头还是混合动力蓄电池高压线束 PX1 的一个机械保险装置。在拔下安全插头 TV44 前，必须要先将高压

保养盖板下的橡胶盖

图 3-18

保养插头 TW

图 3-19

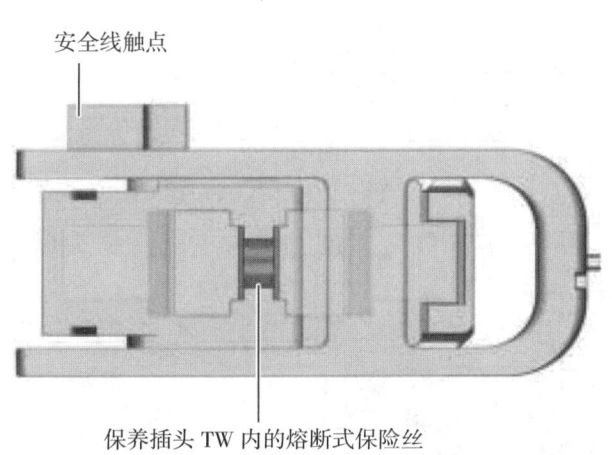

安全线触点

保养插头 TW 内的熔断式保险丝

图 3-20

安全插头 TV44

图 3-21

系统切换到无电压状态。向上推插接环就可以松开安全插头 TV44 了。只要是安全插头 TV44 没有插上,那么安全线就是处于断路状态。

只有在事先拨开了锁环后,才能松开混合动力蓄电池高压线束 PX1 的插接环,如图 3-22 所示。只有当锁环回归原位后,才可能将安全插头 TV44 重新插好。

(二)绝缘控制

在高压系统工作(就是显示 hybrid ready,意为混合动力准备就绪)时,蓄电池调节控制单元 J840 每 30s 执行一次绝缘测量。检测时,使用 266V 的

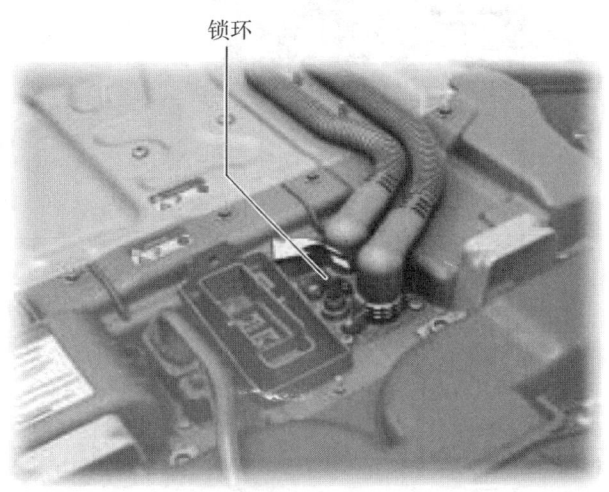

锁环

图 3-22

电压来检查混合动力蓄电池单元 AX1 的导电部件与壳体之间的电阻，就是要识别整个高压回路上的绝缘故障。整个高压回路包括混合动力蓄电池单元 AX1、混合动力蓄电池高压线束 PX1、功率和控制电子装置 JX1、电机高压线束 PX2、电驱动装置电机 V141 和带导线的电动空调压缩机 V470。如果有绝缘故障，那么组合仪表显示屏上会有信息，提示用户去服务站寻求帮助。

（三）安全线

安全线是 12V 的环形线，它与所有高压部件是串联着的，如图 3-23 所示。蓄电池调节控制单元 J840 将约为 10mA 的电流加载到安全线上并分析电流状况。另外，电驱动控制单元 J841 还在监控着安全线。如果安全线断路了，那么蓄电池调节控制单元 J840 会立即切断高压系统，高压触点就断开了。组合仪表显示屏上会有相应信息来提示驾驶员。从功率和控制电子装置 JX1 到电动空调压缩机 V740 的安全线，通过另两条线集成在通向电动空调压缩机的高压线内了。在能从高压部件上拔下高压线前，通过结构方面的措施就保证了安全线是断路的，这也就保证了不会出现弧光且也不会接触到高压导电触点。另外，这就以机械式手段保证了在打开壳体件时，安全线是断路的。

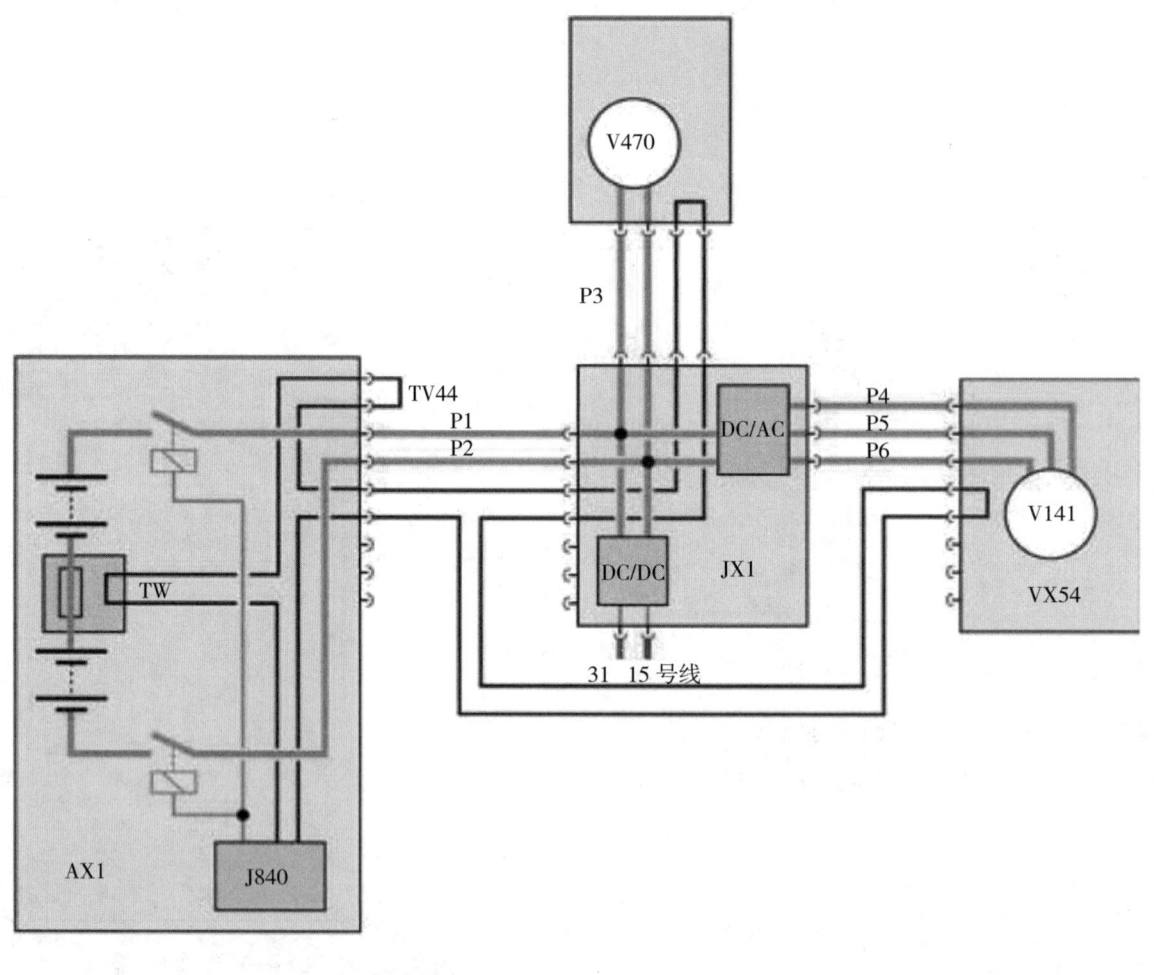

AX1.混合动力蓄电池单元 J840.蓄电池调节控制单元 JX1.功率和控制电子装置 P1.混合动力蓄电池高压线，正极 P2.混合动力蓄电池高压线，负极 P3.电动空调压缩机的高压线 P4.驱动电机的高压线（U） P5.驱动电机的高压线2（V） P6.驱动电机的高压线3（W） TV44.安全插头 TW.保养插头 V141.电驱动装置电机 V470.电动空调压缩机 VX54.交流电驱动装置

图 3-23

六、蓄电池冷却

高压蓄电池 A38 在充电和放电时，会发生化学反应，这就导致蓄电池变热。由于在奥迪 A6 混合动力车和奥迪 A8 混合动力车上，高压蓄电池总是在不断地充电、放电，它所产生出的热量就会很可观了。这除了导致蓄电池老化外，最重要的是还会使得相关导体上的电阻增大，这会导致电能不转换为功，而是转换成热量被释放掉了。为了使得混合动力蓄电池单元 AX1 的温度保持在合理范围内，就配备了一个冷却模块。这个冷却模块使用 12V 的车载电网电压工作，并有自己的蒸发器，该蒸发器连接在电动空调压缩机的冷却液循环管路上。冷却模块的部件如下：

（1）蓄电池风扇 1 V457。

（2）混合动力蓄电池循环空气翻板 1 的伺服电机 V479。

（3）混合动力蓄电池循环空气翻板 2 的伺服电机 V480。

（4）混合动力蓄电池蒸发器前的温度传感器 G756。

（5）混合动力蓄电池蒸发器后的温度传感器 G757。

（6）混合动力蓄电池冷却液截止阀 2 N517。

（7）蒸发器。

在混合动力蓄电池单元 AX1 的各个电池格之间分布着 6 个温度传感器。冷却模块上的蓄电池冷却空气入口和出口处也有温度传感器。如果蓄电池调节控制单元 J840 探测到蓄电池的温度过高了，那么控制单元就会接通风扇 V457。在新鲜空气工作模式时，风扇 V457 从备胎坑内抽入空气，空气经蒸发器被引入混合动力蓄电池，热空气经后保险杠左后方被引出。

（一）奥迪 A6 混合动力车的蓄电池冷却

奥迪 A6 混合动力车的冷却模块安装在备胎坑内混合动力蓄电池单元的后面。该冷却模块有一个维修位置，以便能够着其下的 12V 蓄电池，如图 3-24 所示。

根据具体温度情况，在蒸发器工作时可从新鲜空气模式切换为循环空气模式。这时循环空气翻板 1 和 2 就都关闭了，也就不会从备胎坑抽取空气了，且也不排出空气了。另外，混合动力蓄电池冷却液截止阀 2 N517 会被通上电并打开。蓄电池调节控制单元 J840 将请求信息通过 CAN 总线发送给自动空调控制单元 J255，以便去接通电动空调压缩机 V470。这时蒸发器后的冷却空气温度就被设置成 10℃ 了。蓄电池调节控制单元 J840 内设置了冷却功能模型，可通过自动空调控制单元 J255 来根据需要调节蓄电池风扇 1 V457 的转速和电动空调压缩机 V470 的功率。如果需要较强的冷却效果，那么蒸发器后的冷却空气温度可达 3℃，蓄电池风扇 1 V457、混合动力蓄电池循环空气翻板 1 的伺服电机 V479 和混合动力蓄电池循环空气翻板 2 的伺服电机 V480 由蓄电池调节控制单元 J840 经 LIN 总线来调节。

（二）奥迪 A8 混合动力车的蓄电池冷却

奥迪 A8 混合动力车的混合动力蓄电池单元 AX1 冷却模块安装在蓄电池单元下面，如图 3-25 所示。

七、电驱动装置的功率和控制电子装置 JX1

电驱动装置的功率和控制电子装置 JX1 由下述部件组成：

（1）电驱动控制单元 J841。

（2）牵引电机逆变器 A37。

（3）变压器 A19。

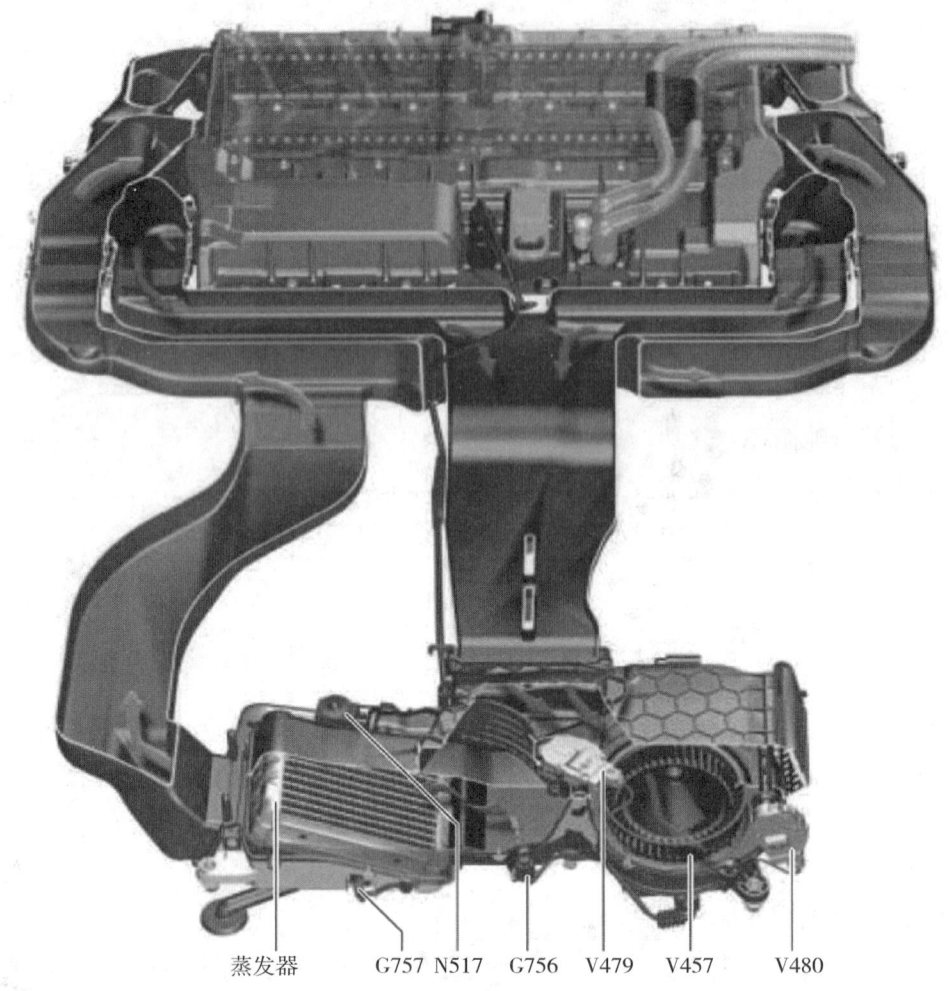

蒸发器　G757　N517　G756　V479　V457　V480

图 3-24

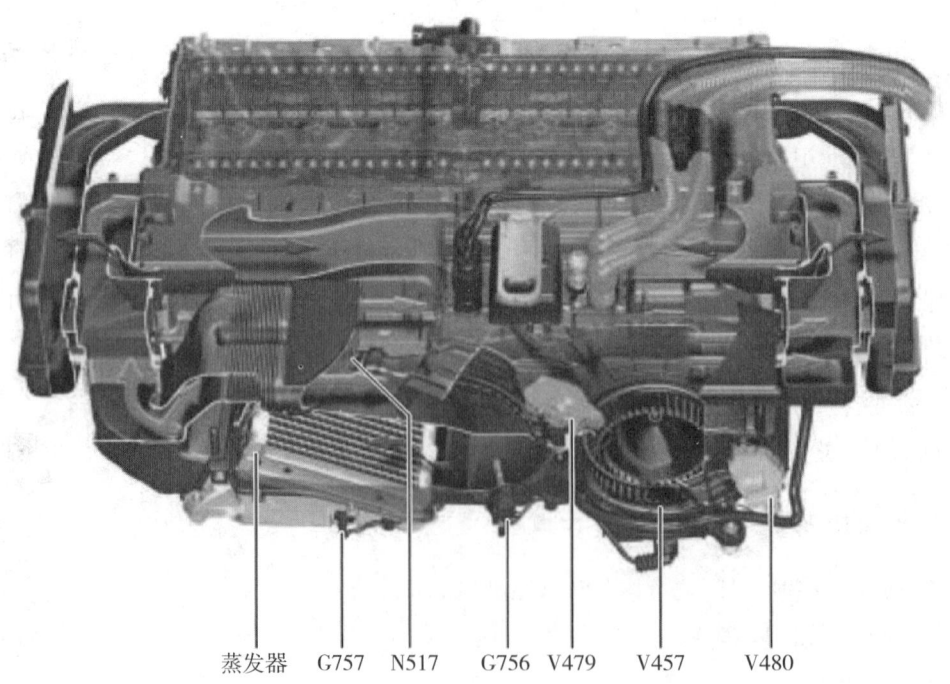

蒸发器　G757　N517　G756　V479　V457　V480

图 3-25

（4）中间电容器1 C25。

电驱动装置的功率和控制电子装置J841通过混合动力CAN总线和驱动CAN总线集成到车载网络中。另外，该控制单元连接在12V车载供电网上。12V车载供电网是通过电驱动装置的功率和控制电子装置JX1上的一个接口来获取供电的，如图3-26所示，技术参数如表3-4所示。

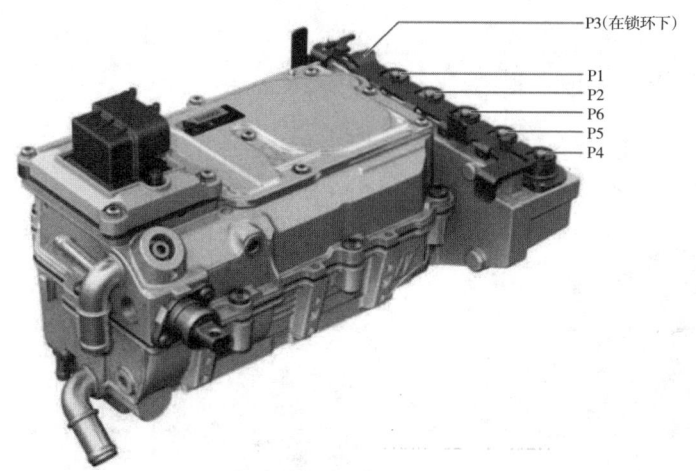

P1.功率和控制电子装置，高压蓄电池（HV-Plus） P2.功率和控制电子装置，高压蓄电池（HV-Minus） P3.功率和控制电子装置，空调压缩机 P4.功率和控制电子装置，电驱动装置电机（U） P5.功率和控制电子装置，电驱动装置电机（V） P6.功率和控制电子装置，电驱动装置电机（W）

图 3-26

表3-4 功率和控制电子装置

DC/AC	266V$_{额定}$，189V$_{有效}$
AC 恒定电流	240A$_{有效}$
AC 峰值电流	395A$_{有效}$
AC/DC	189V$_{有效}$，266V$_{额定}$
电机驱动	0~215V
DC/DC	266V到12V以及12V到266V（双向的）
DC/DC 功率（kW）	2.6
重量（kg）	9.3

（一）奥迪A6混合动力车上的安装位置

奥迪A6混合动力车上电驱动装置的功率和控制电子装置JX1的安装位置如图3-27所示。

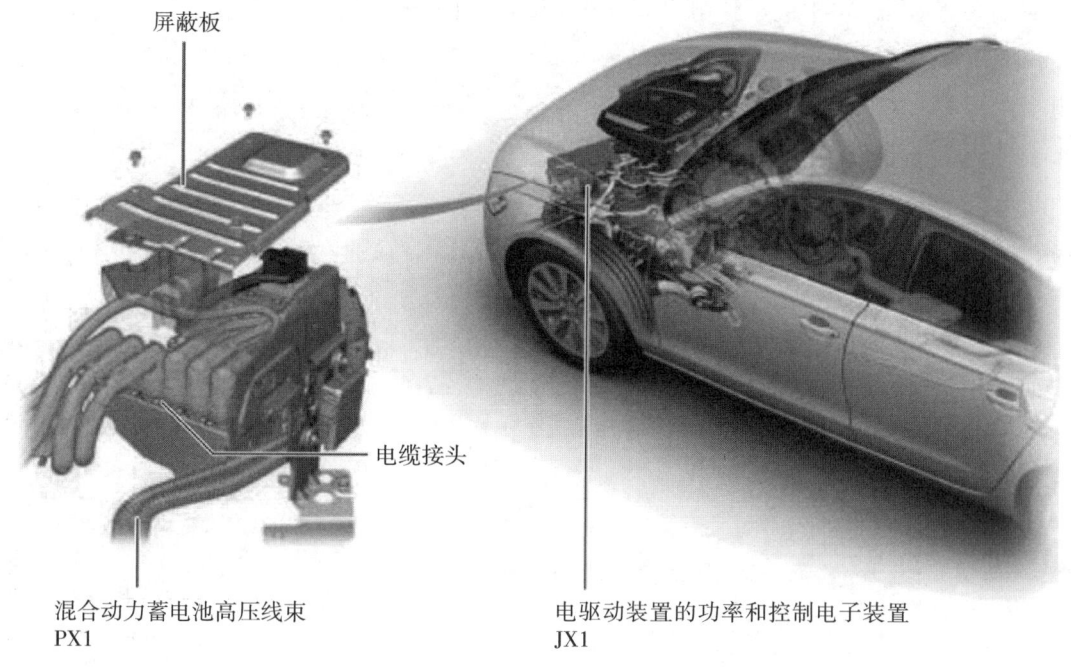

屏蔽板

电缆接头

混合动力蓄电池高压线束 PX1

电驱动装置的功率和控制电子装置 JX1

图 3-27

（二）奥迪 A8 混合动力车上的安装位置

奥迪 A8 混合动力车上电驱动装置的功率和控制电子系统 JX1 的安装位置如图 3-28 所示。

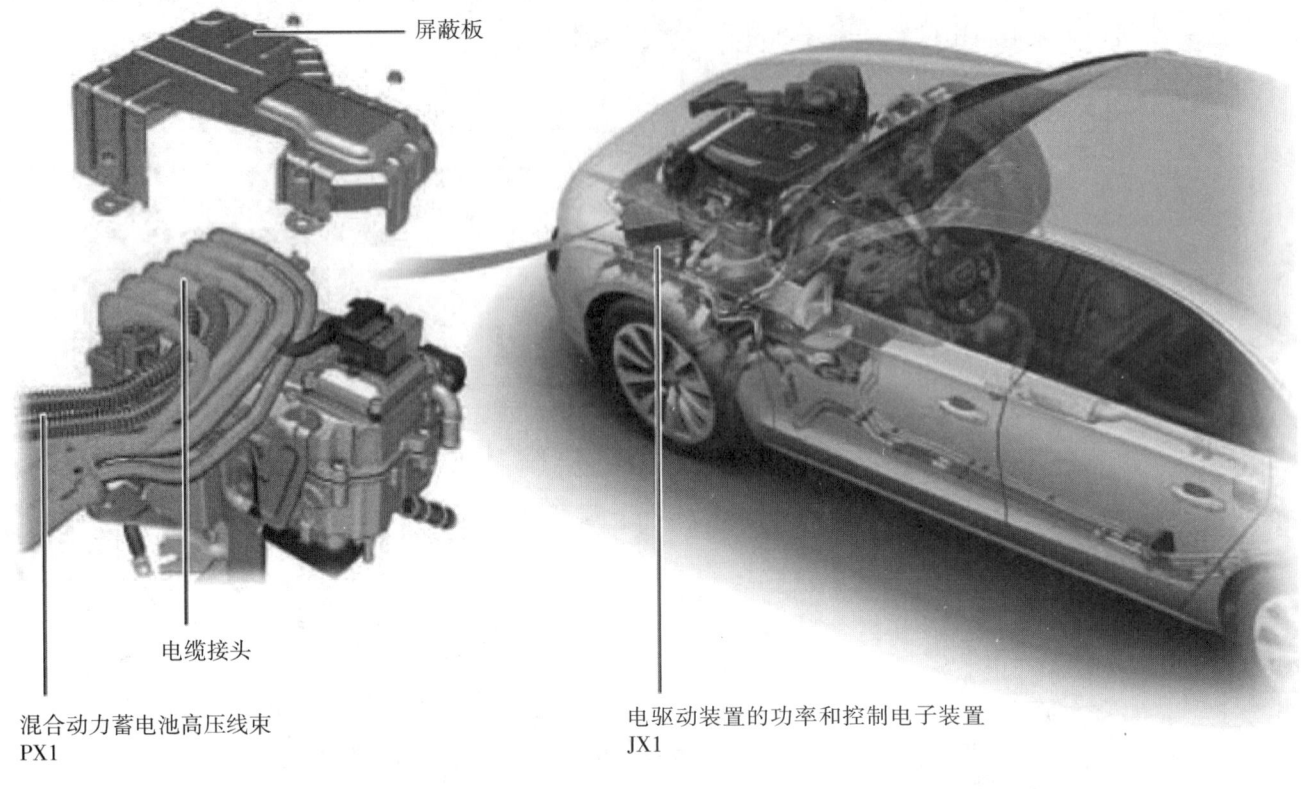

屏蔽板

电缆接头

混合动力蓄电池高压线束 PX1

电驱动装置的功率和控制电子装置 JX1

图 3-28

（三）牵引电机逆变器 A37

1. 电驱动装置电机 V141 用作电动机。

如果电驱动装置电机 V141 被用作电动机来使用，牵引电机逆变器 A37 会将高压蓄电池 A38 的直流电转换成三相交流电。将直流电压转换成交流电压是通过脉冲宽度调制方式来进行的，如图 3-29 所示。

牵引电机逆变器 A37 内有 6 个晶体管，三相 U、V、W 的每相有 2 个晶体管。每相都有一个单独的

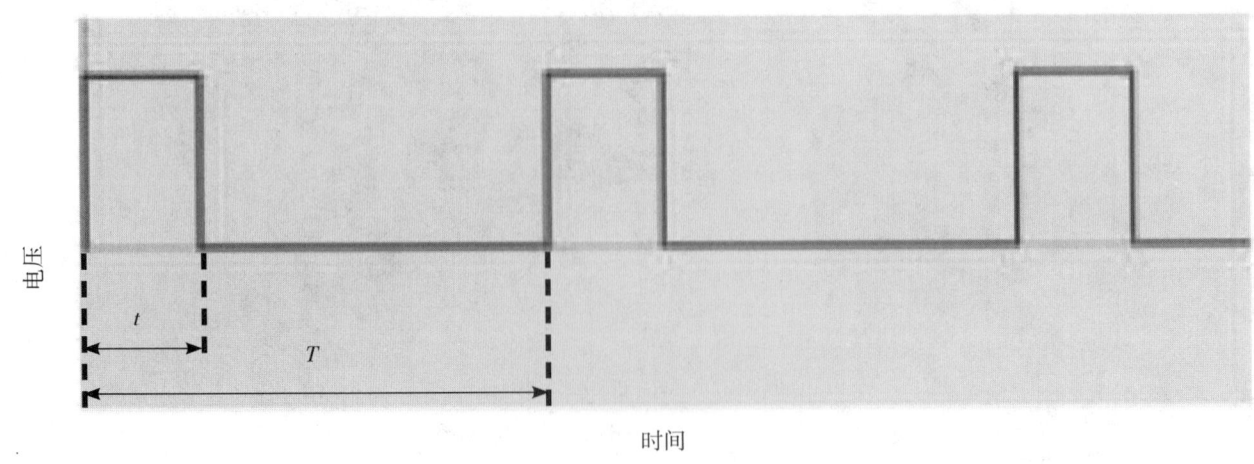

图 3-29

晶体管用于+（Plus）和-（Minus）。激活时，相应的电势就接通了。晶体管的触发是由电驱动控制单元J841使用脉冲宽度调制信号来实施的，如图3-30所示。

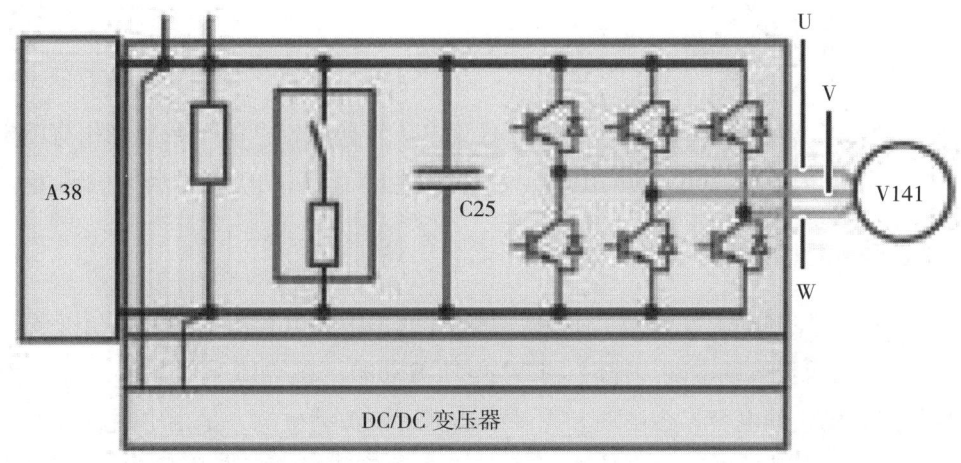

图3-30

2. 示例。

一个正弦曲线被分成了20个脉冲宽度，如图3-31所示，通过单个脉冲宽度的接通时间就可以产生一个正弦状的电压了。在本例中，全部20个脉冲宽度在1s内都激活了1次。如果现在全部20个脉冲宽度在0.5s内都激活了1次，那么频率就提高了，也就是电驱动装置电机V141的转速就提高了。电驱动装置电机V141的转速是通过改变交流电压的频率来调节的。在转速为1000r/min时，频率约为267Hz。

电驱动装置电机V141扭矩是通过改变单个脉冲宽度的接通时间来进行调节的，如图3-32所示。t为接通时间，T为脉冲宽度。

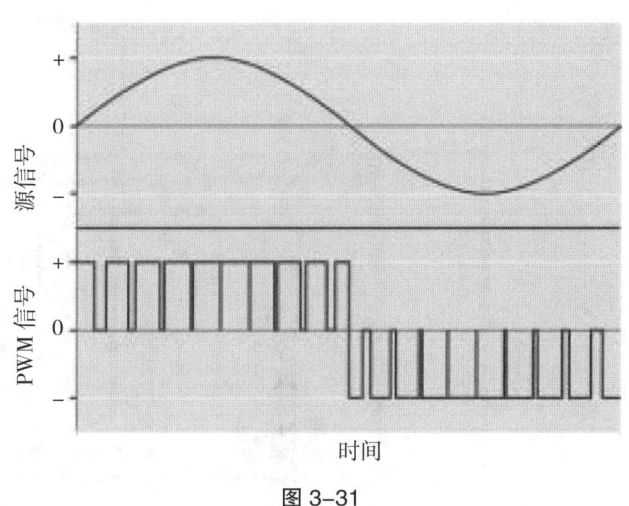

图3-31

图3-32

3. 电驱动装置电机 V141 用作发电机。

如果电驱动装置电机 V141 处于发电机模式，那么牵引电机逆变器 A37 会将产生的三相交流电压转换成 266V 的直流电压。因此，牵引电机逆变器 A37 是一个 AC/DC 和 DC/AC 变压器。高压电网就是由所产生的直流电压来供电的，变压器 A19 将这个直流电压转换后去给 12V 车载电网供电。

4. 变压器 A19。

变压器 A19 是 DC/DC 变压器，用于将 266V 的直流电压转换成较低的车载电网用直流电压（12V）。它也能将较低的 12V 电压转换成 266V 的高电压。该功能用于跨接启动（就是用另一辆车来给高压蓄电池 A38 充电）。

5. 中间电容器 1 C25。

电驱动装置的功率和控制电子装置 JX1 还有一个组件就是中间电容器 1 C25，该电容器的作用是稳压，如图 3-33 所示。在车辆起步或者电动加速时会产生电压波动的。在"15 号线关闭"，或者高压系统切断（因有撞车信号）时，该中间电容器会被动和主动放电。所谓被动放电，是指中间电容器 1 C25 通过一个 22kΩ 的电阻来放电。在主动放电时，是接通了一个与这个 22kΩ 并联的 1kΩ 电阻，这就保证了中间电容器 1 C25 可在最短时间内就放完电。

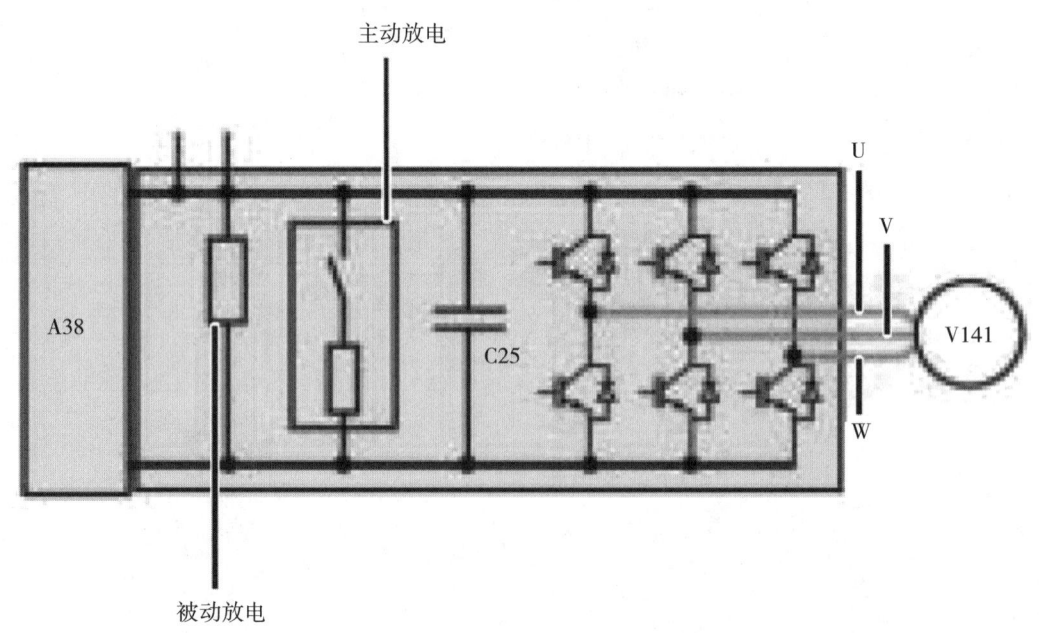

图 3-33

八、电驱动控制单元 J841

电驱动控制单元 J841 通过电驱动装置转子位置传感器 1 G713 来侦测电驱动装置电机 V141 转子的转速和位置。另外，电驱动控制单元 J841 还通过电驱动装置的温度传感器来侦测电驱动装置电机 V141 的温度。电驱动装置的功率和控制电子装置 JX1 有自己的低温循环管路，该管路连接在发动机冷却循环管路的冷却液膨胀罐上。电驱动装置的功率和控制电子装置 JX1 上的温度传感器将温度信息告知电驱动控制单元 J841。由于低温循环管路是温度管理功能的一个组成部分，所以电驱动控制单元 J841 会将相应的信息传递给发动机控制单元 J623。于是发动机控制单元 J623 就可以通过电驱动控制单元 J841 来根据需要接通低温循环冷却液 V468。

九、电动空调压缩机 V470

电动空调压缩机 V470 取代了皮带驱动的空调压缩机，如图 3-34 所示，技术参数如表 3-5 所示。该压缩机通过电驱动装置的功率和控制电子装置 JX1 连接在高压系统上，其供电电压是 266V。在电驱动装置的功率和控制电子装置 JX1 内有一个 30A 的保险丝，它用于为电动空调压缩机 V470 的高压电路保险。在电动空调压缩机 V470 上，集成有空调压缩机控制单元 J842。该控制单元通过扩展 CAN 总线来与其他的控制单元交换数据。电动空调压缩机由自动空调控制单元 J255 来操控。混合动力蓄电池单元 AX1 的冷却是不依赖于乘员舱内的空调状态的。在左侧减震器附近有混合动力蓄电池冷却液截止阀 1 N516，冷却液通过该阀流向乘员舱内的空调器。在没通电时，混合动力蓄电池冷却液截止阀 1 N516 是打开着的。在需要时（比如空调关闭，就是 AC-OFF），自动空调控制单元 J255 会通过蓄电池调节控制单元 J840 来给蓄电池冷却液截止阀 1 N516 通上电。

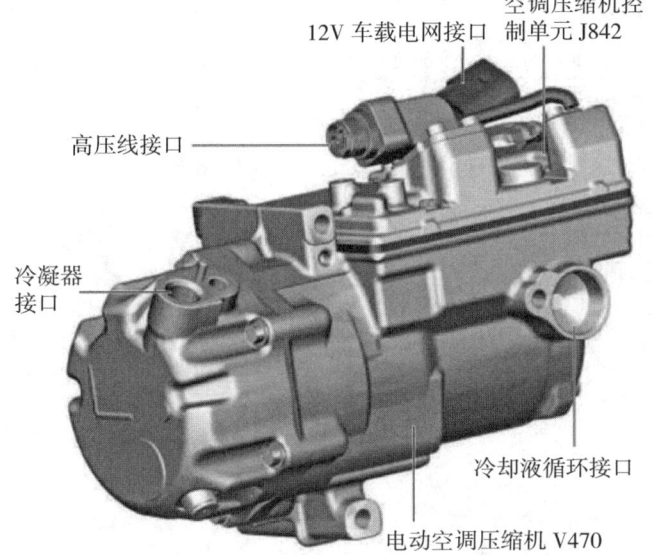

表 3-5　电动空调压缩机 V470

电机	无电刷式异步电动机
消耗功率（kW）	最大 6
供电（V）	266 DC
电流消耗（A）	最大 22
转速（r/min）	800~8600
重量（kg）	7

图 3-34

十、交流电驱动装置 VX54

在奥迪 A6 混合动力车和奥迪 A8 混合动力车上，交流电驱动装置 VX54 占据了发动机和 8 挡自动变速器之间变矩器的结构空间。交流电驱动装置 VX54 由下述部件组成：

（1）电驱动装置电机 V141，如图 3-35 所示。

（2）双质量飞轮。

（3）高压接头的接线盒。

（4）安全线插头。

十一、电驱动装置电机 V141

电驱动装置电机 V141 如表 3-6 所示。

电驱动装置电机 V141 是永久激励式同步电机，由一个三相场来驱动。所谓永久激励式，是指转子配

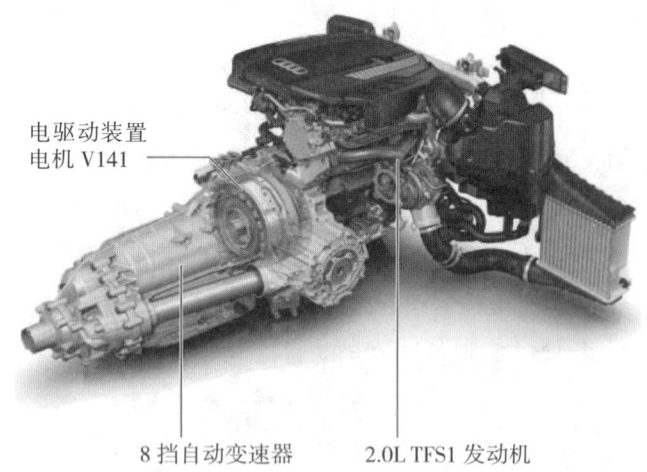

表 3-6 电驱动装置电机 V141	
功率（kW）（相应转速）	40（2300r/min）
扭矩（N·m）	210
电机重量（kg）	26
电压（V）	AC 3~145

图 3-35

备了 32 块永久磁铁，不由外部来激励。这些永久磁铁由钕、铁、硼制成（NdFeB）。同步电机指转子与激励磁场同步转动，就是无时间延迟。磁场由 24 个电磁线圈来产生，这些电磁线圈由电驱动装置的功率和控制电子装置 JX1 来供给交流电压。由于有很多永久磁铁以及电磁线圈，这就保证了电驱动装置电机 V141 在产生了磁场时自己就能启动了。电驱动装置的电机用于启动发动机、以纯电动方式驱动车辆行驶以及在车辆加速（Boost）时给发动机提供助力。如果该电机不用作电动机，那么它就用作发电机来为整车提供电力。

电驱动装置电机 V141 由下述部件组成：

（1）转子，带有永久磁铁，如图 3-36 所示。

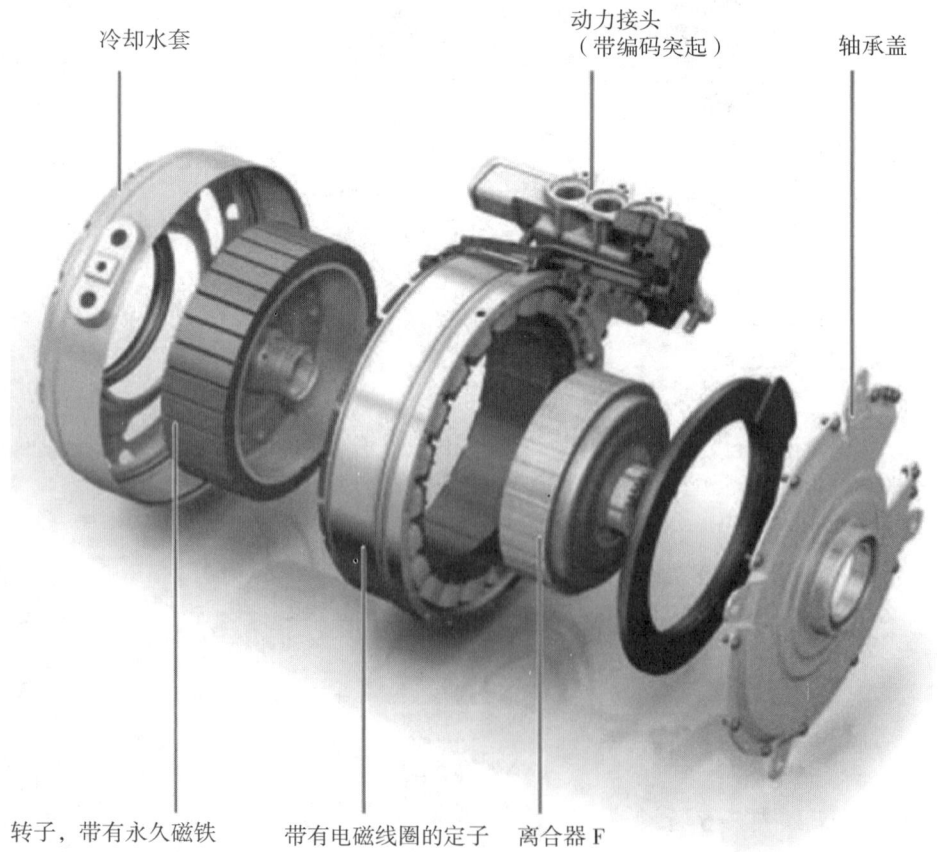

图 3-36

(2)带有电磁线圈的定子。

(3)分离离合器F。

(4)冷却水套。

(5)轴承盖。

(6)动力接头(带编码突起)。

(7)电驱动装置温度传感器G712。

(8)电驱动装置转子位置传感器1 G713。

(一)电驱动装置温度传感器G712

电驱动装置温度传感器G712是一个负温度系数(NTC)电阻,它用于侦测电驱动装置电机V141的温度,该传感器置于两个电磁线圈之间。电驱动装置温度传感器G712通过发动机控制单元J623内的一个温度模型来确定出整个电机的温度。如果确定出的温度超过了180℃,那么电驱动装置电机V141的功率就会被逐渐降至零。电驱动装置的电机是水冷式的,它集成在发动机的高温循环管路上。冷却液是由高温循环管路冷却液泵V467根据需要情况来进行调节(分3级,就是有3挡),该泵由发动机控制单元J632来操控。电驱动装置温度传感器G712要是出故障了,那么组合仪表显示屏上会显示相应的信息,提示驾驶员必须到就近的服务站寻求帮助。

(二)电驱动装置转子位置传感器1 G713

为了精确控制电驱动装置电机V141中定子的磁场,电驱动装置控制单元J841就需要获知带有永久磁铁的转子的准确位置。电驱动装置转子位置传感器1 G713就是用来满足这个需要的。该传感器有24个线圈和1个金属制的凸轮盘(带有8个凸轮),凸轮盘与转子是刚性连接在一起的。每个线圈中,有1个励磁绕组和2个次级绕组。所有绕组彼此是绝缘的,所有线圈是串联的。每个线圈中的次级绕组1和2,区别在于缠线的圈数。电驱动装置位置传感器1 G713是按坐标转换器原理来工作的,可简单地看成是个变压器,传感器位置如图3-37所示。

图3-37

(三)功能图

如果转子转动了,那么凸轮盘也就跟着转动了。凸轮凸起部位这时就从一个线圈移动到另一个线圈,这就增强了次级绕组中的磁感应强度,如图3-38所示。由于每个线圈中的次级绕组1和2缠线的圈数是不同的,因此振幅就错开90°。

电驱动控制单元J841根据振幅就可计算出电驱动装置电机V141的转子的位置,如图3-39所示。转子的位置变化又是确定电驱动装置电机V141的转速的计算根据。接通15号线,电驱动控制单元J841就开始计算在所有工作状态时的转子位置。

(四)坐标转换器原理

电驱动控制单元J841将高频交流电压加载到激磁绕组上,于是就在次级绕组1和2中感应出交流电压了。如果凸轮盘上的一个凸轮突起部位靠近线圈,那么次级绕组中的感应就增强了。由于每个线圈中

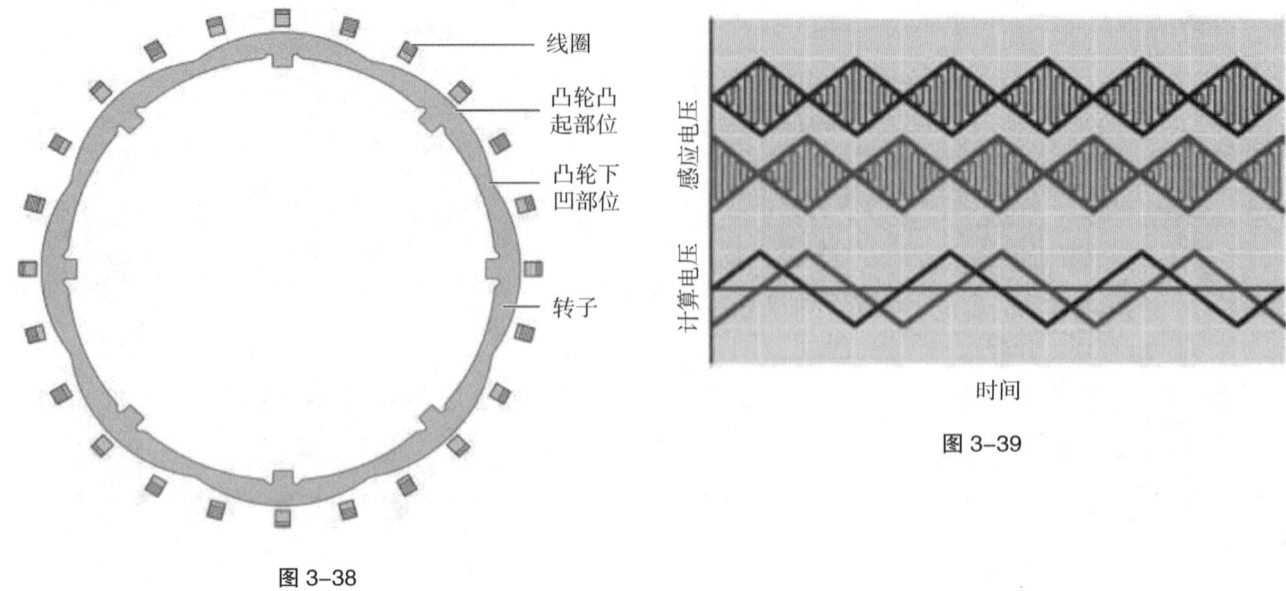

图 3-38

图 3-39

的次级绕组 1 和 2 的缠线的圈数是不同的，那么在次级绕组中产生的电压也是不同的。根据次级绕组 1 和 2 的电压，电驱动控制单元 J841 就能计算出转子的位置，如图 3-40~图 3-43 所示。

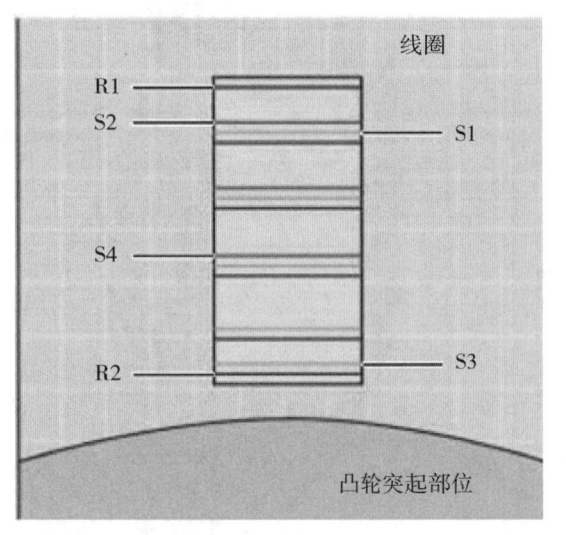

图 3-40

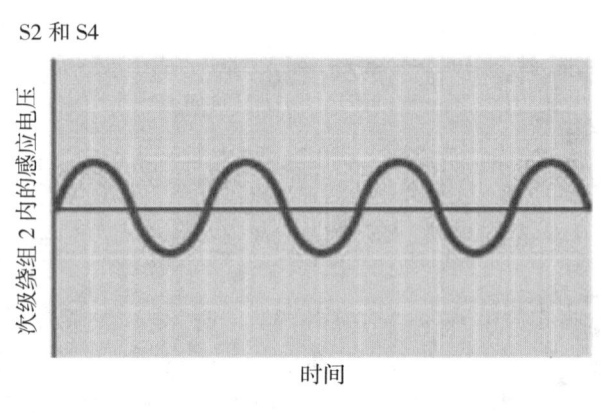

图 3-41

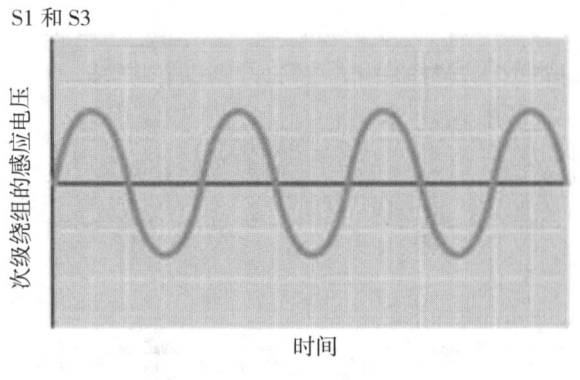

图 3-42

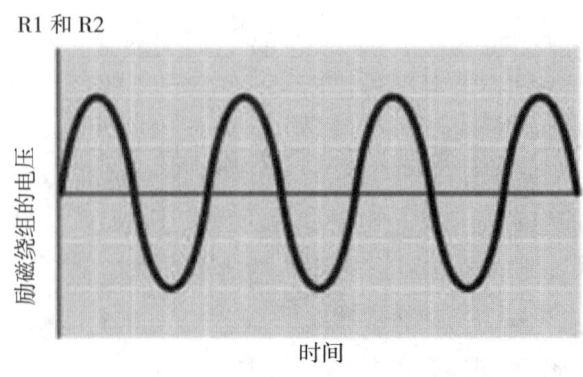

图 3-43

十二、混合动力蓄电池高压线束 PX1 和 PX2

（一）高压线

高压系统上的所有导线都是橙色的，易于识别。由于电压高、电流大，所以高压装置导线的横截面积要明显大一些，使用专用的插头触点来连接，如图 3-44 所示。高压线的内部结构与 12V 车载供电网的导线也是不一样的。另外，所有高压导线都有塑料波纹管，用作抗刮磨层。高压系统使用两种不同的高压线：单芯的和四芯的。

（二）单芯高压线的结构

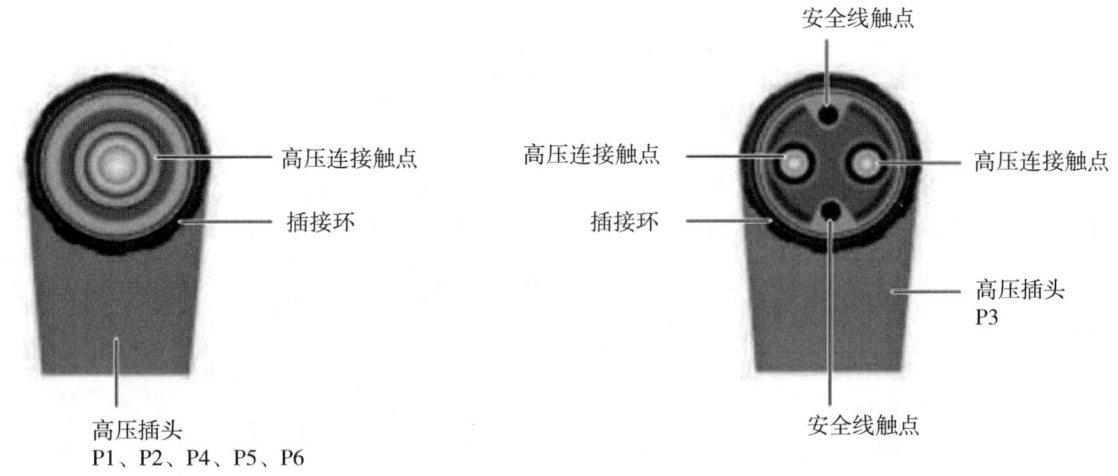

图 3-44

所有的高压线，其屏蔽层都是与插头壳体相连的，如图 3-45 所示。将插头插到高压部件上时，屏蔽层就与该部件处于导电连接状态了。

（三）防止错装

为避免错装，高压线所有插头都有机械编码，插接环下有颜色环来作为标志。高压部件安装的高压线接口也有机械编码并标有相应颜色点，如表 3-7 所示。另外，高压供电网中的所有插头连接都有防接触层，用以防止不注意时接触插头。

十三、12V 启动

12V 的启动机只在某些情况下用于启动发动机。这时蓄电池 A 就由发动机控制单元通过启动蓄电池转换继电器 J580 来与车载供电网断开了，于是就能将全部能量都用于启动发动机。断开后的车载电网由备用蓄电池 A1 和 DC/DC 变压器来供电。要想使用这个 12V 辅助启动机，备用蓄电池的温度不能低于约 -10℃，且充电状态要高于约 12.5V。如果高压系统无法使用，那么也就无法使用 12V 启动了。

1. 15 号线断开，如图 3-46 所示。

（1）蓄电池分离继电器 J7 脱开。

（2）启动蓄电池转换继电器 J580 接合。

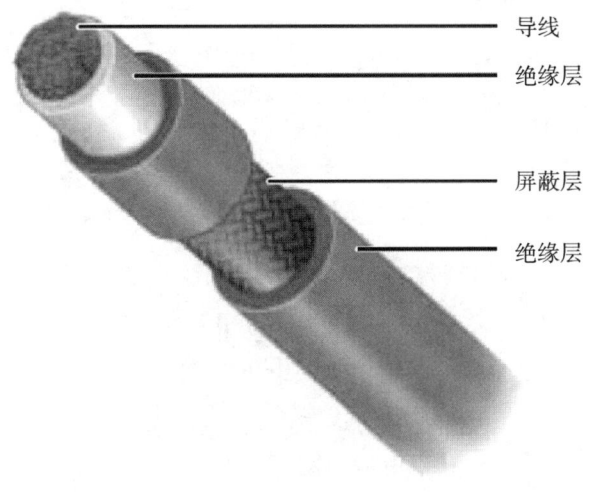

图 3-45

表 3-7

接头	序号	环颜色和局部颜色	状态
功率和控制电子装置——高压蓄电池 混合动力蓄电池高压线束 RX1	P1	红色	T+（HV-Plus）
	P2	棕色	T-（HV-Minus）
功率和控制电子装置——空调压缩机	P3	红色	—
功率和控制电子装置——电驱动装置的电机	P4	蓝色	U
电机高压线束 PX2	P5	绿色	V
	P6	紫色	W

（3）12V 供电网由蓄电池 A 来供电。

2. 15 号线接通，如图 3-47 所示。

（1）蓄电池分离继电器 J7 接合。

（2）启动蓄电池转换继电器 J580 接合。

（3）12V 供电网由蓄电池 A 来供电。

（4）在车辆行驶或者状态为"hybrid ready"（混合动力准备就绪）时，12V 供电网由高压系统通过 DC/DC 变压器来供电。

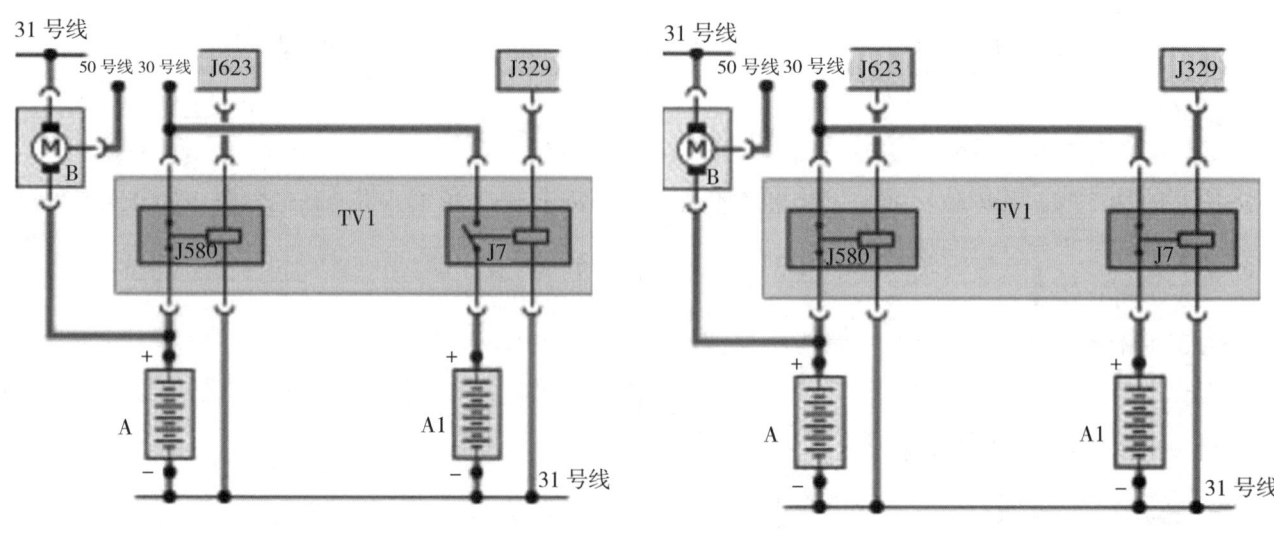

A.蓄电池　A1.备用蓄电池　B.启动机　J7.蓄电池分离继电器 J329.15号线供电继电器　J580.启动蓄电池转换继电器　J623.发动机控制单元　TV1.分线器

图 3-46

图 3-47

3. 15 号线接通 12V 启动，如图 3-48 所示。

（1）蓄电池分离继电器 J7 接合。

（2）启动蓄电池转换继电器 J580 脱开。

（3）12V 启动机由蓄电池 A 来供电。

（4）12V 供电网由高压系统供电并得到备用蓄电池 A1 的协助。

说明：对 12V 供电网进行检修时，必须把这两个 12V 蓄电池都断开。

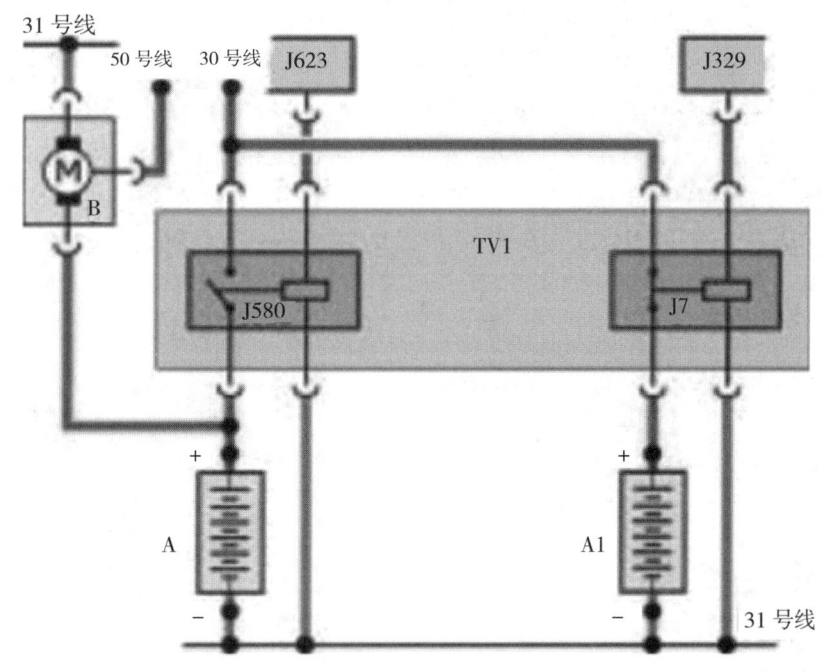

图 3-48

十四、混合动力管理器（如图 3-49 所示）

发动机控制单元增加了 J623 是混合动力管理器这项功能，该功能包含车上所有混合动力方面的内容：

（1）工作策略。

（2）滑行和制动时能量回收。

（3）高压协调器。

（4）操控电驱动装置电机 V141 和电驱动装置的功率和控制电子装置 JX1 的冷却。

（5）将扭矩分配到电驱动装置电机 V141 和发动机上。

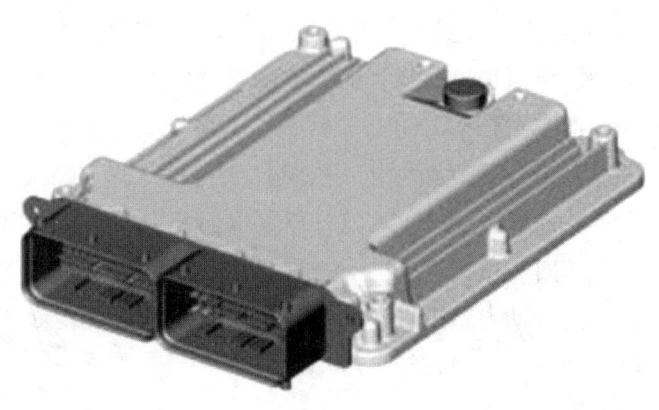

图 3-49

（6）操控混合动力显示：

①功率表。

②高压蓄电池充电状态显示。

③组合仪表显示屏显示。

④MMI 上的能量流的图示。

（一）工作策略

工作策略的功用是：在考虑到所有必备的环境条件、车上的部件需求以及使用者要求（指操纵了车上的操控部件）的情况下，使得车辆尽可能高效而舒适地运行。根据具体行驶状况和高压蓄电池 A38 的充电状态，来决定车辆是用发动机来驱动、用电机来驱动还是这两种动力同时使用来驱动。要想实现纯电动驱动车辆，还需要获得发动机的"其他使用者"（指各种部件的需求情况）的许可。这些使用者包括自动空调控制单元 J255（以车内暖风请求的形式）、发动机的诊断（故障记录情况）、活性炭罐装置等。扩展了的电驱动模式（EV 模式），另外还需要获得 12V 蓄电池的许可。12V 蓄电池的充电状态很低或者温度很低的话，会妨碍 12V 启动机工作，也就无法选择 EV 模式了。根据电驱动装置电机 V141 的力矩负荷和当前的行驶状况，混合动力管理器会决定是通过电驱动装置电机 V141 来启动发动机，还是通过 12V 启动机来启动发动机，发动机工作状态如表 3-8 所示。

表 3-8

项目	发动机的状态	电驱动装置电机 V141 的作用
启动发动机	不工作	电机
电驱动行驶	不工作	电机
用发动机驱动来行驶	工作着	发电机
混合动力驱动行驶	工作着	电机
助力（Boost）功能	工作着	电机
能量回收（有或没有电力制动）	工作着 或不工作	发电机

（二）滑行和制动时的能量回收

另外，混合动力管理器还会根据加速踏板位置、制动踏板位置、高压蓄电池的充电状态、行驶稳定性（ESP）标准和车速情况，来控制滑行能量回收和制动能量回收（电力制动）。

（三）高压协调器

混合动力管理器还有一个功用，就是监控和协调所有高压部件。电驱动装置的功率和控制电子装置 JX1、电驱动装置电机 V141、混合动力蓄电池单元 AX1 和电动空调压缩机 V470 都是由混合动力管理器以中央协调器来进行操控的。如果发动机控制单元 J623 在驱动 CAN 总线上接收到碰撞信号，那么混合动力管理器会对该信号进行分析，然后再将信息通过混合动力 CAN 总线传递到连接着的高压部件上，这样就可以以最快速度断电了。在高压蓄电池 A38 的充电状态降到某一特定值时，会对高压部件的电流消耗进行重要性排序并降低，这样就可以避免损坏高压蓄电池了。

（四）操控冷却

混合动力管理器还要负责操控交流电驱动装置 VX54 和电驱动装置的功率和控制电子装置 JX1 的冷却。电驱动优先切换按钮 E709。

十五、EV 模式

驾驶员司机通过扩展式电驱动按钮 E709（EV 模式），可以到电动行驶的极限，并充分利用电机来进行纯电动行车。车速不高于 100km/h、高压蓄电池的充电不低于 33%，就可以在 EV 模式使用纯电动来驱动车辆行驶。

EV 模式行车的先决条件：

（1）车速 <100km/h。

（2）高压蓄电池的充电 >40%（为了激活）。

（3）高压蓄电池的充电 <33%（为了自动关闭）。

（4）高压蓄电池的温度 >+10℃（为了激活）。

（5）高压蓄电池的温度 <+5℃（为了自动关闭）。

（6）12V 启动机已释放。

（7）非 Tiptronic 模式。

（8）非 Sport 模式。

（9）停止使能在起作用。

组合仪表上出现一个绿色符号且 EV 模式按钮中出现一个绿色指示灯，就表示 EV 模式已经被激活，如图 3-50 所示。

组合仪表显示屏上显示的 EV 模式已经被激活状态

图 3-50

第七节　显示系统

混合动力模式行车时的显示：

奥迪 A6 混合动力车和奥迪 A8 混合动力车装备了下述装置和功能，用于显示电动驱动系统。

（1）功率表（取代了转速表）上的显示。

（2）组合仪表显示屏上的显示。

（3）MMI 显示屏上的显示。

（4）高压蓄电池充电状态显示（取代了冷却液温度显示）。

（一）功率表上的显示

在行车过程中，功率表上会显示各种车辆状态、混合动力系统的动力输出情况或者充电功率情况，如图3-51所示。

（二）组合仪表显示屏上和MMI显示屏上的显示

乘员可以让高压系统的能量流显示出来。为此可以使用组合仪表显示屏和／或MMI显示屏来显示。

1. 奥迪A8混合动力车上组合仪表显示屏上的显示，使用电机来驱动车辆行驶，如图3-52所示。

高压蓄电池符号和远离车轮的绿色箭头表示正在用高压蓄电池来驱动且电驱动电机正在工作。

2. 奥迪A8混合动力车上MMI显示屏上的显示，使用电机来驱动车辆行驶，如图3-53所示。

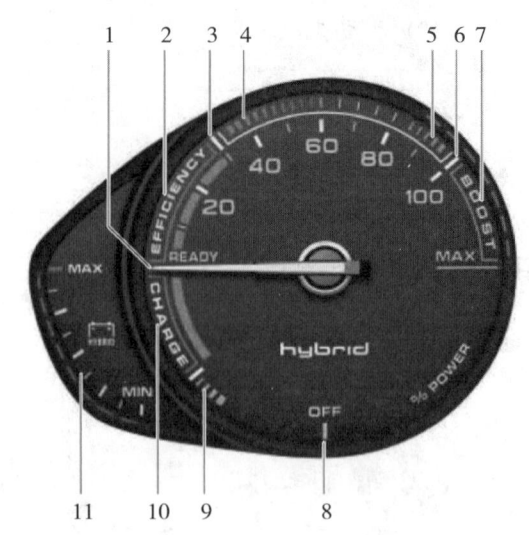

1.车辆准备就绪了"hybrid ready"，15号线接通且50号线接通（根据许可条件） 2.电动行驶（可以启动发动机）或混合动力形式行驶 3.在EV模式发动机启动的极限 4.经济行车（部分负荷范围） 5.全负荷范围 6.发动机100% 7.电驱动电机在发动机达到最大扭矩时另提供助力（Boost） 8. 15号线关闭或15号线接通和50号线关闭 9.电力制动之外另加的液压制动 10.通过能量回收而回收的能量（滑行和电力制动） 11.高压蓄电池的充电状态

图3-51

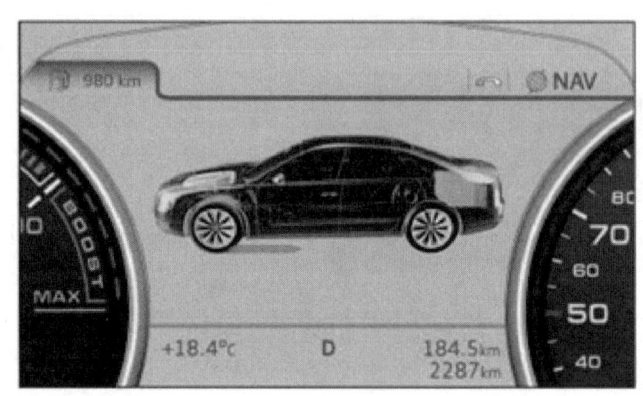

图3-52

图3-53

第八节　售后服务

一、专用工具

（一）锁盖T40262

锁盖T40262如图3-54所示。

（二）其他专用工具

1. 适配头T40259。

2. 松开工具T40258。

3. 滑槽T40275。

图3-54

二、车间设备

混合动力警告牌，闪电标志 VAS6649，如图 3-55 所示。
混合动力警告牌，开关标志 VAS6650A，如图 3-56 所示。

图 3-55

图 3-56

其他车间设备：

1. 分离盒 VAS6606。
2. 检测适配器 VAS6606/10。
3. 高压测量模块 VAS6558A。
4. 混合动力检测适配接头 VAS6558/1A，带有：

（1）无电压测量适配接头 VAS6558/1-1。
（2）高压网络绝缘电阻测量适配头 VAS6558/1-2。
（3）空调压缩机和安全线绝缘电阻测量适配头 VAS6558/1-3A。

说明：

1. 适配头 VAS 6558/1-2 和 VAS 6558/1-3A 只有在已确认断电（无电压）时才可使用。
2. 高压设备的检修工作只可由经过认证的高压电技工来进行操作。只有受训合格的高压电技工才可以拔保养插头，以保证装置处于断电状态。
3. 保证正确、安全地使用高压专用工具。

第九节　经典实例

一、2014 年奥迪 A6 混合动力行驶中偶发无法启动发动机

车型：奥迪 A6 混合动力。
年款：2014 年。
故障现象：EV 模式无法使用且按键灯不亮，故障静态。行驶途中偶发出现电动模式无法切换到发动机模式，导致抛锚。在停车大约 15min 后又能启动发动机了，每周出现 2~3 次。
故障诊断：诊断仪检测地址码 01 故障记录 U044700：数据总线诊断接口，模块 1 信号不可信主动/静态，

如图 3–57 所示。在着车后故障为静态，熄火只接通 15 号线，故障为偶发。根据引导故障查询提示。

地址: 0001 系统名: 01 - 发动机电子设备（UDS） 协议改版: UDS/ISOTP (Ereignisse: 1)

识别:

数据源:	车辆
硬件零件号:	8R0907115G
零件号:	4G0907115M
硬件版本号:	H57
软件版本号:	0001
制造日期:	12.03.2014
编码:	+
编码:	0A2A0013442400022000
可擦写性:	未知
系统名称:	2.0l R4/4V TF
ASAM 基本型号:	BV_EnginContrModul1UDS
ASAM 2D/ODX 数据记录:	EV_ECM20TFS0114G0907115M
ASAM 2D/ODX 数据记录版本:	001001
使用的 ASAM/ODX 控制单元型号:	EV_ECM20TFS0114G0907115M_001
装备代码:	00 00 00 00 00 00 00 00
系统简称:	0-MA-

故障存储器记录

故障存储器记录	
编号:	U044700: 数据总线诊断接口，模块 1 信号不可信
故障类型 2:	主动/静态
症状:	18178
状态:	00100111

标准环境条件:

日期:	19-8-13
时间:	16:37:15
里程（DTC）:	46731
优先等级:	2
频率计数器:	10
遗忘计数器/驾驶周期:	255

高级环境条件:

发动机转速	0.0	r/min
标准负荷值	0.0	%
车速	2	km/h
冷却液温度	81	℃
进气温度	66	℃
环境气压	990	mbar
端子30电压	12.816	V
动态环境数据	20 96 28 10 5F 00 10 60 00 10 61 00 10 62 00 10 C1 00 00	
根据OBD的未学习计数器	40	
CAN状态 - 发动机控制单元	0 (0 0 0 0 0 0 0 0 0 0 0 0 0 0 0 0 0)	

图 3–57

（1）会存储故障控制单元的信息为不可信故障，该故障的原因是 CAN 数据导线上至控制单元的电磁或其他干扰而导致数据传输出现故障。如果干扰仅是偶发性的，以下信息正确传输并且故障消失（被修复）。

（2）信息计数器不正确。原因可能是传输控制单元的内部故障。控制单元 CAN 收发器运行正常并发出信息，但因处理器故障未生成新的信息内容或信息内容有误。分析可能的原因：

① J533 供电不正常。

② J533 内部故障。

③ CAN 数据导线有电磁或其他干扰而导致数据传输出现故障（加装改装）。

通过检查车内及询问用户，并未发现有改装。读取高压蓄电池充电状态正常，读取 J533 蓄电池历史记录，未发现有静态电流超范围。替换 J533，故障码 U044700 仍旧存在。万用表检查蓄电池供电，发现蓄电池 A1 电压只有 6V，蓄电池检测显示损坏。替换蓄电池 A1 后故障码 U044700 消失。交给用户使用 20 天后跟踪，用户表示故障未再出现。

故障原因分析：通过阅读自学手册 SSP615 得出原理，12V 的启动机只在某些情况下用于启动发动机，如图 3-58 所示。这时蓄电池 A 就由发动机控制单元通过启动蓄电池转换继电器 J580 来与车载供电网断开了，于是就能将全部能量都用于启动发动机。断开后的车载电网由备用蓄电池 A1 和 DC/DC 变压器来供电。要想使用这个 12V 辅助启动机，备用蓄电池的温度不能低于约 -10℃，充电状态要高于约 12.5V。如果高压系统无法使用，那么也就无法使用 12V 辅助启动机了。本案例是由备用蓄电池 A1 馈电无法在 J580 继电器断开后提供稳定电压导致。

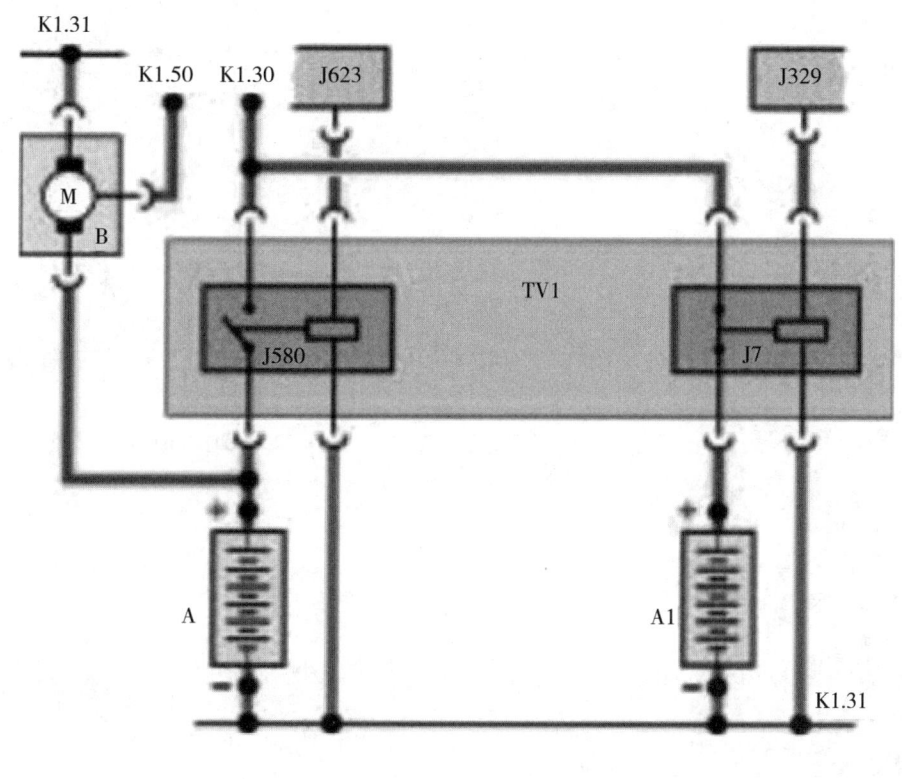

图 3-58

故障排除：更换蓄电池 A1。

故障总结：两个故障现象，同一个故障点。通过对静态的故障现象进行原理分析，有助于故障快速排除。

二、2013 年奥迪 A8 hybrid 事故维修后发动机与电动模式不切换，存在静态故障码

车型：奥迪 A8 hybrid。

年款：2013 年。

故障现象：

（1）车辆制动停车时混合动力不介入工作，发动机不熄火（一直出现）。

（2）仪表混合动力红灯报警，此时一直使用高压电工作直至车辆熄火（偶尔出现）。

（3）车辆 J841 内有故障码 P000000，J623 内有 P0A9400 DC/DC 丢失电源。

故障诊断：

（1）车辆前部事故，未碰撞到高压电组件，车辆事故维修完后打不着车，检查 J841 无通信。外修 J841 通信正常，可以正常启动。

（2）J841 外修完以后就出现下列静态故障码，如图 3-59 和图 3-60 所示。

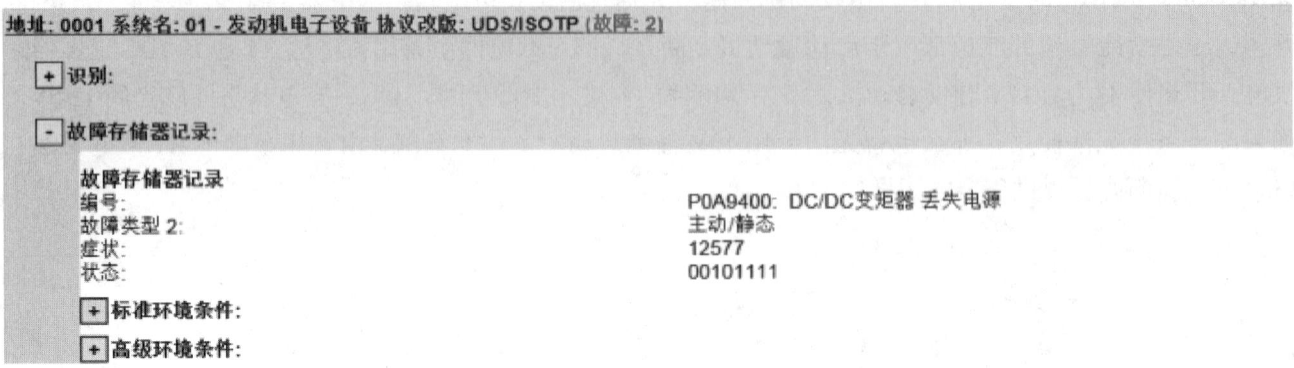

图 3-59

图 3-60

（3）使用 P0A9400 执行引导计划，显示故障码 P0A6500 牵引电动机 W 相位电流过高，如图 3-61 所示。

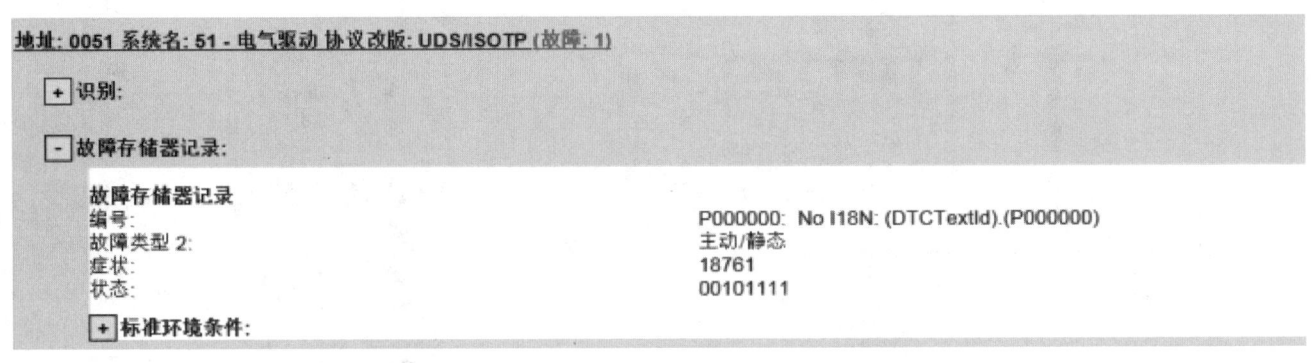

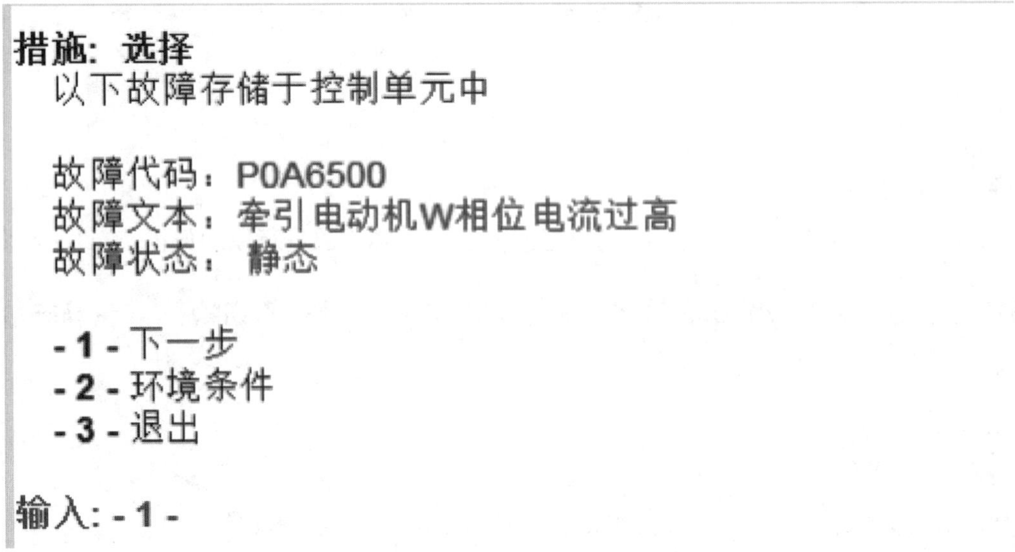

图 3-61

（4）根据故障码和引导，换过5个拆车的JX1（J841）、3个变速器总成、三相电机、发动机控制单元，均无效。

（5）执行高压电断电恢复故障依旧；检查低压保险丝及连接均正常，均反复检查测量过，无异常。

（6）无奈下曾尝试替换高压蓄电池、车辆12V电源、启动蓄电池、高压电后备箱部所有控制盒、三相电机、车辆所有高压线路，均无效。

（7）询问厂家老师，P000000根据症状码18761可知应为P0CEB00：功率电子单元冷却泵V468无通信。检查V468供电导线接触正常，用手可以感知正常运转。

（8）使用SVM码：IDEXA040可以将发动机单元由0003版本升级到0004版本，故障依旧。

再次维修：

（1）用户抱怨一直存在，删除故障码短暂时间内恢复正常，怀疑由静态故障码产生。

（2）通过对比车可知，在自动模式、高压蓄电池电量足够且空调等功率需求较小时，起步以及制动后，发动机会熄火切换为电动模式。

（3）P000000指向V468，使用软件读取与此泵相关的测量值进行比较，发现故障车V468在控制值变化时，实际值一直是0，如图3-62所示。

| N_CWP_ACT_MVB | 0 | $4150 | Coolant_pump_for_low_temperature_circuit |
| N_CWP_CMD_MVB | 0 | $4151 | Coolant_pump_for_low_temperature_circuit_commanded_value |

图3-62

（4）与对比车比较后发现，故障车V468未反馈实际运行状态，存在问题。

（5）与对比车对换V468，故障排除，同样的故障码出现在对比车上，确认为V468问题。

故障原因分析：

（1）此车事故位置正是左前侧，目视检查未发现V468及JX1损坏，维修后出现故障，未关注此部件。后倒换维修时，多以拆车件进行倒换，缺乏对比，使维修陷入困局。

（2）查询自学手册SSP615，V468的功能是冷却JX1，作为热能管理的一部分，J623通过J841对V468进行促动。通过连接在发动机制冷回路的冷却液补偿罐上自己的低温回路，电驱动系统电力和控制电子装置JX1被冷却。电驱动系统电力和控制电子装置X1中的温度传感器将温度发送给行驶模式控制器J841，由于低温回路是发动机热能管理系统的组件，行驶模式控制器J841将相应的信息发送给发动机控制器J623，从而发动机控制器J623通过行驶模式控制器J841根据需要对低温回路冷却液泵进行促动。

（3）根据电路图查询，V468的控制反馈线连到JX1，检查此线束连通正常，无断路、短路故障。

（4）替换V468故障排除，且随着故障件可以转移到对比车上。应为V468内部存在故障导致信息无法反馈给J841，产生了P0CEB00：功率电子单元冷却泵V468无通信的故障码。J623无法获取V468的信号，此泵涉及冷却，为安全起见限制了JX1的功率，并产生了P0A9400：DC/DC变矩器丢失电源故障码。

故障排除：更换V469低温冷却液泵。

故障总结：当诊断仪未能识别P000000故障，使维修陷入困境。奥迪A8 hybrid车十分少见，缺乏经验和对比车。拆车件存在损坏的可能，不易排查问题。确认故障后，尝试用诊断仪对JX1中V468相关的测量值进行读取，无数据；进行执行元件诊断，无法完成。分析V468问题时，只能依靠故障码进行倒换试验，无诊断手段。在获知P000000真实指向后，缺乏敏感性。在无法诊断的情况下，应创造倒换测试的条件，及时解决问题。

第四章　采用 8 挡自动变速器 0BW 的奥迪混合驱动系统

第一节　前　言

采用 8 挡自动变速器 0BW 的奥迪混合驱动系统最早是在 2011 年与奥迪 Q5 混合动力四驱车一起上市的，该系统实现了在 4 个驱动轮上的纯电动行驶模式。因此，德国奥迪公司就成为第一家将完全混合动力技术应用于高档 SUV 车的汽车厂商。2012 年，奥迪 A6 混合动力车和奥迪 A8 混合动力车又接着相继面市，如图 4-1 所示。这些车型也使用了 8 挡自动变速器 0BW，但只是采用了前轮驱动。奥迪 Q5 混合动力四驱车、奥迪 A6 混合动力车和奥迪 A8 混合动力车的采用，使得德国奥迪公司成为世界首家将完全混合动力技术同时用于 B 级、C 级和 D 级车的汽车生产商。

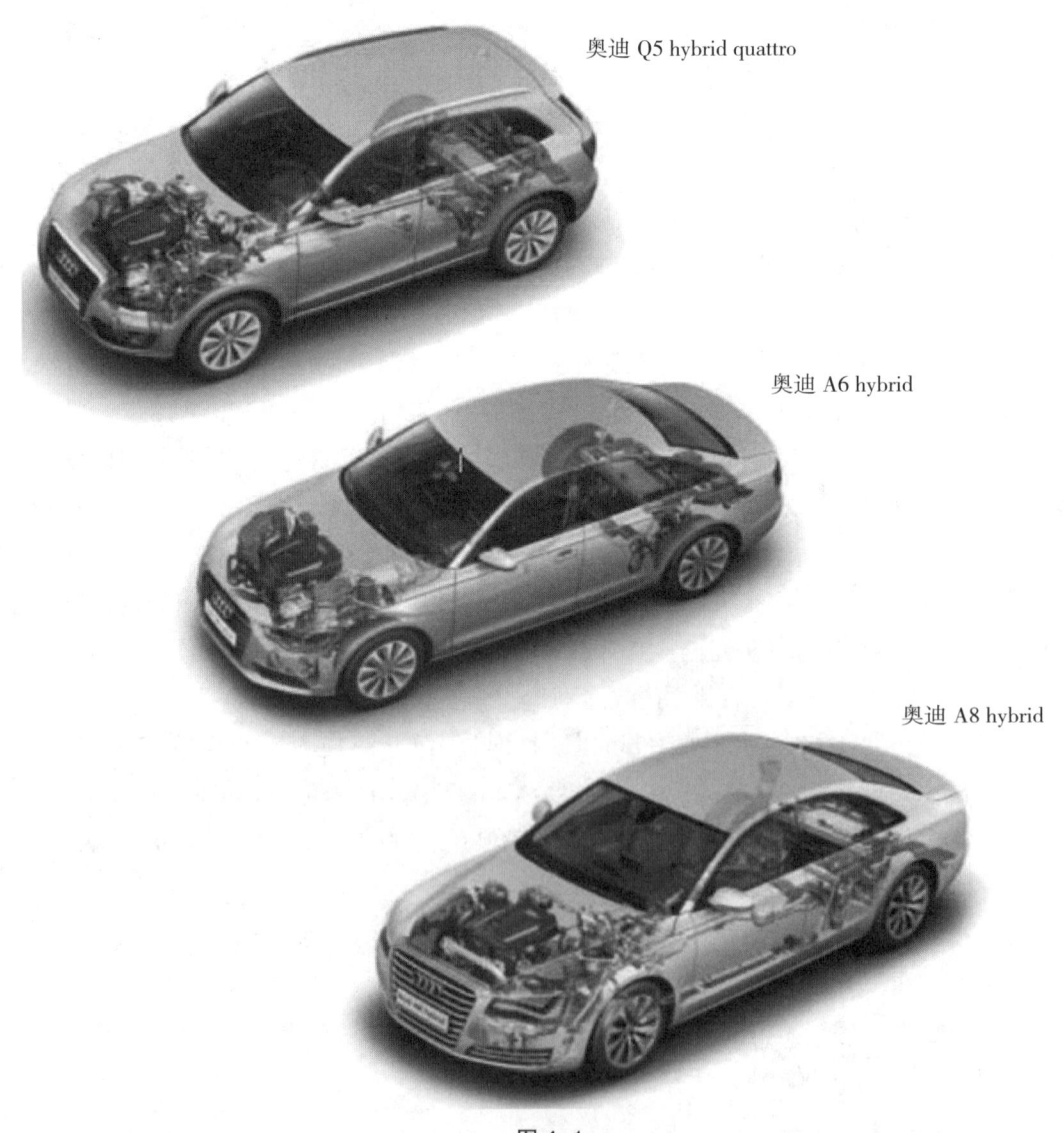

奥迪 Q5 hybrid quattro

奥迪 A6 hybrid

奥迪 A8 hybrid

图 4-1

第二节　系统说明

一、不同车型所使用的换挡操纵机构和驱动形式

（一）2012年奥迪Q5 hybrid quattro

奥迪Q5 hybrid quattro使用的是自2008年起就采用的四驱quattro。在0BW变速器上，扭矩是通过花键式万向节轴传递到后桥的，如图4-2所示。

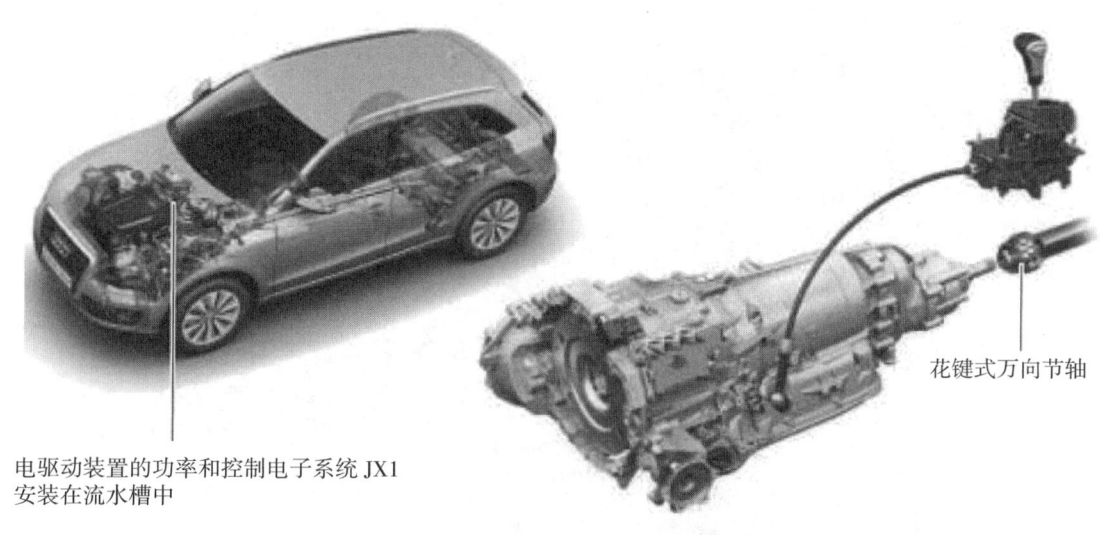

图4-2

（二）2012年奥迪A6 hybrid

奥迪A6 hybrid使用0BW变速器是用于前驱，圆柱齿轮将动力经半轴向前传至主传动。不使用四驱quattro可以增大纯电动行驶的里程。因此要是以60km/h等速行驶，最长可行驶3km。电动行驶所能达到的最高车速可达100km/h，如图4-3所示。

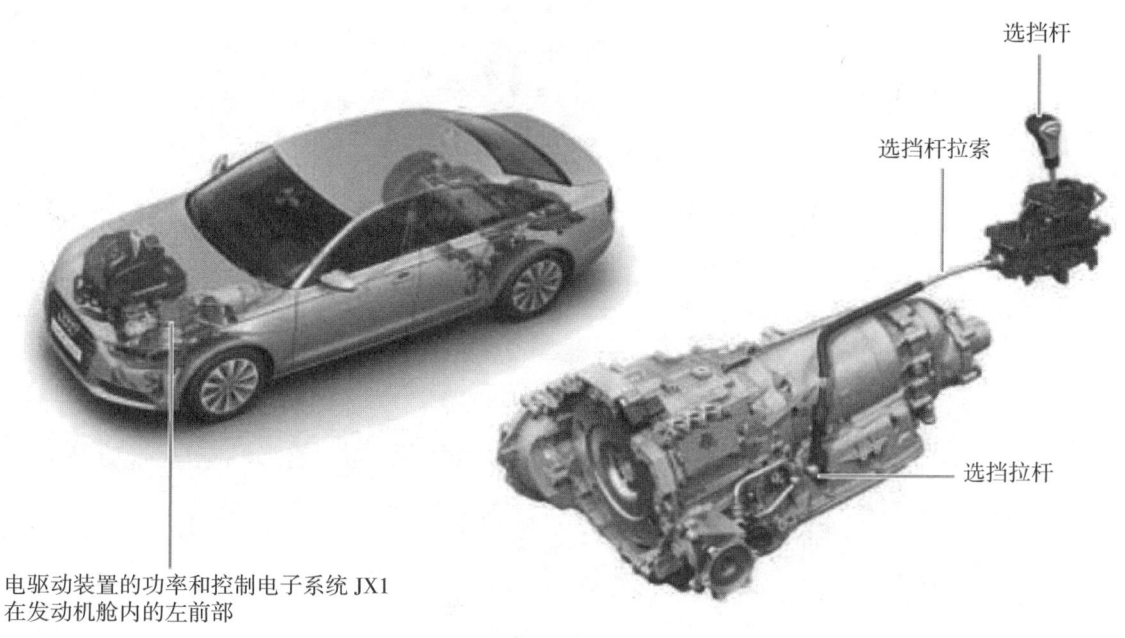

图4-3

奥迪 Q5 hybrid quattro 和奥迪 A6 hybrid 上的换挡操纵机构是相同的。选挡杆通过选挡杆拉索与变速器以机械方式相连。换挡操纵机构的操纵逻辑自 2011 年奥迪 A6 就已经采用了，并且已经引入到了 2013 年奥迪 Q5 上，如图 4-4 所示。

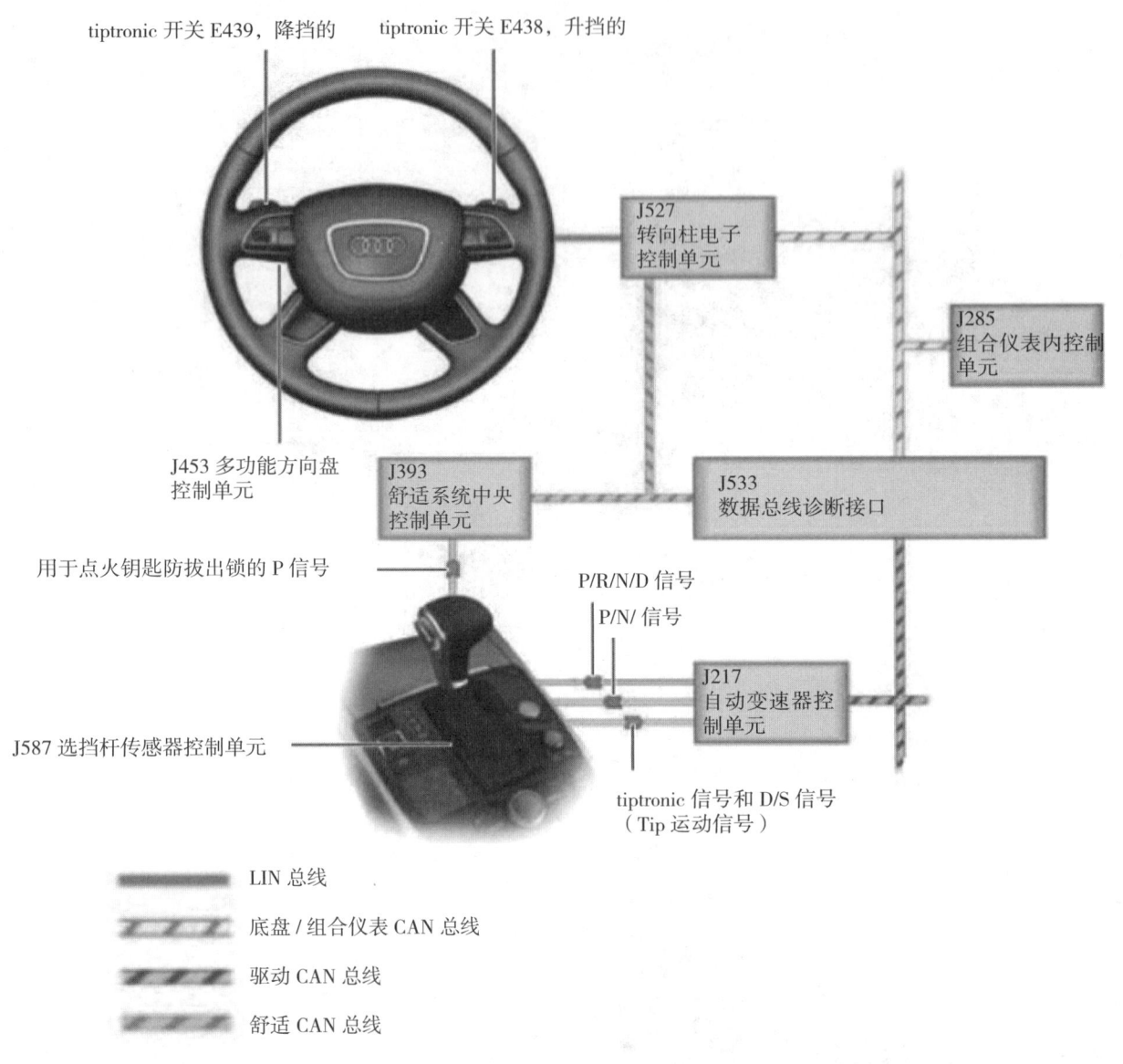

图 4-4

1. 配备有便捷式智能钥匙的车上是没有点火锁的，这种车上自然也就没有点火钥匙防拔出锁了。在这种车上，如果选挡杆没在 P 挡位置，那么在打开驾驶员车门时，其信号会让一个提示显示在组合仪表上。另外，蜂鸣器也会响起，且车辆无法上锁。

2. 在奥迪 Q5 hybrid quattro 和奥迪 A6 hybrid 上，变速器的机电一体模块已经针对混合动力驱动进行了适配，如图 4-5 所示。其控制装置在 ZF 公司的内部叫作 "E26/9"。

（三）奥迪 A8 hybrid

1. 奥迪 A8 hybrid 与奥迪 A6 hybrid 一样，驱动力只传递到前轮。"线控换挡"式换挡操纵机构、电动液压式驻车锁和驻车锁应急开锁装置，与 4H 系列的其他奥迪 A8 车型是一样的，如图 4-6 和图 4-7 所示。

图 4-5

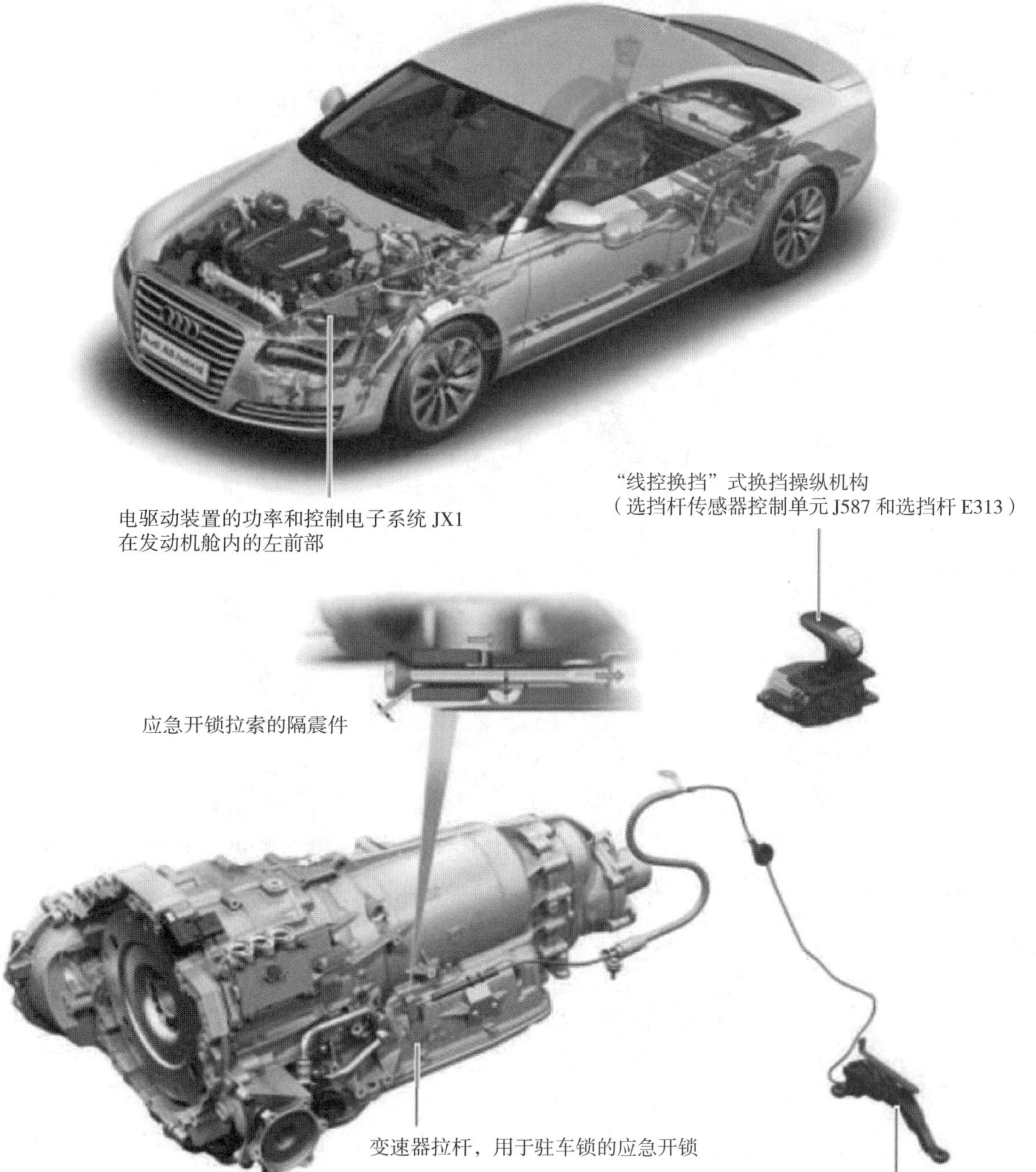

电驱动装置的功率和控制电子系统 JX1 在发动机舱内的左前部

"线控换挡"式换挡操纵机构（选挡杆传感器控制单元 J587 和选挡杆 E313）

应急开锁拉索的隔震件

变速器拉杆，用于驻车锁的应急开锁

驻车锁的应急开锁装置

图 4-6

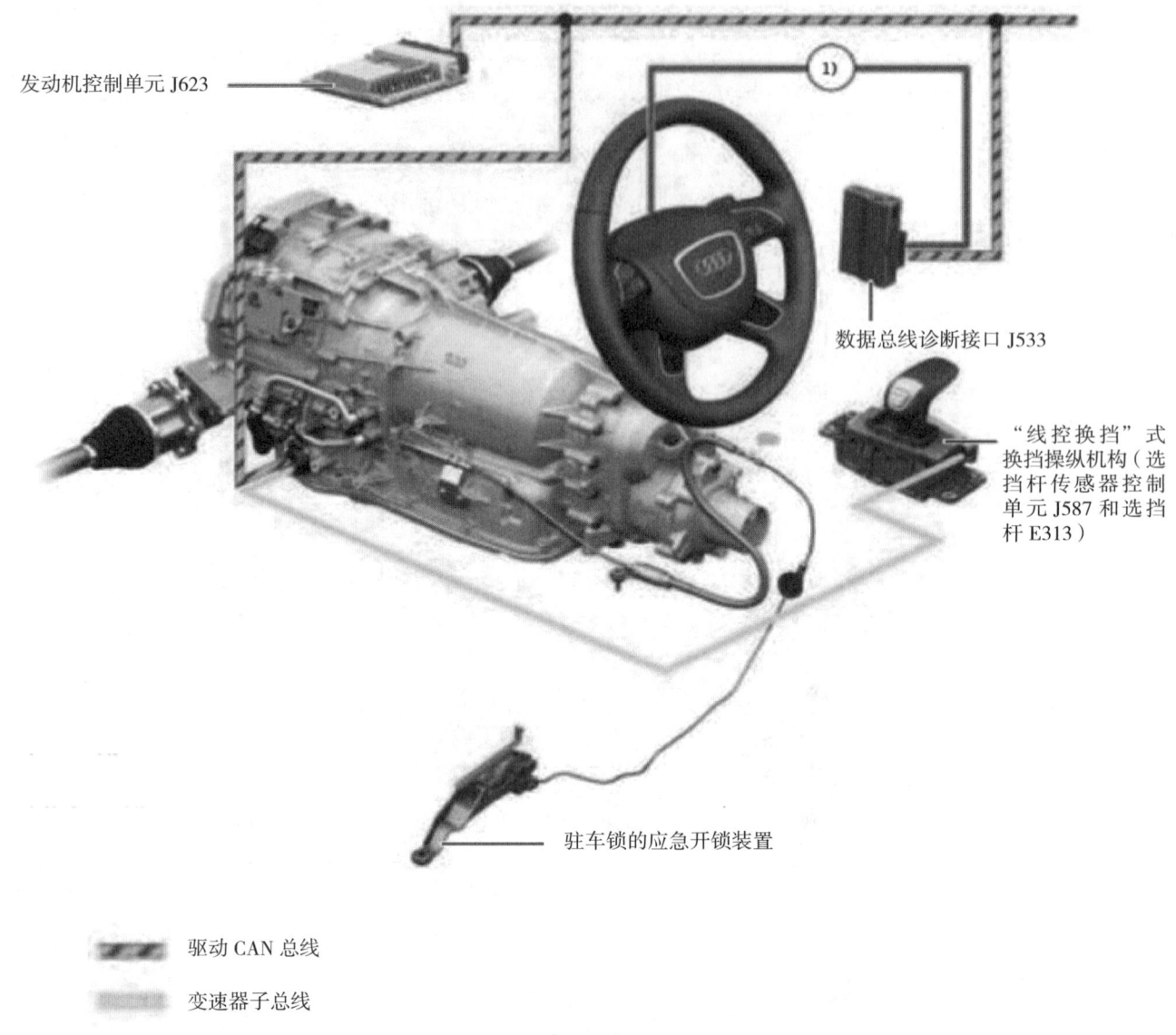

图 4-7

2. tiptronic 功能。

奥迪 A8 上没有 tiptronic 通道，切换到 tiptronic 模式以及再返回自动模式是通过方向盘辐条上的 M 按键来实现的。在其他方面，tiptronic 功能（在 D 或者 S 时的 tiptronic）保持不变。如果向后推选挡杆，也会从 tiptronic 模式切换到自动模式。换挡只能通过方向盘上的 tiptronic 开关来完成，如图 4-8 所示。

3. 机电一体模块已经针对混合动力驱动进行了适配。其控制装置在 ZF 公司的内部叫作"E26/11"，如图 4-9 所示。没有使用基于导航数据的挡位选择。

二、行驶程序

驾驶员通过 EV 按键、选挡杆和 tiptronic 开关，可以在三种行驶程序中选用一种：

（1）EV 按键：EV 模式，扩展式电动行车模式。

（2）挡位 D：以适度助力功能的有利于节油的方式行车。

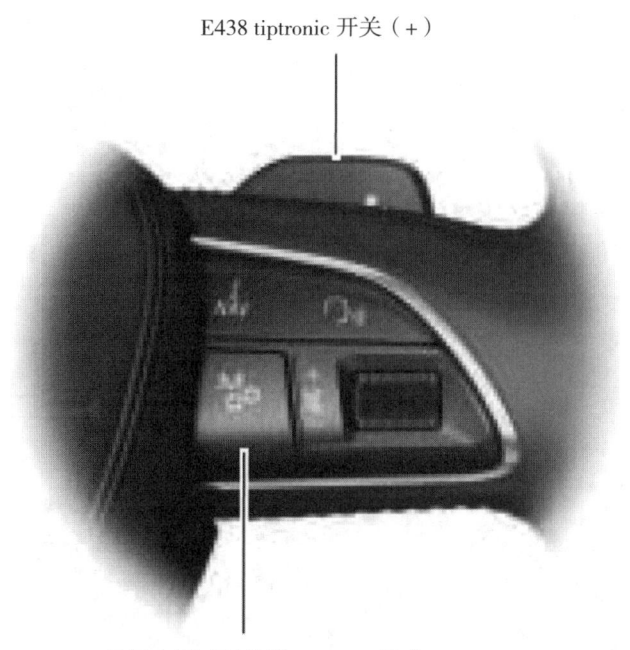

图 4-9

图 4-8

（3）挡位 S 和 tiptronic 模式：以很强助力功能的运动式行车。

行驶程序对混合动力驱动模式有不同的影响。乘员可以在组合仪表上的功率表或者 MMI 显示屏上看到能量流。

如果车辆处于可以行驶状态（hybrid ready，就是混合动力准备就绪），驾驶员可以用电驱动按键 E656（如图 4-10 所示）来切换到 EV 模式。在 EV 模式时，可以扩展电动行驶的极限，将全部电动功率用来进行纯电动行车。

1. 激活 EV 模式的前提条件：

（1）驾驶员要求的功率 <30kW。

（2）车速 <100km/h。

（3）电动系统功率充足 >15kW。

（4）高压蓄电池的温度 >+10℃ 且 <55℃。

（5）电驱动装置电机 V141 温度正常。

（6）高压蓄电池绝对充电状态高于约 40%。

（7）发动机转速 ≈ 变速器输入转速 <2600r/min。

（8）12V 启动机已释放。

（9）挡位 S 和 tiptronic 模式没有被激活。

（10）海拔高度 <4000m。

（11）发动机冷却液温度 >50℃。

（12）可能受到 EV 模式影响的系统 "没有说不"。比如说，自动空调可能就会阻止 EV 模式，以便通过发动机来保证所需的加热功率。如果不满

电驱动按键 E656[1]

注：1）电驱动按键 E656 这个名称是在电路图上使用的；在自学手册中叫扩展式电驱动按键 E709。

图 4-10

足激活 EV 模式的这些前提条件，组合仪表上就会出现这个提示内容：暂时无法使用 EV 模式。

2. 电驱动按键失效时的影响。

失效的话，对混合动力工作没有影响，只是无法激活 EV 模式了。

3. EV 模式中止条件。

如果超过了激活 EV 模式的极限，那就符合了中止条件。但是有几个条件会有滞后。

（1）车速 >105km/h。

（2）高压蓄电池的温度 <+5℃。

（3）高压蓄电池绝对充电状态 <34%。

4. EV 模式处于待命状态。

如果驾驶员要求的功率短时超过了 30kW，那么在这段时间发动机就会启动工作，EV 模式于是就切换到待命状态，EV 符号由绿色变为灰色。一旦驾驶员要求的功率又低于 30kW，那么发动机就关闭了，EV 模式就又激活了，EV 符号也再次变为绿色，如图 4-11 所示。

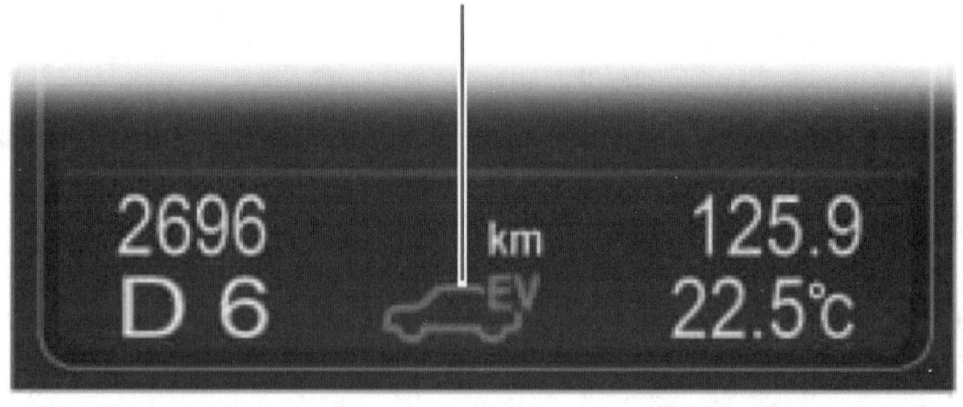

如果激活了 EV 模式，那么组合仪表上会显示这个 EV 符号，电驱动按键 E656 上会亮起一个绿色的横条

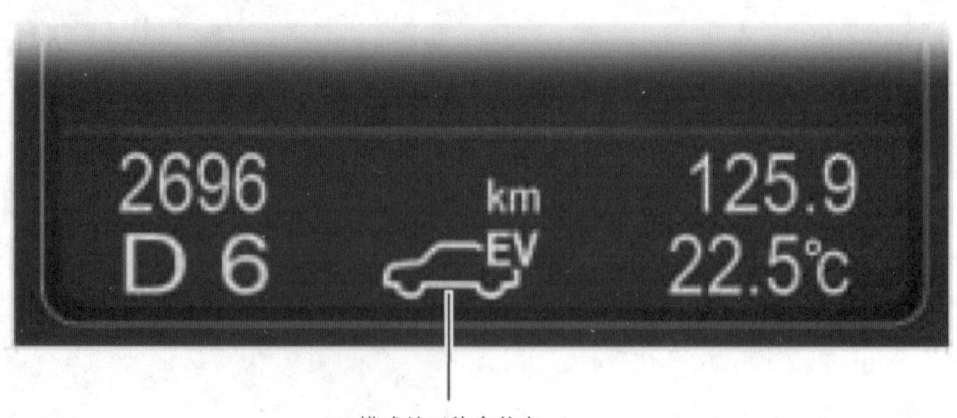

EV 模式处于待命状态

图 4-11

5. 其他功能。

调车识别、下坡识别和行驶动力学性能评估，也都是混合动力驱动的功能，这些功能是在后台运行的，

不会显示出来。

三、奥迪 Q5 混合动力四驱车的拓扑结构

在售后服务方面的技术资料中，电驱动装置被称为"电驱动装置电机 V141"。为了使得混合动力技术更高效，该电机也用作发电机。为了调节能量流，就在发动机控制单元中增加了一个混合动力管理器功能。车辆上所有混合动力专用的功能现在都由发动机控制单元来控制。混合动力管理器的作用是：控制从电驱动切换到发动机驱动或者反之，同时要不影响驾驶舒适性。混合动力技术不是仅限于传动系统，它对一系列其他系统也是有影响的。比如，空调压缩机、助力转向系统和真空泵，也是用电来驱动的。这个拓扑结构图（如图 4-12 和图 4-13 所示）展示出了与混合动力技术相关的最重要的部件和系统。该图对理解 0BW 变速器的某些流程和功能也是有帮助的。

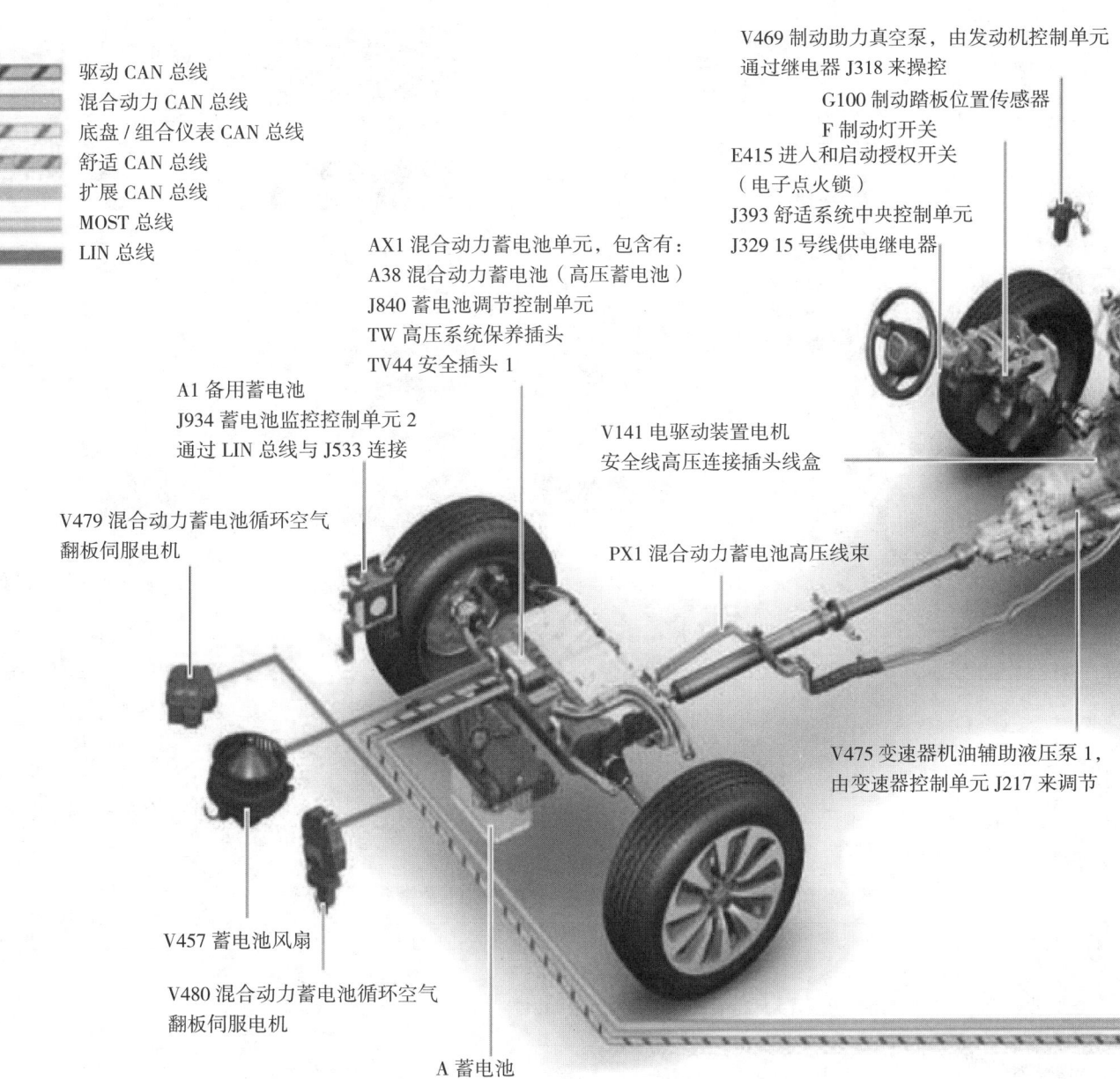

图 4-12

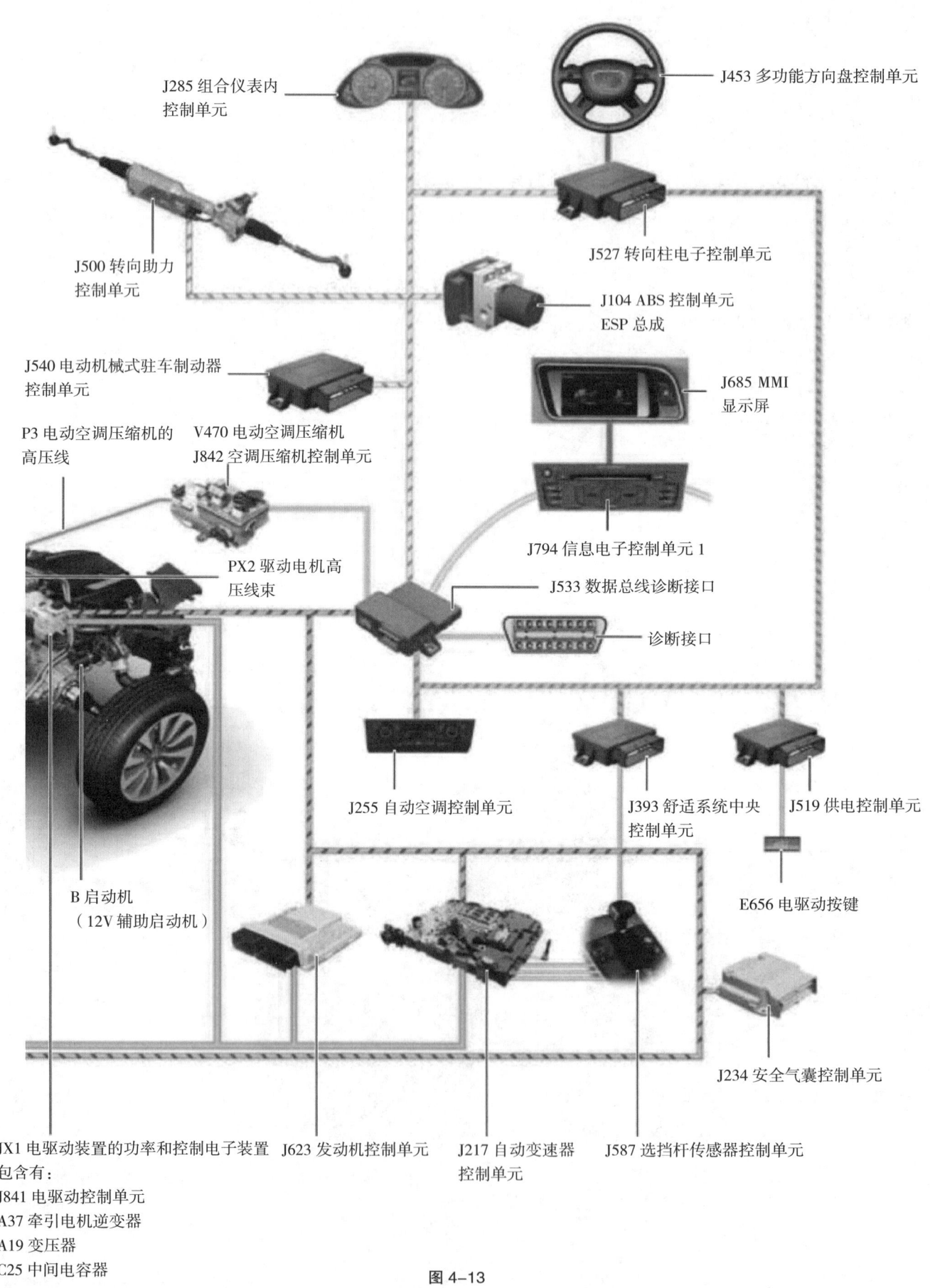

图 4-13

四、8挡自动变速器 0BW 的技术数据（如表 4-2 所示）

表 4-2

特征	前驱	全驱
开发商/生产商	ZF GmbH Saarbrücken	ZF GmbH Saarbrücken
售后服务中所用名称	0BW	0BW
奥迪公司内部所用名称	AL551-8FE	wAL551-8QE
生产商所用名称	8P55FLH	8P55AH
变速器类型	电动液压控制式 8 挡行星齿轮变速器，配备永久励磁三相交流同步电机。最大输出功率为 40kW（在转速为 2300r/min 时），湿式多片式离合器（离合器 F）用于连接发动机	
控制系统	液压控制单元和电子控制系统合成为一体，集成在机电一体模块内： ·在奥迪 Q5 hybrid quattro 和奥迪 A6 hybrid 上，选挡杆位置是通过拉索传递给变速器的。机电一体模块在生产商 ZF 公司内部被称作 "E26/9" ·在奥迪 A8 hybrid 上，选挡杆位置是通过电气传输的（就是所谓"线控换挡"）。驻车锁功能是采用电动液压方式来实现的。机电一体模块在生产商 ZF 公司内部被称作 "E26/11" 动态换挡程序，带有单独的运动程序 "S" 和用于手动换挡的 tiptronic 换挡程序	
结构形式	变速器用于纵置发动机和前驱或者全驱 前桥主传动在三相交流同步电机（驱动电机 V141）前 全轮驱动有 3 个单独的机油系统：ATF 系统、分动器齿轮油系统和前桥主传动机油系统 前驱驱动有 2 个单独的机油系统：ATF 系统和一个共同的机油系统（由中间传动装置和前桥主传动共同使用）	

如图 4-14 和图 4-15 所示，展示的是奥迪 Q5 hybrid quattro 全驱上的 8 挡自动变速器 0BW，技术参数如表 4-3 所示。

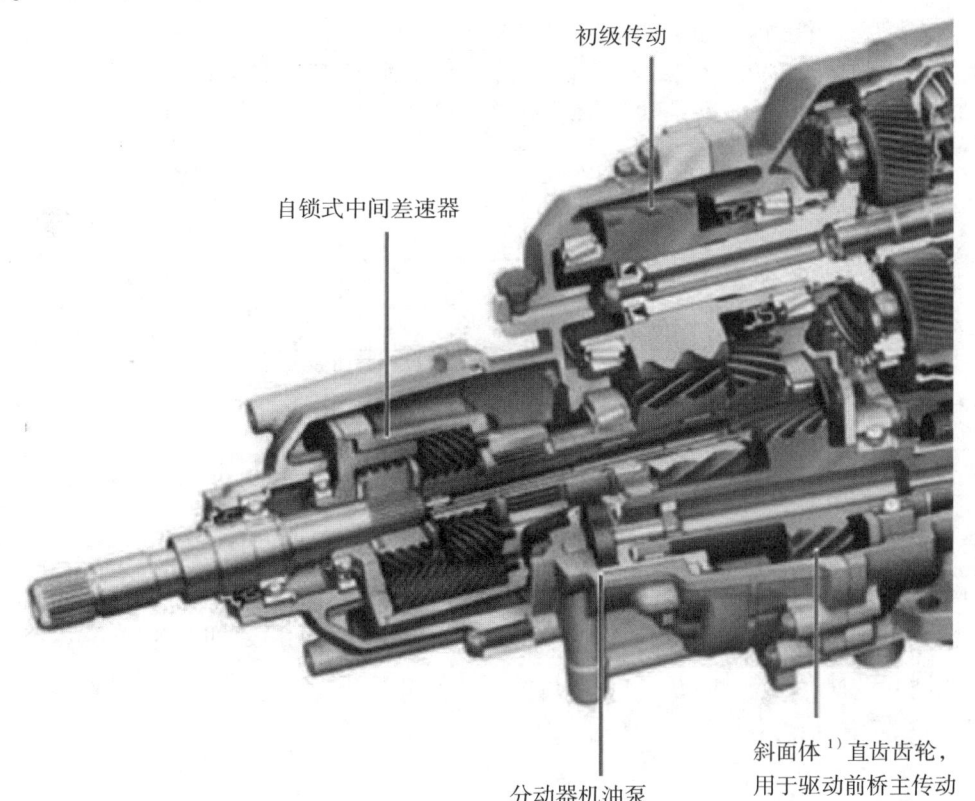

注：1) 斜面体齿轮的形状很特别，可以使得半轴在两个平面内斜向工作。

图 4-14

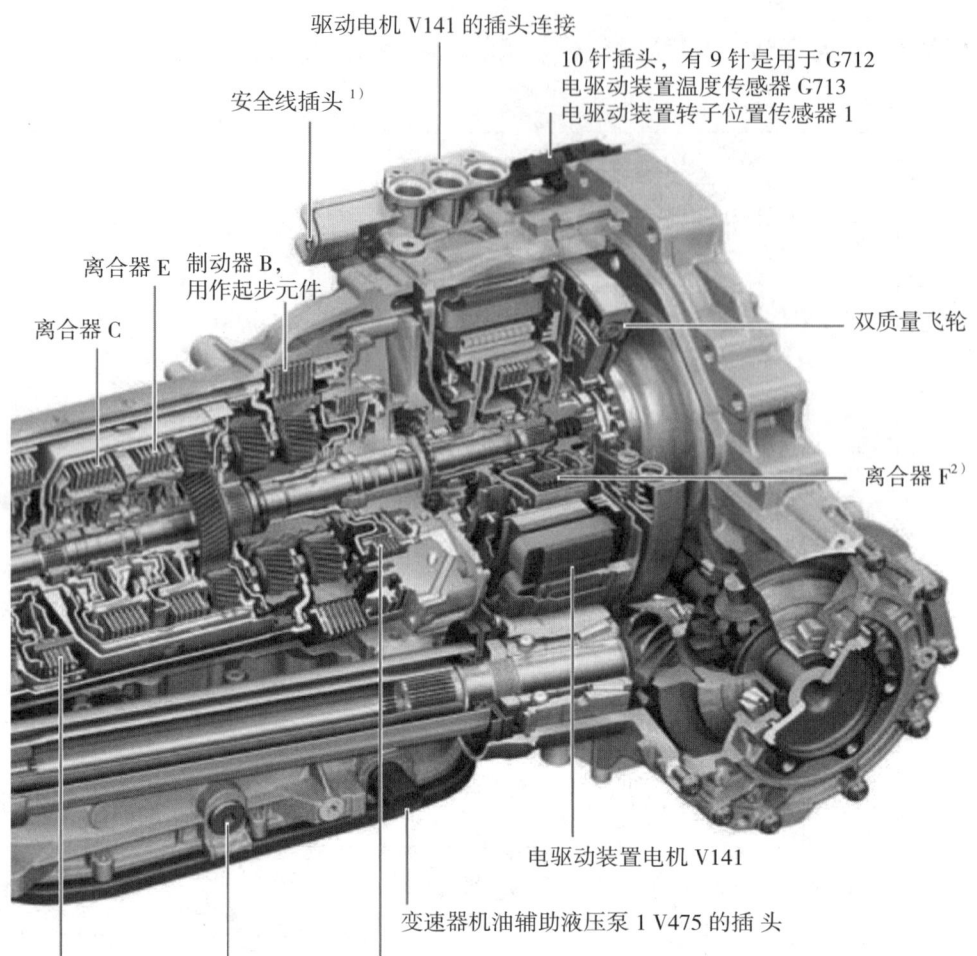

图 4-15

注：1）安全线是个12V的环形线，它穿过并监控所有的高压部件。
2）离合器F也叫离合器K0或者分离离合器。

表 4-3

特征	前驱	全驱
前桥／后桥的动力分配	—	自锁式中间差速器，非对称式动态力矩分配，40∶60
重量（包括机油和三相交流同步电机）	150kg	156kg
传动比	1挡4.174，2挡3.143，3挡2.106，4挡1.667，5挡1.285，6挡1.000，7挡0.839，8挡0.667，倒挡3.275	
扩展传动比	7.07	7.07
量大扭矩	480 N·m	480 N·m

五、全驱用的8挡自动变速器0BW剖面图（如图4-16和图4-17所示）

行星齿轮组、换挡元件（A/C/D/E）、机械式ATF泵、分动器、半轴以及四驱0BW变速器的前桥主传动，与8挡自动变速器0BK上的是一样的。与8挡自动变速器0BK相比，下述部件是新的或者有所修改：

（1）电驱动装置电机V141。

（2）离合器F。

（3）双质量飞轮。

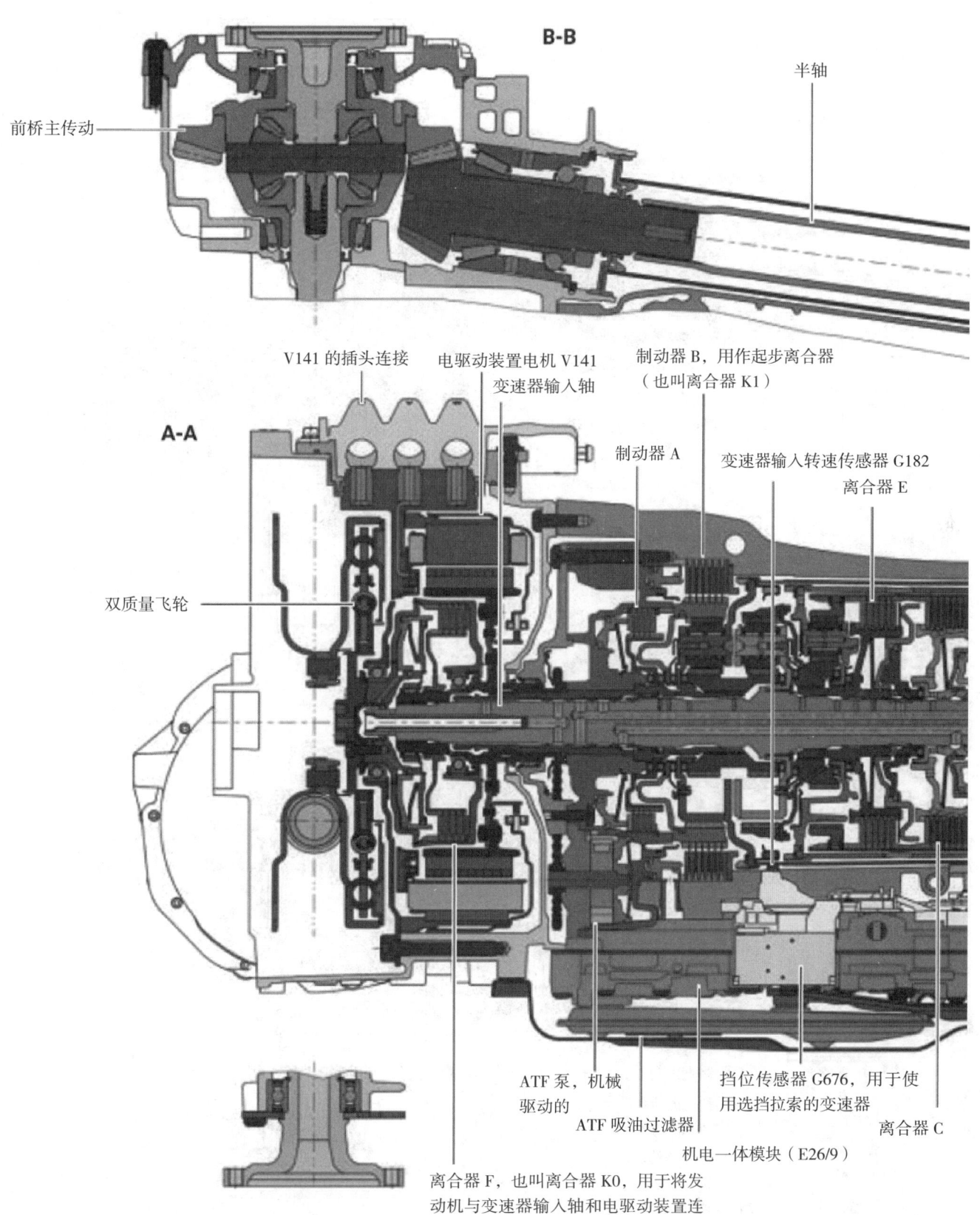

图 4-16

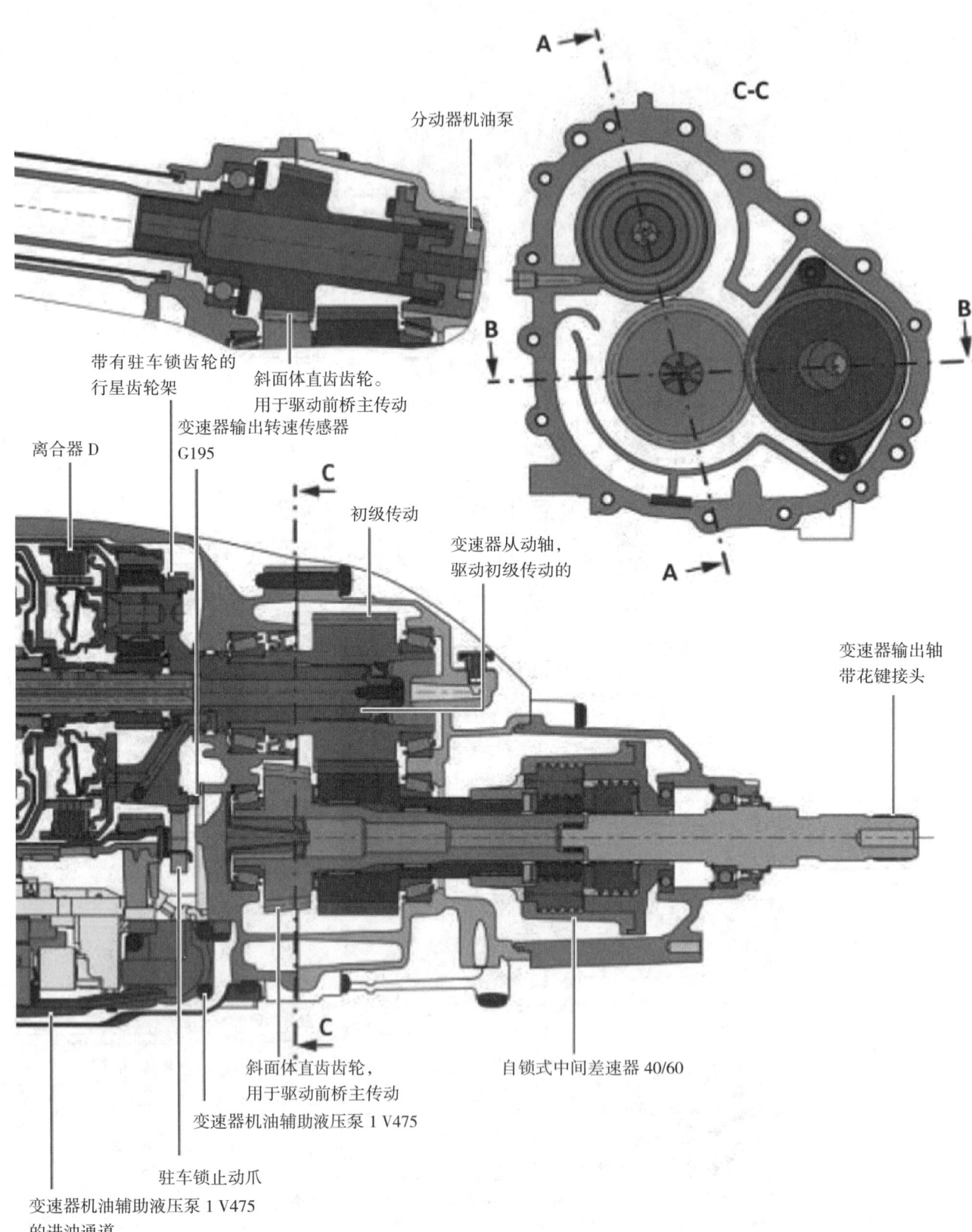

图 4-17

（4）制动器 B（用作启动元件）。

（5）变速器机油辅助液压泵 1 V475。

（6）机电一体模块（E26/9）。

（7）变速器输入转速传感器 G182。

六、前驱用的 8 挡自动变速器 0BW 剖面图（如图 4-18 和图 4-19 所示）

在奥迪 A6 hybrid 和奥迪 A8 hybrid 上，8 挡自动变速器 0BW 是用作前驱的。奥迪 A6 hybrid 上的

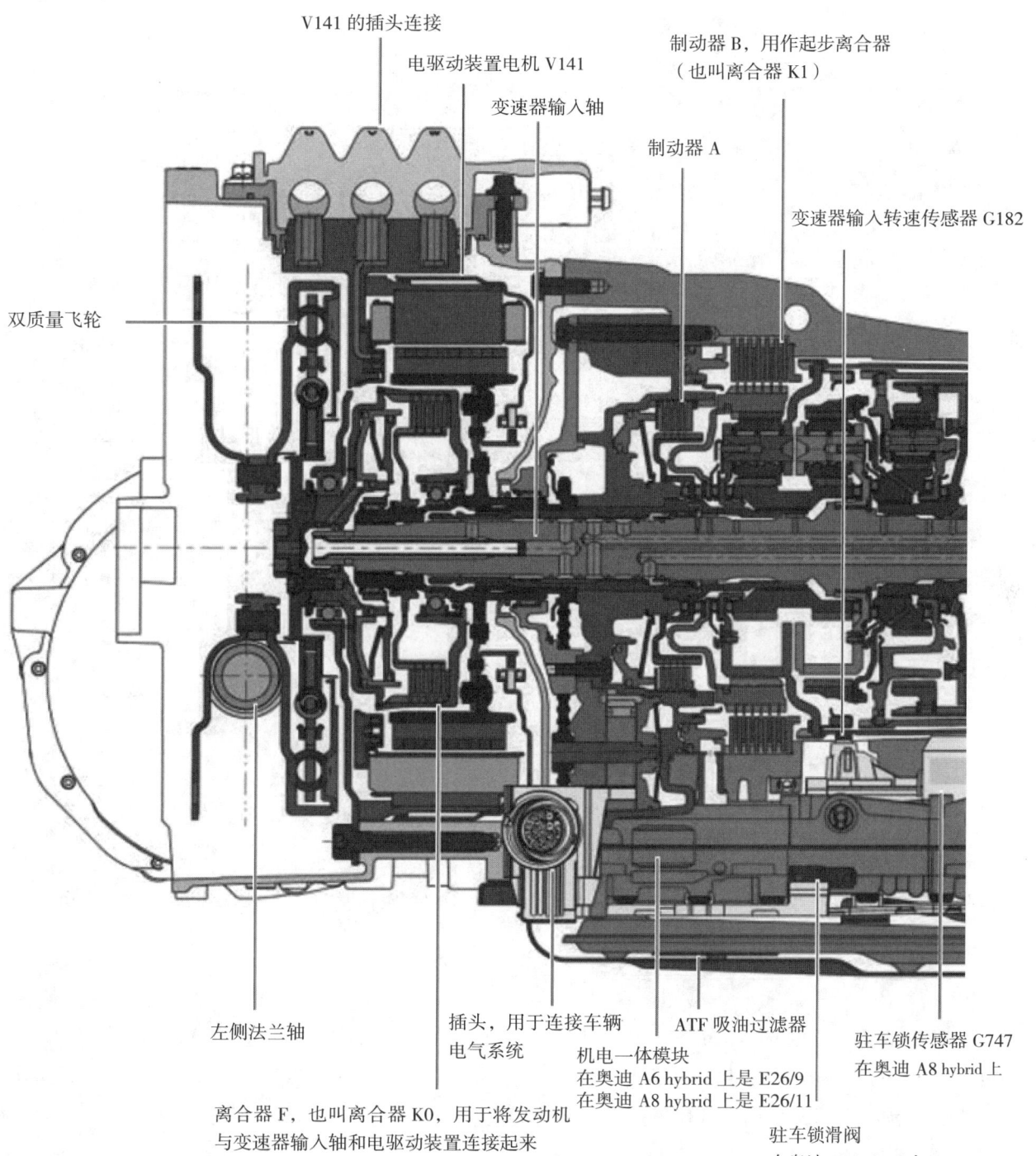

图 4-18

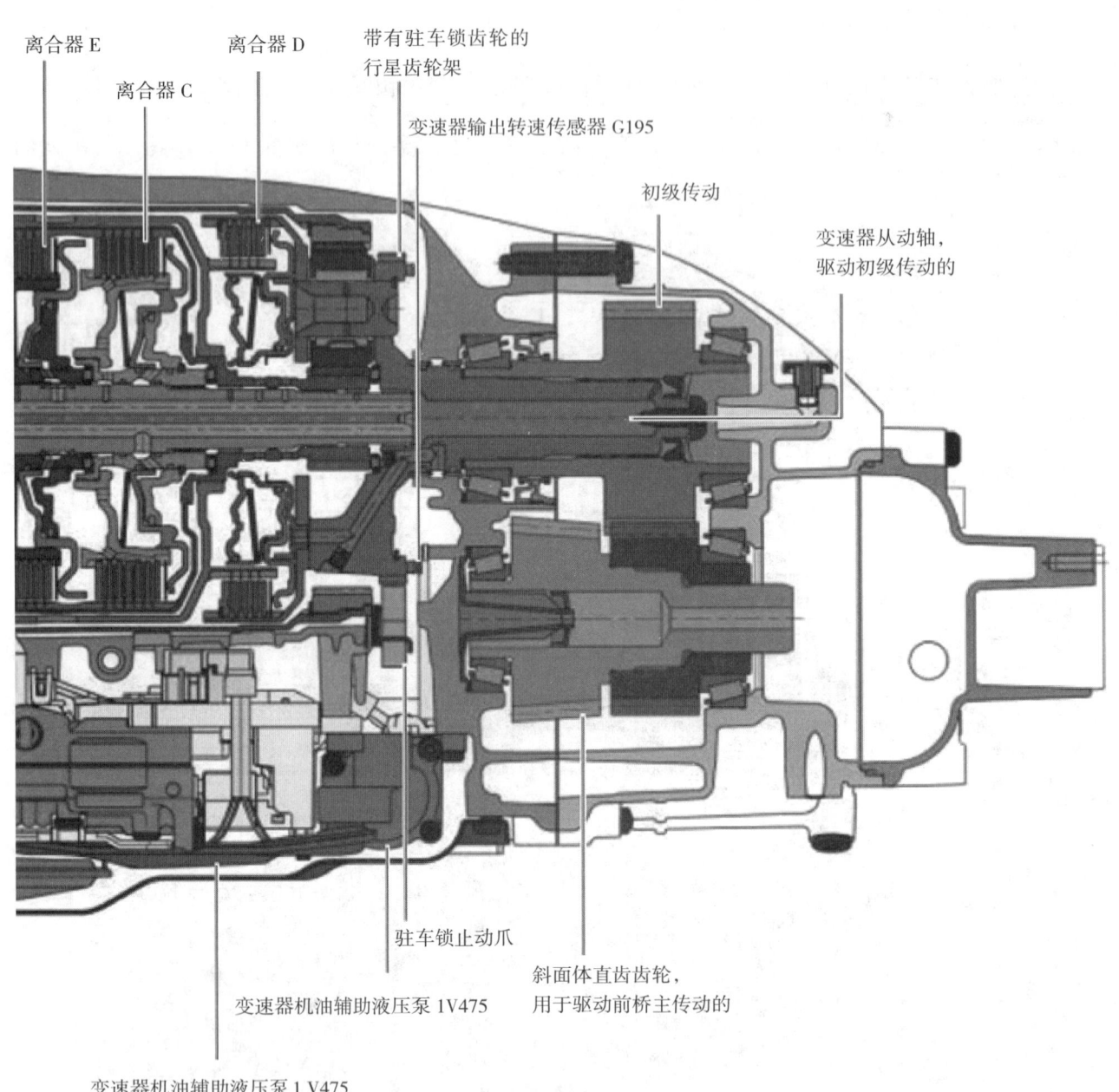

图 4-19

0BW 变速器与奥迪 Q5 hybrid quattro 全驱上的是一样的，只是中间差速器不同。奥迪 A6 hybrid 和奥迪 A8 hybrid 上的 0BW 变速器是相同的，只是机电一体模块是不同的。在奥迪 Q5 hybrid quattro 上和在奥迪 A6 hybrid 上，换挡操纵机构是通过选挡杆拉索与变速器相连的。奥迪 A8 hybrid 与奥迪 A8 其他车型一样，换挡操纵机构也是采用的"线控换挡"技术。

第三节 电驱动装置

一、电驱动装置的功率和控制电子装置 JX1

（一）电驱动装置的功率和控制电子装置 JX1 部件组成

（1）电驱动控制单元 J841。

（2）牵引电机逆变器 A37。

（3）变压器 A19。

（4）中间电容器 1 C25。

电驱动装置的功率和控制电子装置 JX1 是高压电网和 12V 电网之间的中央接口，结构如图 4-20 所示，技术参数如表 4-4 所示。电驱动装置的功率和控制电子装置 JX1 上有高压接口，用于连接高压蓄电池、电驱动装置和空调压缩机。电驱动装置的功率和控制电子装置 JX1 是通过 12V 正极接线柱从高压蓄电池

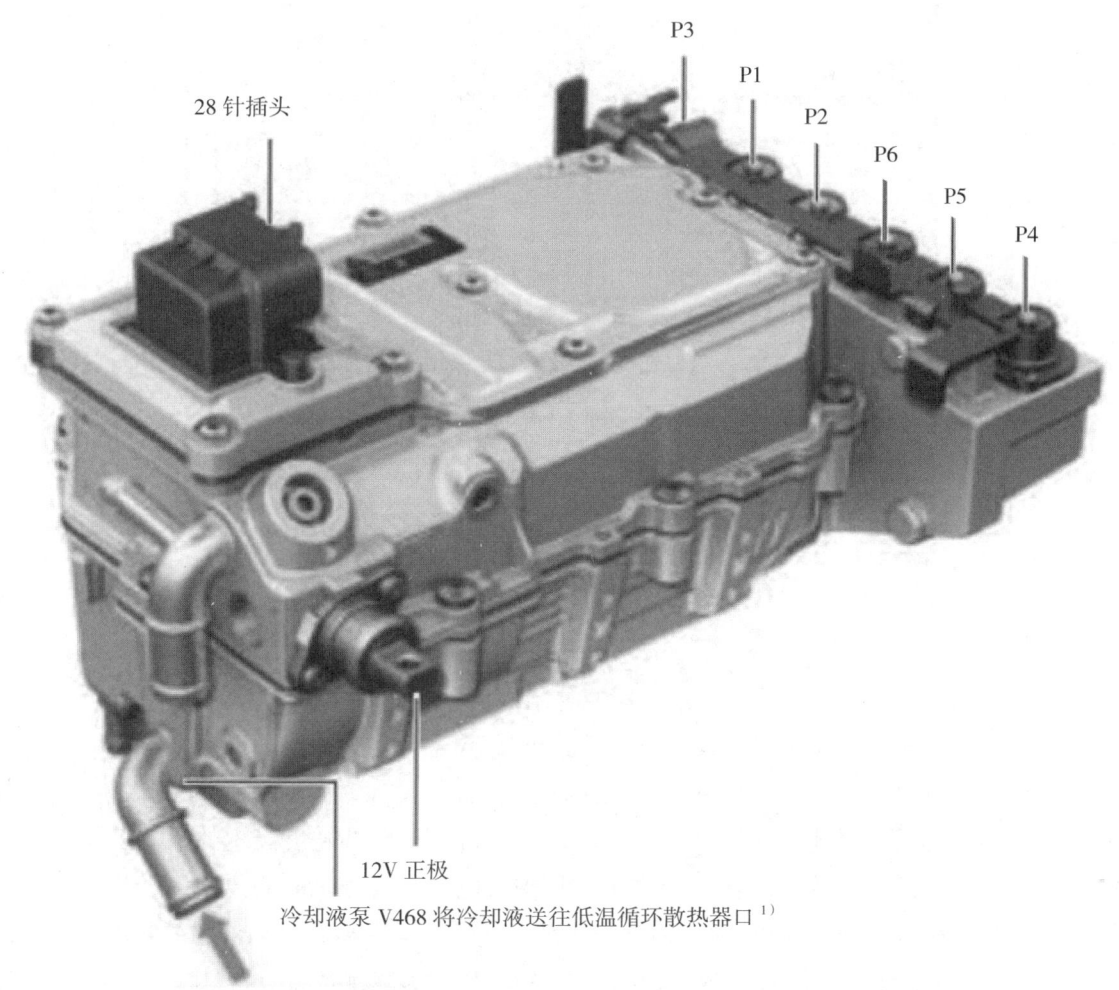

P3.功率和控制电子装置，空调压缩机（在锁架下） P1.功率和控制电子装置，高压蓄电池（正极） P2.功率和控制电子装置，高压蓄电池（负极） P6.功率和控制电子装置，电驱动装置的电机（W） P5.功率和控制电子装置，电驱动装置的电机（V） P4.功率和控制电子装置，电驱动装置的电机（U）

注：1）奥迪 Q5 hybrid quattro、奥迪 A6 hybrid 和奥迪 A8 hybrid 上，是通过一个单独的散热器来实现功率和控制电子装置的低温冷却循环的

图 4-20

表4-4

特点	技术数据
DC/AC	266V$_{额定}$/189V$_{有效}$AC
AC持续电流	240A$_{有效}$
AC峰值电流	395A$_{有效}$
AC/DC	189V$_{有效}$AC/266V$_{额定}$
电机驱动	0~215V
DC/DC	266V到12V和12V到266V（双向）
DC/DC功率（kW）	2.6
重量（kg）	9.3

来为12V电网供电的。电驱动装置的功率和控制电子装置JX1的软件安装在电驱动控制单元J841内，该控制单元通过混合动力CAN总线和驱动CAB总线与其周围装置进行通信。

（二）电驱动装置的供电

牵引电机逆变器A37将高压蓄电池A38的直流电压转换成三相脉冲宽度调制的交流电压（如图4-21所示），更具高压蓄电池的充电状态，这个电压在202~295V之间变动。202V这个只相当于绝对充电状态允许的下限值34%，而295V相当于绝对

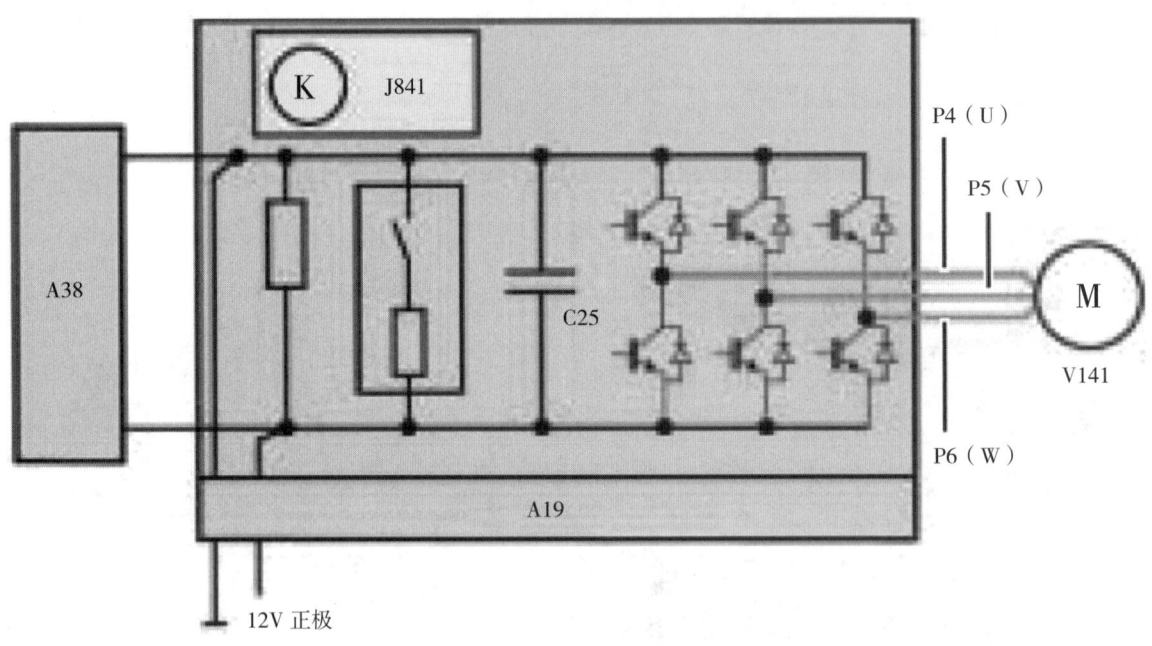

图4-21

充电状态允许的上限值80%。为了简便起见，就把平均值266V作为交流电压的名义值给出了。

如图4-22所示，展现的是一个单相的电压曲线和电流曲线。在时间轴上画出了脉冲宽度调制交流电压以及由其生成的正弦形状的电流。正弦形状的电流是通过不同脉冲宽度产生的，每个脉冲宽度的持续时间越长，电流就越大。三相交流电压就会产生三相交流电流，这个电流会流过定子线圈。三相交流电流的振幅越大，那么电驱动装置电机V141所能提供的力矩就越大。另外，功率和控制电子装置还能改变三相交流电流的频率f。通过三相交流电流这个频率，可以决定电驱动装置电机V141的转速。

（三）以发电机模式工作时的功率消耗

如果电驱动装置电机V141以发电机模式来工作，牵引电机逆变器A37会将所产生的三相交流电压转换成最高可达295V的直流电压。所产生的直流电压用于为高压电网供电，经DC/DC变压器A19为12V电网（也就是整车）供电，因此就不需要三相交流发电机了（事实上也没装）。

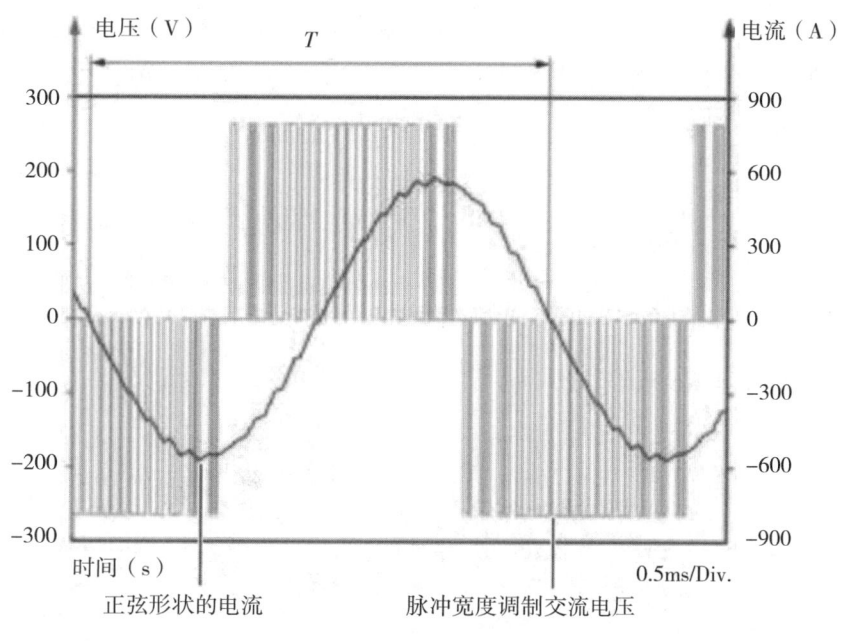

图 4-22

二、电驱动装置电机 V141

电驱动装置电机 V141 在售后服务技术资料中也被称作交流电驱动装置 VX54。它是一台永久励磁三相交流同步电机,定子的 24 个线圈产生的磁场会同步驱动装备着 32 块永久磁铁的转子。电驱动装置电机 V141 用于车辆的纯电动起步和行驶、启动发动机和为车辆加速提供帮助(就是 Boost 功能)。为了高效利用混合动力技术,V141 也用作发电机,如图 4-23 所示。这样就可以将车辆的动能回收(就是能

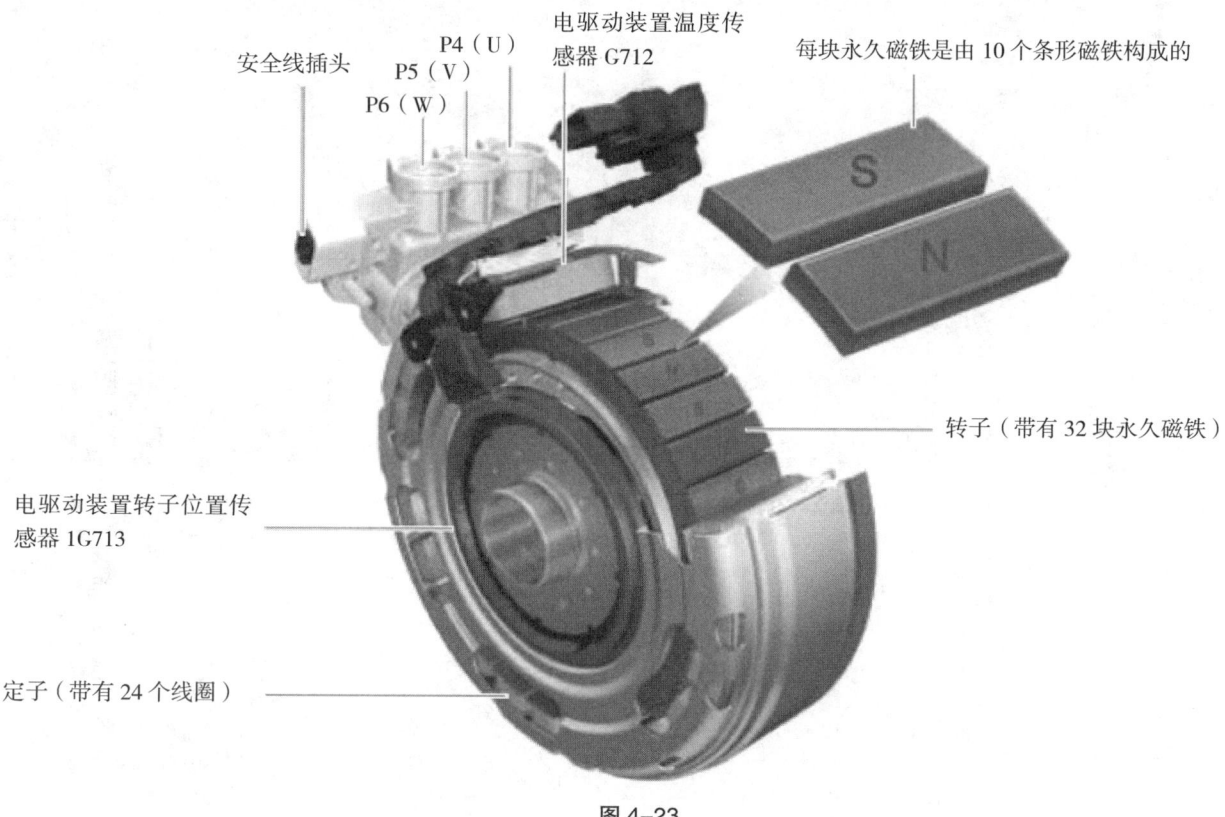

图 4-23

量回收），以电能形式存储在高压蓄电池中。V141 重量为 26kg，它最大可以输出 40kW 的功率（发动机转速为 2300r/min）；其最大输出扭矩为 210N·m。在全电动行驶时，该电机的最大输出功率被限制为 30kW，这样可以增大行驶里程。

电驱动装置电机是水冷式的，定子线圈周围围绕着冷却通道，这就构成了冷却水道，冷却通道连接在发动机的高温循环管路上，如图 4-24 和图 4-25 所示。对电驱动装置电机的冷却，是温度管理的一部分。

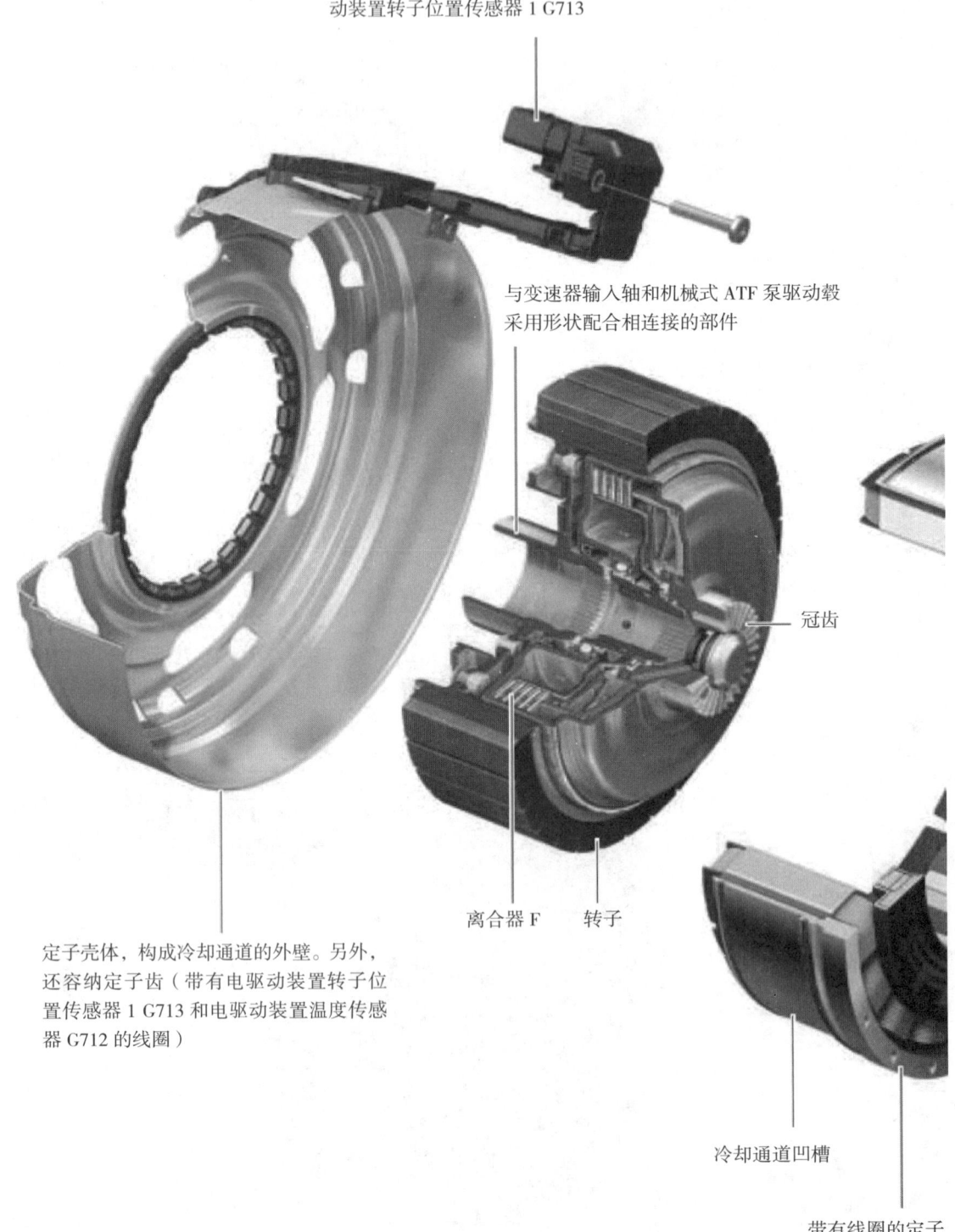

10 针插头，用于电驱动装置温度传感器 G712 和电驱动装置转子位置传感器 1 G713

与变速器输入轴和机械式 ATF 泵驱动毂采用形状配合相连接的部件

冠齿

离合器 F　转子

定子壳体，构成冷却通道的外壁。另外，还容纳定子齿（带有电驱动装置转子位置传感器 1 G713 和电驱动装置温度传感器 G712 的线圈）

冷却通道凹槽

带有线圈的定子

图 4-24

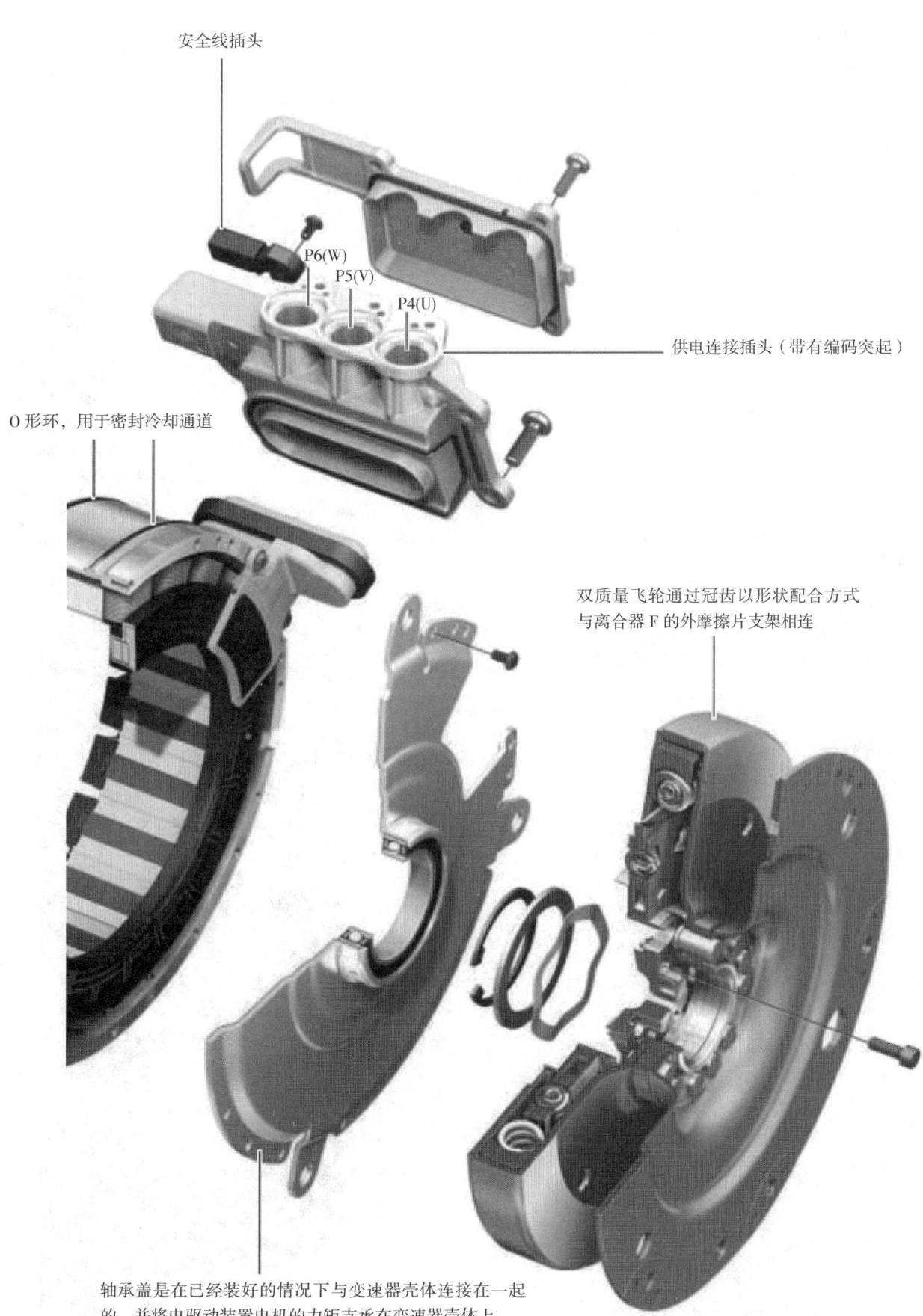

图 4-25

（一）电驱动装置电机 V141 的转子

转子上有 32 块永久磁铁，每块永久磁铁由 10 块单独的磁铁构成，这些磁铁包在一个金属片组内。这些磁铁是用钕、铁、硼（Nd、Fe、B）制成的，极轴是呈径向的，如图 4-26 和图 4-27 所示。北极和南极的方向布置，每个永久磁铁是不同的，是交替着的。转子与离合器 F 合称为一体。离合器 F 也被称作离合器 K0，用于将发动机与变速器输入轴和电驱动装置电机 V141 连接起来。

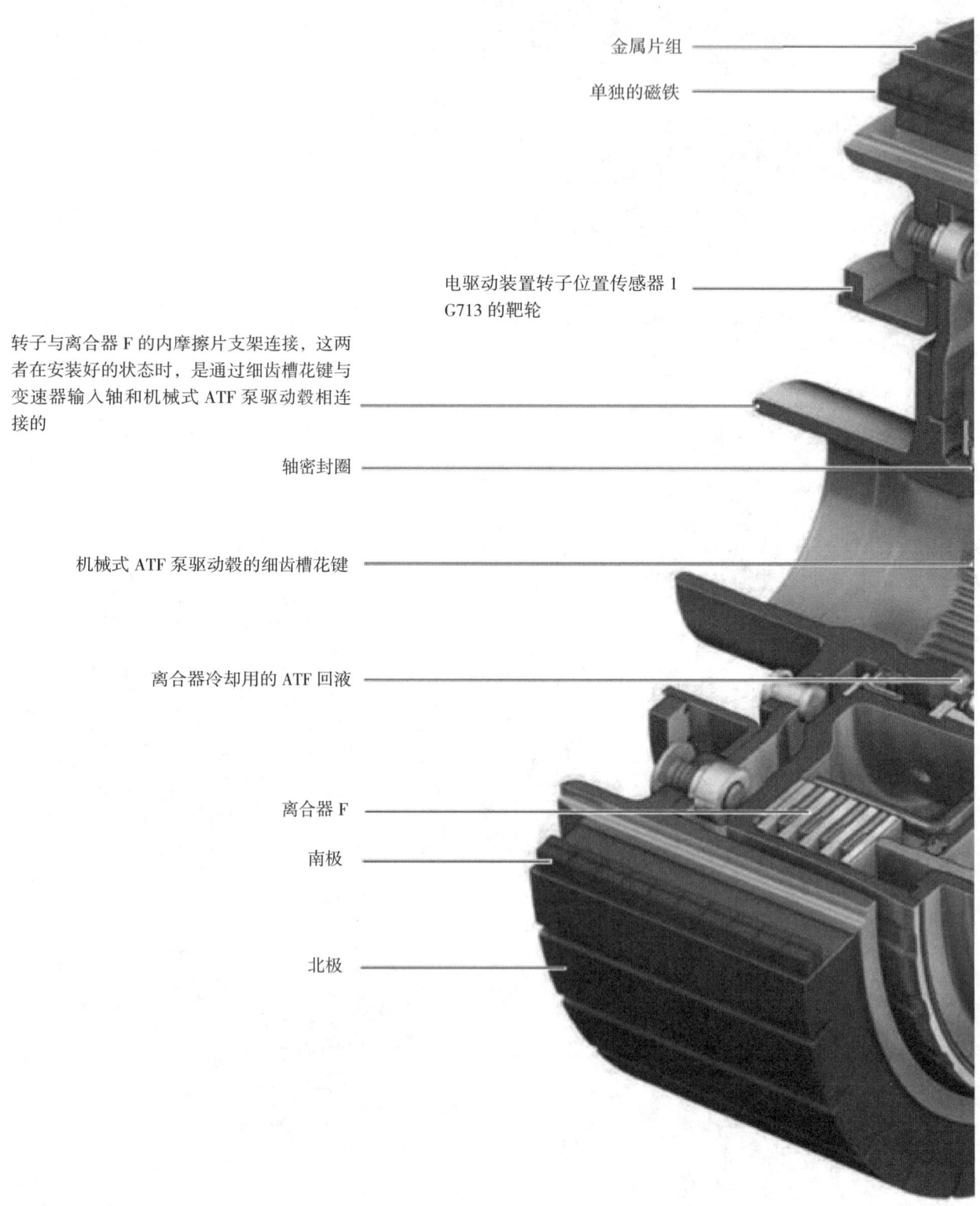

图 4-26

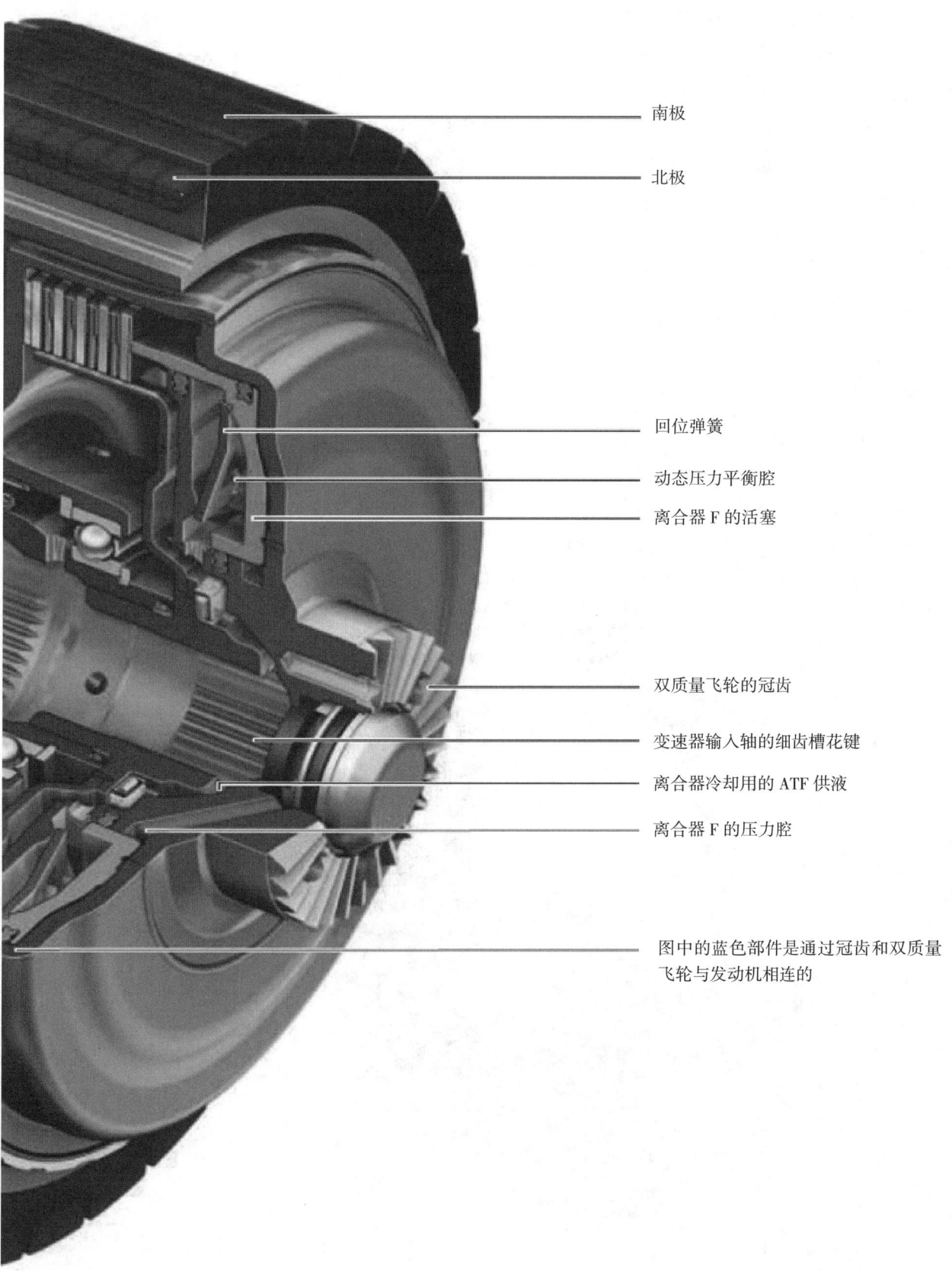

图 4-27

只有当离合器 F 接合时,才能将动力从发动机传至变速器和 V141 或者反之。离合器 F 工作时的动力来源和冷却,是液压通道的液压油,这些液压通道就是 0BK 变速器上用于操控锁止离合器的通道。离合器 F 是无法更换的,这是因为该离合器的制造技术就根本不允许进行这种拆装。如果出现故障抱怨,那就只能更换电驱动装置电机 V141 了。

(二)电驱动装置电机 V141 的定子和电驱动装置温度传感器 G712

1. 电驱动装置温度传感器 G712(如图 4-28 和图 4-29 所示)。

G712 是负温度系数(NTC)传感器,它用于感知定子线圈之间的电驱动装置电机 V141 的温度。使用这个温度值就可以计算出电驱动装置电机 V141 上最热点的温度了。这个计算出的温度值用于操控电驱动

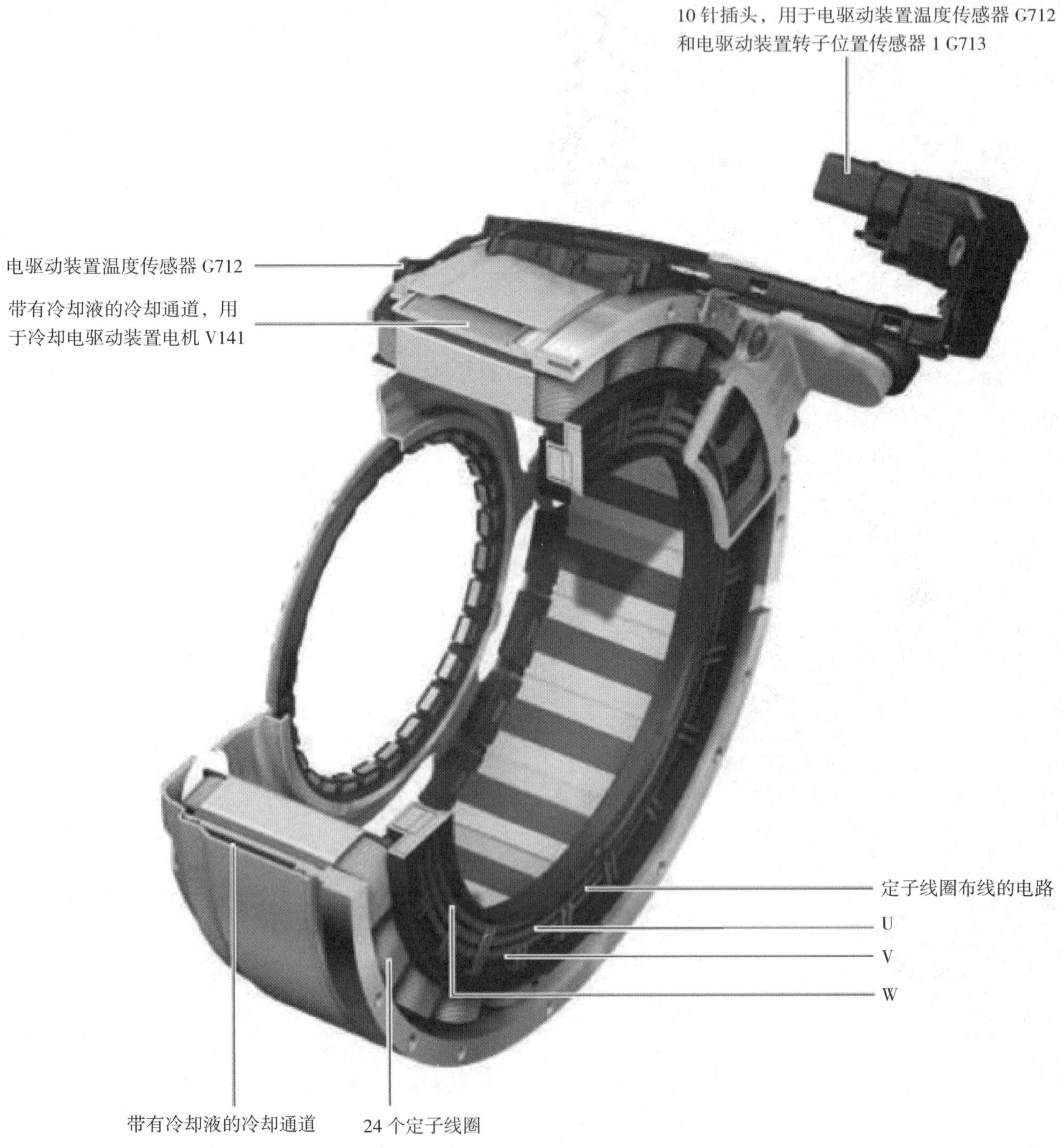

图 4-28

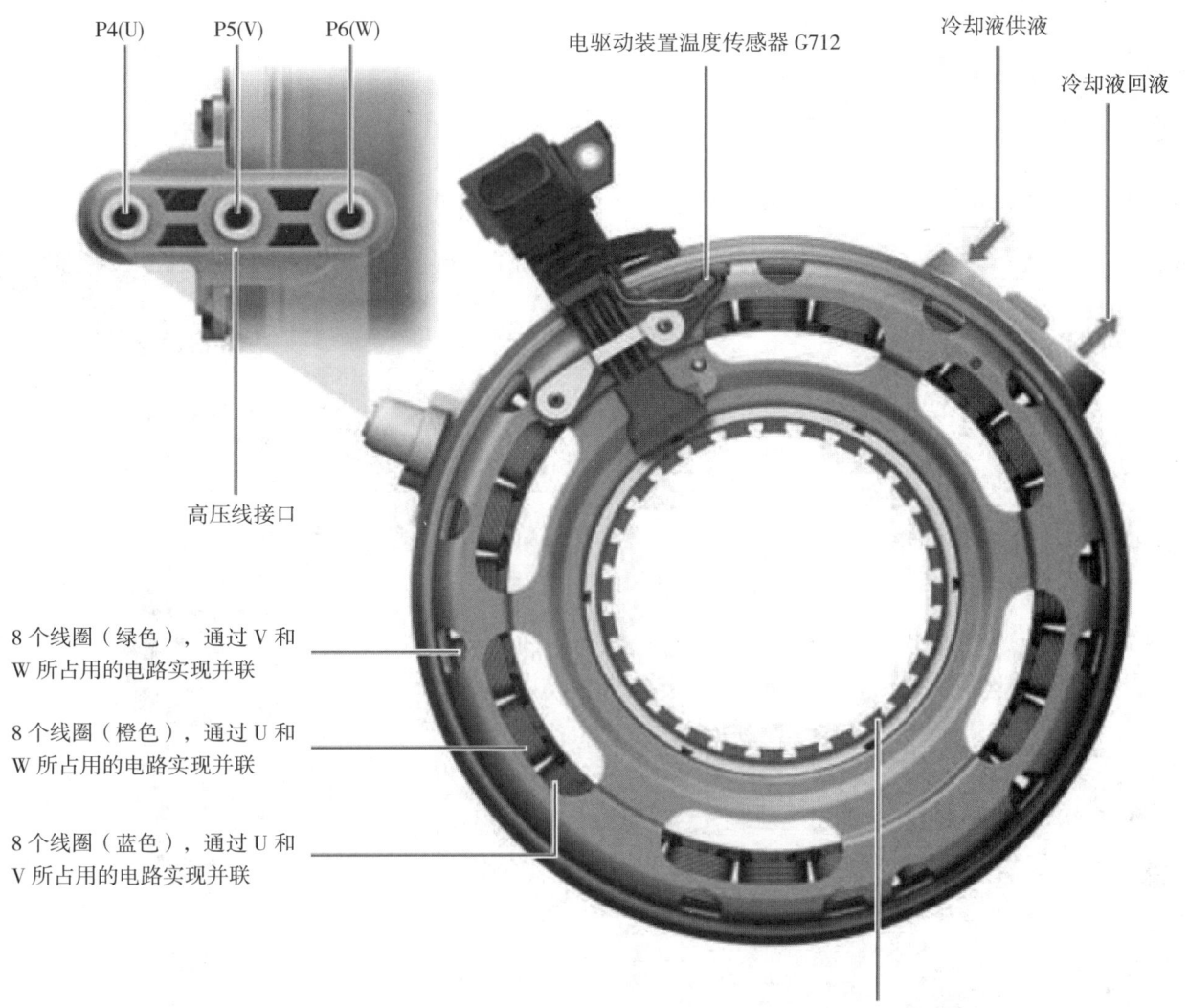

图 4-29

装置的冷却。如果计算出的温度值超过了 160℃，那么 V141 的功率就会下降。在电机模式和发电机模式时，V141 的功率最多可能会降至零。这时，组合仪表上的混合动力系统指示灯会呈黄色亮起，如图 4-30 所示。

（1）无电驱动模式（EV 模式）、无电动加速（Boost）、无或者很少能量回收（以发电机模式在工作，仅为当前工作着的用电器供电）。

（2）用 V141 来启动发动机的话，只有当计算出的温度值在某极限值以下时才可能。当温度低于这个极限值时，可以用 V141 来启动发动机。发动机一直会工作，直至 V141 冷却下来且冷至可以再次牵引启动为止。

2. 失效时的影响。

如果电驱动装置温度传感器 G712 失效的话，组合仪表上的混合动力系统指示灯也会呈黄色亮起，并会为电驱动装置计算出一个温度替代值。此故障一出现，发动机就会立即启动来工作且不再关闭，也就不会有电动行驶和电动加速（Boost）了，这时电驱动装置就以发电机模式在工作，仅为当前工作着的用电器供电，不为高压蓄电池充电。一旦关闭了发动机，那么就无法再次启动发动机了，这时您就得联系

图 4-30

服务站来帮忙了。定子中有 3 个线圈组，每个线圈组由 8 个并联布置的线圈构成，以三角形连接法连接起来，如图 4-31 所示。定子周围总共有 24 个线圈，这些线圈是这样分布的：每 3 个线圈是属于同一个线圈组。借助这种布置，就可以通过三相电流来驱动电驱动装置了。那么功率和控制电子装置 JX1 就可以使用交流电压来操纵线圈组了。为了保证正确的旋转方向，电子控制装置必须按正确的顺序来加载 3 个相位，这就需要知道转子的精确位置（就是永久磁铁相对于线圈的位置）。转子的精确位置由电驱动装置转子位置传感器 1 G713 来侦测并传至功率和控制电子装置 JX1。

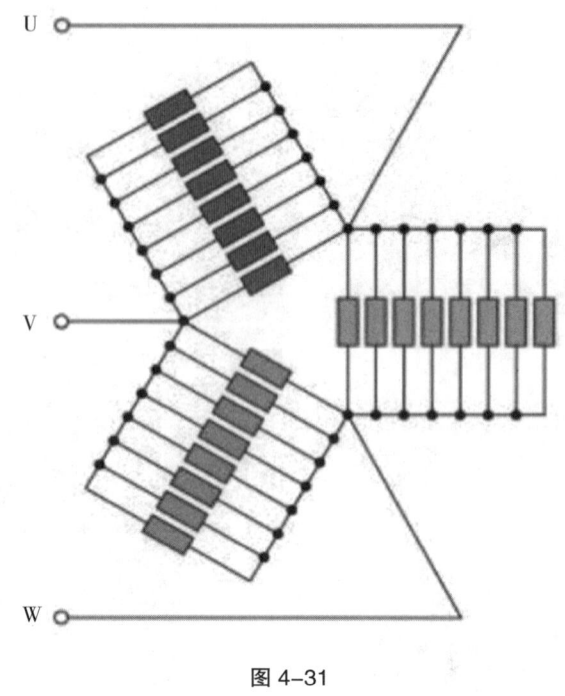

图 4-31

（三）电驱动装置电机 V141 的电驱动装置转子位置传感器 1 G713

接通点火开关（15 号线），电驱动控制单元 J841 就能从 G713 的信号中计算出转子的精确位置，如图 4-32

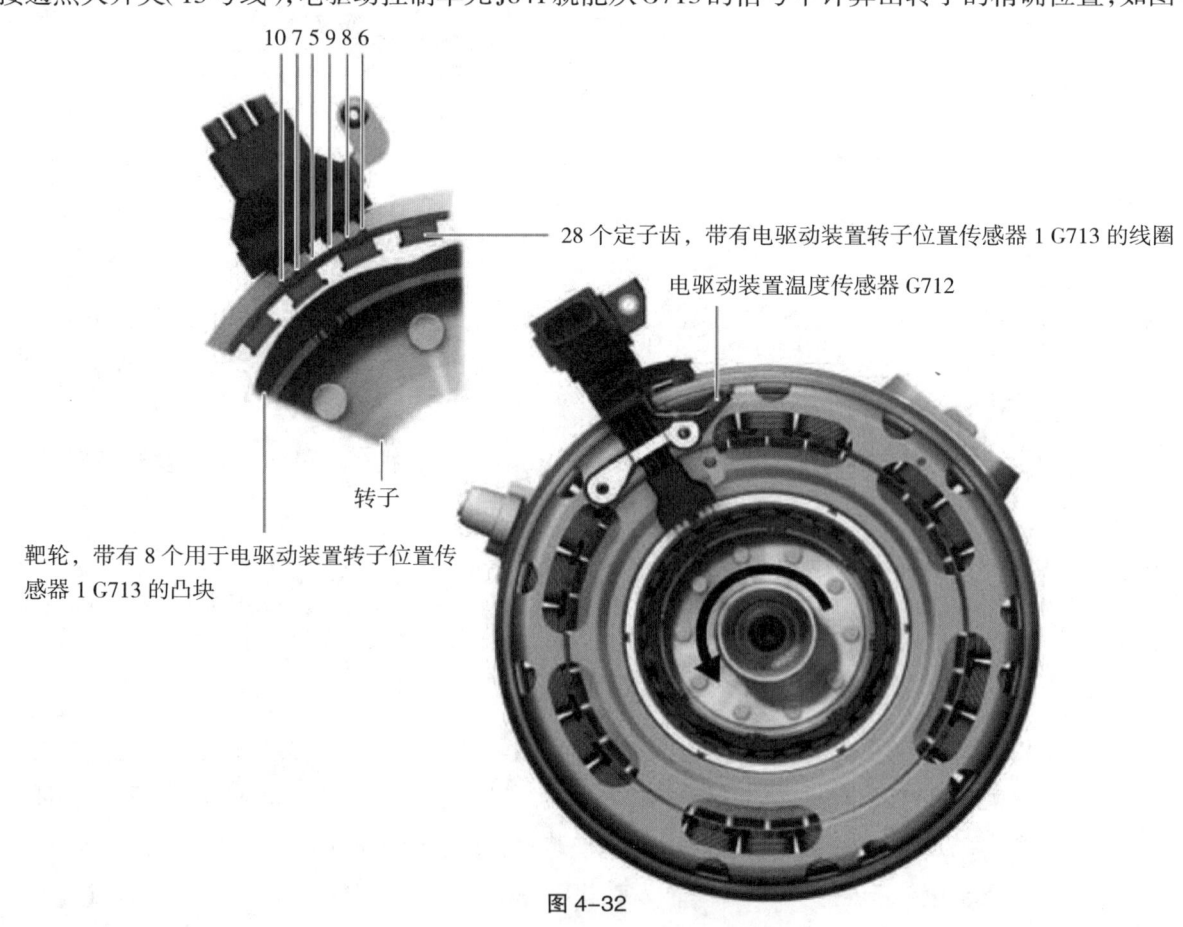

图 4-32

所示。转子相对于线圈的精确位置，对于线圈的操纵是具有重要意义的。即使在静止状态，功率和控制电子装置JX1也必须要知道转子的永久磁铁相对于线圈的位置。功率和控制电子装置JX1根据这个信息，才能控制好三相电流，使得转子能以最小的电流消耗在预定的方向上获得最大扭矩来启动。

电驱动装置转子位置传感器1 G713是非接触式的，其工作原理就是坐标转换器。就像变压器那样，通过加电的励磁线圈在两个彼此相位错置的次级线圈中感应出电压。在定子齿线圈中感应出的电压，通过改变磁通量的方式进行调幅。磁通量的改变，是通过变换靶轮凸块和定子齿之间的距离来实现的。通过两个相位错置的次级线圈和其中感应出的调幅电压，就会各自产生一个正弦波信号。电驱动控制单元根据这两个信号就能确定出转子的位置。要想准确判定转子位置，需要分析28个定子齿线圈的信号。每个定子齿配备有串联的励磁线圈，同时每个定子齿还配备有串联的次级线圈1和2。传感器靶轮上有8个凸块。电驱动装置转子位置传感器1 G713结构这么复杂，就是为了提高针对外部磁场的灵敏度，也就是提高了信号的精度。

1. 用于电驱动装置温度传感器G712和电驱动装置转子位置传感器1 G713的10针插头，如图4-33所示。

2. 发动机管理系统和变速器管理系统根据电驱动装置转子位置传感器1 G713的信号，就能判定出电驱动装置是否转动了以及以多大的转速在转动。该信号用于操控高压驱动系统的下述部件：

（1）电驱动装置电机V141（作为发电机用）。

（2）电驱动装置电机V141（作为电动机用）。

（3）电驱动装置电机V141（作为启动机用）。

3. 失效时的影响。

如果该传感器失效的话，组合仪表上的混合动力系统指示灯会呈红色亮起，如图4-34所示。

（1）发动机和电驱动装置电机V141都被关闭了，车辆处于自由滑行状态。

（2）无法采用电动来驱动车辆行驶。

（3）发电机无法工作。

（4）无法启动发动机。

4. 坐标转换器原理。

（1）电驱动装置转子位置传感器1 G713结构很复杂，因此用来说明坐标转换器原理不算很适合。

（2）图4-35所示是大大简化后的，比较适合来进行说明。

（3）图4-35表示的是4个定子齿和1个凸块，每个定子齿有一个励磁线圈和一个次级线圈。这些励磁线圈是串联的，对置的两个次级线圈也是串联的（次级线圈1和2），它们输出的正弦信号（信号1和2）相位相差90°。

（4）0°/360°。

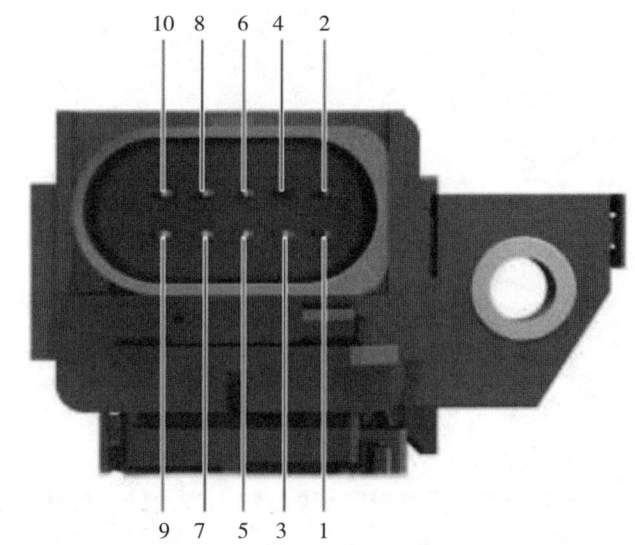

1.电驱动装置温度传感器G712，信号 2.电驱动装置温度传感器G712，接地 3.定子壳体，接地 4.未使用 5. R2（励磁线圈-） 6. R1（励磁线圈+） 7. S1（次级线圈2，信号2+） 8. S3（次级线圈2,信号2-） 9. S4（次级线圈1,信号1-） 10. S2（次级线圈1,信号1+）

图 4-33

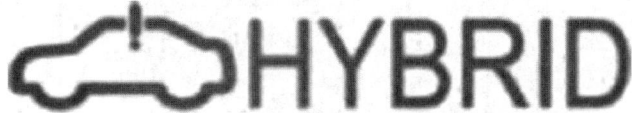

图 4-34

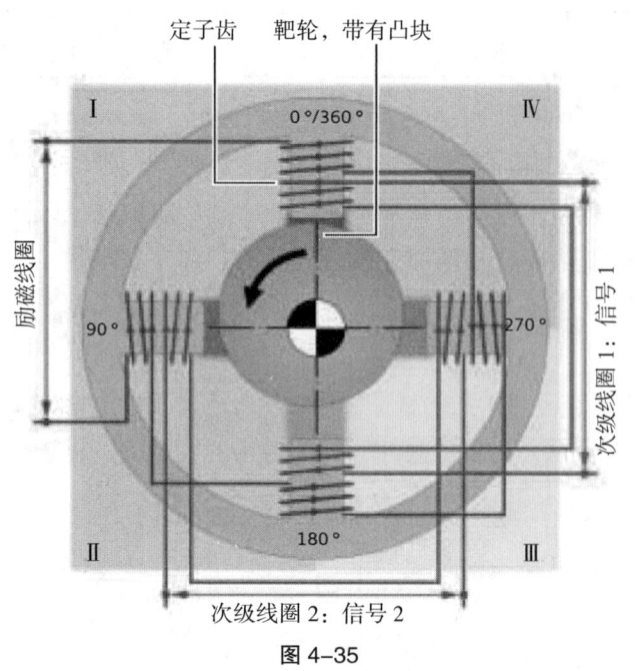

图 4-35

凸块尖点处于标记着 0°/360° 的定子齿处。加载到励磁线圈上的是交流电压，该交流电压会产生一个交变的磁场。就像变压器那样，该磁场会在次级线圈 1 和 2 中感应出交流电压。铁制的传感器靶轮凸块与铁制的定子齿之间的距离会改变磁通量。这个距离越小，磁通量就越大，次级线圈中感应出的交流电压的振幅就越大。当凸块尖点处于标记着 0°/360° 的定子齿处时，在次级线圈 1 中会感应出最大的电压，位置 0° 和 360°。

（5）90°。

凸块尖点处于标记着 90° 的定子齿处，如图 4-36 所示。在这个位置处时，会根据调幅在次级线圈 2 中感应出最大的电压，位置 90°。

（6）180°。

凸块尖点处于标记着 180° 的定子齿处，如图 4-37 所示。会根据调幅在次级线圈 1 中感应出最大的电压，位置 180°。

（7）270°。

凸块尖点处于标记着 270° 的定子齿处，如图 4-38 所示。会根据调幅在次级线圈 2 中感应出最大的电压，位置 270°。

5. 调幅。

改变了传感器靶轮凸块与定子齿之间的距离，次级线圈中感应出的电压的振幅就随之改变了，如图 4-39、图 4-40 所示。

6. 调幅信号。

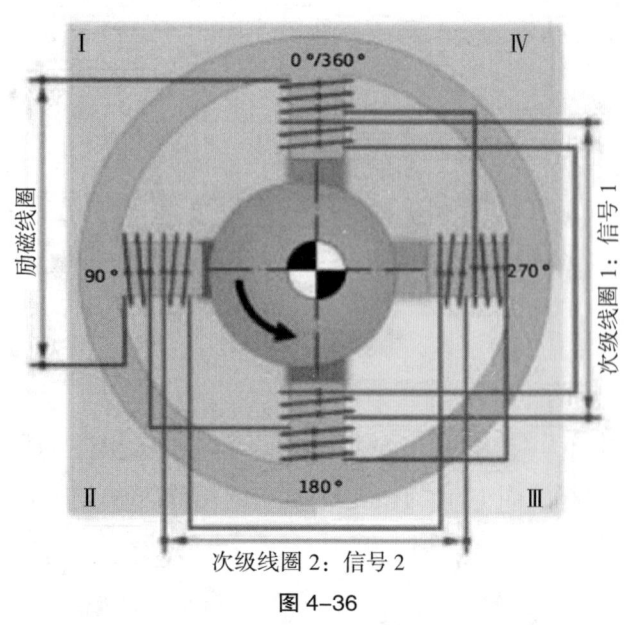

图 4-36

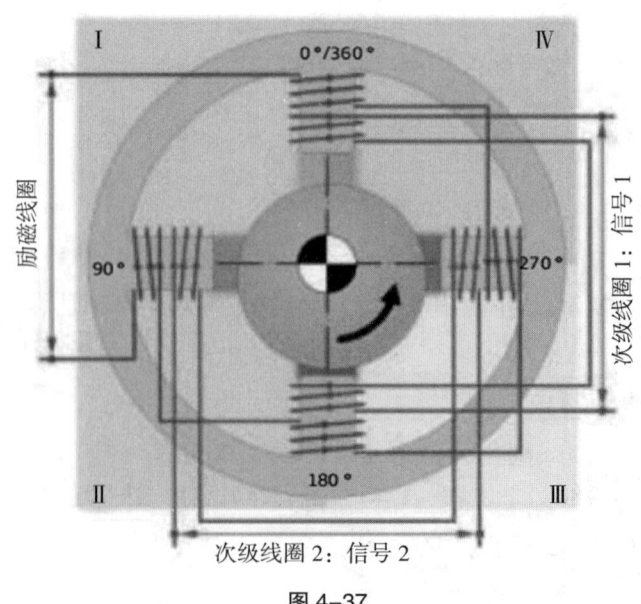

图 4-37

如果将次级线圈中感应电压的调幅在 360°上展开，那么两个信号 1 和 2 就会各自形成呈正弦曲线状的包络线。

（1）次级线圈 1：信号 1。

次级线圈 1 的调幅电压有两个最大值点，一个在 0°/360°处，一个在 180°处。由此而形成的包络线就是信号 1，如图 4-41 所示。

（2）次级线圈 2：信号 2。

次级线圈 2 的位置布置与次级线圈 1 错开了 90°。次级线圈 2 的调幅电压也有两个最大值点，一个在 90°处，一个在 270°处。由此而形成的包络线就是信号 2，如图 4-42 所示。

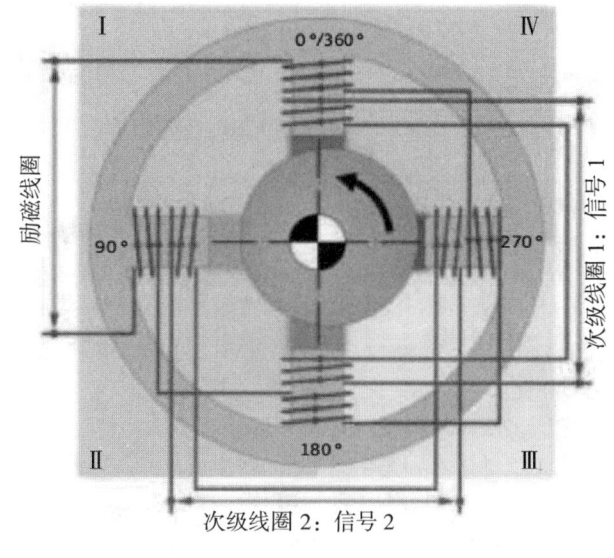

图 4-38

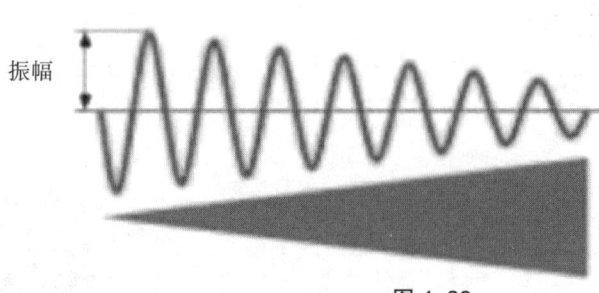

图 4-39

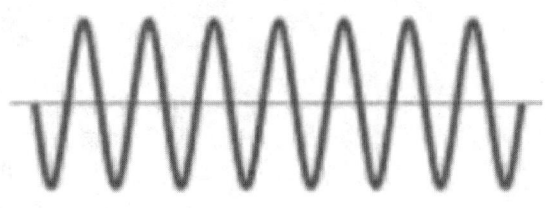

图 4-40

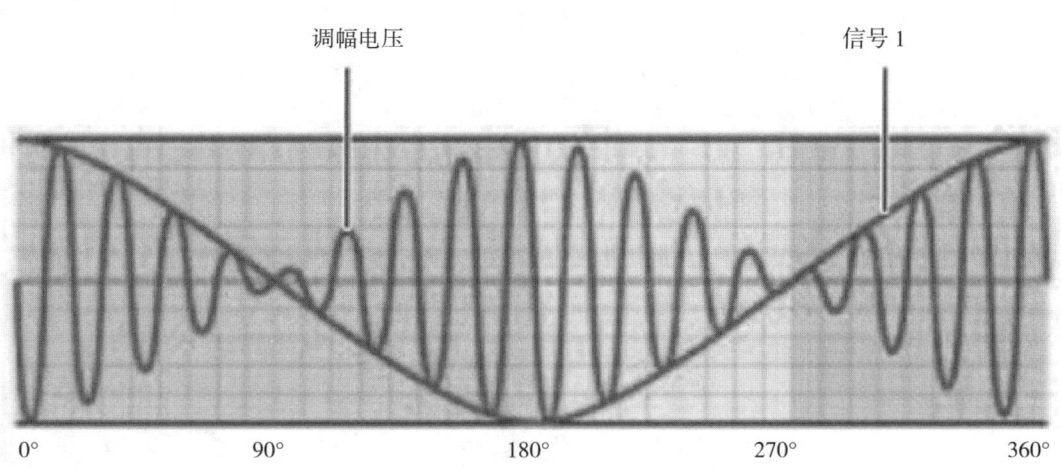

图 4-41

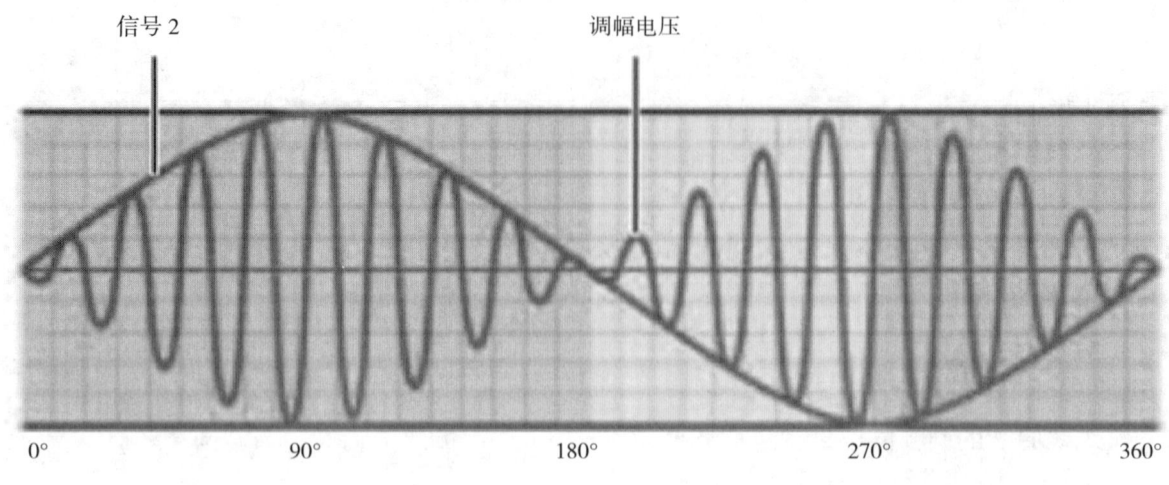

图 4-42

(3) 励磁线圈。

励磁线圈上加载的是交流电压。这个交流电压会产生交变磁场,该交变磁场会在次级线圈 1 和 2 中感应出交流电压(交变电压),如图 4-43 所示。

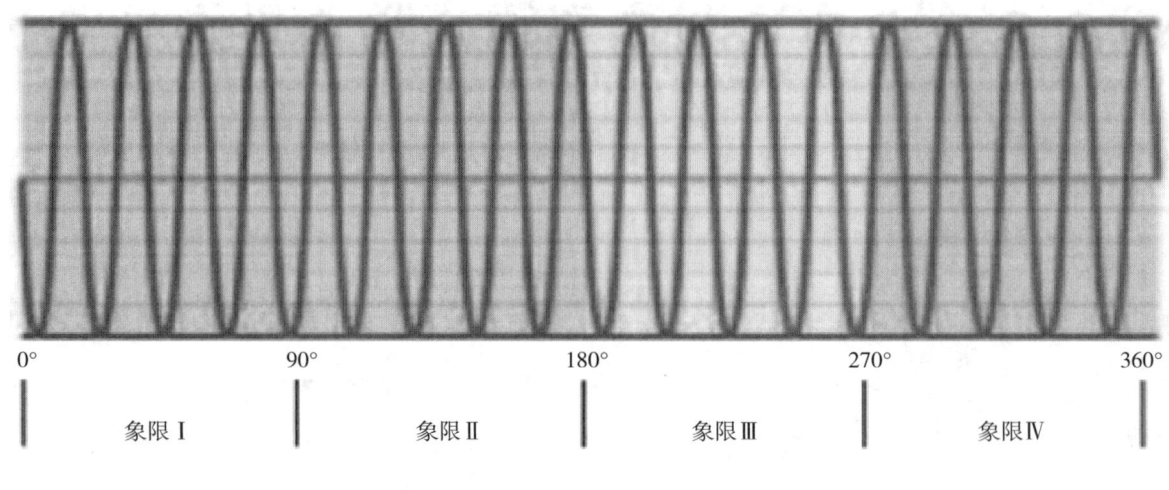

图 4-43

(4) 这些象限可以通过信号 1 和信号 2 前面的正、负号来区分(如表 4-5 所示)。

如果信号 1 和信号 2 以及相应的象限在 360° 上都彼此匹配好的话,控制单元 J841 就能以非接触方式确定出转子的精确位置了(即使靶轮不动也能)。除了转子位置,还能确定转子的转速和电驱动装置电机 V141 的转速。

表 4-5

示例	信号 1	信号 2
象限 I	+	+
象限 II	−	+
象限 III	−	−
象限 IV	+	−

第四节　ATF 和齿轮油、润滑、密封

与 0BK 变速器一样，0BW 变速器的 ATF 和齿轮油系统也分为两种形式。

一、3 个独立的系统

奥迪 Q5 hybrid quattro 上的 0BW 变速器共有 3 个彼此分开的机油系统。一个是自动变速器机油的（缩写为 ATF），一个是分动器的，一个是前桥主传动的，如图 4-44 和图 4-45 所示。

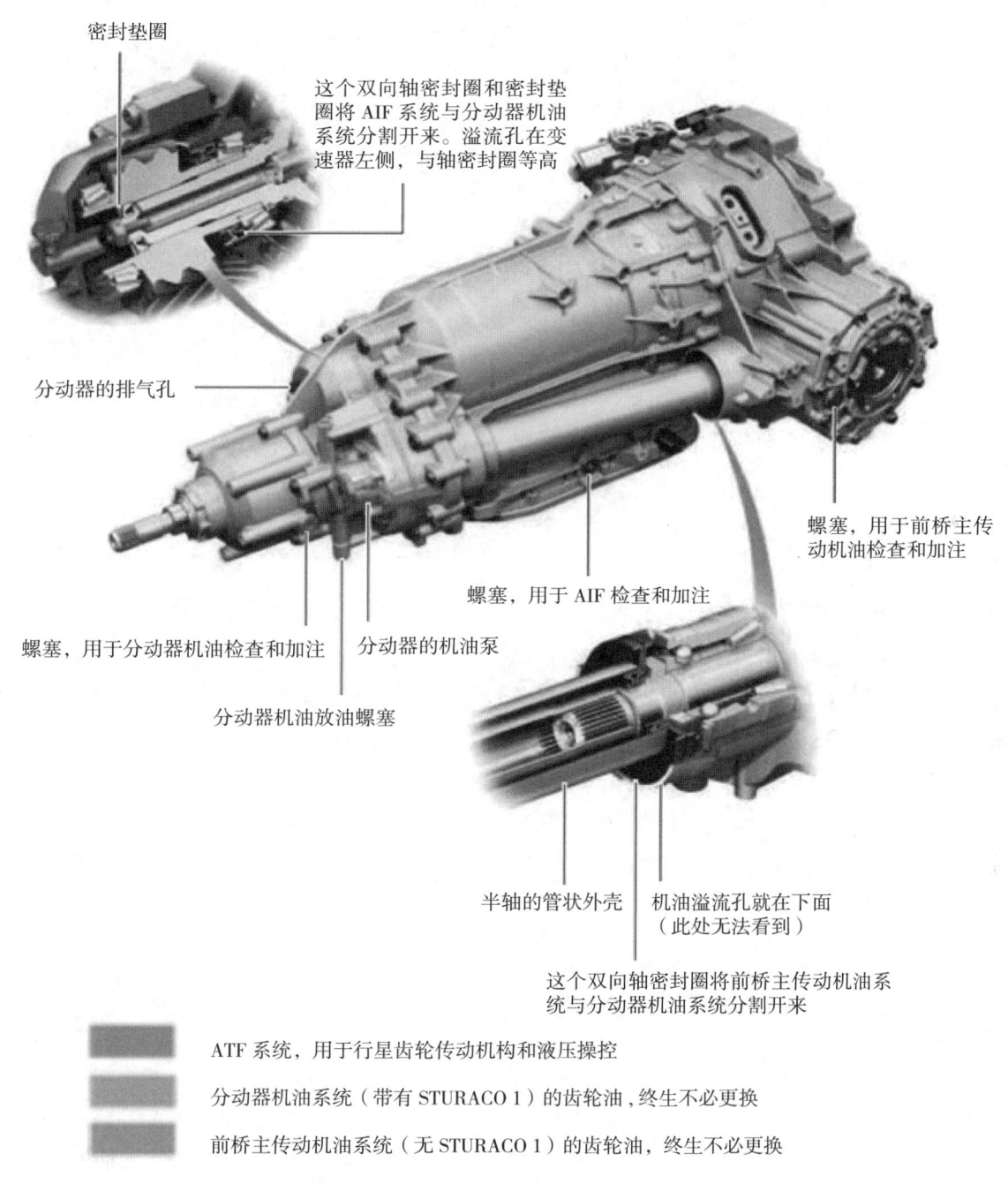

图 4-44

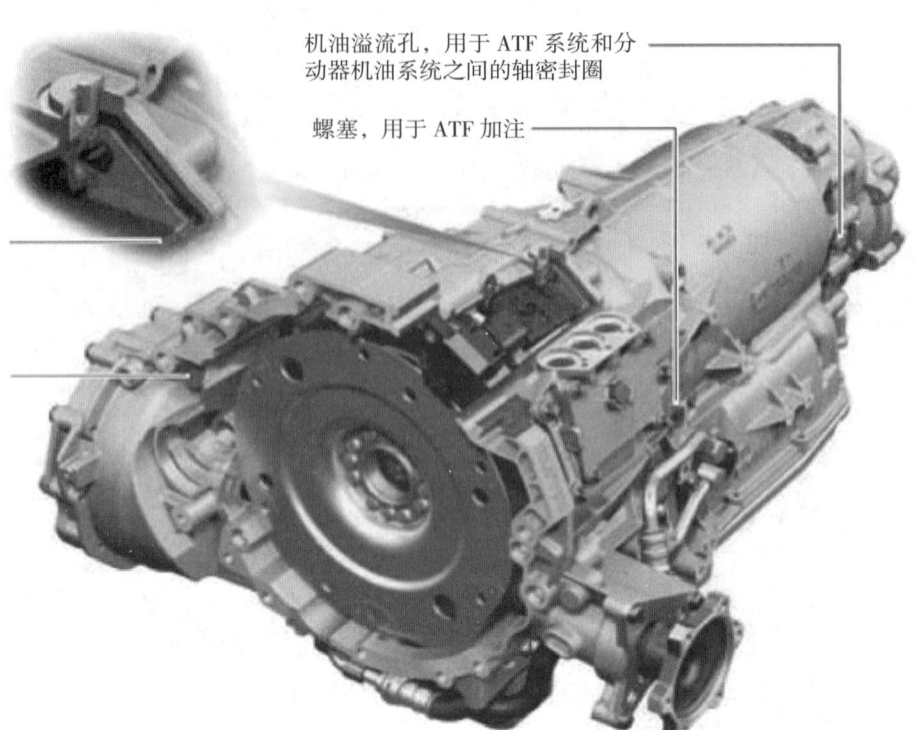

图 4-45

这种分动器的机油泵结构,最早是用在了 09E 变速器上的,用到 0BW 变速器上区别也是非常小的。分动器的机油泵用于为分动器内所有的轴承和齿轮进行精确而可靠的润滑,这种结构能以最少的机油(就是机油油面高度非常低)实现高效润滑。因此就能大大降低机油搅动的功率损失,可将机油产生泡沫的趋势降至最低。

二、2 个独立的系统

在奥迪 A6 hybrid 和奥迪 A8 hybrid 的前驱车用的 0BW 变速器上,分动器就简化成一个直齿圆柱齿轮副了,用于驱动前桥,如图 4-46 所示。这时前桥主传动就负责传递全部驱动功率。为了降低变速器机油的热负荷,由前桥主传动和直齿圆柱齿轮副之间的一个公用的机油系统(机油腔)来负责冷却效果更佳。在奥迪 A8 hybrid 上,通过一个辅助机油冷却器来帮助冷却变速器机油。与 ATF 系统隔开的密封,是通过一个双向轴密封圈实现的(就像奥迪 Q5 hybrid quattro 上的那样)。

前桥主传动机油腔和直齿圆柱齿轮副的机油腔通过半轴的管状外壳连在一起。分动器的机油泵由半轴来驱动,它通过变速器机油供油管将机油输送到前桥主传动,机油在这里经半轴的管状外壳回到直齿圆柱齿轮副,机油泵从这里再抽取机油。于是机油泵就使得机油不断地在循环,从而就冷却了变速器机油。

第五节 ATF 供给系统

在 8 挡自动变速器 0BW 上,使用两个泵来保证 ATF 供给:一个是机械驱动的 ATF 泵,一个是电动的变速器机油辅助液压泵 1 V475,如图 4-47 所示。这两个泵都是经 ATF 吸油过滤器来抽取 ATF 的。辅助液压泵 1 V475 用于辅助机械驱动的 ATF 泵(在变速器输入转速不超过 500r/min 时)。在车辆行驶中,

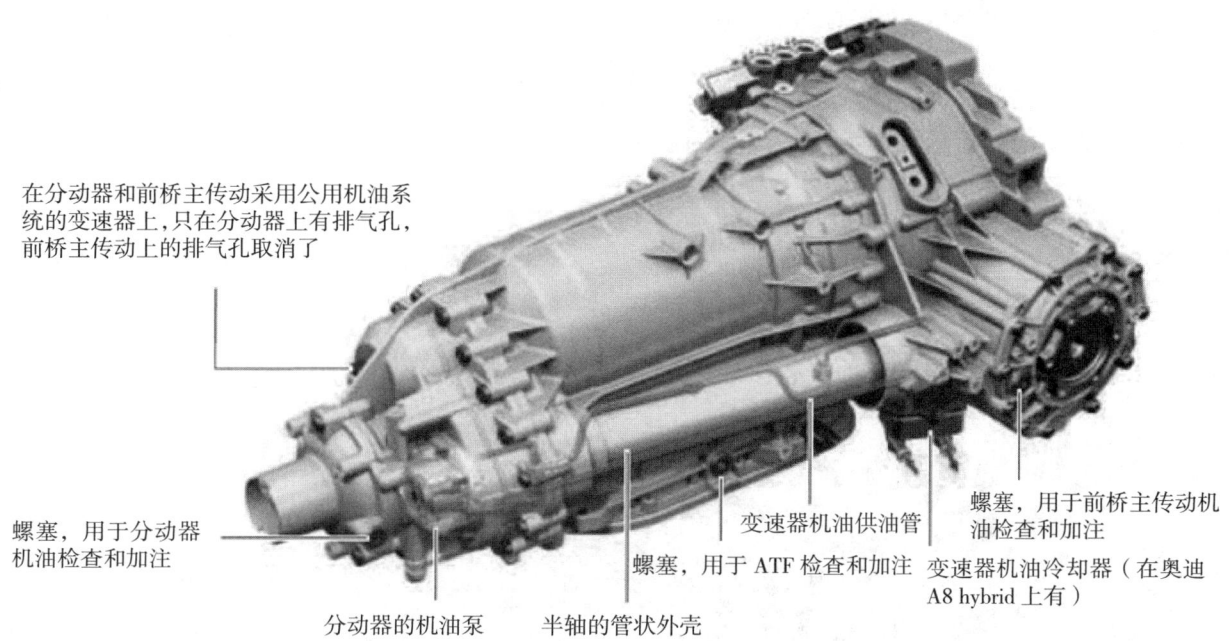

图 4-46

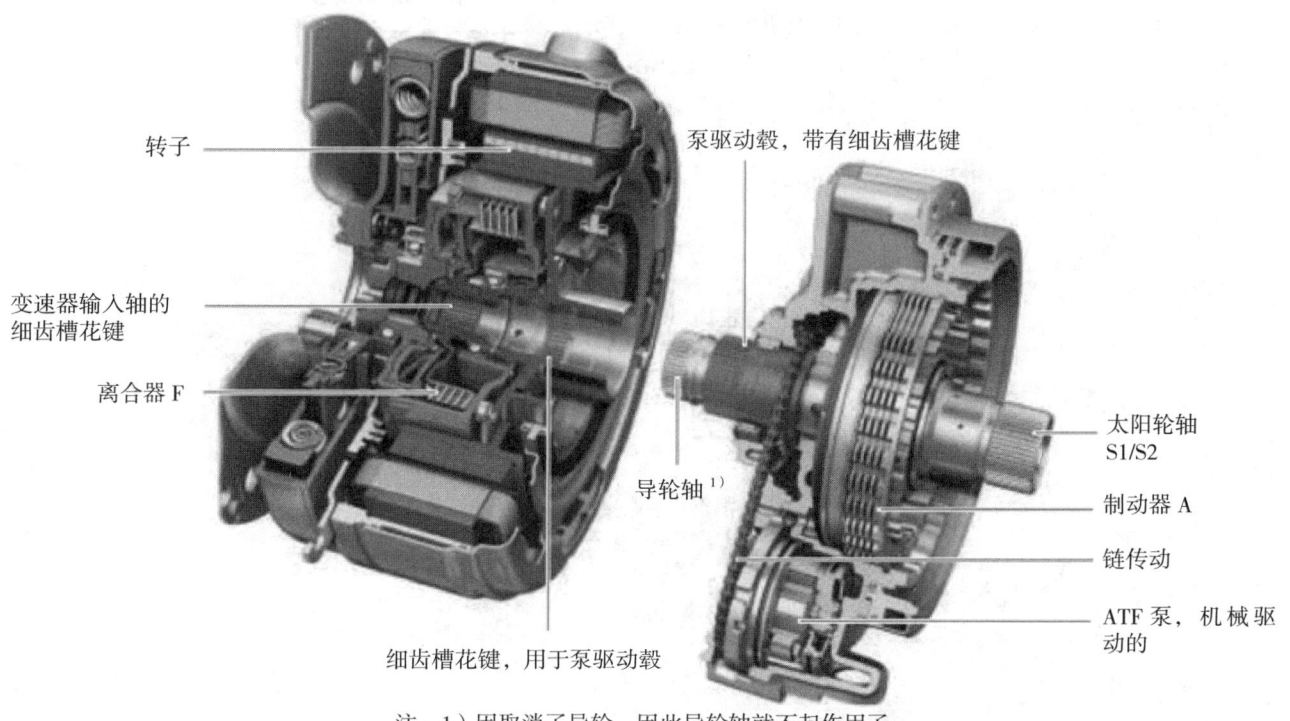

注：1）因取消了导轮，因此导轮轴就不起作用了。

图 4-47

是由机械驱动的 ATF 泵来负责 ATF 的供给。机械驱动的 ATF 泵，是由电驱动装置电机 V141 和 / 或发动机来驱动的。要想由发动机来驱动，必须让离合器 F 接合。如果该 ATF 泵达到了所要求的转速，那么它自己就能保证系统压力了。系统压力和相应的容积流量会产生液压能，这个液压能是实现变速器功能以及对变速器执行元件（制动器和离合器）实施操控、触发、润滑和冷却的前提条件，也才能使车辆可以工作起来。

一、机械驱动的 ATF 泵

这个 ATF 泵与 0BK 变速器上用的双行程叶片泵是一样的。机械驱动的 ATF 泵是通过链传动与泵驱动毂相连的。驱动毂上的细齿槽花键以形状配合的方式与电驱动装置电机 V141 的转子轴细齿槽花键咬合在一起。为了看得更清楚，图中的链传动机构、驱动毂和转子都涂成紫红色了。

二、变速器机油辅助液压泵 1 V475（如图 4-48 所示）

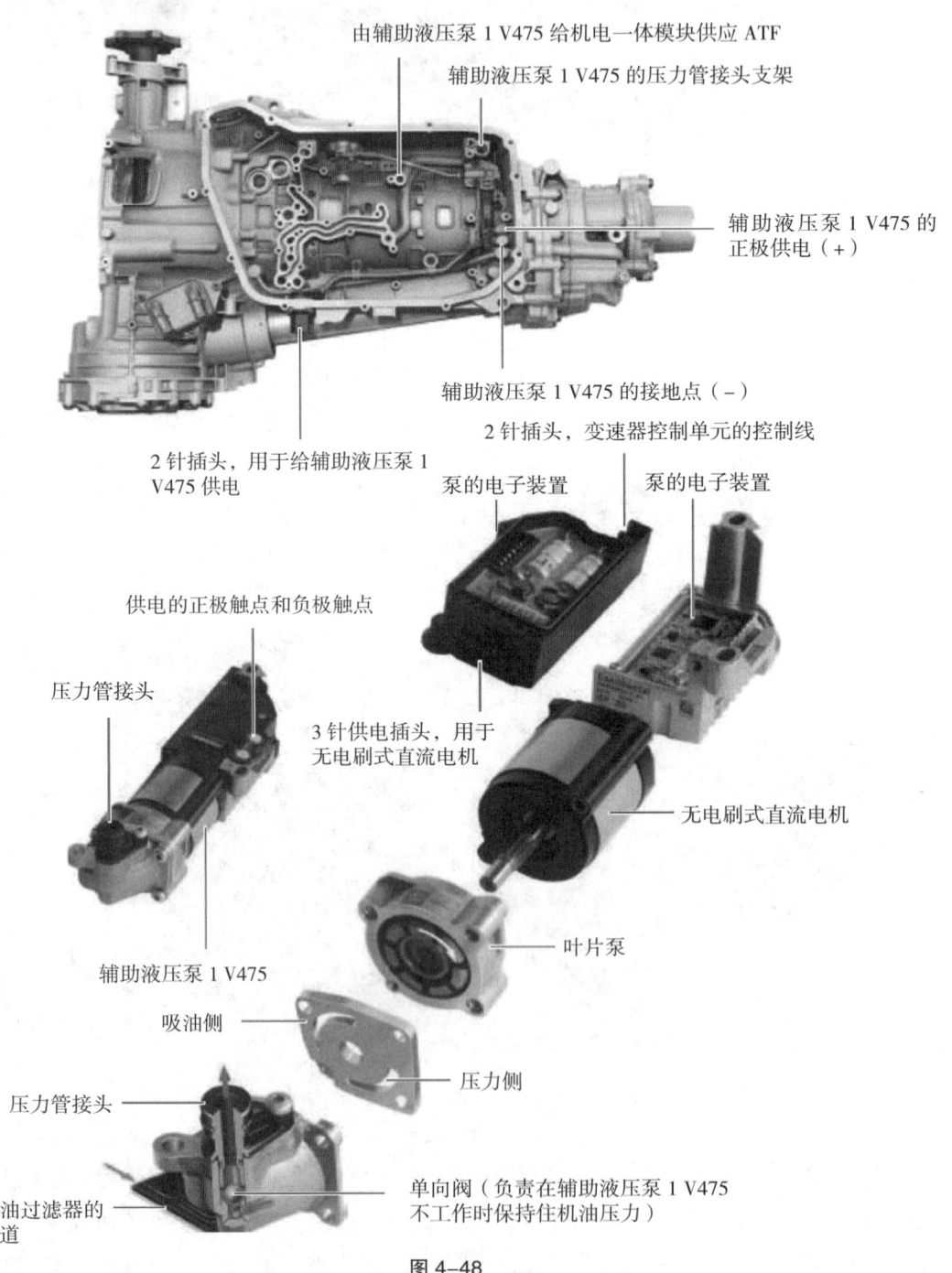

图 4-48

辅助液压泵1 V475有3个功率级（就是工作时有3挡）。按压START ENGINE STOP这个按键的话，就接通了点火开关且变速器控制单元通过控制线接通了该泵最低挡来工作。该泵在ATF温度为5~120℃之间时可以工作。选挡杆挂入D挡或者R挡时，变速器控制单元会接通该泵最高挡来工作。辅助液压泵1 V475的作用在于快速准备好ATF以备使用，这在奥迪A8 hybrid上可以帮助松开驻车锁并在所有装备了0BW变速器的车上实现立即起步。如果机械驱动的ATF泵达到了所要求的转速并能保证系统压力，那么这个辅助液压泵会通过控制线得到命令而再次关闭（就是不工作了）。变速器控制单元会对这个辅助液压泵实施监控，具体方式是检查泵转速和电流消耗以及ATF温度这些数值的可靠性。没有压力传感器。该泵的电子装置还会诊断电气故障，这个电子装置会通过控制线以固定的间隔向变速器控制单元确认30号线的供电情况。通过车辆诊断仪可以进行执行元件诊断。如果超过了温度极限值或者要是辅助液压泵1 V475失效的话，那么就只由机械驱动的ATF泵来负责ATF的供给了。机械驱动的ATF泵这时由电驱动装置的电机V141来驱动，车内乘员能听到相应的声响，这时车辆起步可能会有延迟（就是不能立即起步）。

第六节　传动装置示意图、齿轮组和换挡元件

在传统的自动变速器上，车辆起步是通过变矩器来实现的。变矩器将发动机扭矩传至行星齿轮机构上。变矩器在传递扭矩时几乎是无摩擦的，它将变速器与发动机扭转震动隔开了。在0BW变速器上，变矩器位置上安装的是电驱动装置电机V141和离合器F。发动机扭转震动主要是由双质量飞轮来消除的。制动器B在0BW变速器上就作起步离合器用，该制动器在变速器生产商ZF公司被称作集成起步元件（缩写为IAE）。为让制动器B能承担起步离合器的任务，该制动器进行了适配，对其稳定性、ATF质量和控制提出了较高要求。为保证稳定性（也就是耐用性），使用了6个摩擦片来传递扭矩，这些摩擦片的直径相对于变速器壳体来说已经达到最大程度了。另外，ATF从外向内穿过变速器，用于冷却离合器摩擦片。ATF质量是通过实施售后规定的固定的保养周期来保证的。至于控制方面，制动器B有其特点（相对于其他的换挡元件来说），在制动器B活塞的两面都有一个压力腔，压力腔B1用于让制动器接合，压力腔B2用于让制动器脱开，这样就提高了其离、合的质量。

（一）齿轮组

齿轮组与0BK变速器上的是一样的。8个前进挡和倒挡是通过4套简单的单托环行星齿轮组的相应连接来实现的，如图4-49和图4-50所示。前部的两个齿轮组使用同一个太阳轮。总是通过第4套行星齿轮的支架来实现输出。

（二）传动装置示意图

传动装置示意图如图4-51所示。

（三）换挡元件

5个换挡元件负责切换8个挡位。离合器F用于将发动机与电驱动装置电机V141连接起来。2个多片式制动器A和B。4个多片式离合器C、D、E和F换挡元件（离合器或者制动器）是通过液压来接合的，机油压力将片组压靠在一起，于是就能传递动力了。在换挡元件A、C、D和F上，当机油压力减弱时，作用在活塞上的碟形弹簧会将活塞压回到初始位置。在制动器B上，是通过压力腔B2实现回位的。各个挡位均可以通过让A、B、C、D和E中的3个换挡元件的接合来实现。混合动力驱动时的工况（比如"用电机来让车辆行驶"或者"用发动机来让车辆行驶"），是通过离合器F来控制的。

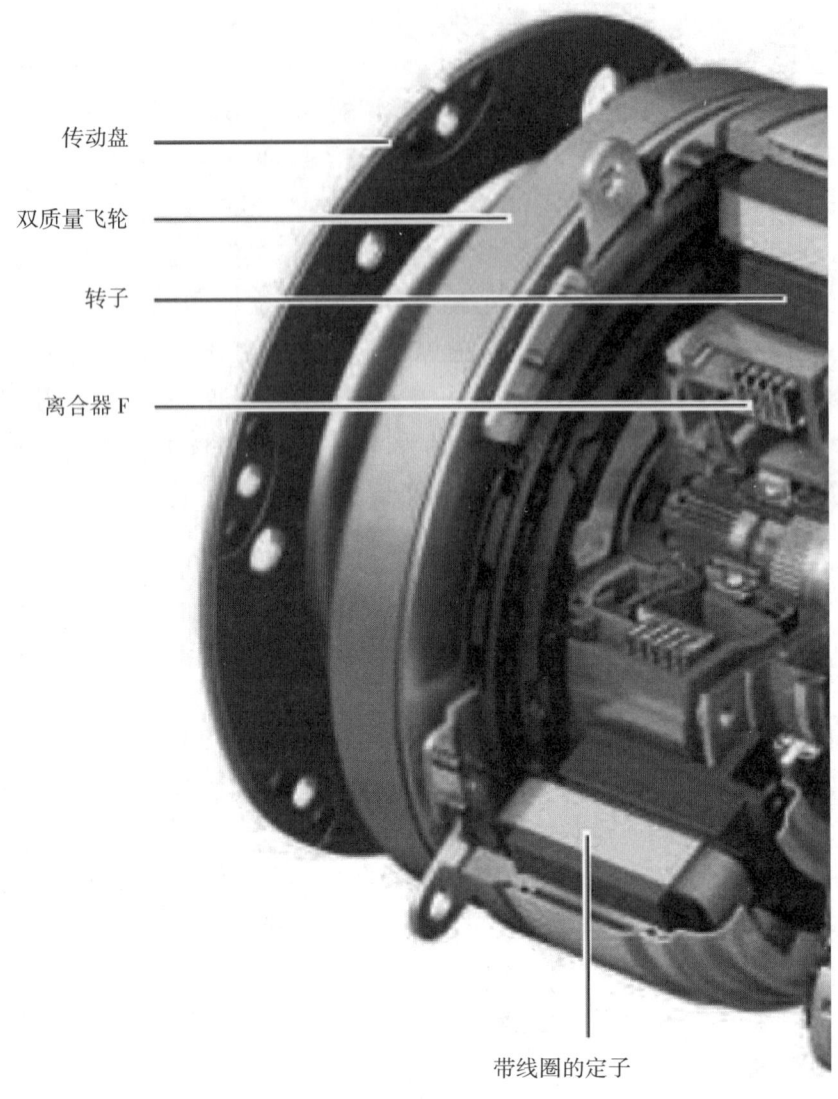

图 4-49

1. 离合器。

离合器 C、D、E 和 F 在动态压力建立方面是均衡的。为了避免出现转速影响压力建立这个情况，离合器活塞两面都加载了机油。这个均衡是通过一个压力平衡腔来实现的，压力平衡腔通过润滑通道来获得无压力的机油。

2. 动态压力平衡的优点。

（1）在全部转速范围内，离合器可以可靠脱开或者接合。

（2）换挡舒适性更好。

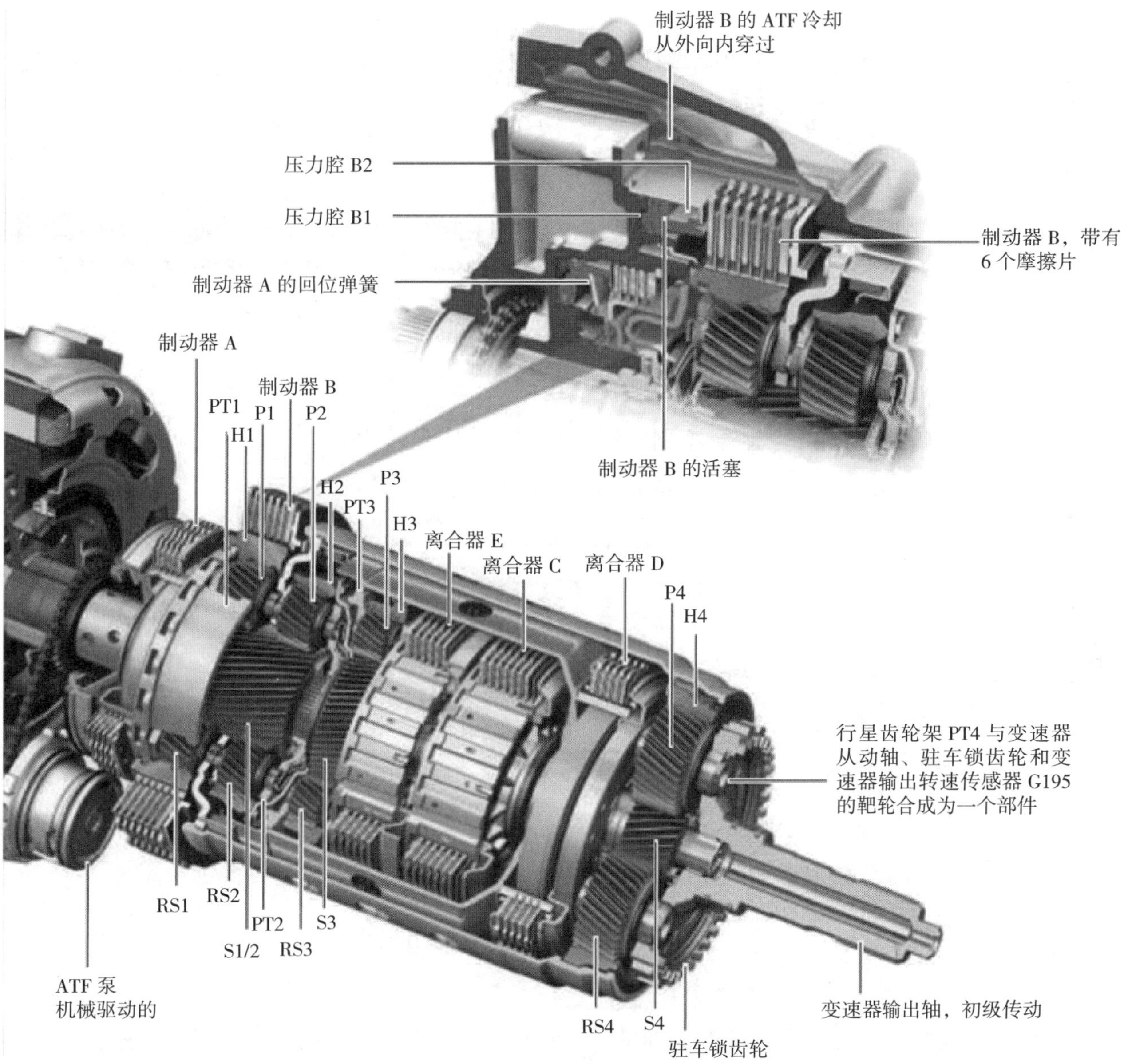

图 4-50

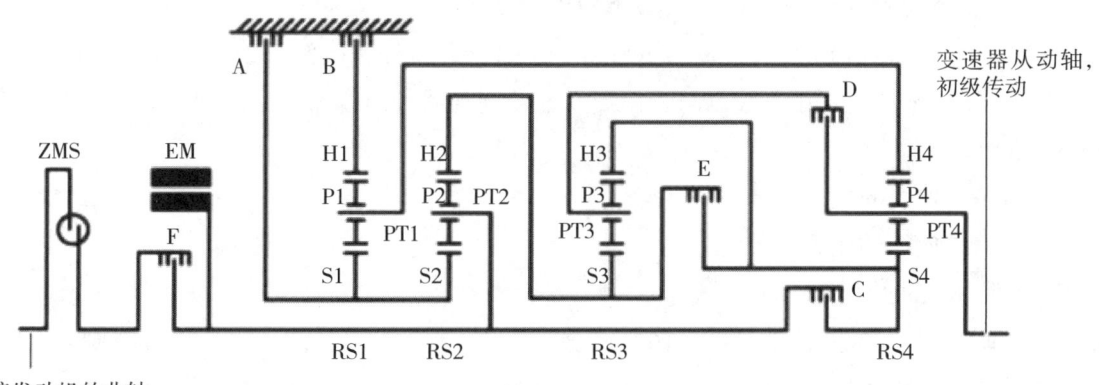

RS1（2、3、4）.行星齿轮组1（2、3、4） PT1（2、3、4）.行星齿轮架1（2、3、4） S1（2、3、4）.行星齿轮组1的太阳轮（2、3、4） P1（2、3、4）.行星齿轮组1的行星齿轮（2、3、4） H1（2、3、4）.行星齿轮组1的齿圈（2、3、4） ZMS.双质量飞轮 EM.电机（电驱动装置电机V141） A、B.多片式制动器 C、D、E、F.多片式离合器

图 4-51

第七节 换挡图、换挡矩阵、驱动形式、机电一体模块、执行元件、传感器

换挡元件（制动器和离合器）是通过执行元件、压力调节阀和机电一体模块电磁阀 N88 来实施操控的。在奥迪 A8 hybrid 上，驻车锁磁铁 N486 用于电动液压驻车锁功能。换挡图表示的是 0BW 变速器在技术上是怎样实现换挡的，换挡矩阵表示的是在每种工况和挡位时执行元件和换挡元件之间的关系。

一、换挡图、换挡矩阵

（一）0BW 变速器与 0BK 变速器换挡图（如图 4-52 所示）

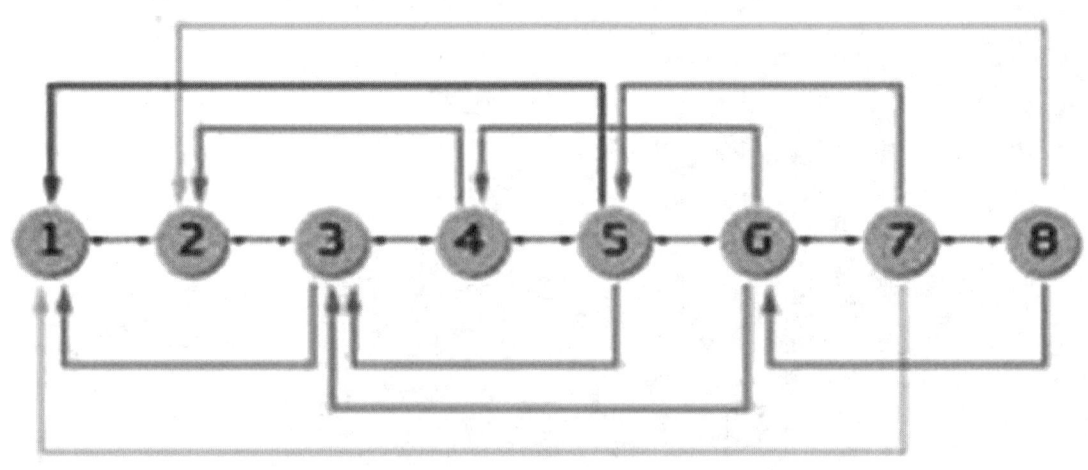

图 4-52

（二）换挡矩阵（如图 4-53 所示）

离合器 D 和 E 不需要在 1 挡时使用。如果选择定了某种工作状态，通过换挡元件 A、B、C、D、E 来切换其他挡位。

（三）压力调节阀 N215、N216、N217、N218、N233、N371、N433

压力调节阀（也称电控压力调节阀，缩写为 EDS），会将控制电流转换成液压控制压力。压力调节阀由变速器控制单元来操控，用于控制与各换挡元件（制动器和离合器）相关的液压阀（滑阀）。

有两种压力调节阀：

（1）上升特性曲线的压力调节阀。

（2）下降特性曲线的压力调节阀。

1. 上升特性曲线的压力调节阀。

N215 压力调节阀 1（制动器 A）、N216 压力调节阀 2（制动器 B）、N218 压力调节阀 4（离合器 D）、N233 压力调节阀 5（离合器 E）和 N371 压力调节阀 6（离合器 F）都为上升特性曲线的压力调节阀，特性曲线如图 4-54 所示。压力范围：0~470kPa；工作电压：12V；20℃时的电阻：5.05Ω。

如果给上升特性曲线的压力调节阀通上电，那么随着控制电流增大，控制压力也变大，于是受控的换挡元件（制动器和离合器）就会接合。这种压力调节阀在未通电时，换挡元件就会脱开（也就是不传

		驻车锁磁铁 N486	N88	N443	EDS-F N371	EDS-A N215	EDS-B N216	EDS-C N217
驻车锁功能仅适用于奥迪A8hybrid上的"线控换挡"	驻车锁挂上	0	0	0	0-1	1	1	1
	驻车锁脱开	1	1	×	0-1	1	1	1
	让驻车锁保持脱开状态	1	0	0	0-1	1	1	1
工作状态	变速器在挡位N	0	0	×	0-1	1	1	1
	变速器在挡位P或N：用V141启动发动机	0	0	×	1	1	1	1
	车辆正在行驶中：用启动机启动发动机	0	0	×	1	1	0	1挡
	用启动机B启动发动机	0	0	×	0	1	0	1挡
	电动行驶	0	0	×	0	1	0	1挡
	使用发动机行驶	0	0	×	1	1	0	1挡
	智能启停系统辅助	0	0	×	0	1	0	1挡
	发动机正在工作时驻车脱开动力	0	0	×	1	1	0	1挡
	同时用两种动力在行驶，Boost功能	0	0	×	1	1	0	1挡
	用发动机来充电	0	0	×	1	1	0	1挡
	滑行和制动时回收能量	0	0	×	0	1	0	1挡
	无载空转	0	0	×	0	1	0	1挡

	EDS-F N371	EDS-A N215	EDS-B N216	EDS-D N218	EDS-E N233
2挡	1	1	1	0	1
3挡	0	1	0	0	1
4挡	0	1	1	1	1
5挡	0	1	1	1	0
6挡	0	0	1	1	0
7挡	1	0	1	1	0
8挡	1	0	1	1	1
R挡	1	1	1	1	0

■ 离合器已接合

◩ 离合器脱开/接合（具体取决于工作状态）

■ 制动器已接合

■ 制动器以最小力矩处在离合器接合点

1.已激活（通上电了）　0.未激活（总是有一个很小的基本控制电流）　0-1.已激活/未激活（具体取决于工作状态）　×.激活控制电流取决于工作状态　EDS.电控压力调节阀

图 4-53

递动力了）。

2. 下降特性曲线的压力调节阀。

N217压力调节阀3（离合器C）和N443压力调节阀7为下降特性曲线的压力调节阀，特性曲线如图4-55所示。压力范围：470~0kPa；工作电压：12V；20℃时的电阻：5.05Ω。

如果给上升特性曲线的压力调节阀通上电，那么随着控制电流增大，控制压力会变小，于是受控的换挡元件离合器C会脱开，这时系统压力会下降。这种压力调节阀在未通电时，离合器C会接合且系统压

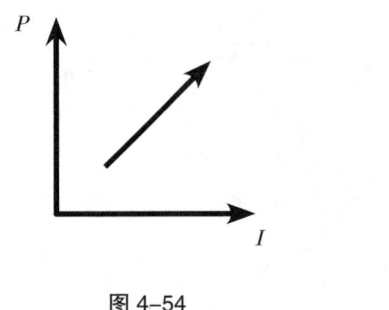
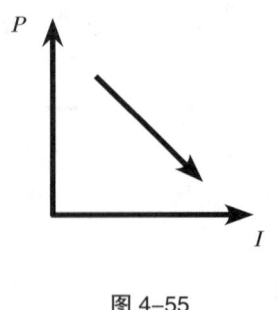

图 4-54　　　　　　　　　　　　　　　图 4-55

力最大。

（四）电磁阀 N88 打开 / 关闭

在奥迪 Q5 hybrid quattro 和奥迪 A6 hybrid 上，N88 用于操控位置阀。这个位置阀取代了 0BW 变速器电动机械式控制装置 E26/9 中的选挡滑阀，用来控制挡位 P、R、N、D、S 的系统压力。在奥迪 A8 hybrid 上，N88 还用于操控驻车锁阀，驻车锁阀用于控制驻车锁滑阀的系统压力。工作电压为最大 16V。吸附电压 >6V 阀关闭。脱开电压为 5V 阀打开。20℃时的电阻为 9~13Ω。

（五）驻车锁电磁铁 N486

在采用"线控换挡"的奥迪 A8 hybrid 上，驻车锁电磁铁 N486 用于将驻车锁电磁铁 N486 用于将驻车锁滑阀保持在"驻车锁已脱开"这个位置。在奥迪 Q5 hybrid quattro 和奥迪 A6 hybrid 上，是通过选挡杆拉索这种纯机械方式来操控驻车锁的，在这两种车型上就不需要驻车锁电磁铁了。工作电压为最大 16V。吸附电压 >8V 保持驻车锁滑阀位置。20℃时的电阻为 23~27Ω。

二、车辆准备完毕可以行驶

要想让车辆处于准备完毕可以行驶状态，必须踏下制动踏板且选挡杆必须处于位置 P 或者 N。按下 START ENGINE STOP 按键，就激活了高压系统和 12V 系统。另外，会检查高压蓄电池的绝对充电状态。变速器机油辅助液压泵 1 V475 以最低挡在工作。在尚未挂入挡位 D、S 或者 R 前，制动器 A 就已接合了，制动器 B 已经处于离合器接合点状态了。随后，组合仪表上就会显示"hybrid ready"（意为混合动力准备就绪）这个状态信息且功率表上指针指在"READY"（意为准备就绪）这个位置。在这个车辆状态准备过程中，发动机控制单元 J623 内的混合动力管理器会进行检查，看看在 15 号线接通后，用电驱动装置电机 V141 是否能实现"首次起步"。

1. 高压蓄电池的绝对充电状态低于 25%。

如果绝对充电状态低于 25%，组合仪表上就会显示信息"当前无法启动车辆"。随后应使用充电器通过跨接启动接头来为高压蓄电池充电，充电电流最小为 30A，最大为 90A。

2. 高压蓄电池的绝对充电状态低于 34%。

如果绝对充电状态低于 34%，那么在按下 START ENGINE STOP 按键后，电驱动装置电机 V141 就开始工作。另外，辅助液压泵 V475（以最大功率工作）和机械驱动的 ATF 泵会产生足够大的系统压力，用以让离合器 F 接合。于是电驱动装置电机 V141 就能让发动机启动了。在选挡杆仍处于位置 P 或者 N 时，发动机启动后，电驱动装置的电机 V141 就被当成发电机用了。这时 V141 通过已接合的离合器 F 而被驱动，用于给当前的用电器供电。发动机通过将怠速转速提升至 1430r/min 来为发电机和 ATF 供给足够的动力。

在尚未挂入挡位 D、S 或者 R 前，制动器 A 就已接合了，制动器 B 已经处于离合器接合点状态了。这样就能尽快对挂入挡位 D、S 或者 R 做出相应反应了。随后，组合仪表上就会显示"hybrid ready"（意为混合动力准备就绪）这个状态信息且功率表上指针指在"READY"（意为准备就绪）这个位置。

3. 高压蓄电池的绝对充电状态高于 34%。

如果绝对充电状态高于 34%，那么电驱动装置电机 V141 就短时运行一下，属于例行检查。

4. 用电驱动装置电机 V141 实现"首次起步"的前提条件：

（1）车辆处于准备完毕可以行驶状态（hybrid ready）。

（2）高压蓄电池的绝对充电状态高于 40%。

（3）环境温度 >10℃。

（4）电气系统有效功率足够大，>15kW。

①高压蓄电池温度 >+10℃且 <55℃。

②电驱动装置电机 V141 的温度在规定值范围。

（5）12V 启动机可以使用。

如果用 12V 启动机来启动发动机，电驱动装置电机 V141 就可以将其全部扭矩用于车的电动行驶了。

①挡位 S 和 tiptronic 模式未激活。

②车辆所处的海拔高度不超过 4000m。

③发动机冷却液温度 >5℃且 <50℃（空调系统的启动要求）。

④变速器并未要求启动发动机。

一旦满足了用电驱动装置来实现"首次起步"这些前提条件，驾驶员就可以自行决定，是用发动机还是用电驱动装置来让车辆起步。如果驾驶员要用电驱动装置电机 V141 来让车辆起步，那么在车辆处于准备完毕可以行驶状态后，驾驶员还有 30s 时间在挂入挡位 D、S 或者 R 前去按下 EV 按键；如果驾驶员没有在这个时间内按下该键，那么发动机就会启动了。

三、车辆起步

车辆处于准备完毕可以行驶状态。如果将选挡杆推至位置 D 或 S，那么除了制动器 A 接合外，离合器 C 也接合了且预选了 1 挡。如果将选挡杆推至位置 R，那么除了制动器 A 接合外，离合器 D 也接合且预选了倒挡。制动器 B 在起步时才会接合，它用作起步离合器。在发动机不工作时，离合器 F 是脱开的。离合器 F 在发动机启动时会接合。如果不再满足电动行驶的前提条件或者要满足驾驶员对功率的要求，发动机就会启动。启动发动机是电动行驶的前提条件。

换挡矩阵如图 4-56 所示。

四、启动发动机

如果高压蓄电池的绝对充电状态低于 34% 或者要满足驾驶员对功率的要求，就会启动发动机。

（一）用电驱动装置电机 V141 启动发动机

如图 4-57 所示，这个传动装置示意图表示用电驱动装置电机 V141 启动发动机，这时车辆是停止不动的，且选挡杆处在位置 P 或 N。启动发动机的前提条件，通过让离合器 F 接合，来将电驱动装置的动力经双质量飞轮传至发动机曲轴。在电动行驶过程中要是通过让离合器 F 接合来启动发动机，就称为牵引启动。

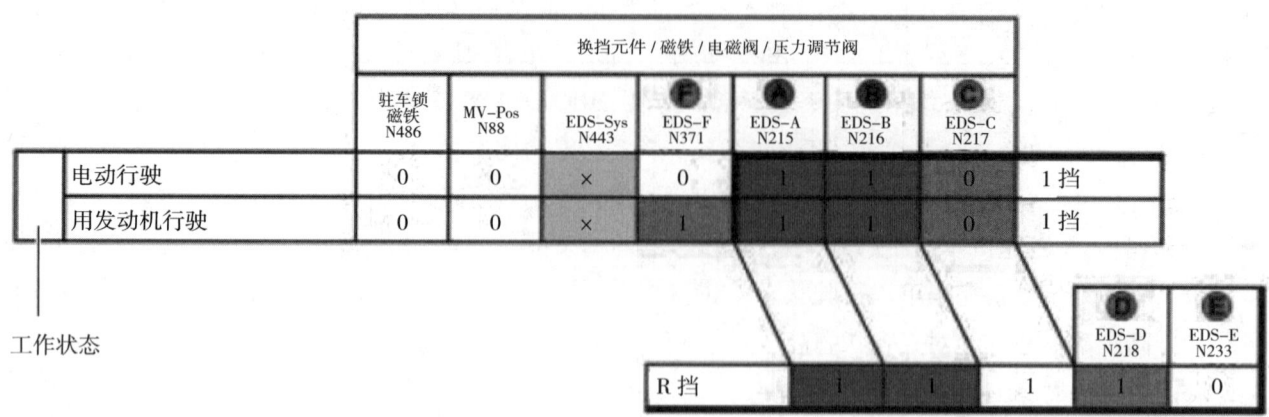

1.已激活（通上电了） 0.未激活（总是有一个很小的基本控制电流） X.激活控制电流取决于工作状态 EDS.电控压力调节阀 MV.电磁阀

图 4-56

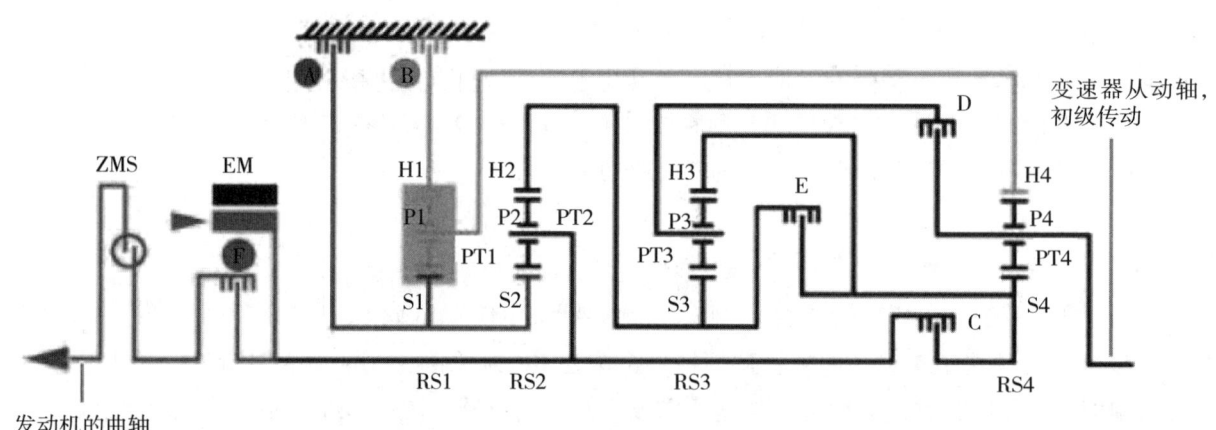

RS1（2、3、4）.行星齿轮组1（2、3、4） PT1（2、3、4）.行星齿轮架1（2、3、4） S1（2、3、4）.行星齿轮组1的太阳轮（2、3、4） P1（2、3、4）.行星齿轮组1的行星齿轮（2、3、4） H1（2、3、4）.行星齿轮组1的齿圈（2、3、4） ZMS.双质量飞轮 EM.电机（电驱动装置的电机V141） A、B.多片式制动器 C、D、E、F.多片式离合器

图 4-57

（二）用启动机 B 启动发动机

用启动机 B 启动发动机也被称作 12V 启动，在 12V 启动时，离合器 F 是脱开的。如果启动机 B 的 12V 供电正常，在下述情况时，发动机就会由启动机 B 通过启动机驱动齿轮来启动。

1. 在电动行驶中，如果电驱动装置电机 V141 所承担的负荷超过了其能力的 90%，那么牵引启动就会明显干扰行驶功率，为了避免出现这个情况，就用启动机 B 启动发动机。

2. 当车辆从减速超速（就是反拖）过渡到正常牵引（就是加速），变速器控制单元会因有扭矩要求而要求启动发动机。这种行驶状况可以出现在堵车的"走走停停"时或者从空转而立即加速时。在这种情况下，牵引启动可能会引起令人不舒服的负荷变化冲击，因为这时离合器 F 接合了且要求电驱动装置电机 V141 提高输出功率（启动需要这两项同时满足才行）。

3. 在 EV 模式时，如果所需功率超过了 30kW。

4. 在强制降挡或者驾驶员希望急速而使得加速踏板坡度变得很大。

（三）启动机 B 的诊断

如果启动机 B 的 50 号线通过启动机继电器 J695 和 J53 激活，那么可能是发动机没能达到启动转速。这时发动机控制单元内会记录下"启动机不转，机械卡止"这个故障。

（四）启动机 B 的 12V 供电网

在下述情况，启动机 B 的 12V 供电就准备妥当了：

（1）蓄电池继电器 J7 已接合，如图 4-58 所示。

（2）备用蓄电池 A1 的电压超过了 12.5V，且其温度高于 -10℃。

（3）启动机蓄电池转换继电器 J580 已脱开。

（4）蓄电池 A 的全部能量供给 12V 启动机，以便启动发动机。

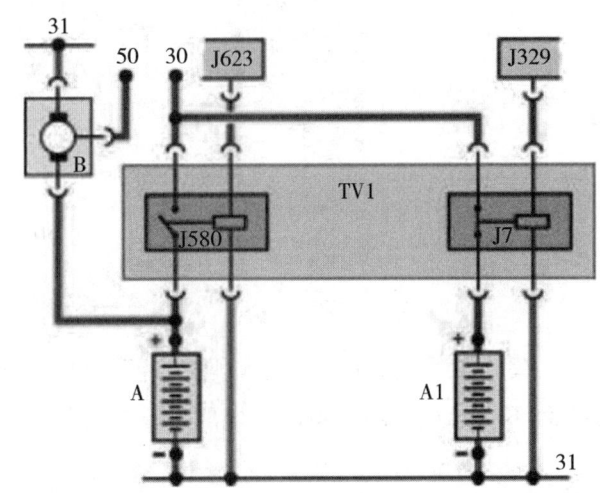

A.蓄电池 A1.备用蓄电池（第二蓄电池） B.启动机 J7.蓄电池断开继电器 J329.15号线供电继电器 J580.启动机蓄电池转换继电器 J623.发动机控制单元 TV1.分线器

图 4-58

五、电动行驶

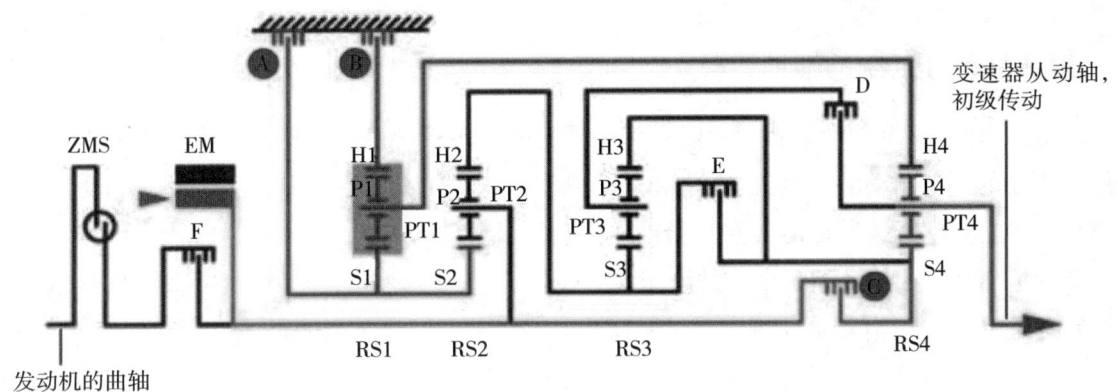

图 4-59

如图 4-59 所示,这个传动装置示意图表示以 1 挡电动行驶时的动力传递情况,这时离合器 F 是脱开的,发动机是关闭的。要想采用电动行驶,其前提条件是,高压蓄电池的绝对充电状态不低于 34%。如果低于 34%,那么发动机会启动,给蓄电池充电,兼用发动机来行驶。在电动行驶时,电驱动装置电机 V141 最大输出功率为 30kW。触发换挡元件,可以切换其他挡位。

六、用发动机来行车且电驱动装置电机 V141 以发电机模式来工作

如图 4-60 所示,这个传动装置示意图表示以 1 挡用发动机来行车时的动力传递情况,这时离合器 F 是接合的。触发换挡元件,可以切换其他挡位。

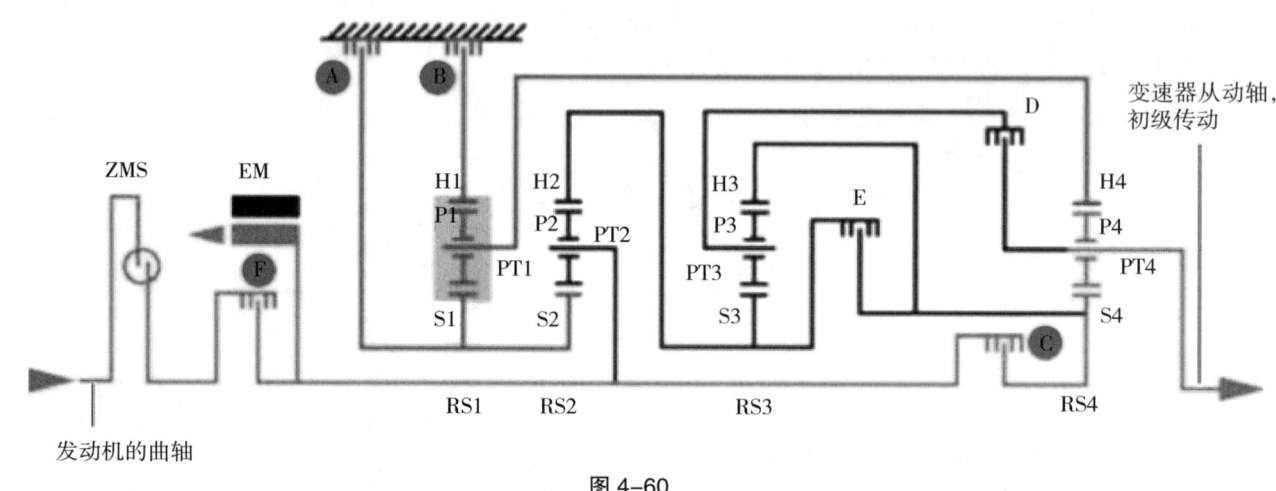

图 4-60

用发动机来行车时,只要电驱动装置电机 V141 没有帮着一起驱动车辆,那么高压蓄电池的绝对充电状态就不会超过 70%。这时,电驱动装置电机 V141 是作为发电机来使用的,由发动机来驱动着。合适进行充电、充电到什么程度,这个由发动机控制单元内的混合动力管理来决定。另外,在充电时,发动机的输出功率要增大,最多要增大 31kW(用于让发电机发电)。如果绝对充电状态达到 70%,那么发电机模式就会被关闭。如果电驱动装置电机 V141 既没用作发电机,也没有用于驱动车辆行驶,那么它就是在无负载运行(只是跟着转动而已)。发电机所消耗的功率由发动机来提供,具体方式是以省油的方式增大发动机负荷,最大可增至 120N·m。发动机控制单元内的混合动力管理器会力争通过有针对性地推移负荷点来选择单位油耗(燃油 g/kWh)尽可能小的负荷范围。发电机功率是所有当前用电器的功率消耗加上蓄电池充电所消耗的功率的和。这里所说的用电器,指 12V 电网上的所有用电器和电动空调压缩机。这里所说的蓄电池,指高压蓄电池 A38 和 12V 蓄电池 A 和 A1。

七、对智能起停系统的辅助

如图 4-61 所示,这个传动装置示意图表示的是智能起停系统已被激活时,变速器的工作状态。这时车辆是停止不动的,电驱动装置电机 V141 和发动机都停止工作,离合器 F 是脱开的。制动器 B 以最小力矩处在离合器接合点状态,制动器 A 和离合器 C 在传递动力。

所需要的液压压力由变速器机油辅助液压泵 1 V475 来提供。该泵在车辆停止不动时以最低挡在工作,以支持智能起停系统;在制动器 B 接合时以最高挡来工作,以便让车辆能迅速起步。

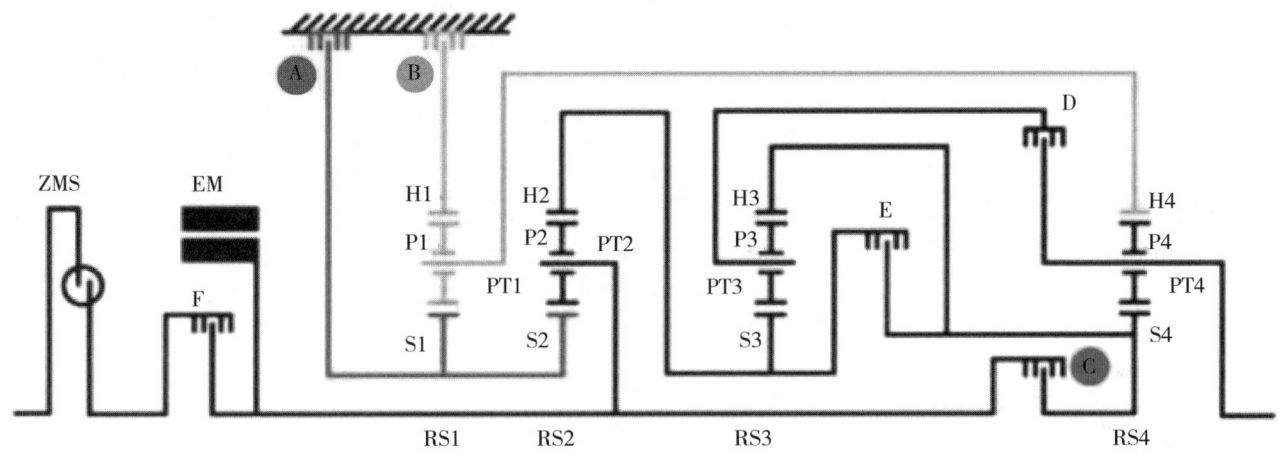

图 4-61

八、发动机在工作且驱动电机 V141 以发电机模式来工作时的动力切断

如图 4-62 所示,这个传动装置示意图表示的是智能起停系统已被激活时,变速器的工作状态。这时车辆是停止不动的,电驱动装置电机 V141 和发动机都停止工作。离合器 F 是脱开的,制动器 B 以最小力矩处在离合器接合点状态,制动器 A 和离合器 C 在传递动力。由变速器机油辅助液压泵 1 V475 来辅助智能起停系统。该泵用于为换挡元件供应液压压力,在车辆停止不动时以最低挡在工作。在车辆起步时,该泵以最高挡来供应 ATF。

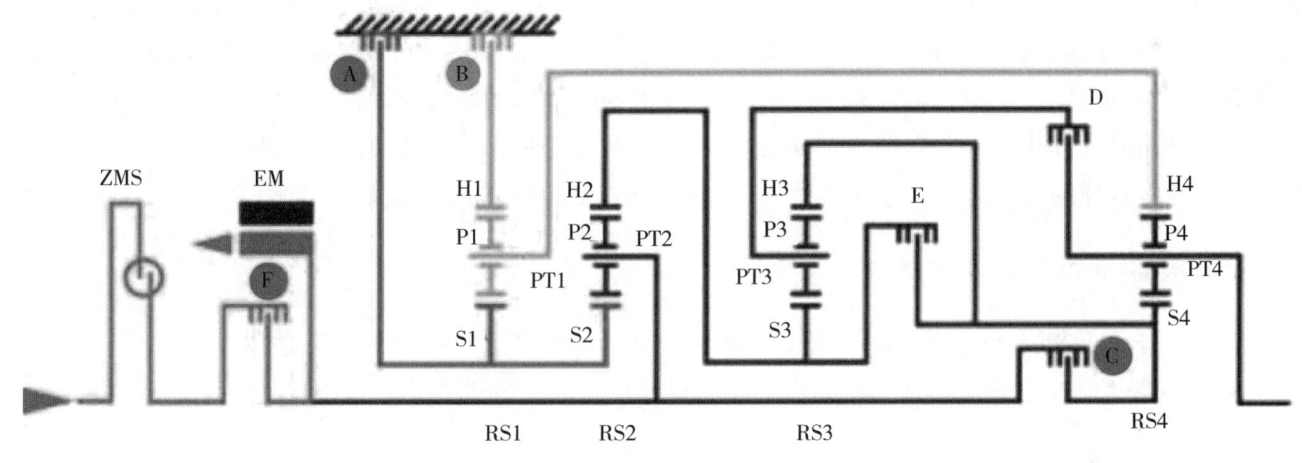

图 4-62

九、两种动力行车和 Boost 功能

如图 4-63 所示,这个传动装置示意图表示的是用两种动力来行车时的动力传递情况,这时离合器 F 是脱开的。触发换挡元件,可以切换其他挡位。

(一) 两种动力行车

在上面提到的行驶工况时,需要同时使用两种动力。如果高压蓄电池已经充足了电,那么在使用发动机来行车中,也会适当接通电驱动装置电机 V141 来工作。这样的话,就可以避免发动机以极大的功率

1挡

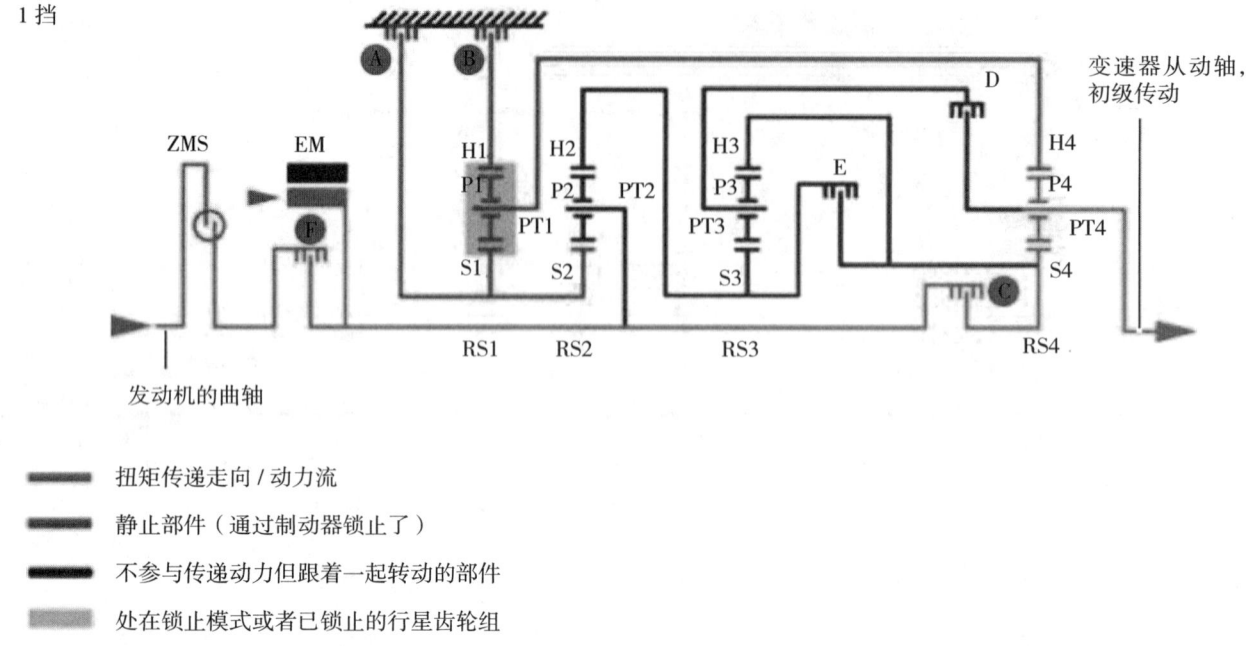

图例：
- 扭矩传递走向/动力流
- 静止部件（通过制动器锁止了）
- 不参与传递动力但跟着一起转动的部件
- 处在锁止模式或者已锁止的行星齿轮组

图 4-63

来工作，因此就节省了燃油且又释放掉了高压蓄电池的电能，于是，高压蓄电池又能存储通过能量回收而获取的电能了。

（二）Boost 功能

要想使用 Boost 功能，高压蓄电池的绝对充电状态不能低于 34%。使用 Boost 功能，可以利用混合动力驱动系统的最大系统功率。电驱动装置电机 V141 最大输出功率和发动机按发动机转速特性曲线相应的最大功率，这两个最大功率叠加成一个总功率。在奥迪 Q5 hybrid quattro、奥迪 A6 hybrid 和奥迪 A8 hybrid 上，发动机的最大功率为 155kW，电驱动装置电机 V141 的最大输出功率为 40kW。由于这两种动力源各自能发出最大功率时的发动机转速是不同的，因此并不是说系统功率就能达到 195kW，实际上是 180kW。同样，扭矩特性也是这样的，最大扭矩是 480N·m（发动机转速在 1800r/min 时）。

十、车辆滑行时的能量回收

2012 年奥迪 Q5 hybrid quattro、2013 年奥迪 A8 hybrid 和所有奥迪 A6 hybrid 的车型。

如图 4-64 所示，传动装置示意图表示的是车辆滑行（就是超速减速的反拖工况）时进行能量回收的动力传递情况。

这种车辆滑行时的能量回收，就是将车辆的动能回收而存储起来。在车速不超过 160km/h 且高压蓄电池的绝对充电状态不超过 80% 时，一旦驾驶员松开了加速踏板但没有对车辆实施制动，发动机控制单元内的混合动力管理器会激活这个能量回收功能并开始回收能量。在这个能量回收过程中，离合器 F 是脱开的，发动机也是关闭的。电驱动装置电机 V141 会被车辆的动能所驱动而工作，当然是以可控的发电机模式在工作，负责为用电器供电并为蓄电池充电。这时发电机就会将最大可达 30N·m 的力矩加载到变速器输入轴上，这个发电机力矩在超速减速工况（反拖）时就会形成类似于发动机制动效果那样的制动作用。在这个能量回收过程中，变速器会根据相应的车速来挂入相应挡位。因此，就可以在需要时，通过让离合器 F 接合来接上发动机的动力。在 2013 年奥迪 Q5 hybrid quattro 和 2014 年奥迪 A8 hybrid 上，没

2挡

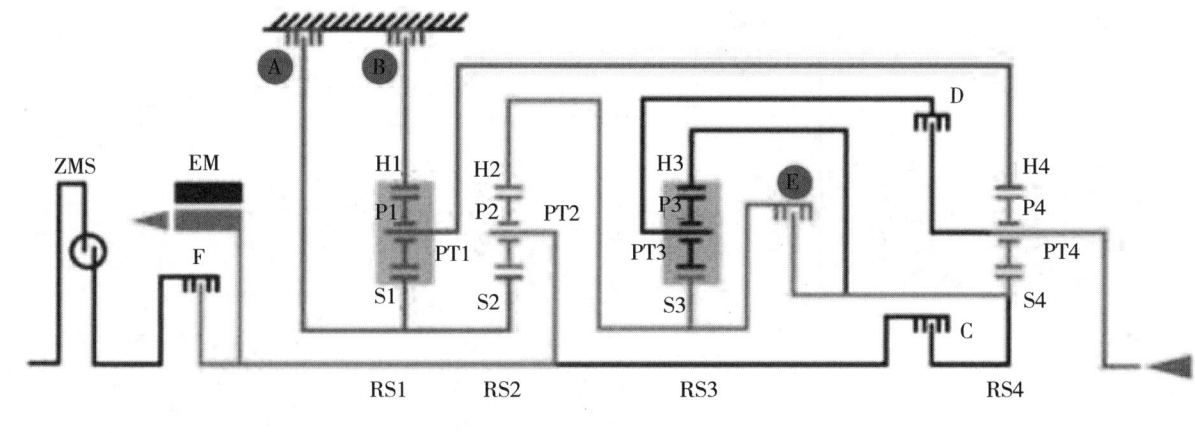

图 4-64

有这种车辆滑行时的能量回收,能量回收被空转功能(或者叫工作模式)所取代了。

十一、车辆滑行时发动机接管制动

2012 年奥迪 Q5 hybrid quattro、2013 年奥迪 A8 hybrid 和所有奥迪 A6 hybrid 车型。

如图 4-65 所示,如果高压蓄电池 A38 的绝对充电状态高于 80%,那么它就不会再充电了。因此,这时也就不会有电驱动装置电机 V141 作为发电机使用时的那种制动作用了,那么就由发动机来承担制动作用了。

2挡

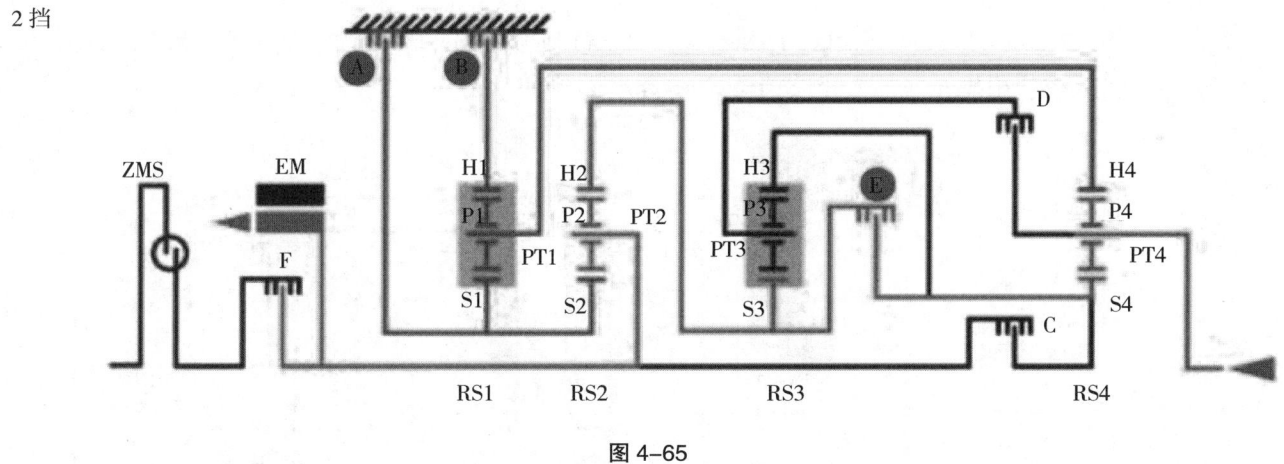

图 4-65

通过让离合器 F 接合而接上发动机来承担超速减速工况(反拖)时的制动。电驱动装置电机 V141 这时就作为发电机使用了,只为当前的用电器供电。

十二、空转(空转模式/自由滑行)

2013 年奥迪 Q5 hybrid、2014 年奥迪 A8 hybrid 车型,不用于奥迪 A6 hybrid 车型。

如图 4-66 所示,空转功能(或者叫工作模式)在其他地方也称空转模式和自由滑行。在 2013 年奥迪 Q5 hybrid quattro 和 2014 年奥迪 A8 hybrid 上,空转模式取代了超速减速工况(反拖)时的能量回收功能。在空转模式时,不会形成类似于发动机制动那种作用,且也不会给蓄电池充电了。

空转模式在车速低于 160km/h 时才会出现,这点与超速减速工况(反拖)时的能量回收功能是一样的,

5挡

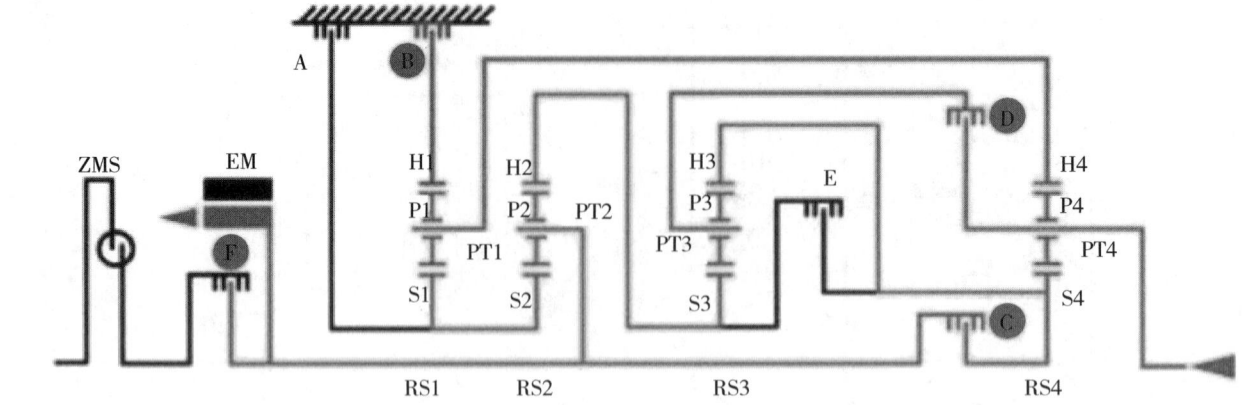

图 4-66

就是说既不踩加速踏板也不踩制动踏板。在空转模式时，离合器 F 会脱开，以便断开并关闭发动机，于是发动机的制动就不起作用了。车辆这样就节省了燃油，且会在无驱动力的情况下滑行到车辆停住为止（只要高压蓄电池的绝对充电状态不低于 34%）。随后发动机会启动以便充电。配备有 0BW 变速器的车辆，在空转模式时，其传动系并没有完全与动力源断开，电驱动装置电机 V141 会以发电机模式在低负荷下工作，用于改善声响。在发电机模式时所产生的电能一般是不够用于给当前用电器供电或用于给蓄电池充电的。变速器会根据车速来变换挡位，这样在踩加速踏板时会有相应的挡位以供使用。

十三、制动能量回收

如图 4-67 所示，传动装置示意图表示的是以 2 挡进行制动能量回收时的动力传递情况，离合器 F 这时是脱开的，变速器会根据车速挂入相应挡位。

2挡

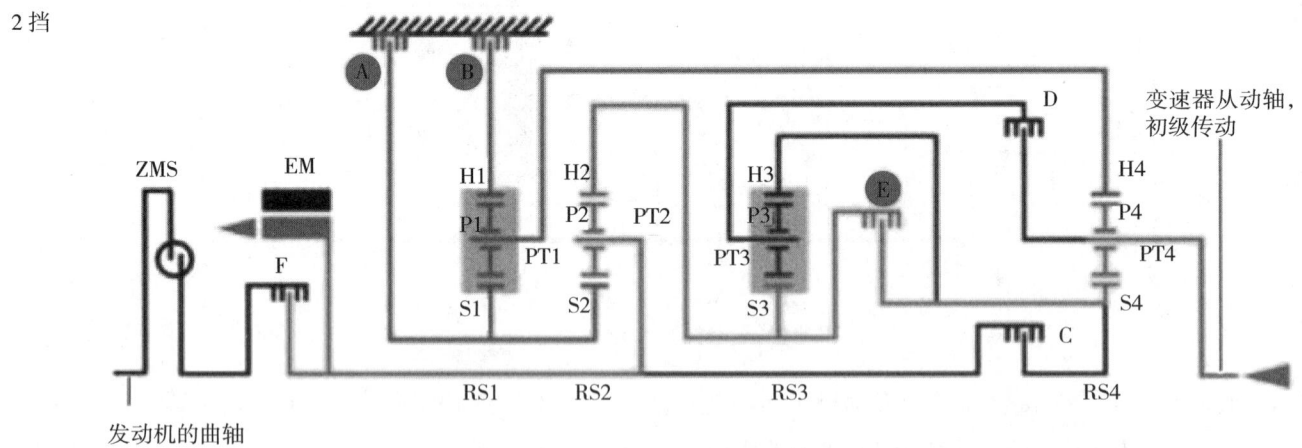

图 4-67

超速减速工况（反拖）时的能量回收一样，制动能量回收也是回收车辆的动能。制动能量回收时是没有车速限制的。在这个制动能量回收过程中电驱动装置的电机 V141 会被车辆的动能所驱动而工作，当然是以可控的发电机模式在工作，负责为用电器供电并为蓄电池充电。这种情况下，发电机扭矩（最高可达 200N·m）就会作用到变速器输入轴上，于是就形成了所谓的"电动制动作用"。发动机控制单元内的混合动力管理器通过制动踏板位置传感器 G100 来识别制动踏板的操纵情况，于是就开始制动能量回收。操控制动器时，需要先克服一小段空行程（这是液压制动系统工作的特点）。在这段空行程范围内，制动踏板位置传感器 G100 会侦测制动踏板的转角和踏板运动速度。混合动力管理器根据这些信息来判断出驾驶员减速意愿的强烈程度。随后，混合动力管理器会让功率和控制电子装置 JX1 通过发电机的充电电流去调节发电机力矩（也就是调节电动制动作用）。

（一）制动能量回收

一旦高压蓄电池的绝对充电状态达到 80%，那么它就不再充电了，制动能量回收也就不再工作了。在这种情况下或者制动能量回收所产生的制动效果不够用时，就由液压制动器来增强或者干脆取代制动能量回收所产生的制动效果。当高压蓄电池无法再充电时，电驱动装置电机 V141 就作为发电机使用，只为当前用电器供电。这种情况下，一旦驾驶员开始制动，在空行程范围内就不会产生电动制动作用。在克服了空行程后，制动器电子系统才会控制液压制动器去施加所需要的制动效果。

（二）制动踏板位置传感器 G100

如果驾驶员踩动了制动踏板，那么制动踏板位置传感器 G100 就会通过磁铁架上的磁铁侦测到制动踏板的转角和踏板运动速度，并将这些信息通过两个相反的 PWM 信号传给发动机控制单元，如图 4-68 所示。发动机控制单元内的混合动力管理器由此来判断出驾驶员减速意愿的强烈程度。

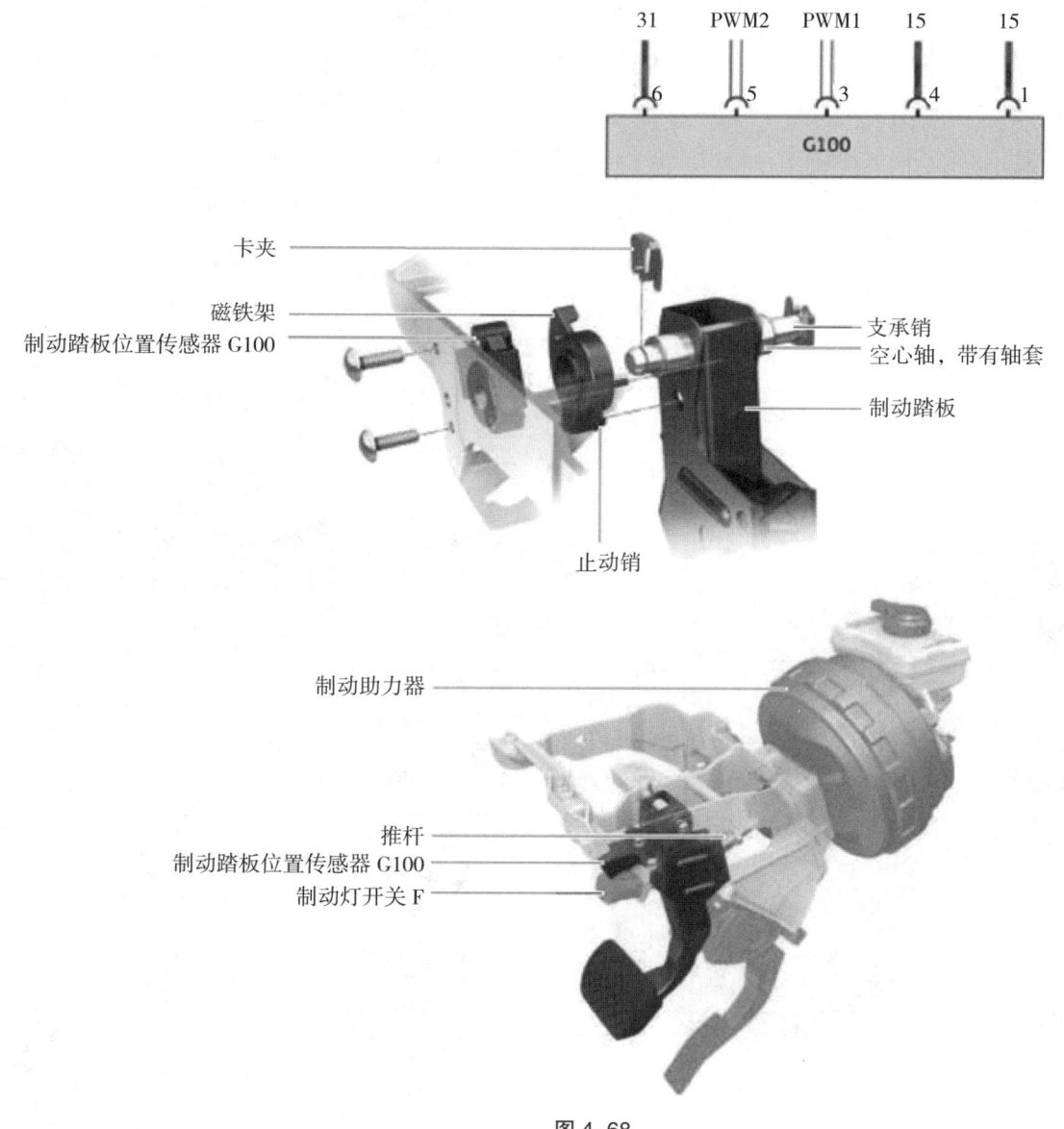

图 4-68

如果更换了制动踏板位置传感器 G100、磁铁架或者发动机控制单元，必须用车辆诊断仪来让发动机控制单元学习传感器的零位。如果传感器 G100 失效了，那么就不会有制动能量回收了。在组合仪表显示屏上，这时会显示如图 4-69 所示的黄色警报灯。

图 4-69

十四、机电一体模块 E26/9（用于带有选挡拉索的换挡操纵机构）

在奥迪 Q5 hybrid quattro 和奥迪 A6 hybrid 上，是用传统的选挡拉索来传递选挡杆位置信息和驻车锁的操纵情况的，这个选挡拉索铰接在变速器操纵杆上。变速器操纵杆通过换挡轴与驻车锁杆相连。驻车锁杆操纵纯机械式的驻车锁并通过一个销子推动了行驶挡位传感器 G676 的滑块。行驶挡位传感器 G676 是机电一体模块的一个组件，该传感器的滑块上的磁铁会根据位置切换 4 个霍耳传感器（A、B、C、D）。这些霍耳传感器的信号为变速器控制单元提供了所在挡位信息（P、R、N、D）。换挡操纵机构的选挡杆传感器 J587 产生 D/S 信号（Tip-Sport 信号），用于切换到运动挡位和 tiptronic 模式信号。tiptronic 模式信号也可以通过方向盘上的 tiptronic 开关通知变速器控制单元。这种操纵结构的机电一体模块在生产商 ZF 公司被称作 E26/9，如图 4-70 和图 4-71 所示。该机电一体模块是从 E26/4 发展而来的。E26/4 是用在了奥迪 A6（4G）车上的 0BK 变速器中。机电一体模块 E26/9 与 E26/4 的根本区别在于 E26/9 无选挡滑阀，操控的是离合器 F 而不是锁止离合器。

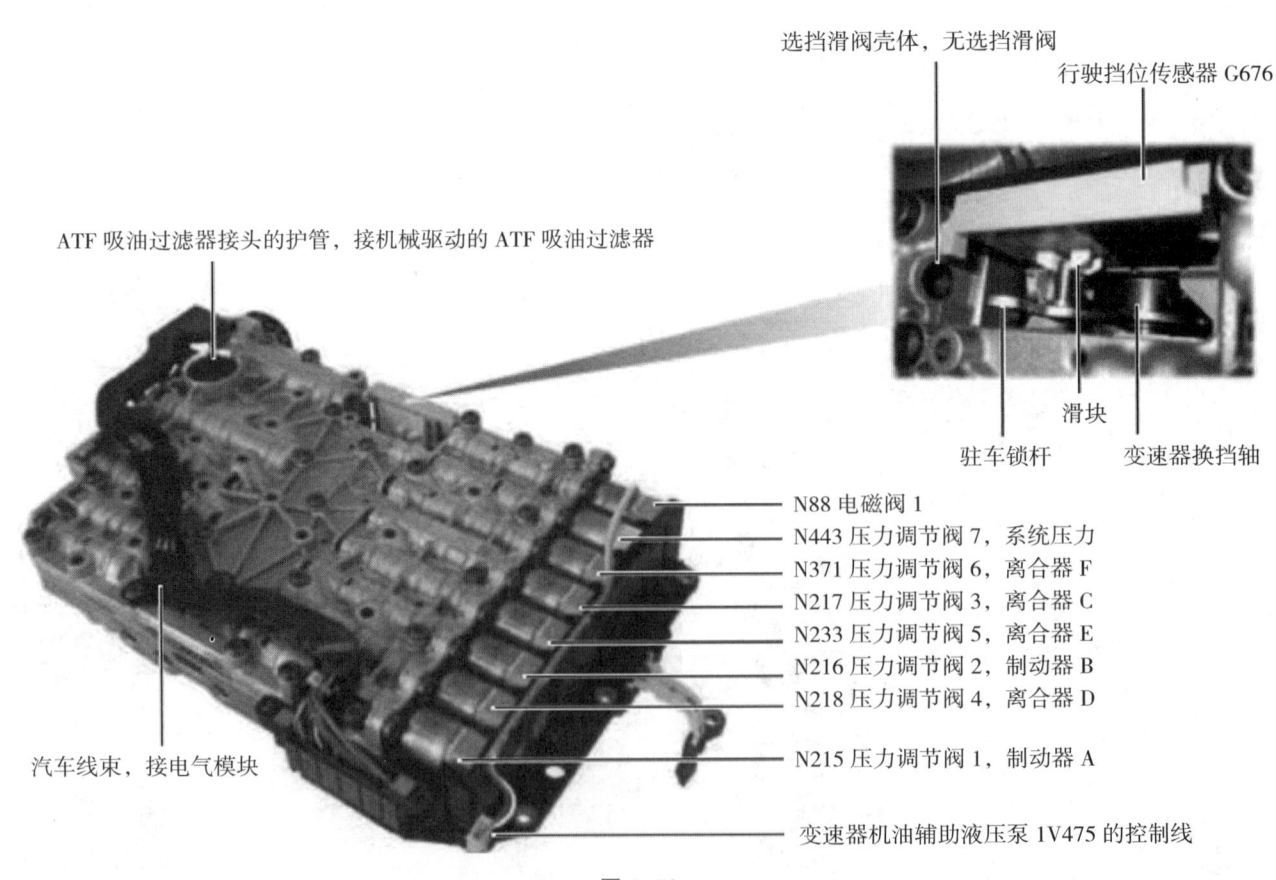

图 4-70

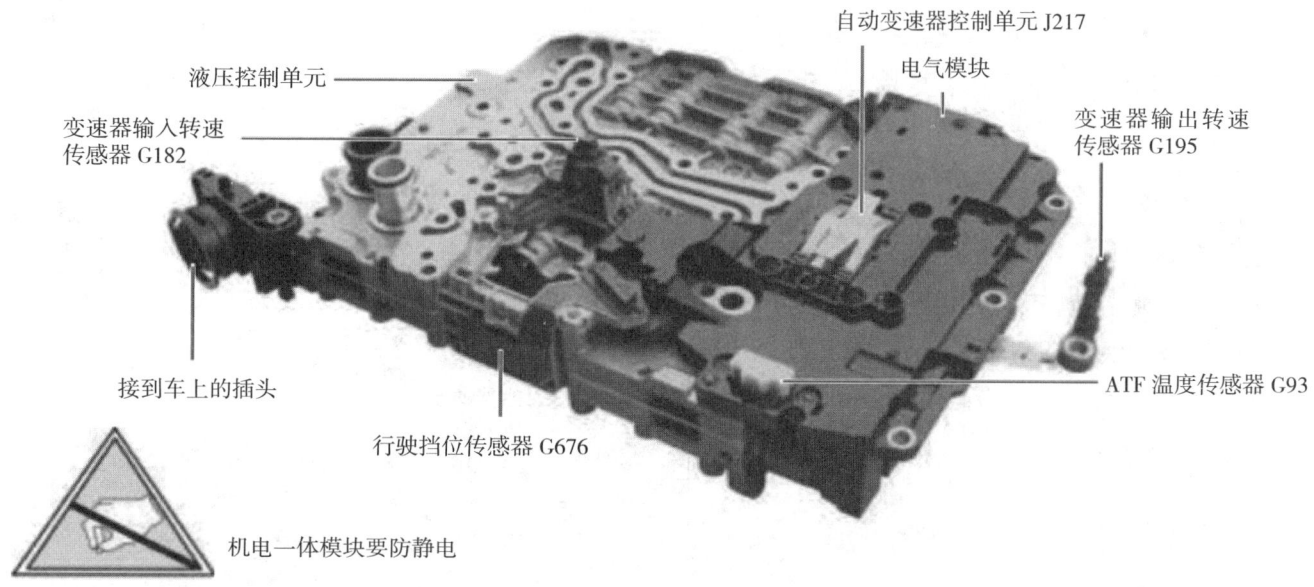

图 4-71

E26/9 的液压接口（如图 4-72 和图 4-73 所示）：ATF 经这些液压接口被送往相应的执行元件。压力调节阀 N443 用于调节液压控制系统的系统压力。电磁阀 N88 在奥迪 Q5 hybrid quattro 和奥迪 A6 hybrid 上是用于控制位置阀的。压力调节阀 N215、N216、N217、N218、N233 和 N371 用于调节操控制动器和离合器的液压压力。

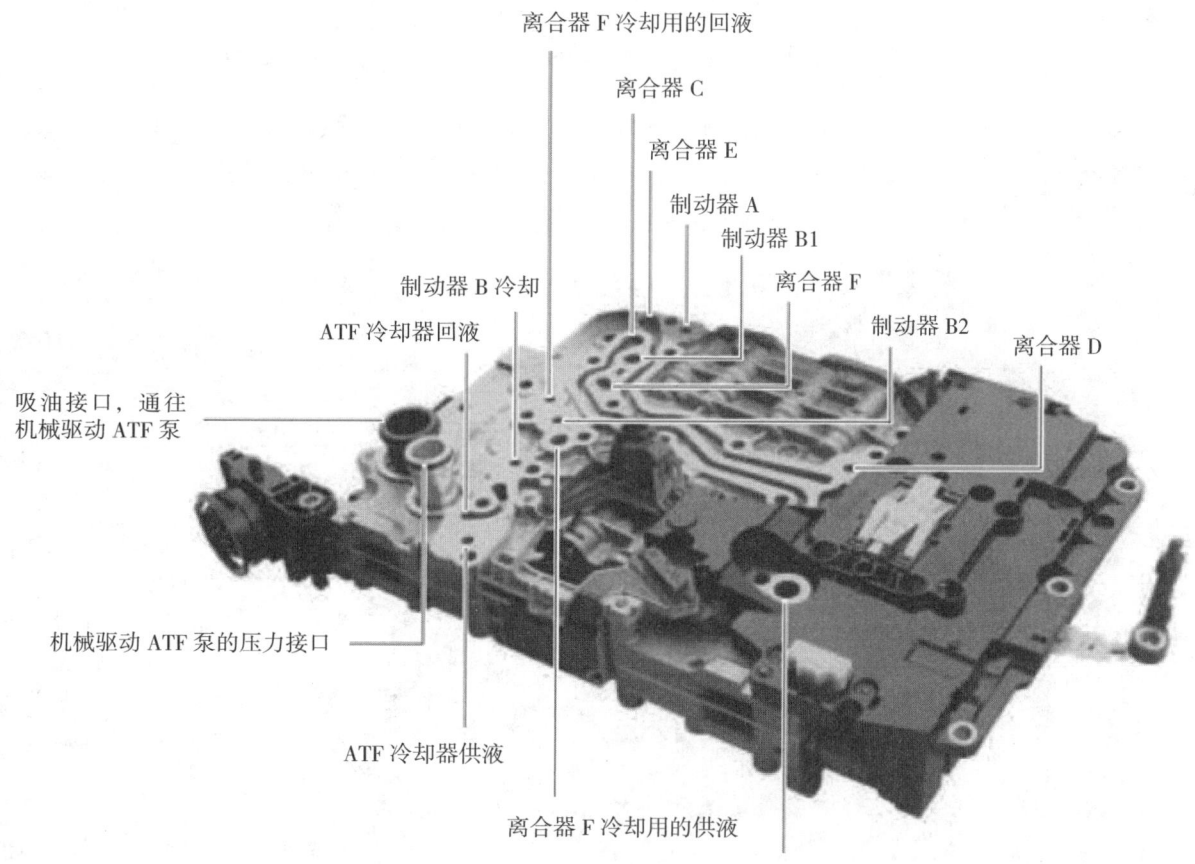

图 4-72

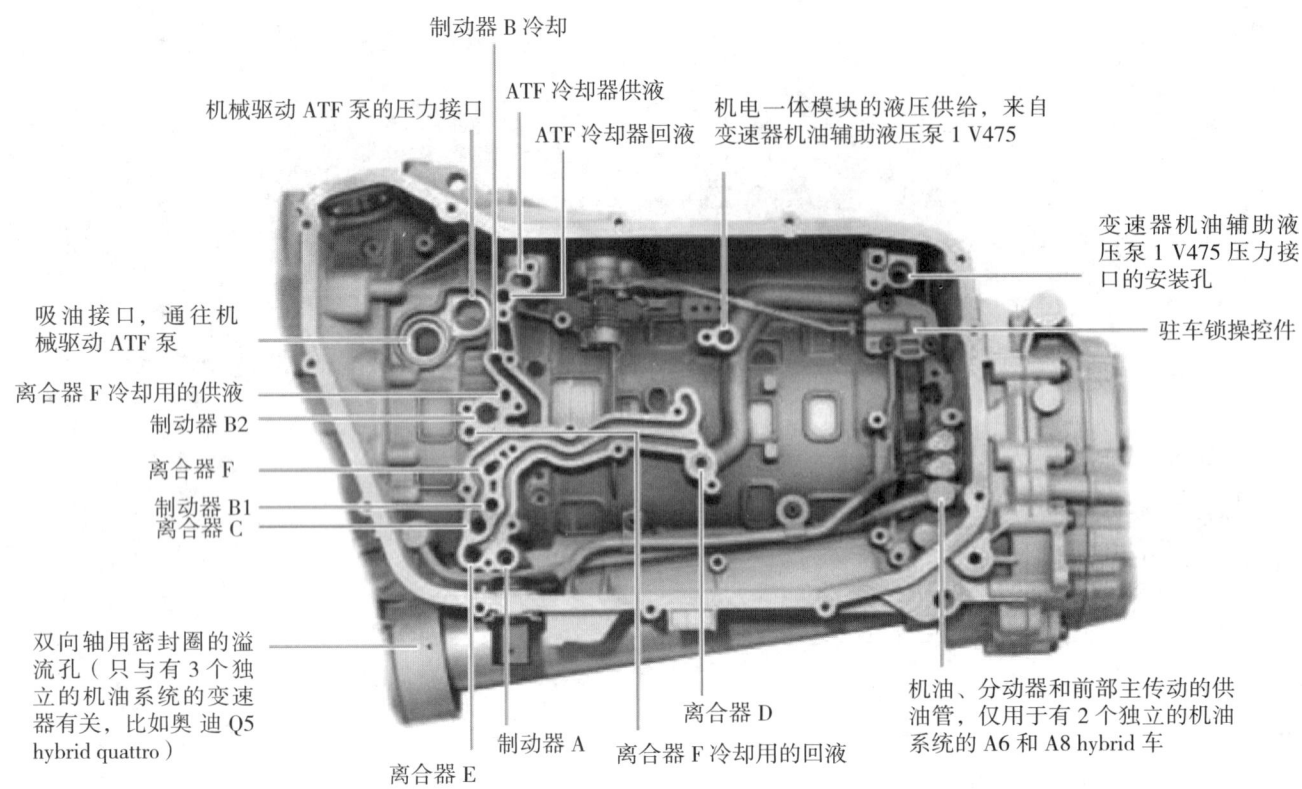

图 4-73

十五、机电一体模块 E26/11（用于带有"线控换挡"的换挡操纵机构）

在奥迪 A8 hybrid 上，换挡操纵机构和变速器之间的联系以及驻车锁的操纵是通过"线控换挡"技术这种操纵结构的机电一体模块，在生产商 ZF 公司被称作 E26/11，如图 4-74 和图 4-75 所示。该机电一体

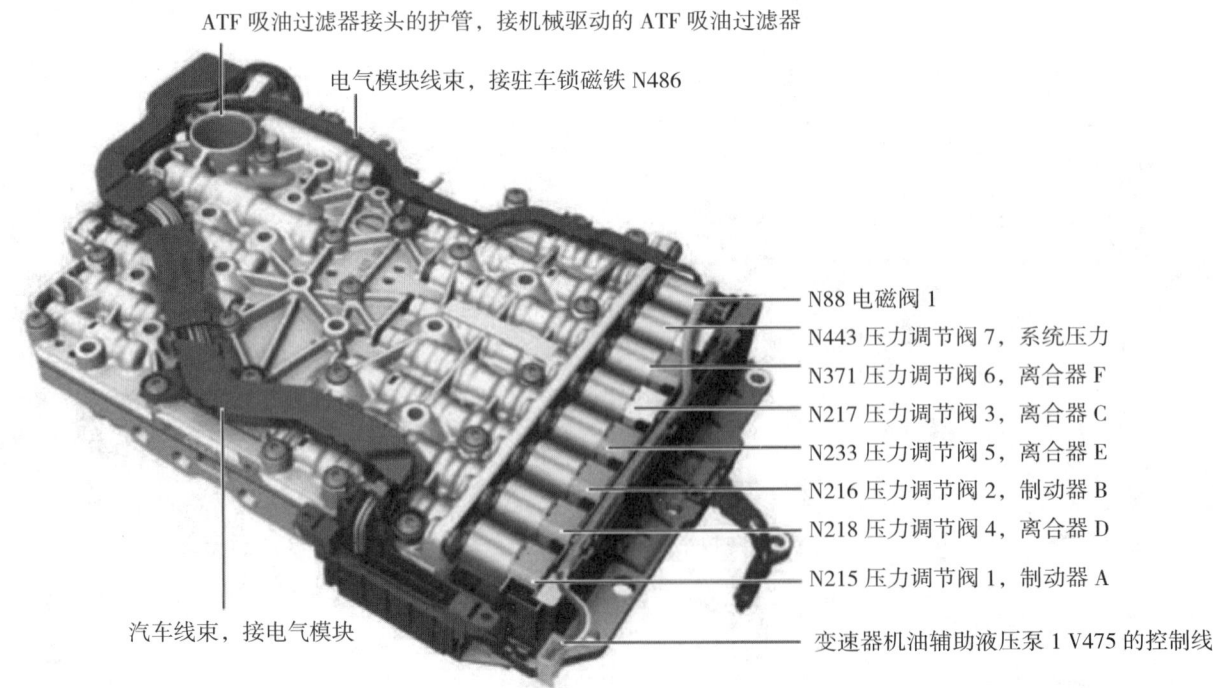

图 4-74

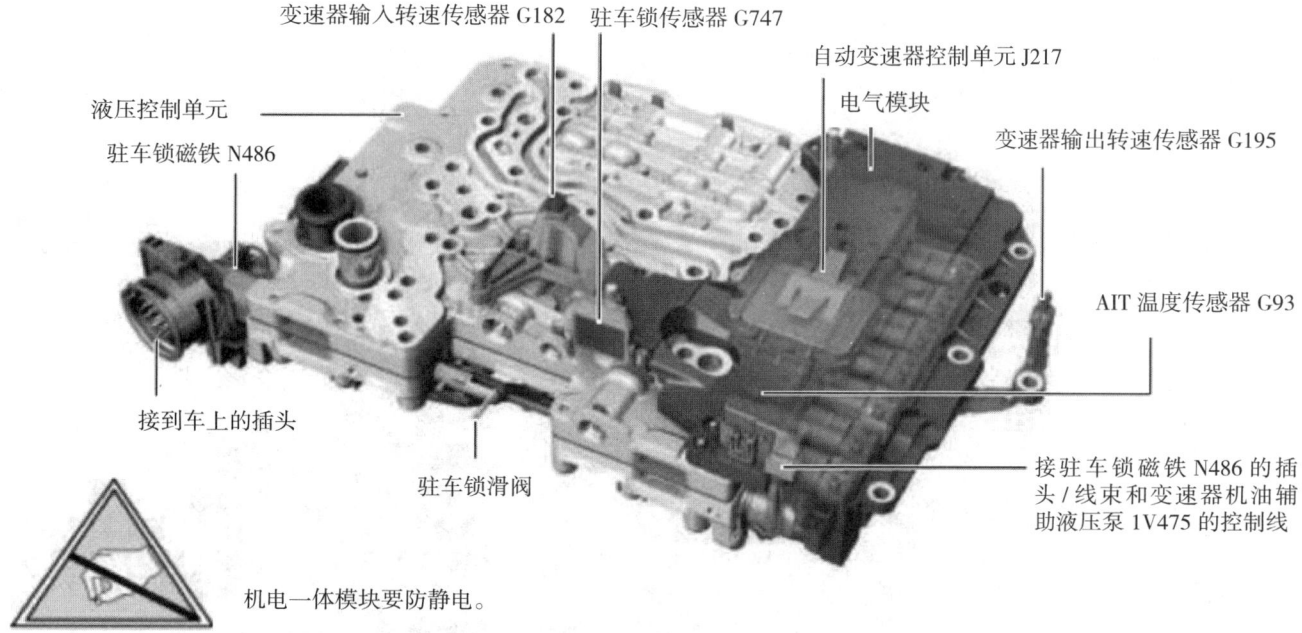

图 4-75

模块是从 E26/6 发展而来的。E26/6 是用在了奥迪 A8（4H）车上的 0BK 变速器中。机电一体模块 E26/11 与 E26/6 的根本区别在于 E26/11 操控的是离合器 F 而不是锁止离合器。

E26/11 的液压接口（如图 4-76 和图 4-77 所示）：ATF 经这些液压接口被送往相应的执行元件。压

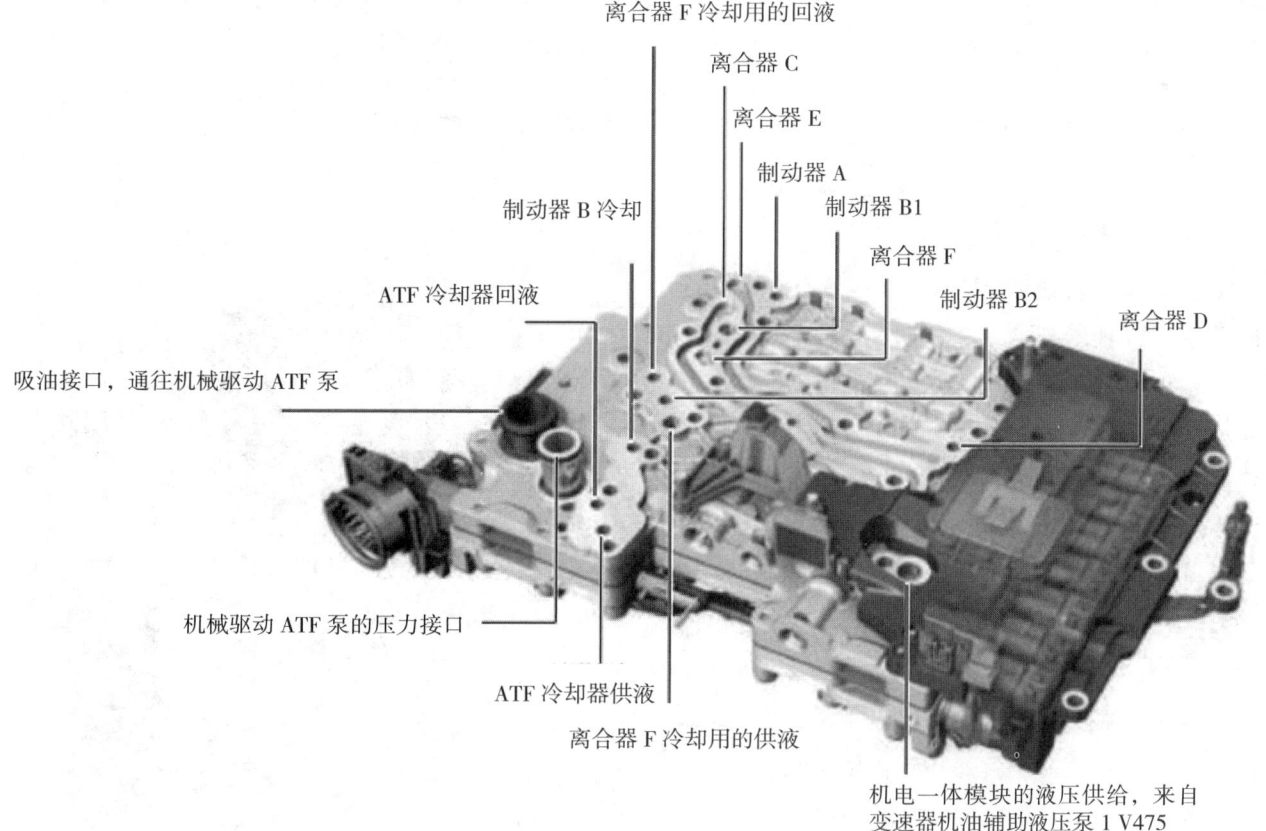

图 4-76

173

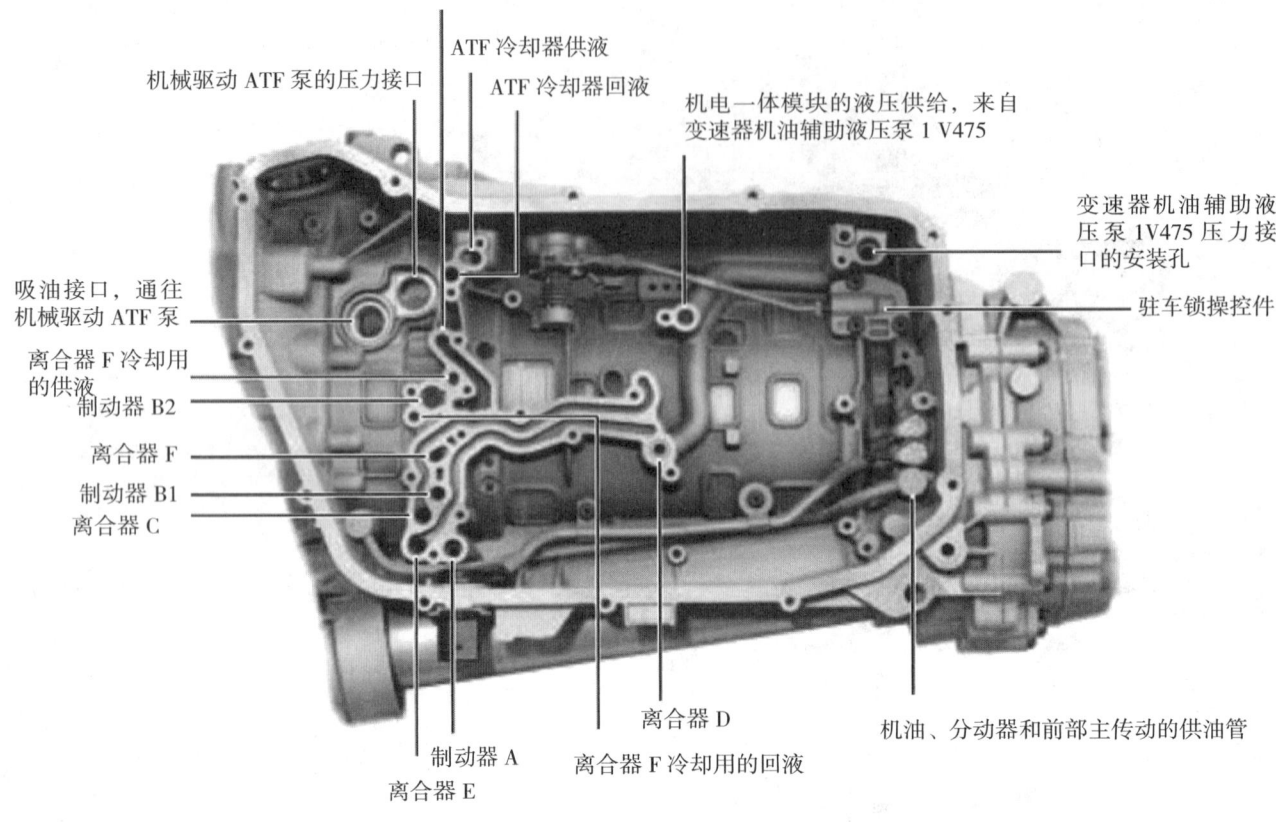

图 4-77

力调节阀 N443 用于调节液压控制系统的系统压力。电磁阀 N88 是用于控制驻车锁阀的,压力调节阀 N215、N216、N217、N218、N233 和 N371 用于调节操控制动器和离合器的液压压力。

十六、变速器输入转速传感器 G182 和变速器输出转速传感器 G195

转速传感器 G182 和 G195 都是采用霍耳原理来工作的。

(一)变速器输入转速传感器 G182

变速器输入转速传感器 G182 的靶轮固定在行星齿轮架 PT1 上,如图 4-78 所示。PT1 并非直接与变速器输入轴连接,因此该传感器的测量值也不是严格意义上的变速器输入转速。在 1、2 和 R 挡时,制动器 A 和 B 是接合着的,PT1 是停止不动的,因此该传感器不传送转速信号。在这种情况下,变速器输入转速是通过发动机转速和变速器输出转速来确定的。在 3~8 挡时,PT1 会按照行星齿轮组的传动比在转动。在这些挡位时,测量值用于计算变速器输入转速。在 6 挡时,传动比是 1.00,此时行星齿轮架 PT1 的转速(也就是传感器的测量值)就是变速器输入转速。当离合器 F 接合且挂入 6 挡时,G182 测得的转速就是发动机的转速。

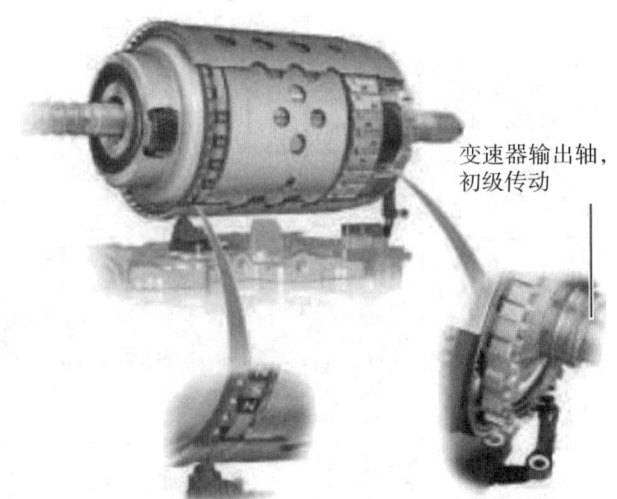

图 4-78

（二）变速器输出转速传感器 G195

G195 用于侦测行星齿轮机构的输出转速。变速器输出转速传感器 G195 的靶轮在行星齿轮架 PT4 上，靶轮的钢质齿呈冠齿状布置。行星齿轮架 PT4 同时构成了变速器从动轴（变速器从动轴转速 = 变速器输出转速）。

（三）传动装置示意图

传动装置示意图如图 4-79 所示。

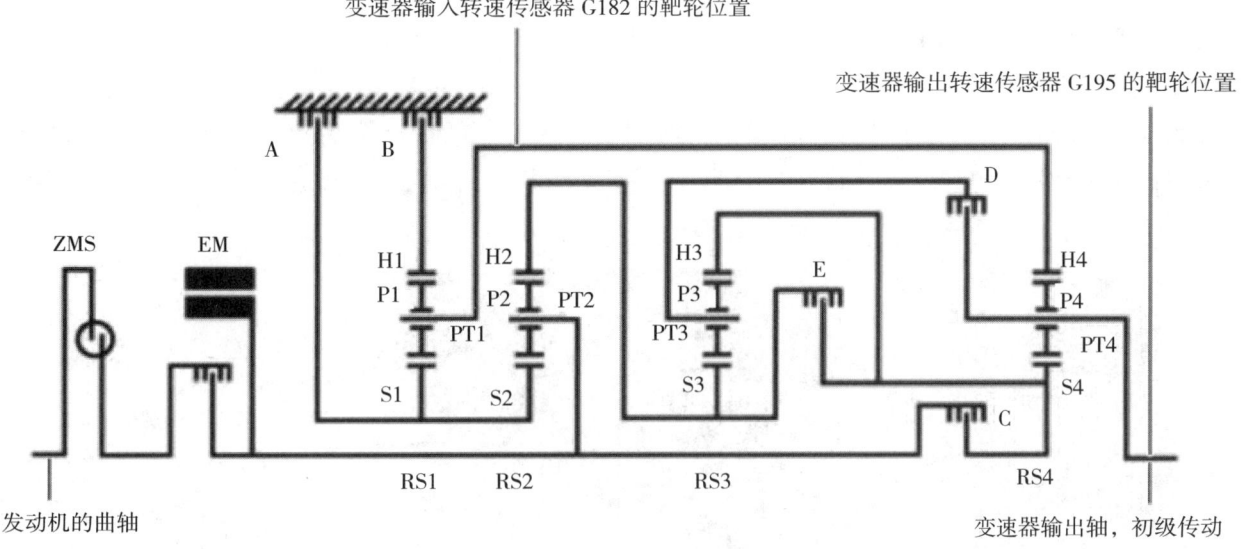

RS1（2、3、4）.行星齿轮组1（2、3、4） PT1（2、3、4）.行星齿轮架1（2、3、4） S1（2、3、4）.行星齿轮组1的太阳轮（2、3、4） P1（2、3、4）.行星齿轮组1的行星齿轮（2、3、4） H1（2、3、4）.行星齿轮组1的齿圈（2、3、4） ZMS.双质量飞轮 EM.电机（电驱动装置电机V141） A、B.多片式制动器 C、D、E、F.多片式离合器

图 4-79

十七、ATF 温度传感器 G93 和驻车锁传感器 G747

（一）ATF 温度传感器 G93（如图 4-80 所示）

图 4-80

1. 下述功能需要用到 ATF 温度：

（1）在换挡过程中用于适配换挡压力（系统压力）以及建立压力和卸掉压力。

（2）用于激活或者关闭取决于温度的功能。

（3）用于确定机油温度。

（4）用作自动变速器控制单元 J217 内的温度传感器替代信号，这个信息是用于执行降低 ATF 温度的那些措施的。

2. 失效时的影响。

有替代值（J217 内的温度传感器的值有补偿）且故障存储器内会有故障记录。

（二）驻车锁传感器 G747

在奥迪 A8 hybrid 上，驻车锁传感器 G747 用来监控驻车锁的位置。该传感器是机电一体模块 E26/11 的组件，由两个霍耳传感器构成，如图 4-81 所示。这两个霍耳传感器由驻车锁杆上的永久磁铁来切换。

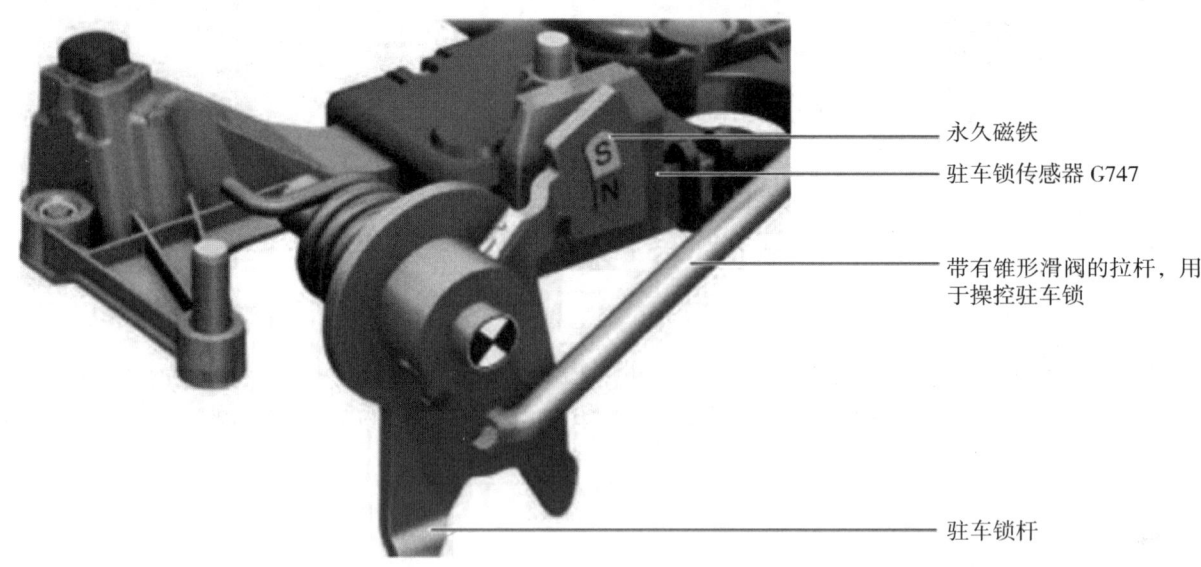

图 4-81

第八节　变速器的信息和数据交换

一、奥迪 Q5 hybrid quattro

变速器机油辅助液压泵 1 V475 在启动车辆时（点火开关接通），经主继电器 J271 和泵继电器 J510 就一直通上了电。只有当 12V 电网可靠供电，主继电器才会接通，这样就避免了 12V 电网无意中放电。变速器控制单元通过两根控制线来激活并传输变速器机油辅助液压泵 1 V475 的诊断数据，信息和数据交换如图 4-82 和图 4-83 所示。

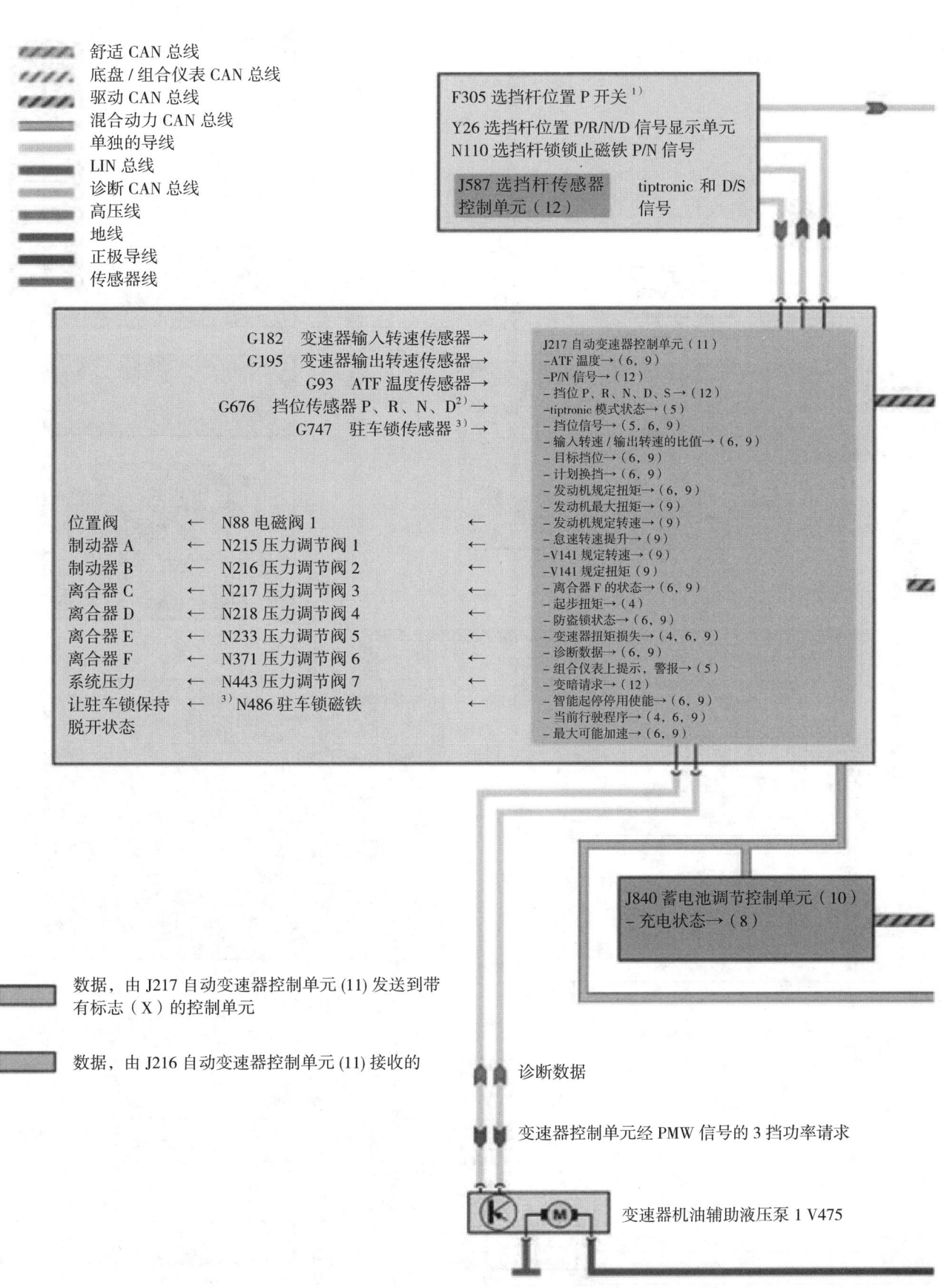

图 4-82

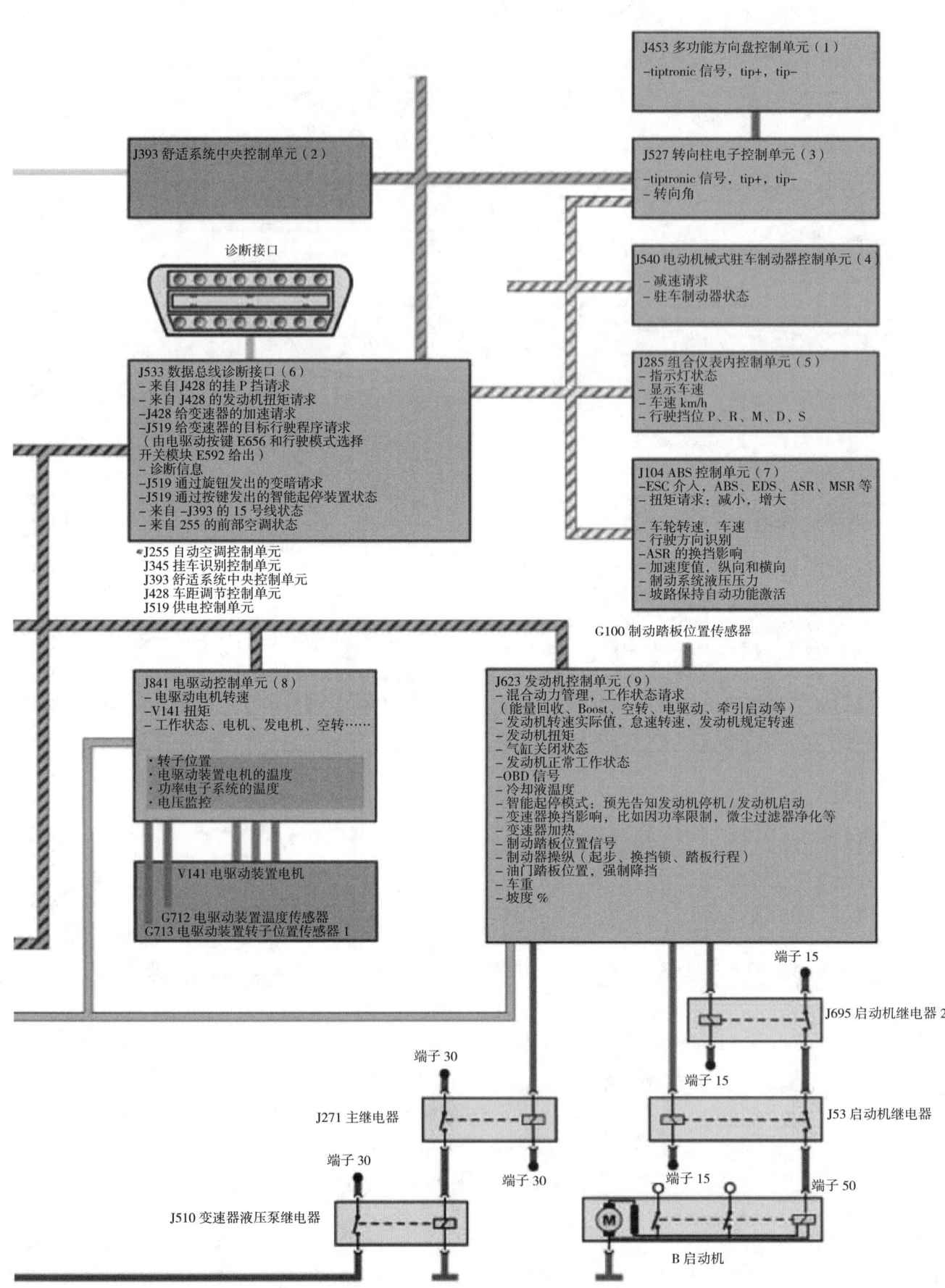

图 4-83

第九节 ATF、齿轮油和电驱动装置电机 V141 的冷却循环

一、奥迪 Q5 hybrid quattro

（一）ATF 冷却（如图 4-84 所示）

与其他奥迪 Q5 车型一样，在奥迪 Q5 hybrid quattro 上，ATF 是 ATF 冷却器完成的，该冷却器就是集成在发动机散热器上的一个 ATF 热交换器。

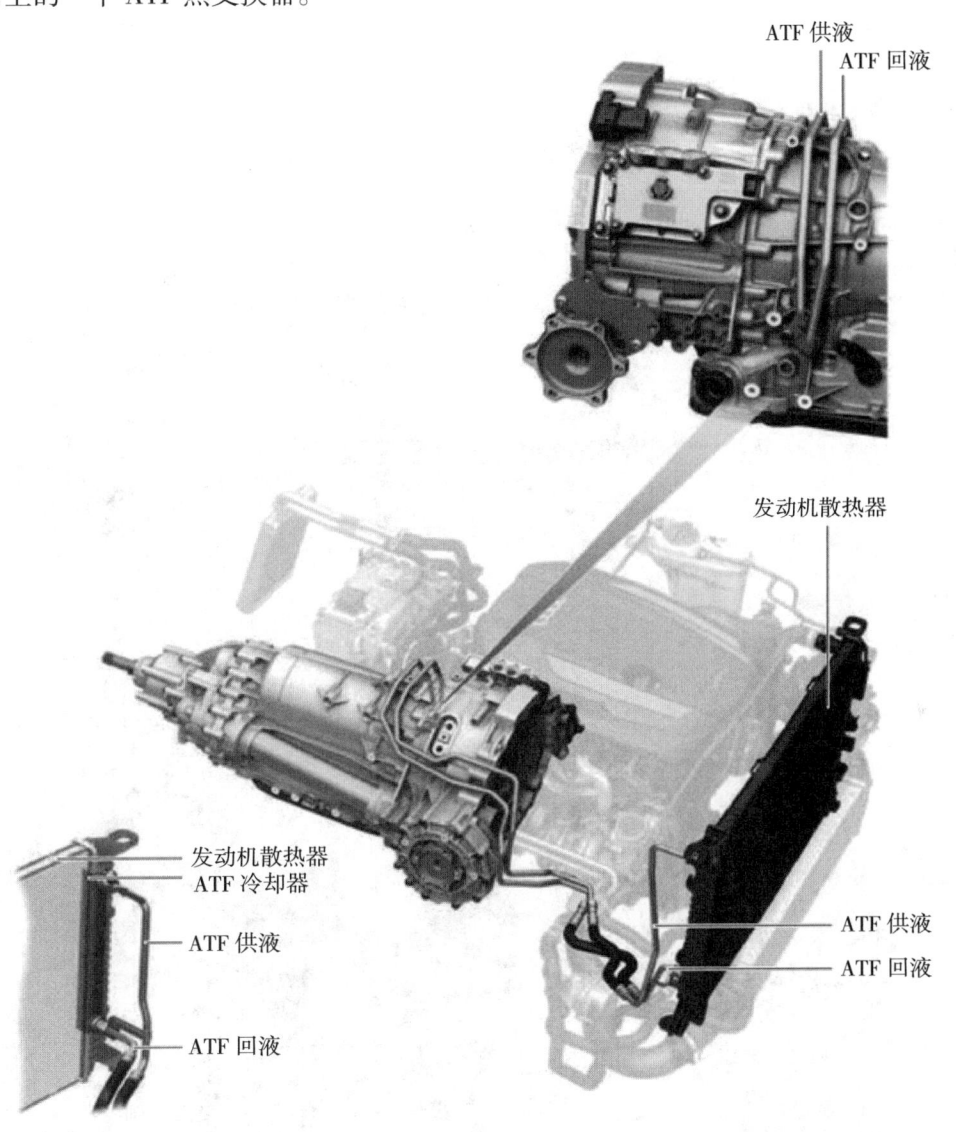

图 4-84

（二）ATF 冷却器说明

如果 ATF 冷却器泄漏，冷却液会进入 ATF。ATF 内即使进入非常少的冷却液，也会影响离合器的调节。可以通过乙二醇检测来确认 ATF 中是否有乙二醇。在奥迪 Q5 hybrid quattro 上没有用于分动器或者前桥主传动机油的冷却器。

（三）电驱动装置电机 V141 的冷却

电驱动装置电机 V141 在低转速、大扭矩输出时，会产生热量，这热量必须散掉。V141 上配备了水

套来散热，水套是并联在暖风热交换器的，冷却液循环管路上的水泵 V467 负责水套中冷却液循环，阀 N82 和 N422 用于控制冷却液液流，这两个阀在不通电时是打开着的。阀 N82 和水泵 V467 由发动机控制单元 J623 来控制；阀 N422 由自动空调控制单元 J255 来控制，如图 4-85 和图 4-86 所示。

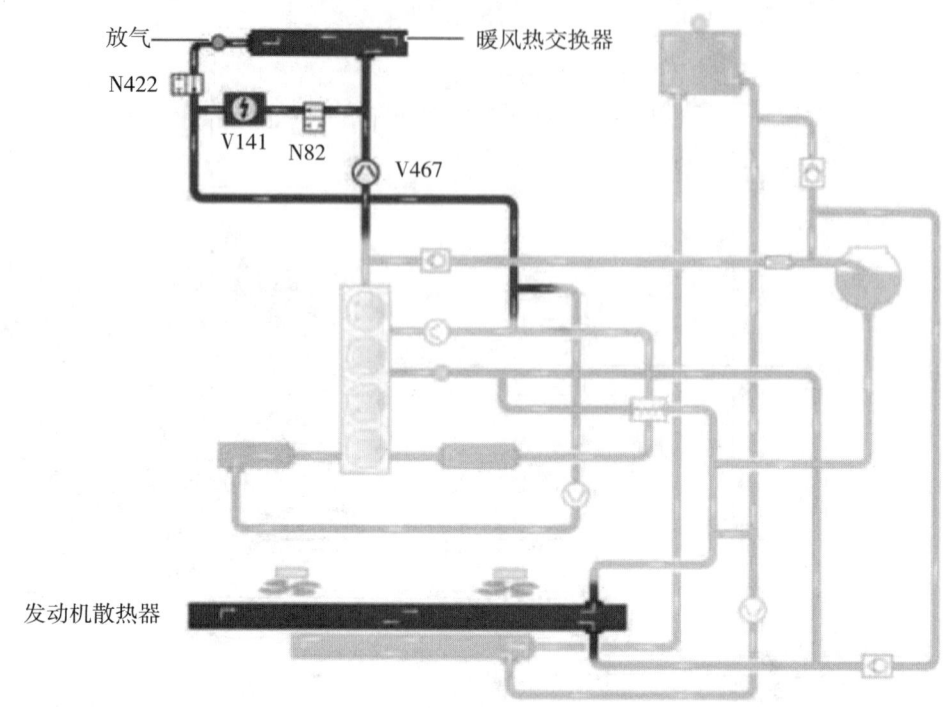

图 4-85

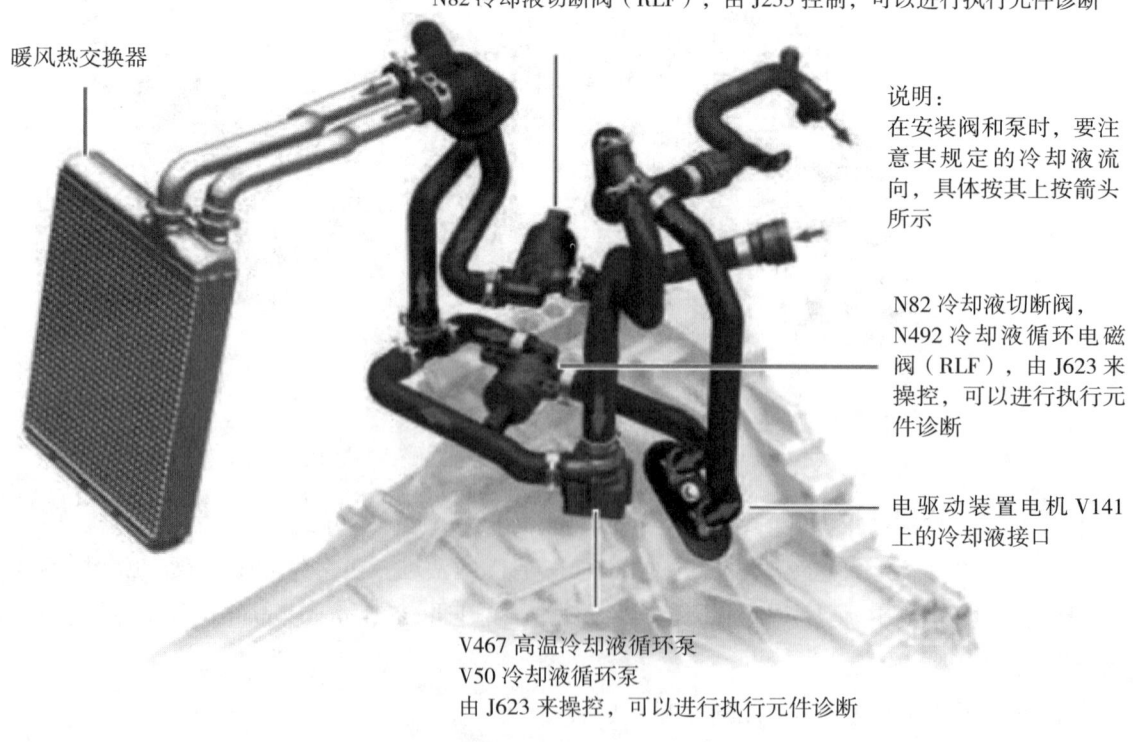

图 4-85

二、奥迪 A6 hybrid 和 奥迪 A8 hybrid

如图 4-87 所示的是奥迪 A8 hybrid 上的冷却液循环。奥迪 A6 hybrid 上的变速器冷却和电驱动装置电机 V141 冷却，与奥迪 A8 hybrid 上的一样，只是导线布置有所不同且没有齿轮油冷却器。

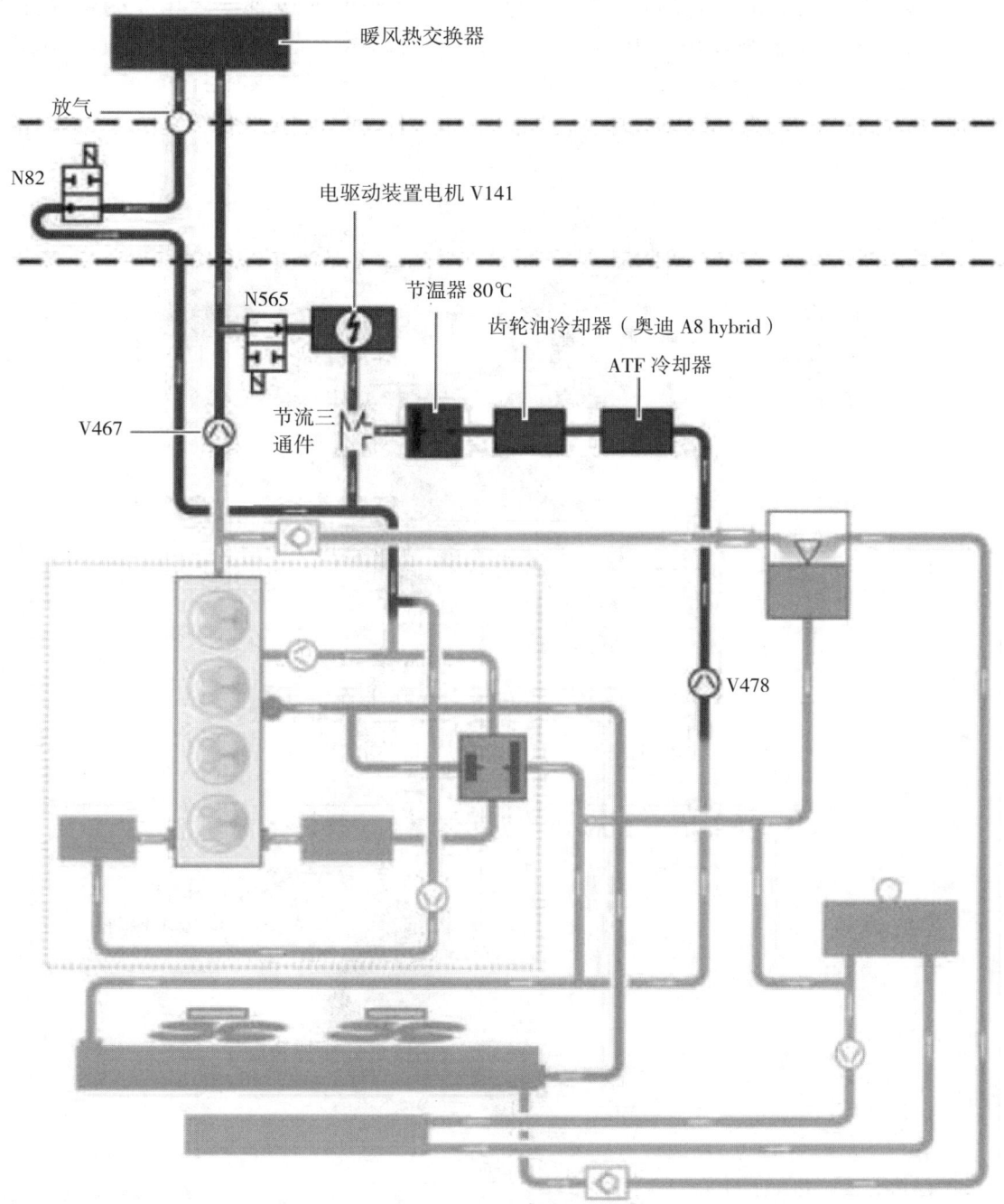

N82.冷却液切断阀　N565.电驱动装置冷却液阀　V467.高温冷却液循环泵　V478.齿轮油冷却泵　V141.电驱动装置电机

图 4-87

（一）ATF/ 齿轮油冷却

变速器冷却系统是并联在发动机的冷却循环管路上的，水泵 V478 负责其冷却液循环，一个节流三通件（T 形件）负责控制流量。当冷却液温度超过 80℃时，节温器就会打开管路。奥迪 A8 hybrid 上，在

ATF冷却器下游串联着一个齿轮油冷却器，它负责冷却分动器和主减速器的机油。说明：T形件和节温器上都标有箭头，这就是冷却液的流动方向。如果方向不对，那么变速器冷却就无法正常工作。

（二）驱动电机V141的冷却

与奥迪Q5 hybrid quattro车一样，在奥迪A6 hybrid和奥迪A8 hybrid上的V141也有水套，水套是并联在暖风热交换器的冷却液循环管路上的，如图4-88所示。水泵V467负责水套中冷却液循环。用阀N82和N565来控制冷却液液流，这两个阀在不通电时是打开着的。阀N565和泵V467由发动机控制单元J623来操控；阀N82由自动空调控制单元J255来操控。

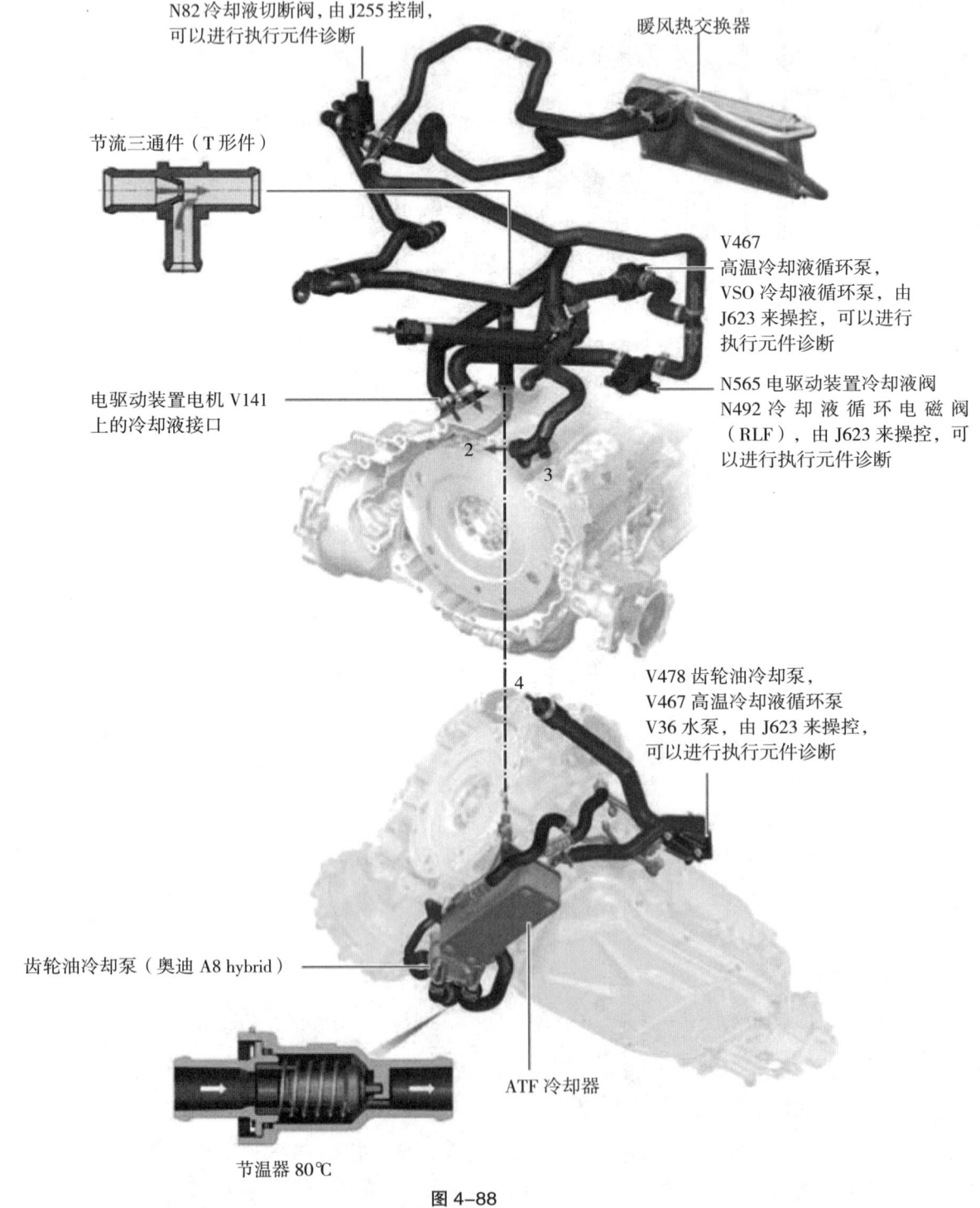

图4-88

第十节　售后服务

一、牵引启动和牵引

牵引启动是用于启动发动机的，如果蓄电池电能太低或者启动机不工作，就无法使用牵引启动了，因为没有系统的液压力时，变速器的离合器是脱开着的，齿轮和发动机之间是无法传递动力的。牵引所有配备了0BW变速器的车要注意：牵引距离不可超过50km，牵引车速不可超过50km/h。因为在牵引过程中，ATF泵是不工作的，变速器内某些部件就得不到润滑。不遵守这个距离和车速限制规定，可能会导致变速器损坏。另外，车型不同，牵引条件也不同。

1. 奥迪 Q5 hybrid quattro。

（1）选挡杆置于挡位 N。

（2）不可抬起前桥或者后桥来牵引车辆（因为这是四驱车）。

2. 奥迪 A6 hybrid。

选挡杆置于挡位 N。

3. 奥迪 A8 hybrid。

通过应急开锁装置松开驻车锁。

二、更换 ATF

0BW 变速器上的 ATF 是有更换周期的，更换时，只可使用电子备件目录中给定的纯 ATF。在更换 ATF 时，ATF 滤清器不需要更换，该滤清器可终生使用。在 ATF 温度在 35~45℃（热带国家为 50℃）时检查 ATF 液面高度，用车辆诊断仪来读取 ATF 温度。在 ATF 达到了检查温度时，对于奥迪 Q5 hybrid quattro 来说，ATF 检查螺塞的螺纹孔下边缘处，就是 ATF 应该达到的高度。对于奥迪 A6 hybrid 和奥迪 A8 hybrid 来说，也要首先在这个温度条件下调整 ATF 液面高度。然后将螺塞拧入检查口，通过对面的加注口补加 360mL 的 ATF。这个加注口位于 ATF 冷却器的管路连接上方。说明：奥迪 A6 和奥迪 A8 上的 ATF 冷却器的容积比奥迪 Q5 上的要大一些，因此在车辆运行中，前两种车上的 ATF 液面下降得就更多一些，这使得变速器机油辅助液压泵 1 V475 抽取 ATF 就变得困难了。所以，补加 ATF，就是为了防止辅助液压泵抽取了空气。

三、诊断

使用车辆诊断仪，可以通过其内部的检测程序来检查所有的传感器和执行元件（如阀和泵）。另外，对于变速器控制单元，可以执行下述导航功能：

（1）查询故障存储器。

（2）清除故障存储器。

（3）识别服务。

（4）读取测量值。

（5）给控制单元编制代码（通过"控制单元自适应"这个功能来进行）。

四、自适应行车

变速器自适应的目的在于补偿变速器部件的制造公差以及长时间工作后的变化，以便保持良好而持续的换挡质量。一旦自适应条件具备了，在行车中就会对各参数进行自适应，驾驶员是感觉不到这个自适应过程发生的。

1. 在下述条件下，需要通过车辆诊断仪来执行变速器自适应。

（1）用户抱怨换挡生硬。

（2）更换 ATF 后。

（3）修理了离合器后。

（4）更换了机电一体模块或者变速器后。

（5）软件升级后。

（6）更换控制单元。

（7）自适应行车。

2. 控制单元自适应。

（1）组合仪表上各挡位显示：Dein/Sein, Daus/Saus。

（2）极限转速前强制升挡：激活 / 未激活。

（3）驻车动力断开（此处无状态可选）。

（4）方向盘上的 tiptronic 开关：激活 / 未激活。

使用自诊断的控制单元自适应这个功能，可以满足用户的个性需求。执行规定值 / 实际值比较这个功能，自适应就会被重置为出厂时的设定。

3. 自适应行车作用。

（1）引导式自适应行车，旧的自适应值先被清除。

（2）引导式对各离合器进行自适应，以前的自适应值保留。

（3）分析各离合器的自适应值。

（4）重置或清除自适应值。

在自适应行车过程中，请务必留意交通状况。

第五章　一汽奥迪 A3 Sportback e-tron

第一节　引　言

奥迪 A3 Sportback e-tron 是插电式（Plug-in）混合动力车，如图 5-1 所示。在灵活性方面提供了一个整体解决方案。驾驶员根本不需要改变任何习惯，因为奥迪 A3 Sportback e-tron 车完全可以保证电动应用的灵活性。车速不高于 50km/h 时，该车是纯电动行驶的，这时是通过一台大功率电机（75kW）来驱动的。车速不高于 130km/h 时，本车可以以电动方式来工作。如果车速很高或者急加速时，车辆会自动切换到发动机工作状态。奥迪 A3 Sportback e-tron 车将两个优点结合在了一起：电机驱动可实现无排放行车；发动机可让车辆行驶较长的里程。这就将驾驶乐趣和环保意识结合在了一起。

本车的识别标记如图 5-2 和图 5-3 所示。

图 5-1

MM1 系统上有 e-tron 这个显示内容

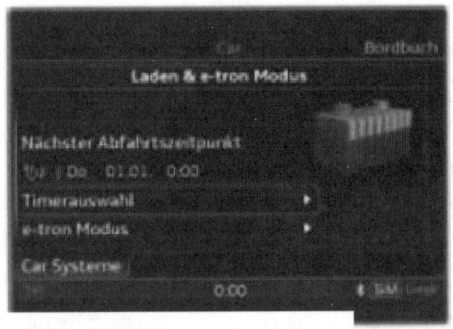

仪表板（副驾驶员一侧）有 e-tron 这个字符

EV 模式开关

发动机舱内的装饰盖板上有 e-tron 这个字符

e-tron 专用的单框一体式（Singlofrane）散热器格栅，黑色镀铬亚光的

e-tron 专用前保险杠，空气进气口装饰板上有两个铝质外观件

翼子板上有 e-tron 这个字符

换挡杆上有 e-tron 这个字符

图 5-2

组合仪表上带有功率表和 e-tron 这个显示

行李箱盖上有 e-tron 这个字符

e-tron 专用后保险杠，带有扩压管和铝质外观件，看不见排气尾管

e-tron 轻金属轮

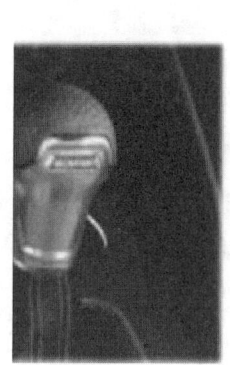

蹬车装饰条上有 e-tron 这个字符

侧围上的 S line

图 5-3

技术数据如表 5-1 所示。

表 5-1

结构形式	插电式（Plug-in）混合动力（PHEV）
蓄电池类型	锂离子系统
总容量（kW）	8.8
纯电动行驶时的最高车速（km/h）	130
最高车速（km/h）	222
纯电动行驶时 0~60km/h 加速时间（s）	4.9
0~100km/h 加速时间（s）	7.6
纯电动行驶的可达里程（km）	最大 50
总的可达里程（km）	最大 940
风阻系数（G_w）	0.32
正面迎风面积（m^2）	2.13
燃油箱容积（L）	40

第二节　动力装置

一、技术数据

（一）扭矩 – 功率特性曲线

EA211 系列 1.4L TFSI 发动机，发动机代码 CUKB，特性曲线如图 5-4 所示。

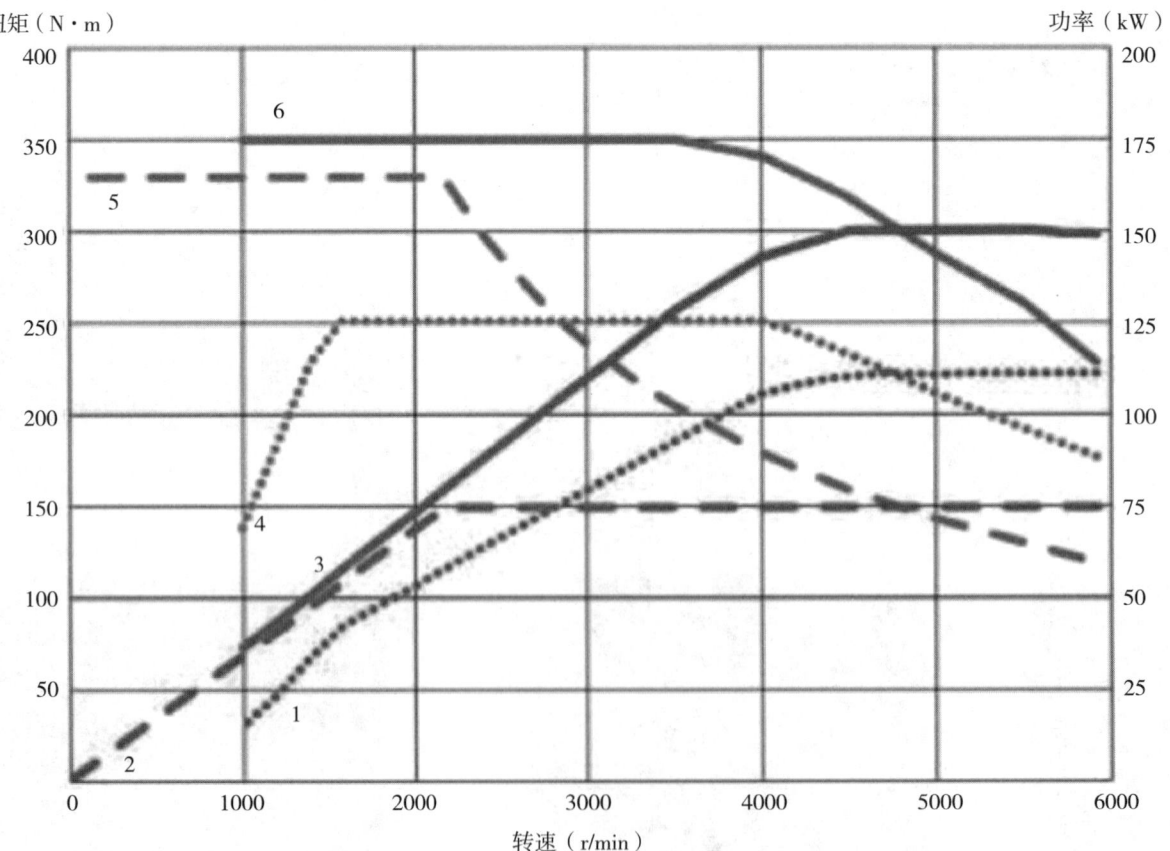

1.发动机（功率）　2.电机（功率）　3.系统（15s）(功率)　4.发动机（扭矩）　5.电机（扭矩）　6.系统（15s）（扭矩）

图 5-4

（二）发动机、电机和变速器

发动机、电机和变速器如图 5-5 所示。技术参数如表 5-2 所示。

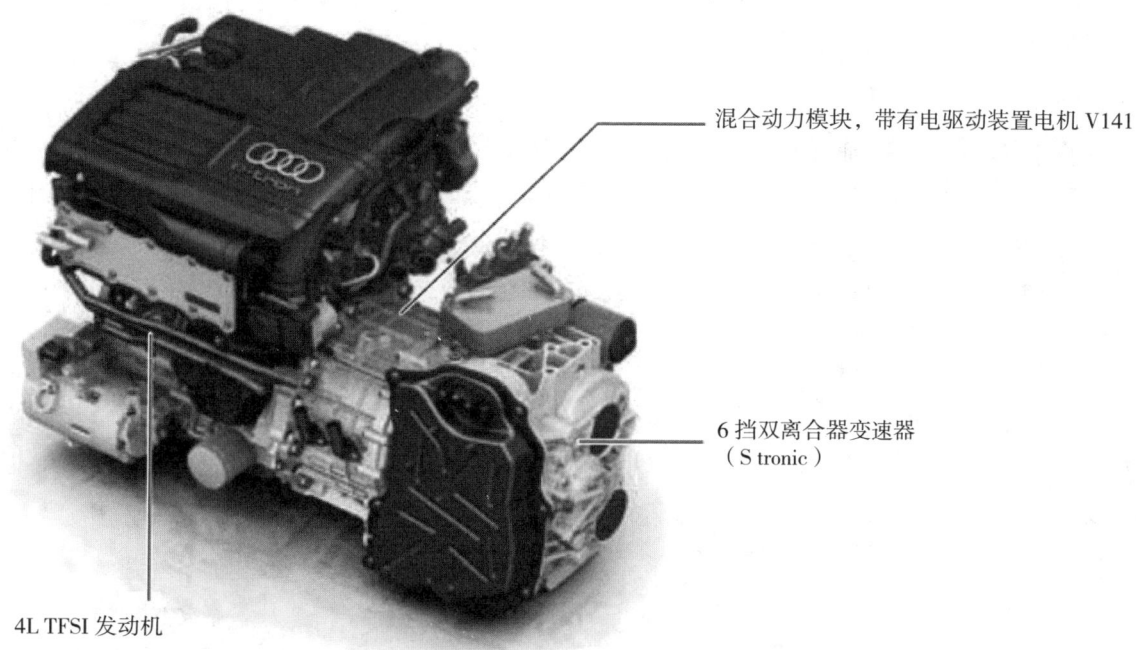

标注：混合动力模块，带有电驱动装置电机 V141；6 挡双离合器变速器（S tronic）；4L TFSI 发动机

图 5-5

表 5-2

内容	技术数据
发动机代码	CUKB
结构形式	四缸直列发动机
发动机功率（kW）	110（转速在 5000~600r/min 时）
电机功率（kW）	75（转速在 2000~2300r/min 时）
系统功率（kW）	150
发动机扭矩（N·m）	250（转速在 1600~3500r/min 时）
电机扭矩（N·m）	330（转速不超过 2200r/min 时）
系统扭矩（N·m）	350
排量（cm^3）	1395
行程（mm）	80
缸径（mm）	74.5
每缸气门数	4
点火顺序	1—3—4—2
压缩比	10：1
燃油	高级无铅汽油 ROZ95
增压系统	废气涡轮增压器
发动机管理系统	Bosch MED 17.1.21
传动方式	6 挡双离合器变速器（S tronic）
λ 调节	1 个前置 λ 传感器和 1 个后置 λ 传感器
混合气形成	直喷
排放标准	EU6
综合油耗（L/100km）	1.5
综合 CO_2 排放（g/kg）	35
综合电耗（kWh/100km）	14.3

二、发动机

奥迪 A3 Sportback e-tron 上配备的是 EA211 系列的 1.4L TFSI 发动机，如图 5-6 所示。其功率是 110kW。由于有电机的原因，所以变速器长出了 57.5mm，发动机安装时也就相应地向右偏移这个尺寸。由于奥迪 A3 Sportback e-tron 可以在较长时间内都用纯电动方式来行驶，因此在很长时间内都可以不使用发动机。主轴承和连杆轴承以及活塞环都有专用涂层。另外，活塞间隙也进行了调整，气缸壁镜面也经等离子喷涂处理。在纯电动方式行驶时，也可以启动发动机，以便让催化净化器热起来。为了防止启动发动机时的磨损，在纯电动方式行驶时，可以通过让离合器 K0 短时接合来让发动机转起来，从而保证发动机再次启动时能获得足够的机油供给。在某些国家，发动机配备有二次空气系统。

图 5-6

发动机通过电机来启动。发动机控制单元 J623 将启动信息发送到双离合器变速器的机电一体模块 J743 上。于是离合器 K0 就接合了，将电机的转子与发动机的曲轴连接在一起。转子转动，就使得曲轴达到发动机的启动转速。发动机控制单元 J623 激活点火和喷射系统，于是发动机就启动了。如果在纯电动方式行驶时需要启动发动机，那么在离合器接合时就要提高电机的扭矩，以便足以让发动机启动，这样可防止出现耸车。启动后脱开离合器，发动机就开始空转了（无负荷）。在发动机转速与电机匹配好后，离合器 K0 就接合了。

三、燃油系统

由于在纯电动行驶时也会产生碳氢化合物，因此活性炭滤清器就有过载的危险，碳氢化合物也就无法再进行化合了。奥迪 A3 Sportback e-tron 上因此就配备了一个压力罐。在纯电动行驶时，通过合上燃油箱切断阀 N288 来关闭通向活性炭滤清器的管路，如图 5-7 所示。于是就可在燃油箱内建立起一个约 30kPa 的压力，该压力由燃油箱压力传感器 G400 传给发动机控制单元。

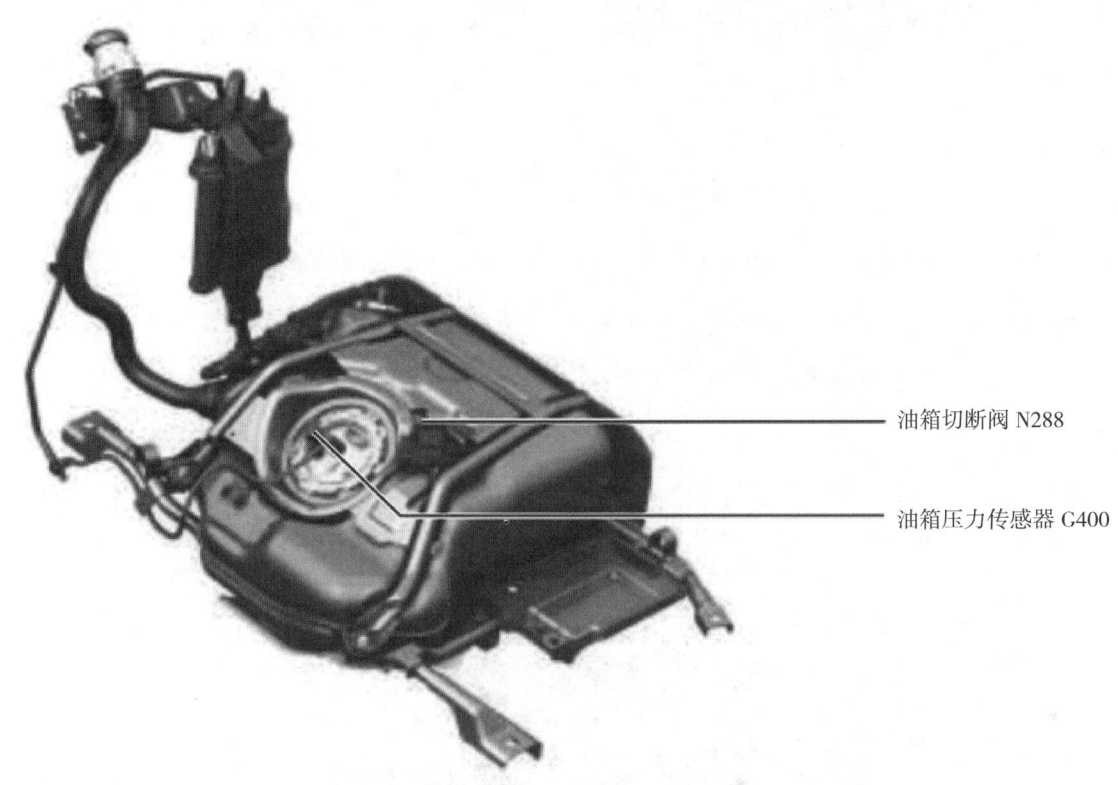

油箱切断阀 N288
油箱压力传感器 G400

图 5-7

燃油箱盖一直都是处于上锁状态的，无法用手打开。要想打开燃油箱盖，必须先卸掉燃油箱内的压力。如果驾驶员操纵燃油箱盖开锁按键 E319，如图 5-8 所示，发动机控制单元就会断开燃油箱切断阀 N288。燃油箱压力传感器 G400 会识别出压力是否卸掉。随后，供电控制单元 J519 会自动将燃油箱盖打开。组合仪表上会显示出燃油箱盖的状态，如图 5-9 所示。

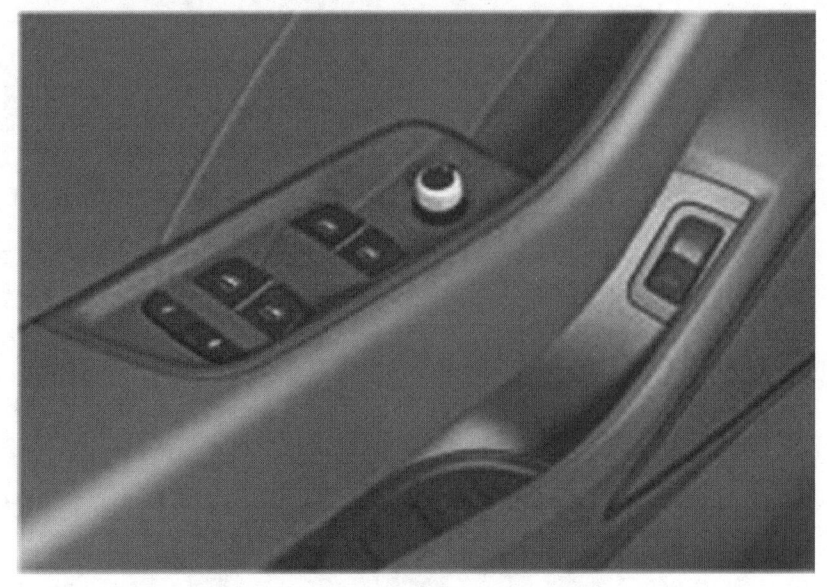

图 5-8

图 5-9

第三节 传动系统

一、一览

奥迪 A3 Sportback e-tron 的传动系统，采用的是前驱车的横置安装的 6 挡双离合器变速器 0DD，如图 5-10 所示。集成的电驱动装置电机 V141 是一台永久励磁式同步电机，其功率最大可达 75kW。该电机能将最大为 330N·m 的力矩输送给变速器。电驱动装置用于让车辆以纯电动方式起步和行驶，以及用于通

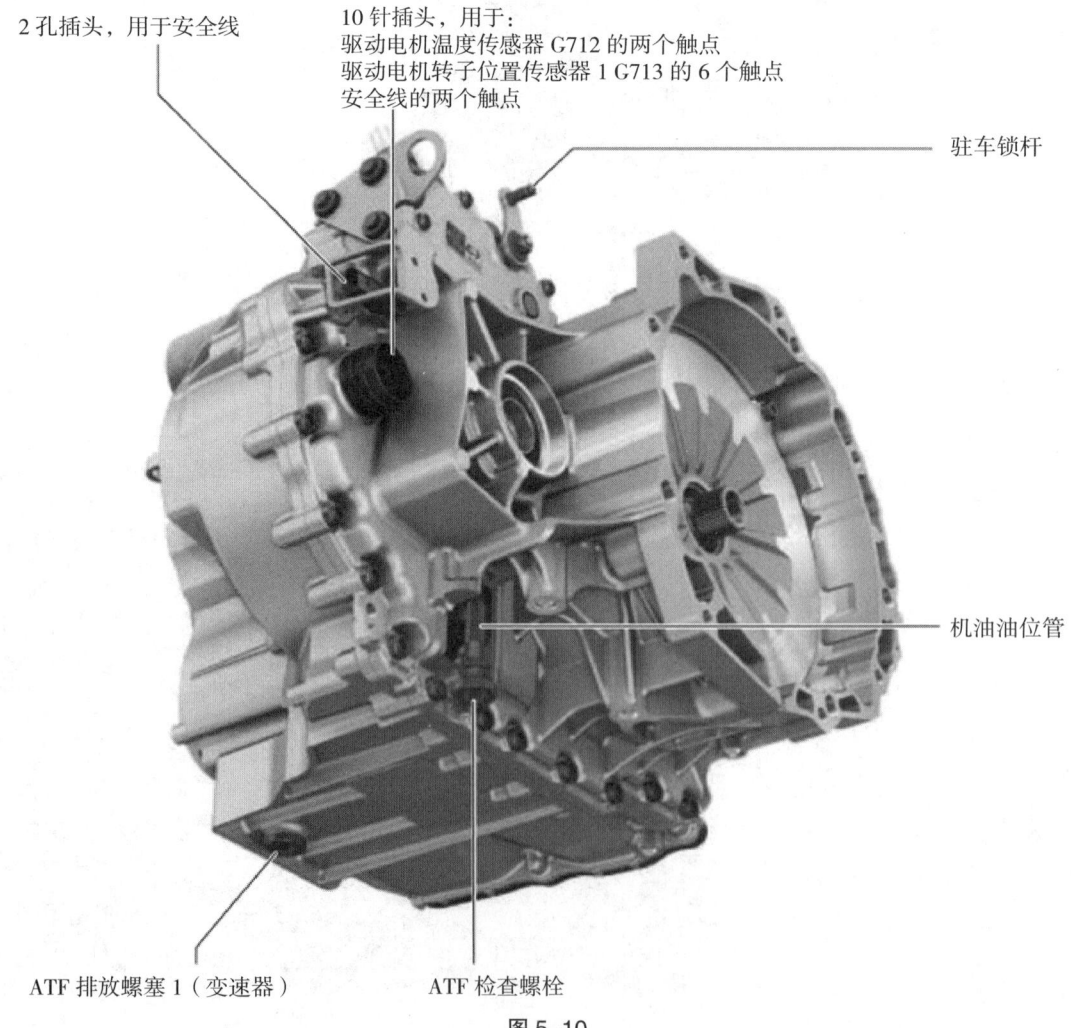

图 5-10

过离合器 K0 来让发动机启动。

需要的话，可在车辆加速（Boost）模式时，让电驱动装置和发动机通过离合器 K0 联合起来，可将最大系统功率输出给变速器。在发电机模式时，电驱动装置电机 V141 通过车辆的滑行能量（回收）或者通过接合的离合器 K0 由发动机来驱动。电驱动装置电机 V141 负责为整个车辆供电。离合器 K1 和 K2 会将两种动力的全部功率继续传递到变速器部分 1 和 2 上。K0、K1 和 K2 这三个离合器都是湿式离合器，由变速器的机电一体模块来操控。

该变速器只有一套 ATF 供油系统，其中含有约 7L ATF，负责为变速器液压系统和变速器各部供油。变速器的两部分构成了整个变速器。变速器的 6 个前进挡，可实现 6.8 的总传动比。机电一体模块位于标有记号的壳体端盖下面；机电一体模块区域是通过挡板墙与变速器分开的。由于有挡板墙，机电一体模块在工作时直至溢流孔都是浸在机油内的。机电一体模块、离合器、换挡执行器和变速器，是由电动 ATF 泵按实际需要来供油的。还有个液压蓄压器用作 ATF 储备器，如图 5-11 所示。6 挡双离合器变速器 0DD 与车辆的温度管理系统集成在了一起，该变速器可以使用智能起停系统。另外，双离合器变速器的机电一体模块 J743 还参与防盗锁功能。

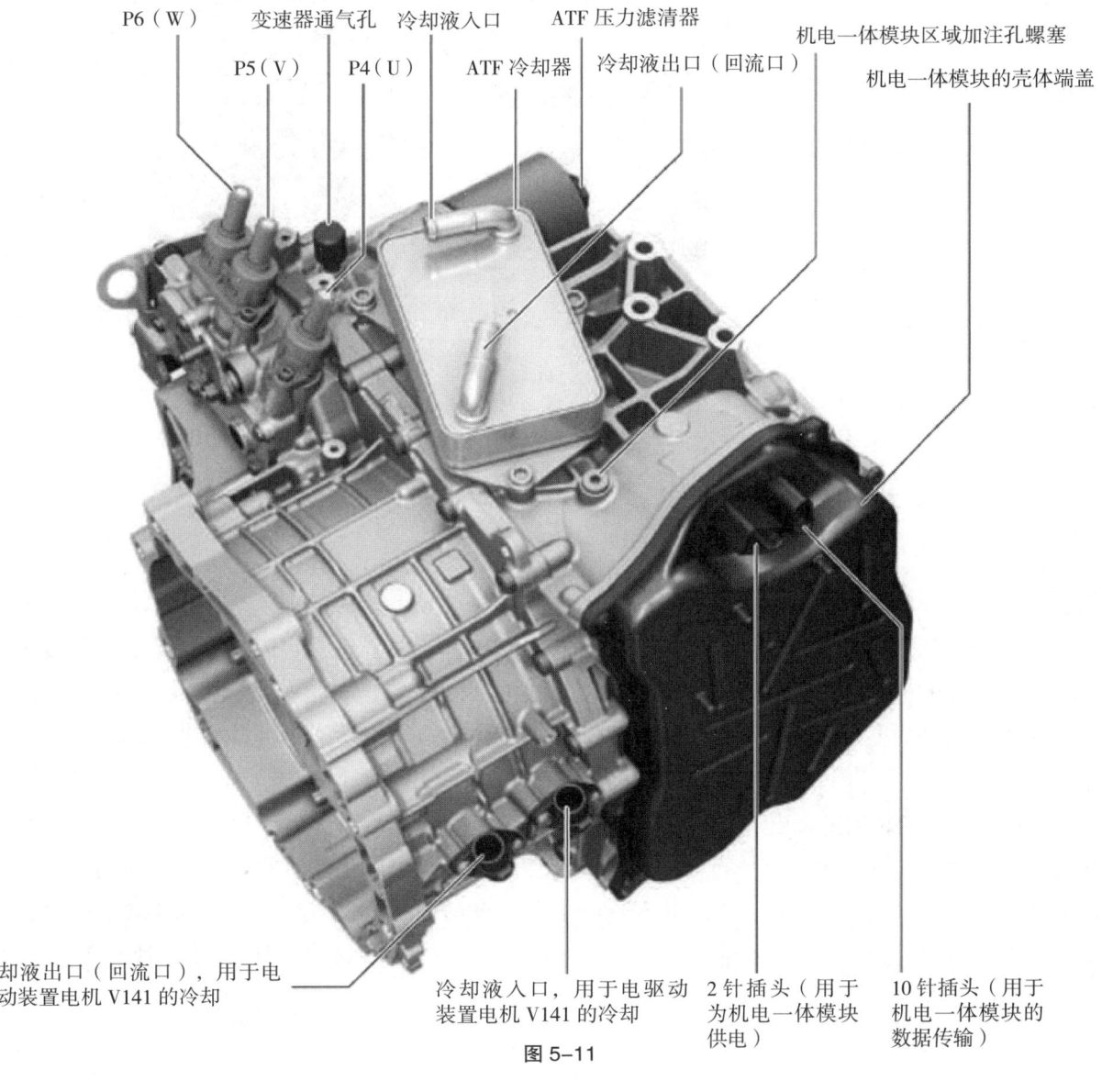

图 5-11

P4（U）、P5（V）、P6（W）是高压线，从电驱动装置的功率和控制电子装置 JX1 通向电驱动装置电机 V141。

二、变速器总成

6挡双离合器变速器0DD由混合动力模块、变速器部分和机电一体模块组成，如图5-12和图5-13所示。在混合动力模块上，有驱动电机转子位置传感器1 G713和驱动电机温度传感器G712，这两个传感器将其数据传给电驱动装置的功率和控制电子装置JX1。

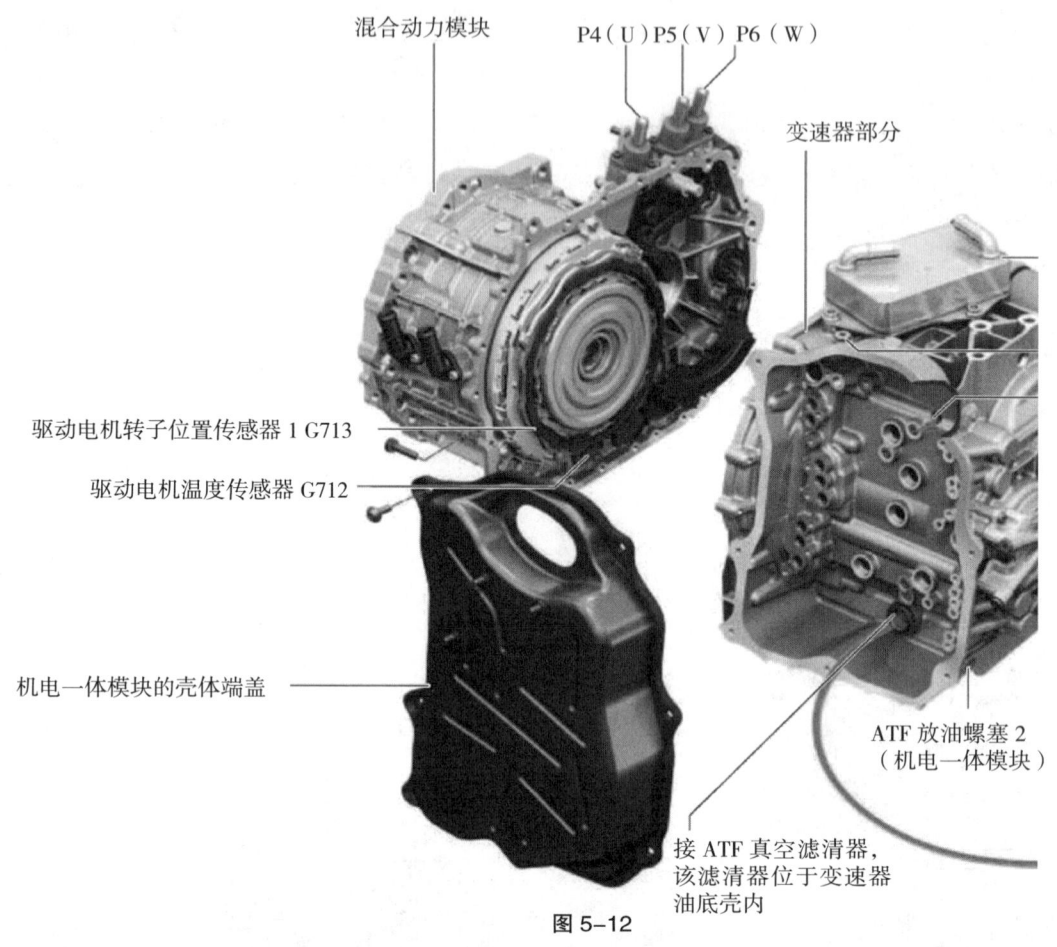

图 5-12

说明：在拆卸变速器或者机电一体模块前，必须通过车辆诊断仪中的例行程序保证ATF蓄压器已经没有压力了，且液压泵已停止工作了。如果更换了ATF、变速器或者机电一体模块，那么必须按照维修手册来正确调整机电一体模块区域的ATF液面高度，机电一体模块工作前必须浸在ATF中，这样才能防止高压泵干磨。另外，要通过车辆诊断仪中的更换机电一体模块这个功能来进行机电一体模块和防盗器的自适应。

（一）双离合器变速器的机电一体模块 J743

机电一体模块中容纳有除换挡执行器和离合器工作缸（分泵）以外的所有用于变速器操控的传感器和执行元件，包括阀、泵电机、压力和温度传感器、行程和转速传感器。机电一体模块在工作时直至溢流孔都是浸在机油内的，这些机油不是通过ATF排放螺塞1排走的，而是要打开ATF排放螺塞2来排放。

1. 主压力阀和安全阀。

（1）主压力阀 N472（蓄压器充液阀，可以使蓄压器排空）。

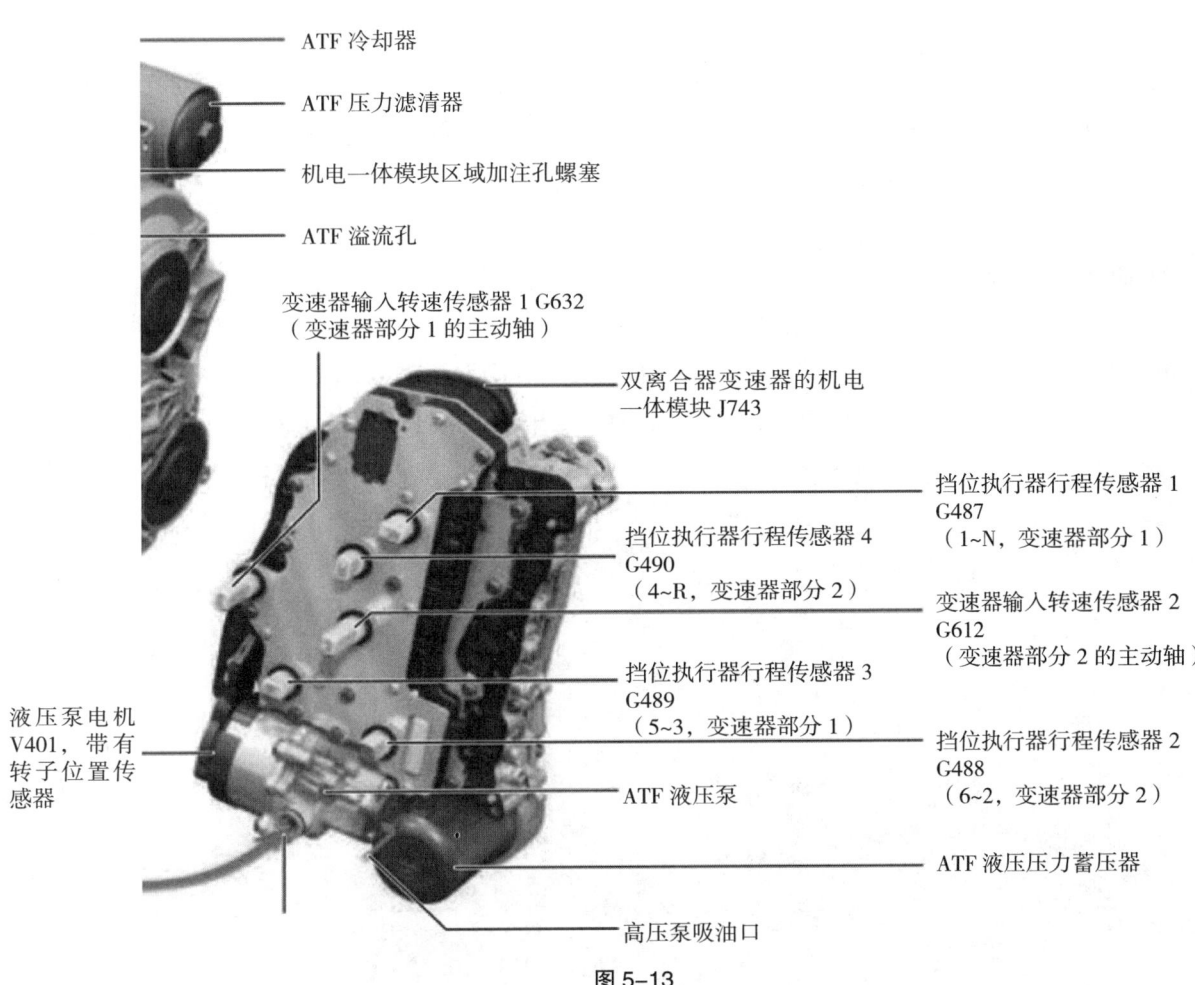

图 5-13

(2) 自动变速器压力调节阀 3 N217（安全阀 1，变速器部分 1）。

(3) 自动变速器压力调节阀 4 N218（安全阀 2，变速器部分 2）。

2. 离合器阀。

(1) 自动变速器压力调节阀 1 N215（离合器 K1 的压力控制阀，变速器部分 1）。

(2) 自动变速器压力调节阀 2 N216（离合器 K2 的压力控制阀，变速器部分 2）。

(3) 分离离合器阀 N689（离合器 K0 的压力控制阀）。

3. 冷却机油阀。

冷却机油阀 N471（调节离合器冷却情况的）。

4. 换挡阀。

(1) 变速器部分 1 的阀 1 N433（操控 1~N 换挡执行器）。

(2) 变速器部分 1 的阀 2 N434（操控 5~3 换挡执行器）。

(3) 变速器部分 2 的阀 1 N437（操控 4~R 换挡执行器）。

(4) 变速器部分 2 的阀 2 N438（操控 6~2 换挡执行器）。

5. 压力和温度传感器。

(1) 变速器液压压力传感器 G270（测量 ATF 液压蓄压器内的压力）。

(2) 离合器行程传感器 1 G617（测量离合器 K1 的活塞内压力）。

(3) 离合器行程传感器 2 G618（测量离合器 K2 的活塞内压力）。

（4）控制单元内温度传感器 G510。

ATF 液压泵是个串联泵，它由一个低压泵和一个高压泵组成。低压泵通过 ATF 真空过滤器将很大量的 ATF 输送给离合器以便冷却，并润滑所有部件。高压泵用于操控离合器并实现换挡。高压泵通过一个孔从机电一体模块区域来抽取 ATF。为了保证该区域仍浸在 ATF 内，低压泵所输送的 ATF 中的一部分会流入机电一体模块区域。

（二）混合动力模块

混合动力模块包含有被冷却水套包围着的电驱动装置电机 V141、变速器部分 1 和离合器部分 2 的离合器 K1 和 K2 以及离合器 K0，如图 5-14 所示。离合器 K0 位于双质量飞轮的次级质量一侧，将电驱动装置电机 V141 与发动机连接在一起。该离合器的操控和冷却是通过变速器部分 1 的钻空了的主动轴用回转接头来实现的。

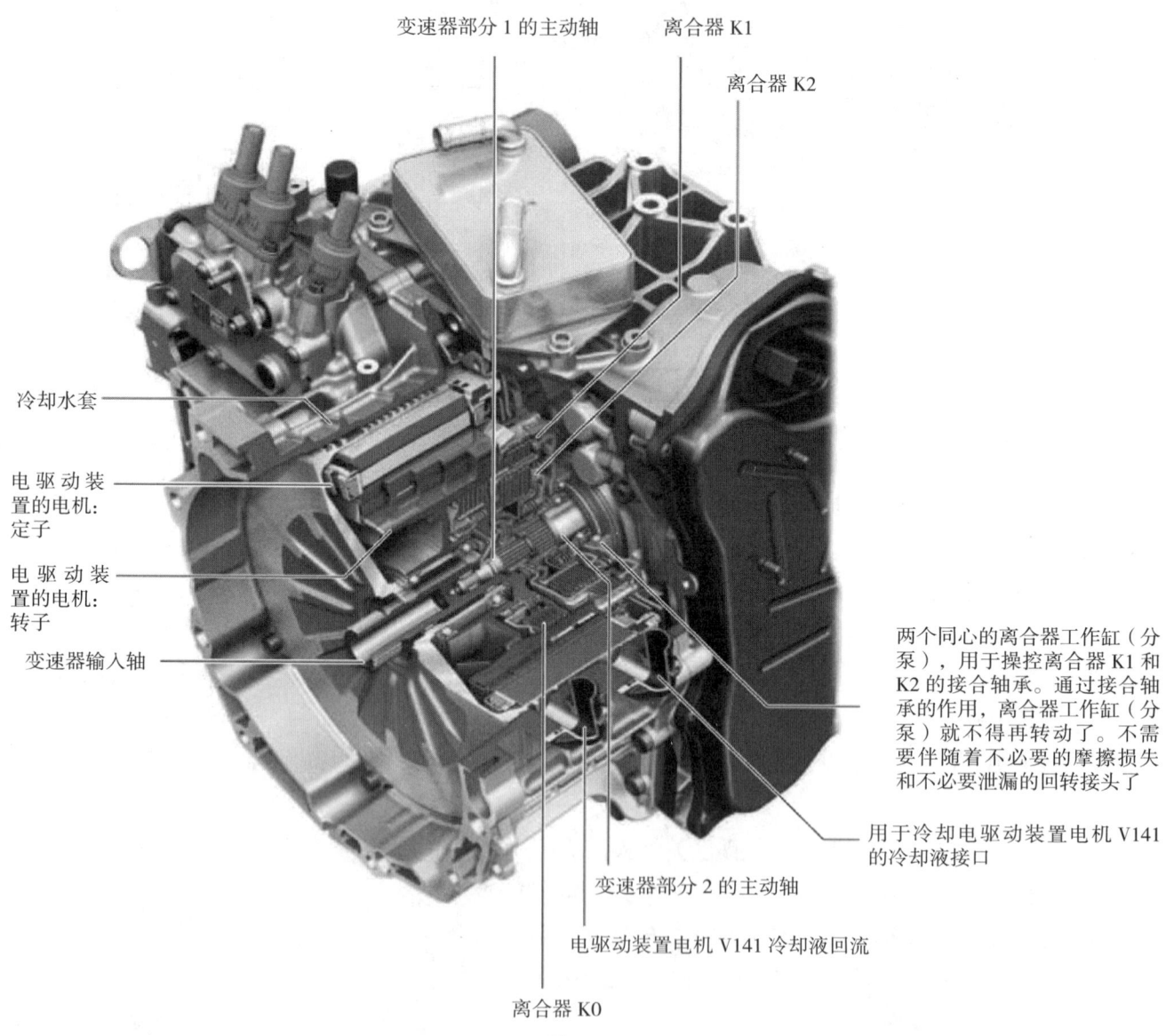

图 5-14

（三）变速器

离合器 K1 将力矩传递到变速器部分 1 上，如图 5-15 所示。变速器部分 1 内负责切换 1、3、5 这几个奇数挡。离合器 K2 将力矩传递到变速器部分 2 上。变速器部分 2 内负责切换 2、4、6 这几个偶数挡和倒挡。倒挡的滑动齿轮啮合在 2 挡的滑动齿轮上。倒挡是这样来切换的：动力流通过离合器 K2 传到主动轴 2 上，通过 2 挡的滑动齿轮和倒挡的已刚性传力的滑动齿轮传至输出轴 1 上。两个输出轴与前桥主传动器的圆柱齿轮啮合。

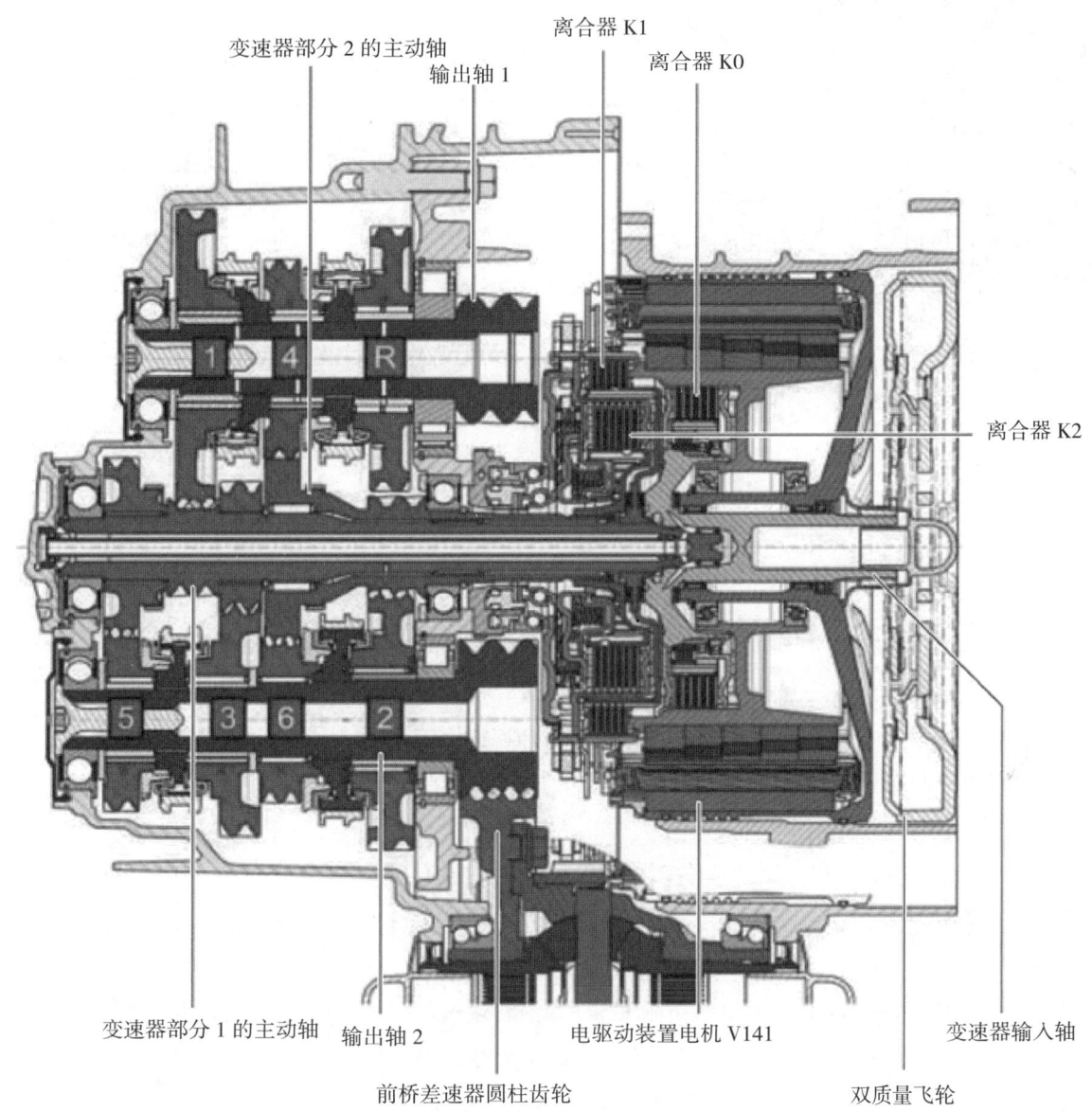

图 5-15

（四）6 挡双离合器变速器

（1）奥迪 A3 Sportback e-tron 的传动系统，采用的是前驱车的横置安装的 6 挡双离合器变速器 0DD。

（2）整体包含有被冷却水套包围着的电驱动装置电机 V141、变速器部分 1 和离合器部分 2 的离合器 K1 和 K2 以及离合器 K0，如图 5-16 所示。

（3）离合器 K0 位于双质量飞轮的次级质量一侧，将电驱动装置电机 V141 与发动机连接在一起。

（4）离合器 K1 和 K2 会将两种动力的全部功率继续传递到变速器部分 1 和 2 上。

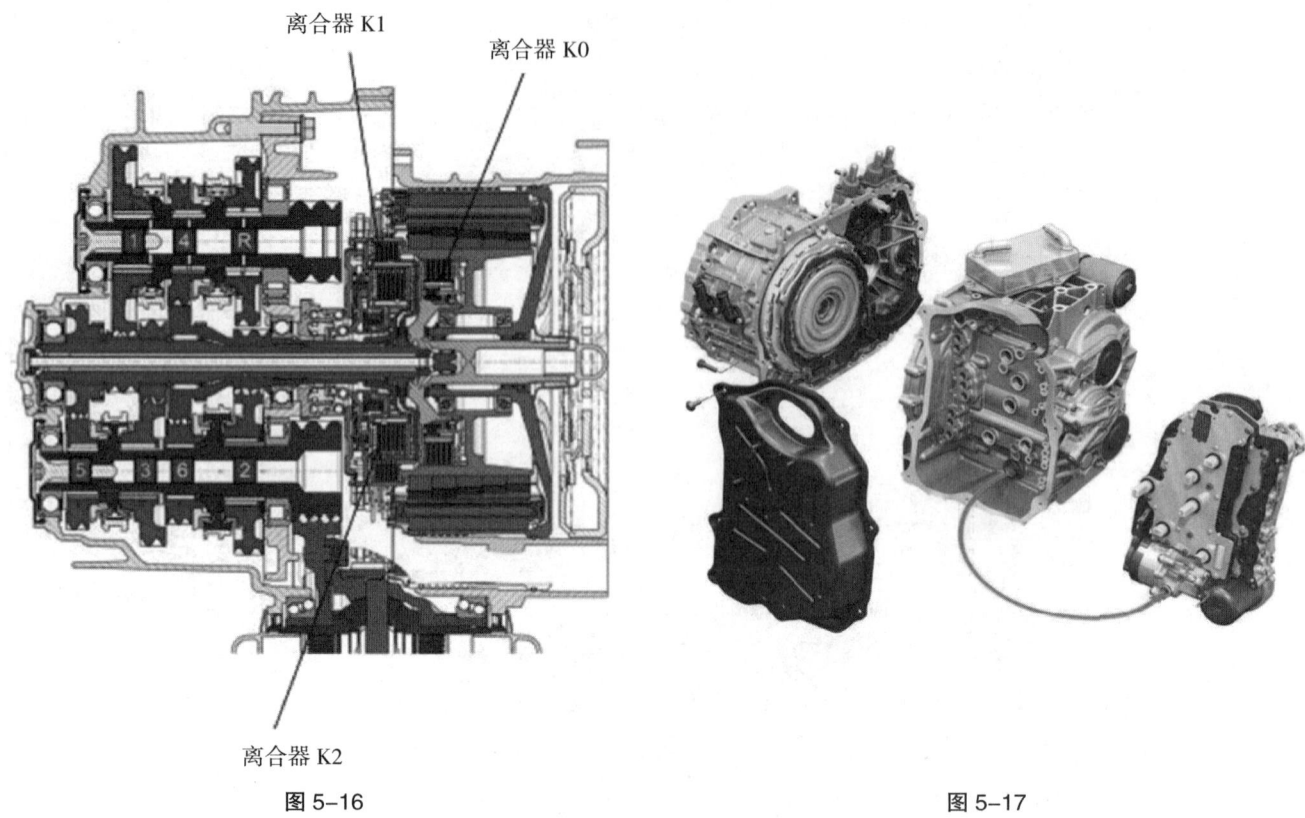

图 5-16　　　　　　　　　　　　　　　图 5-17

（5）K0、K1 和 K2 这三个离合器都是湿式离合器，由变速器的机电一体模块来操控。

（五）驱动电机

在混合动力模块上，驱动电机转子位置传感器 1 G713 和驱动电机温度传感器 G712 将数据传给电驱动装置的功率和控制电子装置 JX1，如图 5-17 所示。

第四节　底盘系统

一、一览

奥迪 A3 Sportback e-tron 的底盘，基本就是采用配备传统发动机的奥迪 A3 Sportback 的底盘，如图 5-18 和图 5-19 所示。奥迪 A3 Sportback e-tron 有两种底盘。标准底盘（普通底盘），这属于标配。某些具有相应路面特点的市场，其底盘高度提高了（相对于标准底盘高了 15mm）。

二、电动机械式制动助力器（eBKV）

即使在纯电动行驶时，如果驾驶员踩了制动踏板，也必须要增大制动力的。这是因为利用发动机进气歧管压力来增大制动力，就无法实现了，这个真空助力只能在普通的行驶模式上才会有。因此，就采用了电动机械式制动助力器（eBKV），如图 5-20 所示。这也就省去了需要另加的真空泵以及气动制动助力器了。与传统的气动制动助力器相比，电动机械式制动助力器（eBKV）有如下重要的优点：

（1）不依赖于真空就能进行制动助力。

（2）压力建立快而猛。

（3）压力设置的准确性高。

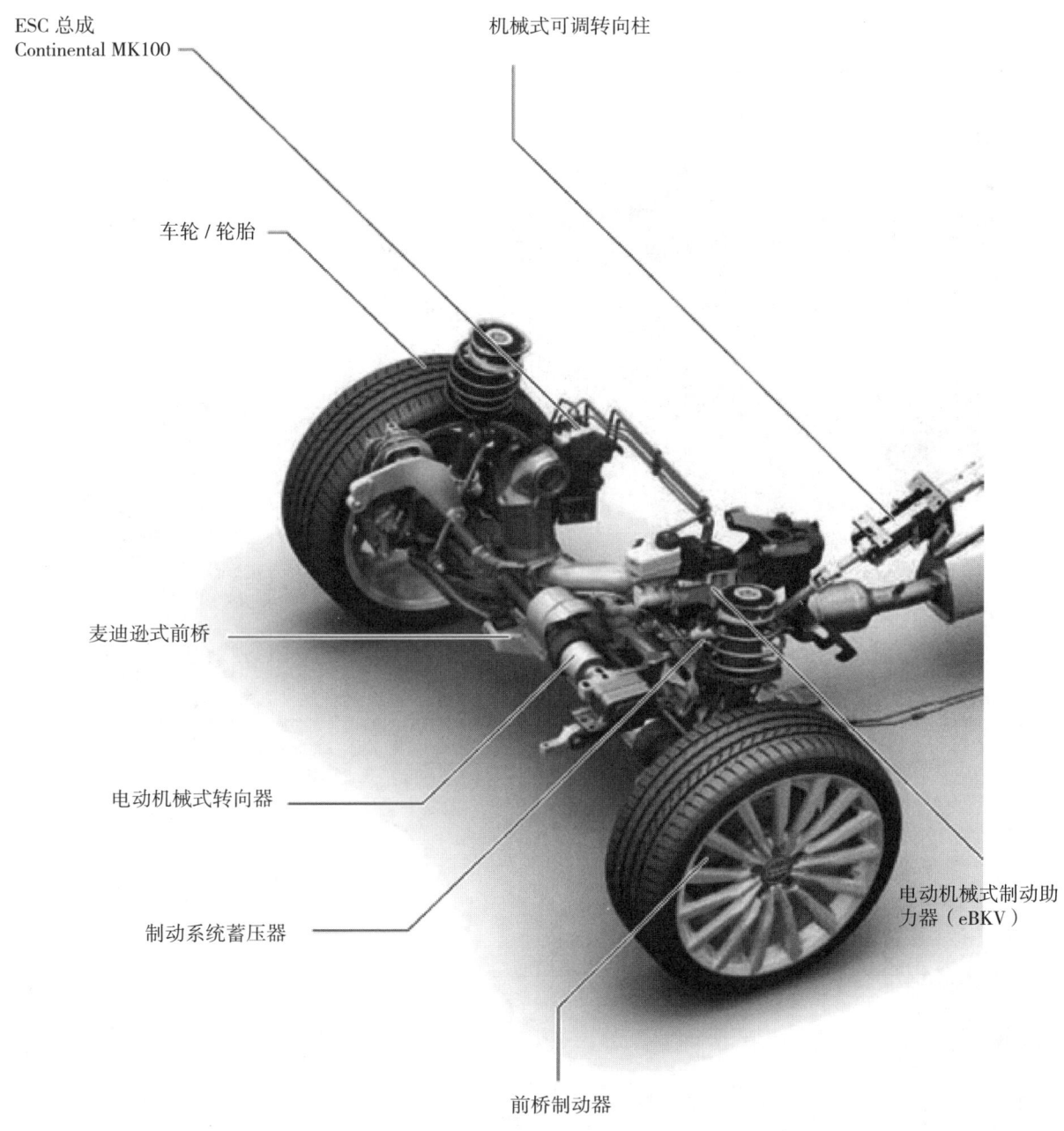

图 5-18

（4）制动踏板特性 / 踏板力保持不变。

对驾驶员施加的制动力进行助力（增力），是由电机—变速机构总成来进行的，具体说就是由一个同步电机通过相应的传动比来驱动两个主动齿轮轴（也叫小齿轮轴）。主动齿轮轴的齿部与加强壳上的齿部啮合，主动齿轮轴的旋转运动于是就被转换成了加强壳的纵向运动了，如图 5-21 所示。为了给制动力增力，就要使得加强壳朝串联制动总泵方向运动（在图 5-21 中就是向左运动）。在经过一定的空行程（就是间隙）后，加强壳就与推杆接触了，并会在电机继续工作时给加强壳施加一个力（这个力是驾驶员脚踏力之外的一个力）。电机的继续工作（就是通电）是由制动助力控制单元 J539 来控制着的，该控制单元从集成着的踏板位置传感器 G100 处来获知制动踏板和推杆的位置信息（驾驶员意愿）。

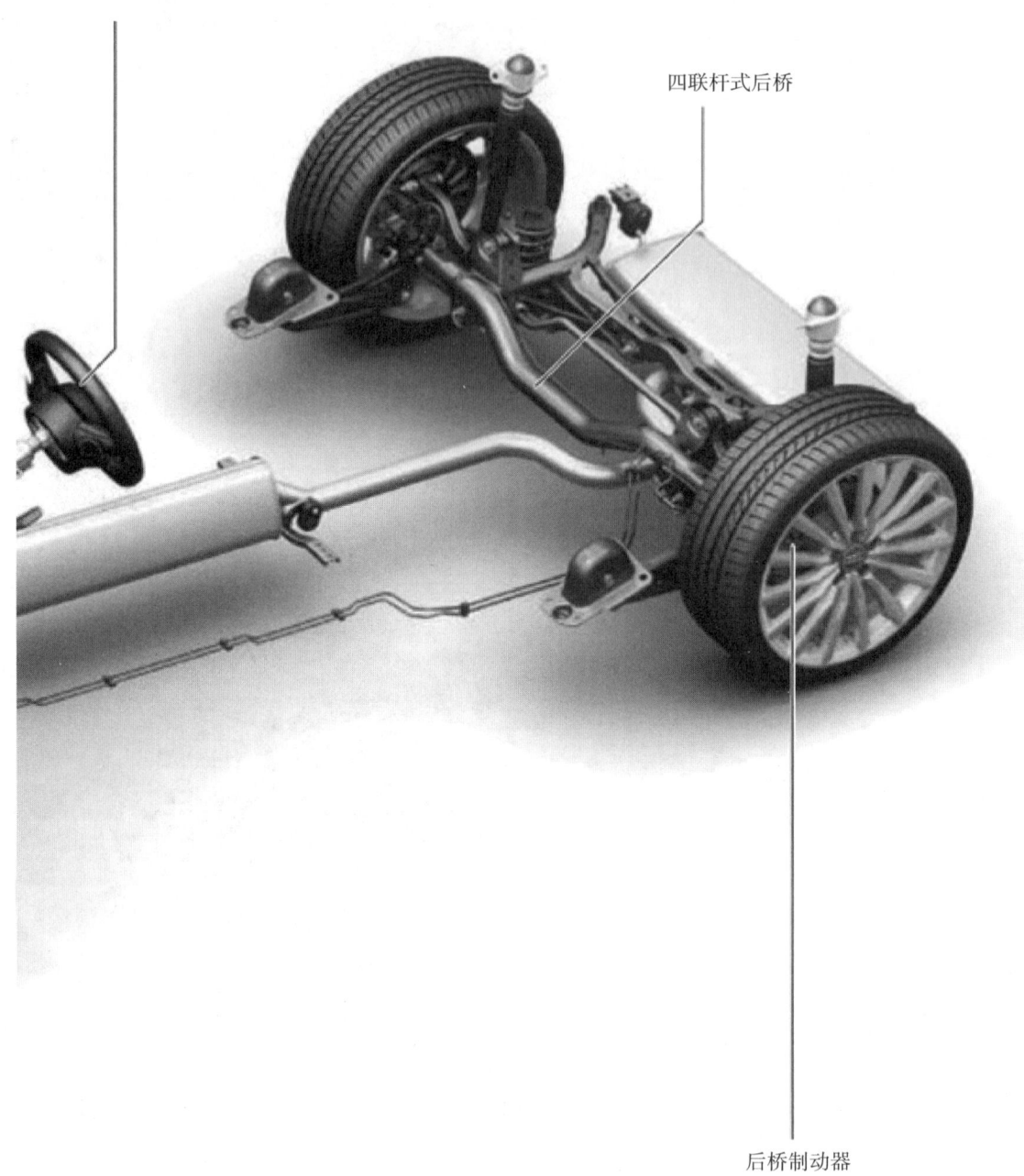

图 5-19

电机转子的位置，也就是加强壳的间接位置信息，由电机内转子位置传感器（霍耳传感器）来侦测。通过推杆上的滑动轴承以及由该轴承实现的两部件的分离就可以保证，即使在助力功能失效时，驾驶员也能控制制动压力。

采用电动机械式制动助力器 eBKV，省去了真空泵以及气动制动助力器。电动机械式制动助力器 eBKV，包括制动助力控制单元 J539 和制动系统蓄压器 VX70，如图 5-22 所示。制动助力控制单元 J539 诊断地址码是 23。

优点：

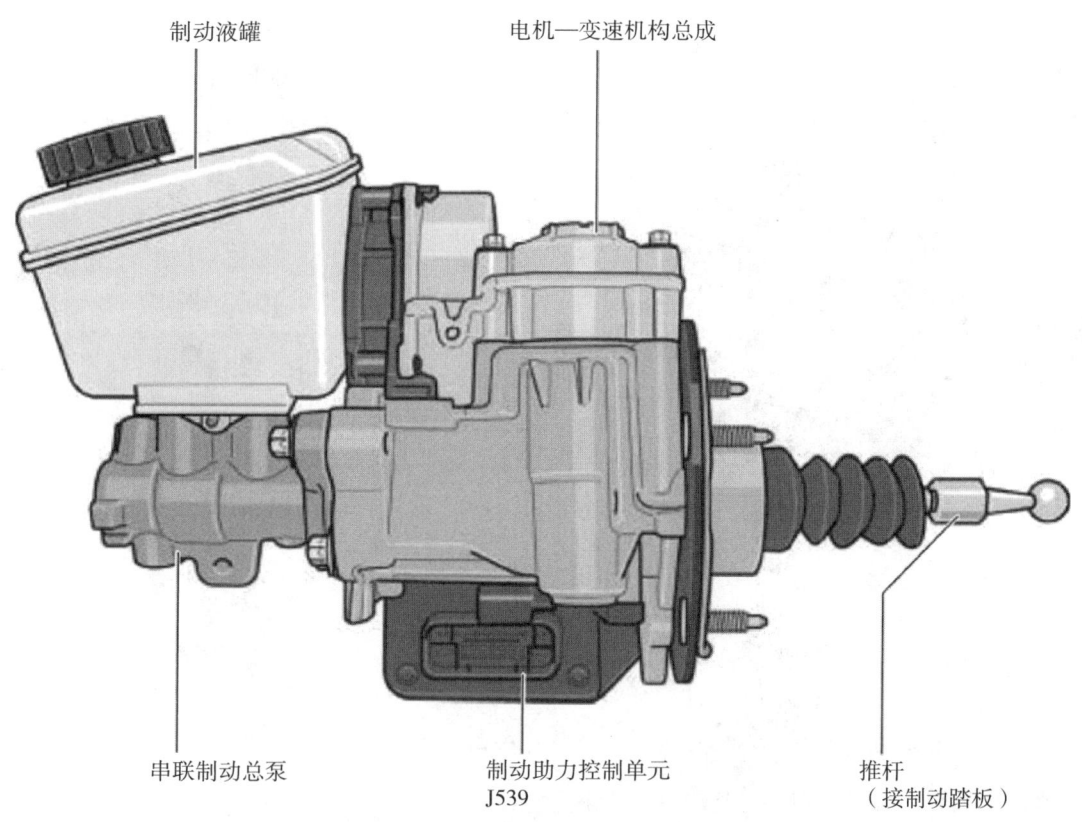

图 5-20

图 5-21

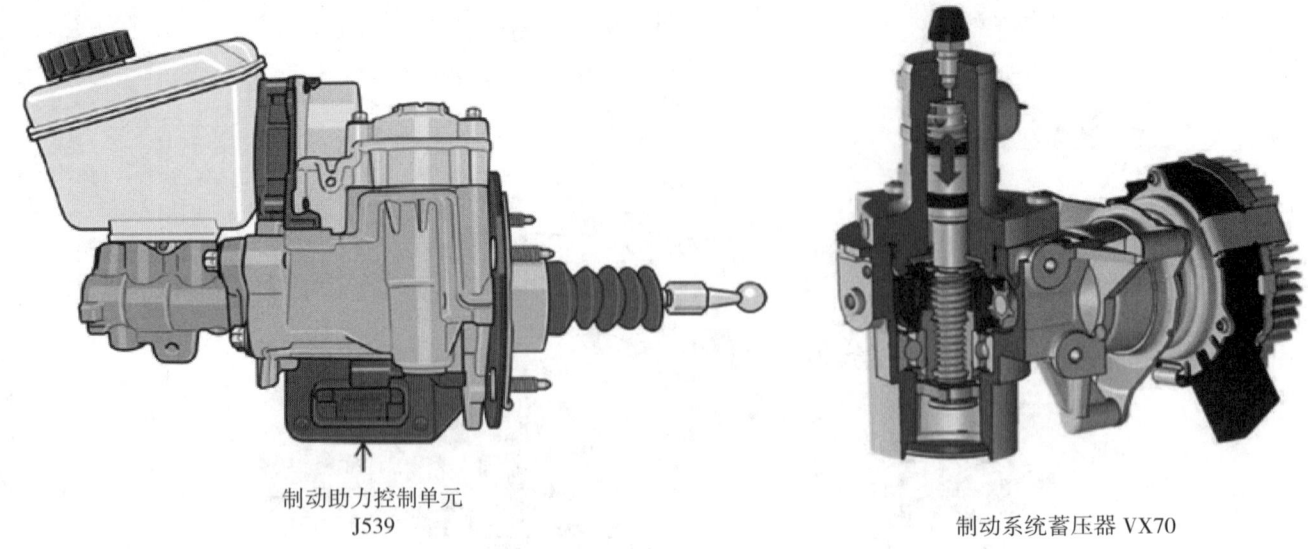

制动助力控制单元 J539

制动系统蓄压器 VX70

图 5-22

（1）不依赖真空就能进行制动助力。

（2）压力建立快而猛。

（3）压力设置的准确性高。

（4）制动踏板特性/踏板力保持不变。

控制单元 J539 会让 15 号接线柱继续工作；当车辆停止且驾驶员没有踏下脚制动器时，这个继续工作可长达约 1min。如果在切断了 15 号线时驾驶员主动实施了制动，那么制动助力功能最多还能保持约 6min。在 3min 和 6min 后，会出现相应的提示，警示驾驶员要防止溜车；或者是提醒制动助力功能马上就要被关闭了。操控制动灯要用到电动机械式制动助力器（eBKV）的制动踏板位置传感器 G100 的信号，如图 5-23 所示。

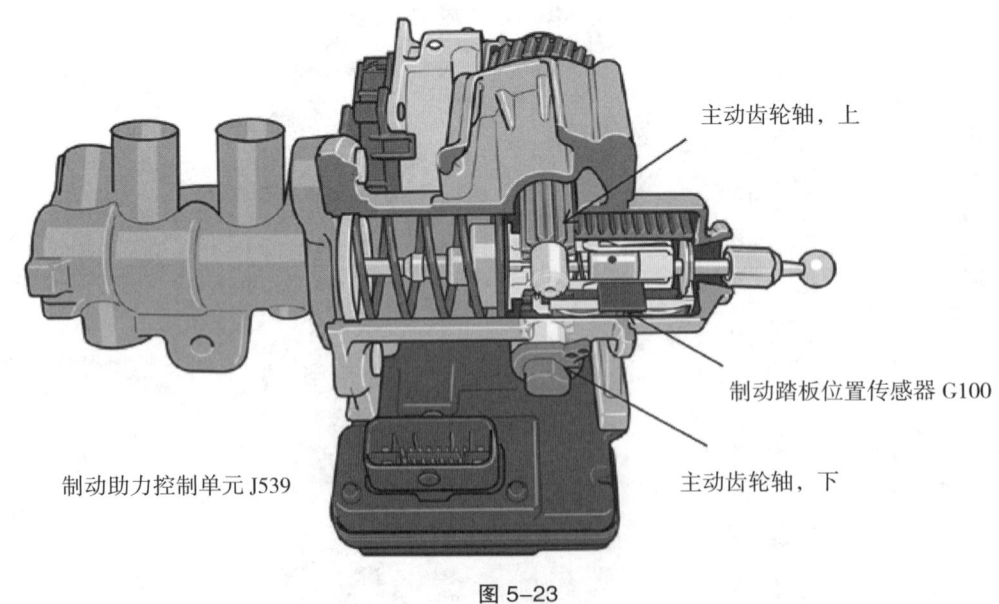

主动齿轮轴，上

制动踏板位置传感器 G100

主动齿轮轴，下

制动助力控制单元 J539

图 5-23

三、制动系统蓄压器 VX70

电驱动装置/三相交流电机在超速减速（惯性滑行）工况时，如果需要的话，它可以作为发电机使用来为高压蓄电池充电（能量回收），这时电机是"被驱动的"。因此，这时电机就形成了一个阻力，这也就在驱动轮上另增加了一个制动力矩。如果驾驶员踩下制动踏板，那么这个另增加的力矩会再次自动增大对车辆的制动作用。由于这个制动作用与驾驶员意愿无关，因此驾驶员要想实现预先定好的车辆制动状况，那还是比较难的。因此，任何时候要想实现驾驶员给定的制动力矩，驾驶员应能评估出其效果才行。由于在技术上好实现（就是花费少），就在能量回收时降低液压制动压力。降低液压制动压力的目的在于：将液压制动和电动制动的综合效应调节到与实际的驾驶员意愿相符的程度。为了实现这个目的，就使用了制动系统蓄压器VX70。电动制动和液压制动的叠加被称为混合制动。如图5-24所示示例中，某时间点（制动开始后1s）的减速做了特别的标志。驾驶员想要达到的减速a，是由液压制动力矩导致的减速a_H和发电机制动力矩导致的减速a_G共同组成的，即$a = a_H + a_G$。

1."液压"制动力矩所导致的车辆减速a_H 2.发电机制动力矩导致的减速a_G 3.驾驶员通过踩踏制动踏板而要达到的减速要求a 4.踏板行程 5.车速

图5-24

（一）结构和工作原理

制动系统蓄压器VX70直接与制动总泵相连，也就是与液压制动管路相连，如图5-25所示。要想降低驾驶员所施加的制动压力（在能量回收时取决于电驱动装置另加的制动力矩），制动助力控制单元J539必须去操控蓄压器电机来工作。缸内的螺杆驱动装置使得活塞产生一个提升运动（直线往复运动），这使得缸容积增大了，于是就从制动管路中吸进了制动液。因此系统内的制动压力就降低了（作用到制动器上的力矩自然也就降低了）。与此同时，制动

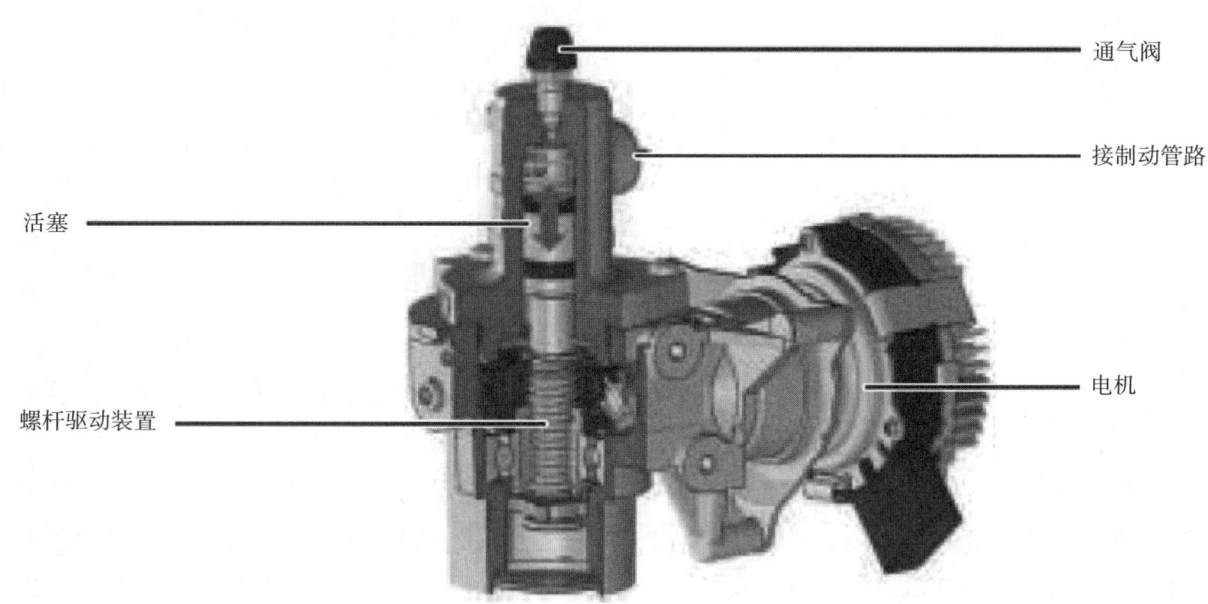

图5-25

助力作用通过电动机械式制动助力器（eBKV）就降低了，因此制动踏板不会松弛（下沉）。如果在驾驶员主动实施制动过程中，电驱动装置另加的制动力矩变小或者电驱动装置的发电机模式彻底停止工作（关闭了），那么就必须使得先前已经降低的制动压力再次增大。控制单元J539会再次操控蓄压器电机来工作，活塞的运动导致缸容积减小，缸内的制动液再次被送回制动管路，于是制动系统内的压力也就相应地升高了。

（二）售后服务内容

电动机械式制动助力器（eBKV，包括制动助力控制单元J539）和制动系统蓄压器VX70，使用的诊断地址码是23。在售后服务中，这些部件只能整体更换（如果需要更换的话）。更换了电动机械式制动助力器（eBKV，包括制动助力控制单元J539）后，需要在线对控制单元进行编码。为此有个前提条件：制动系统需正确放气（排空气体）。随后进行基本设定，就可获知在没踏下制动踏板和已踏下制动踏板时相应的传感器测量值。另外，通过让电机工作可以建立起制动压力并确定出压力 - 容积特性曲线。这样也就确定出部件公差了，在随后的调节中会考虑到这个公差的。同样，也需要对蓄压器进行基本设定。即使是在更换了蓄压器后，也需要做这两种基本设定。

要想对电动机械式制动助力器（eBKV）和蓄压器进行功能检查，请执行元件诊断。

（三）制动信号（如图5-26所示）

第五节　高压部件

一、混合动力部件一览

在奥迪A3 Sportback e-tron车上，装备有如图5-27和图5-28所示高压部件。

说明：所有高压部件都通过一根等电位线与车身相连。等电位线是电阻很小的线，用于将高压部件与车身相连。

二、混合动力蓄电池单元AX1

在奥迪A3 Sportback e-tron车上，混合动力蓄电池单元AX1固定在车底部，它由下述部件组成：

（1）蓄电池调节控制单元J840。

（2）高压蓄电池配电箱SX6。

（3）8个电池格模块（每个模块有12个电池格）和控制器。

（4）电池格冷却系统。

（5）高压线束接口。

（6）12V车载电网接口。

（7）冷却液接口。

混合动力蓄电池单元AX1的外壳，其下壳体是铸铝件，上壳体是塑料件。上、下壳体是用螺栓连接并用胶密封的（不透气的），如图5-29所示。

在混合动力蓄电池单元AX1的上面，安装有通气装置和过压阀（都安装在盖板下面）。壳体内因温度波动而导致压力有变化时，就通过通气装置（所谓压力平衡元件）来调节。如果混合动力蓄电池单元AX1内的压力过大，那么过压阀就会打开了。混合动力蓄电池单元AX1通过等电位线与车身连接在一起。

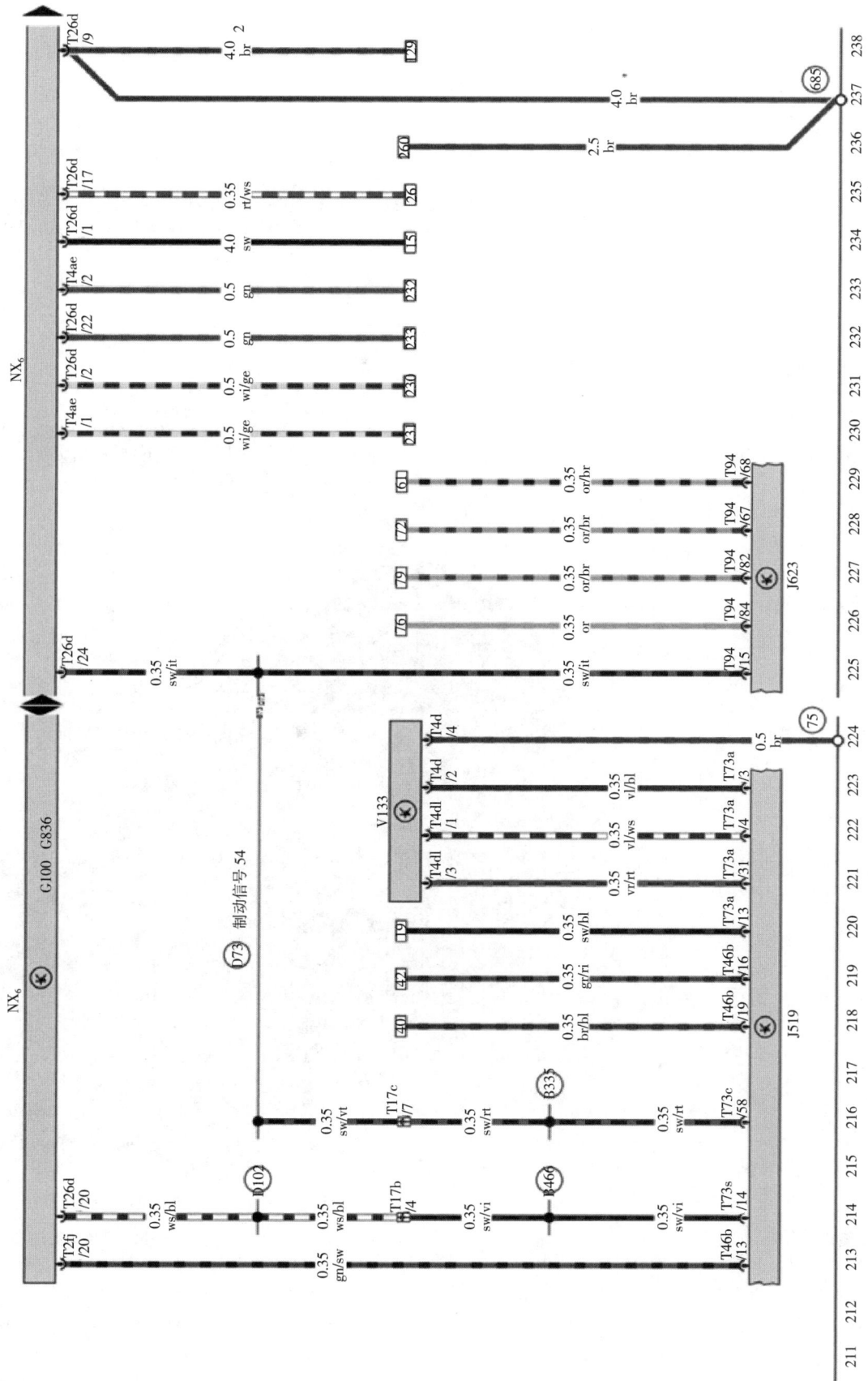

图 5-26

电动制动助力器
制动力矩的利用方式会导致电动减速的不稳定性（电动减速不稳必须由驾驶员意愿来通过液压方式去补偿）。在开发电动制动助力器时，重点放在驾驶员制动时如何能充分利用电机的减速潜力上，以便提高纯电动行驶时的可达里程

功率电子控制装置
该装置将存储在高压蓄电池内的直流电转换成用于电机的交流电。功率电子控制装置集成在低温冷却液循环管路 2 中

PTC 加热器
这个高压加热器（PTC）Z115 通过一根高压线与高压蓄电池充电器 1 AX4 相连。该加热器在电动行驶时会加热驾驶室内的暖风热交换器的冷却液，在执行驻车暖风功能时也会参与的

发动机
四缸涡轮增压发动机和智能起停系统

充电接口
通过通用的充电线以及可更换的连接插头，可以接到家用插座或者工业插座上来为高压蓄电池充电

电动空调压缩机
它集成在高压电网上，需要时会对车内以及混合动力蓄电池单元 AX1 的温度进行调节

电机
它通过离合器 K0 与变速器相连，在发电机模式时，它可以根据转速、蓄电池温度和充电状况在车轮上形成一个制动力矩

6 挡双离合器变速器
新设计的双离合器变速器，它由两部分构成，通过多片式离合器 K1 和 K2 来换挡，通过选挡杆可以在 3 种行驶程序中进行选择

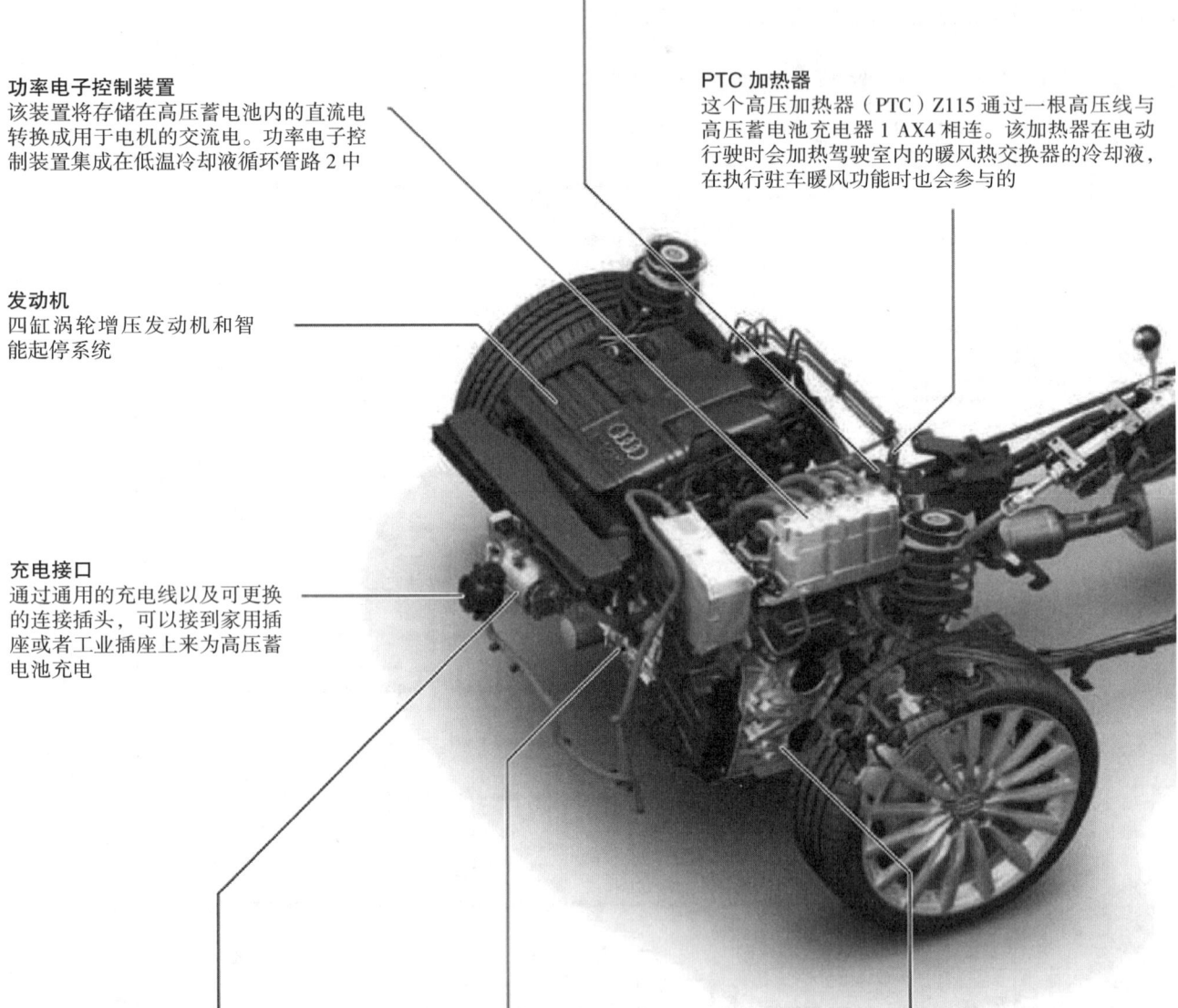

图 5-27

蓄电池冷却装置
它集成在低温冷却液循环管路 2 中

高压蓄电池模块
高压蓄电池模块由 8 个模块组成，每个有 12 个菱形电池格。根据充电状态，电压在 280~390V 之间

燃油箱
燃油箱容积为 40L，装在后桥上方

高压线
所有高压导电线都是双重绝缘的，为了容易识别，都涂成橙色了。为防止安装错误，高压线都有机械编码并用一个插接环下面的颜色环做上了标记

12V 车载蓄电池
装在后桥上方，负责为低压用电器供电

图 5-28

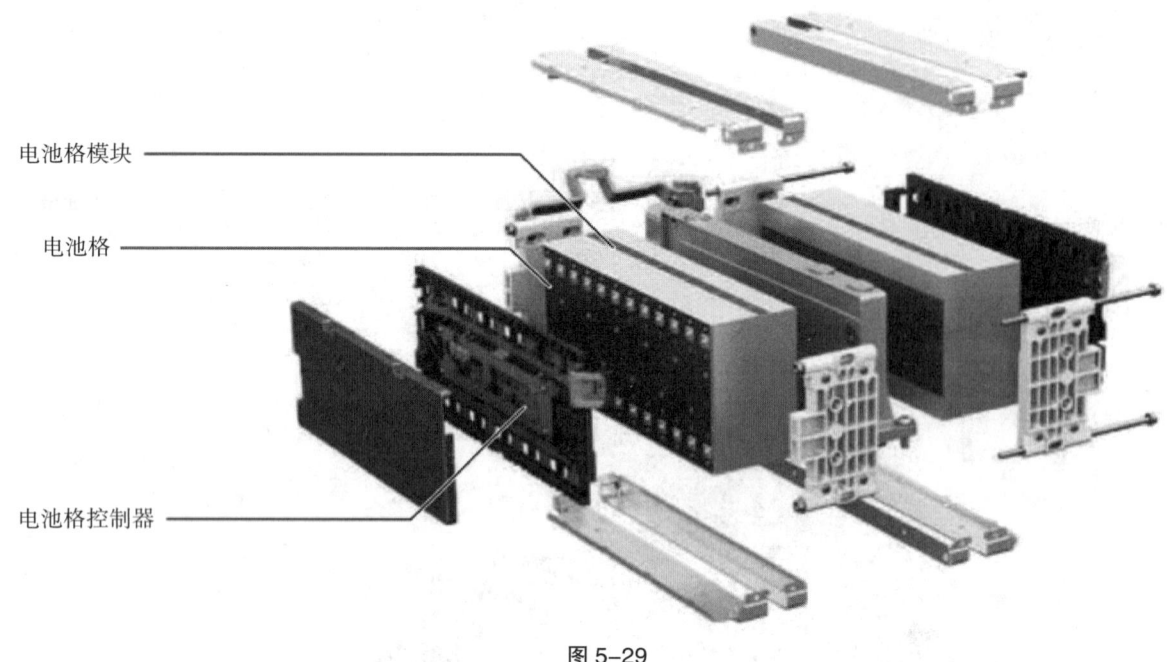

图 5-29

（一）技术数据

每两个电池格模块在下面位置用螺栓与一个冷却元件相连。混合动力蓄电池单元 AX1 内的四个冷却元件是并联着的。进口和出口温度传感器集成在冷却液接口上，如图 5-30 所示，技术参数如表 5-3 所示。

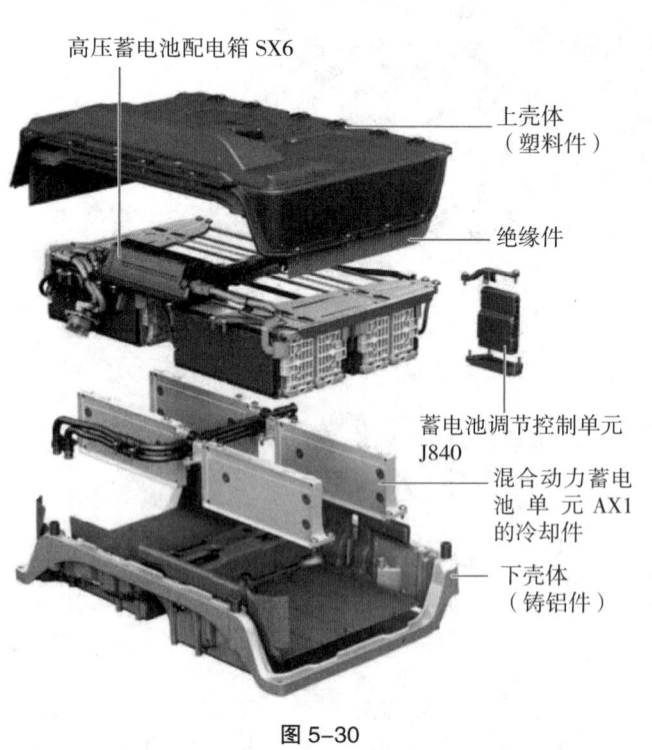

图 5-30

表 5-3

额定电压（V）	352
单格电压（V）	3.7
电池格数量	96
容量（Ah）	25
工作温度（℃）	−28~+60[1]
能量容量（kWh）	8.8
可用能量容量（kWh）	7.0[2]
功率（kW）	最大 90
重量（kg）	120

1) 温度超过 +50℃时，充电电流和放电电流都减小。 2) 充电状态保持在 25%~85% 之间时。

（二）蓄电池调节控制单元 J840

蓄电池调节控制单元 J840 是通过螺栓连接在混合动力蓄电池单元 AX1 上的。

1. 蓄电池调节控制单元 J840 功能。

（1）确定并分析蓄电池电压。

（2）确定并分析每个单格的电压。

（3）侦测高压蓄电池的温度。

（4）调节高压蓄电池的温度（借助冷却液续动泵 2 和低温循环管路 2 中的电磁阀 1 N88 来进行）。

蓄电池调节控制单元 J840 连接在驱动 CAN 总线和混合动力 CAN 总线上，因此它能与车上其他的控制单元进行通信。安全气囊控制单元 J234 通过驱动 CAN 总线和一根单独线将碰撞信号传给蓄电池调节控制单元 J840。收到这个碰撞信号后，高压触点就断开，高压系统也就被关闭（切断）。蓄电池调节控制单元 J840 通过专用的 CAN 总线来与高压蓄电池配电箱 SX6 和 8 个电池格控制器进行通信。

（三）高压蓄电池配电箱 SX6（如图 5-31 所示）

高压蓄电池配电箱 SX6 内安装有下述部件：

（1）控制器。

图 5-31

（2）高压系统保险丝 2 S352。

（3）高压蓄电池电流传感器 G848。

（4）高压蓄电池保护电阻 N662。

（5）高压蓄电池功率保护器 1 J1057（HV-正）。

（6）高压蓄电池功率保护器 2 J1058（HV-负）。

（7）高压蓄电池预充电保护器 J1044（20Ω）。

在 15 号线接通时，高压蓄电池功率保护器 2J1058（HV-负）和高压蓄电池预充电保护器 J1044（20Ω）首先会接合。一个很小的电流会流经电阻，直至功率和控制电子装置 JX1 内的中间电容器 1 C25 充上电。这个中间电容器充好电后，高压蓄电池功率保护器 J 1057（HV-正）就接合了，且随后高压蓄电池预充电保护器 J1044（20Ω）就断开了。

至少满足下述条件中的一个，功率保护器才会断开：

（1）15 号线已经关闭了。

（2）识别出有来自安全气囊控制单元 J234 的碰撞信号。

（3）保养插头 TW 已断开。

（4）30c 号线的功率保护供电保险丝已拔下。

（5）混合动力蓄电池单元 AX1 的 12V 供电已中断。

（6）安全线已中断。

（四）电池格控制器

电池格控制器是电池格模块的组件，用于测量单个电池格的电压，并用一个 NTC 电阻测量电池格模块的温度，并将这些数据发送给蓄电池调节控制单元 J840。蓄电池调节控制单元 J840 会分析这些电池格电压并操控电池格控制器，通过一个电阻来为有较高电压的电池格放电。由此，所有电池格就有相同的电池格电压了，混合动力蓄电池单元 AX1 就会有最大的蓄电池电容量了。

（五）绝缘监控

在高压系统工作时，高压蓄电池配电箱 SX6 每隔 60s 就检查一次绝缘情况。具体说就是用 352V 这个额定电压去测量高压导线和混合动力蓄电池单元 AX1 之间的电阻，可以识别出高压部件和高压线上的绝缘故障。高压充电器上的充电插座和 AC/DC 逆变器用不着检查，因为 230V AC 与 352V DC 有电流隔离。如果识别出有绝缘故障，那么组合仪表的显示屏上会有提示，这时用户就该去服务站进行处理了。

（六）安全线

安全线是个 12V 环形线，它把所有高压元件彼此串联在了一起，如图 5-32 所示。蓄电池调节控制单元 J840 将一个约 10mA 的电流信号送入安全线并分析其电流流动情况。另外，电驱动控制单元 J841 也对安全线进行监控。如果安全线断了，那么蓄电池调节控制单元 J840 会立即切断高压系统，高压触点也会断开，驾驶员在组合仪表的显示屏上会看到有相应提示的。

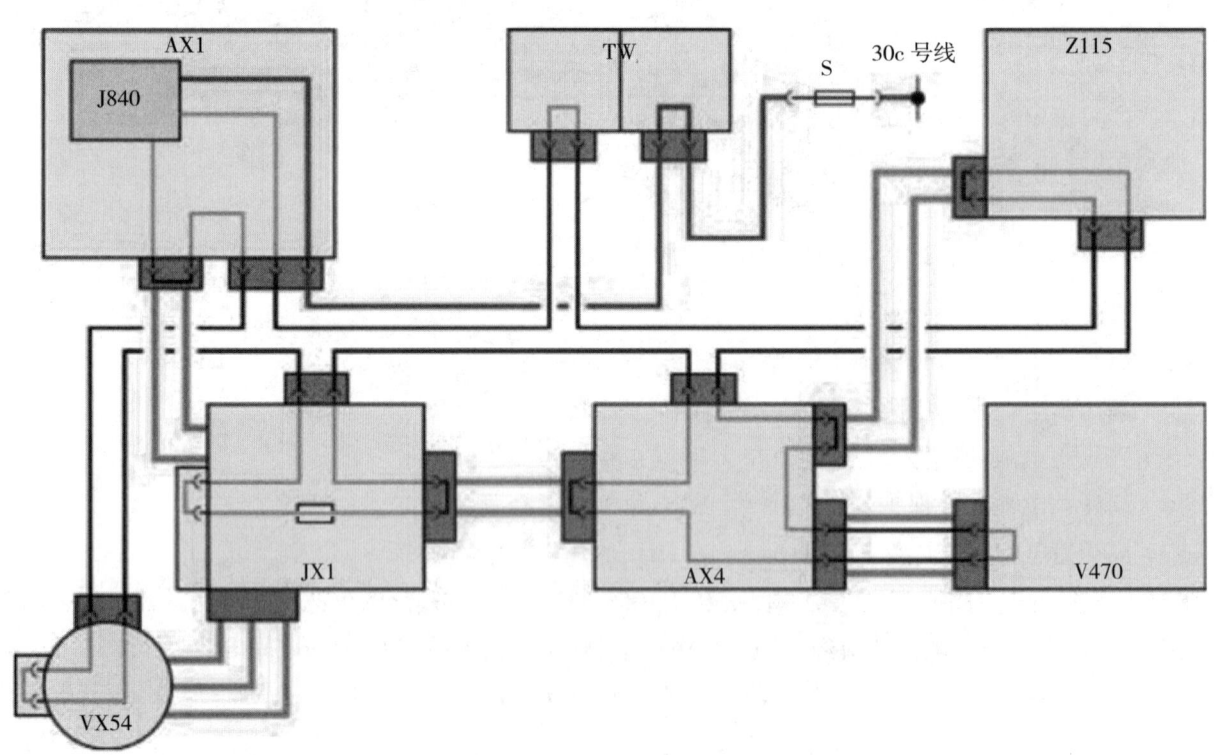

图 5-32

（七）混合动力蓄电池单元 AX1 安装位置

1. 安装在车辆底部，如图 5-33 所示。

图 5-33

2. 混合动力蓄电池单元 AX1 内部结构，如图 5-34 所示。

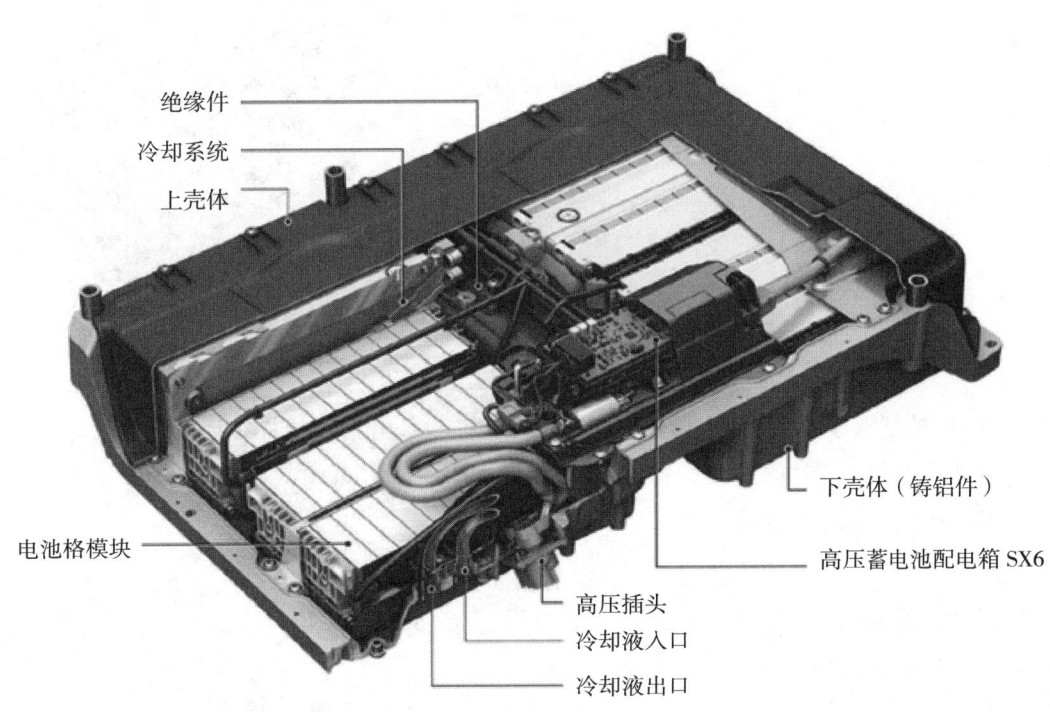

图 5-34

三、电驱动功率和控制电子装置 JX1（如图 5-35 所示）

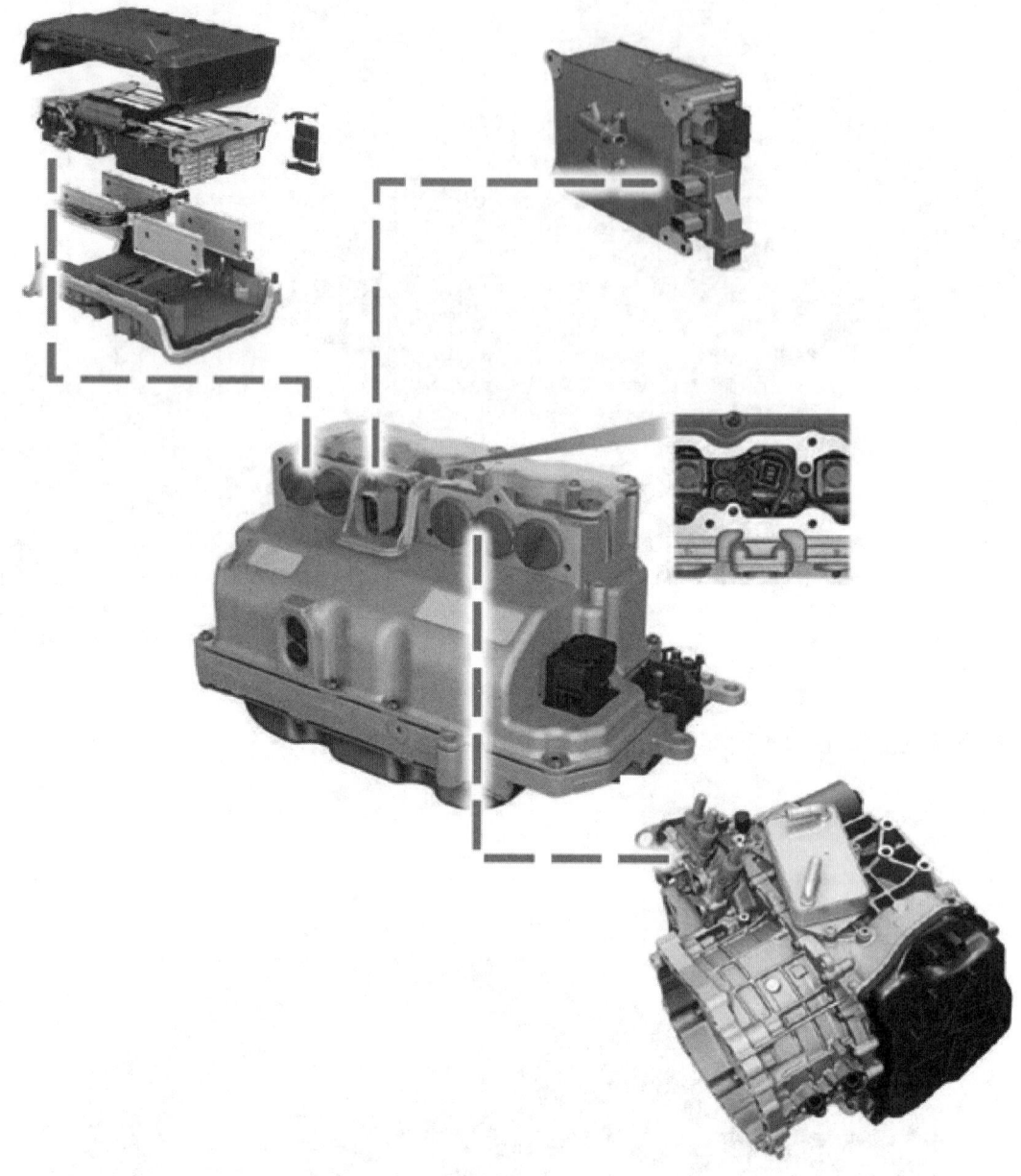

图 5-35

电驱动功率和控制电子装置 JX1 安装在发动机舱内右侧，由下述部件组成：

（1）电驱动控制单元 J841。
（2）牵引电机逆变器 A37。
（3）变压器 A19。
（4）中间电容器 1 C25。
（5）空调压缩机保险丝 S355。
（6）高压线接口。
（7）12V 车载电网接口。
（8）冷却液接口。

高压充电器的高压线是插接的；所有其他高压线用螺栓固定在功率和控制电子装置 JX1 内部。电驱动功率和控制电子装置 JX1 通过一根等电位线与车身相连。冷却是通过低温循环管路 2 实现的。

（一）结构（如图 5-36 所示）

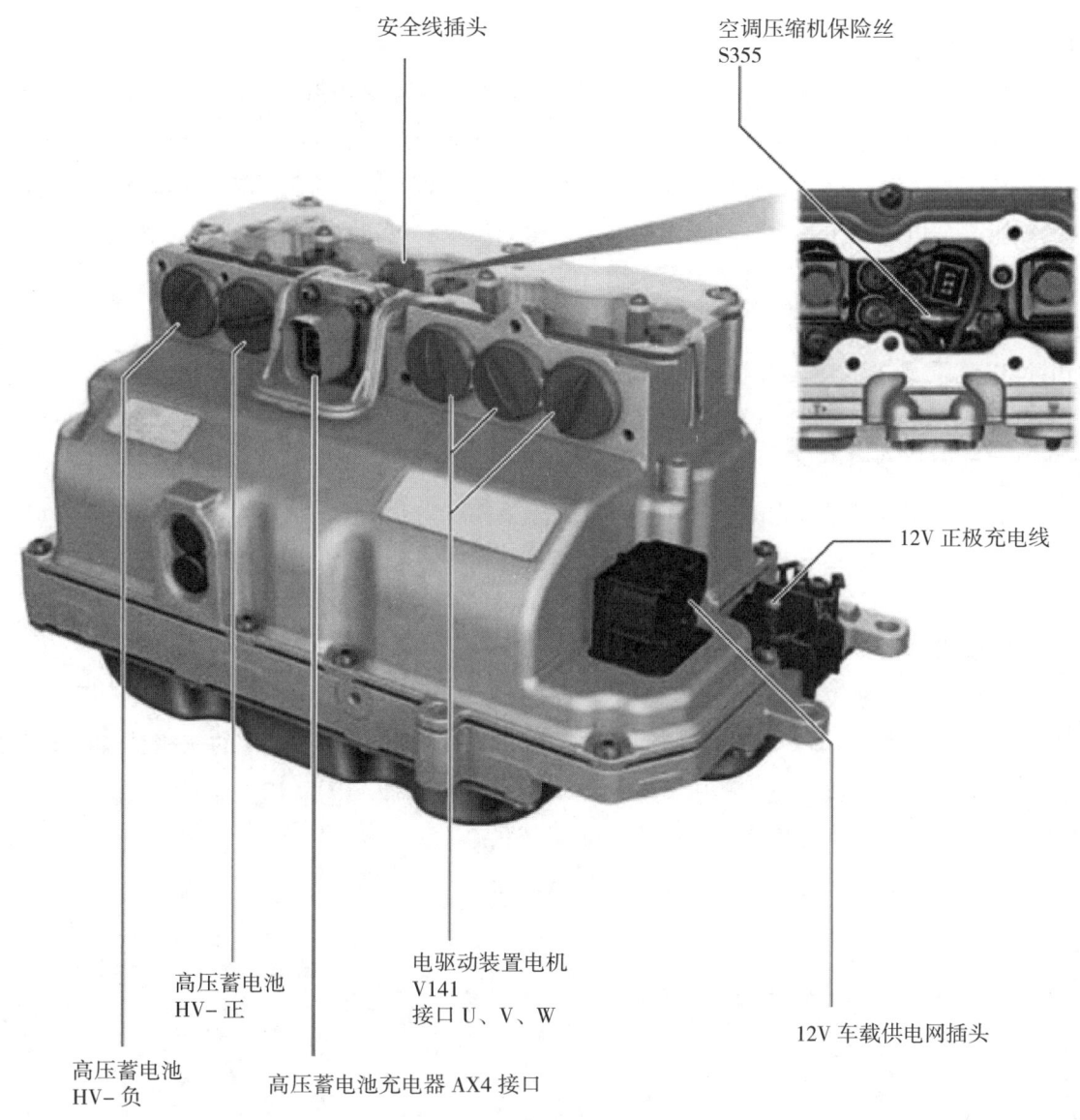

图 5-36

（二）电驱动控制单元 J841

电驱动控制单元 J841 通过驱动电机转子位置传感器 1 G713 来侦测电驱动装置 V141 的电机转子的转速和位置。通过驱动电机的温度传感器 G712 来侦测电驱动装置电机 V141 的温度，并将这个信息传至发动机控制单元 J623。电驱动控制单元 J841 通过电驱动功率和控制电子装置 JX1 内的温度传感器来侦测部件温度。电驱动控制单元会将这些温度信息发送给发动机控制单元 J623，因此，发动机控制单元就可以根据需要来操控功率和控制电子装置 V508 前的冷却液循环泵去工作了。电驱动控制单元 J841 通过驱动 CAN 总线和混合动力 CAN 总线与其他控制单元联网。

（三）变压器 A19

变压器 A19 是个 DC/DC 转换器，它将 352V 的直流电压转换成车载电网使用的 12V 直流电压。脉冲逆变器会将高压蓄电池的电压转换成 12V 的电压，通过线圈感应（电流隔离）来传输到 12V 车载电网内。因此，高压到 12V 车载电网之间并没有导线连接。

（四）中间电容器 1 C25

电驱动装置的功率和控制电子装置 JX1 内的另一个部件就是中间电容器 1 C25，该电容器的作用是稳压。在车辆起步或者急加速时，电压可能会波动。在 15 号线已关闭或者高压系统已被碰撞信号切断时，中间电容器 1 C25 会主动和被动地放电。被动放电指中间电容器 1 C25 通过 HV- 正和 HV- 负之间的一个阻值很大的电阻来放电。在主动放电时会切换高阻值电阻，这样就可以保证中间电容器 1 C25 在最短时间放完电。

（五）牵引电机逆变器 A37

牵引电机逆变器 A37 是 DC/AC 和 AC/DC 转换器。

（六）电驱动装置电机 V141 作电机使用

在电驱动模式时，牵引电机逆变器 A37 将混合动力蓄电池单元 AX1 的直流电转换成三相交流电，这个转换是通过脉冲宽度调制来实现的。在牵引电机逆变器 A37 内有 6 个晶体管，每两个晶体管负责三相 U、V、W 中的一个相。每个相的正极和负极各有一个单独的晶体管。通上电时，相应的电势就接通了。晶体管由电驱动控制单元 J841 通过脉冲宽度调制信号来操控。通过改变频率来调节转速，通过改变各脉冲宽度的接通时间来调节电驱动装置电机 V141 的扭矩。

（七）电驱动装置电机 V141 作发电机使用

如果电驱动装置电机 V141 作发电机使用，牵引电机逆变器 A37 会将产生的三相交流电转换成 352V 的直流电，这样，形成的直流电可为高压电网供电以及通过变压器 A19 为 12V 车载电网供电。

（八）电驱动装置的功率和控制电子装置 JX1 工作状态

电驱动装置的功率和控制电子装置 JX1 工作状态，如图 5-37 所示。

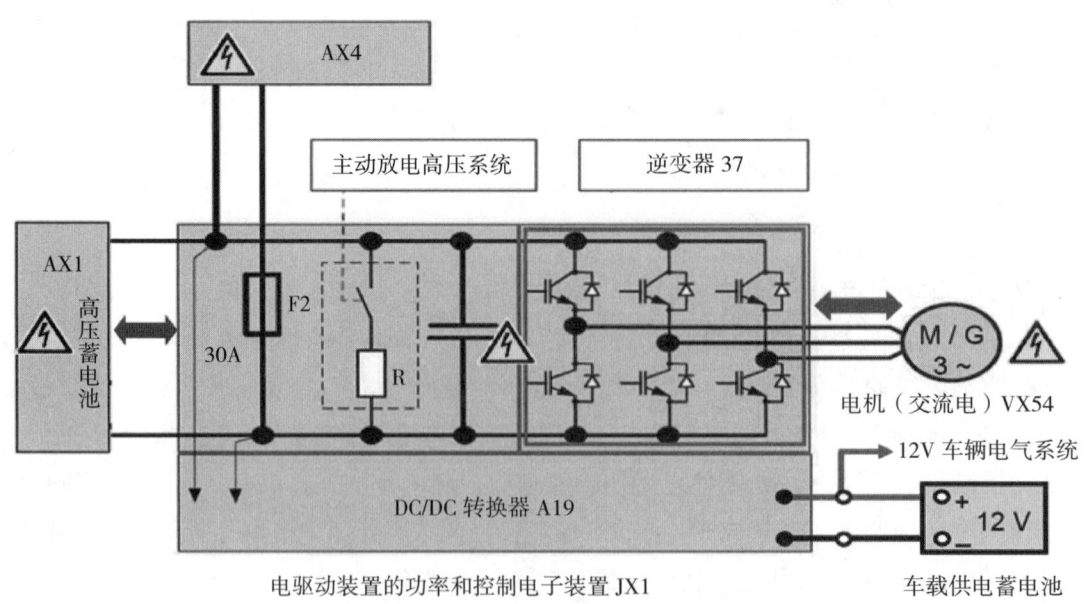

图 5-37

四、充电

(一)高压蓄电池充电插座 1 UX4

高压蓄电池充电插座 1 UX4 在前部散热器格栅内、充电装置盖板后面,如图 5-38 所示。集成有高压蓄电池充电插座 1 UX4 的充电插座温度传感器 G853 和高压充电插头锁执行元件 1 F498。高压蓄电池充电插座 1 UX4 通过一根等电位线与车身连接。展示的是欧洲车型上的情形。

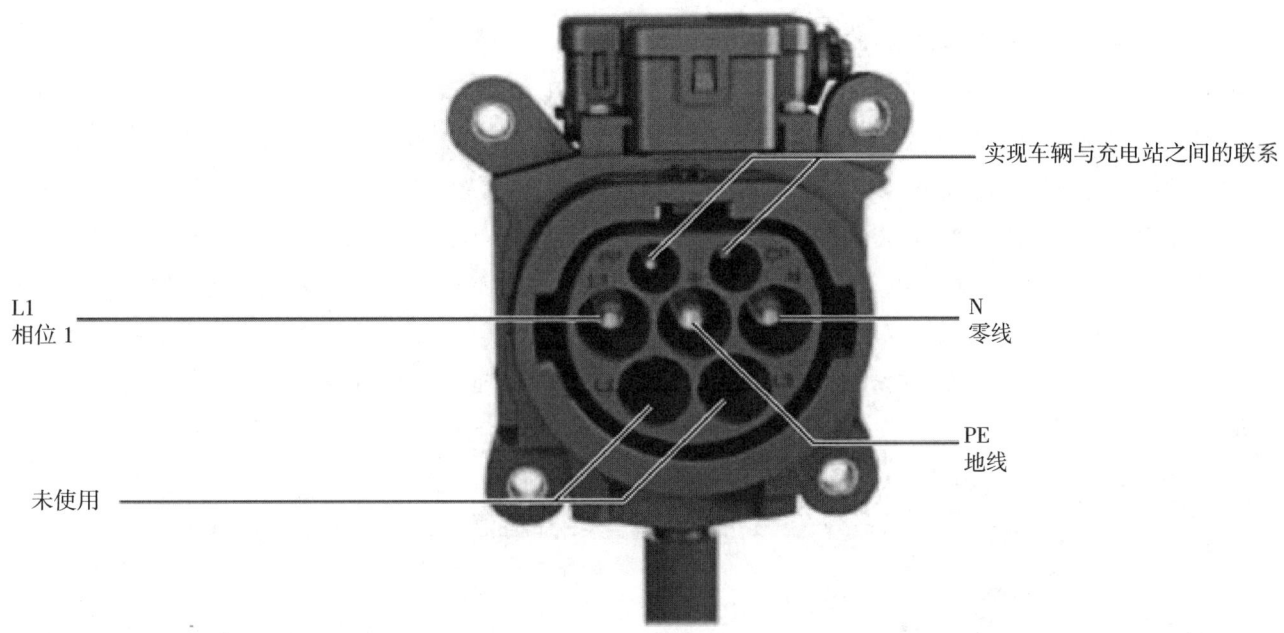

图 5-38

(二)充电按键模块和显示

充电按键模块由立即充电按键 E766、充电模式选择按键 E808 和充电插座 1 的 LED 模块 L263 组成,如图 5-39 所示。充电插座 1 的 LED 模块 L263 通过不同颜色闪烁或者亮起,来指示当前充电过程的状态。当前激活的充电选项通过按键上的红色 LED 来指示。

(三)指示灯 LED 状态显示一览

指示灯 LED 状态显示一览,如表 5-4 所示。

(四)高压蓄电池的充电器 1 AX4

高压蓄电池的充电器 1 AX4 通过一根高压线与功率和控制电子装置 JX1 相连,如图 5-40 所示。功率和控制电子装置 JX1 内装有空调压缩机保险丝 S355,它安装在

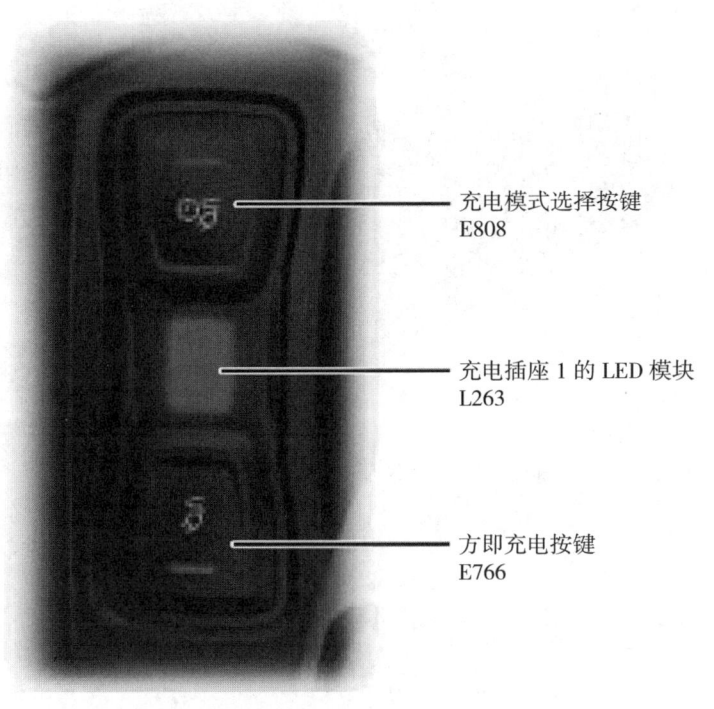

图 5-39

表 5-4

显示状态	含义
LED 呈红色亮起	识别出插头了，但插头没上锁；无法充电
LED 呈黄色亮起	识别出插头了且插头已上锁；无法充电
LED 呈黄色闪烁	识别出插头了且插头已上锁；选挡杆没在挡位 P；无法充电
LED 每隔 4s 呈绿色闪烁 60s，随后熄灭	充电计时器已激活，充电过程按预定起始时间开始进行
LED 呈绿色在跳动	充电正在进行
LED 呈绿色亮起，随后熄灭	充电结束了

高压蓄电池 HV 正极和高压蓄电池的充电器 1 AX4 的 HV 正极之间。高压蓄电池的充电器 1 AX4 靠低温冷却循环管路来冷却。高压蓄电池的充电器 1 AX4 集成有高压蓄电池充电控制单元 1 J1050 并通过驱动 CAN 总线和混合动力 CAN 总线与其他控制单元联网。它配备有一个冷却液温度传感器，将冷却液温度信息传给发动机控制单元 J623，以便根据需要来操控功率和控制电子装置 JX1 前的冷却液循环泵 V508 去工作。高压蓄电池的充电器 1 AX4 内装有一个脉冲逆变器，它将充电站的交流电转换成直流电去给混合动力蓄电池单元 AX1 充电，通过线圈感应（电流隔离）来传输到 12V 车载电网内。因此，交流电网与车上的高压系统之间是没有导电连接的。高压蓄电池的充电器 1 AX4 通过一根等电位线来与车身相连。

1. 充电插座温度传感器连接在高压蓄电池充电器控制单元 1 J1050 上。

高压蓄电池充电插座 1 UX4 内有充电插座温度传感器 G853。

2. 执行元件连接在高压蓄电池充电器控制单元 1 J1050 上。

（1）高压充电装置盖板锁执行元件 1 F496。

（2）高压蓄电池充电插座 1 UX4 内的高压充电插头锁执行元件 1 F498。

说明：设置的充电定时器时间存储在高压蓄电池的充电器 1 AX4 内。要想更换保险丝，必须打开功率和控制电子装置 JX1。

（五）高压蓄电池充电

在行车过程中，高压蓄电池用发动机来充电，具体说就是将电机作为发电机来用。

为了充分利用电动行驶功能，可以用公用电网（就是家用电网）的交流电来为高压蓄电池充电。

（六）奥迪 e-tron 车的充电系统

奥迪 e-tron 车的充电系统在奥迪 A3 Sportback e-tron 车交付用户时就已经配备好了。想在行驶途中使用，可以将奥迪 e-tron 车的充电系统放在一个运输盒中带着。其中有两根可更换的电源线，用于将充电系统接到交流电网上。一根电源线是带有家

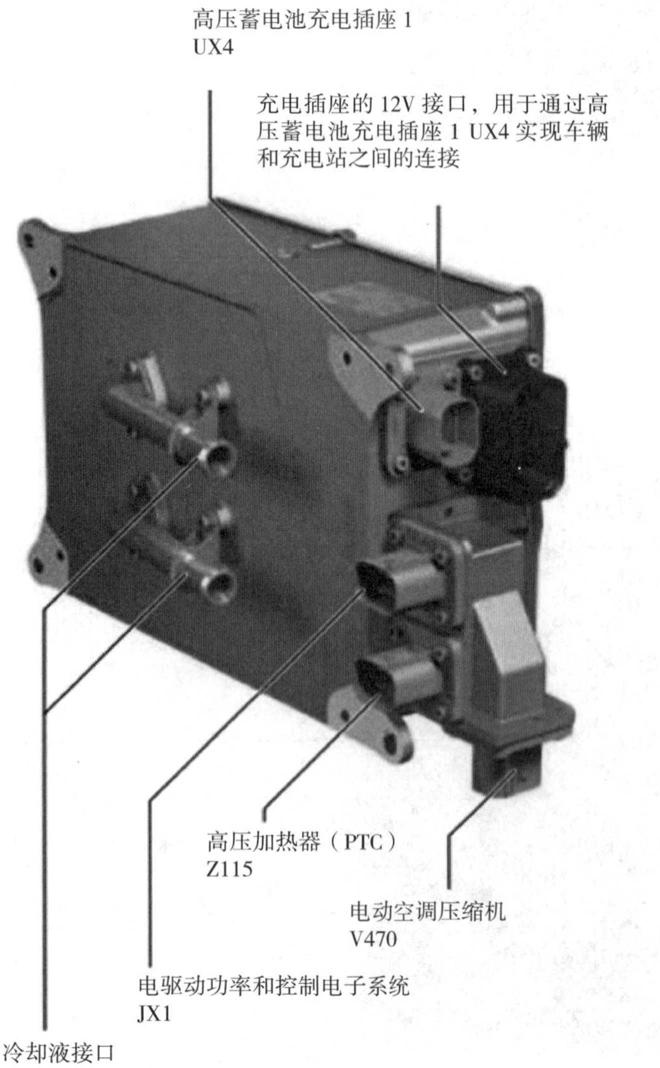

高压蓄电池充电插座 1 UX4

充电插座的 12V 接口，用于通过高压蓄电池充电插座 1 UX4 实现车辆和充电站之间的连接

高压加热器（PTC）Z115

电动空调压缩机 V470

电驱动功率和控制电子系统 JX1

冷却液接口

图 5-40

用电源插头的，另一根电源线是带有工业电源插头的。这两个插头的具体形式取决于车辆所在的国度，如图5-41所示。

1. 操纵装置。

电源线带有编码，因此操纵装置能够识别出现在连接的是家用电源插头还是工业电源插头。

如果连接时用的是工业电源插头，那么最大电流就是16A且最大充电功率为3.6kW；如果连接时用的是家用电源插头，那么最大电流就是10A。用户自己可以将充电功率调节到50%或者100%。在连接到工业插座上时，充电功率会被自动调节到50%。这个设置一直保持不变，直至将充电装置从电网上取下为止。为了防止不相干人员乱动，可以用一个4位PIN码来锁住操纵装置。在充电过程开始前，操纵装置和车上的高压充电器之间会进行联系。操纵单元具有自诊断功能，可以通过显示屏显示识别出的故障。操纵单元有温度监控功能，如果超过了允许温度，充电过程就会被中止，直至温度再降至允许值范围内。

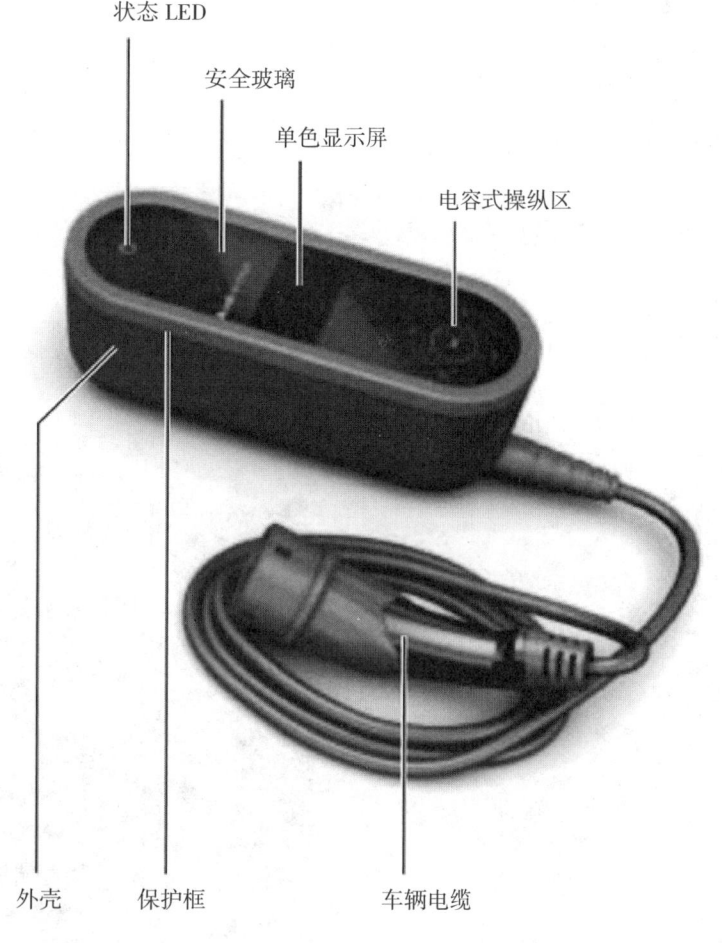

图5-41

2. 充电线。

要想连接车辆，需要将一根充电线（电缆）连接到操纵单元上。这根充电线根据所在国度不同而不同，长度为2.5m和7m，如图5-42和图5-43所示。

说明：充电线必须总是与插座直接相连。充电线不可与延长线、电线滚子、插排或者定时器一同使用，

图5-42

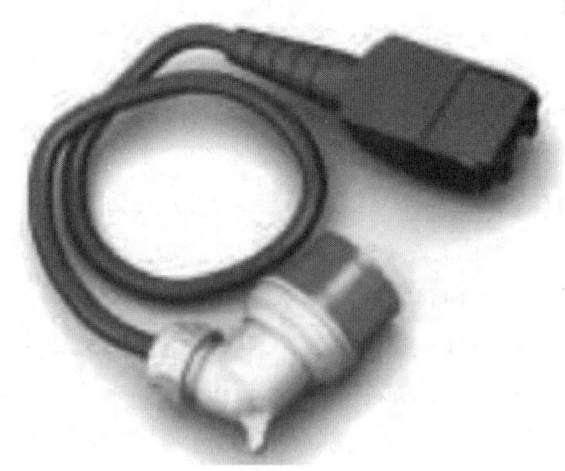

图5-43

否则会损坏操纵装置或者家用电子装置。

3. 在家充电。

可以选订一个家用充电座。充电座通过屋内安装的工业插座固定在墙上。操纵装置是卡在充电座上的，它在屋内通过电源线与工业插头插在一起。至于把车辆连接到充电座上，那就需要不同长度的充电线了，如图 5-44 所示。

4. 使用公用充电桩充电。

奥迪 A3 Sportback e-tron 也可通过公用充电桩来充电。在某些国家，必须随车携带相应的充电线以备充电用。如图 5-45 所示，是欧洲所采用的充电线的样子。

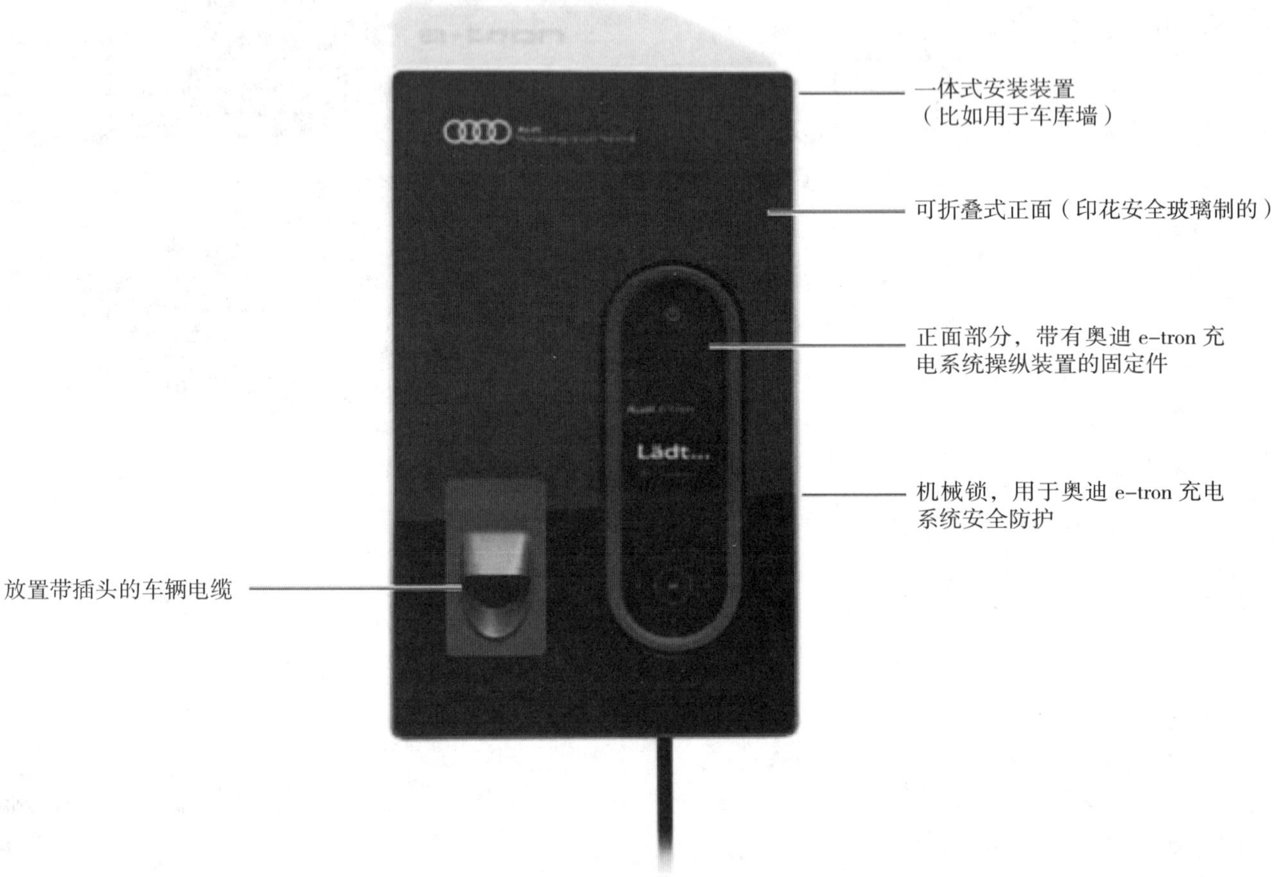

一体式安装装置（比如用于车库墙）

可折叠式正面（印花安全玻璃制的）

正面部分，带有奥迪 e-tron 充电系统操纵装置的固定件

机械锁，用于奥迪 e-tron 充电系统安全防护

放置带插头的车辆电缆

图 5-44

（七）充电过程

为了给高压蓄电池充电，必须插上充电线（比如插在充电座上）。车上的充电线插好后，充电插头就被锁定了，就无法拔下了。黄色的指示 LED 灯就表示现在充电线已经插好并锁定了。

当选挡杆被置于位置 P 且电源电压已经作用到操纵装置上时，充电过程就开始了。如果还未曾对定时器进行过设定，就立即开始充电了。如果事先曾设定过定时器但高压蓄电池的充电状态不足 60%

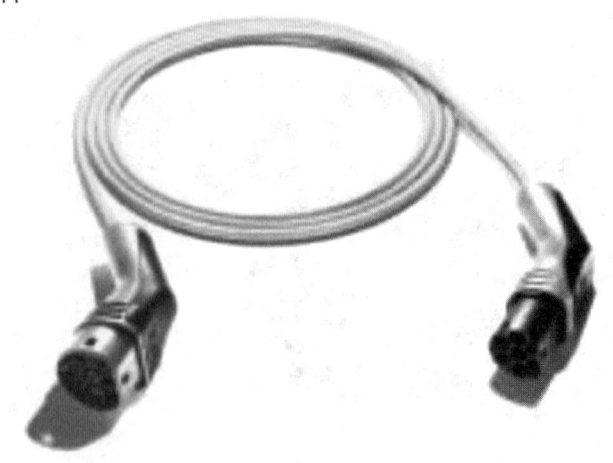

图 5-45

的话，充电过程也会立即开始，直至充电状态达到约60%。如果按动了立即充电按键，那么充电过程会停止，定时器的设定就被激活了。充电过程正在进行时，相应按键上的LED会呈跳动显示状态。

指示灯LED的显示：

在充电过程中，指示灯LED呈绿色在跳动显示，如图5-46所示。在充电过程中，如果给汽车开锁，那么充电过程会被中止。如果在汽车开锁后，没有在30s内拔下充电插头，那么充电过程会再次开始进行。

（八）充电时间

充电时间取决于充电电网的供电电压。如表5-5所示，列出了几个国家的充电时间。

（九）高压蓄电池的充电器1 AX4

高压蓄电池的充电器1 AX4，如图5-47所示。

图 5-46

表 5-5

项目	德国	中国	美国	日本
家用插座	3h45min	5h	8h	10h
工业插座	2h15min	2h15min	2h15min	2h15min

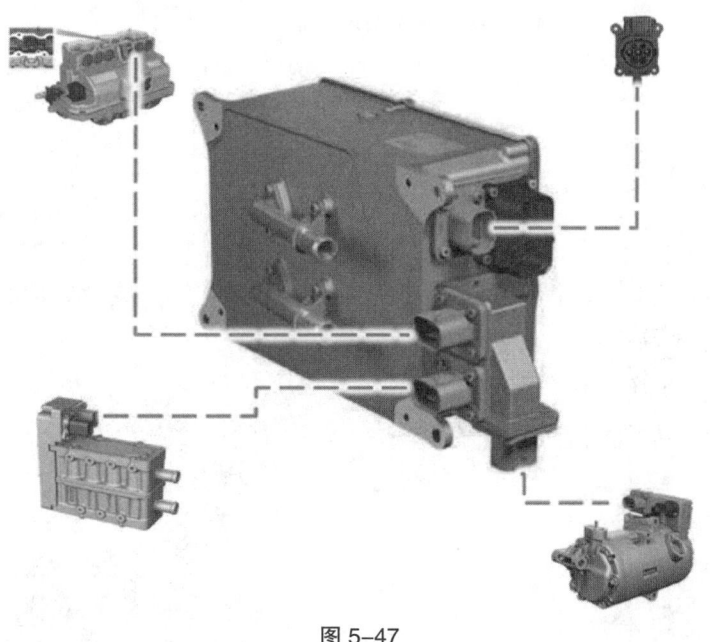

图 5-47

五、高压线

（一）高压线型号

高压系统上所有的高压线都是橙色的，从颜色上即可识别出来。由于电压高且电流大，所以高压线的横截面积较大且使用专用的插头触点。高压线的内部结构与12V车载电网的线也是不同的。另外，高压线也可能带有防护用的塑料管。在高压系统中，使用的高压线有2种：单芯高压线和双芯高压线（有或者没有安全线）。

1. 单芯高压线。

单芯高压线，如图5-48所示。

2. 双芯高压线（有或者没有安全线）。

双芯高压线，如图5-49所示。

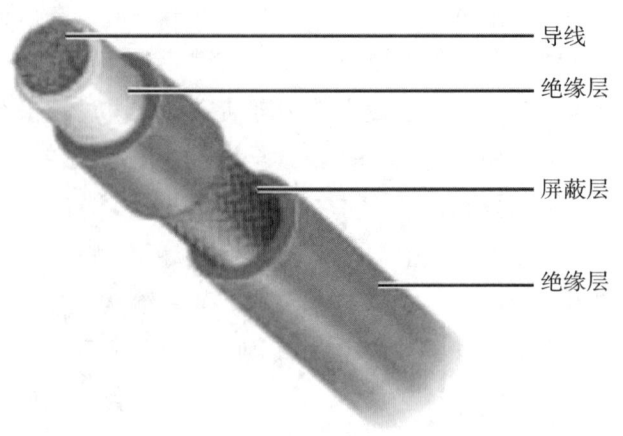

图 5-48

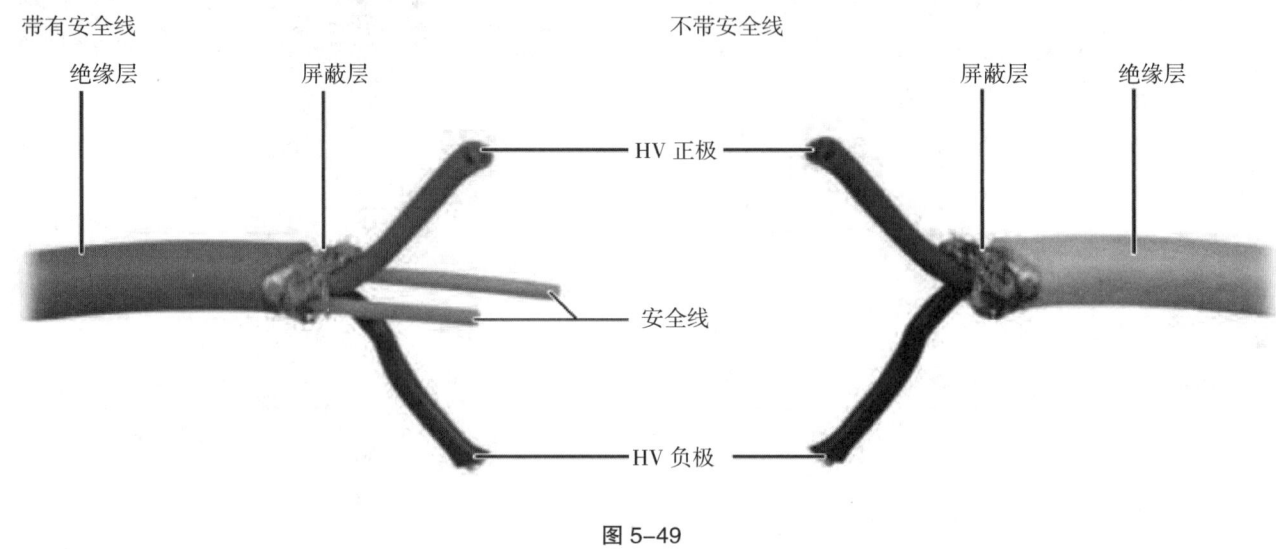

图 5-49

（二）高压连接

奥迪 A3 Sportback e-tron 车上的高压线与高压部件之间是采用螺栓或者插接的方式连接的。为避免安装错误，所有接头都有机械编码。

1. 螺栓连接（如图 5-50 所示）。

（1）电驱动装置的功率和控制电子装置 JX1。

（2）交流电驱动装置 VX54。

2. 双芯插头（如图 5-51 所示）。

（1）电驱动装置的功率和控制电子装置 JX11。

（2）高压蓄电池充电器 1 AX41。

（3）高压加热器（PTC）Z1151。

（4）电动空调压缩机 V470。

图 5-50

六、电动空调压缩机 V470

图 5-51

电动空调压缩机 V470 用螺栓固定在发动机前面，用于取代皮带传动的空调压缩机。V470 通过高压蓄电池充电器 1 AX4 接入高压系统，其供电电压是 352V。在电动空调压缩机 V470 上，集成有空调压缩机控制单元 J842，如图 5-52 所示，技术数据如表 5-6 所示。由空调控制单元 J255 通过 LIN 总线来操控。该空调压缩机通过一根等电位线与车身相连。

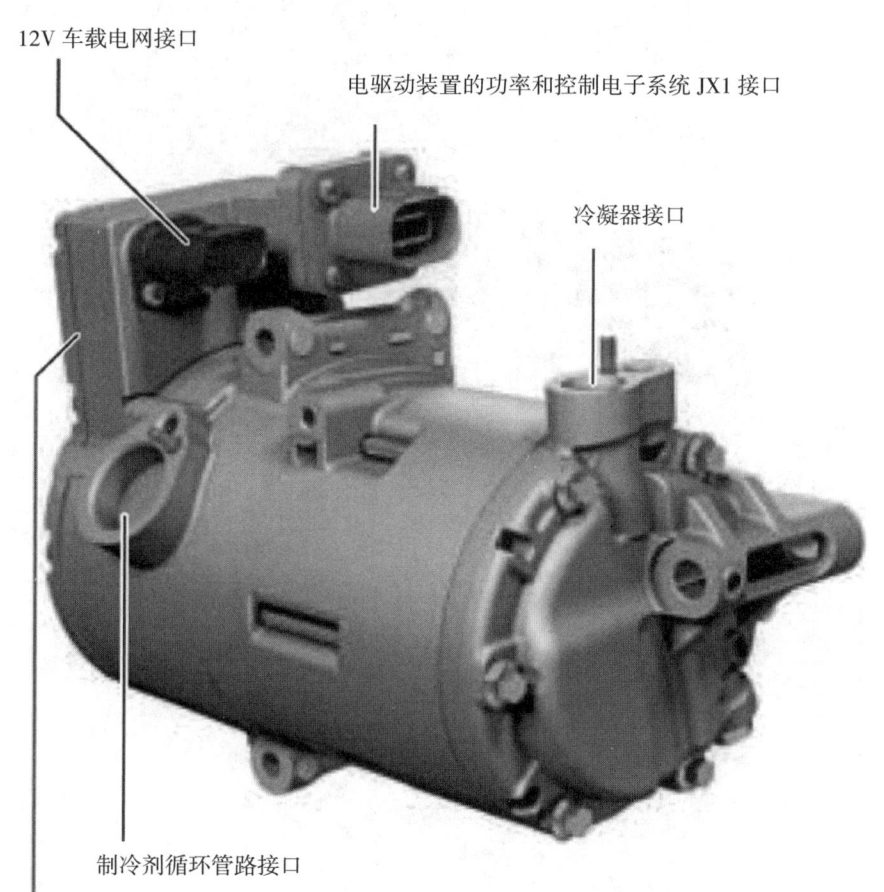

图 5-52

表 5-6

类型	涡旋式压缩机
额定电压（V）	352
每分钟转速（r/min）	800~8600
功率消耗（kW）	3.6
重量（kg）	6

七、高压加热器（PTC）Z115（如图5-53所示）

高压加热器（PTC）Z115在电动模式行驶时，可以为车内的暖风热交换器加热冷却液。该加热器是从下面与车底用螺栓连接的，并通过一根高压线与高压蓄电池充电器1 AX4相连。集成的高压加热器（PTC）控制单元J848通过LIN总线与空调控制单元J255相连。高压加热器（PTC）控制单元J848通过内部的温度传感器来获知冷却液进口温度和出口温度，并将这些温度信息发送给空调控制单元J255。空调控制单元J255计算出所需要的加热功率，并把这个信息发送给高压加热器（PTC）控制单元J848（以百分比的形式，在0~100%之间），技术参数如表5-7所示。

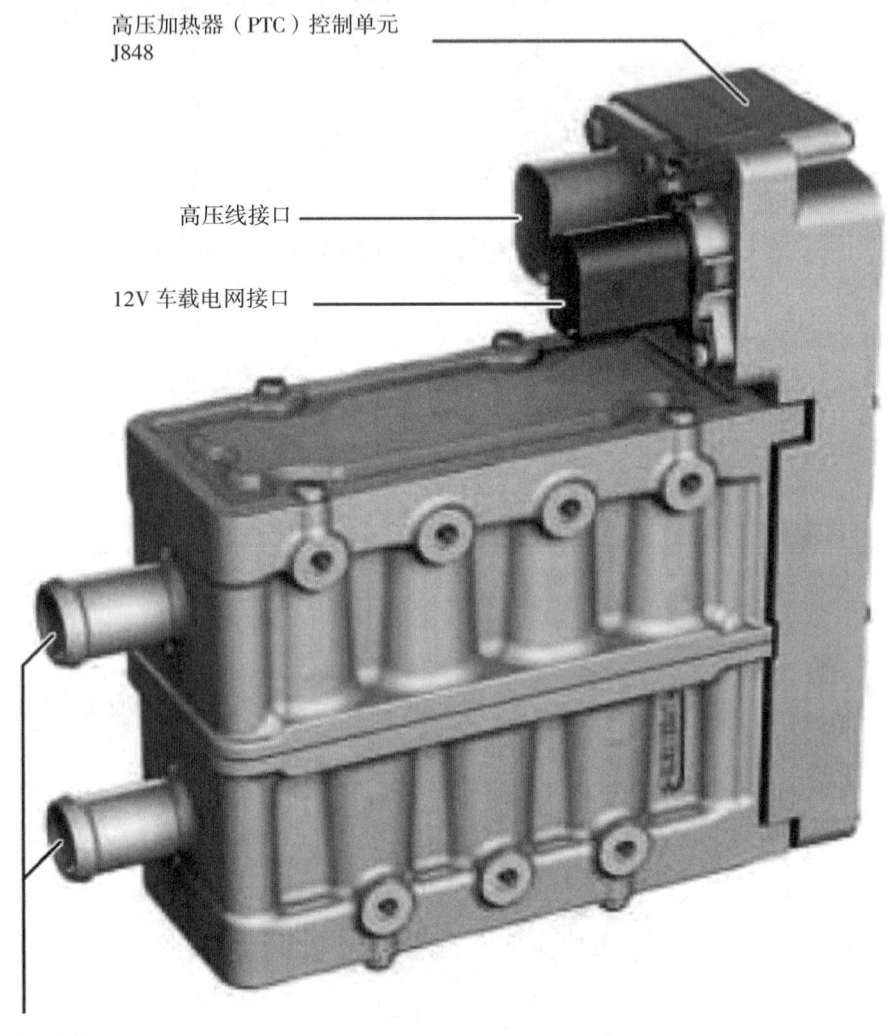

图5-53

表5-7

额定电压（V）	352
加热挡	3
操控	PWM信号 0~100%

说明：所设定的空调定时器信息存储在空调控制单元J255内。

八、保养插头

保养插头 TW 在发动机舱内，一方面它是高压蓄电池功率保护的 12V 控制回路的电气连接，另一方面它也是安全线的组件。如果保养插头 TW 断开了，那么安全线也就是断开的，12V 控制回路就中断了。保养插头用于将高压系统断电，要想断开高压系统的电源（停电），请在诊断仪中来进行相应操作。保养插头 TW 在断开后，需要使用工具 T40262/1 来检查，以保证其不会重新合闸，如图 5-54 所示。

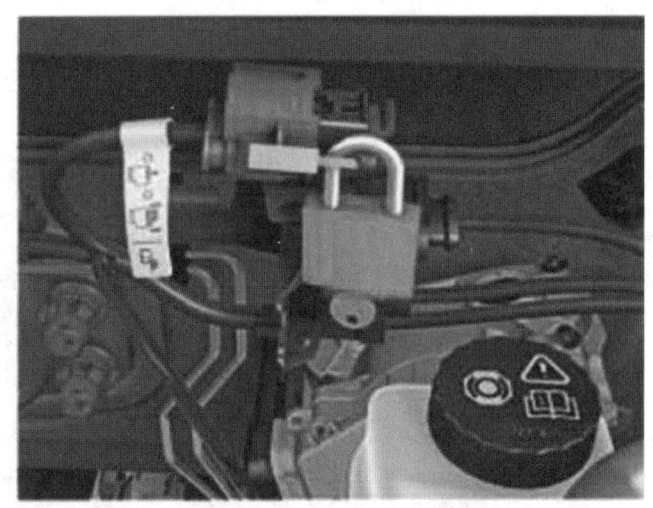

图 5-54

（一）在发动机舱内

保养插头 TW 有个指示标牌，如图 5-55 所示。

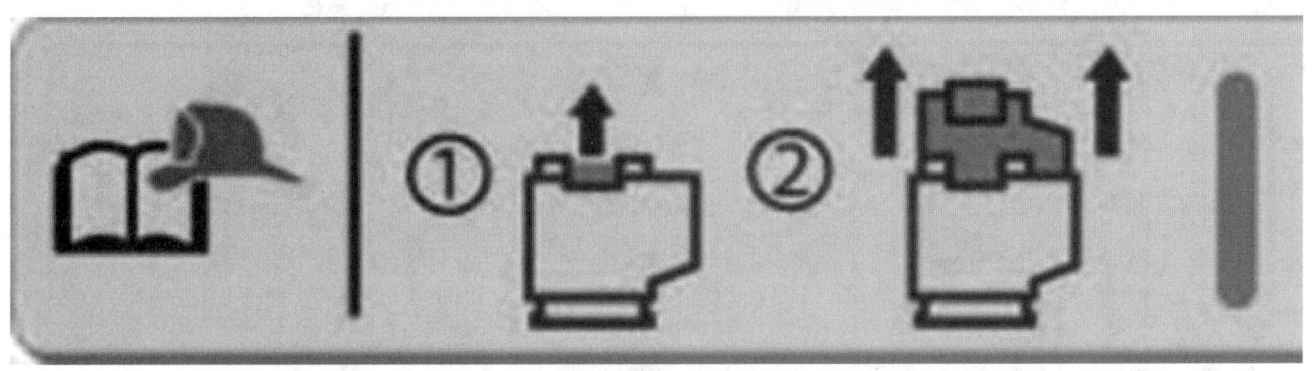

图 5-55

（二）驾驶室内的保险丝支架

用于给功率保护的控制回路供电的保险丝有个指示标牌，如图 5-56 所示。

说明：在断开后，还要执行车辆诊断仪内的相应程序以确保处于无电状态。

九、混合动力管理器

（一）功能和操控

发动机控制单元 J623 的软件另增了一个混合动力管理器这个功能：

（1）工作策略。

（2）电驱动装置电机 V141 和发动机的扭矩分配。

（3）高压调节。

（4）惯性滑行和制动时的能量回收。

（5）制冷剂循环的控制。

混合动力管理器会对车辆的下述与混合动力有关的功能实施操控：

（1）混合动力的显示。

（2）功率表。

（3）组合仪表上的显示。

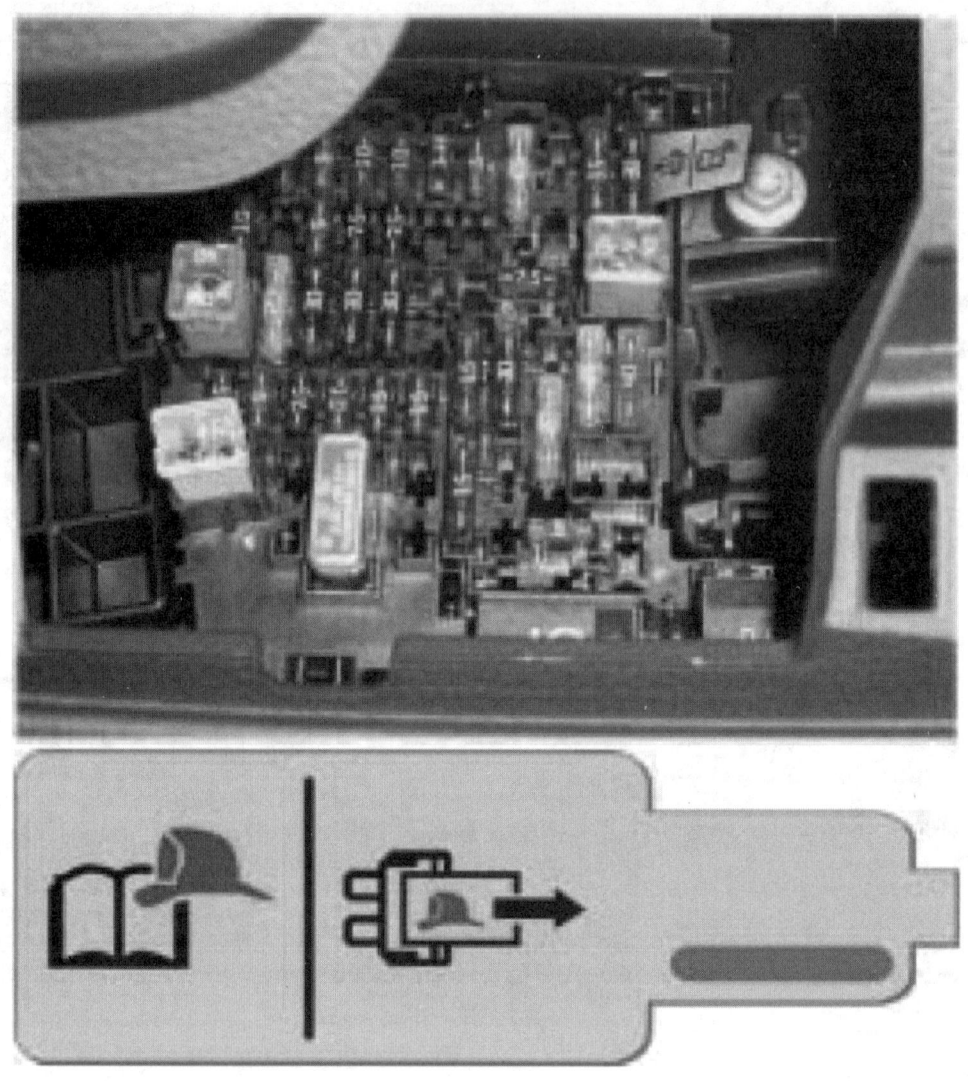

图 5-56

（4）MMI 能量流图像。

（5）e-tron 统计。

（二）工作策略

工作策略，就是要使得车辆有效地来使用两套动力系统，如表 5-8 所示。就是说，考虑到环境条件和其他控制单元的信息以及驾驶风格，来决定车辆是该由发动机驱动、电机驱动，还是同时使用这两种动力源来驱动。电动模式来行驶还需要其他控制单元的授权。高压蓄电池充电状态较低、外部温度较低、所需扭矩较大或者需要为驾驶室内加热的功率较大的话，都可能让发动机启动来工作。

表 5-8

项目	发动机状态	电驱动装置电机 V141 的使用模式
发动机启动	不工作	驱动电机[1]
电动行驶	不工作	驱动电机[1]
由发动机来驱动行驶	工作	发电机
混合动力行驶	工作	驱动电机[1]
全加速（BOOST）	工作	驱动电机[1]
能量回收（有或没有电力制动）	工作或不工作	发电机

[1] 在该工作模式时，12V 车载电网由混合动力蓄电池单元 AX1 来供电。

(三)高压调节

混合动力管理器作为高压调节器,会监控并协调所有高压部件,它会允许激活高压系统并操控混合动力模式的显示以及提示驾驶员信息的输出。

(四)惯性滑行和制动时的能量回收

根据加速踏板和制动踏板的位置、高压蓄电池的充电状态、车速和车辆稳定性数据,混合动力管理器会操纵惯性滑行和制动时的能量回收过程。

(五)插电式(Plug-in)混合动力模式

1. Elektrisch Fahren(EV):电动行驶模式。

点火开关接通时,电动行驶模式就被激活了,在满足条件时,车辆主要是以纯电动方式来行驶的。

只有当高压蓄电池有足够的电且满足下述条件时,电动行驶模式才会被激活:

(1)12V 蓄电池和高压蓄电池的温度不低于 $-10\,^\circ\!\mathrm{C}$。

(2)车速不高于 130km/h。

(3)无强制降挡。

(4)未挂入行驶挡位 S。

如果上述一个或者多个条件没有满足,那么电动行驶模式就会关闭了。

2. Batterieladung nutzen(Hybrid Auto):充分利用蓄电池充电(混合自动),如图 5-57 所示。

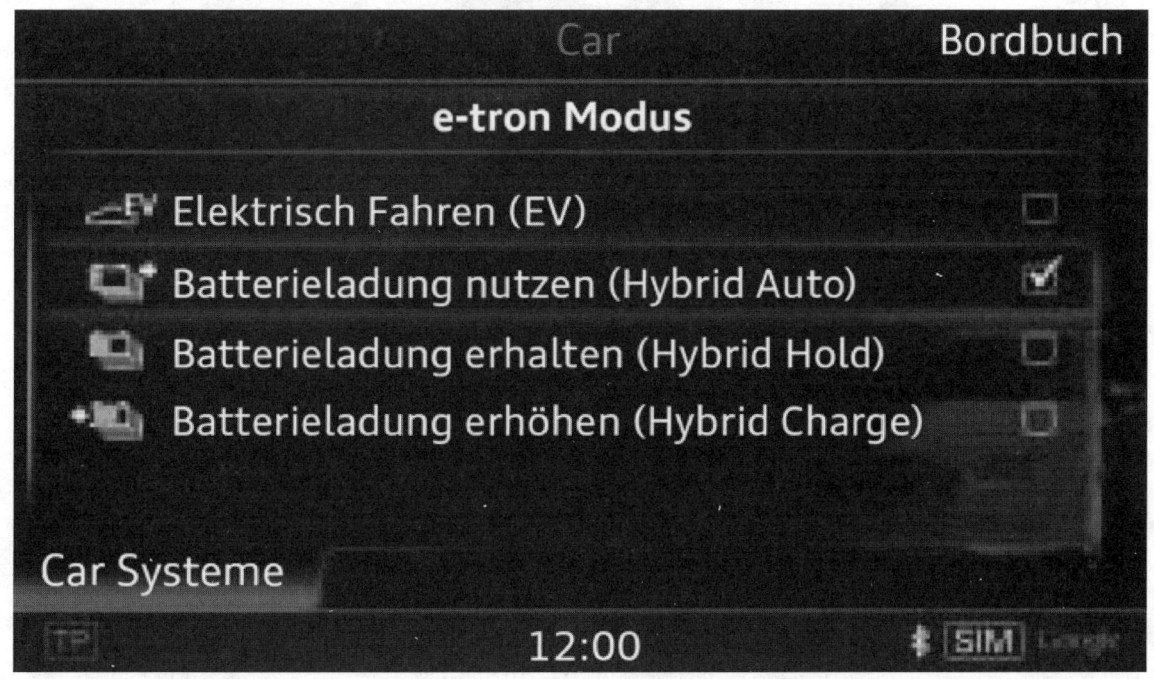

图 5-57

这是根据驾驶风格来决定是以混合动力模式行驶还是以电动模式行驶。在激活了导航系统(选装的)中的目的地引导功能时,会按照预测的道路数据,通过适当地再充电或者使用充电站的方式来优化电能的使用情况。

3. Batterieladung erhalten(Hybrid Hold):保持蓄电池充电(混合保持)。

在行驶中,将蓄电池的充电状态保持在一个恒定值。因此车辆会用混合动力模式在行驶,只使用很少一部分蓄电池电能。

4. Batterieladung erhöhen（Hybrid Charge）：提高蓄电池充电量（混合充电）。

在行驶中，通过发动机来给高压蓄电池充电（在燃油消耗较高时），以便获得一个较长的电动行驶可达里程，比如在目的地。

5. 运动模式。

如果将选挡杆置于手动换挡模式或者 S 挡，奥迪 A3 Sportback e-tron 就会展示其运动性的一面了。这时，驾驶员可随时用全部动力（就是全部功率）来行车了，且高压蓄电池也会一直在充电。输出力矩增大会使得回收功率也增大，可实现运动性的驾驶体验。说明：这些设置可以在 Car 菜单下 Systeme 中的 e-tron Modus 项中来调用，或者多次按压电驱动装置按键 E656 来调用。

（六）高压供电结构示意图

高压供电结构示意图，如图 5-58 所示。

1. 高压充电，如图 5-59 所示。

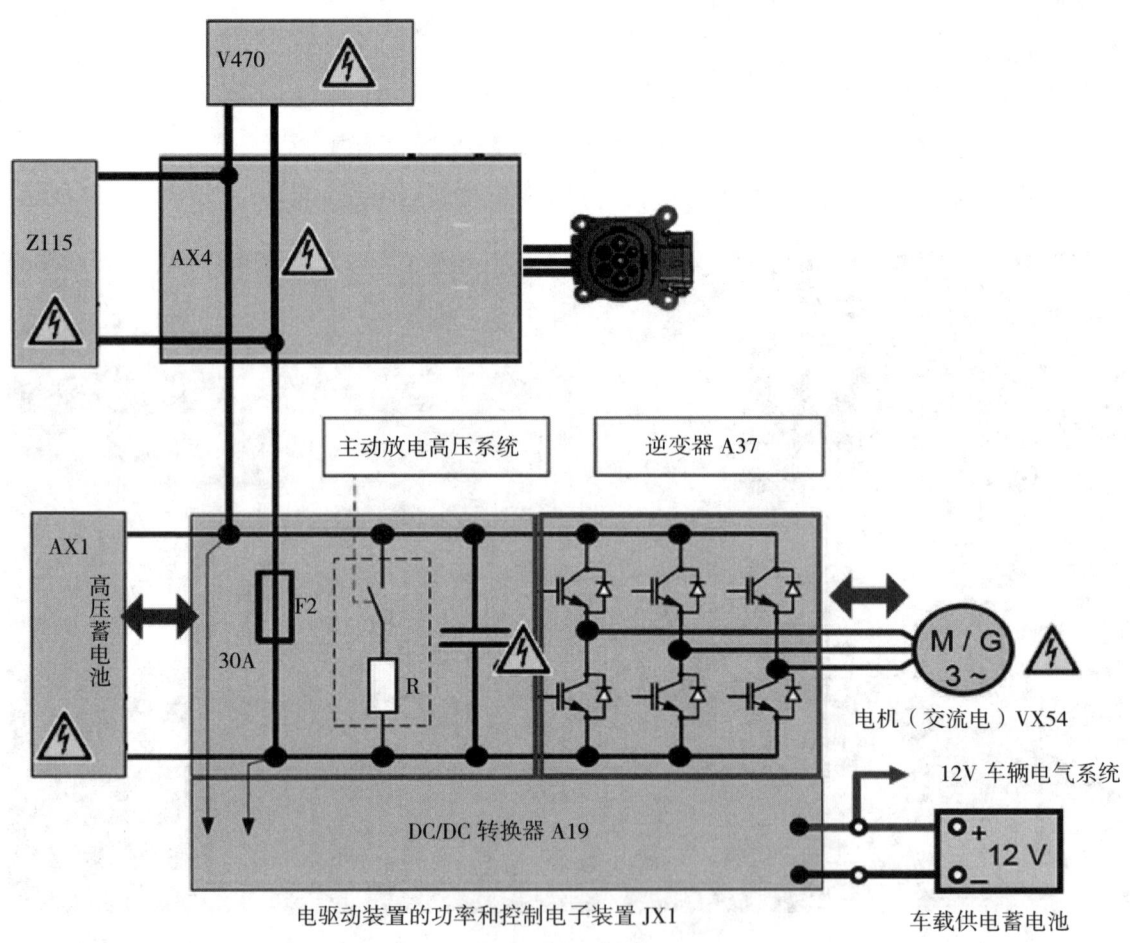

图 5-58

2. 高压充电系统，如图 5-60 所示。

（1）电源线编码：操纵装置能够识别连接的是家用电源插头还是工业电源插头。

（2）连接工业电源插头时，最大电流为 16A，最大充电功率为 3.6kW。

（3）连接家用电源插头时，最大电流为 10A。

（4）充电功率：可调节为 50% 或者 100%。

图 5-59

公用充电桩充电　　　　　　　　　　　　　　　　在家充电

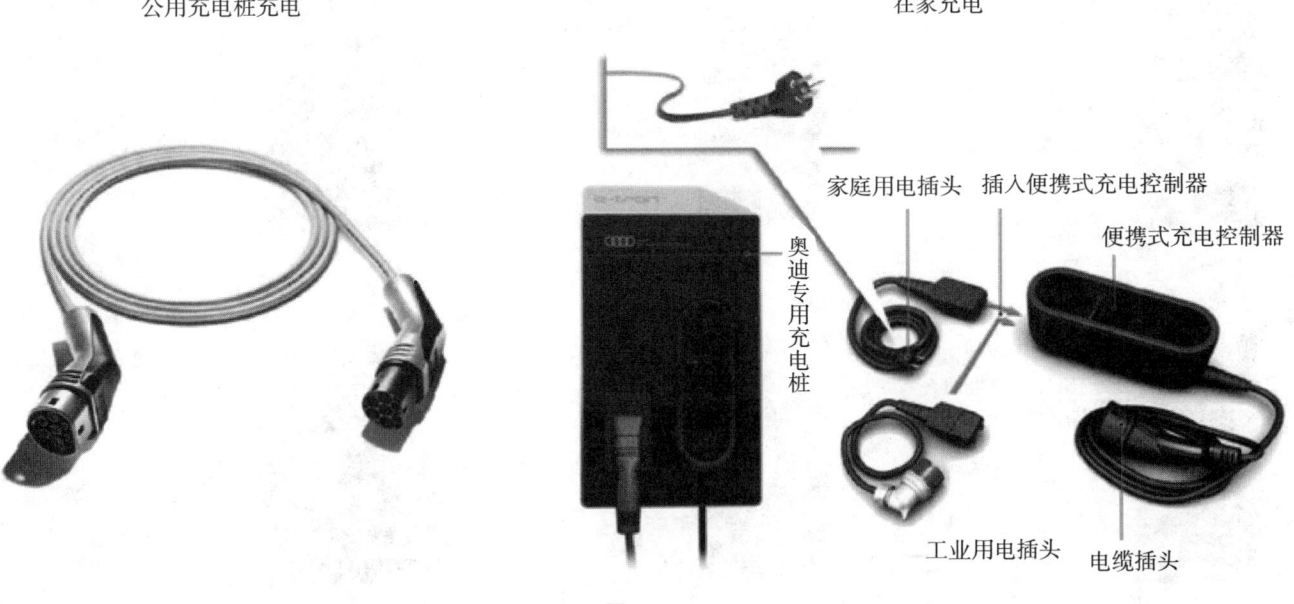

图 5-60

（5）连接工业电源插头时，充电功率自动调节到 50% 且保持不变，直至将充电装置取下。

（6）PIN 码：为了防止乱动，可以用 4 位 PIN 码对操纵装置上锁。

（7）诊断功能：充电开始前，操纵装置和车上的高压充电器进行通信。

（8）操纵装置具有自诊断功能，可以通过显示屏显示相关故障。

（9）操纵装置有温度监控功能，超过温度范围则中止充电过程，直至温度降至允许范围。

3. 充电时间，如图 5-61 所示。

4. 充电指示灯，如图 5-62 所示。

接口	100%充电时的充电时间
家用插座（100V 10A）	约 10h
家用插座（110V 10A）	约 8.2h
家用插座（220V 8A）	约 5.2h
家用插座（230V 10A）	约 3.8h
工业插座（200V 16A）	约 2.3h
工业插座（220V 16A）	约 2.3h
工业插座（230V 16A）	约 2.3h
工业插座（240V 16A）	约 2.3h

家用插座约 5.2h

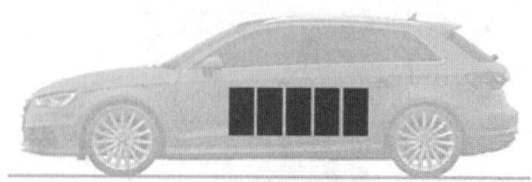

工业插座约 2.3h

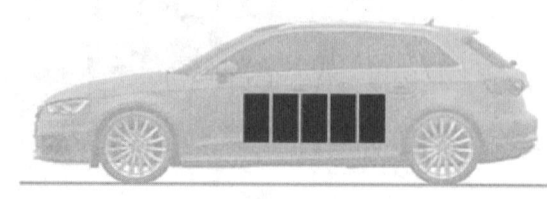

图 5-61

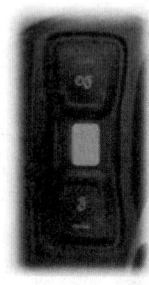

LED 每隔 4s 呈绿色闪烁 60s，随后熄灭
充电计时器已被激活，充电过程按预定起始时间开始进行

LED 呈绿色在跳动
充电正在进行

LED 呈绿色亮起，随后熄灭
充电结束了

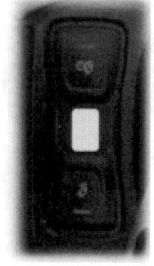

LED 呈黄色闪烁
识别出插头了且插头已上锁
选挡杆没在挡位 P
无法充电

LED 呈黄色亮起
识别出插头了且插头已上锁
无法充电

LED 呈红色亮起，识别出插头了，但插头没上锁
无法充电

图 5-62

第六节 空调系统

一、冷却系统、空调系统和温度管理系统

奥迪 A3 Sportback e-tron 上的冷却系统、空调系统对车内、发动机、变速器以及高压部件的温度进行调节，所有这些部件都接入了不同的冷却循环管路中。温度管理系统（也叫热能管理系统）是为了让动力总成快速达到相应的正常工作温度，但是在这方面对驾驶室内的温度操控具有最高的优先级别。在不同的工况时，比如在电动行驶模式或者全加速（BOOST）模式时，不同冷却循环的最佳冷却液流量是不同的，这样才能保证空调具有较高的舒适性且有较高的总效率。

（一）车上一览（如图 5-63 和图 5-64 所示）

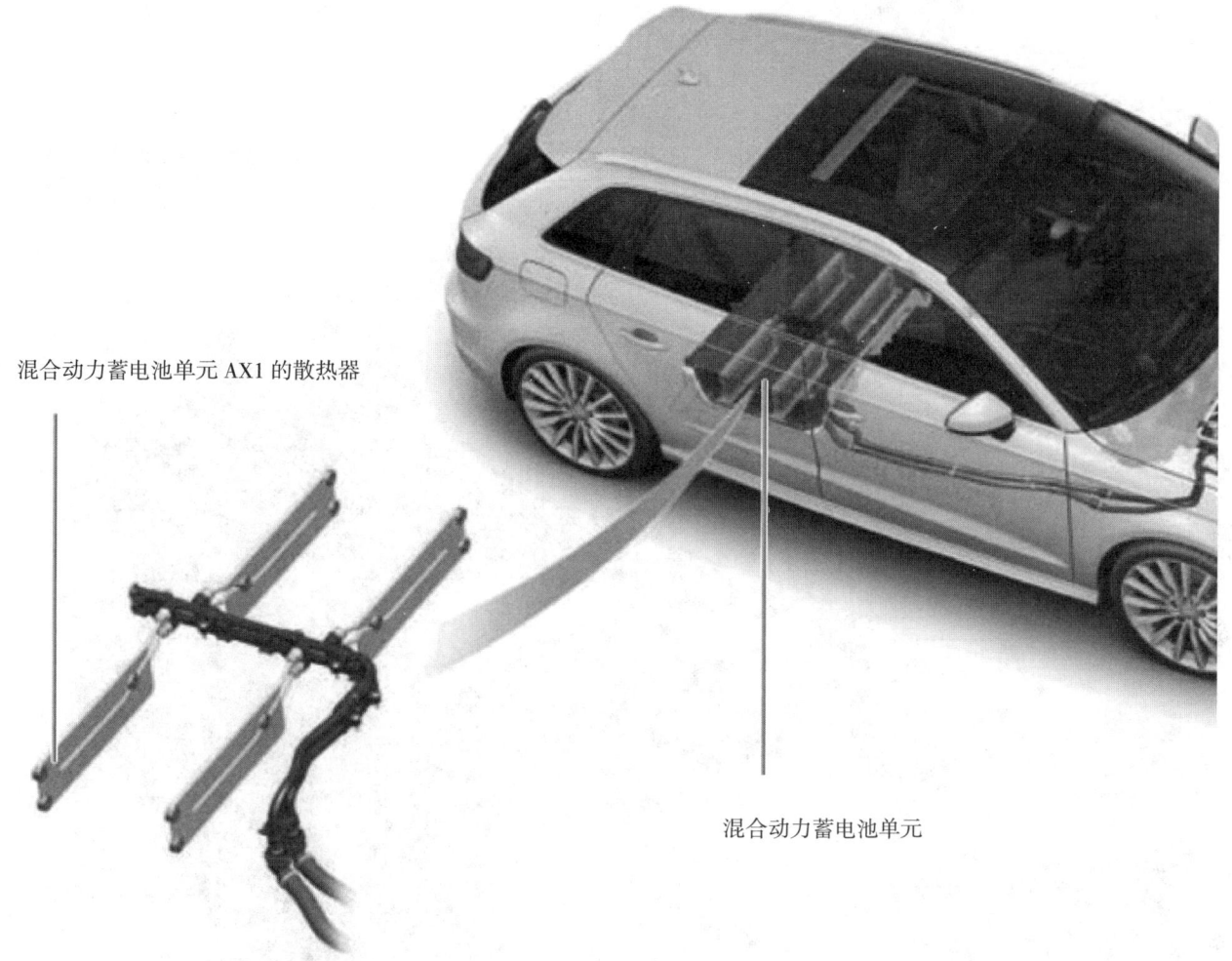

图 5-63

（二）高温冷却液循环（如图 5-65 所示）

高温冷却液循环，实际上就是发动机的冷却液循环，它是个双回路冷却系统，可在缸盖和缸体内实现不同的冷却液温度。高温冷却液循环的温度一般在 87~105℃。高温冷却液循环的部件：

（1）冷却液膨胀罐 1。

（2）暖风热交换器。

（3）变速器机油冷却器。

（4）水泵（带有节温器）。

（5）发动机机油冷却器。

（6）高压加热器（PTC）Z115。

（7）主散热器。

（三）低温冷却液循环 1（如图 5-66 所示）

低温冷却液循环 1 是发动机的增压空气冷却器的冷却液循环。在 1.4L TFSI 发动机上，这个低温冷却液循环是个独立的循环。低温冷却液循环 1 与高温冷却液循环使用的是同一个冷却液膨胀罐。在奥迪 A3 Sportback e-tron 使用 1.4L TFSI 发动机时，驱动电机也是接入低温冷却液循环 1 的。低温冷却液循环 1 的

图 5-64

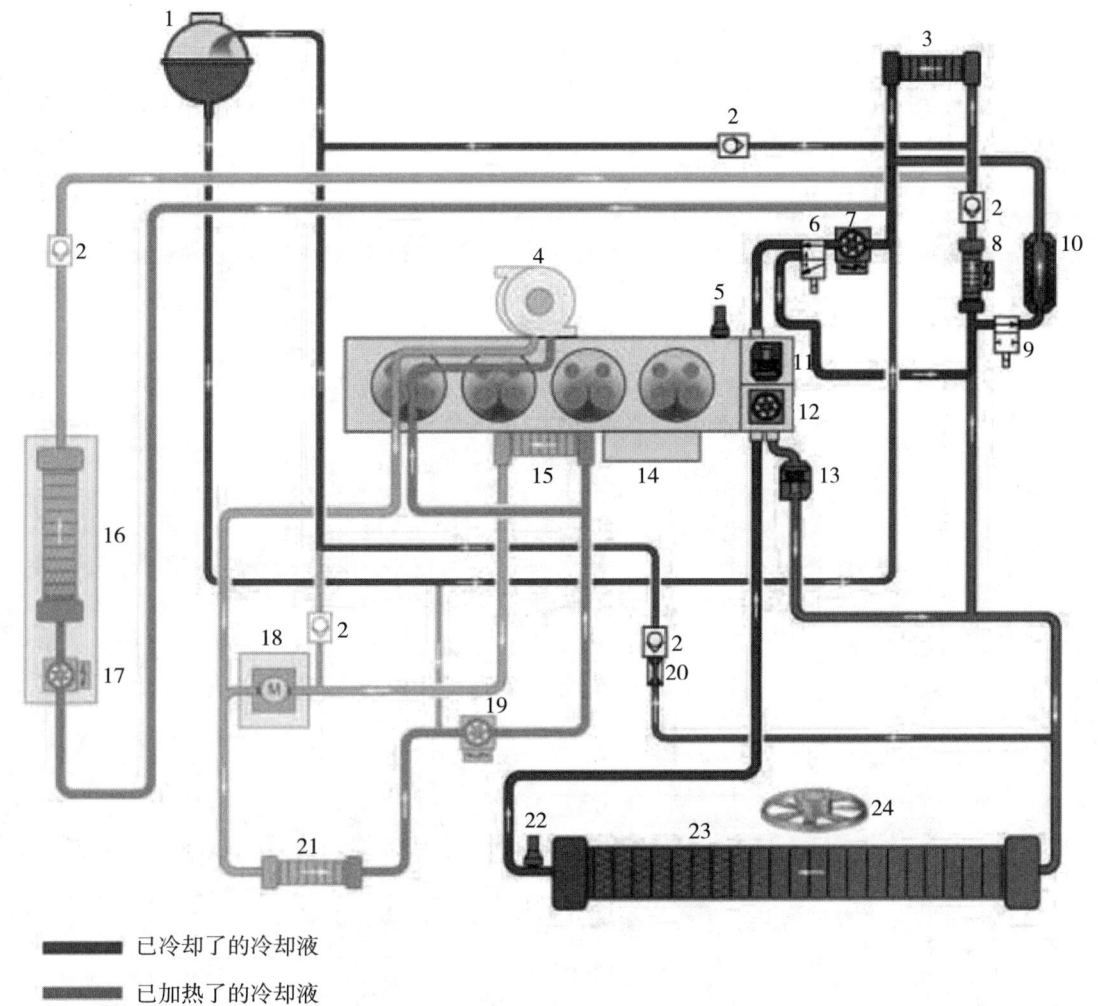

1.冷却液膨胀罐1 2.止回阀 3.暖风热交换器 4.废气涡轮增压器 5.冷却液温度传感器G62 6.冷却液切换阀2 N633 7.高温冷却液循环水泵V467 8.高压加热器（PTC）Z115 9.变速器冷却液阀N488 10.变速器机油冷却器（ATF热交换器） 11.节温器1 12.水泵 13.节温器2 14.发动机机油冷却器 15.进气歧管内的增压空气冷却器 16.驻车加热装置 17.循环泵V55 18.交流电驱动装置VX54 19.冷却液续动泵V51 20.节流阀 21.增压空气冷却器的散热器 22.散热器出口冷却液温度传感器G83 23.冷却液散热器 24.散热器风扇V7

图5-65

温度一般是75~90℃。低温冷却液循环1的部件：

（1）废气涡轮增压器。

（2）增压空气冷却器。

（3）交流电驱动装置VX54。

（4）低温冷却液循环水泵V468。

（四）低温冷却液循环2（如图5-67所示）

高压模块连接在低温冷却液循环2中。高压部件对温度要求很严，需要温度保持不变且低于低温冷却液循环1中的平均温度。这个低温是通过一套完整而独立的冷却液循环（指低温冷却液循环2）来实现的。低温冷却液循环2有自己专用的冷却液膨胀罐（冷却液膨胀罐2），并通过功率和控制电子装置前的冷却液循环泵V508和高压蓄电池水泵V590来实施循环。低温冷却液循环2的温度一般是20~40℃。低温冷却液循环2的部件：

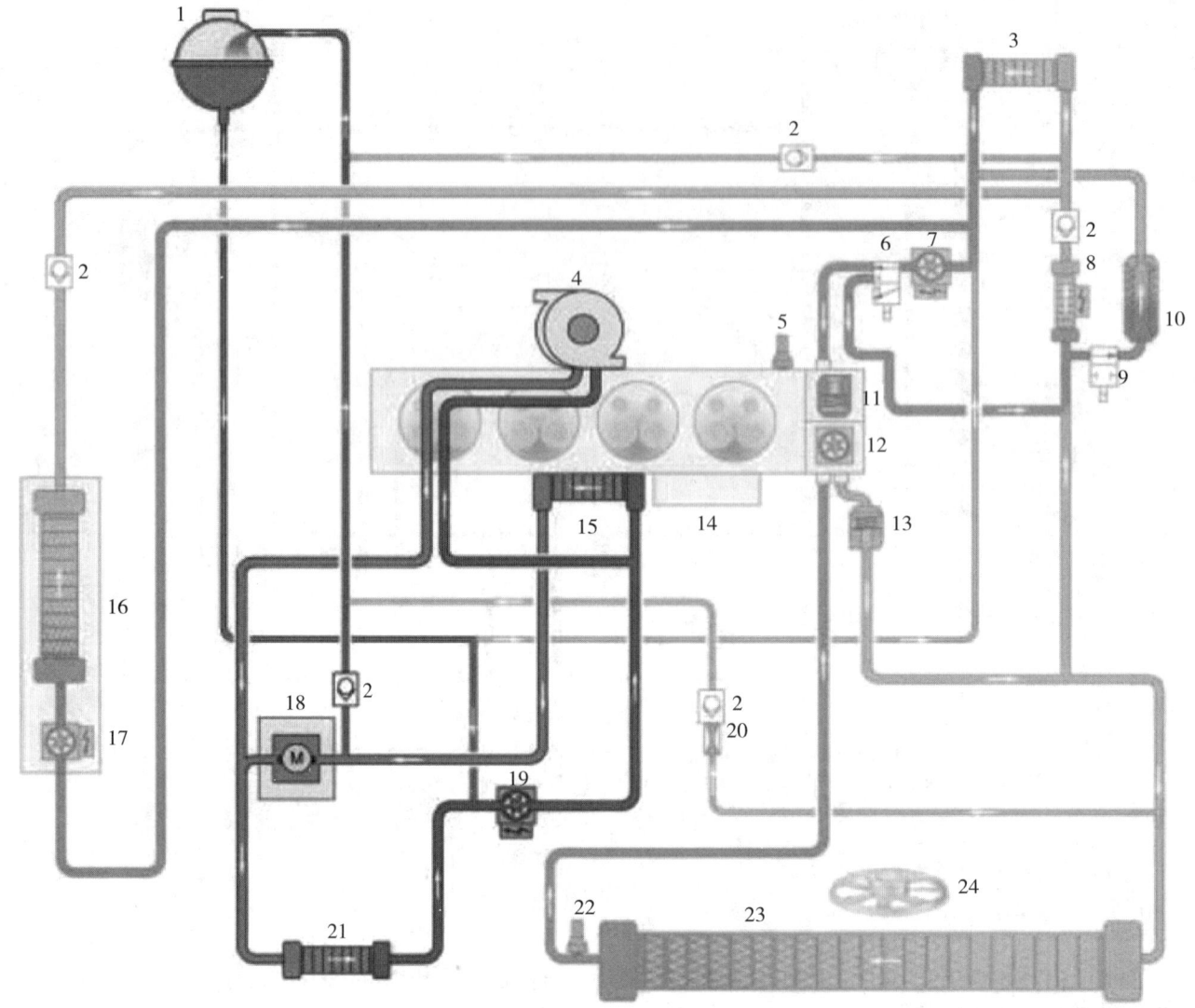

1.冷却液膨胀罐1 2.止回阀 3.暖风热交换器 4.废气涡轮增压器 5.冷却液温度传感器G62 6.冷却液切换阀2 N633 7.高温冷却液循环水泵V467 8.高压加热器（PTC）Z115 9.变速器冷却液阀 N488 10.变速器机油冷却器（ATF热交换器） 11.节温器1 12.水泵 13.节温器2 14.发动机机油冷却器 15.进气歧管内的增压空气冷却器 16.驻车加热装置 17.循环泵V55 18.交流电驱动装置VX54 19.冷却液续动泵V51 20.节流阀 21.增压空气冷却器的散热器 22.散热器出口冷却液温度传感器G83 23.冷却液散热器 24.散热器风扇V7

图 5-66

（1）冷却液膨胀罐2。

（2）电驱动装置的功率和控制电子装置 JX1。

（3）高压蓄电池充电器控制单元。

（4）高压蓄电池热交换器。

（5）混合动力蓄电池单元 AX1。

（6）功率和控制电子装置前的冷却液循环泵 V508。

（7）高压蓄电池水泵 V590。

（五）高压蓄电池热交换器的冷却液循环

低温冷却液循环2可以分为两个支路，这样就能在一个循环管路中形成两个不同的温度，也就能满

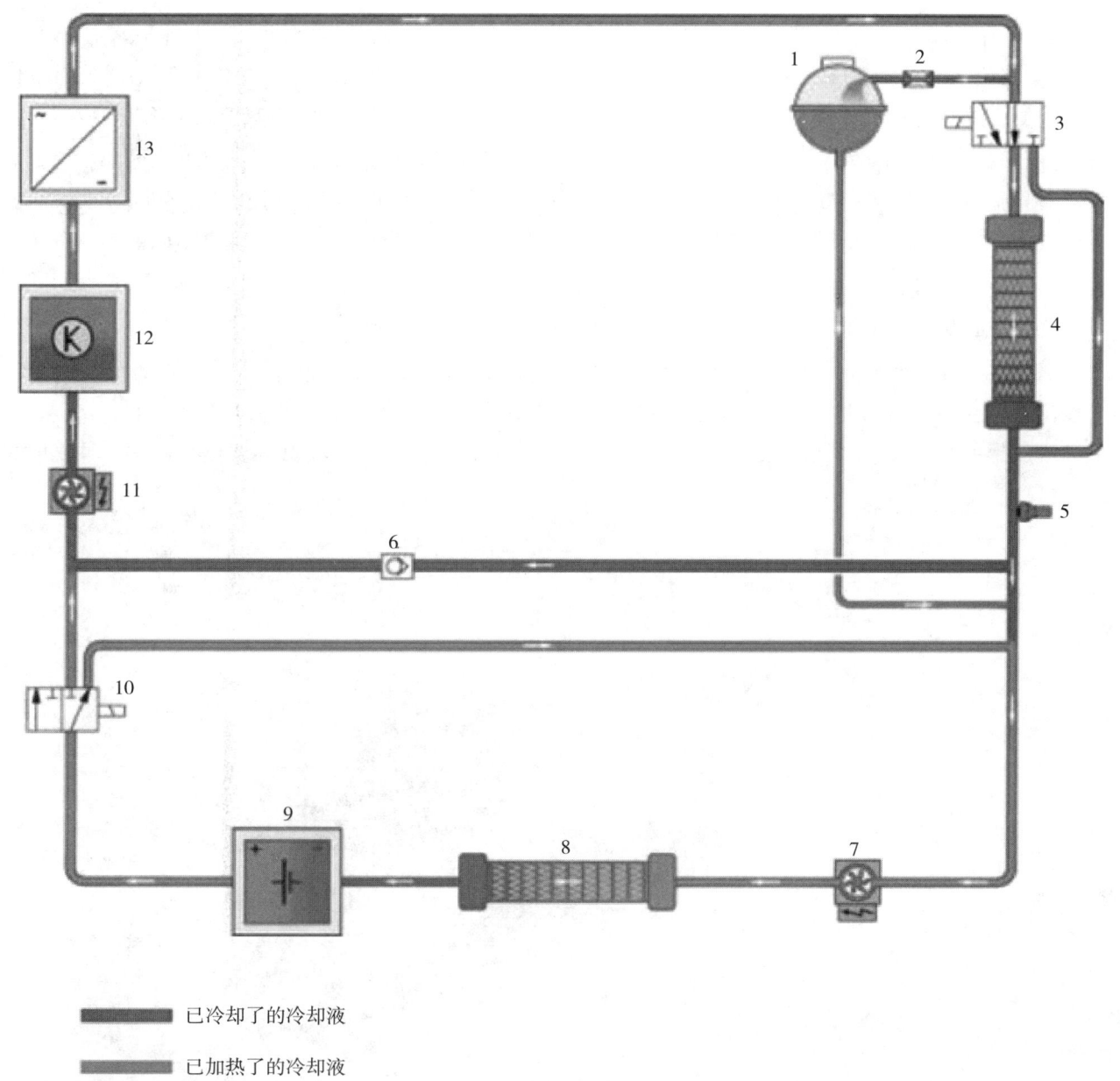

1.冷却液膨胀罐 2.节流阀 3.冷却液切换阀1 N632 4.低温冷却器2 5.功率和控制电子装置JX1前的温度传感器 6.止回阀 7.高压蓄电池水泵V590 8.高压蓄电池热交换器（冷却器） 9.混合动力蓄电池单元AX1 10.高压蓄电池冷却液阀N688 11.功率和控制电子装置前的冷却液循环泵V508 12.电驱动装置的功率和控制电子装置JX1 13.高压蓄电池充电器控制单元1 J1050

图 5-67

足部件对不同温度的需求了。为此，可以通过高压蓄电池冷却液阀 N688 来切换到一个"短路循环"，由高压蓄电池水泵 V590 来进行循环的驱动。这个切换只用于通过高压蓄电池热交换器来调节混合动力蓄电池单元 AX1 的温度，这也是空调制冷剂循环的一部分。

低温冷却液循环 2 所需要达到的温度水平，可以由低温冷却液循环 2 通过被动冷却来实现，或者通过蓄电池热交换器主动来实现。

说明：选装的驻车加热装置，与配备有 1.4L TFSI 发动机（EA211 系列）的奥迪 A3 Sportback 一样，也是接入到冷却液循环管路上的。

(六)空调制冷剂循环

奥迪 A3 Sportback e-tron 车的空调制冷剂循环与别的奥迪 A3(型号 8V)是不同的,如图 5-68 和图 5-69 所示。电动空调压缩机 V470 在需要时,既用于调节车内温度,也用于调节混合动力蓄电池单元 AX1 的温度。接膨胀阀的空调制冷剂循环装备有一根单独的高压管和一根单独的低压管,没有使用内部热交换器。在接高压蓄电池热交换器的制冷剂高压管中,有个节流阀,其孔径为 0.7mm。有不同的制冷剂高压管,带有一体式的节流阀或者插接的节流阀。插接的节流阀可能会装备有一个粗滤网。使用的制冷剂是 R134a。奥迪 A3 Sportback e-tron 车使用的压缩机用机油,与机械式传动的空调压缩机上的机油是不同的。这种压缩机机油叫 SPA2,是 PAG 机油。

(七)售后服务中冲洗过程的特殊性

在维修奥迪 A3 Sportback e-tron 车时,可能需要冲洗制冷剂循环管路,为此需要注意下述边缘条件:

1. 在电动空调压缩机上,压缩机机油有可能无法倒出(就像机械式传动的空调压缩机上那样),没有机油排放螺塞。在电动空调压缩机上,要想排空或者确定压缩机机油量,必须要进行冲洗。冲洗时,

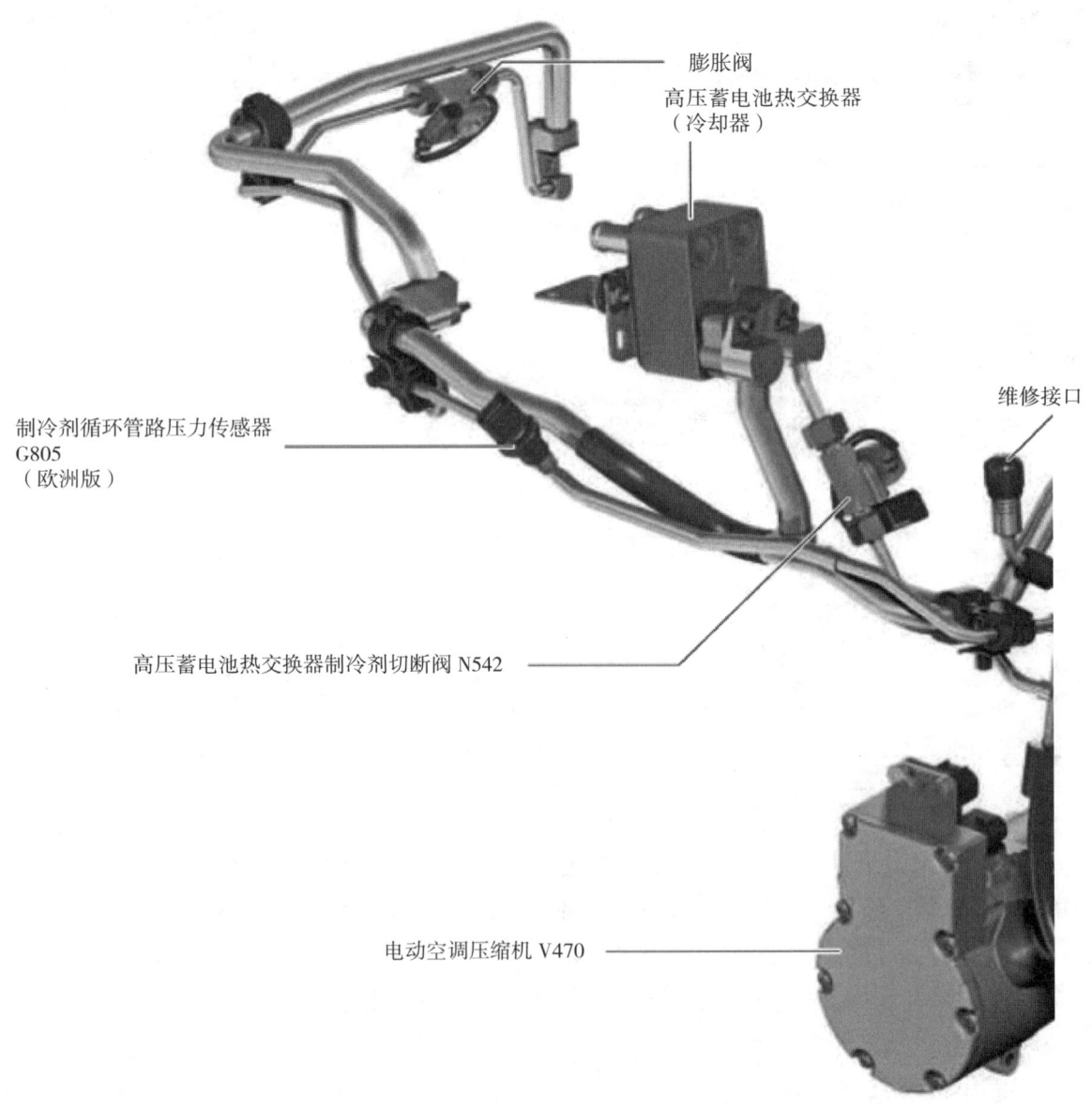

图 5-68

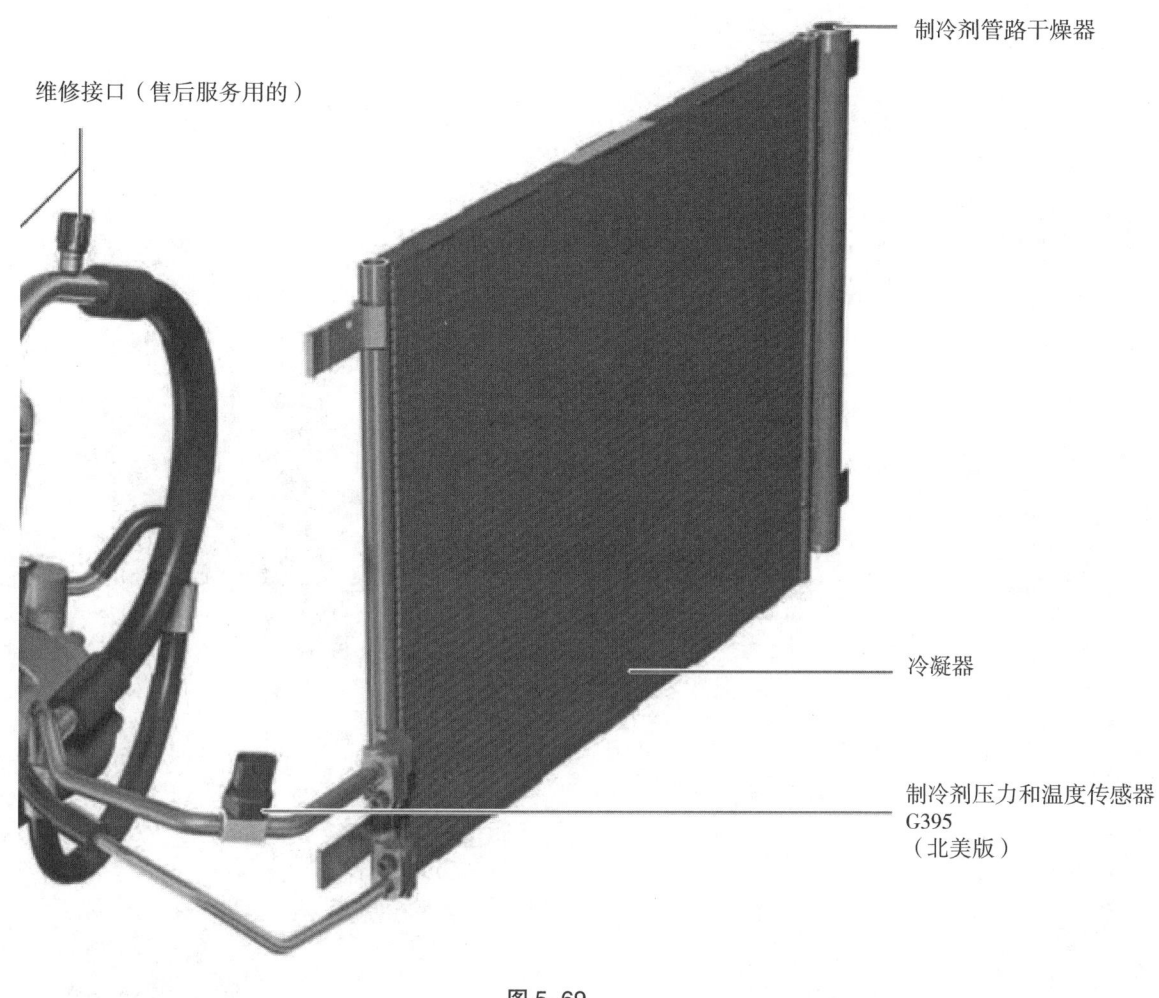

图 5-69

要按流动方向来进行。

2.制冷剂循环管路的冲洗要分为两步来进行。

（1）第一步是清洗蒸发器与空调器的管路，为此要将冲洗适配接头或者替代膨胀阀的接头 VAS6338/38 接到制冷剂循环管路。

（2）第二步是清洗蒸发器与高压蓄电池热交换器的管路，这是为了能在冲洗中保证制冷剂的稳定流动，应将插接的节流阀（孔径 0.7mm）事先拆下，或者将接孔径扩孔至 5.0mm（这是指一体式节流阀情况）。冲洗结束后，必须更换掉扩了孔的制冷剂管路。

（八）空调制冷循环

空调制冷循环，如图 5-70 所示。

（九）制冷剂压力传感器

制冷剂管路压力传感器 G805 是所有欧洲版奥迪 A3 Sportback e-tron 车上都有的，该传感器的开关连接（在制冷剂管上）中有一个阀，如图 5-71 所示。在拆下制冷剂管路压力传感器 G805 时，该阀会封住制冷剂循环管路。对于北美版的车来说，因为要能安装规定的 OBD Ⅱ，因此就没有使用制冷剂管路压力传感器 G805，而是使用了制冷剂压力和温度传感器 G395。在这种北美版的车上，OBD Ⅱ 也要对制冷剂温度进行分析，为此传感器 G395 必须得直接安装在制冷剂流中。在装备有制冷剂压力和温度传感器 G395 的车上，拆卸该传感器前，必须要先排空制冷剂循环管路。

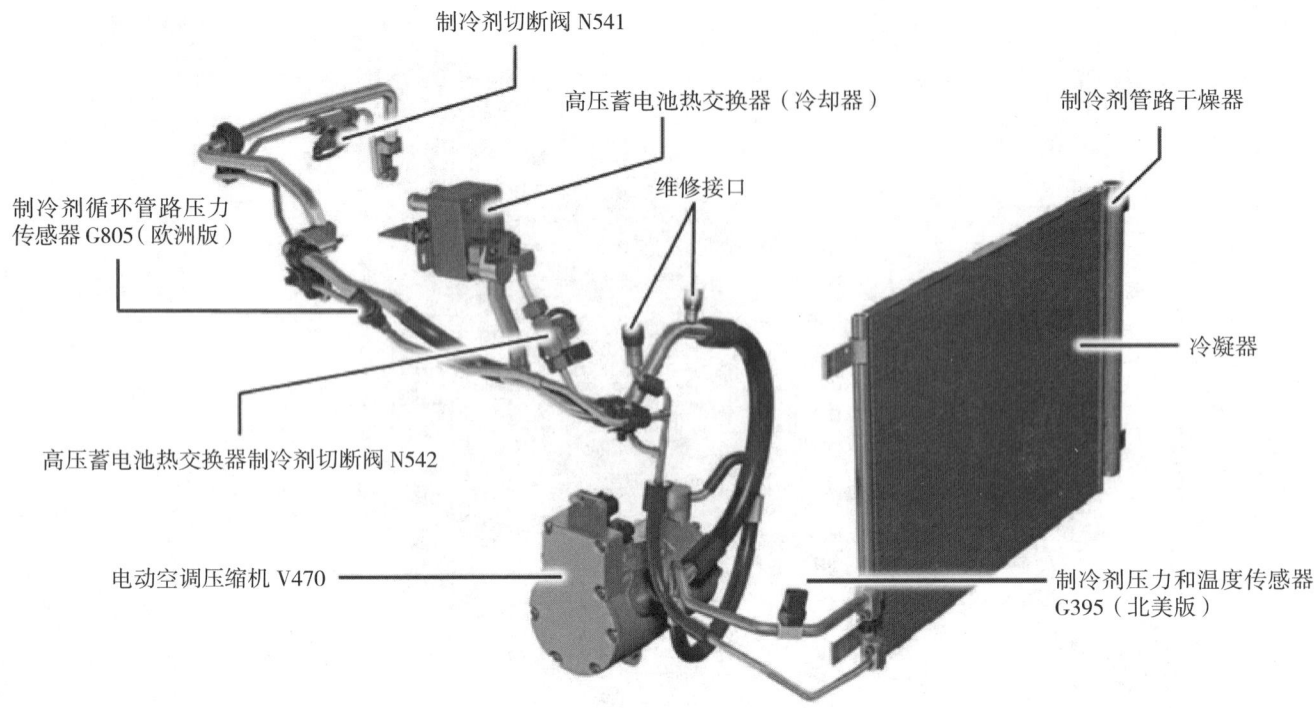

图 5-70

图 5-71

二、驻车空调系统

在奥迪 A3 Sportback e-tron 车上，借助 MMI 或者通过智能手机应用软件，可以选择驻车空调系统。要想使用驻车空调系统，需要调用下述部件，如图 5-72 所示：

（1）电动空调压缩机 V470。

（2）高压加热器（PTC）Z115。

（3）带有辅助加热控制单元 J364 的驻车加热器（选装件）。

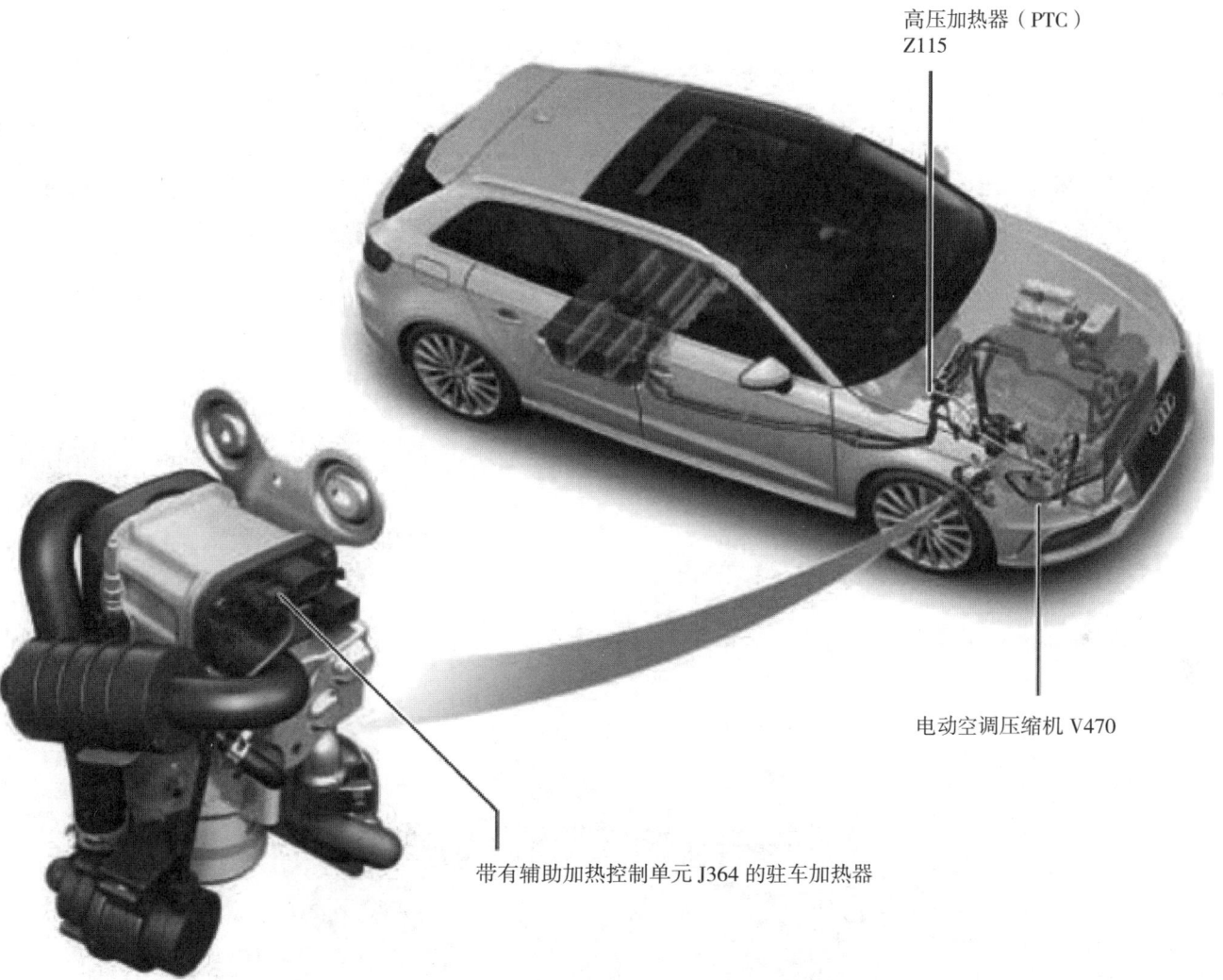

图 5-72

配备有选装的驻车加热器的车，可以在需要时进行加热、通风或者冷却。这种选装的驻车加热器是要烧燃油的，是 WEBASTO 生产的，称为 Thermo Top。在车辆行驶时是无法接通驻车加热器来工作的，也不能作为一般意义上的辅助加热器来使用。

使用驻车空调系统的条件：

（1）在奥迪 A3 Sportback e-tron 车上，驻车加热装置是没有遥控器的。可以借助 MMI 或者通过智能手机应用软件来预设或者启动驻车加热装置。

（2）在奥迪 A3 Sportback e-tron 车上，如果选装有驻车加热装置，空调控制单元 J255 来判定要达到设定的车内温度需要多大加热功率。

（3）驻车空调系统也能在车内温度较高时通过电动空调压缩机 V470 来降温。

（4）驻车空调系统只能在这样的条件时才能工作：混合动力蓄电池单元 AX1 有足够的电，且燃油箱内有足够的燃油。

（5）在车辆行驶、发动机在工作或者点火开关打开时，由于驻车加热装置是接到冷却液循环管路中，因此这种烧油的驻车加热装置是无法工作的，这时用的是高压加热器（PTC）Z115。

（6）在通过充电插座来给混合动力蓄电池单元 AX1 充电时，这种烧油的驻车加热装置是无法工作的。

第七节　信息娱乐系统

在奥迪 A3 Sportback e-tron 车上，与其他奥迪 A3 车型一样，配备有模块化信息娱乐系统（MIB）装置。根据具体的市场，奥迪 A3 Sportback e-tron 车的信息娱乐系统除了安装有以前的那些大家熟知的控制单元，还有一个应急呼叫模块和通信控制单元 J949。这个控制单元，也就是所谓的在线连接单元（Online Connectivity Unit，简称 OCU），可以在车辆不工作时实现车辆与用户之间的通信。

一、型号一览

奥迪 A3 Sportback e-tron 车上可安装两种型号的信息娱乐系统。标配使用的是 MMI Radio，其技术专业术语叫 MIB Standard；选装的是 MMI Navigation plus，称为 MIB High。带有 Audi connect 即所谓 MMI Navigation plus，如图 5-73 所示。

二、Audi connect（取决于具体的市场）

Audi connect 这个概念，是把应用与开发结合在了一起，使得用户在车上也能使用媒体，也能与外界相连。

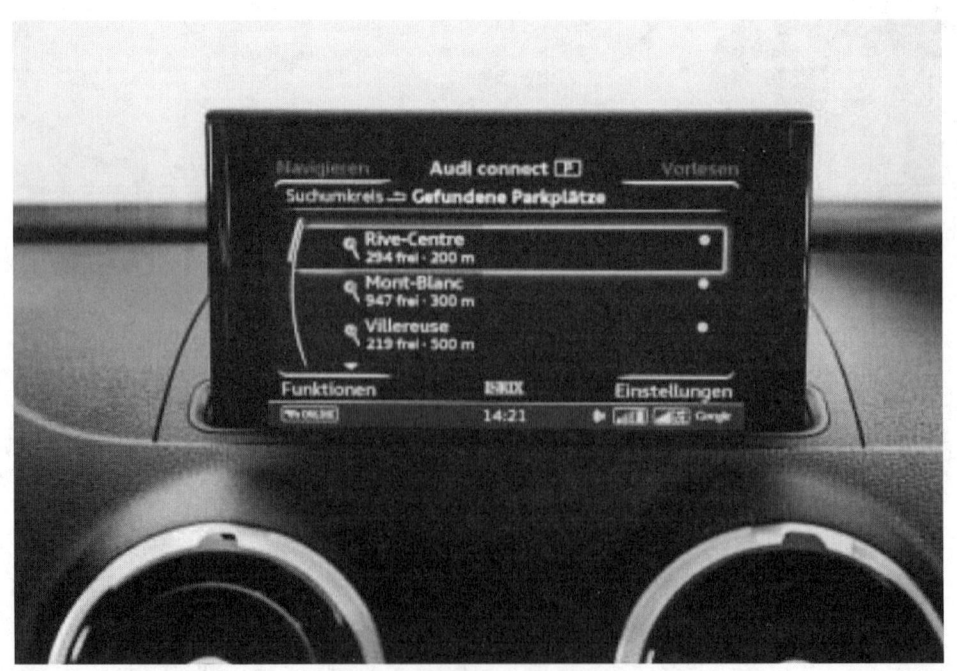

图 5-73

三、Audi connect e-tron 服务（取决于具体的市场）

奥迪公司为 e-tron 车也开发了专用的 Audi connect 服务，该系统可以通过智能手机或者网站门户来调用专门的信息以及智能手机操控某一功能。这些服务在奥迪 A3 Sportback e-tron 车上都是标配的，必须由用户把它们激活。可以通过智能手机应用程序和 A3 e-tron 平台来调用这些信息。可以调用车辆状态数据，这些信息是关于当前充电状态、剩余电量的可达里程和车辆位置等的。也有上次行车的信息，比如平均电能消耗量。通过智能手机应用程度立即启动或者通过个性化设置的触发时间定时器启动充电过程和空调，可以使得用户能给汽车尽量充电（只要车辆还没出发就在一直充着电），并预先调节好车内温度。将充电过程和预先调节好车内温度结合起来，就可以使车辆总能保持有最大电动行驶距离的能力。如果车辆已经准备好开始充电，那么用于车内制冷和加热的电能就直接取自充电插座，而不是取自车辆上的高压蓄电池。车辆和智能手机或者 A3 e-tron 平台之间的接口，就是应急呼叫模块和通信控制单元 J949。

四、Audi connect 服务（取决于具体的市场）

如果车上配备奥迪 MMI Navigation plus 和 Audi connect，可以使用其他的 Audi connect 服务。不同的市场，相应的 Audi connect 服务和应用是不同的。基本来讲，奥迪 A3 Sportback e-tron 车上具有带有 MIB High 的 2013 年奥迪 A3 上的全部服务内容。

五、应急呼叫模块和通信控制单元 J949

应急呼叫模块和通信控制单元 J949 在奥迪内部也称为在线连接单元（Online Connectivity Unit，简称 OCU），如图 5-74 所示。该控制单元在某些市场是标配，用以在车辆不工作时实现车辆与用户之间的通信。应急呼叫模块和通信控制单元 J949 是个数据接口，带有集成的 UMTS 模块，并与 SIM 卡固定在一起，J949 有一根内部的 GSM/UMTS 天线。如果车上没有配备导航仪（比如配备的是 MMI Radio），那么应急呼叫模块和通信控制单元 J949 上就连接着一根 GPS 天线。

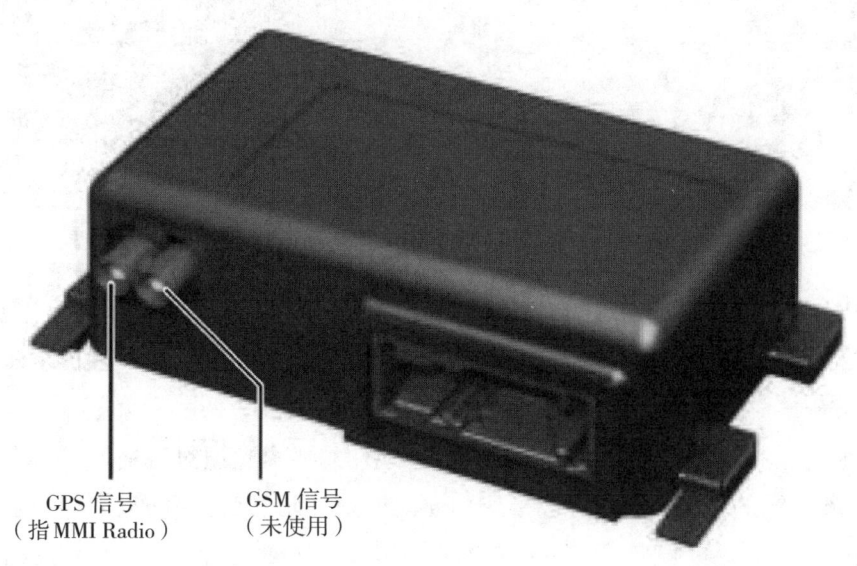

GPS 信号（指 MMI Radio） GSM 信号（未使用）

图 5-74

J949 安装在组合仪表后部,如图 5-75 所示。应急呼叫模块和通信控制单元 J949 通过移动电话无线网络来发送和接收数据。这些数据通过一个中央服务器进行交换,该服务器也被称作后端服务器。后端服务器这个词来自英语,是 IT 行业的术语,指一种基于服务器的 IT 系统。所有与车辆和用户相关的数据都存储在这个服务器内。后端服务器会处理存储的这些信息,并把这些结果传至车上、智能手机上或者网络门户上。应急呼叫模块和通信控制单元 J949 将接收到的数据发送给相应的控制单元。J949 就是一个单纯的数据接口,相应的功能(比如充电和预先调节好车内温度)由相应的控制单元来执行。即使点火开关关闭了,应急呼叫模块和通信控制单元 J949 也是处于激活状态的。在需要时,J949 会通过 CAN 总线来唤醒其他控制单元。应急呼叫模块和通信控制单元 J949 内的 SIM 卡在出厂时就已经被激活了,它是无法单独更换的。需要的话,就只能更换整个应急呼叫模块和通信控制单元 J949。

图 5-75

说明:在不提供 Audi connect e-tron 服务的市场,车上就没有安装应急呼叫模块和通信控制单元 J949。在更换应急呼叫模块和通信控制单元 J949 时,必须使用故障导航中的检查程序。

(一)联网

应急呼叫模块和通信控制单元 J949 使用的是舒适 CAN 总线,它通过舒适 CAN 总线来与各种控制单元交换数据。图 5-76 表示的就是与应急呼叫模块和通信控制单元 J949 进行通信的控制单元的原理图,另外还给出了所交换的信息。J949 就是一个单纯的数据接口,相应的功能(比如充电或者在行车时达到所希望的温度)由相应的控制单元来执行。

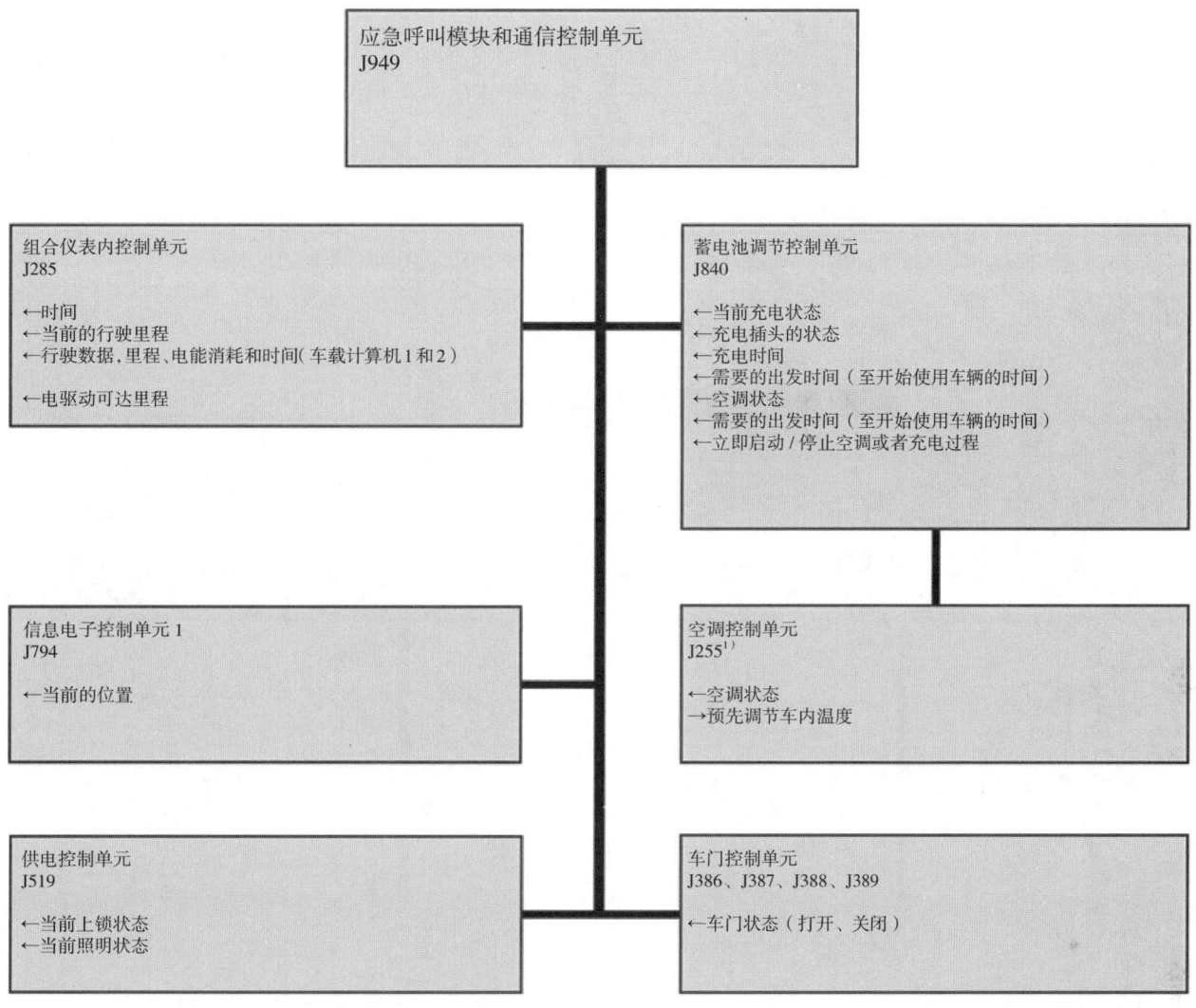

→从应急呼叫模块和通信控制单元J949接收的数据。
←发送给应急呼叫模块和通信控制单元J949的数据。

1）空调控制单元J255通过蓄电池调节控制单元J840来接收信息。

图 5-76

（二）针脚布置
针脚布置如图 5-77 所示。

（三）诊断
应急呼叫模块和通信控制单元 J949 的诊断地址码是 75。J949 参与防盗锁的功能。

（四）控制单元 J949 在 30 号线断开时的表现
应急呼叫模块和通信控制单元 J949 可以通过拔下 30 号线保险丝的方式来使之断电，该控制单元立即就会停止工作。在此时间点以前控制单元 J949 接收并传给充电管理系统的所有信息，由具体的功能控制单元继续执行。功能控制单元执行用户通过手机等激活了的功能。

如果用户在拔下这个保险丝后向车辆发出一指令，若是控制单元 J949 在发出这指令后最长 10min 内又在线了，那么这个指令就会被接受；如果该车在 10min 内不是这样的，那么用户所发出的指令就不会

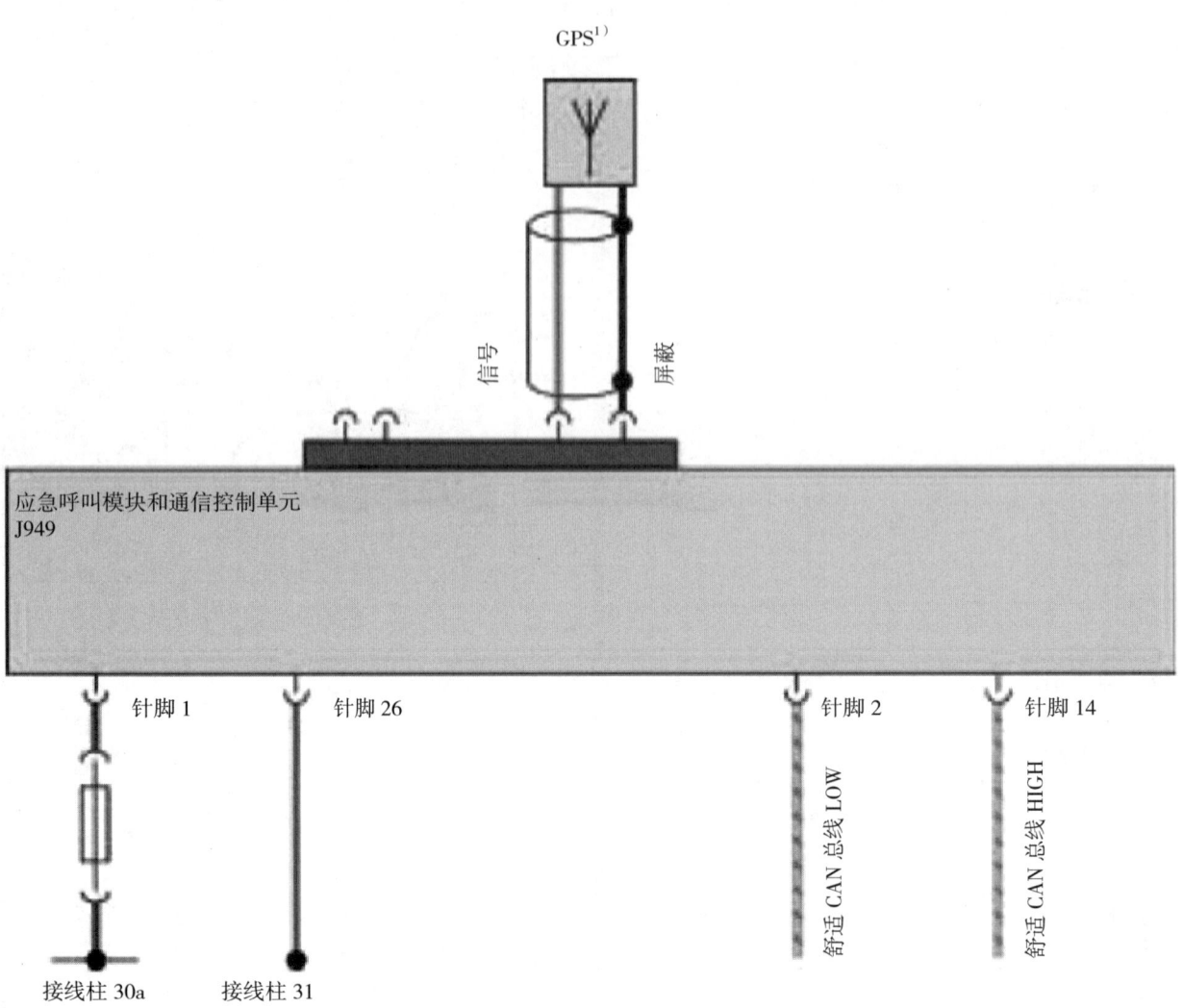

1）只有在车上没有配备导航仪（比如配备的是MMI Radio）时，GPS天线才会接到应急呼叫模块和通信控制单元J949上。

图 5-77

被考虑了（执行了）。

功能控制单元示例：

（1）空调控制单元 J255。

（2）蓄电池调节控制单元 J840。

用户可继续调用后端服务器中存储的数据。关于车门和车灯状态，用户会接到这样的信息：无法联系到车辆。在断开 30 号线后，只有当控制单元 J949 接收到有效的 GPS 信号后，该控制单元才会再次在线。由于在服务站内一般接收不到 GPS 信号，所以只有当车辆驶出服务站后，应急呼叫模块和通信控制单元 J949 才会再次在线。说明：在断开了高压系统时，也必须切断应急呼叫模块和通信控制单元 J949。

（五）网络拓扑结构

网络拓扑结构，如图 5-78 所示。

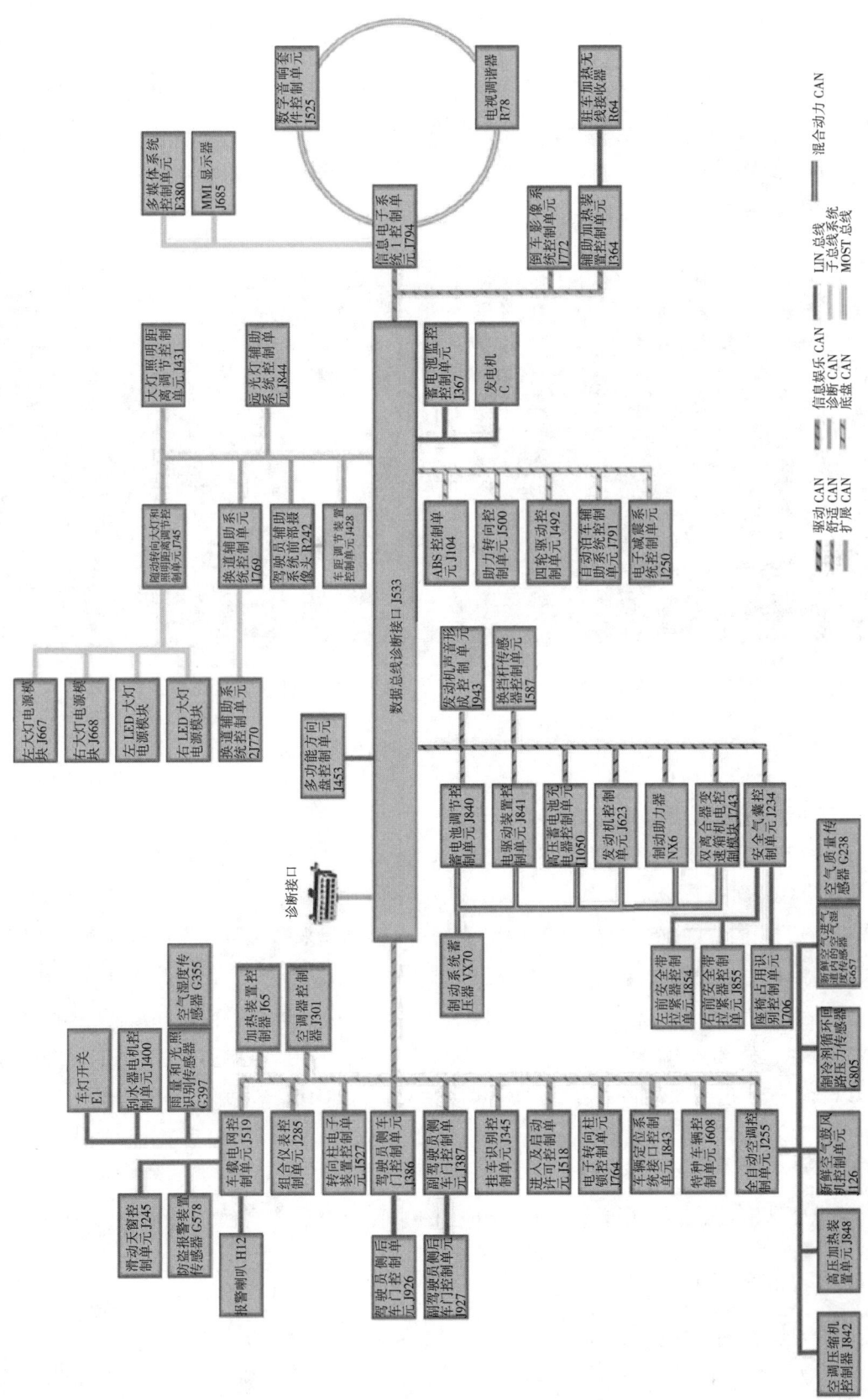

图 5-78

第八节 显示和操纵元件

一、外部声响

电动行驶时,车辆产生的与速度有关的噪声要小于用发动机驱动时的噪声。在某些国家,电驱动车所产生的外部噪声是有规定的(是为了更好地为人所感知)。

为此,在车上就安装了下述部件,如图 5-79 所示:

(1)发动机噪声生成控制单元 J943。

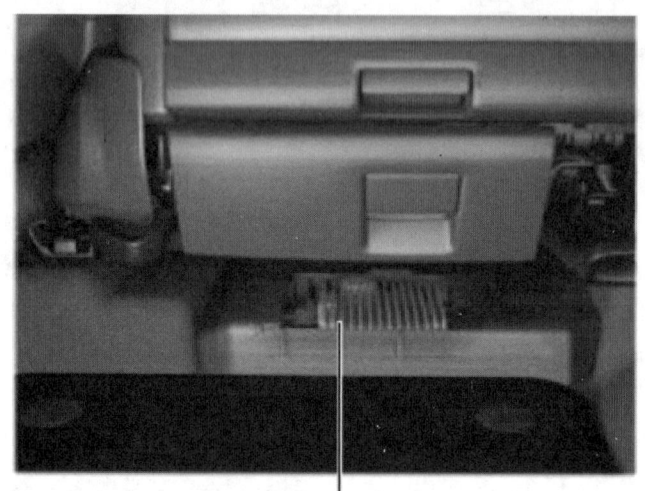
发动机噪声生成控制单元 J943

发动机噪声生成控制器 1 R257

图 5-79

(2)发动机噪声生成执行器 1 R257。

发动机噪声生成控制单元 J943 安装在右侧座椅下,它使用驱动 CAN 总线。发动机噪声生成执行器 1 R257 安装在前保险杠后面靠右侧的位置。

发动机噪声生成执行器 1 R257 会主动产生噪声,让人感觉起来像是听到发动机车辆工作时发出的声音。为此,发动机噪声生成控制单元 J943 会操控发动机噪声生成执行器 1 R257 根据车速情况来工作。为此,发动机噪声生成控制单元 J943 会去分析发动机工作/没工作、车速、转速和负荷力矩等信息。车辆在以电动方式行驶时,外部扬声器会产生一个持续的噪声,该噪声在车速超过约 30km/h 后开始降低。在车辆停止不动以及车速超过约 50km/h 后,发动机噪声生成执行器 1 R257 就不再产生噪声了。

二、电驱动按钮 E656

如果激活了电驱动模式的话,电驱动按钮 E656 上的绿色 LED 就会亮起,如图 5-80 所示。

三、混合动力行驶时的显示

为了实现混合动力行驶时的显示,奥迪 A3 Sportback e-tron 车上配备了如下内容:

(1)功率表取代了转速表。

(2)组合仪表上的显示。

图 5-80

(3) MMI 显示屏上的模拟显示。

(4) 高压蓄电池充电状态的显示（取代了冷却液温度显示）。

(一) 功率表上的显示

在行车过程中，功率表上会显示各种车辆状态、混合动力系统的动力输出情况或者充电功率情况，如图 5-81 所示。

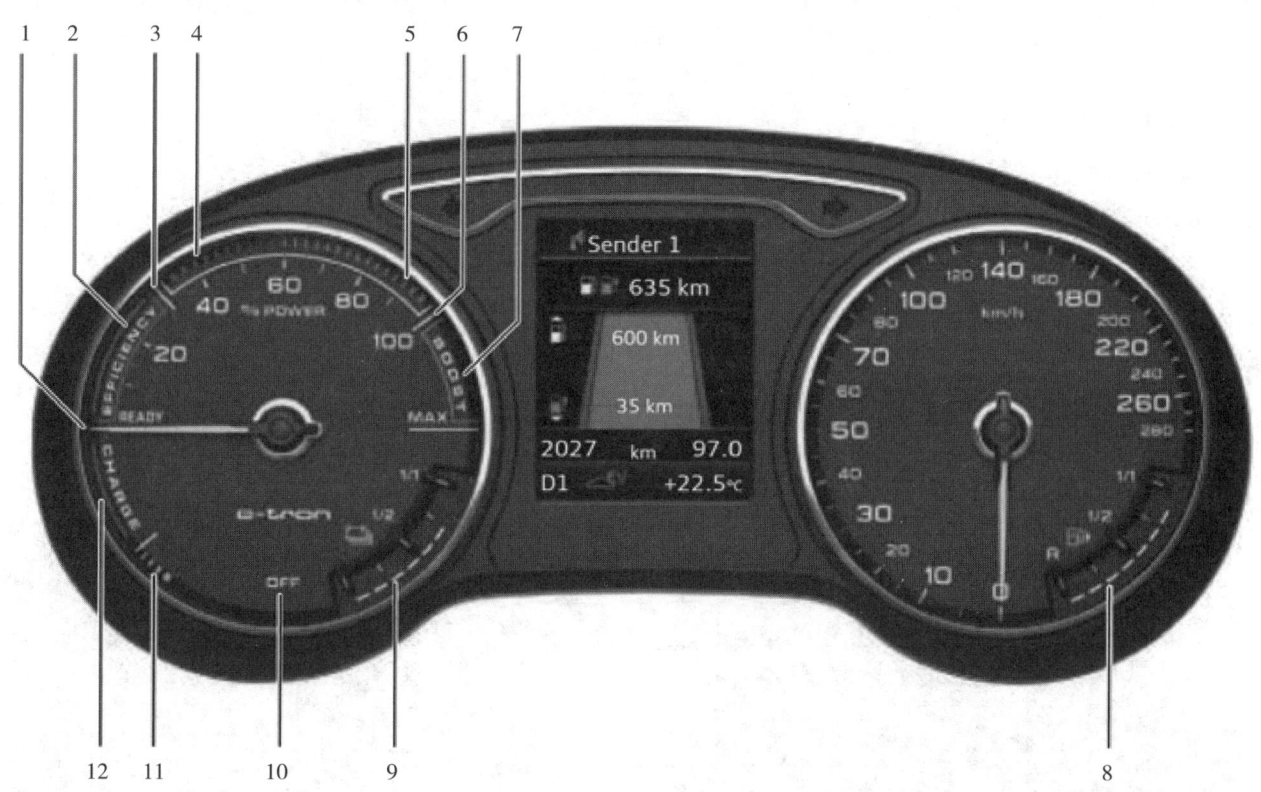

1.车辆混合动力准备就绪了"Hybrid Ready" "15号线接通" "50号线接通"（根据具体的释放条件） 2.电动行驶（可以启动发动机）或混合动力行驶 3.电驱动极限 4.经济行车（部分负荷范围） 5.全负荷范围 6.发动机100% 7.电驱动电机在发动机达到最大扭矩时另提供助力（Boost） 8.燃油存量显示 9.高压蓄电池的充电状态 10."15号线关闭"或"15号线接通"和"50号线关闭" 11.另加到电动制动上的液压制动 12.能量回收时所回收的能量（滑行或者电动制动）

图 5-81

(二)组合仪表上的显示

可以将高压系统的能量流显示出来。

1. 混合动力系统的状态。

电驱动模式（EV 模式）已经接通，如图 5-82 所示。

这个显示，可以使用组合仪表和 / 或 MMI 显示屏。

2. 充电过程的显示。

高压蓄电池当前充电状态可达里程以及充电时间长度，如图 5-83 所示。

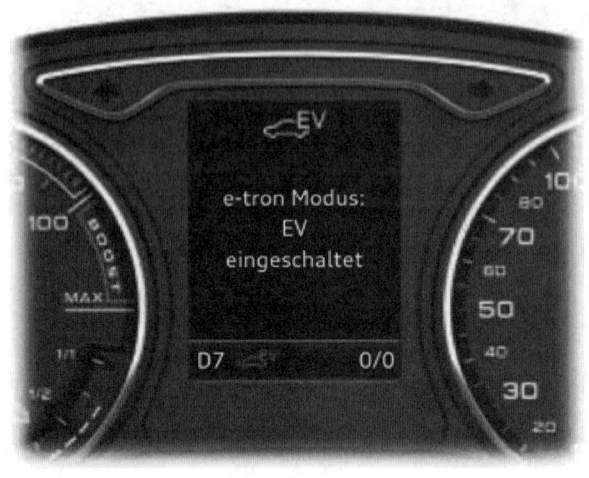

图 5-82　　　　　　　　　　　图 5-83

3. 高压系统的提示。

有故障，请驾驶员开车去服务站寻求帮助，如图 5-84 所示。

4. 可达里程显示。

电机驱动的可达里程和用发动机驱动的可达里程是分别显示的，如图 5-85 所示。

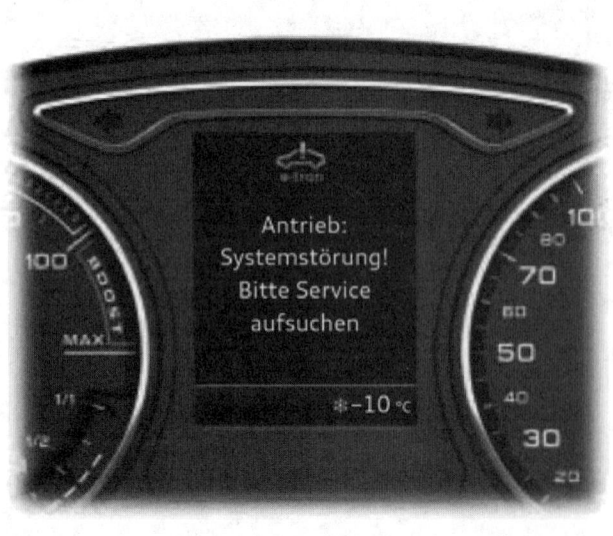

图 5-84

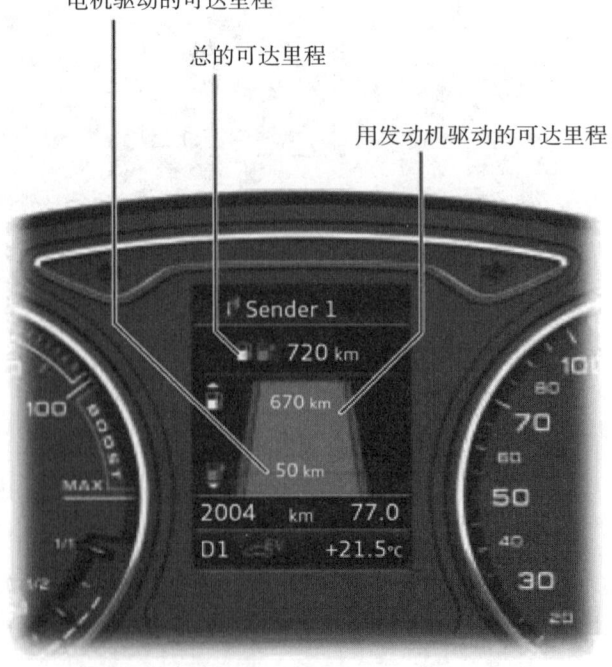

图 5-85

(三) MMI 显示屏上的显示

1. 能量流显示。

为驾驶员显示相应的能量流，如图 5-86 所示。

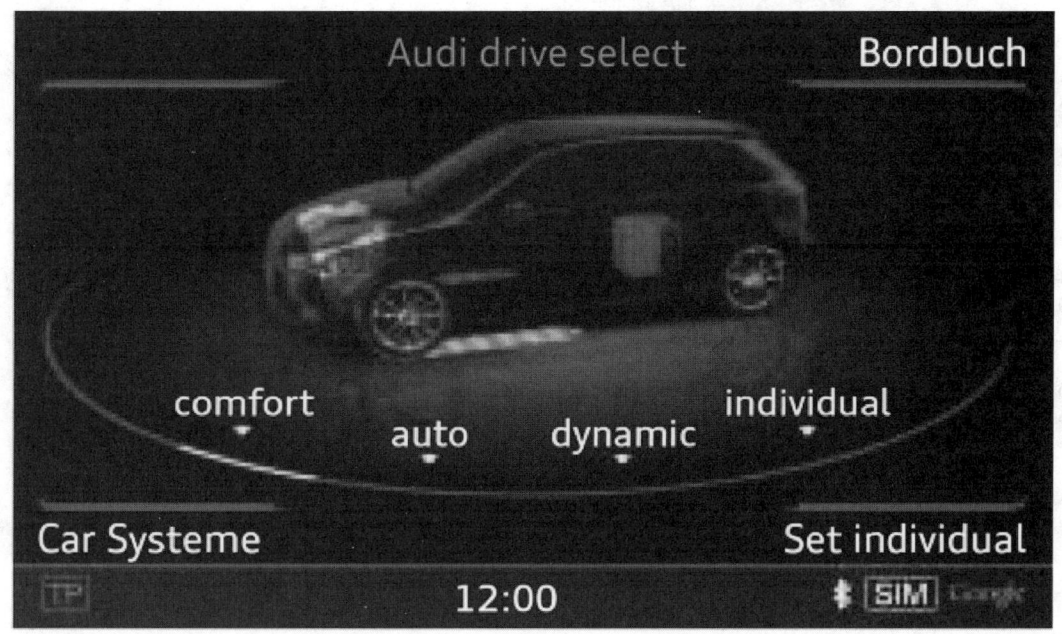

图 5-86

2. e-tron Statistik（电驱动统计）。

可以给驾驶员显示电驱动状况的统计情况。

Emissionsfrei（无排放）：无排放而行驶过的距离（电动 + 滑行 + 能量回收）。

Kraftstoff（燃油）：用发动机驱动而行驶过的距离。

可以显示当前行车情况和总的行驶里程。相应的显示取决于车载计算机，如图 5-87 所示。

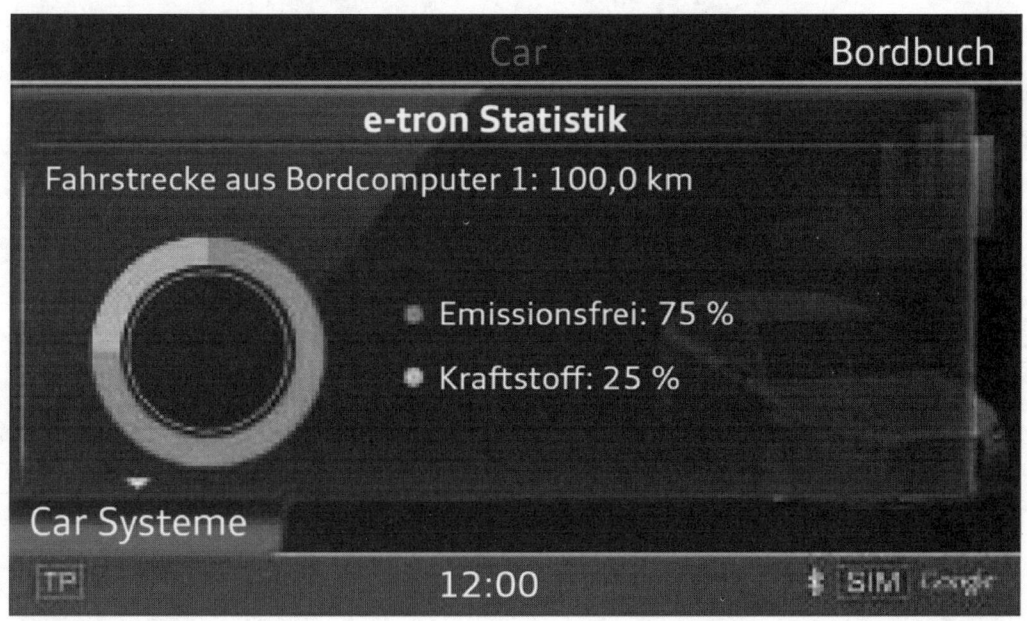

图 5-87

3. Laden & e-tron Modus（充电和电动模式）驾驶员可以看到设置情况，如图 5-88 所示。

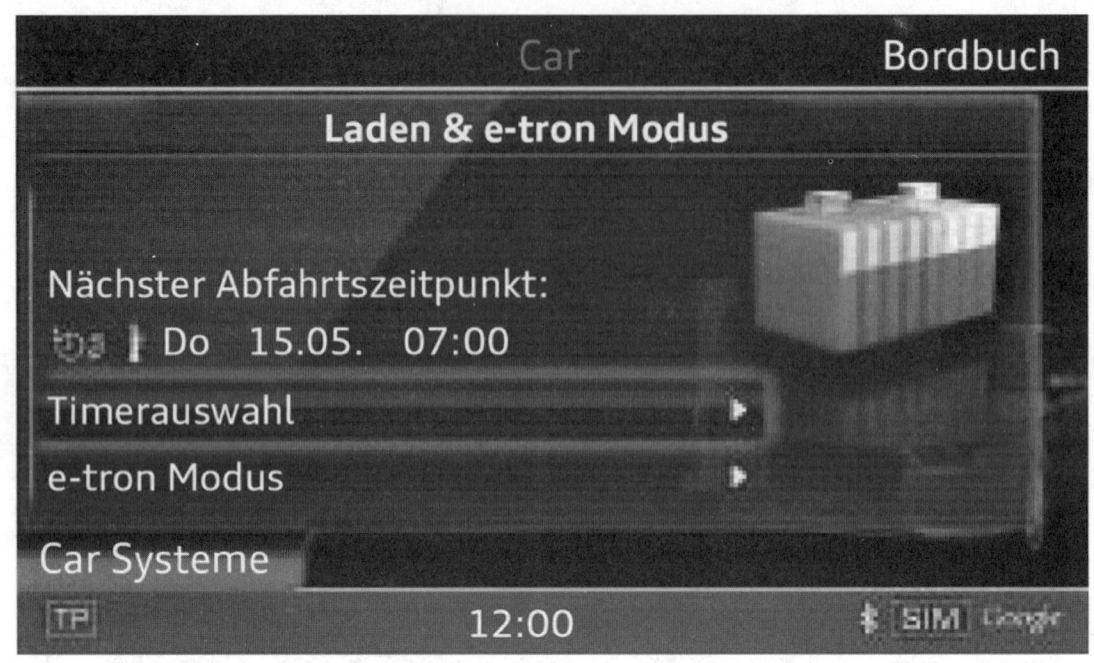

图 5-88

4. e-tron 的显示，如图 5-89 所示。

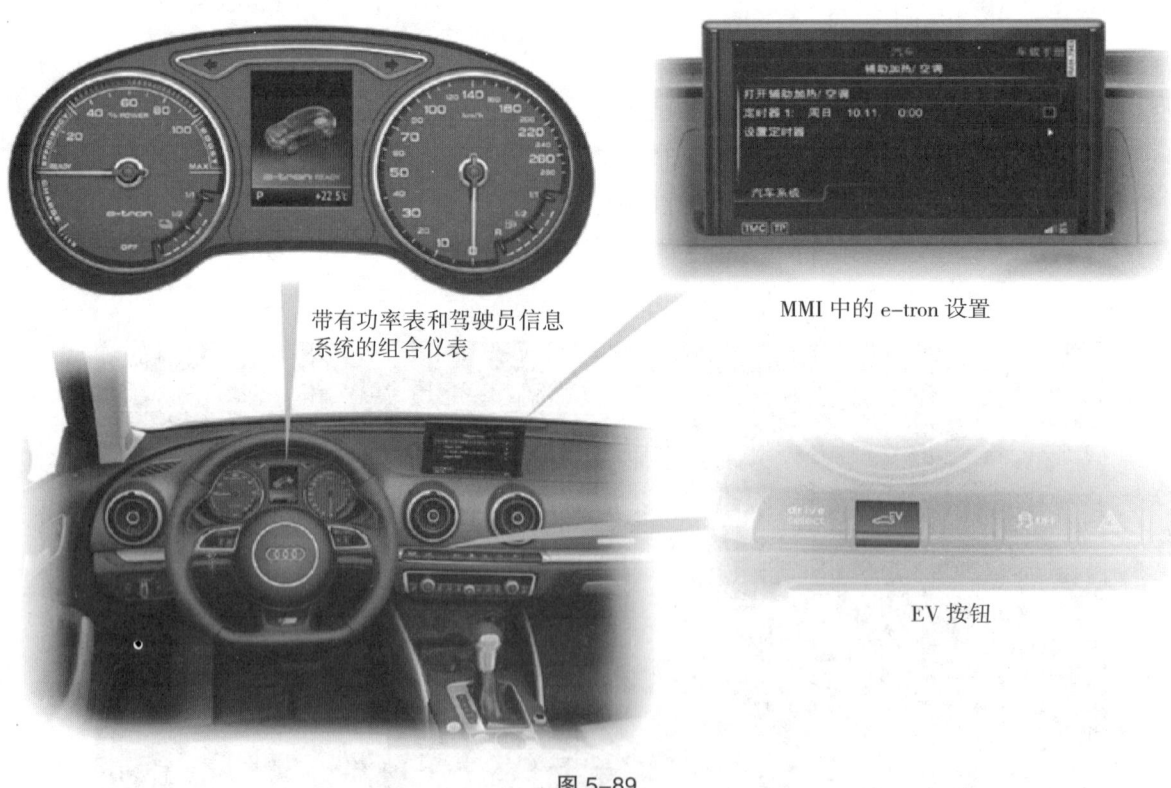

带有功率表和驾驶员信息系统的组合仪表

MMI 中的 e-tron 设置

EV 按钮

图 5-89

5. 组合仪表显示，如图 5-90 和图 5-91 所示。

6. 能量流显示，如图 5-92~ 图 5-97 所示。

7. 电动模式。

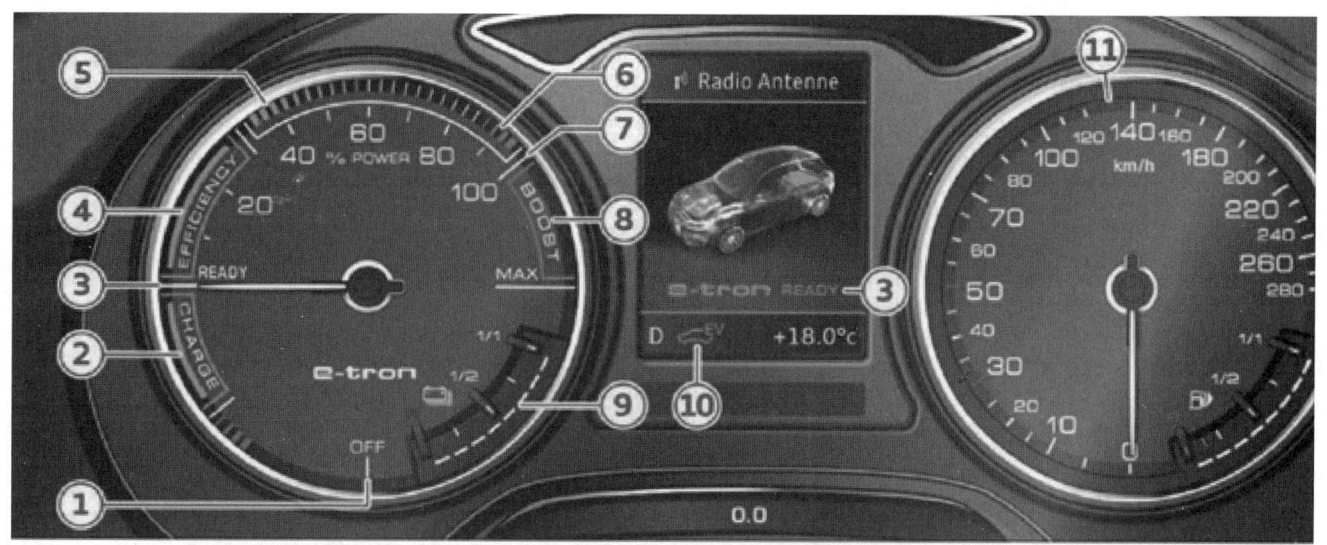

①汽车未准备就绪（OFF）②制动能量回收（CHARGE）③汽车运行准备就绪（READY）④使用电动发动机或发动机做经济行驶（高效模式）⑤电动发动机和内燃发动机在部分负荷时的经济行驶 ⑥在全负荷范围内行驶 ⑦功率100% ⑧超加速电动机为发动机提供支持（BOOST）⑨高压蓄电池电量 ⑩模式EV激活或模式EV目前不可用 ⑪在模式EV中电动行驶的速度限制（130km/h）

图 5-90

行程距离显示　　　　　　　　　　　　　　电功率可用性显示

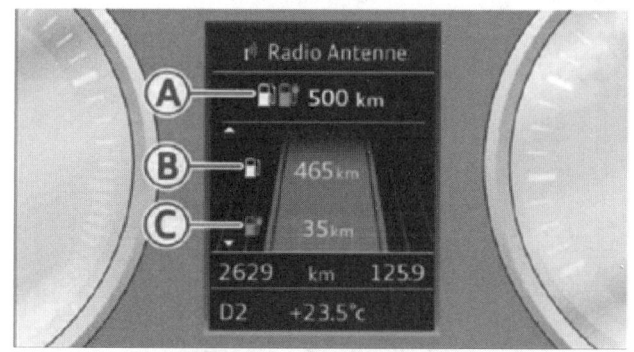 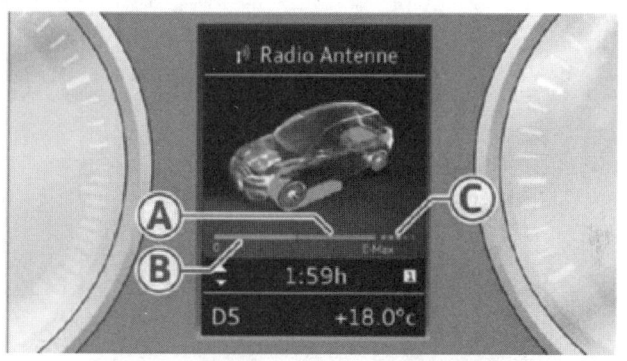

Ⓐ 电动发动机的可达里程或混合驱动条件下总的可达里程
Ⓑ 发动机剩余可达里程
Ⓒ 电动机剩余可达里程

Ⓐ 白色：目前可用的电功率。
Ⓑ 绿色：目前已调出的电功率。
Ⓔ-MAX区域 Ⓒ内用白色填充的段越多，最大功率就能调出越长的时间。如果不能再调出最大功率，则E-MAX区域内的段熄灭

图 5-91

（1）电动驾驶（EV）：点火开关接通时，电动驾驶模式就被激活了，在满足条件时，车辆主要是以纯电动方式来行驶的，如图 5-98 所示。

（2）只有当高压蓄电池有足够的电且满足下述条件时，电动驾驶模式才会被激活：

① 12V 蓄电池和高压蓄电池的温度不低于 -10℃。

②车速不高于 130km/h。

③无强制降挡。

④未挂入行驶挡位 S。

（3）混合自动模式（Auto）。

图 5-92

图 5-93

图 5-94

图 5-95

图 5-96

图 5-97

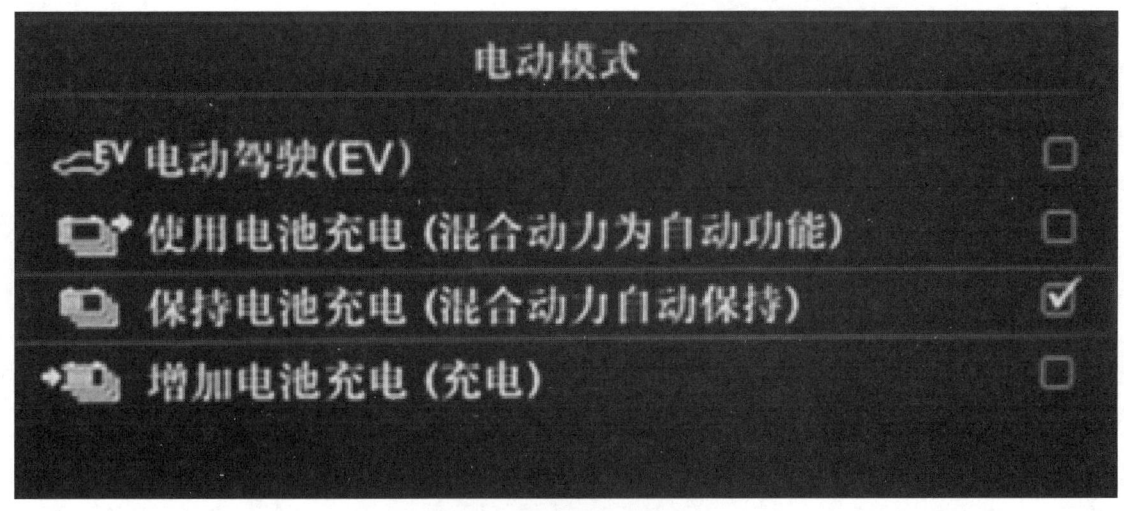

图 5-98

充分利用蓄电池电量减少排放,尽量不使用发动机。

(4)混合保持模式(Hold)。

将蓄电池电量保持在一个恒定值,为后续 EV 模式节约电量。

(5)混合充电模式(Charge)。

利用发动机给电池充电,增加额外的纯电动行驶里程。

第九节 售后服务

一、检查和保养

(一)会显示下述保养周期

(1)更换机油。

(2)按行驶里程间隔来保养。

(3)按行驶时间间隔来保养。

MMI 上的保养周期显示示例,如图 5-99 所示。

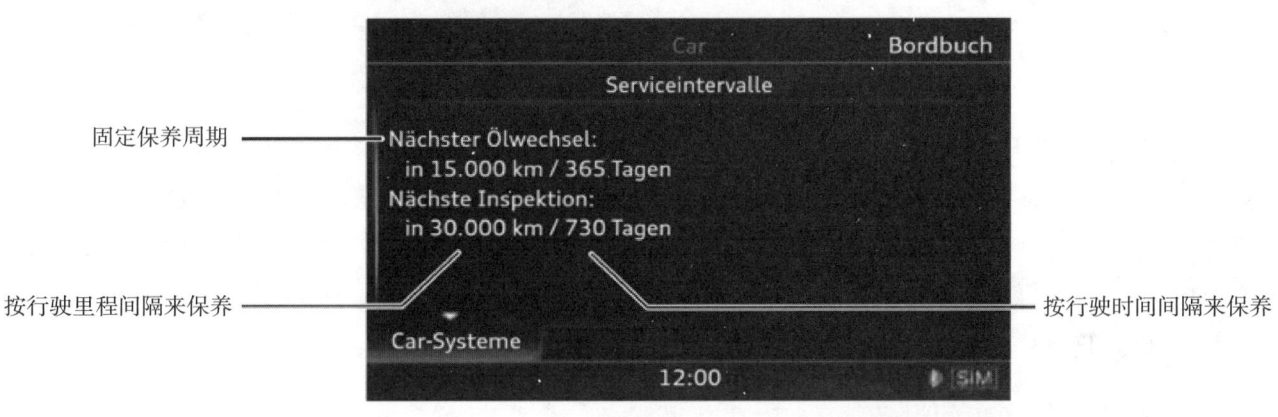

图 5-99

奥迪 A3 Sportback e-tron 车采用的是固定周期的检查和保养。下次更换机油处显示的是 15000km /365 天,这个数值每天都会刷新。对于新车来说,按行驶里程间隔来保养处显示的是 30000km,该数值按

100km的步长递减。对于新车来说,按行驶时间间隔来保养处显示的是730天(两年),这个数值每天都会刷新,但是需要在行驶总里程达到约500km时才会开始刷新,如表5-9所示。

表5-9

保养工作	保养周期
更换机油	15000km/1年
检查	30000km/2年
更换花粉滤清器	60000km/2年
更换空气滤清器	90000km
更换制动液	在3、5、…年后更换
更换火花塞	60000km/6年
更换燃油滤清器	—
正时系统	210000km[2]
更换变速器机油[1]	60000km

1)Stronis。
2)更换齿形皮带。

说明:必须遵从最新维修手册中的规定。更换机油时,务必注意机油的标准!

(二)美国市场上车辆的保养周期一览

奥迪A3 Sportback e-tron车在美国市场采用的也是固定周期的检查和保养。

对于新车来说,第一次更换机油是在5000英里/1年(1英里≈1.6千米),以后就是每10000英里/1年更换一次机油了。对于新车来说,第一次保养检查是在15000英里/2年,以后就在20000英里/1年天与更换机油一起做了,如图5-100所示。

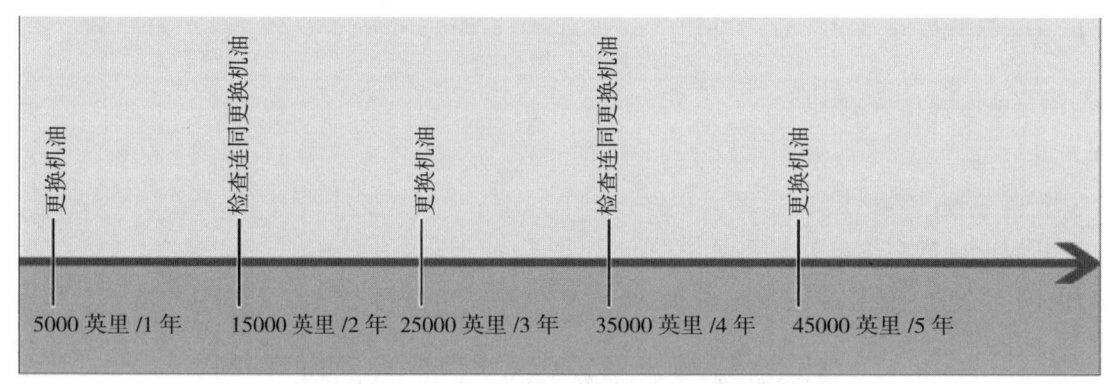

图5-100

(三)中国市场上车辆的保养周期一览

奥迪A3 Sportback e-tron车在中国市场采用的也是固定周期的检查和保养。对于新车来说,第一次更换机油是在5000km/1年,新车下次检查是在10000km/1年。在中国市场,只在首次保养时需要单独更换一次机油,随后不需要单独来进行机油更换了。随后的保养工作总是检查与更换机油一起做了。显示给用户的就是每10000km/1年天去服务站一次了,如图5-101所示。

二、专用工具和车间设备

(一)专用工具

1. 锁罩T40262,如图5-102所示。

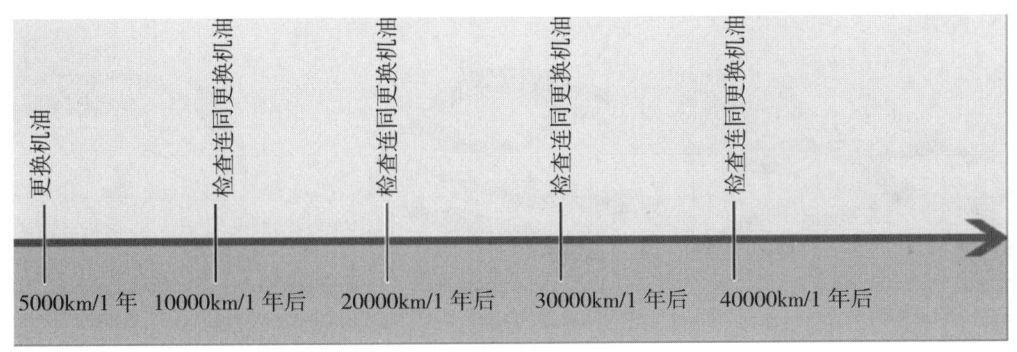

图 5-101

2. 车间吊车适配接头 T10542，如图 5-103 所示。

图 5-102

图 5-103

（二）车间设备

1. 混合动力警示牌，如图 5-104 所示。

电击VAS6649

开关 VAS6650A

图5-104

2. 高压蓄电池警示牌，如图 5-105 所示。

3. 高压测量模块 VAS6558A，如图 5-106 所示。

4. 高压检测适配器 VAS6558/9-6，如图 5-107 所示。

5. 插座高压检测适配接头 VAS6558/10-1（欧洲），如图 5-108 所示。

6. e-tron 充电系统 USB 适配接头，如图 5-109 所示。

7. 高压检测适配接头 VAS6558/9-5，如图 5-110 所示。

8. 高压检测适配接头 VAS6558/9，如图 5-111 所示。

9. 高压检测适配接头 VAS6558/15，如图 5-112 所示。

VAS 6786

图 5-105

图 5-106　　　　　　　　图 5-107

图 5-108　　　　　　　　图 5-109

图 5-110　　　　　　　　图 5-111

图 5-112

10. 高压诊断盒 VAS5581，如图 5-113 所示。

11. 检测适配接头 VAS6606/10，如图 5-114 所示。

图 5-113　　　　　　　　　　　图 5-114

12. 发动机支架的升降支座 VAS6131/16-4，如图 5-115 所示。

图 5-115

13. 其他车间设备。

①空调冲洗适配接头（高压）VAS 6338/40。

②空调冲洗适配接头（低压）VAS 6338/41。

第十节　经典实例

一、奥迪 A3 Sportback e-tron 客户抱怨高压蓄电池无法充满电

车型：A3 Sportback e-tron。

发动机型号：CUK。

行驶里程：11059km。

故障现象：车辆高压蓄电池的电量通过充电桩经常不能将电充满，客户单独安装了电表，抱怨以前可以充入 8 度电（8kWh），现在只能充入 6 度电（6kWh）。

故障诊断：

1. 诊断车辆，故障码 P0A1F00：蓄电池能量管理控制单元，被动/偶发。

2. 根据故障引导，需要更换 J840。

3. 更换 J840 后，车辆无法启动。

故障处理：

1. 检查 J840 软件版本，原车 J840 软件版本为 0532，新订 J840 的软件版本为 0753。

2. 更换新 J840 备件后，进行在线 SVM 对比，正常。

3. 更换新 J840 后，试车，车辆无法启动。

4. 重新将旧的 J840 更换回原车，故障码可以完全清除，车辆使用正常。

5. 将旧 J840 更换回原车后，检查充电情况，可正常充电。

6. 怀疑是新的 J840 软件版本与该车不兼容或者该车后台数据有问题。

7. 与德方联系，关于 J840 故障有升级行动，但是该车不在范围内。

故障原因分析：

1. 更换 J840（软件版本：0753）车辆无法启动，可能是软件无法兼容或该车后台数据有缺陷。

2. 关于客户抱怨：以前可以充入 8 度电（8kWh），现在只能充入 6 度电（6kWh），德方专家与奥迪 AG 沟通，如果检测到民用电流不稳定，J840 会控制充电量，充入 6 度（6kWh）左右停止充电，保护高压蓄电池。

故障排除：

将旧的 J840 更换回原车，重新 SVM 对比，清除故障码。

故障总结：

1. 关于 A3 Sportback e-tron 高压蓄电池充电量多少：多方面因素影响，例如，为保证车辆正常使用，需要保留 30% 的电量、低压蓄电池是否亏电、充电过程中是否使用车上电器、充电电流是否稳定等。

2. 关于经销商反馈高压蓄电池充电后只能行驶 30km（标定：50km）：标定为 50km 是在非常理想化的道路环境下测定的，根据路况、车速、环境温度、电池续航能力衰减及车辆上电器负载情况不同等各个方面的影响情况下，电动模式行驶 30km 是正常情况。

第六章 奥迪 Q7 e-tron quattro

第一节 概　述

一、引言

奥迪 Q7 e-tron quattro 是奥迪推出的第 2 款配备高性能插电式混合动力驱动系统的车型，如图 6-1 所示。凭借锂离子蓄电池输出的电流，这款大型 SUV 可纯电动行驶多达 56km，噪声低、动力强且零排放。在柴油发动机的配合下，总可达里程高达 1410km。奥迪 Q7 e-tron quattro 是全球第 1 款配备 6 缸柴油发动机及 quattro 全时四驱系统的插电式混合动力车。某些国家还提供配备 2.0L TFSI 发动机的版本。按照插电式混合动力车对应的 ECE（欧洲经济委员会）标准，配备 3.0L V6 TDI 发动机的奥迪 Q7 e-tron quattro 百公里油耗仅 1.7L，CO_2 排放量为 46g/km。集成有热泵的标配热管理系统专门针对 Q7 e-tron quattro 而开发。凭借 Audi virtual cockpit（奥迪虚拟驾驶舱）的显示/操作概念以及新开发的 MMI（多媒体界面）系统，奥迪 Q7 e-tron quattro 成功树立了行业标杆。标配的 MMI 导航系统增强版连同 Audi connect 互联网模块在奥迪 Q7 e-tron quattro 中与混合动力管理系统紧密结合在一起。新款电控机械式转向助力器高效而灵敏。

图 6-1

同样新开发的前后轴五连杆车轮悬架相比上一代车型的车轴减轻 60kg,在很大程度上提高了车辆的行驶动态性。可选装的 adaptive air suspension(自适应空气悬架)带给车辆更自信的舒适感。驾驶员可通过标配的动态驾驶系统 Audi drive select(奥迪驾驶模式选择)调节其工作方式。系统提供多达 7 种模式,同时还融合了转向系、主动式加速踏板和自动变速器等其他技术模块。

一、车辆的识别特征

车辆的识别特征如图 6-2 和图 6-3 所示。

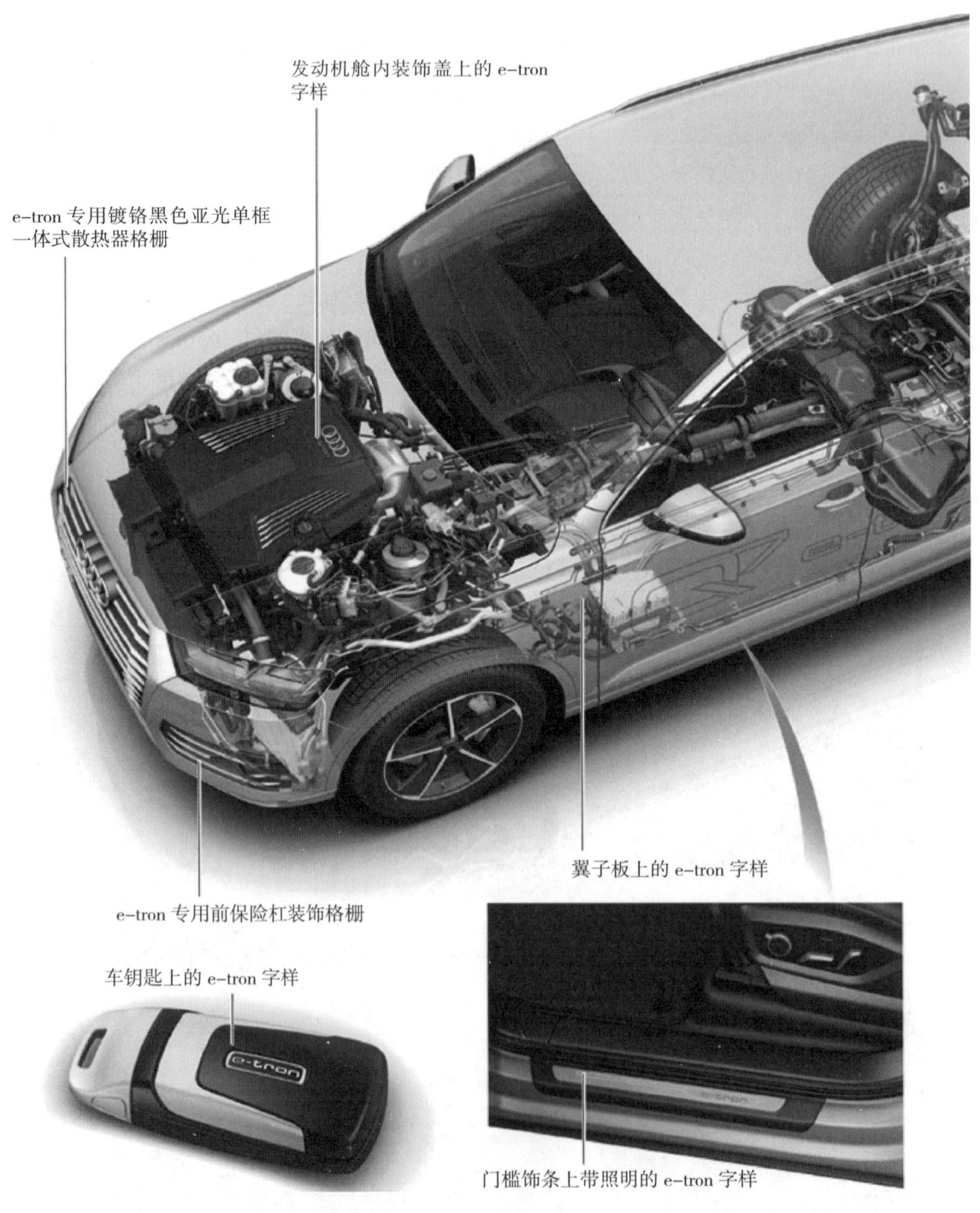

图 6-2

后舱盖上的 e-tron 字样

盖板后的高压蓄电池充电器充电插座 1UX4

e-tron 专用后保险杠，分流器无可见排气尾管

e-tron 轻合金车轮

图 6-3

第二节　发动机系统

一、3.0L V6 TDI 发动机，第 2 代 evo（EA897）

（一）特征与特点（如图 6-4 所示）

（1）启动机发电机。

（2）主动式加速踏板模块。

（3）多楔带双皮带张紧装置。

（4）电动空调压缩机。

（5）在自动起停运行模式下，发动机在关闭后由启动机发电机制动。

（6）主动式发动机及变速器支座。

（7）左侧排气尾管内的废气风门。

（8）通过改动活塞盆形燃烧室几何结构将压缩比从 16.8 降低到 16.0。

（9）带 AGR 预冷器的两级式废气再循环装置。

图 6-4

（10）陶瓷预热棒。

（11）微粒传感器。

（12）NO_x氧化催化净化器和带SCR涂层的柴油颗粒过滤器。

（二）技术数据

3.0L V6 TDI 发动机 CVZA 的扭矩 – 功率曲线，如图 6-5 所示，技术参数如表 6-1 所示。

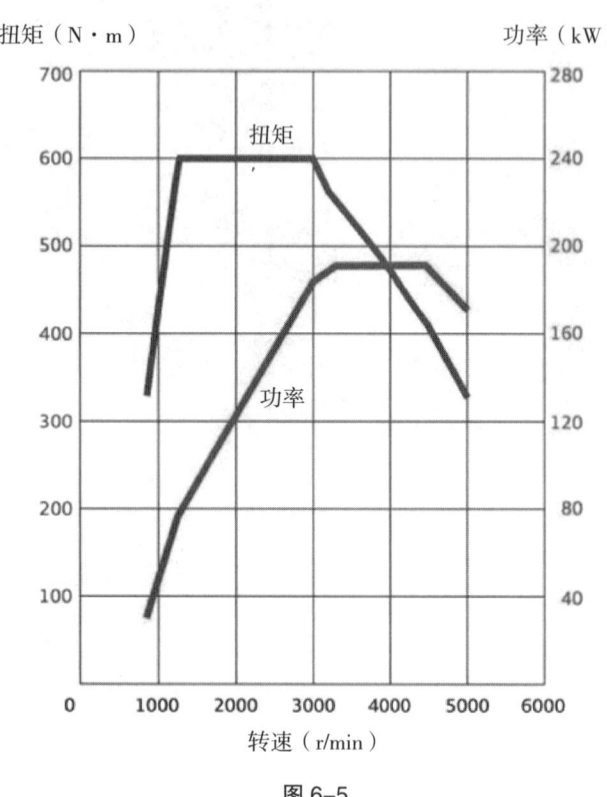

图 6-5

表 6-1

特征	技术数据
发动机标志字母	CVZA
结构	六缸 V 形发动机带 90° V 角
排量（cm^3）	2967
冲程（mm）	91.4
缸径（mm）	83.0
每缸气门数	4
点火顺序	1-4-3-6-2-5
压缩比	16.0∶1
功率（kW）	190，3250~4500r/min
扭矩（N·m）	600，1250~3000r/min
燃油	符合 EN S90 标准的柴油
发动机管理系统	带自动起停和能量回收的博世 EDC17
最大喷射压力（kPa）	200000
喷射阀	8孔压电式喷油器
废气净化系统	NO_x氧化催化净化器、带SCR涂层的柴油颗粒过滤器、微粒传感器、氧传感器
废气排放标准	欧 6（W）

发动机标志字母 CVZA 位于前部左侧（沿行驶方向），在气缸盖下方气缸体的突起边缘上，如图 6-6 所示。

二、2.0L R4 TFSI 第 3 代发动机（EA888）

（一）特征与特点（如图 6-7 所示）

（1）取消皮带驱动机构（电动空调压缩机，非传统发电机）。

（2）曲柄连杆机构内的聚合物涂层主轴承、连杆轴承和挡片。这是必要的，因为电动模式下频繁的冷启动和启动（转速高于正常的发动机启动）要求更好的应急运行特性。

（3）发动机管理系统 Simos18.4，将发动机控制器接入 FlexRay 总线系统。

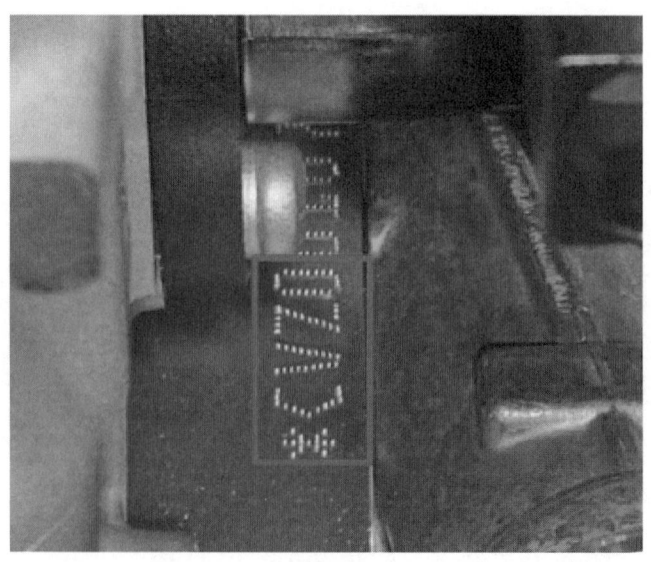

图 6-6

（4）排气侧气门升程调节装置奥迪气门升程系统（AVS）。

（5）曲轴箱排气的排气路径改入了气缸体范围内，平衡轴上方。

（6）目前仅供应日本、新加坡、韩国和中国市场。

（二）技术数据

2.0L TFSI 发动机 CVJA 的扭矩功率曲线如图 6-8 所示，技术参数如表 6-2 所示。

图 6-7

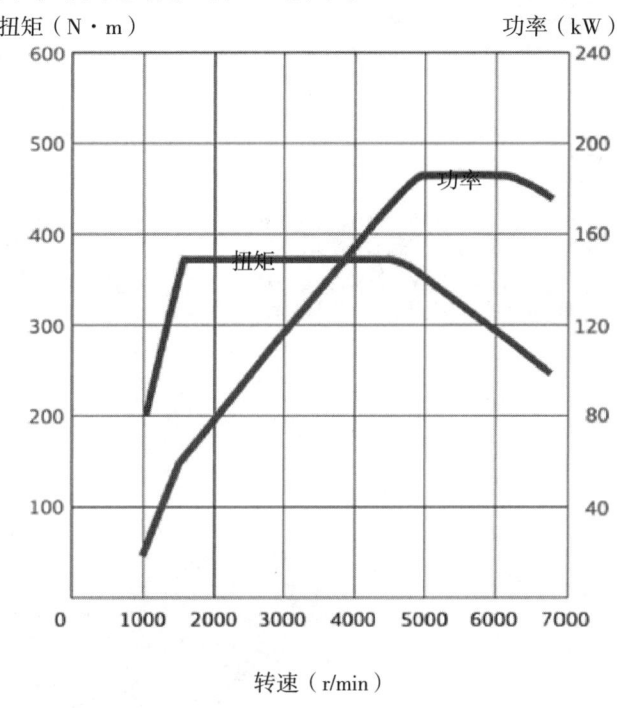

图 6-8

表 6-2

特征	技术数据
发动机标志字母	CVJA
结构	四缸直列式发动机
排量（cm^3）	1984
冲程（mm）	92.8
缸径（mm）	82.5
每缸气门数	4
点火顺序	1-3-4-2
压缩比	9.6：1
功率（kW）	185,5000~6000r/min
扭矩（N·m）	370,1600~4500r/min
燃油	95 号高级无铅汽油
发动机管理系统	SIMOS 18.4
最大喷射压力（kPa）	自适应空燃比控制，自适应爆震控制
喷射阀	带自适应怠速加注调节功能的连续式（双）直接喷射（FSI）和进气歧管（MPI）喷射装置
废气净化系统	靠近发动机的陶瓷尾气净化器、涡轮增压器上游的氧传感器和尾气催化净化器下游的氧传感器
废气排放标准	欧 6（W）

发动机标志字母 CVJA 位置如图 6-9 所示。

图 6-9

三、技术特点

（一）主动式加速踏板

奥迪 Q7 e-tron quattro 通常采用电启动。驾驶员的功率请求通过主动式加速踏板告知系统。为了激活发动机，驾驶员必须踩下主动式加速踏板至越过某个压力点。出现压力的点取决于混合动力管理系统的要求。在加速踏板模块中，主动式加速踏板的提升电磁阀通过受弹簧力作用的连杆产生可变压力点。越过压力点时，发动机启动并入。集成的主动式加速踏板控制器 J1115 从混合动力管理系统获得相关信息，如图 6-10 所示。压力点根据混合动力蓄电池的电量而推移。驾驶员可以根据混合动力

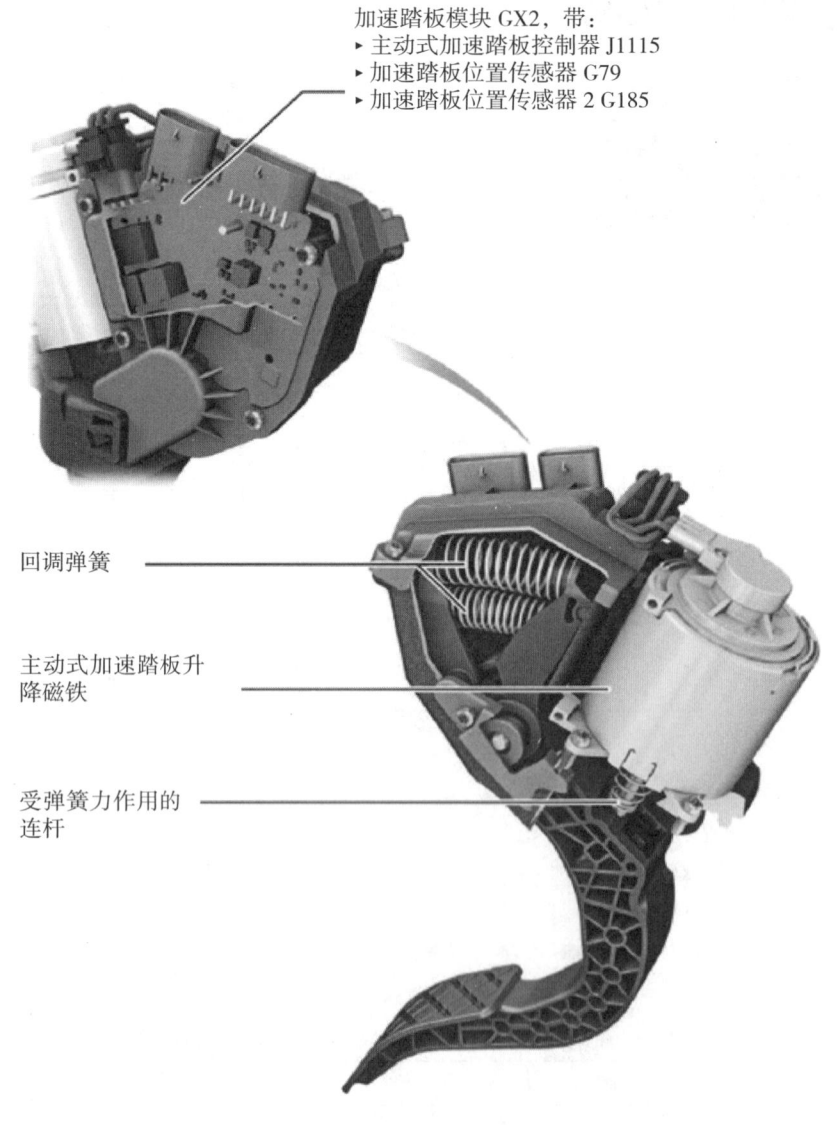

加速踏板模块 GX2，带：
- 主动式加速踏板控制器 J1115
- 加速踏板位置传感器 G79
- 加速踏板位置传感器 2 G185

回调弹簧

主动式加速踏板升降磁铁

受弹簧力作用的连杆

图 6-10

蓄电池的电量有意识地避免发动机启动并入，从而在最大程度上以纯电动方式驱动车辆。对于需要两台电机全功率输出的超加速，也要超越压力点。

1. 效率辅助系统。

配备效率辅助系统时，除组合仪表中的显示以外，车辆会以"叩击"方式要求驾驶员把脚从加速踏板上移开。如果继续将加速踏板踩到底，则会像通常一样激活强制降挡。

2. 发动机启动并入信号传递。

踩下主动式加速踏板时可感觉到压力点。如果"越过"该压力点，发动机将会接通以便能提供驾驶员所需的发动机功率，如图 6-11 所示。

3. 发动机即将启动时产生"叩击"。

发动机因混合动力蓄电池电量和当前驾驶方式即将启动并入时，主动式加速踏板会产生一个短时间的反作用力。此外，组合仪表内显示相应的文字信息，如图 6-12 所示。车辆由此向驾驶员传递必须"松开加速踏板"以便继续通过纯电动方式行驶的信号。

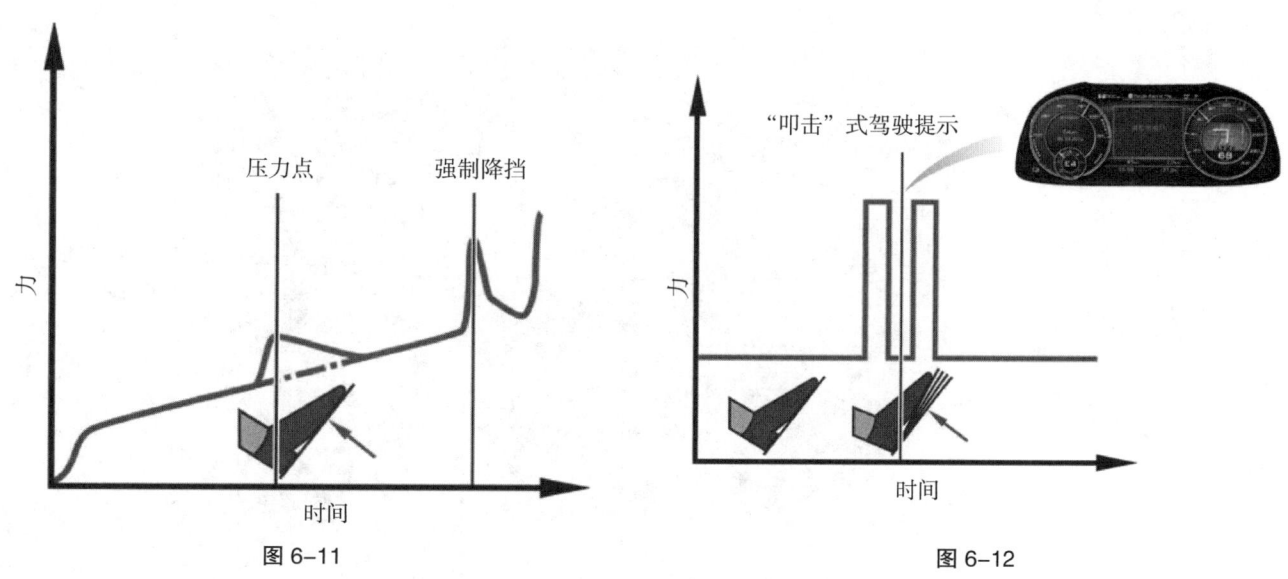

图 6-11　　　　　　　　　　　图 6-12

（二）柴油和汽油发动机的启动情景

同时操作发动机启动按钮和制动踏板时，汽车将进入启动准备就绪状态。奥迪虚拟驾驶舱内显示 e-tron READY 模式。如果混合动力蓄电池的电量足够，则汽车用电动机行驶。如果混合动力蓄电池电量不足，则启动发动机，如图 6-13 所示。

1. 通过启动机发电机 C29 启动发动机（12V 启动）。

装备了 3.0L V6 TDI 发动机的汽车安装有一台启动机发电机 C29。它用于在特定条件下启动发动机，如图 6-14 所示。

2. 发动机启动。

通过启动机发电机 C29 启动也被称作 12V 启动。12 V 启动时，变速器内的分离离合器 K0 分离。启动时，下部皮带部件承受最大张力，将下部张紧轮向下压。这个压力通过悬摆弓形部分被传递到上部张紧轮上，从而张紧多楔带，如图 6-15 所示。当启动机发电机 C29 的 12V 供电得到保证后，发动机将在以下条件下通过皮带启动：

（1）皮带启动。

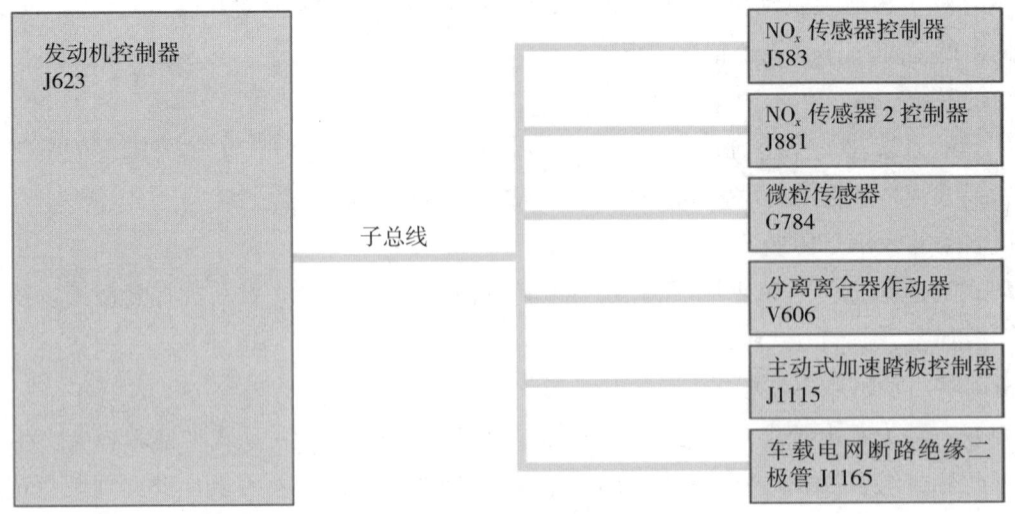

图 6-13

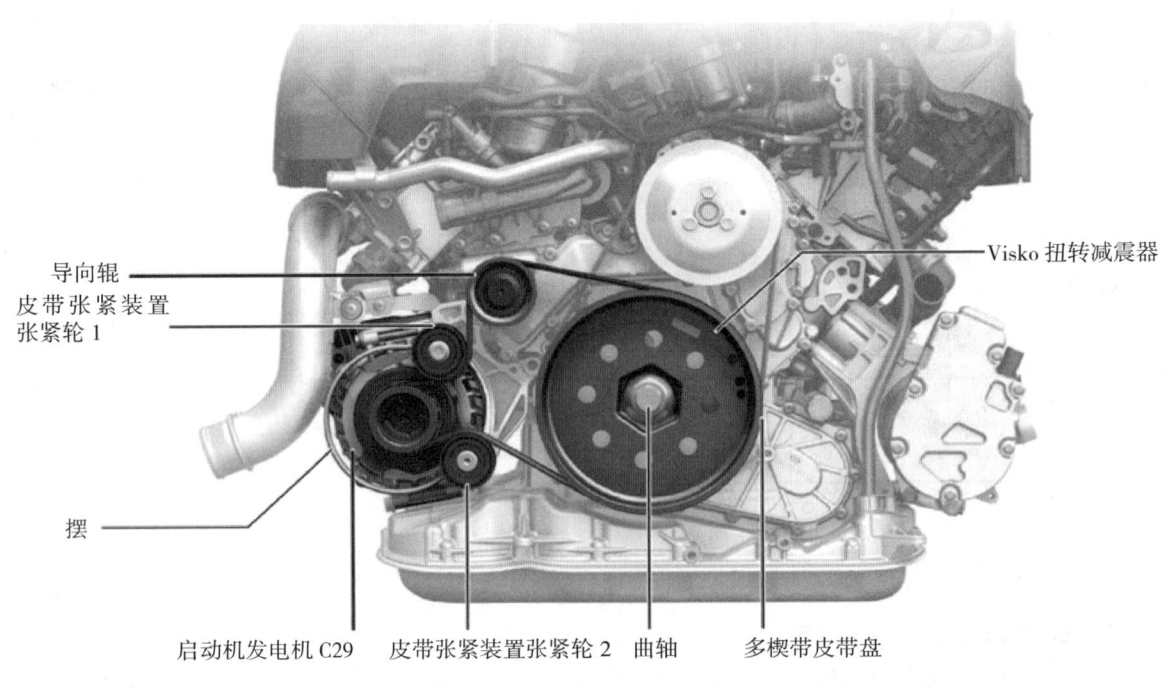

图 6-14

如果电动机在电动行驶期间功率用尽,无法通过电动机实现顺利的滑行启动,则将通过启动机发电机 C29 启动发动机。

(2)改变思维。

混合动力行驶时,电动机和发动机共同将功率输出到变速器上。当发动机因驾驶员撤回功率请求而关闭时,如果驾驶员重新请求功率,则只要发动机仍能达到所需的启动转速,就可以通过在发动机控制器中激活点火开关和喷射而重新启动。如果此时发动机转速不再能达到要求,则通过启动机发电机 C29 将发动机提高到启动转速,从而启动。发动机启动后,当它以与变速器输入轴相同的转速运行时,变速器内的分离离合器 K0 接合。

3. 受控关闭。

当发动机在自动起停模式下被关闭,则启动机发电机 C29 将发动机快速制动到静止,以避免发生"停机抖震"。

4. 发电机模式。

在发动机运行期间,启动机发电机由 12V 车载电网供电。它在此时处于发电机模式,不输出电流。在这个运行状态下,发电机制动,多楔带被完全张紧,如图 6-16 所示。所以,下部张紧轮被悬摆弓形部分向上推,将多楔带向后引导。

图 6-15

图 6-16

(三) 配备汽油发动机的车辆的燃油系统

因为纯电动行驶时也会形成碳氢化合物,所以有活性炭过滤器过载而不再吸附碳氢化合物的危险,因此奥迪 Q7 e-tron quattro 安装了一个压力罐。纯电动行驶时,通过关闭燃油箱关闭阀 N288 可以封闭连接活性炭过滤器的管路。这样,燃油箱中会自动生成约 30kPa 的压力,这个当前压力通过燃油箱压力传感器 G400 传输至发动机控制单元,如图 6-17 所示。

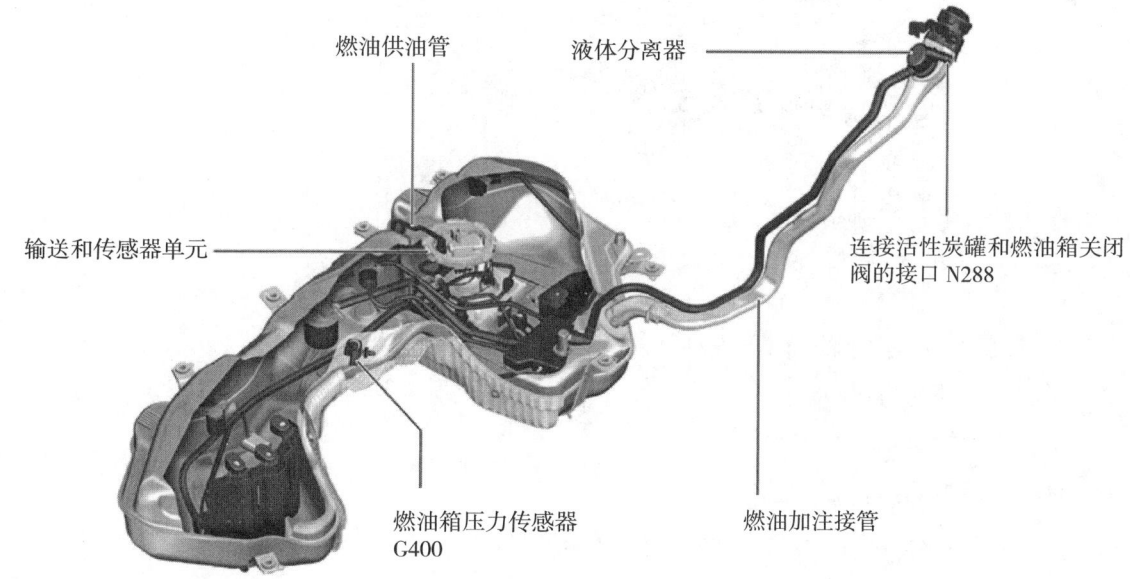

图 6-17

燃油箱盖持续锁止且无法手动开启时,如要打开燃油箱盖,首先必须降低燃油箱中的压力。驾驶员操纵燃油箱盖解锁按钮 E319,发动机控制单元即打开燃油箱关闭阀 N288,如图 6-18 所示。压力卸除通过燃油箱压力传感器 G400 识别到,然后车载电网控制单元 J519 自动打开燃油箱盖,在组合仪表中显示燃油箱盖的状态。

提示：在装备 3.0L V6 TDI 发动机的奥迪 Q7 e-tron quattro 上，柴油燃油箱的加注容量为 75L，沿用了传统汽车的燃油箱。

（四）3.0L V6 TDI 发动机上的动力机组支承

1. 装备了 3.0L V6 TDI 发动机的奥迪 Q7 e-tron quattro 上安装有一个 5 点式动力机组支承。其中包括 2 个主动式发动机支座、2 个可切换式变速器支座和 1 个传统的变速器支座，如图 6-19 所示。该系统提供了极高的行驶舒适性，它承担了以下功能：

燃油箱盖解锁按钮 E319

图 6-18

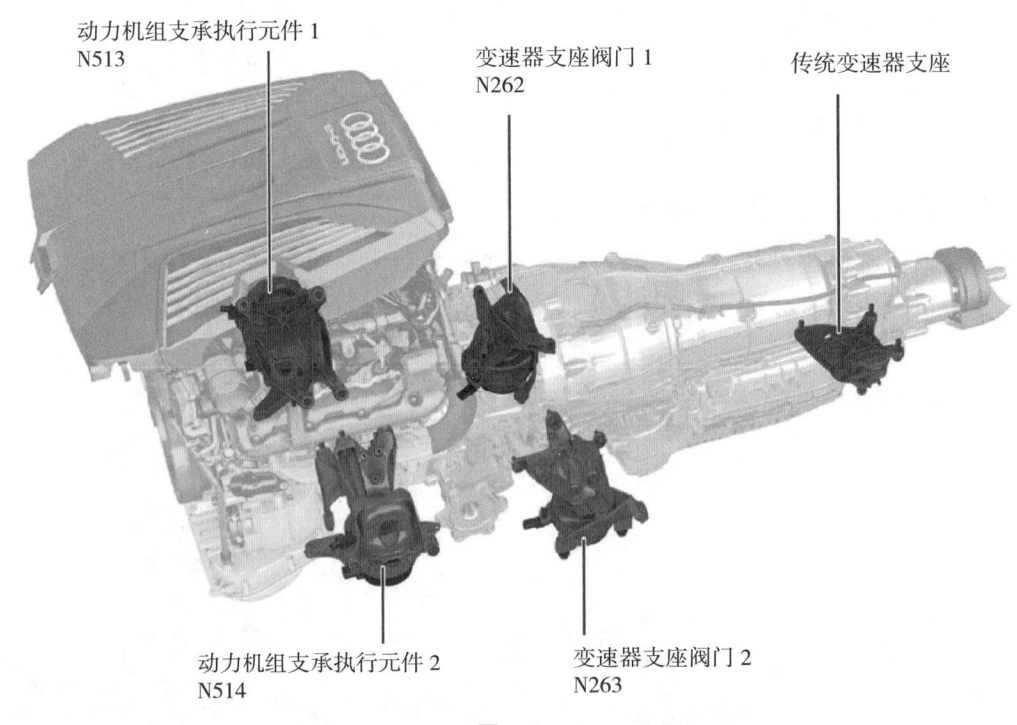

图 6-19

（1）在较大频率范围内都能降低震动。

（2）固定汽车的动力机组。

（3）支承驱动扭矩。

（4）对动力机组的扭转震动进行减震。

此外，由于未安装扭矩支撑，所以在发动机左前和右前侧安装了支承轴承。

2. 主动式发动机支承。

发动机传递过来的震动由动力机组支承传感器 G748 和 G749 进行测量。传感器安装在车身一侧的发动机支座上，如图 6-20 所示。在传感器中换算的测量值会发送给动力机组支承控制器 J931，并在那里参与特性曲线计算。来自发动机控制器的发动机转速用作另一个重要的输入参数。动力机组支承控制器 J931 将计算得出的控制信号发送给动力机组支承执行元件 N513 和 N514，所以将通过主动式发动机支座

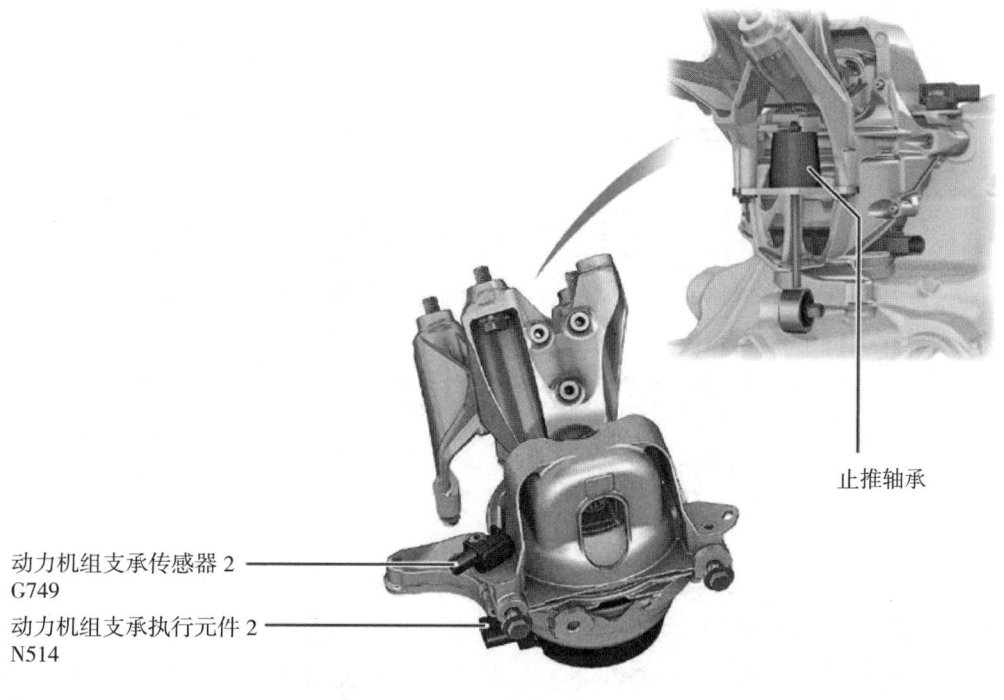

图 6-20

产生一个抵消震动。

3. 液压可切换式变速器支座（如图 6-21 所示）。

液压可切换式变速器支座、变速器支座阀门 1 N262 和变速器支座阀门 2 N263 安装在变速器上侧面，起到防止主总成扭转震动的作用。在发动机运行模式下它们切换为较软，在电动机驱动模式下切换为较硬。

4. 传统变速器支座。

传统的变速器支座安装在变速器的后部分，抵消负荷变化倾翻功能，如图 6-22 所示。

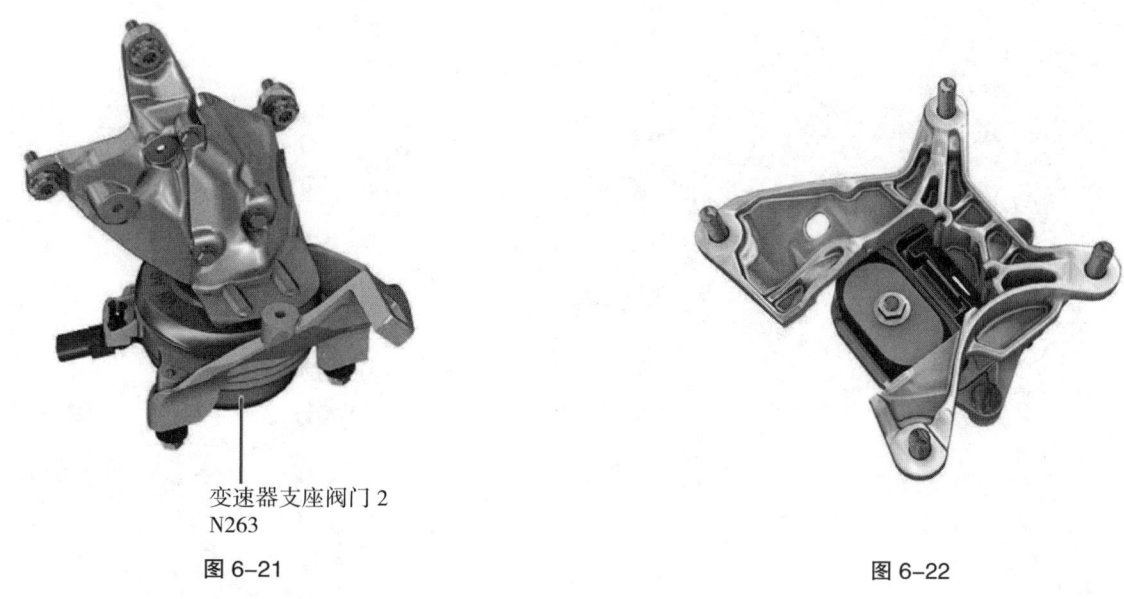

图 6-21　　　　　　　　　　图 6-22

（五）3.0L V6 TDI 发动机后消声器上的废气风门

出于噪声方面的原因，左侧尾管内部安装了一个电动废气风门，如图 6-23 所示。废气风门在以下条件下关闭：

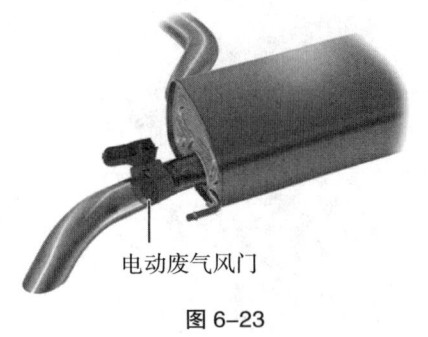

电动废气风门

图 6-23

（1）每次启动发动机时。

（2）激活自动起停运行模式时。

（3）混合动力蓄电池电量低时。

混合动力蓄电池电量低时废气风门被关闭，因为必须消除从电驱动到发动机驱动的过渡声音，通过缓慢打开废气风门实现，这样可以对柴油发动机的低音噪声级起到消音作用。

第三节　传动系统

一、概述

传动系统结构如图 6-24 和图 6-25 所示。

奥迪 Q7 e-tron quattro 中对动力传递很重要的插电式混合动力驱动组成部件除了发动机外还包括 8 挡自动变速器 0D7、传动轴和后轴主减速器 0D2。8 挡自动变速器 0D7 是一款与混合动力模块配对的传统全时四驱 8 挡自动变速器。混合动力模块位于发动机和传统自动变速器之间。混合动力模块的核心部件是峰值功率达 94kW、最大扭矩达 350 N·m 的电动机。发动机和电动机可以通过分离离合器 K0 耦合。两台驱动机构与 3.0L V6 TDI 发动机一起向变速器上输出最大 275kW 的系统功率。搭配 2.0L R4 TFSI 第 3 代发动机则为 270kW。这两款发动机型号可以向变速器传递最大 700N·m 的系统扭矩。该传动轴的万向节轴是安装在奥迪 Q7（4M 车型）上的一款短型号的万向节轴，后轴主减速器 0D2 也是如此。它也应用在奥迪 Q7（4M 车型）上。提示：只允许有资质的高压技术员在高压设备上作业。

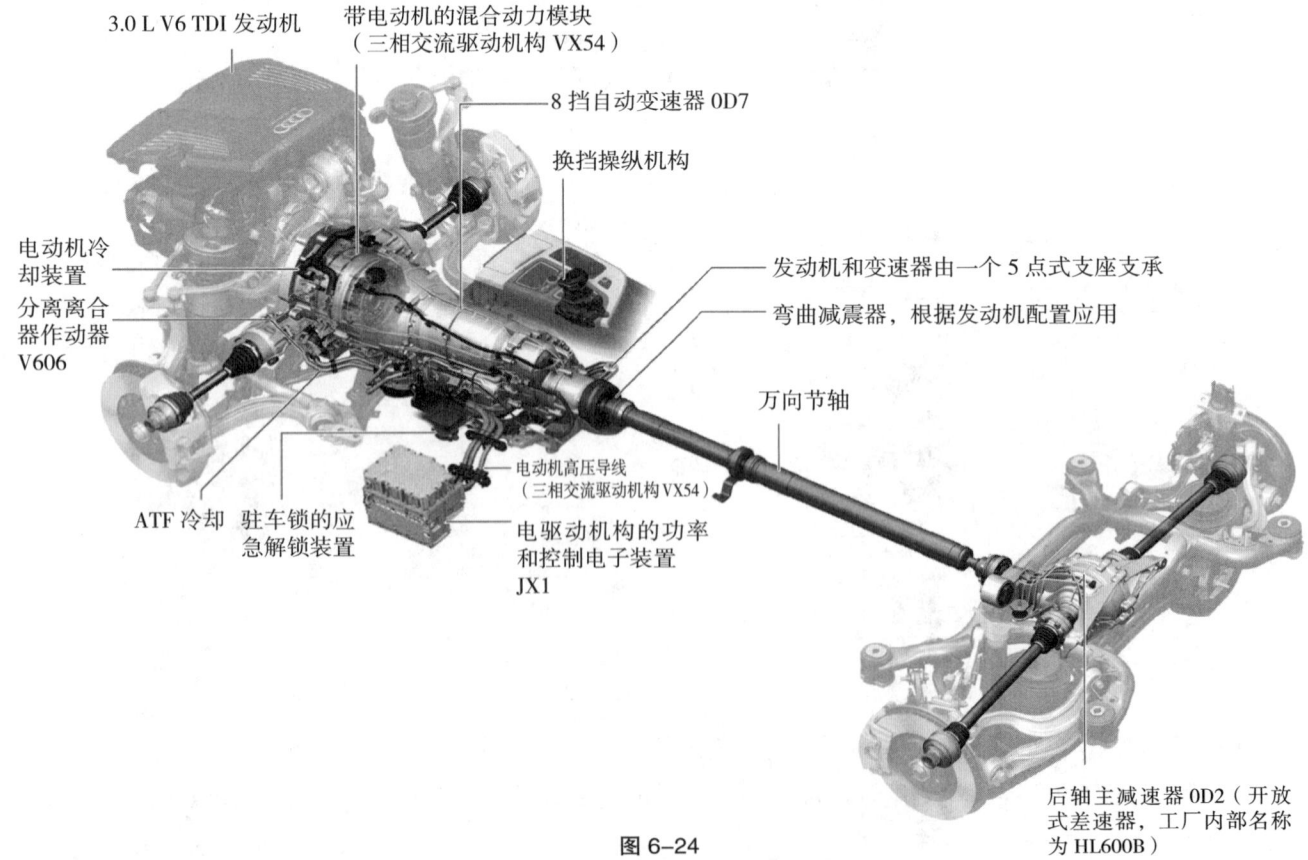

图 6-24

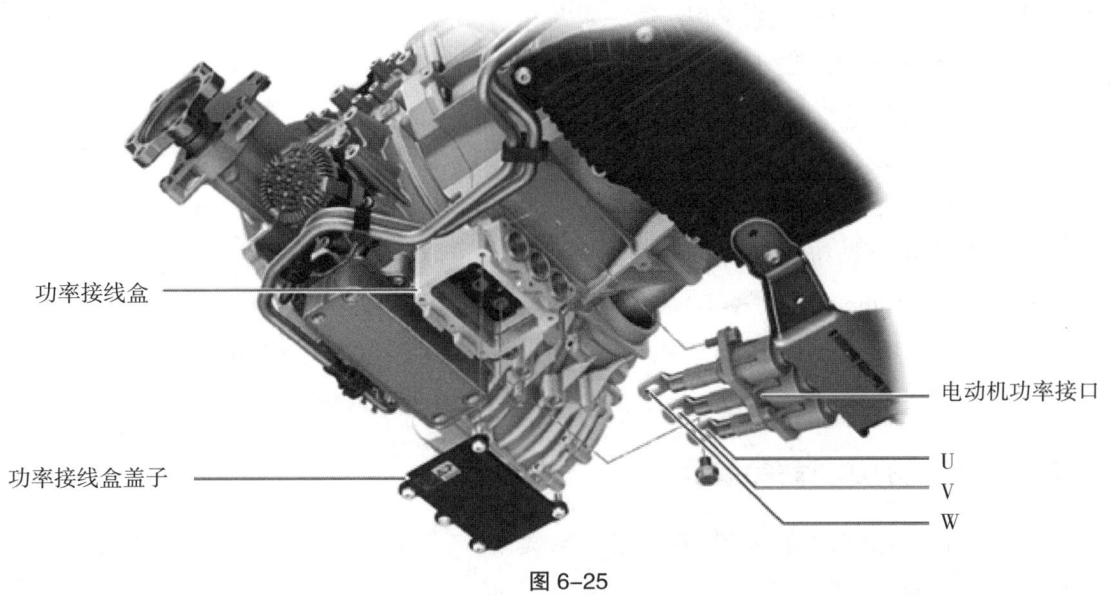

图 6-25

二、换挡操纵机构

采用 100% 线控换挡技术的奥迪 Q7 e-tron quattro 换挡操纵机构和操作方案与奥迪 Q7（4M 车型）相同，如图 6-26 所示。

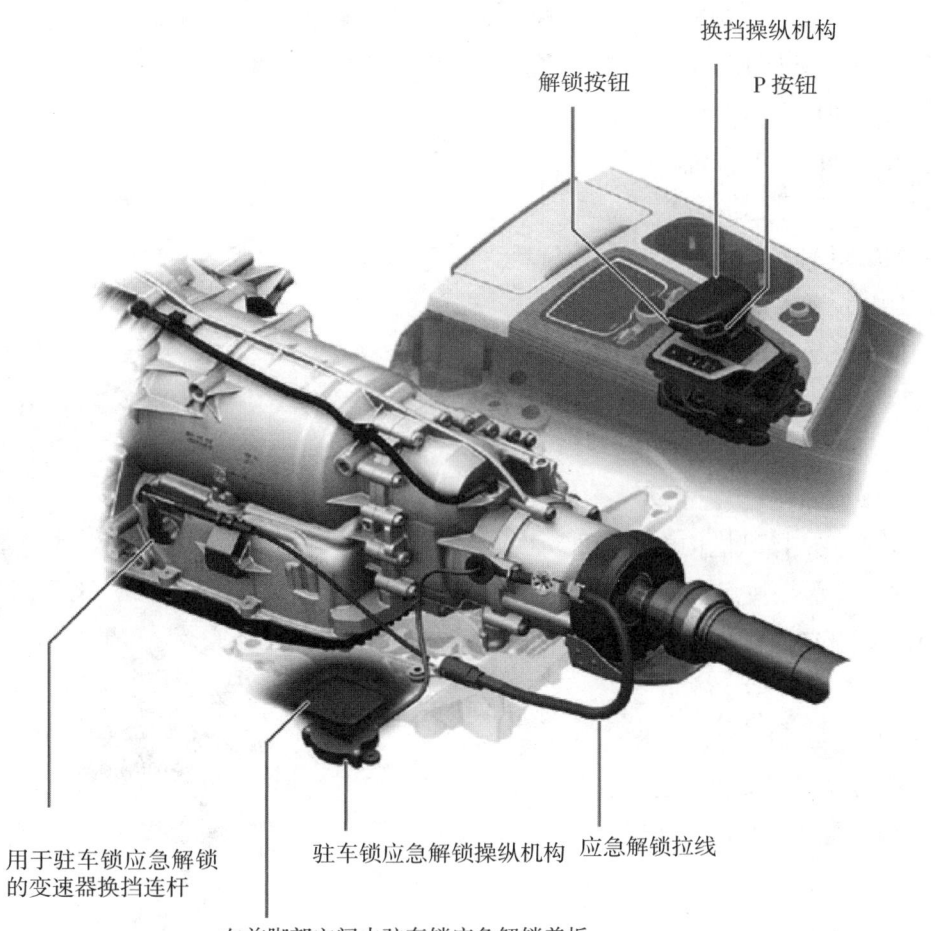

图 6-26

（1）在选挡杆和变速器之间没有机械连接。

（2）操作完全根据对驾驶员意愿的分析进行，没有机械的应急运行。

（3）驻车锁采用电动液压操纵并且自动开关，自动驻车锁（Auto-P）功能（P-ON/P-OFF 位置）。

（4）机械应急解锁可以在发生故障时将驻车锁解锁，以便能够移动车辆。

（5）通过自动挡挡位槽只能选中行驶挡 R、N、D 和 S。

（6）驻车锁只能利用 P 按钮手动激活。

（7）如果要操作 tiptronic 功能（手动模式 M），则必须将选挡杆按入 tiptronic 挡位槽（仅当激活行驶挡 D 或 S 时可以）。使用功能"在 D/S 中短促按压换挡"时必须操作方向盘 tiptronic。

（8）解锁按钮（选挡杆解锁按钮 E681）在选挡杆上的位置与原来相同并且为冗余设计。

三、驻车锁止装置的应急解锁装置

奥迪 Q7 e-tron quattro 上的驻车锁应急解锁装置与奥迪 Q7（4M 车型）的应急解锁装置相同。应急解锁装置用于在必须长时间处于 P-OFF 位置时解锁驻车锁，应在以下情况下操作：

（1）当必须牵引汽车的一般情况。

（2）当因功能失效无法以电动液压方式解锁驻车锁时。

（3）当在车载电压不足的情况下汽车需要调头/移动时。

（4）当发动机不运转且汽车必须调头/移动时，例如在维修间内。

如果情况决定不再需要驻车锁处于 P-OFF 位置，那么应重新将驻车锁锁止，并置于 P-ON 位置。在应急解锁装置部件上进行安装工作后应检查应急解锁装置。警告：操纵驻车锁应急解锁装置之前，必须固定车辆以防其自行移动！

1. 驻车锁应急解锁（P-OFF 位置）。

（1）拆除盖板。

（2）将应急解锁套筒扳手按如图 6-27 中位置 1 所示装入操纵机构中。

（3）向下按压套筒扳手并顺时针转动 90°，直至感觉到套筒扳手卡入操纵机构，如图 6-27 中的位置 2 所示。

2. 驻车锁锁止（P-ON 位置）。

将套筒扳手向上直接从操纵机构中拉出即可，如图 6-28 中的位置 3 所示。注意：不得将套筒扳手往回转动，否则会损坏应急解锁操纵机构！安装盖板。

3. 快速连接器。

为了简化变速器的拆卸和安装，应急解锁拉索由两个部分组成，它们通过一个快速连接器相连，如图 6-29 所示。

操纵驻车锁应急解锁装置后，组合仪表中会亮起黄色的变速器指示灯并显示行驶挡 N。此外，组

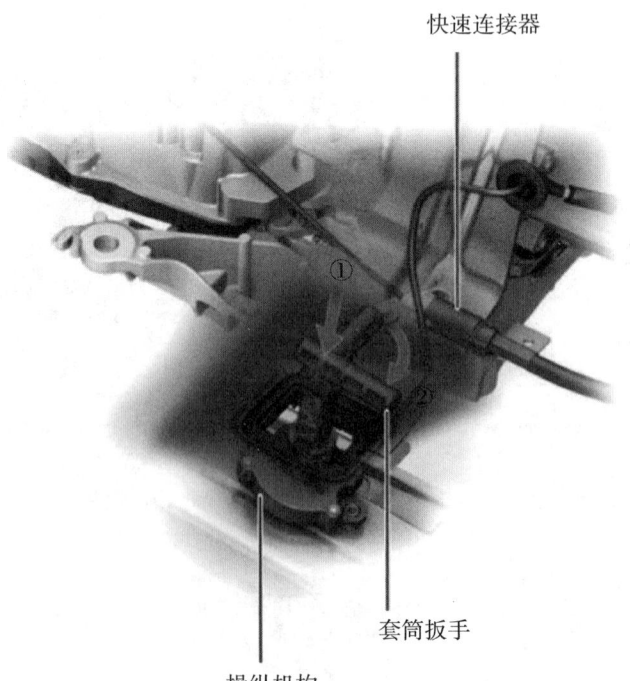

图 6-27

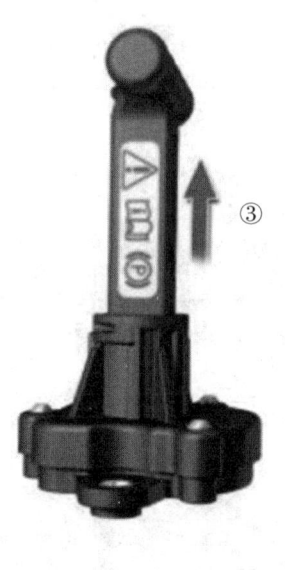
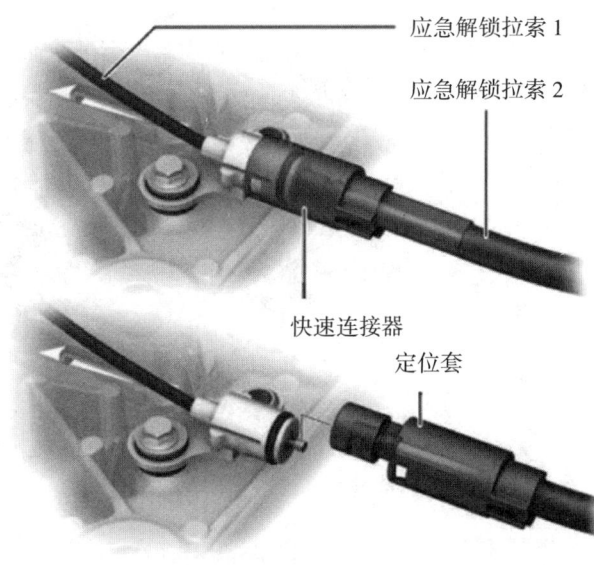

图 6-28　　　　　　　　　　　　　　图 6-29

合仪表上显示提示："Vehicle may roll away! P cannot be selected. Please apply parking brake."（有溜车危险！无法挂入 P 挡。请踩下驻车制动器。）

四、插电式混合动力驱动

发动机和 8 挡自动变速器 0D7 及混合动力模块是混合动力驱动的最重要组成部分，如图 6-30 和图 6-31 所示。

为将混合动力模块从基本变速器上分离，应通过维护开口松开变矩器传输板和分离离合器 K0 的尾板之间的螺纹连接。变矩器传输板内有 5 个切线方向的长孔和一个径向的长孔。装配时将第 1 个螺栓插入径向长孔并拧入，然后是用于切向长孔的螺栓。为拆卸 0D7 变速器，应按照从奥迪 A5（8T 车型）起已经熟知的方式，通过维护开口将扭转减震器的传输板从发动机的飞轮上分开。

五、混合动力模块（分离离合器作动器，传感装置）

混合动力模块的外壳中有前轴主减速器。发动机侧是扭转减震器，基本变速器侧是电动机和分离离合器 K0。电动机是一款恒励磁同步电机，被用作驱动电机及发电机。电动机在维修保养文献中也被称作三相交流驱动机构 VX54 或电驱动机构行驶电机 V141，技术参数如表 6-3 所示。由于电动机的转子是外转子，所以使用了尽可能大的杠杆臂。与内转子相比，在电动机运行模式下相同的扭矩只需较低的相电流。

三相交流驱动机构 VX54 组成如下（如图 6-32 和图 6-33 所示）：

（1）电驱动行驶电机 V141。

（2）分离离合器 V606 的作动器。

（3）行驶电动机温度传感器 G712。

（4）行驶电动机转子位置传感器 1 G713。

所以在最狭窄的安装空间内可以提供高达 350N·m 的瞬时扭矩和高达 94kW 的功率。在持续运行时，凭借出色的散热传递，可提供 200N·m 扭矩和高达 60kW 的功率。在散热方面，它通过内置的定子散热装置进行，虽然散热面积较小，但保证了极高的热传导。变矩器的传输板与发动机飞轮旋接在一起。扭

旋接位置 1，
径向长孔
维护开口盖板
分离离合器 K0 的尾板
切向长孔
变矩器传输板
盖板 / 维护开口
基本变速器
保护管后部密封环
半轴保护管
当混合动力模块从 0D7 变速器上分开后，半轴保护管松松地挂在后部密封环内，可能会掉落

图 6-30

3.0L V6 TDI 发动机
扭转减震器
传输板
维护开口 /
传输板螺纹连接
混合动力模块
左前法兰轴
密封圈
变矩器
W V U
电动机功率接口
保护管前部密封环
前轴主减速器
扭转减震器传输板
扭转减震器
飞轮
启动机发电机
C29

图 6-31

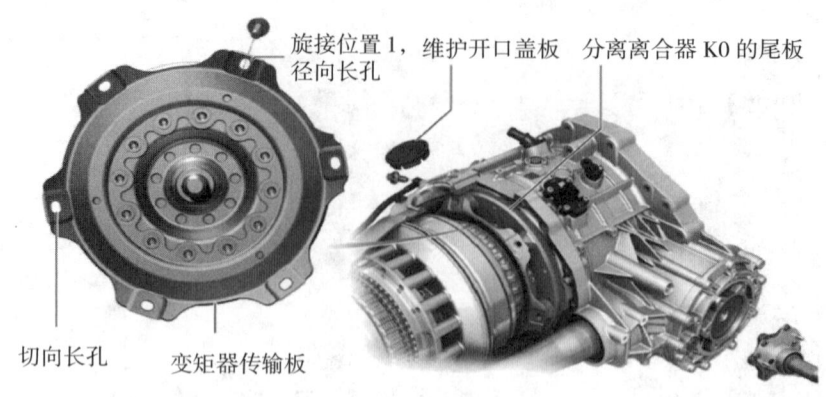

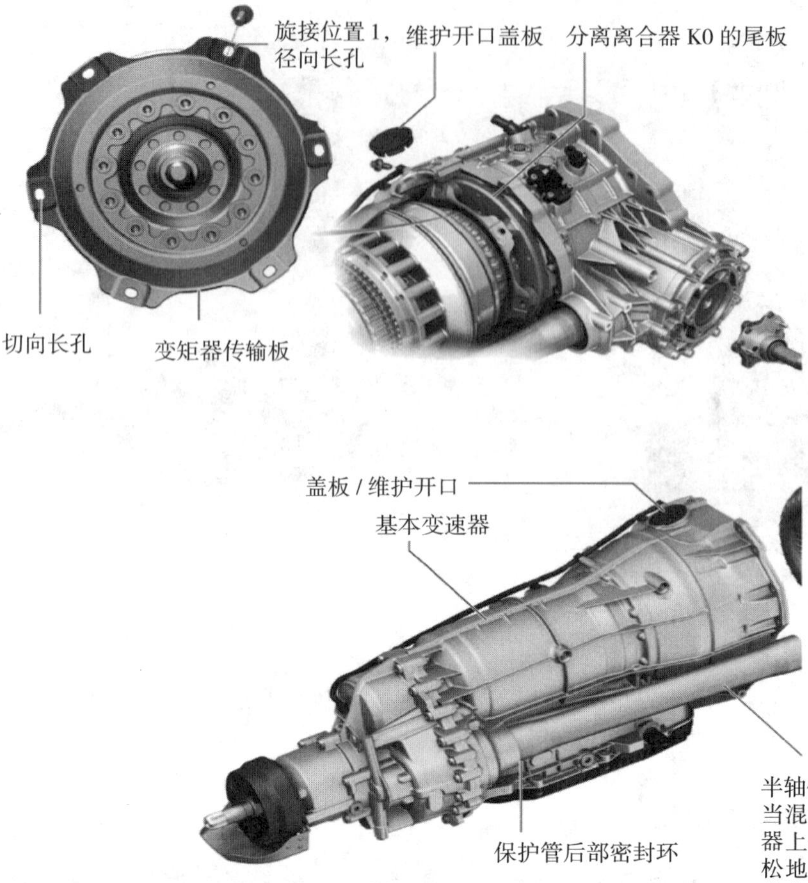

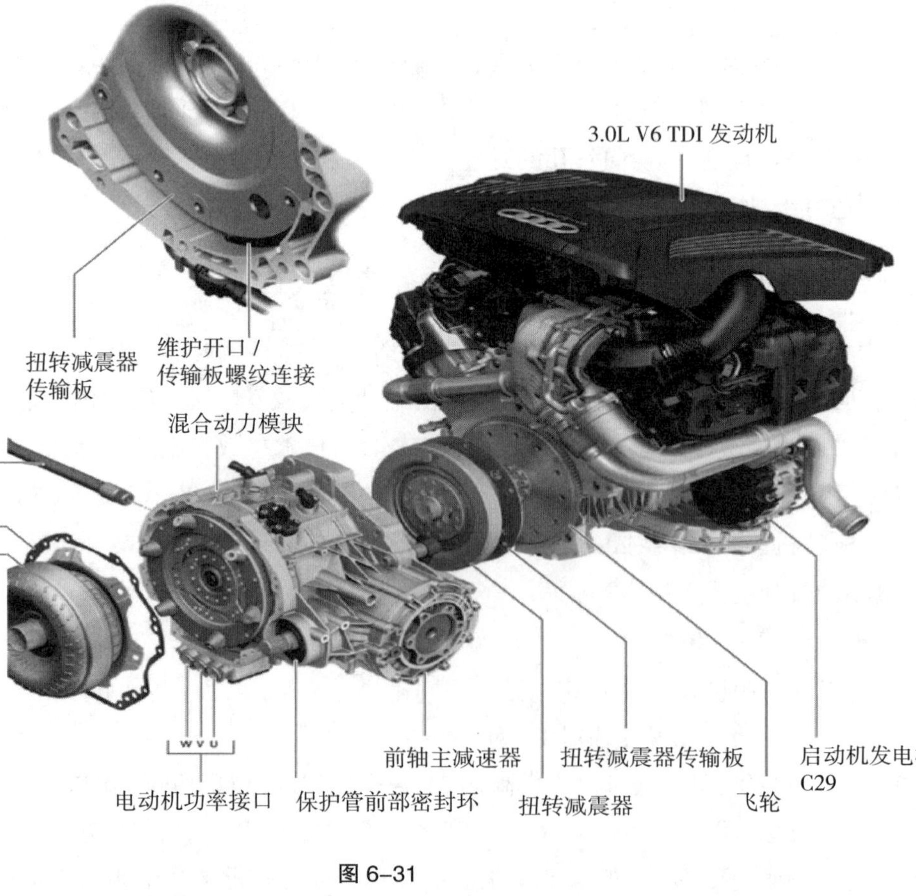

表 6-3

瞬时最大功率（kW）	94
瞬时最大扭矩（N·m）	350
最大功率时的耗电量（A）	450
最大功率时的交流电压（V）	3×310
持续功率（kW）	60
60kW 持续功率时的扭矩（N·m）	200
60kW 持续功率时的耗电量（A）	240
60kW 持续功率时的交流电压（V）	3×280
最大发电机功率（kW）	80

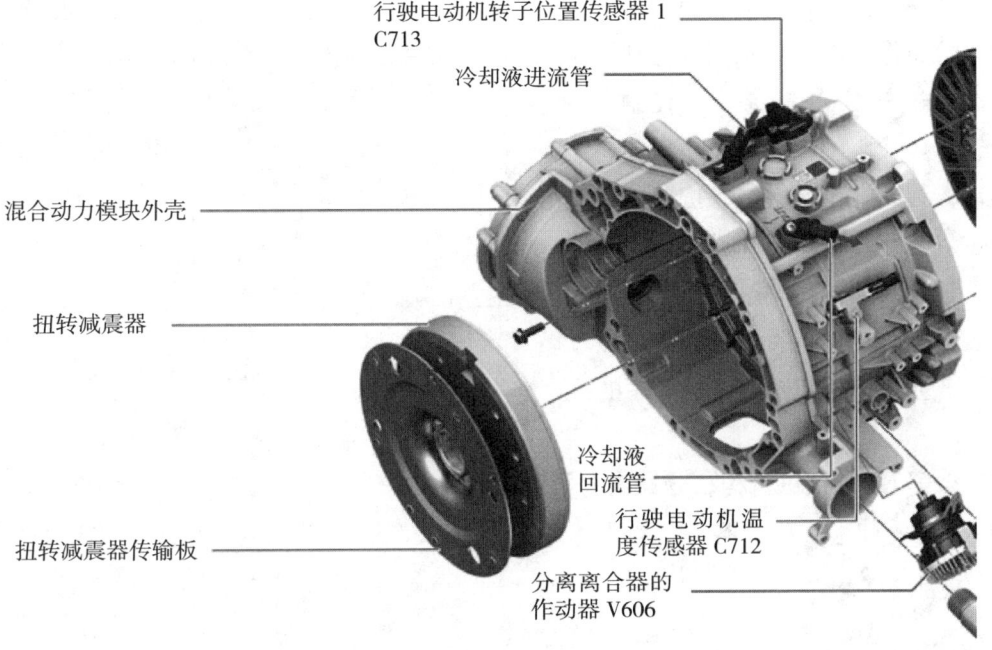

图 6-32

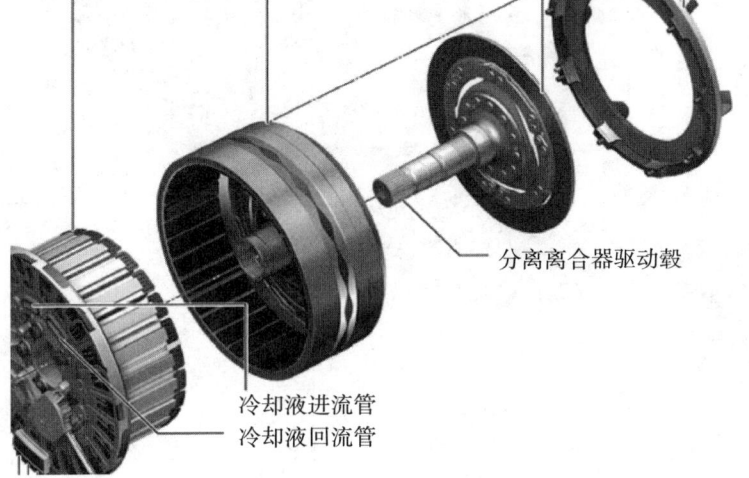

图 6-33

转减震器将发动机驱动功率经细牙花键传递到分离离合器 K0 的驱动毂上。在发电机模式下，电动机的转子经接合的分离离合器 K0 由发动机或由能量回收功能驱动。电动机的转子通过螺纹与分离离合器 K0 的尾板相连。尾板上用 6 个螺栓固定了变矩器的传输板。在定子中有 3 个线圈组，它们分别带 8 个并联的线圈，通过三角形接法连接，如图 6-34 所示。总共有 24 个线圈分布在定子圆周上，每 3 个线圈属于同一个线圈组。电动机可以利用这个布置方式使用三相电流工作。电驱动系统功率和控制电子装置 JX1 为此通过一个三相交流电压控制这些线圈组。为了让转子以最小的耗电量、最大的扭矩朝所需的方向启动，控制电子装置必须按照正确的顺序促动 3 个相位。为此，它需要知道转子的准确位置以及磁极对相对于线圈的位置。电驱动模式的功率和控制电子装置 JX1 根据行驶电动机转子位置传感器 1 G713 的信号计算磁极对相对于线圈的准确位置。

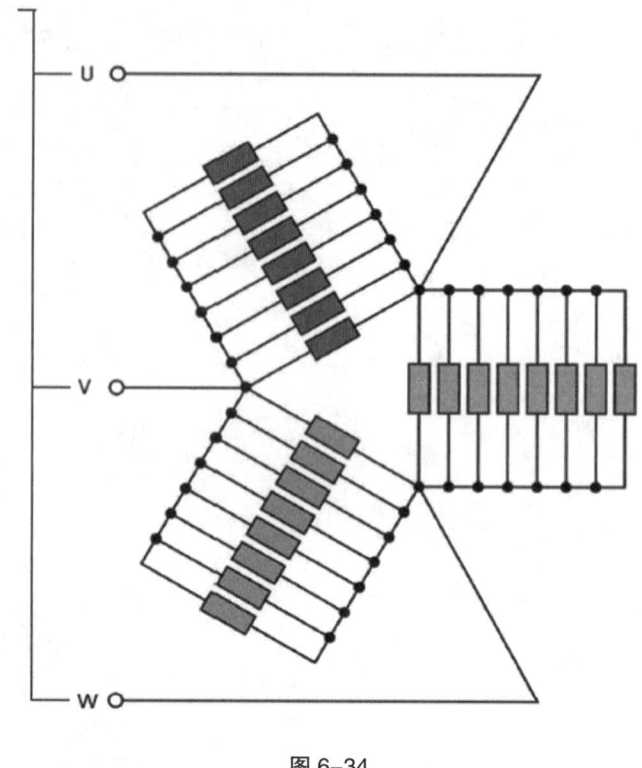

图 6-34

（一）分离离合器 K0 的操纵机构、分离离合器作动器 V606

分离离合器 K0 是一种干式离合器，在静止状态下为动力接合，如图 6-35 所示。它与手动变速器的

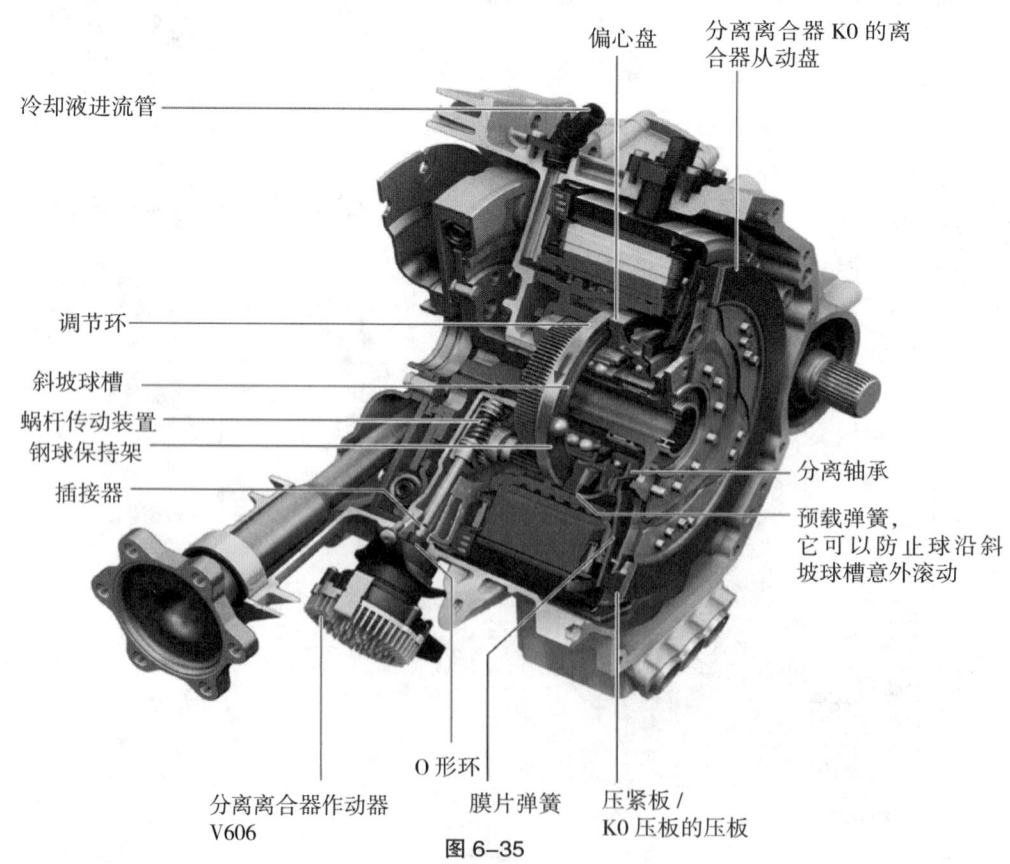

图 6-35

起步离合器功能相同。分离离合器将发动机和电动机相互耦合。分离离合器 K0 通过分离离合器作动器 V606 操纵，独立于自动变速器的液压压力供应。

（二）分离离合器 K0 的操纵机构

分离离合器 K0 的作动器通过插接器驱动蜗杆传动装置的轴，蜗轮与调节环的圆柱齿轮传动装置相连。当分离离合器 K0 分离时，调节环沿箭头方向扭转约 120°。钢球保持架将 3 个钢球均匀地保持分布在圆周位置上。通过调节环的扭转，钢球通过调节环和偏心盘内的斜坡球槽将偏心盘压在分离轴承上。偏心盘由纵向导向件固定，防止扭转。其他部分的工作方式与带膜片弹簧和压紧板的传统摩擦式离合器相同。当作动器失灵或者因超过允许温度而停止工作时，分离离合器 K0 动力接合，因为离合器的操纵机构不具备自锁能力。汽车在这种情况下只能通过发动机和电动机以混合动力方式行驶。

（三）分离离合器作动器 V606

1. 工作原理。

工作原理如图 6-36 所示。

分离离合器作动器 V606 是一台无电刷的直流电机。它由 12V 车载电网供电。端子 30 由一个 30A 保险丝保护。通过子总线，作动器收到来自发动机控制单元 J623 的关于离合器的受控位置的指令。此时，发动机控制单元利用了从属于混合动力管理系统的离合器控制软件。

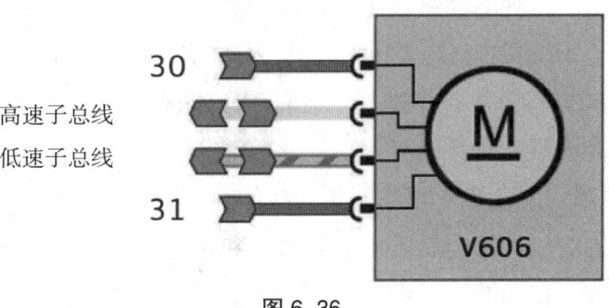

图 6-36

2. 温度保护。

作动器的电子装置通过一个内置的温度传感器测量温度。当作动器的温度达到 125℃时，电子装置将当前温度告知发动机控制单元 J623。接着由此促使离合器控制软件不得不尽可能少地促动分离离合器 K0，从而重新使作动器冷却。如果这个措施失败，温度上升到 135℃，则不再促动作动器，直到它冷却到 110℃的温度。达到这个温度后，作动器和由此而来的分离离合器 K0 的操纵机构又可以不受限制地工作。

3. 作动器诊断。

作动器诊断是通过发动机控制单元 J623，地址代码 01 进行的。一旦车辆停放到升降台上并拆下发动机饰板后，就可以明显地听到作动器操纵离合器。提示：当作动器处于拆卸状态时，作动器诊断不工作。原因在于，作动器在拆卸状态下无法进行零位匹配。由于作动器不能在切换端子状态（端子 15 关闭）后记下它的位置，所以需要零位匹配。作动器电子装置中的软件要求在启动（端子 15 接通）后立刻进行零位匹配。此时，作动器将蜗杆传动装置的轴转动约 300°，并将调节环移至机械限位。作动器通过这个阻力识别其零位，并从该位置开始分开离合器。该阻力在拆卸状态下不存在。约 60 圈后伴随着发动机控制单元 J623 的故障存储器中的提示"参考行驶故障"退出这种不良状态，作动器不再被促动。它慢慢静止。删除故障存储器条目并切换端子状态之后，系统重新完全恢复正常。

4. 匹配和基本设置。

作动器有一个转子位置传感器，它测量着旋转角度和转速。电子装置根据作动器轴的转动角度计算分离轴承的行程。分配给旋转角度和行程的耗电量在此时表示分离轴承上的作用力，电子装置由此获知作用力 - 行程特性曲线和离合器压力点。为了能够补偿因离合器摩擦片磨损引起的离合器压力点偏移，离合器控制软件在端子状态切换（端子 15 关闭）后对作用力 - 行程特性曲线进行调整。但是，它的周期随着运行寿命不断变长。当发动机控制单元软件被更新，或者发动机控制单元、混合动力模块或分离离合器作动器V606被更换，则必须用车辆诊断仪通过引导功能"基本设置"重新学习作用力-行程特性曲线。

5. 故障诊断。

分离离合器作动器V606的电子装置通过转子位置传感器识别到转速，并测量作动器的耗电量。这样可以通过过高的耗电量识别到作动器的过载，同样也可以识别断路、对正极短路或对地短路等常见故障。异常情况被保存在发动机控制单元的故障存储器内。

6. 测量值。

分离轴承行程测量值仅仅是一个利用作动器转速和变速比计算而得的数值，可以通过车辆诊断仪读取，该测量值给出了"不可靠的关于分离轴承的实际行程的信息"。

7. 软件更新。

必要时可以利用SVM代码通过发动机控制单元J623进行分离离合器作动器V606的软件升级。

（四）行驶电动机转子位置传感器1 G713

行驶电动机转子位置传感器1 G713在混合动力模块的外壳内，无接触式工作，如图6-37所示。当汽车车门打开（唤醒）时，电驱动的功率和控制电子装置JX1根据G713的信号计算出转子的确切位置。电驱动的功率和控制电子装置JX1在静止状态下就必须准确知道转子的永磁铁相对于定子线圈处于什么位置。只有利用该信息，功率和控制电子装置JX1才能正确控制三相交流电，使转子在最小电流消耗的情况下以最大扭矩沿所需方向启动。除了确切的转子位置外，电驱动的功率和控制电子装置JX1根据G713的信号计算出转子的旋转方向和转速。

1. 功能。

该传感器基于感应原理。它有2个信号输出端和2根供电导线（正极和接地）。由电驱动的功率和控制电子装置JX1施加5V直流电压，并由传感器电子装置转换为高频交流电压。利用该高频交流电压给4个集成在传感器内的线圈供电，如图6-38所示。

当转子转动时，每个线圈上的电感强度随铜磁道的宽度变化而变化（参照传感器）。线圈下方的磁道越宽，信号可用的电压就越大。传感器电子装置将这个电压参照于转子的旋转角度记录，就形成一个正弦曲线，如图6-39所示。所有4个线圈的功能原理是相同的。传感器的线圈布置在铜磁道的上方，使传感器电子装置4可以识别到相互相位偏

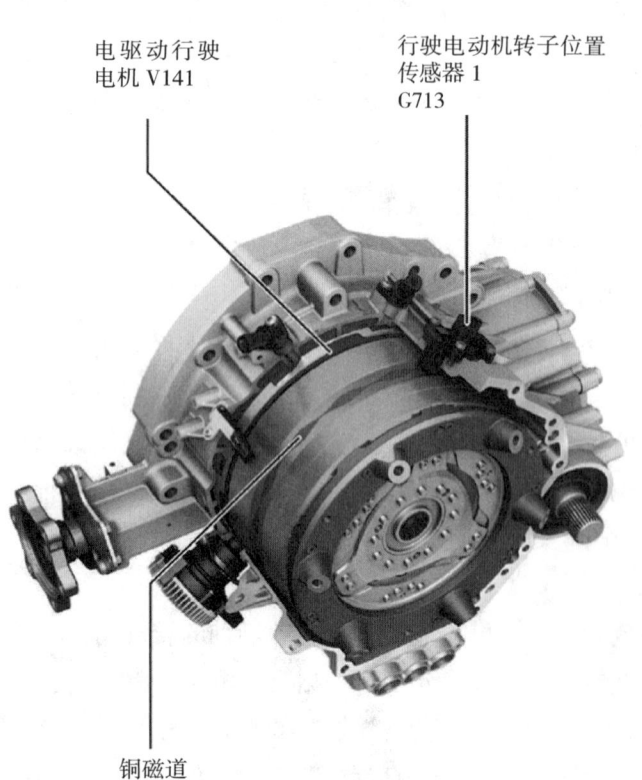

图 6-37

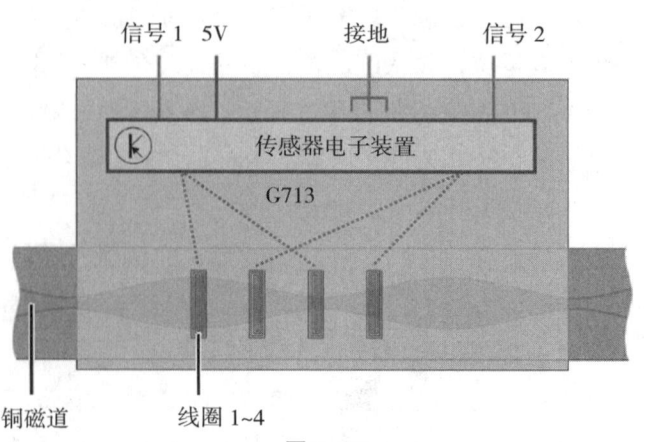

图 6-38

差达 90°的正弦信号。传感器电子装置使用这些信号中的两个信号，来补偿传感器相较于转子的距离和温度的波动。两个相位偏差达 90°的正弦信号被发送到电驱动的功率和控制电子装置 JX1 上。

电驱动的功率和控制电子装置 JX1 可以根据两个信号的电压差，在静止状态就识别到转子相对于定子线圈的准确位置。

2. 传感器失灵时的后果。

在传感器失灵时，组合仪表中出现混合动力系统指示灯。汽车可以通过发动机行驶，直至发动机关闭。无法重新启动，因为电动机此时只能在发电机模式下工作。

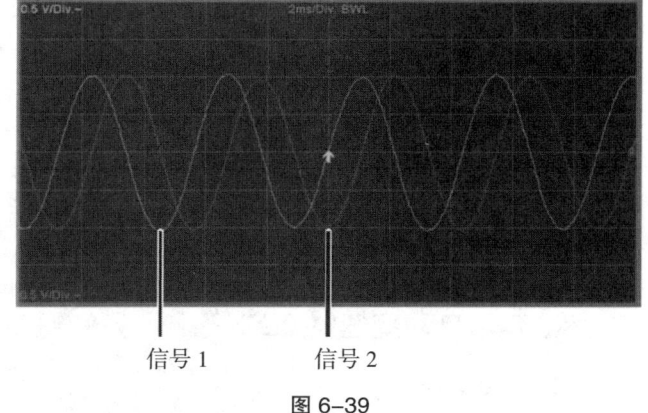

信号1　　信号2

图 6-39

（五）行驶电动机温度传感器 G712

行驶电动机温度传感器 G712 位于两个电磁线圈之间，以更好地探测信号，如图 6-40 所示。它是一个 NTC 传感器，可以将温度报告给电驱动的功率和控制电子装置 JX1。该信号用于防止电动机过热。测得的数值可以用车辆诊断仪读取作为测量值。如果定子的冷却不够，则电动机在某个测得的温度起（约185℃）被功率电子装置节流控制，从约 215℃起无负荷通电。

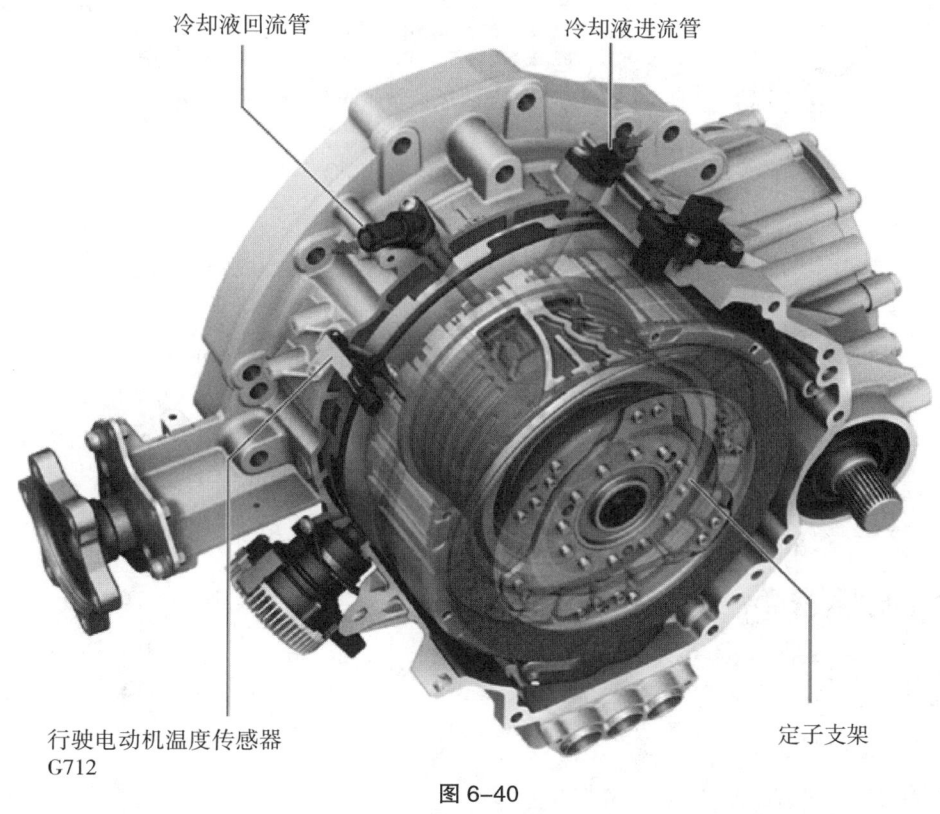

冷却液回流管　　冷却液进流管

行驶电动机温度传感器 G712　　定子支架

图 6-40

之后，电动机既不用作发动机，也不用作发电机。在电驱动的功率和控制电子装置 JX1 的故障存储器内记录下一个条目。为了避免因电压感应使定子线圈加热超过 215℃，电驱动的功率和控制电子装置 JX1 向定子线圈输送不会在转子上形成扭矩的三相电流。这样，旋转的转子的磁场不会在定子线圈中感应出电压。一旦测得的温度低于约 210℃或者进行了端子状态切换，则重新恢复电动机模式或发电机模式。

1. 定子的冷却。

定子是通过铸铝制成的定子支架冷却的。定子支架内加工有冷却道。冷却道内有冷却液流动，形成冷却夹套。除了极高的导热性能外，铸铝的另外一个优点是重量小。出色的散热连接允许实现最高达60kW的持续功率和200N·m的持续扭矩。定子的冷却装置接入高压系统的低温回路中。

2. 失灵时的后果。

在传感器失灵时，组合仪表中出现混合动力系统指示灯。汽车仍然处于行驶准备就绪状态，但混合动力驱动极度受限。

六、8挡自动变速器0D7

（一）技术数据

技术参数如表6-4所示。

表6-4

开发商/制造商	ZF Friedrichshafen AG
在维修服务中的名称	0D7
奥迪内部名称	AL552E-BQ
制造商名称	8HP65APH
变速器类型	用于全轮驱动的电动液压控制式8挡行星齿轮箱，壳变矩器和电动机。它也用作发电机。在电动机模式下，它输出94kW的最大功率。作为发电机，它以最高80kW的功率给混合动力蓄电池充电，用于耦合发动机的分离离合器K0以电控机械方式通过伺服电机促动分离离合器作动器V606，所以独立于变速器的液压系统
控制	在机械电子单元中，液压控制器和电子控制系统已整合成一个单元，选挡杆位置为电动传递（线控换挡）。驻车锁以电动液压方式工作。此机械电子单元在制造商ZF内部的名称是"E26/29" 动态换挡程序与单独的运动程序"S"和用于手动换挡的"tiptronic"换挡程序
结构	用于纵置发动机配置的全轮驱动汽车的变速器 前轴主减速器位于电动机之前 部件顺序：扭转减震器、电动机、变矩器、齿轮组 两个独立的机油供应系统：一个ATF机油供应系统，一个变速器油供应系统，用于分动箱和前轴主减速器
前轴/后轴动力分配	自锁式中间差速器采用40:60的不对称动态力矩分配
包括机油和三相同步电机在内的重量（kg）	210
传动比	1挡：4.714；2挡：3.143；3挡：2.106；4挡：1.667；5挡：1.285；6挡：1.000；7挡：0.839；8挡：0.667；倒车挡：-3.317
主销内倾	7.07
最大扭矩（N·m）	700

（二）8挡自动变速器0D7

8挡自动变速器0D7结构如图6-41和图6-42所示。

（三）剖面图

剖面图如图6-43和图6-44所示。

（四）ATF和MTF油供应、润滑、密封

1. 两路相互独立的供应。

奥迪Q7 e-tron quattro的0D7变速器有两个相互独立的供应系统，如图6-45所示。一个用于Automatic Transmission Fluid（自动变速器油），简称ATF；一个用于Mechanic Transmission Fluid（手动变速器油），简称MTF，用于分动箱和前轴主减速器。MTF的供应系统和ATF的供应系统是通过一个双轴密封环和一个密封垫圈相互分开的。轴密封环的漏油孔在左侧变速器侧，位于轴密封环的高度。

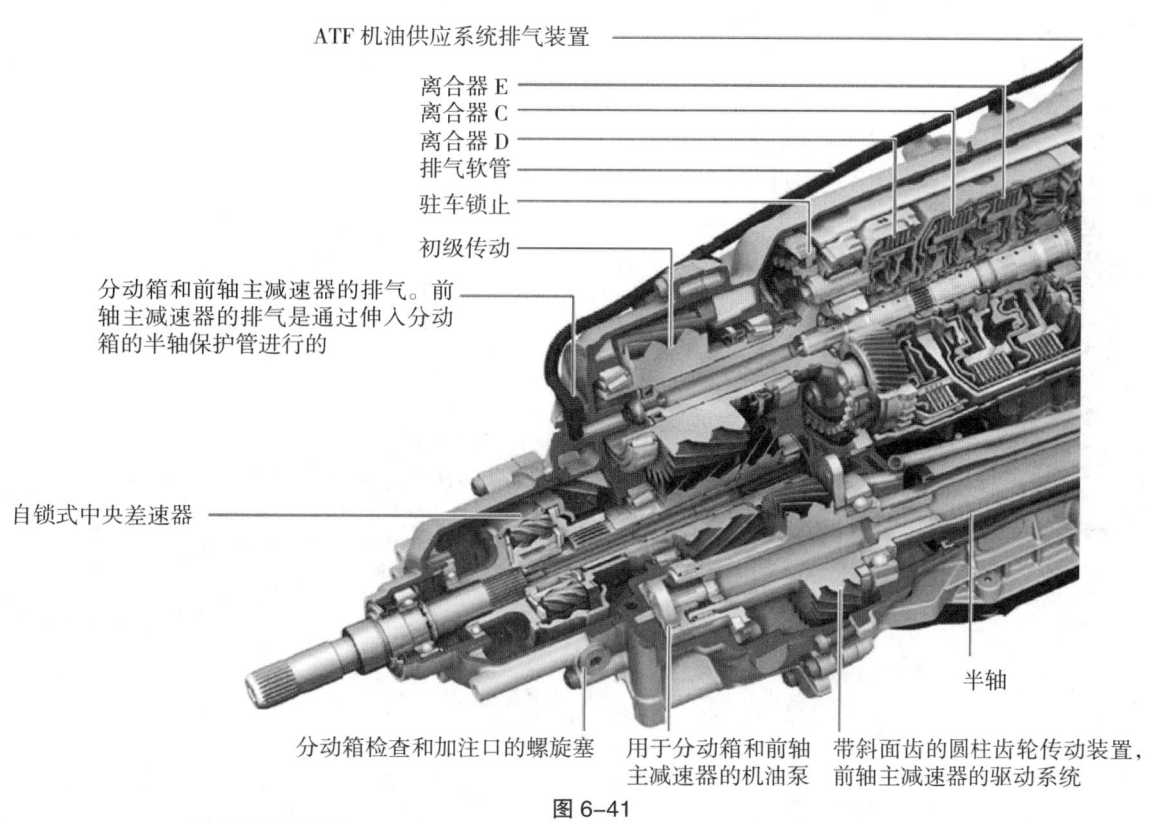

图 6-41

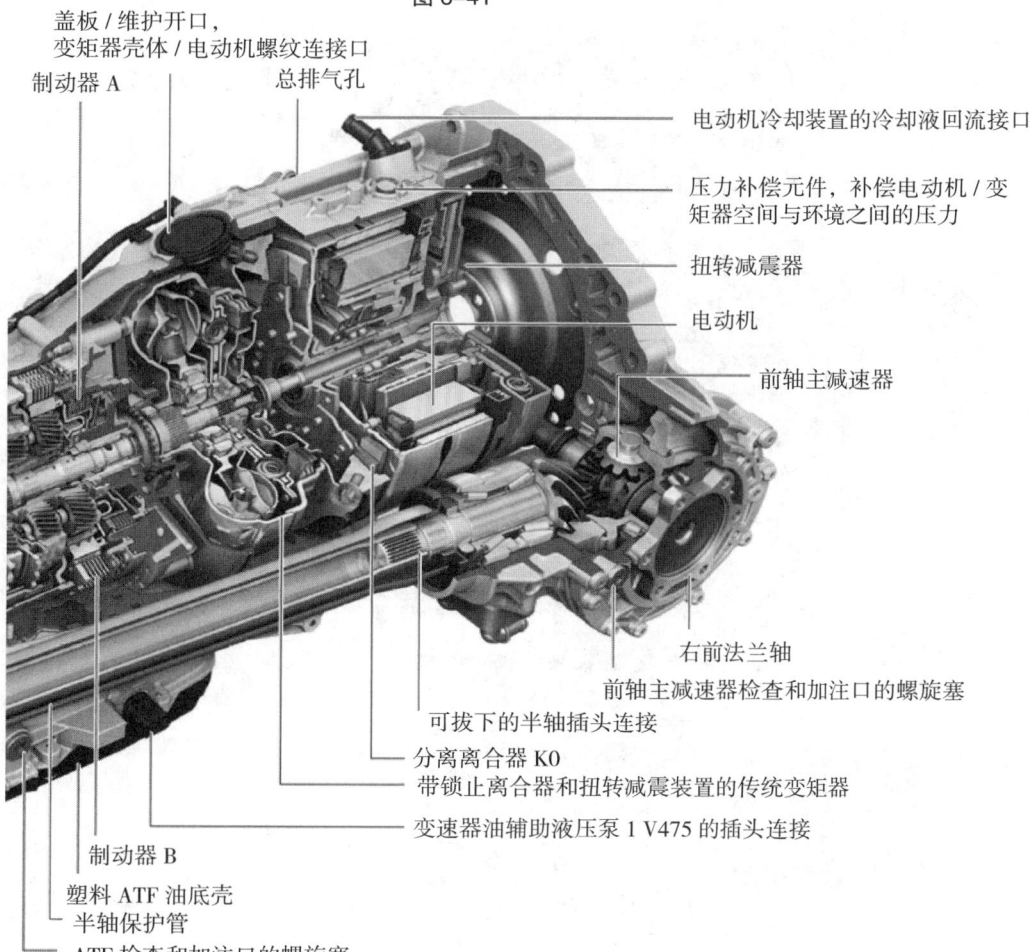

图 6-42

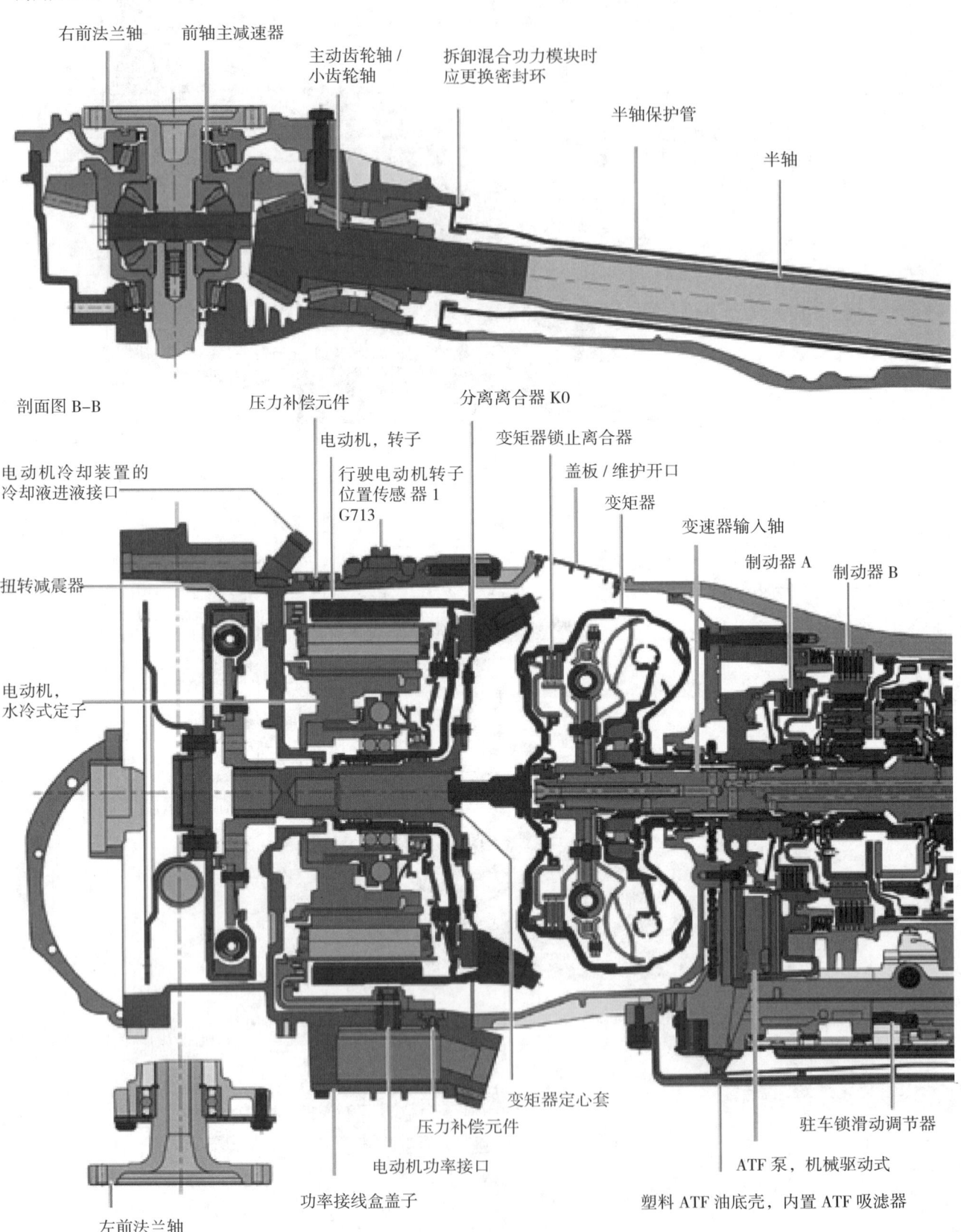

图 6-43

剖面图 C–C
B
A
A
B
拆卸混合动力模块时应更换密封环
带斜面齿的圆柱齿轮传动机构，前轴主减速器的驱动系统
用于分动箱和前轴主减速器的机油泵
离合器 E
离合器 C
离合器 D
驻车锁齿轮
初级传动
C
分动箱和前轴主减速器的排气。前轴主减速器的排气是通过伸入分动箱的半轴保护管进行的
带插接花键的变速器输出轴
C
自锁式中央差速器
机械电子单元 E26/29
变速器油辅助液压泵 1V475
带卡口的 ATF 排放螺塞，不可重复使用

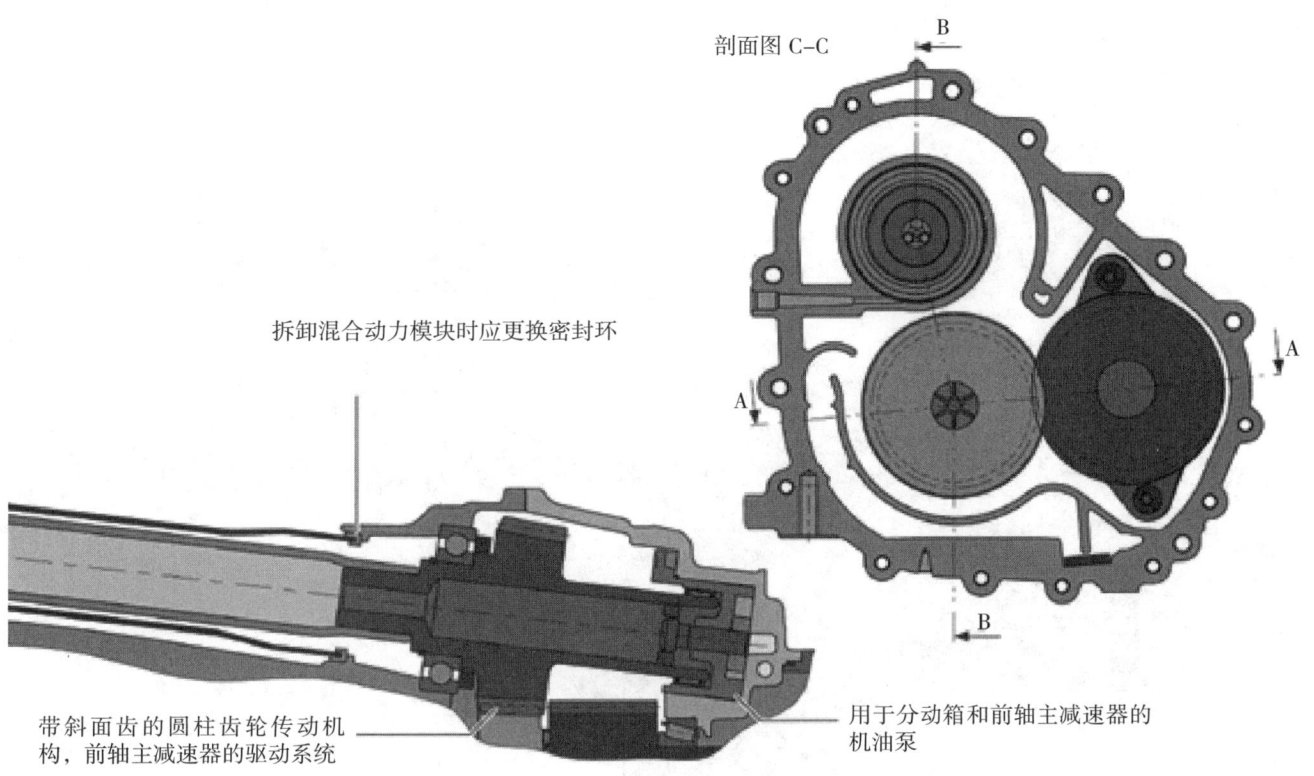

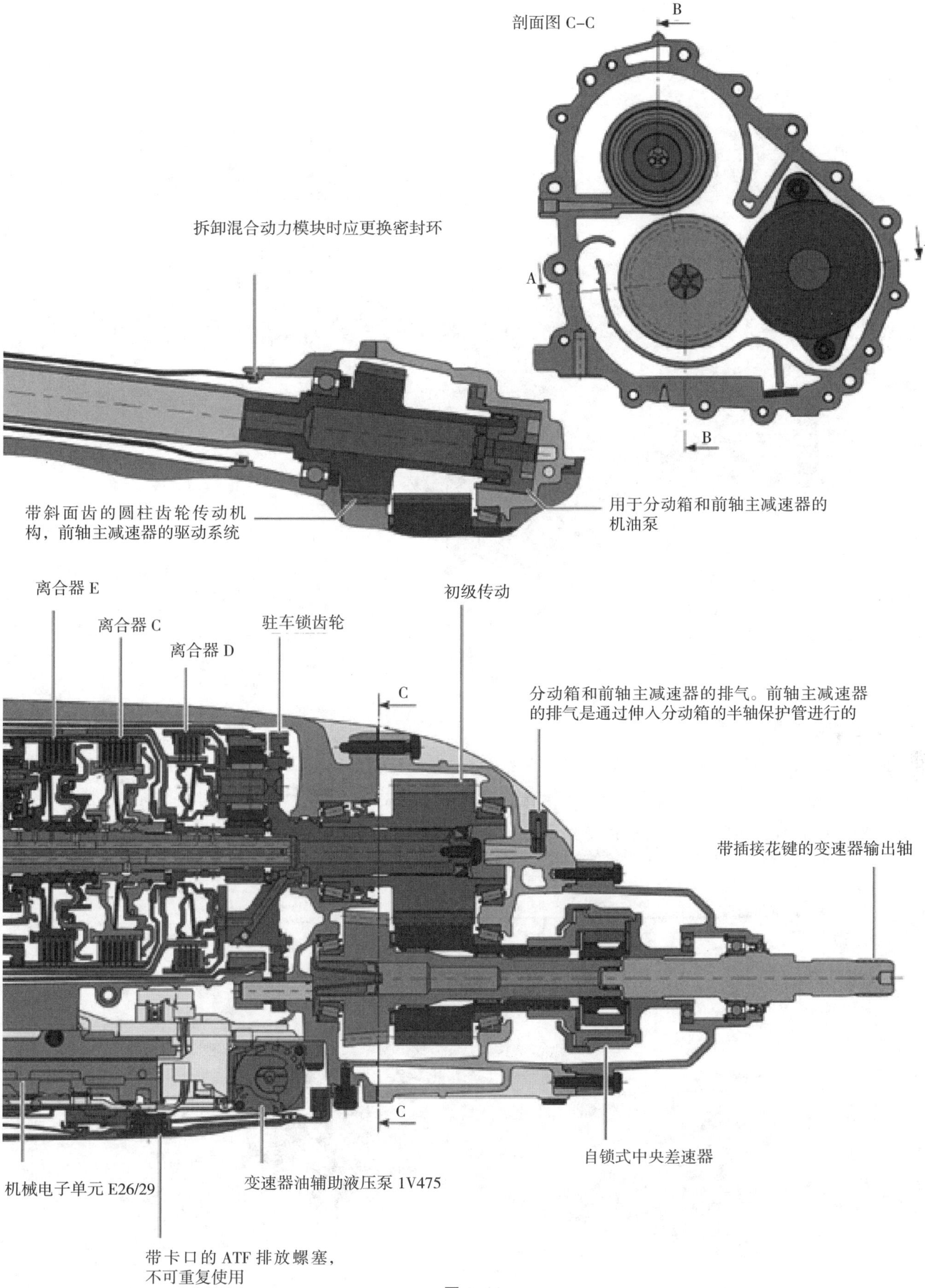

图 6–44

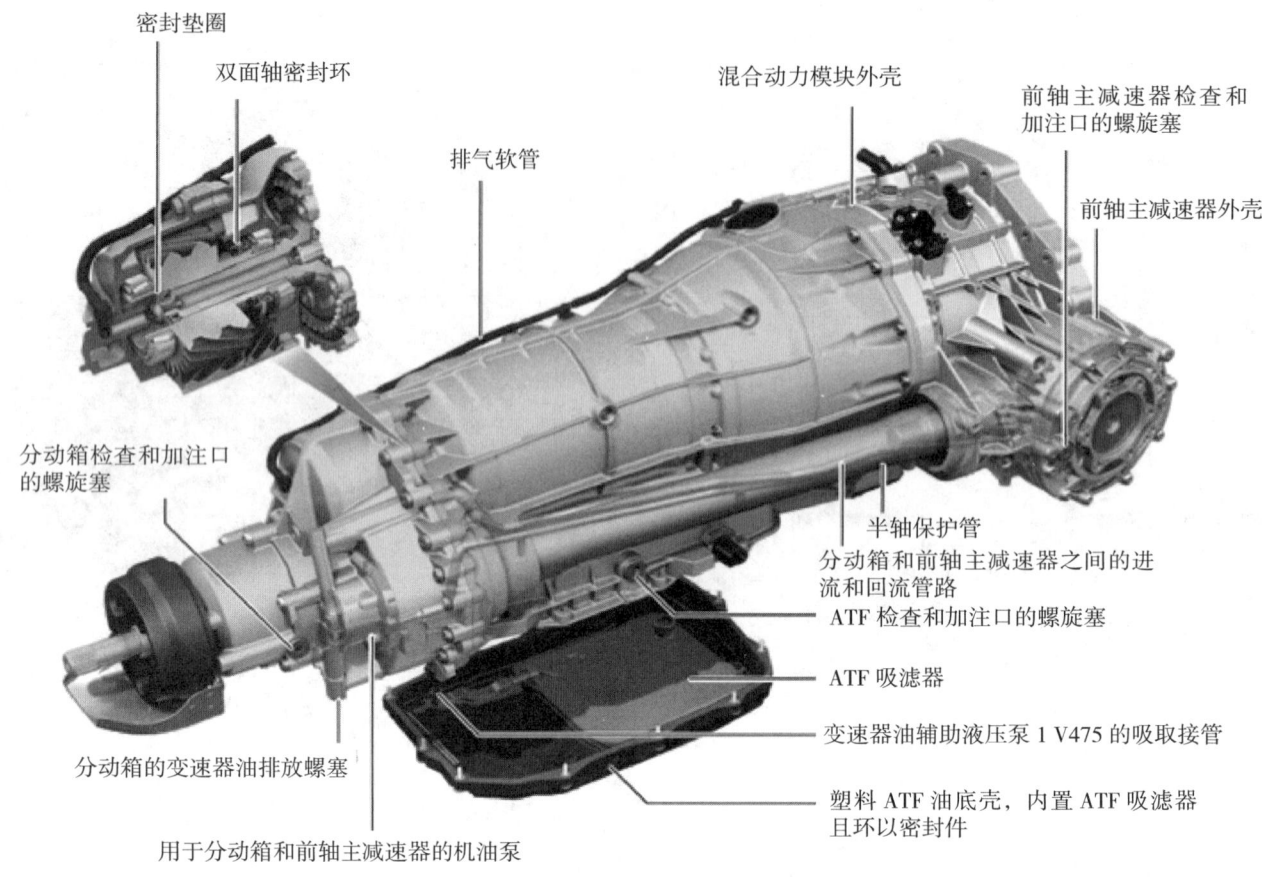

图 6-45

2. 混合动力模块的拆卸。

拆卸混合动力模块时，前轴主减速器的主动齿轮轴保留在差速器外壳内。半轴和主动齿轮轴之间的分离是在细牙花键处进行的。半轴保护管从两侧被密封环固定住。拔下混合动力模块时，它从密封座上滑出，然后只松松地悬挂在半轴上，如图 6-46 所示。

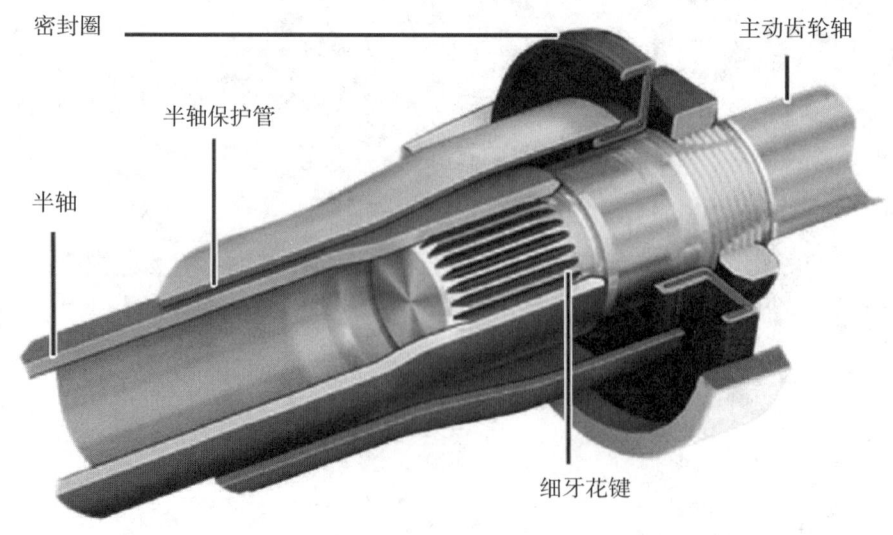

图 6-46

3. 变速器集中通风。

当变速器加热或冷却时，会通过变速器通风装置进行压力补偿，如图6-47所示。

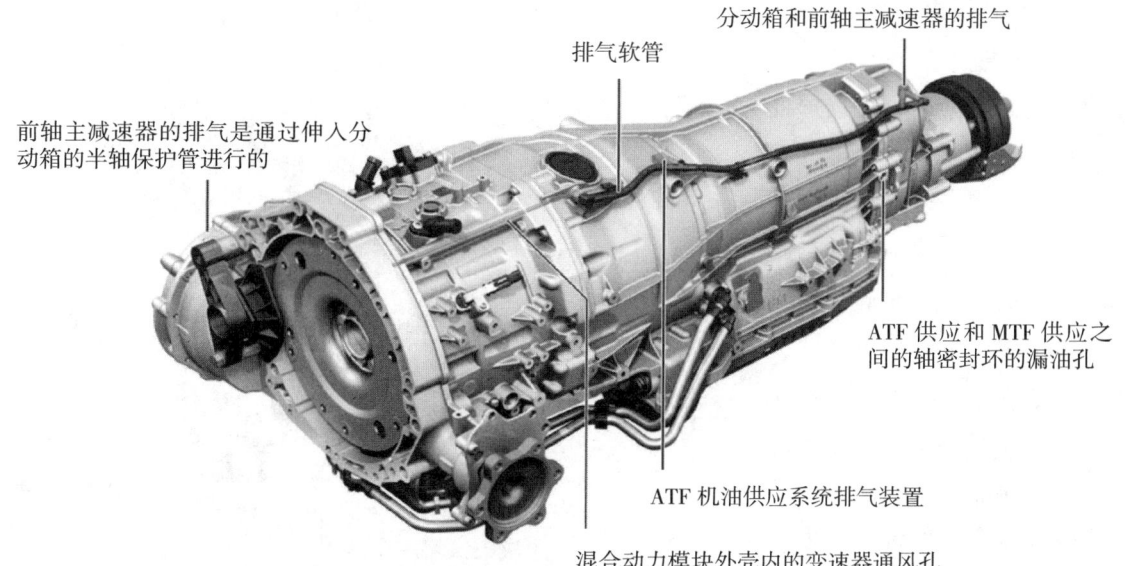

图 6-47

4. ATF油底壳。

塑料ATF油底壳减轻了重量，它与ATF吸滤器组成一个部件，不得将变速器以ATF油底壳为着力面放置。在放置时，变速器压在电动机的功率接口上和ATF油底壳的两个点上。ATF油底壳无法承受这个重量负荷。ATF排放螺塞用卡口取代普通的螺纹。它不能重复使用，在检查机油液位后必须更换。

5. 用于分动箱和前轴主减速器的机油泵。

用于分动箱和前轴主减速器的机油泵的设计已首次在09E变速器中采用。09E变速器机油泵与0D7变速器中的机油泵只存在微小区别。机油泵由半轴驱动，保证目标明确和可靠地润滑分动箱和前轴主减速器中的全部轴承和齿轮。前轴主减速器的MTF和分动箱的MTF之间是通过两根铸入变速器壳体的管道进行交换的。该设计在最小机油油位时也能保证高效润滑，因此可显著降低飞溅损失并使机油起泡最小化。

（五）ATF供应

ATF供应在8挡自动变速器0D7上通过两个泵来保证，一个机械驱动式ATF泵和变速器油电动辅助液压泵1 V475。这两个泵经过ATF吸滤器抽吸ATF。辅助液压泵1 V475位于机械电子单元的后方，它在汽车调试时补充机械驱动式ATF泵的输送功率，直到变速器输入转速达到约500r/min。在行驶过程中，机械驱动式ATF泵保证ATF供应，机械驱动式ATF泵在变矩器外壳上方由电动机和/或发动机驱动。为了通过发动机驱动，分离离合器K0必须处于接合状态。当ATF泵具有必要的转速时，它无须辅助液压泵就能够提供系统压力。系统压力和对应的体积流量产生液压能。液压能是变速器工作的前提条件，能够对变速器的执行器（制动器和离合器）进行控制、操纵、润滑和冷却，从而驾驶汽车。

（六）机械驱动式ATF泵

这种ATF泵相当于0BK变速器使用的双冲程叶片泵，如图6-48所示。机械驱动式ATF泵通过一个链条传动机构与泵驱动毂连接。驱动毂的细牙花键以形状配合方式与变矩器外壳的细牙花键咬合。

（七）变速器油辅助液压泵1 V475（如图6-49和图6-50所示）

辅助液压泵能够在0~125℃的ATF温度范围内以3个功率级输送ATF。该泵通过一根LIN总线导线与自动变速器控制单元 J217 通信。按压按钮"START ENGINE STOP"（停止启动发动机）后，点火开关被打开，变速器控制单元通过 LIN 总线指示泵以最低的功率级输送机油。当选挡杆挂入 D 或 R 时，液压泵收到以最大功率级输送机油的指令，辅助液压泵于是保证迅速准备好 ATF 供应。它帮助驻车锁脱离，并负责无延时起步。当机械驱动式 ATF 泵达到需要的转速，能够单独提供系统压力时，辅助液压泵通过 LIN 总线收到调节 ATF 输送量的指令。泵与变速器控制单元的通信经由 LIN 总线导线得到保证。辅助液压泵 1 V475 的泵电子装置将泵的状态报告给变速器控制单元。不存在压力传感器。此外，泵电子装置可诊断电气故障，周期性通过 LIN 总线向变速器控制单元确认通过端子 30 供电。如果出现异常，则向变速器控制单元汇报。根据异常的类型，在那里将条目记录到故障存储器中。可以通过汽车诊断仪进行作动器诊断，原则上可以进行泵软件的升级。但截至上市之时，该功能尚不可用。在温度限制范围外或当辅助液压泵 1 V475 失灵时，ATF 供应只由机械驱动式 ATF 泵提供。为此，由电动机驱动 ATF 泵。

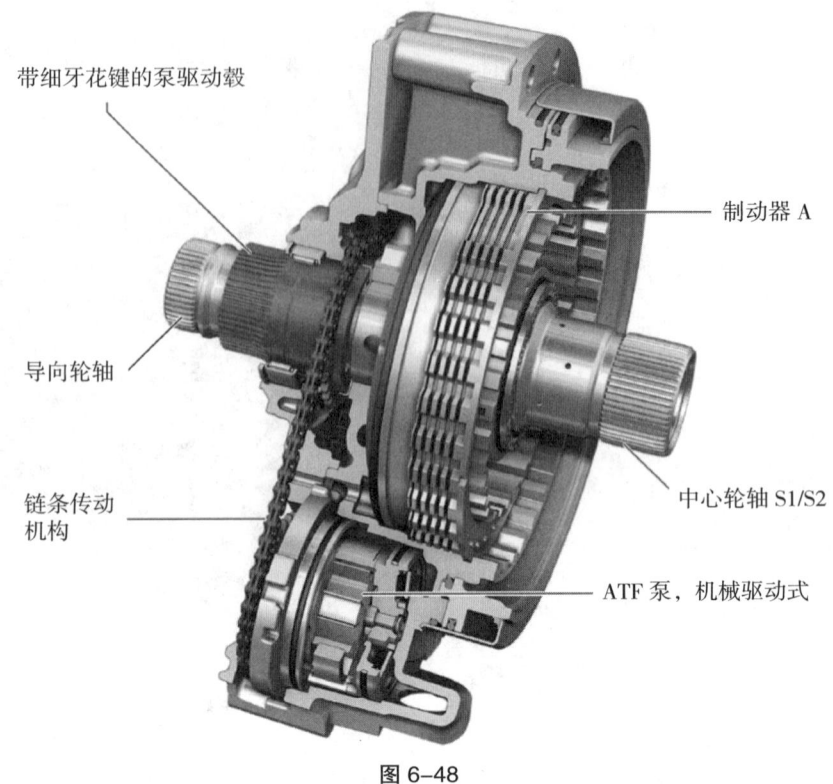

图 6-48

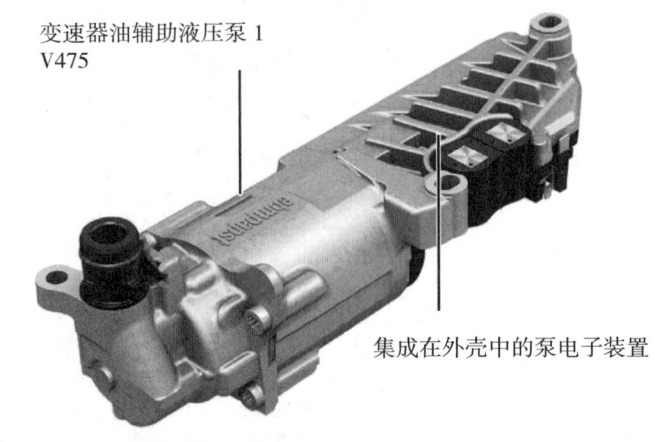

图 6-49

七、变速器示意图、齿轮组、换挡元件

变速器结构图如图 6-51 和图 6-52 所示，变速器示意图如图 6-53 所示。

（一）起步

和传统自动变速器一样，起步也是通过变矩器实现的。电动机或发动机输出到变矩器外壳上的扭矩被变矩器传递到变速器输入轴上。通过变矩器进行的起步过程保护换挡元件和 ATF，从而使其在变速器的整个生命周期内免维护。无须更换 ATF。此外，通过变矩器还可以阻断发动机的扭转震动传递，使之不被传递到变速器上。

（二）齿轮组

此齿轮组与 0BK 变速器的齿轮组相同。8 个前进挡和倒挡通过 4 个简单行星齿轮组的相应关联产生。

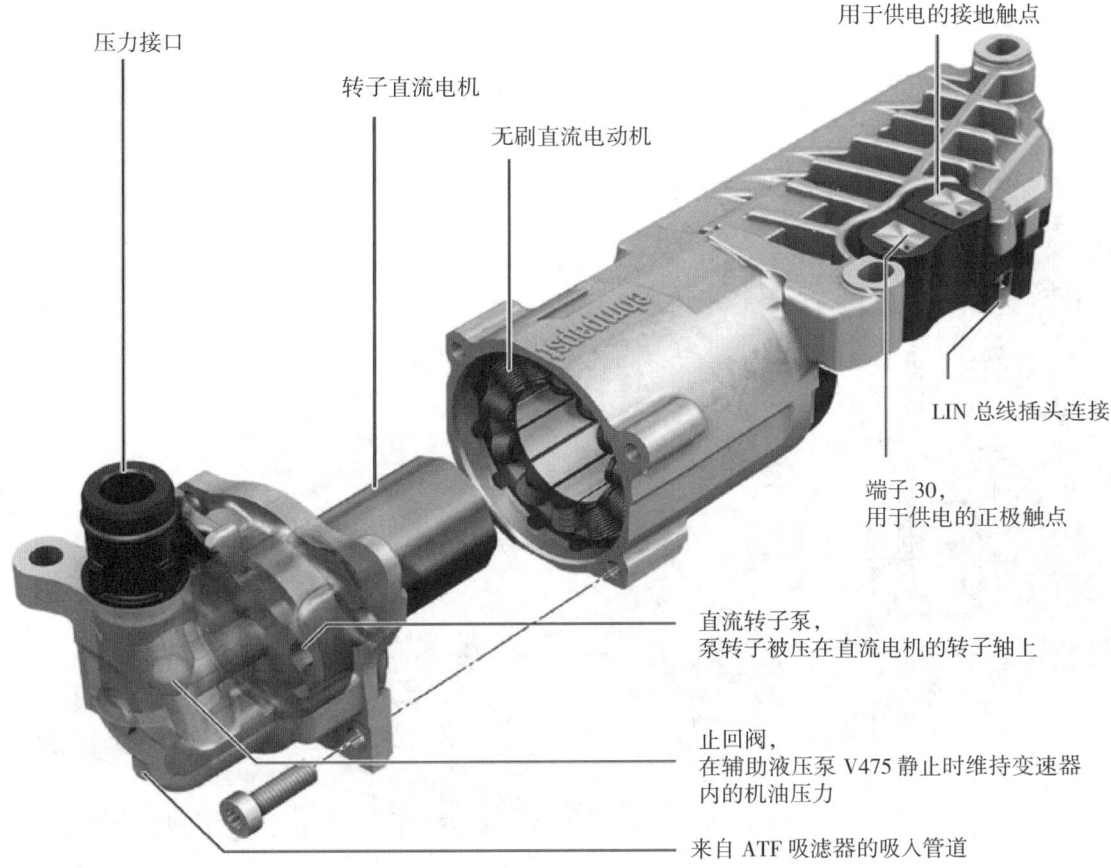

图 6-50

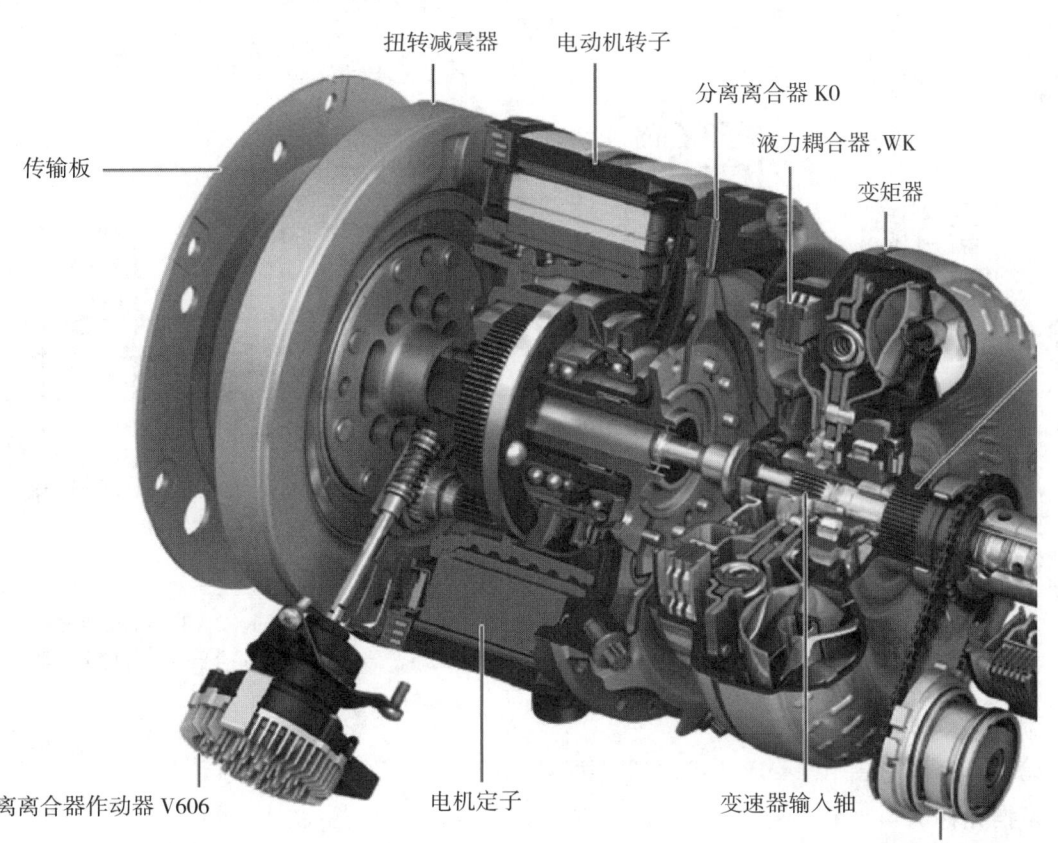

图 6-51

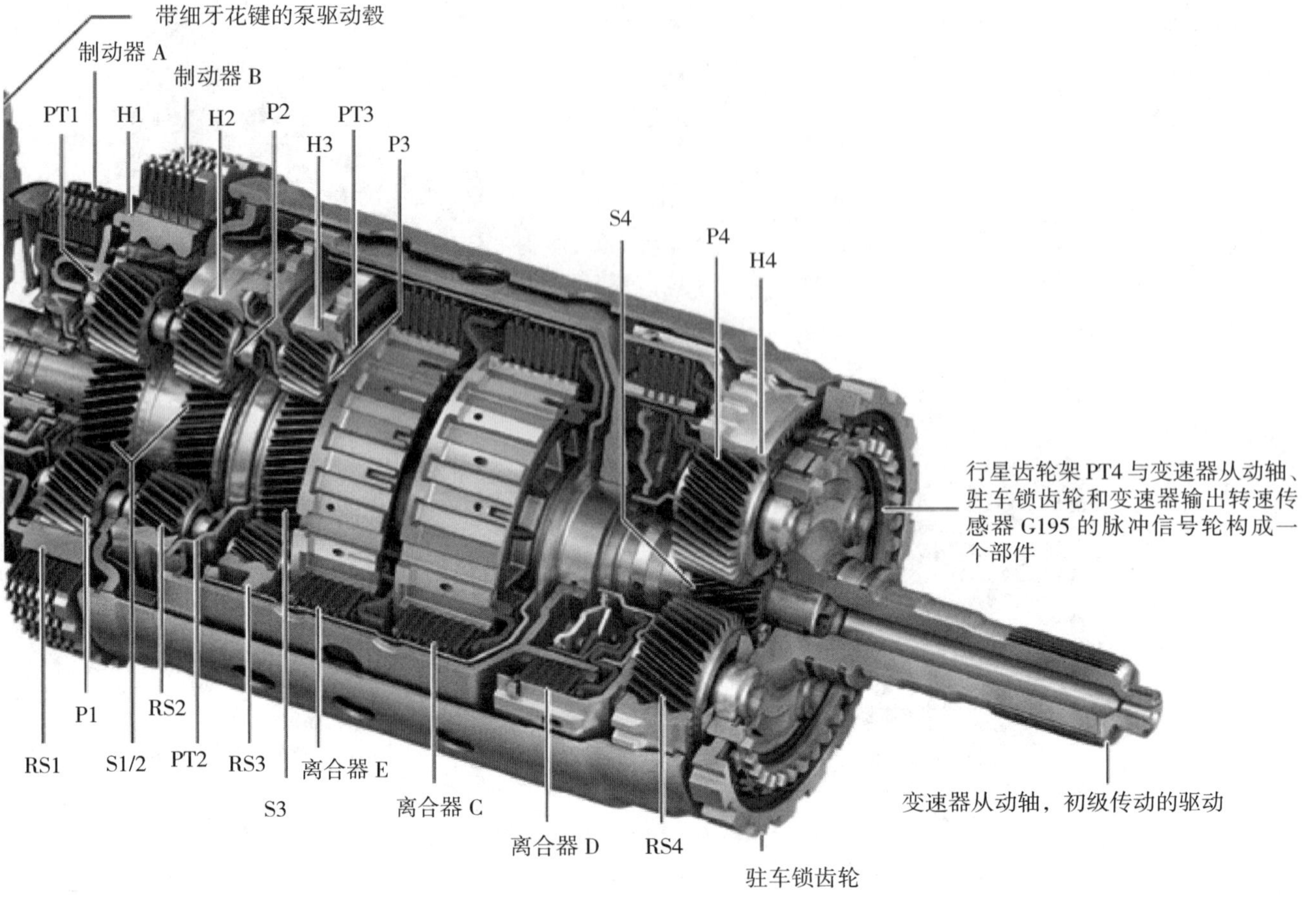

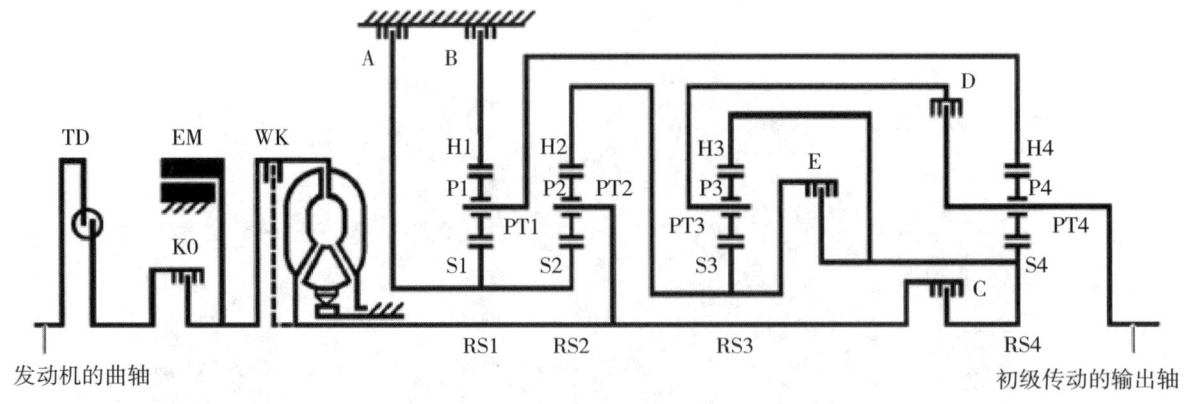

图 6-52

图 6-53

RS1（2、3、4）.行星齿轮组 1（2、3、4） PT1（2、3、4）.行星齿轮架 1（2、3、4） S1（2、3、4）.行星齿轮组 1（2、3、4）的中心轮 P1（2、3、4）.行星齿轮组 1（2、3、4）的行星齿轮 H1（2、3、4）.行星齿轮组 1（2、3、4）的空心轮 TD.扭转减震器 EM.电动机（电驱动行驶电机V141） A、B.多盘制动器 C、D、E.膜片式离合器 WK.液力耦合器 K0.分离离合器

两个前部齿轮组具有一个共用中心轮。输出通过第 4 个齿轮组的行星齿轮架进行。

（三）换挡元件

5 个换挡元件切换 8 个挡位。分离离合器 K0 连接发动机和电动机。液力耦合器可以防止滑差，提高自动变速器的效率。

（1）2个多片式制动器（A、B）。

（2）3个多片式离合器（C、D、E）。

（3）1个液力耦合器。

（4）1个分离离合器K0，干式离合器。

换挡元件A、B、C、D、E和液力耦合器由机械电子单元促动并以液压方式接合。换挡元件和液力耦合器的工作方式（如回位和动态压力补偿），与0BK或0BL变速器相同。各个挡位始终通过A、B、C、D和E的3个接合的换挡元件实现。这些运行模式（例如利用电动机行驶或利用发动机行驶）通过分离离合器K0控制。分离离合器K0是一种干式离合器，在静止状态下为动力接合。它与手动变速器的起步离合器功能相同。分离离合器与发动机相连的部件与电动机相连的部件耦合。分离离合器K0通过分离离合器作动器V606操纵，离合器K0的切换状态也显示在换挡矩阵图中。

八、换挡矩阵图、运行模式、机械电子单元

通过机械电子单元的作动器、压力调节阀和电磁阀N88控制换挡元件（制动器、离合器）。驻车锁磁铁N486用作电动液压驻车锁的功能。分离离合器K0是一种干式离合器，在静止状态下为动力接合。它不是由机械电子单元促动的，而是利用分离离合器作动器V606操纵。所以分离离合器的操纵与ATF供电的系统压力无关。当处于行驶挡N或P时可以通过接合分离离合器K0启动发动机，并以发电机模式驱动电动机。如果在发动机运转且分离离合器K0接合时从牵引模式切换到减速滑行模式，则混合动力管理系统会根据情况判断分离离合器K0是否保持在接合状态。在这种情况下，可以在分离离合器K0接合的同时进行能量回收。

（一）换挡矩阵图

换挡矩阵图显示执行器和换挡元件在各个运行状态和挡位中的相互作用，如图6-54所示。

1.压力调节阀N215、N216、N217、N218、N233、N371、N433。

压力调节阀也称作EDS（电动调压阀），将控制电流转换成液压控制压力。它们由变速器控制器促动，并控制属于换挡元件（制动器和离合器）的液压阀门（滑动调节器）。存在2种类型的压力调节阀：

· 具有上升特性线的压力调节阀

· 具有下降特性线的压力调节阀

（1）具有上升特性线的压力调节阀。

自动变速器压力调节阀1 N215制动器A、自动变速器压力调节阀2 N216制动器B、自动变速器压力调节阀4 N218离合器D、自动变速器压力调节阀5 N233离合器E和自动变速器压力调节阀6 N371液力耦合器都具有上升特性线的压力调节阀，特性曲线如图6-55所示。

如果给具有上升特性线的阀门通电，则控制压力随着控制电流的增大而升高。受促动的换挡元件（制动器、离合器）接合。在不通电状态下，换挡元件的阀门打开，即换挡元件没有动力接合。

（2）具有下降特性线的压力调节阀。

自动变速器压力调节阀3 N217离合器C和自动变速器压力调节阀7 N443系统压力为下降特性线的压力调节阀，特性曲线如图6-56所示。

如果给具有下降特性线的阀门通电，则控制压力随着控制电流的减小而下降。受促动的离合器C打开，系统压力下降。在阀门不通电状态下，离合器C接合并且系统压力最大。

		换挡元件 / 磁铁 / 电磁阀 / 压力调节阀								
		N486	MV-Pos N88	EDS-Sys N443	K0	EDS-F N371	A EDS-A N215	B EDS-B N216	C EDS-C N217	
驻车锁功能	驻车锁挂入	0	0	X	0~1	0	1	1	1	
	驻车锁松开	1	1	X	0~1	0	1	1	1	
	驻车锁保持松开	1	0	X	0~1	0	1	1	1	
运行模式	变速器处于行驶挡 N 和 P	0	0	X	0~1	0	1	1	1	
	变速器处于 P 或 N；发动机利用电机启动	0	0	X	1	0	1	1	1	
	变速器处于 P 或 N；发动机驱动电机作为发电机	0	0	X	1	0	1	1	1	
	汽车行驶：发动机利用电机启动	0	0	X	0~1	1	1	1	0	1挡
	汽车行驶：发动机利用启动机发电机启动	0	0	X	0	0~1	1	1	0	1挡
	电动行驶	0	0	X	0	0~1	1	1	0	1挡
	利用发动机行驶	0	0	X	1	0~1	1	1	0	1挡
	利用发动机行驶，发动机驱动电机作为发电机	0	0	X	1	0~1	1	1	0	1挡
	使用两个驱动系统行驶，超加速功能	0	0	X	1	0~1	1	1	0	1挡
	滑行和制动能量回收	0	0	X	0~1	1	1	1	0	1挡
	自由滑行模式	0	0	X	0	1	1	1	0	1挡

图示说明：
■ 离合器接合
◩ 根据运行状态 离合器打开/接合
■ 制动器接合
■ 制动器在离合器咬合点（Kisspoint）上具有最小扭矩

	D EDS-D N218	E EDS-E N233
2挡	1	1	1	0	1
3挡	0	1	0	0	1
4挡	0	1	1	1	1
5挡	0	1	0	1	0
6挡	0	0	0	1	1
7挡	1	0	0	1	0
8挡	1	0	1	1	0
倒车挡	1	1	1	1	0

1 挡不需要离合器 D 和 E。
如果已选择某个运行状态，则可通过换挡元件 A、B、C、D、E 切换其余挡位。

1.激活（通电） 0.未激活（少量的基本控制电流始终存在） 0~1.根据运行状态激活/未激活 ×.激活控制电流与运行状态有关 EDS.电动调压阀 MV.电磁阀

图 6-54

2. 电磁阀 N88 打开 / 关闭。

电磁阀 N88 控制驻车锁阀门。驻车锁阀门控制着通往驻车锁滑阀的系统压力，如表 6-5 所示。

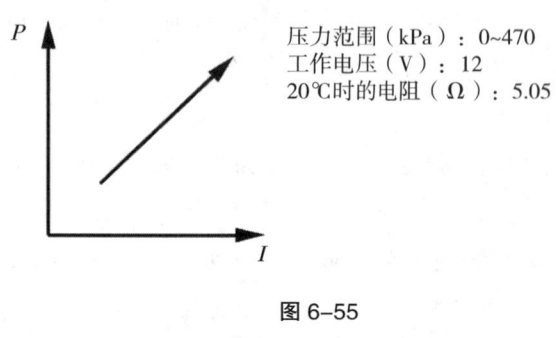

压力范围（kPa）：0~470
工作电压（V）：12
20℃时的电阻（Ω）：5.05

图 6-55

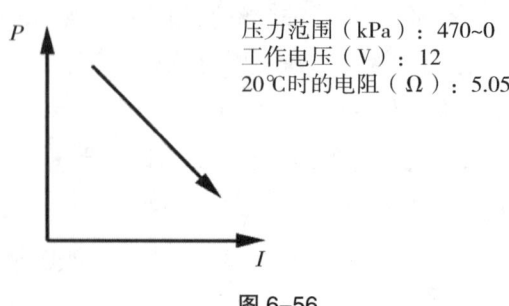

压力范围（kPa）：470~0
工作电压（V）：12
20℃时的电阻（Ω）：5.05

图 6-56

3. 驻车锁电磁铁 N486。

驻车锁电磁铁 N486 用于将驻车锁滑阀固定在"驻车锁已松开"位置上，如表 6-6 所示。

表 6-5

工作电压（V）	16 以下
吸合电压（V）	>6（阀门关闭）
回动电压（V）	<5（阀门打开）
20℃时的电阻（Ω）	9~13

表 6-6

工作电压（V）	16 以下
吸合电压（V）	>8（固定驻车锁滑阀）
20℃时的电阻（Ω）	23~27

（二）运行模式

1. 汽车处于行驶准备就绪状态，行驶挡 P 或 N（如图 6-57 所示）。

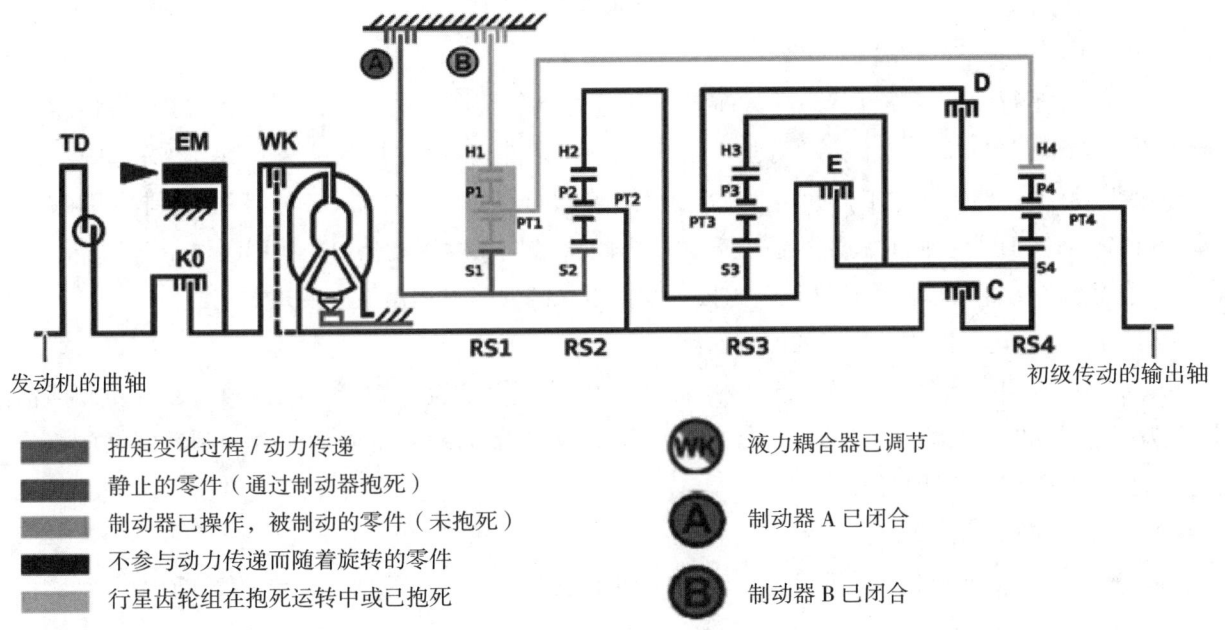

RS1（2、3、4）.行星齿轮组 1（2、3、4） PT1（2、3、4）.行星齿轮架 1（2、3、4） S1（2、3、4）.行星齿轮组 1（2、3、4）的中心轮 P1（2、3、4）.行星齿轮组1（2、3、4）的行星齿轮 H1（2、3、4）.行星齿轮组1（2、3、4）的空心轮 TD.扭转减震器 EM.电动机（电驱动行驶电机 V141） A、B.多片式制动器 C、D、E.多片式离合器 WK.液力耦合器 K0.分离离合器

图 6-57

汽车处于行驶就绪状态下，只要组合仪表中显示"e-tron READY"，就会被驾驶员看到，ATF 压力供应得到保证，已选中行驶挡 P 或 N。

2. 电动行驶（起步，液力耦合器已打开 / 行驶，液力耦合器已调节）。

此变速器示意图（图 6-58）显示电动起步或 1 挡行驶时的动力传递。起步过程通过变矩器实现。液力耦合器在起步时打开，以便利用变矩器的扭矩升高。行驶时液力耦合器受到调节。分离离合器 K0 在电动行驶时打开，发动机已关闭。电动行驶的前提是混合动力蓄电池有足够电量。在电动行驶时，电动机或电驱动行驶电机 V141 提供最高 94kW 的功率。可通过激活换挡元件对其他挡位进行切换。

3. 停车断耦（带和不带停车断耦起步）。

当发动机运转时，可以在车辆静止时通过停车断耦断开发动机和变速器之间的动力接合。由此断开传动系的噪音传递，降低车辆的噪声。此外降低了发动机的扭矩负荷，因为它不必再为抵消变矩器自动变速器上普遍存在的变矩器扭矩而做功。

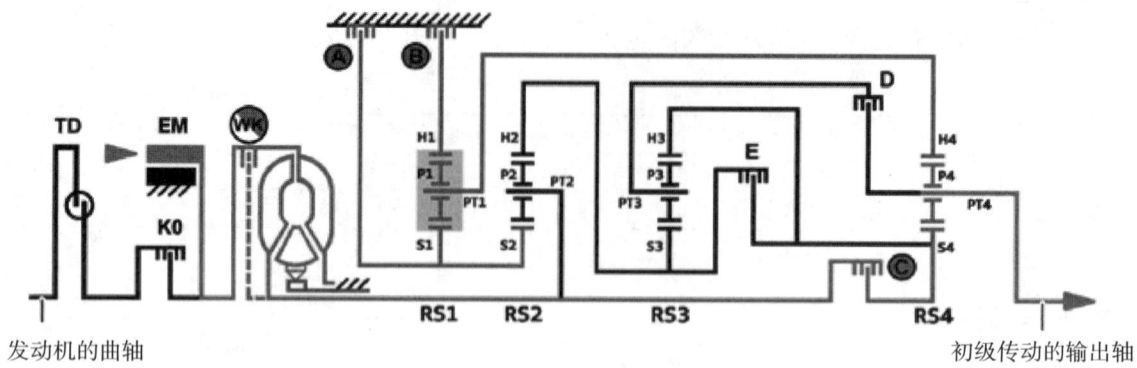

图 6-58

（1）第 1 挡中的停车断耦。

只要汽车处于行驶准备就绪状态且 ATF 压力供应得到保证，就会闭合制动器 A 并操作制动器 B（咬合点）。停车断耦在此时尚未被激活（行驶挡 P 或 N）。当条件满足时，驾驶员踩下制动器并选中行驶挡 D，则停车断耦被激活。如果选中了行驶挡 D，那么先不会接合 1 挡的离合器 C。一旦驾驶员松开制动器，制动器 B 和离合器 C 闭合。同时利用快速上升的压力闭合已挂入的制动器 B，利用缓慢上升的压力接合离合器 C。通过这种方式可以舒适地恢复动力接合。接下来的起步过程由液力变矩器完成。

（2）自动起停运行模式激活时的停车断耦。

如果发动机在自动起停运行模式下被停机，然后要求重新启动，则当挂入行驶挡 D 时重新激活停车断耦。为了加速 ATF 的建压，变速器油辅助液压泵 1 V475 辅助制动器 A 的闭合和制动器 B 的操作。其他过程遵照停车断耦的上述功能。

（3）带停车断耦的停车。

奥迪 Q7 e-tron quattro 上不提供仅靠发动机驱动的奥迪 Q7（4M 车型）那样的停车断耦功能。

（4）允许激活停车断耦的条件。

①发动机运行。

②换挡元件的完全调校（制动器、离合器）。

③ ATF 温度 > 约 20℃。

④坡度 <4%（坡度通过制动电控系统的纵向加速度传感器探测）。

⑤已挂入行驶挡 D。

⑥加速踏板未踩下。

⑦制动踏板已踩下。

（5）切断条件。

①已选中行驶挡 S、R 或 tiptronic 模式。

②制动器已松开（这种情况例如通过电控机械式驻车制动器固定汽车，或起步辅助系统被激活）。

③加速踏板已踩下。

4.换挡矩阵图（如图 6-59 所示）。

换挡矩阵图说明了 1 挡换挡元件的促动。停车断耦可以利用车辆诊断仪通过有针对性的匹配来激活或停用。

5.通过牵引启动、滑行启动或舒适启动并入发动机。

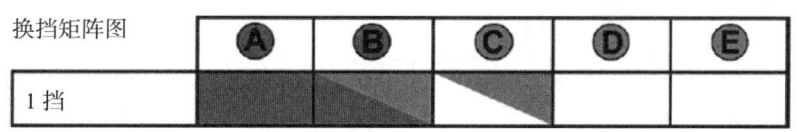

■ 制动器接合
▨ 制动器已挂入（Kisspoint）
▧ 根据运行状态，离合器打开/闭合

图 6-59

发动机根据驾驶员的功率请求，在选择行驶挡S（奥迪驾驶选择模式动态）时启动，或者由混合动力管理系统根据混合动力蓄电池的电量启动。驾驶员的功率请求通过主动式加速踏板告知系统。从电动机的转速0开始，电动机在牵引启动时，在分离离合器K0接合时启动发动机（nMot=0；n电动机=0）。为了在滑行启动时平稳地启动并入发动机，在分离离合器K0接合时将电动机的扭矩提高到启动过程所需的扭矩值。由此将发动机提高到点火所需的转速并使其点火。当发动机和电动机的转速同步时，分离离合器K0被完全接合。在舒适启动时，通过分离离合器K0牵引发动机直至达到电动机的转速，并且在分离离合器K0完全接合后才点火。根本的启动方式选择取决于驾驶员的功率请求和转速条件。汽车静止传动示意图如图6-60所示。

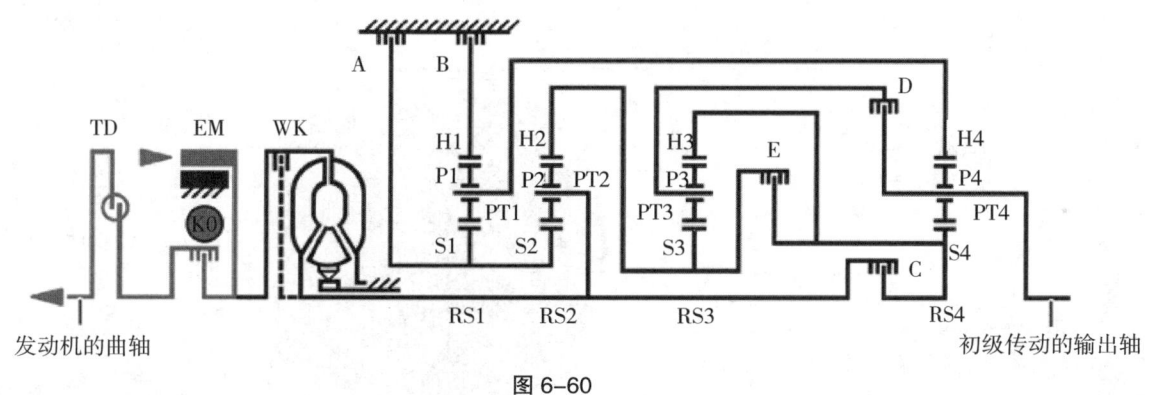

图 6-60

6. 通过启动机发电机C29启动发动机（12V启动）。

装备了3.0L V6 TDI发动机的汽车安装有一台启动机发电机。在规定条件下，发动机通过启动机发电机启动。通过启动机发电机C29启动也被称作12V启动。12V启动时，分离离合器K0分离。

7. 混合动力行驶：使用两个驱动系统行驶，超加速功能。

图6-61所示的是在1挡中使用两个驱动系统行驶时的动力传递。分离离合器K0接合。可通过激活换挡元件对其他挡位进行切换。

8. 使用两个驱动系统行驶。

奥迪Q7 e-tron quattro通常以电动行驶开始。当发动机在特定条件下启动并入时，就可以通过两种驱动系统行驶，这种行驶方式被叫作"混合动力行驶"。

9. 功率表。

功率表显示了不同运行模式的区域，如图6-62所示。发动机根据混合动力管理系统的规定是在启动许可区域内进行启动并入。但最晚当驾驶员的功率请求超过功率表功率数据的50%且达到黄色区域时启

1挡

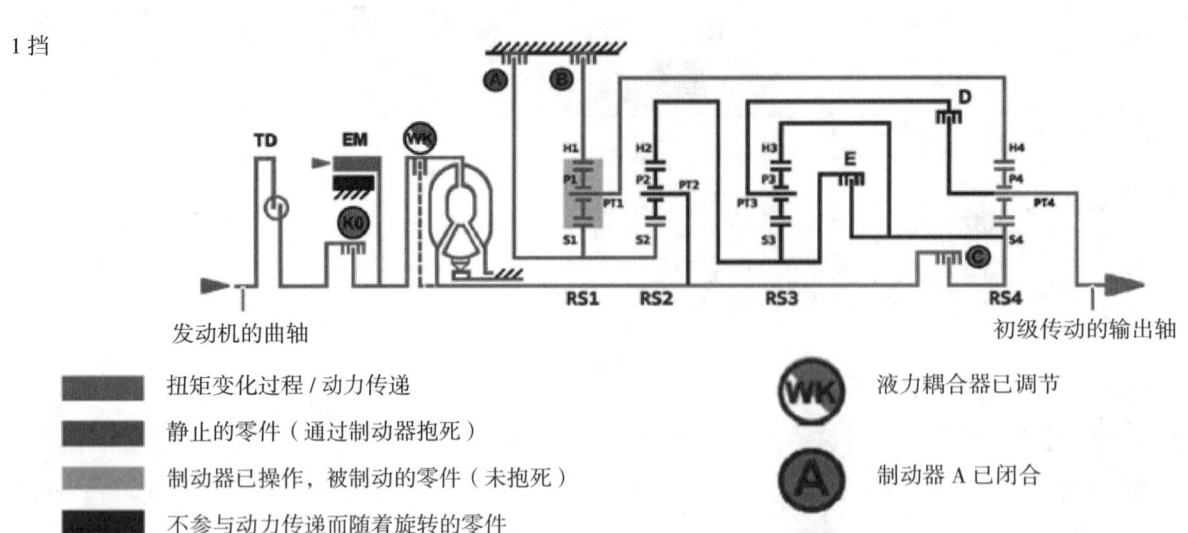

RS1（2、3、4）.行星齿轮组1（2、3、4） PT1（2、3、4）.行星齿轮架1（2、3、4） S1（2、3、4）.行星齿轮组1（2、3、4）的中心轮 P1（2、3、4）.行星齿轮组1（2、3、4）的行星齿轮 H1（2、3、4）.行星齿轮组1（2、3、4）的空心轮 TD.扭转减震器 EM.电动机（电驱动行驶电机V141） A、B.多片式制动器 C、D、E.多片式离合器 WK.液力耦合器 K0.分离离合器

图6-61

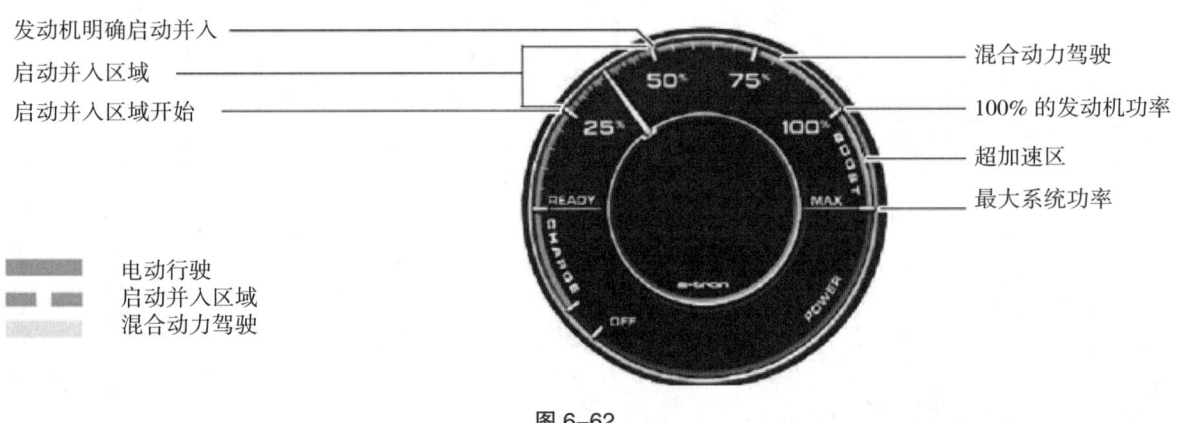

图6-62

动并入。启动并入区域在功率表中用绿色虚线标记。它根据混合动力管理系统的运行策略，在0%和50%之间变化。混合动力管理系统在计算启动并入区域时将混合动力蓄电池电量等参数和e-tron模式都纳入考虑范围。

10. 增压功能。

超加速功能从某个混合动力蓄电池绝对电量（由混合动力管理系统确定）起可用。通过超加速功能可以使用混合动力驱动系统的最大系统功率。当超过主动式加速踏板操作行程中的某个已定义的压力点时，超加速功能被激活。在超加速功能下，电动机和发动机根据转速曲线输出其最大功率并相加得出一个总数值。例如奥迪Q7 e-tron quattro的3.0L V6 TDI发动机的最大功率为190kW，它能够输出600N·m的最大扭矩，电动机能够输出94kW的瞬时最大功率，电动机的最大扭矩达350N·m。因为这两个驱动系统在不同的转速区段中达到最高性能，所以产生的系统功率不是期望的284kW，而是略小的275kW的最大系统功率。两台发动机的最大扭矩的转速区段相互重合。纯理论来说，可以实现950N·m的系统扭矩。

但是由于8挡自动变速器0D7只能承受700N·m的扭矩,所以最大系统扭矩被限制在这个数值,从约1250r/min起提供最大系统扭矩。装备了3.0L V6 TDI发动机的奥迪Q7 e-tron quattro的功率数据如图6-63所示。

11. 发动机处于怠速,电动机处于发电机模式,行驶挡处于P或N。

静止时充电,分离离合器K0已接合,如图6-64所示。

12. 利用发动机行驶且电动机处于发电机模式。

此变速器示意图如图6-65所示,显示使用发动机行驶时在1挡中的动力传递。分离离合器K0接合。可通过激活换挡元件对其他挡位进行切换。利用发动机行驶时,只要电动机未被用作辅助驱动,混合动力蓄电池就会充电。为此,电动机用作发电

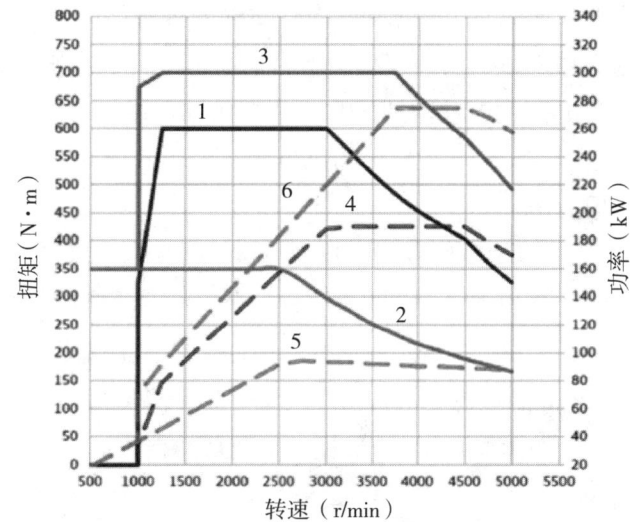

1.发动机扭矩(N·m) 2.电动机扭矩(N·m) 3.系统扭矩(N·m) 4.发动机功率(kW) 5.电动机功率(kW) 6.系统总功率(kW)

图6-63

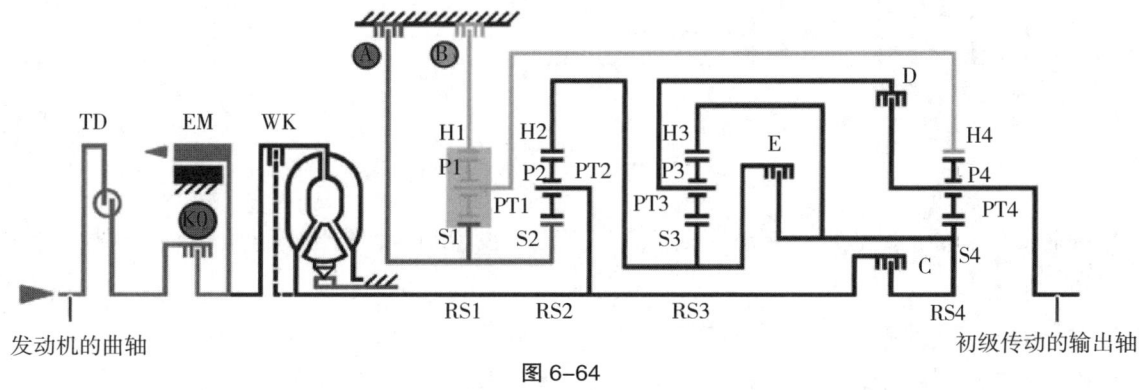

图6-64

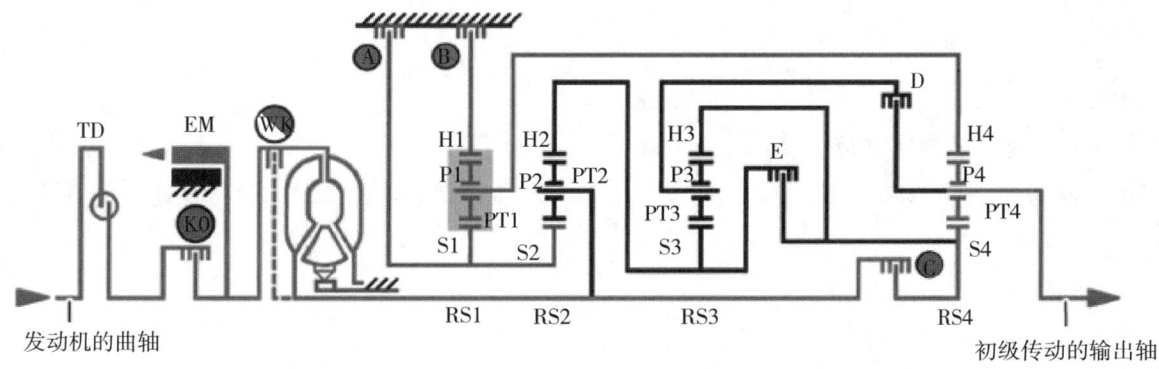

图6-65

机,并被发动机驱动。蓄电池调节控制单元J840将混合动力蓄电池的电量告知发动机控制单元内的混合动力管理系统。混合动力管理系统在必要时为发电机模式激活发动机。在充电时,发动机可以另外提供最高20kW的发电机功率。当达到蓄电池调节控制单元J840规定的绝对电量上限时,发电机模式关闭。保证发电机功率的方法是,在最节省燃油的情况下相应提高发动机负荷。发动机控制单元中的混合动力

管理系统此时不断地通过有针对性的负荷点推移来选择一个带尽可能低的油耗（g/kWh）的负荷范围。发电机功率可由所有当前用电器的用电负荷和蓄电池的充电功率得出。当前用电器包括12V车载电网的所有用电器、电动空调压缩机和高压加热装置（PTC）Z115。蓄电池包括混合动力蓄电池A38以及12V蓄电池A。12V车载电网的供电和12V汽车蓄电池的充电是通过电驱动的功率和控制电子装置JX1中的变压器A19实现的。

13. 自由滑行模式（自由滑行，Coasting）。

此变速器示意图如图6-66所示，显示自由滑行模式下3挡中的动力传递。分离离合器K0已分离，发动机已关闭。液力耦合器已接合。电动机以与变速器输入轴同步的转速运转，向变速器输入轴输出<5N·m的极低的滑行扭矩。这是为了降低噪声，并由此提高舒适性。挡位指示中只剩下显示行驶挡D或E，挡位被隐藏。变速器根据车速切换挡位。

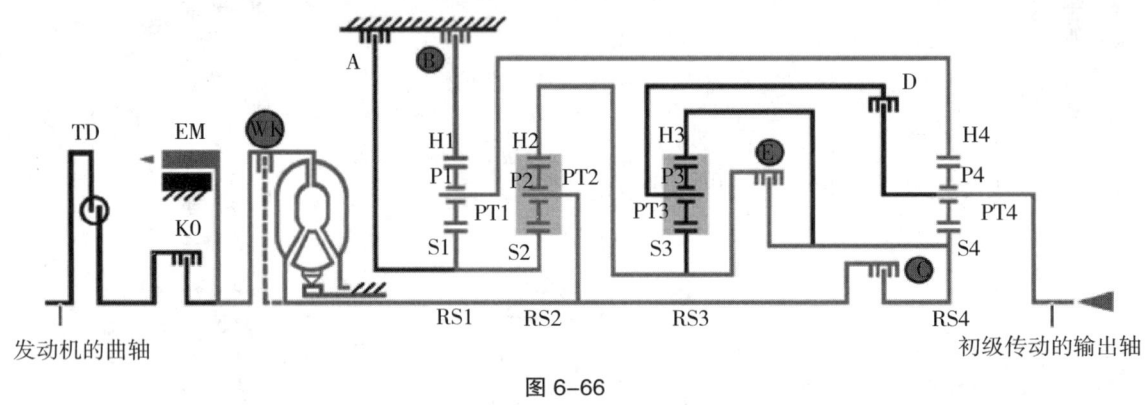

图6-66

一旦驾驶员松开加速踏板但未制动，则会在以下汽车设置和运行条件下进入自由滑行模式：

（1）车辆设置。

①行驶挡D（奥迪驾驶选择模式全路况、经济、舒适或自动中的一个）已选中。

②选中了e-tron模式EV、Hybrid或Battery Hold中的某一个。

（2）运行条件。

①车速<160km/h。

②发动机关闭。

③驾驶员把脚从加速踏板上移开，不再踩下。

④下坡度<1%，上坡度不影响该功能，车道坡度是通过制动电控系统的纵向加速度传感器探测的。

（3）切断条件。

①发动机被启动并入。

②踩下制动踏板，当制动过程中断时，不会重新恢复自由滑行模式。

③踩下加速踏板。

④下坡度>1%。

⑤选中行驶挡S。

⑥通过tiptronic挡位槽或tiptronic开关Tip激活tiptronic模式。

⑦奥迪驾驶选择模式动态被激活。

⑧车速控制被激活，车速控制被接通但未被激活不构成断开条件。例外：带PEA（前瞻性效率辅助

系统）的ACC（自适应巡航控制）。PEA使用导航系统的路线数据。PEA与ACC一起能够停用，根据情况激活自由滑行模式。这是根据车速进行的，例如当汽车正好快要抵达某个村庄或环形路口并向其靠近时。当汽车跟随其他交通参与者跟车行驶时，也将禁止滑行。

14. 切换到滑行能量回收。

如果自由滑行模式因某个断开条件而被阻止，并且滑行能量回收的运行条件满足，则混合动力管理系统会启动滑行能量回收。

（1）滑行能量回收。

此变速器示意图如图6-67所示，显示滑行能量回收期间在3挡中的动力传递。分离离合器K0已分离，发动机已关闭。液力耦合器已接合。视车速而定，变速器挂入相应的挡位。在以下运行条件下，一旦驾驶员松开加速踏板但未制动，则在最高160km/h的车速下都可以启动滑行能量回收。滑行能量回收把滑行能量用于能量回收，这个滑行能量等同于汽车动能。同时，滑行能量驱动着以受控发电机模式工作的电动机，从而向用电器供电，并给混合动力蓄电池及间接给12V汽车蓄电池充电，直至混合动力蓄电池达到蓄电池调节控制单元J840规定的电量。在滑行能量回收期间，3~25kW的制动功率被转化为电能，并模拟发动机在减速滑行模式下产生的制动效应。同时视车速而定，变速器挂入相应的挡位。当混合动力蓄电池不能再接受电量时，电驱动系统作为发电机工作，只给当前用电器供电。当电动机既不用作发电机也不用作驱动装置时，电驱动的功率和控制电子装置JX1向定子线圈供应三相电流，从而避免在转子上产生扭矩，这可以避免电压感应引起的定子线圈发热。当混合动力蓄电池完全充满时，发电机模式模拟的发动机牵引扭矩取消，并在驾驶员希望减速时通过液压制动器进行补偿。

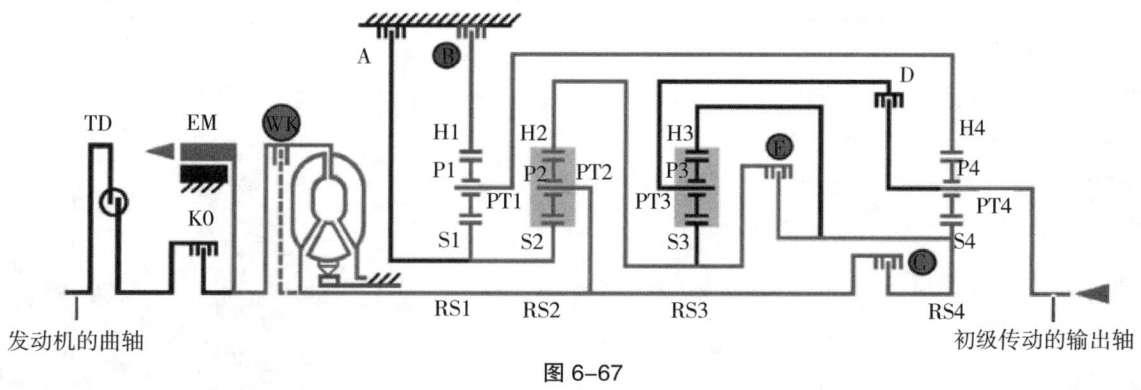

图6-67

（2）车辆设置。

①行驶挡S已挂入。

②驾驶选择模式动态已选中。

③变速器处于tiptronic模式，驾驶员可以通过方向盘上的翘板开关无级调整减速度。

④满足自由滑行模式的某一个断开条件。

15. 发动机在滑行模式中承担制动任务。

奥迪Q7 e-tron quattro不具备（如同奥迪Q5 hybrid quattro、奥迪A8 hybrid和奥迪A6 hybrid在混合动力蓄电池完全充满时那样）发动机在滑行模式中承担制动任务的功能。此变速器示意图如图6-68所示，显示制动能量回收期间在3挡中的动力传递。分离离合器K0通常已分离，发动机已关闭。液力耦合器已接合。视车速而定，变速器挂入相应的挡位。制动能量回收与滑行能量回收一样，将等同于汽车动能的滑行能量用于能量回收。同时，滑行能量驱动着以受控发电机模式工作的电动机，从而向用电器供电，

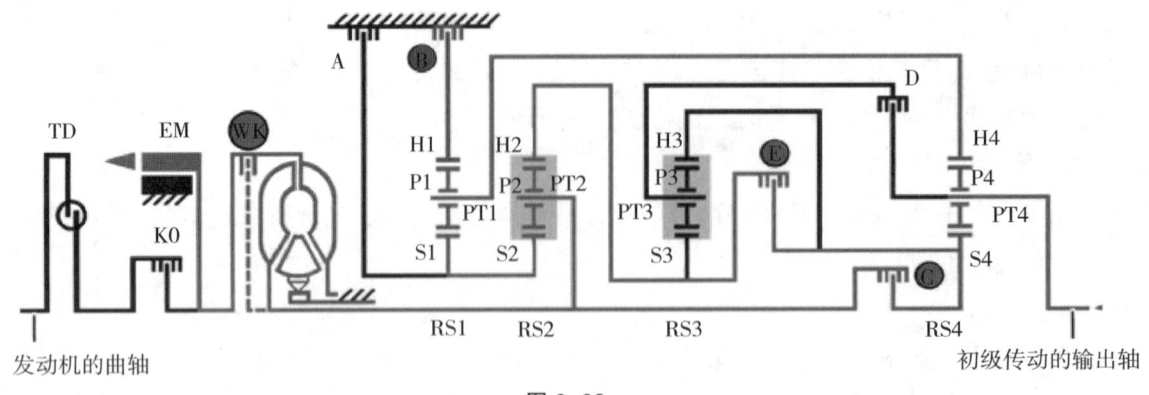

图 6-68

并给蓄电池充电,直至达到蓄电池调节控制单元 J840 规定的电量。一旦驾驶员踩上制动踏板,只要混合动力蓄电池仍能吸收电能,就可以启动制动能量回收,它与车速无关。制动助力控制单元 J593 根据制动踏板位置传感器 G100 的数据计算出驾驶员通过制动踏板要求的制动功率,并通过 FlexRay 把它发送给发动机控制单元 J623 内的混合动力管理系统。混合动力管理系统检查这部分制动功率中有多少比例可以通过制动能量回收转化为电能,并把该数值通知给制动电控系统。混合动力管理系统通过制动能量回收使最高 80kW 的制动功率受控地转化为电能。如果混合动力蓄电池电量足够,则电驱动系统作为发电机工作,只给当前用电器供电。在这种情况下或当制动能量回收的制动功率不满足减速要求时,则通过液压制动器协调地叠加或替代电动制动功率。当电动机既不用作发电机也不用作驱动装置时,电驱动的功率和控制电子装置 JX1 向定子线圈供应三相电流,从而避免在转子上产生扭矩,这可以避免电压感应引起的定子线圈发热。

16. 制动踏板位置传感器 G100。

制动踏板位置传感器 G100 集成在制动助力器内,它探测着制动踏板的位置和操作速度。此外,它还提供用于促动制动信号灯的信号,所以制动信号灯开关 F 被取消。由于驾驶员所需的制动功率是根据制动踏板位置传感器 G100 的数据计算的,所以传感器失灵时会取消制动能量回收。这种情况下,组合仪表的显示中会出现一条提示。

17. 电控机械式制动助力器。

电控机械式制动助力器如图 6-69 所示。

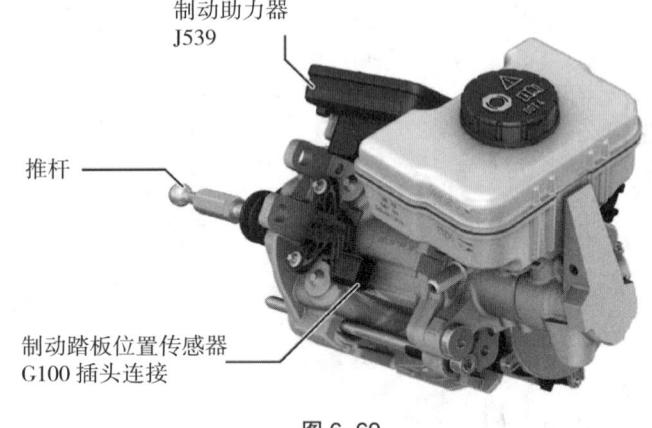

图 6-69

(三)线控换挡技术的换挡操纵机构的机械电子单元 E26/29

在奥迪 Q7 e-tron quattro 上,换挡操纵机构和 0D7 变速器之间的通信以及驻车锁的操纵通过线控换挡技术进行。制造商 ZF 将 0D7 变速器的机械电子单元称为 E26/29,如图 6-70 和图 6-71 所示。机械电子单元 E26/29 与奥迪 Q7(4M 车型)的 0D5 变速器上使用的机械电子单元相同。机械电子单元 E26/29 是在奥迪 A8(4H 车型)的 0BK 变速器中使用的机械电子单元 E26/6 的后续研发版。

0D7 变速器的机械电子单元有一根 LIN 总线导线连接至变速器油辅助液压泵 1 V475,取代了 0D5 变速器或 0BK 变速器上的液压脉冲存储器(HIS)的控制导线,如图 6-72 所示。0D7 变速器的传感装置和执行器、电动液压驻车锁的松开以及机械电子单元换挡元件的促动与 0D5 及 0BK 变速器的机械电子单元

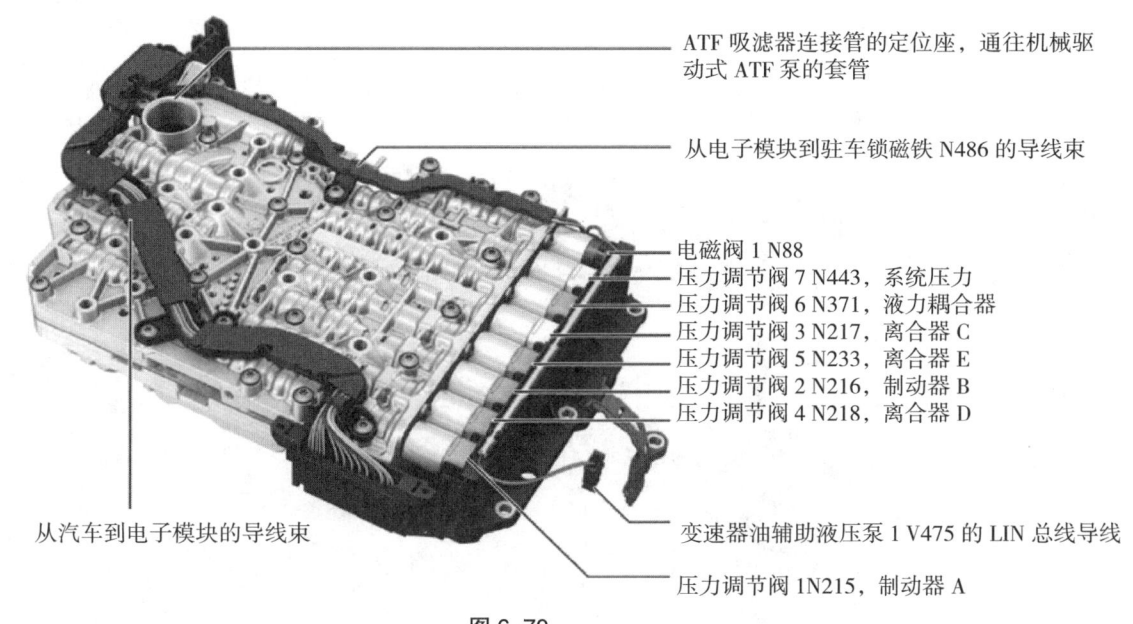

图 6-70

图 6-71

相同。

九、ATF 冷却

ATF 冷却装置并联接入发动机冷却液回路。在装备 3.0L V6 TDI 发动机的汽车上，ATF 冷却器是通过冷却液泵的冷却液流冲净的。对于装备了 2.0L R4 TFSI 第 3 代发动机的奥迪 Q7 e-tron quattro，ATF 冷却器是通过冷却液继续循环泵 V51 确保冲净的。在这两种情况下，冷却液的流量通过 ATF 冷却液调节器根据温度进行控制。如果 ATF 冷却器不密封，则冷却液 Glykol 会进入 ATF。即使只有极少量的冷却液进入，也会影响离合器控制。乙二醇测试证明只有极少量的乙二醇，所以可以排除这个原因。如果在维修时断开了冷却液管路，则可以利用车辆诊断仪在地址代码 01 和功能 "冷却液回路排气程序" 下对冷却液回路进行排气。

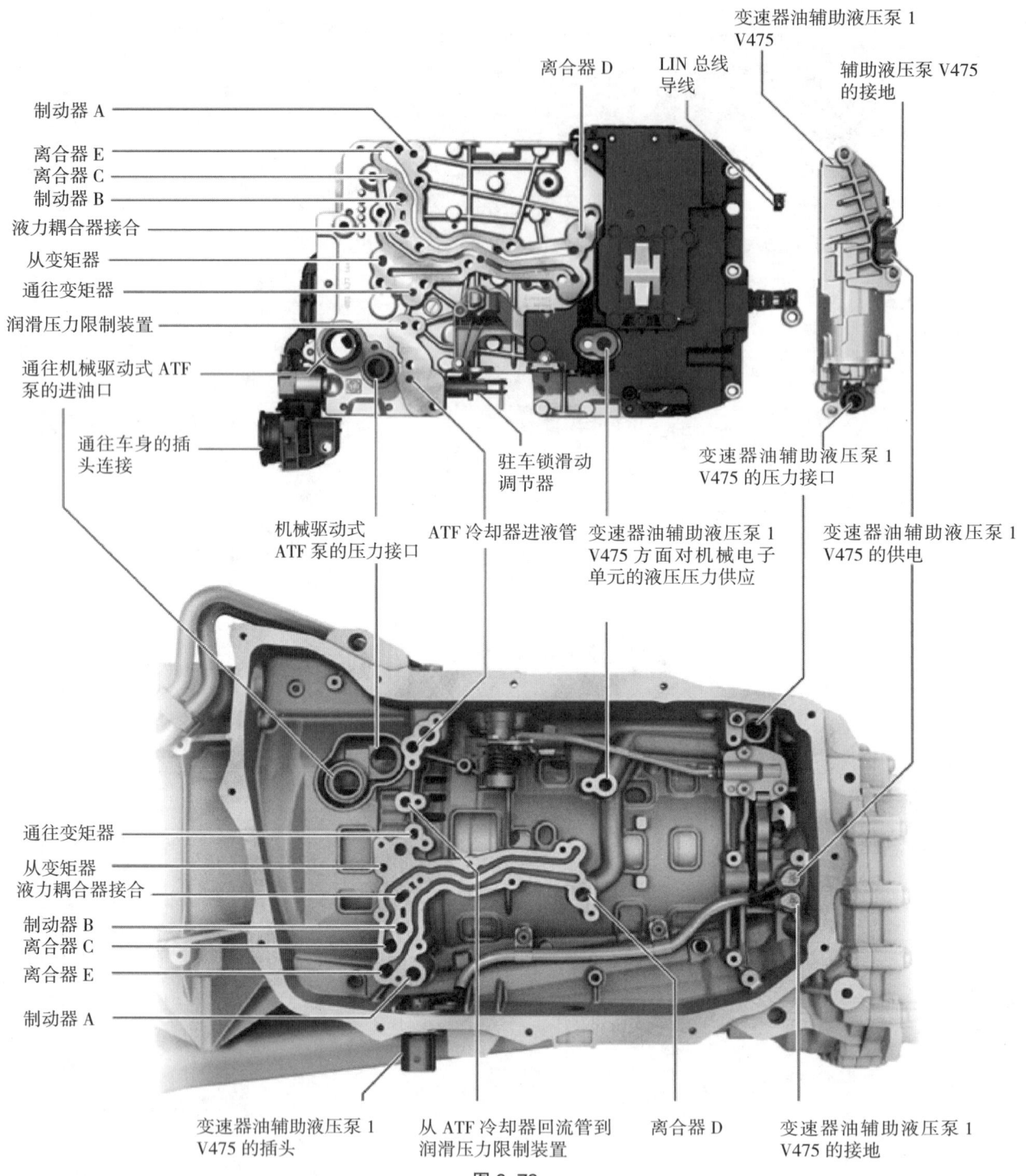

图 6-72

（一）接入冷却液回路

如图 6-73 所示为 3.0L V6 TDI 发动机的冷却液回路的局部视图，ATF 冷却器的冷却液回流管路、暖风进流管和暖风回流管的连接。

（二）冷却液继续循环泵 V51

冷却液继续循环泵 V51 搭配 2.0L R4 TFSI 第 3 代发动机使用，如图 6-74 所示。泵的电子装置通过 12V 车载电网持续供电。根据 ATF 温度通过发动机控制器向泵请求功率。为此使用的脉冲宽度调制（PWM）信号供泵电子装置反方向使用，从而告知发动机控制单元存在异常，如图 6-75 所示。然后异常信息被保

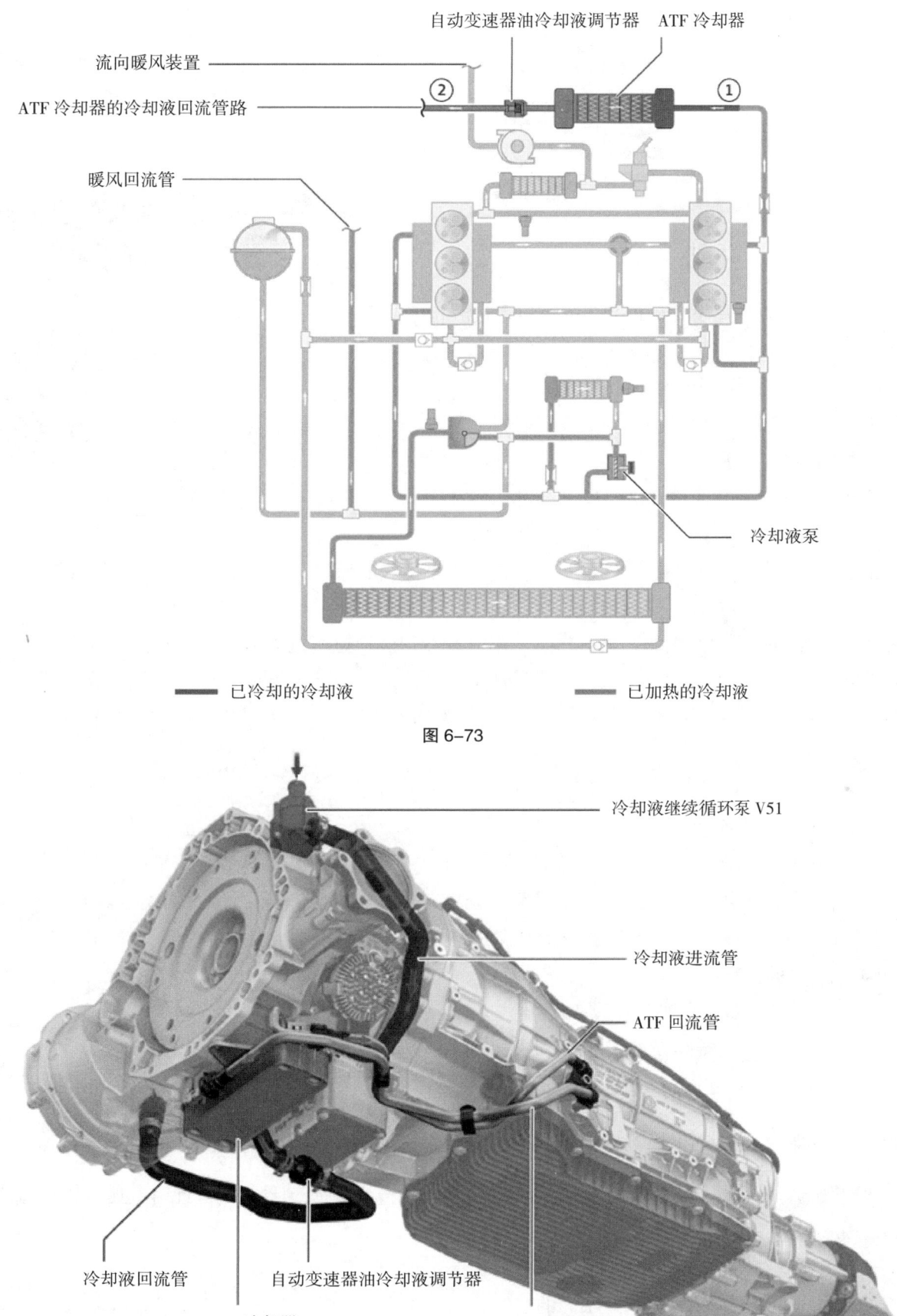

图 6-73

图 6-74

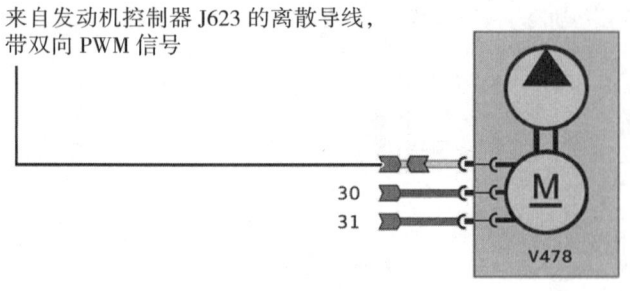

图 6-75

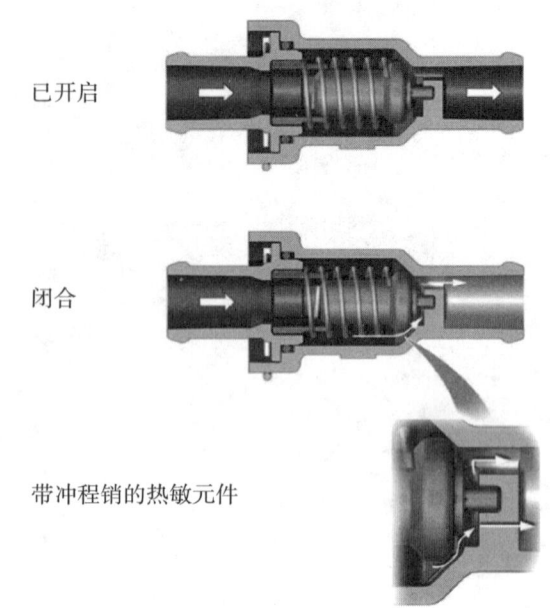

图 6-76

存在故障存储器中。利用发动机控制单元可以通过作动器测试对泵进行检测。

（三）自动变速器油冷却液调节器

冷却液调节器安装在 ATF 冷却器的冷却液回流管路内，如图 6-76 所示。阀座上的一道凹槽可确保少量冷却液持续流通。当冷却液温度上升时，热敏元件中的石蜡受热开始膨胀，并在温度高于 80℃ 时将阀座推过活塞销，由此释放冷却液循环系统。提示：在安装冷却液调节器时，必须始终注意液流的流动方向，它在调节器外壳上用方向箭头标志。如果安装位置不正确，那么就会影响调节功能并妨碍自动变速器油冷却。一旦阀座中的凹槽有污物，小流量冷却液的持续流通就会被中断，然后热敏元件就无法相应升温。阀座处于关闭状态，自动变速器油得不到冷却。因此，出现自动变速器油温度过高而导致的投诉时，应对冷却液循环系统、通往自动变速器油冷却器的机油循环系统以及冷却液调节器进行检查。

十、工作原理图、信息及数据交换

（一）信息及数据交换

0D7 变速器的控制器通过 FlexRay 与汽车通信。由于分离离合器作动器的指令是在发动机控制器中作出的，所以控制变速器所需的信息量明显减少。分离离合器作动器 V606 操纵分离离合器 K0。除了变矩器自动装置的一般信息外，自动变速器控制器 J217 还需要以下数据用于控制变速器：

（1）电动机的转速。

（2）施加在变速器输入轴上的系统扭矩。

（二）8 挡自动变速器 0D7 的工作原理图

8 挡自动变速器 0D7 的工作原理图如图 6-77 所示。

十一、影响变速器控制的功能（奥迪驾驶选择、e-tron 模式）

奥迪驾驶选择模式、e-tron 模式和下坡行驶辅助等功能会影响变速器控制。此时，奥迪驾驶选择模式和 e-tron 模式与行驶挡 D 和 S 一起形成一个固定的组合。

（一）奥迪驾驶模式选择系统

通过奥迪驾驶选择按钮可以选择不同的车辆设置、模式，如图 6-78 所示。变速器控制系统在该模式下有不同方式的响应。变速器调校是国家独有的，根据客户的要求进行匹配。因此，这里只能显示各个模式之间的倾向性区别。

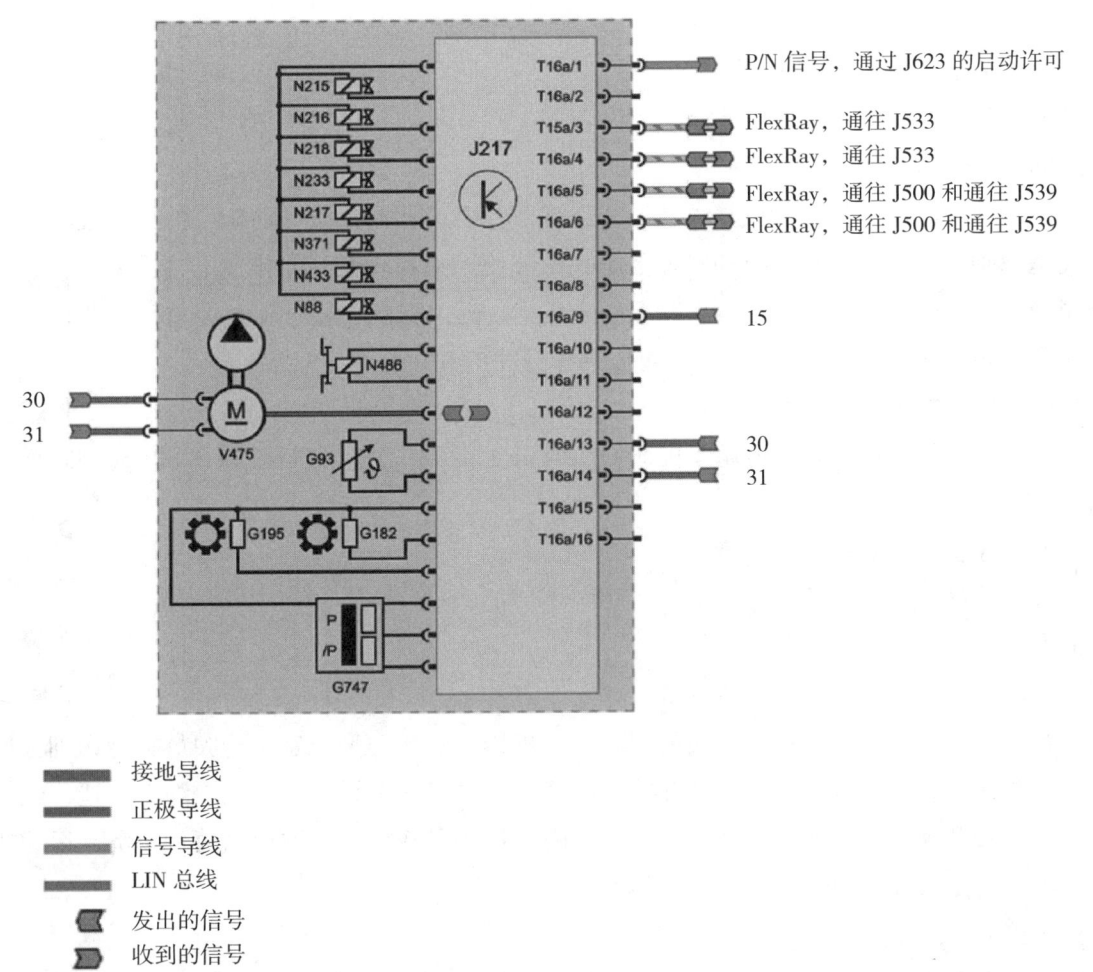

G93.ATF 温度传感器 G182.变速器输入转速传感器 G195.变速器输出转速传感器 G747.驻车锁传感器 J217.自动变速器控制单元 J500.助力转向控制单元 J533.数据总线诊断接口 J539.制动助力控制单元 J623.发动机控制单元 N88.电磁阀1 N215.压力调节阀1, 制动器A N216.压力调节阀2, 制动器B N217.压力调节阀3, 离合器C N218.压力调节阀4, 离合器C N233.压力调节阀5, 离合器E N371.压力调节阀6, 液力偶合器 N433.压力调节阀7, 系统压力 N486.驻车锁电磁铁 V475.变速器油辅助液压泵1

图 6-77

1. 模式 offroad。

如果带空气悬架的汽车激活了模式 lift / offroad，则发动机会启动并入。所以在该模式下不能电动行驶。超过 30km/h 时退出该模式，并切换到模式全路况。带钢制悬架的汽车可以在模式 offroad 下进行电动行驶。这些汽车上未设置 30km/h 的车速限制。在模式 offroad 下，变速器控制系统通过匹配过的功能支持越野行驶。按照规定的换挡程序进行挡位选择，不带驾驶员类型识别。挡位像行驶挡 S 一样被长时间保持，尤其是 1 挡。行驶挡 S 不可用，但是可以在 tiptronic 模式下手动换挡（手动模式 M）。关闭 tiptronic 模式中的变速器强制升挡，发动机运转到转速极限而不升挡，这可以阻止不期望的频繁换挡。关闭强制升挡使得发动机在上山时可以保持全转速，即使在短时牵引力损失时也保持挡位，这样当车轮重新获得全部牵引力时，可以使用全部的驱动力矩。在下坡行驶时，通过关闭强制升挡可以完全利用发动机制动作用。为了避免发动机转速过高，

图 6-78

会在达到规定的发动机转速之前升挡。

2. 模式全路况。

模式全路况对变速器的调校无影响。

3. 模式经济。

挡位指示中显示 E 作为行驶挡。在模式经济下，变速器调校按照已确定的换挡程序进行，不进行驾驶员类型识别。尽可能早地升挡和晚降挡是一种节约燃油和降低 CO_2 排放的驾驶方式。此外，发动机功率被降低，因此变速器控制系统可以降低离合压力，这又对耗油量和 CO_2 排放产生积极作用。模式经济可以切换到 tiptronic 功能 M 并退回，也可以选择行驶挡 S 并退回。

4. 单个挡位指示。

所有奥迪驾驶选择模式都适用于奥迪 Q7 e-tron quattro，只有在行驶挡 S 和 tiptronic 模式下有单个挡位指示。

5. 模式舒适。

模式舒适对变速器的调校无影响。

6. 模式自动。

行驶挡 D 和 S 中的驾驶员类型识别：

在行驶挡 D 和 S 中会根据驾驶员的驾驶方式进行驾驶员类型识别。驾驶员类型识别标准包括操作制动踏板和加速踏板的方式方法、车速和特定时间段内的横向和纵向加速度。综上所述，经济型驾驶方式会带来早升挡和晚降挡。运动型驾驶方式则是晚升挡和早降挡。驾驶员高效、经济、运动或手动驾驶车辆的驾驶时间比例可以通过汽车诊断仪读取。

行驶挡 D：

换挡如下进行：以舒适为导向，辅以驾驶员类型识别，换挡点选择与驾驶方式相匹配。

行驶挡 S：

如果选择了行驶挡 S，则变速器控制系统处于运动程序。这里针对发动机的功率范围以运动方式调校换挡点。换挡点调校在驾驶员类型识别支持下进行。换挡时间和换挡点随常规运动程序中的驾驶而变，直到实现与操作曲线相匹配的调校方式，换挡顺序短且可察觉。

7. 模式动态。

如果选择模式动态，则变速器控制器激活运动程序（行驶挡 S）。在模式动态下，tiptronic 功能和行驶挡 D 都可以使用。如果在关闭发动机前激活了行驶挡 D，则在下次启动发动机时会再次激活行驶挡 D1。如果驾驶员需要行驶挡 S，那么必须选中该挡位。

8. 模式个性化。

在模式个性化下，驾驶员可以自由选择变速器调校，不受制于其他汽车系统。

（二）e-tron 模式

e-tron 模式 EV、Hybrid 和 Battery Hold 可以通过电驱动按钮 E656（EV 按钮）按顺序依次循环选择或通过 MMI 的旋转按压式调节器自由选择，如图 6-79 所示。e-tron 模式可以按照特定国家根据法规和客户的要求进行匹配。

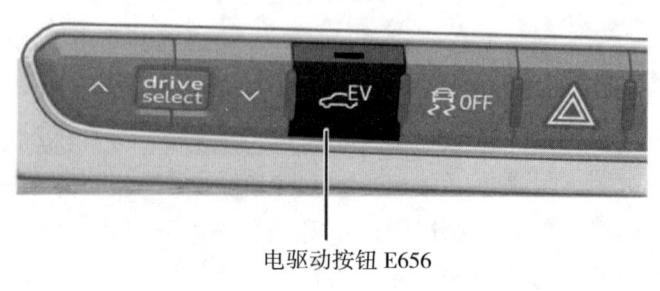

图 6-79

1. 模式 EV。

模式 EV 优先于电动行驶。这样，只要驾驶员的功率请求不超过电动机的功率容量，汽车在电动行驶可达里程内就会以尽可能低的 CO_2 排放行驶。系统通过主动式加速踏板了解驾驶员的功率请求。

2. 模式 Battery Hold。

在该行驶模式中混合动力蓄电池的电量会保持在一个恒定数值。此时汽车以混合动力行驶。这意味着两个驱动系统都被激活，只使用少量的蓄电池电量。蓄电池电量在模式 EV 中被储备起来供以后运行使用。

3. 模式 Hybrid。

在模式 Hybrid 下，混合动力管理系统会判断决定最有利的驱动方式。汽车由此在整个电动行驶可达里程内以尽可能节约燃油的方式行驶。如果通过 MMI 激活了前瞻性效率辅助系统（PEA）并开始路径引导，而计算出的距离超过最大电动行驶可达里程，则会自动在行驶循环中设置一次 e-tron 模式 Hybrid。系统参考导航数据，尽量在抵达目的地时消耗完混合动力蓄电池的电能。这实现了尽可能低的 CO_2 排放。

（三）下坡辅助

在下坡道上行驶时，下坡行驶辅助功能为驾驶员提供行驶帮助。在行驶挡 D 和 S 下，当踩下制动踏板或激活定速巡航装置时，它被激活。变速器选择一个适合于下坡的挡位。在物理和驱动技术条件允许的情况下，下坡行驶辅助功能尝试保持制动时选用的车速。可能需要另外通过制动踏板纠正车速。一旦坡度变缓或踩了加速踏板，那么下坡行驶辅助功能重新被关闭。下坡行驶辅助功能无法超越物理极限，因此无法在任何情况下都将车速保持恒定。驾驶员必须随时准备制动！

十二、奥迪驾驶选择模式范围内的行驶挡和 e-tron 模式的组合

奥迪驾驶选择、e-tron 模式和行驶挡之间有确定的可用组合，如图 6-80 所示。这些组合决定了奥迪 Q7 e-tron quattro 最根本的驱动性能。在奥迪驾驶选择模式个性化下，可以为发动机/变速器选择某一个列出的奥迪驾驶选择模式，与其他汽车系统无关。由于奥迪驾驶选择除了混合动力驱动外还影响着其他系统，所以它在选择组合时优先于可选的 e-tron 模式。

当行驶挡从 D 切换到 M 或者从 S 切换到 M 以及反向切换时，奥迪驾驶选择或 e-tron 驱动的模式不会变化。

十三、维修服务

（一）使用车辆诊断仪工作

奥迪 Q7 e-tron quattro 的动力传递可以使用地址代码 02 变速器电控系统，01 发动机电控系统和 81 选挡杆的诊断范围。

1. 地址代码 02 变速器电控系统。

0D7 变速器的电动部件和控制及调节过程都是可以诊断的。通过地址代码 02 变速器电控系统可以根据测量值和故障存储器条目评判部件和查询诊断结果。可以执行以下重要的诊断功能，以 0D7 变速器进行评判和处理。

2. 匹配。

以下功能可以利用车辆诊断仪在匹配程序中激活或停用：

（1）单个挡位指示。

行驶挡 D 和 S 的挡位指示可以在组合仪表中通过单个挡位指示的匹配进行单独显示或隐藏。在手动

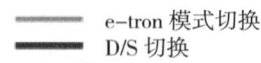

e-tron 模式 奥迪驾驶模式选择模式	EV 行驶挡 e-tron 模式位		Hybrid[2)] 行驶挡 e-tron 模式位		Battery Hold 行驶挡 e-tron 模式位	
offroad[1)]（用于带钢制悬架的汽车） lift/offroad[1)]（用于带空气悬架的汽车）	D[1)]	EV	D	混合结构		Battery Hold
全路况	D	EV	D	混合结构	D	Battery Hold
	S		S	混合结构	S[3)]	Battery Hold[4)]
经济	E	EV	E	混合结构	E	Battery Hold
	S				S[3)]	Battery Hold[4)]
舒适	D	EV	D	混合结构	D	Battery Hold
	S				S[3)]	Battery Hold[4)]
auto[5)]	D[5)]	EV[5)]	D	混合结构	D	Battery Hold
	S		S	混合结构	S[3)]	Battery Hold[4)]
动态	D	EV	D	混合结构	D	Battery Hold
			S	混合结构	S[3)]	Battery Hold[4), 6)]

1）在奥迪驾驶选择模式offroad或lift/offroad下，行驶挡S不可用。如果带空气悬架的汽车激活了奥迪驾驶选择模式lift/offroad，则发动机会启动并入。所以带空气悬架的汽车在该模式下不能电动行驶。此外，超过30km/h时会退出该模式，并切换到模式全路况。带钢制悬架的汽车可以电动行驶。未设置30km/h的车速限制。

2）如果通过MMI激活了前瞻性效率辅助系统（PEA）并开始路径引导，则会自动在行驶循环中设置一次e-tron模式Hybrid。其条件是距离超过最大电动行驶可达里程。

3）如果选择了行驶挡S，则会构成组合S-Battery Hold。当退出组合S-Battery Hold后挂入行驶挡D，只要其间未切换e-tron模式，则会重新构成上一次行驶挡和e-tron模式的组合。

4）从S-Battery Hold组合出发，通过快速依次按压电驱动按钮E656，可以经D-EV到达S-Hybrid组合。慢慢依次按压电驱动按钮E656可以设置D-EV组合。通过旋转按压式调节器可自由选择e-tron模式。

5）切换端子状态后总是以奥迪驾驶模式选择模式auto、e-tron模式EV和行驶挡D的组合进行重新启动。通过电驱动按E656可以依次选择组合D-Hybrid、D-Battery Hold和又一次选择D-EV。通过MMI的旋转按压式调节器可自由选e-tron模式。

6）如果选择了奥迪驾驶选择模式动态，则构成组合S-Battery Hold。如果从奥迪驾驶选择模式动态出发选择了一个新的奥迪驾驶选择模式，只要其间未切换e-tron模式，则将重新构成上一次行驶挡和e-tron模式的组合。

图 6-80

模式 M（tiptronic 模式）下，挡位指示始终激活。

（2）路线数据。

可以激活或停用路线数据。但0D7变速器不支持基于导航数据的挡位选择。

（3）强制升挡。

该匹配在奥迪 Q7 e-tron quattro 上不可用。

（4）空挡控制。

通过这种匹配可以激活或停用停车断耦。

（5）Tiptronic 开关。

通过该匹配可以激活或关闭"在 D 中短促按压换挡"。

3. 作动器诊断。

车辆诊断仪提供以下作动器诊断：

（1）选挡杆锁电磁铁 N110。

该作动器诊断不能在地址代码 02 下执行。通过地址代码 81 选挡杆来检测选挡杆锁电磁铁。

（2）分离液力耦合器。

通过分离液力耦合器，可以有针对性地阻断来自传动系的意外发动机扭转震动。

（3）冷却液截流阀。

奥迪 Q7 e-tron quattro 上未安装变速器油冷却阀 N509。

（4）变速器油辅助液压泵 1 V475。

4. 基本设置。

通过基本设置可以进行以下调校：

（1）在汽车静止时快速调校。

当您进行快速调校时，您会通过车辆诊断仪收到启动发动机的指令。为此请选择行驶挡 S。在更换变速器，升级变速器控制器软件，更换自动变速器机油，更换制动器、离合器或机械电子单元后都应进行快速调校。

（2）复位所有学习值。

可以读取离合器的调校值并全部复位。无法复位单个调校值。

（3）取消调校。

5. 地址代码 01 发动机电控系统。

通过地址代码 01 发动机电控系统，可以根据测量值、故障存储器条目和作动器诊断，对与动力传递相关的以下部件进行评判。可执行以下对动力传递至关重要的诊断功能。

（1）分离离合器 V606 的作动器诊断。

分离离合器作动器引导功能在以下情况下会执行分离离合器匹配：

①更换了混合动力模块。

②更换了分离离合器作动器。

③更换了发动机控制器 J623。

④更新了发动机控制器 J623 的软件。

（2）冷却液继续循环泵 V51，搭配 2.0L R4 TFSI 第 3 代发动机作动器诊断：电动冷却液泵。

（3）变速器支座阀门 1 N262。

作动器诊断：变速器支座右侧阀门。

（4）变速器支座阀门 2 N263。

作动器诊断：变速器支座左侧阀门。

（5）冷却液回路排气程序。

通过该引导功能可以对发动机的高温回路进行排气。ATF 冷却装置接入该回路。

6. 地址代码 81 选挡杆。

选挡杆的电动部件是可以诊断的。通过地址代码 81 可以查询诊断结果。以下部件可以进行作动器测试：

（1）挡位显示 Y5。

（2）选挡杆锁电磁铁 N110。

（3）选挡杆锁横向电机 V577。

（二）拖行

如果必须牵引一辆配备 0D7 变速器的车辆，请遵守针对自动变速器的奥迪通用限制条件：

（1）操作驻车锁应急解锁装置。

（2）牵引速度最高 50km/h。

（3）牵引距离最远 50km。

（4）不要抬起前轴或后轴进行牵引。

原因：发动机停止运行时，机油泵未被驱动，变速器中的某些部件得不到润滑。因此，忽视拖行条件会导致严重的变速器损坏。

（三）变速器指示灯

组合仪表中出现红色的变速器指示灯时，要求驾驶员勿继续行驶，如图 6-81 所示。

组合仪表中出现黄色的变速器指示灯时，车辆通常可继续移动，如图 6-82 所示

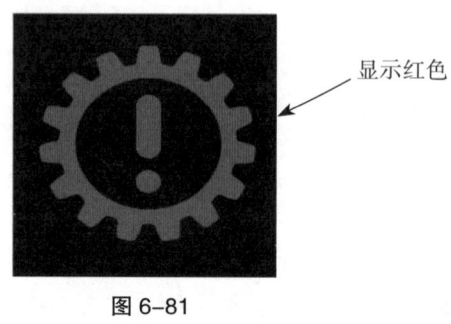
图 6-81

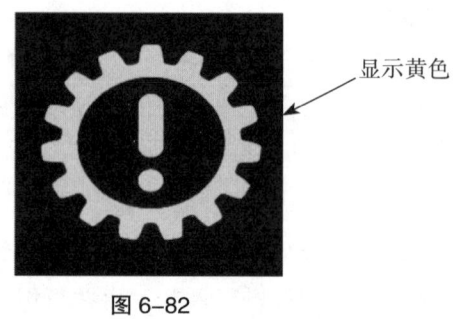
图 6-82

第四节　底盘系统

一、总体设计

奥迪 Q7 e-tron quattro 采用了奥迪 Q7（4M 车型）的重要车身元件，而功能性要求（电驱动、联合制动等）及套装更改（安装混合动力蓄电池）带来了少许不同。由于不同于奥迪 Q7（4M 车型）的车轴负荷和车轴负荷分布的变化，底盘被重新调校，投用了相应的悬架、减震器和稳定杆。奥迪 Q7 e-tron quattro 前期不提供全轮转向系。底盘四轮定位和调节的流程与奥迪 Q7（4M 车型）相同。

（一）概述

概述如图 6-83 和图 6-84 所示。

奥迪 Q7 e-tron quattro 全部装备带全时四驱的底盘。提供如表 6-7 所示底盘型号。

转向柱
- 采用奥迪 Q7（4M 车型）

前桥车轮制动器
- 与发动机配置有关

前轴
- 采用奥迪 Q7（4M 车型）

电控机械式转向系统 EPS
- 技术采用奥迪 Q7（4M 车型），包括特性曲线

ESC 电控行车稳定系统
- 采用奥迪 Q7（4M 车型）
- 普遍应用液压总成，带有能量回收引起制动压力变化时进行可信度检查的 3 个压力传感器，用于改善调节质量

自适应巡航控制（ACC）（选装）
- 采用奥迪 Q7（4M 车型）
- 基于 ACC 的调节过程的制动压力由 eBKV 提供
- 基于 ACC 的驾驶员辅助系统 / 功能与奥迪 Q7（4M 车型）上的相同

带制动系统蓄压器 VX70 的电控机械式制动助力器（eBKV）

方向盘
- 采用奥迪 Q7（4M 车型）

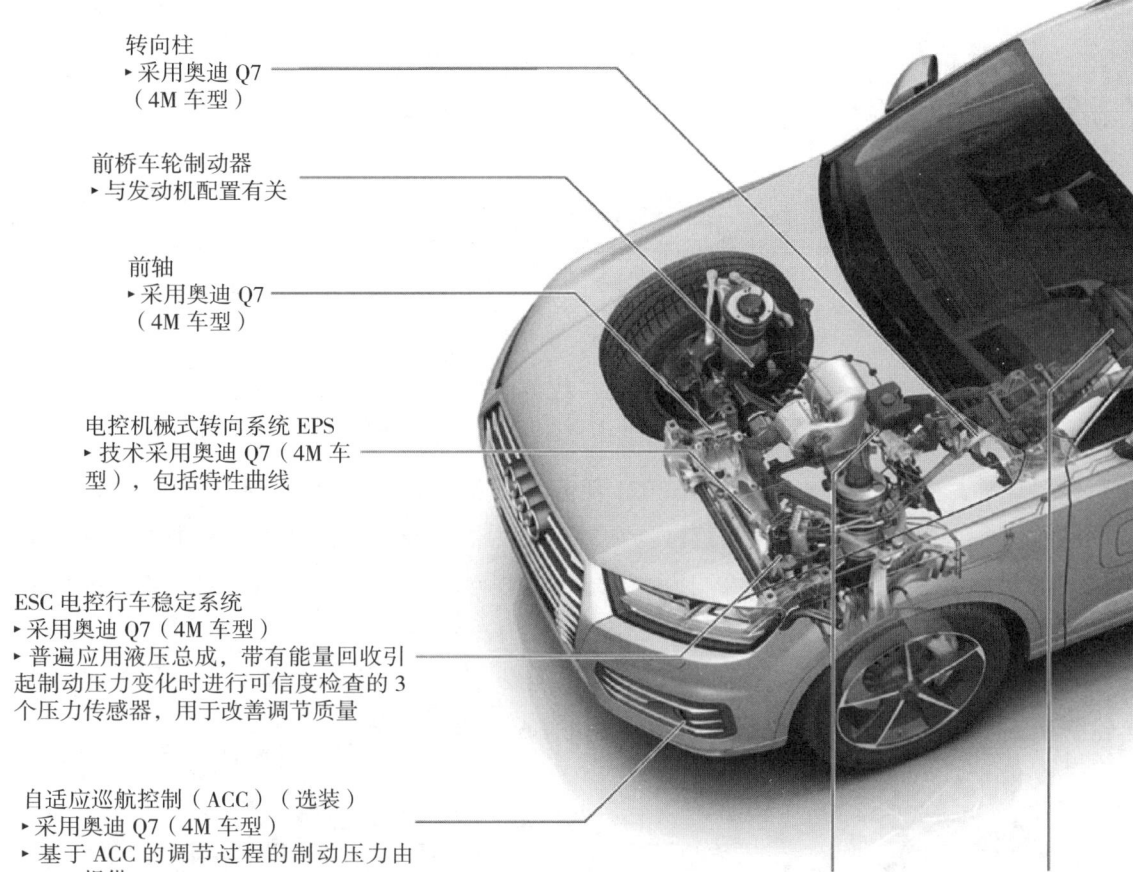

图 6-83

车轮制动器

后轴

底盘控制单元 J775

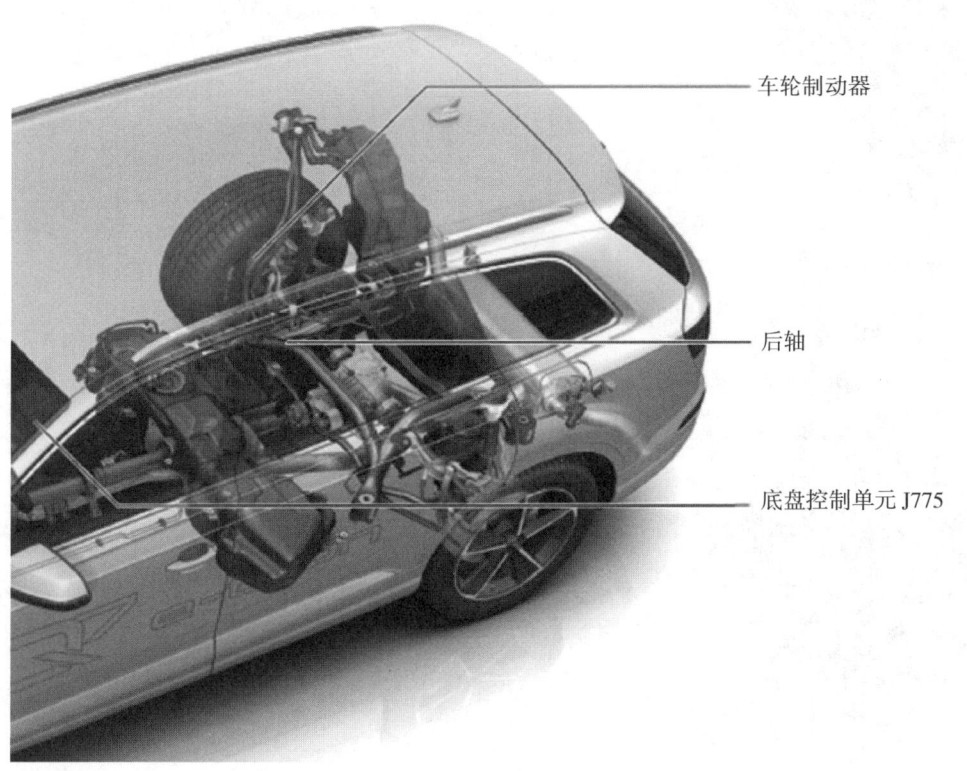

图 6-84

表 6-7

底盘型号	特征
普遍底盘（1BA）	普通底盘为基础配置，配有钢制弹簧和非调节型减震器
带空气悬架和调节型减震器的底盘（1BK）	这款底盘是选装设备
带空气悬架和调节型减震器的运动型底盘（2MA）	配有空气悬架的运动型底盘也是选装设备。除了 1BK 底盘外，还有一款采用更运动化底盘调校的运动版底盘。这是通过改动减震器液压系统、专用的弹簧特性曲线（通过专用的滚动活塞实现）和自己的控制调节特性来实现的（底盘控制单元 J775 内采用专用的控制软件），首次使用时，控制软件作为数据记录从数据容器载入控制单元内

二、制动装置

奥迪 Q7 e-tron quattro 装备一个在所有行驶状况下都可提供高后备功率的大尺寸制动装置。前轴车轮制动器装备轻结构铝合金制动钳和轻结构制动盘。经过优化的制动钳刚性传递一种直接且充满动感的制动感。所有制动摩擦片都满足目前最高的从 2021 年起才开始生效的"无铜"环保标准。采用了奥迪 Q7（4M 车型）的电子驻车制动器 EPB。踏板机构和制动助力器是新研发的装备，其中重量优化是最根本的研发目标。随着 Robert Bosch 公司将新 ESC 系统（ESP9）投入应用，有用于与此相关的调节功能的高性能系统可用。

（一）前轴车轮制动装置

前轴车轮制动装置结构如图 6-85 所示，技术参数如表 6-8 所示。

图 6-85

表 6-8

发动机配置	3.0L V6 TDI（190kW）	2.0L R4 TFSI（185kW）
最小车轮尺寸（英寸）	19	18
制动器类型	AKE 固定卡钳式制动器	AKE 固定卡钳式制动器
活塞数量	6	6
活塞直径（mm）	30/36/38	30/36/38
制动盘直径（mm）	400	375

（二）后轴车轮制动装置

后轴车轮制动装置结构如图 6-86 所示，技术参数如表 6-9 所示。

图 6-86

表 6-9

发动机配置	3.0L V6 TDI（190kW） 2.0L R4 TFSI（185kW）
最小车轮尺寸（英寸）	18
制动器类型	TRW PC44HE
活塞数量	1
活塞直径（mm）	44
制动盘直径（mm）	350

三、电控机械式制动助力器（eBKV）

在纯电动行驶模式下，如驾驶员操纵制动器，也需要加强制动力。因发动机的进气歧管真空仅在传统行驶模式时可用，因此不再利用。通过使用电控机械式制动助力器可以放弃附加的真空泵以及配套的气动制动助力器。

与传统的气动式制动助力器相比，eBKV 有以下优势：

（1）依赖真空的制动助力。
（2）建压动力大。
（3）压力调节精度高。
（4）一致的制动踏板特性/踏板力。

（一）概述

电控机械式制动助力器如图6-87和图6-88所示。

（二）结构和工作原理

通过发动机变速器单元来加强由驾驶员控制的制动力，结构和工作原理如图6-89所示。同时，直流电机通过相应的传动比驱动2个齿轮轴，齿轮轴的啮合齿与助力套筒的啮合齿啮合。这样，齿轮轴的旋转运动转换为助力套筒的纵向运动。为了加强制动压力，助力套筒将朝串联式制动主缸方向（在图形中朝左）移动。电动机由制动助力控制单元J539促动。控制单元从集成的制动踏板位置传感器G100得到有关制动踏板和推杆的位置信息（驾驶

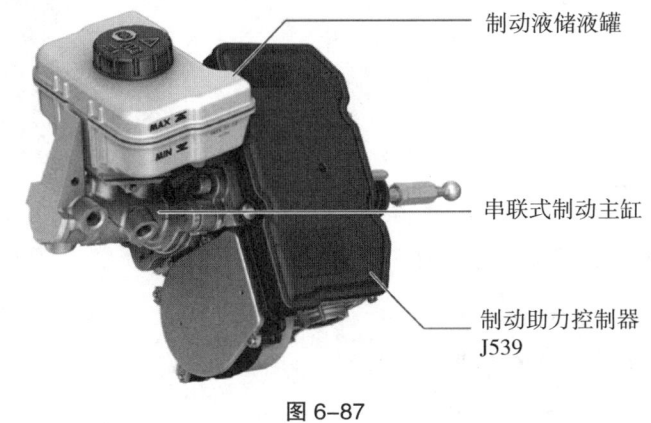

图6-87

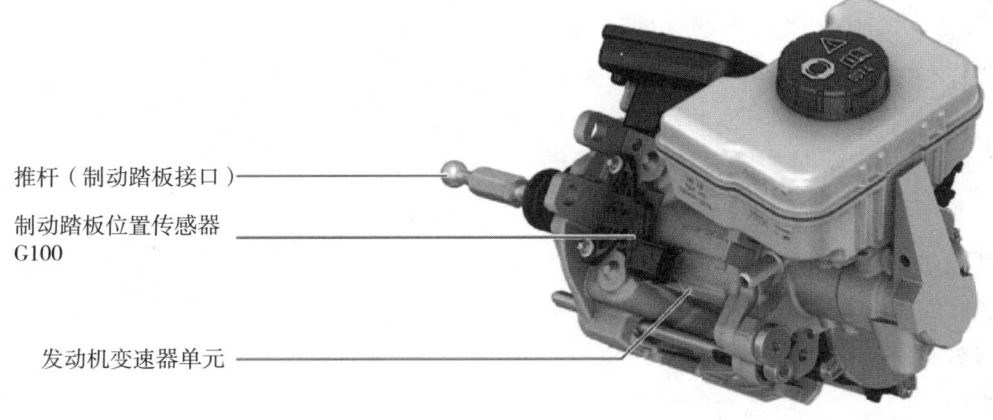

图6-88

员意愿）。电动机转子的位置以及间接的助力套筒位置将通过电动机中的转子位置传感器（霍耳传感器）探测。通过推杆上助力套筒的滑动轴承和由此实现的两个组件分离可确保驾驶员即便在支持功能失灵的情况下也能控制制动压力。控制单元J539实现端子15的惯性运转。车辆停住和驾驶员未操纵工作制动器时，惯性运转为60s。如端子15关闭时，驾驶员自动进行制动，则制动辅助系统最多能保持约360s。驾驶员会在约180s和360s后得到固定车辆以防溜车的相应提示或制动辅助系统即将关闭的信息。eBKV的制动

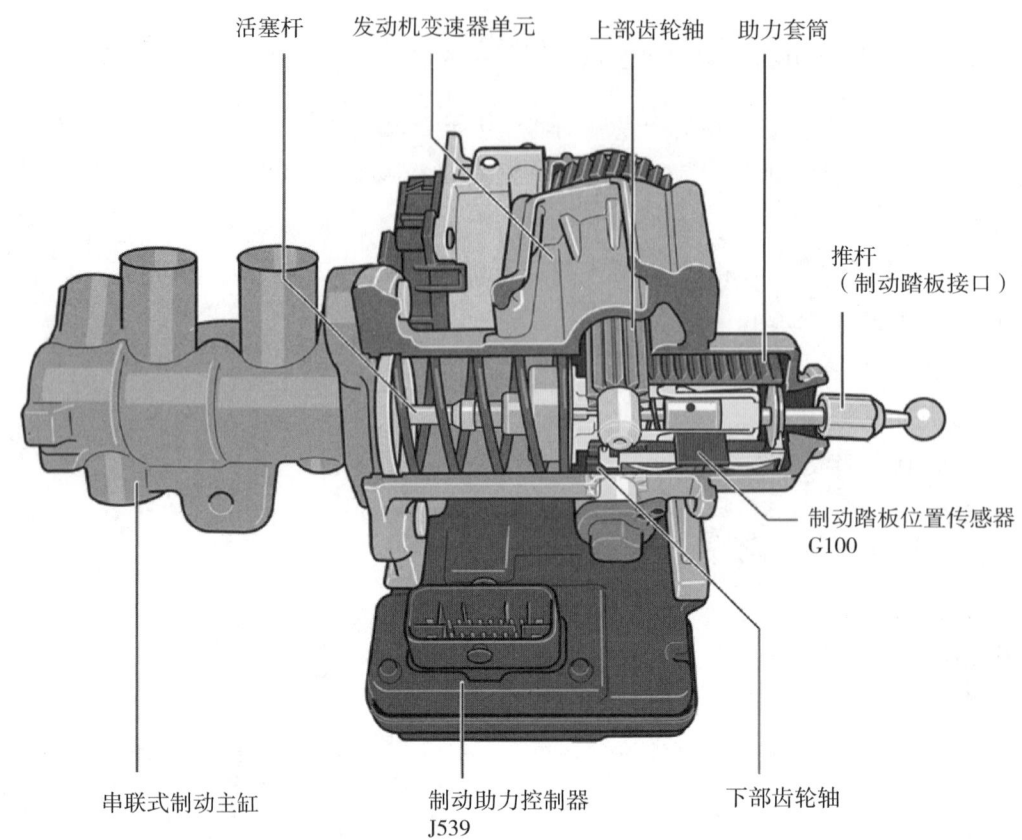

图 6-89

踏板位置传感器 G100 的信号用于促动制动信号灯。

四、制动系统蓄压器 VX70

必要时，电驱动机构/三相交流电机在车辆滑行模式中作为发电机使用，以便为混合动力蓄电池重新充电（再生）。电动机由此被"驱动"。这样，它会形成一个行驶阻力，并对驱动轮造成额外的制动力矩。如驾驶员操纵了制动器，这一额外的制动力矩会立即再次提高车辆的制动效果。因为这可以不取决于驾驶员而发生，所以由驾驶员进行的预定义车辆制动很难实现。因此，有必要随时实现驾驶员规定的且驾驶员能对其效果进行估计的制动力矩。因为更有效，所以在液压制动压力再生时降低。该下降的目的是将"液压"制动和"电动"制动的总量调节到驾驶员实际需要的量。要实现这一点，将使用制动系统蓄压器 VX70。"电动"和"液压"制动重叠称为"混合制动"。作为示例，如图 6-90 所示图形中特别标记了在特定时间点（制动开始后 1s）的减速。驾驶员想要实现的减速 a 会通过

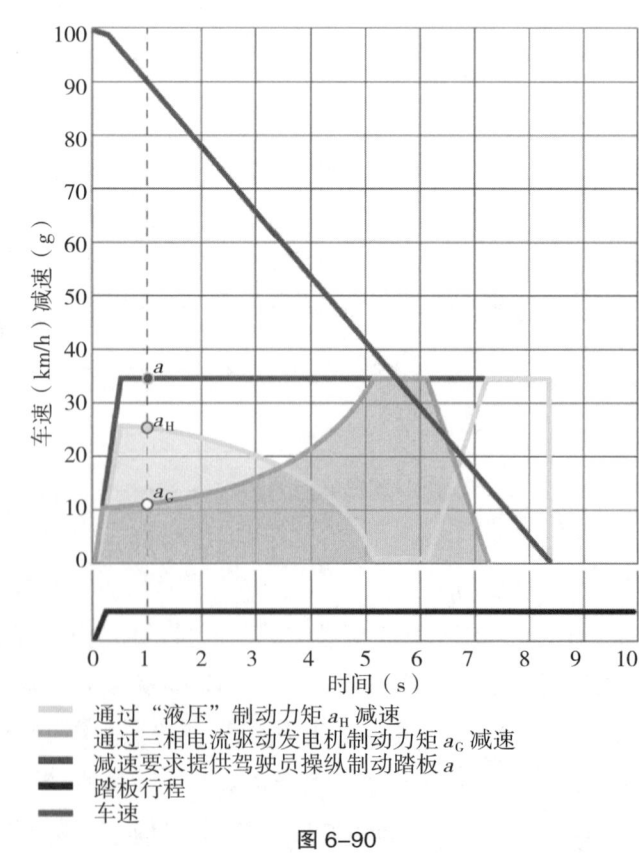

通过"液压"制动力矩 a_H 减速
通过三相电流驱动发电机制动力矩 a_G 减速
减速要求提供驾驶员操纵制动踏板 a
踏板行程
车速

图 6-90

液压制动力矩 a_H 的减速总量和发电机制动力矩 a_G 的减速总量来实现。$a=a_H+a_G$。

（一）结构和工作原理

蓄压器直接与制动主缸并由此与液压制动回路相连，如图 6-91 所示。如必须降低驾驶员控制的制动压力（再生时取决于电驱动机构的辅助制动力矩），则制动助力控制单元 J539 将促动蓄压器电动机。ABS 控制单元 J104 确定需要降低的制动压力的大小，然后"委托"控制单元 J539 实现。通过气缸内的主轴驱动机构，活塞做提升运动，气缸容积增大并从制动回路抽吸制动液。系统中的以及对车轮制动器上的制动压力降低。同时，通过 eBKV 降低制动助力，使得制动踏板不下沉。如电驱动机构的辅助制动力矩在驾驶员制动装置激活期

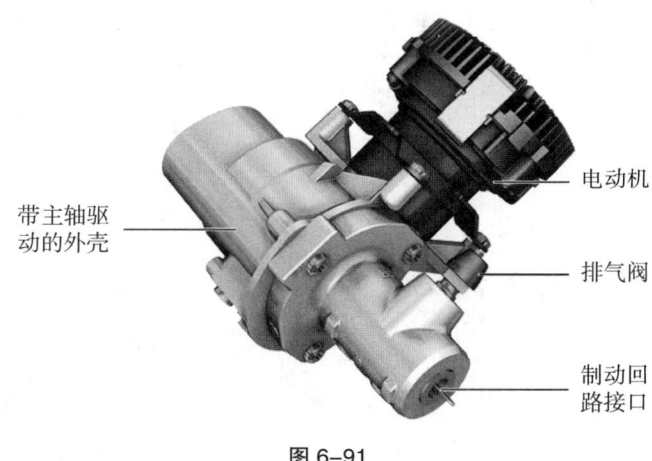

图 6-91

间变小或电驱动机构的发电机模式完全关闭，则必须再次提高之前降低的制动压力。控制单元 J539 重新促动蓄压器的电动机，活塞运动降低工作缸的容量，工作缸中的制动液会重新输送到制动回路中。制动系统中的压力相应上升。

（二）售后服务内容

电控机械式制动助力器（eBKV 包括制动助力控制单元 J539）和蓄压器可通过诊断地址 23 访问。必要时，组件可在售后服务时整个更换。eBKV（包括控制单元）更换后，要对控制单元进行在线设码。最根本的前提就是要为制动装置正确排气。接着利用车辆诊断仪自动执行 eBKV 的学习过程。更换蓄压器后进行基本设置，同时探测活塞的终端位置。采用作动器诊断进行 eBKV 和蓄压器的功能检测，并促动警告灯和制动信号灯。

五、车轮和轮胎

奥迪 Q7 e-tron quattro 上市时的标准装备使用 19 英寸规格的车轮，可以选装 19~20 英寸的车轮。同时可提供的轮胎规格从 255/55 R19 至 285/45 R20，如图 6-92 所示。系列配置轮胎应急修理系统，可选装

标配车轮	选装车轮	冬季车轮（选装）
8.0J × 19ET28 锻造轻量轮 适用雪地防滑链 255/50 R19	9.0J × 20ET22 旋压铸造轮 285/45 R20	8.0J × 20ET28 旋压铸造轮 255/50 R20 XL M+S
		9.0J × 20ET33 旋压铸造轮 285/45 R20 XL M+S

图 6-92

6.5J×20规格的铝制折叠式车轮。在工厂交货时若订购冬季轮胎或者装备折叠车轮,则会配备汽车千斤顶。

(一)轮胎压力监控显示

大家熟悉的第二代轮胎压力监控显示系统也是奥迪Q7 e-tron quattro的标准装备。

(二)轮胎充气压力监控系统

与奥迪Q7（4M车型）一样,还可选装一个直接测量型第三代轮胎压力监控系统（RDK）。

第五节　空调和制冷系统

一、热管理系统和热泵

奥迪Q7 e-tron quattro的热管理系统负责在所有运行状态下为传统传动系和电动传动系提供最佳的发动机温度。此外,它还负责车内制冷和加暖。热管理系统包括为传动系元件提供降温的各种冷却回路、一个空调器制冷剂回路以及必要的促动控制装置。概览图以不带传统驻车暖风的汽车为准。车辆中的组件如图6-93和图6-94所示。

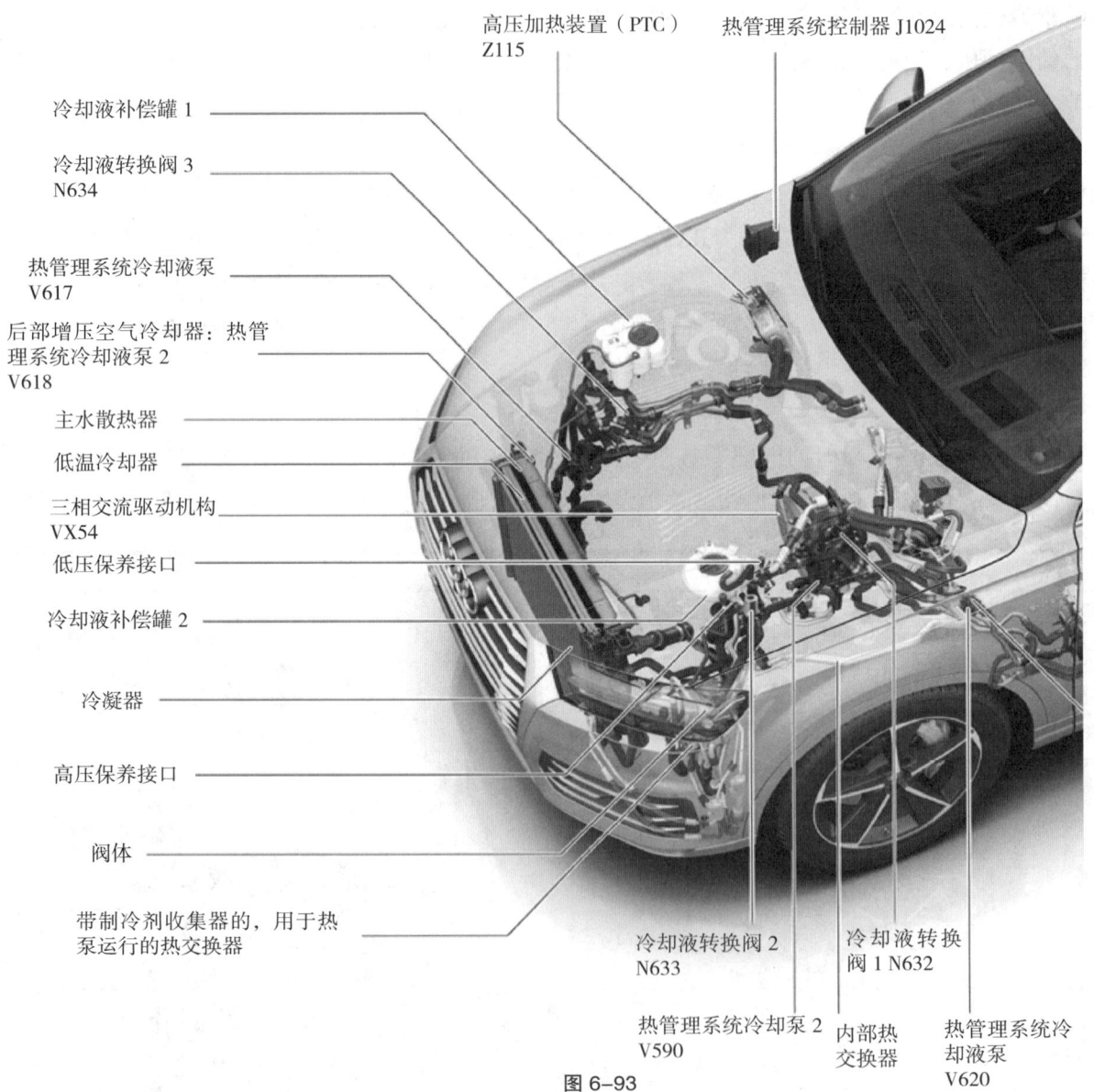

图6-93

图 6-94

（一）热泵

热泵的原理作为建筑技术已为人熟知多年，现在它通过奥迪 Q7 e-tron quattro 进入了奥迪车的世界。电驱动汽车产生的余热要比发动机汽车少得多，所以必须有效地利用产生的热能。余热中的能量可以用于车内空间加热，所以不能浪费。热泵的应用实现了利用电动传动系元件的余热对车内空间进行加热。通过扩展制冷剂及冷却液回路，可以回收余热用于加热。这样可使电动加热运行模式的效率得到显著提升。热泵可以增加奥迪 Q7 e-tron quattro 的可达里程。热泵会将电动传动系元件散失的热量收集起来，然后使流经热交换器的冷却液达到更高的温度水平。

1. 热泵优点。

利用电动空调压缩机 V470 和高压加热装置（PTC）Z115，在夏季行驶前可以对车内空间提前制冷，冬季提前加热。接着，热泵无须辅助加热就可以维持在 22℃左右的舒适温度。这在 0℃以上的车外温度条件下都可以实现。当车外温度下降到 0℃以下，可以由高压加热装置（PTC）Z115 提供辅助。热泵的另外一个优点是，可以避免车窗在潮湿气候条件下蒙上水雾。通过它可首先对吸入的空气进行冷却并除湿，接着通过热泵重新高效地加热。电动车辆的传统加热系统为此需要消耗两次能量。

2. 温度预调节。

电动温度预调节功能可以立刻启动,也可以根据出发时间预先设置。该功能可以通过车内的 MMI、Audi connect APP 或 myAudi 进行操作。温度预调节功能运行与汽车是否正通过充电基础设施充电无关。前提条件是混合动力蓄电池电量充满。此外,可以选装购买传统的驻车暖风。

3. 操作方法。

操作方法如图 6-95 所示。

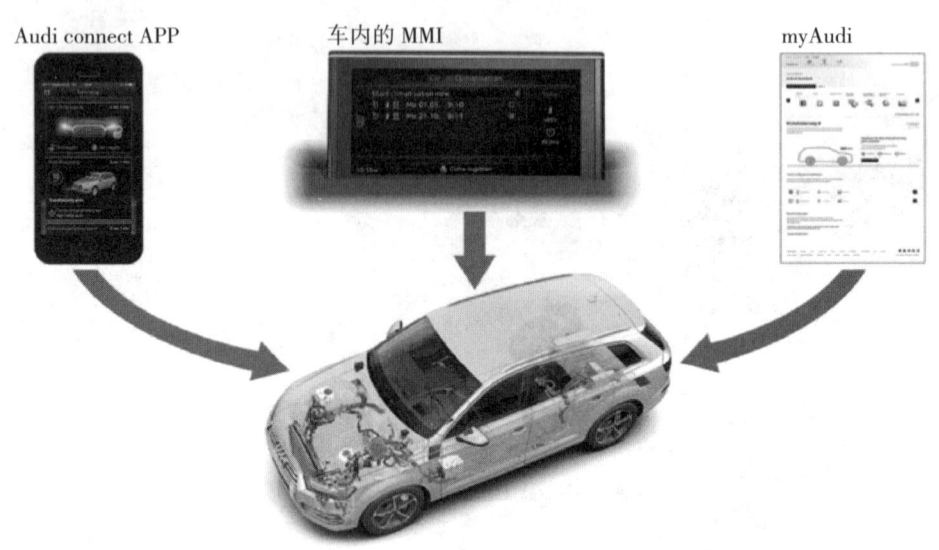

图 6-95

(二)重要组件

图 6-96

1. 热管理系统控制单元 J1024(如图 6-96 所示)。

控制单元 J1024 可以协调由热泵新加入的部件的请求,协调子系统的请求,并尝试调节最节能的工作点。它安装在右侧翼子板下方。控制单元通过混合动力 CAN 数据总线与数据总线诊断接口 J533 相连。为了划定功能故障可能原因的所在位置,所以在控制单元 J1024 的基本设置中设置了各种不同例行程序,包括以下功能:

(1)空调器制冷。

(2)热泵。

(3)冷却高压系统部件。

(4)引导型故障查询。

热管理系统控制单元 J1024 与以下所列控制单元进行通信:

(1)蓄电池调节控制单元 J840。

(2)电驱动系统控制单元 J841。

(3)前部空调单元操作与显示单元 E87。

(4)发动机控制单元 J623。

根据请求,控制单元 J1024 从 200 多个可能的开关状态中选出最佳的状态。此外,热管理系统控制单元 J1024 读取来自温度和压力传感器的信号,促动泵和阀门。

2. 高压加热装置（PTC）Z115（如图 6-97 所示）。

高压加热装置（PTC）Z115 会加热车内空间的暖风热交换器中的冷却液，这是在电动行驶和温度预调节时进行的。高压加热装置安装在排水槽中，只有当热泵的加热功率不足以加热车内空间时，高压加热装置（PTC）Z115 才会投入工作。

3. 电动空调压缩机 V470。

电动空调压缩机 V470 是汽车空调系统的核心部件，在应用到奥迪 Q7 e-tron quattro 上时得到了重新开发。电动空调压缩机以低压吸入低温气态制冷剂，它在压缩机中被压缩，同时提高压力。制冷剂的温度上升，压缩后的高温气态制冷剂从空调压缩机流入阀体，然后根据运行状态：

（1）制冷运行模式时：流向冷凝器。

（2）热泵运行模式时：流向用于热泵运行的热交换器。

电动空调压缩机 V470 在必要时不仅负责车内的加热和制冷，也负责混合动力蓄电池单元 AX1 的加热和冷却，结构如图 6-98 所示，技术参数如表 6-10 所示。

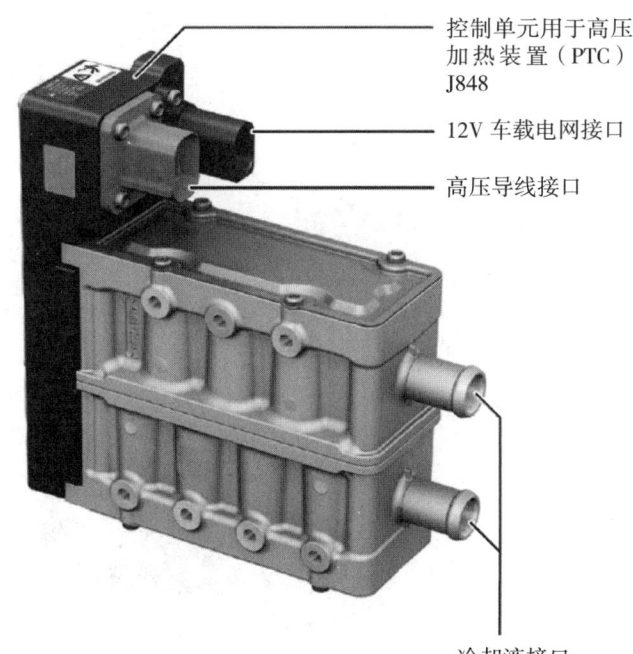

图 6-97

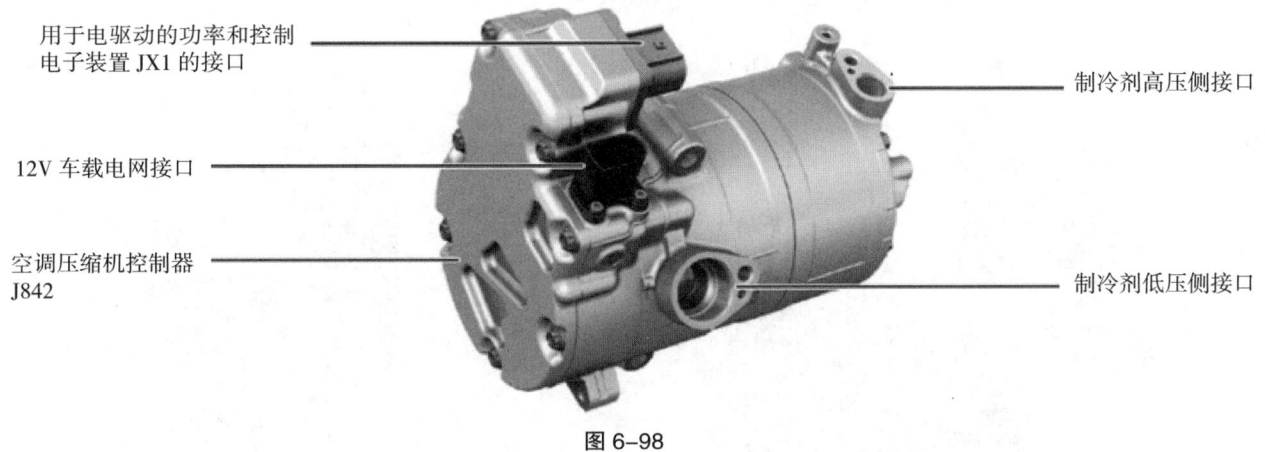

图 6-98

4. 制冷剂断流阀。

断流阀 N640、N641、N642 和 N643 布置在一个紧凑的阀体内，通过 LIN 总线受控制单元 J1024 促动，如图 6-99 所示。阀门的开关位置决定了系统的运行。此外，系统还包含以下阀门：

（1）电子膨胀阀 N636（热管理系统控制单元 J1024 通过 LIN 总线促动）。

（2）用于截流蒸发器的制冷剂断流阀 V424。

表 6-10

车型	涡旋式压缩机
压缩体积（cm^3）	33
重量（kg）	6.3
转速（r/min）	700~8500
最大功率消耗（kW）	5.3
工作电压范围（V）	195~450

5. 止回阀。

止回阀可以保证制冷剂在不同运行模式下沿正确方向流动，如图 6-100 所示。

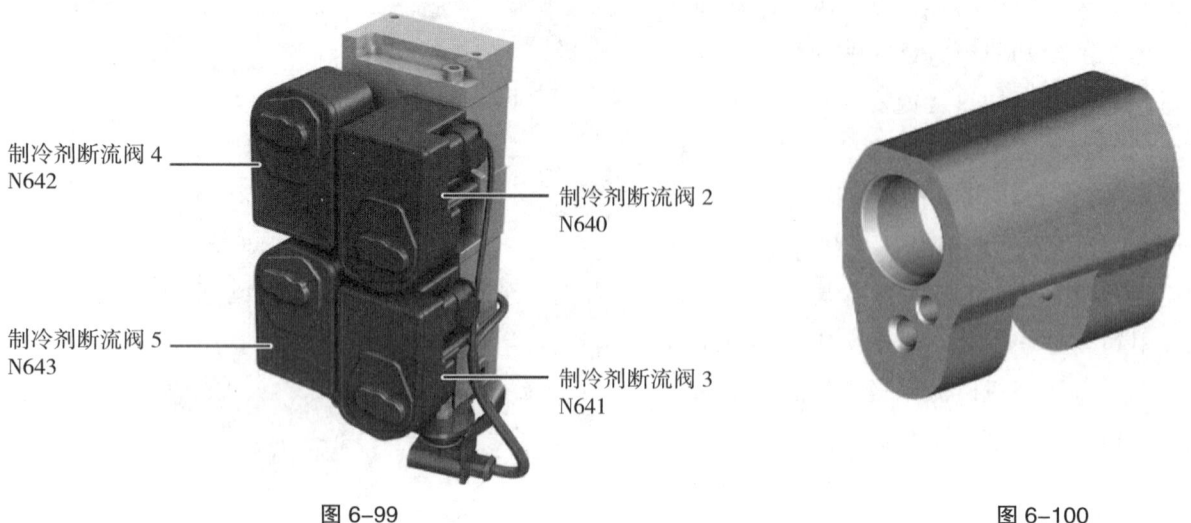

图 6-99　　　　　　　　　　　　　　　图 6-100

6. 混合动力蓄电池热交换器（冷却器）。

混合动力蓄电池热交换器是一台板式热交换器，制冷剂在其中被蒸发，如图 6-101 所示。该部件用于冷却蓄电池回路，并在热泵运行时吸收来自低温回路的热量。

7. 带制冷剂收集器的，用于热泵运行的热交换器。

用于热泵运行的热交换器将来自制冷剂回路和冷却回路的热量传递给加热回路，如图 6-102 所示。高温气态制冷剂在板式热交换器中冷凝，同时将热量散至加热回路。

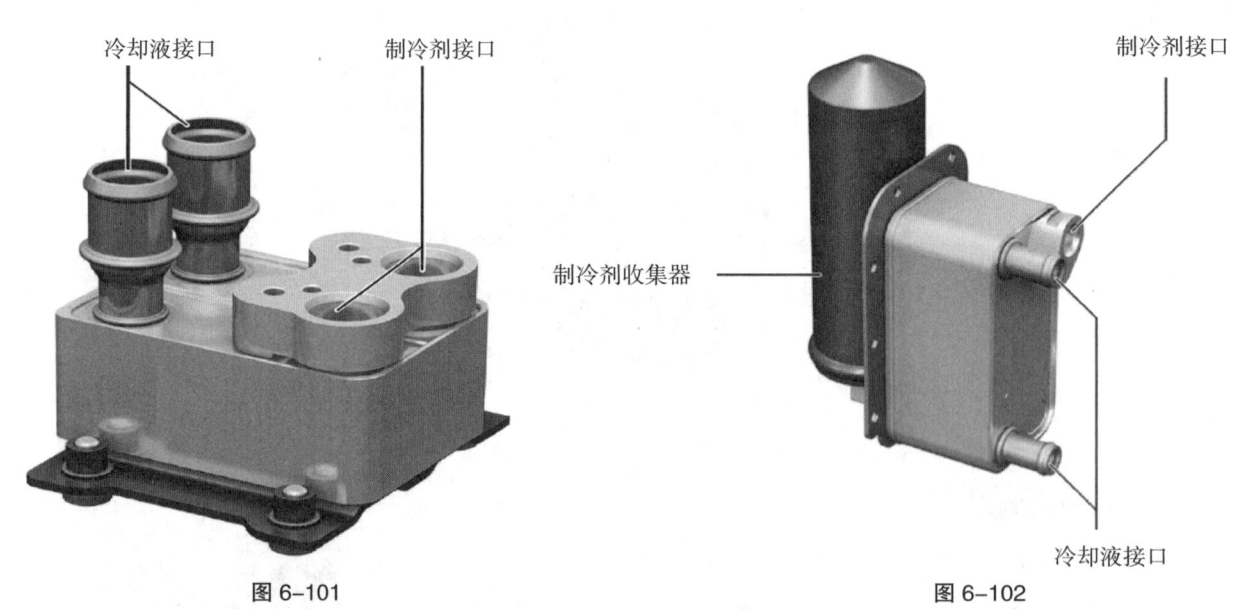

图 6-101　　　　　　　　　　　　　　　图 6-102

8. 冷却液压力和温度传感器。

制冷剂压力传感器和制冷剂温度传感器 G395、G826 和 G827 用于控制冷却系统或热泵系统，如图 6-103 所示。传感器分析着制冷剂回路中的压力和温度。

（三）制冷剂循环回路

奥迪 Q7 e-tron quattro 的制冷剂回路不同于奥迪 A3 e-tron，它有另外的热泵部件，如图 6-104 所示。

制冷剂回路的两个保养接口（高压和低压）分别位于低压侧空调压缩机上游以及高压侧阀体下游。

新的部件有：

（1）带阀门 V640~V643 的阀体。

（2）用于热泵运行模式的热交换器。

（3）4 个止回阀。

（4）内部热交换器。

（5）制冷剂膨胀阀 1 N636。

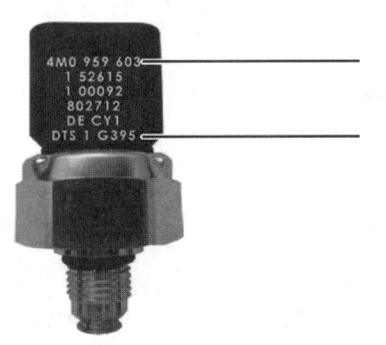

第 1 行：零件号

第 6 行：维修中的地址（DTS 1）和部件名称（G395）

图 6-103

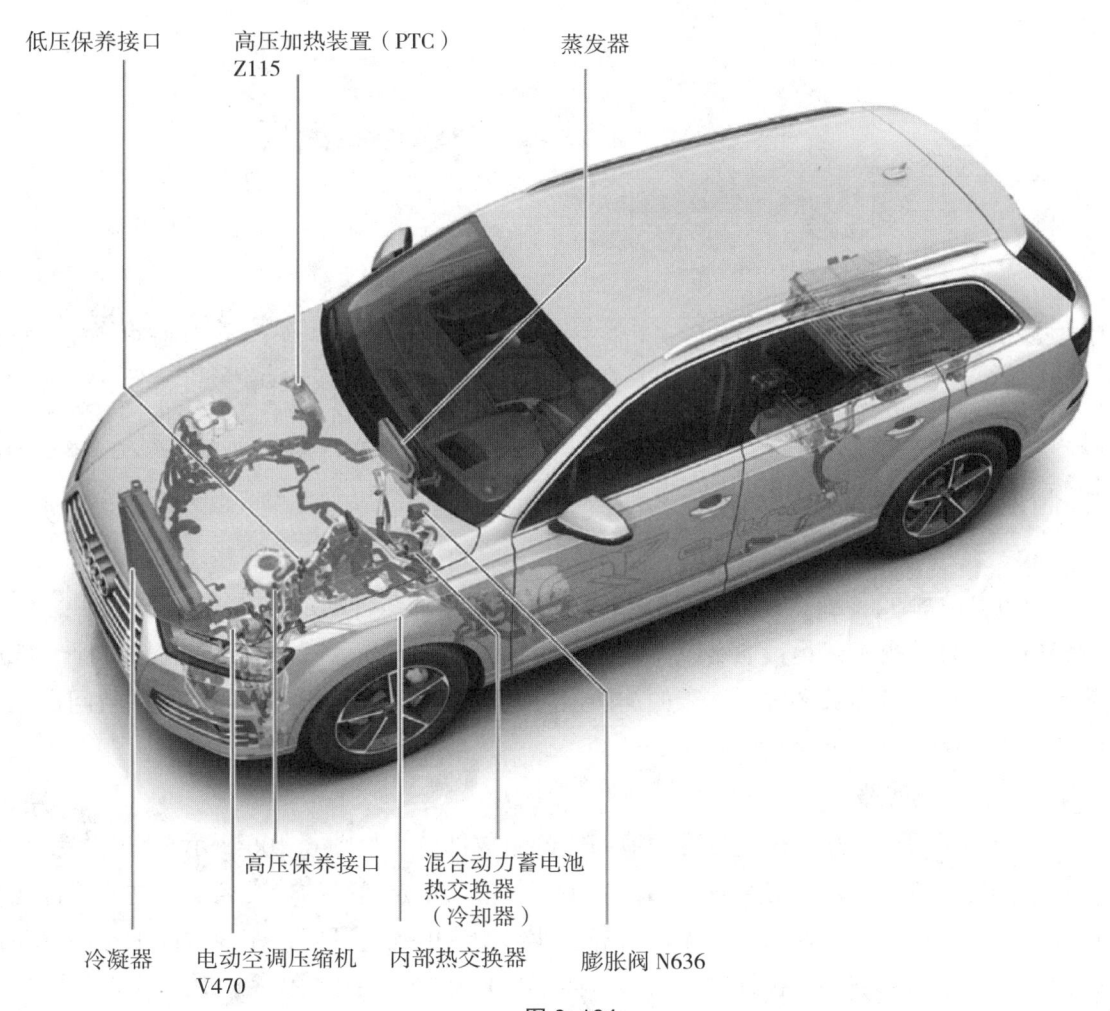

图 6-104

热泵运行模式下制冷剂回路的系统一览如图 6-105 所示。

二、冷却液回路

除了制冷剂回路外，奥迪 Q7 e-tron quattro 还有一个高温和一个低温回路，这可以让混合动力汽车所有元件的温度请求得到满足，温度范围达到 −30~110℃。通过发动机的冷却液回路，发动机和变速器得到冷却，车内空间得到加热。高压系统冷却液回路控制着混合动力蓄电池单元 AX1 及高压蓄电池充电器 1 AX4 的温度。电动传动系元件、三相交流驱动机构 VX54 和电驱动的功率和控制电子装置 JX1 也是通过该回路冷却的。通过阀门切换即可根据需要调节部件的温度。混合动力蓄电池既可以被动地通过环境，

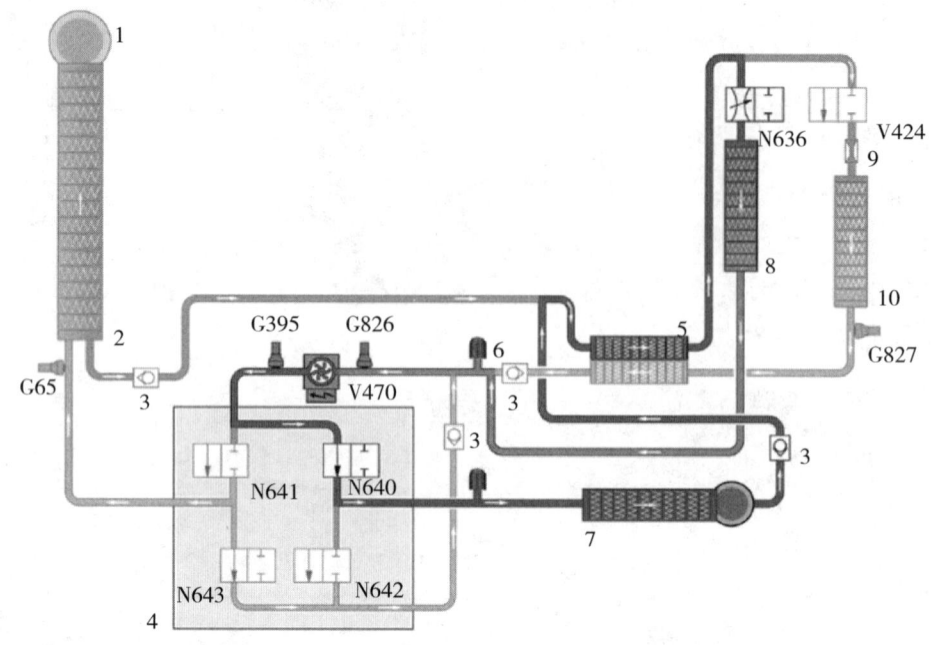

1.带干燥器的储液罐 2.冷却液冷凝器 3.止回阀 4.阀体 5.内部热交换器 6.低压保养接口 7.用于热泵运行的热交换器 8.混合动力蓄电池热交换器（冷却器） 9.热膨胀阀 10.蒸发器 11.高压保养接口（仅在热泵运行模式下） G65.高压传感器 G395.制冷剂压力和制冷剂温度传感器 G826.制冷剂压力和制冷剂温度传感器2 G827.制冷剂压力和制冷剂温度传感器3 N636.制冷剂膨胀阀1 N640.制冷剂断流阀2 N641.制冷剂断流阀3 N642.制冷剂断流阀4 N643.制冷剂断流阀5 V424.制冷剂断流阀（仅在制冷运行模式下打开） V470.电动空调压缩机

图 6-105

也可以主动地通过制冷剂回路进行冷却。奥迪 Q7 e-tron quattro 的热管理系统中集成有一个热泵，它能有针对性地收集电气元件的损失热量，通过制冷剂回路将损失热流提高到一个较高的温度水平。然后，热量经用于热泵运行的热交换器被输送到汽车的加热回路。该设计可确保十分高效的车内空间加热过程，进而提高电动可达里程。

（一）车内空间加热回路

加热回路用于向车内提供热量，它是冷却液回路的组成部分，如图 6-106 所示。它与传统车辆加热回路的区别在于额外集成的高压加热装置（PTC）Z115 和用于热泵运行的热交换器。这些元件让混合动力车辆即使在较低环境温度也能够运行，无任何舒适性影响。电动行驶时，车内空间加热回路通过切换阀门而与发动机的冷却回路断开，这样可以将通过高压加热装置（PTC）Z115 和用于热泵运行的热交换器带来的能量提供给车内空间。

车内空间加热回路系统一览如图 6-107 所示。

（二）高压系统冷却液回路

高压系统冷却液回路对以下元件进行冷却：

（1）三相电流驱动 VX54，如图 6-108 所示。

（2）电驱动的功率和电子控制装置 JX1。

（3）混合动力蓄电池单元 AX1。

（4）高压蓄电池充电器 1 AX4。

由于这些元件需要相对较低的温度水平，所以需要一个独立的冷却回路。低温冷却器位于主水冷却

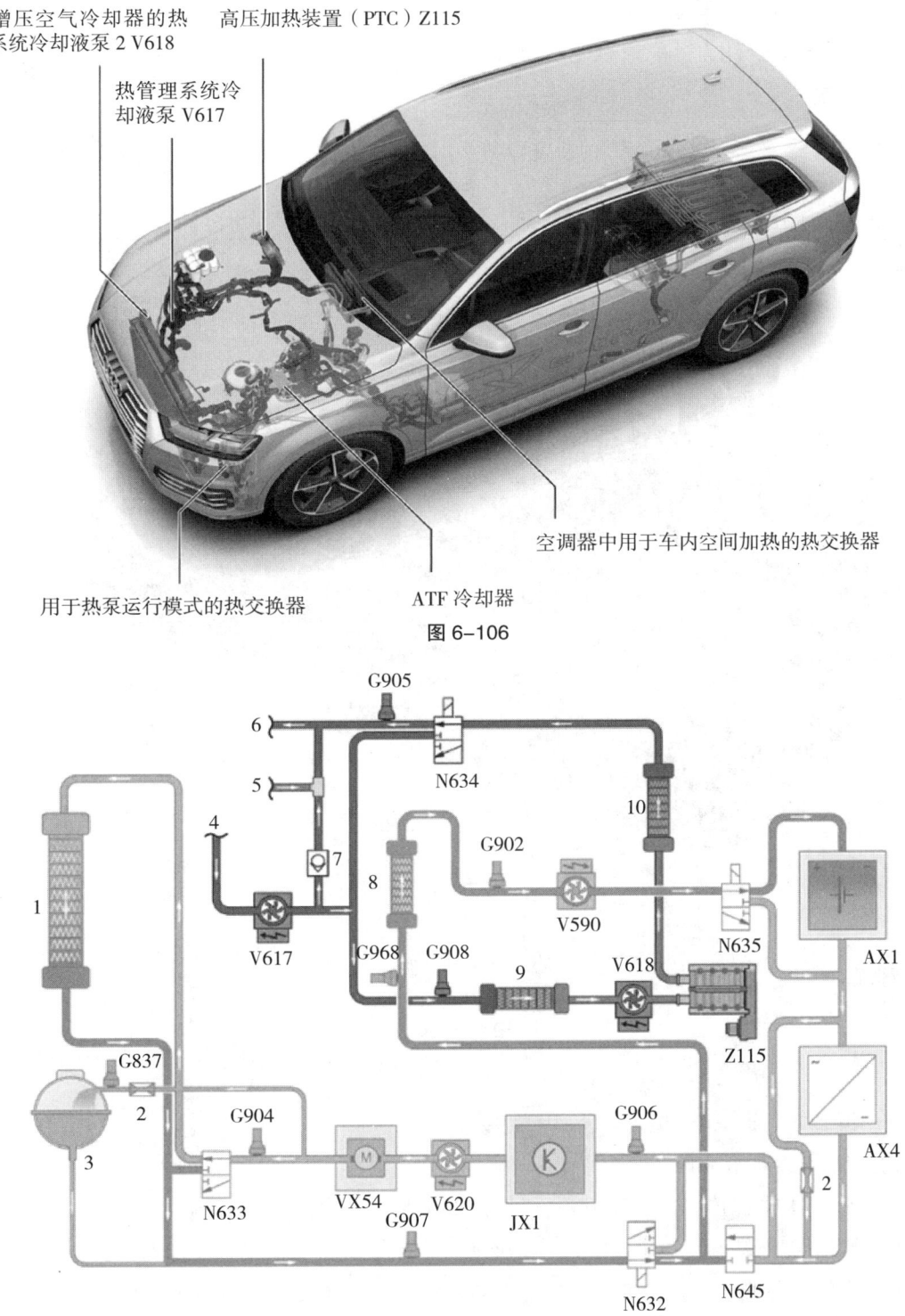

图 6-106

图 6-107

1.低温冷却器 2.节流阀 3.冷却液补偿罐2（用于高压系统） 4.暖风进流管 5.通往ATF冷却器的接口 6.暖风回流管 7.止回阀 8.混合动力蓄电池热交换器（冷却器） 9.用于热泵运行的热交换器 10.空调器中用于车内空间加热的热交换器 AX1.混合动力蓄电池单元 AX4.高压蓄电池充电器 1 G837.冷却液不足指示传感器 2 G902.热管理系统冷却液温度传感器 1 G904.热管理系统冷却液温度传感器 3 G905.热管理系统冷却液温度传感器 4 G906.热管理系统冷却液温度传感器 5 G907.热管理系统冷却液温度传感器6 G908.热管理系统冷却液温度传感器7 G968.热管理系统冷却液温度传感器8 JX1.电驱动的功率和控制电子装置 N632.冷却液转换阀 1 N633.冷却液转换阀2 N634.冷却液转换阀3 N635.冷却液转换阀4 N645.冷却液断流阀2 V590.高压蓄电池冷却液泵 V617.热管理系统冷却液泵 V618.热管理系统冷却液泵2 V620.热管理系统冷却液泵4 VX54.三相交流驱动机构 Z115.高压加热装置（PTC）

器和冷凝器之间。冷却液转换阀 1 N632 和冷却液断流阀 2 N645 的开关位置可以将高压系统冷却液回路分为 2 个独立的回路。当混合动力蓄电池单元 AX1 与电动传动系之间的温度不同时，就会发生这种情况。

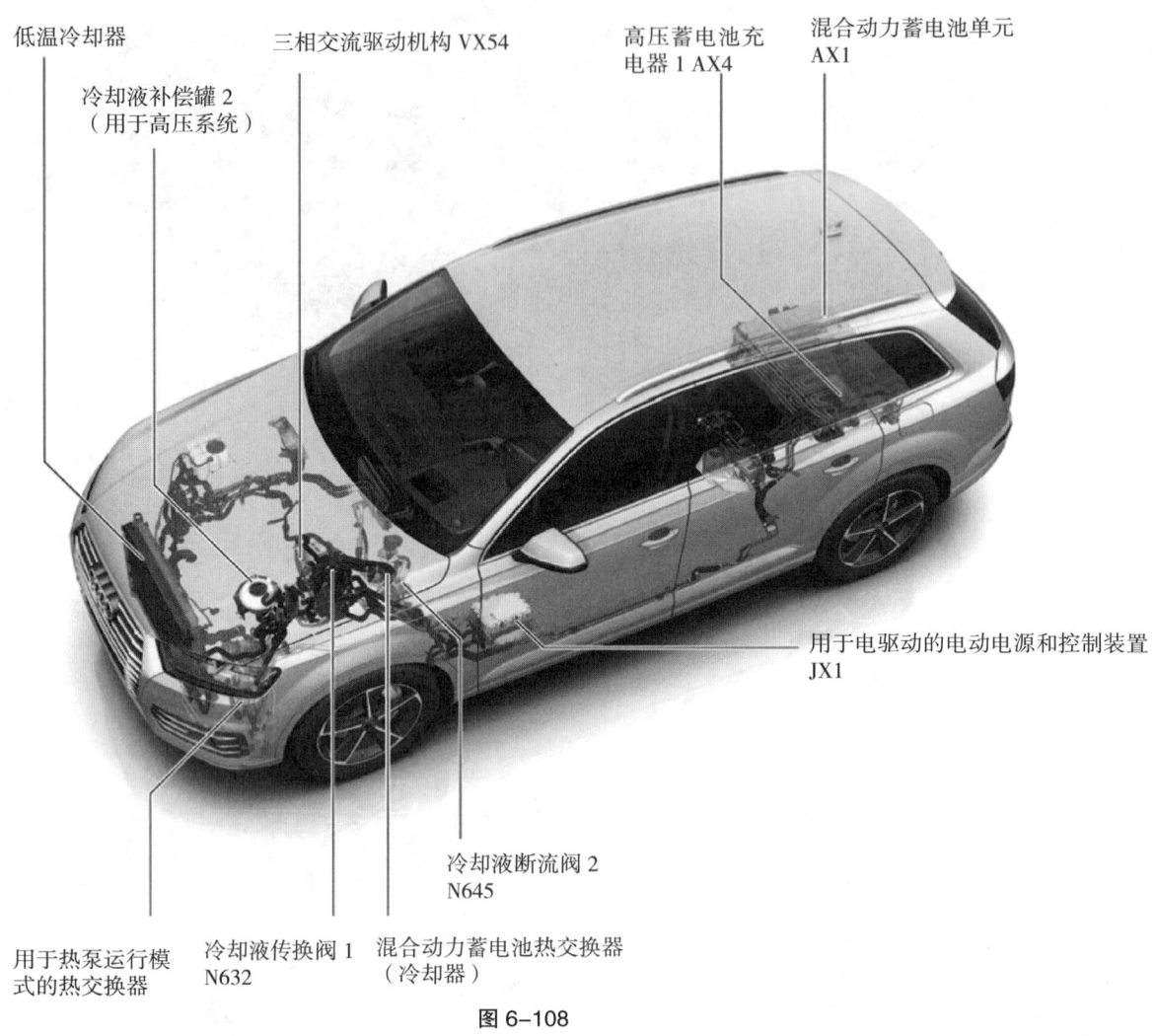

图 6-108

高压系统冷却液回路的系统一览如图 6-109 所示。

（三）电动传动系冷却液回路

该冷却液回路调节电驱动的功率和控制电子装置 JX1 及三相交流驱动机构 VX54 的温度。这些元件需要相对较低的温度水平，所以需要一个独立的冷却回路。低温冷却器位于主水冷却器上游，如图 6-110 所示。

低温冷却液回路，此处为用于冷却三相交流驱动机构 VX54 以及电驱动的功率和控制电子装置 JX1 的位置，如图 6-111 所示。

电动传动系冷却液回路系统一览如图 6-112 所示。

（四）混合动力蓄电池冷却液回路

混合动力蓄电池冷却液回路用于调节混合动力蓄电池单元 AX1 及高压蓄电池充电器 1 AX4 的温度。它包含混合动力蓄电池热交换器，后者也被称作冷却器（制冷剂—冷却液热交换器），可通过空调器的制冷剂回路主动冷却混合动力蓄电池单元 AX1，如图 6-113 所示。混合动力蓄电池冷却液回路，此处为用于调节混合动力蓄电池单元 AX1 及高压蓄电池充电器 1 AX4 温度的位置。

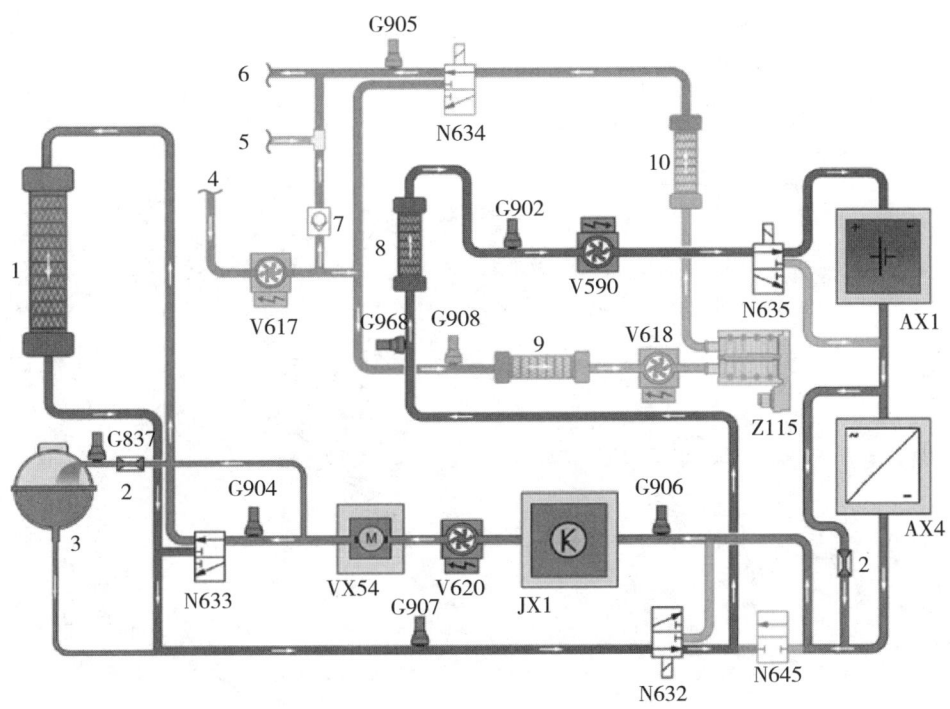

1.低温冷却器 2.节流阀 3.冷却液补偿罐2（用于高压系统） 4.暖风进流管 5.通往ATF冷却器的接口 6.暖风回流管 7.止回阀 8.混合动力蓄电池热交换器（冷却器） 9.用于热泵运行的热交换器 10.空调器中用于车内空间加热的热交换器 AX1.混合动力蓄电池单元 AX4.高压蓄电池充电器1 G837.冷却液不足指示传感器2 G902.热管理系统冷却液温度传感器1 G904.热管理系统冷却液温度传感器3 G905.热管理系统冷却液温度传感器4 G906.热管理系统冷却液温度传感器5 G907.热管理系统冷却液温度传感器6 G908.热管理系统冷却液温度传感器7 G968.热管理系统冷却液温度传感器8 JX1.电驱动机构的功率和控制电子装置 N632.冷却液转换阀1 N633.冷却液转换阀2 N634.冷却液转换阀3 N635.冷却液转换阀4 N645.冷却液断流阀2 V590.高压蓄电池冷却液泵 V617.热管理系统冷却液泵 V618.热管理系统冷却液泵2 V620.热管理系统冷却液泵4 VX54.三相交流驱动机构 Z115.高压加热装置（PTC）

图 6-109

图 6-110

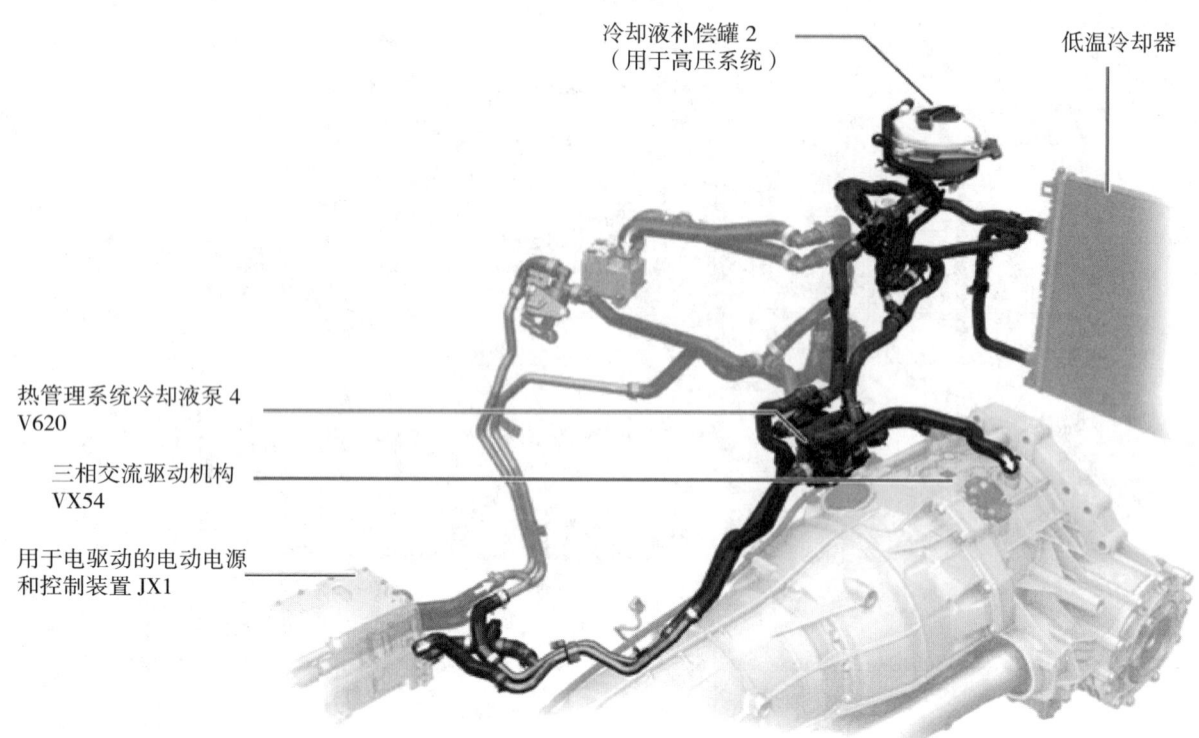

图 6-111

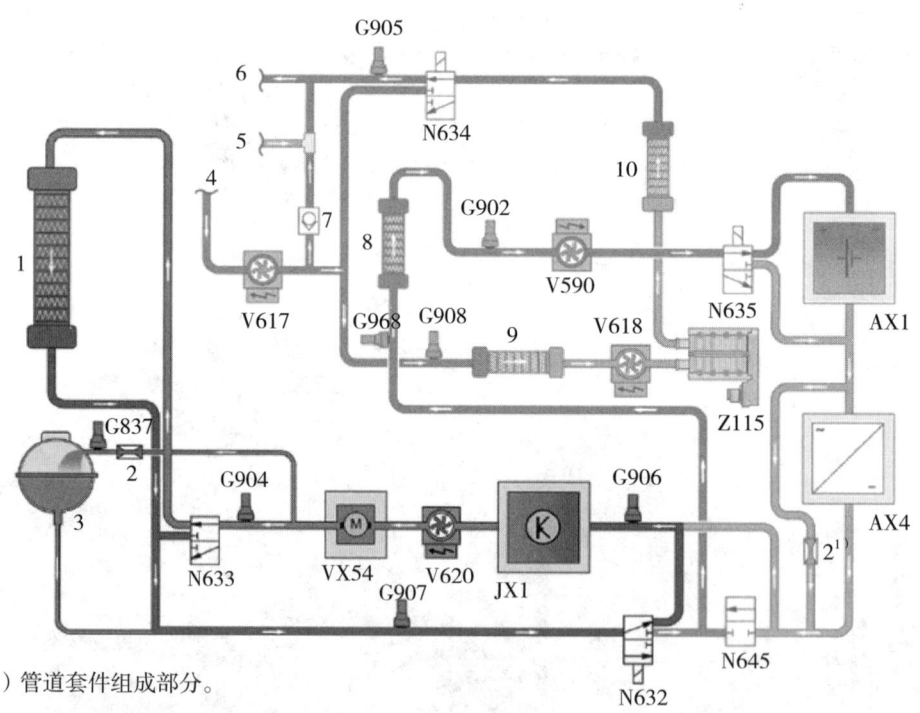

1）管道套件组成部分。

图 6-112

1.低温冷却器 2.节流阀 3.冷却液补偿罐2（用于高压系统） 4.暖风进流管 5.通往ATF冷却器的接口 6.暖风回流管 7.止回阀 8.混合动力蓄电池热交换器（冷却器） 9.用于热泵运行的热交换器 10.空调器中用于车内空间加热的热交换器 AX1.混合动力蓄电池单元 AX4.高压蓄电池充电器1 G837.冷却液不足指示传感器2 G902.热管理系统冷却液温度传感器1 G904.热管理系统冷却液温度传感器3 G905.热管理系统冷却液温度传感器4 G906.热管理系统冷却液温度传感器5 G907.热管理系统冷却液温度传感器6 G908.热管理系统冷却液温度传感器7 G968.热管理系统冷却液温度传感器8 JX1.电驱动的功率和控制电子装置 N632.冷却液转换阀1 N633.冷却液转换阀2 N634.冷却液转换阀3 N635.冷却液转换阀4 N645.冷却液断流阀2 V590.高压蓄电池冷却泵 V617.热管理系统冷却液泵 V618.热管理系统冷却液泵2 V620.热管理系统冷却液泵4 VX54.三相交流驱动机构 Z115.高压加热装置（PTC）

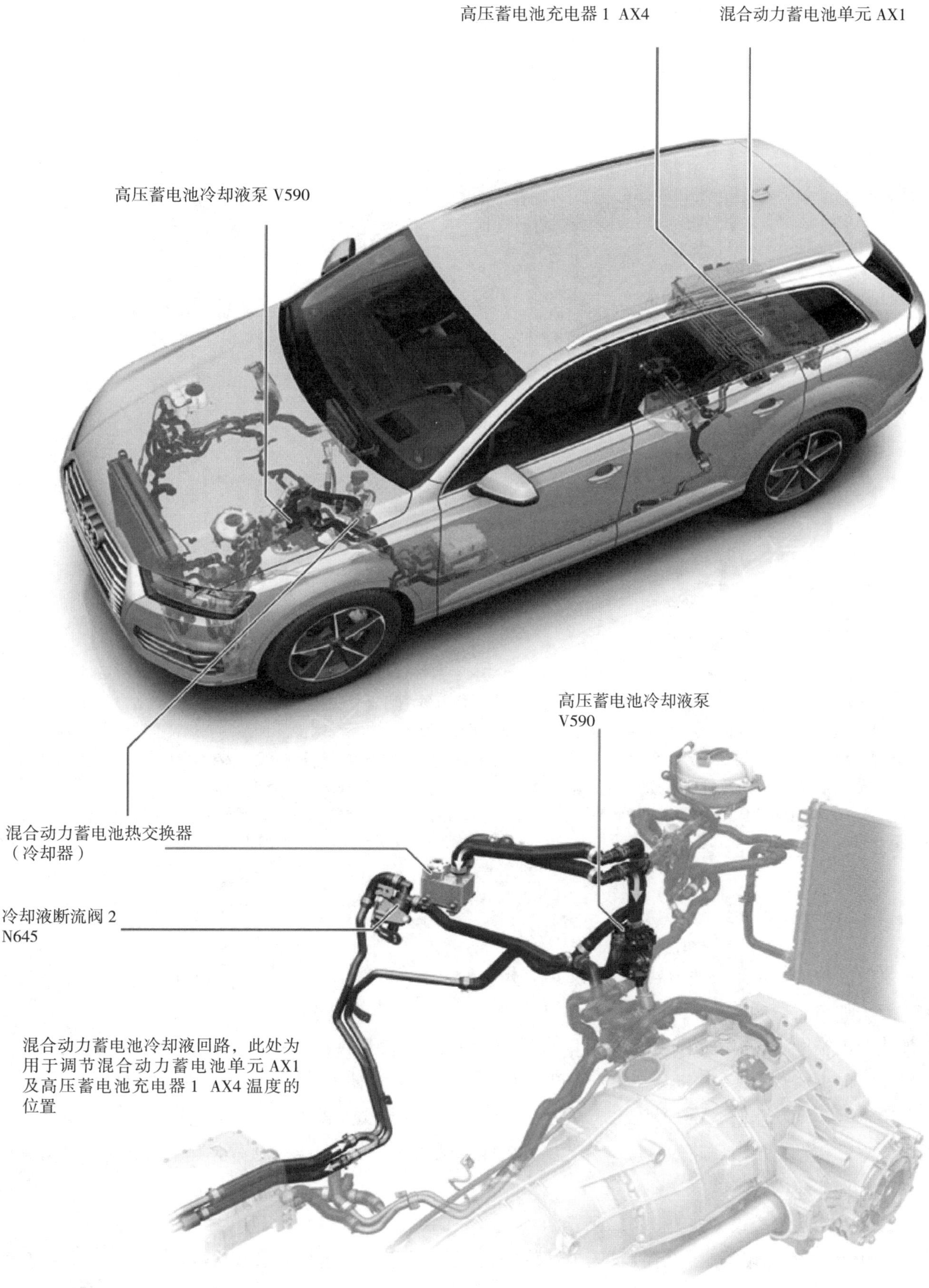

高压蓄电池充电器 1 AX4

混合动力蓄电池单元 AX1

高压蓄电池冷却液泵 V590

高压蓄电池冷却液泵 V590

混合动力蓄电池热交换器（冷却器）

冷却液断流阀 2 N645

混合动力蓄电池冷却液回路，此处为用于调节混合动力蓄电池单元 AX1 及高压蓄电池充电器 1 AX4 温度的位置

图 6-113

混合动力蓄电池冷却液回路系统一览如图 6-114 所示。

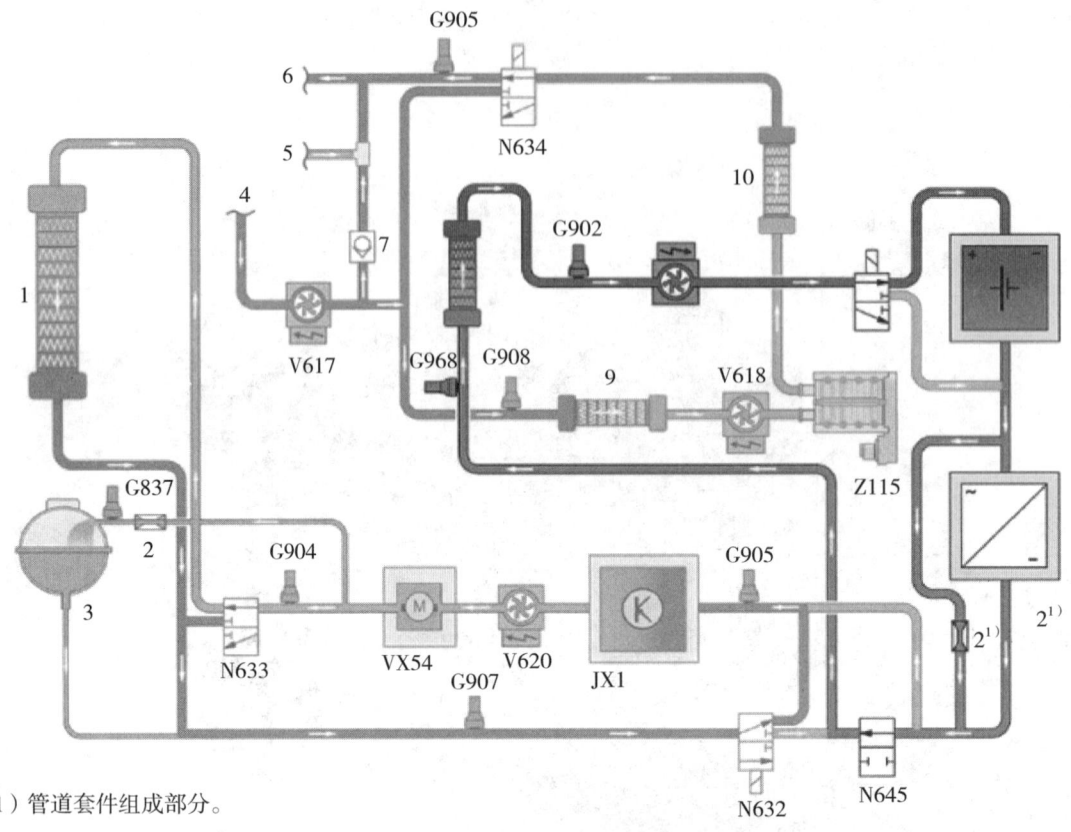

1）管道套件组成部分。

1.低温冷却器 2.节流阀 3.冷却液补偿罐 2（用于高压系统） 4.暖风进流管 5.通往 ATF 冷却器的接口 6.暖风回流管 7.止回阀 8.混合动力蓄电池热交换器（冷却器） 9.用于热泵运行的热交换器 10.空调器中用于车内空间加热的热交换器 AX1.混合动力蓄电池单元 AX4.高压蓄电池充电器1 G837.冷却液不足指示传感器2 G902.热管理系统冷却液温度传感器1 G904.热管理系统冷却液温度传感器3 G905.热管理系统冷却液温度传感器4 G906.热管理系统冷却液温度传感器5 G907.热管理系统冷却液温度传感器6 G908.热管理系统冷却液温度传感器7 G968.热管理系统冷却液温度传感器8 JX1.电驱动的功率和控制电子装置 N632.冷却液转换阀 1 N633.冷却液转换阀2 N634.冷却液转换阀3 N635.冷却液转换阀4 N645.冷却液断流阀2 V590.高压蓄电池冷却液泵 V617.热管理系统冷却液泵 V618.热管理系统冷却液泵2 V620.热管理系统冷却液泵 4 VX54.三相交流驱动机构 Z115.高压加热装置（PTC）

图 6-114

三、热泵运行状态

热泵的 3 种运行状态为加热运行、制冷运行和用于空气除湿的复热运行模式。

（一）加热运行模式（如图 6-115 所示）

加热车内空间时，电动空调压缩机 V470 压缩气态制冷剂使其急剧升温。用于热泵运行的热交换器是一款紧凑型的板式热交换器，将高温气体的热量传递至车内空间的加热回路，在此过程中气体冷却并液化。液态制冷剂经电动膨胀阀 N636 泄压，接着在混合动力蓄电池热交换器中蒸发。同时混合动力蓄电池热交换器吸收电动传动系低温回路的热量，后者温度由此降低 3~5℃。通过这一过程，热泵可将电动动力总成的废热用于加热车内空间。

（二）制冷运行模式（如图 6-116 所示）

这意味着，气态制冷剂不像在加热运行模式下一样在用于热泵运行的热交换器内液化，而是在车辆前端的大冷凝器中液化。它通过热膨胀阀膨胀、在空调器的蒸发器内蒸发，由此对车内空间进行制冷。

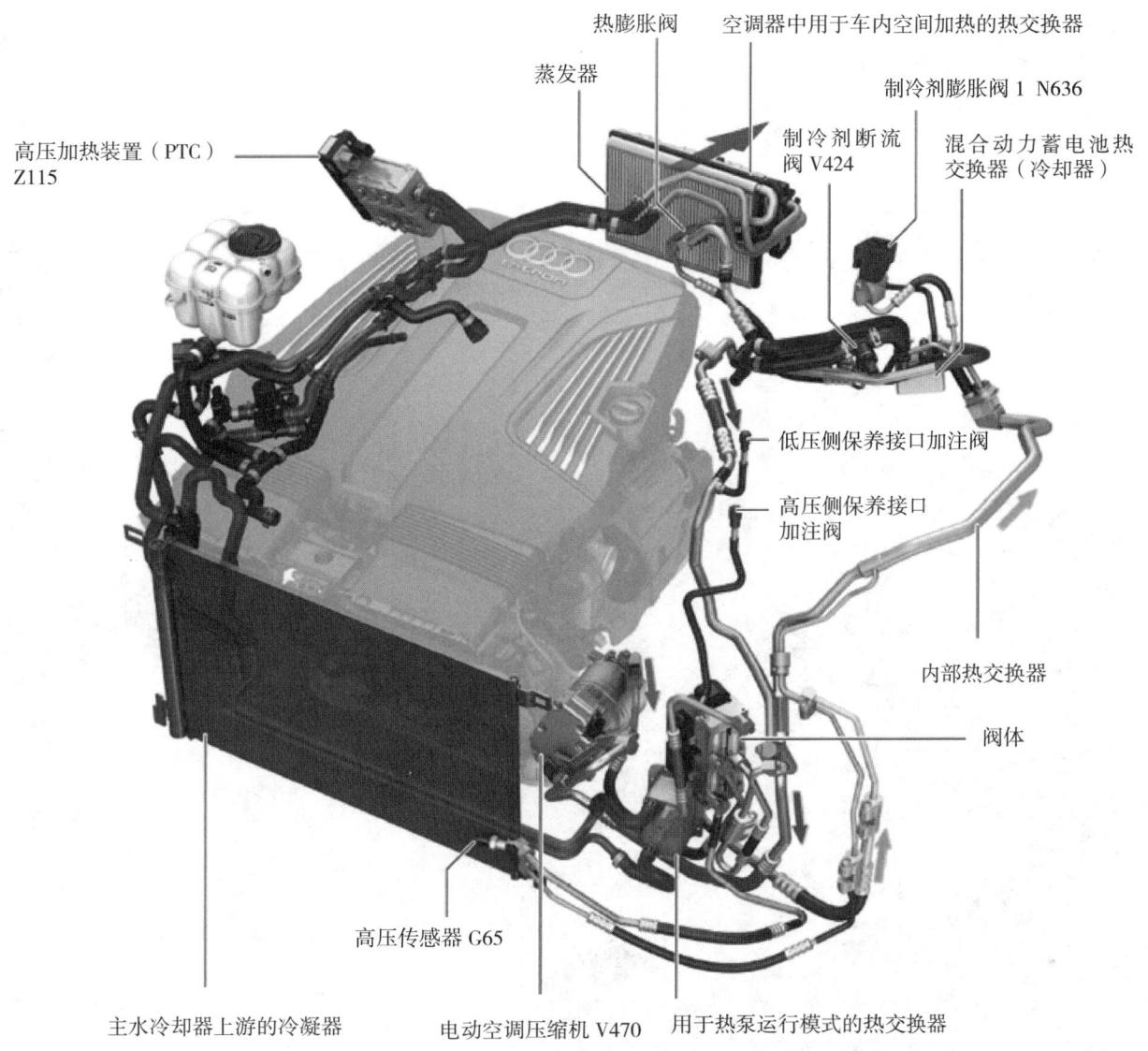

图 6-115

（三）复热运行模式（如图 6-117 所示）

在复热运行模式下，空气首先冷却，同时除湿，接着重新受热。用于热泵运行的热交换器将制冷剂冷却空气时吸收的热量提供给车内空间。必要时系统还可以通过混合动力蓄电池热交换器获取电动传动系的余热，通过这种运行模式避免车窗蒙上水雾。

四、车内空间空调

奥迪 Q7 e-tron quattro 上安装的空调面板已随奥迪 Q7（4M 车型）而被大家所熟知。前部空调操作面板（也叫作前部空调器操作与显示单元 E87）可在车辆诊断仪中通过地址代码 08 访问。该空调器拥有一个后部空气分配器外壳和一个后部空调器操作与显示单元 E265。3 区豪华自动空调的操作与显示单元拥有一个中央 LED 显示屏以显示后座区的车内温度，如图 6-118 所示。

五、系统一览

热管理系统如图 6-119 和图 6-120 所示。

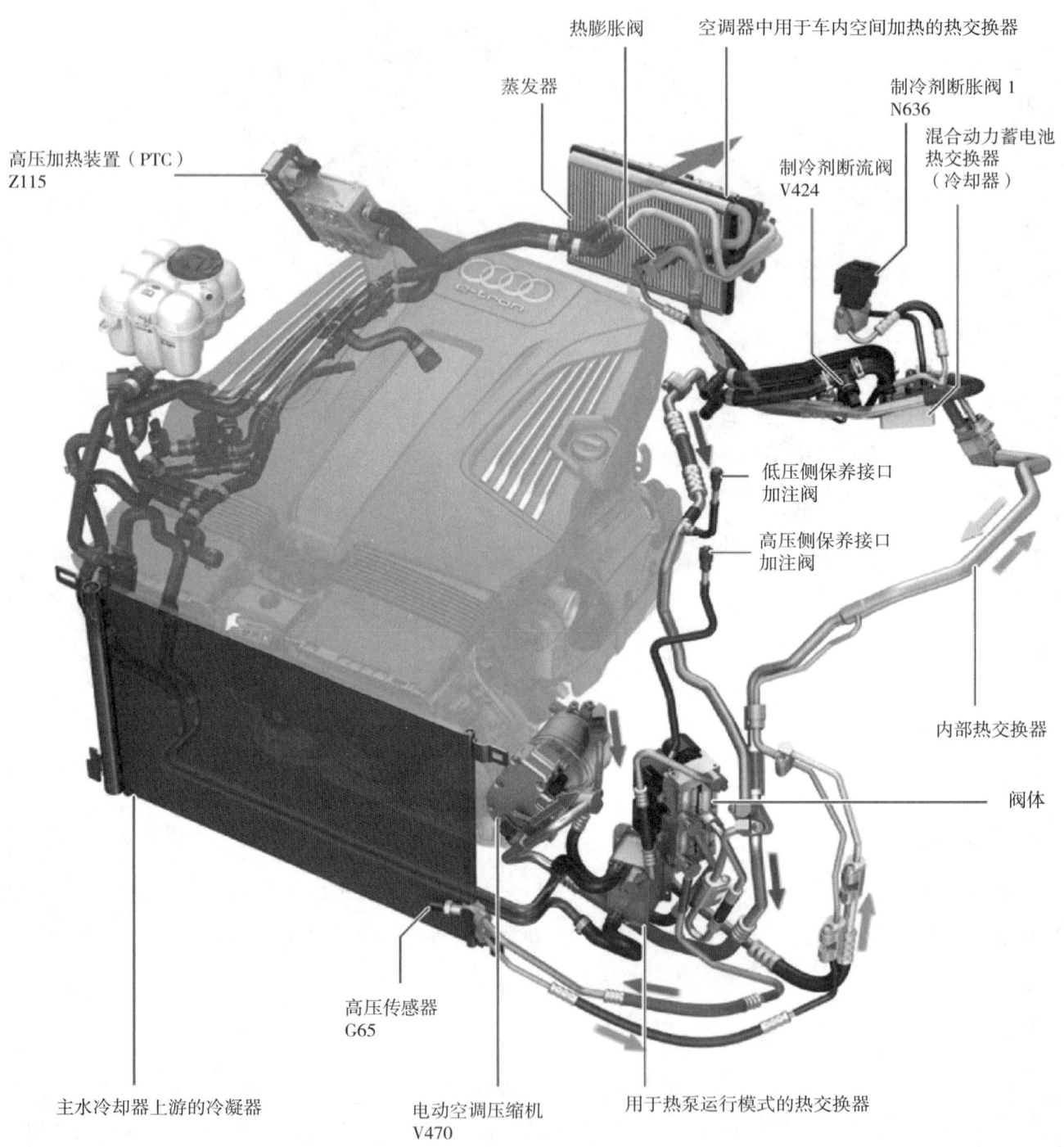

图 6-116

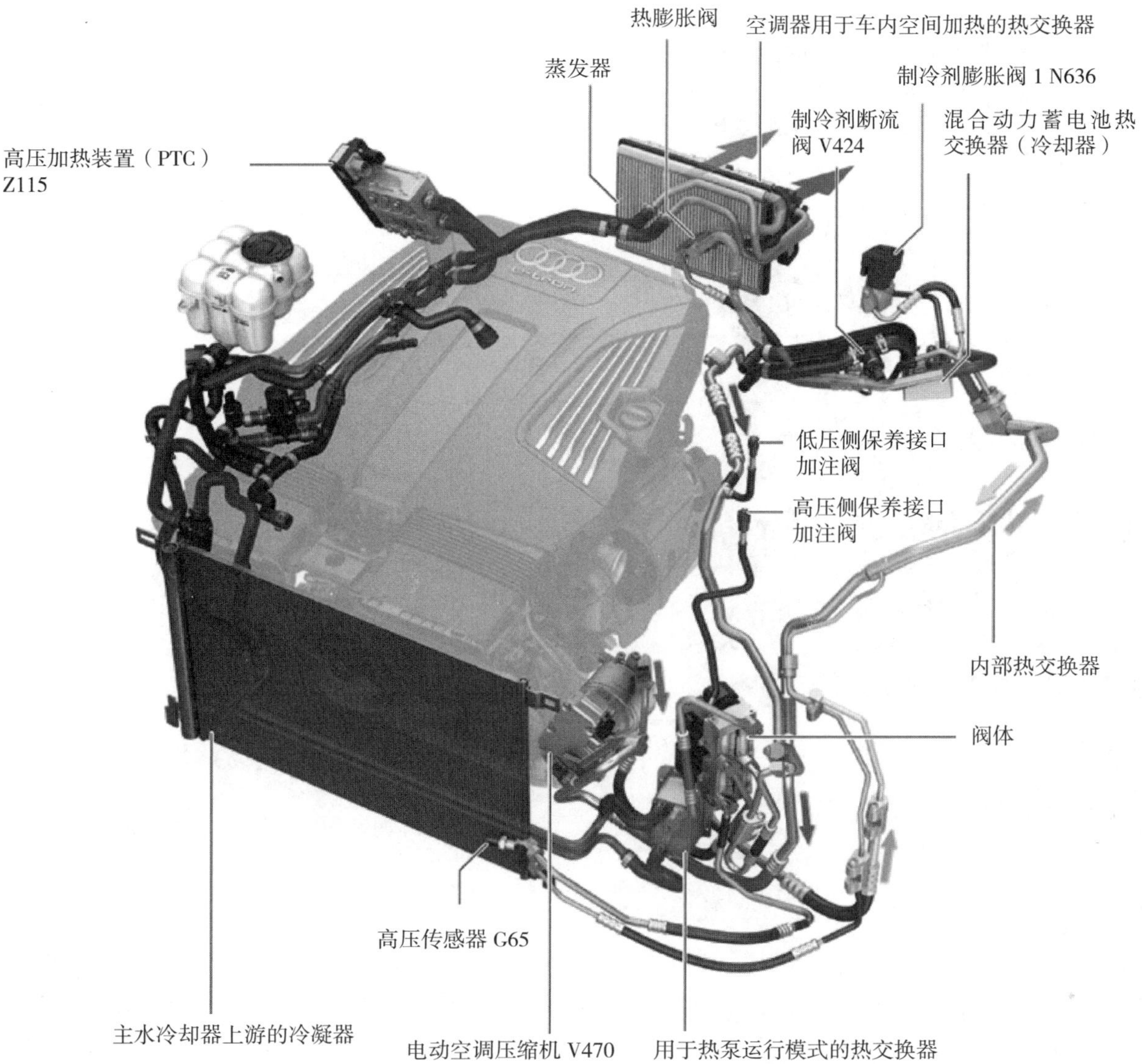
热膨胀阀
空调器用于车内空间加热的热交换器
蒸发器
制冷剂膨胀阀 1 N636
制冷剂断流
阀 V424
混合动力蓄电池热
交换器（冷却器）
高压加热装置（PTC）
Z115
低压侧保养接口
加注阀
高压侧保养接口
加注阀
内部热交换器
阀体
高压传感器 G65
主水冷却器上游的冷凝器
电动空调压缩机 V470
用于热泵运行模式的热交换器

图 6–117

后部空调操纵面板
前座空调操纵面板

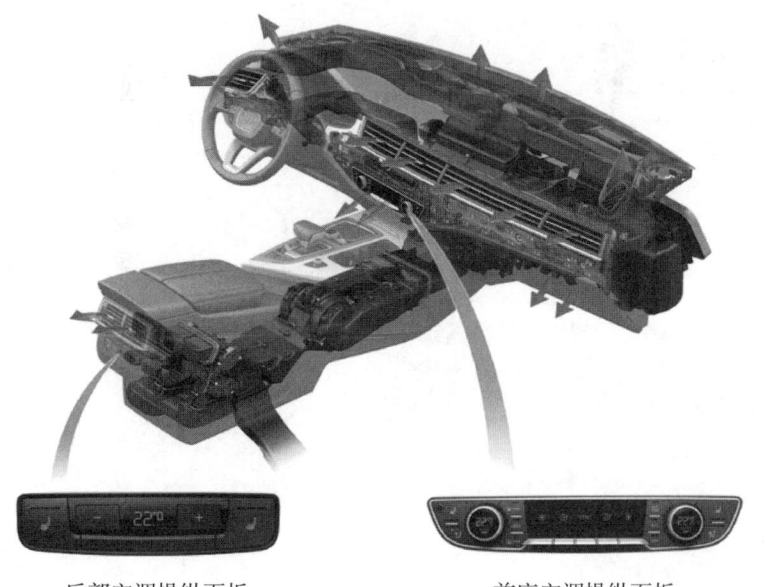

图 6–118

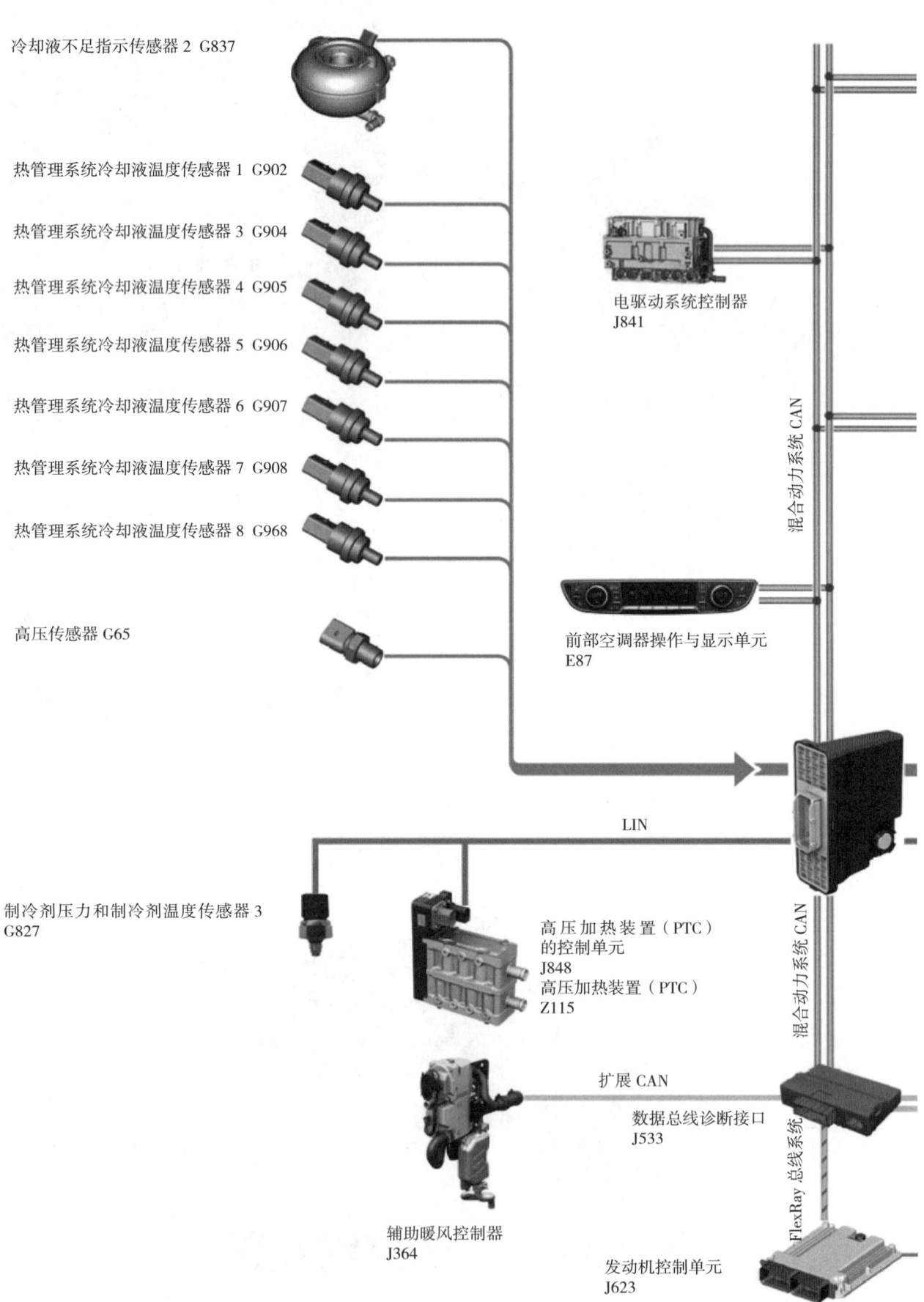

图 6-119

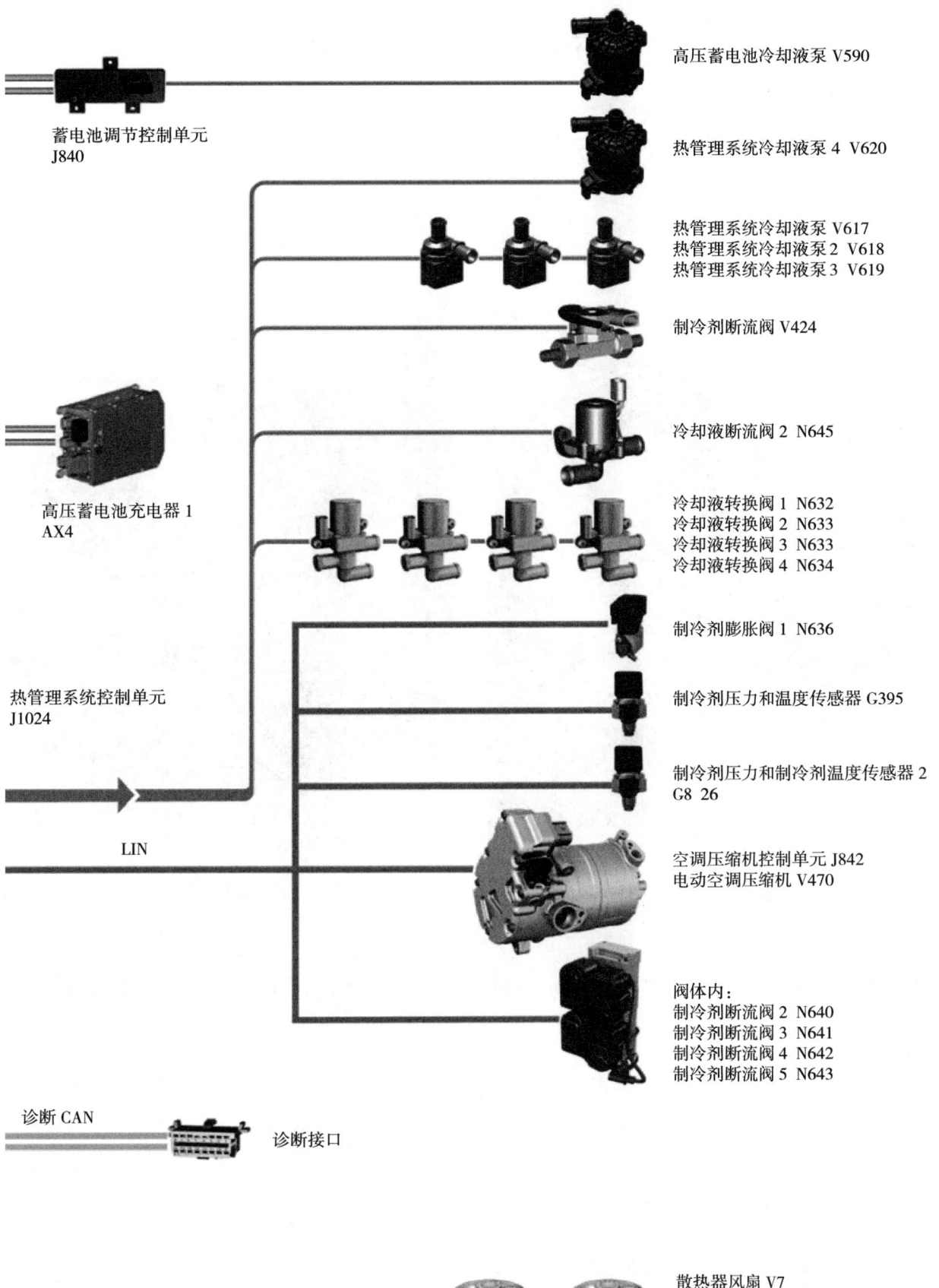

图 6-120

第六节　被动安全系统

一、概述

奥迪 Q7 e-tron quattro 中的乘员保护系统，如图 6-121 和图 6-122 所示。

图 6-121　　　　　　　　　　　　图 6-122

组件：

视国家规格和装备而定，奥迪 Q7 e-tron quattro 的被动式乘员及行人保护系统可能由以下部件和系统组成：

（1）安全气囊控制单元。

（2）自适应驾驶员安全气囊。

（3）自适应副驾驶员安全气囊（两级式副驾驶员安全气囊，国家规格）。

（4）前部侧面安全气囊。

（5）后排侧面安全气囊（装备型号）。

（6）头部安全气囊。

（7）前部安全气囊碰撞感应器。

（8）车门内侧面碰撞识别感应器。

（9）C柱上的侧面碰撞识别感应器。

（10）用于识别侧面和纵向碰撞的碰撞传感器。

（11）中部行人保护装置碰撞传感器（加速度传感器，国家规格）。

（12）左侧和右侧行人保护装置碰撞传感器（压力传感器，国家规格）。

（13）带爆炸式安全带拉紧器的前部安全带自动机构。

（14）带安全带电子拉紧器的前部安全带自动机构。

（15）带可开关的安全带拉力限制装置的前安全带自动机构。

（16）带驾驶员和副驾驶员侧燃爆式安全带预紧器的第2排座椅安全带自动回卷装置（国家规格）。

（17）前部腰部安全带拉紧器（国家规格）。

（18）针对所有座位的安全带警告装置（国家规格）。

（19）副驾驶员座椅占用识别功能。

（20）副驾驶员安全气囊停用的钥匙开关（国家规格）。

（21）副驾驶员侧安全气囊OFF（关闭）和ON（接通）指示灯。

（22）驾驶员和副驾驶员座椅位置识别功能。

（23）行人保护装置触发器（国家规格）。

（24）12V车载电网的蓄电池断路装置。

（25）高压系统蓄电池分离装置。

二、系统一览

系统一览图向您展示所有市场车型的组件，如图6-123所示。

三、安全气囊控制单元J234

（一）碰撞信号

安全气囊控制单元J234借助内部和外部的碰撞传感器记录碰撞，如图6-124所示。视碰撞阈值而定，安全气囊控制单元将碰撞划分为"轻微"或"严重"类别。其中视碰撞阈值而定的轻微碰撞还会细分为多个碰撞等级。如果乘员保护系统触发，例如安全带拉紧器、安全气囊，则存在严重碰撞。安全气囊控制单元将碰撞阈值连同碰撞等级发送至数据总线，其他总线用户接收到该碰撞信号后可以采取不同的操作，例如切断燃油供给。

（二）出现碰撞信号时，混合动力蓄电池的动作

安全气囊控制单元识别到相应的碰撞时，混合动力蓄电池出于安全原因将被切断。发生碰撞时，安全气囊控制单元向数据总线发送碰撞信号。网关（数据总线诊断接口J533）将信号传输至蓄电池调节控制器J840。

（三）发生轻微碰撞

发生轻微碰撞且符合相应的碰撞级别时，蓄电池调节控制单元J840促使切断混合动力蓄电池。通过转换端子15的状态，可重新激活因轻微碰撞而切断的混合动力蓄电池。

（四）发生严重碰撞

发生严重碰撞时，引发混合动力蓄电池切断的信号以两种不同的方式传输。信号传输由此可获得冗余（多重）保险。

（1）方式1：与发生相应等级的轻微碰撞时类似，蓄电池调节控制单元J840促使切断混合动力蓄

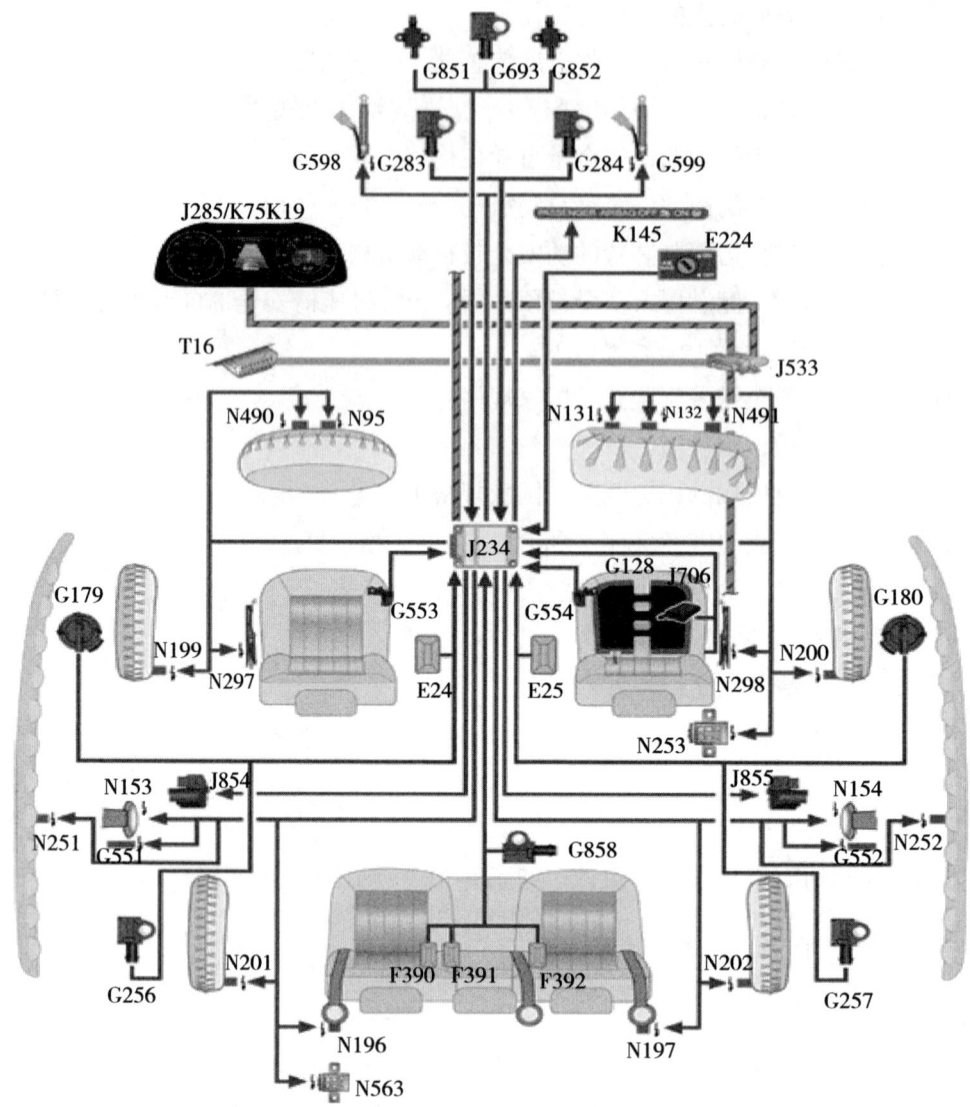

E24.驾驶员侧安全带开关 E25.副驾驶员侧安全带开关 E224.副驾驶员侧安全气囊钥匙关闭开关 F390.驾驶员侧安全带开关，第2排座椅 F391.中部安全带开关，第2排座椅 F392.副驾驶员侧安全带开关，第2排座椅 G128.副驾驶员侧座椅占用传感器 G179.驾驶员侧的侧面安全气囊碰撞传感器 G180.副驾驶员侧的侧面安全气囊碰撞传感器 G256.驾驶员侧后部侧面安全气囊碰撞感应器 G257.副驾驶员侧后部侧面安全气囊碰撞传感器 G283.驾驶员侧前部安全气囊碰撞感应器 G284.副驾驶员侧前部安全气囊碰撞传感器 G551.驾驶员侧安全带拉力限制器 G552.副驾驶员侧安全带拉力限制器 G553.驾驶员侧座椅位置识别传感器 G554.副驾驶员侧座椅位置识别传感器 G598.行人保护系统触发器1 G599.行人保护系统触发器2 G693.行人保护系统中部碰撞传感器 G851.驾驶员侧行人保护系统碰撞感应器2 G852.副驾驶员侧行人保护系统碰撞传感器2 G858.中部X/Y轴碰撞传感器 J234.安全气囊控制单元 J285.组合仪表内的控制单元 J533.数据总线诊断接口（网关） J706.座椅占用识别装置控制单元 J854.左前安全带预紧器控制单元 J855.右前安全带预紧器控制单元 K19.安全带警告装置指示灯 K75.安全气囊指示灯 K145.副驾驶员侧安全气囊关闭指示灯（显示副驾驶员侧安全气囊的接通和关闭状态） N95.驾驶员侧安全气囊引爆器 N131.副驾驶员侧安全气囊引爆器1 N132.副驾驶员侧安全气囊引爆器2 N153.驾驶员侧安全带拉紧器引爆器1 N154.副驾驶员侧安全带拉紧器引爆器1 N196.驾驶员侧后部安全带拉紧器引爆器 N197.副驾驶员侧后部安全带拉紧器引爆器 N199.驾驶员侧的侧面安全气囊引爆器 N200.副驾驶员侧的侧面安全气囊引爆器 N201.驾驶员侧后部侧面安全气囊引爆器 N202.副驾驶员侧后部侧面安全气囊引爆器 N251.驾驶员侧头部安全气囊引爆器 N252.副驾驶员侧头部安全气囊引爆器 N253.蓄电池断路引爆装置 N297.驾驶员侧安全带拉紧器引爆器2（腰部安全带拉紧器） N298.副驾驶员侧安全带拉紧器引爆器2（腰部安全带拉紧器） N490.驾驶员安全气囊排放阀引爆器 N491.副驾驶员安全气囊排气阀引爆器 N563.高压蓄电池切断引爆装置 T16.16芯插头连接，诊断连接

图 6-123

电池。

（2）方式2：安全气囊控制单元J234通过导线与高压蓄电池切断引爆装置N563离散相连。引爆装置安装在高压蓄电池开关盒SX6中，引爆装置和开关盒共同构成一个单元。虽然高压蓄电池切断引爆装置N563被称作引爆装置，但它与其名称带给人的理解不同，并未采用燃爆技术。发生严重碰撞时，安全气囊控制单元激活该引爆装置，从而切断混合动力蓄电池。发生严重碰撞时，信号传输使用1.75~2A的电流强度。高压蓄电池开关盒SX6中的高压蓄电池切断引爆装置N563，如图6-125所示。

图 6-124　　　　　　　　　　　　　图 6-125

（五）出现碰撞信号时就在线抛锚呼叫或奥迪紧急呼叫采取的操作

根据识别到的碰撞阈值而定，激活在线抛锚呼叫或奥迪紧急呼叫。

1. 在线抛锚呼叫。

在线抛锚呼叫在以下两种情况下被激活：

（1）安全气囊控制单元识别到轻微碰撞。

（2）识别到与行人发生碰撞且行人保护系统触发。

引发在线抛锚呼叫的信号通过数据总线系统传输。其中安全气囊控制单元将确定出的碰撞等级发送至网关（数据总线诊断接口J533），后者进而激活在线抛锚呼叫。

2. 奥迪紧急呼叫。

安全气囊控制单元识别到严重碰撞时，奥迪紧急呼叫将被激活。引发奥迪紧急呼叫的信号以两种不同方式传输。信号传输由此可获得冗余（多重）保险。

（1）方式1：安全气囊控制单元将碰撞信号（严重碰撞）发送至网关（数据总线诊断接口J533），后者进而激活奥迪紧急呼叫。

（2）方式2：安全气囊控制单元额外通过导线与网关（数据总线诊断接口J533）离散相连。发生严重碰撞时借助该导线传输脉冲宽度调制信号。网关对信号进行分析并激活奥迪紧急呼叫。

3. 脉冲宽度调制（PWM）。

采用脉冲宽度调制（PWM）时，技术指标（例如电压）在两个值之间来回切换。换句话说，电压从原理上讲按顺序不断地快速接通和关闭。接通或关闭时间（脉冲宽度）可在保持不变的周期时间（T）下发生改变。这意味着正在按脉冲宽度调制。为使脉冲宽度调制（PWM）信号能被利用，必须在接收器中对其进行解调（可识读处理），如图6-126所示。

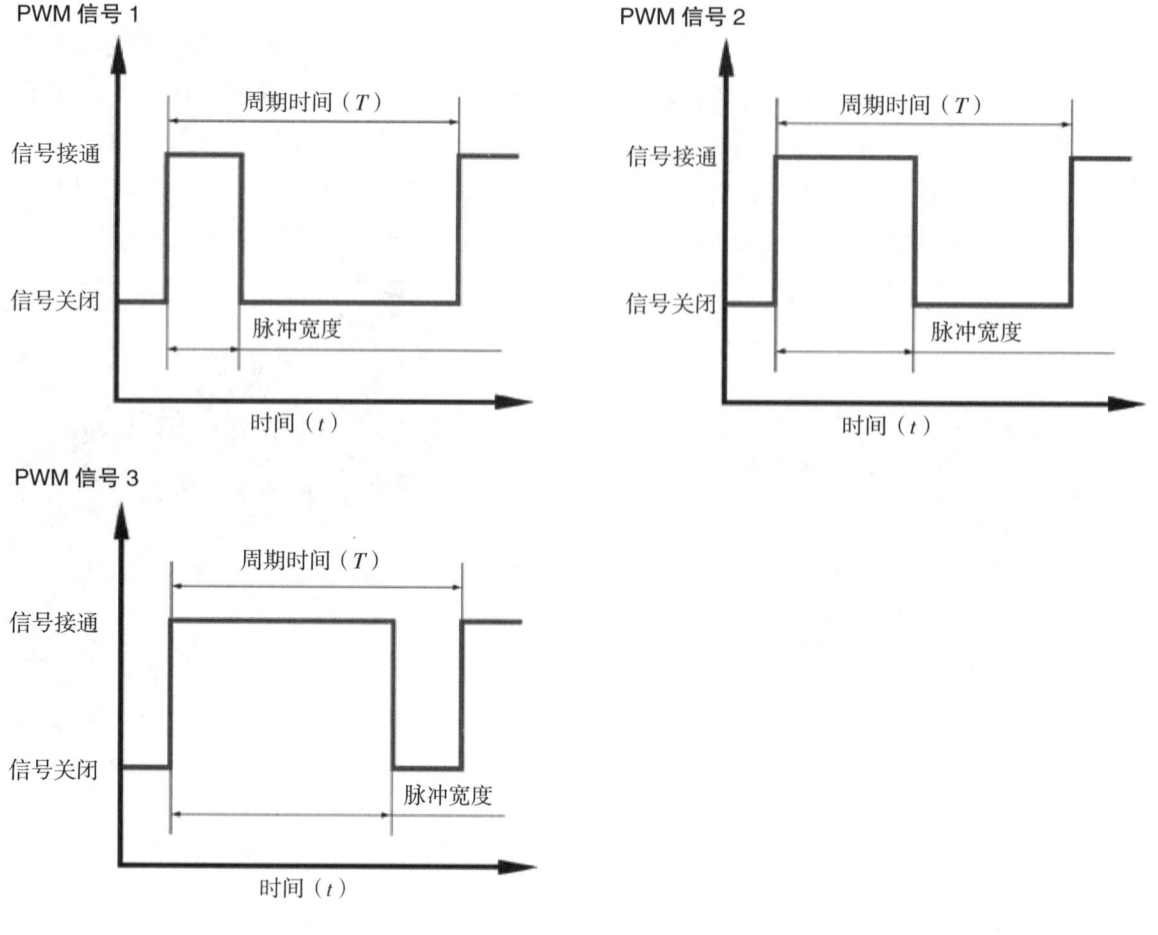

图 6-126

第七节 信息娱乐系统

奥迪 Q7 e-tron quattro 一律配备奥迪 Q7（4M 车型）信息娱乐系统的最高配置，因此车辆一律装有 MMI 导航系统增强版。标配范围同时包含有 Audi connect 紧急呼叫与服务装备套件。8.3 英寸 TFT 显示屏（MMI 显示屏 J685）如图 6-127 所示，信息系统电子装置控制器 1 J794 如图 6-128 所示，技术参数如表 6-11 所示。

图 6-127

图 6-128

表 6-11 增强版 MMI 导航系统（I8H）

基本装备
8.3 英寸 TFT 显示屏，1024×480 像素
奥迪虚拟驾驶舱（9S8）
3D 固定存储器导航系统（7UG）
MMI touch（UJ1）
组合仪表内带驾驶员信息系统的 7 英寸显示屏（9S7）
AM/FM 收音机
Jukebox（约 10GB）
DVD 驱动器（音频/视频）
2 个 SDXC 读卡器
奥迪音乐接口和 AUX-IN 插口（UE7）
奥迪音响系统（9VD）
蓝牙接口（9ZX）
UMTS/LTE 数据模块（EL3）
包括 Audi connect e-tron 服务在内且基于车辆的奥迪紧急呼叫和 Audi connect 服务（IW3）
选装装备
Audi connect（奥迪连接）IT1
带 2 个 USB 插口和 AUX-In 插口的奥迪智能手机接口（U12）
用于 2x HFP 和无线充电的奥迪电话盒（9ZE）
带 3D 音效的 Bose 音响系统
带 3D 音效的 B&O 高级音响系统（8RF）
数字收音机 DAB（QV3）
电视调谐器（QV1）
DVD 换碟机（6G2）
1 奥迪平板（9WE）
2 奥迪平板（9WE）
后部区娱乐装置适配装置（9WM）

第八节　高压系统和汽车电气系统

与所有奥迪混合动力车型一样，奥迪 Q7 e-tron quattro 也采用并联混合动力设计。片式电机与分离离合器一起集成在 8 挡 tiptronic 中。锂离子蓄电池由 168 个蓄电池电解槽组成，采用水冷技术。17.3kWh 的容量使其在纯电动模式下达到 56km 的可达里程。奥迪 Q7 e-tron quattro 上安装了全新的两相充电技术，能够以最高 7.2kW 的功率进行充电。所以，根据使用的基础设施和充电电缆，大约可在 2.5h 内将蓄电池完全充满。混合动力管理系统可智能、灵活、高效地控制奥迪 Q7 e-tron quattro 的运行状态。

奥迪 Q7 e-tron quattro 的另外一个亮点是标配的奥迪虚拟驾驶舱。配备 12.3 英寸显示屏的全数字化组合仪表可以以最高的质量显示所有重要信息。驾驶员可以调出不同的信息层级，其中也包括功率表等专门的 e-tron 显示内容。大尺寸显示屏可以切换为传统的转速表或同时显示功率表。此外，组合仪表中还包括能量流、可达里程和混合动力蓄电池电量的显示。

一、混合动力元件一览

奥迪 Q7 e-tron quattr 中装有的混合动力元件一览如图 6-129 和图 6-130 所示。

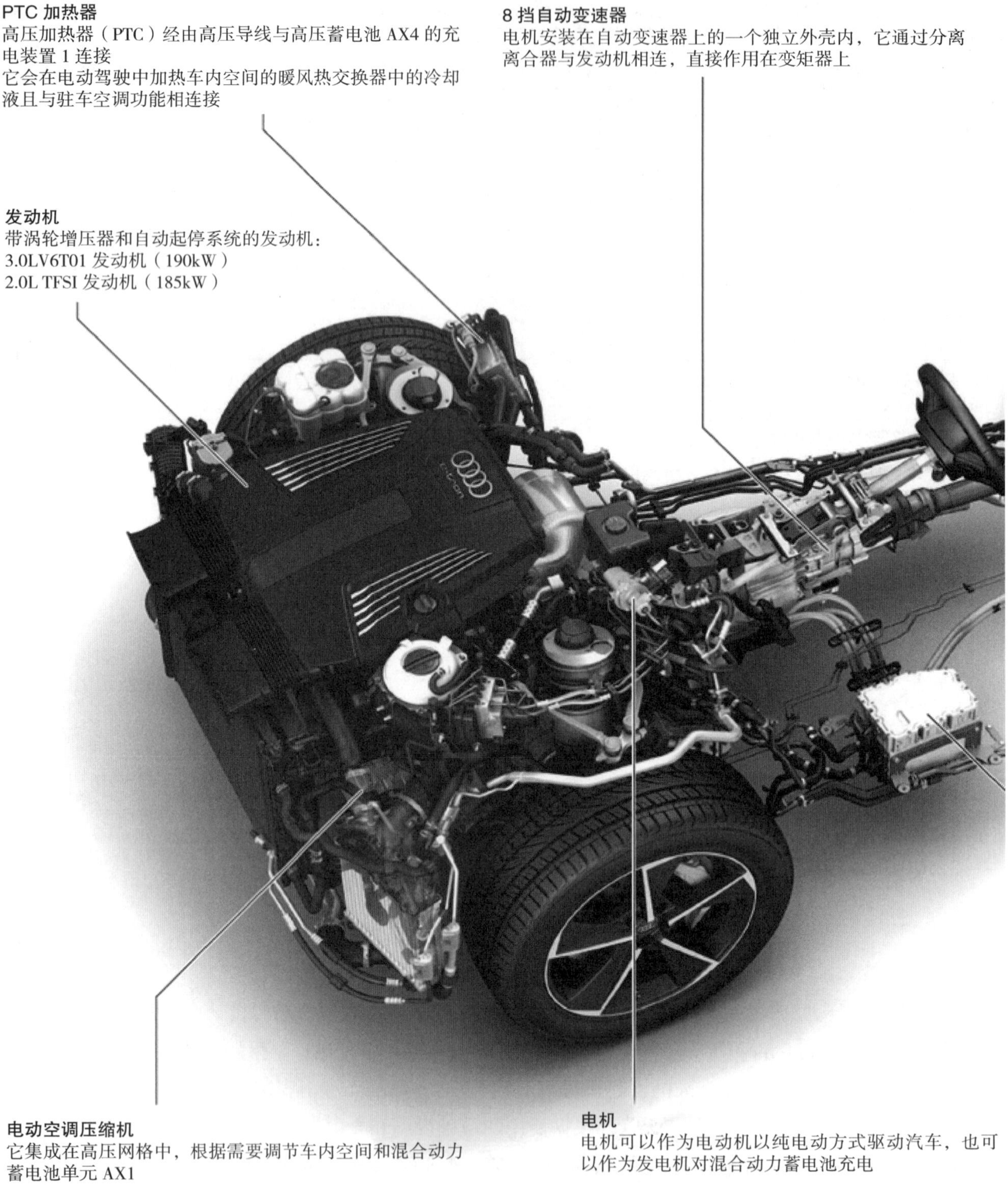

PTC 加热器
高压加热器（PTC）经由高压导线与高压蓄电池 AX4 的充电装置 1 连接
它会在电动驾驶中加热车内空间的暖风热交换器中的冷却液且与驻车空调功能相连接

8 挡自动变速器
电机安装在自动变速器上的一个独立外壳内，它通过分离离合器与发动机相连，直接作用在变矩器上

发动机
带涡轮增压器和自动起停系统的发动机：
3.0LV6T01 发动机（190kW）
2.0L TFSI 发动机（185kW）

电动空调压缩机
它集成在高压网格中，根据需要调节车内空间和混合动力蓄电池单元 AX1

电机
电机可以作为电动机以纯电动方式驱动汽车，也可以作为发电机对混合动力蓄电池充电

图 6-129

二、混合动力蓄电池单元 AX1

（一）安装位置

奥迪 Q7 e-tron quattro 的混合动力蓄电池单元 AX1 安装在车内空间第 2 排座椅后方。混合动力蓄电池单元 AX1 的外壳由铸铝和一个铝制盖板构成。盖板采用旋接的方式，依靠弹性密封剂密封。因温度波动产生的压力变化通过从汽车底板下方穿过的通风管平衡。混合动力蓄电池单元 AX1 经由一根电位均衡导

混合动力蓄电池
混合动力蓄电池存储电能用于电动行驶

混合动力蓄电池的充电装置
充电装置固定在汽车下,它将充电接口处的交流电转换成直流电用以对混合动力蓄电池充电
(图中不可见)

高压导线
所有高压导线均双重绝缘,并涂上了橙色,以便更好识别。为了避免错误安装,高压导线进行了机械式设码并通过卡口环下方的彩色环标记

功率和电子控制装置
它将混合动力蓄电池中存储的直流电转换为用于电动机的交流电,功率电子装置集成在低温冷液回路中

充电插座
通过充电插座可以用奥迪 e-tron 充电系统对混合动力蓄电池充电

图 6-130

线与车身相连。

(二)组成部件(如图 6-131 所示)

(1)蓄电池外壳。

(2)在外壳和中间底板中浇铸的冷却液管路。

(3)14 个蓄电池模块,各带 12 个电解槽和控制器。

(4)带接口的高压蓄电池开关盒 SX6。

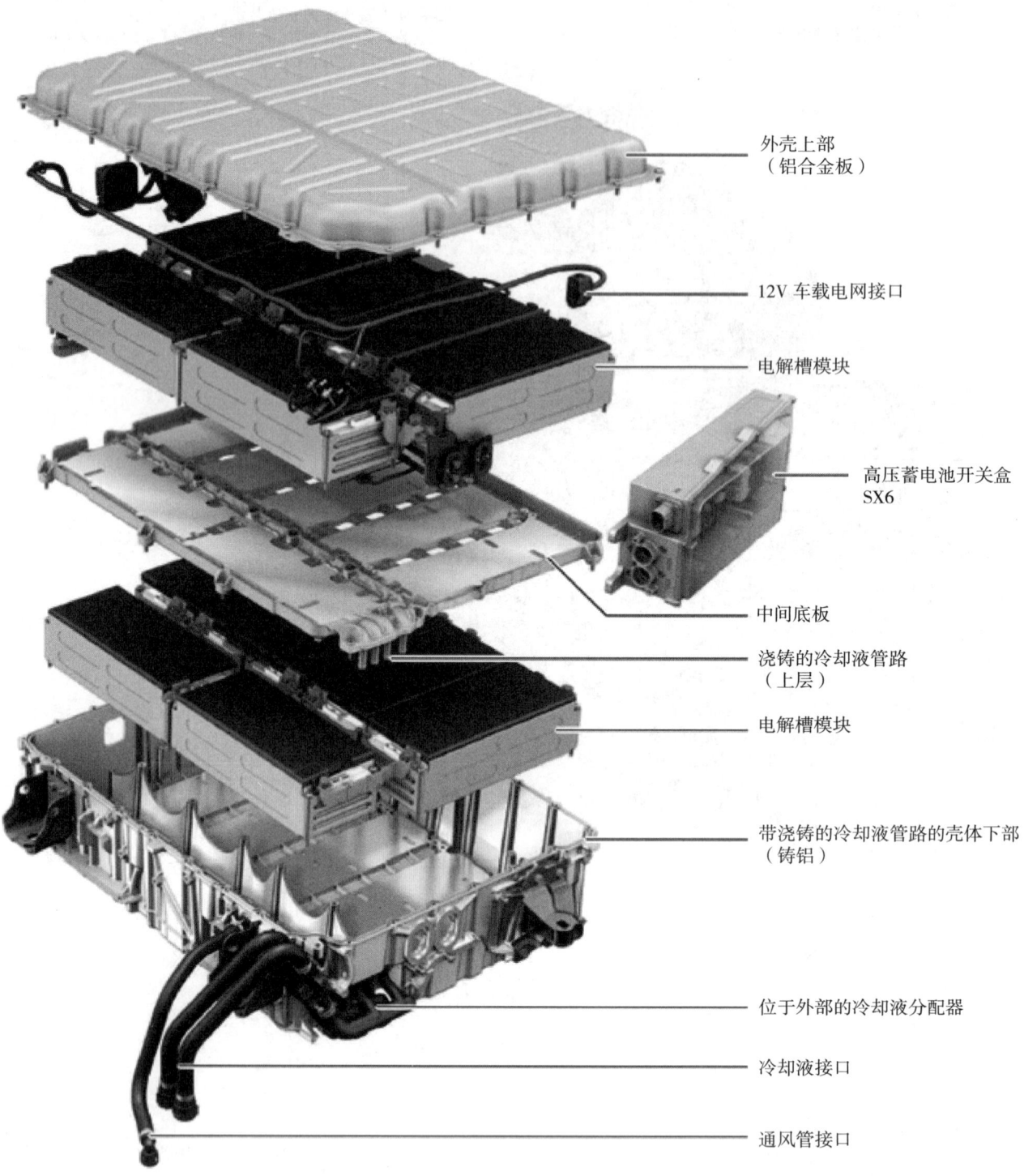

图 6-131

(5) 蓄电池调节控制单元 J840。

(6) 12V 车载电网接口。

(7) 冷却液接口。

①高压蓄电池冷却液温度传感器 1 G898。

②高压蓄电池冷却液温度传感器 2 G899。

(8) 通风管接口。

（三）技术数据

技术数据如表 6-12 所示。

表 6-12

额定电压（V）	308
容量（Ah）	56
电解槽电压（V）	3.67
电池格数量	168
电解槽容量（Ah）	28
工作温度（℃）	-30~+60
能量（kWh）	17.3
可用能量（kW）	13.8
重量（kg）	207

（四）冷却

蓄电池电解槽通过蓄电池回路中的冷却液冷却。冷却液流经外壳和中间底板中浇铸的冷却液管路，通过与电解槽底板之间的接触面吸收热量。冷却液流入和流出的接口中装有温度传感器。

（五）蓄电池模块

混合动力蓄电池总共由 14 个相互串联的蓄电池模块组成。每个模块中分别组装有 12 个电解槽，模块内部电解槽两两并联，从而将容量从 28Ah 提升至 56Ah。之后这 6 对电解槽彼此串联，相加得到 22V 的模块电压，每个蓄电池模块上固定有电解槽控制器。

（六）电解槽控制器（如图 6-132 所示）

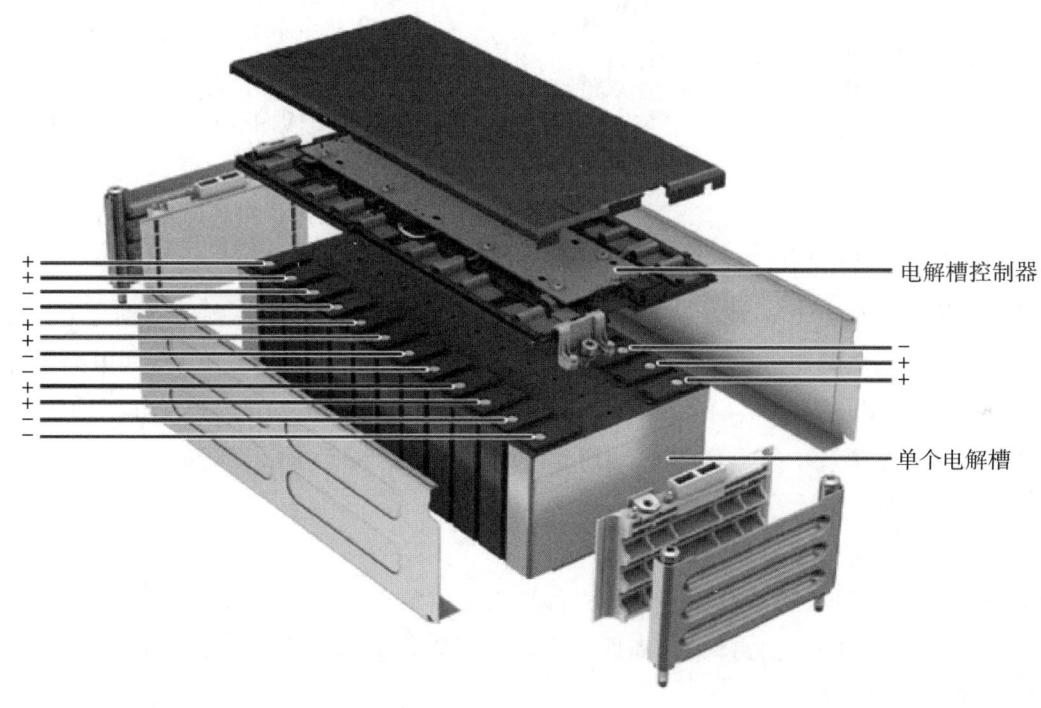

图 6-132

每个蓄电池模块拥有一个自己的电解槽控制器。电解槽控制器测量各个电解槽的电压并通过 NTC 电阻测量蓄电池模块的温度，这些数值通过一条子 CAN 发送至蓄电池调节装置控制单元 J840。

（七）电解槽平衡

蓄电池调节控制单元 J840 分析电解槽电压并促使电解槽控制器通过约 44Ω 的电阻对电压较高的电解槽进行放电。这样，所有电解槽可实现相同的电解槽电压，混合动力蓄电池单元 AX1 可达到最大的蓄电池容量。电解槽平衡在混合动力蓄电池充电和端子 15 关闭时进行。

三、高压蓄电池开关盒 SX6

高压蓄电池开关盒 SX6 旋接在混合动力蓄电池单元左侧，如图 6-133 所示。它包括：

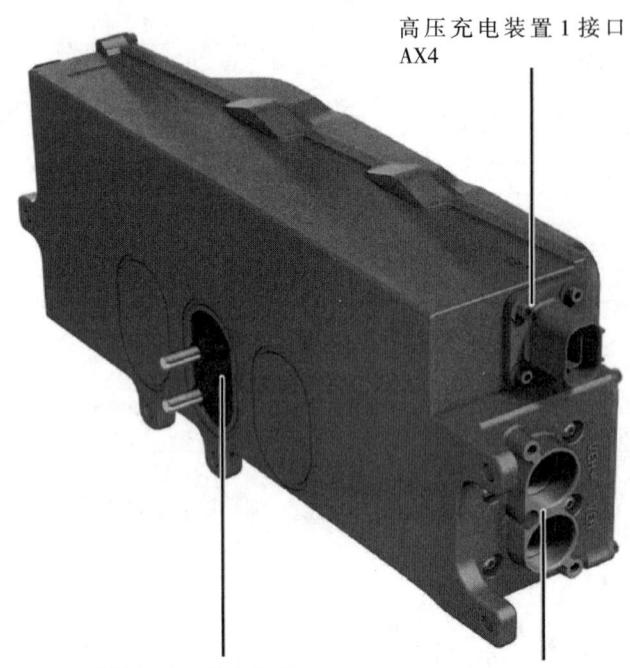

图中标注：
- 高压充电装置1接口 AX4
- 至混合动力蓄电池的HV正极和HV负极直插接口
- HV正极、HV负极至功率和控制电子装置JX1的接口

图 6-133

（1）电压测量与绝缘检测控制单元。
（2）高压系统保险丝 S352，300A。
（3）高压充电装置保险丝 S60，60A。
（4）高压蓄电池的电流传感器 G848。
（5）高压蓄电池保护电阻 N662，30Ω。
（6）高压蓄电池功率接触器1 J1057，HV正极。
（7）高压蓄电池功率接触器2 J1058，HV负极。
（8）高压蓄电池预充电接触器 J1044，HV正极。
（9）高压蓄电池切断引爆装置 N563。
（10）高压蓄电池充电装置接口 AX4。
（11）至混合动力蓄电池的HV正极和HV负极直插接口。
（12）HV正极、HV负极以及至功率和控制电子装置 JX1 的接口。
（13）12V车载电网接口。
（14）蓄电池调节控制单元 J840 的接口。

端子15接通时，高压蓄电池功率接触器2 J1058（HV正极）和高压蓄电池预充电接触器 J1044（HV正极）闭合。较小的电流通过保护电阻 N662 流向功率和控制电子装置 JX1。中间电路电容器充满电时，高压蓄电池功率接触器1 J1057（HV正极）闭合，高压蓄电池预充电接触器 J1044（HV正极）打开。高压蓄电池开关盒 SX6 通过一条子 CAN 总线与蓄电池调节控制单元 J840 进行通信。

满足以下条件时功率接触器打开：
（1）端子15关闭。
（2）安全气囊控制单元 J234 通过数据总线发送碰撞信号。
（3）安全气囊控制单元 J234 通过离散导线向高压蓄电池切断引爆装置 N563 发送碰撞信号。
（4）保养插头 TW 打开。
（5）功率接触器端子 30c 供电保险丝拔出或损坏。
（6）混合动力蓄电池单元 AX1 的 12V 供电中断。
（7）保险电路中断。

（一）高压蓄电池切断引爆装置 N563

高压蓄电池 SX6 的开关盒通过离散导线与安全气囊控制单元 J234 相连。高压蓄电池断路引爆装置 N563 是一种软件，它可以对碰撞信号进行电子分析，并负责断开功率接触器。由于高压蓄电池切断引爆装置并非物理部件，所以碰撞后无须更换。

（二）碰撞信号

如果碰撞后混合动力蓄电池单元 AX1 断开，视碰撞严重程度可通过切换端子15或在特定条件下用汽车诊断系统复位。

四、绝缘监控

高压系统激活时，高压蓄电池开关盒SX6每30s进行一次绝缘检测。高压导体和混合动力蓄电池单元AX1外壳之间的绝缘电阻通过当前的蓄电池电压测量。高压系统部件和导线中识别到的绝缘电阻过低。因充电接口和高压系统之间的电隔离，不检测高压充电装置UX4的充电插座1和混合动力蓄电池单元AX4的充电装置1中的AC/DC逆变器。识别到过低的绝缘电阻时，高压蓄电池开关盒SX6会通过子CAN总线向蓄电池调节控制单元J840发送一条信息。后者再通过混合动力系统CAN总线将信息发送至数据总线诊断接口J533中的高压协调器。高压协调器通过信息娱乐系统CAN总线促使组合仪表中的控制单元J285在组合仪表显示屏中向驾驶员显示一条信息，车辆可继续行驶。如果在某次碰撞后端子15被接通，并且识别到绝缘电阻过低，那么将无法启动汽车。

五、蓄电池调节控制单元J840

蓄电池调节控制单元J840安装在混合动力蓄电池单元AX1右侧，如图6-134所示。控制单元承担以下功能：

（1）分析蓄电池电压和电解槽电压。

（2）分析混合动力蓄电池单元AX1的温度。

（3）确定混合动力蓄电池的电量。

（4）规定电动行驶模式、发电机运行模式和充电时允许的充电和放电电流。

（5）按照温度管理系统控制单元J1024的规定促动高压蓄电池冷却液泵J590。

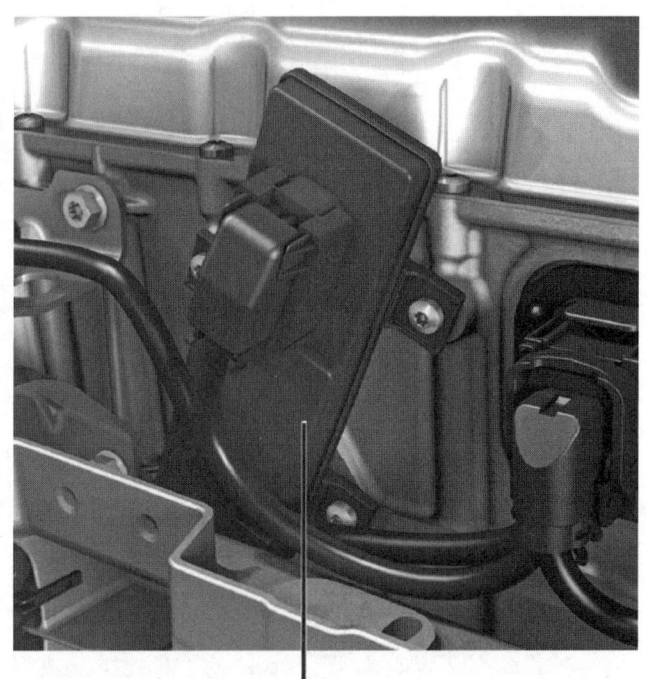

蓄电池调节控制单元 J840

图6-134

六、保险电路

保险电路是一条经过各高压元件的12V环形导线。保险电路分为3个回路：

（1）保险电路1将保养插头TW、混合动力蓄电池单元AX1、高压加热装置（PTC）Z115和电动空调压缩机V470相互连接。

（2）保险电路2位于功率和控制电子装置JX1内部。

（3）保险电路3位于高压蓄电池充电装置1 AX4内部。

数据总线诊断接口J533中的高压协调器通过混合动力系统CAN总线获得蓄电池调节控制单元J840、电驱动机构控制单元J841和高压蓄电池充电装置控制单元1 J1050传输的3种保险电路的状态。3条保险电路中的某一条断开时，高压协调器通过信息娱乐系统CAN总线向组合仪表J285发送信息并在组合仪表显示屏中向驾驶员显示一条提示。只要发动机未关闭，就可继续行驶。无法重新启动发动机。

工作原理图如图6-135所示。

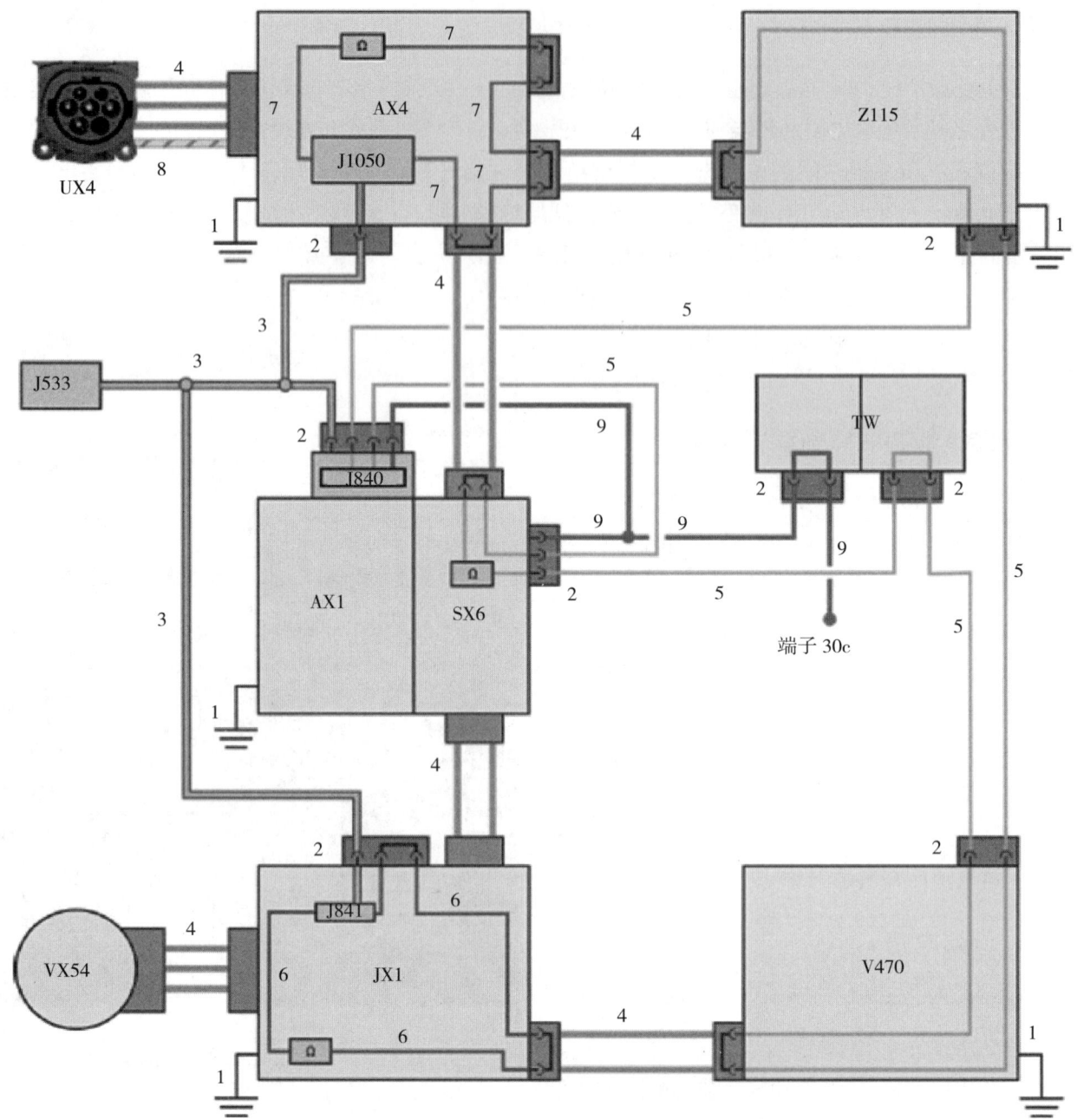

1.通过导线或固定件平衡电位 2.12V插头 3.混合动力系统CAN 4.高压导线/高压插头 5.保险电路1 6.保险电路2 7.保险电路3 8.PE接地 9.端子30c AX1.混合动力蓄电池单元 AX4.高压蓄电池充电装置1 J533.数据总线诊断接口 J840.蓄电池调节控制单元 J841.电驱动系统控制单元 J1050.高压蓄电池充电装置控制单元 JX1.电驱动的功率和控制电子装置 SX6.高压蓄电池开关盒 TW.高压系统保养插头 UX4.高压蓄电池充电插座1 V470.电动空调压缩机 VX54.三相电流驱动 Z115.高压加热器（PTC）

图 6-135

七、电驱动的功率和电子控制装置 JX1

电驱动的功率和控制电子装置安装在车辆底板下方左侧，如图6-136所示。空调压缩机的高压导线已插接，其他导线已插接并与外壳拧紧固定。电驱动机构的功率和控制电子装置JX1通过一条电位平衡导线与车身相连并在低温回路中冷却。电驱动机构的功率和控制电子装置JX1组成如下：

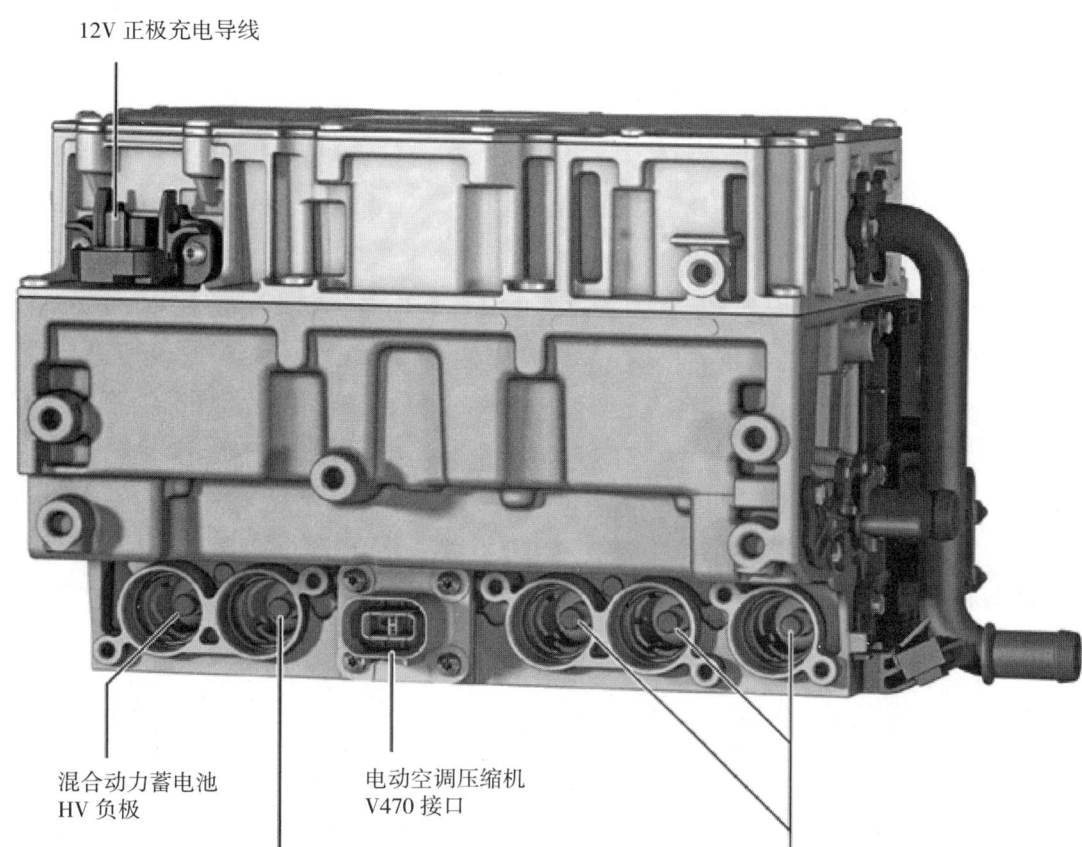

图 6-136

（1）电驱动系统控制单元 J841。
（2）空调压缩机保险丝 S355。
（3）牵引电动机逆变器 A37。
（4）变压器 A19。
（5）中间电路电容器 1 C25。
（6）高压导线的接口。
（7）12 V 车载电网接口。
（8）冷却液接口。

（一）电驱动系统控制单元 J841

电驱动系统控制单元 J841 通过牵引电机转子位置传感器 1 G713 探测转速和电驱动机械牵引电机 V141 的转子位置。这些数据用于精确促动电驱动机构的行驶电动机。电驱动机构牵引电机 V141 的温度通过行驶电动机温度传感器 G712 探测。部件温度是通过电驱动的功率和控制电子装置 JX1 中的温度传感器在电驱动机构控制器 J841 负责范围内进行探测。电驱动机构控制单元 J841 通过数据总线将这些信息传输至温度管理系统控制单元 J1024。该控制器通过 FlexRay 和混合动力系统 CAN 与其他控制器通信。

（二）中间电路电容器 1 C25

中间电路电容器 1 C25 的任务是稳定高压电网中的电压，如图 6-137 所示。电压波动例如有可能在电动起步时发生。停用高压系统时中间电路电容器放电。位于 HV 正极和 HV 负极之间的大电阻可实现被动

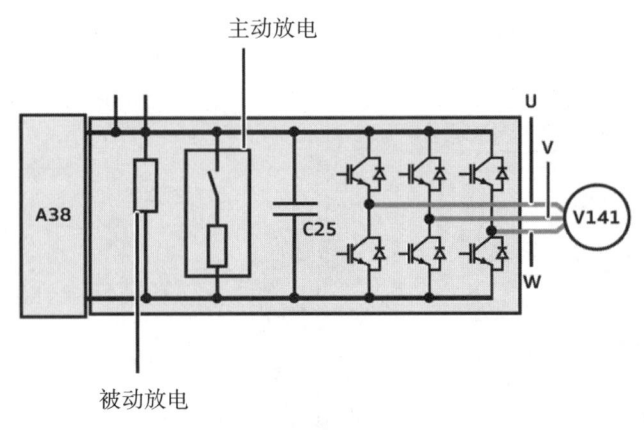

图 6-137

放电。主动放电时会并联接入一个电阻，后者可使中间电路电容器快速放电。

（三）牵引电动机逆变器 A37

行驶电动机逆变器 A37 是 DC/AC 和 AC/DC 转换器。牵引电机逆变器 A37 中有 6 个晶体管，3 个相位 U、V 和 W 各有 2 个。每个相位都有一个单独的晶体管，实现正极和负极，促动时将接通相应电位。晶体管由电驱动系统控制单元 J841 通过脉冲宽度调制信号（PWM）促动。

（四）变压器 A19

变压器 A19 属于一种脉冲逆变器，可将混合动力蓄电池单元 AX1 从 308V 直流电压转换为较低的车载电网 12V 直流电压，经由线圈感应（电镀隔离）传输到 12V 车载电网。这样，不存在从高压系统至 12V 车载电网的导通连接。

八、三相及流驱动机构 VX54

三相交流驱动机构 VX54 安装在变速器内，如图 6-138 所示。它通过变速器的螺栓连接实现与汽车车身的电位平衡。三相交流驱动机构 VX54 组成如下：

（1）电驱动牵引电机 V141 上。
（2）分离离合器 V606 的作动器。
（3）牵引电动机温度传感器 G712。

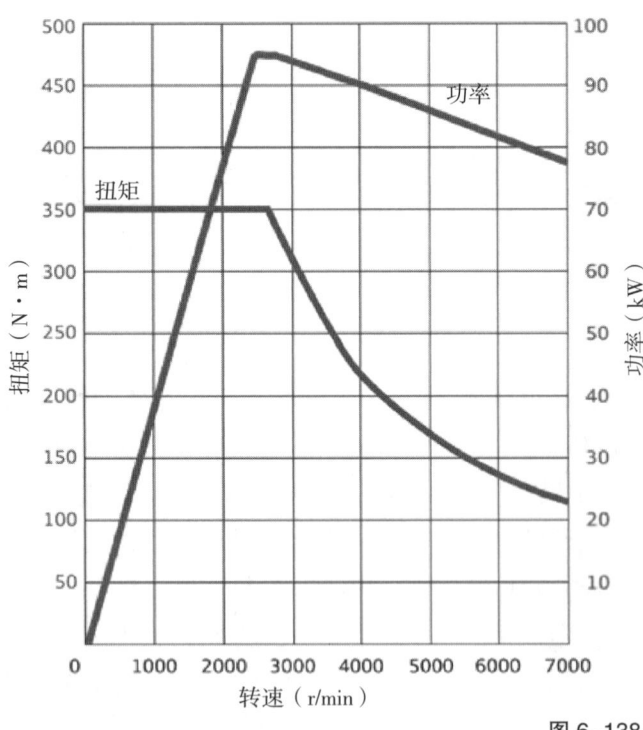

图 6-138

（4）牵引电动机转子位置传感器 1 G713。

（一）作为发动机的电驱动牵引电机 V141

在电动行驶模式中，牵引电机逆变器 A37 将混合动力蓄电池单元 AX1 的直流电压转换为三相交流电压。转换经由脉冲宽度调制进行。通过改变频率调节转速，通过更改单个脉冲宽度的接通时间调节电驱动牵引电机 V141，如图 6-139 所示。

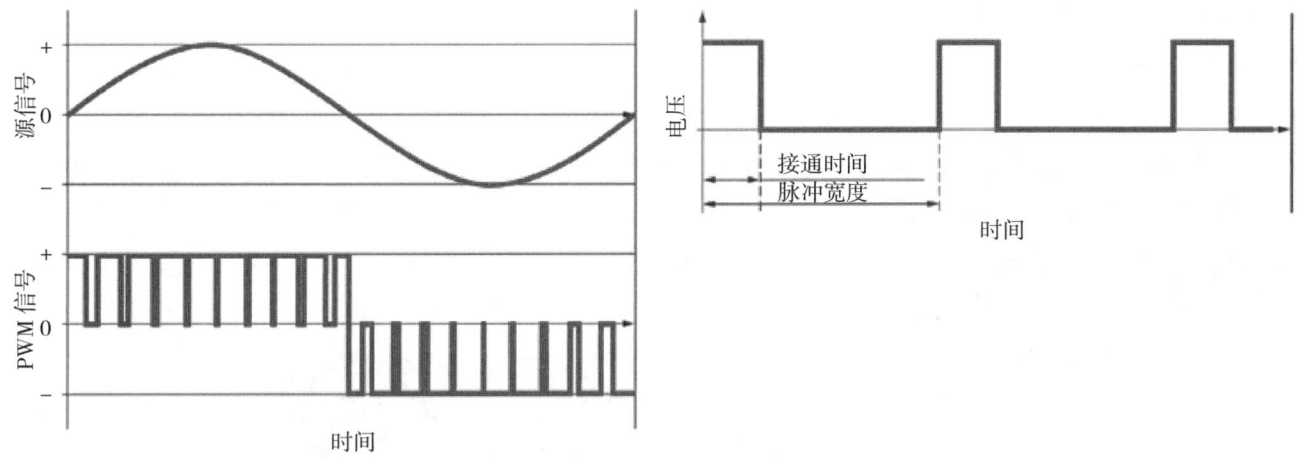

图 6-139

（二）作为发电机的电驱动牵引电机 V141

如电驱动牵引电机 V141 处于发电机模式，牵引电机逆变器 A37 会将生成的三相交流电压转换为 308V 直流电压。用已生成的直流电压为高压电网进行供电，同时通过变压器 A19 为 12V 车载电网供电。通过改变晶体管的接通时间调节消耗的发电机功率。

九、电动空调压缩机 V470

电动空调压缩机 V470 旋接在发动机左前位置并代替了皮带驱动式空调压缩机，如图 6-140 所示。它通过功率和控制电子装置 JX1 中的空调压缩机保险丝 S355 接入高压系统。空调压缩机控制单元 J842 的控制单元集成在电动空调压缩机 V470 中。控制通过温度管理系统控制单元的 LIN 总线 1 实现。空调压缩机与车身之间的电位平衡通过发动机上的固定件实现。

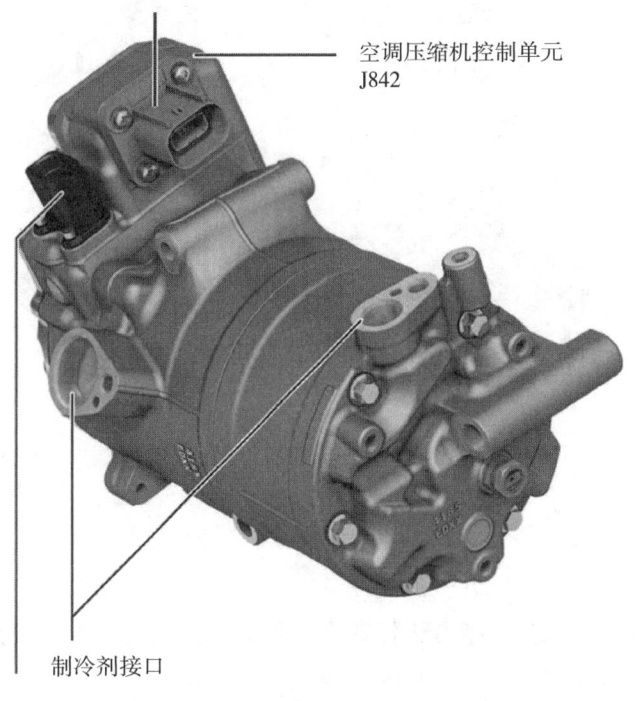

图 6-140

十、高压加热器（PTC）Z115

高压加热装置（PTC）Z115 安装在排水槽内靠前的位置，电动行驶时加热车内空间暖风热交换器的冷却液，如图 6-141 所示。它通过高压蓄电池充电装置 1 AX4 中的保险丝 S60 接入高压系统。集成的高压加热装置（PTC）控制单元 J848 通过 LIN 总线 2 与温度管理系统控制单元 J1024 相连。高压加热装置（PTC）Z115 通过电位平衡导线与车身相连。

十一、高压蓄电池充电装置 1 AX4

高压蓄电池充电装置 1 AX4 安装在汽车后部底板下方，如图 6-142 所示，技术参数如表 6-13 所示。它通过电位平衡导线与车身相连。一根高压导线将充电装置与高压蓄电池开关盒 SX6 连接在一起。高压蓄电池开关盒 SX6 中装有充电装置保险丝 S60。高压蓄电池充电装置控制单元 J1050 也为集成式，它通过混合动力系统 CAN 总线与车辆中的其他控制单元互联。冷却是在混合动力蓄电池的冷却液回路内实现的。关于温度的信息通过数据总线传输至温度管理系统控制单元 J1024。两个脉冲逆变器将操作单元或充电桩的交流电压转换为混合动力蓄电池单元 AX1 充电所需的直流电压。充电电流在两个脉冲逆变器之间的分配取决于实际的充电电流。通过线圈感应（电镀隔离）向高压车载电网传输，这样从交流电网到车辆的高压系统便不存在导电连接。

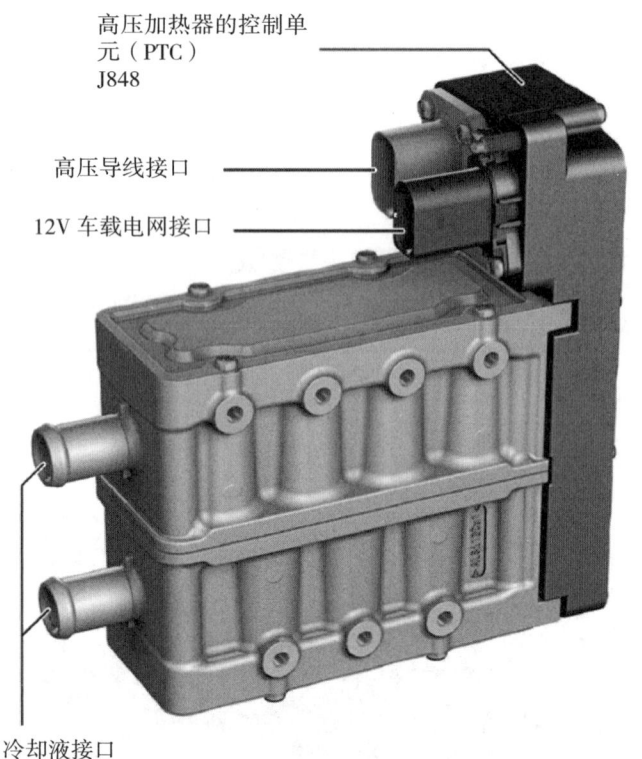

图 6-141

图 6-142

表 6-13

每相输入电压（V）	AC100~240
输出电压（V）	DC220~450
最大耗电量（A）	32

（一）连接的元件

以下传感器连接在高压蓄电池充电装置控制单元 J1050 上：高压蓄电池充电插座 1 UX4 中的充电插座温度传感器 G853，如图 6-143 所示。

以下执行机构连接在高压蓄电池充电装置控制单元 J1050 上：

（1）高压充电盖板锁止装置 1 执行元件 F496。

（2）高压蓄电池充电插座 1 UX4 中的高压充电插头锁止装置 1 的执行元件 F498。

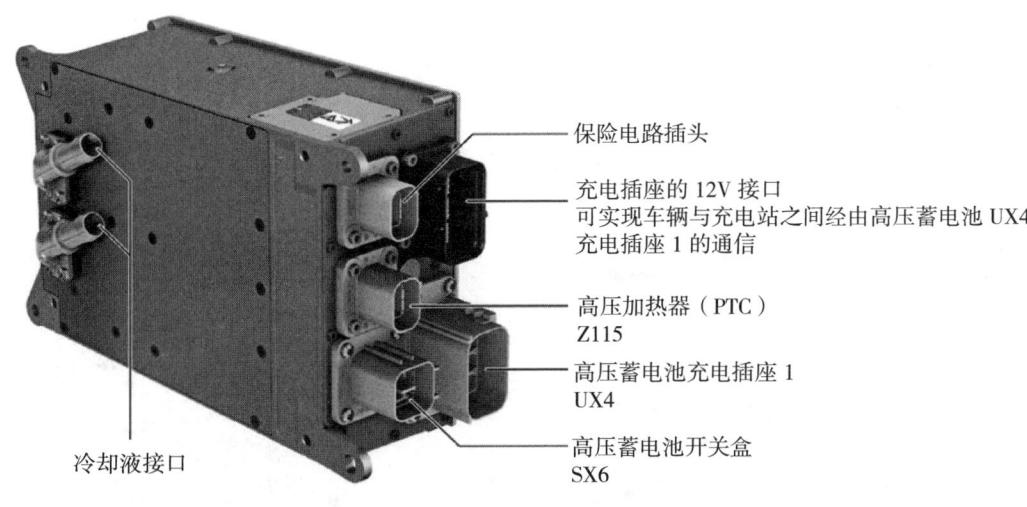

图 6-143

十二、高压导线

所有高压系统中的高压导线都为橙色以便识别。

（一）两芯高压导线

两芯高压导线如图 6-144 所示。

（二）单极高压导线

单极高压导线如图 6-145 所示。

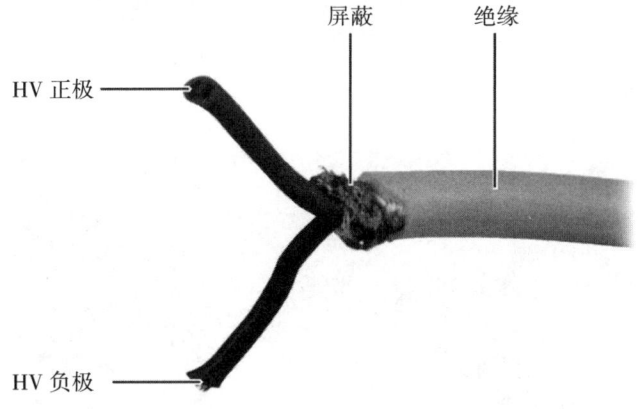

图 6-144

图 6-145

（三）高压接口

所有接口都需机械式设码，以防错误安装。

1. 三相电流驱动机构 VX54 接口。

三相电流驱动机构 VX54 接口如图 6-146 所示。

2. 高压蓄电池充电装置 1 AX4 接口。

高压蓄电池充电装置 1 AX4 接口如图 6-147 所示。

图 6-146

3.电驱动的功率和电子控制装置 JX1 接口。

电驱动的功率和电子控制装置 JX1 接口如图 6-148 所示。

4.高压蓄电池充电装置 1 AX4 接口。

高压蓄电池充电装置 1 AX4 接口如图 6-149 所示。

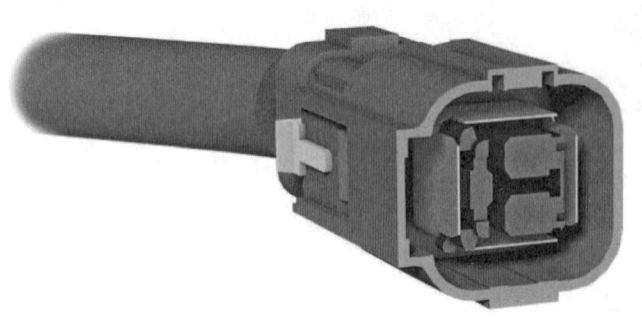

图 6-147　　　　　　　　　　图 6-148

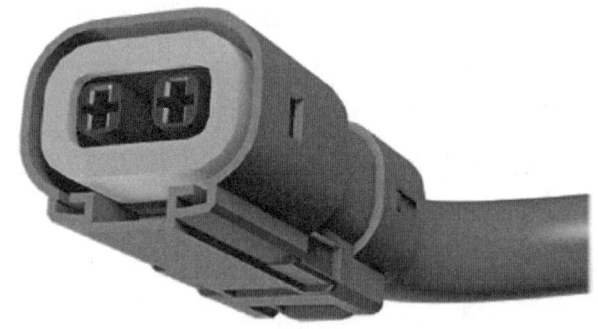

图 6-149

十三、保养插头 TW

保养插头 TW 位于发动机舱内左侧（如图 6-150 所示），它一方面用于混合动力蓄电池功率接触器 12V 控制电路中的电气连接，另一方面也是保险电路的组成部分。若打开保养插头 TW，安全线也会随之打开并中断接触器的 12V 控制电路。保养插头用于切断高压系统的电压。请使用车辆诊断系统中相应的程序来专业地打开并断开高压系统。打开后能够使用保养插头 TW 和挂锁 T40262/1，以防重新接通。保养插头 TW 通过提示标牌标志。

功率接触器的控制电流供电保险丝位于行李箱内左侧的保险丝座中，通过提示标牌标志，如图 6-151 所示。

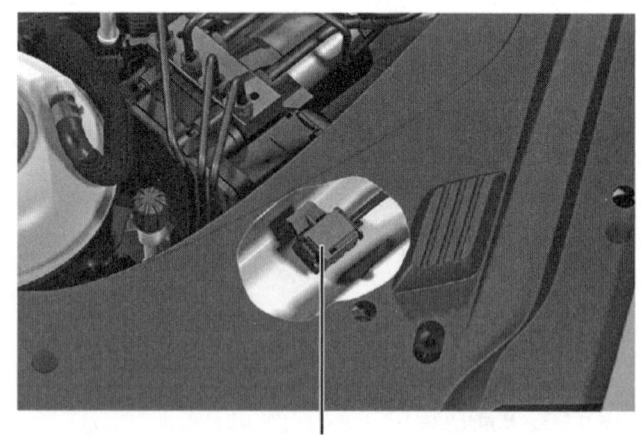

保养插头 TW

图 6-150

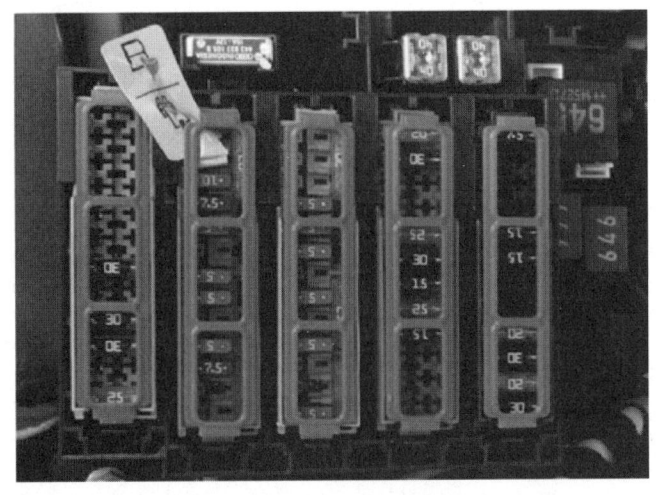

十四、高压蓄电池充电插座 1 UX4

高压蓄电池充电插座 1 UX4 位于左侧侧围中，充电盖板下方，如图 6-152 所示。充电插座中集成有充电插座温度传感器 G583 和高压充电插头锁止装置 1 的执行元件 F498。充电插座的接地 PE 通过电位平衡导线与车身相连。

（一）蓄电池充电按钮模块 EX32

蓄电池充电按钮模块 EX32 组成如下，如图 6-153 所示。

（1）充电模式选择按钮 E808。

（2）充电插座 1 LED 指示灯模块 L263。

（3）立即充电按钮 E766。

通过这些按钮可选择需要的充电功能。

（二）混合动力蓄电池的充电

为混合动力蓄电池充电时，充电电缆必须插在汽车上。识别到具备功能的充电系统时，充电插头

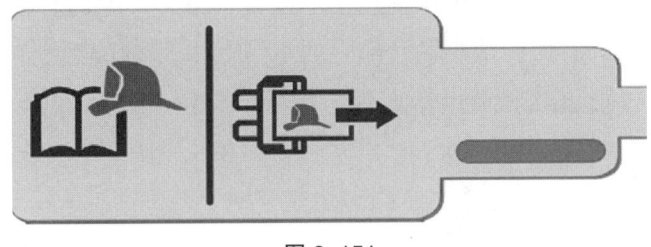

图 6-151

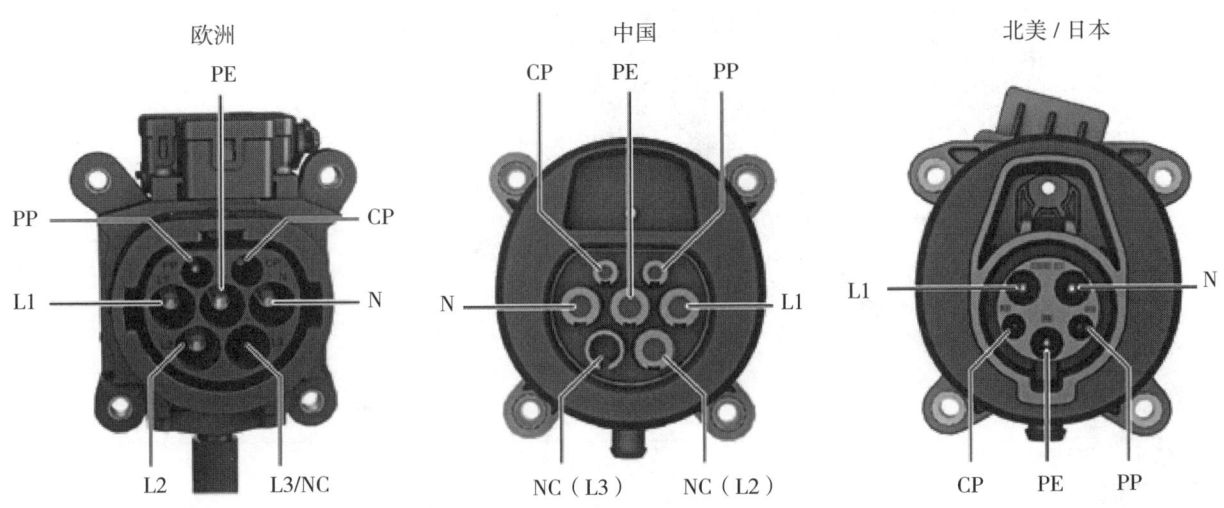

CP.Control Pilot（车辆许可/取消充电） L1.AC相位1 L2.AC相位2 L3.AC相位3 N.中性导体 NC.Not Connected（未占用）
PE.Protected Earth（接地） PP.Proximity Pilot（最大电流强度/导线横截面）

图 6-152

锁止而无法再拔下。该状态通过充电模式插座 1 LED 指示灯模块 L263 的黄色指示灯显示。电子驻车制动器被自动操作，混合动力蓄电池的功率接触器被闭合，充电过程开始。充电过程中充电模式插座 1 LED 指示灯模块 L263 的显示在按钮之间呈脉冲显示，组合仪表显示屏中的插头符号为绿色，如图 6-154 所示。充电过程中解锁车辆会取消充电。若解锁车辆后的 30s 内未拔出充电插头，会重新开始充电。如果没有 Program timers（设定时间），即刻开始充电。通过亮起相应的按钮 LED 显示充电模式激活。

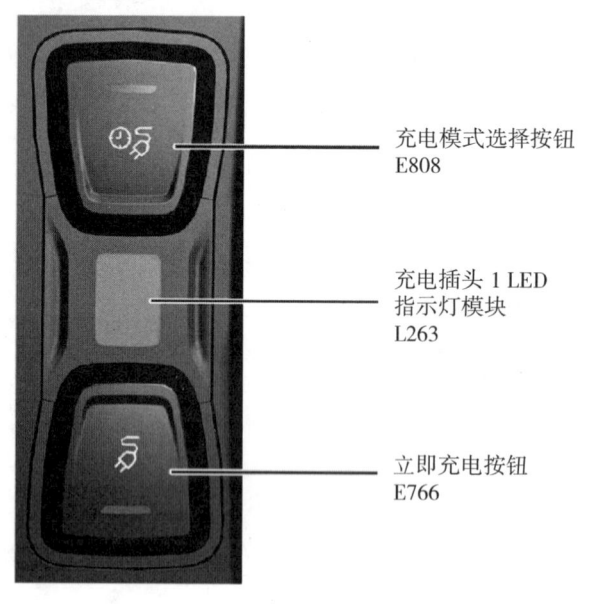

图 6-153

(三) 显示状态

充电模式插座 1 LED 指示灯模块 L263 显示状态和组合仪表显示屏中插头符号的概览如表 6-14 所示。

十五、奥迪 e-tron 充电系统

(一) 操作单元

奥迪 Q7 e-tron quattro 交付时配备奥迪 e-tron 充电系统。它位于行李箱内的运输袋中，如图 6-155 所示。为连接交流电网分别存在有一条带家用插头或工业插头的本国专用连接电缆。连接插头经过设码，操作单元可识别连接电缆带家用插头还是工业插头。为连接车辆，随附的本国专用充电电缆同样可通过代码被操作面板所识别。相位 L1、L2 和零

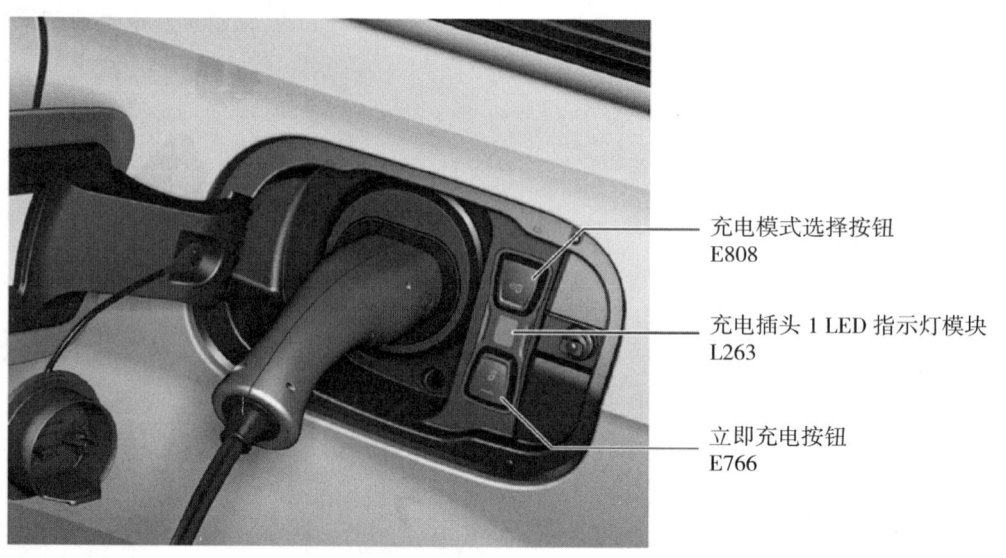

图 6-154

表 6-14

显示	说明
亮起红色	插头已识别并锁止，无法充电
亮起黄色	插头已识别并锁止，未识别到电网，无法执行充电过程
闪烁黄色	插头已识别并锁止，选挡杆不在 P 位置，无法充电
在 60s 的时长内每 4s 闪烁一次绿灯，之后熄灭	充电过程定时器已激活，充电过程根据设定的启程时间启动
脉动绿色	充电过程已被激活
亮起绿色，之后熄灭	充电过程已完成

线 N 在充电过程中通过内部接触器接通。接地 PE 以及导线 PP 和 CP 直接与车辆相连。从操作单元至充电装置，可能的故障电流通过内部故障电流保护开关监控。连接电缆带家用插头时，电流消耗最高 10A；连接电缆与工业插座相连时，电流消耗最高 32A。连接到工业插座时，视国家而定。根据连接电缆的不同，

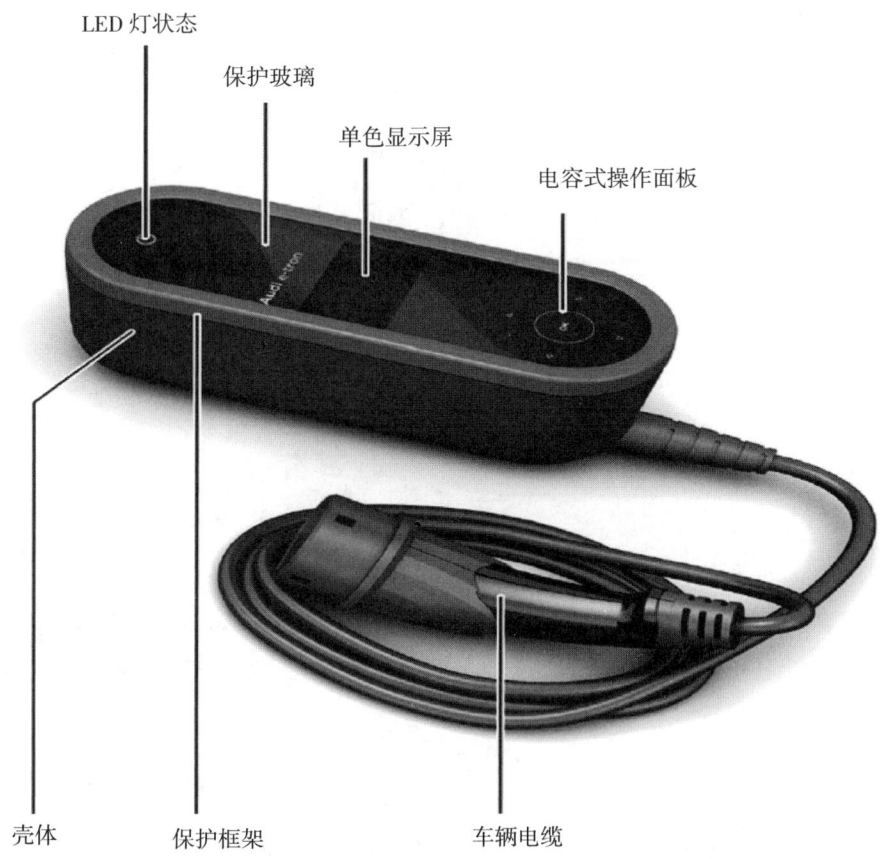

图 6-155

通过1个或2个相位从交流电网中耗用电流。充电功率可由用户设置为50%或100%。该设置保持不变，直至充电单元从电源脱开。与工业插座连接时，数值自动设置50%。操作单元拥有自诊断并经由显示屏给出已识别的故障。操作单元配备一个温度监控，如超过允许的温度，则充电过程中断，直至温度重新回到允许的范围。为了防止未经授权的访问，操作单元可设定一个4位数的PIN码。

（二）连接电缆

连接电缆如图6-156所示。

连接电缆带家用插头　　　　　　　连接电缆带工业插头

图 6-156

（三）在家充电

也可选择购买充电底座，它可以固定在墙壁上，如图6-157所示。充电底座用于对奥迪e-tron充电系统进行防盗保管，同时优化电缆处理以及固定运行模式下的外观，例如在家或单位。

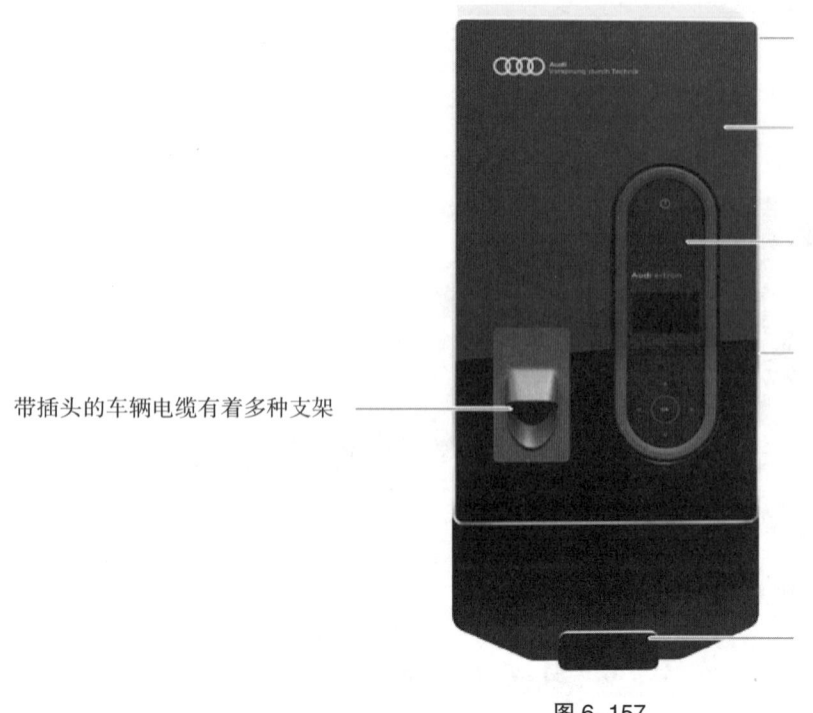

图 6-157

- 集成式装配工装（例如用于车库墙壁）
- 可掀开的前部由带钢印的安全玻璃制成
- 带托架的前部的切口，用于奥迪 e-tron 充电系统的操作单元
- 机械锁是用于固定已插入的奥迪 e-tron 充电系统（在充电底座一侧）
- 带插头的车辆电缆有着多种支架
- 可选的车辆电缆卷收功能（标准电缆长度下不需要）

（四）在公用充电桩上进行充电

奥迪 Q7 e-tron 可在公用充电桩上充电，为此必须使用合适的充电电缆，如图 6-158 所示。插图上的是欧洲的车型。

（五）途中充电

为了能在途中使用，奥迪 e-tron 充电系统可方便地收存在行李箱内的运输袋中，如图 6-159 所示。根据需要可针对许多市售插座提供合适的连接电缆。

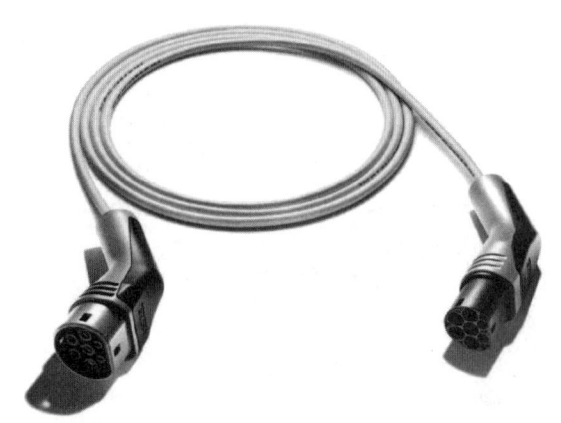

图 6-158　　　　　　　图 6-159

将奥迪 e-tron 充电系统连接到交流电网时，操作面板被激活。首先连接保护性导体 PE，然后连接相位 L1、L2 和零线 N。充电电缆连接车辆时，首先通过 PE 触点使车身与建筑物装置的接地相连。然后接触连接相位 L1、L2 和零线 N。接下来接触 PP，最后接触 CP。这时锁止充电插头并自动操作电子驻车制动器。高压蓄电池充电装置 1 AX4 通过 CP 触点从操作面板获得有关最大可实现充电电流强度的信号。当充电过程开始时，操作面板内相位 L 和零线的接触器以及混合动力蓄电池单元 AX1 的功率接触器闭合。

当充电过程结束后，接触器和功率接触器打开。重新充电时接触器和功率接触器重新闭合。

（六）充电时间

充电时间取决于电源电压。如表 6-15 中以某些国家为例列出了使用奥迪 e-tron 充电系统进行充电的时间。

表 6-15

插座类型	德国	中国	美国	日本
民用插座	7.5h	10.8h	19.1h	21.9h
工业插座	2.5h	2.5h	2.5h	2.5h

十六、高压协调器

高压协调器功能集成在数据总线诊断接口 J533 中。

它负责控制以下功能：

（1）保险电路的监控。

（2）监控绝缘检测。

（3）许可激活高压系统。

（4）通过组合仪表 J285 中的显示屏输出系统信息。

汽车处于自主运行状态时，高压系统在端子 15 关闭后被激活且不受驾驶员监控。自主运行状态包括：

（1）驻车空调。

（2）混合动力蓄电池的充电。

十七、混合动力管理系统

功能"混合动力管理系统"集成在发动机控制单元 J623 内。它负责控制以下功能：

（1）运行策略。

（2）控制混合动力模式。

（3）控制启动机发电机 C29（仅 3.0L V6 TDI 发动机）。

（4）控制主动式加速踏板。

①控制混合动力显示。

②功率表显示。

③混合动力蓄电池的充电状态显示。

④组合仪表中的混合动力专用显示内容。

⑤MMI（多媒体界面）中的混合动力专用显示内容。

⑥e-tron 统计显示与电动续航里程确定。

（一）运行策略

运行策略的任务在于，借助两个驱动使车辆更有效率地行驶。在考虑其他控制单元的环境条件及信息还有驾驶模式后决定，是使用发动机、电动机还是使用两个发动机驱动汽车。

（二）主动式加速踏板

主动式加速踏板向驾驶员发出反馈信息（压力点），从何时起启动并入发动机。这个压力点是可变的，并取决于混合动力蓄电池的电量。驾驶员可以刻意避免发动机启动并入，仅以纯电动方式驱动汽车。此外，加速踏板可以根据预告性提示给予驾驶员反馈（"弹跳"），应当在什么时候将脚从加速踏板上移开，从而使驾驶更经济。强制降挡与通常一样被激活，以便请求超加速和变速器降挡。

（三）启动发电机 C29

当通过电动机启动发动机会对舒适性产生影响时，仅在电动行驶模式下要启动发动机时才需要启动机发电机 C29（仅 3.0L V6 TDI 发动机）。

十八、e-tron 模式

（一）电驱动按钮 E656

e-tron 模式可以通过电驱动按钮 E656 选中。第一次按压按钮时，在 MMI 显示屏中打开一个弹出式菜单，其中显示了当前的行驶模式。现在可以利用旋转按压式开关选中所显示的 e-tron 模式，或者继续按压电驱动按钮激活其他行驶模式。当 EV（电动行驶）模式激活时，除了按钮中的绿色 LED 灯亮起外，组合仪表中的 EV 符号也呈绿色亮起，如图 6-160 所示。

图 6-160

（二）EV（电动行驶）

在 EV 模式下，汽车纯电动行驶。发动机被关闭，分离离合器分离，通过电动机实现驱动。汽车行驶中无排放，混合动力蓄电池通过电动机和 12V 车载电网放电。该模式适用于市区行驶和部分的长途行驶。当行驶准备就绪时，默认激活 e-tron 模式。

前提：

（1）12V 汽车蓄电池和混合动力蓄电池的温度未低于约 -10℃。

（2）混合动力蓄电池完全充满。

在行驶模式下应满足以下前提条件：

（1）车速不高于约 130km/h。

（2）无法强制降挡。

（3）未挂入行驶挡 S。

（三）Hybrid（使用蓄电池电量）

在模式 Hybrid 下，会根据行驶状况由发动机和电动机共同驱动汽车。

前提：

混合动力蓄电池的电量足够。

混合动力管理系统判断何时利用发动机或电动机行驶，或由两个驱动机构共同驱动行驶。混合动力蓄电池电量降低，有助于减少 CO_2 排放。该模式适用于乡村公路和高速公路行驶。当在激活路径引导时有预告性的路径数据可用，则会自动激活 Hybrid。

（四）Battery Hold（保持蓄电池电量）

汽车在这一模式下主要依靠发动机行驶。但是也可以由电动机提供支持，也可以使用超加速功能。分离离合器接合，电动机交替用作电机或发电机。在这一模式下，蓄电池持续充电供随后使用，例如为了在目的地电动行驶。

（五）Battery Charge（提高蓄电池电量）

在 Battery Charge 下，汽车通过发动机驱动。分离离合器接合，电机用作发电机。当混合动力蓄电池电量不足或耗尽时会提高电量。

（六）全加速（Boost）

当将加速踏板踩过强制降挡压力点时，会激活超加速。发动机和电动机共同加速汽车。超加速的持续时间取决于混合动力蓄电池的电量。

（七）滑行（自由滑行）

如果在不超过约 180km/h 的情况下松开加速踏板，则发动机被关闭，分离离合器分离。车速从约 180km/h 起发动机被关闭，但是分离离合器不分离。

（八）行驶挡 S 或 tiptronic 模式

将选挡杆挂入 S 或 tiptronic 模式时，奥迪 Q7 e-tron quattro 会展现其运动的一面。发动机持续运转，并得到电动机的辅助。驾驶员随时可以调用全部的驱动功率，混合动力蓄电池同时也在持续补充充电。增大的滑行扭矩可提高能量回收并带来动感驾驶体验。

（九）滑行和制动能量回收

混合动力管理系统根据加速踏板和制动踏板的位置、混合动力蓄电池的电量、车速及行驶稳定性标准来控制能量回收。减少给油时，电驱动机构进入滑行能量回收状态。驾驶员完全松开加速踏板时，汽车开始滑行。如果驾驶员这时踩下制动踏板，制动力会分为能量回收和液压制动力两部分。奥迪驾驶选择设置为 dynamic（动态）且选择了 tiptronic 模式并挂行驶挡 S 时，滑行能量回收相对更高，这时汽车不滑行。

（十）预防性效率辅助系统

在导航系统中激活路径引导时，混合动力管理系统会自动选中 e-tron 模式 Hybrid（使用蓄电池电量）。通过有关行驶路段、道路类型、车速限制和交通状况的信息，混合动力管理系统在行驶过程中控制不同的 e-tron 模式。其中在人口密集地区优先以电动方式行驶。到达目的地时混合动力蓄电池的电量耗尽，随后可将混合动力蓄电池的电量重新充满。通过有针对性地使用混合动力蓄电池电量，提高了汽车效率。驾驶员可随时操作电驱动机构按钮 E656 改变 e-tron 模式。

十九、运行模式

1. e-tron READY，如图 6-161 所示。

2. 电动行驶，如图 6-162 所示。

3. 能量回收，如图 6-163 所示。

4. 滑行，如图 6-164 所示。

（一）e-tron 统计

驾驶员可以让系统显示 e-tron 统计。显示当前行驶，分列出电动机和发动机的行驶里程，如图 6-165 所示。

显示最后 150km，分列出电动机和发动机的行驶里程，如图 6-166 所示。

（二）充电

2 个充电计算器的显示，如图 6-167 所示。

图 6-161　　　　　　　　　　　　　图 6-162

图 6-163　　　　　　　　　　　　　图 6-164

图 6-165

二十、外部声音

在电动行驶模式中，汽车发出的噪声低于使用发动机行驶时。某些国家规定电动汽车必须故意发出外部噪声，以便更好地提醒其他交通参与者。为此在汽车中安装了以下元件：

（1）发动机声效发生控制单元 J943。

（2）发动机声效发生器执行元件 1 R257。

（一）发动机声效发生控制单元 J943

发动机发声装置控制单元 J943 安装在行李箱内右侧的行李箱地板下，它是扩展 CAN 总线的用户，如图 6-168 所示。

（二）发动机声效发生器执行元件 1 R257

发动机声效发生器执行元件 1 R257 安装在右前轮罩内板后，如图 6-169 所示。它能发出听上去类似

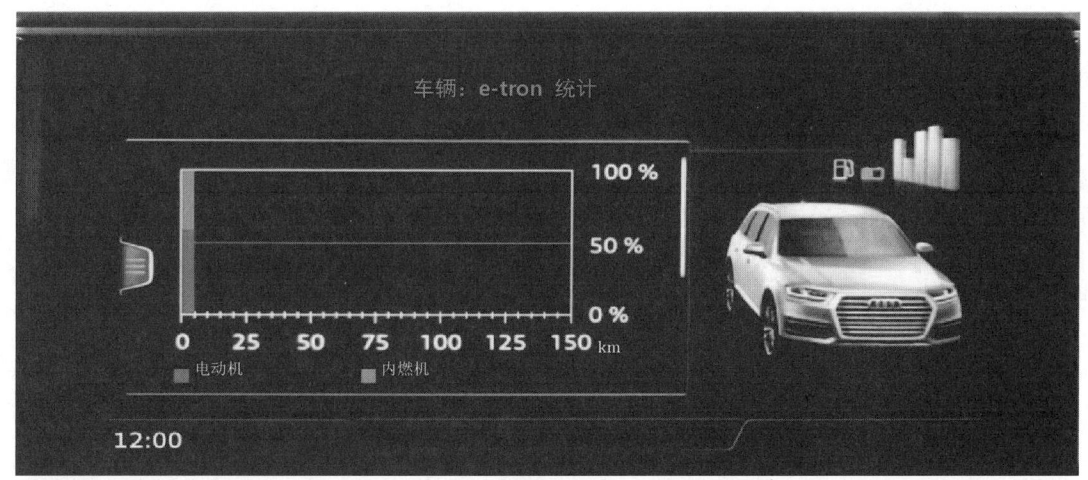

图 6-166

图 6-167

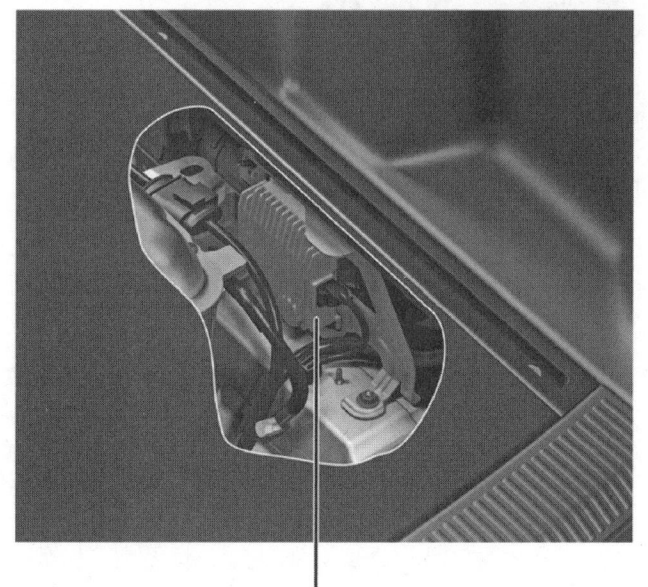

发动机发声装置控制单元 J943

图 6-168

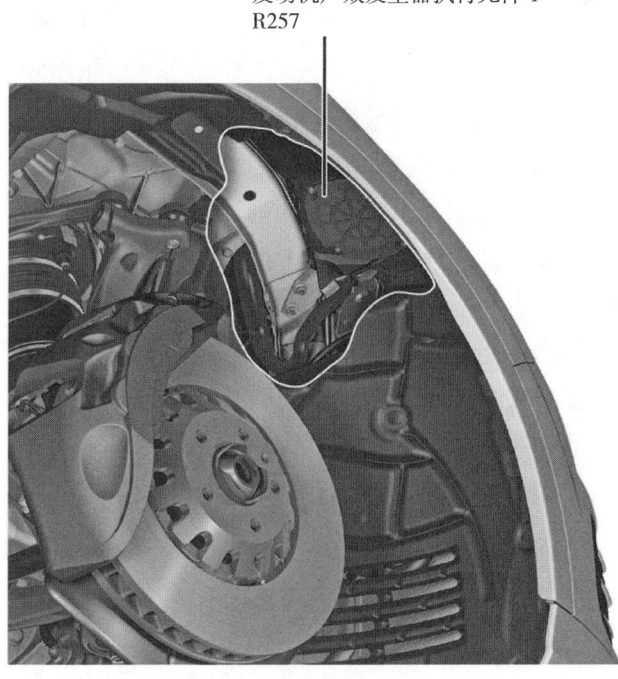

发动机声效发生器执行元件 1 R257

图 6-169

发动机正在运行的车辆所具有的噪声。视车速而定，发动机发声装置控制单元 J943 控制发动机声效发生器执行元件 1 R257。

发动机发声装置控制单元 J943 为此分析以下信息：

（1）内燃机被激活 / 未被激活。

（2）车速。

（3）转速。

（4）负荷扭矩。

在电动行驶模式下，车外扬声器发出持续噪声，车速约 30km/h 以上噪声降低。汽车静止或车速大于约 50km/h 时，发动机声效发生器执行元件 1 R257 不发出噪声。

第九节　电气与电子装置

一、引言

奥迪 Q7 e-tron quattro（4M 车型）采用并联混合动力设计，同时也是全世界首款将 6 缸柴油发动机和 quattro 全时四驱系统结合在一起的插电式混合动力车。在舒适电子系统方面，有一些与奥迪 Q7（4M 车型）类似的设计元素。在奥迪 Q7 e-tron quattro 中，客户同样也可在内饰照明灯方面从不同的种类之中进行选择。客户选择顶配（QQ2）时可在灯光颜色和光线强度方面对车内照明灯进行个性化设置。该车型的电气与电子装置基于奥迪 Q7（4M 车型）。奥迪 Q7 e-tron quattro 的电气系统和电子系统架构得到了调整和扩展。

与传统驱动形式的奥迪 Q7（4M 车型）相比，奥迪 Q7 e-tron quattro 上取消的控制单元有：

（1）第 3 排座椅调节控制单元 J857。

（2）后轴转向控制单元 J1019。

（3）DVD 换碟机 R161。

（4）副驾驶员侧后部离子发生器 J1108。

（5）发电机 C。

与传统驱动形式的奥迪 Q7（4M 车型）相比，奥迪 Q7 e-tron quattro 上额外投入使用的控制单元有：

（1）温度管理系统控制单元 J1024。

（2）蓄电池调节控制单元 J840 及电解槽控制器和高压蓄电池开关盒 SX6。

（3）电驱动系统控制单元 J841。

（4）温度管理系统控制单元及空调压缩机控制单元 J842、制冷剂压力及温度传感器、制冷剂膨胀阀和截止阀、高压加热装置（PTC）控制单元 J848。

（5）高压蓄电池充电器控制单元 J1050。

（6）制动助力控制单元 J539 及制动系统蓄压器 VX70。

（7）发动机声效发生控制单元 J943。

（8）启动发电机 C29。

（9）动力机组支承控制单元 J931。

（10）变压器 A19。

（11）分离离合器作动器 V606。

（12）主动式油门踏板控制单元 J1115。

(13)车载电网断开绝缘二极管 J1165。

二、拓扑结构

拓扑结构,如图 6-170 和 6-171 所示。

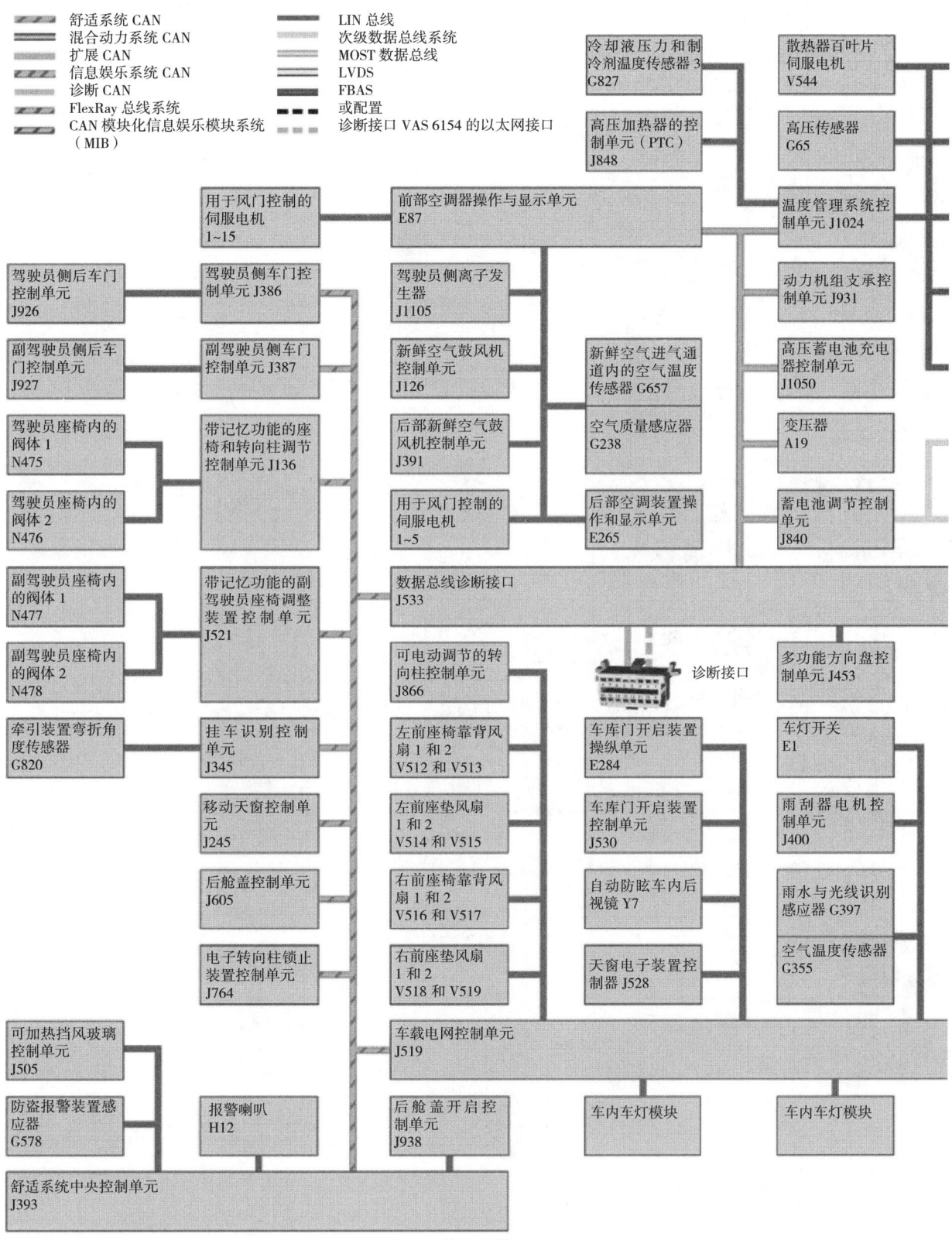

图 6-170

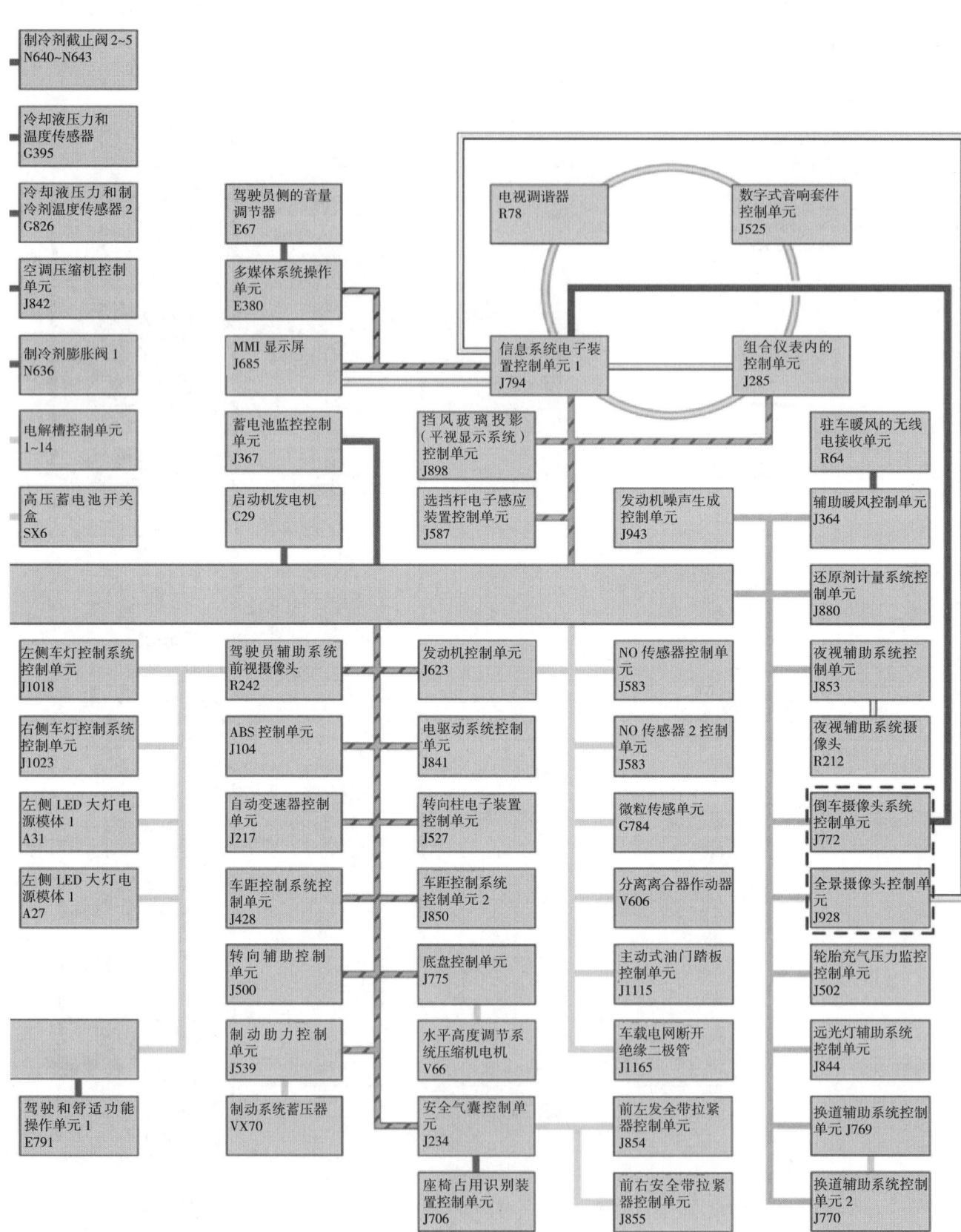

图 6-171

三、FlexRay 拓扑结构

由于显示方面的原因,控制单元拓扑结构不能正确反映 FlexRay 控制单元的接口情景。如图 6-172 所示,给出了关于控制单元在不同 FlexRay 支路上的分布信息。在奥迪 Q7 e-tron quattro 上,占用了 6 个 FlexRay 支路,支路 1~5 和支路 7。在当前 J533 型号中保留支路 6 和 8 的接口,但还未占用。支路末端的每个控制单元中一律装有两个分别为 47Ω 的电阻,共计 94Ω。所谓的"中间控制单元"都有两个电阻器,阻值分别达 1.3kΩ,共计 2.6kΩ。拔下控制单元插头后,可使用万用表在相应控制单元上测量这些数值。

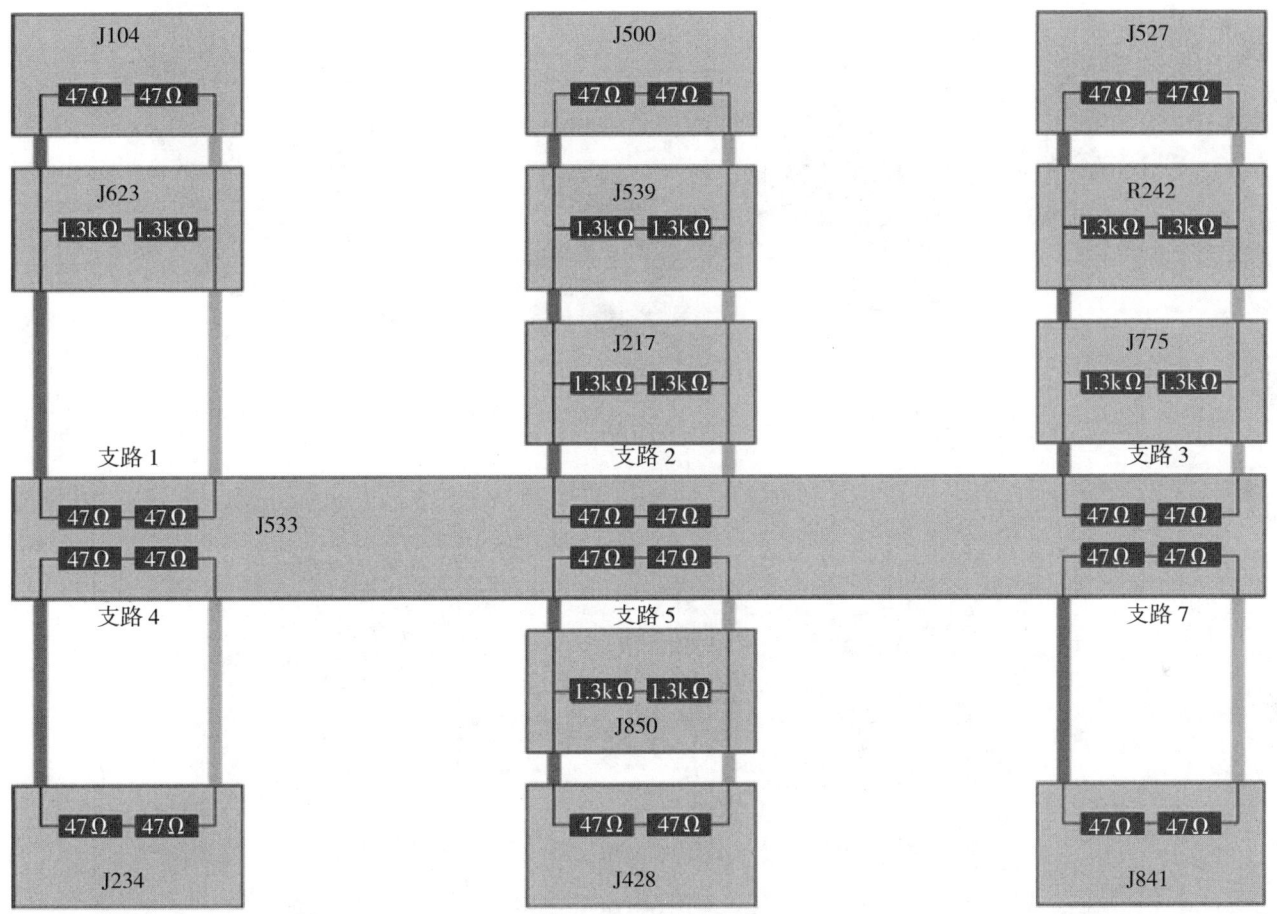

J104.ABS 控制单元 J217.自动变速器控制单元 J234.安全气囊控制单元 J428.车距控制系统控制单元 J500.助力转向控制单元 J527.转向柱电子装置控制单元 J533.数据总线诊断接口 J539.制动助力控制单元 J623.发动机控制单元 J775.底盘控制单元 J841.电驱动系统控制单元 J850.车距控制系统控制单元 2 R242.驾驶员辅助系统前视摄像头

图 6-172

四、启动机发电机 C29

(一) 一般功能描述

装备了 3.0L V6 TDI 发动机的奥迪 Q7 e-tron quattro 上安装有启动机发电机 C29。从名称就可以猜到,C29 既可以用作发电机为 12V 汽车蓄电池充电,也可以用作电动机启动发动机。12V 车载电网的供电及 12V 汽车蓄电池的充电则通过变压器 A19 实现。只有当该部件失灵时,C29 才会接手这项工作,然后作为发电机工作。

(二)机械机构

由于启动机发电机 C29 在发电机运行模式下表现为被驱动元件,而在启动机运行模式下则作为驱动元件,所以为了张紧多楔带,还需要一个特别的皮带张紧装置,如图 6-173 所示。这个皮带张紧装置旋接在启动机发电机 C29 的外壳上。它通过其两个张紧轮确保在两种运行状态下获得完美的皮带张紧力,如图 6-174 所示。

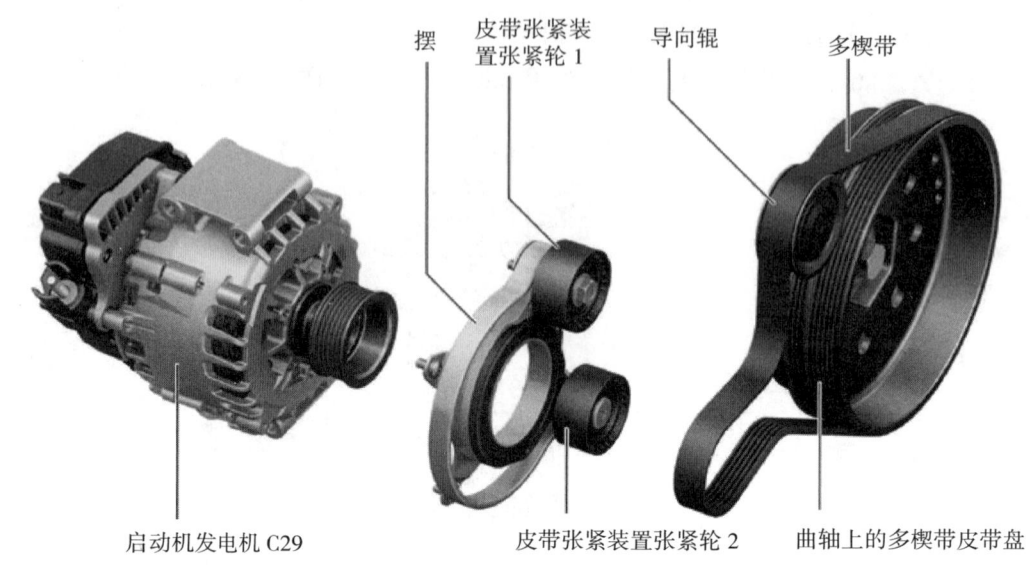

图 6-173

图 6-174

(三)电气系统

启动机发电机 C29 是数据总线诊断接口 J533 的 LIN 从设备。在装备传统驱动系统的奥迪 Q7(4M 车型)上,发电机 C29 与蓄电池监控控制单元 J367 一起连接在一条 LIN 支路上,如图 6-175 所示。而在奥迪 Q7e-tron quattro 上,启动机发电机 C29 则连接在一条独立的 LIN 支路上,如图 6-176 所示。启动机发电机 C29 本身有一个 6 针连接插头及一个螺柱,用于连接 12V 汽车蓄电池的正极接头(B+),如图 6-177 所示。

说明:针脚 1 为 LIN 接地接口;针脚 2 为 LIN 信号;针脚 3 未占用;针脚 4 为发动机控制单元阻止启动的信号线;针脚 5 为 LIN 正极接口;针脚 6 未占用。

虽然启动机发电机 C29 是数据总线诊断接口 J533 的 LIN 从设备,但启动控制方面的功能主设备却是发动机控制单元 J623 中的混合动力管理系统。为了允许 C29 用作启动机,需要向针脚 2(J623 FlexRay → J533 LIN → C29)发送一条相应的数据信息,并由发动机控制单元 J623 通过离散导线向启

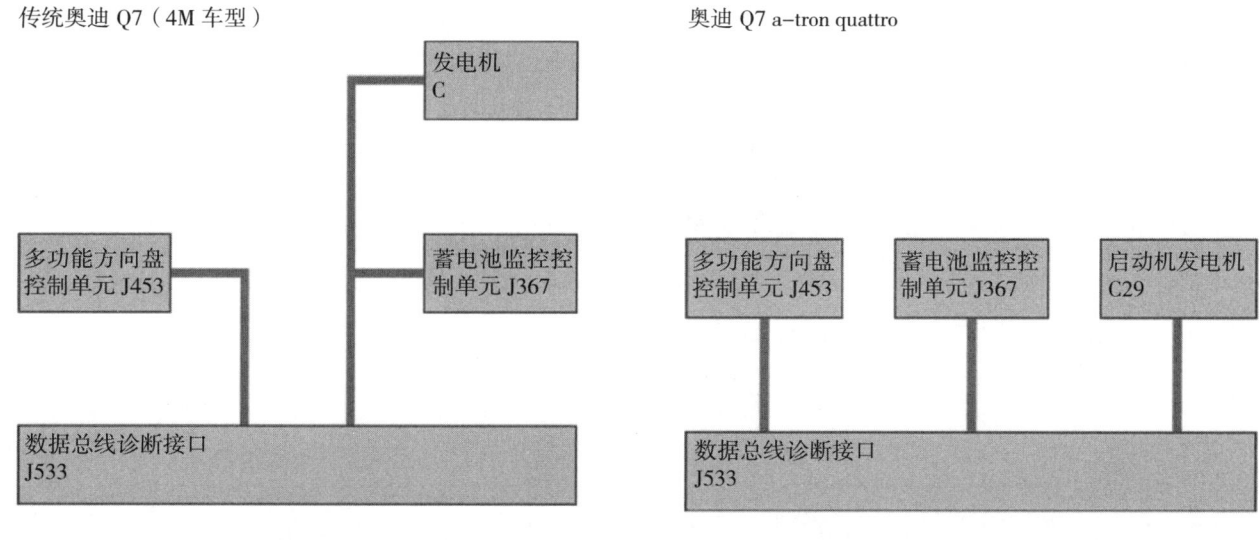

图 6-175　　　　　　　　　　　　　图 6-176

动机发电机 C29 的针脚 4 发送一个许用信号，如图 6-178 所示。

图 6-177

（四）失灵时的后果

如果启动机发电机 C29 存在损坏，则会在数据总线诊断接口 J533 中记录下一条相应的故障存储器条目，不会向用户给出警告信息。然后，发动机可以在所有运行范围内通过电动机启动。12V 汽车蓄电池的充电由变压器 A19 保证。

五、车载电网断开绝缘二极管 J1165

（一）系统观察

在 3.0L V6 TDI 发动机上，车载电网断开绝缘二极管 J1165 是 12V 启动方案的一部分。它通过子总线系统与发动机控制单元 J623 相连，并将 12V 车载电网划分为电压不稳定部分和电压稳定部分。J1165 安装在 12V 汽车蓄电池上游的导线分线器中。当启动机发电机 C29 用作启动机时，车载电网绝缘二极管断开最多 5s。12V 汽车蓄电池上和连接在红色区域中的用电器上的电压断开。连接在黑色区域内的用电器继续从变压器 A19 获得稳定的供电，如图 6-179 所示。该区域内连接有对电压敏感的用电器，例如电控机械式转向系。

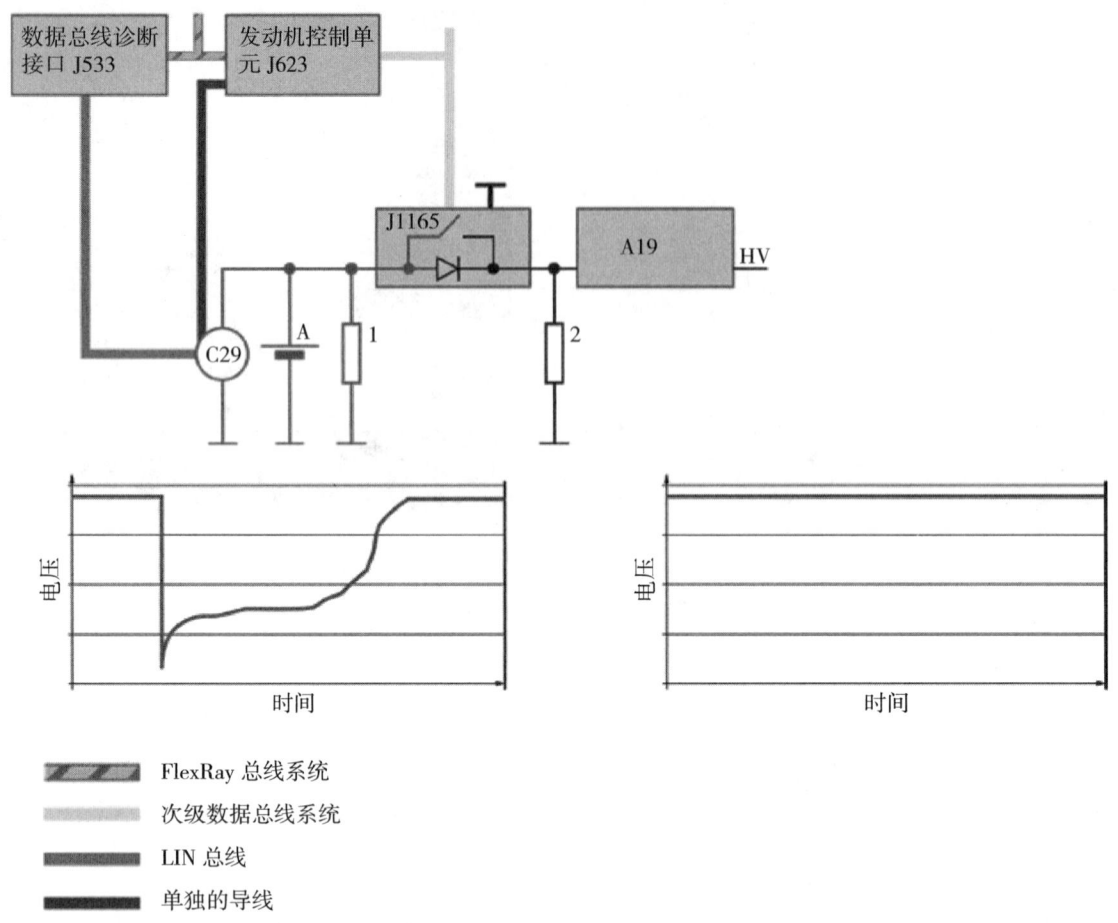

A.蓄电池 A19.变压器 C29.启动机发电机 J1165.车载电网断开绝缘二极管 HV.高压接口 1.不稳定的用电器 2.稳定的用电器

图 6-179

（二）工作状态

车载电网断开绝缘二极管分为以下几种运行状态：

（1）激活闭合。

（2）激活断开。

（3）静态电流模式。

1. 激活闭合。

（1）车载电网断开绝缘二极管上施加有工作电压。

（2）发动机控制单元 J623 通过子总线系统发送命令"闭合"。

（3）电流可以通过车载电网断开绝缘二极管 J1165 中的功率半导体双向流动。

2. 激活断开。

（1）车载电网断开绝缘二极管上施加有工作电压。

（2）发动机控制单元 J623 通过子总线系统发送命令"断开"。

（3）电流只能通过二极管从不稳定的一侧流向稳定的一侧。

3. 静态电流模式。

（1）车载电网断开绝缘二极管上施加有工作电压。

（2）子总线系统上无通信（静态电流模式）。

（3）车载电网断开绝缘二极管闭合，只消耗最小电流。

六、总线端操控

端子15接通情景（如图6-180所示）：

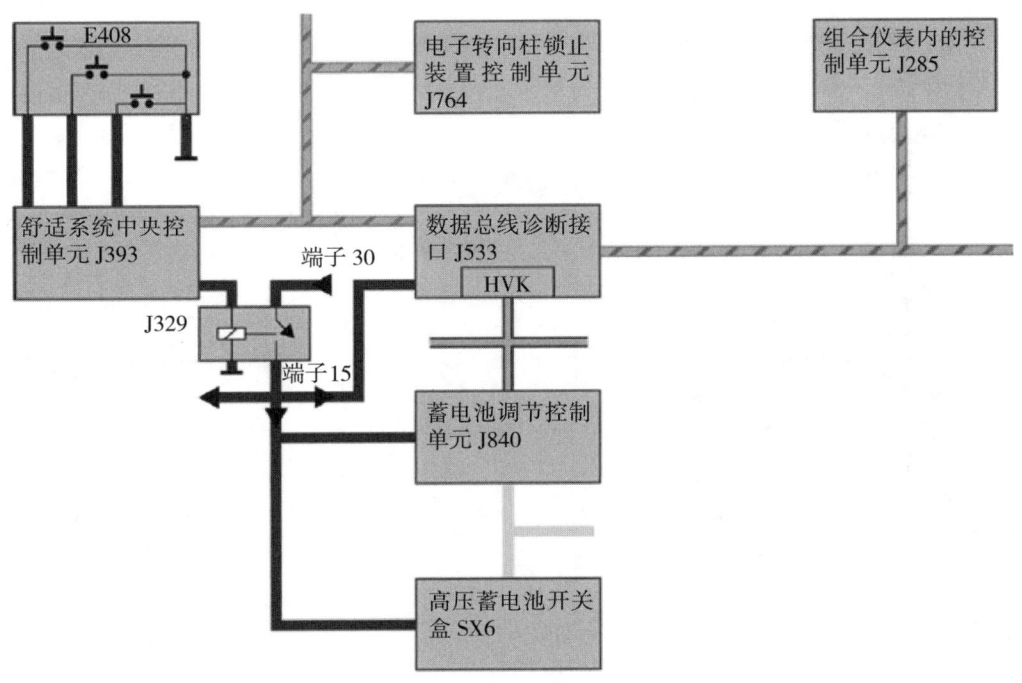

E408.进入及启动许可按钮 J329.端子15的供电继电器 HVK.高压协调器

图6-180

（1）端子15关闭时操作进入及启动许可按钮E408。

（2）按钮E408已操作这个信号通过离散导线发送给便捷电气系统的中央控制单元J393。

（3）J393检查汽车车内空间是否存在已获得授权的汽车钥匙。在钥匙检查的同时实施步骤（4）和（6）。

（4）J393向电子转向柱锁止装置控制单元J764发送一条转向柱解锁命令，从而释放转向柱锁止装置。

（5）J393激活继电器，以向J329端子15供电。现在通过J329向控制单元供电。

（6）J393通过舒适/便捷系统CAN总线将一条"虚拟的"端子15信号发送给数据总线诊断接口J533。

（7）J533中的高压协调器通过混合动力系统CAN总线将高压系统激活信息发送给蓄电池调节控制单元J840。J840通过子数据总线系统促使高压蓄电池开关盒SX6闭合功率接触器。然后，高压系统激活。从此时起，组合仪表中的指示灯亮起，混合动力蓄电池放电。

e-tron READY建立行驶准备就绪状态情景如图6-181所示。

（1）端子15关闭时操作进入及启动许可按钮E408及制动踏板。

（2）按钮E408已操作这个信号通过离散导线发送给便捷电气系统的中央控制单元J393。

（3）J393检查汽车车内空间是否存在已获得授权的汽车钥匙。在钥匙检查的同时实施步骤（4）和（6）。

（4）J393向电子转向柱锁止装置控制单元J764发送一条转向柱解锁命令，从而释放转向柱锁止装置。

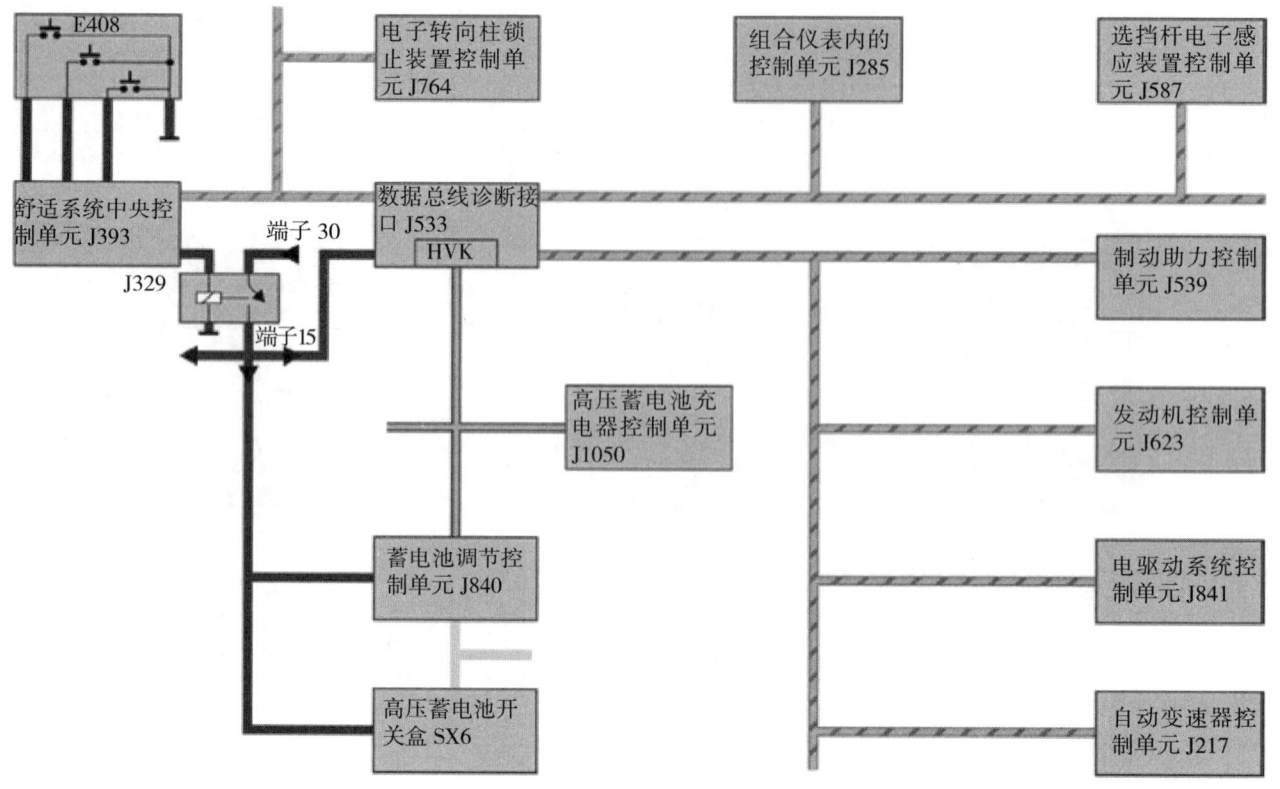

E408.进入及启动许可按钮 J329.端子15的供电继电器 HVK.高压协调器

图 6-181

（5）J393 激活继电器，以向 J329 端子 15 供电。现在通过 J329 向控制单元供电。发动机控制单元 J623 对来自制动助力控制单元 J539 的信号"制动踏板已踩下"进行处理。

（6）J393 通过舒适/便捷系统 CAN 总线将一条"虚拟的"端子 15 信号发送给数据总线诊断接口 J533。

（7）J533 中的高压协调器通过混合动力系统 CAN 总线将高压系统激活信息发送给蓄电池调节控制单元 J840。J840 通过子数据总线系统促使高压蓄电池开关盒 SX6 闭合功率接触器。同时，高压协调器通过 FlexRay 发送一条激活信息。

（8）发动机控制单元 J623 检查是否存在以下信号：

①来自制动助力控制单元 J539 的"制动踏板已踩下"。

②来自选挡杆传感装置控制单元 J587 的"选挡杆处于挡位 P 或 N"。

③来自高压蓄电池充电器控制单元 J1050 的"充电电缆未插入"。

（9）如果这些信号都存在，那么 J623 通过 FlexRay 将命令"建立行驶准备就绪状态"发送给电驱动系统控制单元 J841 及自动变速器控制单元 J217。

七、燃油系统的油箱盖促动

奥迪 Q7 e-tron quattro 具有：

（1）燃油箱盖。

（2）充电单元盖板。

燃油箱盖与以前一样位于右后侧（沿行驶方向），用于加注柴油或汽油燃料。充电单元盖板位于左后侧（沿行驶方向）。打开盖板后即可接触到汽车充电接口和按钮模块，这里可以立刻充电或选择充电模式。

（一）燃油箱盖

1. 促动燃油箱盖。

在装备了 3.0L V6 TDI 发动机的汽车上，燃油箱盖与所有奥迪 Q7 汽车一样可以通过中央门锁进行解锁或锁止。利用中央门锁解锁汽车时，燃油箱盖板锁止电机 V155 会被舒适/便捷系统中央控制单元 J393 促动，如图 6-182 所示。然后可以通过手动按压打开油箱盖。

在装备了 2.0L TFSI 发动机的汽车上，燃油箱盖被持续锁止，即使汽车未关闭也无法简单地打开。按下燃油箱盖解锁按钮 E319 后，发动机控制单元 J623 打开燃油箱关闭阀 N288。当燃油箱内的压力下降后，燃油箱盖锁止电机 V155 被舒适/便捷系统中央控制单元 J393 促动，如图 6-183 所示。然后可以通过手动按压打开燃油箱盖。

2. 失灵时的后果。

在中央门锁失效时，可以手动为燃油箱盖板开锁。为此可以拉动位于行李箱内右侧尾灯盖板后方的应急解锁环。

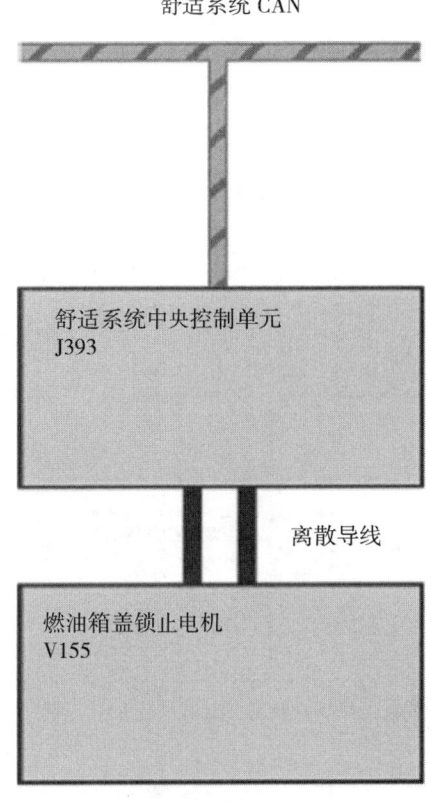

图 6-182

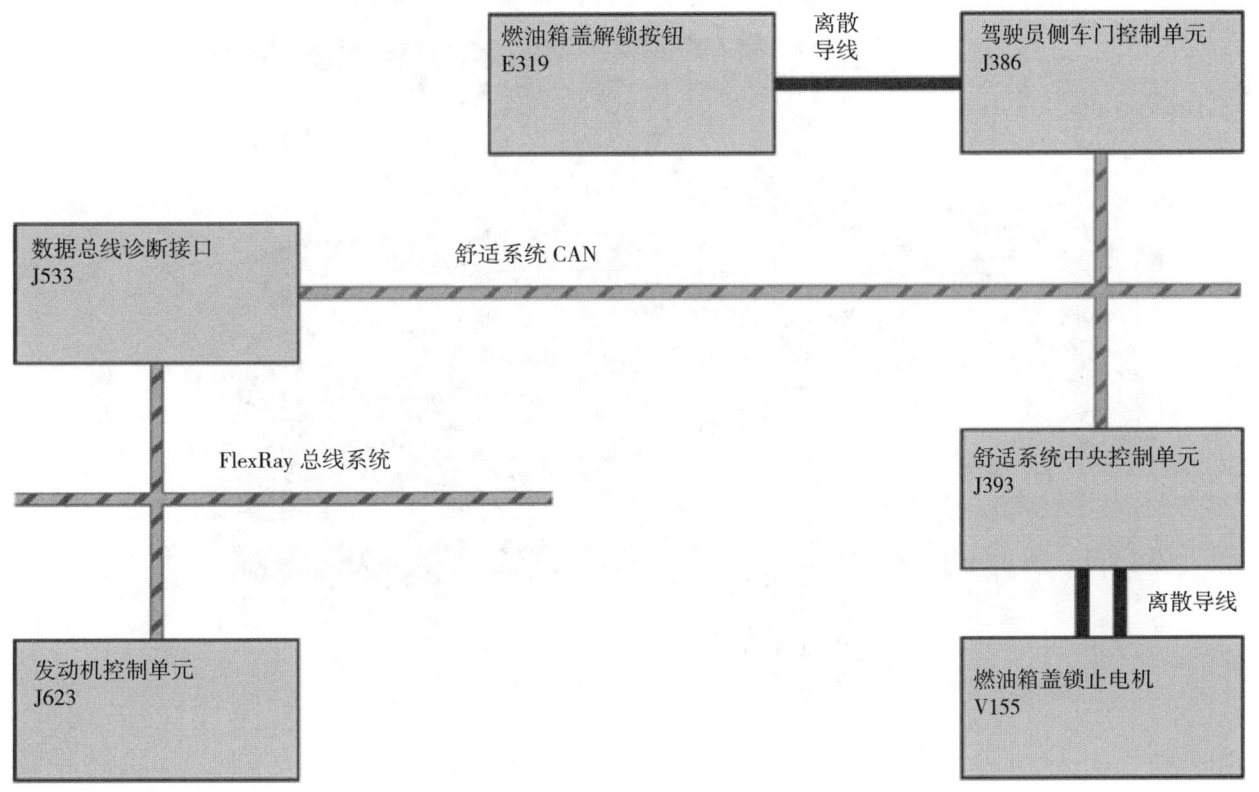

图 6-183

（二）充电单元盖板

1. 充电单元盖板的促动。

所有奥迪 Q7 e-tron quattro 的充电单元盖板都可以通过中央门锁解锁或锁止。通过中央门锁解锁汽车时，高压充电盖板锁止装置执行元件 1 F496 被高压蓄电池充电器控制单元 J1050 解锁，如图 6-184 所示。然后可以通过手动按压打开燃油箱盖。

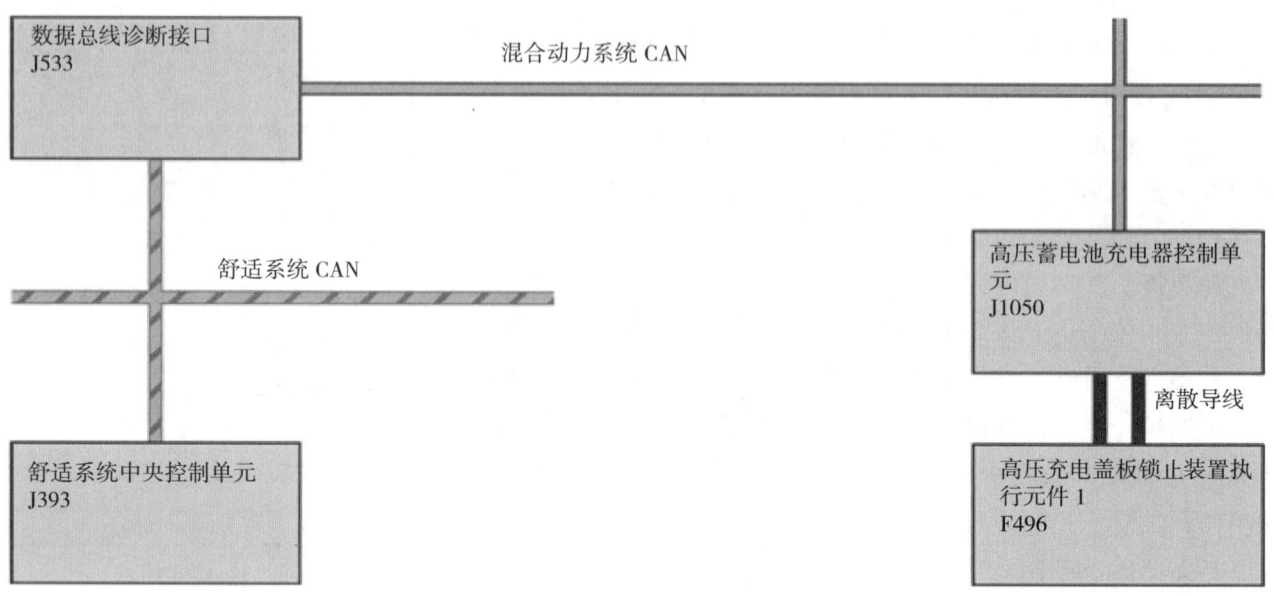

图 6-184

充电单元盖板位于奥迪 Q7 e-tron quattro 左后侧围内，如图 6-185 所示。

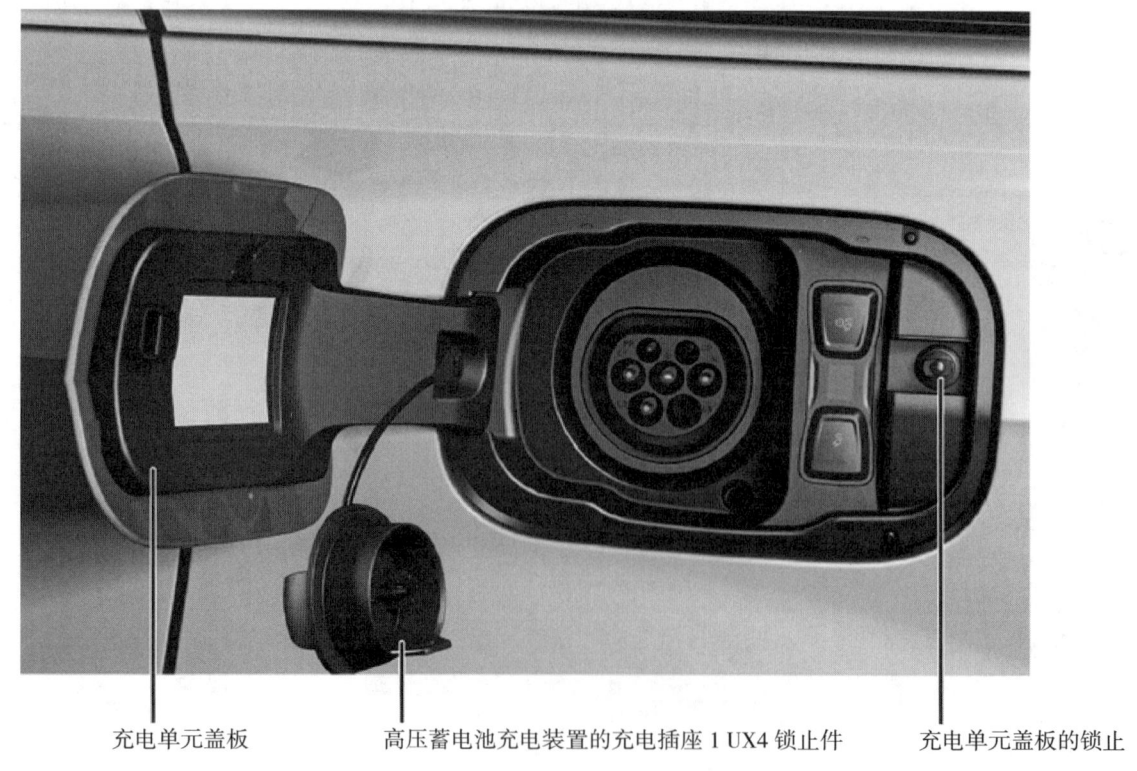

图 6-185

2. 失灵的后果。

充电单元盖板可以在必要时应急解锁。应急解锁环位于行李箱内左侧，保险丝盒的旁边。拆卸盖板后可以接触到保险丝盒和应急解锁环。

八、奥迪虚拟驾驶舱

奥迪 Q7 e-tron quattro 的奥迪虚拟驾驶舱以最佳的质量显示所有重要的信息。驾驶员可以调出不同的信息层级，其中也包括专门的 e-tron 显示内容。在点火开关关闭的情况下打开驾驶员侧车门时，会显示混合动力蓄电池的电量。在充电过程中，在点火开关关闭的情况下会在奥迪虚拟驾驶舱中显示混合动力蓄电池的当前电量和剩余充电时间。

（一）欢迎界面

奥迪虚拟驾驶舱中央的欢迎界面迎接驾驶员的到来。功率表位于 OFF 位置。该界面在打开驾驶员侧车门、点火开关关闭时欢迎驾驶员，如图 6-186 所示。

功率表处于 OFF 位置

图 6-186

（二）READY 位置

驾驶员踩下制动踏板并操作启动按钮时，功率表达到 READY 位置。汽车此时处于行驶准备就绪状态，同时在奥迪虚拟驾驶舱中间部分中向驾驶员显示可以以纯电动方式行驶，如图 6-187 所示。

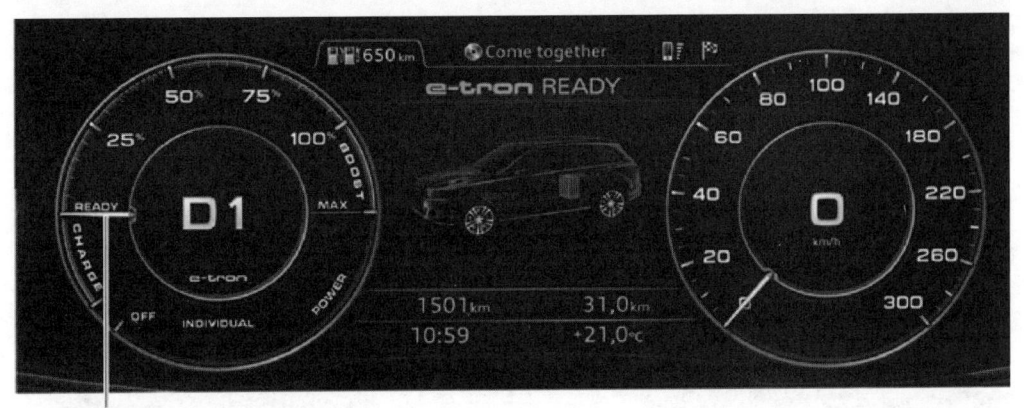

功率表处于 READY 位置

图 6-187

（三）显示功能

Audi virtual cockpit（奥迪虚拟驾驶舱）在奥迪 Q7 e-tron quattro 中标配采用。其显示功能增加了重要而有帮助的混合动力功能显示：

（1）SOC（State of Charge）：混合动力蓄电池（锂离子）的电量显示。

（2）功率表。

（3）传统驱动机构启动并入点动态显示。

如果在组合仪表内的控制单元 J285 中选择扩展视图（例如缩小仪表，扩大导航地图），则只显示车速表和功率表，如图 6-188 所示。

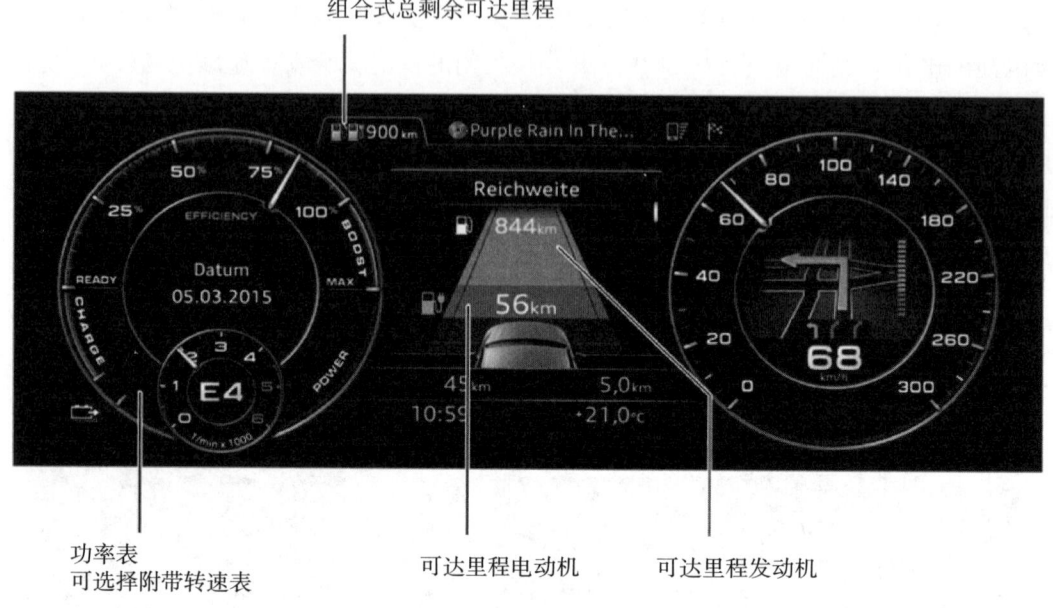

图 6-188

在组合仪表内的控制单元 J285 的显示屏中以及前部信息显示和操作控制单元 J685 中都会显示能量流动方向。可以显示以下元件：

（1）发动机。

（2）混合动力蓄电池。

（3）运动箭头（电动行驶、发动机行驶、超加速功能、能量回收）。

（四）附加显示

奥迪 Q7 e-tron quattro 以混合动力蓄电池电量显示（SOC）代替了冷却液温度条形图显示，如图 6-189

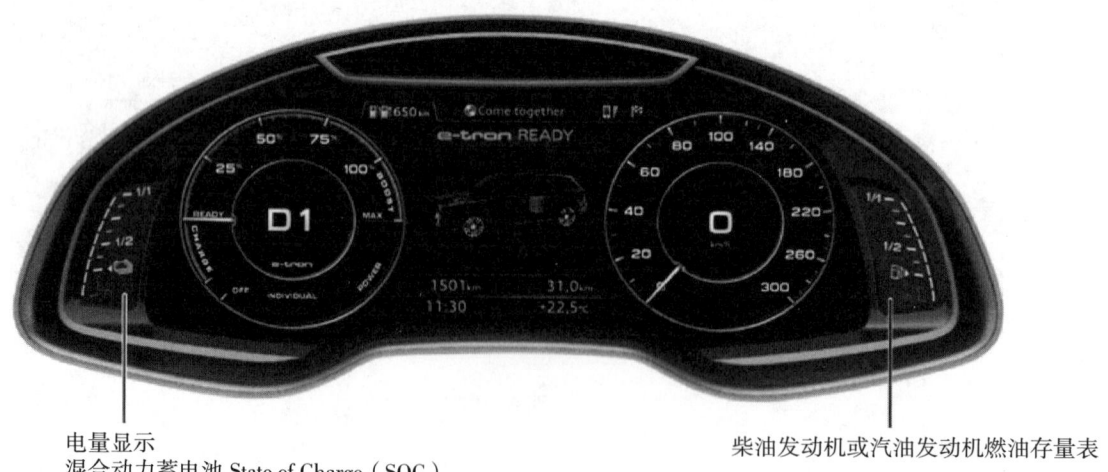

图 6-189

所示。奥迪 Q7 e-tron quattro 的冷却液温度过高时会通过指示灯显示。

(五) 奥迪 Q7 e-tron 专用内容

Audi virtual cockpit（奥迪虚拟驾驶舱）中间可显示以下内容：

（1）各个用电器的耗电量。

（2）短时储存器和长时储存器测得的数据。

（3）电动剩余可达里程/总剩余可达里程，如图 6-190 所示。

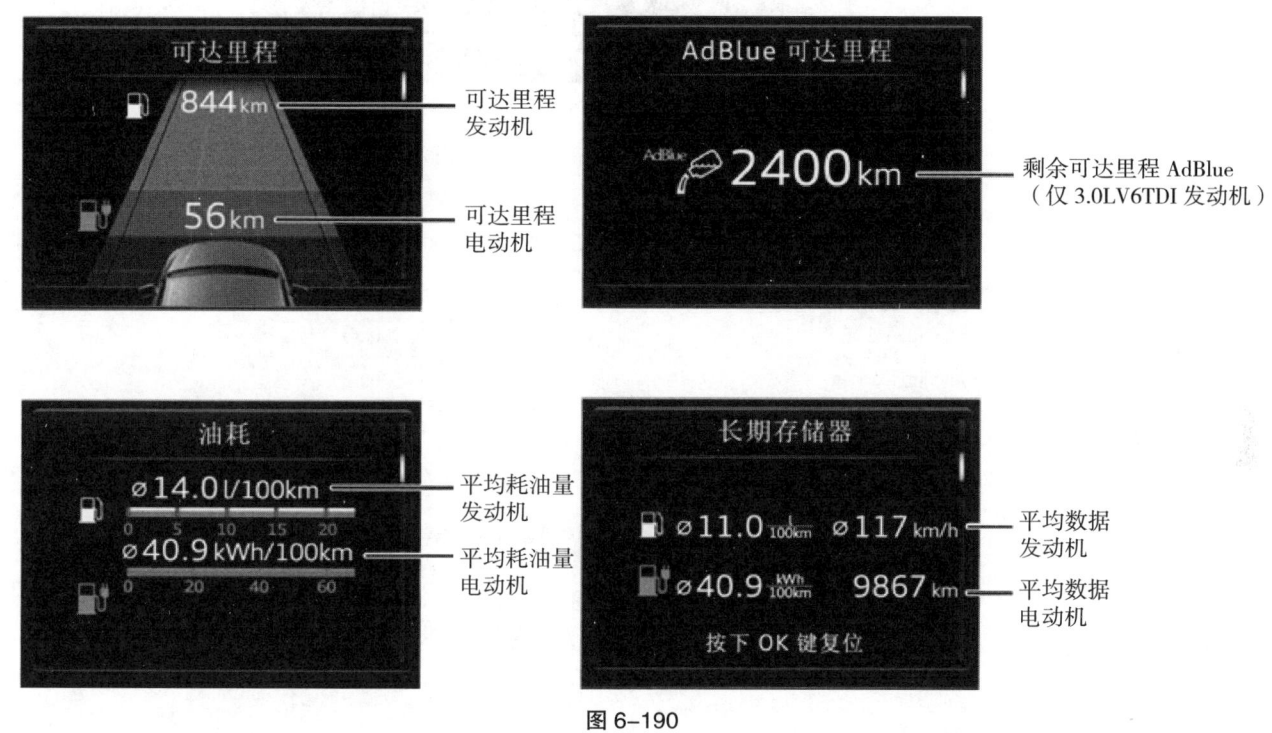

图 6-190

第十节 维修服务

一、常规保养和维护

(一) 显示以下保养周期

（1）机油更换保养。

（2）根据行驶里程进行的保养项目。

（3）根据时间进行的保养项目。

保养周期显示例图如图 6-191 所示。

在新车上，下次机油更换保养的显示区（灵活周期保养项目）开始时没有任何显示，如表 6-16 所示。只有在行驶大约 500km 后，才会显示根据驾驶方式和负荷状况计算出的数值。然后，文字信息"机油更换保养到期"变为"下次机油更换保养"。在新车上，根据行驶里程进行的保养项目的显示区数值为 30000km，并以 100km 为单位倒计数。在新车上，根据时间进行的保养项目的显示区数值现在为 730 天（2年），并且每天进行更新（首次显示在大约 500km 里程过后）。

(二) 各国车辆保养间隔一览

1. 美国车辆的保养间隔一览。

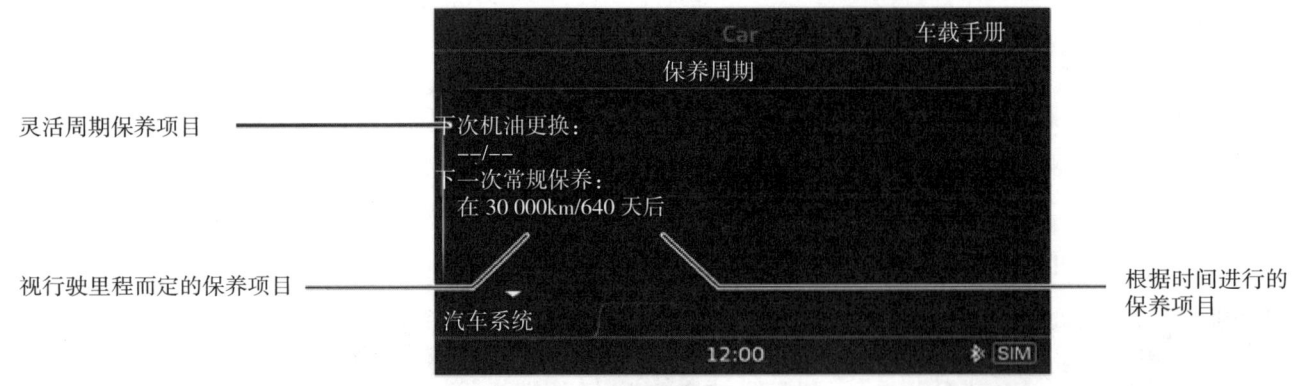

图 6-191

表 6-16

	3.0L V6 TD1 发动机	2.0L R4 TFS1 发动机
更换机油	按照保养周期指示器，根据驾驶方式和使用条件，每 15 000km/1 年或 30 000km/2 年进行	
常规保养	30 000km/2 年	30 000km/2 年
花粉滤清器的更换间隔	60 000km/2 年	60 000km/2 年
空气滤清器的更换间隔	90 000km	50 000km
制动液的更换间隔	3、5、…年后更换	3、5、…年后更换
火花塞的更换间隔	—	60 000km
燃油滤清器的更换间隔	60 000km	—
正时控制机构	链条（永久使用）	链条（永久使用）

奥迪 Q7 e-tron quattro 在美国市场必须按固定周期进行常规检查和保养，如图 6-192 所示。

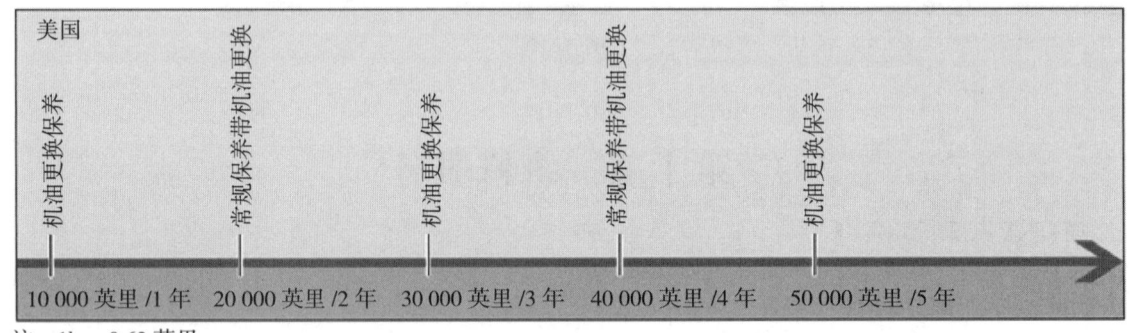

注：1km=0.62 英里。

图 6-192

2. 加拿大车辆的保养周期一览。

奥迪 Q7 e-tron quattro 在加拿大市场必须按固定周期进行常规检查和保养，如图 6-193 所示。

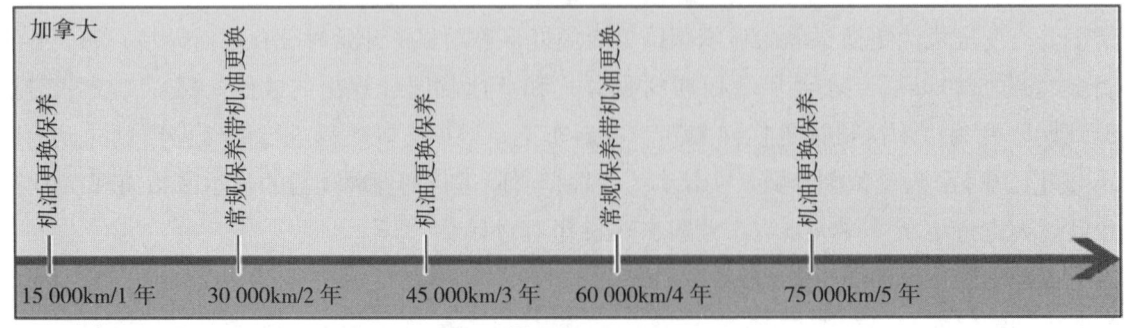

图 6-193

3. 中国车辆保养周期一览。

奥迪 Q7 e-tron quattro 在中国市场必须按固定周期进行常规检查和保养，如图 6-194 所示。

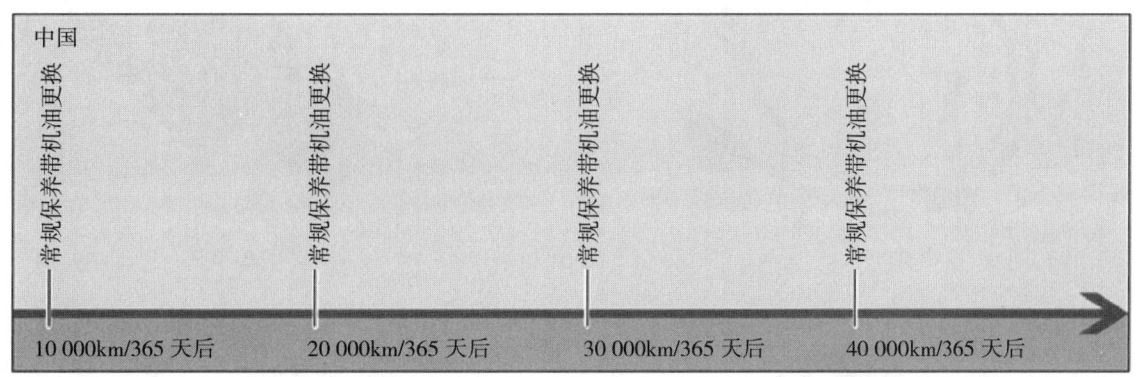

图 6-194

二、专用工具和维修设备

（一）专用工具

专用工具如图 6-195 所示。

（二）维修设备

1. 采用高压技术的汽车的警告牌，如图 6-196 所示。
2. 高压测量模块 VAS6558A，如图 6-197 所示。
3. 高压检测适配接头 VAS6558/9-6，如图 6-198 所示。
4. e-tron 充电系统 USB 适配接头，如图 6-199 所示。
5. VAS6558/15 中的高压检测适配接头 VAS6558/9-4，如图 6-200 所示。

图 6-195

6. 高压诊断盒 VAS5581，如图 6-201 所示。

VAS 6649　　　　VAS 6650A　　　　VAS 67856

图 6-196

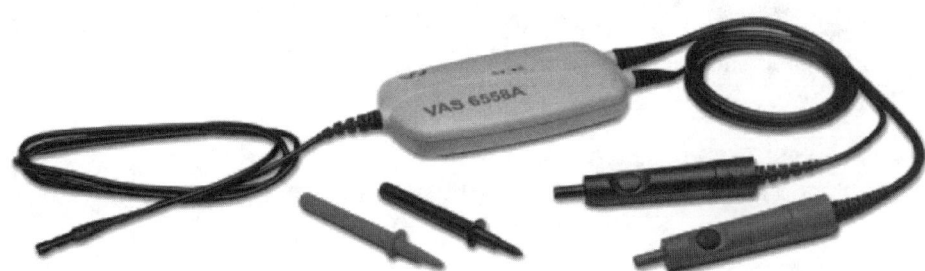

图 6-197

375

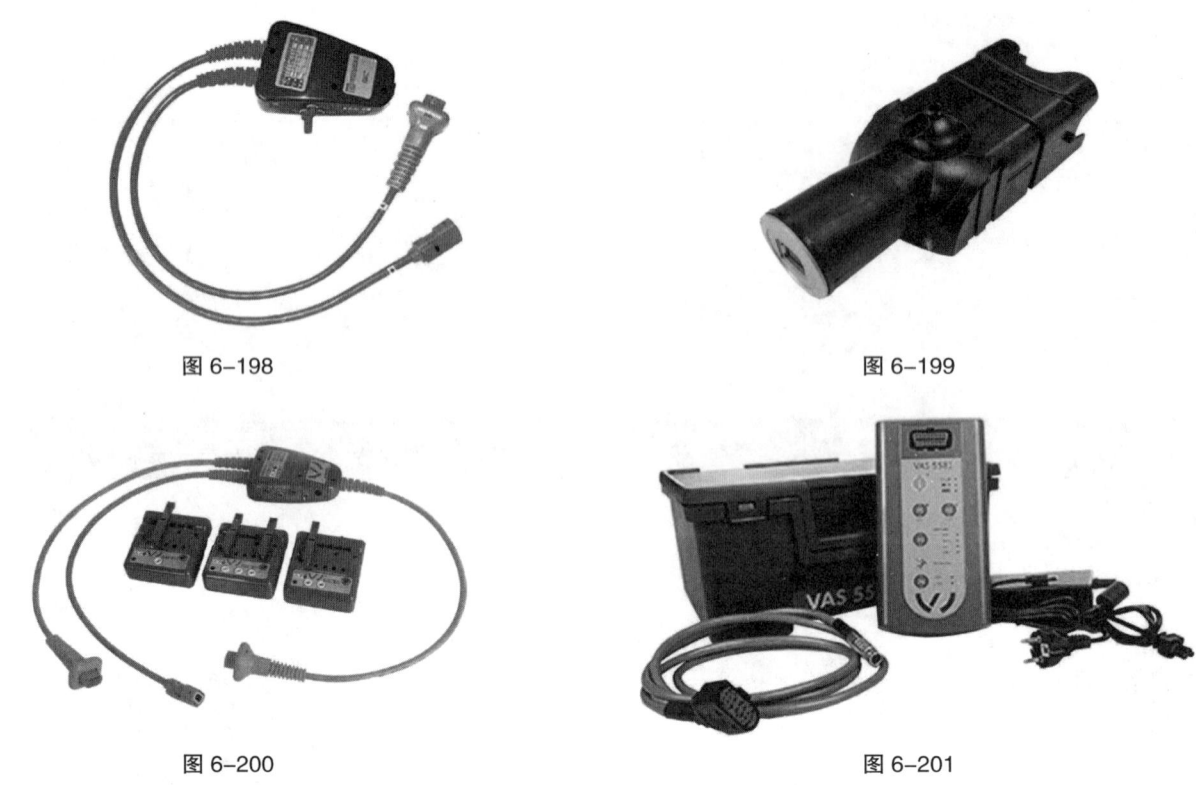

图 6-198　　　　　　　　　　　图 6-199

图 6-200　　　　　　　　　　　图 6-201

第十一节　经典实例

一、2019 年奥迪 Q7 e-tron 高压系统冷却报警

车型：Q7 e-tron。

年款：2019 年。

发动机号：CVJA 2.0T。

故障现象：

（1）接到厂家邮件下发 RTM 报警且 2 级驱动电机控制器温度报警，如图 6-202 所示。

车辆VIN码：WAUA8C4M9KD■■■■■■

报警开始时间：2019-03-10 21:36:52

最高告警级别：2

故障描述：

序号	故障码	故障点
1	DriveMotorControllerTemperatureAlarm	驱动电机控制器温度报警

图 6-202

（2）高压系统无法充满电（形成保护状态）且只能达到一半、无法纯电行驶驱动、仪表提示故障，如图 6-203 所示。

故障诊断：

（1）该车因车辆的右前部下侧发生碰撞事故造成水箱大框（前围支架）损坏。对水箱大框（前围支架）更换，拆装了发动机水箱及高压散热系统的水箱（高压冷却回路中低温冷却器）。安装完毕之后，补加了发动机水箱的冷却液，然而忽略了高压散热系统的循环散热水路。

（2）在装配后的低温冷却器，机电维修技师没有搞清楚该系统是属于哪个系统管理，只针对发动机散热系统进行冷却排气。在厂内进行了移车电驱模式工作之后，我厂接到厂家下发的RTM报警且2级驱动电机控制器温度报警邮件。同时客户也接到厂家400中心电话，客户表示车辆的右前部下侧发生碰撞事故，目前车辆已经在经销商处维修。

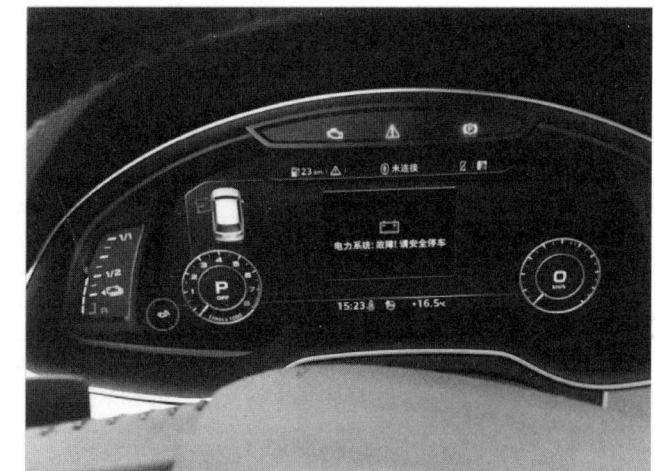

图6-203

（3）该车在进厂之前车辆仪表显示高压电驱系统无电可用。

（4）查阅相关SOST或TPI无说明维修指导，关于Q7 e-tron高压系统维修案例较少，唯一的技术来源就是SSP649、650和Q7 e-tron培训课件。

（5）使用ODIS6150E检测整车的控制单元，系统中有C5温度管理控制单元J1024有故障码，如图6-204所示。

图6-204

（6）通过诊断执行检测计划如图6-205~图6-208所示，查询Elsapro相关TPI-2048225根本无法找到。

（7）为了满足客户需求，高压电技师对该车进行充电及诊断，当车辆充电到90min左右时，蓄电池充电按钮模块EX32中充电插座1的LED模块L263指示灯显示为黄色，如图6-209所示。拔掉充电线，仪表仍然显示高压线在连线中，车辆无法启动。

（8）用ODIS6150E检测整车的控制单元，其中增加许多故障码：P0CEA00低温回路冷却液泵功能失效、P10E200低温回路冷却液泵干运行、P0C4A00用于混合动力高压电池的冷却剂泵1的控制故障、P31DB00按钮2 LED电气故障、P33E100充电插座A电气故障。尝试多次清除故障码无法清除。到底什么原因导致如此多故障呢？将车辆锁上静止30min，看看是否能清除故障码。

☐ 检测步骤:功能说明

措施: 信息
在该检测程序中进行下列步骤:

☒ 分析控制单元上与部件热管理系统冷却液泵4 V620相关的现有故障存储器条目热管理系统控制单元 J1024

检测前提条件:

☒ 点火开关已打开

必备辅助工具:

☒ 电路图

☒ 测量辅助工具套件V.A.G 1594 D

☒ 适配器电缆V.A.G 1598/31

☒ 适配电缆VAS 5570

按下按钮 ☒ 完成/继续,以继续执行程序。

图 6-205

功能调用: sys_4m_1_1115_21_ereignisspeicher_WUP_00000

☐ 参数:

检测步骤: 快进

检测步骤: 故障存储器分析

☐ **检测步骤: 部件无信号**

措施: 选择
　　首先处理 TPI 2048225 中描述的工作步骤

当前故障可能是一个间接故障

是否已处理 TPI?
输入: 尚未输入

检测步骤: 取消

图 6-206

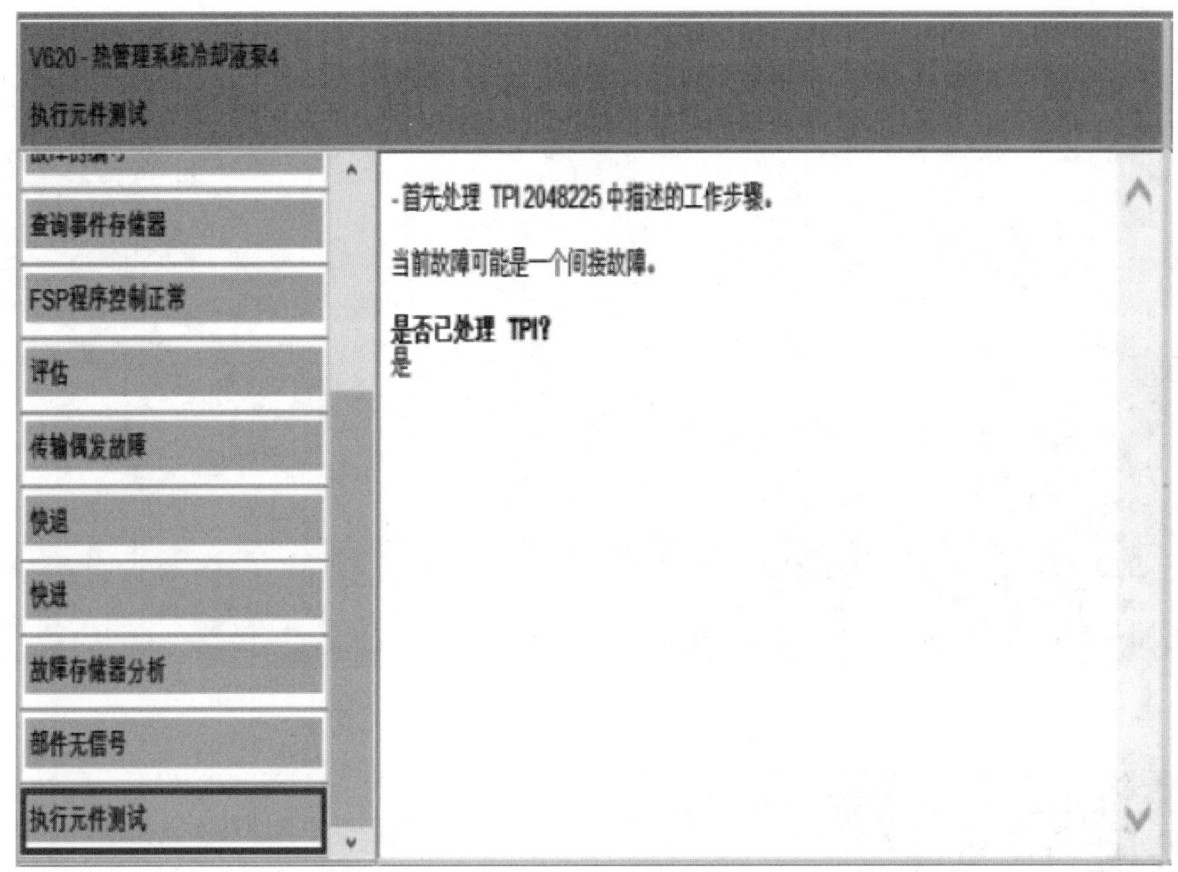

图 6-207

- **检测步骤：部件干运转**

  措施：信息
  记录的 DTC V620 - 低温回路冷却液泵干运转可能意味着冷却回路系统内存在气泡

  - 检测低温冷却液回路（高电压冷却回路）的密封性。

    发动机、机械机构维修手册；维修分组号19；冷却；冷却系统；检测冷却系统的密封性

  措施：选择
  是否能够在冷却液回路上发现泄漏或损坏？
  输入：否

  措施：信息
  - 加注冷却液，直至要求的标记位置为止
  - 为发动机的冷却液回路排气

    发动机、机械机构维修手册；维修分组号19；冷却；冷却系统

检测步骤：快退

图 6-208

图 6-209

图 6-210

（9）等了 30min 以后清除故障，果然能清除整个系统故障码。客户着急办事就把车辆开走了。第二天行驶 100km 后仪表提示"电力系统：故障！请安全停车"（如图 6-210 所示），客户靠边熄火停车后无法启动车辆，导致车辆抛锚。

（10）用 ODIS6150E 检测整车的控制单元，还是以前的故障码：P0CEA00、P10E200、P0C4A00、P31DB00、P33E100。

（11）高压电维修技师下一步追问事故维修技师该车拆了哪些部件，确定只拆装高压冷却回路中低温冷却器，其他什么也没有动过。只是做完维修工作之后给发动机冷却系统进行通风排气。刚刚启动发动机后电子扇高速运转，路试之后电子扇变为低速运转且非常持久地工作，有时变为高速运转，属于不正常现象。将车辆停下来大约十几分钟，就听到故障车辆的散热风扇在高速运转且无法停止。

（12）以上所有故障基本都是拆装了发动机水箱及高压散热系统的水箱（高压冷却回路中低温冷却器），使高压系统冷却液回路中混入空气产生了气阻，始终在高压系统冷却液回路循环。

故障排除：

（1）按照 Elsapro 维修手册标准要求，排出和加注冷却液，带高压系统的汽车高压冷却液排除危险，高压蓄电池中的冷却系统泄漏有爆炸危险。蓄电池壳体内可能会形成有爆炸危险的混合气体，爆炸会造成严重身体伤害。如果冷却液补偿罐出现冷却液液位下降，在排除泄漏原因之前不得添加冷却液。如果冷却液不足和高压蓄电池故障的故障指示灯亮起，需将汽车移到空地上，置于规定的单独停放区，通知进口商的高压专家。

（2）小心：当冷却液为热态时，冷却系统处于高压之下。热的蒸气和冷却液有烫伤危险。可能会烫伤手和身体其他部位。戴上防护手套、防护眼镜。卸除过压：用抹布盖住冷却液补偿罐封盖，然后小心打开。将冷却液收集系统 VAS5014 或车间起重机收集盘 VAS6208 放在底板下通往高压蓄电池，用压缩气吹干，如图 6-211、图 6-212 所示。

图 6-211

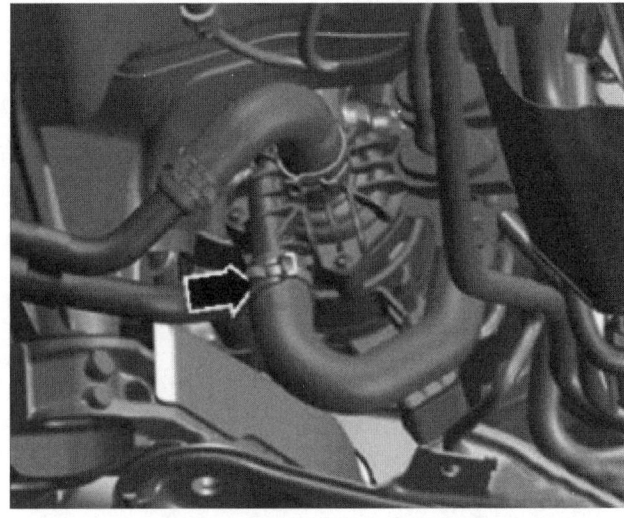

图 6-212

（3）冷却液混合比：提示水与冷却液添加剂不适当地混合会导致锈蚀危险。要实现最佳防蚀效果，必须使用蒸馏水。冷却液（50%）和蒸馏水（50%），防冻能力至 -36℃。冷却液太稠反而影响 V620 热管理系统冷却液泵 4 和高压蓄电池冷却液泵 V590 运行阻力。

（4）加注冷却液不得重新使用已用过的冷却液。向 VAS6096 的冷却液罐中加注 4L 已按正确混合比预混好的冷却液。将冷却系统检测设备适配器 V.A.G1274/8 拧到冷却液补偿罐上，将冷却系统加注装置 VAS6096 安装到适配器 V.A.G1274/8 上。将排气软管（如图 6-213 中 1 所示）插入到一个小容器（如图 6-213 中 2 所示）中。

（5）提示：少量冷却液会随排出的空气一起排出，必须收集这些排出的冷却液。关闭阀门（如图 6-213 中 A 和 B 所示），为此将拨杆转至与流动方向垂直。将软管（如图 6-213 中 3 所示）连接到压缩空气上。压力：700~1000kPa 过压。一直将高压系统冷却液回路中空气抽出保持在绿色区域，通过将冷却液带入

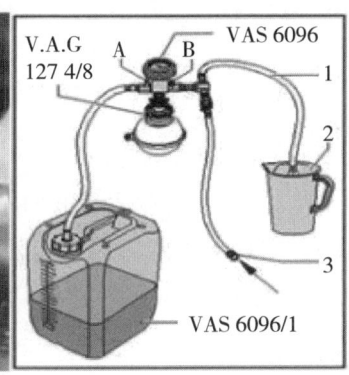

图 6-213

高压系统冷却液管路中，这样使内部存在高压系统冷却液管路中较少的空气残留，更利于下一步使用 ODIS6150E 冷却液回路排气加注。

（6）将冷却系统检测设备 V.A.G1274B（如图 6-214 所示）及适配器 V.A.G1274/8 安装到冷却液补偿罐上。用冷却系统检测设备的手动泵，产生 150kPa（1.5bar）过压（最大 200kPa）。

（7）接好充电器 VAS5903，连接车辆诊断测试仪，如图 6-215 所示。

打开点火开关，选择运行模式"诊断"并启动。选择自己检测计划游标。选择按钮选择自检，然后

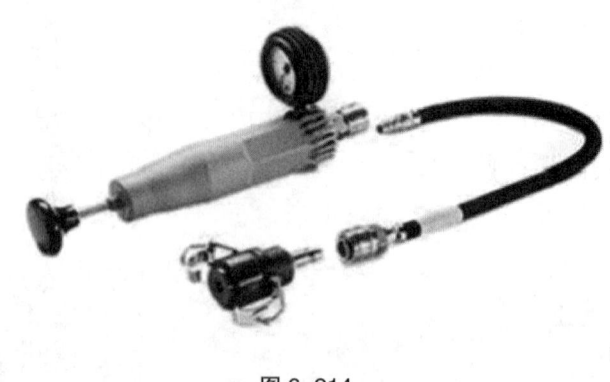

图 6-214

```
控制单元通信 (UDS):
控制单元: 电气驱动 (LL_DriveMotorContrModulUDS)
工作状态: OKAY
 - 服务: DiagnServi_ReadDataByIdentMeasuValue (Low side current sigma delta)
    要求参数:
      名称                                              值
      Param_RecorDataIdent                            Low side current s
                                                      igma delta
    响应参数:
      名称                                              值
      /Param_DataRecor/Param_S16Cu                     21.34375 A
      /Param_RecorDataIdent                           →Low side current s
      /Param_RespoServiId                              igma delta
                                                       98
措施: 信息
  测得的电流 = 21.3 A

措施: 信息
  12V 车载电网目前正在通过高压系统进行电气缓冲（电流 = 21.3A）。高压蓄电池因此放电

  是否连接了一个合适的12V充电装置            必须连接VAS5903大于40A以上的充电器，进行下一
                                           步维修工作
  充电装置的负极钳必须连接在车身接地点上

 - 检测步骤: 模式
```

低压侧电流

图 6-215

依次选择以下树形结构，如图 6-216～图 6-221 所示。

（8）启动选择的程序并根据车辆诊断测试仪显示屏上的说明进行操作，重复几次直至故障排除。

故障总结：

（1）细节性总结发现，电动传动系统冷却液回路和高压系统冷却液回路及混合动力蓄电池冷却液回路正常工作的时候通过水壶来发现有正常冷却液循环。

（2）高压系统冷却液回路系统内部有空气且产生了气阻，空气循环到哪个部件就会触发哪个部件故障码。出现电子扇高速运转是车辆在设计时都已经考虑到出现故障后的应急模式，包括发动机的跛行模式、车身电器的应急模式。设计应急模式是以安全为前提，比如自动大灯出现了故障，导致大灯无法根据车身负载而自动调节高低的时候，则应急模式会自动将大灯调节至最低的位置，而不是调节到最高位置，因为大灯在最高位置的话会影响对向而来的车辆，从而导致可能出现的安全隐患。而对于本车的散

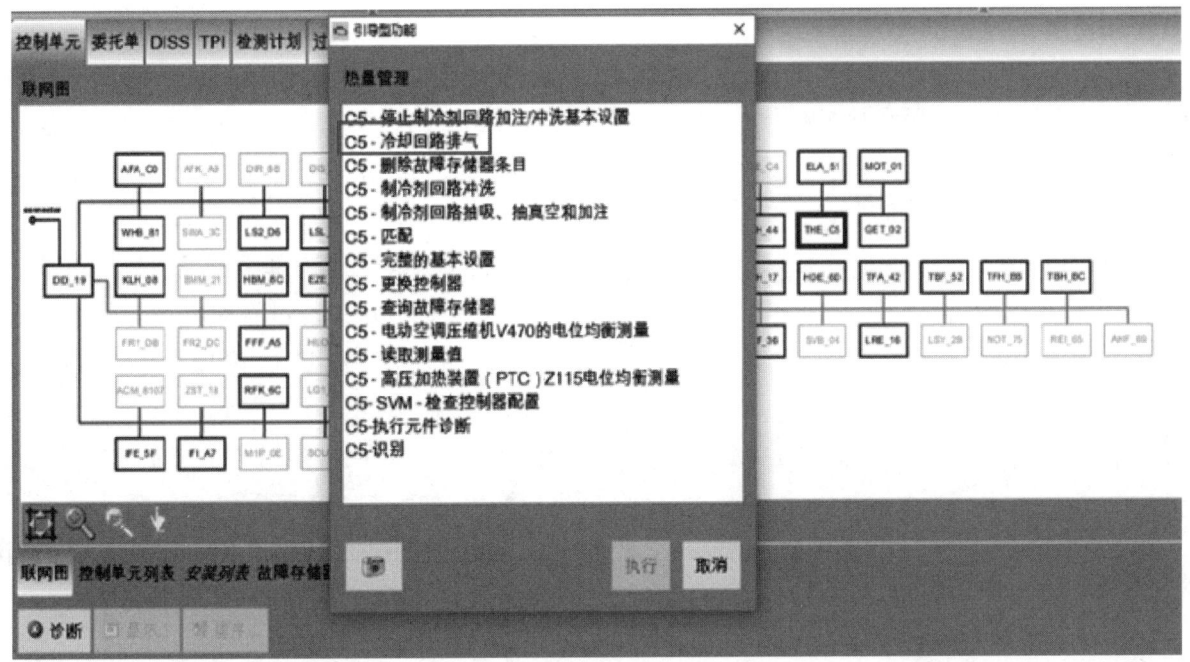

图 6-216

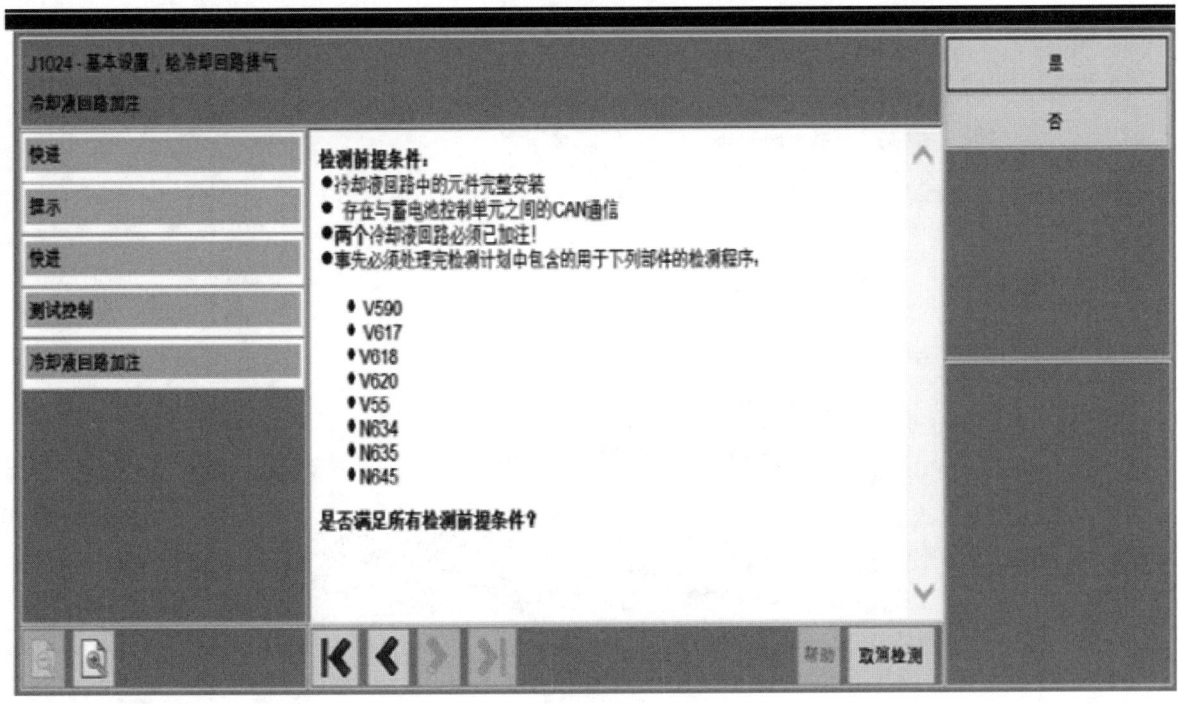

图 6-217

热风扇而言,若出现高压系统冷却液回路系统内部有空气且产生了气阻等情况,则 J623 自然会给 J293 提供 90% 的占空比,保持风扇的高速运转,此时 J293 也让风扇保持高速运转,尽可能避免因冷却液温度过高从而损坏高压系统冷却液回路系统上部件的可能性。

二、2019 年奥迪 Q7 e-tron 报"电力驱动:故障!冷却系统,请联系服务站"

故障现象:仪表显示"电力驱动:故障!冷却系统,请联系服务站"(如图 6-222 所示),电子扇持续高速运转。

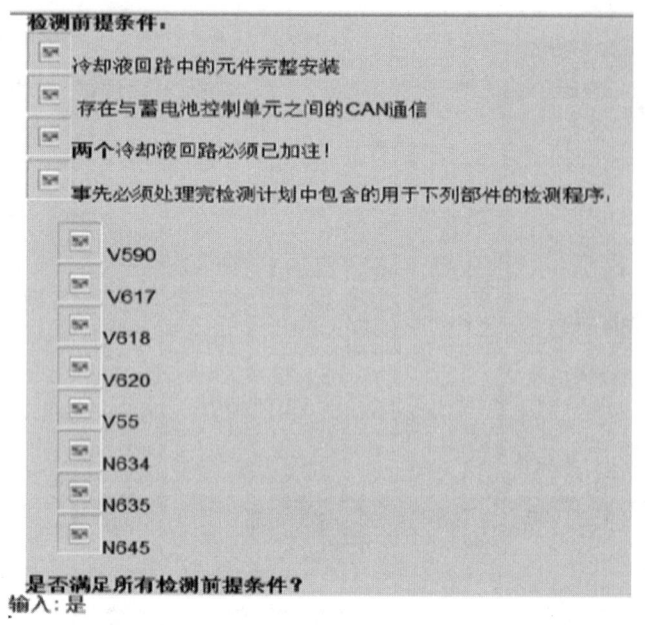

图 6-218

故障诊断：

（1）接车后按压车辆的启动按钮，发电机可以启动着车辆。发电机在启动的情况时，仪表中提示故障灯报警，中央信息显示器显示"电力驱动：故障！冷却系统，请联系服务站"。与客户进行一番交流得知：车辆右前部下侧发生碰撞事故，在保险公司指定修理厂进行过修理。

（2）VAS6150E 进行诊断检测，读取 C5 温度管理控制单元 J1024 控制系统的故障内容，P10E100: 低温回路冷却液泵锁止；故障类型 2: 主动/静态，如图 6-223 所示。

（3）故障码高级环境条件说明高压车辆冷却液循环系统存在某个高温现象或者说整个循环系统处于某种问题，如图 6-224 所示。

故障原因：

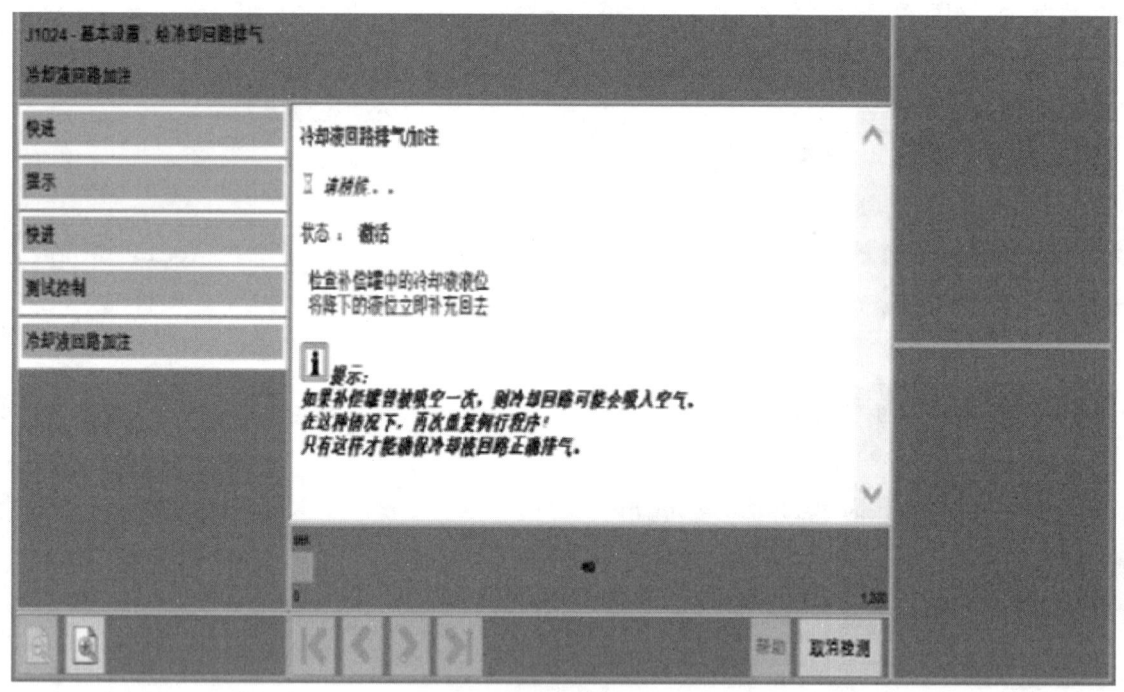

图 6-219

（1）我们查询了自学手册 SSP649，在"系统一览"中"热管理系统"章节图的逻辑管理控制查看，是热管理系统控制单元 J1024 控制热管理系统冷却液泵 4 V620。

（2）通过上面的系统一览拓扑图我们可以了解到，可能原因包括：①热管理系统控制单元 J1024 内部故障或软件故障；②线路故障；③信号控制线路故障；④热管理系统冷却液泵 4 V620 本身故障；⑤高压冷却液管路有杂质及碎屑。

故障排除：

（1）查询 SOST 及 TPI 没有发现相关的维修指导。

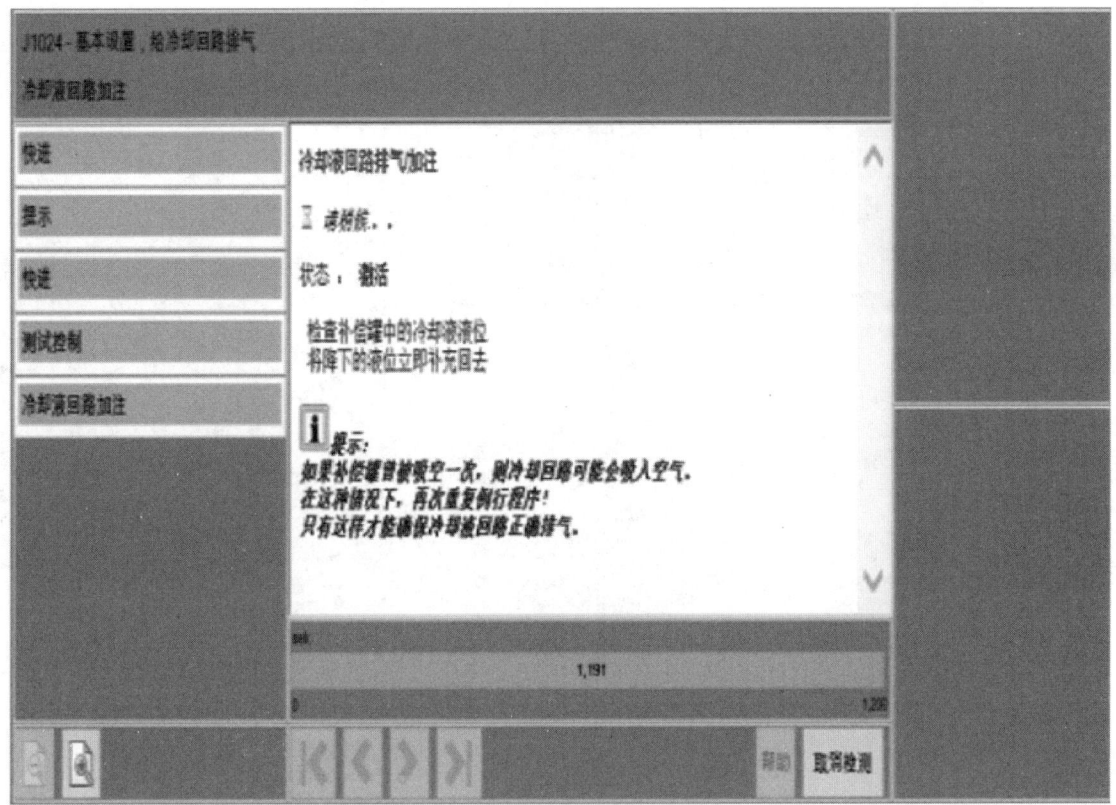

图 6-220

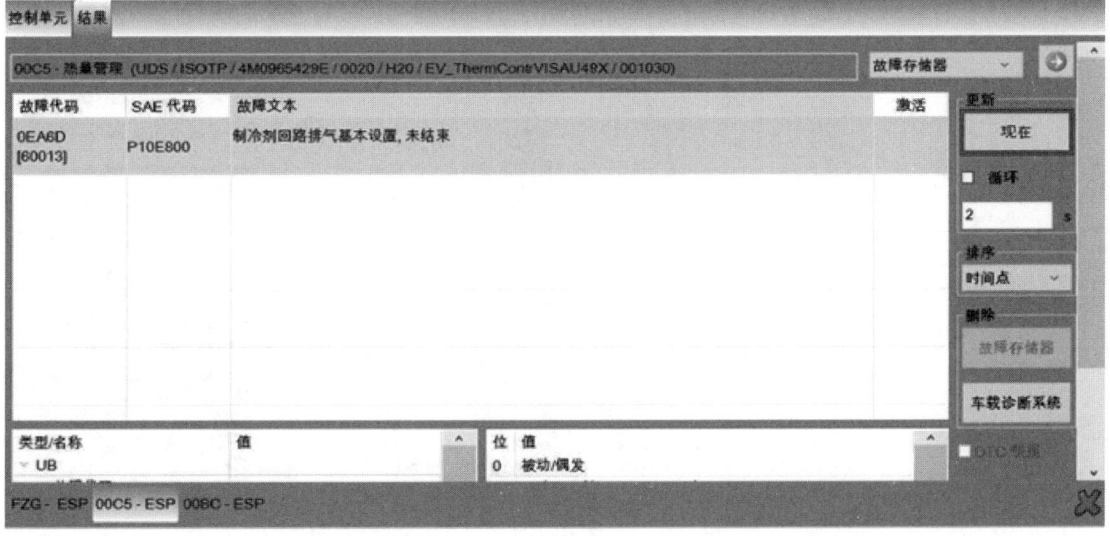

图 6-221

（2）由简到繁进行故障排除法，在 C5 温度管理控制单元 J1024 中执行热管理系统冷却液泵 4 V620 的基本设定或执行元件诊断时，用手感觉热管理系统冷却液泵 4 V620 无转动的噪声及诊断感觉，故障未排除。

（3）按照引导功能 GFS 功能检测查询提示，仔细阅读 Elsapro 电路图，需要的专用工具 V.A.G1594D、V.A.G1598/31、VAS5570，如图 6-225 和图 6-226 所示。

（4）查看 Elsapro 电路图，热管理系统冷却液泵 V617、热管理系统冷却液泵 2 V618、热管理系统

图 6-222

故障存储器记录
编号：
故障类型 2：
症状：
状态：

P10E100：低温回路冷却液泵 锁止
主动/静态
54017
00101111

图 6-223

图 6-224

冷却液泵 4 V620、热管理装置冷却液泵继电器 J1141 共用同一供电导线。使用专用工具 V.A.G1594D、V.A.G1598/31、VAS5570 对 4 个部件测量供电电压均为 12.970V，电压正常，排除线路中节点问题导致的电压降电气故障现象。使用 VAS5570 对热管理系统冷却液泵 4 V620 的 3 号针脚 T3cv/3 测量信号电压为 8.635V，T3cv/1 接地线正常。

（5）使用适配电缆 VAS5570 对热管理系统冷却液泵 4 V620 的 3 号针脚 T3cv/3 测量信号线进行波形测量，发现 PWM 的信号控制电压过低，属于不正常现象。

（6）为了确定及解决车辆故障，把试乘试驾车辆的热管理系统冷却液泵 4 V620 替换到故障车上，按

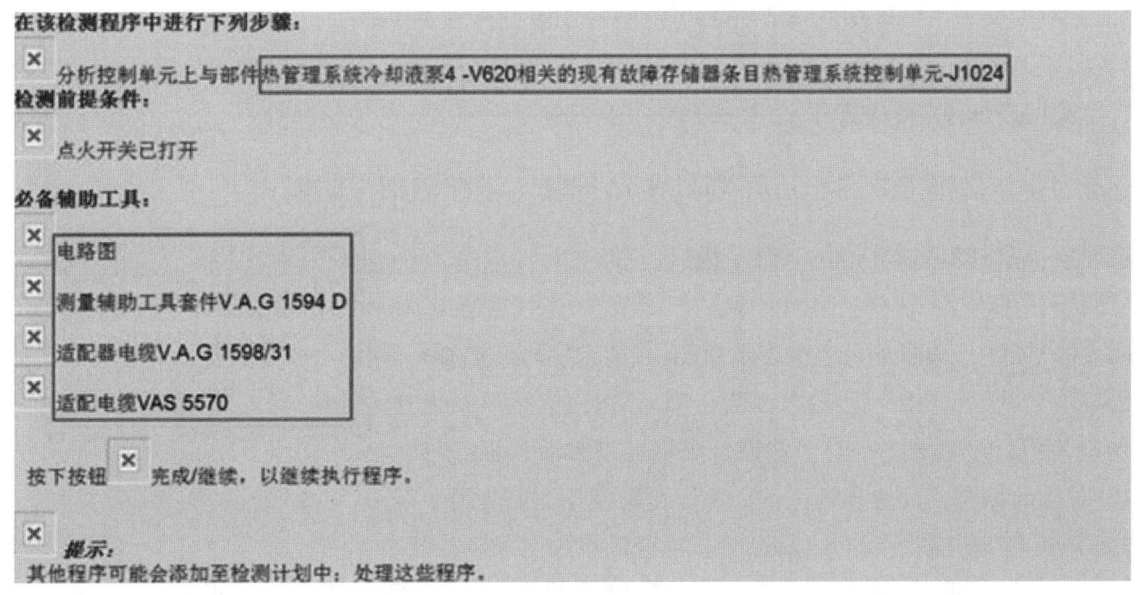

图 6-225

措施：信息
故障存储器内存在以下静态故障：P10E100 - V620 - 低温回路冷却液泵卡死

措施：信息
- 更换部件 V620

冷却液回路中可能有污物/碎屑。

- 更换冷却液

图 6-226

照 Elsapro 中维修手册对高压系统冷却回路执行高压回路密封性测试及加注/排气操作后，测量热管理系统冷却液泵 4V620 的波形信号恢复正常，如图 6-227 所示。

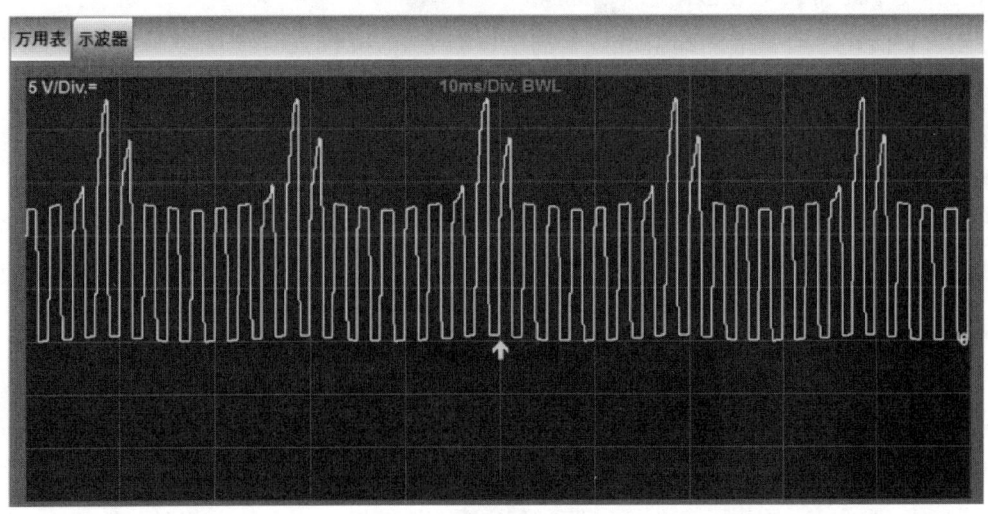

图 6-227

（7）更换热管理系统冷却液泵 4 V620（低温冷却液循环水泵 V620），故障排除。

（8）高压车辆冷却液循环系统确实十分复杂，在维修高压系统冷却回路相关故障后，需要执行高压回路密封性测试及加注 / 排气操作。

三、2019 年奥迪 Q7 e-tron 不能纯电动行驶（不能激活 EV 模式）

故障现象：车辆不能进行纯电动 EV 模式行驶。

故障诊断：

（1）客户描述：从购车至今里程 7000km，从未实现纯电动行驶。

（2）客户到厂后，将车充满电，调至 EV 模式，依然不能纯电动行驶。

（3）车辆无 EV 模式，但是经测试，车辆可以激活 boost 模式。

（4）对比同款车，其他车辆正常，可以正常使用 EV 模式。

（5）ODIS 检查，系统没有故障存储。检查该车，无加装改装。

（6）根据自学手册 SSP650 的描述："J623 根据条件决定驱动模式"。于是与厂内试驾车互倒 J623，故障未排除。之后互倒网关 J533，故障未排除。

（7）参考 TPI2032178/2 和 TPI2028157/2 两个老款混动车的 TPI，在 J623 中产生就绪代码，不能排除故障。ODIS 检查 12V 蓄电池正常，将蓄电池拆下充满电后，重新匹配，故障未排除。

（8）尝试再现故障现象，故障可以再现，打开点火开关，选择 EV 模式，此时仪表显示 EV 模式，EV 显示为绿色，踩住制动踏板，再次打开点火开关尝试进入 e-tron READY 模式，此时仪表 EV 变为灰色，发动机启动，EV 模式无法被激活。

（9）使用 ODIS 读取车辆信息，无故障码，读取地址码 8C 测量值，确认：高压蓄电池的电压正常，高压系统的绝缘电阻正常，安全线状态正常。

（10）确认车辆可以激活 boost 模式，综上可确认高压系统可以正常工作。

（11）排查 EV 模式的前提条件。

①环境温度为 -1.5℃，高于 -10℃，满足要求。

②高压电池电量 79%，蓄电池温度满足条件。

③挡位选择 D 挡，驾驶模式选择舒适，满足条件，车速为静止起步，满足条件。

④低压蓄电池电量正常，电池检测结果正常。

（12）鉴于 EV 模式的前提条件都满足且车辆可以激活 boost 模式，结合 Q7 e-tron 动力及传动系统原理，推断分离离合器的作动器 V606 未正常工作，导致无法激活纯电动 EV 模式。

（13）接下来进行验证排查：使用 ODIS 自诊断中的执行元件诊断功能，对分离离合器的作动器 V606 进行诊断，举升车辆，在驱动 V606 时，在 V606 下方未听到作动器作动声音，对比车可以听到作动声音。此时可以确认抱怨车的 V606 未正常工作。此时不可盲目与对比车对倒 V606 进行试验，应该使用"基本设置"功能对 V606 进行基本设置验证是否可以排除故障。对 V606 进行基本设置时，可以听到 V606 工作的声音，基本设置完成后，再次进行执行元件诊断 V606 时，可以听到 V606 工作的声音。

（14）这时再次试车，车辆可以成功激活 EV 模式，进行纯电动行驶，故障排除。

故障原因：Q7 e-tron 的变速器总成中有一个分离离合器 K0，在常态下为接合状态，分离离合器将发动机和电机相互耦合，分离离合器 K0 通过分离离合器作动器 V606 操纵，如图 6-228 所示。正常情况下，若想激活 EV 模式，则 V606 应通电后将离合器 K0 分离，即切断发动机与电机的接合。若 V606 无法正常工作，则发动机与电机一直保持接合状态，这时进入 e-tron READY 模式，发动机就要运转起来而无法关闭发动机，进而车辆一直无法实现纯电动 EV 模式。

通过发动机控制单元 J623 可以对 V606 进行作动器诊断，正常情况下可以明显地听到作动器操纵离合器。注意：当发动机控制单元软件被更新，或者发动机控制单元、混合动力模块或分离离合器作动器 V606 被更换，则需要进行基本设置。

故障排除：对分离离合器的作动器 V606 进行基本设置。

图 6-228

故障总结：对于 e-tron 车型的驱动类型的故障，应该从运行原理上进行充分分析，对高压系统正常与否进行初步判断，对故障现象及工况进行充分尝试验证。本案例需注意以下几点：

（1）判断高压系统是否可以正常工作。

（2）进行纯电动行驶的前提条件。

（3）插电式混动车型的运行原理。

（4）执行元件诊断后勿盲目更换部件，而是进行基本设置，避免错误维修。

四、2019 年奥迪 Q7 e-tron 无法启动

故障现象：车辆无法启动。

故障诊断：

（1）客户反馈车辆无法启动且组合仪表上有电力系统：故障，请安全停车。

（2）在电气驱动（51）中有 U041300：混合蓄电池能量管理控制单元不可信信号；在 2019 年款之后的高压蓄电池充电装置 Q7（6C）中有 P33EB00：蓄电池管理系统读取故障记录；在数据总线诊断接口（19）中有 C11BAF0：混合蓄电池管理运行模式设置中的过程错误；在混合蓄电池管理（8C）中有 U059B00：蓄电池隔离开关不可信信号，P0AFC00：混合动力/高压蓄电池传感器故障，U059B00：蓄电池隔离开关不可信信号，P33F000：高压电网激活功能失效和P0B3400：高压系统保养插头不可信信号。

（3）故障导航进行功能测试，分别检查了蓄电池监控控制单元 J840、高压系统保养插头 TW、高压蓄电池充电器控制单元 J1050 和电驱动的功率和电子装置 JX1 均正常。根据引导型故障查询指向蓄电池调节控制单元 J840，互换了蓄电池调节控制单元 J840 后，故障再现。

（4）根据分析和查找 SOST 文件，替换了高压蓄电池配电盒 SX6 后，故障排除。

故障原因：由于高压蓄电池配电盒 SX6 提供了错误的信息，导致高压系统报警。

五、2017 年奥迪 Q7 e-tron 空调不制冷

发动机号：CVJA。

故障现象：购车时为冬季，一直未使用空调，天气转热后发现空调不制冷。

故障诊断：确认用户故障，J1024 热量管理控制单元有故障码 P13F100：车内预处理未启动静态。故

障引导未发现问题,执行基本设置不成功。读取测量值发现空调压缩机转速为0,怀疑压缩机故障,更换电动空调压缩机。更换后,压缩机转速依旧为0,J1024存有两个故障码,除P13F100外,另有"B109EF0:空调压缩机首次运行未进行静态"。执行引导做基本设置"5-空调压缩机首次磨合运行,自动启动",无法完成。提示的基本执行"5"之后的结果,如图6-229所示。

> 空调压缩机-V470标准转速: 0 r/min
> 空调压缩机-V470实际转速: 0 r/min
>
> G395 的压力值: 6.24 [bar]
> G826 的压力值: 0.0 [bar]
>
> *提示:*
> *在结构正确的制冷剂回路中,部件G395上的压力值始终大于部件G826上的压力值!*

图 6-229

分析执行压缩机磨合运行的前提条件如下:

(1)空调面板设置正确:鼓风机最大100%,温度设置为最低LO。

(2)高压蓄电池电量,高于红区2格,推测SOC应当40%以上。

(3)已执行基本设置"9",停止加注/冲洗制冷剂回路例行程序。

(4)更换压缩机并加注后,发动机已发动5s,且当前处于READY状态。

(5)控制单元J1024无故障码(基本设置执行前系统自动删除故障码,空调面板A/C灯表现为常亮;若存有静态故障则可能无法执行基本设置)。

此车当时有静态故障,P13F100车内预处理未启动,此故障码与辅助加热和驻车空调等功能有关,与空调压缩机运转无直接关系,可以忽略。另一故障码B109EF0空调压缩机首次运行未进行,查询得知此故障码产生原因与新更换的压缩机有关,新电动压缩机序列号与温度管理控制单元J1024存储中成功设置的压缩机序列号不符合。考虑到更换压缩机后肯定会面临序列号不一致的情况,所以尝试多种方法欲更改J1024中的序列号或基本设置等,但都不成功。通过单独识别电动压缩机控制单元J842(地址065D),生产日期存在错误(应为2017.05.13),其序列号也是由此组成,如图6-230和图6-231所示。怀疑更换的压缩机存在错误,因无其他车辆替换,所以将旧件装回车辆进行比较。

换回旧的电动压缩机,发现序列号中生产日期部分与新压缩机的一样,且无法通过065D手动识别控制单元。执行J1024控制单元识别,发现仅有9个子系统,同时控制单元存有P26FD00空调压缩机控制单元功能失效,U016B00电动空调压缩机无通信等故障码。

关闭点火开关并重新插拔J1024后,重新检测识别控制单元操作,与电动空调压缩机通信恢复正常且B109EF0故障码消失。

执行基本设置中的自动寻址,与更换压缩机之前结果相同,查看导航报告可发现,基本设置条件不满足。执行压缩机磨合运行,与之前结果一样,压缩机目标转速与实际转速为0,G826压力值为0。执行元件诊断,提示对于V470和PTC的测试需要通过基本设计相关选项完成。

执行基本设置"7-系统功能测试",按提示进行操作。但同样反馈因条件不满足无法进行。总结更换压缩机前后的系统表现,B109EF0空调压缩机首次运行未进行故障码消失后,系统必定还有未能满足的条件导致的基本设置失败。此时想到了温度与压力传感器2 G826。

在执行磨合运行的基本设置过程中,G395的显示压力精度为小数点后两位,数值会一直变化;而

地址: 065D 系统名: ??? 协议改版: UDS/ISOTP (Ereignisse: 0)

识别:
- 硬件零件号: 4M0816797A
- 零件号: 4M0816797A
- 硬件版本号: H02
- 软件版本号: 0013
- 制造日期: 17.05.2013
- 编码: +
- 编码: 000000
- 可擦写性: 未知
- 系统名称: J842 EKK es33
- ASAM 基本型号: BV_AirCondiComprSubUDS
- ASAM 2D/ODX 数据记录: EV_EKK33ccSANDEAU57X
- ASAM 2D/ODX 数据记录版本: 001001
- 使用的 ASAM/ODX 控制单元型号: EV_EKK33ccSANDEAU57X_001
- 装备代码: 00 00 00 00 00 00 00 00

图 6-230

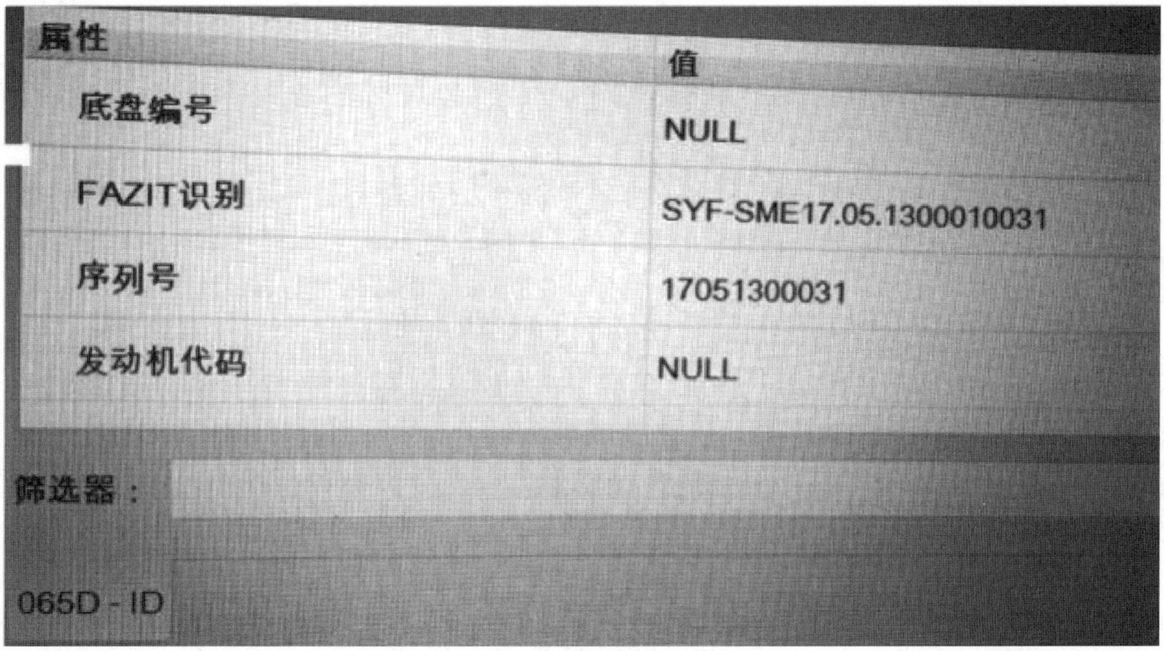

属性	值
底盘编号	NULL
FAZIT识别	SYF-SME17.05.1300010031
序列号	17051300031
发动机代码	NULL

筛选器:

065D - ID

图 6-231

G826 的示数一直为 0，怀疑传感器损坏导致基本设置不成功。

读取 J1024 关于 G395、G826 和 G827 的测量值，显示故障状态正常，温度示数也正确，如图 6-232~图 6-234 所示。

G826 安装在压缩机的低压端入口处，在压缩机不运转的状态下，加注后的制冷剂压力在此处是否真正是 0？根据 ELSA 制冷剂回路示意图（如图 6-235 所示），用加注机连接空调维护接头处，此处与 G826 在连接示意图中为相通的，同时读取 G826 测量值，发现当低压管路压力为 650kPa（6.5bar）左右时，读数依然为 0。空调压缩机磨合运行的基本设置条件除之前的几点外，还应当检测到低压与高压端制

```
制冷剂压力和温度传感器1
制冷剂压力
Formula
Test_Program_Refrigerant pressure    7.832 bar
Refrigerant pressure_Textual          数字数值，非
                                      文本
制冷剂温度
Formula
Test_Program_Refrigerant_temperature 34.0 ℃
Refrigerant_temperature_Textual       数字数值，非
                                      文本
车内温度
Formula
Test_Program_Inside_temperature       36.7 ℃
Inside_temperature_Textual            数字数值，非
                                      文本
故障状态                               正常
通信                                   正常
反应错误                               正常
测试结果                               在当前操作循
                                      环中测试
```

图 6-232

```
制冷剂压力和温度传感器2
制冷剂压力
Formula
Test_Program_Refrigerant pressure    0.0 bar
Refrigerant pressure_Textual          数字数值，非
                                      文本
制冷剂温度
Formula
Test_Program_Refrigerant_temperature 35.5 ℃
Refrigerant_temperature_Textual       数字数值，非
                                      文本
车内温度
Formula
Test_Program_Inside_temperature       38.0 ℃
Inside_temperature_Textual            数字数值，非
                                      文本
故障状态                               正常
通信                                   正常
反应错误                               正常
测试结果                               在当前操作循
                                      环中测试
```

图 6-233

```
制冷剂压力和温度传感器3
制冷剂压力
Formula
Test_Program_Refrigerant pressure    7.744 bar
Refrigerant pressure_Textual          数字数值，非
                                      文本
制冷剂温度
Formula
Test_Program_Refrigerant_temperature 31.0 ℃
Refrigerant_temperature_Textual       数字数值，非
                                      文本
车内温度
Formula
Test_Program_Inside_temperature       33.7 ℃
Inside_temperature_Textual            数字数值，非
                                      文本
故障状态                               正常
通信                                   正常
反应错误                               正常
测试结果                               在当前操作循
                                      环中测试
```

图 6-234

冷剂压力是否满足条件：G395 的压力值始终大于 G826，G826 读数正常。因 G826 的压力数值错误导致基本设置条件不满足，但系统不产生故障码。

根据以上推测，因现场无备件也无替换车辆，互换 G395 和 G826 后无法解决基本设置问题。查询 ELSA 相关内容并拆下 G826 与 G827 检查，未标记安装位置，属于 2016 年 6 月后使用的。可根据安装位置自寻址的传感器，具备相互替换性，如图 6-236 所示。

因此将 G826 与 G827 互换，互换后执行基本设置 1 与 2 对传感器与阀体等重新寻址，读取测量值，G826（原 G827，安装在 G826 位置寻址后变为 G826）读数正常，G827 压力值变为 0，如图 6-237 和图 6-238 所示。

执行基本设置 9 停止加注 / 冲洗制冷剂回路例行程序后，执行 5 空调压缩机首次磨合运行，此时基本设置可顺利进行，如图 6-239 所示。

此时压缩机处于磨合运行，制冷效果可能不明显，完成基本设置后可关闭并重新打开点火开关，执行基本设置 7 系统功能测试，选择 1 车内冷却测试，压缩机可高速运转，表明磨合运行已成功完成。读取车内温度已下降至 14.1℃（如图 6-240 和图 6-241 所示），此时，车辆空调压缩机已经可以正常运转并制冷，故障排除。

故障原因：

空调压缩机磨合运转需要很多传感器信号数据正确，由于制冷剂入口处的压力为 0，导致系统认定制冷剂回路未排气或泄漏等，终止基本设置。但诊断仪和系统无相关的故障码，而 Q7 e-tron 无正常车辆作

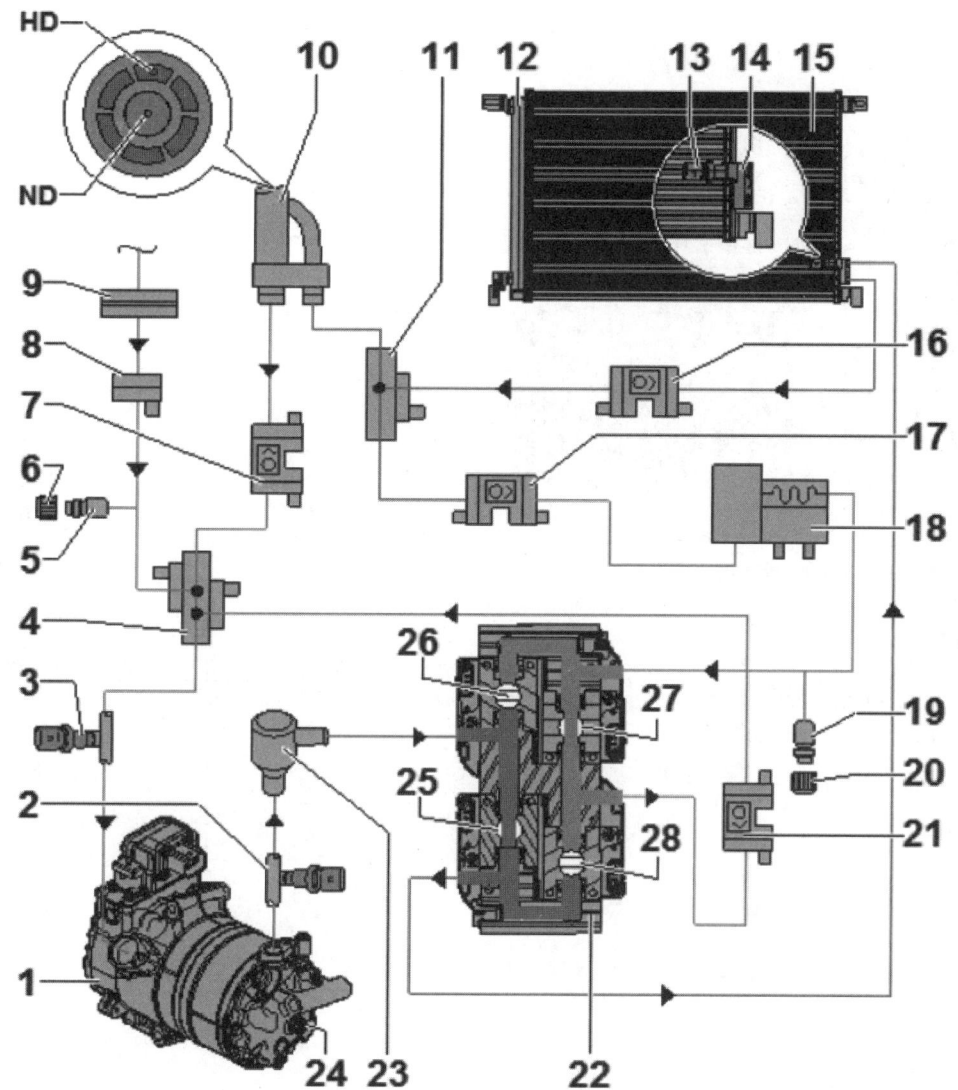

1.电驱动空调压缩机 2.制冷剂压力及制冷剂温度传感器G395 3.制冷剂压力和制冷剂温度传感器2 G826 4.制冷剂管路中的连接处 5.低压端维修接口 6.封盖 7.内部热交换器制冷剂管路中的止回阀 8.制冷剂管路中的连接处 9.制冷剂管路的引导装置 10.带内部热交换器的制冷剂管路 11.制冷剂管路中的连接处 12.贮液器(属于带干燥剂筒的冷凝器) 13.高压传感器G65，将于投产后不久取消(时间待定) 14.带阀门的接口 15.冷凝器 16.冷凝器制冷剂管路中的止回阀 17.制冷剂收集罐制冷剂管路中的止回阀 18.带制冷剂收集罐的热泵模式热交换器 19.高压侧维修接口型号 20.封盖 21.制冷剂回路内阀体制冷剂管路中的止回阀 22.制冷剂回路中的阀体 23.压力缓冲器 24.超压排放阀 25.制冷剂截止阀3 N641 26.制冷剂截止阀2N640 27.制冷剂截止阀4 N642 28.制冷剂截止阀5 N643

图 6-235

参考，在原因不明的情况下，更换空调压缩机导致产生了故障存储，基本设置条件无法满足，使问题更加复杂化，无法找到原车问题的根本原因。

总结执行压缩机磨合运行的前提条件如下：

（1）空调面板设置正确：鼓风机最大100%，温度设置为最低LO。

（2）高压蓄电池电量，高于红区2格，推测SOC应当40%以上。

（3）已执行基本设置"9"，停止加注/冲洗制冷剂回路例行程序。

（4）更换压缩机并加注后，发动机已发动5s，且当前处于READY状态。

图 6-236

（5）控制单元 J1024 无故障码。

（6）压缩机制冷剂入口与出口的温度与压力传感器无故障。

故障排除：更换损坏的制冷剂压力与温度传感器 G826。

故障总结：

（1）无执行压缩机磨合经验。

建议维修此类无对比车参照的问题，读取正常的车辆数据，提供参考有助于问题分析解决。

（2）无替换件进行交叉验证。

如本例无法从其他车辆获得倒换件进行交叉试验，可通过本车相同零件间的交换达到同样目的。

制冷剂压力和温度传感器2	
制冷剂压力 Formula	
Test_Program_Refrigerant pressure	6.6792 bar
Refrigerant pressure_Textual	数字数值，非文本
制冷剂温度 Formula	
Test_Program_Refrigerant_temperature	25.4 ℃
Refrigerant_temperature_Textual	数字数值，非文本
车内温度 Formula	
Test_Program_Inside_temperature	27.7 ℃
Inside_temperature_Textual	数字数值，非文本
故障状态	正常
通信	正常
反应错误	正常
测试结果	在当前操作循环中测试

图 6-237

各位在维修如车灯、车门等对称零件等，已掌握此种方法。对于传感器故障，如无法确定是否损坏，除替换外，还可通过冗余测量的方法，测量真实压力与测量值数值进行对比。

（3）高压车辆。

对于 e-tron 车型，维修时容易向高压组件偏移，维修之前就产生畏惧心理。应当放松心态，增强自信，一般情况下高压组件损坏，会产生故障码及电力系统报警。

制冷剂压力和温度传感器3	
制冷剂压力	
Formula	
Test_Program_Refrigerant pressure	0.0 bar
Refrigerant pressure_Textual	数字数值，非文本
制冷剂温度	
Formula	
Test_Program_Refrigerant_temperature	24.6 ℃
Refrigerant_temperature_Textual	数字数值，非文本
车内温度	
Formula	
Test_Program_Inside_temperature	27.5 ℃
Inside_temperature_Textual	数字数值，非文本
故障状态	正常
通信	正常
反应错误	正常
测试结果	在当前操作循环中测试

图 6-238

（4）ODIS 诊断无明确的引导。

执行很多操作最终显示"已完成"或"已执行"等，其实有时并没有成功完成，也可能过程中出现问题，执行的操作"快退"或"撤销"了。此时需要保存报告并仔细阅读所进行的操作，查找可能出现的问题。

六、2019 年 Q7 e-tron 新车无法充电

车型：Q7 e-tron。

年款：2019 年。

故障现象：充电桩充电 30s 左右会自动断电，指示灯闪红色两次后又显示绿灯。

故障诊断：

（1）内部无故障码。

（2）更换新的充电桩或者用便携式充电设备进行充电，故障依旧。

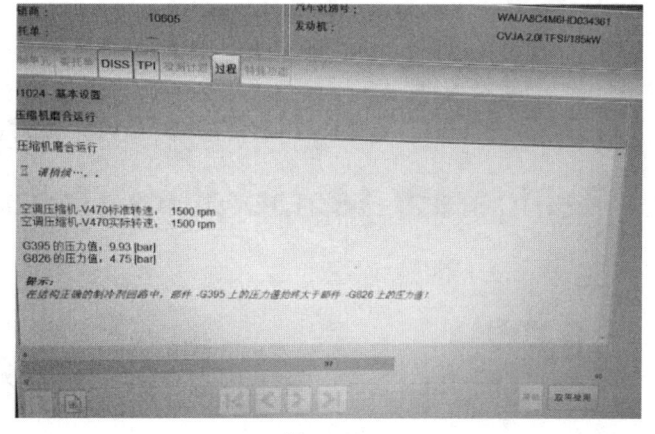

图 6-239

措施：信息

系统功能测试：车内冷却

状态： 激活

散热器风扇 V7：	42.8 %
散热器风扇2 V177：	52.4 %
蒸发器-G263下游的实际温度：	15.7 ℃

☒ *提示：该数值必须下降*

空调压缩机 V470标准转速：	3650 r/min
空调压缩机 V470实际转速：	3600 r/min
车内空间制冷断开条件：	无外部请求
制冷剂压力和制冷剂温度传感器 3G395：	12.27 bar
制冷剂压力和制冷剂温度传感器 3G826：	3.69 bar
制冷剂压力和制冷剂温度传感器 3G827：	0 bar

图 6-240

制冷剂压力和温度传感器2
制冷剂压力
Formula
Test_Program_Refrigerant pressure   2.4728 bar   数字数值，非文本

Refrigerant pressure_Textual

制冷剂温度
Formula
Test_Program_Refrigerant_temperature 7.8 ℃   数字数值，非文本

Refrigerant_temperature_Textual

车内温度
Formula
Test_Program_Inside_temperature   14.1 ℃

图 6-241

（3）替换。

① 高压蓄电池充电插座 1 UX4。

② 高压蓄电池充电装置 1 AX4。

③ 蓄电池调节控制单元 J840。

④ 高压蓄电池开关盒 SX6。

⑤混合动力蓄电池单元 AX1。

⑥电驱动装置的功率和控制电子装置 JX1。

（4）故障依旧。

（5）根据 Q7 e-tron 的 SSP 说明：充电指示灯红色说明插头已识别（如图 6-242 所示），但未锁止，无法充电。

显示	说明
亮起红色	插头已识别但未锁止：无法充电

图 6-242

（6）根据最新车型奥迪 e-tron 的 SSP 说明：充电指示灯红色可能是充电插头在车上的充电接口上没能正确锁定，或者车辆充电系统或者电源有故障。

（7）读取充电时插头锁的测量值，显示插头锁止正常，无法将插头自由拔出。

（8）读取亮红灯时充电装置的输出电压与蓄电池电压，充电装置的输出电压要小于蓄电池的实际电压（如图 6-243 所示），异常，初步怀疑充电系统出现故障，内部可能出现分压。

高电压充电器当前输出电压	211V	
高电压蓄电池实际电压	262V	

图 6-243

（9）回顾维修历史

充电系统中，AX4 到 SX6 之间的电缆还未检查，在拆检该段电缆时，发现可以人为地将电缆从插头尾部拔出来，不正常。仔细检查，发现电缆的锁舌未完全翘起，如图 6-244 所示。

故障排除：由于暂时没有对高压电缆的深度维修指导，更换该段电缆后故障消失。

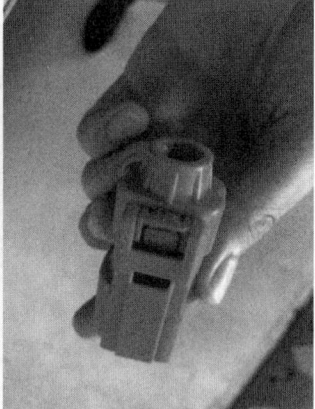

图 6-244

七、2019 年奥迪 Q7 e-tron 无法激活 EV 纯电模式并有故障码 P18EF00

车型：Q7 e-tron。

年款：2019 年。

故障现象：无法激活 EV 纯电模式。

故障诊断：

（1）车辆由于发动机控制单元损坏需更新。由于是新车客户，抱怨非常大，先用经销商处试驾车发动机控制单元更换在客户车辆上使用。

（2）按引导性故障步骤更换，要求做就绪代码时发动机控制单元有分离离合器（V606）无基本设置故障，故障码为P18EF00。

（3）在引导性故障里面有分离离合器作动器诊断（正常），但没有对V606基本设置的选项。

（4）冷车在自诊断对离合器接合点匹配，显示没有满足条件。发动机正常温度时匹配显示功能不可用。

（5）在Elsapro里查询按照更换V606的方式匹配，诊断仪也找不到相关匹配的检测计划。

（6）引导性故障查询无V606基本设置故障，只有自诊断里有故障。

（7）其他车辆诊断系统也没有V606匹配功能，诊断仪是最新版本。

（8）读取诊断报告，01发动机控制单元中存储有故障码P18EF00：分离离合器无基本设置，主动静态。

（9）添加检测计划，执行V606基本设置，无法成功执行。在自诊断中执行切断离合器执行机构，电流/路径特性线匹配，可以听到切断离合器动作的声音，但是依然有故障码P18EF00，故障无法消除。

（10）与其他车辆对调发动机控制单元后，故障跟随控制单元转移，怀疑发动机控制单元故障，再次订购发动机控制单元，故障依旧存在。

（11）与德方多次沟通，获取最新的切断离合器的匹配方法。

执行以下步骤来启动K0切断离合器适配：

① 打开点火开关，打开发动机盖（诊断过滤器停用，在1km阈值后将重新激活）。

② 确保车辆边界条件。发动机盖关闭，仪表盘显示，SOC必须至少有2条杠（相对SOC>10%），操纵杆位于P挡。

③ 进入诊断，添加"学习分离离合器作动器V606"检测计划，并执行。注意前提条件，如图6-245所示。

④ 进入自诊断，01发动机控制系统，基本设置。

⑤ 按顺序逐一添加0402（复位混合离合器的学习值）、0407（复位混合离合器的能量输入值）、0405（匹配混合离合器接触点）。

⑥ 首先执行0402。

⑦ 然后执行0407。

⑧ 踩下制动踏板，再次按下点火开关，使车辆处于e-tron READY模式（组合功率表：指针指向e-tron READY）。

⑨ 踩下加速踏板至少5s启动发动机；如果在切换到e-tron READY状态时发动机立即启动，则可跳过此步骤（见步骤⑧）。

⑩ 松开制动踏板和加速踏板。

⑪ 执行0405；例行程序启动后，必须在30s内安全踩下制动踏板，再踩下加速踏板，才能开始实际的适配过程，并且必须在整个学习过程中保持该状态。

⑫ 在适配期间，由于执行器的运动,通常会有声音反馈(K0执行器的"周期性吱吱声")。在适配过程中，将传授K0特性的不同工作点（即不同的转矩）。在较高的转矩下，发动机通常通过分离离合器短暂地稍微打开，此声音可以听见，并在车辆中也可以感觉到。适配结束后，发动机返回到适配开始之前的状态。

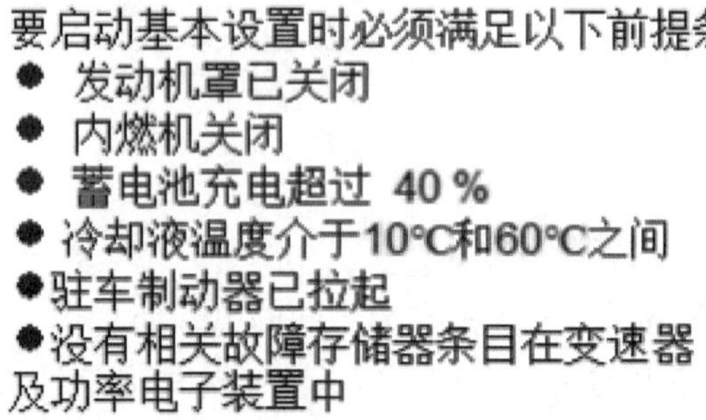

要启动基本设置时必须满足以下前提条件：
- 发动机罩已关闭
- 内燃机关闭
- 蓄电池充电超过40%
- 冷却液温度介于10℃和60℃之间
- 驻车制动器已拉起
- 没有相关故障存储器条目在变速器及功率电子装置中

图6-245

匹配完成后，踩住制动踏板再次打开点火开关，此时车辆进入 e-tron READY 模式，可以成功激活 EV 模式，故障码变为偶发，可以清除，经试车，确认故障消除。

故障原因：现版本的 ODIS 无法对新控制单元进行 V606 的基本设置。

故障排除：在自诊断中参照最新的匹配方法进行基本设置。

故障总结：依照现版本的 ODIS 关于 V606 基本设置的说明，无法成功执行其基本设置，当发动机控制单元软件被更新，或者发动机控制单元、混合动力模块或分离离合器作动器 V606 被更换，则需要进行"基本设置"。此时若依照 ODIS 正常执行基本设置无法成功时，可以参照此方法进行切断离合器的基本设置。

八、2019 年奥迪 Q7 e-tron 仪表上提示发动机噪声系统故障

车型：Q7 e-tron。

年款：2019 年。

故障现象：客户描述仪表上发动机噪声系统报警。

故障诊断：

（1）客户描述行驶中有时仪表发动机噪声系统报警，关闭点火开关后故障消除。行驶一段时间后再次出现。

（2）用专用工具 VAS6150B 对车辆进行引导型功能查询，J533 里边的故障码如图 6-246 所示。

```
IG_4M_J533___1_0714_fkteinschrkg_00021
故障列表:
控制单元地址                                    故障
0017                                          U112100: 数据总线丢失信息
006C                                          U112100: 数据总线丢失信息
006C                                          U112100: 数据总线丢失信息
006C                                          U112100: 数据总线丢失信息
006C                                          U112100: 数据总线丢失信息
006C                                          U112100: 数据总线丢失信息
YS_4M_J533_____1_0714_21_Extended_defekt_00021
故障列表:
控制单元地址                                    故障
0019                                          U004600: 扩展CAN 损坏
YS_4M_J533_____1_0814_21_Extended_Eindraht_00021
故障列表:
控制单元地址                                    故障
0019                                          U005400: 扩展CAN 单线运行模式
```

图 6-246

扩展 CAN 单线运行模式和扩展 CAN 损坏，根据引导型功能依次取下扩展 CAN 上控制单元的插头。在 Elsapro 查询扩展 CAN 上的控制单元。此车型为 Q7 e-tron 车型，首先断开的是 J943 发动机噪声系统控制单元，断开后 CAN 线的状态依旧是损坏。接着断开 J772 倒车摄像系统控制单元，断开后故障消除，扩展 CAN 的状态为正常，可以确定为 J772 倒车摄像系统控制单元故障。

故障原因：倒车摄像系统控制单元的损坏，造成 J533 报扩展 CAN 故障。根据维修的步骤，报 CAN 线故障时，要确定维修步骤，造成 CAN 线故障时原因只有 3 种：① J533 故障；② CAN 线的线路故障；③ CAN 线路上的控制单元故障。此车辆的后部摄像系统控制单元和发动机噪声系统控制单元都在扩展 CAN，后部倒车摄像系统控制单元的损坏，造成扩展 CAN 的故障，仪表上发动机噪声系统报警。

故障排除：更换 J772 倒车摄像系统控制单元。

故障总结：维修过程中，一定要做好安全工作，正确地断电和放好警示牌，保护好自己和他人。新款 Q7（4M）取消了 CAN 分离插头，当报 CAN 线故障时，排除线路故障后，只能依次拔掉控制单元，排除故障。

九、2019 年奥迪仪表有时提示"电力系统：故障！请联系服务站"

车型：Q7 e-tron。

年款：2019 年。

故障现象：仪表有时提示"电力系统：故障！请联系服务站"，如图 6-247 和图 6-248 所示。

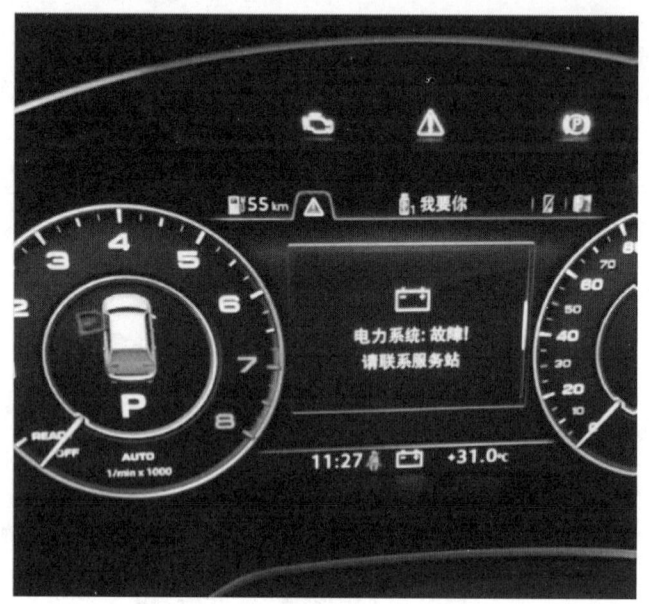

图 6-247

图 6-248

故障诊断：

客户提车两个月，反映早晨启动车辆刚要开时，发现仪表提示故障："电力系统：故障！请联系服务站"，重新充电后第二天就好了，开了两天后行驶过程中故障灯又亮，于是开车进店检查。试车发现车辆如果只是打开点火开关不启动车辆，仪表提示："电气系统：蓄电池电量低，请开启驾驶系统"，如果你启动车辆仪表就会提示："电力系统：故障！请联系服务站"。

（1）使用 VAS6150C 读取控制单元故障码未发现有记录相关的故障码。读取高压蓄电池电单格电压都是 3.8V 多。仪表显示电池还可续航 52km，可正常 EV 模式驾驶，怀疑故障在低压 12V 电力系统上。

（2）使用 VAS6150C 特殊功能的"检测蓄电池 A"对蓄电池检测显示正常，读取蓄电池电量 98% 正常。

（3）检查车辆未发现有加装，读取蓄电池历史记录未发现有静态电流过高历史记录。使用 VAS6356 测量静态电流正常。

（4）读取蓄电池历史记录"行驶时的能量平衡"，发现车辆蓄电池存电量很低，20Ah 内（此车电池 68Ah），而且还出现断格现象，如图 6-249 和图 6-250 所示。怀疑蓄电池内部故障，尝试对调蓄电池给客户试车。

与<行驶时的能量平衡>历史数据有关的以下记录存储于控制单元中。

```
177*2019-09-23-12:00*014*+30*+000.1*0033*00*00.00**
176*2019-09-23-11:53*000*+30*+000.0*0066*00*00.01**
173*2019-09-23-11:51*000*+30*+000.1*0021*00*00.00**
170*2019-09-23-11:48*000*+30*-000.1*0030*00*00.00**
168*2019-09-23-11:32*019*+30*+000.2*0068*00*00.01**
165*2019-09-23-11:03*019*+30*+000.3*0149*00*00.03**
164*2019-09-23-11:03*018*+30*+000.1*0047*00*00.00**
163*2019-09-23-10:36*000*+31*+000.5*0150*00*00.03**
162*2019-09-23-10:34*017*+30*+000.4*0123*00*00.03**
161*2019-09-23-10:27*017*+30*+000.2*0017*00*00.00**
160*2019-09-23-10:20*018*+31*+000.3*0074*00*00.01**
159*2019-09-23-10:00*018*+31*+000.2*0037*00*00.01**
157*2019-09-23-09:48*018*+31*+000.3*0189*00*00.05**
156*2019-09-22-19:17*010*+36*+000.5*0000*00*00.00**
146*2019-09-22-17:16*015*+34*+000.2*0000*00*00.00**
```

图 6–249

与<行驶时的能量平衡>历史数据有关的以下记录存储于控制单元中

```
047*2019-10-06-10:12*012*+32*+000.2*0019*00*00.00**
046*2019-10-06-10:11*012*+32*+000.2*0024*00*00.00**
045*2019-10-06-10:03*013*+32*+000.3*0045*00*00.00**
044*2019-10-06-09:55*013*+32*+000.4*0048*00*00.00**
043*2019-10-06-09:48*013*+32*+001.1*0199*00*00.05**
042*2019-10-06-09:11*022*+32*+000.4*0879*00*00.23**
041*2019-10-05-22:36*000*+32*+001.0*0773*30*00.43**
040*2019-10-05-16:58*024*+32*+000.5*1334*37*00.70**
039*2019-10-05-10:49*022*+30*+000.2*0196*00*00.05**
038*2019-10-05-10:47*022*+30*+000.3*0054*00*00.00**
036*2019-10-05-10:18*023*+30*+000.4*1547*00*00.41**
035*2019-10-05-08:55*019*+30*+000.3*1093*00*00.30**
034*2019-10-04-18:26*018*+30*+000.4*0679*00*00.18**
033*2019-10-04-14:44*019*+31*+000.5*0565*01*00.20**
032*2019-10-03-17:17*020*+33*+000.4*1593*00*00.43**
```

按下按钮 ▶ 完成/继续，以继续执行程序。

图 6–250

(5）拆卸蓄电池，发现蓄电池正极松动，重新紧固后试车，电池电量依旧显示 20Ah 以内，重新对蓄电池进行匹配后试车，发现电池电量正常，58Ah，交车给客户试车，故障排除。

故障原因：询问客户得知车辆从没有拆过电池，怀疑车辆出厂时由于电池正极未锁紧，导致控制单元 J367 对蓄电池的错误评估。行车过程由于电池正极头松动接触不良，电压电流的不稳定，导致 J367 认为蓄电池是断格电池及电池损坏。

故障排除：紧固 12V 蓄电池正极，重新匹配蓄电池。

故障总结：大家在维修高压车辆时，根据情况做好个人安全防护措施，必须由取得相应资质的人员进行维修。

十、2017 年奥迪 Q7 e-tron 仪表报电力系统故障，无法充电，网关有 U112300 静态故障

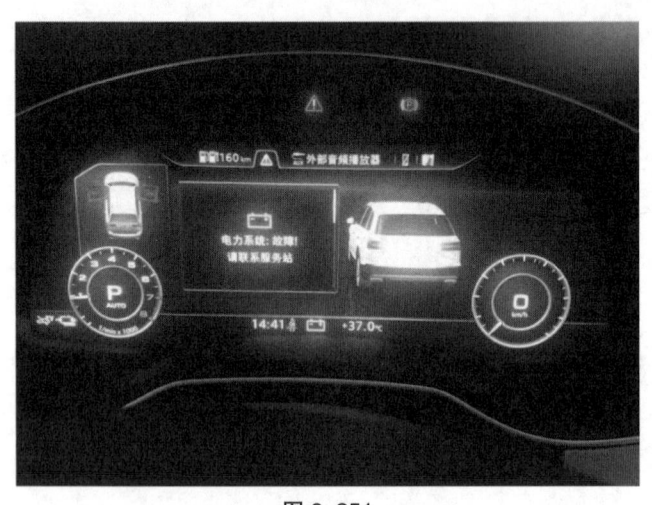

图 6-251

车型：Q7 e-tron。

年款：2017 年。

故障现象：车辆仪表显示"电力系统：故障！请联系服务站"黄色故障灯报警，如图 6-251 所示。

使用随车充电器充电无反应，车辆无法充电。充电枪长时间保持插入状态，偶尔充电指示灯亮黄灯或红灯。

故障诊断：

（1）用 VAS6150B 诊断仪检测车辆高压系统故障码为 P33F000：高压电网激活功能失效偶发，和 P13F100 车内预处理未启动为静态。执行故障引导型分析未能生成诊断结论。

（2）现检查高压电系统 J1024、J841、J840、AX4、J533 相关联控制单元的供电和信号线路，均未发现故障问题。测量充电头处的 PP 和 PE 的电阻值 99.3kΩ，对比正常车为 90.5 kΩ。

（3）尝试更换了高压电充电模块后进行检测，故障现象依旧，将故障车辆充电座装到另一辆车上对比测试，能正常充电（证实充电座为正常件）。测量充电座到充电器控制单元 J841 的线路，为正常。

（4）尝试将故障车辆高压蓄电池总成装到对比车辆进行充电测试，能正常充电（证实高压蓄电池部件为正常）。

（5）更换 SX6 控制单元测试，车辆无法进行匹配学习。技术支持老师建议更换备件为 4M0915233Q。通过对调备件装车匹配学习，诊断提示此控制单元不适用此车。

（6）至此陷入僵局。

（7）确认故障现象存在，仪表红灯报警，无法充电。

（8）读取诊断报告，19 中有静态故障码 U112300，无法删除，如图 6-252 所示。

（9）执行引导型故障查询，无明确诊断结论，如图 6-253 所示。

（10）使用 Diagra 读取 19 故障码，U112300 指向与安全气囊碰撞历史相关，如图 6-254 所示。

（11）执行 19 基本设置，找到高压系统碰撞后取消锁止的选项（如图 6-255 所示），执行此基本设置后，故障排除。

此车维修过程中，有以下几方面需要引以为鉴：

地址: 0019 系统名: 19 - 数据总线诊断接口 协议改版: UDS/ISOTP (Ereignisse: 1)

+ 识别:

- 故障存储器记录 (数据源: 车辆):

    故障存储器记录
    编号: U112300: 数据总线接收到的故障值
    故障类型 2:   主动/静态
    症状: 16711739
    状态: 00001001

    - 标准环境条件:
        日期: 20-7-22
        时间: 15:13:20
        里程（DTC）:   2376
        优先等级: 6
        频率计数器: 2
        遗忘计数器/驾驶周期: 31

    + 高级环境条件:

图 6-252

- 功能检测 3: CAN_4M_J533_6_0914_21_empf_fehlerwert_00021

结果: OK

检测步骤: 快进

- **检测步骤: 信息**

    措施: 信息
    网关中记录有以下故障存储器条目：数据总线，接收到的故障值

    原因：
    另一个控制单元识别到一项故障，于是无法或无法再完全执行汽车中的功能

    解决方案：
    执行检测计划中列出的程序。通过排除故障原因，该故障存储器条目也应消失

- **检测步骤: 快退**

    措施: 信息

        检测结束

结果: OK

图 6-253

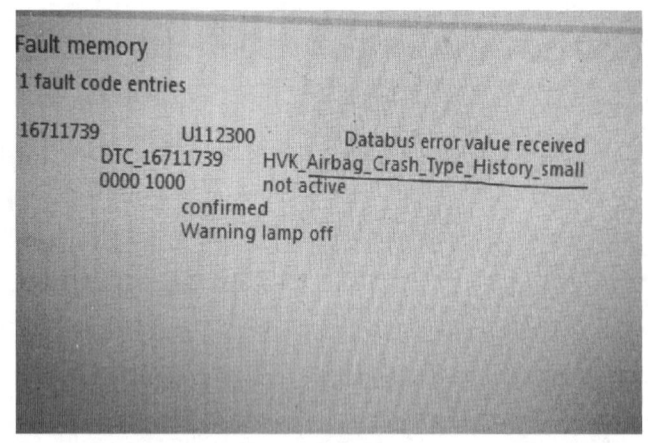 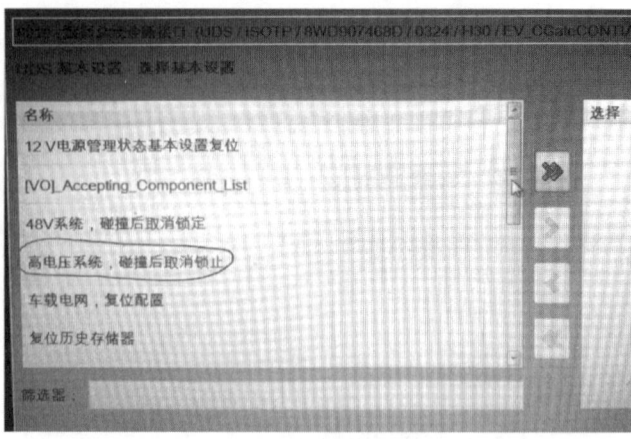

图 6-254　　　　　　　　　　　　　图 6-255

（1）因 19 中故障码为常见的接收到故障值且优先等级为 6，便忽略了对此静态故障的深入分析。而通过比较其他车辆可知，C5 和 C6 两个控制单元的故障也是常见的故障码。又无其他故障码，维修陷入僵局。

（2）从故障码入手受阻后，开始倒换零件。对于一般静态故障，倒换零件可以较为便捷地找到，但此车的故障陷入倒件泥潭后，大部分精力投入到匹配以及订件中，与最初的问题背道而驰。

（3）总结一下，没有无意义的故障码，对于优先等级为 6 的故障，可以作为对照使用。对于进口车型，要掌握新车型、新控制单元等引导型功能、基本设置和匹配的变化点。

十一、2019 年奥迪 Q7 e-tron 仪表报发动机声音故障，行人无法听到车辆声音，倒车影像失效

车型：Q7 e-tron。

年款：2019 年。

发动机号：CYR。

故障现象：Q7 e-tron 仪表报发动机声音故障，行人无法听到车辆声音，倒车影像失效，如图 6-256 所示。

故障诊断：

（1）诊断仪检测 C0 外部噪声发生执行器有故障码 U120000 数据总线损坏偶发，U120100 数据总线无通信，如图 6-257 所示。

（2）按照引导提示，噪声发生控制单元和倒车影像控制单元属于同一条总线上。

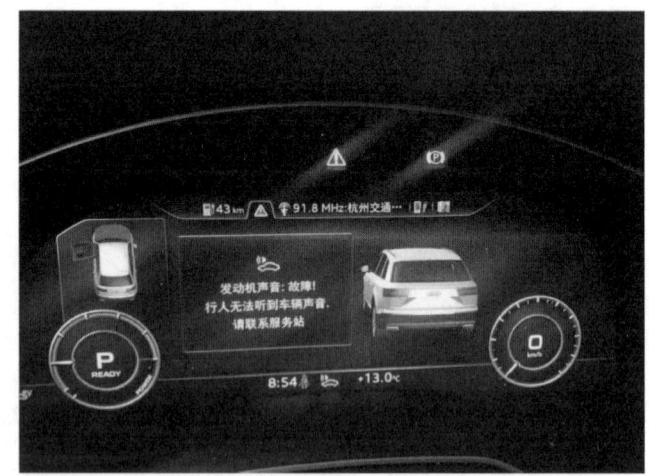

图 6-256

（3）因故障是偶发，进店时候无故障现象，决定先尝试性检查控制单元的插头，拔下外部噪声发生控制单元插头，无进水腐蚀，拔下倒车影像控制单元插头时，发现插头针脚有腐蚀现象。重新处理针脚插头，故障排除。

故障排除：处理倒车影像控制单元插头。

```
地址: 00C0 系统名: C0-外部噪音执行器 协议改版: UDS/ISOTP (故障: 10)
  识别:
  故障存储器记录:
      故障存储器记录
      编号:                              U120000: 数据总线 损坏
      故障类型 2:                        被动/偶发
      症状:                              4194305
      状态:                              00011000
      标准环境条件:
      故障存储器记录
      编号:                              U120100: 数据总线 无通信
      故障类型 2:                        被动/偶发
      症状:                              4194306
      状态:                              00011000
      标准环境条件:
      故障存储器记录
      编号:                              U112100: 数据总线丢失信息
      故障类型 2:                        被动/偶发
      症状:                              4194310
      状态:                              00001000
      标准环境条件:
```

图 6-257

十二、2019 年奥迪 Q7 e-tron 驾驶系统故障

车型：Q7 e-tron。

年款：2019 年。

故障现象：仪表显示"驾驶系统：故障！请联系服务站"，如图 6-258 所示。

图 6-258

故障诊断：

（1）通过诊断仪 VAS6150 诊断存在故障码：行驶电机温度传感器电器故障、断火/主动静态。

（2）执行 VAS6150 诊断检查行驶电机温度传感器插头正常。通过 VAG1630 检测，控制单元 J841 可

以通过 VAG1630 变化电阻监测温度变化，故控制单元 J841 与线路正常。测量传感器电阻，通过温度变化而传感器电阻始终无变化，怀疑传感器损坏。

（3）拆下变速器检查发现传感器线路上有挤压，如图 6-259 所示。

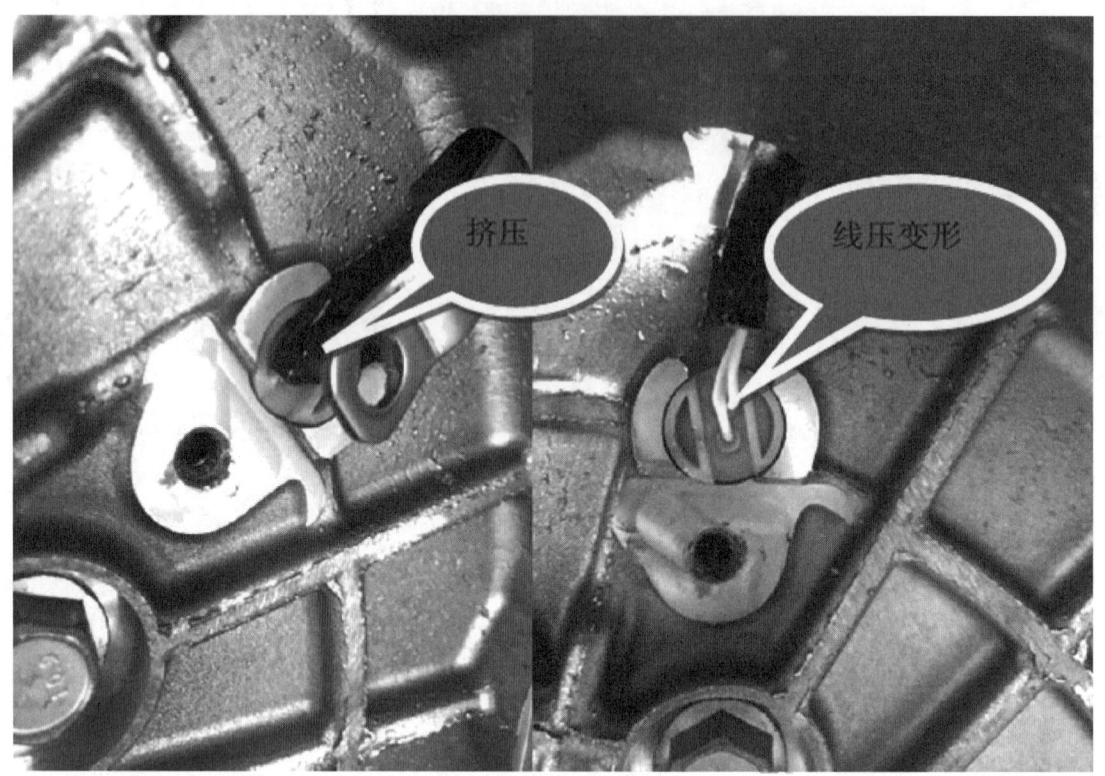

图 6-259

（4）更换行驶电机温度传感器后试车正常。

故障原因：行驶电机温度传感器 G712 线路挤压导致传感器温度无法监测。

故障排除：更换行驶电机温度传感器 G712。

十三、2019 年奥迪 Q7 e-tron 组合仪表车辆发动机生效装置报警

车型：Q7 e-tron。

年款：2019 年。

故障现象：Q7 e-tron 组合仪表车辆发动机生效装置报警。

故障诊断：

（1）确认故障如客户描述组合仪表发生车辆发动机生效装置报警。

（2）使用 VAS6150D 读取车辆故障存储发现记录如下：

①扩展 CAN 总线损坏故障码来自 0C 外部噪声作动器 J943。

②扩展 CAN 总线单线运行故障码来自 19 数据诊断接口 J533。

③混合动力 CAN 总线导线故障码来自 19 数据诊断接口 J533。

④数据总线信息丢失故障码来自 6C 倒车影像控制单元 J772。

（3）根据车辆 VIN 码查询 Elsapro 未能查询到相关故障 TPI。

（4）根据电路图查询外部噪声作动器 J943 的保险丝正常，接地未见异常。

（5）此时想到该车里程较少，咨询销售部得知该车在销售前端做过加装如下：隐藏式行车记录仪。于是考虑到是否为加装行车记录仪导致该故障产生，断开行车记录仪后故障码无变化，此时说明该故障与加装行车记录仪无关。

（6）根据 VAS6150D 诊断仪测试计划给出的测试步骤分别断开扩展 CAN 总线链接的控制单元直至断到外部噪声作动器 J943 后故障码发生变化，为了一次性排除故障测量外部噪声作动器 J943 的 T12i/11、T12i/12 至数据诊断接口 J533 的 T53a/12、T54a/30 的扩展 CAN 总线，未见异常。由此判断该故障由外部噪声作动器 J943 导致。

故障排除：更换外部噪声作动器 J943。

第七章 奥迪 A6L e-tron

第一节 发动机和燃油系统

燃油箱盖和仪表显示，如图 7-1 所示。

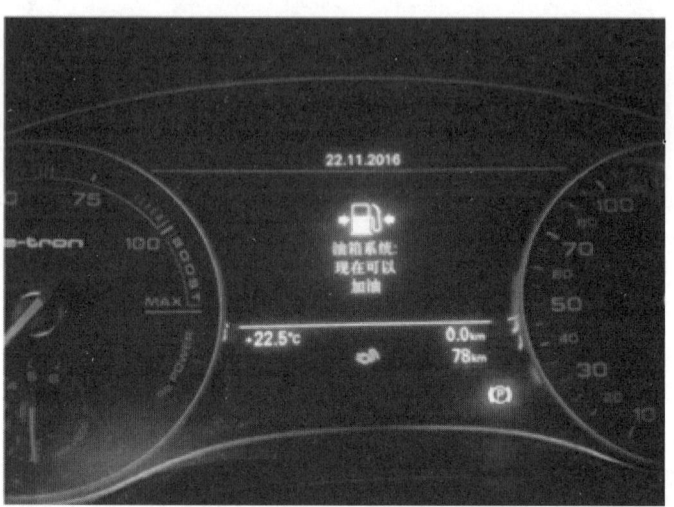

图 7-1

燃油箱与炭罐连接关系，如图 7-2 所示。

活性炭罐的工作过程：

（1）在纯电动行驶模式下，燃油箱关闭阀 N288，封闭通往活性炭罐的通风管，使活性炭罐不会充满燃油蒸气。

（2）燃油箱压力传感器 3 G245 监控燃油箱内部压力，当燃油箱内压力达到 30kPa（0.3bar）时，发动机控制单元打开燃油箱关闭阀 N288。

第二节 传动系统

一、概述

奥迪 A6L e-tron 搭载的是第 3 代 AL551E-8F（8P65FLPH）变速器，其基础是第 2 代 AL551E-8F，售后服务名称为 0BW 变速器，如图 7-3 所示。

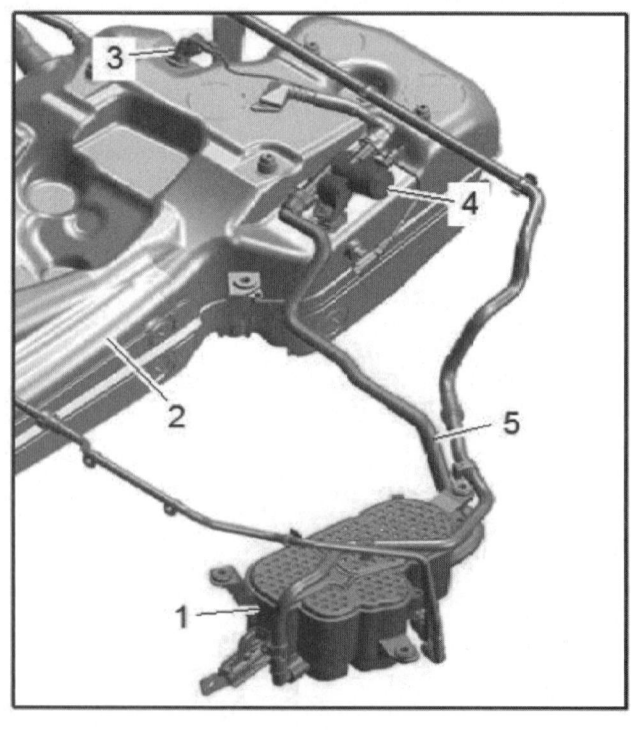

1.活性炭罐 2.燃油箱 3.温度压力传感器 G245 4.燃油箱关闭阀 N288 5.连接管

图 7-2

图 7-3

二、8挡自动变速器 0BW（如图 7-4 和图 7-5 所示）

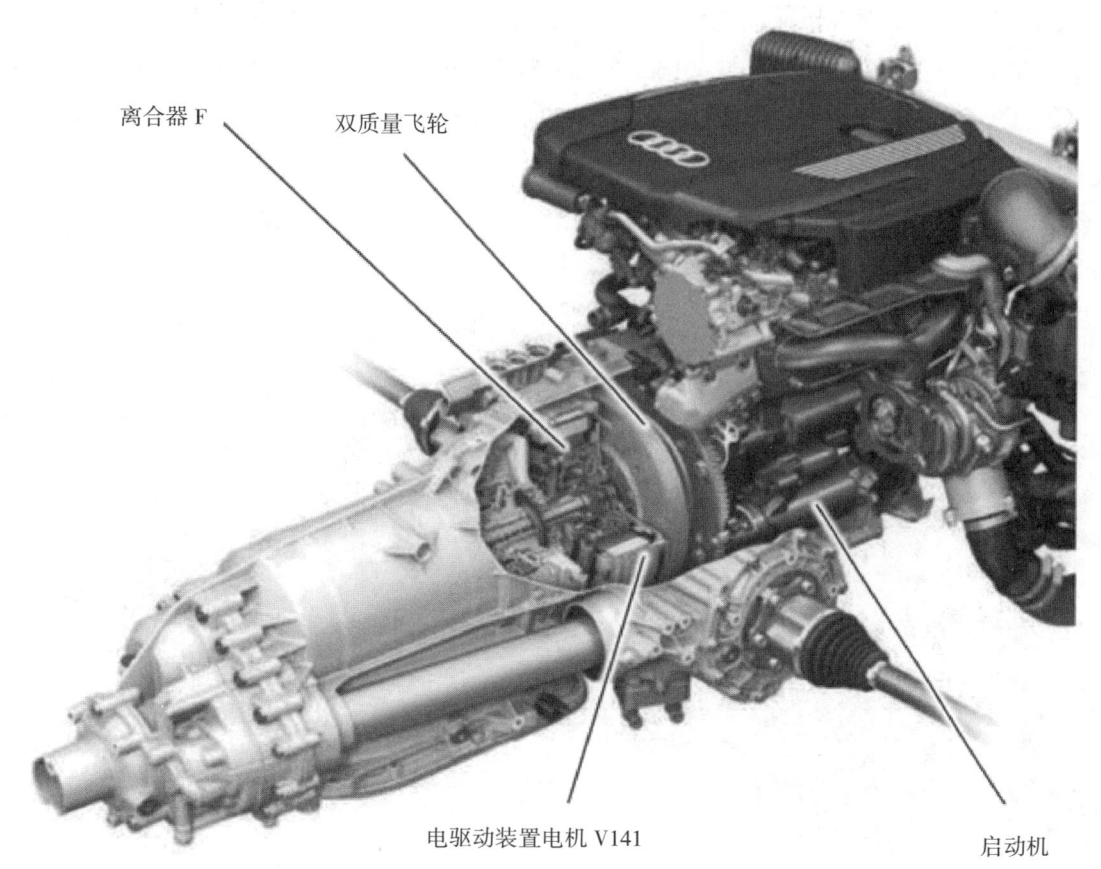

图 7-4

离合器 F，也叫离合器 K0，用于将发动机与变速器输入轴和电驱动装置连接起来。诊断仪名称为"电机切断离合器"

制动器 B，用作起步离合器（也叫离合器 K1）。诊断仪中名称为"启动离合器"

ATF 泵，机械驱动

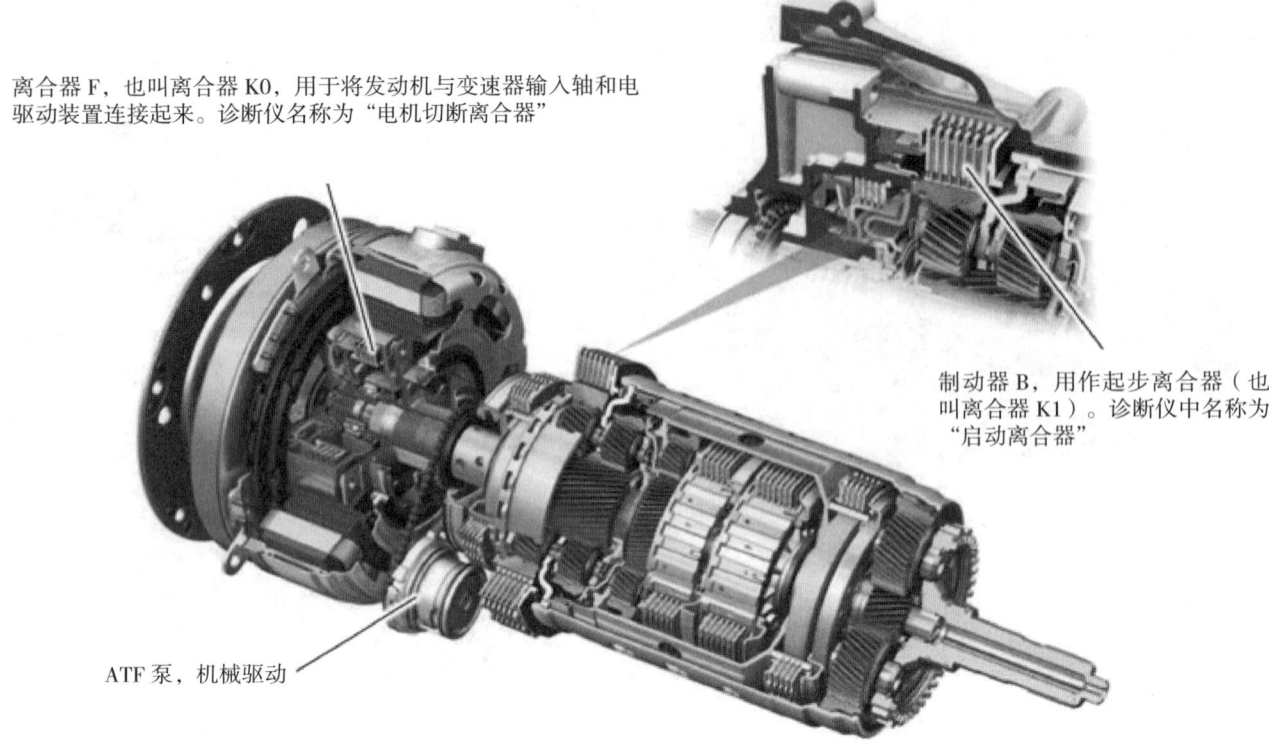

图 7-5

（一）辅助液压泵

辅助液压泵 1 的作用在于快速准备好 ATF 以备使用，进而实现立即起步。辅助液压泵 1 失效时，由机械驱动的 ATF 泵来负责 ATF 的供给。机械驱动的 ATF 泵这时由电驱动装置电机 V141 来驱动，车内乘员能听到相应的声响，这时车辆起步可能会有延迟（就是不能立即起步），如图 7-6 和图 7-7 所示。

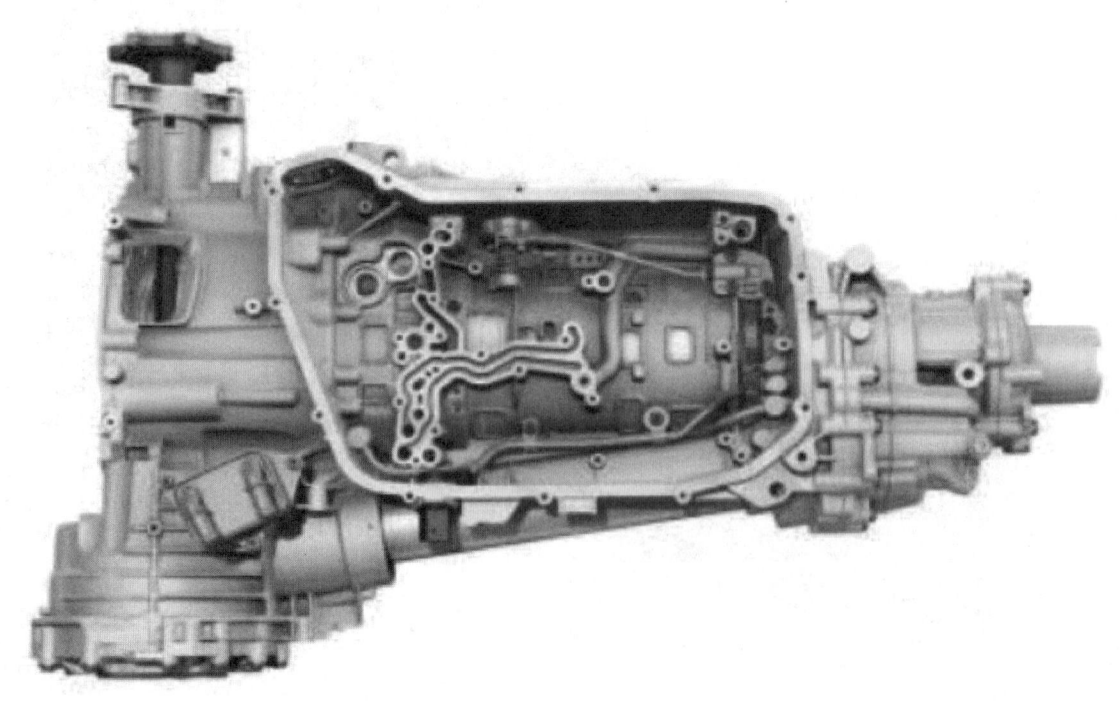

图 7-6

（二）电驱动装置电机 V141

转子与离合器 F 为一个整体，如图 7-8 所示。

（1）离合器 F 也被称作离合器 K0，用于将发动机与变速器输入轴和电驱动装置电机 V141 连接起来。

（2）离合器 F 接合时，发动机与变速器和 V141 连接起来。

（3）离合器 F 的液压油通道就是 0BK 变速器上用于操控锁止离合器的通道。

三、传动装置示意图

电动行驶（以 1 挡为例），如图 7-9 所示。

启动发动机，如图 7-10 所示。

发动机驱动行驶（以 1 挡为例），如图 7-11 所示。

BOOST（以 1 挡为例），如图 7-12 所示。

能量回收（以 1 挡为例），如图 7-13 所示。

辅助液压泵 1 V475

图 7-7

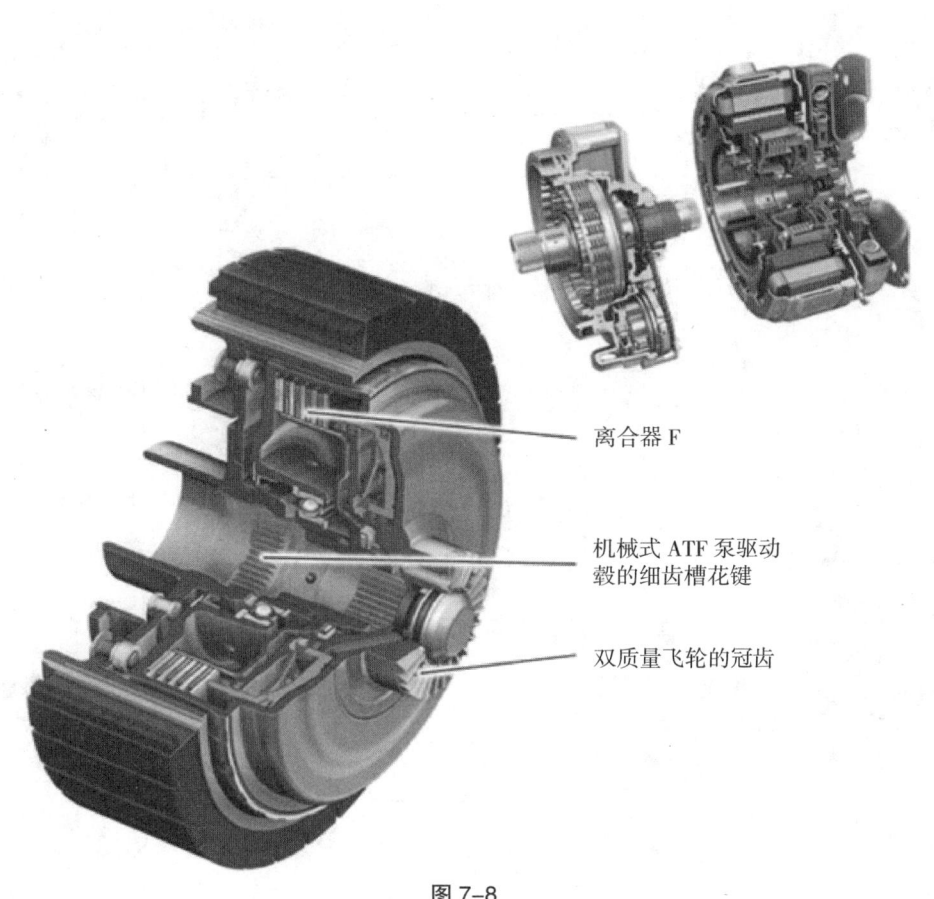

离合器 F

机械式 ATF 泵驱动毂的细齿槽花键

双质量飞轮的冠齿

图 7-8

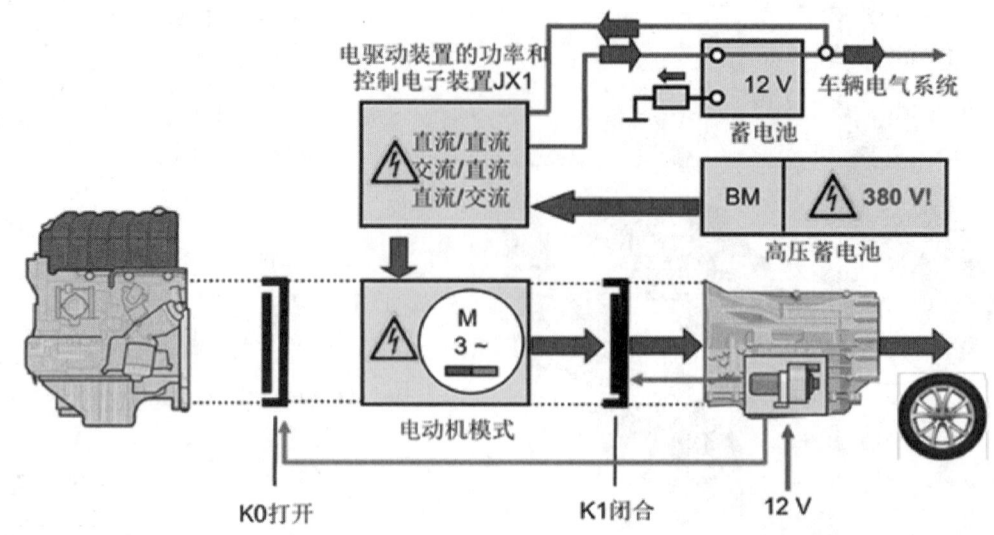

图 7-9

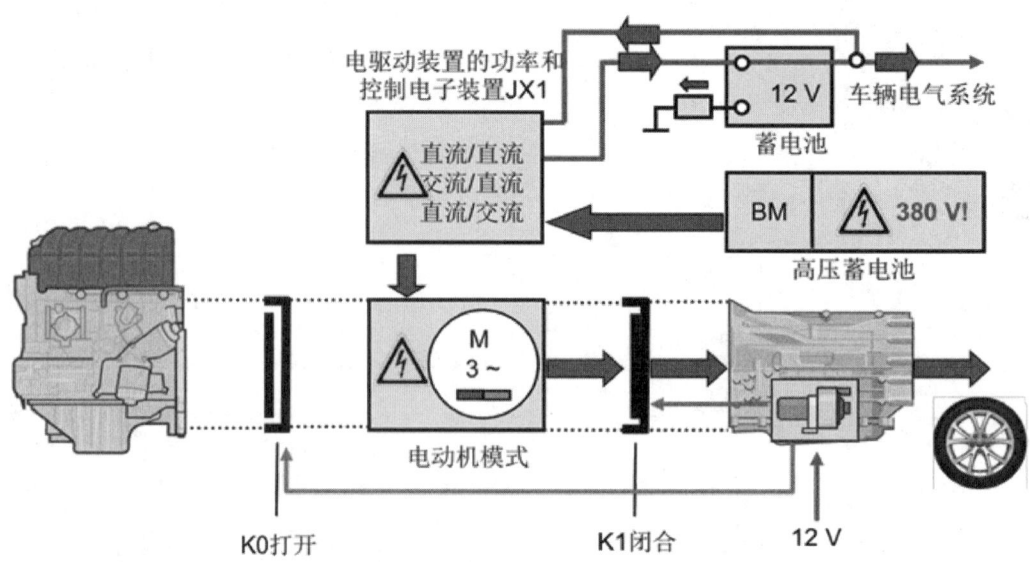

图 7-10

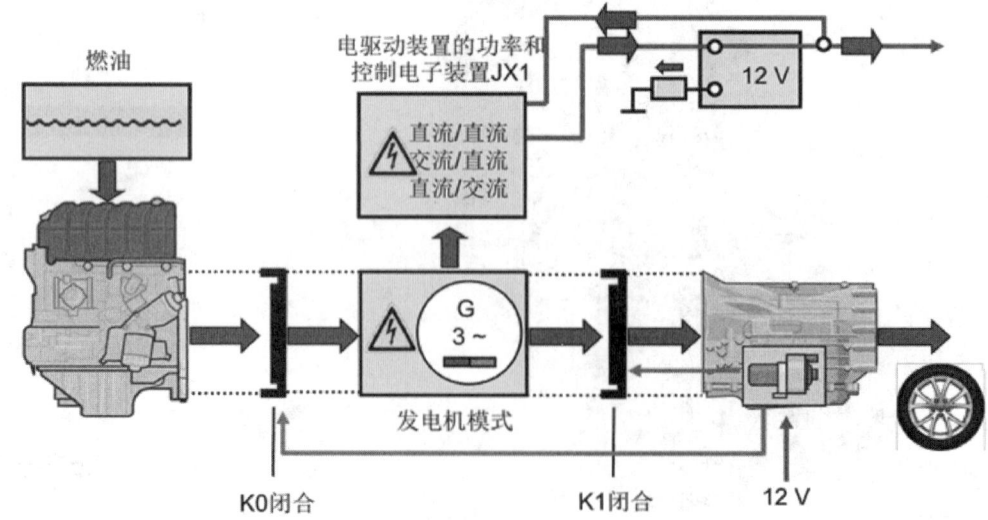

图 7-11

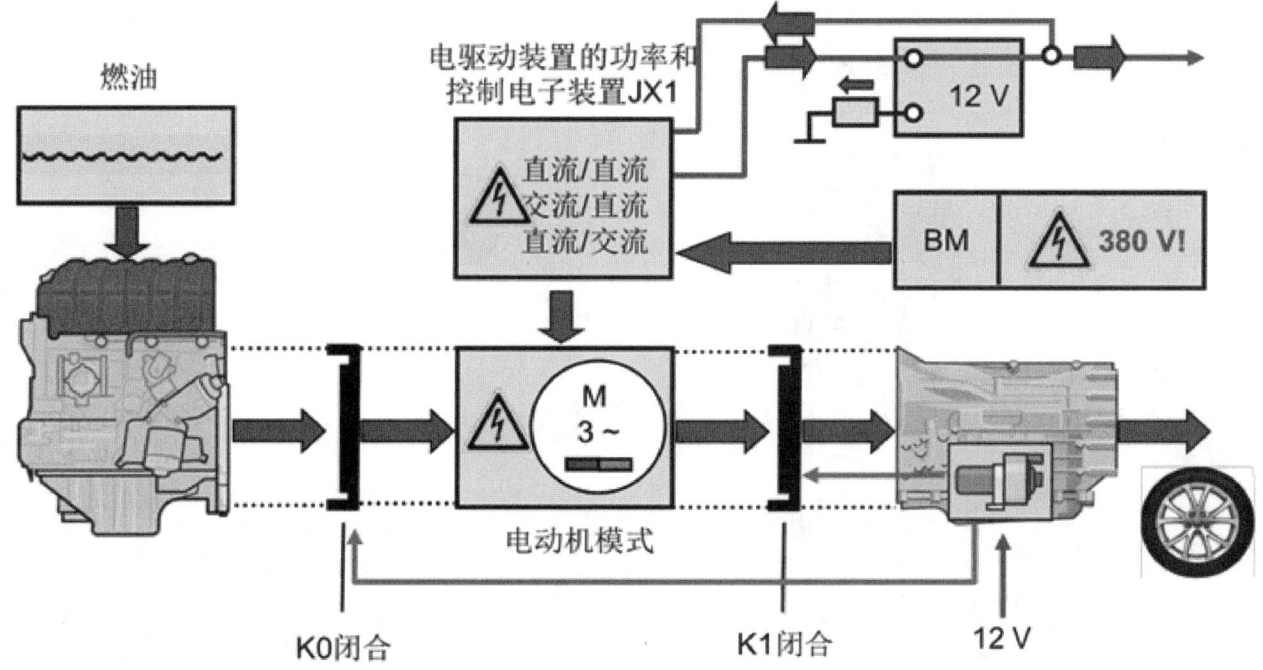

图 7-12

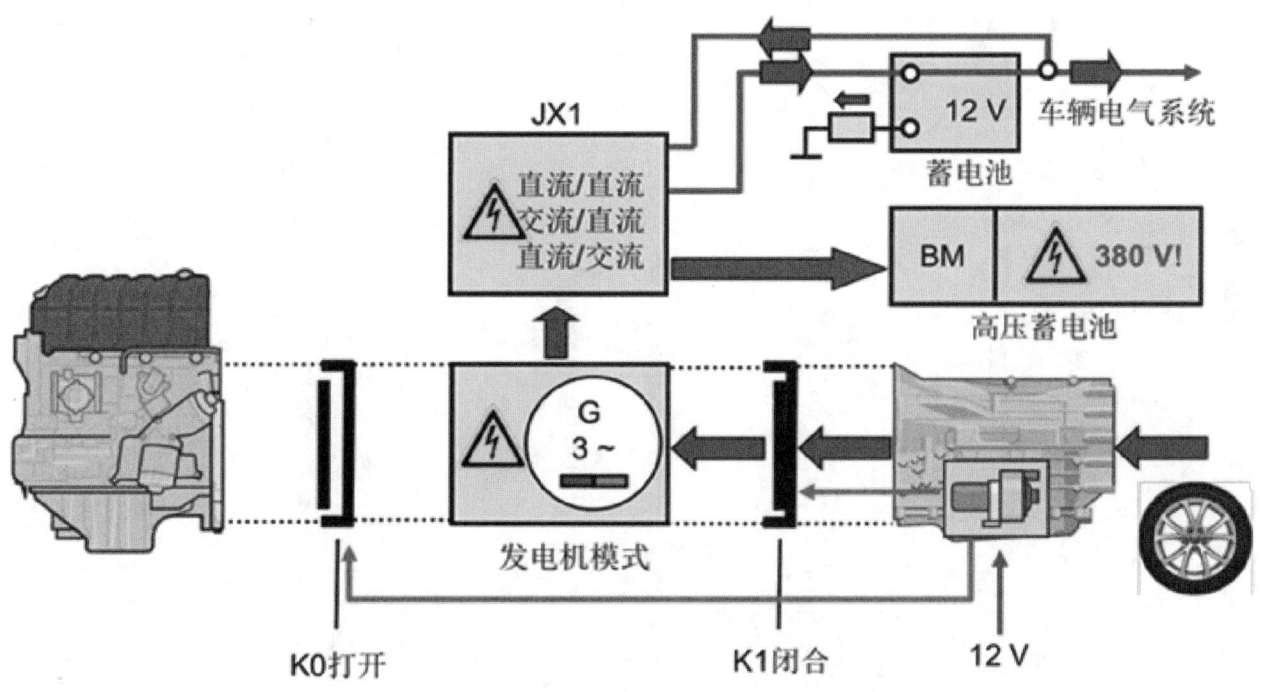

图 7-13

第三节 底盘系统

电动真空泵，如图 7-14 所示。

功能：

（1）在发动机关闭期间，为制动助力器提供助力。

（2）主控制单元。

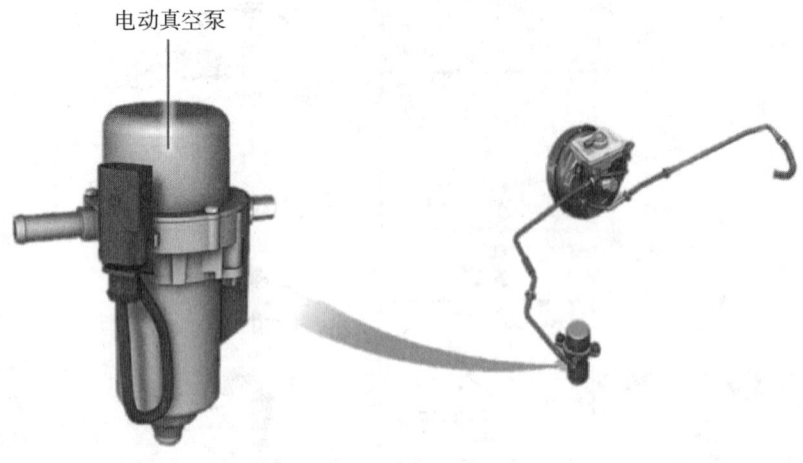

图 7-14

（3）J623 控制 J318 接合电动真空泵，如图 7-15 所示。

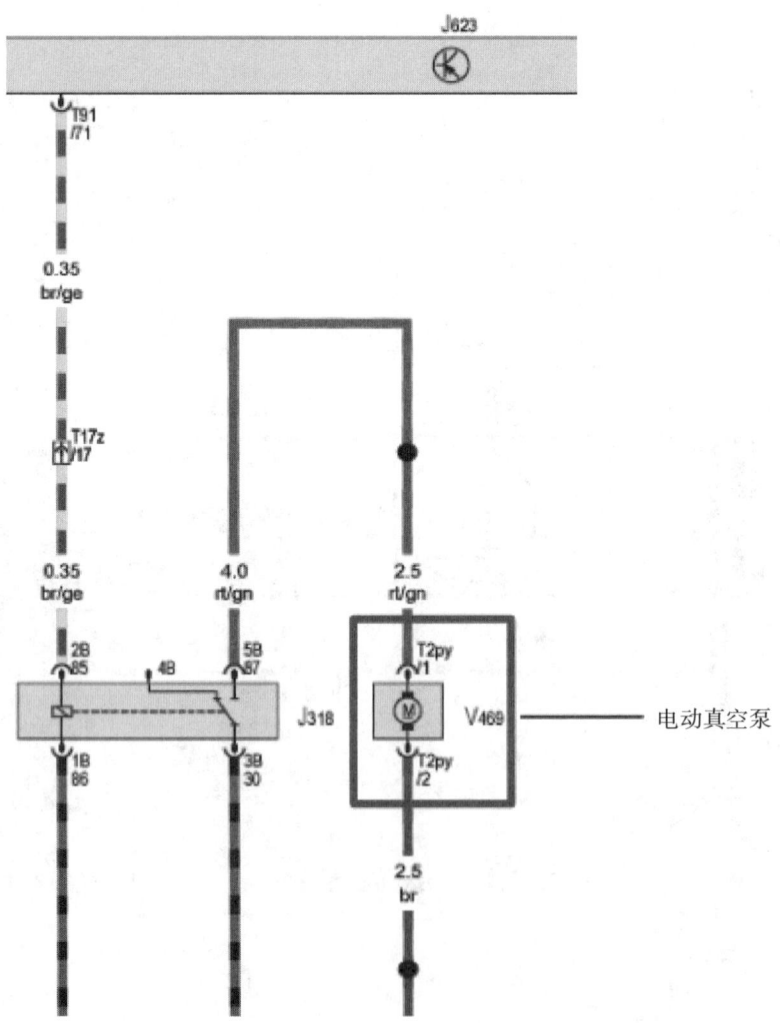

图 7-15

第四节　高压部件

一、高压部件高压线连接关系（如图 7-16 所示）

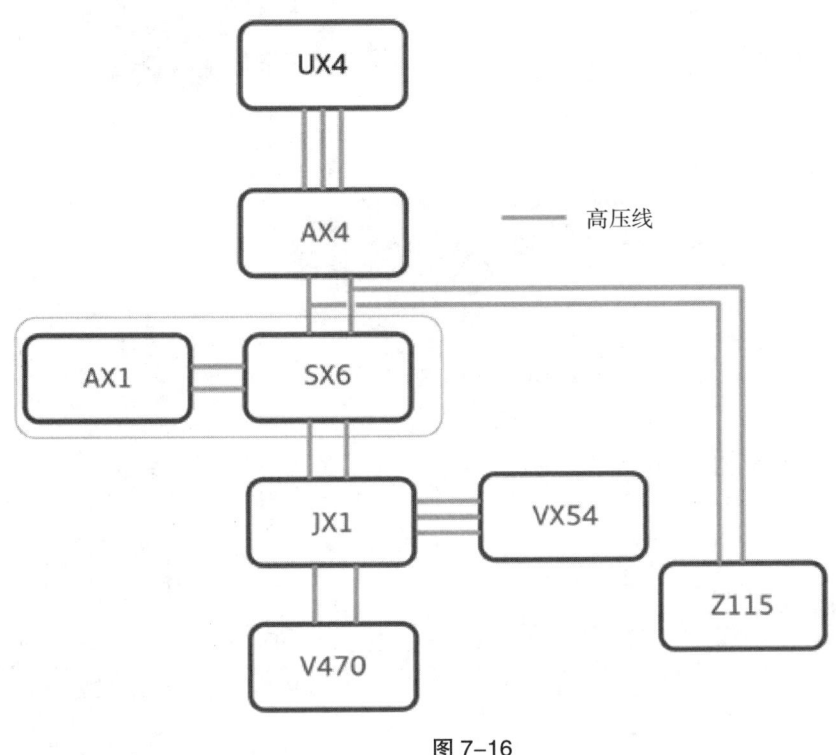

图 7-16

二、高压导线

所有高压系统中的高压导线都为橙色以便识别，如图 7-17 所示。

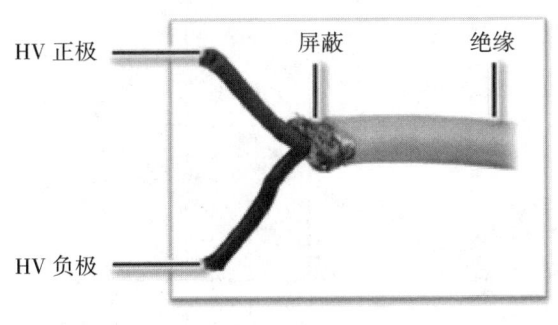

两芯高压导线（不带安全线）

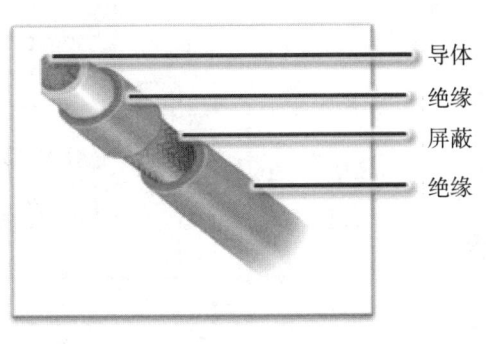

单极高压导线

图 7-17

三、高压接口（如图 7-18 所示）

三相电流驱动 VX54

电驱动装置的功率和电子控制装置 JX1

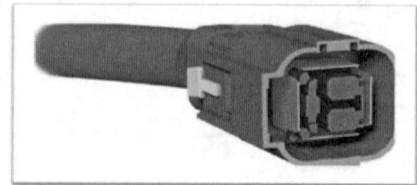

高压蓄电池充电装置1 AX4

图 7-18

四、高压部件连接原理图（如图 7-19 所示）

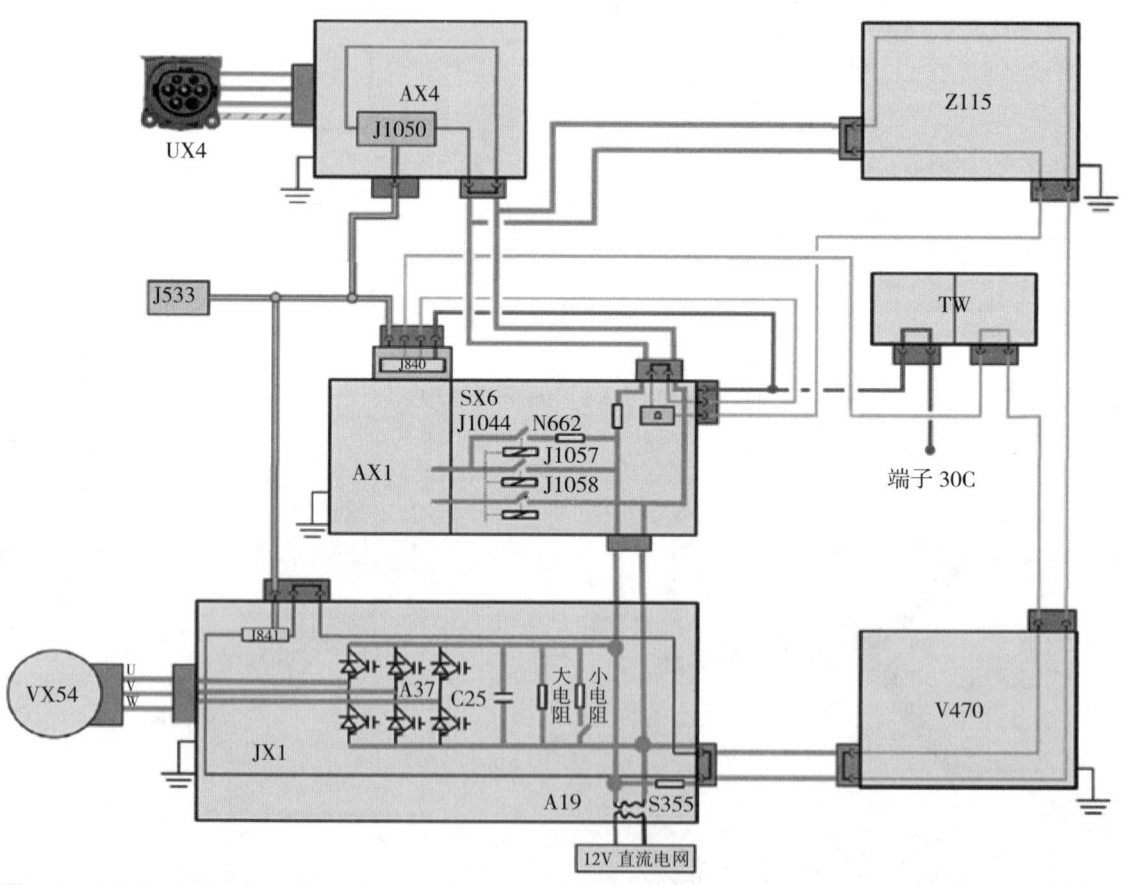

A19.变压器　A37.逆变器　AX1.混合动力蓄电池单元　AX4.高压蓄电池充电装置1　C25.中间电路电容器　J1044.高压蓄电池预充电保护器　J1050.高压蓄电池充电装置控制单元　J1057.高压蓄电池功率保护器1　J1058.高压蓄电池功率保护器2　J533.数据总线诊断端口　J840.蓄电池调节控制单元　J841.电驱动系统控制单元　JX1.电驱动机构电源和控制电子装置　N662.保护电阻　S355.空调压缩机保险丝　S60.高压充电装置保险丝　SX6.高压蓄电池开关盒　TW.高压系统保养插头　UX4.高压蓄电池充电插座1　V470.电动空调压缩机　VX54.三相电流驱动　Z115.高压加热器（PTC）

图 7-19

五、高压蓄电池充电插座 1 UX4（如图 7-20 所示）

（一）UX4 连接过程

（1）首先连接保护性导体 PE，然后连接相位 L1、L2 和零线 N。

（2）接触 PP。

（3）接触 CP。

（4）锁止充电插头并自动操作电子驻车制动器。

（二）CP 和 PP 的作用

（1）充电插头是否连接车辆。

（2）充电电流和线缆截面积。

（3）充电插头是否上锁。

（三）安装位置

车辆后方底护板位置。

（四）功能

（1）采用单相交流电充电。

（2）集成了高压充电控制单元 J1050 和充电接口，如图 7-21 所示。

（3）高压充电控制单元 1050 诊断地址码为 C6。

（4）通过自身的冷却水管进行液体冷却。

（5）通过 Y 形导线连接高压蓄电池 SX6 和高压加热装置（PTC）Z115。

（五）EX32 位置

左侧侧围充电盖板下。

（六）组成

如图 7-22 所示。

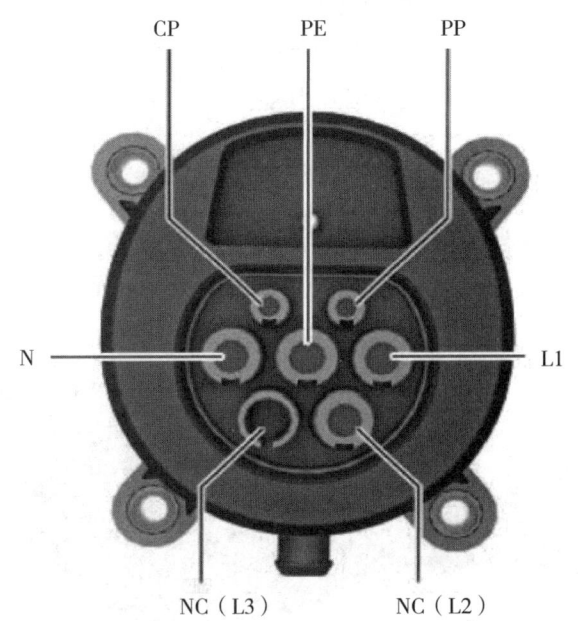

CP.车辆许可/取消充电　L1.AC相位1　L2.AC相位2　L3.AC相位3　N.中性导体　NC.未占用　PE.接地　PP.最大电流强度/导线横截面

图 7-20

图 7-21

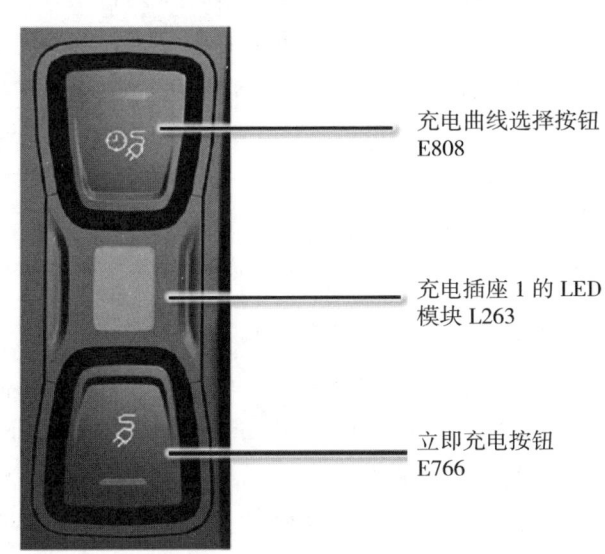

充电曲线选择按钮 E808

充电插座 1 的 LED 模块 L263

立即充电按钮 E766

图 7-22

（1）充电曲线选择按钮 E808
（2）充电插座 1 的 LED 模块 L263。
（3）立即充电按钮 E766。

六、高压蓄电池单元 AX1

高压蓄电池单元 AX1，如图 7-23 所示，技术参数如表 7-1 所示。

图 7-23

表 7-1	
单个电池芯数量	104
电池模块数量	8（每个模块 13 个电池芯）
额定电压	约 380V
电量	14.1kWh（可用 10.6kWh）
容量	37Ah
尺寸	842.2mm×1027mm×280.2mm
重量	约 140kg
运行温度	-30~+60℃

七、蓄电池调节控制单元 J840

（一）位置

（1）高压蓄电池 AX1 右侧。
（2）诊断地址码：8C。

（二）功能

（1）分析蓄电池电压和电解槽电压。
（2）分析混合动力蓄电池单元 AX1 的温度。
（3）确定混合动力蓄电池的电量。
（4）规定电动行驶模式、发电机运行模式和充电时允许的充电和放电电流。
（5）按照温度管理系统控制单元 J1024 的规定促动高压蓄电池冷却液泵 V590。

（三）安全线

1. 安全线是一条经过各高压元件的 12V 环形导线。
2. 3 个回路。

（1）安全线 1 与保养插头 TW、混合动力蓄电池单元 AX1、高压加热装置（PTC）Z115 连接，如图 7-24 所示。
（2）空调压缩机 V470 相互连接。
（3）安全线 2 位于功率和控制电子装置 JX1 内部。
（4）安全线 3 位于高压蓄电池充电装置 1 AX4 内部。

（四）监控原理

（1）数据总线诊断接口 J533 中的高压协调器通过混合动力系统 CAN 总线获得蓄电池调节控制单元 J840、电驱动机构控制单元 J841 和高压蓄电池充电装置控制单元 1 J1050 传输的 3 种安全线的状态。

（2）3条安全线中的某一条断开时，高压协调器通过信息娱乐系统CAM总线向组合仪表J285发送信息，并在组合仪表显示屏中向驾驶员显示一条提示。只要发动机未关闭，就可继续行驶。关闭后无法重新启动。

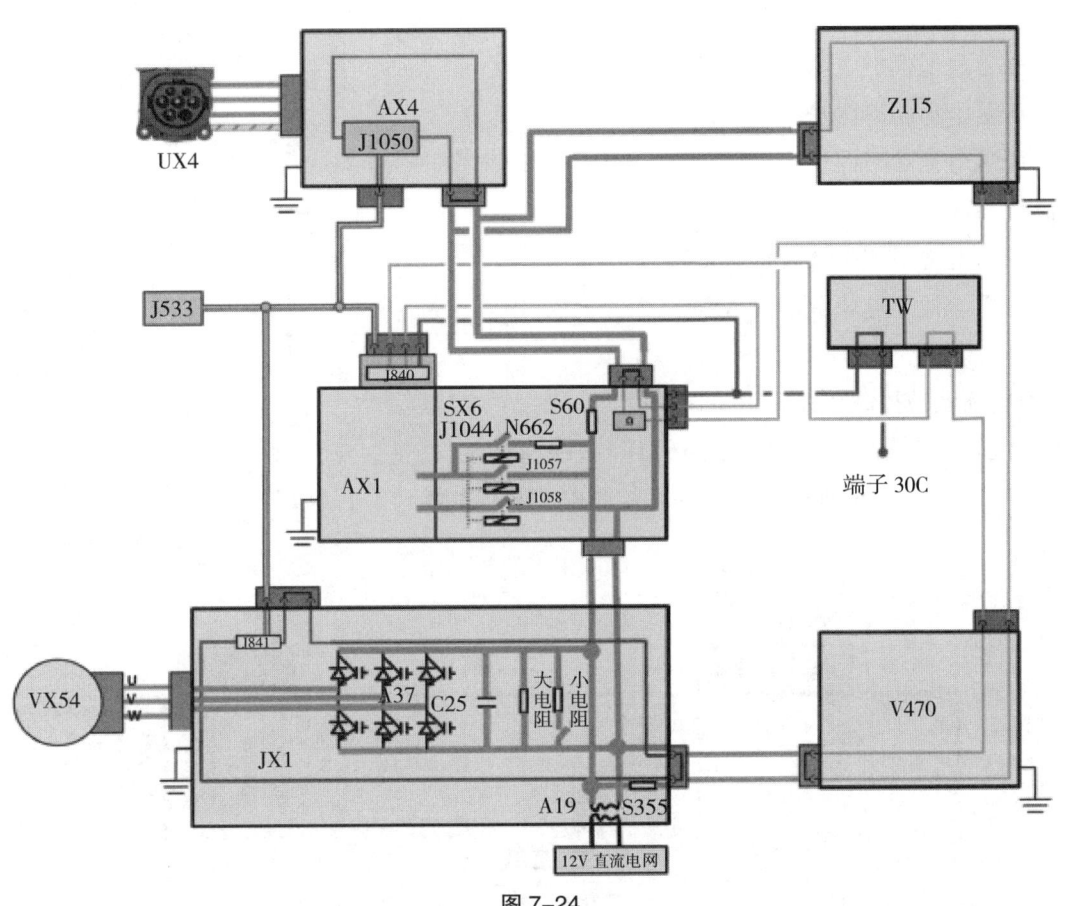

图 7-24

八、高压蓄电池开关盒 SX6

（一）位置

在高压蓄电池下部，如图7-25所示。

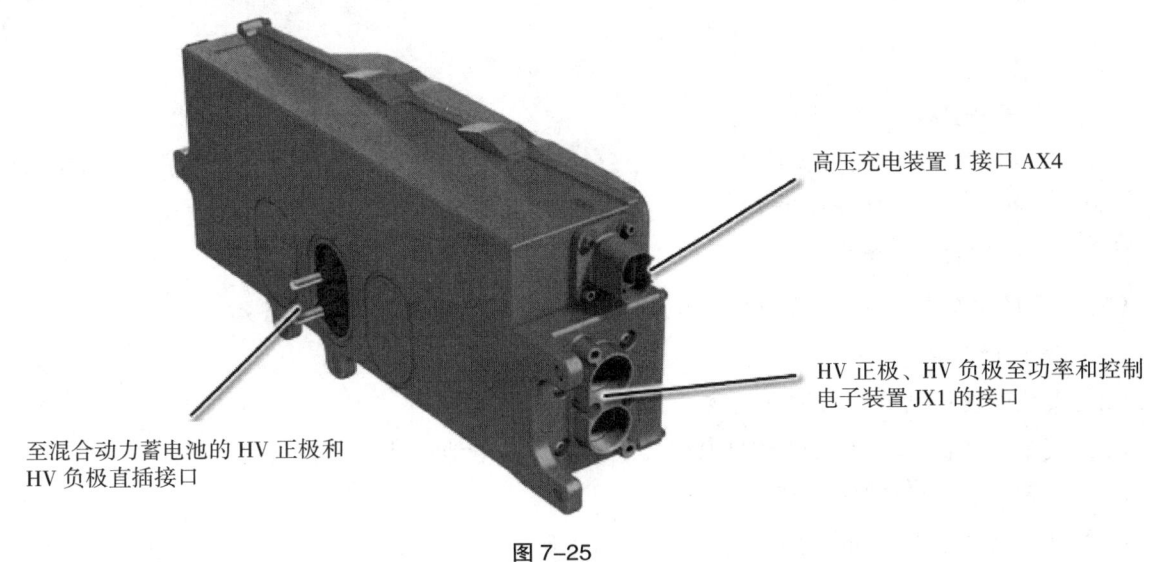

图 7-25

（二）组成

（1）电压测量与绝缘电阻检测控制单元，如图7-26所示。

（2）高压充电装置保险丝S60，60A。

（3）高压蓄电池的电流传感器G848。

（4）高压蓄电池保护电阻N662，30Ω。

（5）高压蓄电池功率保护器1 J1057。

（6）高压蓄电池功率保护器2 J1058。

（7）高压蓄电池预充电保护器J1044。

（8）高压蓄电池切断引爆装置N563。

（9）高压蓄电池充电装置接口AX4。

（10）12V车载电网接口。

（11）蓄电池调节控制单元J840的接口。

（12）至混合动力蓄电池的HV正极和HV负极直插接口。

（13）HV正极、HV负极以及至功率和控制电子装置的接口。

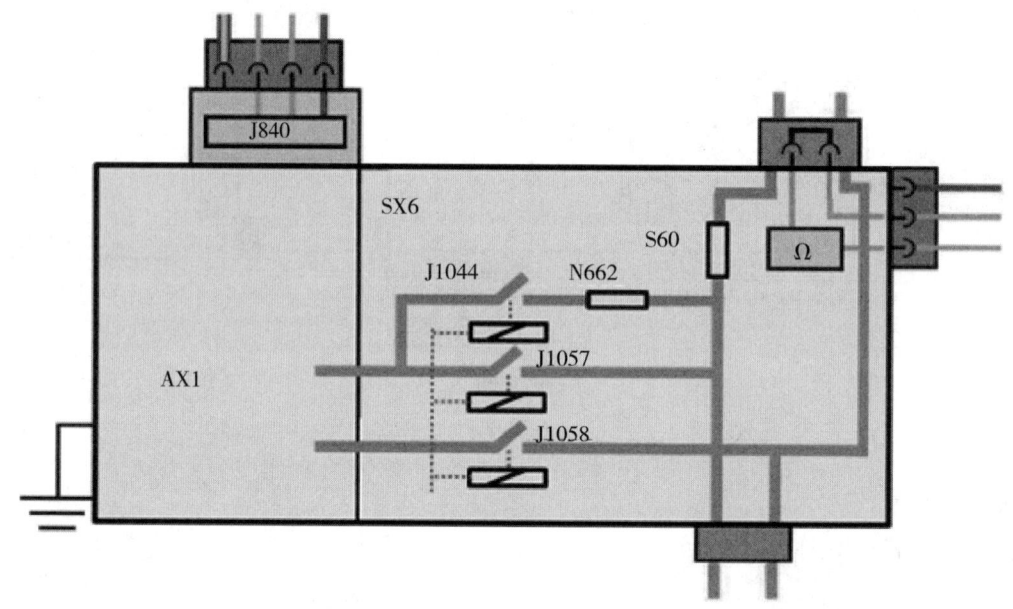

图7-26

（三）功率保护器

端子15接通时，高压蓄电池功率保护器2 J1058（HV负极）和高压蓄电池预充电保护器J1044（HV正极）闭合。较小的电流通过保护电阻N662流向功率和电子控制装置JX1中间电路电容器充满电时，高压蓄电池功率保护器1 J1057（HV正极）闭合，高压蓄电池预充电保护器J1044（HV正极）打开。

（四）满足功率保护器打开的条件

（1）端子15关闭。

（2）安全气囊控制单元J234通过数据总线发送碰撞信号。

（3）安全气囊控制单元J234通过离散导线向高压蓄电池切断引爆装置发送碰撞信号。

（4）保养插头TW打开。

（5）功率保护器端子30C供电保险丝拔出或损坏。

(6)混合动力蓄电池单元 AX1 的 12V 供电中断。

(7)安全线中断。

(五)通信

通过一条子总线与蓄电池调节控制单元 J840 进行通信。

(六)高压蓄电池切断引爆装置 N563

(1)在高压蓄电池 SX6 的开关盒中,通过离散导线与安全气囊控制单元 J234 相连。

(2)高压蓄电池断路引爆装置 N563 是一种软件,它可以对碰撞信号进行电子分析,并负责。

(3)断开功率保护器。

(4)由于高压蓄电池切断引爆装置并非物理部件,所以碰撞后无须更换。

(七)绝缘监控

高压系统激活时,高压蓄电池开关盒 SX6 每 30s 进行一次绝缘检测。

(八)碰撞信号

(1)安全气囊控制单元识别到相应的碰撞时,高压蓄电池出于安全原因将被切断。

(2)发生碰撞时,安全气囊控制单元向数据总线发送碰撞信号,网关 J533 将信号传输至蓄电池调节控制单元 J840,如图 7-27 所示。

(3)轻微碰撞:发生轻微碰撞且符合相应的碰撞级别时,蓄电池调节控制单元 J840。

(4)严重碰撞:发生严重碰撞时,高压蓄电池切断的信号以两种不同方式传输。

方式一:与发生相应等级的轻微碰撞一样,蓄电池调节控制单元 J840 切断高压蓄电池。

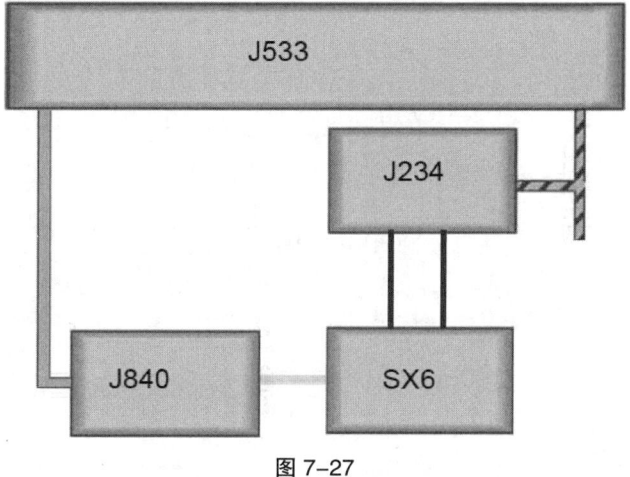

图 7-27

方式二:安全气囊控制单元通过导线和高压蓄电池切断引爆装置 N563 离散相连,安全气囊激活该引爆装置,从而切断高压蓄电池。

九、电驱动装置的功率和电子控制装置 JX1

(一)位置

发动机舱左前侧。

(二)组成

(1)电驱动系统控制单元 J841。

(2)空调压缩机保险丝 S355。

(3)逆变器 A37。

(4)变压器 A19。

(5)中间电路电容器 1 C25。

(6)高压导线的接口。

(7)12V 车载电网接口。

(8)冷却液接口。

（三）电驱动系统控制单元 J841

（1）通过牵引电机转子位置传感器 1 G713 探测转速和电驱动机构牵引电机 V141 的转子位置。

（2）通过行驶电机温度传感器 G712 探测电驱动机构行驶电机 V141 的温度。

（3）通过 JX1 中的温度传感器探测 JX1 内部部件的温度。

（4）诊断地址码：51。

（四）逆变器 A37

逆变器 A37 是 DC/AC 和 AC/DC 转换器。

（五）变压器 A19

380V 直流电压转换为较低的车载电网 12V 直流电压。

（六）中间电容 C25

（1）任务是稳定高压电网中的电压。

（2）位于 HV 正极和 HV 负极之间的大电阻（22kΩ）可实现被动放电，如图 7-28 所示。

（3）主动放电时会并联接入一个小电阻（1kΩ），可使中间电路电容器快速放电。

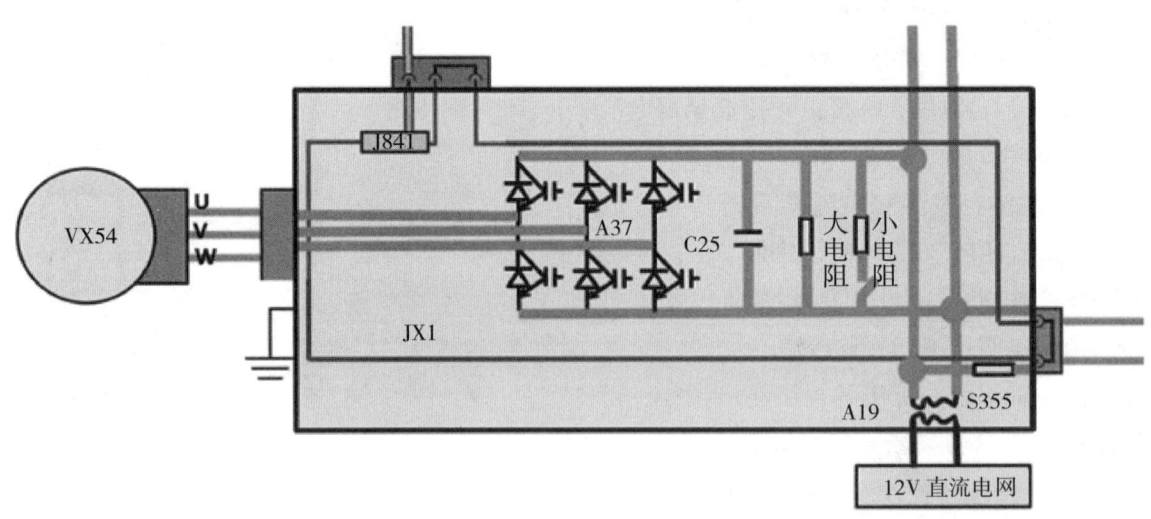

图 7-28

十、三相交流驱动机构 VX54

电机是永磁同步电机，被称作三相交流驱动机构 VX54 或电驱动机构装置电机 V141。电机的转子是内转子通过内置的定子散热装置进行散热，技术参数如表 7-2 所示。

三相交流驱动机构 VX54 组成：

（1）电驱动装置电机 V141。

（2）电机温度传感器 G712。

（3）电机转子位置传感器 1 G713。

表 7-2

技术	带有内部转子的电机
冷却	外壳内：流动 ATF 冷却油 绕组上：喷雾 ATF 冷却油
绕组连接方式	三角形连接
功率（峰值/持续）	100kW/45kW
扭矩（峰值/持续）	230N·m/120N·m
最大转速（主动和被动）	5000r/min 和 7000r/min

十一、三相交流驱动机构 VX54

（一）温度传感器 G712（如图 7-29 所示）

1. 功能与特点。

（1）负温度系数（NTC）传感器。

（2）用于感知定子线圈之间的电驱动装置电机 V141 的温度。

（3）温度值用于控制电驱动装置的冷却。

2. 故障时的影响。

无故障指示灯，无法电动行驶。

（二）位置传感器 1 G713

1. 功能与特点。

（1）非接触式传感器，如图 7-30 所示。

图 7-29　　　　　　　　　　图 7-30

（2）功率和电子控制装置 JX1 根据转子的永久磁铁相对于线圈的精确位置，控制三相电流。

2. 故障时的影响。

（1）组合仪表上的 e-tron 指示灯呈红色亮起。

（2）发动机和电驱动装置电机 V141 都被关闭，车辆处于自由滑行状态。

（3）无法采用电动来驱动车辆行驶。

（4）发电机无法工作。

（5）无法启动发动机。

十二、保养插头 TW

（一）位置

发动机舱内左侧，如图 7-31 所示。

（二）功能

（1）高压蓄电池功率保护器 12V 控制电路中的电气连接。

（2）安全线的组成部分。

（3）打开保养插头 TW，安全线也会随之打开并中断保护器的 12V 控制电路。

（4）请使用车辆诊断系统中相应的程序来专

图 7-31

业地打开并断开高压系统。

（5）打开后能够使用保养插头 TW 和挂锁 T40262/1，以防重新接通。

十三、供电保险丝

（一）位置

行李箱内右侧保险丝座中 ST1SF10，如图 7-32 所示。

（二）功能

功率保护器控制回路的电流保险丝。

图 7-32

第五节　空调制冷和暖风系统

一、空调系统

（一）热管理系统控制单元 J1024（如图 7-33 所示）

1. 功能。

（1）空调器制冷。

（2）冷却高压系统部件。

2. 控制单元通信。

（1）电动空调压缩机控制单元 J842。

（2）高压加热装置控制单元 J848。

（3）前部空调操作与显示单元 J255。

（4）发动机控制单元 J623。

3. 安装位置。

在右侧 A 柱和翼子板之间。

4. 诊断地址：C5。

图 7-33

（二）高压蓄电池热交换器（如图 7-34 所示）

1. 冷却器。

（1）和制冷剂回路中的蒸发器相同原理。

（2）制冷剂和冷却水进行热交换。

2. 膨胀阀。

（1）机械式阀门。

（2）与蒸发器前的膨胀阀相同。

3. 制冷剂截止阀 2 N640。

4. 电控：2 级。

（三）高压加热装置 Z115（如图 7-35 所示）

（1）通过测量高压和电流来调整加热所需的功率。

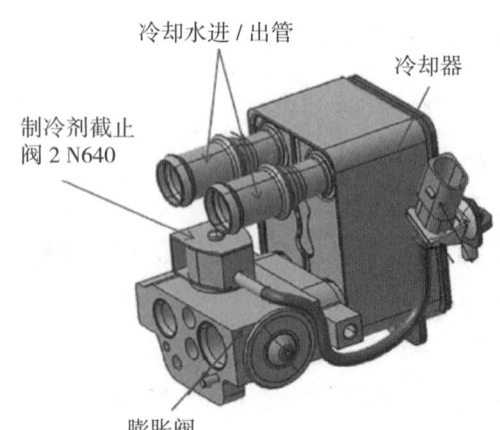

图 7-34

（2）工作电压范围在 250~450V 之间。

（3）通过高压蓄电池充电器 AX4 接入高压系统。

（4）电动行驶或温度预调节时加热冷却液。

（5）功用：车内供暖。

（四）电动空调压缩机 V470

通过功率和控制电子装置 JX1 接入高压系统，如图 7-36 所示，技术参数如表 7-3 所示。

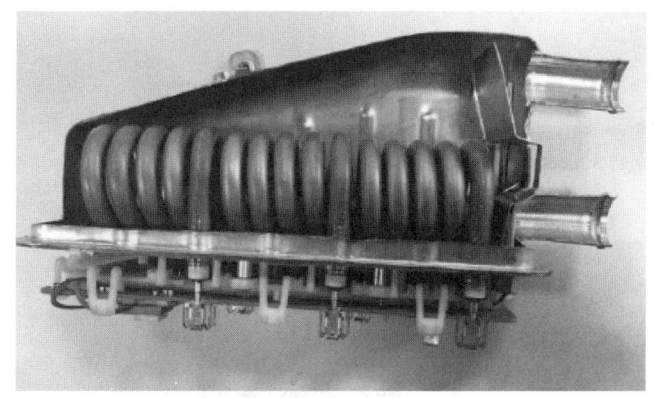

图 7-35

表 7-3

类型	涡旋压缩机
额定电压	195~350V（450V）
转速	700~8500r/min
功率	3.6kW
运行温度	-25~+125℃
重量	6kg
制冷剂	R134a/HFO 1234yf
制冷剂机油	SP-A2
连接	LIN 总线
容积	33mL

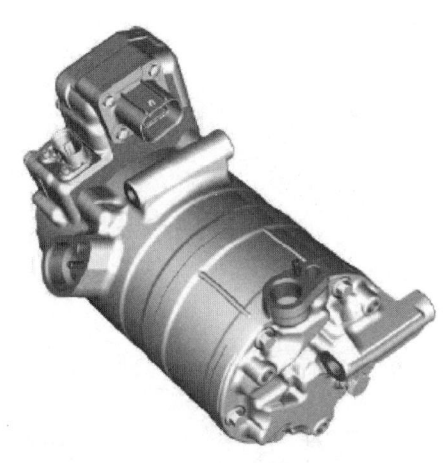

图 7-36

二、制冷和暖风系统

（一）概述

1. 连接关系。

e-tron 车制冷剂压力传感器 G65、电动空调压缩机控制单元 G842、高压加热装置控制单元 G848 通过 LIN 线连接在热管理系统控制单元 J1024 上；空气质量传感器 G238 还连接在 J519 上。

2. 制冷回路有两个任务。

（1）根据设置对驾乘舱进行冷却。

（2）将高压蓄电池冷却至 55℃以下。

3. 系统有 3 种工作模式。

（1）驾乘舱单独冷却模式。

（2）高压蓄电池单独冷却模式。

（3）双冷却模式。

（二）制冷原理示意图（如图 7-37 所示）。

（三）制冷循环原理图（如图 7-38 所示）

（四）空调拓扑图（如图 7-39 所示）

（五）前部连接图

（1）干燥储液罐独立于冷凝器，如图 7-40 所示。

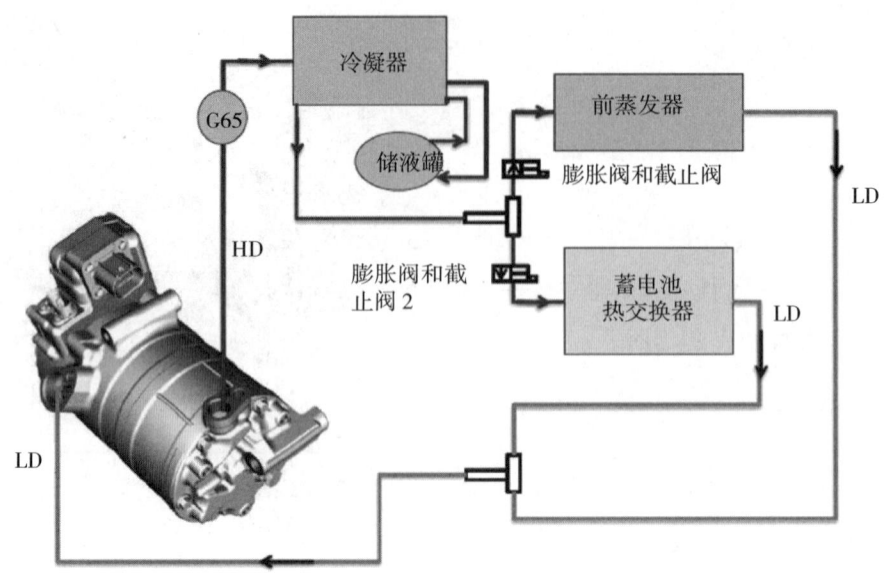

图 7-37

（2）与干燥储液罐连接的制冷剂管都连接在冷凝器上。

（3）3 个圈位置。

三、暖风系统带高压加热装置 Z115

（1）加热方式：2 种。

（2）发动机工作时的冷却水。

（3）高压加热装置 Z115 加热冷却水，如图 7-41 所示。

四、高压部件冷却

（一）概述

（1）高压系统部件冷却分两部分。

（2）前部：电驱动装置的功率和电子控制装置 JX1、三相交流电机 VX54。

（3）后部：高压蓄电池 AX1、高压蓄电池充电装置 1 AX4。

（二）总图

冷却包括：

（1）电驱动装置的功率和电子控制装置 JX1 回路。

（2）三相交流电动机 VX54（ATF 油冷）。

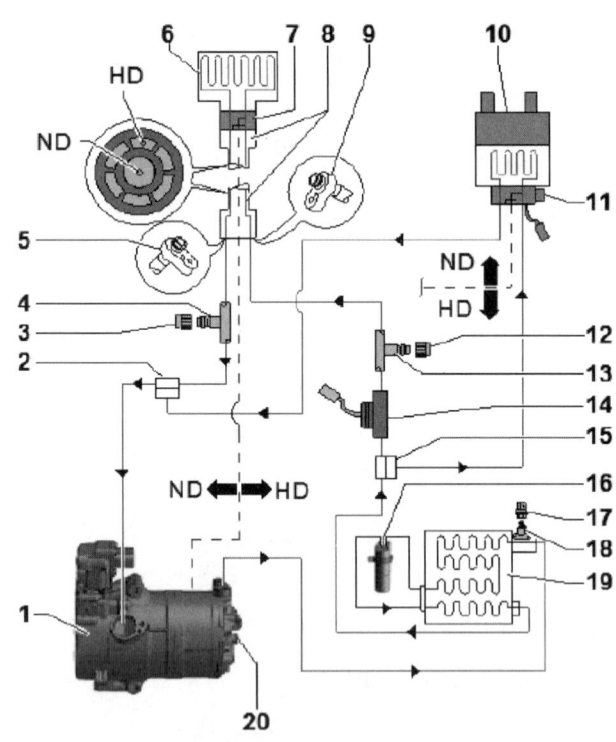

1.电动空调压缩机 2.连接处 3.封盖 4.低压侧维修接口 5.低压侧制冷剂管路 6.空调器内的蒸发器 7.膨胀阀 8.带内部热交换器的制冷剂管路 9.高压侧制冷剂管路 10.高压蓄电池热交换器（蒸发器） 11.带制冷剂断流阀2 N640的膨胀阀 12.盖罩 13.高压侧维护接口 14.制冷剂截止阀V424 15.连接处 16.带干燥剂的储液罐 17.压力温度传感器 18.带阀门的接口 19.冷凝器 20.超压排放阀 HD.高压侧 ND.低压侧

图 7-38

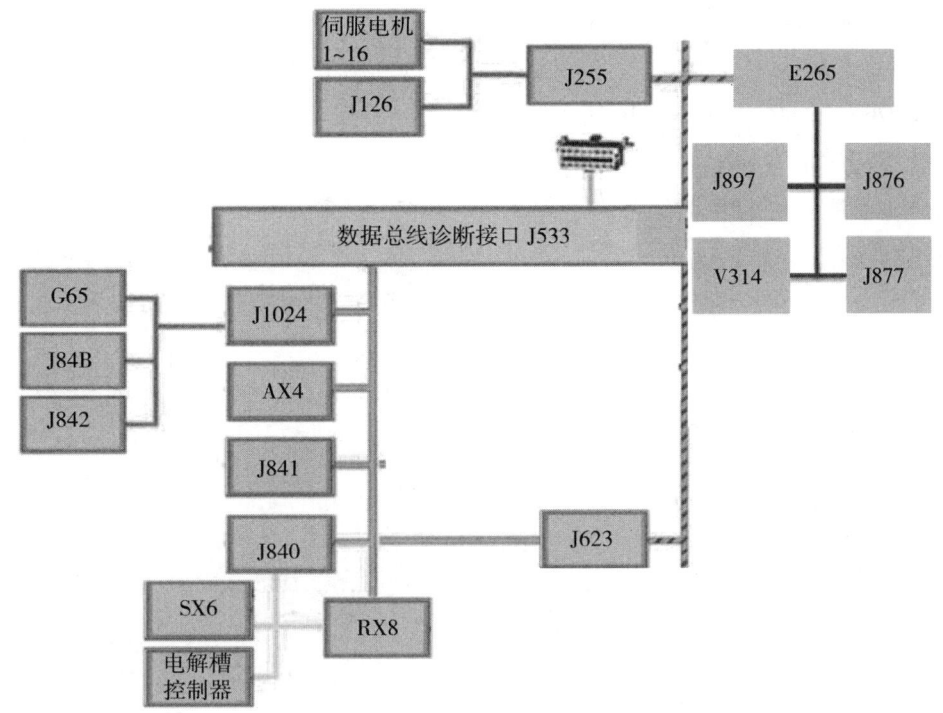

图 7-39

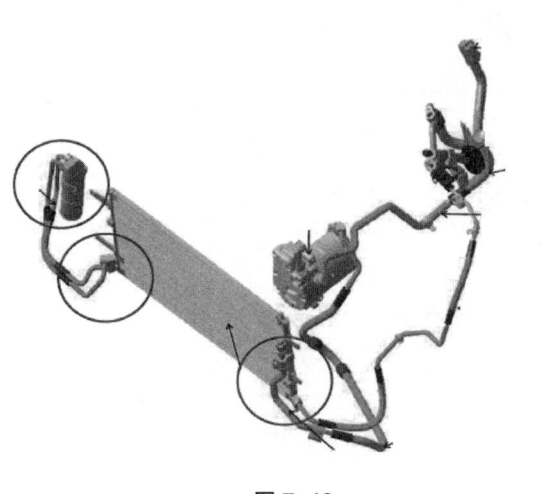

图 7-40

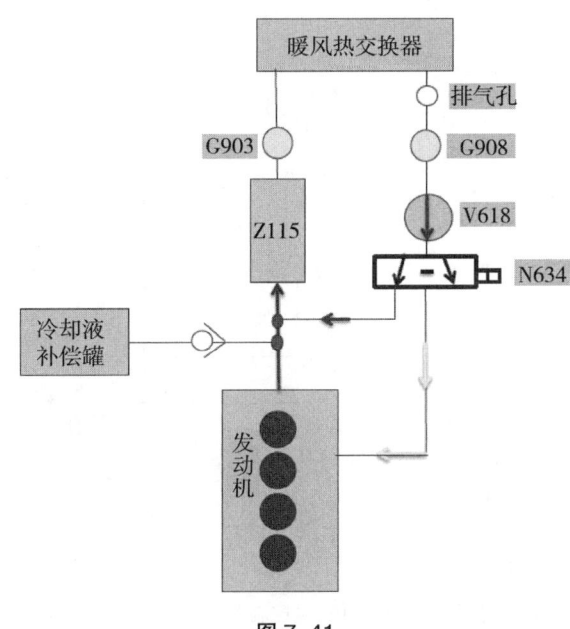

图 7-41

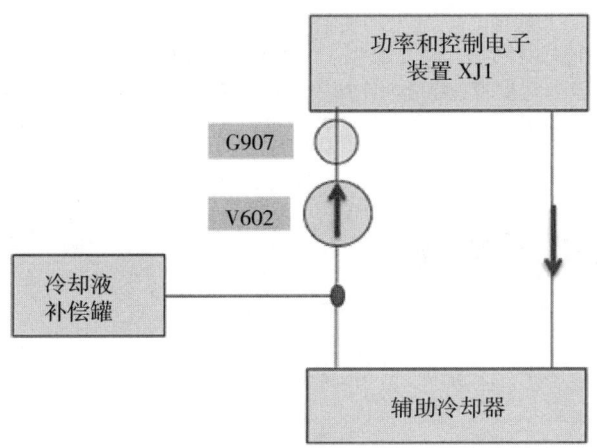

图 7-42

（三）电驱动装置的功率和电子控制装置 JX1

（1）利用发动机冷却水，如图 7-42 所示。

（2）独立组成回路。

（3）独立冷却器。

（四）三相交流电动机 VX54

（1）ATF 油冷却，如图 7-43 所示。

（2）再由发动机冷却水冷却 ATF 油和变速器 ATF 共用。

（五）高压蓄电池 AX1 和高压蓄电池充电装置 1 AX4

（1）后部冷却液独立回路，如图7-44所示。

（2）制冷系统冷却后部冷却液。

（3）高压蓄电池温度高于35℃时，开启冷却，控制其温度在30~35℃。

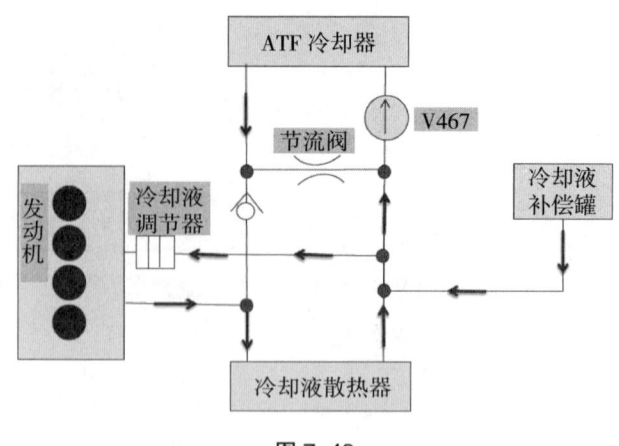

图 7-43

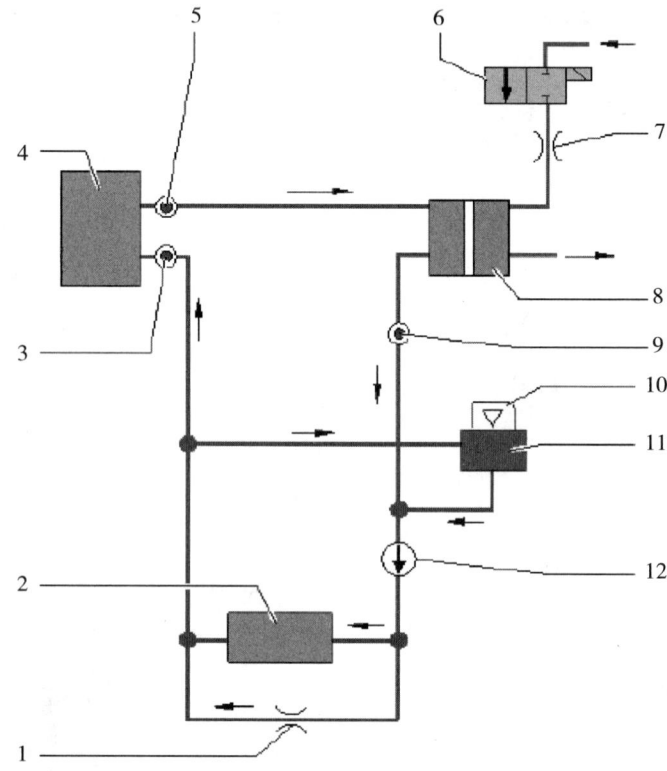

1.节流阀 2.高压蓄电池充电装置控制单元 3.高压蓄电池的冷却液温度传感器 4.混合动力蓄电池单元 5.高压蓄电池的冷却液温度传感器 6.制冷剂截止阀2 N640 7.节流阀 8.混合动力蓄电池单元热交换器 9.温度管理系统的冷却液温度传感器 10.封盖 11.冷却液补偿罐 12.高压蓄电池冷却液泵

图 7-44

第六节　舒适电子系统

一、防盗参与元件（如图7-45所示）

1. 主控制单元。

舒适中央控制单元J393。

2. 从控制单元。

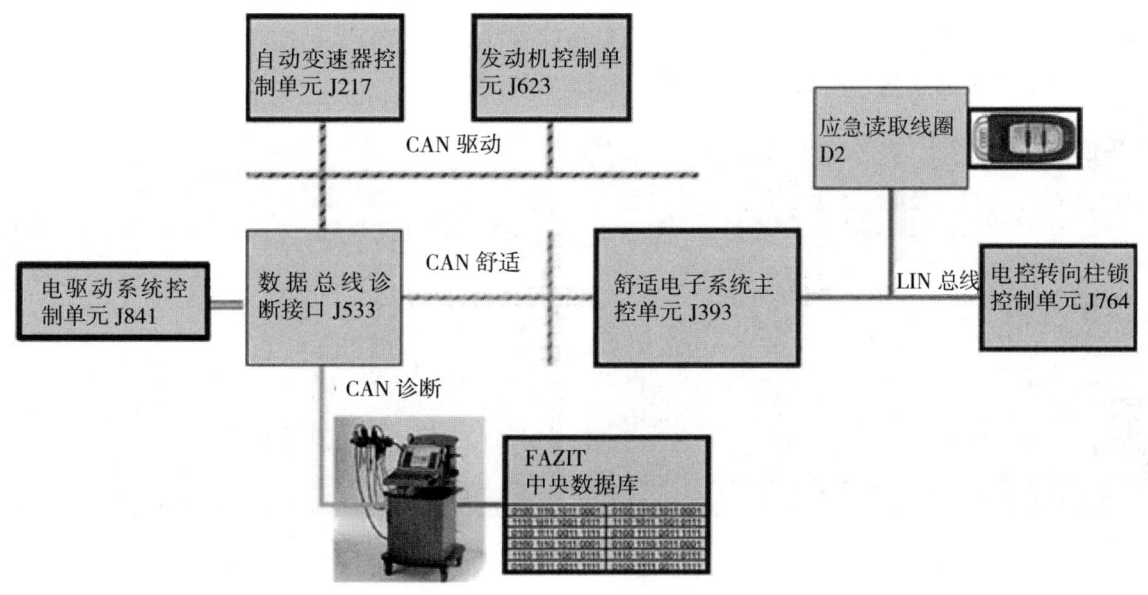

图 7-45

（1）电子转向柱锁控制单元 J764。

（2）电驱动系统控制单元 J841。

（3）发动机控制单元 J623。

（4）自动变速器控制单元 J217。

二、高压协调器

高压协调器功能集成在数据总线诊断接口 J533 中。

1. 负责控制功能。

安全线的监控绝缘检测、许可激活高压系统、通过组合仪表 J285 中的显示屏输出系统信息。

2. 自主运行状态。

汽车处于自主运行状态时，高压系统在端子 15 关闭后被激活且不受驾驶员监控。

自主运行状态包括：

（1）驻车空调。

（2）混合动力蓄电池的充电。

三、混合动力管理系统

1. 混合动力管理系统功能集成在发动机控制单元 J623 内。

2. 负责控制功能。

（1）运行策略。

（2）控制混合动力模式。

3. 控制混合动力显示。

（1）功率表。

（2）混合动力蓄电池的充电状态显示。

（3）组合仪表中的混合动力专用显示内容。

（4）MMI（多媒体界面）中的混合动力专用显示内容。

（5）e-tron 统计显示与电动续航里程确定，如图 7-46 所示。

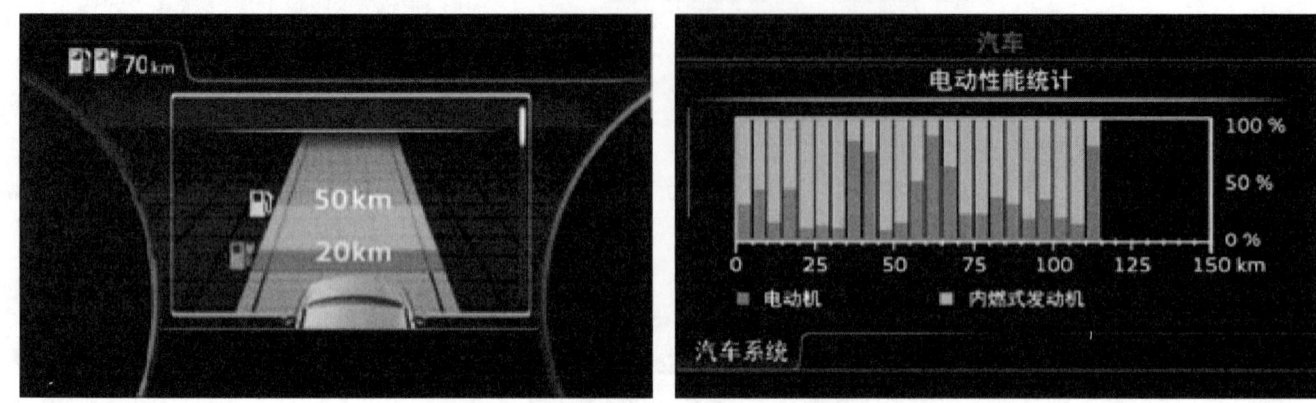

图 7-46

四、接线端控制

端子 15 接通，如图 7-47 所示。

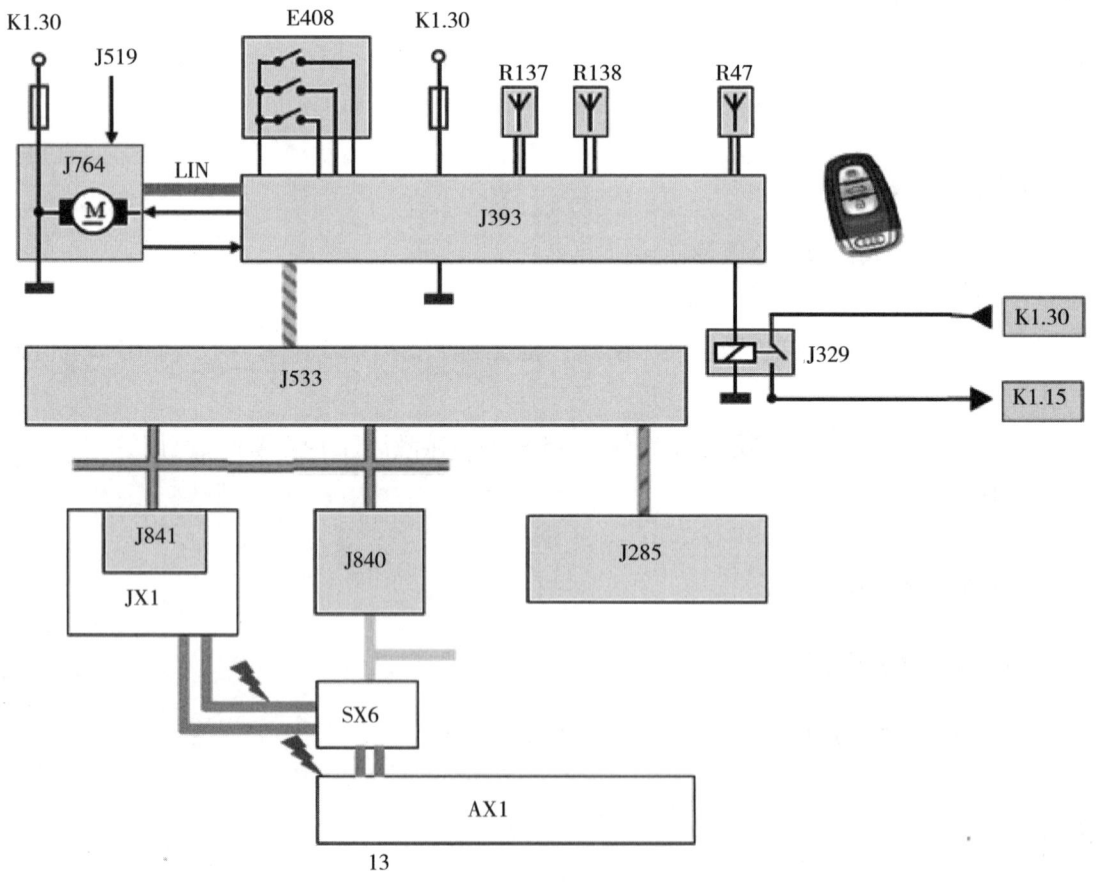

图 7-47

e-tron READY 准备就绪状态，如图 7-48 所示。

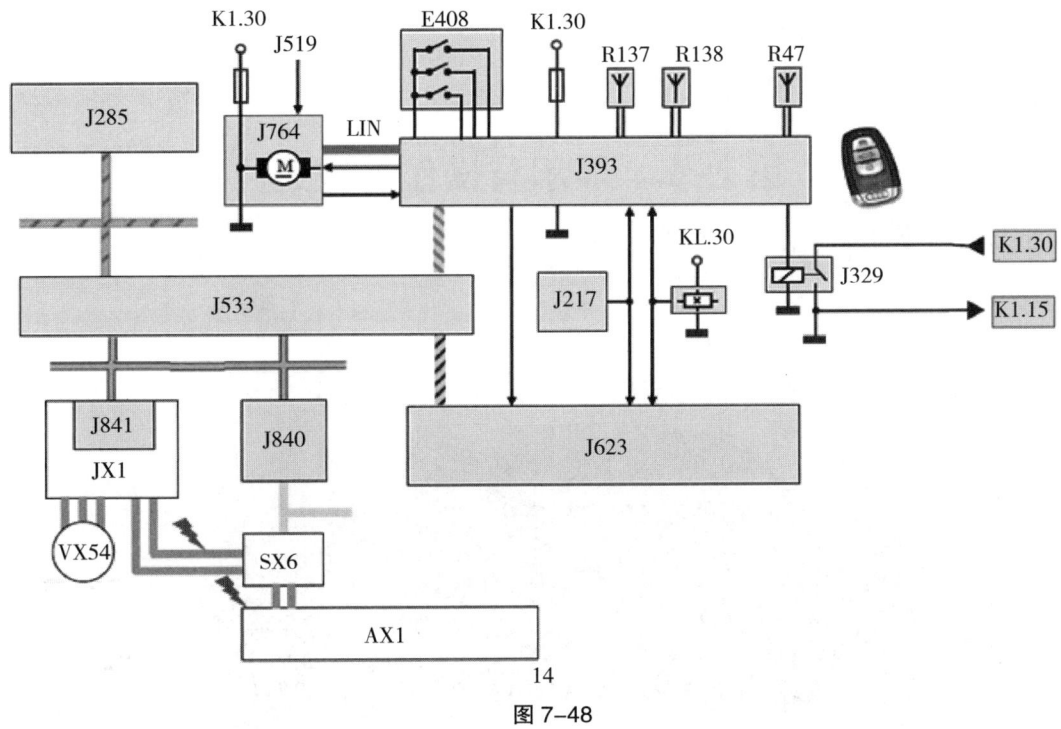

图 7-48

五、充电单元解锁

（一）解锁充电单元盖板特点

（1）位于左后侧，用于连接充电插头。

（2）按压按钮选择充电模式，即立刻充电或定时充电。

（二）打开过程

（1）解锁汽车时，高压蓄电池充电器控制单元 J1050 解锁高压充电盖板锁止装置执行元件 1 F496，如图 7-49 所示。

（2）手动按压打开充电盖板。

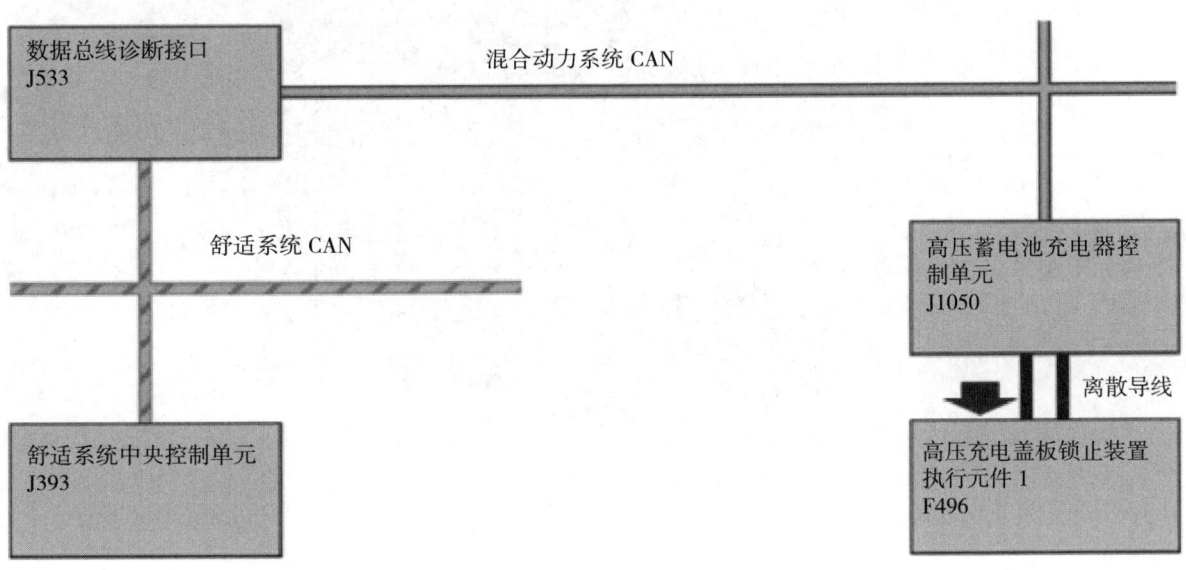

图 7-49

（三）应急解锁

拉动行李箱内左侧，应急解锁环应急解锁。

第七节　显示与操作系统

一、特征标志（如图 7-50 所示）

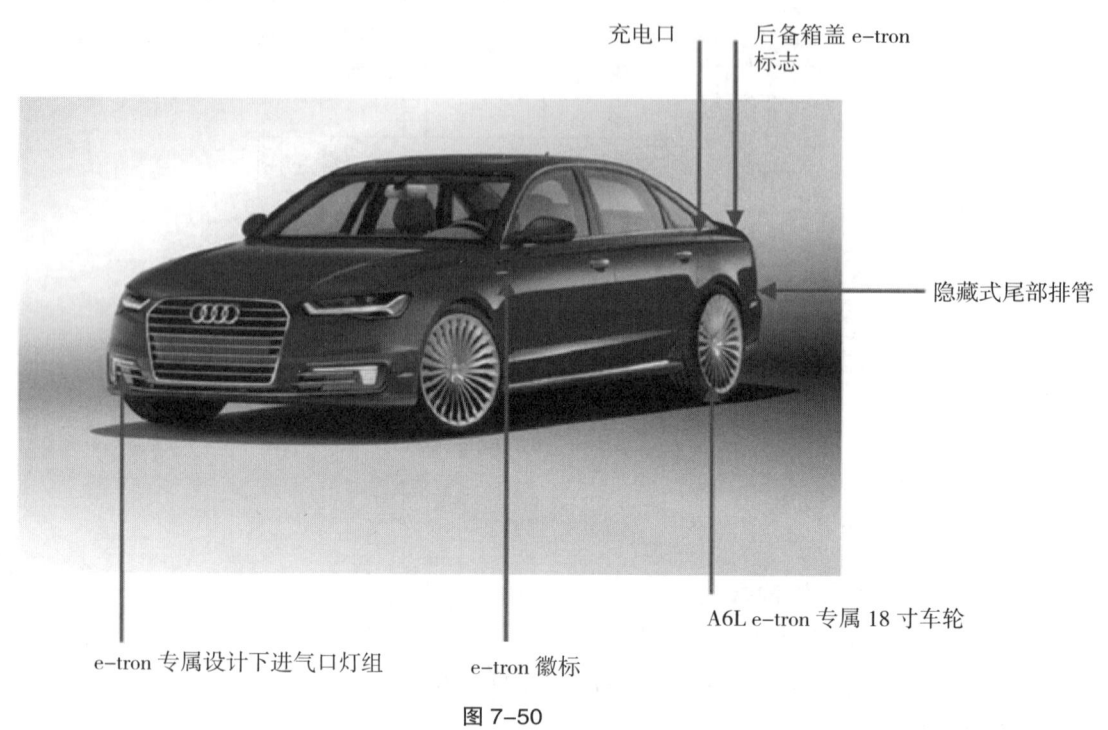

图 7-50

二、组合仪表的显示（如图 7-51 和图 7-52 所示）

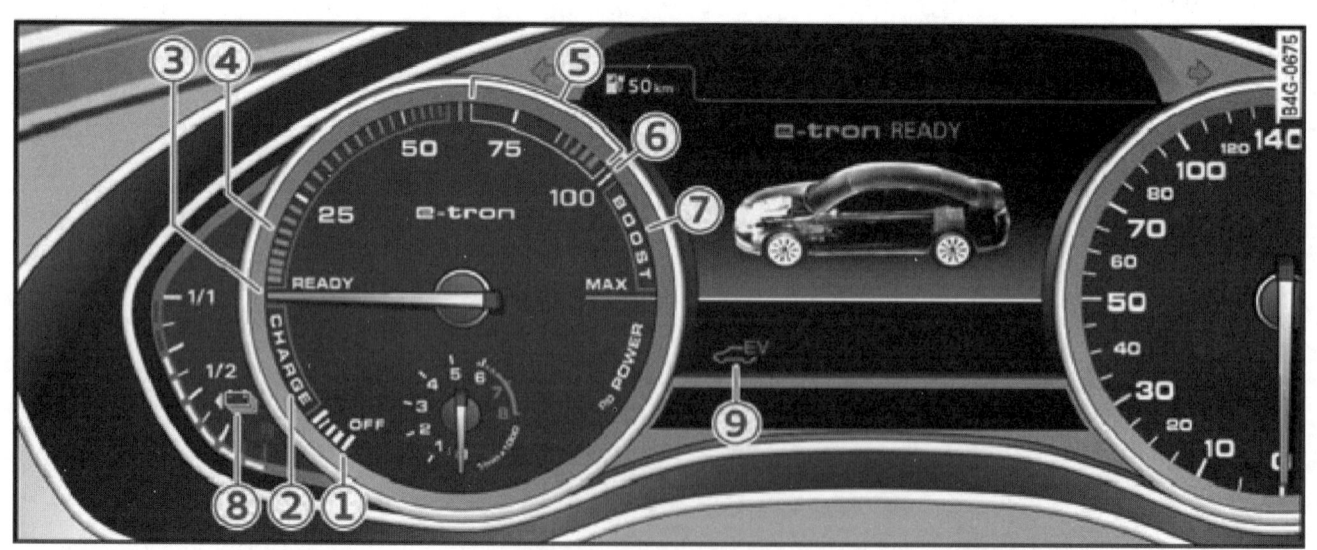

① 汽车未准备就绪（OFF）　② 制动能量回收（CHARGE）　③ 汽车行驶准备就绪（READY）　④ 电驱动模式的驱动方式：电动发动机（绿色）　⑤ 驱动方式：发动机，电动发动机可提供支持　⑥ 功率100%　⑦ BOOST电动机为发动机提供支持　⑧ 高压蓄电池电量　⑨ 电驱动模式

图 7-51

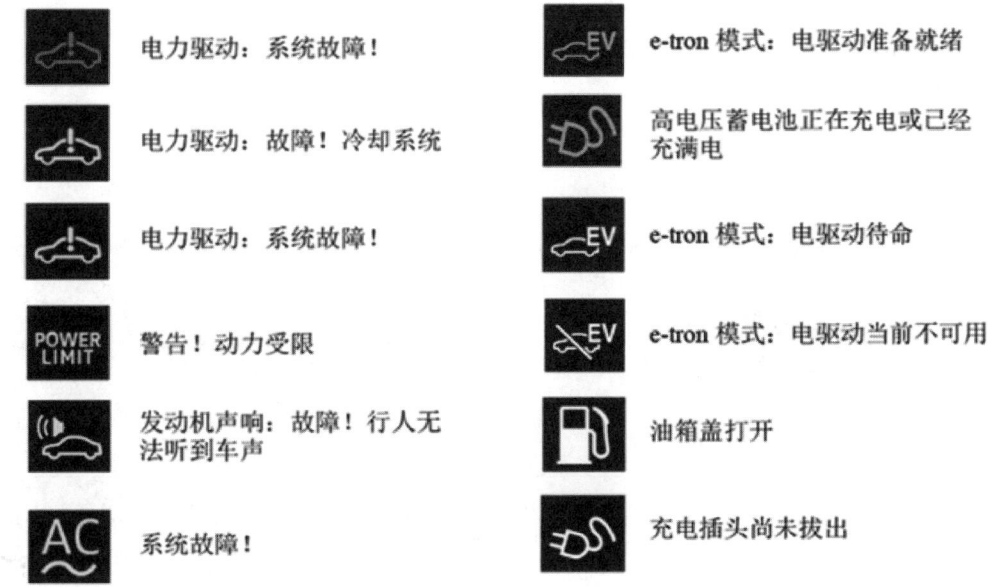

图 7-52

三、高压充电系统

（一）充电设备（如图 7-53 所示）

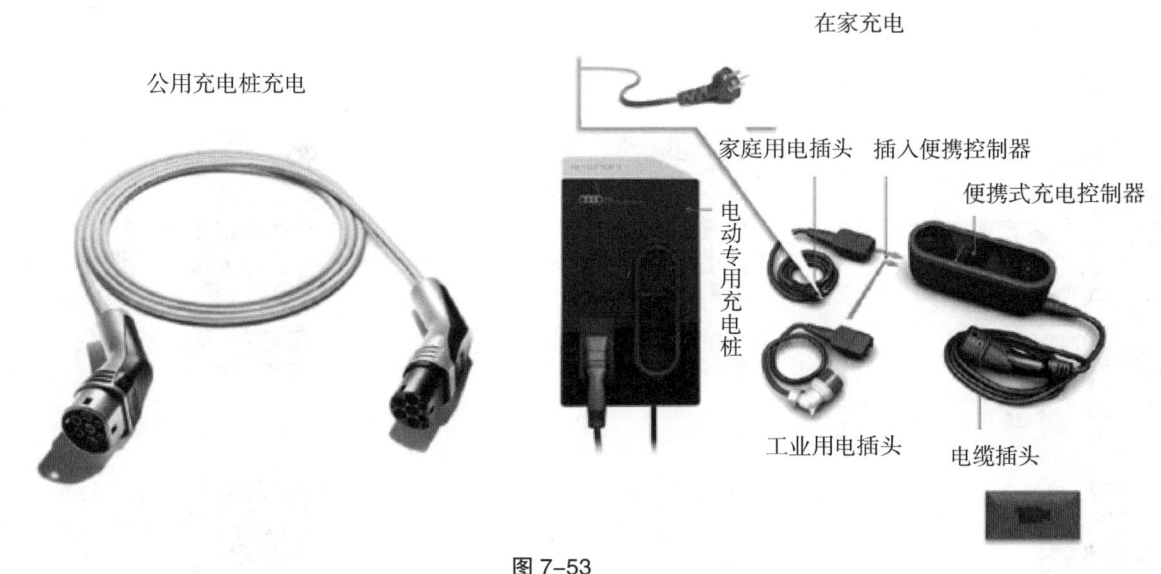

图 7-53

（二）设置

1. 充电功率：可调节为 50% 或者 100%。

（1）电源线编码：操纵装置能够识别连接的是家用电源插头还是工业电源插头。

（2）连接工业电源插头时，最大电流为 32A，最大充电功率为 7.2kW，充电功率自动调节到 50% 且保持不变，直至将充电装置取下。

（3）连接家用电源插头时，最大电流为 10A。

2. PIN 码：为了防止乱动，可以用 4 位 PIN 码对操纵装置上锁。

3. 诊断功能：充电开始前，操纵装置和车上的高压充电器进行通信。

（1）操纵装置具有自诊断功能，可以通过显示屏显示相关故障。

（2）操纵装置有温度监控功能，超过温度范围则中止充电过程，直至温度降至允许范围。

（三）充电时间（如图 7-54 所示）

家用插座约 10.8h　　　　　　　　　　　　工业插座约 2.7h

接口	使用奥迪 e-tron 充电系统时的可用充电功率	100% 充电时的充电时长
家用插座 中国（CPCS-CCC 型号 I,220V/10A）	约 1.8kW	约 10.8h
工业插座 中国（如 CEE，230V/32A）	约 6.6kW	约 2.7h

图 7-54

（四）充电指示灯（如图 7-55 所示）

 LED 每隔 4s 呈绿色闪烁 60s，随后熄灭
充电计时器已被激活，充电过程按预定起始时间开始进行

 LED 呈绿色在跳动
充电正在进行

 LED 呈绿色亮起，随后熄灭
充电结束

 LED 呈黄色闪烁
识别出插头且插头已上锁；
选挡杆没在挡拉 P；
无法充电

 LED 呈黄色亮起
识别出插头且插头已上锁；
无法充电

 LED 呈黄色亮起
识别出插头，但插头没上锁；
无法充电

图 7-55

四、e-tron 模式

（一）通过电驱动按钮 E656 选择 e-tron 模式

1. 可选择模式。

（1）EV（电动驱动），如图 7-56 所示。

（2）混合（使用电池的电量）。

（3）电力保持（保持电池的电量）。

2. 操作过程。

首次按压按钮时，在 MMI 显示屏和组合仪表中显示当前的 e-tron 模式。接着通过旋压式按钮选择 e-tron 模式，或者按压电驱动按钮选择 e-tron 模式，如图 7-57 所示。

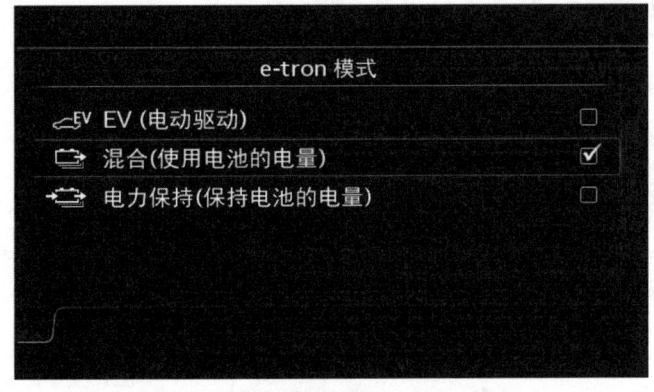

图 7-56

图 7-57

（二）EV（电动驱动）

1. 前提。

（1）12V 汽车蓄电池和混合动力蓄电池的温度不低于约 -10℃。

（2）混合动力蓄电池电量充足。

2. 显示。

（1）EV 按钮中的绿色 LED 亮起。

（2）组合仪表中的 EV 符号呈绿色亮起。

3. 在行驶模式下应满足的前提条件。

（1）车速不高于约 130km/h。

（2）无强制降挡。

（3）未挂入行驶挡 S。

（三）混合（使用电池的电量）

1. 在混合模式下，会根据行驶状况由发动机和电机共同驱动汽车。

2. 前提。

（1）混合动力蓄电池的电量足够。

（2）混合动力管理系统判断何时利用发动机或电机行驶，或由两个驱动机构共同驱动行驶。

（3）当在激活路径引导时有预告性的路径数据可用，则会自动混合模式。

（四）电力保持（保持电池的电量）

1. 汽车在这一模式下主要依靠发动机行驶。但是也可以由电机提供支持，也可以使用超加速功能。

2. 分离离合器接合，电机交替用作电动机或发电机。

3. 在这一模式下，蓄电池持续充电供随后使用，例如为了在目的地电动行驶。

五、能量流显示

1. e-tron READY，如图 7-58 所示。

图 7-58

2. 电驱动行驶，如图 7-59 所示。

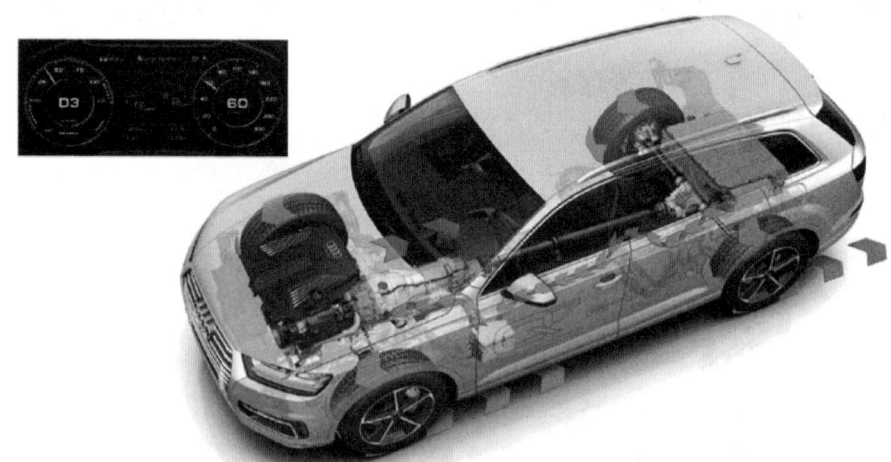

图 7-59

3. 发动机驱动行驶，如图 7-60 所示。

图 7-60

4. BOOST，如图 7-61 所示。

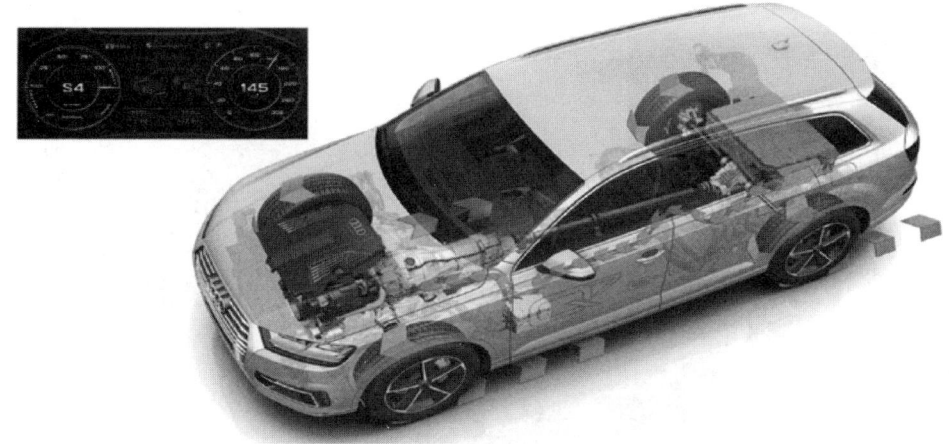

图 7-61

5. 滑行，如图 7-62 所示。

图 7-62

6. 能量回收，如图 7-63 所示。

图 7-63

7. "制动"的能量回收,如图 7-64 所示。

图 7-64

第八节　蓄电池测量及工具

(一)断电注意事项

1. 切断电源工作只可由经过认证的高压电技师来按照故障诊断仪上的检查步骤进行操作。
2. 拔下保养插头。
3. 严防设备重新合闸。
4. 验证是否已经断电(分为诊断仪验电和手动验电两种)。
5. 同时应该在车辆诊断仪的文件做上标记。

(二)绝缘电阻测量

当出现绝缘电阻的故障时,需要进行绝缘电阻测量。

(三)高压重新投入使用

只允许由高压电技工通过故障导航来将系统重新接通!目视检查一下,看看所有的等电位线是否都洁净且处于良好状态。目视检查一下,看看所有的高压线是否都处于良好状态。目视检查一下,看看所有的高压系统连接、插头和螺栓连接是否正常并已牢靠。插好保养插头 TW 并将其锁定。接通点火开关(15 号线)。检查通信情况并读取系统的数据存储器,将结果记录到检测报告中,并打印出检测报告。将检测报告保存在任务书夹中。将"高压系统已被切断"这个提醒标签从车上取下,将"高压系统已激活"这个提醒标签固定到车上的显著位置。

(四)高压测量模块 VAS 6558A(如图 7-65 所示)

(五)高压检测适配器 VAS6558/9-6(如图 7-66 所示)

(六)高压检测适配器接头 VAS6558/9-4(如图 7-67 所示)

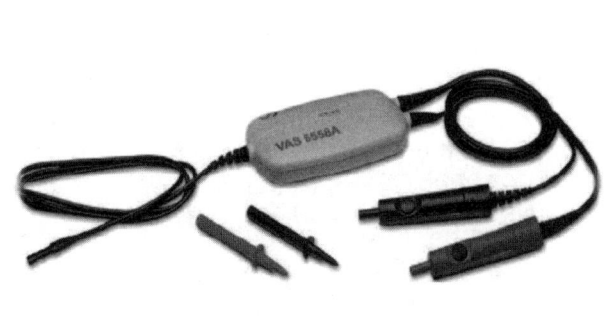

图 7-65

图 7-66

图 7-67

第九节 经典实例

一、2018年一汽奥迪 A6L e-tron 仪表上黄灯报警，显示"电动驱动系统故障，联系经销商"

车型：一汽奥迪 A6L e-tron。

年款：2018年。

故障现象：仪表上黄灯报警显示"电动驱动系统故障，联系经销商"无法实现纯电驱动行驶。

故障诊断：

（1）首先检查车辆外观及底盘，未见损伤和碰撞痕迹。

（2）打开点火开关，仪表上黄灯报警，显示"电动驱动系统故障，联系经销商"。

（3）通过 ODIS6150E 诊断读取车辆控制单元故障，电驱动系统控制单元内 J841 存储的故障有：P0A9400:DC/DC 变矩器丢失电源主动/静态；P0E5400:DC/DC 转换器电流传感器 1 对正极短路被动/偶发，P33D700：电力电子装置控制单元电源模块 1 内部故障被动/偶发。

（4）引导型故障查询显示需更换 J841 控制单元，该故障的原因可能是电驱动控制单元，如图 7-68 所示。

（5）保存一份诊断报告，分析高压系统电压、蓄电池电量、高压蓄电池负极绝缘电阻。整个高压系统负极绝缘电阻数据，如图 7-69~ 图 7-74 所示。

故障排除：

（1）对高压电系统断电，验电。

（2）检查电驱动系统控制单元内 J841 设备输入的 12V 电气系统，如 12V 充电电缆、接头、12V

蓄电池和接地线等，未发现异常，如图7-75所示。

（3）检查电机、电源电子设备的高压线缆和等电位线，未发现异常。

（4）断开在电源电子设备端的3根高压线缆U、V、W，在该处执行对电机VX54的绝缘测试，我们始终遵守测量流程中严格及重要性。

（5）绝缘测试仪正极连接高压线缆、负极连接电机壳体（发动机壳体），测量U相值应始终为

检测步骤：电驱动控制单元故障

措施：信息
故障：
P0A1B00 电驱动电力电子装置控制单元
P0A9000 行驶电动机功率不足
P0A9400 DC/DC转换器功率不足

该故障的原因可能是 电驱动控制单元

图 7-68

图 7-69

图 7-70

324.62MΩ，测量V相值应始终为313.09MΩ，测量W相值应始终为320.26MΩ；排除电机故障的可能性或者排除了该高压部件会造成其他部件的损坏。

（6）使用VAS6558/9-3连接高压线缆和电驱动系统控制单元J841的绝缘测试，我们始终遵守测量流程中严格及重要性。

故障原因：牵引电机逆变器A37内有6个晶体管，三相U、V、W的每相有两个晶体管、中间电容器1 C25、变压器A19出现某种程度的损坏，如图7-76和图7-77所示。

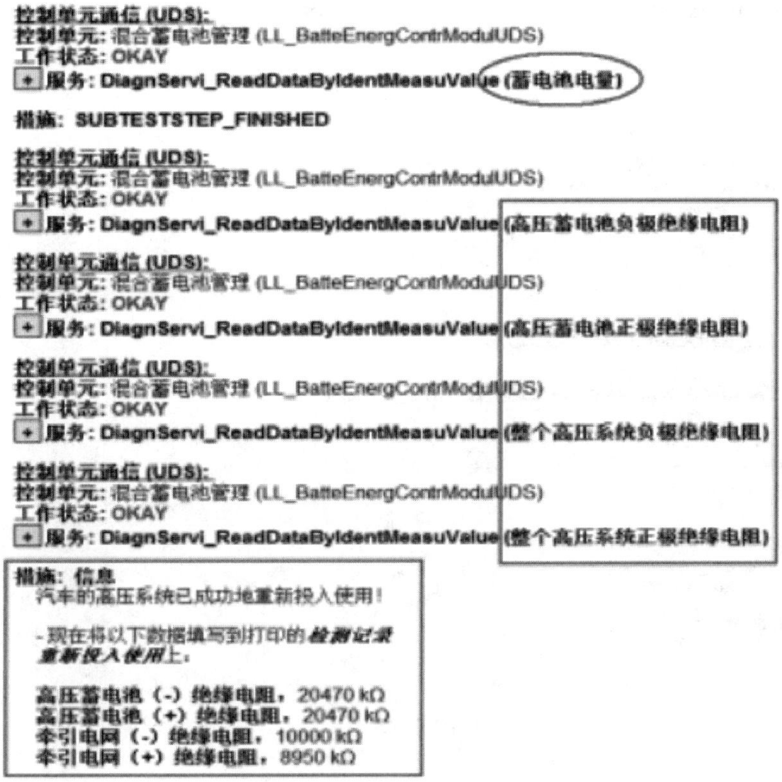

图 7-71

图 7-72

故障排除：更换电驱动系统控制单元 J841。

二、2018 年一汽奥迪 A6L e-tron 无电动功能，仪表报混合动力故障

年款：2018 年。

故障现象：插电式混合动力车型无电动功能且仪表提示"混合动力故障，请联系服务站"。

故障诊断：

（1）用 VAS6150B 检测，01 发动机控制单元有"进气管风门位置、运行控制传感器不可信信号"故障，其他控制单元无故障。初步判断有以下几种可能：发动机控制单元损坏、真空管破损、真空电子阀及增

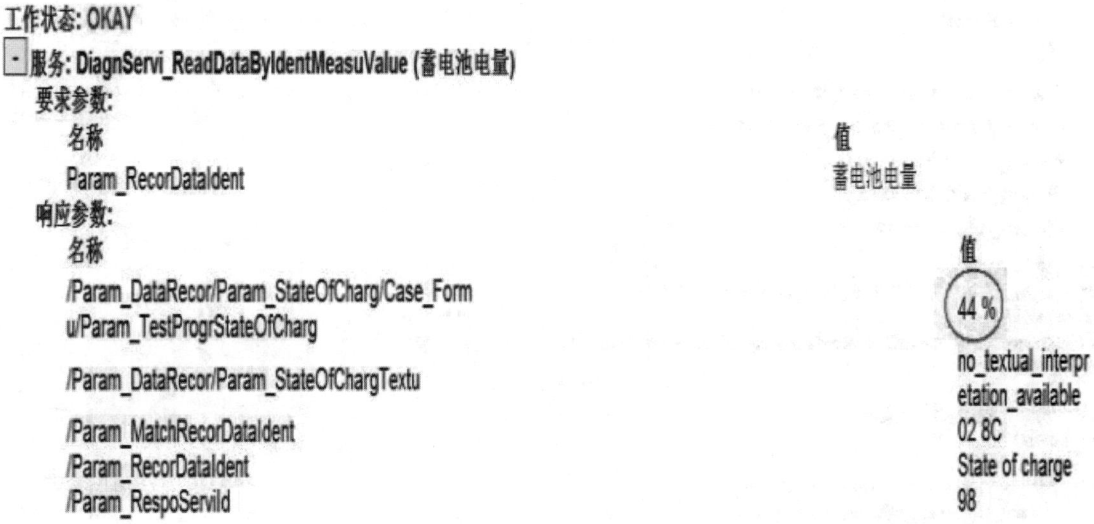

```
服务: DiagnServi_ReadDataByIdentMeasuValue (高压蓄电池负极绝缘电阻)
    要求参数:
        名称                                                    值
        Param_RecorDataIdent                                    高压蓄电池负极绝缘电阻
    响应参数:
        名称                                                    值
        /Param_DataRecor/Param_InsulResis                       20470 kOhm
        /Param_DataRecor/Param_StatuInsulResis                  Not_valid
        /Param_MatchRecorDataIdent                              1E 1A
        /Param_RecorDataIdent                                   isolation_resistan
        /Param_RespoServiId                                     ce_battery_minus
                                                                98
控制单元通信 (UDS):
控制单元: 混合蓄电池管理 (LL_BatteEnergContrModulUDS)
工作状态: OKAY
服务: DiagnServi_ReadDataByIdentMeasuValue (高压蓄电池正极绝缘电阻)
    要求参数:
        名称                                                    值
        Param_RecorDataIdent                                    高压蓄电池正极绝缘电阻
    响应参数:
        名称                                                    值
        /Param_DataRecor/Param_InsulResis                       20470 kOhm
        /Param_DataRecor/Param_StatuInsulResis                  Not_valid
        /Param_MatchRecorDataIdent                              1E 18
        /Param_RecorDataIdent                                   isolation_resistan
        /Param_RespoServiId                                     ce_battery_plus
                                                                98
```

图 7-73

```
服务: DiagnServi_ReadDataByIdentMeasuValue (整个高压系统负极绝缘电阻)
    要求参数:
        名称                                                    值
        Param_RecorDataIdent                                    整个高压系统负极绝缘电阻
    响应参数:
        名称                                                    值
        /Param_DataRecor/Param_InsulResis                       10000 kOhm
        /Param_DataRecor/Param_StatuInsulResis                  Measurement_active
        /Param_MatchRecorDataIdent                              1E 19
        /Param_RecorDataIdent                                   isolation_resistan
        /Param_RespoServiId                                     ce_system_minus
                                                                98
控制单元通信 (UDS):
控制单元: 混合蓄电池管理 (LL_BatteEnergContrModulUDS)
工作状态: OKAY
服务: DiagnServi_ReadDataByIdentMeasuValue (整个高压系统正极绝缘电阻)
    要求参数:
        名称                                                    值
        Param_RecorDataIdent                                    整个高压系统正极绝缘电阻
    响应参数:
        名称                                                    值
        /Param_DataRecor/Param_InsulResis                       8950 kOhm
        /Param_DataRecor/Param_StatuInsulResis                  Valid
        /Param_MatchRecorDataIdent                              1E 17
        /Param_RecorDataIdent                                   isolation_resistan
        /Param_RespoServiId                                     ce_system_plus
                                                                98
```

图 7-74

压动作风门切换压力单元损坏、进气歧管电位计损坏等。

（2）目检相关真空管正常。

（3）拔下进气歧管风门电位计 G336，检查插头、线束、供电正常。

（4）脱开增压动作风门切换压力单元上的真空管，连接手动真空泵 VAS6213 至增压动作风门切换压力单元，操作手动真空泵 VAS6213，同时观察信号电压并无变化，信号电压无变化说明故障点在进气歧

图 7-75

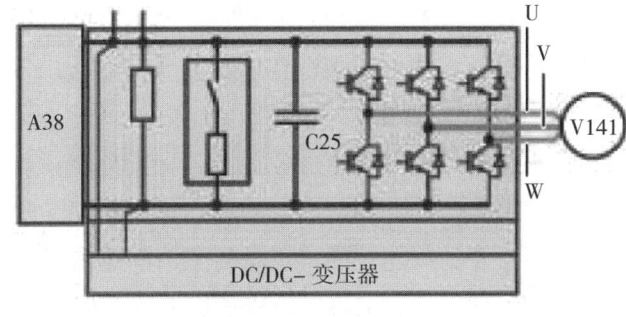

图 7-76

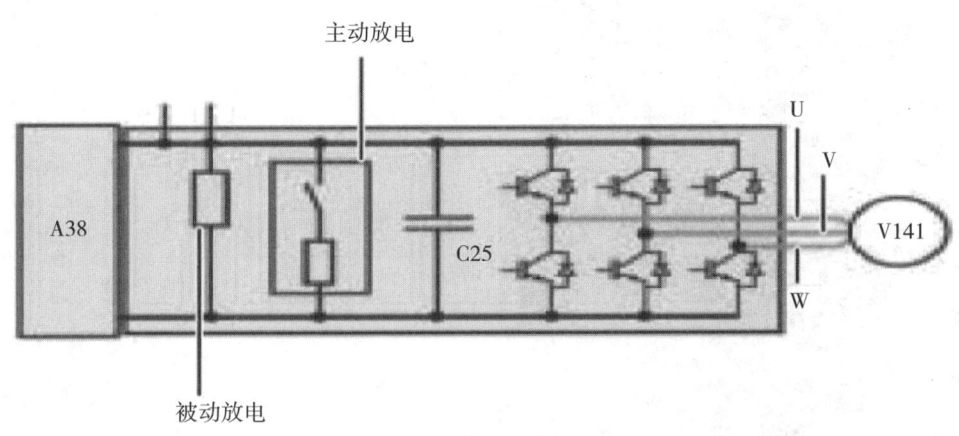

图 7-77

管风门电位计、增压动作风门切换压力单元及发动机控制单元上。

（5）在检查增压动作风门切换压力单元时，发现其与进气歧管连接的连接杆与发动机线束卡在一起，将发动机线束重新固定并清除故障码，试车后故障排除，如图 7-78 所示。

故障原因：因发动机线束未固定到位，增压动作风门切换压力单元与进气歧管连接的连接杆被其卡住，造成进气歧管里的翻板无法移动进而引发故障。

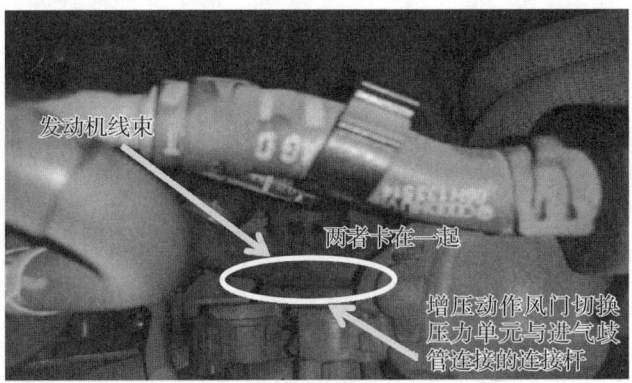

图 7-78

故障排除：固定发动机线束。

三、2019 年一汽奥迪 A6L e-tron 发动机故障灯亮

年款：2019 年。

发动机号：CPE。

行驶里程：50km。

故障现象：发动机故障灯报警。

故障诊断：试车，故障现象一直存在，诊断仪检测 01 内存储有 P218800 急速时混合气过浓。根据引导需检查炭罐电磁阀，作动器诊断电磁阀正常工作，读取数据流如图 7-79 所示。

急速时空气流量 4.08g/s，短期匹配正常，长期太浓。如果是喷油器和高压泵问题，长期短期匹配应该都不正常，可能是空气流量传感器问题或进气系统漏气。把车举起来将发动机护板拆下，检查中冷器时发现二次空气管脱落，如图 7-80 所示。

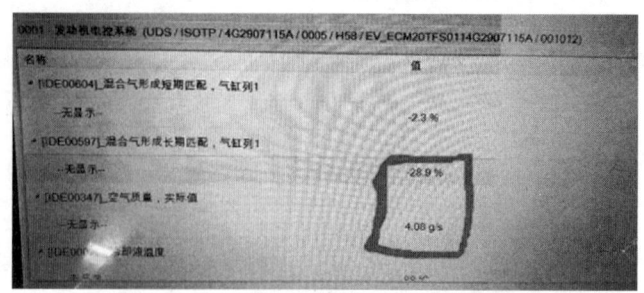

图 7-79

将空气管正确安装后读取数据流，如图 7-81 所示。

图 7-80

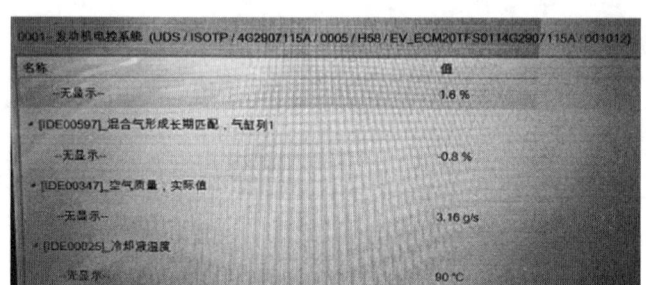

图 7-81

故障原因：二次空气进气管脱落后，造成气流从脱落处旁通进入空气滤清器壳体，空气滤清器壳体内有气流在不经过滤清器稳定后有扰动现象，造成空气流量传感器前气流的不稳定，发动机控制单元根据进气量确定喷油量，空气流量传感器数值大发动机喷油就多，引发一系列的数据异常。

故障排除：正确安装二次空气进气管。

故障总结：查故障码时多运用数据流进行分析，会起到事半功倍的作用。

四、2018 年一汽奥迪 A6L e-tron 组合仪表上偶尔高压蓄电池报警且车辆无法启动

故障现象：组合仪表上偶尔高压蓄电池报警且车辆无法启动。

故障诊断：

（1）该车辆已多次出现组合仪表上偶尔高压蓄电池报警且车辆无法启动的故障，厂家通过 RTM 系统进行了跟踪和分析。

（2）在发动机电子设备（UDS）（01）中有故障码：U041300：混合蓄电池能量管理控制单元不可信信号；U041100：电力电子装置控制单元，电驱动装置不可信信号；P0A0A00：高压系统的先导线路断路。在混合蓄电池管理（8C）中有故障码：U011000：电力电子装置控制单元，电驱动装置无通信；P0B3500：高压系统保养插头对地短路；P0B3700：高压系统保养插头已断开；P0A0A00：高压系统的先导线路断路。

（3）故障导航要求检查安全线，根据 Elsapro 和 SSP615 的测量安全线和高压部件，由于没有进一步的维修资料，找了一辆同款车进行对比。检查发现高压部件和高压线路的安全线均正常。

（4）由于该故障只有在启动时才会出现，分析启动时各种条件。首先检查 P/N 信号和制动信号正常，读取蓄电池的历史数据，发现车辆有过度放电的情况，检查蓄电池发现有鼓包的情况。更换蓄电池后，故障排除。

故障原因：由于蓄电池损坏导致启动电流不稳，判断高压部件安全线有问题。

故障排除：更换蓄电池。

五、2018 年一汽奥迪 A6L e-tron 车辆行驶中仪表偶尔出现多个故障灯报警

故障现象：车辆行驶中仪表偶尔出现多个故障灯报警，在环境温度较高时变得频繁。

故障诊断：

（1）此故障属于偶发故障，现场试车时车辆并没有出现故障，此时车辆一切正常。

（2）连接诊断仪读取地址码 01 里有故障码。U016400：空调控制单元无通信被动/偶发；U021200：失去与转向柱控制单元无通信且被动/偶发；U015500：仪表控制单元无通信且被动/偶发。

（3）地址码 17 里有故障码。U10AA00：数据总线显示/操作损坏且被动/偶发。根据故障导航连接测试盒 1598/38 和 CAN 绝缘点（T46），测量线路均正常。查询电路图报故障码的控制单元都是仪表 CAN 总线用户。

（4）随后选择在室外温度较高时进行试车，故障仍未再现，此时询问客户得知尤其是后排坐人的时候故障出现的频率高，最后重点检查仪表 CAN 线的连接，检查后排座椅靠背处的线束时，用手拉动线束时故障再现了。

（5）检查的过程中发现，副驾驶员侧后排座椅靠背处，橘蓝色的 CAN 高线与副驾驶员侧后排座椅靠背骨架搭铁，由于仪表 CAN 高线与副驾驶员侧后排座椅靠背骨架搭铁导致仪表多个故障灯报警，如图 7-82 所示。

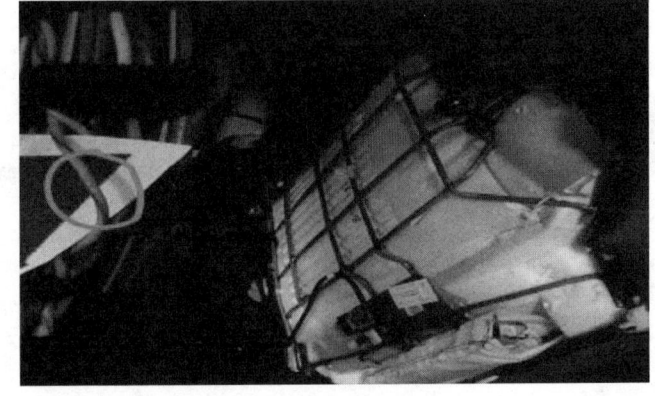

图 7-82

（6）处理仪表 CAN 高线与副驾驶员侧后排座椅靠背骨架搭铁的地方，进行多次试车，故障未再现。

故障排除：修复受损线束。

故障原因：由于仪表 CAN 总线与车身搭铁导致总线系统不能正常工作，从而导致仪表多个故障灯报警。

故障总结：根据引导性功能按步骤完成检修工作，检查故障时必须细心观察。

六、2018 年一汽奥迪 A6L e-tron 仪表上偶尔行车灯报警灯亮

发动机号：CDNB。

行驶里程：17000km。

故障现象：客户反映车辆行驶中仪表上偶尔行车灯报警灯亮，重新关闭开关后报警灯不亮。

故障诊断：

（1）维修技师接到车，行驶了 1h 试出故障，但一会儿消失了。仪表中显示左、右日间行车灯故障，

报故障的同时观察左、右日间行车灯正常亮。

（2）用 VAS6150C 检查读取故障码。L176/L177：日间行车灯和侧灯的左、右 LDE 模块有电路电气故障间歇性问题，如图 7-83 所示。进行诊断仪引导性功能检测，首先检查左、右前大灯插头无异常，根据电路图测量线路无异常。

（3）维修技师拆下左前下护板检查 J519 时，发现客户在提车时添加智能舒适升级系统电子设备，如图 7-84 和图 7-85 所示，并接舒适 CAN 上通信信号。然后首先拆下电子设备，完全恢复原车线路，诊断仪删除故障码，测试 2h 故障未出现。

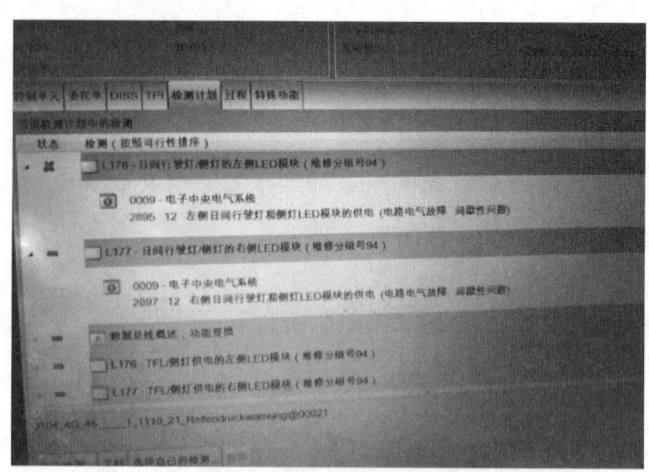

图 7-83

图 7-84

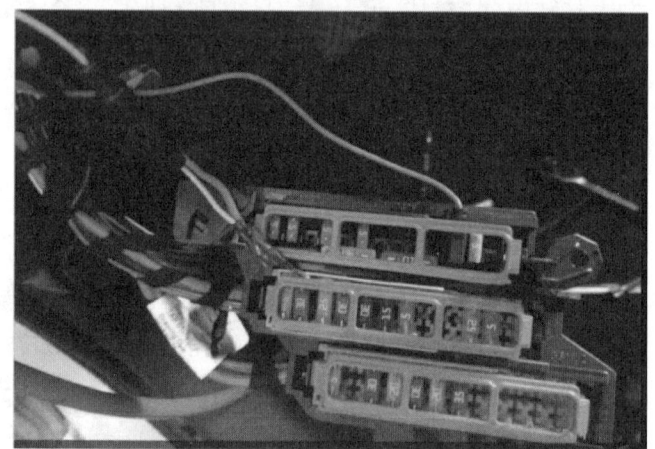

图 7-85

（4）客户行驶一个星期，回访客户故障未再现。

故障原因：客户在提车时为了提高车辆功能，在舒适 CAN 上添加了智能舒适升级系统电子设备。

故障排除：取掉智能舒适升级系统电子设备。

故障总结：此类偶发故障，并且在新车上出现偶尔故障，大部分排查到最后都是因客户添加电子设备引起的。

七、2018 年一汽奥迪 A6L e-tron 行驶时仪表高压系统报警

故障现象：行驶时仪表高压系统报警，显示电动驱动系统故障。安全停住汽车，但车辆能正常行驶。

故障诊断：

（1）读取 008C 混合蓄电池故障码：P0AA600 混合动力/高压蓄电池系统绝缘故障，被动/偶发。

（2）读取故障存储高级环境条件：高压正极绝缘电阻 70kΩ，如图 7-86 所示。

（3）测量系统绝缘电阻，正极对屏蔽为 67.43MΩ；负极对屏蔽为 74.75MΩ，数据正常。

（4）根据客户描述了解车辆故障发生时为充电和行驶两个状态，分别多次尝试时故障码偶尔可以再现。由于故障为偶发性，需要依次排除整个高压部件系统（整个高压线束、UX4、AX4、Z115、SX6、JX1、VX54、V470）。

高压蓄电池正极绝缘电阻	20470	kOhm
无效	Not_valid	
高压蓄电池负极绝缘电阻	20470	kOhm
无效	Not_valid	
整个高压系统正极绝缘电阻	70	kOhm
有效	Valid	
整个高压系统负极绝缘电阻	2790	kOhm
有效	Valid	

图 7-86

（5）断开 SX6 高压蓄电池开关盒高压线接头（出线端）对车辆充电，故障不再现。

（6）拔掉 JX1 电驱机构电源和控制装置高压线接头（进线端）对车辆充电，故障不再现。

（7）连接 JX1 高压线接头（进线端）将 JX1 至空调压缩机 V470 高压线束接头短接，对车辆充电，故障再现。

（8）拔掉 AX4 高压蓄电池充电装置高压线接头（出线端）行驶，故障再现。

（9）分段断开高压系统部件，只有在 JX1 连接时故障码可以再现，更换 JX1。

故障原因：

（1）高压系统绝缘系统测量主控单元为 SX6，每 30s 对高压系统做一次绝缘检测，前提条件为 15 号线激活或者充电模式。

（2）高压蓄电池为关闭 15 号线后激活蓄电池绝缘检测功能。

（3）JX1 电驱机构电源和控制装置存在内部偶发性绝缘性故障，因此在行驶或在充电模式时故障码可以再现。

故障排除：分段断开高压系统部件，通过试车和充电方法排除故障。

故障总结：

（1）高压系统部件维修，必须先断电！

（2）针对偶发性高压系统绝缘故障，原则上替换件试车是最安全的方法。

（3）在分段断开高压系统部件时，只有空调 V470 有专用工具可以短接，其他高压部件需要短接安全线才能恢复部分高压供电功能，此方法安全风险大。

（4）高压系统部件断开后必须做好防护，高压电投入使用前必须先测量系统绝缘电阻，绝缘符合要求后才能投入使用高压电。

八、奥迪 A6L e-tron 无法充电

故障现象：奥迪 A6L e-tron 通过随车充电器无法充电，经销商通过微信与用户确认车辆无故障提示，充电过程无法启用，而使用公共充电桩方式可以充电。初步判断随车便携式充电器损坏。

故障诊断：

（1）使用 VAS6150E 检测 6C-J1050 控制单元无相关故障码，进入引导功能故障查询读取高压蓄电池充电器 J1050 数据流，发现高压充电枪拔下或是插入充电接口内高压充电插头的状态始终显示"未锁止"，充电插头"立即充电按钮 E766"指示灯红色灯常亮，插头已识别但未锁止，无法充电，如图 7-87 和图 7-88 所示。

（2）测量车载充电电缆插头中 CP（Control Pilot，车辆许可/取消充电）与 PE（Protected Earth，接

图 7-87

图 7-88

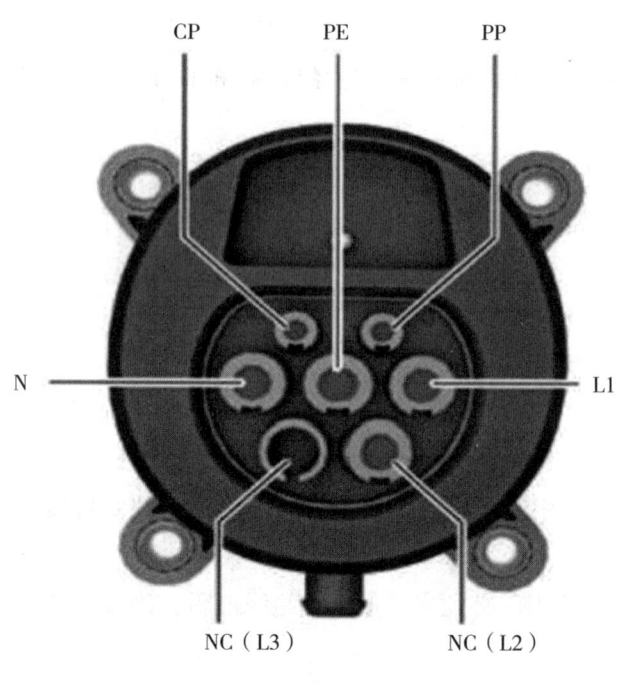

图 7-89

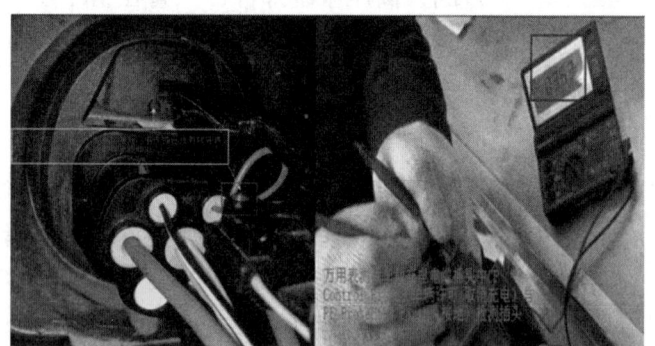

图 7-90

地）检测插头内部 R4、S3、RC，如图 7-89 所示。发现 S3 电阻在 3.53kΩ 左右，按压充电枪上按钮开关无变化，如图 7-90 所示。

（3）对正常充电插头进行测量，按压充电枪上按钮开关，S3 电阻在 220.1Ω、97.1Ω、3.53kΩ 变化，替换高压充电枪上到充电器的线缆，故障排除。

故障排除：更换充电控制器至车辆充电插座间的线缆。

故障总结：此车故障现象比较具有代表性，但若不经过进一步确认，很可能最终更换的是整套随车便携式充电器。但经过经销商细致的检查和确认后，最终确定为控制器至车端的这一段电缆。同时分析过程中结合了国标的理解，加深了对充电系统的认识。

至于补充的内容，理论部分可以参考国标：

（1）GB/T 18487.1—2015 电动汽车传导充电系统第 1 部分：通用要求附录 A：充电模式 2 连接方式 B 的电路原理图。

（2）GB/T 20234.2 电动车传导充电用连接装置第 2 部分：交流充电接口。对于阅读示意图，有两处值得注意：其一，就是车辆接口这一列，左侧车辆插头对应 C7 e-tron 是连接在控制器的这个充电线缆，也就是本案例的故障件。右侧车辆插座就是车上的充电接口，此处在单独分析时应当一分为二，在虚线处断开，如图 7-91 所示。

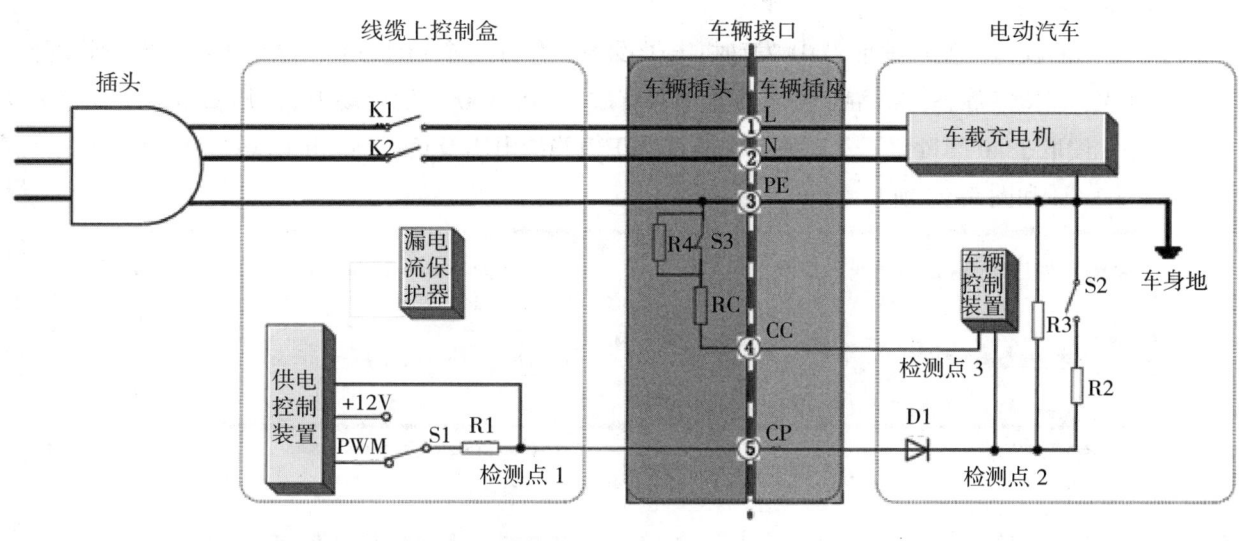

图 7-91

其二，就是测量充电插头和充电接口时，注意插接针脚的镜像关系，找准需要测量的端口，如图 7-92 所示。

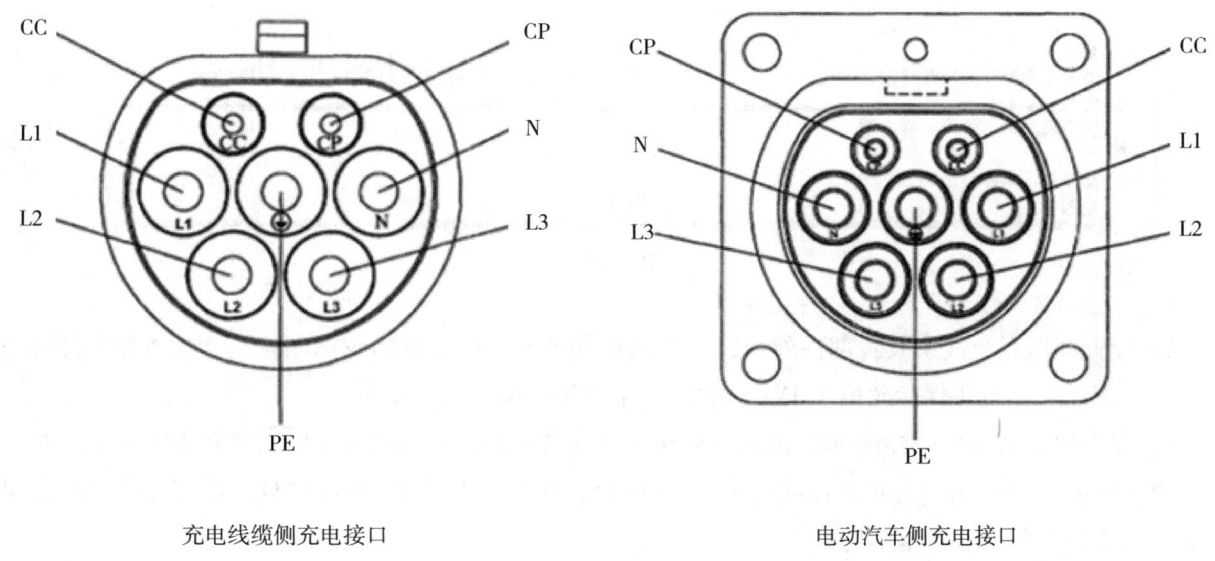

充电线缆侧充电接口　　　　　　　　　　电动汽车侧充电接口

图 7-92

经销商描述测量充电插头 CP 与 PE 间的电阻，通过照片可以发现实际是测量的 CC 与 PE 间的电阻。电路示意图也说明了这一点，CC 与 PE 之间是测量 R4 和 RC 电阻的这条线路。

对故障充电线缆测量，阻值固定为 3.53kΩ，不受 S3 开关影响。根据国标可以推测此电缆容量为 32A，S3 断开时阻值应为 220Ω，常态闭合时应为 3.52kΩ。

经销商在测量正常充电器电阻值时，出现阻值的跳变目前较难解释，可能是连接充电控制器干扰导致，可以将这一段电缆从充电控制器上拆下后测量。

九、2018年一汽奥迪A6L e-tron（C7）电力驱动故障

故障现象： 仪表故障灯亮提示电力驱动故障。车辆电力驱动模式不可用。

故障诊断：

（1）经诊断仪检测发现地址码01发动机电子设备，存有故障U041300：混合蓄电池能量管理控制单元不可信信号，主动/静态；8C混合蓄电池管理存有故障P0AA600：混合动力/高压蓄电池系统绝缘故障，主动/静态。读取J840测量值，发现整个高压系统正极绝缘电阻及负极绝缘电阻均为0，即高压系统存在故障，如图7-93和图7-94所示。

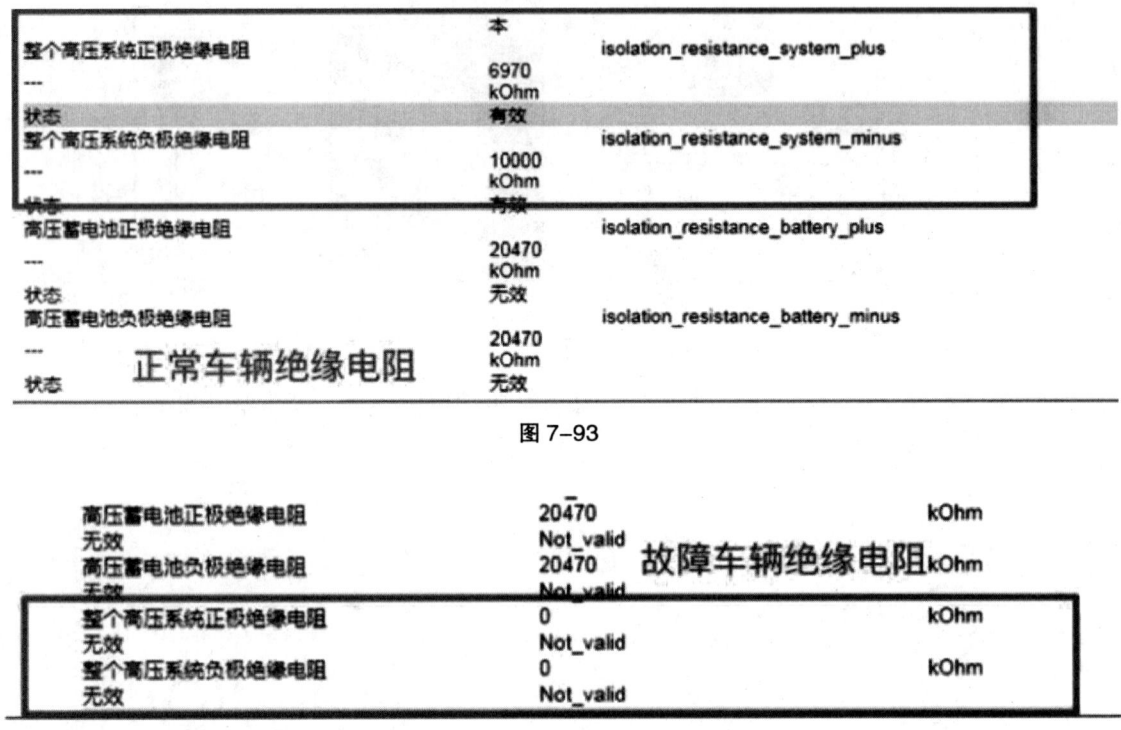

图7-93

图7-94

（2）检查高压系统线束及各部件外观，未发现损伤现象，根据诊断仪诊断查询，检查空调压缩机保险丝S355，保险丝正常（保险丝位于JX1电驱动功率和控制电子装置中）。

（3）将专用工具VAS6558/9-4跨接到空调压缩机V470及电驱动功率和控制装置JX1之间。检测高压系统绝缘电阻，检测结果为正极绝缘电阻8664.95Ω，负极绝缘电阻为65.53Ω，低于标准值（标准值大于1.5MΩ），系统存在绝缘故障。

（4）利用排除法，将VAS6558/9-4连接JX1上的插头断开，检测空调压缩机的绝缘电阻，检测结果为41.04MΩ正常，排除空调压缩机。

（5）排除空调压缩机V470，剩下可能引起绝缘电阻故障存在以下组件内容：

① 功率和控制电子装置JX1。

② 三相交流驱动装置VX54。

③ 高压蓄电池配电箱SX6。

④ 高压蓄电池充电器1 AX4。

⑤ 高压加热装置（PTC）Z115。

（6）继续利用排除法，陆续排除了 AX4 及 Z115，剩下 VX54 和 JX1。

（7）继续根据引导查询，按照诊断仪提示，断开 VX54，测量 JX1 绝缘电阻，测量结果为正极绝缘电阻 9634.9Ω，负极绝缘电阻为 80.26Ω，均小于标准值，即 JX1 故障。

（8）尝试更换电驱动功率和控制电子装置 JX1 后，故障排除。

故障总结：

（1）以下部件存在绝缘电阻，利用排除法去查询故障点。

（2）必须要有资质的人员来检查维修，高压技师（HVT）或高压专家（HVE）。

（3）维修高压车辆前必须断电，然后检查高压部件及线束外观，确保外观无损伤，再进行相关检测，并做好相应警示工作。

（4）如果是偶发故障，为确认故障最好用替换法，如与试驾车对换。

（5）VAS6558/9-4 工具在 VSA6558/9 或 VAS6558/15 内。

十、2018 年一汽奥迪 A6L e-tron 组合仪表电动驱动系统故障

发动机号：CPE。

故障现象：组合仪表电动驱动系统故障。

故障诊断：

（1）此车为 PDI 车辆，在做入库 PDI 检查时发现此车组合仪表报警，随后技师对车辆进行检查，用诊断仪读取 01 发动机电控系统存储故障码 P142900：制动器真空泵启动断路。查询相关 TPI 或 SOST 指导文件发现在 2018 第 2 期 SOST 里有此车故障指导文件如下。

仪表显示：电动驱动系统故障，故障码有 P055600：制动助力器压力传感器不可信信号或 P142900：制动器真空泵启动断路。

技术背景：水进入通风口，导致内部转子锈蚀而断裂。

生产线措施：通风口加装通风管，避免水进入。

售后措施：更换电子真空泵以及加装通风管。

此时检查结果还未确定，技师接着对此车故障进行进一步检查，判定真空泵损坏概率很小，应该是其他原因导致此故障出现。查询 ElsaPro，通过检查保险丝检查供电电压是否正常，在检查供电电压时发现根据 ElsaPro 电路图所描述保险丝并不存在。此时检查应该走一下捷径，开始查询继电器位置，在检查继电器位置时发现此车依旧与 ElsaPro 描述不一样，如图 7-95 所示。

按照 ElsaPro 描述其继电器为 3，但是在故障车的位置是在 1 的位置。此时将继电器拔下检查供电，供电正常，可以判断保险丝正常。继续通过短接方式对针脚进行短接尝试真空泵是否工作，短接后依旧不工作，检查导线正常，此时技师确定就是真空泵损坏导致故障出现。

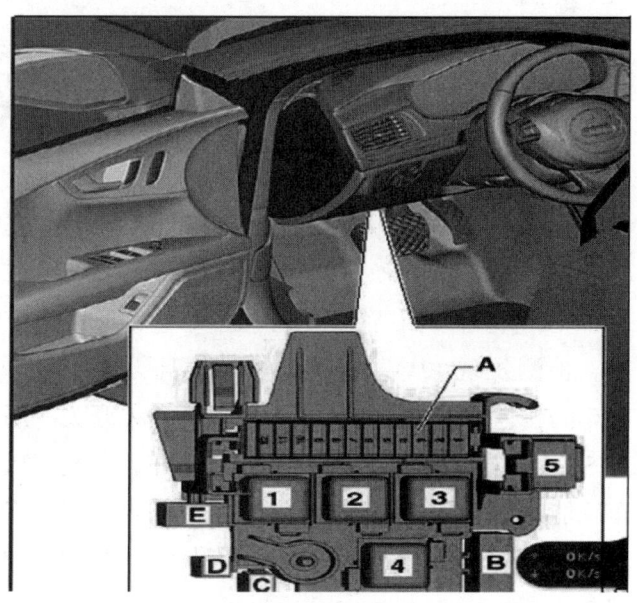

图 7-95

故障原因：此车故障应该是在组装车辆时就有此故障。

故障排除：更换真空泵排除故障。

故障总结：即使车辆故障有厂家相关指导也应进一步检查确定故障。

十一、2018年一汽奥迪A6L e-tron（C7）行驶中仪表故障灯全亮，打方向沉

发动机号：CPEA。

故障现象：行驶过程中故障灯全亮，打方向沉。

故障诊断：

（1）诊断仪检测有故障码U112100：ABS制动器控制单元无通信，被动/偶发，如图7-96所示。

（2）操作故障引导，检测CAN线，未发现异常。

（3）检查ABS供电正常，测量搭铁与车身阻值为108Ω。怀疑ABS系统与车身搭铁有问题。螺帽已经紧固，但线束依然松旷。重新装配新的螺帽，故障排除。

故障原因：由于ABS系统搭铁不良引起故障。

故障排除：处理ABS系统搭铁螺帽。

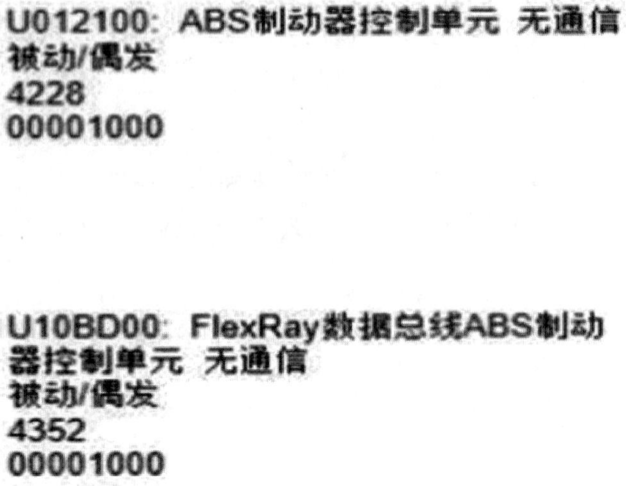

```
U012100：ABS制动器控制单元 无通信
被动/偶发
4228
00001000

U10BD00：FlexRay数据总线ABS制动
器控制单元 无通信
被动/偶发
4352
00001000
```

图7-96

十二、2018年一汽奥迪A6L e-tron（C7）无法着车

发动机号：CPE。

故障现象：车辆熄火后不能打着车。

故障诊断：

（1）客户反映车辆打不着，车辆跨接启动后第二天早上开到我站检查，开的过程中厂家客服中心打来电话说车辆高温报警。由于客户车辆离我厂有300多千米，所以就询问老师车辆是否能开。老师从后台检测发现是电压低导致报警，就让客户先开过来，如图7-97所示。

（2）车辆到厂后，用充电桩充电发现无法充电。检测发现12V蓄电池电量过低且无法着车。用车间普通充电器充电发现无法打开点火开关。用VAS5903对车辆进行充电能打开点火开关，充电后车辆能正常启动。车辆报了很多的故障码，所以将车辆故障码删除后重新检测故障码，如图7-98和图7-99所示。

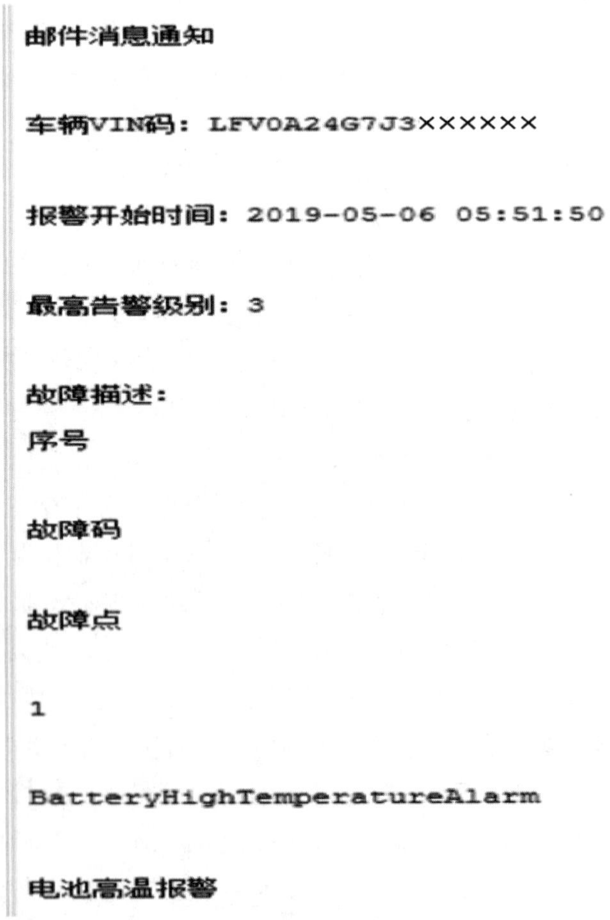

```
邮件消息通知

车辆VIN码：LFV0A24G7J3××××××

报警开始时间：2019-05-06 05:51:50

最高告警级别：3

故障描述：

序号

故障码

故障点

1

BatteryHighTemperatureAlarm

电池高温报警
```

图7-97

地址: 0001 系统名: 01 - 发动机电子设备（UDS）协议改版: UDS/ISOTP (Ereignisse: 2)

+ 识别:

- 故障存储器记录 (数据源: 车辆):

    故障存储器记录
    编号: P061600: 启动，启动机继电器 对地短路
    故障类型 2:   主动/静态
    症状: 17443
    状态: 00100111

    - 标准环境条件:
        日期: 19-5-6
        时间: 15:34:26
        里程（DTC）:   20966
        优先等级: 2
        频率计数器: 1
        遗忘计数器/驾驶周期: 255

    - 高级环境条件:
        发动机转速   730.0   r/min
        标准负荷值   12.156863   %
        车速   0   km/h
        冷却液温度   84   ℃
        进气温度   37   ℃
        环境气压   880   mbar
        端子30电压   13.193   V

        动态环境数据   20 96 28 10 7A 03 11 BD 0D 60 13 38
                                             05 12 16 02 84 15 14 04 17 70 00 00 01
                                             56 10 10 01 22

        根据OBD的未学习计数器   40

图 7-98

- 故障存储器记录 (数据源: 车辆):

    故障存储器记录
    编号: C11CB01: 12 V车载电网 电气故障
    故障类型 2:   被动/偶发
    症状: 12293
    状态: 00001000

    - 标准环境条件:
        日期: 19-5-6
        时间: 15:36:28
        里程（DTC）:   20966
        优先等级: 4
        频率计数器: 1
        遗忘计数器/驾驶周期: 202

    - 高级环境条件:
        端子30电压   13.0   V
        端子15电压   13.0   V
        控制单元温度   32   ℃
        系统状态   Clamp_15_active
                                             no standstill detected
        发动机运转   On
                                             On
        通过CAN的端子15状态   On
        端子15状态   On
                                             0

图 7-99

J533 数据诊断接口有故障码 C11CB01，做测试计划诊断建议检测 12V 蓄电池 A 和 12V 蓄电池 A1，检测发现 12V 蓄电池 A 有故障建议更换。读取 J533 内历史记录未发现漏电情况，电流钳读取静态电流正常，读取测量值发现在着车时车辆没有为 12V 蓄电池 A 充电。查询有 2018 年 SOST 指导文件与此车故障一致，建议更换功率电子单元。

（3）与老师邮件沟通，老师认为由于没有 SOST 上的相关故障码，建议检查继电器、保险丝、J1165 分电器是否正常。检查保险丝及继电器均正常，发现车辆在着车时蓄电池 A1 充电有 13.8V 电压，但蓄电池 A 不充电只有本身的电压 12V。根据 A6L e-tron 车辆车载电网图，替换试驾车 J1165 后车辆能正常为 12V 蓄电池 A 充电。发动机控制单元内故障码 P061600 启动，启动机继电器对地短路，故障码变为偶发能够删除（之前不能删除）。根据老师指导及替换实验建议更换 J1165 分电器及 12V 蓄电池 A。

故障原因：J1165 故障导致 12V 蓄电池不充电，无法着车。

故障排除：更换 J1165 和更换 12V 蓄电池 A。

故障总结：

（1）此车故障与 SOST 类似但有区别，分别是整体不发电和不给 12V 蓄电池 A 充电，需要分清故障现象。

（2）e-tron 车辆需要用到专用充电器 VAS5903 充电，否则无法打开点火开关及给车辆充电。

十三、2019 年一汽奥迪 A6L e-tron(C7) 仪表红灯报警，车辆无法启动

故障现象：车辆在 PDI 检查时，仪表出现 e-tron 红灯报警，车辆无法启动，如图 7-100 所示。

故障诊断：

检查车辆外观，未见损伤和碰撞痕迹。打开点火开关，仪表上红灯报警，提示：电动驱动系统故障，安全停住汽车。诊断读取车辆控制单元故障，高压蓄电池控制单元内存储的故障有：P0C7800：高压系统预充时间过长；P33F000：高压电网激活功能失效。读取测量值：高压蓄电池的电压为 373.5V，高压系统电压（接触器后的高压/混合动力蓄电池电压，开关盒 BJB 控制接触器断开状态）为 16V，说明此时没有高压输出。进行故障引导性查询，提示测量高压 HV+ 和 HV- 之间阻值。

图 7-100

高压系统电断电，验电，高压 HV+ 和 HV- 之间有 16V 电压。断开 12V 蓄电池的负极，高压 HV+ 和 HV- 间的电压为 0；在 PTC 单元处连接测量转接线，测量 HV+ 与 HV- 间的阻值为 210kΩ<150MΩ（诊断仪提示阻值大于 150MΩ 合格）；诊断信息提示：在部件（高压蓄电池配电箱 SX6、高压加热装置（PTC）控制单元 J848 和高压蓄电池充电器控制单元 J1050）之间的高压导线连接中存在一处短路，如图 7-101 所示。

对高压导线短路位置排查测量：

将适配器 VAS6558 9-4 串入加热单元 PTC 与车载充电单元 OBC 之间。测量整个系统电阻，测量结果为 220kΩ，断开空调压缩机 EKK 的高压插头，测量的结果为 310kΩ。断开 LE 的高压供电插头，测量结果为 355kΩ。断开 OBC 高压插头，测量结果为电阻无穷大。分别断开 PTC 和 EKK 的高压线插头，将其

措施：信息
电阻测量

已连接U/R/D测量导线（+）测试盒触点HV+
已连接COM测量导线（-）测试盒触点HV-

目标值正常：> 150.0 MOhm
测量适配接头 VAS6558 9-4 连接到部件（高电压加热装置（PTC）控制单元J848）的高电压导线插头上

测量技术：
使用的测量技术：   VAS6356
测量类型：   DMM – URDI 电阻测量
额定值正常：   > 150.0 MOhm
测量值：   0.2152 MOhm
测量状态：   3
故障代码：   0

措施：信息
在部件（高电压蓄电池配电箱SX6、高电压加热装置（PTC）控制单元J848和高电压蓄电池充电器控制单元J1050）之间的高电压导线连接中存在一处短路。

更换高电压导线连接。

图 7-101

导线先连接，启动车辆，故障再现。恢复所有连接点，更换BJB替换件，删除控制单元故障，测试功能正常。将车辆充电 SOC>50%，试车，激活车辆娱乐系统、空调系统制冷和后风窗加热功能，车辆以 EV 模式行驶 1km，故障未再现。车辆充满电后，点火开关接通，然后断开 10 个循环以上，故障未再现，确认故障排除。

故障原因：BJB 内部故障，导致充电时间过长，切断高压输出，车辆无法启动。

故障排除：更换 BJB。

故障总结：维修高压车辆，在不能排除高压存在时，按照高压防护穿戴高压防护服。本案例中在整个工作中都需要穿高压绝缘鞋；在接触开关盒 BJB 故障件时，需要穿戴高压防护服、头盔、面罩、手套全防护。本案例中，故障导航提示错误，经验证，高压导线不存在短路故障；高压导线正负极之间的阻值受用电器影响，不是大于 150MΩ。本案例中测得的阻值，可作为相同车型、相同电器版本状态下数据参考。

十四、2018 年一汽奥迪 A6L e-tron（C7）myaudi 无法绑定用户，connect 用户信息一直无法加载

故障现象：myaudi 无法绑定用户，connect 用户信息一直显示"正在加载用户列表，请稍候……"。

故障诊断：

（1）在 MMI 界面依次进入 connect 用户信息（用户车辆管理）界面，一直显示"正在加载用户列表，请稍候……"。将同款试驾车开通 myaudi 功能后，在同一地点功能正常可用，尝试将 MMI 所有功能恢复出厂设置并三键重启后故障现象依旧。

（2）将故障截屏和资料发送给 connect 运维团队，得到反馈后台数据正常，后台尝试数据恢复后再试，但是故障现象依旧。

（3）经 VAS6150C 检测，发现地址码 75 紧急救援控制单元中有故障码：控制单元编码错误；地址码 5F 信息娱乐控制单元有故障码：由于接收到错误数值导致功能受限。

（4）结合 J949 中的故障码，考虑到前期因为 SOS 灯报警，因此有一段时间通过人为手动改动 J949

编码来暂时解决仪表 SOS 灯报警的问题。所以考虑先通过实际值比较恢复 J949 编码。

（5）将 J949 在线编码后功能正常，可进行绑定用户操作，绑定完后 connect 功能正常。

（6）恢复 J949 的编码后，仪表出现了 SOS 故障灯报警，查询 ELSA PRO 发现有新 TPI，按 TPI 指导使用 SVM:75A006 升级。

故障原因：SOS 功能上市初期，经常遇到仪表出现 SOS 故障灯报警，当初发现将 J794 三键重启时仪表出现 SOS 灯报警的概率非常高，因此通过人为手动更改 J949 的编码切断 J949 与 J794 的一组通信来暂时解决 SOS 灯报警的问题，但是没考虑到 connect 功能。事后分析当初通过人为手动改了 J949 编码的车应该都会出现类似情况，但是现在智能手机相当发达及普及，奥迪车主使用奥迪 connect 功能需求较少。由于此车是 e-tron 车型，客户想用 connect 中的预约充电功能，所以出现此案例。

故障排除：对 J949 进行在线编码，解决 connect 功能。根据 TPI 使用 SVM：75A006 对 J949 进行升级。

十五、一汽奥迪 A6L e-tron（C7）组合仪表黑屏

故障现象：冷车启动的时候组合仪表偶尔黑屏，车辆可以正常启动，长时间停车后再启动时故障容易出现。

故障诊断：

（1）因为是偶发故障，首先使用诊断仪读取故障存储器，检查组合仪表没有故障存储，其他控制单元存储：VAG01317：组合位表中的控制单元无信号通信；VAG01320：全自动空调控制单元无信号/通信；VAG00466：转向柱电子装置控制单元无信号通信。19 数据网关存储 U10AA00：数据总线显示操作有故障。如图 7-102 和图 7-103 所示。

（2）从故障码和电气网络拓扑图分析，所报的故障码都是显示和操作 CAN 总线的控制单元。

（3）分析可能出现的故障原因：

①显示和操作 CAN 总线故障。

②加装或改装。

③CAN 分离插头。

④某个控制单元故障。

（4）检查 CAN 分离插头未发现有虚接或腐蚀的情况，连接 VAS6356 测量 CAN 总线波形未发现有异常现象，通道 A:CAN-H，通道 B:CAN-L，如图 7-104 所示。

（5）检查 J285、J255、J527 的控制单元、线束插头未见异常，检查车辆未发现有改装或加装的用电器，在检查的过程中测量 CAN 波形也未见异常。

（6）因为属于偶发现象，车辆长时间停放容易出现故障，跟客户沟通车辆停放车间一晚上，第二天进行测试时，使用遥控器解锁后打开车门，仪表显示屏没有亮起，同时观察 CAN 总线波形如图 7-105 和图 7-106 所示。

（7）通过波形分析确定显示和操作 CAN 的 CAN-L 对正极短路，尝试挨个拔掉显示和操作 CAN 上的控制单元，当拔下后排空调操作面板 E265 时波形恢复正常。检查插头、插针未发现有明显的进水、虚接、腐蚀现象，仔细观察 E265 面板外观发现有很轻微的水痕，决定拆下空调面板外壳检查，发现内部轻微进水且线路板已经有腐蚀痕迹，如图 7-107 所示。

故障原因：后排空调面板 E265 内部进水导致 CAN-L 对正极短路。

故障排除：更换后排空调面板 E265。

地址: 0009 系统名: 09 带大灯照明距离调节装置和泊车辅助系统的车载电网 协议改版: KWP2000/TP20 (故障: 3)

+ 识别:

− 故障存储器记录:

    故障存储器记录
    编号: VAG01317: 组合仪表中的控制单元
    故障类型 1:   无信号/通信
    故障类型 2:   间歇性问题

    + 标准环境条件:

    故障存储器记录
    编号: VAG01320: 全自动空调控制单元
    故障类型 1:   无信号/通信
    故障类型 2:   间歇性问题

    + 标准环境条件:

    故障存储器记录
    编号: VAG00466: 转向柱电子装置控制单元
    故障类型 1:   无信号/通信
    故障类型 2:   间歇性问题

    + 标准环境条件:

图 7-102

地址: 0019 系统名: 19 - 数据总线诊断接口 协议改版: UDS/ISOTP (故障: 1)

+ 识别:

− 故障存储器记录:

    故障存储器记录
    编号: U10AA00: 数据总线显示/操作 有故障
    故障类型 2:   被动/偶发
    症状: 260
    状态: 00001000

    + 标准环境条件:

    + 高级环境条件:

图 7-103

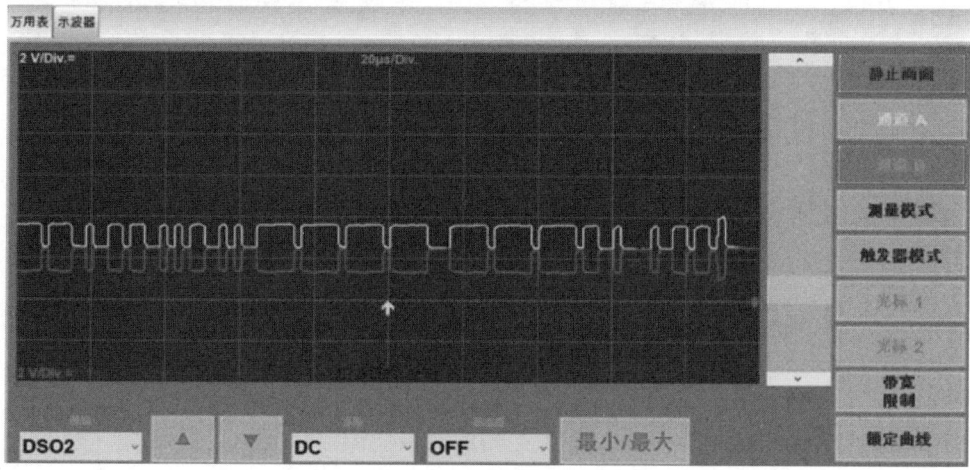

图 7-104

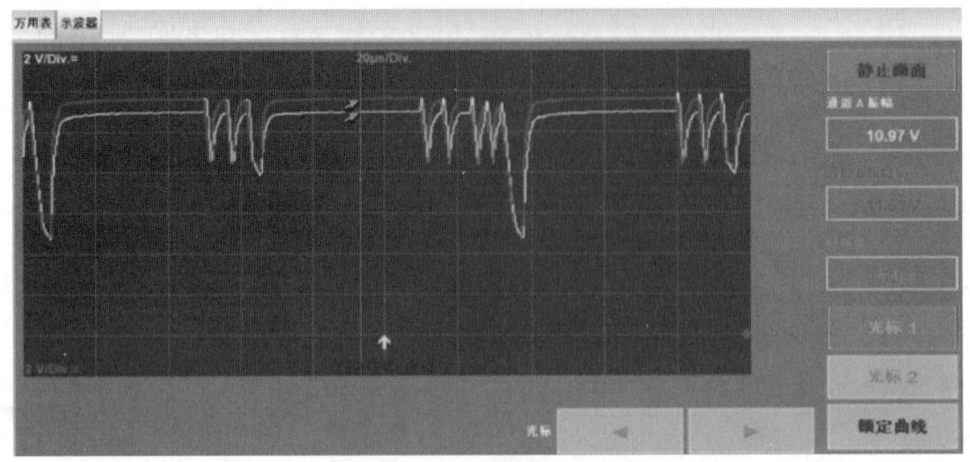

图 7-105

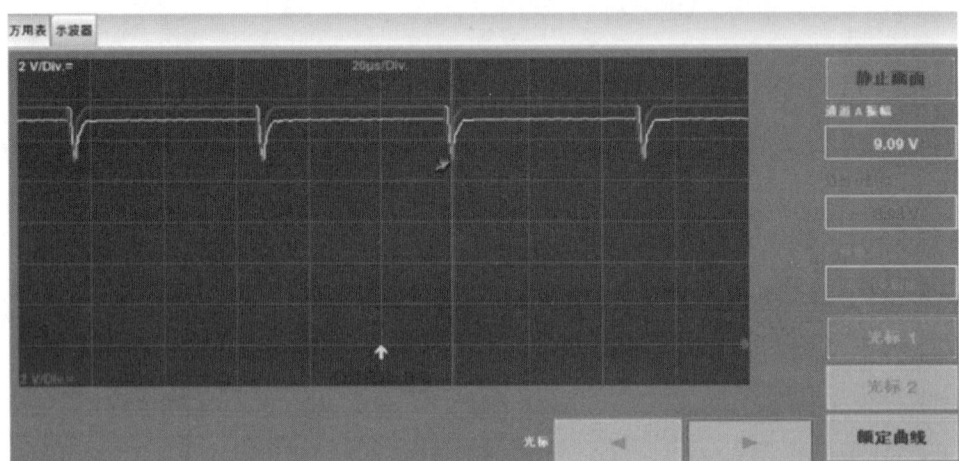

图 7-106

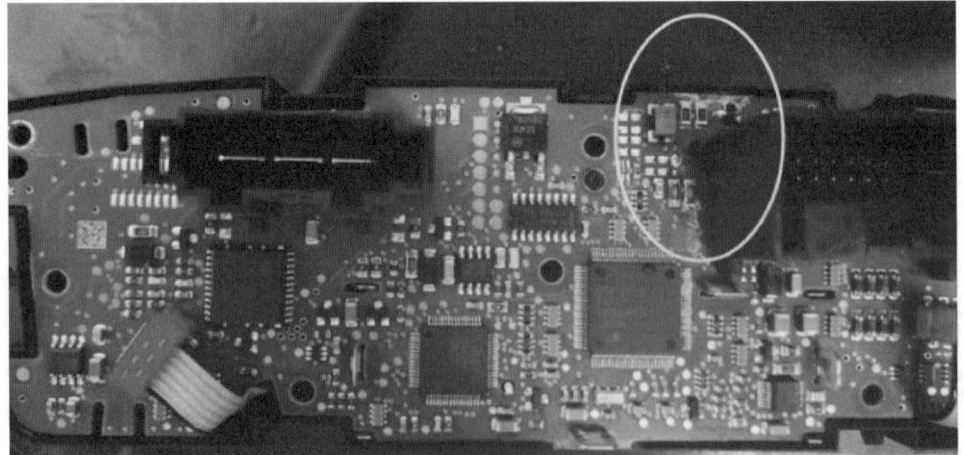

图 7-107

第八章 一汽奥迪 Q2L e-tron

第一节 概　述

一、整车概览

整车概览，如图 8-1 所示。

- 续航里程：265km
- 峰值功率：100kW
- 峰值扭矩：290N·m
- 最高车速：150km/h
- 百千米加速：10s

图 8-1

二、特征标志

特征标志，如图 8-2 所示。

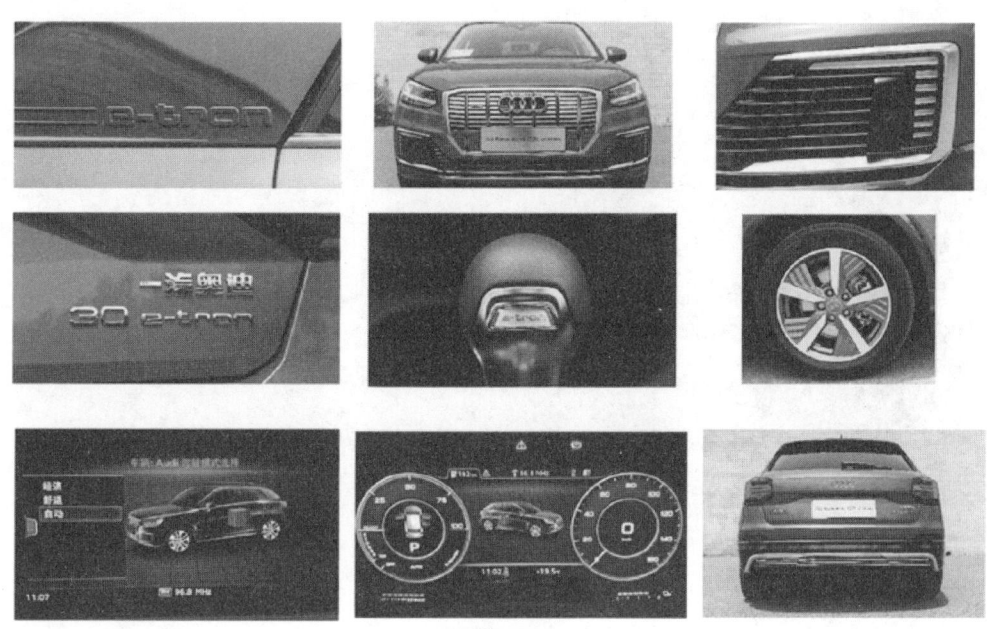

图 8-2

三、组合仪表

组合仪表，如图 8-3 所示。

1. 驱动系统已关闭（OFF） 2. 汽车回收电能（CHARGE） 3. 汽车行驶准备就绪（READY） 4. 汽车在行驶中，以百分比标出驱动系统的负荷 5. 汽车目前可用功率 6. 汽车目前可用电量

图 8-3

第二节 使用操作

一、能量回收

电驱动系统电机作为发电机工作，并将大量动能转换成电能储存进高压蓄电池，如图 8-4 所示。

图 8-4

二、能量回收等级

能量回收等级，如图 8-5~ 图 8-7 所示。

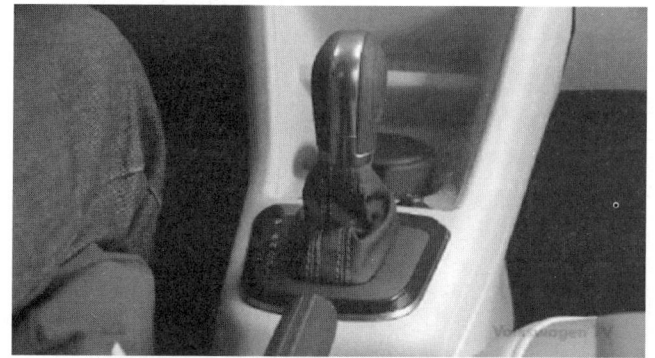

图 8-5

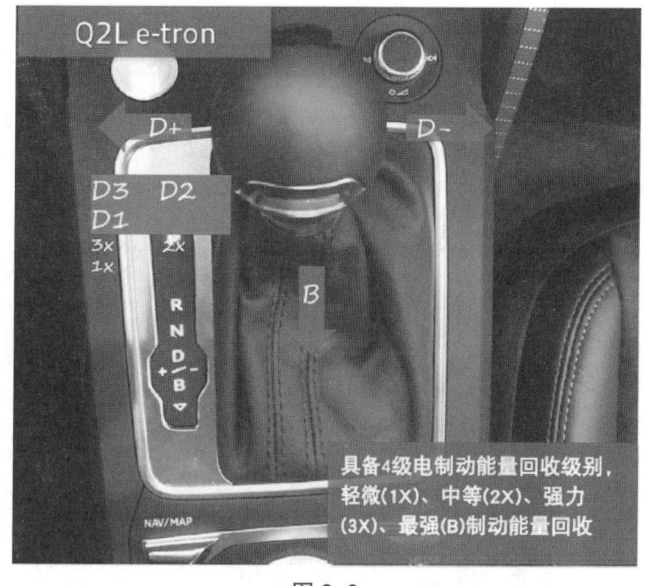

图 8-6

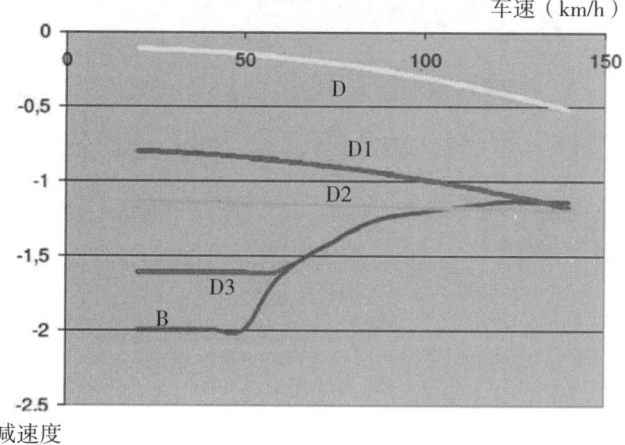

图 8-7

不同能量回收挡位制动灯的激活状态，如图 8-8 所示。

三、应急操作

拖行时，最高允许牵引车速为 50km/h，最长允许距离为 50km。如果亮起如图 8-9 所示指示灯，

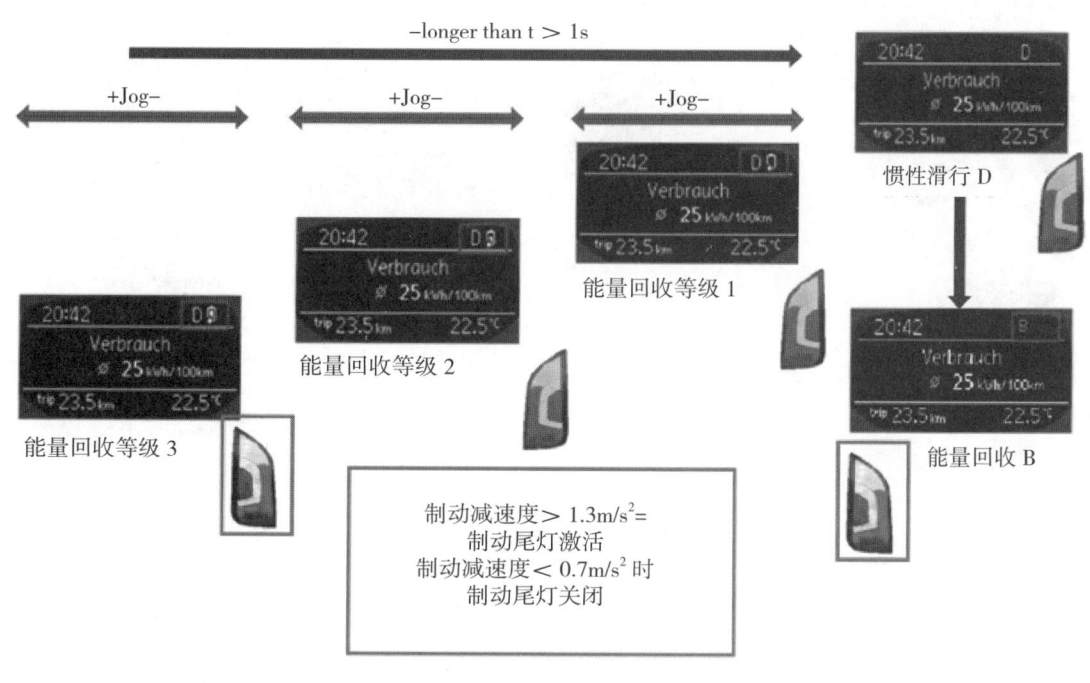

图 8-8

出现驾驶指南"驱动系统：车辆无法拖行"，那么不得拖行汽车。但是挂入 N 挡，仍可以步行速度推行 100m。

如果亮起如图 8-10 所示指示灯，说明冷却循环中存在故障，不得拖行汽车。拖行时，如果必须抬起一个车桥，必须抬起前桥。本车不适合用来牵引其他车辆。

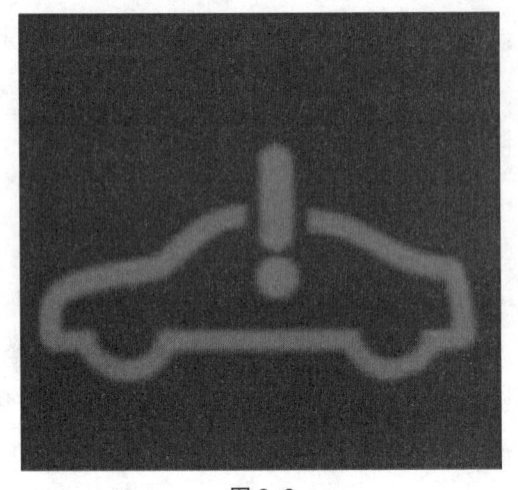

图 8-9

图 8-10

第三节 高压部件

一、连接关系

高压系统连接关系，如图 8-11 所示。

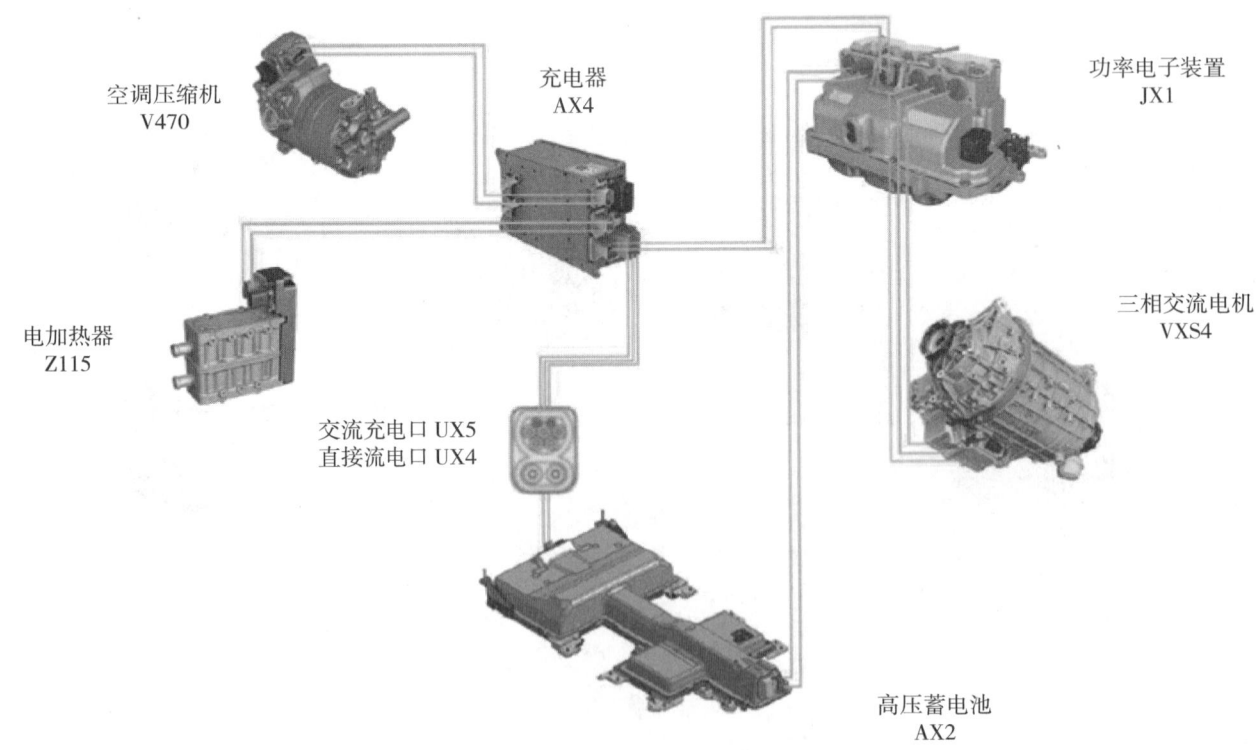

图 8-11

二、连接导线

高压系统连接导线,如图 8-12 所示。

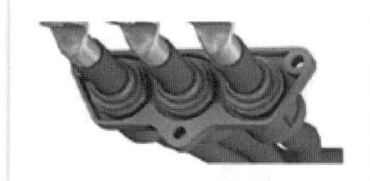  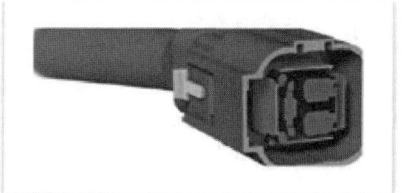

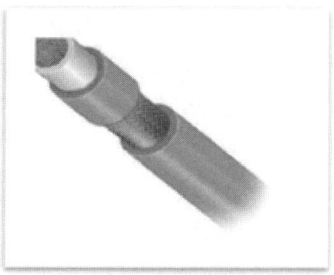 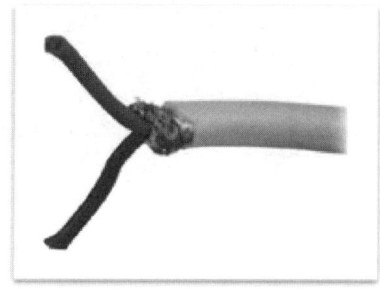

图 8-12

三、高压充电接口

直流充电接口 UX4 和交流充电接口 UX5,如图 8-13 所示。

四、高压充电器 AX4

脉冲逆变器将交流电变成直流电提供给高压蓄电池。高压充电器控制单元 J1050,如图 8-14 所示。

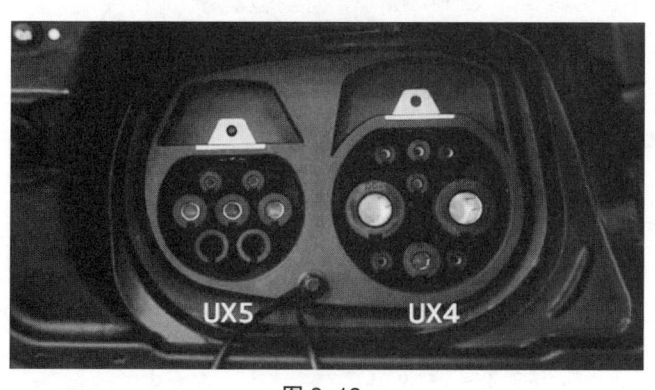

图 8-13

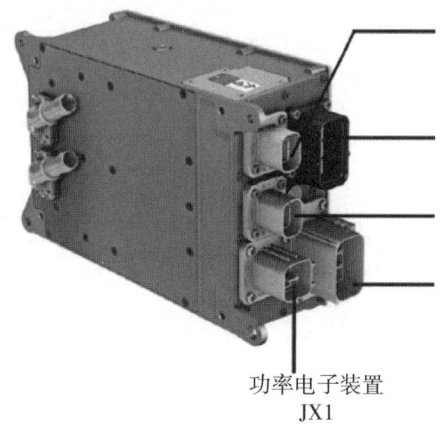

图 8-14

五、高压加热器 Z115

加热冷却液,为车内提供暖风热量。控制单元 J848,如图 8-15 所示。

六、空调压缩机 V470

空调压缩机 V470 由自动空调控制单元 J255 激活。控制单元为 J842。结构如图 8-16 所示。

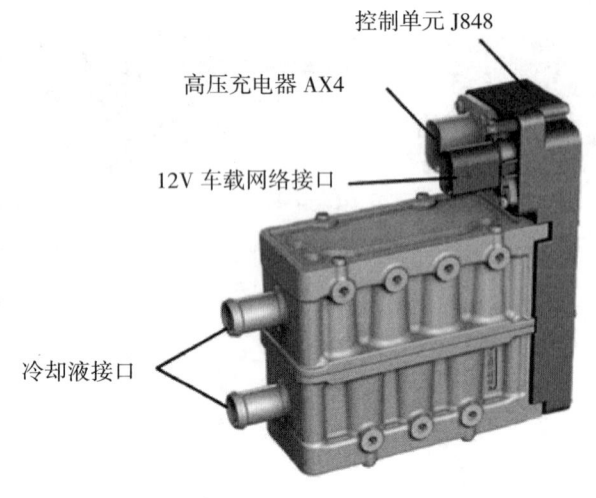

图 8-15

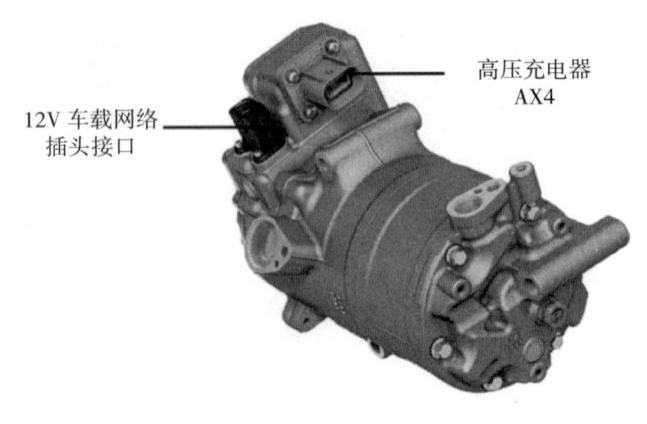

图 8-16

七、功率电子装置 JX1

（1）电驱动系统控制单元 J841。

（2）空调压缩机保险丝 S355。

（3）逆变器 A37。

（4）变压器 A19。

（5）C25。

（6）高压导线。

（7）12V 车载电网接口。

（8）冷却液接口，如图 8-17 所示。

（9）A37：直流 DC/交流 AC、交流 AC/直流 DC。

（10）A19：高压直流 DC/低压直流 DC。

（11）电驱动系统控制单元 J841 作用。

①电机转子位置传感器 G713 探测行驶电机 V141 的位置，如图 8-18 所示。

②电机温度传感器 G712 探测行驶电机 V141 的温度。

③通过 JX1 内部温度传感器探测 JX1 内部部件温度。

④JX1 的主控功能。

（12）主动放电。

①端子 15 断开，发生碰撞，安全线打开时进行，

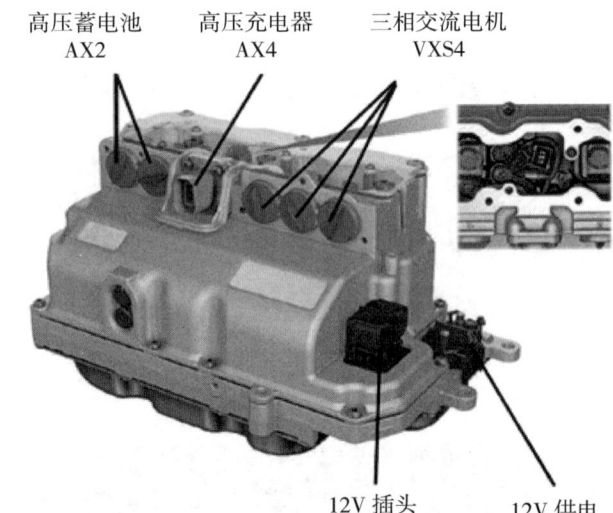

图 8-17

图 8-18

如图 8-19 所示。

②使用 A19，4s 内将高压降到 60V。

（13）紧急放电。

A19 损坏时，放电电阻紧急放电，约 4s，如图 8-20 所示。

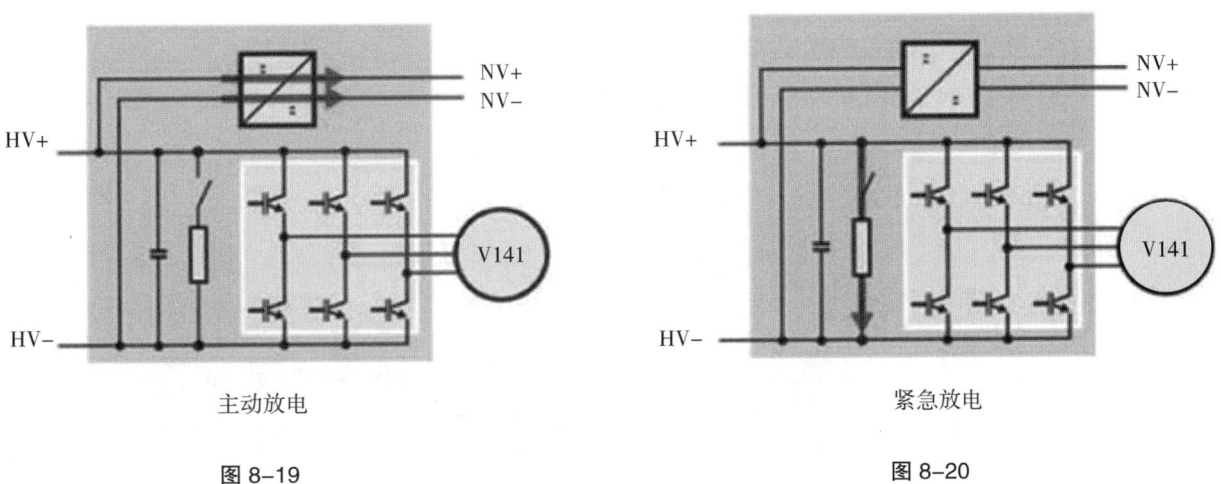

主动放电　　　　　　　　　　　　紧急放电

图 8-19　　　　　　　　　　　　图 8-20

（14）被动放电。

①借助 JX1 的电阻，实现被动放电，持续 120s。

②这个过程随时存在。

（15）点火开关打开，N 挡，推车，感受推行阻力。

（16）点火开关关闭，N 挡，推车，感受推行阻力。

（17）电机空转功能。

①端子 15 断开，车辆可以以步行速度移动。

②端子 15 接通且位于 N 挡，空转切换到最高约 50km/h，如图 8-21 所示。

（18）主动短路。

①端子 15 断开，移动速度超过步行速度。

②端子 15 接通，移动速度超过 50km/h。

③主动短路时会有较大机械阻力，如图 8-22 所示。

如果车辆长时间在主动短路模式中移动，存在过热危险。

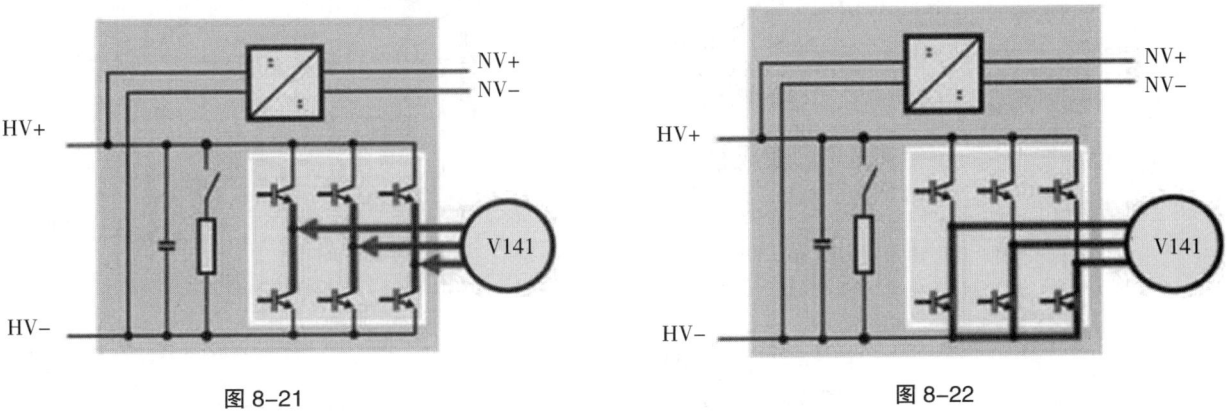

图 8-21　　　　　　　　　　　　图 8-22

八、三相交流驱动电机 VX54

（一）结构

（1）电动机的牵引电机 V141。

（2）牵引电机温度传感器 G712。

（3）牵引电机转子位置传感器 G713。

（4）两冷却液接口：三相位接口，如图 8-23 所示。

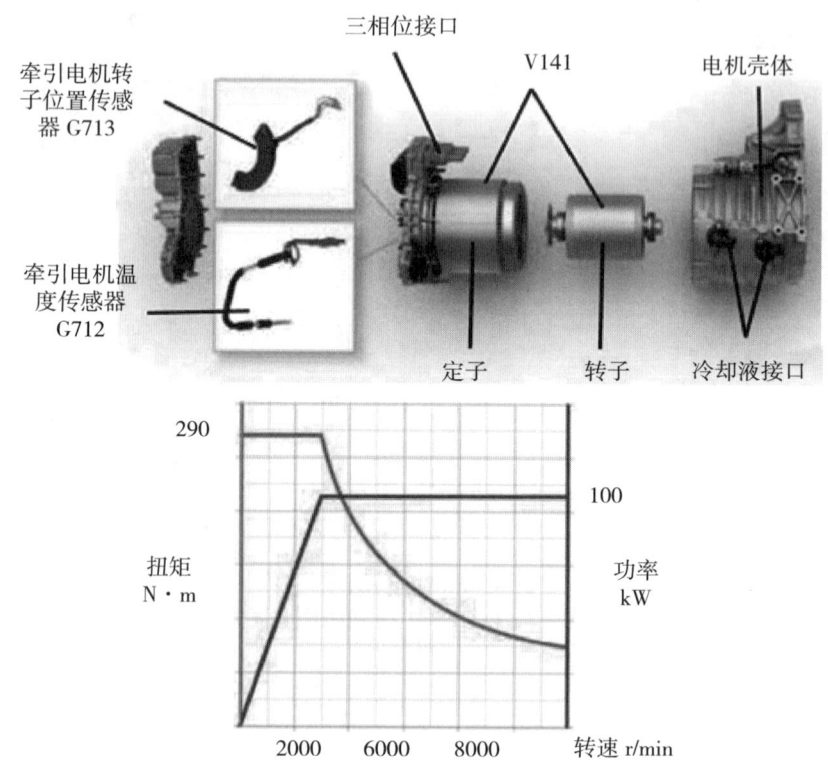

图 8-23

（二）V141 作为电动机

（1）A37 将直流电转换为三相交流电。

（2）通过改变频率来调节转速，通过更改单个脉冲宽度的接通时间来调节扭矩，如图 8-24 所示。

（三）V141 作为发电机

（1）A37 将产生的三相交流电转换成直流电。

（2）变压器 A19 将高压直流电转化为 12V 直流电供车载电网使用，如图 8-25 所示。

九、高压蓄电池开关盒 SX6

高压蓄电池开关盒 SX6，结构如图 8-26 所示。

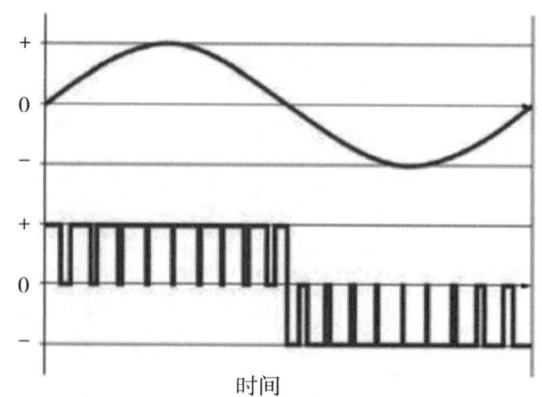

图 8-24

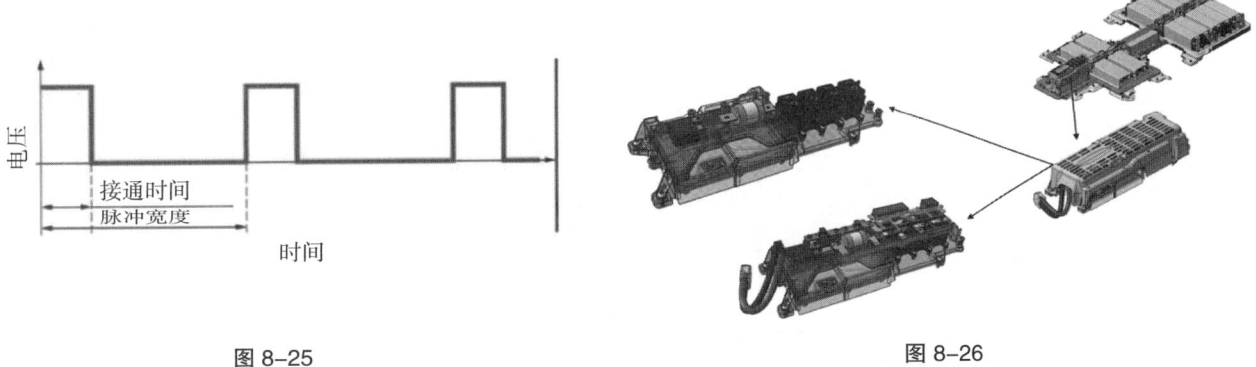

图 8-25　　　　　　　　　　　　图 8-26

（一）SX6 组成

（1）高压蓄电池的电流传感器 G848。

（2）高压蓄电池功率保护器 1 J1057，HV 正极。

（3）高压蓄电池功率保护器 2 J1058，HV 负极。

（4）高压蓄电池预充电保护器 J1044，HV 正极。

（5）高压直流充电接触器 1 J1052，正极。

（6）高压直流充电接触器 2 J1053，负极。

（7）高压蓄电池保护电阻 N662。

（8）高压系统保险丝 S350。

（9）高压系统电容器，如图 8-27、图 8-28 所示。

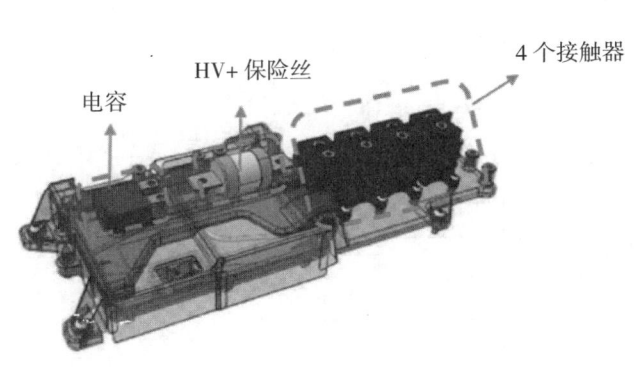
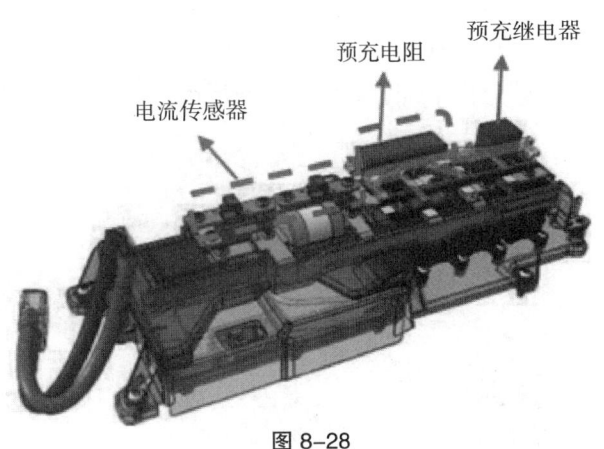

图 8-27　　　　　　　　　　　　图 8-28

（10）J840。

（二）SX6 充电结构

SX6 充电结构，如图 8-29 所示。

（三）功率保护器接触器打开的条件

（1）端子 15 关闭。

（2）安全气囊控制单元 J234 通过数据总线发送碰撞信号。

（3）安全气囊控制单元 J234 通过离散导线发送碰撞信号。

（4）保养插头 TW 打开。

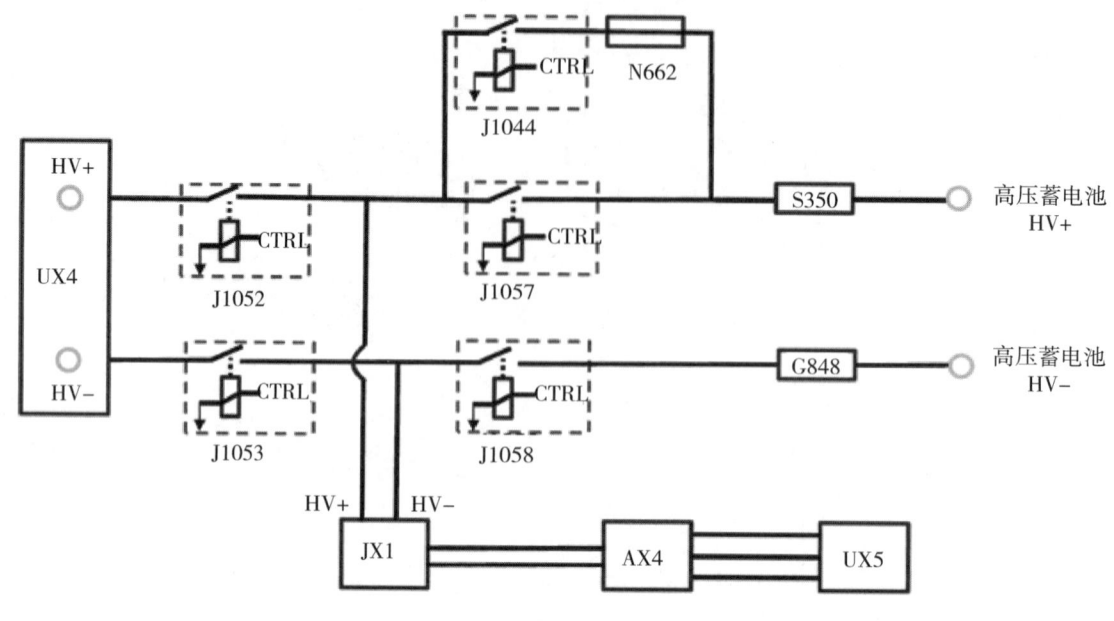

图 8-29

(5) 功率保护器端子 30C 供电保险损坏。

(6) 混合动力蓄电池调节控制单元 J840 的 12V 供电中断。

(7) 安全线中断。

十、高压蓄电池 AX2

(一) 位置

车辆地板下部,如图 8-30 所示。

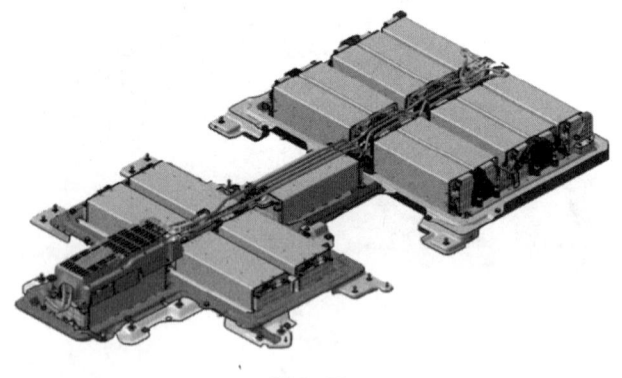

图 8-30

(二) 蓄电池模块

(1) 16 个模块,每 8 个模块连接到一个蓄电池模块控制单元,技术参数如表 8-1 所示。

表 8-1

额定电压 (V)	352
额定容量 (Ah)	102
额定能量 (kWh)	35.9
重量 (kg)	320.5

(2) 192 个单元,6S2P 组合成一个模块,模块电压 22V。

(三) 控制单元 J840 (如图 8-31 所示)

(1) 监控安全线。

(2) 监控碰撞信号。

(3) 蓄电池监控控制单元 J1208、J1209 的主控制功能。

（4）控制保护继电器。

（5）充电状态调节。

（6）绝缘保护装置监控。

（7）测量保护继电器前后电流。

十一、高压系统连接关系

高压系统连接关系，如图8-32所示。

十二、低压控制部件

保养插头TW，如图8-33所示。30C供电保险，如图8-34所示。

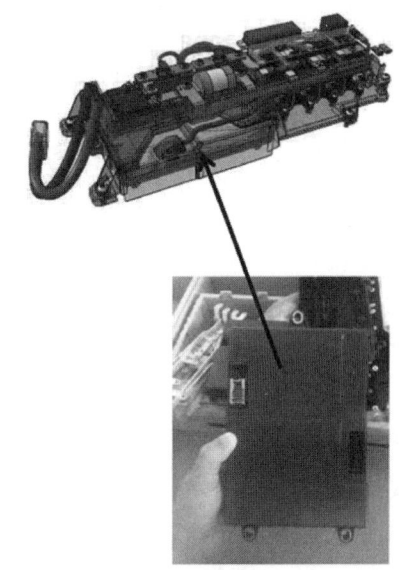

图 8-31

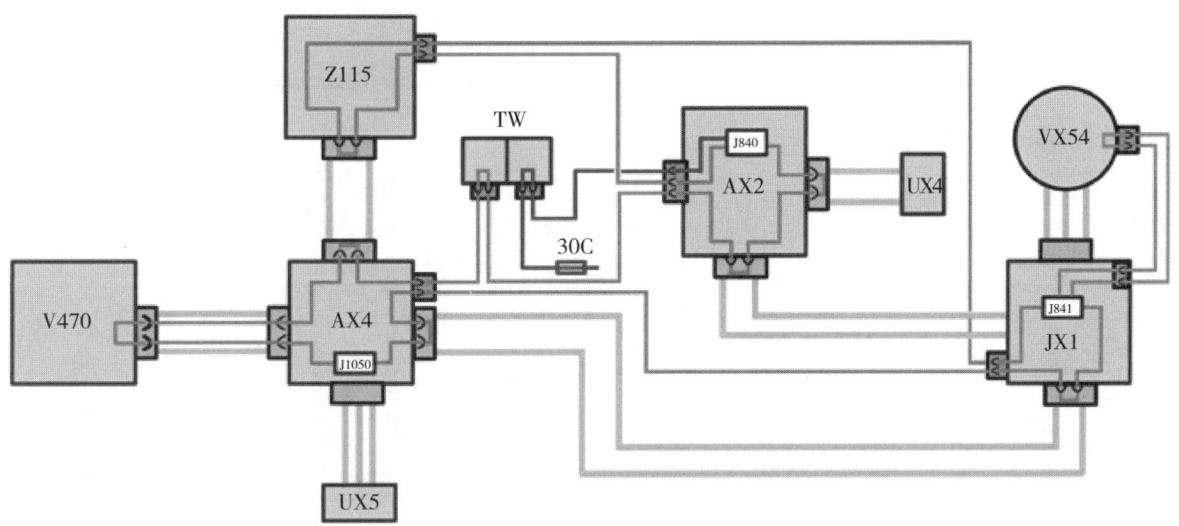

图 8-32

图 8-33

图 8-34

第四节　冷却系统

一、冷却系统部件

（一）自然冷却

高压蓄电池，自然冷却，如图 8-35 所示。

（二）循环管道

JX1、AX4、VX54 冷却循环管道，如图 8-36 所示。

（三）冷却液储液罐

（1）如果冷却液储液罐中没有冷却液，那么不要再行驶。

（2）用户不得打开储液罐，如图 8-37 所示。

（3）只允许经销商打开冷却液储液罐并进行加注！

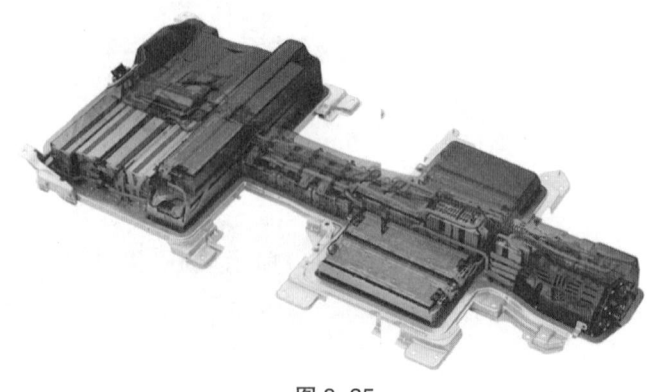

图 8-35

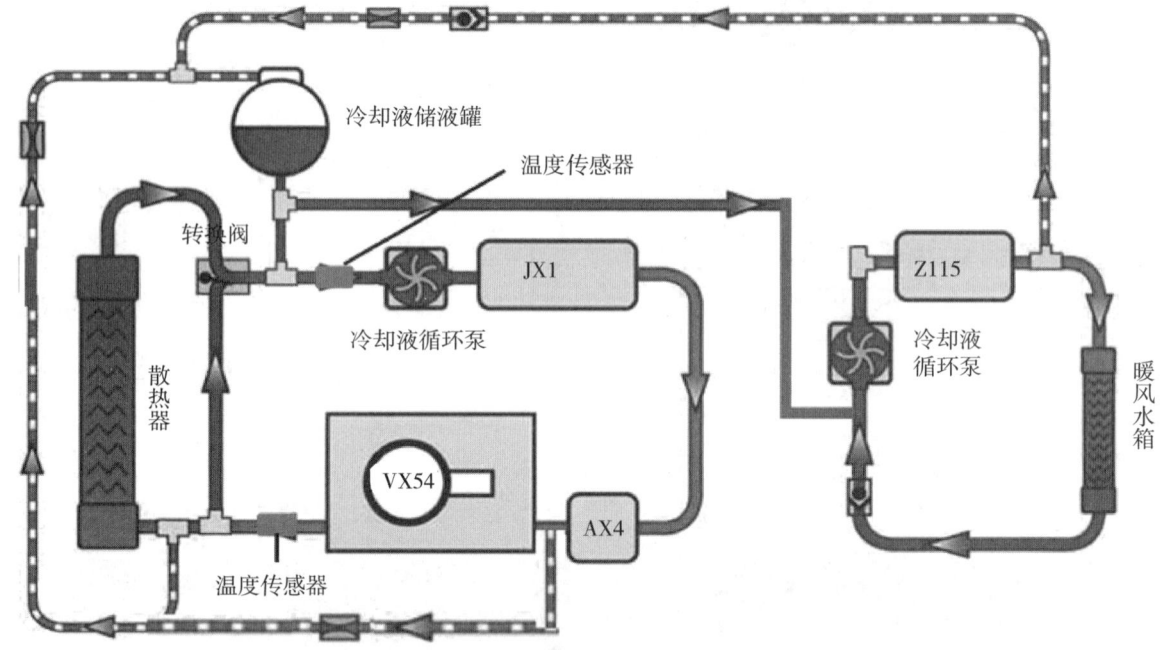

图 8-36

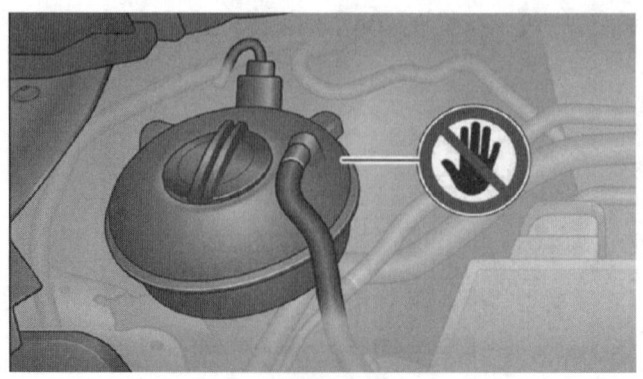

图 8-37

第五节　车载电网

一、蓄电池

EFB 铅酸蓄电池，如图 8-38 所示。

二、保险丝

保险丝座位置：SA 在电器盒旁，SB 在电器盒上和 SC 在仪表板左侧，如图 8-39 所示。

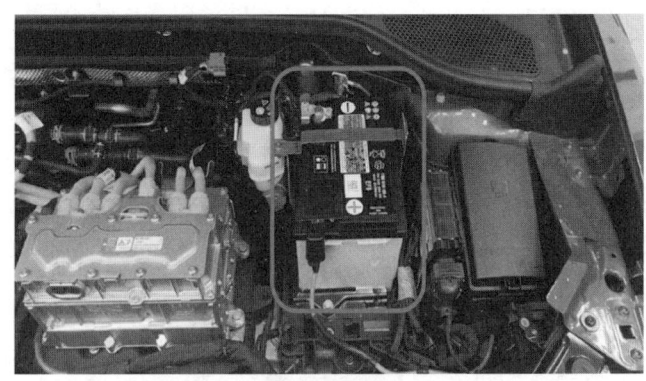

图 8-38

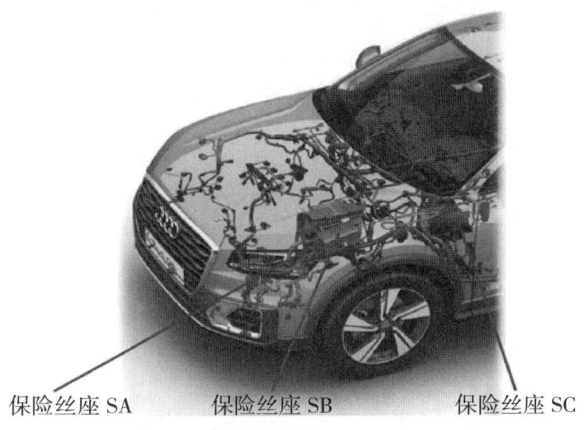

图 8-39

三、风挡玻璃加热装置 Z2

出于节能原因，为前风挡玻璃装配了加热丝，如图 8-40 所示。

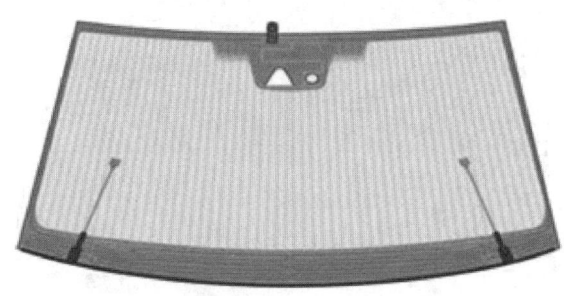

图 8-40

四、网络拓扑结构（如图 8-41 所示）

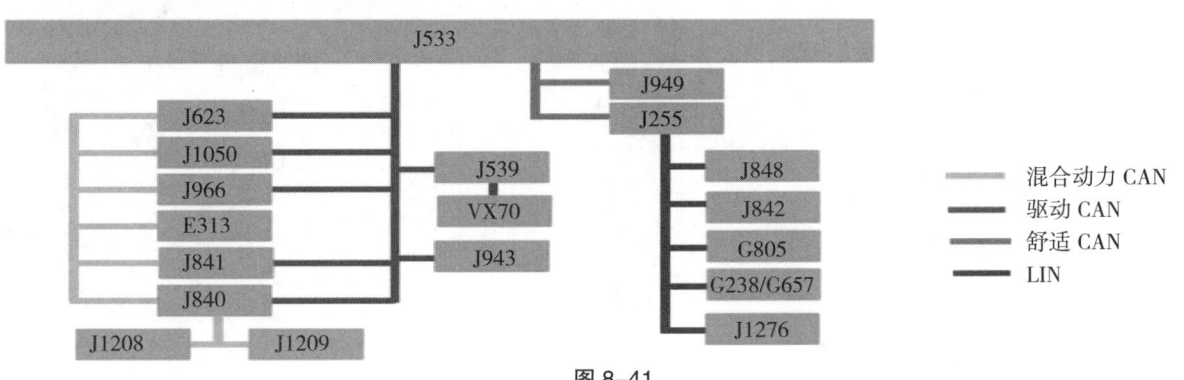

图 8-41

五、防盗参与组件（第五代）（如图 8-42 所示）

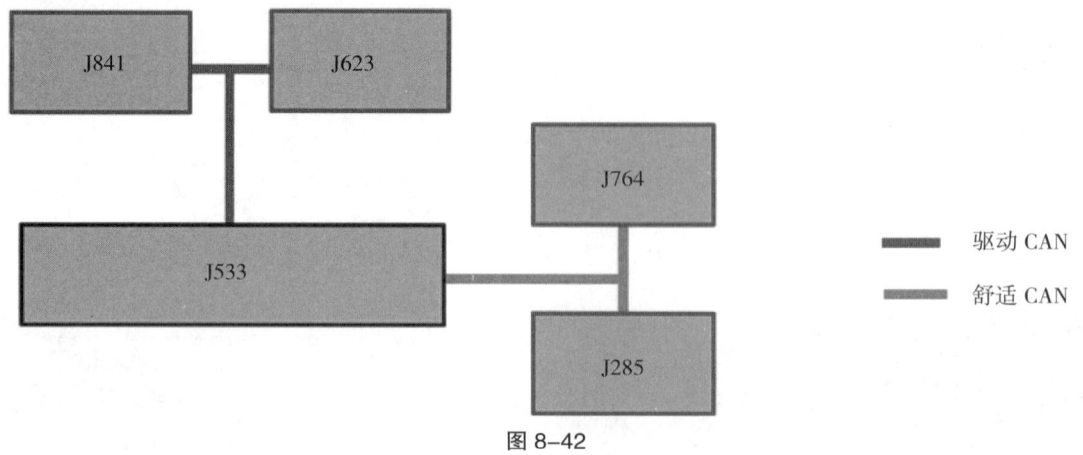

图 8-42

六、控制单元位置（如图 8-43~ 图 8-51 所示）

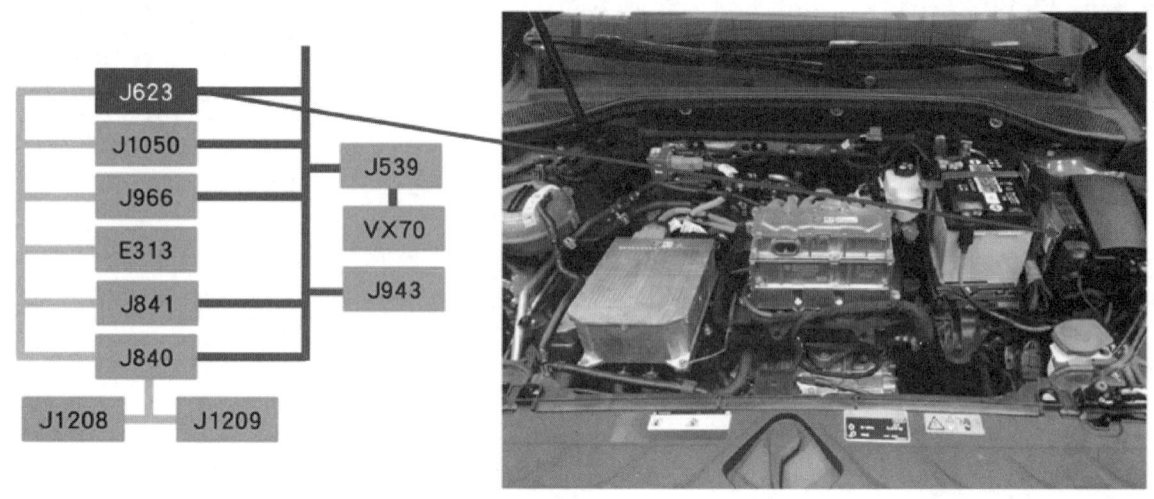

图 8-43

图 8-44

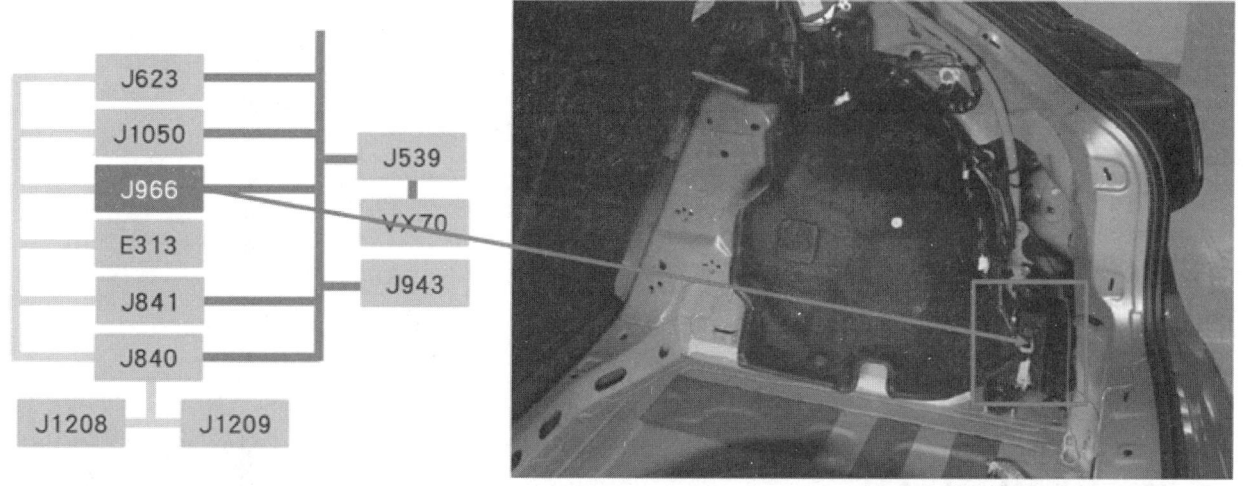

图 8-45

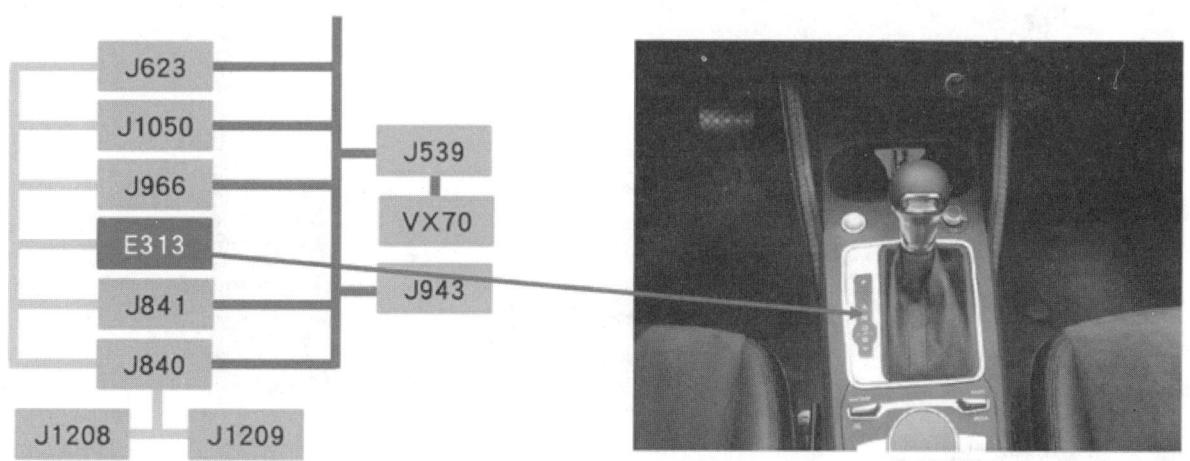

图 8-46

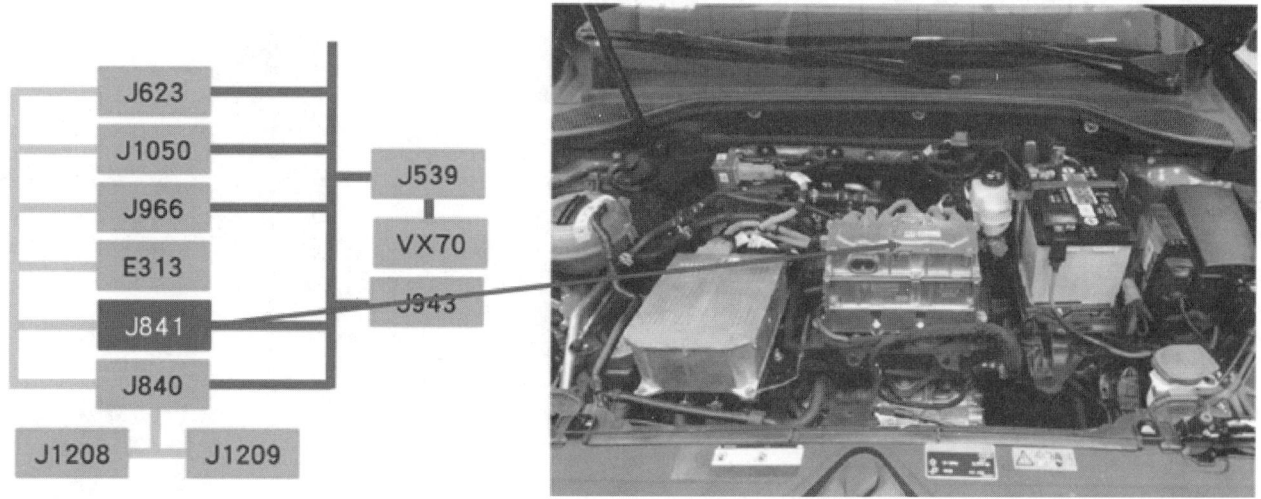

图 8-47

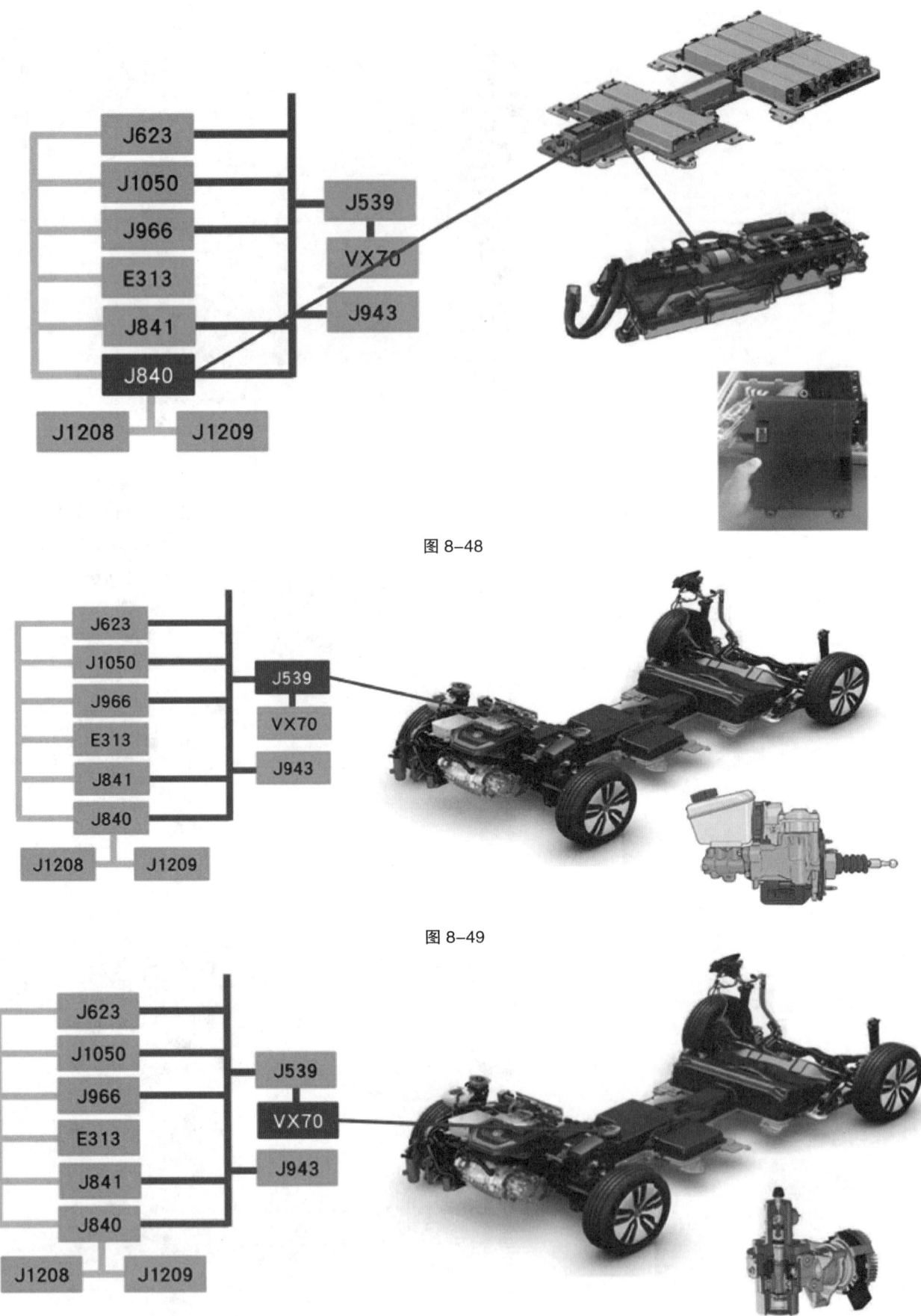

图 8-48

图 8-49

图 8-50

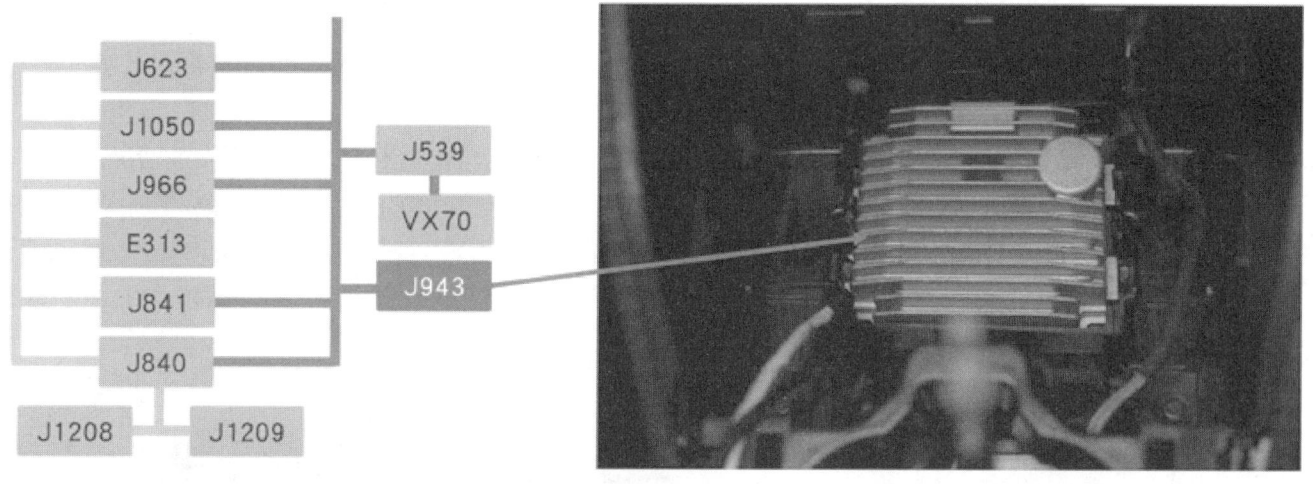

图 8-51

七、声效模拟系统

(一) 汽车声效

与内燃式发动机相比,电驱动的噪声明显减少。为了能让外界在电驱动时较清楚地听到车声,人为地制造汽车声效。在较高车速时,如果轮胎和风声加大,那么自动隐去汽车声效,如图 8-52 所示。

图 8-52

(二) 部件和位置

部件和位置,如图 8-53 所示。

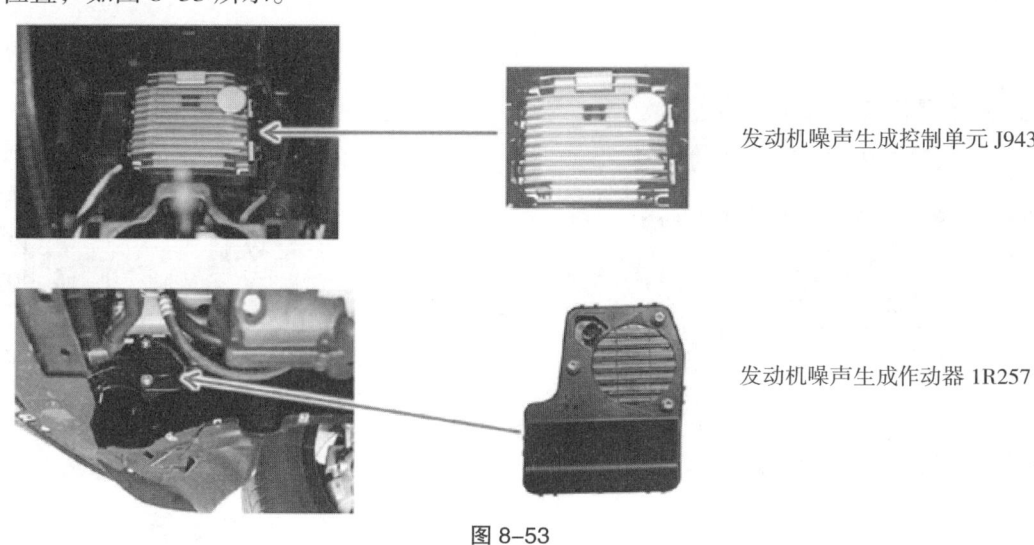

发动机噪声生成控制单元 J943

发动机噪声生成作动器 1R257

图 8-53

(三)发动机噪声生成作动器 1 R257

(1)发动机噪声生成作动器 1 R257 会主动产生噪声,让人感觉起来像是听到发动机车辆工作时发出的声音。

(2)为此,发动机噪声生成控制单元 J943 会操控发动机噪声生成作动器 1 R257 根据车速情况来工作。

(3)车辆在行驶时,外部扬声器会产生一个持续的噪声,该噪声在车速超过约 30km/h 后开始降低。

(4)在车辆车速超过约 50km/h 后,发动机噪声生成作动器 1 R257 就不再产生噪声了。

(四)声效模拟系统

声效模拟系统结构图,如图 8-54 所示。

图 8-54

八、远程实时监控系统(RTM)

依照适用的中国法律法规,静态和动态车辆数据将通过生产商和其关联企业提供给主管机构。主管机构所要求的动态车辆数据将直接从车辆中收集,动态车辆数据为与车辆状况有关的信息。车辆在充电和行驶过程中,动态车辆数据将定期自动传输至生产商和其关联企业的 IT 系统。上述动态车辆数据将在该 IT 系统转换为主管机构要求的数据格式并向其主管机构传输。

(一)收集的动态车辆数据信息

(1)常规行驶信息(例如当前行驶方向和车速等)。

(2)车辆的技术参数和阈值(例如高压蓄电池的当前充电状态和蓄电池的最低/最高温度等)远程实时监控控制单元 OCU,如图 8-55 所示。

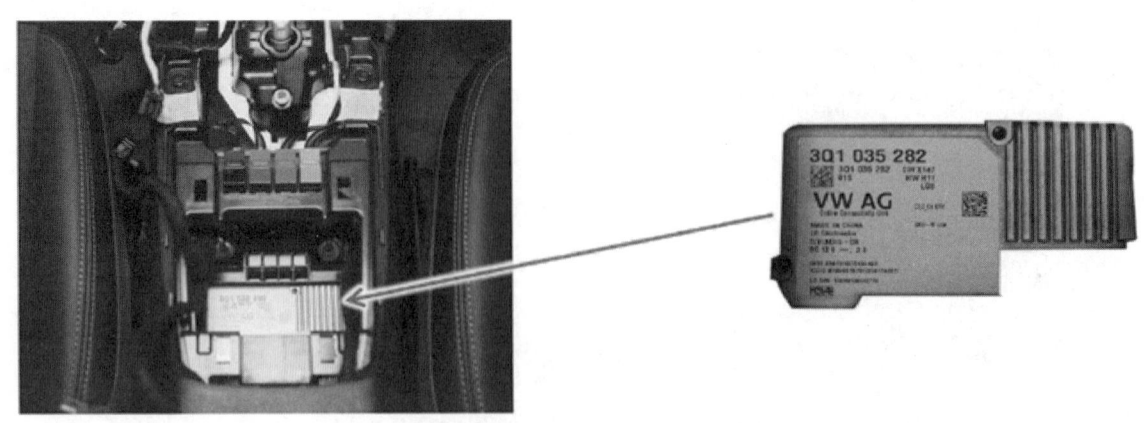

图 8-55

（二）RTM 数据传输

RTM 数据传输，如图 8-56 所示。

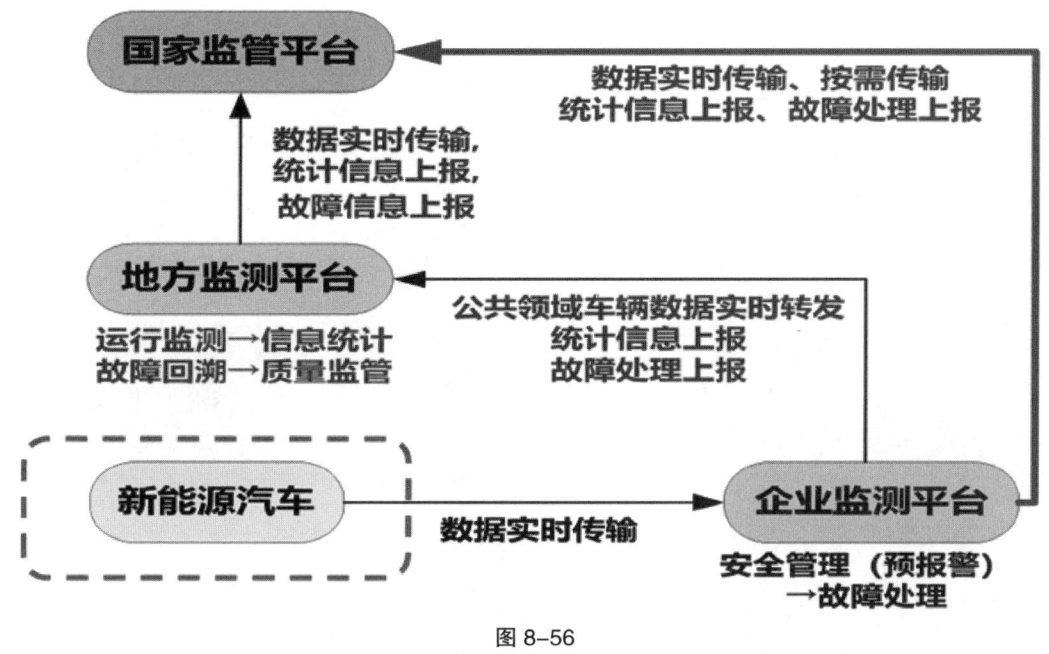

图 8-56

（三）车载终端

（1）车载终端向远程服务与管理平台上报信息时，应根据实际情况对驱动电机数据、整车数据、燃料电池数据、发动机数据、车辆位置数据、极值数据、报警数据、可充电储能装置电压数据、可充电储能装置温度数据进行上报。

（2）车载终端向远程服务与管理平台上报信息的时间周期应可调整。车辆正常行驶时，上报信息的时间周期最大不应超过 30s；当车辆出现三级报警时，应上报故障发生时间点前后 30s 所包括的全部数据项，且其后信息采样周期为 1s。

（3）车载终端内部存储介质容量应满足至少 7 天的实时数据存储。车载终端内部存储介质存储满时，应具备内部存储数据的自动循环覆盖功能。

（4）车载终端向实施监控系统含有备用电池，确保在外部供电断开后，将断电前 10min 的数据实现上传。

（四）企业平台

（1）企业平台应与车载终端进行通信。

（2）企业平台应具备车辆故障监控和安全报警的功能。根据可能对车辆造成的安全隐患严重程度，对故障和报警进行分级管理，不同的级别应设置相应的处置措施。

（3）企业平台应定期将故障和报警的处置措施、处置进度和结果上报至公共平台。

（五）公共平台

（1）公共平台应具备整车企业使用的信息录入及维护功能，用于企业录入车辆静态信息以及上报故障与报警的处置措施、处置进度和处置结果。公共平台应对企业录入信息进行审核。

（2）公共平台从企业平台获取车辆行驶、充电等运行数据，进行监管和相关数据分析。

（3）公共平台应具备故障和报警的处置措施、处置进度和结果的统计及分析功能。

第六节　充电系统

一、高压蓄电池充电操作

（一）充电接口

充电接口，如图8-57所示。

（二）充电方式——原配奥迪充电系统及挂壁盒（中国规格）

（1）带漏电电流保护装置的奥迪充电系统，交流充电，最大功率1.8kW，如图8-58所示。

（2）挂壁盒，如图8-59所示，带有32A保险装置及漏电电流保护装置，功率为7.2kW。

（三）充电方式

充电方式，如图8-60所示。

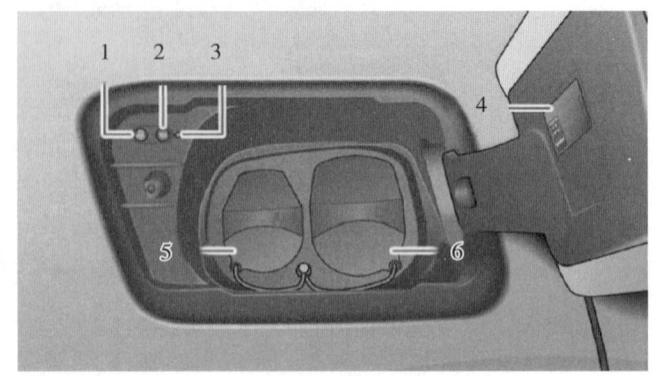

1.定时充电按键　2.即时充电按键　3.充电LED指示灯　4.充电LED指示灯说明标签　5.交流充电接口　6.直流充电接口

图 8-57

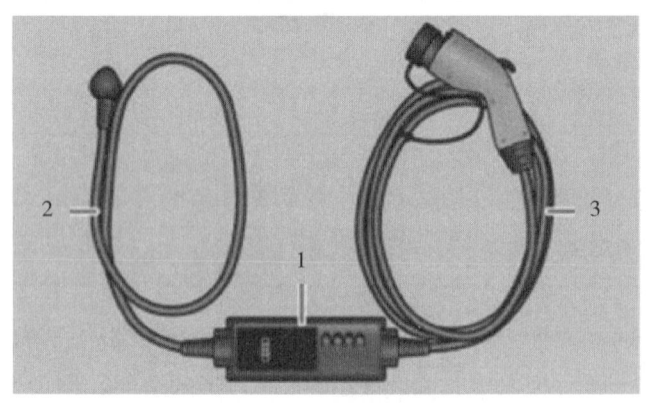

图 8-58

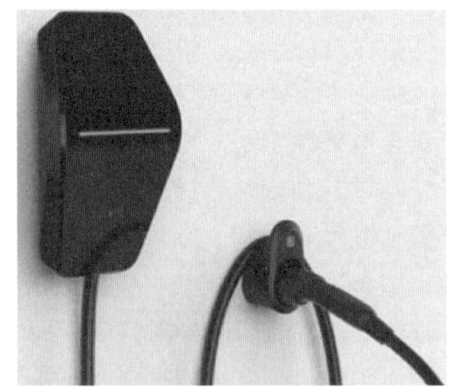

图 8-59

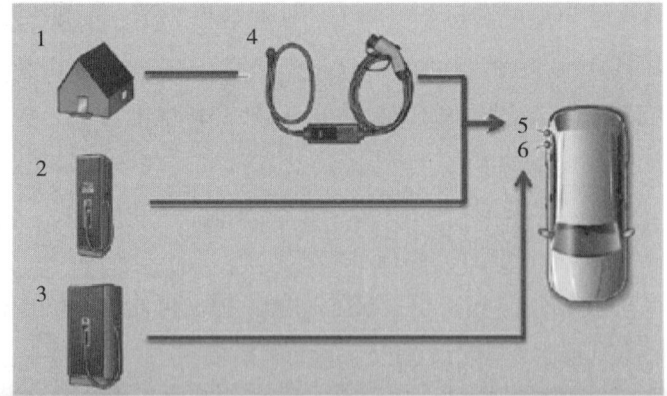

充电方式	充电电缆	汽车上的充电接口
①在家用插座上交流充电（Model 2）	④用于家用插座的奥迪充电系统	⑤交流充电接口
②在公共充电桩上交流充电（Model 3）	充电桩充电电缆	⑤交流充电接口
③在公共充电桩上快速直流充电（Model 4）	充电桩充电电缆	⑥直流充电接口

图 8-60

二、国家标准——电动汽车传导充电系统

充电模式，如表 8-2 所示。

表 8-2

项目	交流充电			直流充电
	Model 1	Model 2	Model3	Model4
剩余电流保护装置 RCD	✗（在基础设备上）	✓（在线缆上）	✓（在充电桩上）	✓
控制导引功能				
将电动汽车连接到交流电网	GB 2099.1 插头插座；接地线；RCD（墙上）	GB 2099.1 插头插座；接地线；RCD（线上）	充电桩；RCD（桩上）	非车载充电机（含 RCD）

三、高压蓄电池充电操作

（一）充电解决方案

使用随车奥迪充电系统、固定安装的墙盒以及交流充电站时，充电电流较小，对电池伤害较小，如图 8-61 所示。而直流充电站一般充电电流较大，对电池可能伤害较大，不建议频繁使用直流充电。

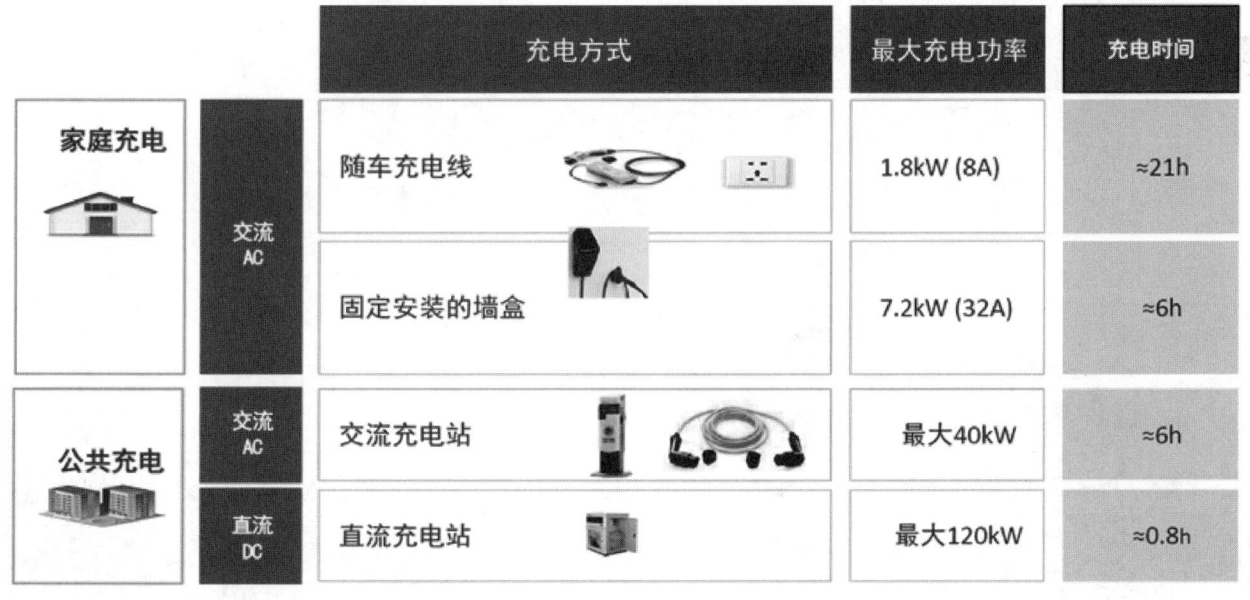

图 8-61

（二）奥迪充电系统 LED 指示灯

奥迪充电系统 LED 指示灯，如图 8-62 所示。

（三）奥迪充电系统 LED 指示灯

奥迪充电系统 LED 指示灯，如图 8-63 所示。

（四）充电方式——交流充电

1. 交流插头——中国，如图 8-64 所示。充电状态如图 8-65 所示。

2. 交流充电注意事项。

（1）选择立即充电时，立即开始充电。给高压蓄电池充满电。

（2）为立即开始充电，按压立即充电按钮。

（3）充电过程指示灯间歇性显示绿色并且整车充电按钮亮起。

（4）如果要中断充电过程，按压汽车钥匙上的解锁按钮，解锁汽车。

（5）当已经根据出发时间激活充电计时器时，按压按钮以切换至"定时充电"。

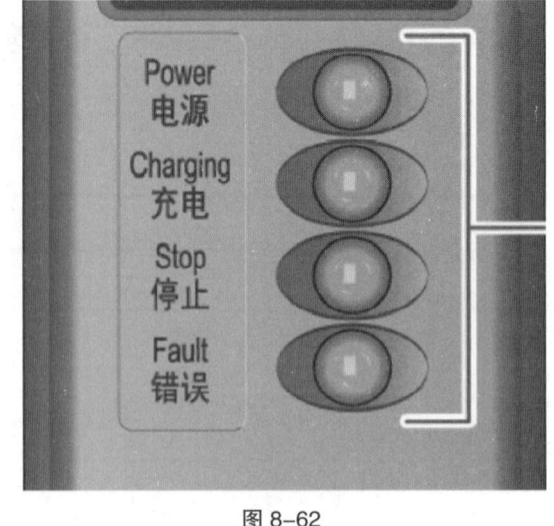

图 8-62

	故障类型	电源灯	充电灯	停止灯	错误灯
家用接口故障	接地故障	灯闪	灯亮	灯亮	灯亮
	交流电压故障	灯闪	灯亮	灯灭	灯亮
	插头温度故障	灯闪	灯灭	灯亮	灯亮
控制盒故障	继电器触电故障	灯亮	灯闪	灯亮	灯亮
	控制盒温度故障	灯亮	灯闪	灯亮	灯亮
车辆接口故障	过流故障	灯亮	灯亮	灯亮	灯闪
	漏电故障	灯亮	灯亮	灯亮	灯闪
	控制信号故障	灯亮	灯灭	灯亮	灯闪
	二极管故障	灯亮	灯灭	灯灭	灯闪

● 灯亮　　☀ 灯闪　　● 灯灭

图 8-63

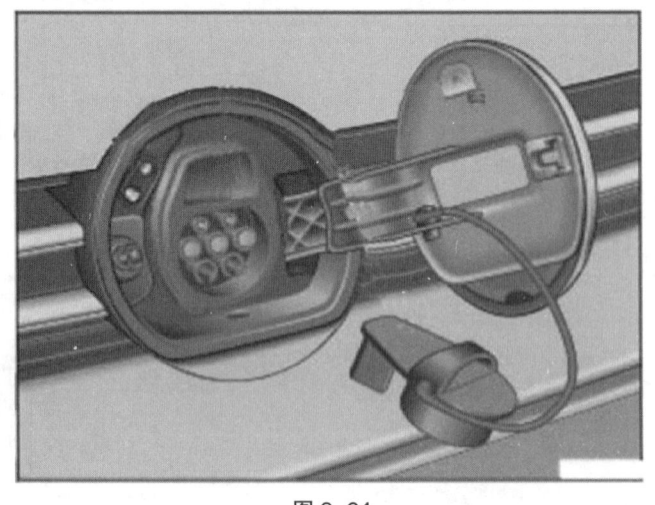

图 8-64

图 8-65

3. 交流充电。

（1）立即充电，如图8-66所示。

①选择立即充电时，立即开始充电。给高压蓄电池充满电。

②为立即开始充电，按压立即充电按钮。

③充电过程指示灯间歇性显示绿色并且整车充电按钮亮起。

④如果要中断充电过程，按压汽车钥匙上的解锁按钮，解锁汽车。

⑤当已经根据出发时间激活充电计时器时，按压按钮以切换至"定时充电"。

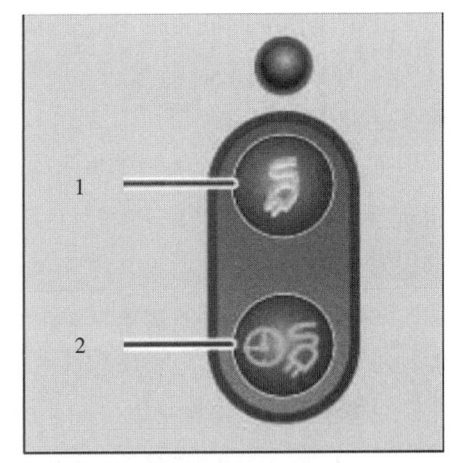

1.立即充电按钮 2.定时充电按钮

图 8-66

（2）定时充电。

①打开信息娱乐系统的"电动管理"，选择充电计时器。

②输入出发时间，电脑将计算何时应开始为高压蓄电池充电。

③通过复选框中的"小勾"激活充电计时器。

④连接上充电电缆后，定时充电按钮中的符号将亮起，如果不是这种情况，则按下按钮。

⑤电量过低时，立即为蓄电池充电，直至达到蓄电池充电下限值。

（3）设置充电目标，如图8-67所示。

可以设置一个充电目标，即高压蓄电池最高的应充电量。充电目标可以设置在50%~100%之间。在日常使用时，建议将充电目标设置在80%。这样可以延长高压蓄电池的使用寿命。在长途行驶前，建议将充电目标设置到100%，以达到最大可达行驶里程。

①在信息娱乐系统中选择：按钮MENU（菜单）→汽车→左侧控制按钮→充电→右侧控制按钮→目标充电水平。

②设置所需的充电目标。

（4）设置定时器，如图8-68所示。

图 8-67

图 8-68

可以通过定时器设定汽车到哪个出发时间点时应达到所需充电目标。在达到设定的时间时，一次性或定期开启定时。另外，还可以通过设定让汽车根据空调装置中设定的温度加热或制冷，您可以同时开启多个定时器。

①在信息娱乐系统中选择：按钮MENU（菜单）→汽车→左侧控制按钮→充电。系统显示多个定时器，您可以逐个进行设置。

②要设置定时器时，请在所需的定时器一栏中选择右侧操控按钮设定定时。

③如果一个定时只需一次性使用，那么选择单次定时。如果一个定时需经常性使用，那么选择重复定时。

④设定出发时间、日期或工作日。

⑤如果想在夜晚电费便宜时段充电，那么您可以设定希望的充电时间。

⑥要使用定时附加开启电空调时，请用旋压式控制旋钮选择电动空调器。此启用与空调菜单中的信息娱乐系统的设置无关。

⑦按压按钮 BACK（返回）。

⑧要开启定时时，请用旋压式控制旋钮选择该设置。

⑨要启用被开启的定时时，请按定时充电按钮。

（5）蓄电池充电指示灯含义，如图 8-69 所示。

① LED 灯显示持续亮起绿色：高压蓄电池的充电过程已结束，达到最大的或设置的电量。

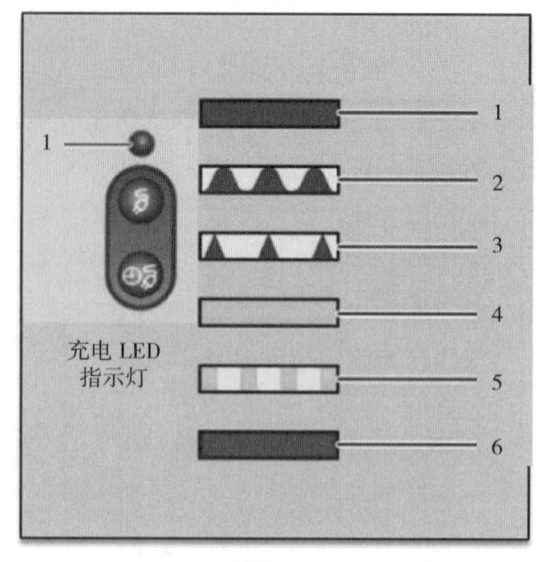

图 8-69

② LED 灯间歇式亮起绿色：高压蓄电池正在充电。

③ LED 灯闪烁绿色大约 1min：已启用定时充电（出发时间）但是还没有开始。

④ LED 灯短时间亮起黄色：充电插头已插入充电插座中，并已被车辆识别；LED 灯持续亮起黄色：没有检测到电源，请检查供电或电源。

⑤ LED 灯闪烁黄色：换挡杆未挂入 P 挡。

⑥ LED 灯持续亮起红色：未能锁止充电插头，拔下充电插头并重新插到插座中，如仍有问题，请专业人员处理。LED 灯闪烁红色，充电系统有故障，请让专业人员处理。外界温度过低或过高。

（五）直流充电

直流充电，如图 8-70 所示。

直流快速充电注意事项：

① 可以在带有直流电的充电站为车辆充电，充电时间会显著缩短。

② 固定安装的充电电缆最大长度不得超过 30m。

③ 在开始充电前始终要先退出行驶准备就绪状态。

（六）锁止机构

（1）充电接口盖板锁止电机 F496，如图 8-71 所示。

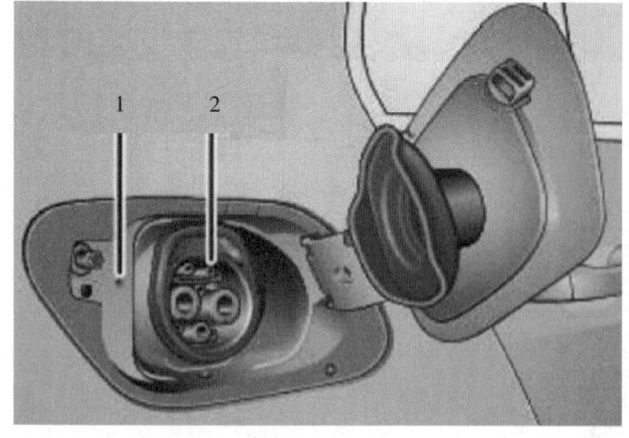

1.充电过程指示灯 2.充电插座

图 8-70

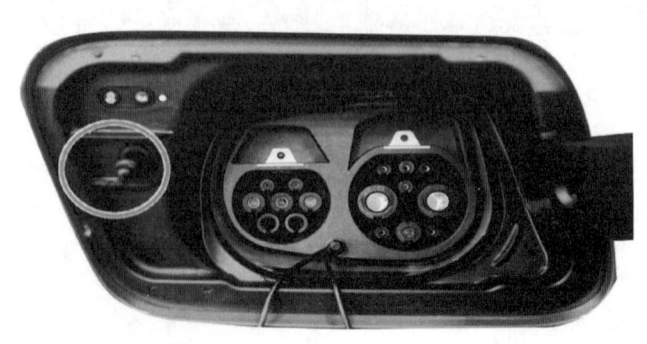

图 8-71

（2）交流充电接口锁止电机 F499，如图 8-72 所示。

锁止销收回

锁止销伸出

收回时触点状态

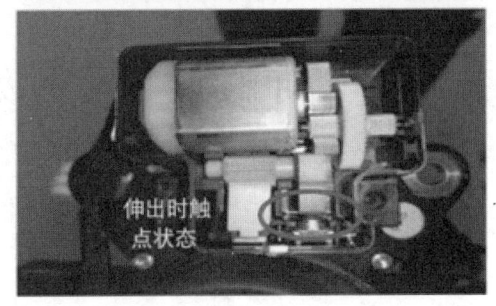
伸出时触点状态

图 8-72

（七）紧急解锁

充电单元盖板应急解锁：在支座上松开红色拉环（如图 8-73 中 1）并小心地沿箭头方向拉扯；要打开充电单元的盖子时，请按盖子左侧。充电插头应急解锁：请结束充电过程，结束充电；将黄色环套（如图 8-73 中 2）从固定座上松开并小心拉扯，拔下充电插头。

（八）充电注意事项

（1）如果高压蓄电池是新的或者长时间未充电，则可能需要经过多次充电后才能达到最大充电电量。这是由于技术原因产生的，并不意味着车辆出现功能失效。

图 8-73

（2）如果较长时间未使用车辆，则最迟在 4 个月之后应对高压蓄电池进行充电（充电目标 50%），否则可能导致高压蓄电池损坏。

（3）绝对不要在汽车的交流和直流充电接口上同时充电。

四、充电系统部件

（一）充电系统相关部件名称及功能

充电系统相关部件名称及功能，如图 8-74 所示。

（二）交流充电接口 UX5

交流充电接口 UX5，如图 8-75 所示。

（三）交流充电接口端子定义（国标）

交流充电接口端子定义（国标），如表 8-3 所示。

部件名称	交流充电口	直流充电口	高压蓄电池充电单元	功率电子装置	高压蓄电池
部件					
部件描述	交流充电接口 UX5	直流充电接口 UX4	充电系统控制单元 AX4	电力驱动控制装置 JX1	高压蓄电池 AX2

图 8-74

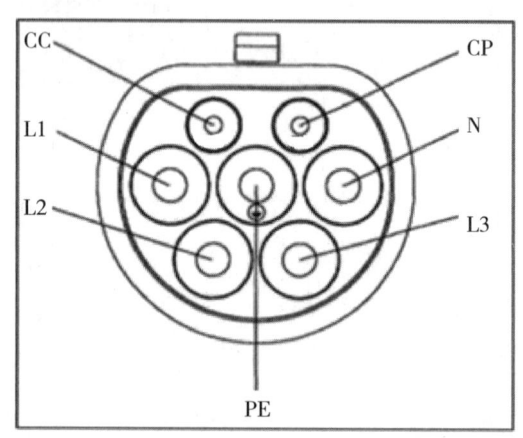
充电线缆侧充电接口

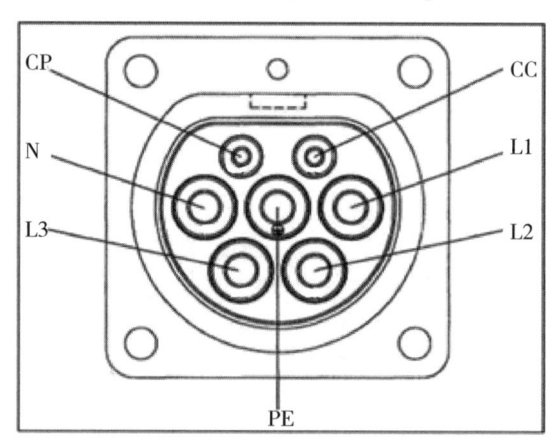
电动汽车侧充电接口

图 8-75

表 8-3

触头编号/标志	功能定义
1（L1）	交流电源（单相）
	交流电源（三相）
2（L2）	交流电源（三相）
3（L3）	交流电源（三相）
4（N）	中线（单相）
	中线（三相）
5（PE）	保护接地，连接供电设备地线和车辆电平台
6（CC）	充电连接确认
7（CP）	控制引导

（四）J966 充电电压控制单元

1. UX5 交流充电口 A 充电插头的识别逻辑 1，如图 8-76 所示。

J966 充电电压控制单元测量检测点 3（控制器 T32h/12）与 PE 线（车身接地）之间的电阻；线缆上控制盒监控检测点 1 的电压，确定是否连接，如表 8-4 所示。

2. UX5 交流充电口 A 充电插头的识别逻辑 2。

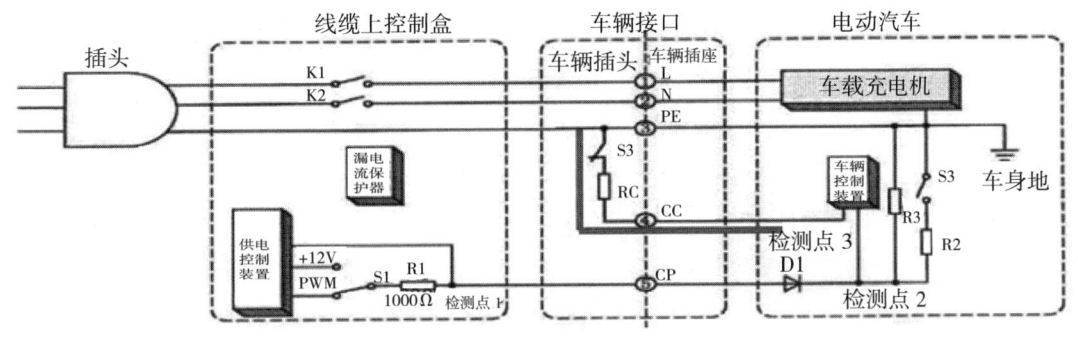

图 8-76

表 8-4

状态	RC	S3	车辆接口连接状态及额定电流
状态 A	—	—	车辆接口未完全连接
状态 B	—	断开	机械锁止装置处于解锁状态
状态 C	680 Ω/0.5W*	闭合	车辆接口已完全连接，充电电缆容量为 16A
状态 D	320 Ω/0.5W*	闭合	车辆接口已完全连接，充电电缆容量为 32A

*：电阻 RC 的精度为 ±3%。

UX5 交流充电口 A 充电插头的识别逻辑 2，如图 8-77 所示。线缆上控制盒将 S1 开关从 12V 切换到 PWM 信号；PWM 信号的占空比代表充电站的充电能力；J966 充电电压控制单元在检测点识别到 PWM 信号，如果需要充电则接通 S2 开关；PWM 信号频率为 1000Hz；开关 S2 接通会导致检测点 1 的电压信号变小，线缆上控制盒识别到电压变化后，接通 K1、K2 继电器；J966 负责计算并控制车载充电机的充电功率。

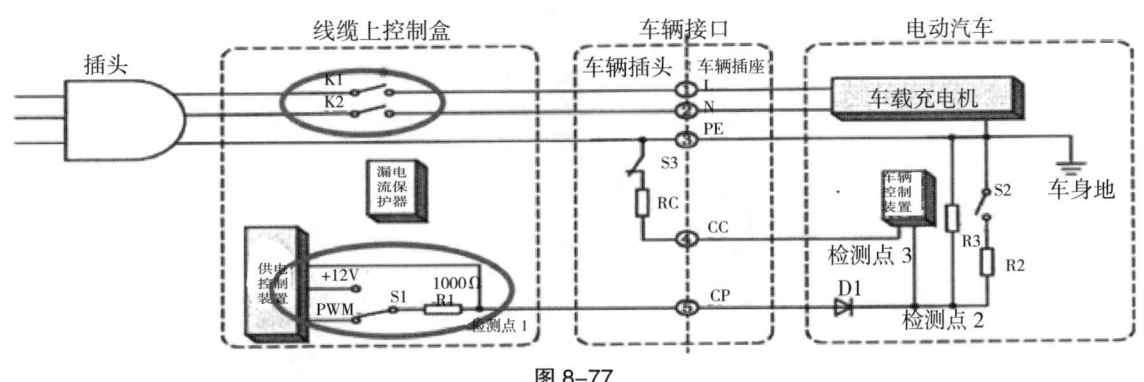

图 8-77

（五）直流充电接口 UX4

直流充电接口 UX4，如图 8-78 所示。

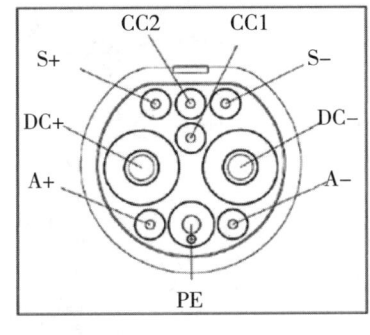
充电线缆侧充电接口

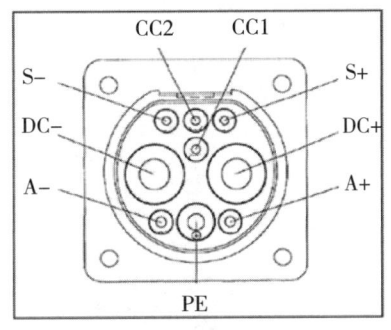
电动汽车侧充电接口

图 8-78

（六）直流充电接口端子定义

直流充电接口端子定义，如表 8-5 所示。

表 8-5

触头编号 / 标志	功能定义
1（DC+）	直流电源正，连接直流电源正与电池正极
2（DC-）	直流电源负，连接直流电源负与电池负极
3（PE）	保护接地，连接供电设备地线和车辆电平台
4（S+）	充电通信 CAN-H，连接非车载充电机与电动汽车的通信线
5（S-）	充电通信 CAN-L，连接非车载充电机与电动汽车的通信线
6（CC1）	充电连接确认
7（CC2）	充电连接确认
8（A+）	低压辅助电源正，连接非车载充电机为电动汽车提供的低压辅助电源
9（A-）	低压辅助电源负，连接非车载充电机为电动汽车提供的低压辅助电源

（七）充电电流途径

充电电流途径，如图 8-79 所示。

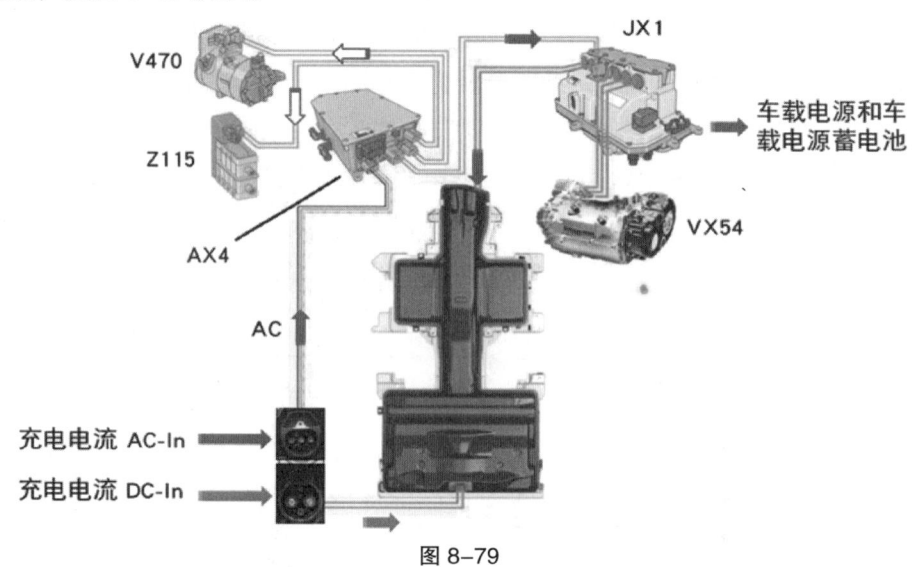

图 8-79

（八）充电电压控制单元 J966 通信

充电电压控制单元 J966 通信，如图 8-80 所示。

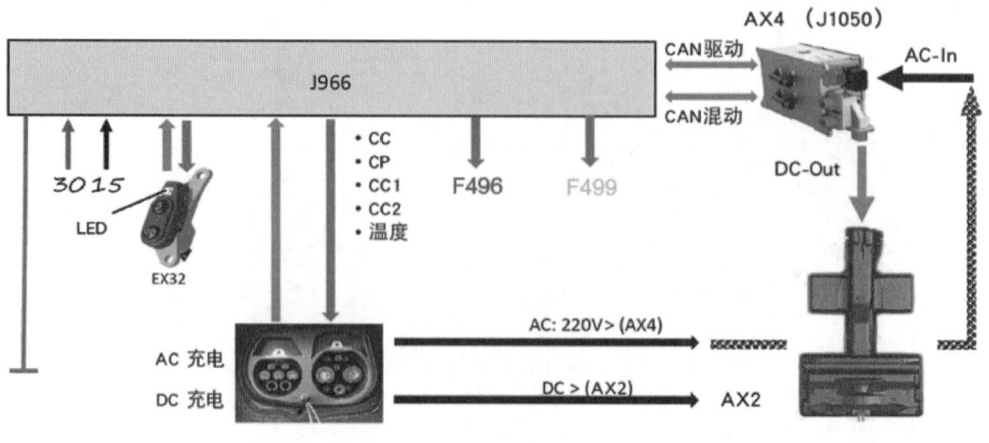

图 8-80

第七节　底盘系统

一、整车制动系统一览

整车制动系统一览，制动结构如图 8-81 所示。

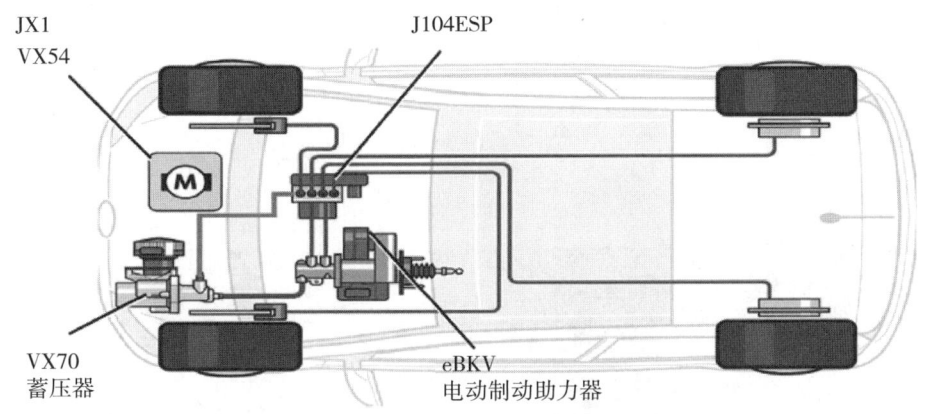

图 8-81

二、电动制动助力器 eBKV

系统部件位置，如图 8-82 所示。

电动制动助力器，内部结构如图 8-83 所示。

VX70 蓄压器结构，如图 8-84 所示。

蓄压器与电动助力器的电气连接，如图 8-85 所示。

液压制动与电机制动的混合工作，如图 8-86 所示。

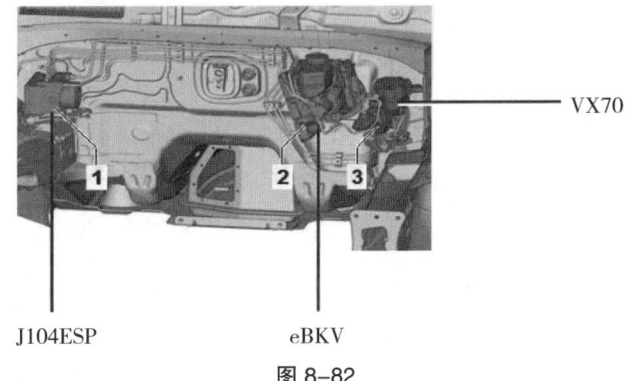

图 8-82

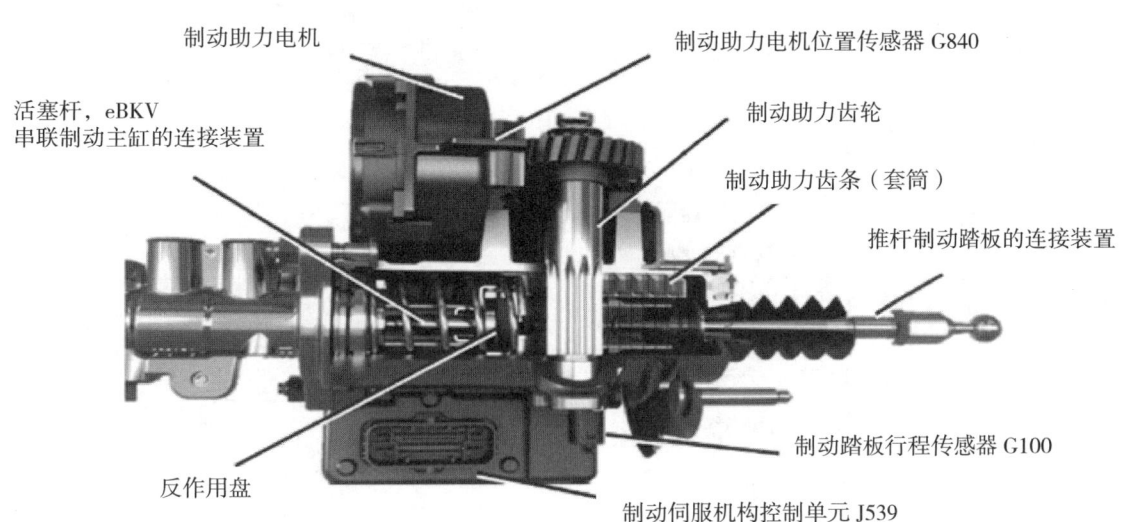

图 8-83

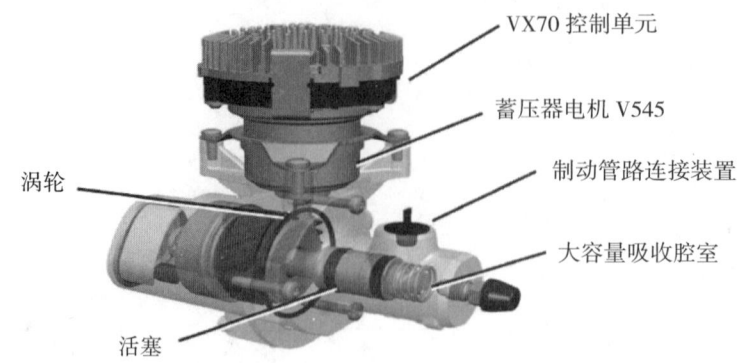

图 8-84

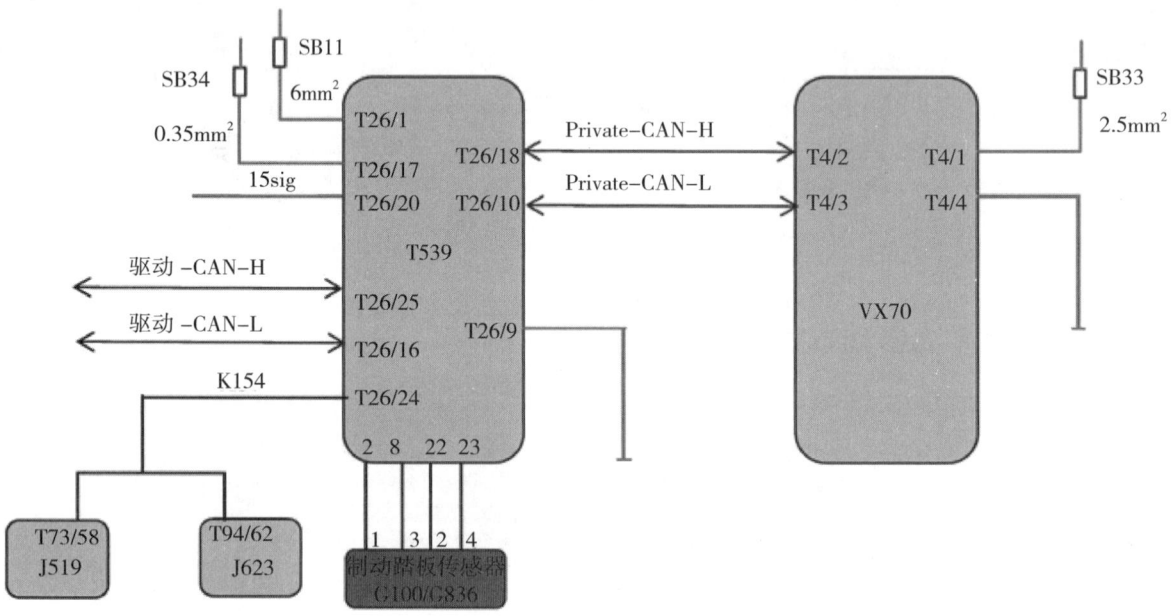

图 8-85

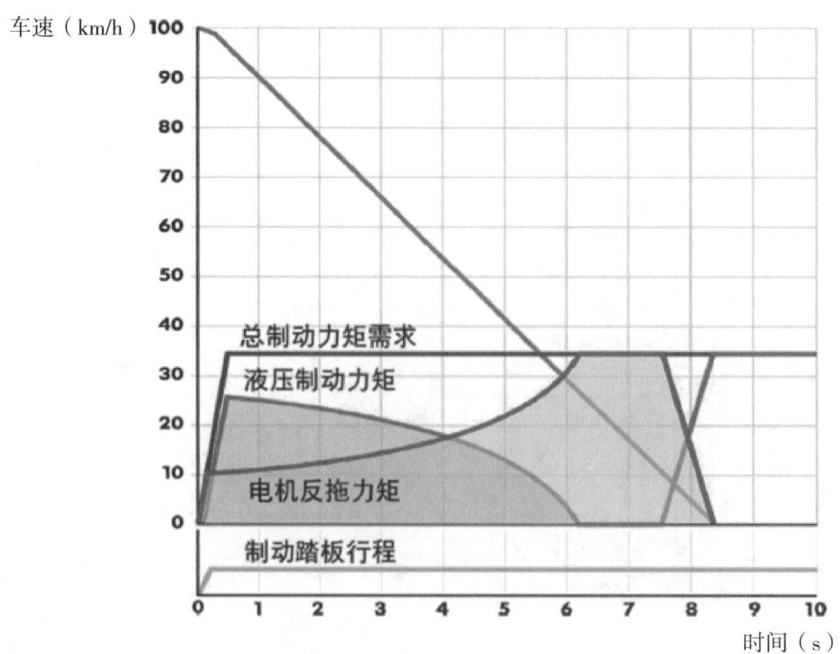

图 8-86

第八节 变速器系统

一、0CZ 变速器

(一) 0CZ 变速器和三相电流驱动电机 VX54

0CZ 变速器和三相电流驱动电机 VX54 构成一个单元,如图 8-87 所示。

(二) 传动比

第一级:2.704($Z_1=27$;$Z_2=73$)。

第二级:3.609($Z_3=23$;$Z_4=83$)。

(三) 0CZ 变速器内部结构(变速机构)

0CZ 变速器内部结构(变速机构),如图 8-88 所示。

(四) 0CZ 变速器内部结构——驻车机构

0CZ 变速器内部结构——驻车机构,如图 8-89 所示。

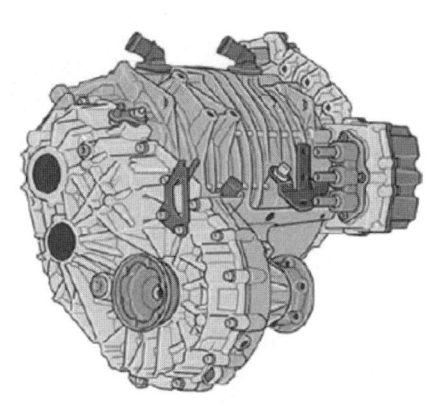

图 8-87

 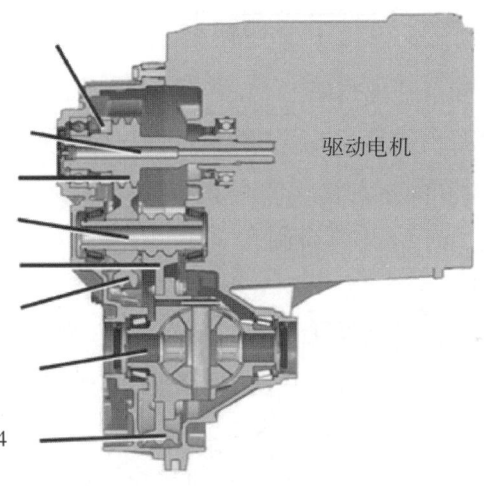

图 8-88

图 8-89

(五）0CZ 变速器内部结构——机油润滑

0CZ 变速器内部结构——机油润滑，如图 8-90 所示。

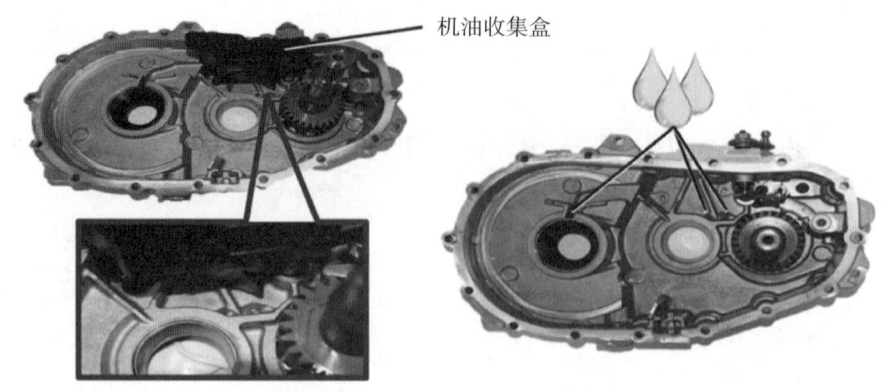

图 8-90

第九节　断电、恢复等操作

一、断电、绝缘电阻测量及恢复用电

（一）断电注意事项

切断电源工作只可由经过认证的高压电技师来按照故障诊断仪上的检查步骤进行操作。

（1）断开保养插头。

（2）严防设备重新合闸。

（3）验证是否已经断电（分为诊断仪验电和手动验电两种），同时应该在车辆诊断仪的文件做上标记。

（二）绝缘电阻测量

当出现绝缘电阻的故障时，需要进行绝缘电阻测量。

（三）高压重新投入使用

（1）只允许有高压电技工通过故障导航来将系统重新接通。

（2）目视检查一下，看看所有的等电位线是否都洁净且处于良好状态。

（3）目视检查一下，看看所有的高压线是否都处于良好状态。

（4）目视检查一下，看看所有的高压系统连接、插头和螺栓连接是否正常并已牢靠。

（5）插好保养插头并将其锁定。

（6）接通点火开关。

（7）检查通信情况并读取系统的数据存储器。

（8）将结果记录到检测报告中，并打印出检测报告。

（9）将检测报告保存在任务书夹中。

（10）将"高压系统已被切断"这个提醒标签从车上取下。

（11）将"高压系统已激活"这个提醒标签固定到车上的显著位置。

二、专用工具

所需的专用工具：VAS6558A、VAS6558/9-6、VAS6558/9-4，如图 8-91 所示。

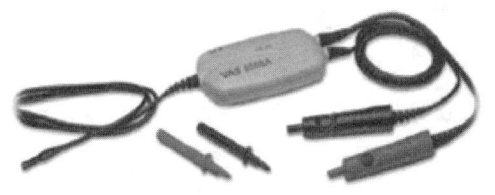 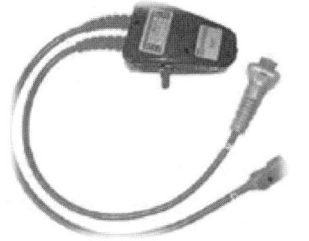 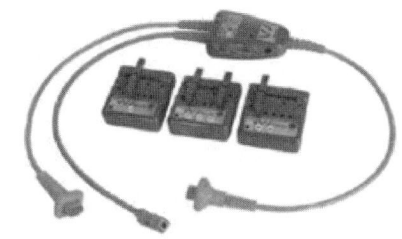

VAS 6558A　　　　　　VAS 6558/9-6　　　　　　VAS 6558/9-4

图 8-91

三、插头断开方法

分步断开高压电缆，观察安全线（电路图中 pilot 导线），如图 8-92 所示。

低电压维修断开装置：使用备件熟悉操作步骤，如图 8-93 所示。

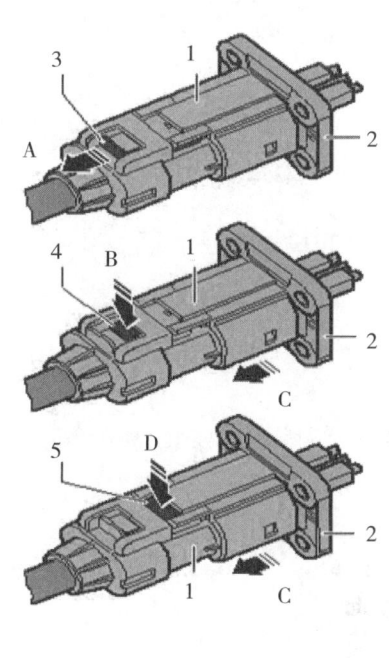

图 8-92

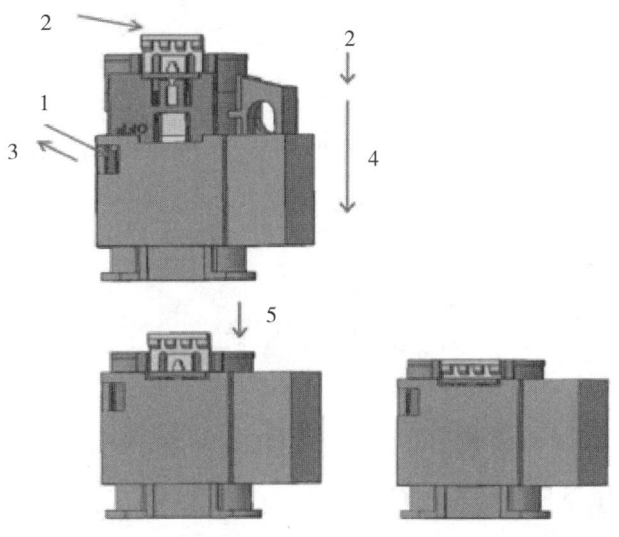

1.使用小螺丝刀穿过解锁开口　2.沿着接头外壳的方向按入固定钩（橙色部位）　3.从解锁开口处拆下小螺丝刀　4.按下橙色部位，一直按到底　5.接合固定钩

图 8-93

第十节　经典实例

一、一汽奥迪 Q2L e-tron 有静态故障码且无法清除

故障现象：因 BMCe 损坏或触发安全气囊后，维修后有静态故障码无法完成维修。

故障诊断：目前发现有 3 种故障码可以通过此方法删除，删除前请与厂家联系，避免故障未维修导致重复维修。

（1）8C 控制单元存有静态故障码，无法用常规手段删除，引导提示需要更换 BMCe（总成件，包含 J840 与 SX6）。在厂家指导下，为进一步确认故障，删除故障码后进行故障再现，观察一段时间后再判断是否更换。当前碰到过的故障码，如表 8-6 所示。

（2）车辆发生过事故并触发了安全气囊，更换安全气囊相关组件后，车辆无法重新投入使用。8C 中

表 8-6

故障码	故障类型	症状	状态
P0D0800：蓄电池充电系统正极充电接触器卡在关闭位置	主动/静态	42266	10101111
P060400：控制单元 RAM 内部系统故障	主动/静态	42132	10101111
P0D0900：蓄电池充电系统正极充电接触器卡在开启位置	主动/静态	42269	11100101
P0D0901：蓄电池充电系统负极充电接触器卡在开启位置	主动/静态	42278	11100101

有静态故障码 P160900：已触发碰撞切断。根据引导无法完成故障码自动清除，需执行基本设置删除静态故障码，如图 8-94 所示。

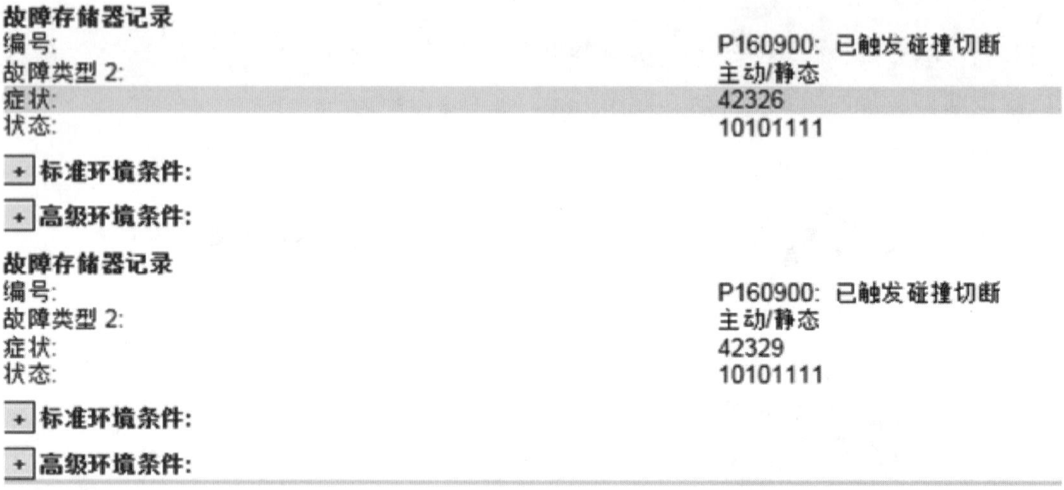

故障存储器记录
编号：　　　　　　　　　　　　　P160900：已触发碰撞切断
故障类型 2：　　　　　　　　　　主动/静态
症状：　　　　　　　　　　　　　42326
状态：　　　　　　　　　　　　　10101111
＋ 标准环境条件：
＋ 高级环境条件：

故障存储器记录
编号：　　　　　　　　　　　　　P160900：已触发碰撞切断
故障类型 2：　　　　　　　　　　主动/静态
症状：　　　　　　　　　　　　　42329
状态：　　　　　　　　　　　　　10101111
＋ 标准环境条件：
＋ 高级环境条件：

图 8-94

（3）车辆因故障更换了 BMCe，维修后有静态故障码 P062F00：控制单元 EEPROM 内部系统故障（如图 8-95 所示），无法删除，导致维修无法完成。

故障存储器记录
编号：　　　　　　　　　　　　　P062F00：控制单元 EEPROM 内部系统故障
故障类型 2：　　　　　　　　　　主动/静态
症状：　　　　　　　　　　　　　42388
状态：　　　　　　　　　　　　　10101111
＋ 标准环境条件：
＋ 高级环境条件：

图 8-95

故障排除：

（1）诊断仪连接车辆，进入自诊断 008C-005 基本设置，选第 3 个，故障存储器条目的删除许可。

（2）输入登录码，获取授权。

（3）读取 8C 故障码，删除故障码。

（4）刷新确认故障码已删除，若仪表还有报警，可尝试切换点火开关或车辆休眠后再查看仪表报警情况。

故障总结：静态故障码，删码需谨慎。删除前请与厂家联系，避免故障未维修导致重复维修。

二、2019 年一汽奥迪 Q2L e-tron 无法启动

故障现象：根据用户描述充完电后，车辆无法启动；执行启动程序时，仪表提示"充电插头尚未拔出，车辆无法行驶"（如图 8-96 所示），同时左上角还有红色的充电插头亮起，此时只有点火开关可以打开。

出现仪表提示后，充电插座上根本没有连接充电插头，而且在充电插座上面的指示灯一直亮起黄色指示灯，如图 8-97 所示。

图 8-96

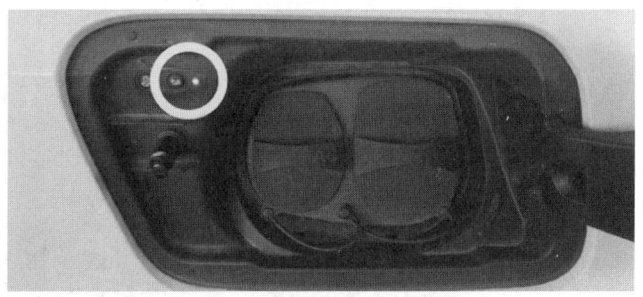

图 8-97

故障诊断：

（1）使用诊断仪 VAS 6150E，发现在高压蓄电池充电管理 BD-J966 里面有两个偶发故障记录：P33E100：充电插座 A，电气故障；PSSEC00：充电插座 A 上的外部插头，电气故障。如图 8-98 所示。

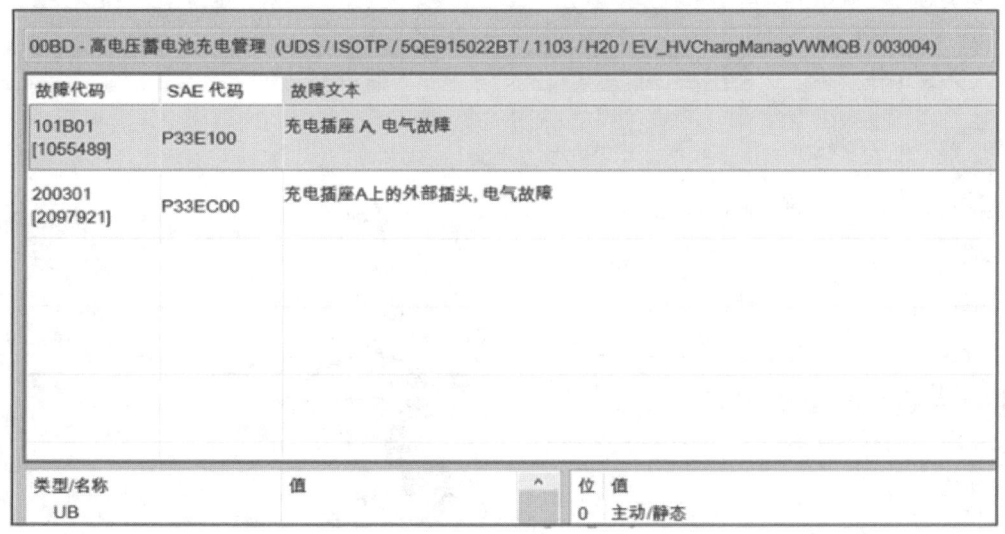

图 8-98

（2）读取 BD 测量值，发现在测量值蓄电池充电插座 A 里，插头识别状态会来回发生变化显示一个故障或未识别（注意，若连接了充电插头，这个识别状态会显示一个故障，正常车辆上面也是这样显示）。另外，在高压充电插头锁止件上也是来回显示已锁止或未连锁，正常车辆上面未插入充电插头时显示未连锁，如图 8-99 所示。

（3）观察故障车上面的充电插座，发现锁止机构一直处于伸出状态，尽管此时没有插入充电插头，而正常情况下，在没有插插头的时候，该锁止机构是处于缩回状态。对比图如图 8-100 所示。

（4）于是根据仪表提示（如图 8-101 所示）和测量值，怀疑是控制单元出现故障。查询资料发现该

图 8-99

故障车　　　　　　　　　　　　　　　正常车

图 8-100

机构由高压蓄电池充电管理控制单元 J966 控制，其安装在行李箱右后侧，方便拆装。于是先将该控制单元断电，发现故障未消失。打算从试驾车上面进行对调一个试一试。当故障车插入新的控制单元时，车辆可以正常启动，进入 READY 状态，此时车辆可以正常行驶，判断需要更换高压蓄电池管理控制单元 J966。

图 8-101

（5）当时以为更换了控制单元就好了，于是再给车辆充电试一试，结果将充电头插上车辆时，发现无法充电，指示灯还是亮起黄色指示灯，同时组合仪表上面又出现一个红色故障灯，显示"交流充电系统：故障！请联系服务站"，如图 8-102 所示。

（6）怎么换完了一个模块还会报另一个故障？不过此时发现在进行充电时，故障码 P33E100 充电插座 A，电气故障从偶发变成静态，如图 8-103 所示。

（7）执行 P33E100 充电插座 A 电气故障测试时，需要先进行高压断电，在断电的时候大家请注意，按照步骤一步一步执行，断完保养插头后，会询问仪表上面是否显示断电符号，此时尽管仪表上面没有显示如图 8-104 中的例子，但是要选择是，否则将进入了手动断电模式，过程又变得复杂，可能还没有

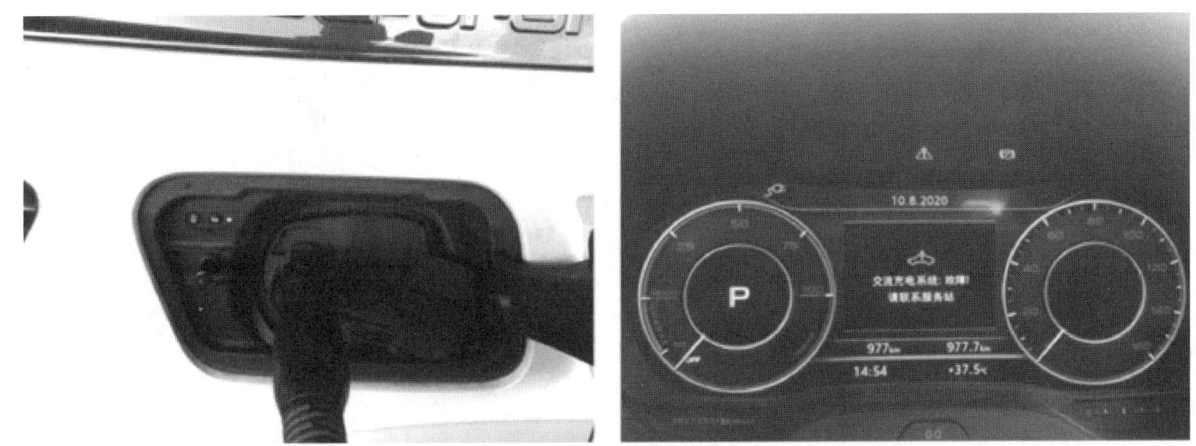

图 8-102

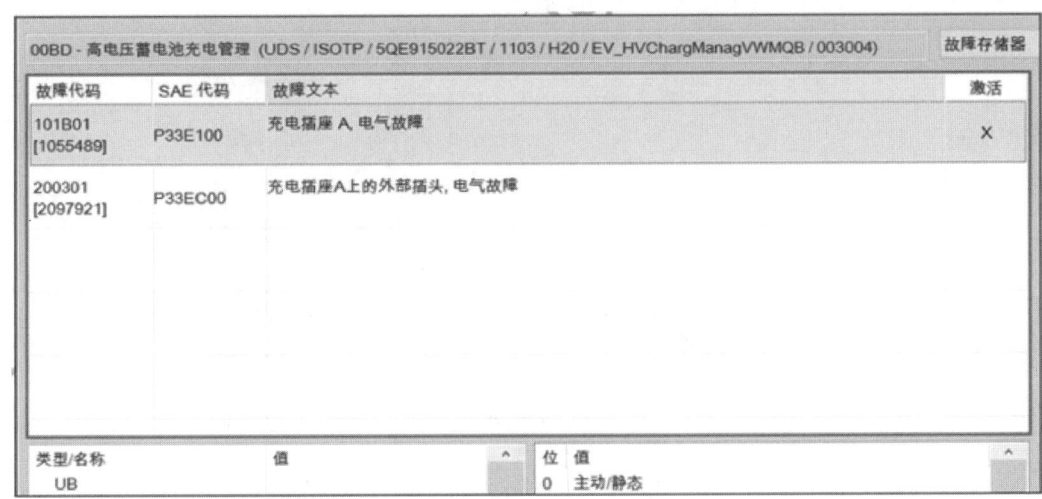

图 8-103

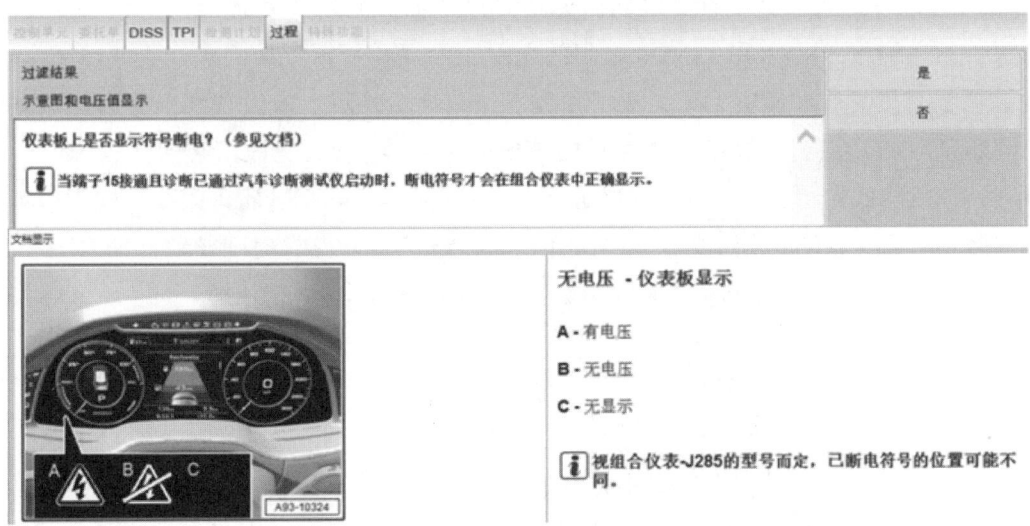

图 8-104

相关专用工具，所以在执行的时候要注意。

（8）断完电后，系统开始测量相关线束，首先检查 CC（T32E/12）和 PE 之间的电阻值，测量出来结果是 4.6kΩ，如图 8-105 所示。注意此处需要使用专用工具 VAS6558/17A 插入到充电插座上进行测量。

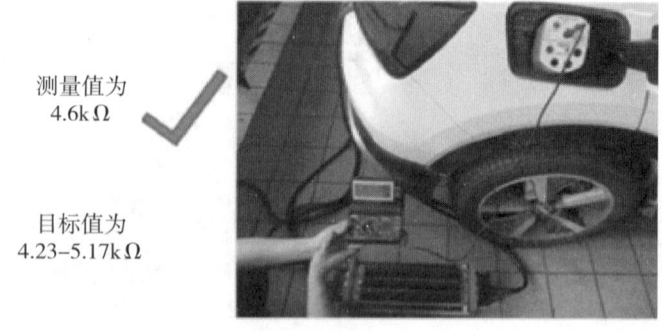

图 8-105

（9）接着测量 T32e/12 到温度传感器 T32e/10 的电阻，测量值为 0.156 MΩ，而目标值要求 >9MΩ（无穷大），如图 8-106 所示，所以该线路出现故障。测量试驾车上的这段线路，发现阻值符合目标值。

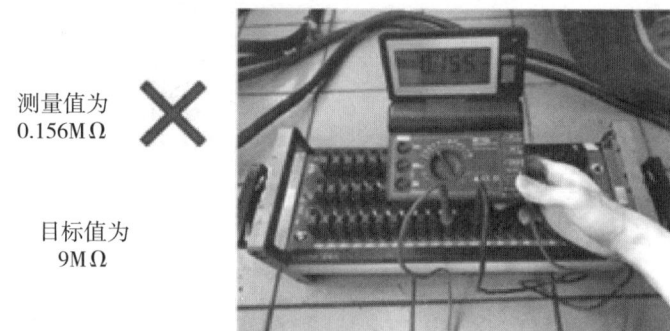

图 8-106

（10）于是根据电路图，开始排查线束问题。查询电路图，发现 J966 到插座之间还有一个中间插头（TCR），在右侧 C 柱附近。于是脱开 TCR 中间插头，从 J966 插头上面测量 T32e/12 和 T32e/10 之间的线路，阻值是无穷大。接着测量 T16X1 和 T16X/8 之间的电阻，发现和开始测量的一样为 0.15MΩ。本来想检查 T24d，发现该插头直接集成在插座上，无法单独拔下，单纯从外观上未发现线束有破损及其他问题，所以判断是充电插座 UX5 内部出现故障，但由于 UX5 集成在 UX4 里面，所以需要更换 UX4。

故障原因：该故障比较特殊，第一个是控制单元 J966 损坏造成充电插头锁止机构工作不正常，第二个是交流充电插座内部故障造成无法交流充电。怀疑 UX5 内部短路长时间导致 J966 损坏。

故障排除：更换高压蓄电池充电管理控制单元 J966 和高压充电插座 UX4。

故障总结：

（1）对于一些新的问题，根据引导一步一步仔细检查还是有必要的。

（2）在进行交流充电时，要注意充电前提：已挂入 P 挡，已拉紧驻车制动器且车辆未处于准备就绪状态；另外，要注意在充电过程中不得将充电电缆从插座或汽车充电接口中拔出，在从插座上拔出充电电缆前，请先将汽车解锁实现中断充电，否则会形成火星，从而有损坏插头触点的危险。

三、2020 年一汽奥迪 Q2L e-tron 安全气囊报警

发动机型号：EBDA。

故障现象：安全气囊报警，如图 8-107 所示。

故障诊断：诊断仪检查 15 安全气囊控制单元内有故障码 B101C11：驾驶员侧安全带开关对地短路，主动/静态，如图 8-108 所示。

万用表检查驾驶员侧安全带开关，不插入安全带时电阻为 1.6Ω，而插入安全带时为无穷大，感觉应该是正常的。但奇怪的是不插安全带系统报码为 B101C11：驾驶员侧安全带开关对地短路，而插上安全带则故障码变为 B101C15：驾驶员侧安全带开关断路/对正极短路。为什么同一个开关会报两

图 8-107

图 8-108

个不同的故障码？

为一次解决故障，检查了正常车的驾驶员侧安全带开关电阻值，发现安全带在未插入时电阻为 400Ω 左右，如图 8-109 所示；当安全带插入后电阻为 100Ω 左右，如图 8-110 所示。

通过比对检查确认是安全带开关内部存在故障。为进一步确认更换该开关后故障是否能够得到排除，采用电阻模拟器分别模拟 400Ω 和 100Ω 阻值，结果显示安全带警示灯能够正常亮起和熄灭，安全气囊内的故障码也能够清除，确定安全带开关损坏，如图 8-111 所示。

故障排除：安全带开关根据经验一般只是一个开关，而该车也符合开关特性。该车安全带开关上两根线，一根线是直接接地，另外一根是由气囊控制单元过来的 2.3~2.5V 的一个参考电压。气囊控制单元通过识别不同的电压降（由于安全带开关状态不同，接入的电阻也不同）来判定安全带开关状态。该开关目前在未插入时电阻为 1.6Ω，直接将电位拉低为 0，所以系统判定为对地短路；而插入安全带后该开关处于断路状态，此时系统参考电压保持不变，所以判定为断路或对正极短路。

图 8-109　　　　　　　　　　　　　　　　图 8-110

故障总结：通过本例再一次说明不能仅凭经验修车，能参考资料则参考资料；没有参考资料就需要自己对比收集和总结，只有这样才能提高一次修复率。

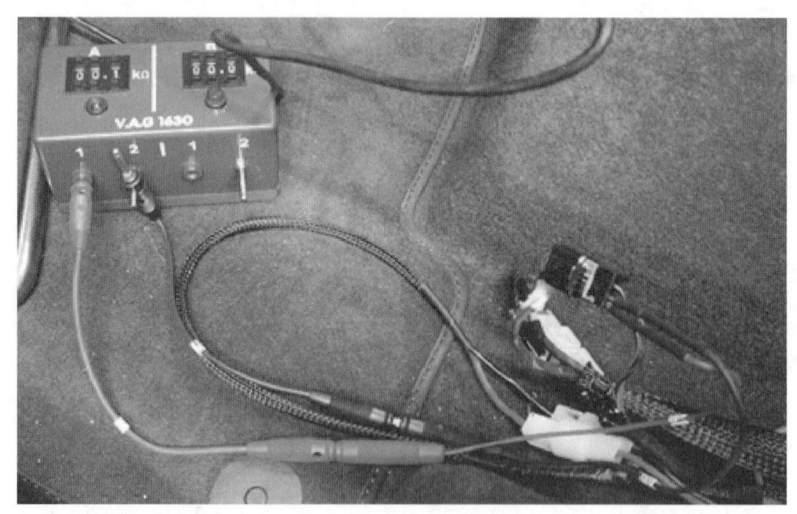

图 8-111

第九章　奥迪 A6L（C8） TFSIe

第一节　充电系统

一、高压充电系统

（一）概览

支持交流充电，如图 9-1 所示。充电时间：约 10h/1.8kW，约 2.5h/7kW。

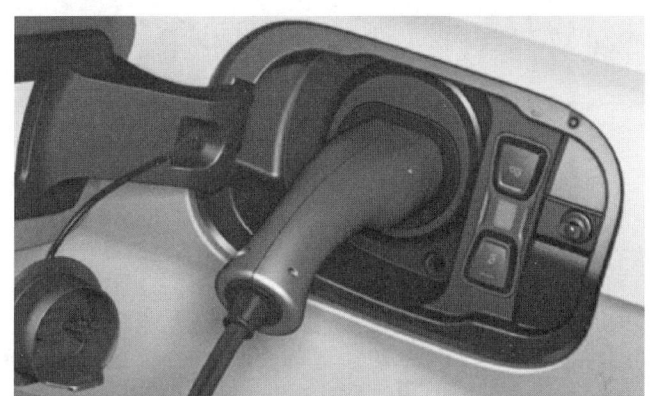

图 9-1

（二）充电场景

充电场景，如图 9-2 所示。

1. 充电场景——家庭充电。

（1）模式 1：插座 + 线缆 + 车，如图 9-3 所示。

①不用于奥迪。

②充电电流小于等于 8A。

③插座与车彼此直接相连。必须通过电气安装

公用充电桩充电　　　　　　　　在家充电

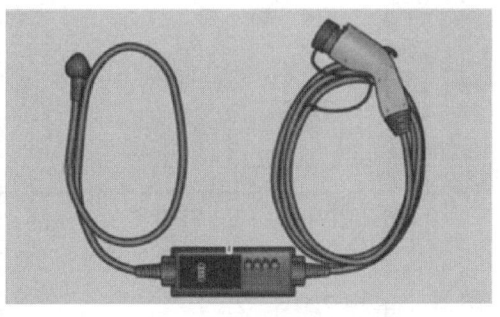

图 9-2

来防电击。

④车辆和充电电源之间无通信。

（2）模式 2：插座 + 充电单元 + 车，如图 9-4 所示。

①车辆是通过充电单元来与充电电源相连的。

②充电单元监控故障电流并具备漏电保护功能。

③车辆和充电单元之间有通信。

2. 充电场景——公用充电模式。

（1）模式 3：交流充电桩 + 车，如图 9-5 所示。

①单相充电电缆，充电功率最大 7.2kW。

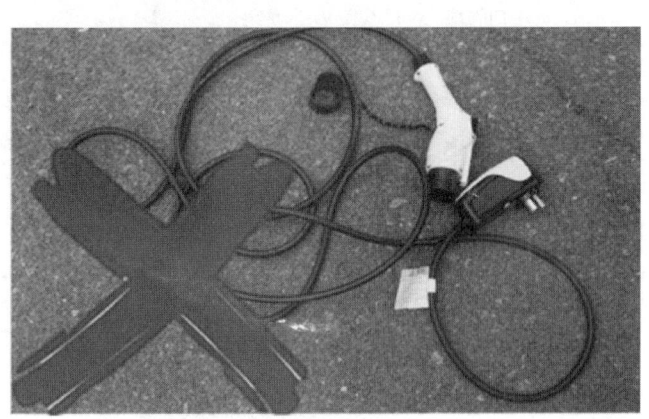

图 9-3

②充电桩用交流（AC）充电，监控故障电流并具备漏电保护功能。

③车辆和充电桩之间有通信。

（三）奥迪充电政策

奥迪充电政策，如图9-6所示。

1. 充电政策——奥迪专属充电盒，壁挂式充电器，如图9-7所示。

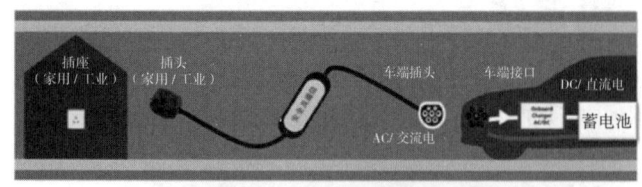
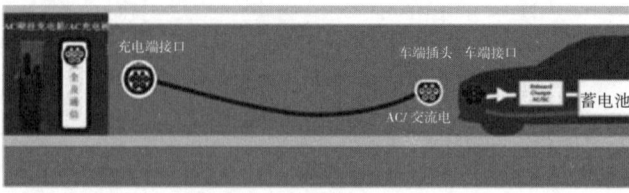

图 9-5

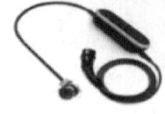

挂墙盒

图 9-4

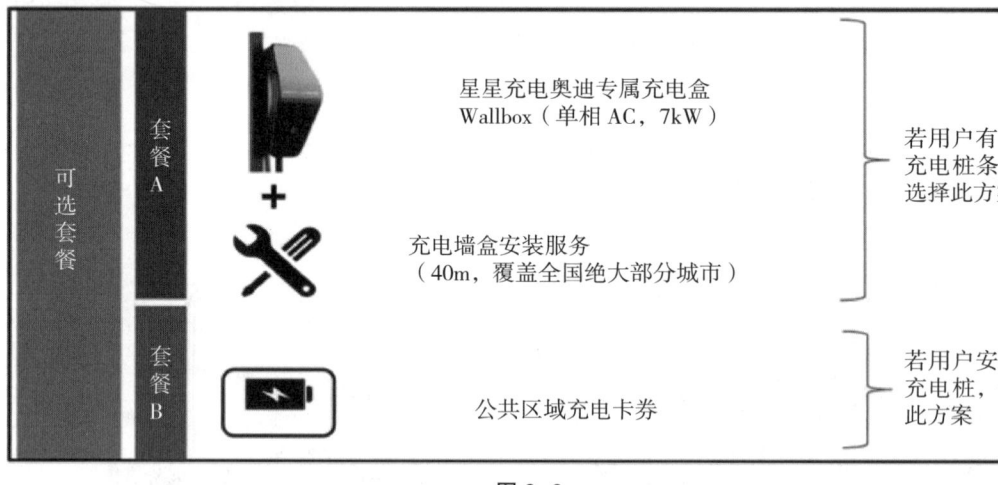

图 9-6

输出功率：7kW（单相 220V 32A）。

启动方式：刷卡启动 /APP 联网控制。

工作温度：-30~50℃。

使用寿命：大于 8 年。

质量担保：3 年。

使用次数：大于 10000 次。

2. 充电政策 My Audi APP，如图 9-8 所示。

（四）充电接口

充电接口，如图 9-9 所示。

（五）充电插座 1 UX4

充电插座 1 UX4，如图 9-10 所示。

1. UX4 连接过程。

（1）首先连接保护性导体 PE，然后连接相位 L1、L2 和零线 N。

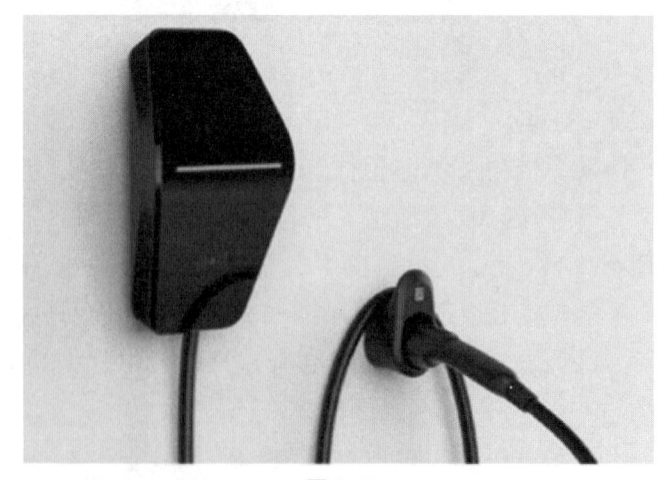

图 9-7

图 9-8

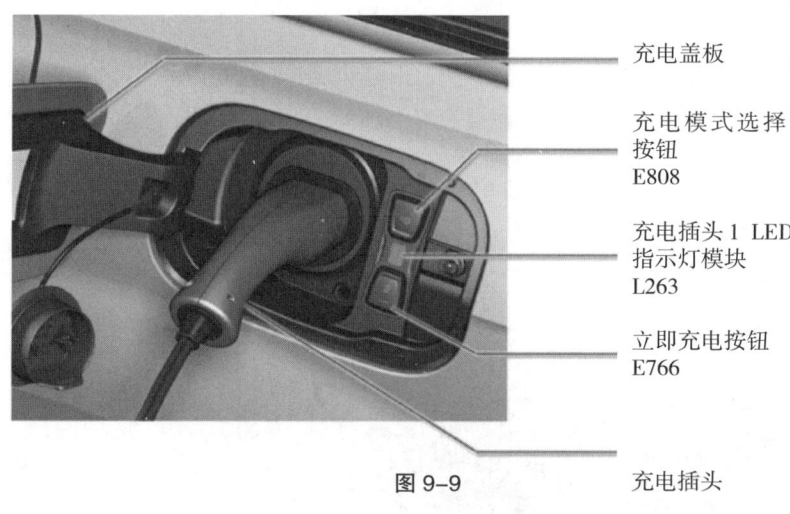

图 9-9

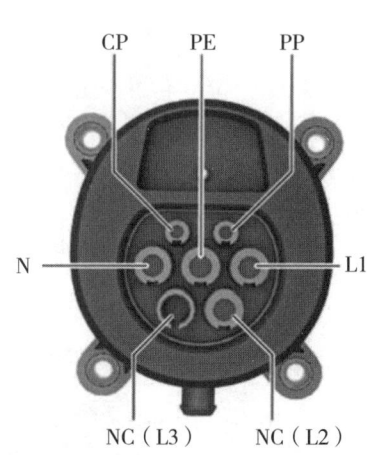

CP.车辆许可/取消充电　L1.AC相位1　L2.AC相位2　L3.AC相位3　N.中性导体　NC.未占用　PE.接地　PP.最大电流强度/导线横截面

图 9-10

（2）接触 PP。

（3）接触 CP。

（4）锁止充电插头并自动操作电子制动器。

2. CP 和 PP 的作用。

（1）充电插头是否连接车辆。

（2）充电电流和线缆截面积。

（3）充电插头是否上锁。

（六）充电接口

1. 充电盖板开闭功能。

（1）当车辆上锁后，充电盖板随整车一起上锁。

（2）当车辆解锁后，高压蓄电池充电器控制单元 J1050 解锁高压充电盖板锁止装置执行元件 1 F496，此时可通过按压的方式手动打开充电盖板，如图 9-11 所示。

2. 拔出充电插头。

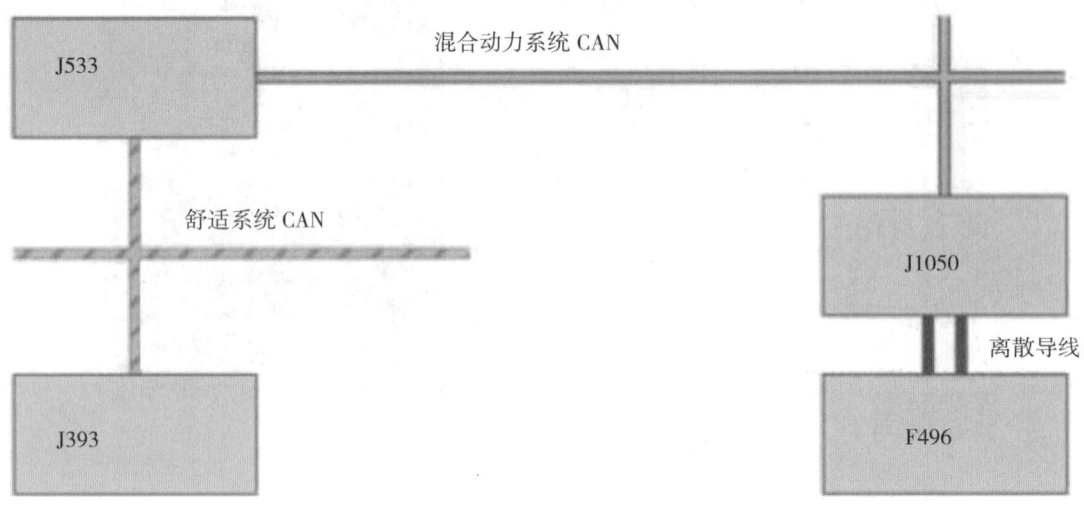

图 9-11

充电插头只能在停止充电后方能拔出。停止充电方式为解锁车辆，按压充电口处的充电按键。

3. 应急解锁。

（1）当出现故障时，可通过行李箱左侧拉绳应急解锁。

（2）红色拉绳①解锁充电盖板，如图 9-12 所示。

（3）黄色拉绳②解锁充电插头。

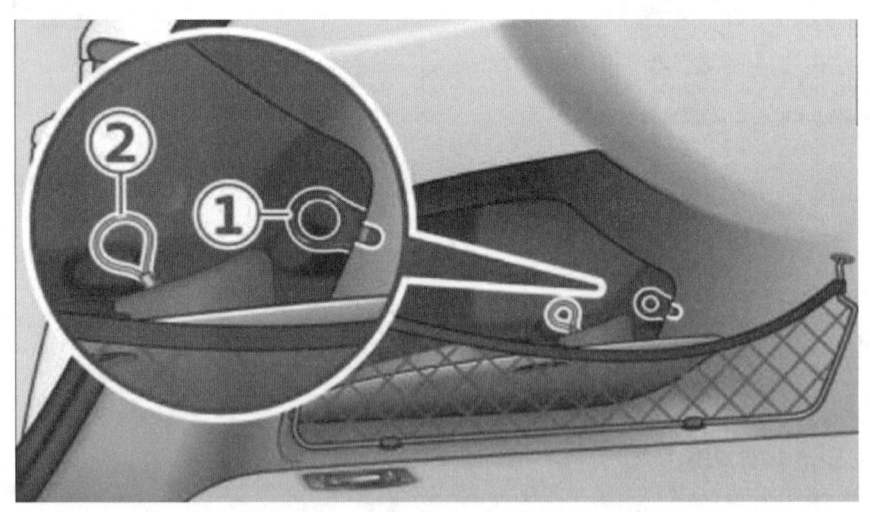

图 9-12

（七）充电指示灯

充电指示灯，如图 9-13 所示。

（八）定时充电

1. 通过定时器设定，使汽车到出发时间点充足电。

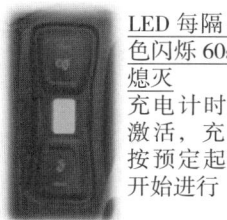 LED 每隔 4s 呈绿色闪烁 60s，随后熄灭
充电计时器已被激活，充电过程按预定起始时间开始进行

 LED 呈绿色在跳动 充电正在进行

 LED 呈绿色亮起，随后熄灭 充电结束

 LED 呈黄色闪烁 识别出插头且插头已上锁；选挡杆没在挡位 P；无法充电

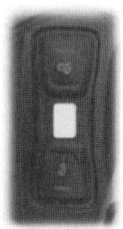 LED 呈黄色亮起 识别出插头且插头已上锁；无法充电

 LED 呈红色亮起 识别出插头，但插头没上锁；无法充电

图 9-13

2. 定时器可设定单次定时器或者多次重复。

3. 同时还可以勾选电动空调，根据空调设置中的温度进行加热或制冷，如图 9-14 所示。

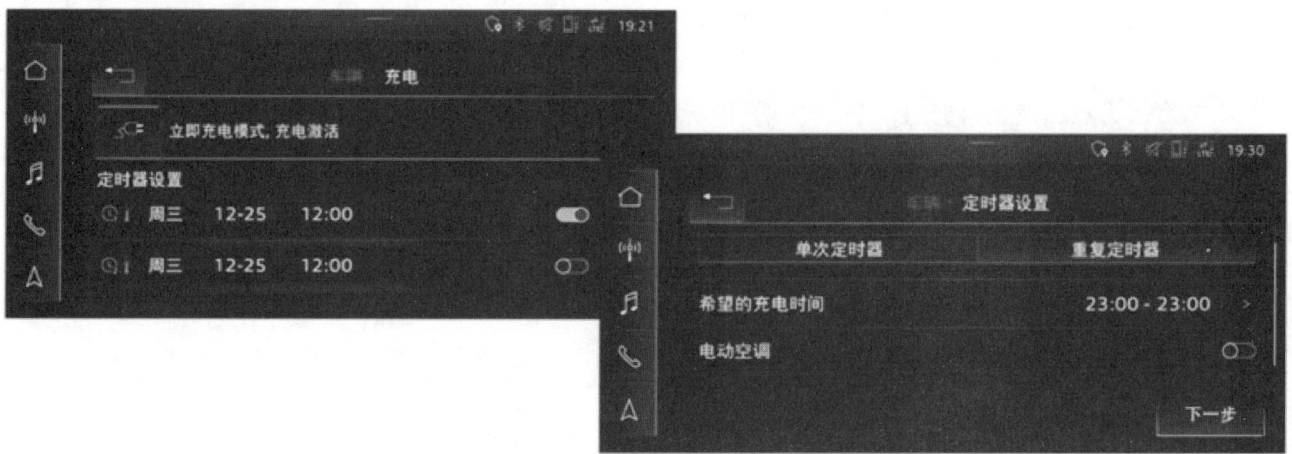

图 9-14

第二节 发动机系统

一、燃油箱

燃油箱，如图 9-15 所示。

（一）燃油箱与炭罐连接关系，如图 9-16 所示。

（二）活性炭罐的工作过程

1. 在纯电动行驶模式下，电磁阀 N94 封闭通往活性炭罐的排气管，使活性炭罐在例如整日电动行驶等情况下不会充满燃油蒸气。

2. 因为排气管封闭时受温度影响，燃油箱内的压力上升，所以燃油箱排气压力传感器 1 G950 监

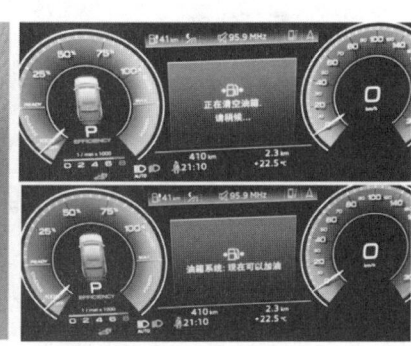

图 9-15

控燃油箱内部压力，相对压力达到30kPa（0.3bar）时，传感器通过发动机控制单元促使电磁阀N94打开。此外，该阀门在按下燃油箱盖解锁按钮时也会打开，以防止在打开燃油箱盖加油时燃油从加注接管中溅出。

此外，该阀门在按下燃油箱盖解锁按钮时也会打开，以防止在打开燃油箱盖加油时燃油从加注接管中溅出（A6L e-tron实车未能验证）。

二、主动式加速踏板

主动式加速踏板，如图9-17所示。

1. 压力点的产生取决于混合动力管理系统的要求。
2. 主动式加速踏板控制单元J1115从混合动力管理系统获取信息。
3. 压力点是会随着混合动力蓄电池的电量推移。
4. 越过压力点，发动机会启动。
5. 配备效率辅助系统时，主动式加速踏板会产

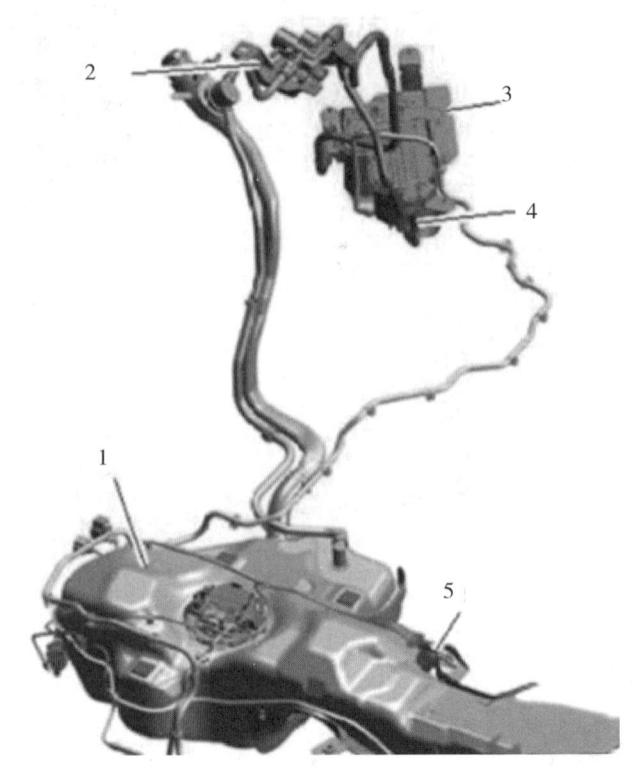

1.燃油箱 2.电磁阀N94 3.炭罐 4.排气管 5.压力传感器G950

图 9-16

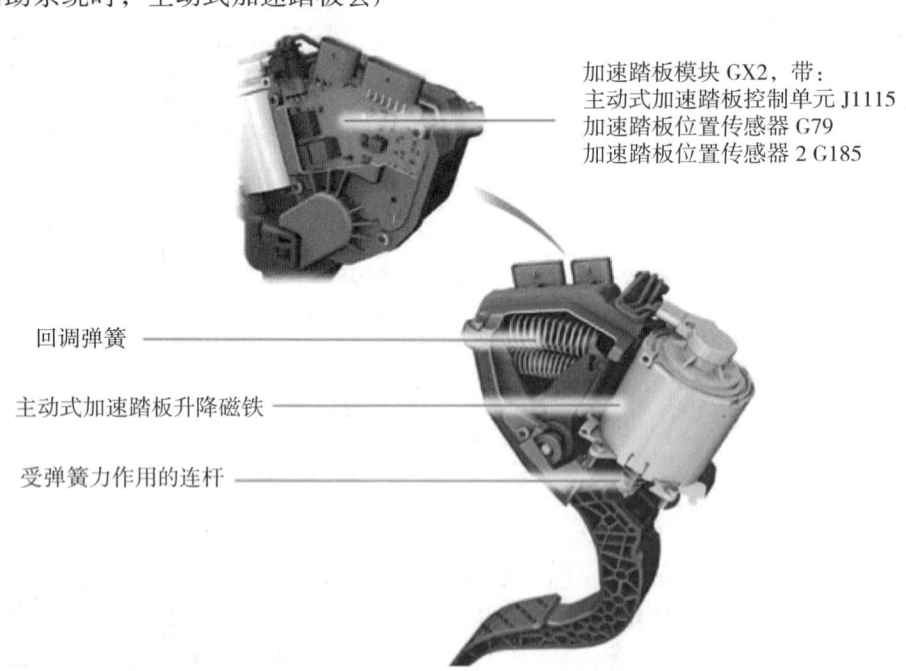

图 9-17

生一个短时间的反作用力，即"叩击"，如图9-18所示。

预测信息反馈：如果系统认为您应该松开加速踏板以便节能驾驶，那么在加速踏板上会有触感反馈信号。触感压力点表示发动机启动的时间点，各压力点不同，并且要看高压蓄电池的电量情况，如图9-19所示。

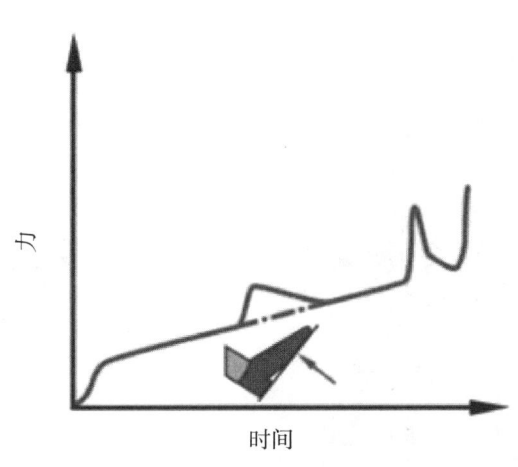 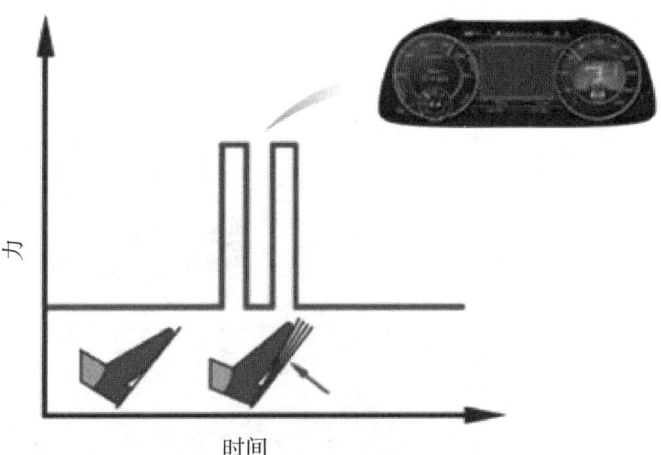

图 9-18

三、制动踏板位置传感器 G100/G836（如图 9-20 所示）

（1）制动踏板位置传感器 G100/G836 连接在控制单元 104、J623、J393、J539 上。

（2）控制单元 623 通过制动踏板位置传感器 G100/G836 的信号来操控电力制动（能量回收）。

（3）如果传感器 G100/G836 失效，那么就不会有制动能量回收了。在组合仪表显示屏上，这时会显示下面的黄色警报灯。

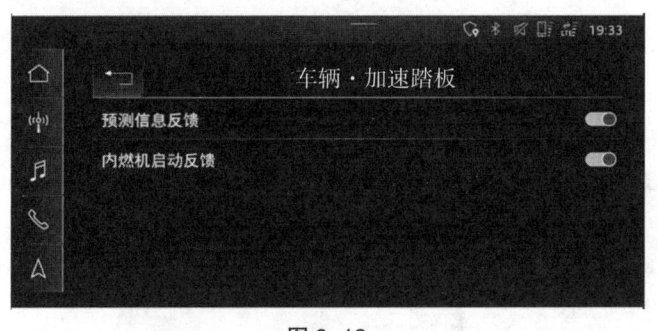 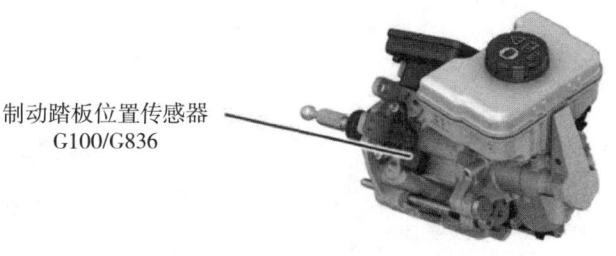

图 9-19　　　　　　　　　图 9-20

四、主动式液压发动机悬置

（一）系统结构组成

（1）总成悬置传感器 1 G748，如图 9-21 所示。

（2）总成悬置传感器 2 G749。

（3）总成悬置执行元件 1 N513。

（4）总成悬置执行元件 2 N514。

（5）总成悬置控制单元 J931。

（二）总成悬置控制单元 J931

总成悬置控制单元 J931 诊断地址码：BA。

总成悬置控制单元 J931 位置，如图 9-22 所示。

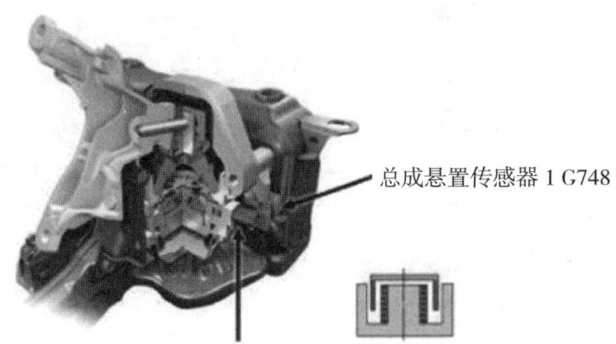

图 9-21

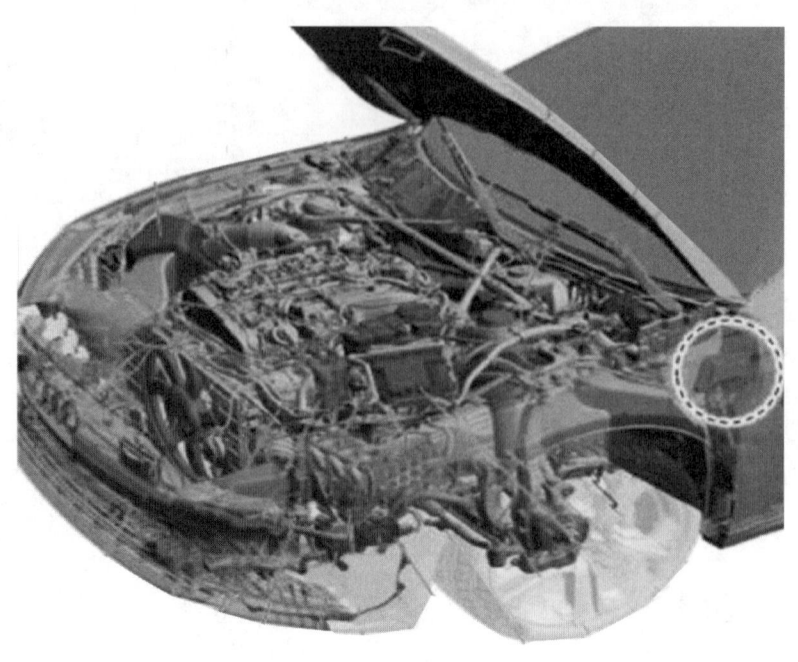

图 9-22

（三）系统一览

系统一览，如图 9-23 所示。

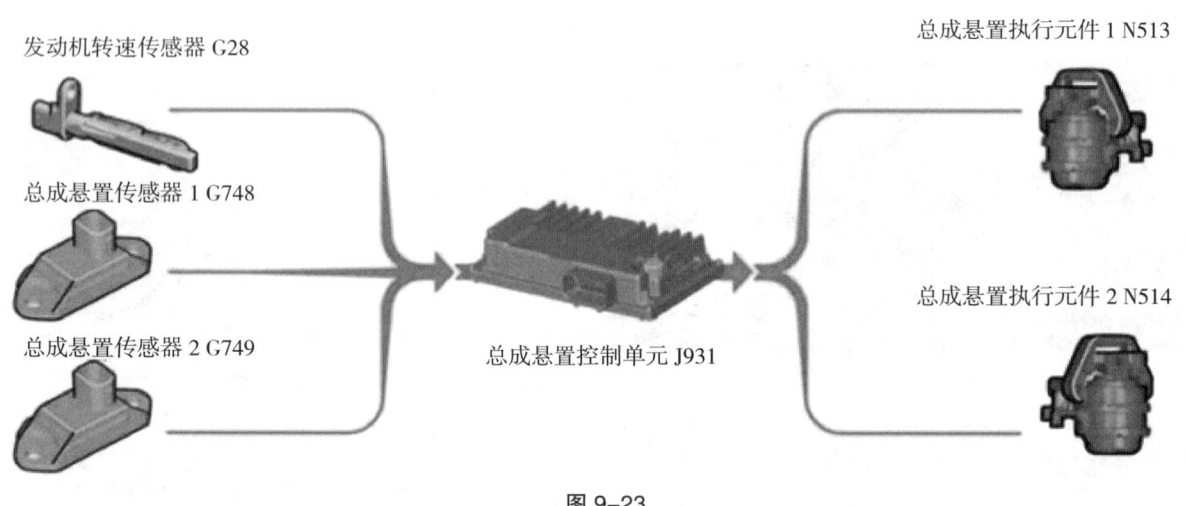

图 9-23

（四）功能

（1）发动机传递过来的震动由总成悬置传感器 G748 和 G749 进行测量，在传感器的测量值会发送给总成悬置控制单元 J931，发动机转速 G28 为另一个重要的输入参数。

（2）总成悬置控制单元 J931 将计算得出的控制信号发送给总成悬置执行元件 N513 和 N514。

（3）通过主动式液压发动机悬置声产生一个抵消震动，用于提高行驶舒适性的，在一个较宽的频率范围内都能消除震动。

（五）电路结构图

电路结构图，如图 9-24 所示。

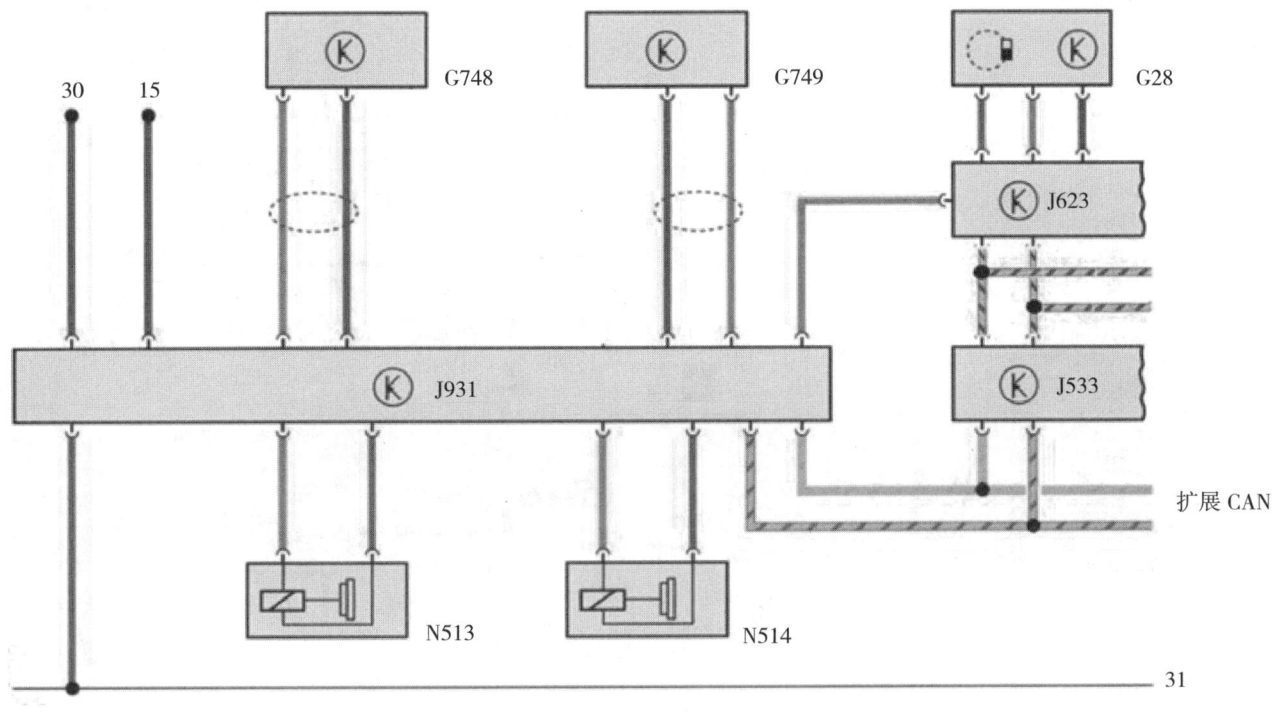

图 9-24

第三节 动力系统

一、概述

采用双离合器变速器 DL382E-7A,该变速器专为 PHEV 车型而开发,属于 DL382 变速器系列;DL382E-7A 变速器的售后代码为 0DK,如图 9-25 所示。

二、7 挡双离合变速器 0DK

0DK 变速器是在采用 quattro ultra 技术的 0HL 变速器上增加了一个与变速器输入轴直接相连的电机;发动机通过离合器 K0 与传动系断开,如图 9-26 所示。

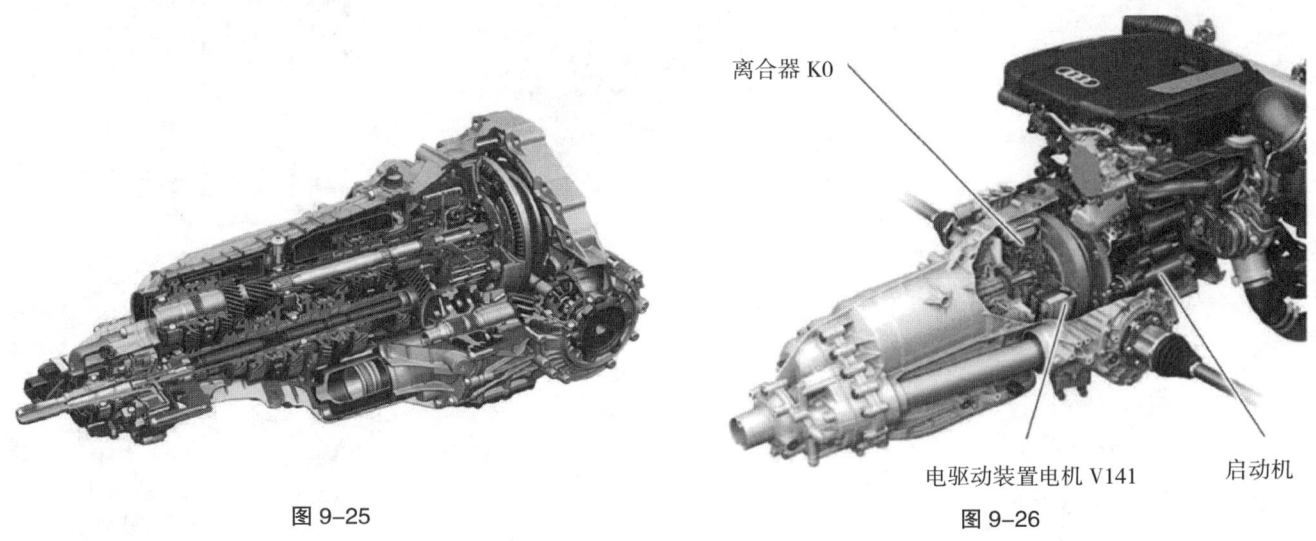

图 9-25

图 9-26

(一)传动装置示意图

发动机、电机和变速器与K0、K1和K2的3个离合器之间的动力传递关系,如图9-27所示。

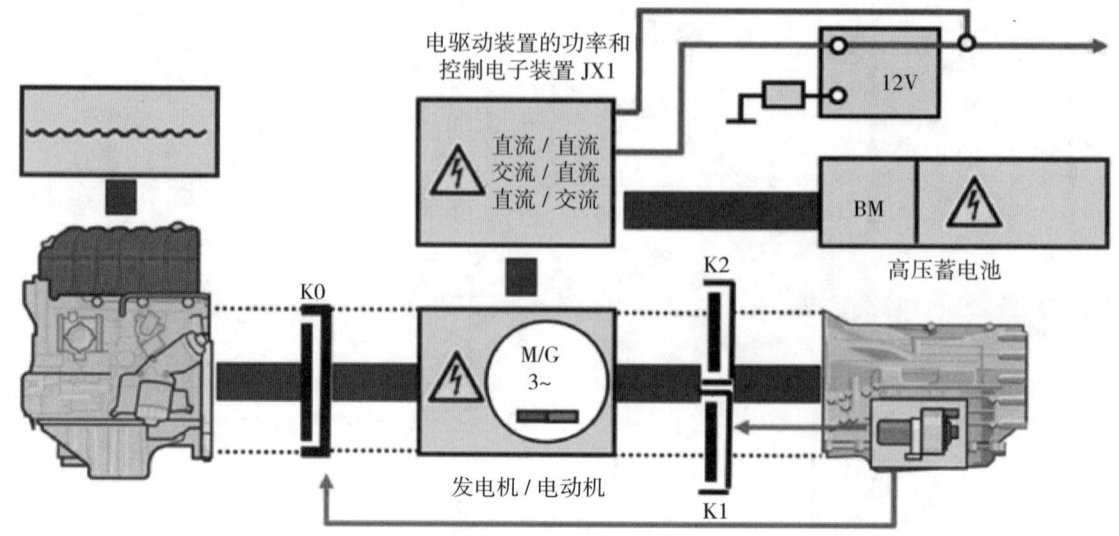

图 9-27

(二)部件位置图

部件位置图,如图9-28所示。

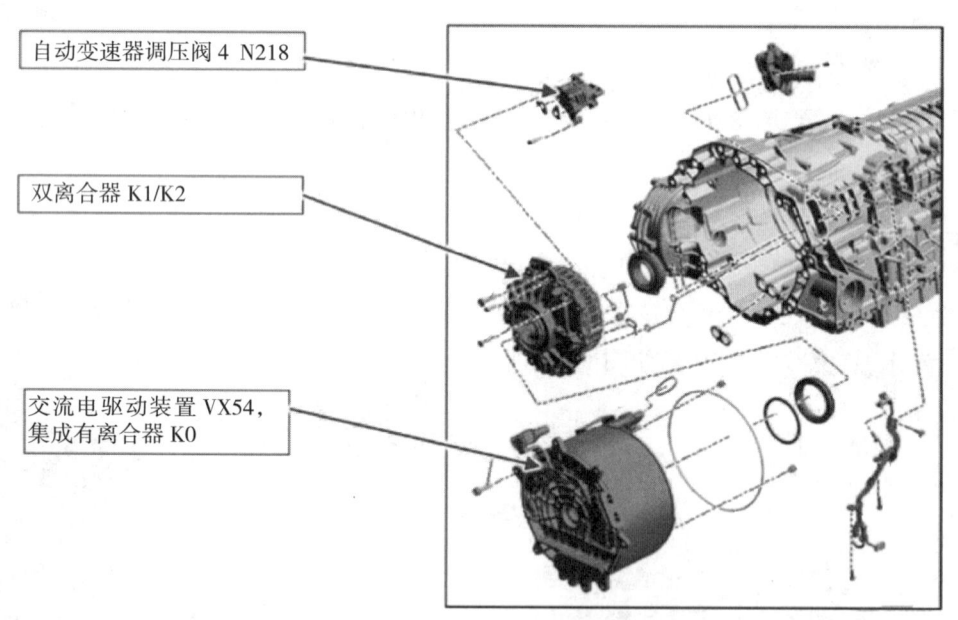

图 9-28

(三)电机(如图9-29所示)

电机类型:内转子永磁激励式同步电机。

冷却方式:水冷。

峰值功率:105kW/312V。

峰值扭矩:420N·m/480A。

持续功率:55kW/267V。

持续扭矩：170N·m。

转速范围：0~7000r/min。

交流电驱动装置 VX54 采用水冷方式冷却。

（四）离合器 K0

（1）转子与离合器 K0 为一个整体，如图 9-30 所示。

图 9-29

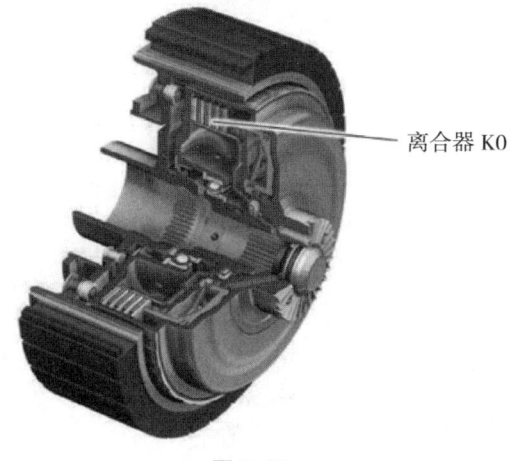

图 9-30

（2）离合器 K0 通过自动变速器调压阀 4 N218 控制接合，如图 9-31 所示。

（五）售后服务

（1）更换交流电驱动装置 VX54、自动变速器调压阀 4 N218 或双离合器后，汽油发动机有损坏的危险。为此，需要调节并校准交流电驱动装置 VX54 的分离离合器 K0。

（2）执行诊断仪 0002 校准分离离合器 K0。

三、传动装置示意图

（一）电动行驶

电动行驶（以 1 挡为例），如图 9-32 所示。

（1）K1 闭合，利用高压蓄电池提供的电能，三相交流电机 V141 电驱动将动力传递至变速器。

（2）V141 当前工作模式是电动机。

（3）高压蓄电池也为 12V 车载电网供电，为 12V 铅酸蓄电池充电。

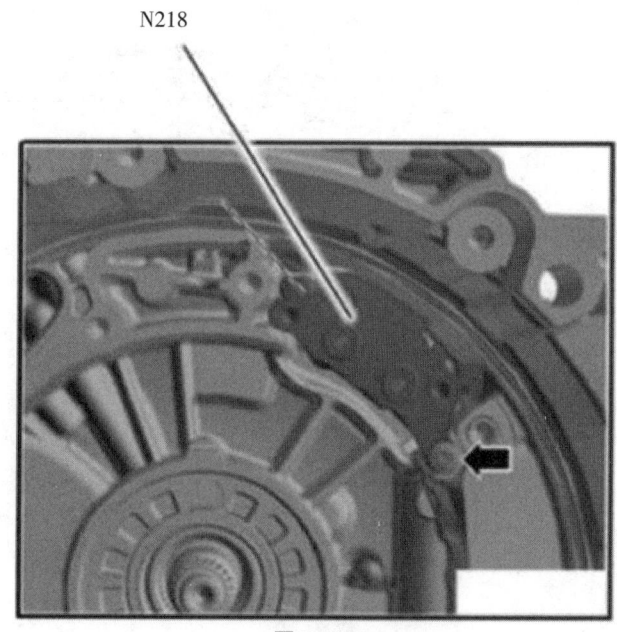

图 9-31

（二）启动发动机

启动发动机，如图 9-33 所示。

（1）K0 闭合，利用高压蓄电池提供的电能，三相交流电机 V141 电驱动带动发动机启动。

（2）V141 当前工作模式是启动机。

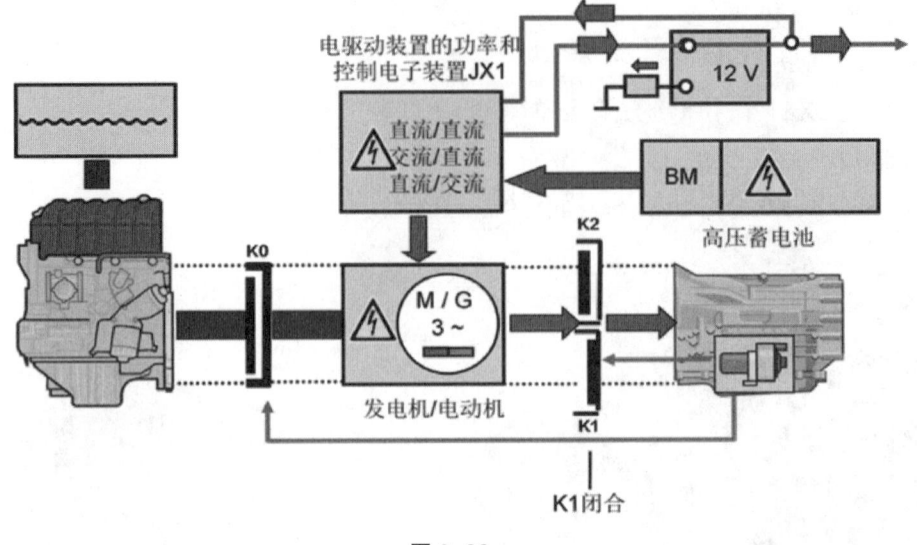

图 9-32

图 9-33

（三）发动机驱动行驶

发动机驱动行驶（以 1 挡为例），如图 9-34 所示。

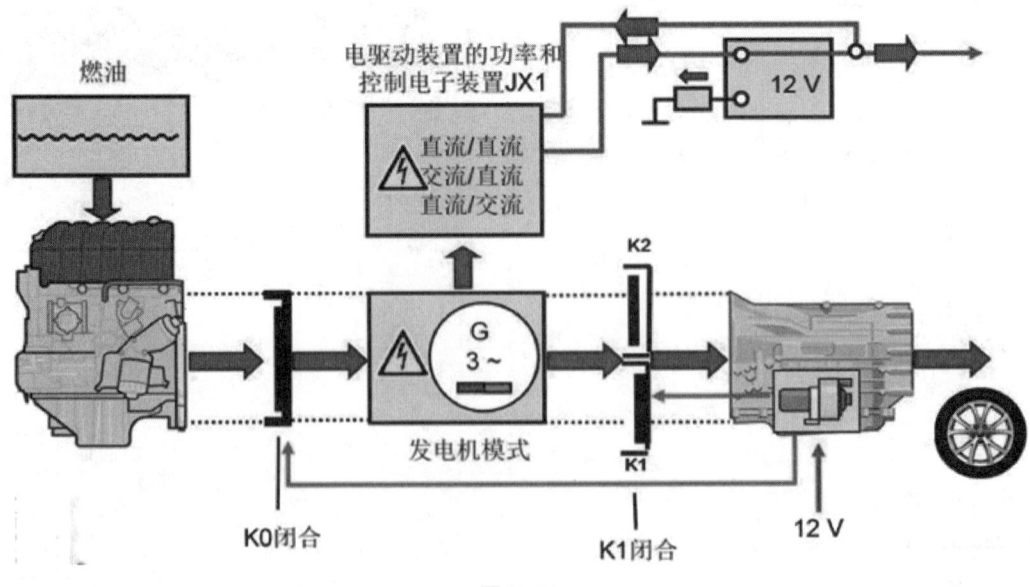

图 9-34

（1）K0、K1闭合，发动机运转，将动力传递至变速器，驱动车辆行驶。

（2）V141被发动机带动转动，当前工作模式为发电机。

（3）V141发电给车载电网供电，并为12V铅酸蓄电池充电。

（四）BOOST模式

BOOST（以1挡为例），如图9-35所示。

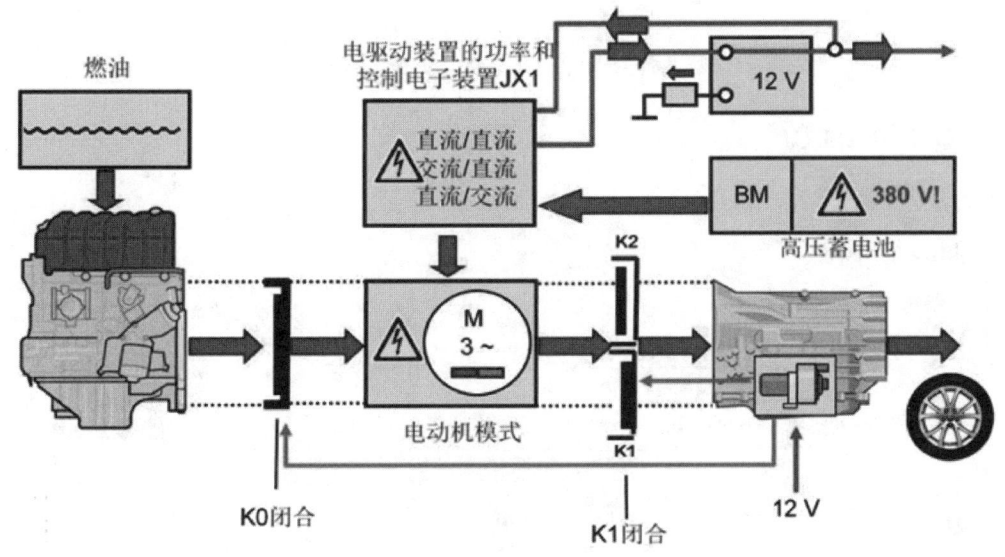

图9-35

（1）K0、K1闭合，发动机运转，向外提供动力输出。

（2）同时高压蓄电池也向外提供电能，三相交流电机V141的电驱动力和发动机驱动力两者相叠加，达到最大的动力输出，将动力传递至变速器。

（3）V141当前工作模式为电动机。

（4）BOOST工作模式需要在行驶挡位下，将加速踏板踏至强制降挡点。

（五）能量回收

能量回收（以1挡为例），如图9-36所示。

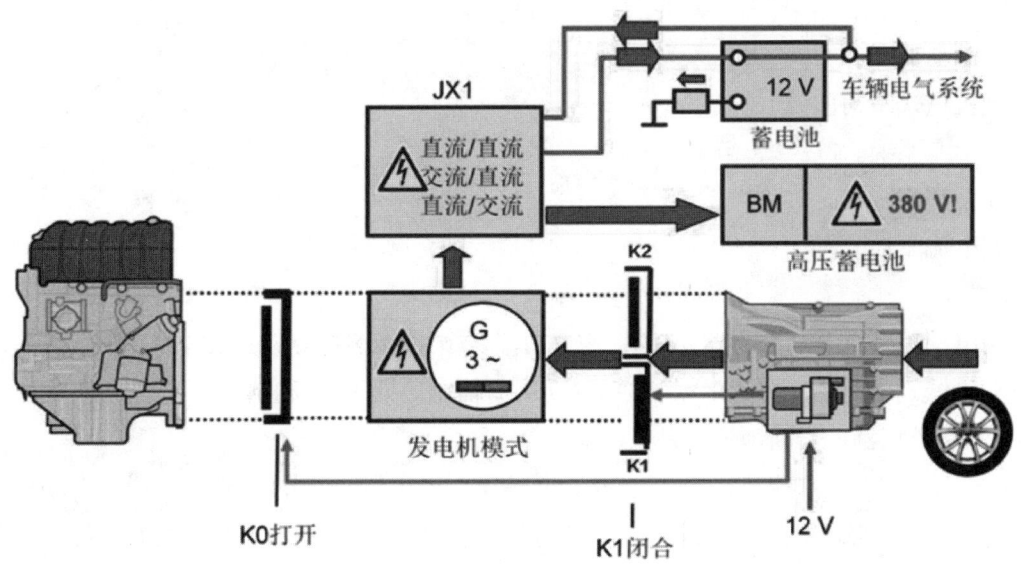

图9-36

（1）K1闭合，V141在变速器的反拖带动下旋转发电，发出的电能将为高压蓄电池充电，并为12V车载电网供电，同时12V铅酸蓄电池充电。

（2）V141当前工作模式为发电机。

（3）通过能量回收模式可以将整车减速的惯性动能转换为电能存储在高压蓄电池，为电驱动行驶提供电能储备。

第四节　底盘系统

一、带VX70的eBKV

（一）结构

结构，如图9-37所示。

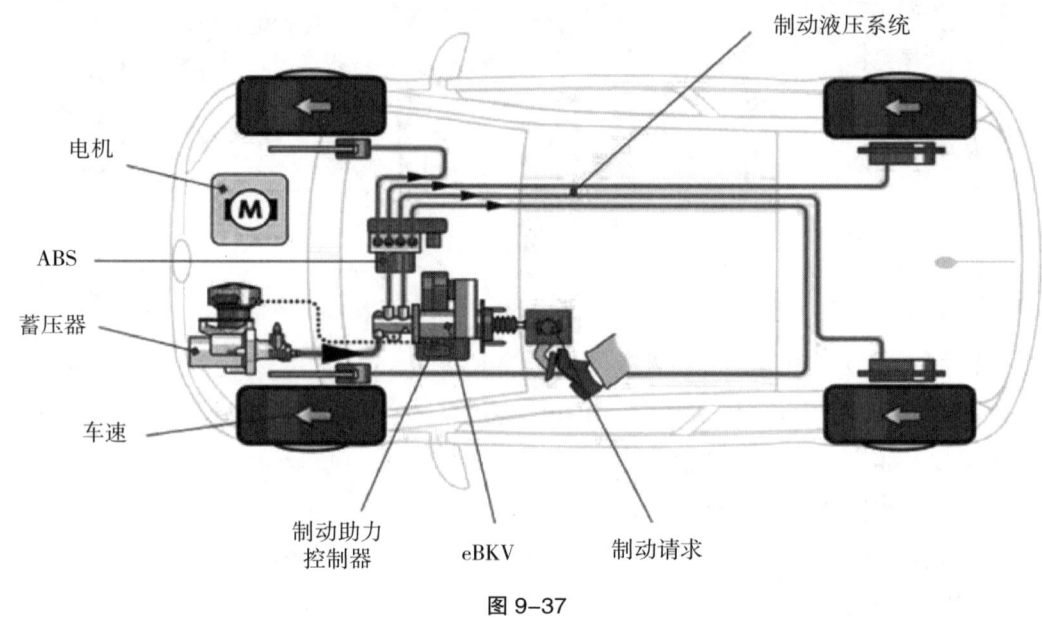

图9-37

制动系统包括：

（1）串联式制动主缸。

（2）车轮制动器。

（3）电子机械式制动助力器。

（4）ESC/ABS系统。

（5）制动系统蓄压器。

（6）三相电流驱动装置。

（二）组成

（1）采用电动机械式制动助力器eBKV，省去了真空泵以及真空制动助力器，如图9-38所示。

（2）电动机械式制动助力器eBKV，包括制动助力控制单元J539和制动系统蓄压器VX70。

（3）eBKV和蓄压器的诊断地址码是23。

即使在纯电动行驶时，如果踩了制动踏板，也必须要增大制动力的。这时，利用发动机进气歧管压力来增大制动力就无法实现了，因为这个真空助力只能在普通的行驶模式上才会有。因此，就采用了电动机械式制动助力器（eBKV），这也就省去了需要另加的真空泵以及气动制动助力器了。与传统的气动

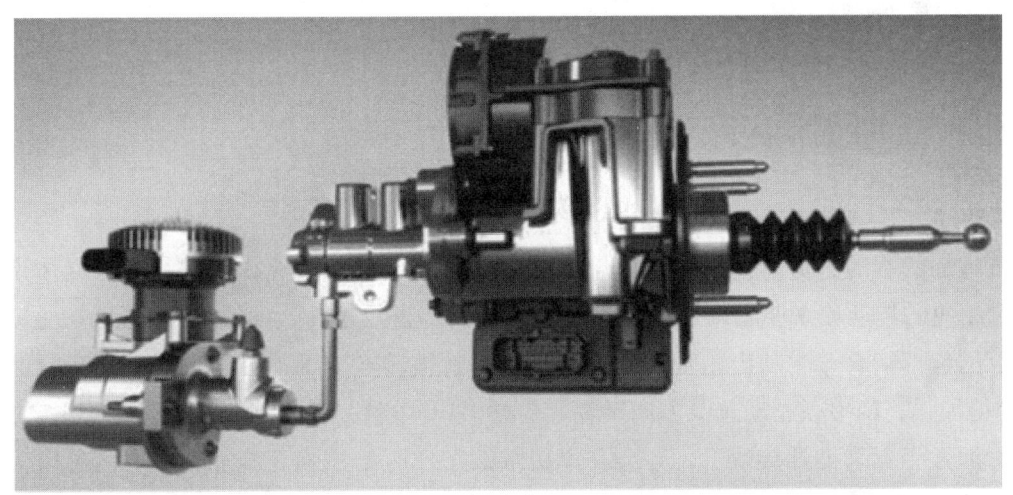

图 9-38

制动助力器相比,电动机械式制动助力器(eBKV)有如下重要的优点:

(1)不依赖于真空就能进行制动助力。
(2)压力建立快而猛。
(3)压力设置的准确性高。
(4)制动踏板特性/踏板力保持不变。

二、电控机械式制动助力器

(一)制动助力器

制动助力器,如图 9-39 所示。

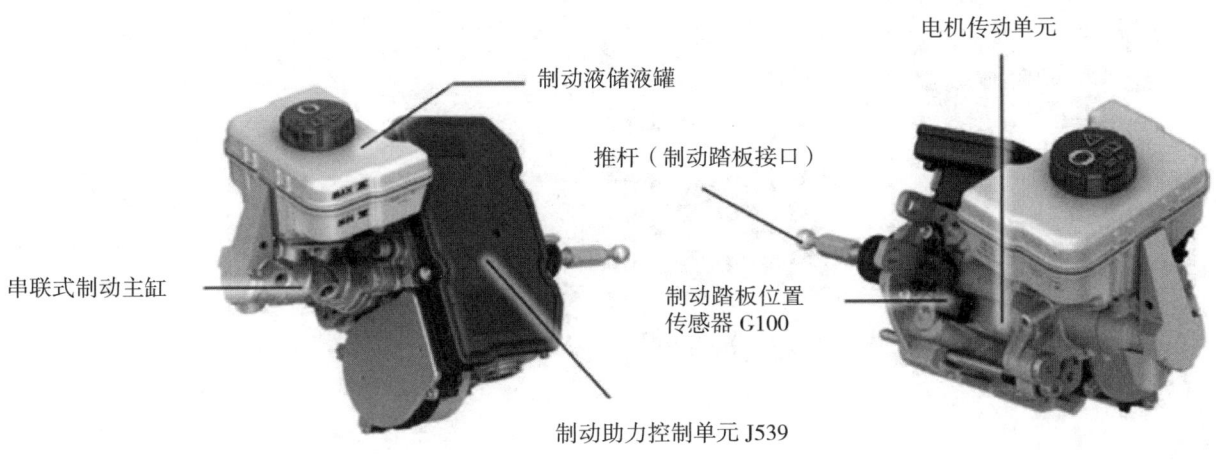

图 9-39

(二)结构

电子机械式制动助力器安装在发动机舱中,它与制动系统蓄压器 VX70 和 ESC/ABS 相连接。电子机械式制动助力器包括:

(1)制动助力器控制单元 J539。
(2)电机/减速机构。

（3）eBKV 推杆。

（4）串联式制动主缸。

（5）制动踏板位置传感器 G100。

（6）储液罐。

（三）制动助力器结构

对驾驶员施加的制动力进行助力（增力），是由电机—变速机构总成来进行的，具体说就是由一个同步电机通过相应的传动比来驱动两个主动齿轮轴（也叫小齿轮轴），如图 9-40 所示。主动齿轮轴的齿部与加强壳上的齿部啮合，主动齿轮轴的旋转运动于是就被转换成了加强壳的纵向运动。为了给制动力增力，就要使得加强壳朝串联制动总泵方向运动（在图 9-40 中就是向左运动）。在经过一定的空行程（就是间隙）后，加强壳就与推杆接触了，并会在电机继续工作时给加强壳施加一个力（这个力是驾驶员脚踏力之外的一个力）。电机的继续工作（就是通电）是由制动助力控制单元 J539 来控制着的，该控制单元从集成着的踏板位置传感器 G100 处来获知制动踏板和推杆的位置信息（驾驶员意愿）。电机转子的位置，也就是加强壳的间接位置信息，由电机内转子位置传感器（霍耳传感器）来侦测。通过推杆上的滑动轴承以及由该轴承实现的两部件的分离，就可以保证即使在助力功能失效时，驾驶员也能控制制动压力。

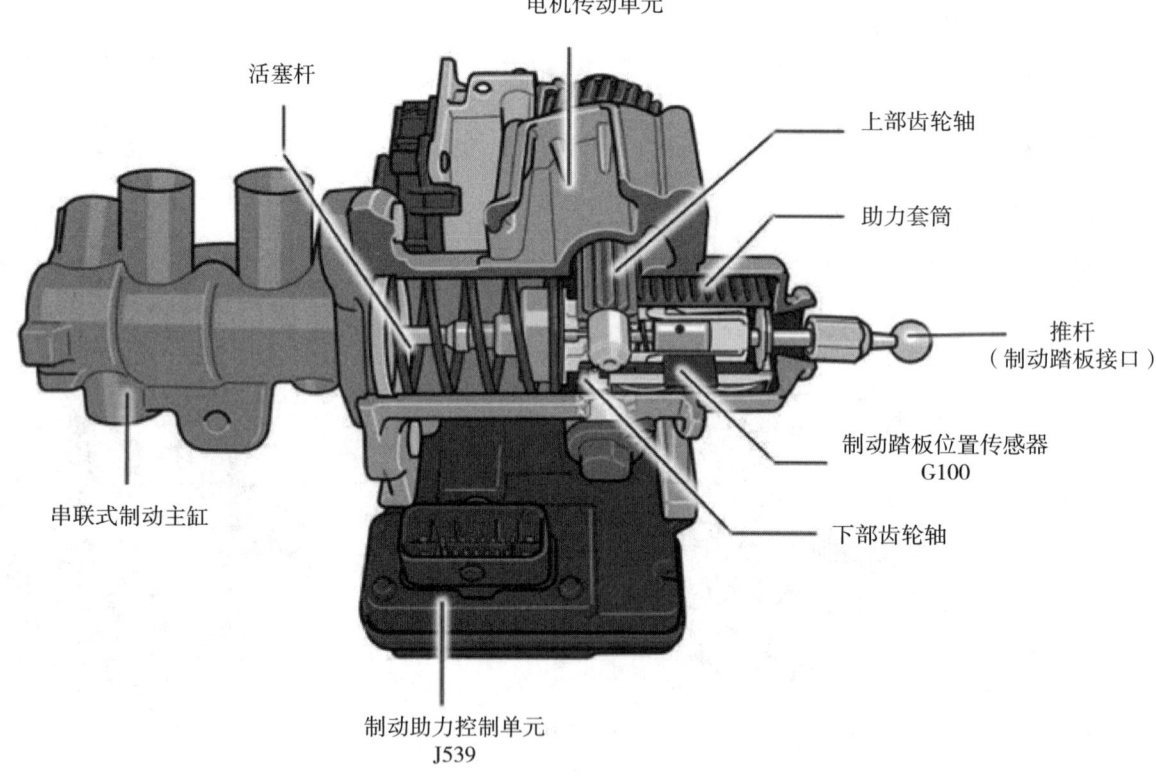

图 9-40

（四）控制特点

（1）控制单元 J539 会实现端子 15 延时运行。

（2）当车辆停止且驾驶员未操作脚制动器时，延时运转时间可长达约 60s。

（3）端子 15 关闭时，驾驶员主动实施了制动，那么制动助力功能最多还能保持约 360s。在 180s 和 360s 后，会出现相应的提示，警示驾驶员固定车辆以防溜车或者制动辅助系统即将关闭。

（4）eBKV 的制动踏板位置传感器 G100 的信号用于促动制动信号灯。

三、制动系统蓄压器

（一）工作原理

（1）蓄压器直接与制动主缸相连，并由此与液压制动回路相连。

（2）制动助力控制单元 J539 促动蓄压器电机，如图 9-41 所示。

（3）通过气缸内的主轴驱动机构，活塞的运动改变缸内容积，从而改变制动压力。

制动系统蓄压器 VX70 储存根据需求供应的制动液，并使其流回到制动系统中，目的是降低制动压力。

（二）制动系统蓄压器 VX70 结构和工作原理（如图 9-42 所示）

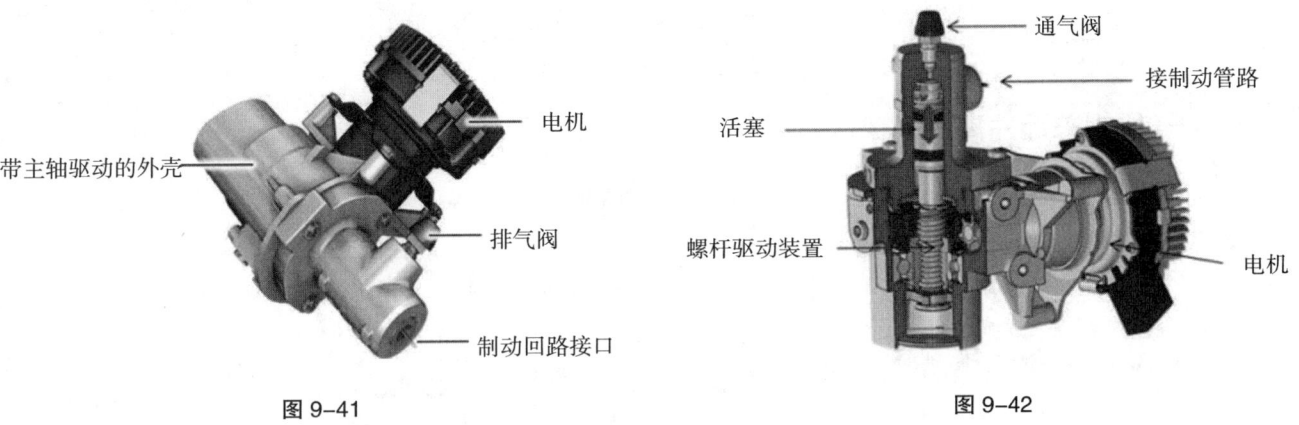

图 9-41　　　　　　　　　　　图 9-42

（1）制动系统蓄压器 VX70 直接与制动总泵相连，也就是与液压制动管路相连。

（2）制动助力控制单元 J539 去操控蓄压器电机。

（3）缸内的螺杆驱动装置使得活塞产生一个直线往复运动，改变缸内容积，进而改变制动系统的制动压力。与此同时，制动助力作用通过电动机械式制动助力器（eBKV）就降低了，因此制动踏板不会松弛（下沉）。

（三）混合制动

根据法律规定，应对三相电流驱动装置不稳定的电子制动进行自动补偿。制动期间电子和液压制动之间的切换被称为"混合制动"。目的是使制动踏板上的力和行程始终相同。无论是通过电子（通过三相电流驱动装置）或是液压（通过车轮制动器）

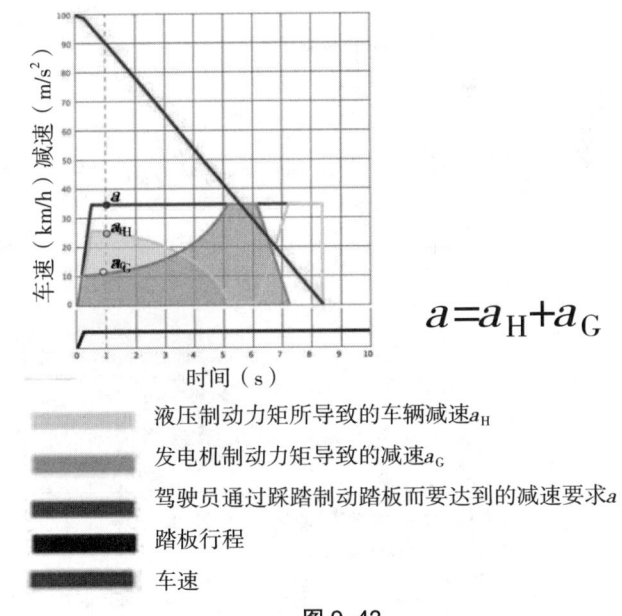

$a = a_H + a_G$

液压制动力矩所导致的车辆减速 a_H
发电机制动力矩导致的减速 a_G
驾驶员通过踩踏制动踏板而要达到的减速要求 a
踏板行程
车速

图 9-43

的制动方式，三相电流驱动装置都能够在发电机运行模式下在车辆的驱动车桥上产生一个制动扭矩。这一扭矩取决于车速、蓄电池电量和高压蓄电池温度以及三相电流驱动装置的转速和扭矩，如图 9-43 所示。这种依赖关系会导致不稳定的电子制动，因此必须进行液压补偿，这种补偿与驾驶员的意愿无关。通过 eBKV 的制动助力器控制单元 J539，可实现电子制动和车轮制动器制动之间的自动调节。

四、售后服务

更换了电动机械式制动助力器或者蓄压器后,需注意以下维修要点:
(1)排气。
(2)在线编码。
(3)执行3项基本设置。
①制动助力器基本设置。
②主动式蓄压器基本设置。
③压力/容积特性线基本设置。

第五节 高压系统

一、高压相关部件高压线连接关系

高压相关部件高压线连接关系,如图9-44和图9-45所示。

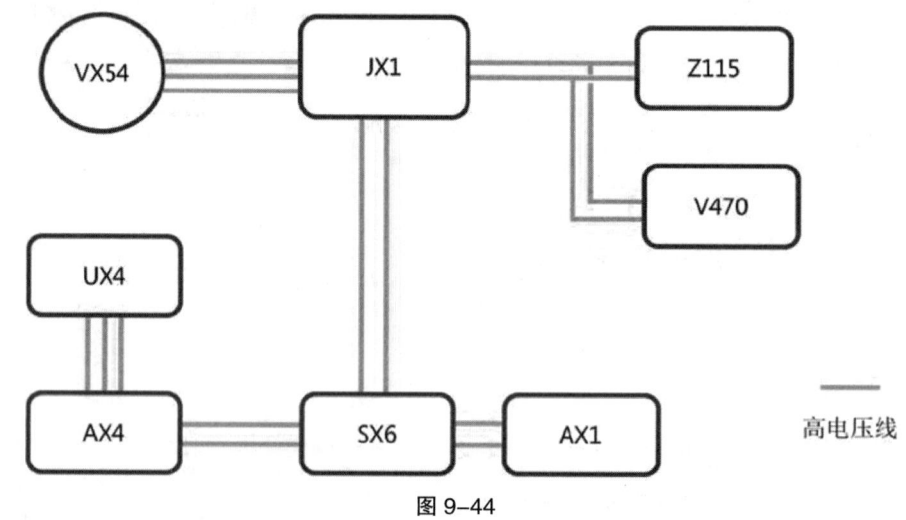

图9-44

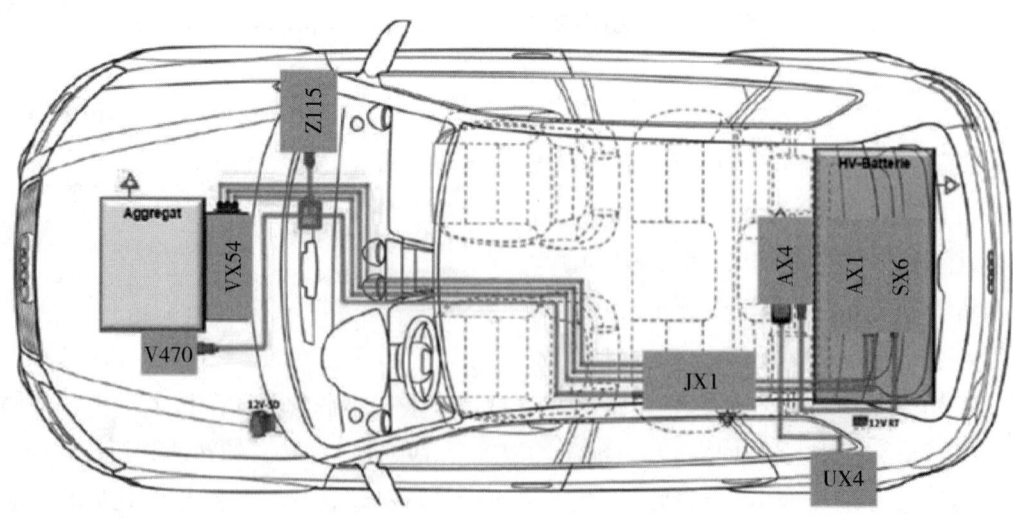

图9-45

（一）高压导线

所有高压系统中的高压导线都为橙色以便识别，如图9-46所示。

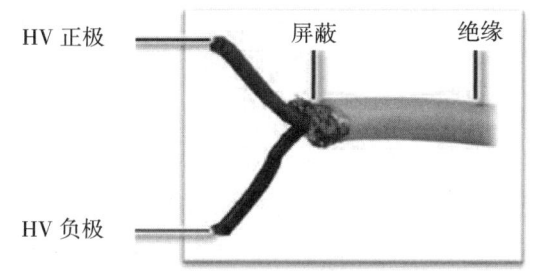
两芯高压导线（不带安全线）

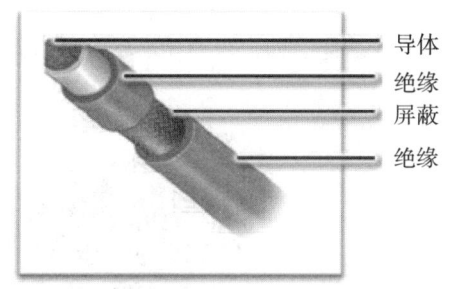
单极高压导线

图9-46

（二）高压接口

所有接口都需机械式设码，以防错误安装，如图9-47所示。

三相电流驱动VX54

电驱动系统功率和电子控制装置JX1

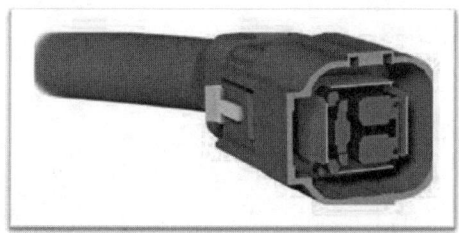
高压蓄电池充电装置1 AX4

图9-47

二、高压充电器1 AX4

（一）安装位置

车辆后方底护板位置。

（二）功能

（1）采用单相交流电充电。

（2）内部有两个逆变器。

（3）集成了高压充电控制单元J1050和充电接口，如图9-48所示。

图9-48

（4）高压充电控制单元 J1050 诊断地址码为 C6。

（5）通过自身的冷却水管进行液体冷却。

（6）内部有 2 个交流逆变器。插座上是单相输入。

三、高压蓄电池开关盒 SX6（如图 9-49 所示）

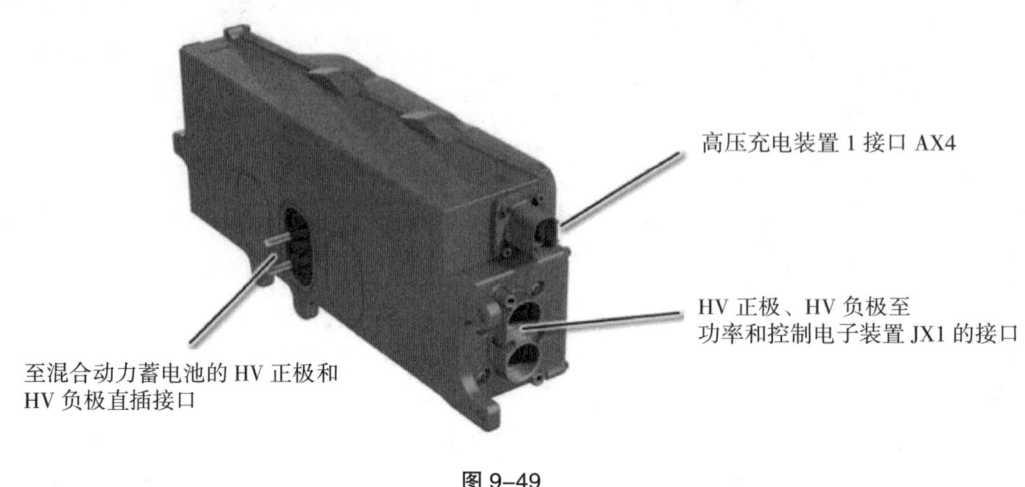

图 9-49

（一）位置

在高压蓄电池下部。

（二）组成

（1）电压测量与绝缘电阻检测控制单元。

（2）高压充电装置保险丝 S60。

（3）高压蓄电池的电流传感器 G848。

（4）高压蓄电池保护电阻 N662。

（5）高压蓄电池功率保护器 1 J1057。

（6）高压蓄电池功率保护器 2 J1058。

（7）高压蓄电池预充电保护器 J1044。

（8）高压蓄电池切断引爆装置 N563。

（9）高压蓄电池充电装置接口 AX4。

（10）12V 车载电网接口。

（11）至混合动力蓄电池的 HV 正极和 HV 负极直插接口。

（12）HV 正极、HV 负极以及至功率和控制电子装置 X1 的接口，连接如图 9-50 所示。

图 9-50

（三）功率保护器

（1）端子 15 接通时，高压蓄电池功率保护器 2 J1058（HV 负极）和高压蓄电池预充电保护器 J1044（HV 正极）闭合。较小的电流通过保护电阻 N622 流向功率和电子控制装置 JX1。

（2）中间电路电容器充满电时，高压蓄电池功率保护器 J1057（HV 正极）闭合，高压蓄电池预充电保护器 J1044（HV 正极）打开。

（四）满足功率保护器打开的条件

（1）端子 15 关闭。

（2）安全气囊控制单元 J234 通过数据总线发送碰撞信号。

（3）安全气囊控制单元 J234 通过离散导线向高压蓄电池切断引爆装置 N563 发送碰撞信号。

（4）保养插头 TW 打开。

（5）功率保护器端子 30c 供电保险丝拔出或损坏。

（6）混合动力蓄电池单元 AX1 的 12V 供电中断。

（7）安全线中断。

（五）通信

通过一条子总线与蓄电池调节控制单元 J840 进行通信。

（六）高压蓄电池切断引爆装置 N563

（1）在高压蓄电池 SX6 的开关盒中，通过离散导线与安全气囊控制单元 J234 相连。

（2）高压蓄电池断路引爆装置 N563 是一种软件，它可以对碰撞信号进行电子分析，并负责断开功率保护器。

（3）由于高压蓄电池切断引爆装置并非物理部件，所以碰撞后无须更换。

（七）绝缘监控

高压系统被激活时，高压蓄电池开关盒 SX6 每 30s 进行一次绝缘检测。

（八）碰撞信号

（1）安全气囊控制单元识别到相应的碰撞时，高压蓄电池出于安全原因将被切断。

（2）发生碰撞时，安全气囊控制单元向数据总线发送碰撞信号，网关 J533 将信号传输至蓄电池调节控制单元 J840。

（3）轻微碰撞：发生轻微碰撞且符合相应的碰撞级别时，蓄电池调节控制单元 J840。

（4）严重碰撞：发生严重碰撞时，高压蓄电池切断的信号通过以下两种不同方式传输：

方式一：与发生相应等级的轻微碰撞一样，蓄电池调节控制单元 J840 切断高压蓄电池。

方式二：安全气囊控制单元 J234 通过导线和高压蓄电池切断引爆装置 N563 离散相连，安全气囊激活该引爆装置，从而切断高压蓄电池，如图 9-51 所示。

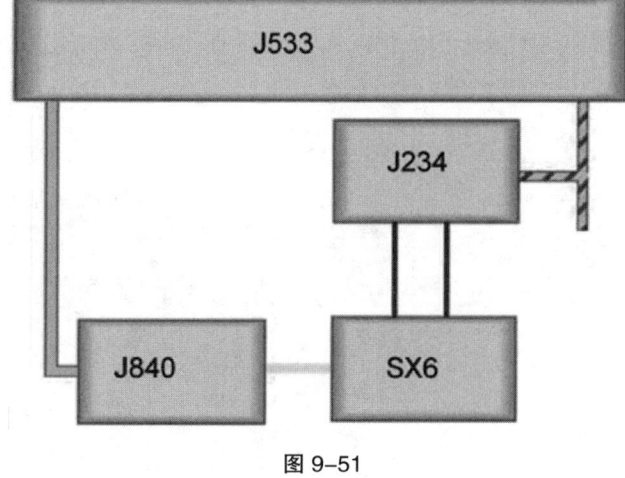

图 9-51

四、电驱动装置的功率和电子控制装置 JX1

（一）位置

车辆左侧下部。

（二）组成

（1）电驱动系统控制单元 J841。

（2）空调压缩机保险丝 S355。

（3）逆变器 A37。

（4）变压器 A19。

（5）中间电路电容器 1 C25。

（6）高压导线的接口。

（7）12V 车载电网接口。

（8）冷却液接口。

（三）电驱动系统控制单元 J841

（1）通过牵引电机转子位置传感器 1 G713 探测转速和电驱动装置电机 V141 的转子位置。

（2）通过行驶电机温度传感器 G712 探测电驱动装置电机 V141 的温度。

（3）通过 JX1 中的温度传感器探测 JX1 内部部件的温度。

（4）诊断地址码：51。

（四）逆变器 A37

逆变器 A37 是 DC/AC 和 AC/DC 转换器。

（五）变压器 A19

380V 直流电压转换为较低的车载电网 12V 直流电压。

（六）中间电容 C25

（1）任务是稳定高压电网中的电压。

（2）位于 HV 正极和 HV 负极之间的大电阻可实现被动放电。

（3）主动放电时会并联接入一个小电阻，可使中间电路电容器快速放电，如图 9-52 所示。

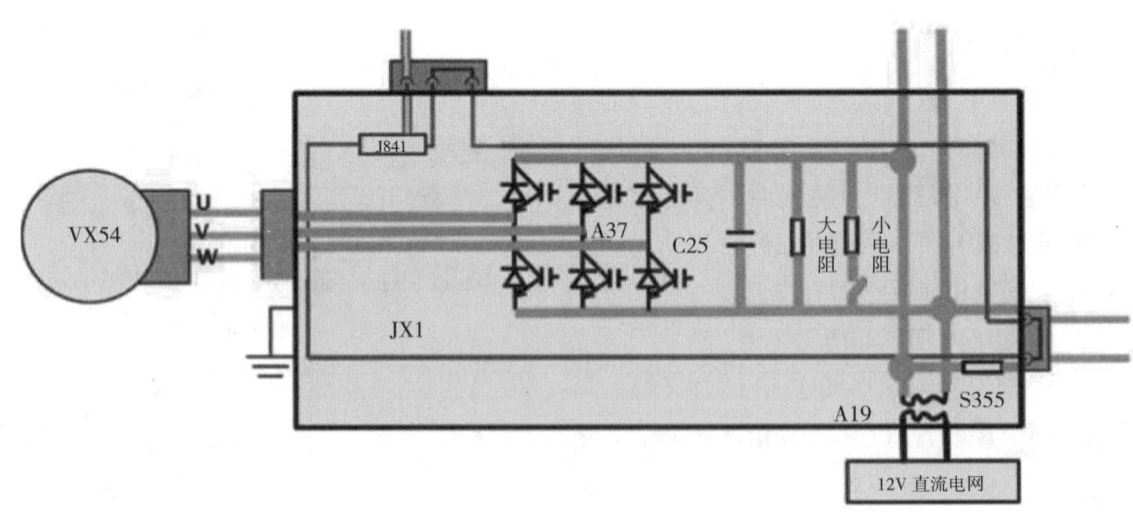

图 9-52

五、高压加热器 Z115（如图 9-53 所示）

（一）位置

排水槽右侧。

（二）通信

高压加热装置控制单元 J848 是热量管理控制单元 J1024 的 LIN 从控制单元。

（三）原理

电流通过加热线圈生热。

（四）功用

纯电驱动时为车内供暖；驻车加热。

六、电动空调压缩机 V470（如图 9-54 所示）

（1）控制单元 J842，LIN 线连接至 J1024。

（2）通过功率和控制电子装置 JX1 接入高压系统。

（3）用于车内和高压蓄电池制冷，热泵加热模式。

（4）位置：在发动机旁边。

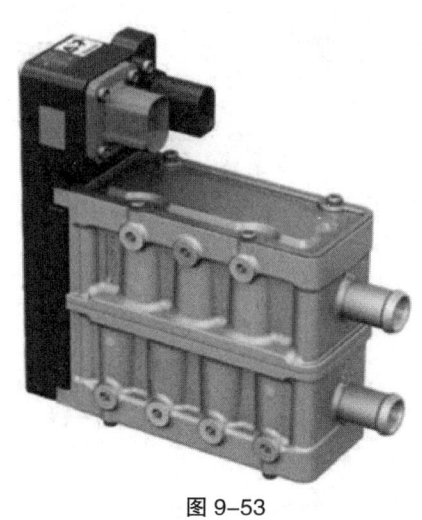

图 9-53

图 9-54

七、三相交流驱动机构 VX54

（一）电机

电机是永磁同步电机，被称作三相交流驱动机构 VX54 或电驱动装置电机 V141。

（1）电机的转子是内转子。

（2）通过内置的定子散热装置进行散热。

（二）三相交流驱动机构 VX54 组成

（1）电驱动装置电机 V141，如图 9-55 所示。

（2）行驶电机温度传感器 G712。

（3）行驶电机转子位置传感器 1 G713。

（三）技术参数

技术参数，如表 9-1 所示。

（四）温度传感器 G712（如图 9-56 所示）

1. 功能与特点。

图 9-55

（1）负温度系数（NTC）传感器。

（2）用于感知定子线圈之间的电驱动装置电机 V141 的温度。

（3）温度值用于控制电驱动装置的冷却。

2. 故障时的影响。

无故障指示灯，无法电动行驶。

（五）位置传感器 G713（如图 9-57 所示）

1. 功能与特点。

（1）非接触式传感器。

（2）功率和电子控制装置 JX1 根据转子的永久磁铁相对于线圈的精确位置，控制三相电流。

表 9-1	
技术	带有内部转子的电机
冷却	冷却液冷却
功率（峰值/持续）	105kW/55kW
扭矩（峰值/持续）	420N·m/170N·m

图 9-56

图 9-57

2. 故障时的影响。

（1）组合仪表上的 e-tron 指示灯呈红色亮起。

（2）发动机和电驱动装置电机 V141 都被关闭，车辆处于自由滑行状态。

（3）无法采用电动来驱动车辆行驶。

（4）发电机无法工作。

（5）无法启动发动机。

八、高压蓄电池 AX1

高压蓄电池 AX1 如图 9-58 所示，技术参数如表 9-2 所示。

图 9-58

表 9-2	
单个电池芯数量	104
电池模块数量	8（每个模块 13 个电池芯）
额定电压	约 380V
电量	总能量 14.1kWh
可用能量	80%
容量	37Ah
重量	约 140kg
运行温度	-30~+60℃

九、蓄电池调节控制单元 J840

（一）位置

（1）高压蓄电池 AX1 右侧，如图 9-59 所示。

（2）诊断地址码：8C。

（二）功能

（1）分析蓄电池电压和模组电压。

（2）分析混合动力蓄电池单元 AX1 的温度。

（3）确定混合动力蓄电池的电量。

（4）规定电动行驶模式、发电机运行模式和充电时允许的充电和放电电流。

（5）按照温度管理系统控制单元 J1024 的规定促动高压蓄电池冷却液泵 V590。

图 9-59

（三）安全线

安全线是一条经过各高压元件的 12V 环形导线。

（四）3 个回路（如图 9-60 所示）

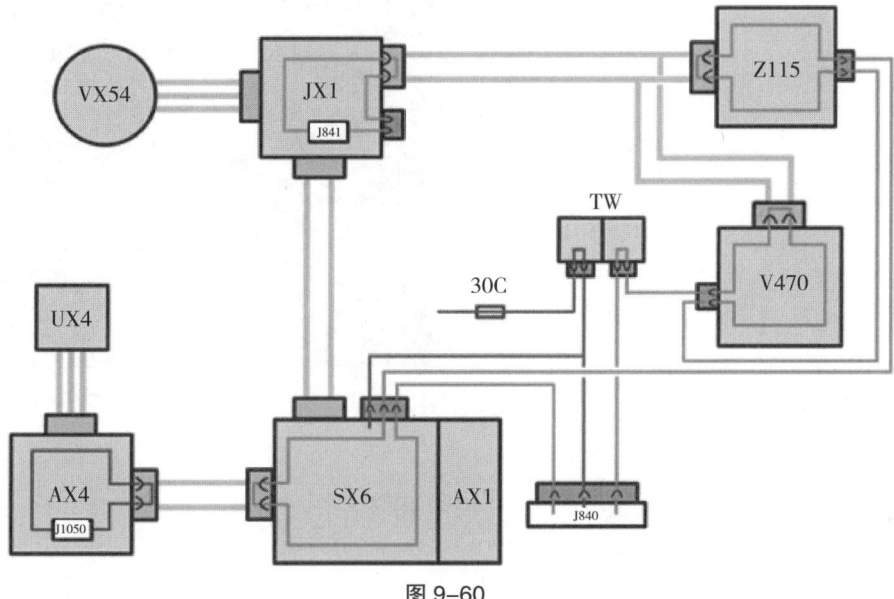

图 9-60

（1）安全线 1 将保养插头 TW、高压蓄电池开关盒 SX6、高压加热装置（PTC）Z115 和电动空调压缩机 V470 相互连接。

（2）安全线 2 位于功率和电子控制装置 JX1 内部。

（3）安全线 3 位于高压蓄电池充电装置 1 AX4 内部。

十、保养插头 TW

（一）位置

发动机舱内左侧，如图 9-61 所示。

（二）功能

（1）高压蓄电池功率保护器 12V 控制电路中的电气连接。

（2）安全线的组成部分。

（3）打开保养插头 TW，安全线也会随之打开并中断保护器的 12V 控制电路。

（4）请使用车辆诊断系统中相应的程序来专业地打开并断开高压系统。

（5）打开后能够使用保养插头 TW 和挂锁 T40262/1，以防重新接通。

十一、蓄电池调节控制单元 J840

（1）数据总线诊断接口 J533 中的高压协调器通过混合动力系统 CAN 总线获得蓄电池调节控制单元 J840、电驱动系统控制单元 J841 和高压蓄电池充电装置控制单元 1 J1050 传输的 3 种安全线的状态。

（2）3 条安全线中的某一条断开时，高压协调器即通过信息娱乐系统 CAN 总线向组合仪表 J285 发送信息并在组合仪表显示屏中向驾驶员显示一条提示。只要发动机未关闭，就可继续行驶。关闭后无法重新启动。

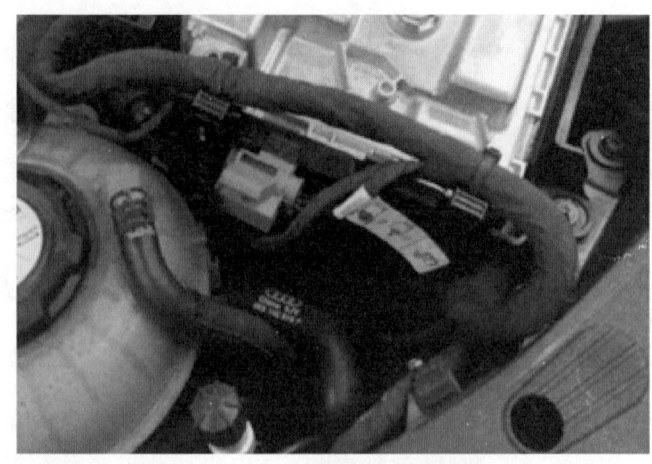

图 9-61

十二、供电保险丝

（一）位置

行李箱内前部保险丝座中，如图 9-62 所示。

（二）功能

功率保护器控制回路的电流保险丝。

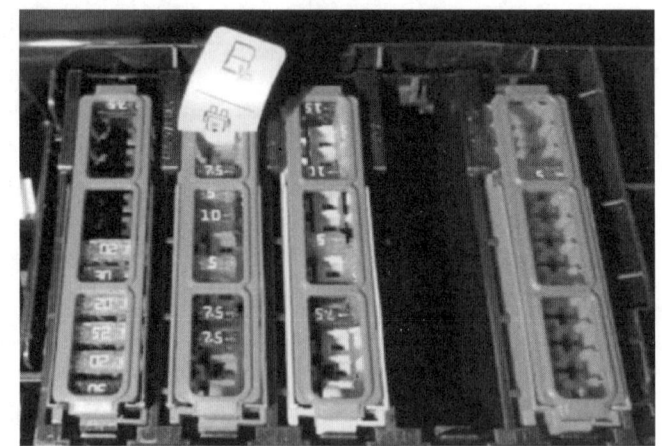

图 9-62

第六节　热管理系统

一、部件介绍

（一）功能

（1）制冷，制热。

（2）冷却高压系统部件。

（二）安装位置

在温度管理系统控制单元 J1024 位于行李箱内前部的搁架内，如图 9-63 所示。

（三）诊断地址

诊断地址 C5。

二、热管理系统

热管理系统原理图如图 9-64 所示。

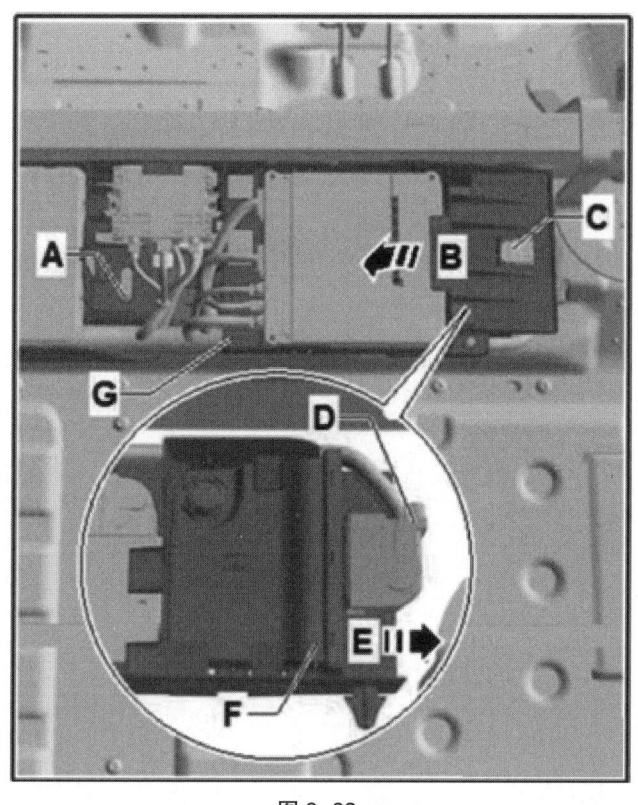

图 9-63

三、高压加热器（PTC）Z115（如图 9-65 所示）

（1）通过功率和电子控制装置 JX1 接入高压系统。

（2）电动行驶或温度预调节时加热冷却液。

（3）当热泵的功率不足以加热车内空间时，Z115 会工作。

四、电动空调压缩机 V470（如图 9-66 所示）

（1）通过功率和电子控制装置 JX1 接入高压系统。

（2）制冷模式时通过阀体流向冷凝器。

（3）加热模式时通过阀体流向用于热泵运行的热交换器。

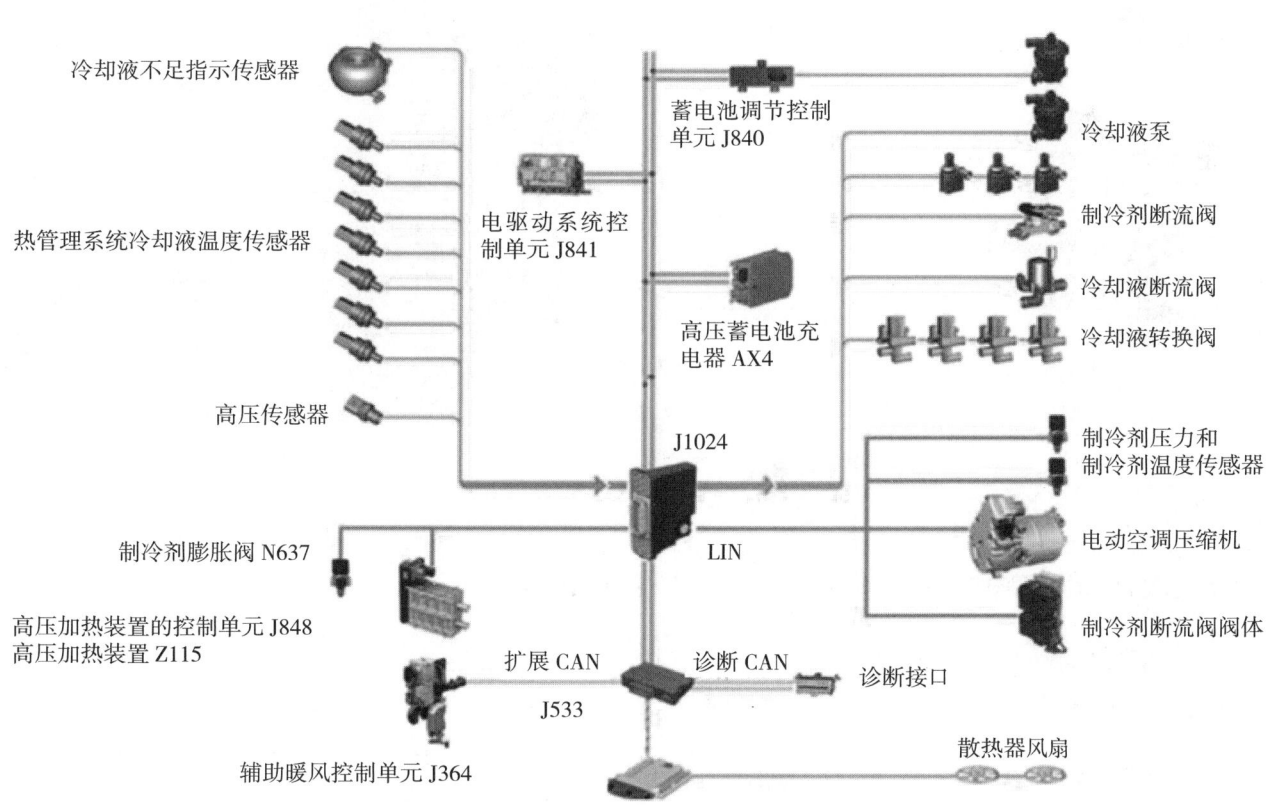

图 9-64

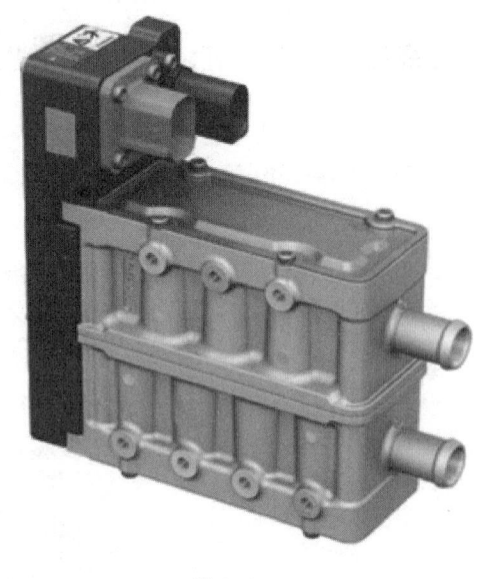

图 9-65

图 9-66

五、制冷剂断流阀（如图 9-67 所示）

（1）通过 LIN 总线受控制单元 J1024 促动。

（2）止回阀保证制冷剂在不同运行模式下向正确方向流动。

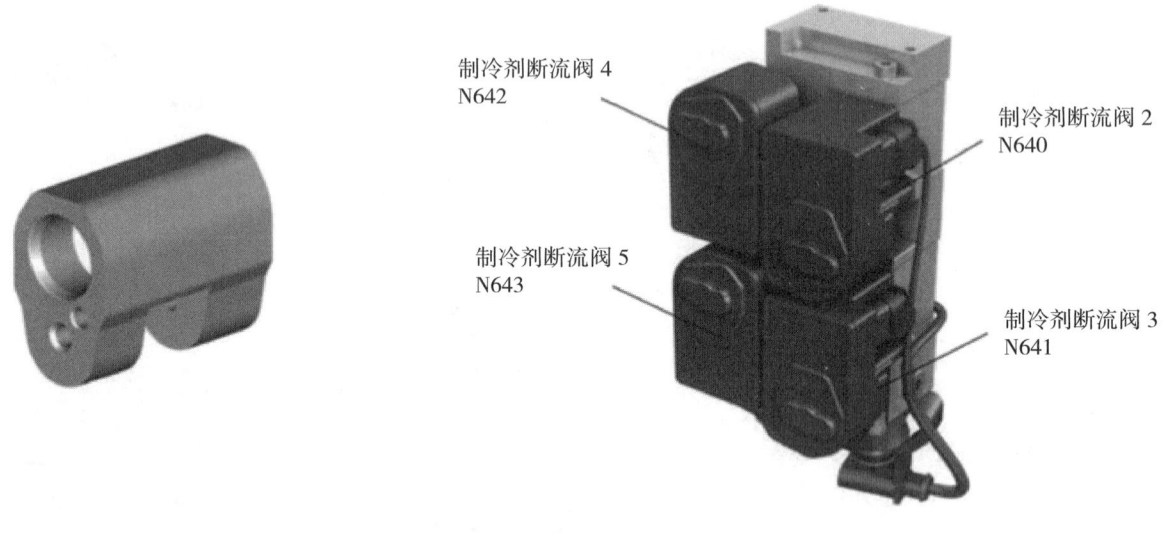

制冷剂断流阀 4 N642

制冷剂断流阀 2 N640

制冷剂断流阀 5 N643

制冷剂断流阀 3 N641

图 9-67

六、混合动力蓄电池热交换器（冷却器）（如图 9-68 所示）

（1）板式热交换器，制冷剂在其中蒸发。

（2）冷却蓄电池回路，热泵模式运行时吸收来自低温回路的热量。

七、用于热泵运行的热交换器（如图 9-69 所示）

（1）板式热交换器，制冷剂在其中冷凝。

（2）热量传递给冷却液用于车内空间加热。

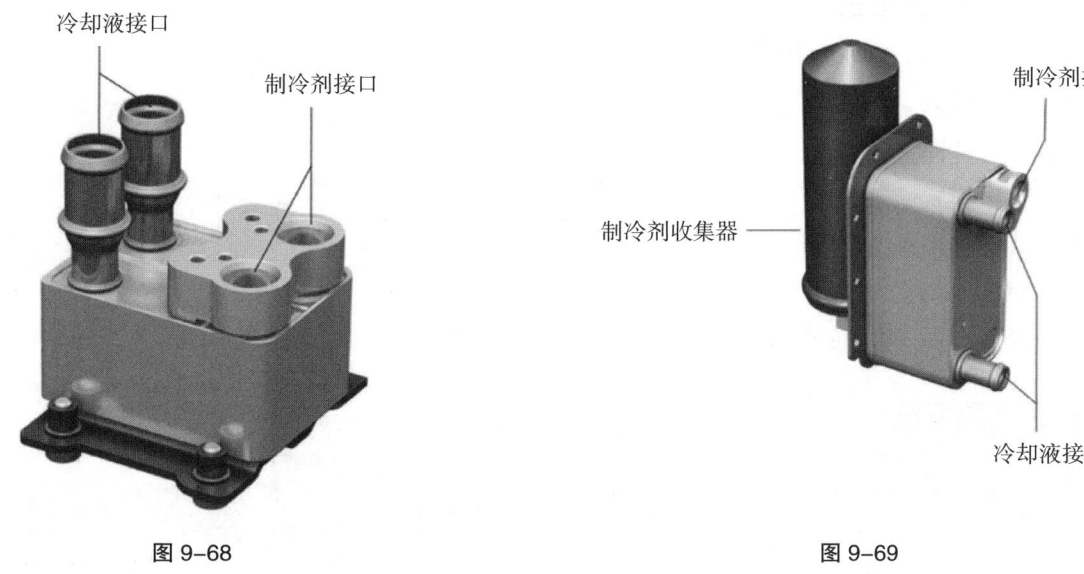

图 9-68　　　　　　　　　　　　　　　图 9-69

八、温度管理系统

（一）温度管理系统的工作模式

（1）制冷模式。

（2）加热模式（发动机加热，电加热器加热，热泵）。

（二）热泵

（1）利用电动传动系统元件的余热对车内空间进行加热。

（2）有效增加电动行驶里程。

（3）0℃以上的车外温度时，无须辅助加热即可保持22℃的舒适温度。

（4）当车外温度低于0℃，可以由辅助加热装置辅助加热。

（5）可以避免车窗起雾。

九、温度管理系统

控制单元J1024从200多个可能的开关状态中选出最佳的状态。此外，热管理系统控制单元J1024读取来自温度和压力传感器的信号，促动泵和阀门。

十、制冷系统

（一）制冷系统回路概述

1.制冷回路有两个任务。

（1）根据设置对驾乘舱进行冷却。

（2）对高压蓄电池冷却。

2.系统有3种工作模式。

（1）驾乘舱单独冷却模式。

（2）高压蓄电池单独冷却模式。

（3）双冷却模式。

（二）制冷原理示意图

制冷原理示意图，如图9-70所示。

（三）制冷模式

制冷模式，如图9-71和图9-72所示。

（四）热泵模式

热泵模式，如图9-73所示。

（五）再加热模式

再加热模式，如图9-74所示。

十一、暖风系统

带高压加热装置Z115暖风系统回路，如图9-75所示。

高压系统冷却液回路，如图9-76所示。

十二、高压部件的冷却

（一）高压系统部件冷却

（1）电驱动装置的功率和电子控制装置JX1、三相交流电动机VX54。

（2）高压蓄电池AX1、高压蓄电池充电装置1AX4。

（二）高压部件冷却回路总图

高压部件冷却回路总图，如图9-77所示。

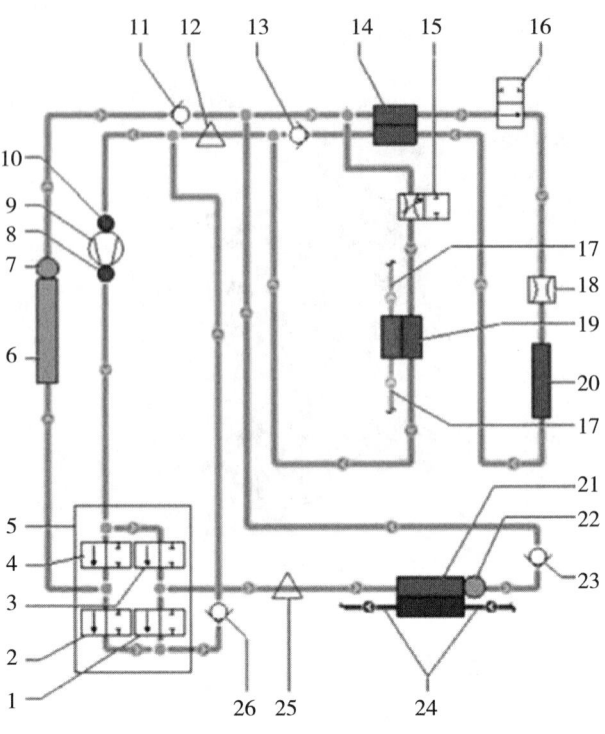

1.N642 2.N643 3.N640 4.N641 5.阀体 6.冷凝器 7.贮液器 8.G395 9.电动压缩机 10.G826 11.单向阀 12.低压侧维修接口 13.单向阀 14.同轴管 15.制冷剂膨胀阀2 N637 16.制冷剂截止阀V424 17.接入蓄电池冷却回路 18.前部膨胀阀 19.高压蓄电池热交换器 20.蒸发箱 21.热泵模式热交换器 22.制冷剂收集罐 23.单向阀 24.接入车内加热循环 25.高压侧维修接口 26.单向阀

图9-70

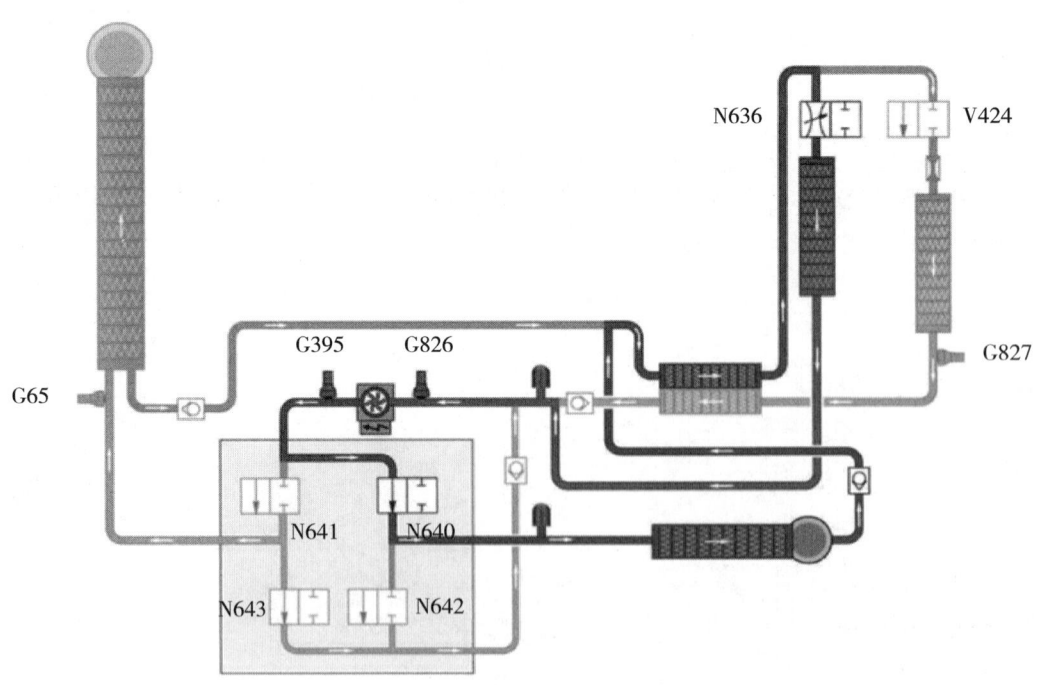

图9-71

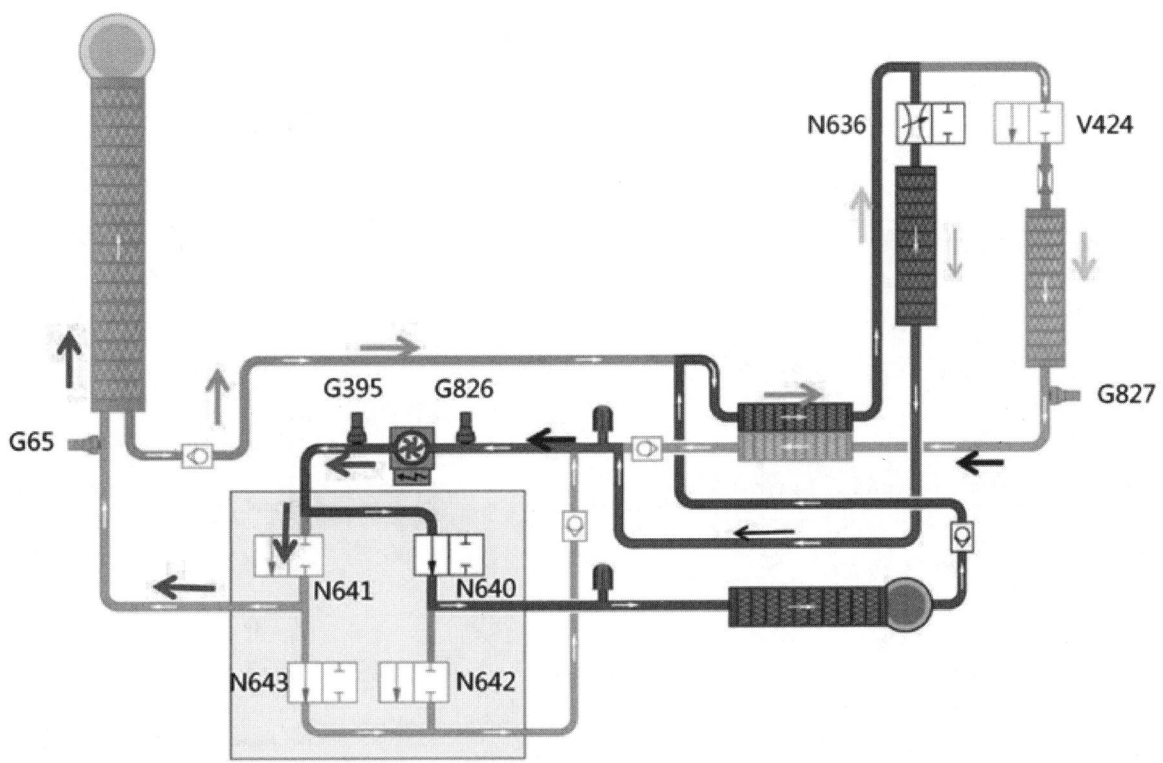

图 9-72

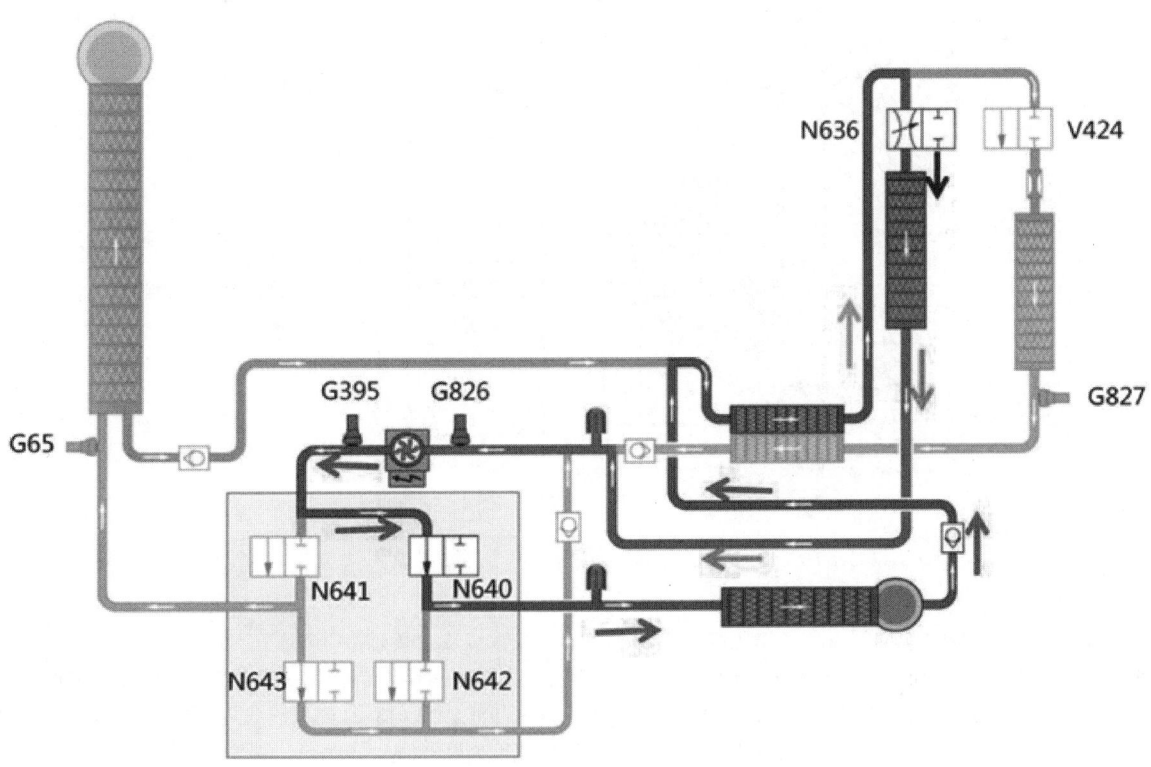

图 9-73

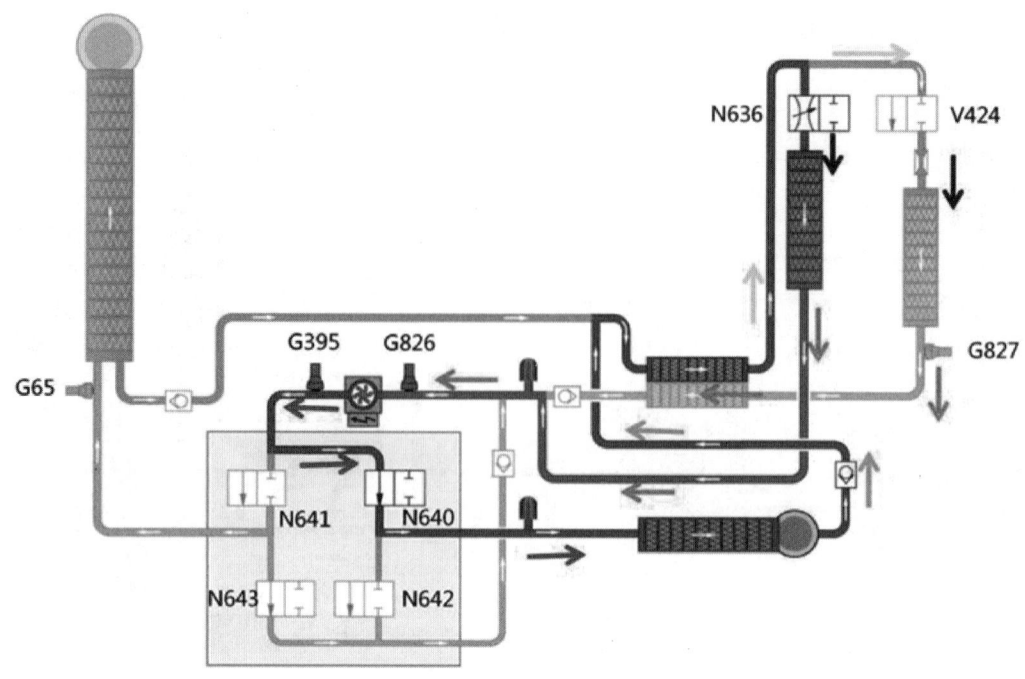

图 9-74

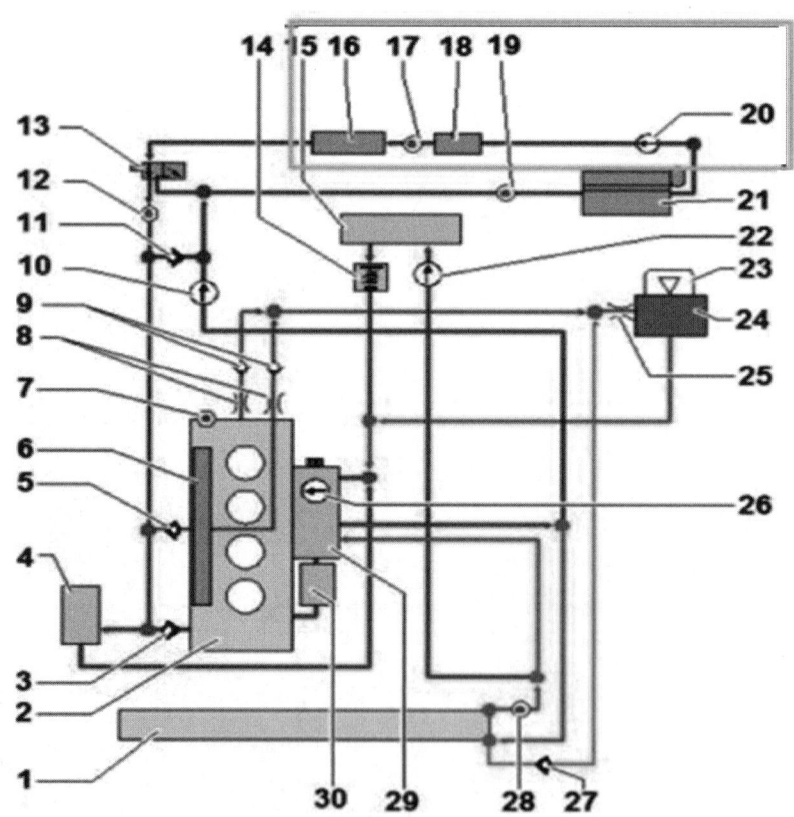

1.冷却液散热器 2.气缸体/盖 3.单向阀 4.涡轮增压器 5.单向阀 6.排气歧管 7.温度传感器G62 8.节流阀 9.单向阀 10.冷却液泵V617 11.单向阀 12.温度传感器4 G905 13.冷却液转换阀3 N634 14.ATF冷却回路冷却液调节器 15.ATF冷却器 16.暖风装置的热交换器 17.温度传感器2 G903 18.高压加热装置Z115 19.温度传感器7 G908 20.冷却液泵2 V618 21.热泵模式热交换器 22.冷却液继续循环泵V51 23.封盖 24.冷却液补偿罐 25.节气门 26.冷却液泵 27.单向阀 28.温度传感器G83 29.发动机温度调节执行元件N493 30.发动机机油冷却器

图 9-75

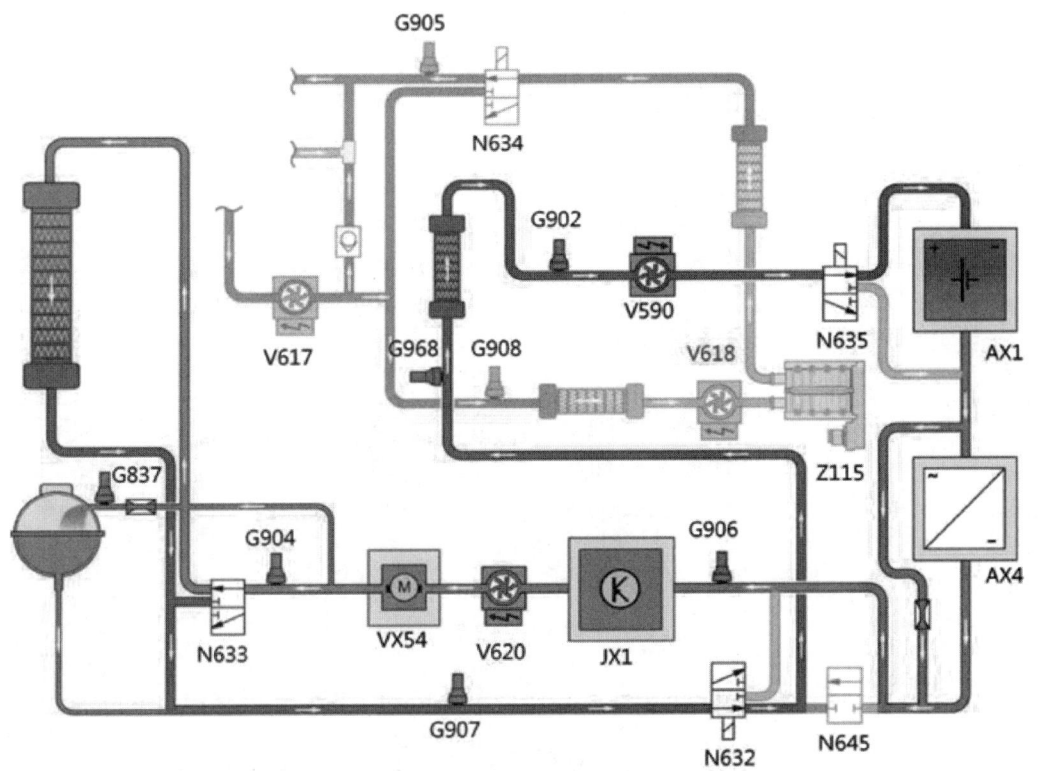

图 9-76

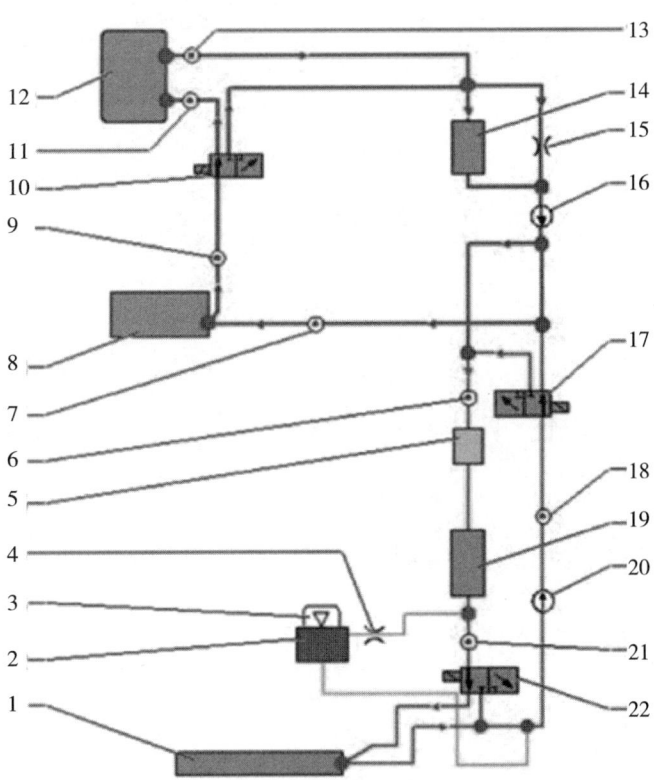

1.高压冷却液回路散热器 2.冷却液补偿罐 3.封盖 4.节流阀 5.JX1 6.温度传感器5 G906 7.温度传感器8 G968 8.高压蓄电池单元热交换器 9.温度传感器1 G902 10.冷却液转换阀4 N635 11.温度传感器1 G898 12.AX1 13.温度传感器2 G899 14.AX4 15.节流阀 16.V590 17.冷却液转换阀1 N632 18.温度传感器6 G907 19.VX54 20.冷却液泵4 V620 21.温度传感器3 G904 22.冷却液转换2 N633

图 9-77

冷却的功能原理与 Q7 e-tron 车辆是一样的，需要注意的就是水泵的位置不一样，即 V620 和 V590。

（三）高压系统冷却液回路

高压系统冷却液回路，如图 9-78 所示。

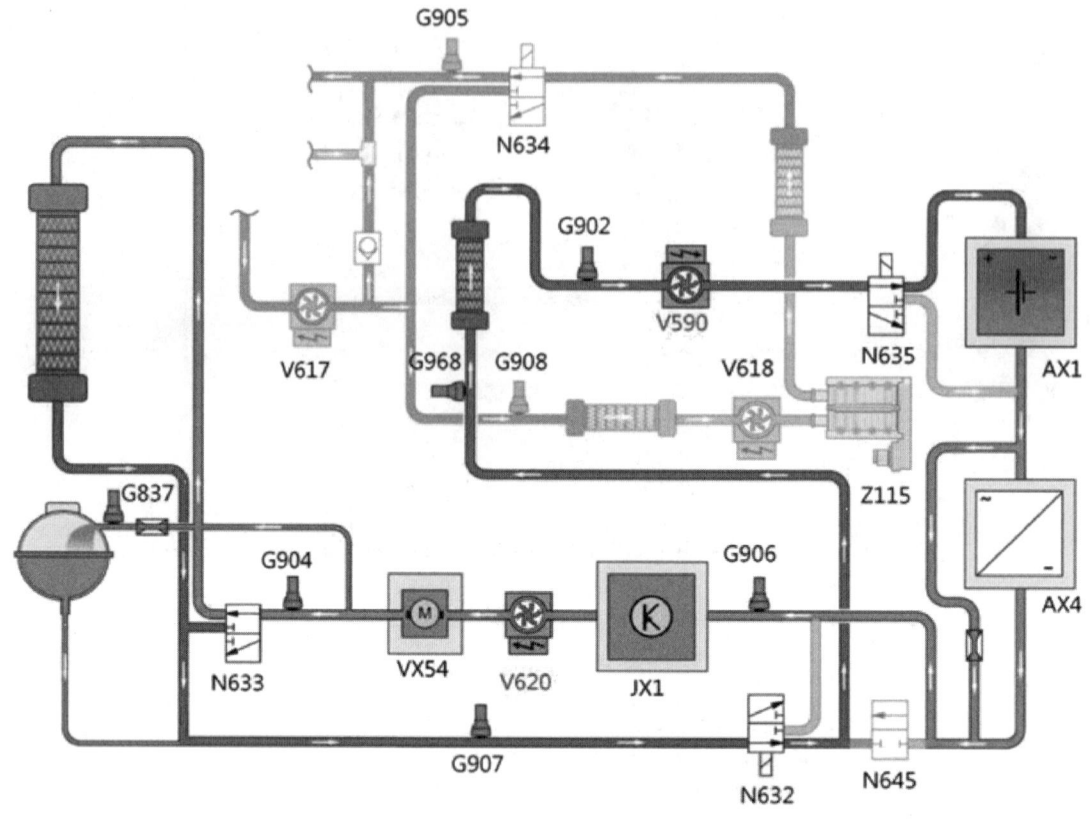

图 9-78

第七节　舒适电子系统

一、防盗参与元件

（一）主控制单元

舒适中央控制单元 J393。

（二）从控制单元

（1）电子转向柱所控制单元 J764。

（2）电驱动装置的功率和电子控制装置控制单元 J841。

（3）发动机控制单元 J623。

（4）自动变速器控制单元 J743。

二、高压协调器

高压协调器功能集成在数据总线诊断接口 J533 中。

（一）负责控制的功能

（1）安全线的监控。

（2）监控绝缘检测。

（3）许可激活高压系统。

（4）通过组合仪表 J285 中的显示屏输出系统信息。

（二）自主运行状态

汽车处于自主运行状态时，高压系统在端子 15 关闭后被激活且不受驾驶员监控。自主运行状态包括：

（1）驻车空调。

（2）混合动力蓄电池的充电。

三、混合动力管理系统

混合动力管理系统功能集成在发动机控制单元 J623 内。

（一）负责控制的功能

（1）运行策略。

（2）控制混合动力模式。

（3）控制主动式加速踏板，如图 9-79 所示。

（二）控制混合动力显示

（1）功率表。

（2）混合动力蓄电池的充电状态显示。

（3）组合仪表中的混合动力专用显示内容。

（4）MMI（多媒体界面）中的混合动力专用显示内容。

（5）e-tron 统计显示与电动续航里程确定。

图 9-79

四、接线端控制

（一）端子 15 接通

端子 15 接通，工作原理图如图 9-80 所示。

（1）在端子 15 关闭时，按下进入和启动授权按键 E408。

（2）按键 E408 被按下这个信号通过单独导线被送至舒适系统中央控制单元 J393。

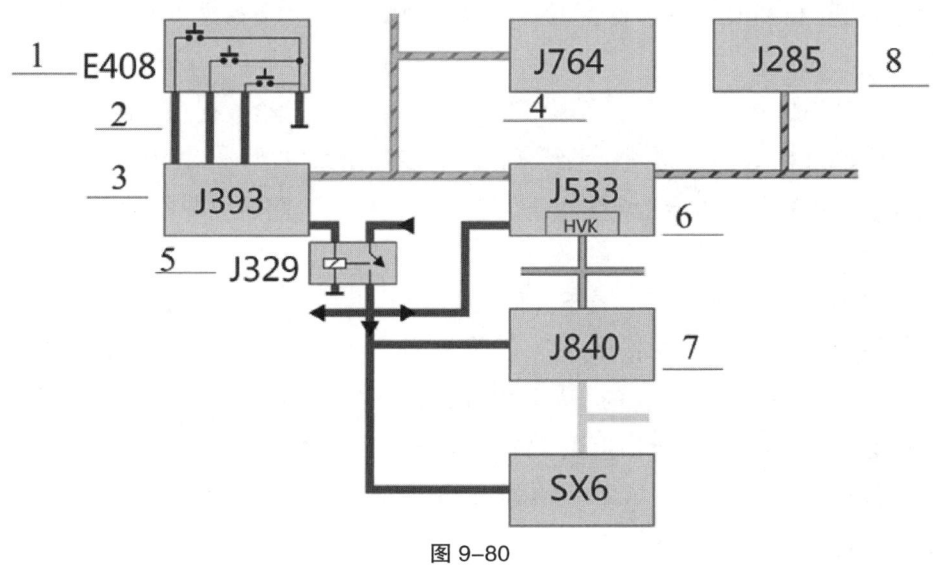

图 9-80

(3) J393 检查授权的车钥匙是否在车内，第（4）和（6）步也会与检查钥匙同时发生。

(4) J393 把转向柱解锁命令发送给电子转向柱锁控制单元 J764，这就松开了转向柱锁。

(5) J393 激活端子 15 的供电继电器 J329。现在控制单元就通过 J329 获得供电了。

(6) J393 通过舒适 CAN 总线把一个"虚拟"端子 15 信号发送给数据总线诊断接口 J533。

(7) J533 内的高压协调器通过混合动力 CAN 总线将高压系统激活指令发送给蓄电池调节控制单元 J840。J840 通过子总线系统来让高压蓄电池开关盒 SX6 合上电力保护装置。

(8) J285 指示灯亮，高压蓄电池开始放电。

（二）e-tron READY 准备就绪状态

e-tron READY 准备就绪状态，工作原理图如图 9-81 所示。

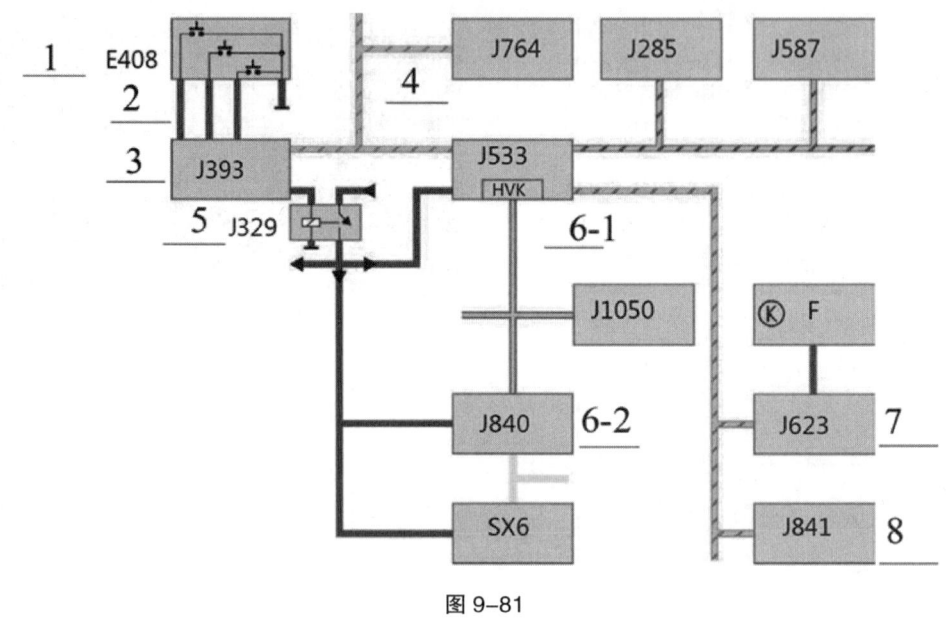

图 9-81

(1) 在端子 15 关闭时，按下进入和启动授权按键 E408 并踏下制动踏板。

(2) 按键 E408 被按下这个信号通过单独导线被送至舒适系统中央控制单元 J393。

(3) J393 检查授权的车钥匙是否在车内，第（4）和（6）步也会与检查钥匙同时发生。

(4) J393 把转向柱解锁命令发送给电子转向柱锁控制单元 J764，这就松开了转向柱锁。

(5) J393 激活端子 15 的供电继电器 J329。现在控制单元就通过 J329 获得供电了。发动机控制单元 J623 处理制动灯开关 F 的信号。

(6) J393 通过舒适 CAN 总线把一个"虚拟"端子 15 信号发送给数据总线诊断接口 J533。J533 内的高压协调器通过混合动力 CAN 总线将高压系统激活指令发送给蓄电池调节控制单元 J840。J840 通过子总线系统来让高压蓄电池开关盒 SX6 合上电力保护装置。与此同时，高压协调器通过 FlexRay 总线发送激活指令。

(7) 发动机控制单元 J623 检查是否有下述信号：

①来自制动灯开关 F 的"已踏下制动踏板"信号。

②来自选挡杆传感器控制单元 J587 的"换挡杆在位置 P 或 N"的信号。

③来自高压电池充电器控制单元 J1050 的"未插入充电线"的信号。

(8) 如果这些信号都有了，那么 J623 就会通过 FlexRay 总线把"激活驱动系统"这个指令发送给前桥电驱动控制单元 J841。

第八节　车载网络系统

一、拓扑图（A6L C8 PHEV）

拓扑图（A6L C8 PHEV），如图9-82所示。

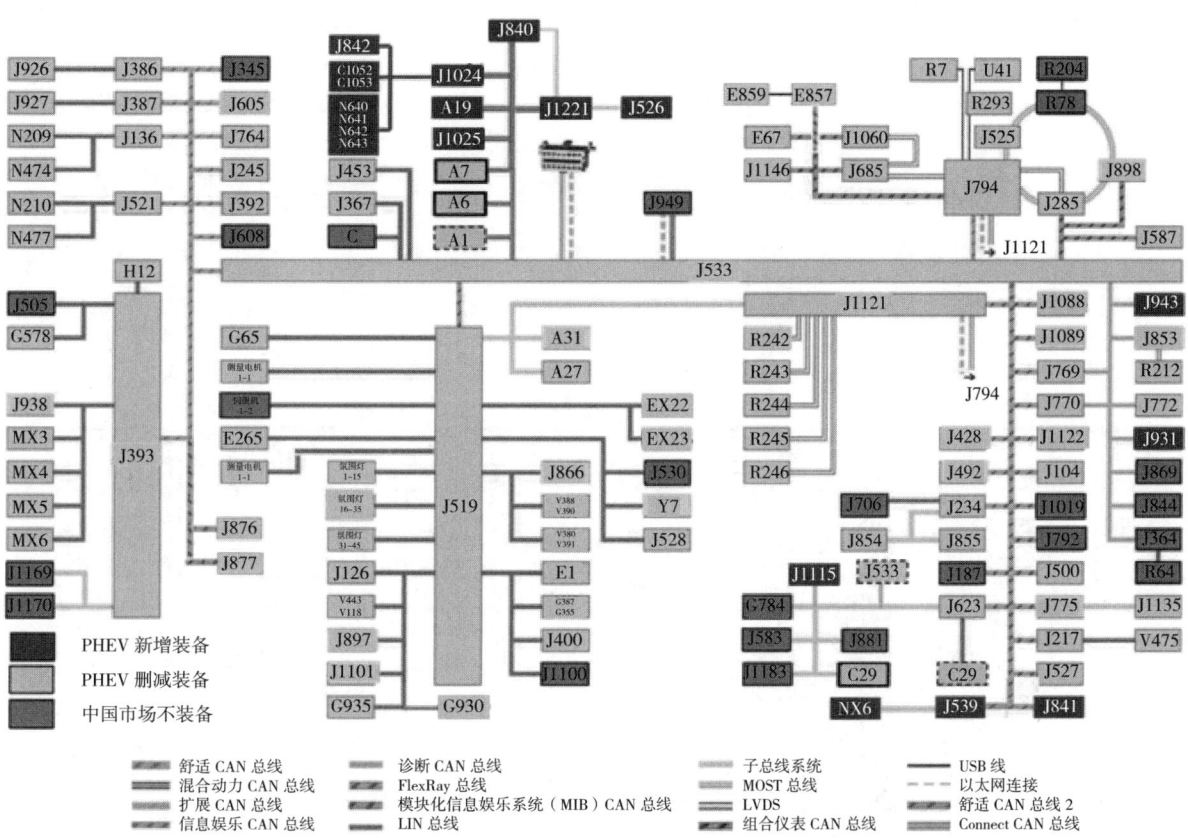

A19.变压器　G1052.制冷剂压力和温度传感器（低压）　G1053.制冷剂压力和温度传感器（高压）　J526.电话、电子通信系统控制单元　J539.制动助力控制器　J840.蓄电池调节控制单元　J841.电驱动系统控制单元　J842.空调压缩机控制单元　J848.高压加热装置（PTC）控制单元　J931.总成悬置控制单元　J943.发动机声效发生控制单元　J991.电池模块控制单元1　J992.电池模块控制单元2　J993.电池模块控制单元3　J994.电池模块控制单元4　J995.电池模块控制单元5　J996.电池模块控制单元6　J997.电池模块控制单元7　J998.电池模块控制单元8　J1024.温度管理系统控制单元　J1050.高压蓄电池充电器控制单元　J1115.主动式加速踏板控制单元　J1221.车载信息服务系统接口控制单元　N637.制冷剂截止阀2　N640.制冷剂断流阀2　N641.制冷剂断流阀3　N642.制冷剂断流阀4　N643.制冷剂断流阀5　NX6.制动系统蓄压器　SX6.高压蓄电池开关盒　A1.第二蓄电池　A6.蓄电池48V　A7.变压器48V/12V　A27.右侧LED大灯功率模块1　A31.左侧LED大灯功率模块1　C.交流发电机　C29.启动/发电两用机　E1.灯开关　E67.驾驶员侧音量调节器　E265.后部空调操纵和显示单元　EX22.仪表板中部开关模块　EX23.中控台开关模块1　G65.高压传感器　G355.空气湿度传感器　G397.雨水/光强度识别传感器　G578.防盗警报传感器　G930.颗粒传感器　G935.车外空气质量和空气湿度传感器　H12.警报喇叭　J104.ABS控制单元　J126.新鲜空气鼓风机控制单元　J136.带记忆功能的座椅调节和转向柱调节控制单元　J187.差速锁控制单元　J217.自动变速器控制单元　J234.安全气囊控制单元　J245.滑动天窗控制单元　J285.组合仪表内控制单元　J345.挂车控制单元　J364.辅助加热控制单元　J367.蓄电池监控控制单元　J386.驾驶员车门控制单元　J387.副驾驶员车门控制单元　J392.后部滑动天窗控制单元　J400.雨刮电机控制单元　J428.车距调节控制单元　J453.多功能方向盘控制单元　J492.全轮驱动控制单元　J500.转向助力控制单元　J502.轮胎压力监控控制单元　J505.前挡风玻璃加热控制单元　J521.带记忆功能的副驾驶员座椅调节控制单元　J525.数字音响包控制单元　J527.转向柱电子控制单元　J528.车顶电子控制单元　J530.车库门开启控制单元　J583.NOx传感器　J587.选挡杆传感器控制单元　J605.行李箱盖控制单元　J608.专用车控制单元　J623.发动机控制单元　J685.MMI显示屏　J706.座椅占用识别控制单元　J764.电子转向柱锁控制单元　J769.变道辅助控制单元　J770.变道辅助控制单元2　J772.倒车摄像头控制单元　J775.底盘控制单元　J792.主动转向控制单元　J844.远光灯辅助控制单元

J853.夜视系统控制单元 J854.左前安全带张紧器控制单元 J855.右前安全带张紧器控制单元 J866.电动可调转向柱控制单元 J869.车身传声控制单元 J876.驾驶员侧后部座椅调节装置 J877.副驾驶员侧后部座椅调节装置 J880.还原剂计量系统控制单元 J881.NOx传感器控制单元2 J897.空气改善系统控制单元 J1019.后桥转向控制单元 J1060.下部触屏 J1088.左前物体识别雷达传感器控制单元 J1089.右前物体识别雷达传感器控制单元 J1121.驾驶员辅助系统控制单元 J1100.前风挡清洗泵控制单元 J1101.香氛系统控制单元 J1122.激光车距调节控制单元 J1135.水平调节压缩机电子装置 J1146.移动终端充电器1 J1169.近场通信控制单元 J1170.近场通信控制单元2 J1183.NOx传感器控制单元 3 R7.DVD播放器 R64.驻车加热无线接收器 R78.TV调节器 R204.TV读卡器 R212.夜视系统摄像头 R242.驾驶员辅助系统正面摄像头 R243.前部周围环境摄像头 R244.左侧周围环境摄像头 R245.右侧周围环境摄像头 R246.后部周围环境摄像头 R293.USB集线器 R41.USB接口1 V113.循环空气翻板伺服电机 V388.驾驶员座椅靠背风扇 J898.前风挡玻璃投影（抬头显示）控制单元 J926.左后车门控制单元 J927.右后车门控制单元 J938.行李箱盖开启控制单元 J949.紧急呼叫模块和通信控制单元 MX3.左侧尾灯 MX4.右侧尾灯 MX5.左侧尾灯2 MX6.右侧尾灯2 MX13.中间尾灯 N209.驾驶员腰部支撑调节阀体 N210.副驾驶员腰部支撑调节阀体 N475.驾驶员座椅内阀体1 N477.副驾驶员座椅内阀体1 V389.副驾驶员座椅靠背风扇 V390.驾驶员座椅坐垫风扇 V391.副驾驶员座椅坐垫风扇 V438.新鲜空气翻板伺服电机 V475.变速器机油辅助液压泵1 Y7.自动防炫目车内后视镜

图 9-82

二、FlexRay 总线（C8 PHEV）

FlexRay 总线（C8 PHEV），如图 9-83 所示。

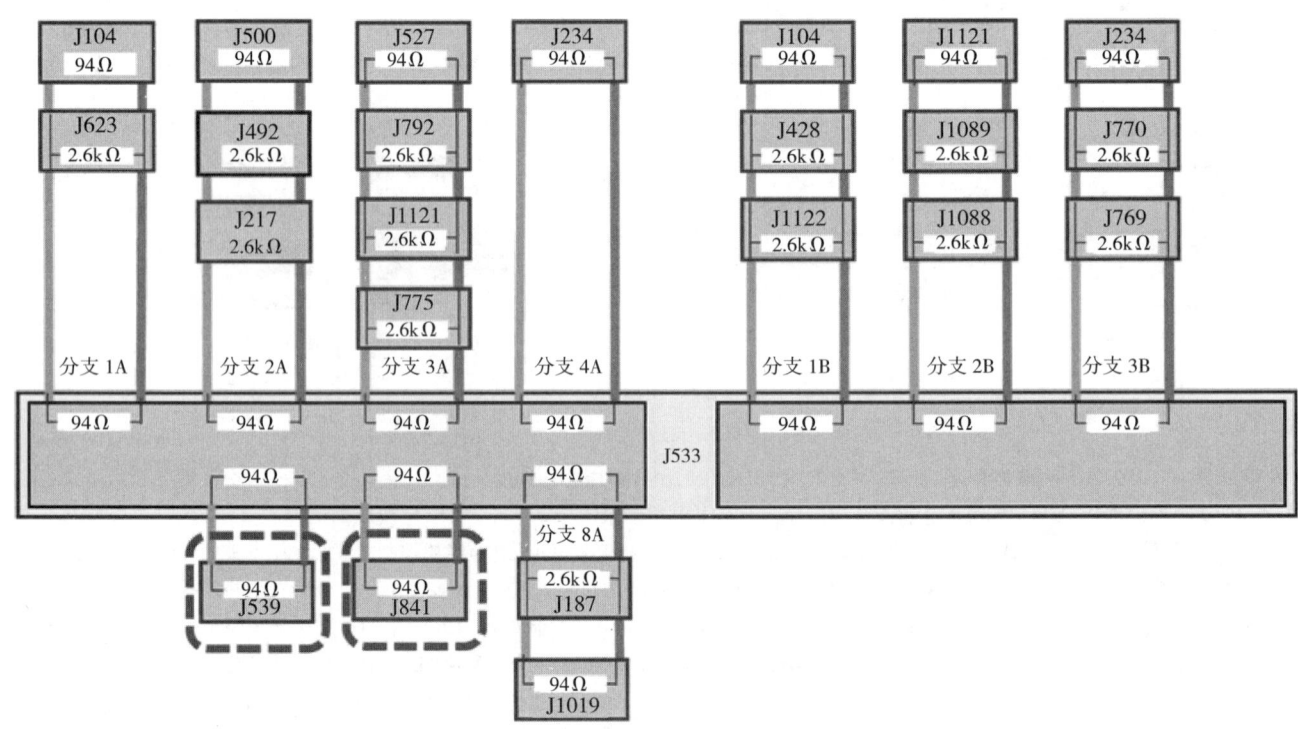

图 9-83

三、实时监控系统（RTM）

依照中国法律法规，新能源车辆需实时将指定的静态和动态数据通过生产企业提供给政府主管机构。静态车辆数据是与车辆有关的既定不变数据，例如车辆识别码。

（一）动态车辆数据

（1）常规行驶信息（例如当前行驶方向和车速等）。

（2）车辆的技术参数和阈值（例如高压蓄电池的当前充电状态和蓄电池的最低/最高温度等）。

RTM 信息包括 27 条静态及 84 条动态信息，其中包括 19 条报警信息，每条信息最多分 3 级，如表 9-3、表 9-4 和图 9-84 所示。

表 9-3

序号	名称	序号	名称
1	驱动电机控制器温度报警	11	制动系统报警
2	驱动电机温度报警	12	温度差异报警
3	DC/DC 温度报警	13	车载储能装置类型欠压报警
4	DC/DC 状态报警	14	SOC 低报警
5	车载储能装置类型过压报警	15	SOC 过高报警
6	电池高温报警	16	SOC 跳变报警
7	单体电池过压报警	17	可充电储能系统不匹配
8	单体电池欠压报警	18	电池单体一致性差
9	高压互锁状态报警	19	车载储能装置类型过度
10	绝缘报警		

SOC：State of Charge 剩余电量
DC/DC 直流 / 直流转换

表 9-4

报警级别	说明
一级报警	不影响车辆正常行驶，但有恶化的趋势
二级报警	影响车辆性能，需限制驾驶员行驶
三级报警	最高级报警，驾驶员应立即停车处理或请求救援

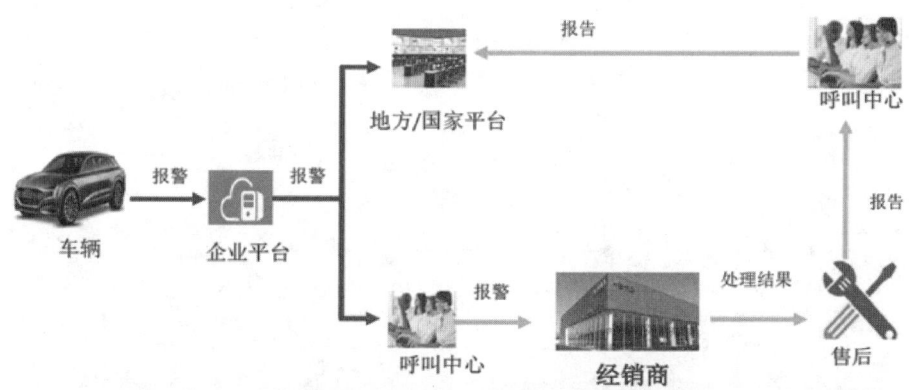

报警级别	处理方式	报告上传要求
3 级	停车、道路救援	3 天内上传报告
2 级	自行进店检查，视情况救援	7 天内上传报告
1 级	统计、存档	暂无

图 9-84

（二）位置

后行李箱右后侧。

（三）系统组成

（1）车载信息服务系统接口控制单元 J1221（主），如图 9-85、图 9-86 所示。

（2）电话、电子通信系统控制单元 J526（从），如图 9-85、图 9-86 所示。

（3）天线。

（4）诊断地址码：A7。

四、声效模拟系统

（一）部件组成（如图 9-87 所示）

（1）发动机噪声生成控制单元 J943。

（2）发动机噪声生成作动器1 R257。

诊断地址码：C0。

（二）部件位置

部件位置，如图9-88所示。

（三）功能说明

（1）与内燃机车辆相比，本车在低速行驶时所产生的噪声非常小。

（2）发动机噪声生成控制单元J943根据车速和负荷力矩情况，生成发动机模拟声效。

（3）在电动行驶下车速超过30km/h时，声效会减小。

（4）在车速超过50km/h时，不会产生声效。

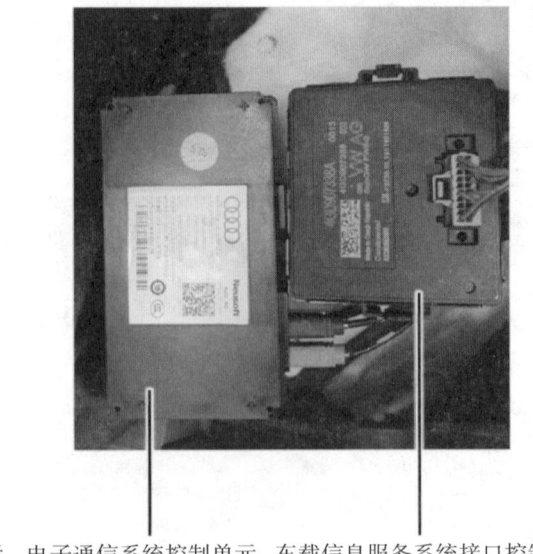

电话、电子通信系统控制单元 J526　　车载信息服务系统接口控制单元 J1221

图9-85

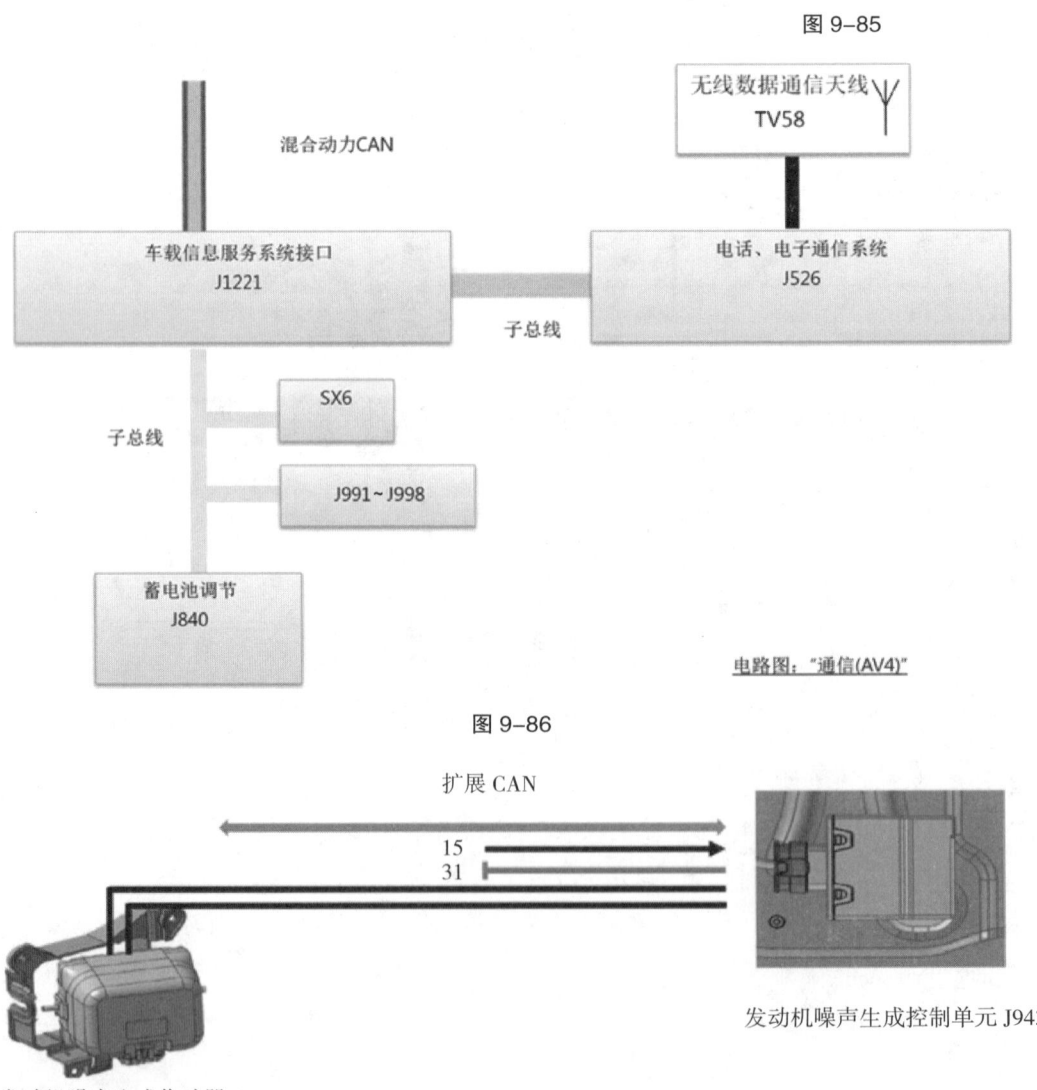

图9-86

图9-87

图 9-88

第九节 显示与操作系统

一、特征标志

特征标志,如图 9-89、图 9-90 和图 9-91 所示。

图 9-89

图 9-90

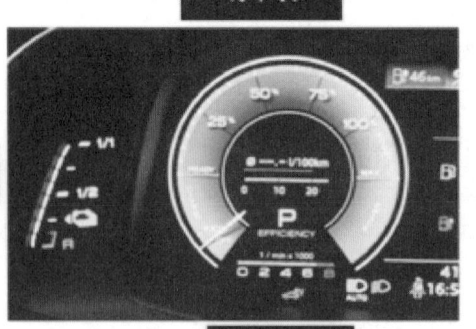

图 9-91

二、仪表中的指示灯

车辆使用操作时仪表中的指示灯，如图 9-92 所示。

三、e-tron 模式

（一）通过电驱动按钮 E656 选择 e-tron 模式

（1）EV（电动驱动），如图 9-93 所示。

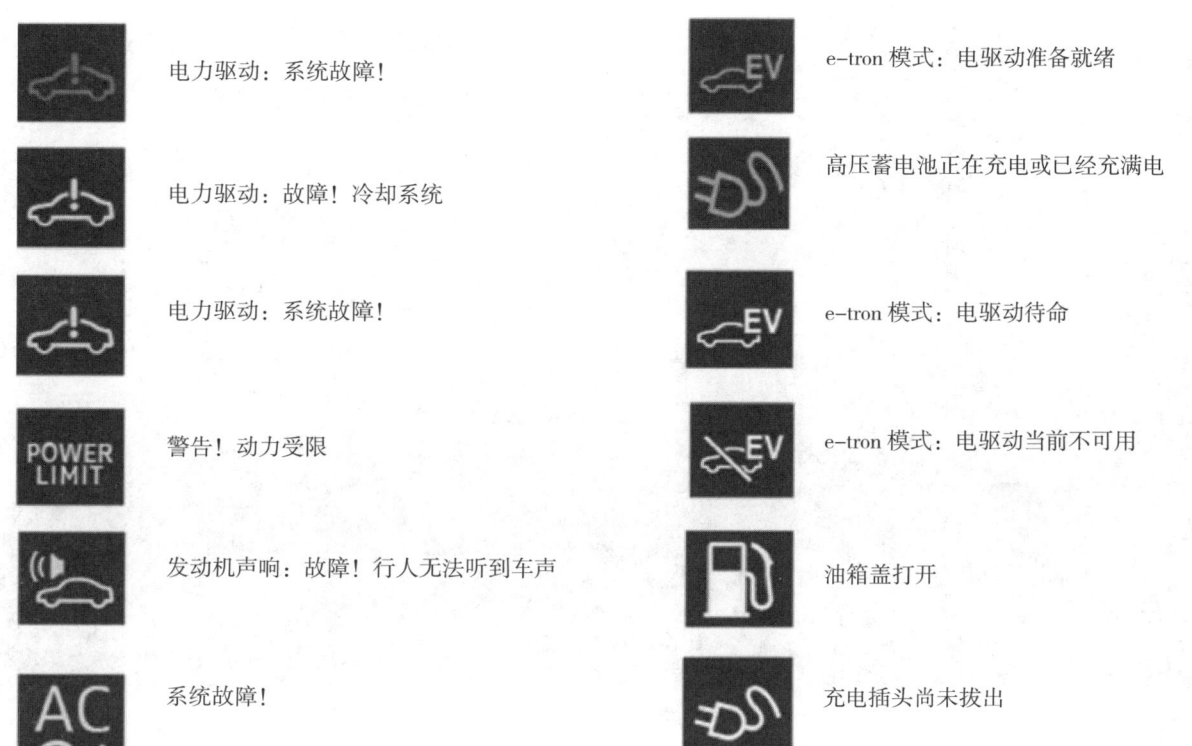

图 9-92

图 9-93

（2）混合（使用电池的电量）。

（二）EV（电动驱动）（如图 9-94 所示）

1.前提：高压蓄电池的电量和温度足够。

2.在行驶模式下应满足以下前提条件：

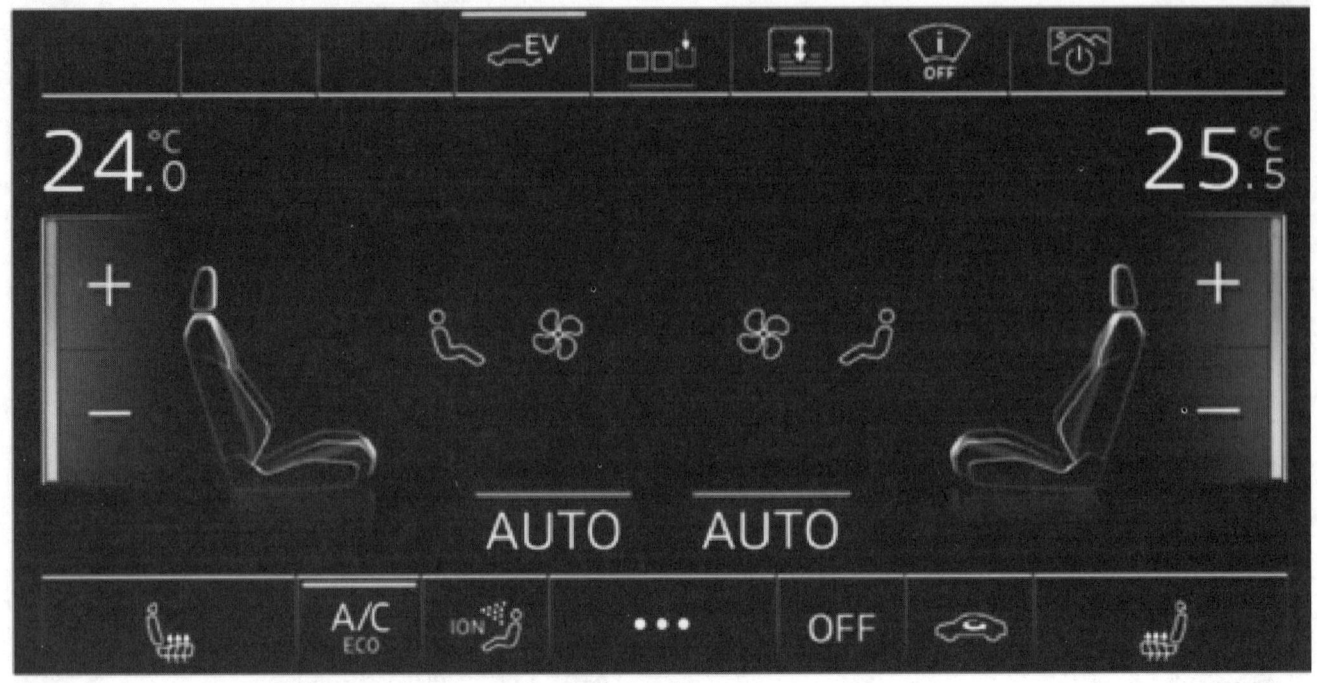

图 9-94

(1)未选择驾驶程序 S。

(2)车速低于 140km/h。

(3)未大幅度踩行驶踏板。

(三)混合(使用电池的电量)(如图 9-95 所示)

图 9-95

1. 在混合模式下,会根据行驶状况由发动机和电动机共同驱动汽车。

(1)AUTO 电动机和发动机有效合作。该模式特别适用于长途行驶。

(2)HOLD 汽车总体上借助内燃发动机驱动,以尽可能保持高压蓄电池的电量。

2.路径引导,如图 9-96 所示。

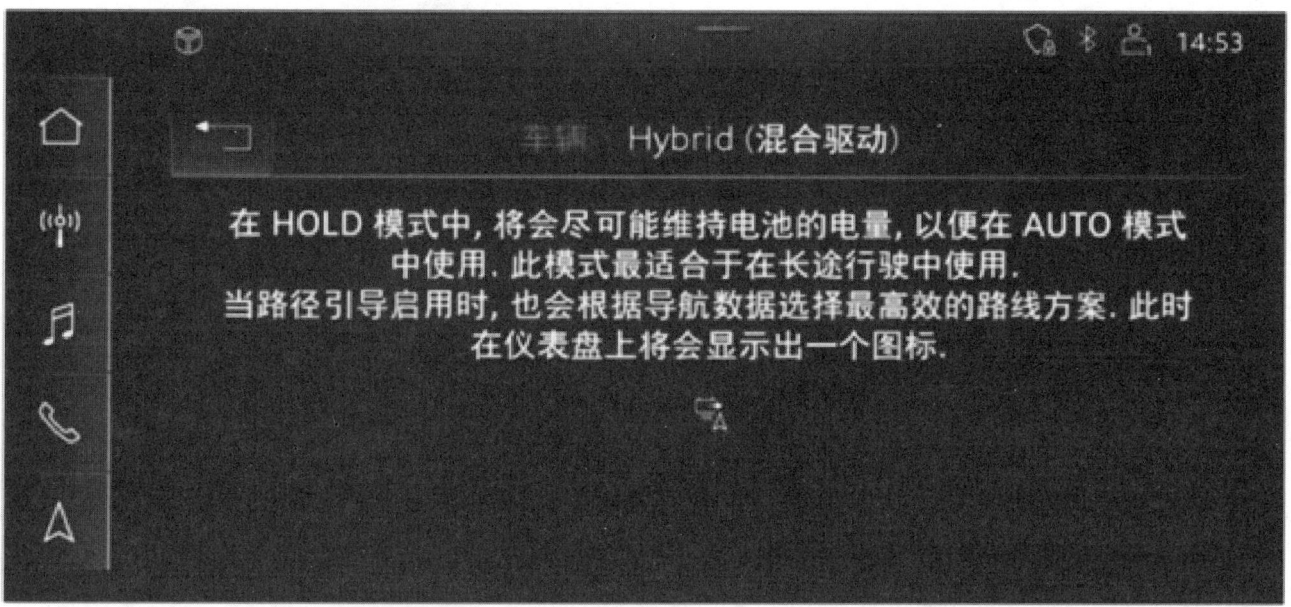

图 9-96

四、e-tron 的显示

(一) e-tron READY

e-tron READY,如图 9-97 所示。

图 9-97

(二) 电驱动行驶

电驱动行驶,如图 9-98 所示。

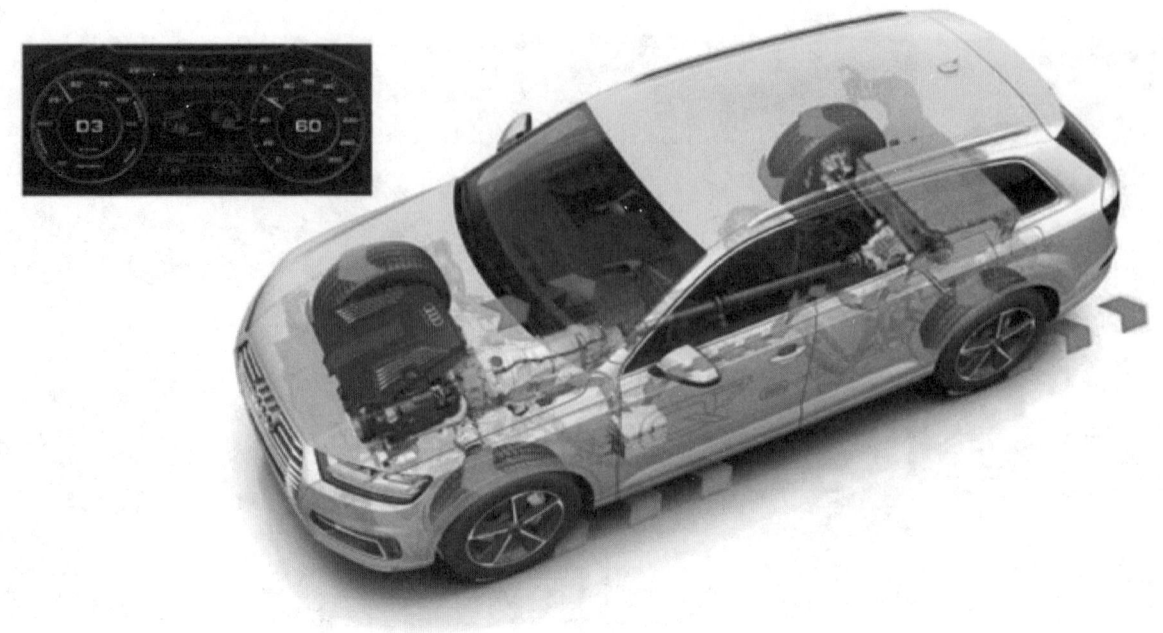

图 9-98

(三)发动机行驶

发动机行驶,如图 9-99 所示。

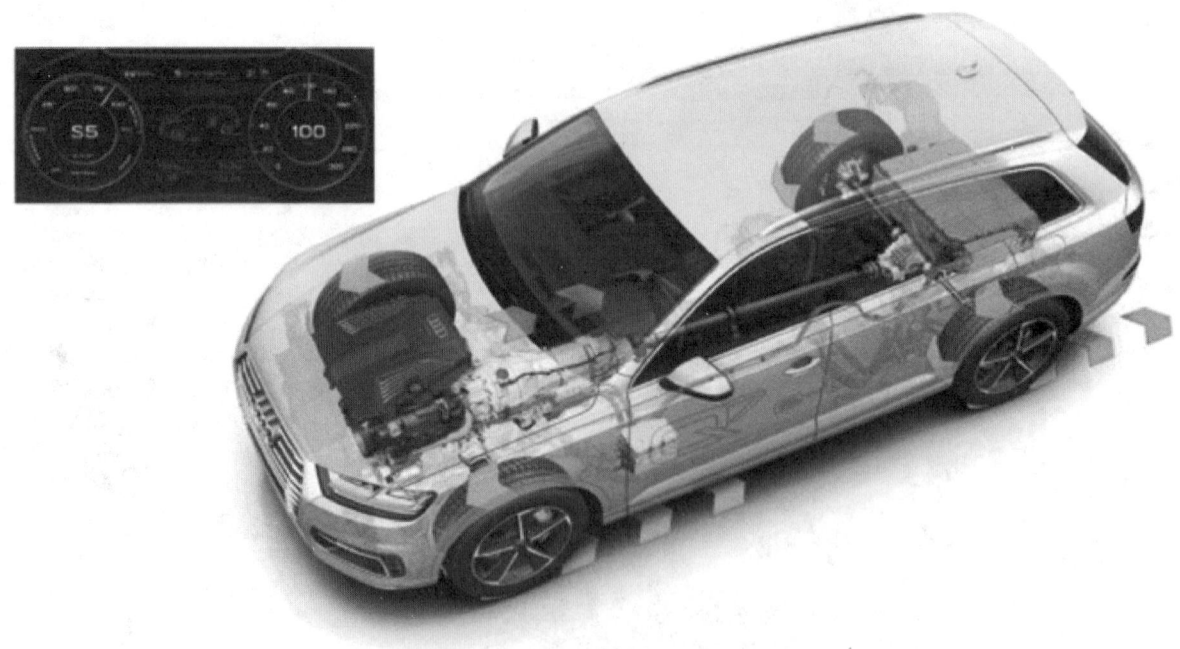

图 9-99

(四)BOOST

BOOST,如图 9-100 所示。

(五)滑行

滑行,如图 9-101 所示。

图 9-100

图 9-101

(六) 能量回收

能量回收，如图 9-102 所示。

(七) "制动"的能量回收

"制动"的能量回收，如图 9-103 所示。

图 9-102

图 9-103

第十节 经典实例

一、2019 年一汽奥迪 A6L e-tron C8 无法启动

故障现象：动力系统故障，车子无法启动。

故障诊断：

（1）车辆无法启动，仪表提示动力系统故障，热量管理系统控制单元J1024有故障码，如图9-104所示。

```
地址: 00C5 系统名: 00C5 - 热量管理系统 协议改版: UDS/ISOTP (Ereignisse: 4)
  识别:
  故障存储器记录 (数据源: 车辆):
    故障存储器记录
    编号:                              U016B00: 电动空调压缩机 无通信
    故障类型 2:                        主动/静态
    症状:                              37024
    状态:                              00100111
      标准环境条件:
      高级环境条件:
    故障存储器记录
    编号:                              U016B00: 电动空调压缩机 无通信
    故障类型 2:                        主动/静态
    症状:                              37073
    状态:                              00100111
```

图 9-104

高压蓄电池控制单元J840有故障码，如图9-105所示。

```
地址: 008C 系统名: 008C - 混合蓄电池管理 协议改版: UDS/ISOTP (Ereignisse: 1)
  识别:
  故障存储器记录 (数据源: 车辆):
    故障存储器记录
    编号:                              P0A0C00: 高电压系统的先导线路 对地短路
    故障类型 2:                        主动/静态
    症状:                              18435
    状态:                              10101111
      标准环境条件:
      高级环境条件:
```

图 9-105

（2）电动空调压缩机V470为高压部件，先导导线其实为高压部件安全线，因空调压缩机无通信，在引导性检测时先建议检查电动空调压缩机无通信的故障，检查J842的供电正常（13.23V），接地正常，由于J842是J1024（温度管理系统控制器）的LIN用户，信号电压正常，更换J842（与V470为一体），更换后故障依旧。

（3）此时重新梳理思路，读取故障码显示J842已正常，说明J842确实损坏，J840报故障码P0A00：高压系统的先导线路对地短路，按引导性故障提示需更换J840。因已更换J842，着重对高压安全线进行检查，测量保养插头TW正常。根据电路图9-106和图9-107所示，测量TW-T4ju/1脚供电正常，TW-T4ju/2到840T28a/80正常；测量TW-T4ju/3电压为0，J840T28a/77电压为0，测量J840T28a/77到J840T28a/66之间的线束正常。

（4）测量安全线正常，结合引导性故障判定为J840损坏，联系老师建议与其他车互换，车辆能正常启动，互换后故障转移。

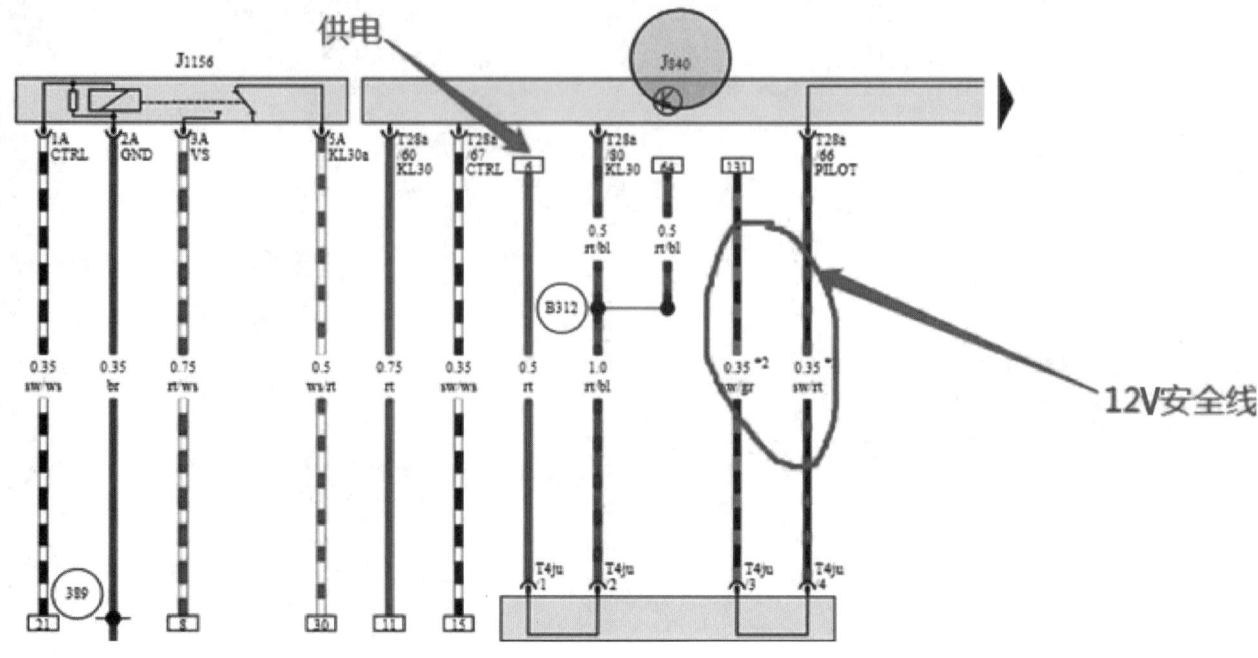

图 9-106

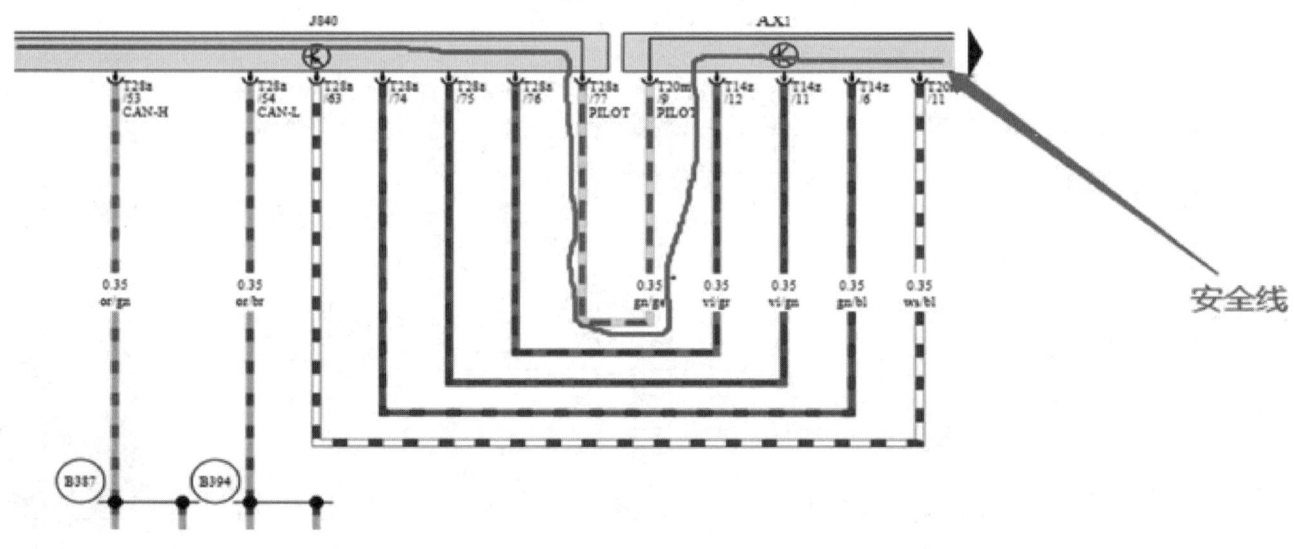

图 9-107

（5）在安装新的 J840 后，有 U153D00：中国版序列号无效主动/静态故障，如图 9-108 所示。

按引导性故障提示需输入 24 位或 26 位中国版本序列号，查看高压蓄电池上的 24 位序列号，输入一直提示错误，如图 9-109 和图 9-110 所示。

（6）因导航提示输入 24 位或 26 位序列号，尝试输入高压蓄电池上的 24 位序列号基础上输入 CN 或两个空格均能正常输入。

（7）更换 J842、J840 后车辆能正常启动，但空调制冷功能失效。再次检测发现 X1 内 OA9500：高压系统保险丝静态故障，按引导性故障提示更换 JX1。查看之前的诊断报告，在于新车互换 J840 后故障码 P0A9500 已经出现，联系老师后建议按故障引导结果执行。

地址: 008C 系统名: 008C - 混合蓄电池管理 协议改版: UDS/ISOTP (Ereignisse: 1)

+ 识别:

- 故障存储器记录 (数据源: 车辆):

  故障存储器记录
  编号:　　　　　　　　　　　　　　　　　U153D00: 中国版序列号 无效
  故障类型 2:　　　　　　　　　　　　　　主动/静态
  症状:　　　　　　　　　　　　　　　　　32785
  状态:　　　　　　　　　　　　　　　　　00101111

图 9-108

工作状态: OKAY
+ 服务: DiagnServi_WriteDataByIdentCalibData (牵引蓄电池，中国序列号)

措施: 输入
　输入混合动力蓄电池单元 - AX1 的序列号。

序列号可以为 24 位或 26 位。
序列号既以条型码的形式，也以明文的形式记录在蓄电池的标签上。

输入: 08OPEA40LFV0AA9BW0000008

措施: 信息
　错误输入了序列号（24 位）。是否要重复输入？

图 9-109

图 9-110

(8) JX1 为 Z115、V470 供电，反复检查之间的连接高压导线及 Z115、V470，未发现有互短、对地短路现象。

(9) 更换 JX1 后车辆功能正常。

故障原因：怀疑为高压空调泵损坏，导致 J840、J841 出现关联故障。

故障排除：分别更换 J842、J840 和 J841 控制单元。

故障总结：

(1) 故障车为商品车，在新车上市期间出现故障，部分故障在引导性故障检测时，提示的高压部件之间相互关系与实车不符，需要通过 Elsa 再次确认。

(2) 在与其他车辆互换 J840 后，车辆能正常启动、故障码转移，没能验证车辆相关功能及查看其他控制单元内的故障码，导致维修时间上的延长。

(3) 在车辆已经更换 J840、J841 后，车辆能正常启动，但无空调制冷/制热功能，JX1 内部保险丝损坏导致，一度怀疑是自身操作不当或有未发现故障导致。技术经理联系老师询问空调泵损坏原因也未能得知结果，测量高压导线、V470、Z115 阻值与其他车对比相同，怀疑为空调泵内部击穿导致多个控制单元损坏。

(4) 更换 JX1 后，仪表报警车辆无法启动，报 SX6 故障，检测提示更换 SX6，尝试对车辆休眠后故障码能正常删除，功能正常。

二、2020 年一汽奥迪 A6L e-tron C8 仪表亮起驾驶员系统故障

发动机号：DPM。

行驶里程：3600km。

故障现象：仪表亮起驾驶员故障系统。

故障诊断：

(1) 车辆进店检查仪表亮起驾驶员系统故障，如图 9-111 所示。

(2) 用 VAS6150C 读故障码，如图 9-112、图 9-113 和图 9-114 所示。看完故障码后，客户过来说

图 9-111

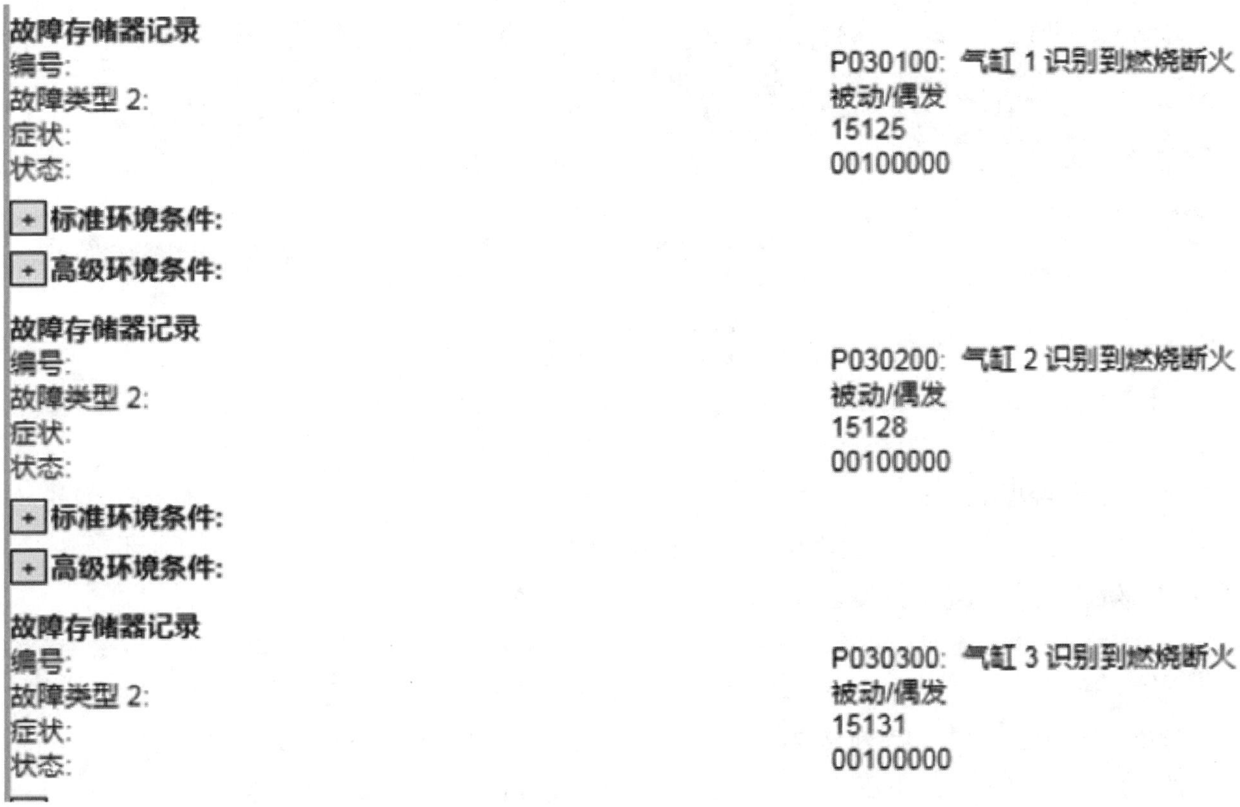

故障存储器记录
编号:
故障类型 2:
症状:
状态:

　　P030100: 气缸 1 识别到燃烧断火
　　被动/偶发
　　15125
　　00100000

+ 标准环境条件:
+ 高级环境条件:

故障存储器记录
编号:
故障类型 2:
症状:
状态:

　　P030200: 气缸 2 识别到燃烧断火
　　被动/偶发
　　15128
　　00100000

+ 标准环境条件:
+ 高级环境条件:

故障存储器记录
编号:
故障类型 2:
症状:
状态:

　　P030300: 气缸 3 识别到燃烧断火
　　被动/偶发
　　15131
　　00100000

图 9-112

+ 高级环境条件:

故障存储器记录
编号:
故障类型 2:
症状:
状态:

　　P030000: 识别到燃烧断火
　　被动/偶发
　　15137
　　00100000

+ 标准环境条件:
+ 高级环境条件:

故障存储器记录
编号:
故障类型 2:
症状:
状态:

　　U041100: 电驱动装置的功率电子系统控制器 信号不可信
　　被动/偶发
　　23070
　　00101000

+ 标准环境条件:
+ 高级环境条件:

故障存储器记录
编号:
故障类型 2:
症状:
状态:

　　P162400: 要求-故障灯开 激活
　　被动/偶发
　　29244
　　00101000

+ 标准环境条件:
+ 高级环境条件:

故障存储器记录

图 9-113

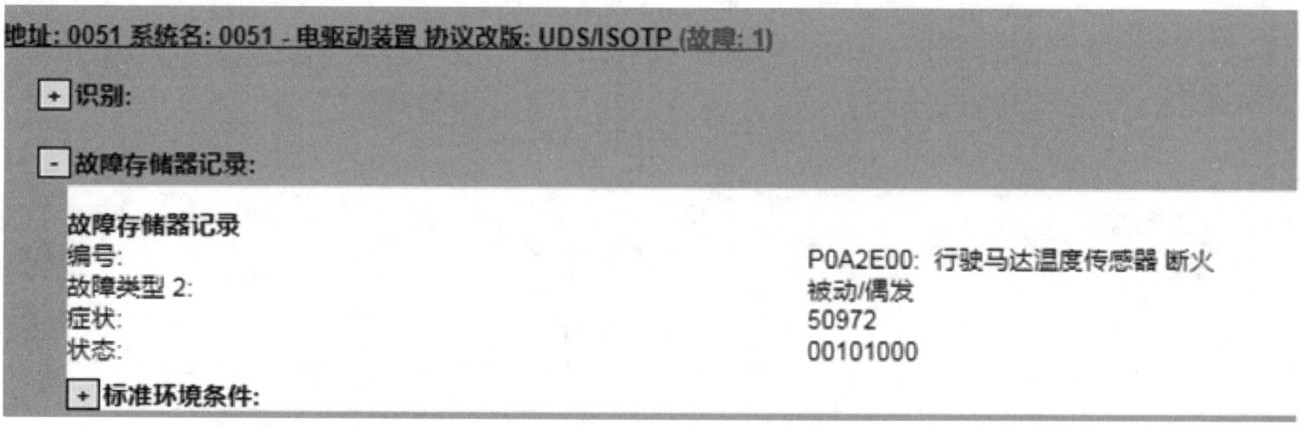

```
地址: 0051 系统名: 0051 - 电驱动装置 协议改版: UDS/ISOTP (故障: 1)
  + 识别:
  - 故障存储器记录:
      故障存储器记录
      编号:                              P0A2E00: 行驶马达温度传感器 断火
      故障类型 2:                         被动/偶发
      症状:                               50972
      状态:                               00101000
  + 标准环境条件:
```

图 9-114

有事先取车，删除故障码后仪表没有故障灯。

（3）客户再次进店，反映仪表再次亮起故障灯，读故障码：

① 51 电驱动装置有：G712 行驶电机温度传感器断火（被动/偶发）。

② C5 热管理系统有：电驱动装置的功率电子系统控制单元信号不可信（被动/偶发）。

与上次故障码基本上一致。与客户了解出现故障的情况：启动发动机时还是行驶时，仪表都会亮起故障灯，最近出现频率比较高。用诊断仪按 C5 热管理系统电驱动装置的功率电子系统控制单元信号不可信（被动/偶发），引导检查 JX1 电驱动装置，检查 JX1 电驱动装置的插头和针脚没有异常，然后提示更换 JX1 电驱动装置。由于是偶发的，先和试驾车对换 JX1 电驱动装置，试车 100km，模拟停车、启动，仪表还是出现故障灯。

（3）再次用诊断仪发现故障码和上次一样也是被动/偶发的。经过前几次的故障码分析，每次故障记录都有行驶电机温度传感器 G712 对地短路，会导致电机温度传感器 G712 短路的有以下情况：

① JX1 电驱动装置故障。

② JX1 电驱动装置至电机温度传感器 G712 的线故障。

③ 电机温度传感器 G712 故障。

（4）已经和试驾车对换过 JX1 电驱动装置，排除第①个故障。检查电驱动装置 JX1 至电机温度传感器 G712 的线，没有异常，排除第二种情况。

综合分析，到现在只有电机温度传感器 G712 了，决定要解决问题需要更换电机温度传感器 G712，试车 100km，没有出现此故障。

故障原因：启动时，行驶电机温度传感器 G712 对地短路，仪表亮起故障灯。

故障排除：更换行驶电机温度传感器 G712，1 个月后，回访客户，没有再出现此故障。

三、2020 年一汽奥迪 A6L e-tron C8 偶发性风扇自动运转

发动机型号：DPMA。

变速器型号：0CK。

行驶里程：306km。

故障现象：偶发性风扇自动运转。

故障诊断：偶发多次，客户反映有时遥控器开启车门或停车后风扇会自动运转，诊断仪检查发现在热管理控制单元 J1024 内有故障码 P069300：散热风扇促动 2，对地短路，如图 9-115 所示。

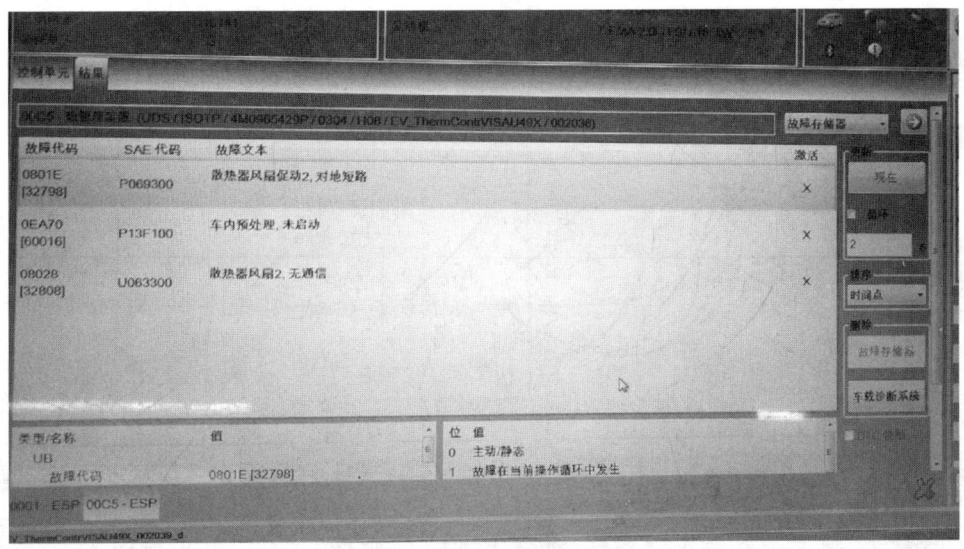

图 9-115

该车是一辆插电式混合动力汽车，空调和发动机温度以及高压部件的温度和散热风扇都由热管理控制单元 J1024 来控制。查阅电路图可知，主、副风扇分别有一个主电源、一个主搭铁和一个 KL87 线和一个信号控制线。KL87 在打开点火开关时电压 9.35V 左右，当 CTRL 控制线输出占空比为 10% 时风扇为停止状态；当占空比输出超过 10% 且越接近 100% 时风扇转速越高，如图 9-116 所示。

根据上述检查，初步分析故障可能原因有：

（1）风扇控制单元 2 J671 到热管理控制单元 J1024 的控制线有断路或对地短路的情况。

（2）风扇控制单元 2 J671 存在内部损坏。

（3）热量管理控制单元存在内部损坏。

首先检查了 J671 的 3 号端子到 J1024 的 T40/88 号端子，不存在虚接、断路和对地短路的现象，那么此时故障就可能是其中一个控制单元存在故障。由于客户抱怨很大，要求一次解决故障，决定反复试车验证故障出现时的数据异常。经过试车发现有一次停车后风扇确实存在自动运转，但只有风扇 2 在转动；再进一步检查数据时风扇又恢复正常。对于奥迪车系散热风扇在运转时一定是两个风扇一起运转或一起停止，该车一个风扇自动运转初步认为是风扇 2 控制单元存在质量问题。为数据上支持现

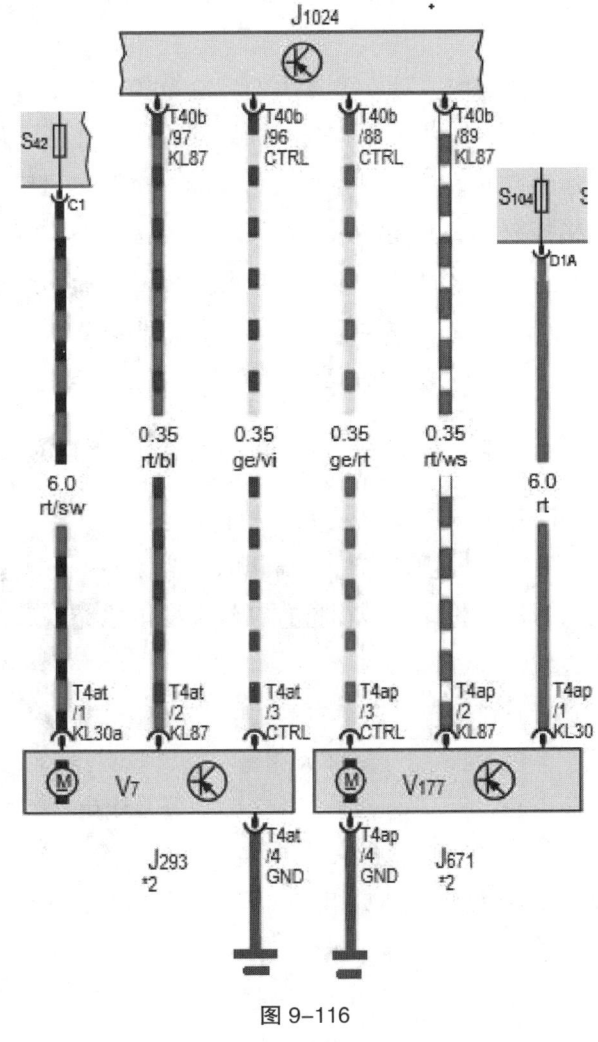

图 9-116

在的诊断分析，进一步进行了试车。当故障出现时实时读取热管理控制单元 J1024 的散热风扇控制占空比均为 10%，也就是当时控制单元没有控制风扇运转，如图 9-117 所示。

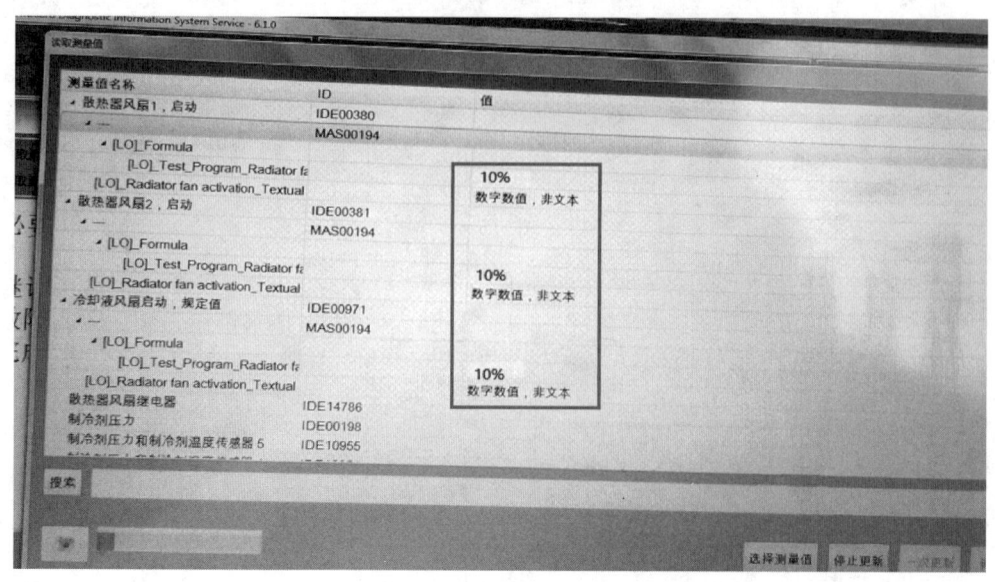

图 9-117

据此判断是散热风扇 2 的控制单元 J671 存在间歇性故障，经更换散热风扇 2 总成（含风扇控制模块）后故障排除。

故障总结：该车散热风扇控制虽然从发动机控制单元转到了热管理控制单元，但其原来主要控制策略失效。在点火开关打开时如果控制线存在低电位或是断路，此时风扇会进入应急模式且自动以最高转速运转防止高温。在原来只有发动机时散热风扇最多在点火开关关闭后 15min 内可以运转，之后因为发动机控制单元的主继电器断开从而无法再次控制风扇转动。而插电式混合动力汽车刚可能在点火开关关闭且车门上锁高压蓄电池充电时，也可能启动空调系统对高压蓄电池进行散热。那么，在这种工况下，散热风扇也必须要运转。现在车辆控制参数很多，通过分析数据流可以简单快速锁定故障原因。在诊断过程中，如果有条件，要利用好数据流分析这个工具。

四、2019 年一汽奥迪 A6L e-tron C8 怠速抖动

故障现象：发动机怠速一直抖动。

故障诊断：此车售出当晚因车辆无油，行驶至高压电池没电抛锚。经销商救援，加满油后，车辆发动机抖动，拖车至店内检查。将高压电池充满后进行检查发现，抖动时，车辆无故障码，第 3 缸失火每千转约 10 次以上。

先后执行如下操作均未能排除故障：

（1）与试驾车对调火花塞及点火线圈。

（2）对调高压油轨、4 个喷油器及线束。

（3）J623 重新编码，对调 J623。

（4）发动机线束中对调第 2、第 3 缸喷油器线束针脚。

（5）更换主供电继电器。

（6）对调高压燃油泵、燃油泵及燃油泵控制器。

（7）拆解发动机检查。

现场试车，故障确实存在，发动机严重抖动；读取数据流：混合气过稀，3 缸多次失火。怀疑为喷油系统或进气系统出现故障。断开前后氧传感器，故障依旧。燃油压力正常，燃油供给系统相关部件均已

倒换过，排除燃油系统故障；数据流中节气门开度与对比车不同，尝试更换节气门。检查进气歧管，未能排除故障。测量喷油器的控制信号，发现3缸喷油器无控制信号，偶发4缸喷油器无控制信号。判断问题仍然出现在控制信号上，使用万用表测量发动机控制单元供电，数值在11~13V之间波动；观察供电波形，数值波动较大，最小值低于6V；检查发现，发动机控制单元供电保险熔断，更换后，车辆恢复正常。

故障原因：

该车在销售前：①发动机可以启动，但无法挂挡；②发动机无法启动，启动后功率表指针有时摆动，挂挡不走。因而更换过发动机控制器。可能原因：由于原有控制单元故障，导致保险熔断；后续更换控制单元未能发现保险问题，导致抖动；由于是混合动力车型，供电保险熔断后，发动机控制单元仍然存在电压，但波动较大；供电不足导致喷油器不喷油，进而导致发动机抖动。

故障排除：更换发动机控制单元供电保险。

故障总结：混合动力车型，在发动机控制单元供电保险熔断的情况下，仍然能够成功启动并维持发动机运转，这对以后相关车型的维修具有借鉴意义。另外，在分析问题时，应该更注重基础性的检查，然后再进行针对性的深入分析。